D1672213

 Die Bonus-Seite

Ihr Vorteil als Käufer dieses Buches

Auf der Bonus-Webseite zu diesem Buch finden Sie zusätzliche Informationen und Services. Dazu gehört auch ein kostenloser **Testzugang** zur Online-Fassung Ihres Buches. Und der besondere Vorteil: Wenn Sie Ihr **Online-Buch** auch weiterhin nutzen wollen, erhalten Sie den vollen Zugang zum **Vorzugspreis**.

So nutzen Sie Ihren Vorteil

Halten Sie den unten abgedruckten Zugangscode bereit und gehen Sie auf **www.galileodesign.de**. Dort finden Sie den Kasten **Die Bonus-Seite für Buchkäufer**. Klicken Sie auf **Zur Bonus-Seite / Buch registrieren**, und geben Sie Ihren **Zugangscode** ein. Schon stehen Ihnen die Bonus-Angebote zur Verfügung.

Ihr persönlicher **Zugangscode**

puj9-cvga-r7ys-h8m2

Nick Weschkalnies, Rojahn Ahmadi, Ilya Shabanov

Adobe Flash CS6

Das umfassende Handbuch

Galileo Press

Liebe Leserin, lieber Leser,

für die gelungene Darstellung multimedialer Webinhalte ist Adobe Flash nach wie vor eine gute Wahl. Es bietet Ihnen optimale Unterstützung bei der Entwicklung von Animationen, Präsentationen, Bannern, Spielen, Video-Anwendungen, E-Learning-Modulen u.v.m. und Sie erreichen aufgrund des hohen Verbreitungsgrads des Flash Players auch nahezu jeden Internetnutzer. In diesem Buch zeigen Ihnen unsere Flash-Experten, wie Sie dieses mächtige Werkzeug effizient und kreativ einsetzen.

In fünf umfassenden Teilen gehen sie auf alle Funktionen, Neuerungen und Anwendungsmöglichkeiten von Flash CS6 ein. So lernen Sie nach einer grundlegenden Einführung zunächst die Arbeitsoberfläche kennen und erstellen Ihre ersten Flash-Filme mit Zeichnungen, Symbolen, Animationen und Text. Anschließend erhalten Sie eine ausführliche Einführung in die Programmiersprache ActionScript 3, mit der Sie noch mehr aus Flash herausholen können. Ein umfangreicher Teil dreht sich um Multimedia-Projekte, dynamische Anwendungen mit PHP und MySQL sowie die Spieleprogrammierung. Zum Schluss erfahren Sie, wie Sie mit verbesserter AIR-Unterstützung und dem Export von Flash an HTML5 auch in mobilen Anwendungen Flash einsetzen können.

Wenn Sie ganz neu in Flash einsteigen, können Sie sich mit diesem Buch systematisch einarbeiten. Durch die verständlichen Beispiele und Erklärungen und die zahlreichen Praxis-Workshops werden Sie schnell erste Erfolge erzielen. Es eignet sich jedoch ebenso gut zum Nachschlagen, wobei Sie auch als fortgeschrittener Flash-Worker noch einige Tricks entdecken werden, die Sie bislang noch nicht kannten. Das gesamte Beispielmaterial und viele nützliche Tools finden Sie natürlich auf der beiliegenden DVD, damit Sie sofort anfangen können.

Viel Spaß mit Flash wünscht Ihnen nun

Ihre Katharina Geißler
Lektorat Galileo Design
katharina.geissler@galileo-press.de

www.galileodesign.de
Galileo Press • Rheinwerkallee 4 • 53227 Bonn

Auf einen Blick

Teil I   **Grundlagen** 23

Teil II   **Anwendung** 65

Teil III   **ActionScript** 335

Teil IV   **Multimedia und dynamische Inhalte** 543

Teil V   **Weitere Einsatzgebiete** 817

Inhalt

TEIL I Grundlagen

1   Was ist Flash?

1.1	Flash-Historie	25
1.2	Entwicklungsumgebung, Player und Projektor	25
1.3	Vektoren und Pixel	27
1.4	Anwendungsbereiche	28
1.5	Neues in Flash CS5.5 und CS6	34
	Neues in Flash CS5.5	34
	Neuerungen von Flash CS6	39

2   Arbeitsumgebung

2.1	Begrüßungsbildschirm	45
2.2	Die Entwicklungsumgebung	46
2.3	Die Menüleiste	47
2.4	Die Werkzeugleiste	52
2.5	Die Zeitleiste	54
2.6	Die Bühne	55
2.7	Entwicklungsumgebung anpassen	58
2.8	Tastaturkurzbefehle	63

TEIL II Anwendung

3   Zeichnen

3.1	Zeichenmodi	67
3.2	Zeichenwerkzeuge	68
	Strich- und Füllfarbe	68
	Farbpalette bearbeiten	69

Kuler-Bedienfeld 71

Linienwerkzeug 72

Eigenschaften ändern 73

Stricheigenschaften 73

Freihandwerkzeug 76

Pinselwerkzeug 77

Sprühen-Werkzeug 79

Deko-Werkzeug 80

Radiergummiwerkzeug 91

Rechteckwerkzeug 93

Werkzeug für Rechteckgrundform 94

Ellipsenwerkzeug 95

Werkzeug für Ellipsengrundform 96

Polysternwerkzeug 97

Stiftwerkzeug 97

3.3   **Objekte auswählen und bearbeiten** 99

Auswahlwerkzeug 99

Unterauswahlwerkzeug 100

Lassowerkzeug 101

3.4   **Transformationen** 104

Frei-transformieren-Werkzeug 105

3D-Drehungswerkzeug 106

3D-Versetzungswerkzeug 107

Fluchtpunkt und Perspektive 108

3.5   **Farben und Farbverläufe erstellen** 110

Tintenfass- und Farbeimerwerkzeug 110

Pipette 111

Farbverläufe 112

Bitmap-Füllung 113

Farbverlaufwerkzeug 114

3.6   **Hilfswerkzeuge** 115

Skalierung mit dem 9-teiligen Segmentraster 115

Objekte gruppieren und anordnen 117

Handwerkzeug 118

Zoomwerkzeug 119

Lineale 119

Hilfslinien 120

Raster 122

4 Symbole, Instanzen und die Bibliothek

4.1 Symbole 123

4.2 Symbole erstellen 124

4.3 Symbolinstanzen 126

4.4 Schaltflächen 132

4.5 Bibliothek 137
Bibliothekselemente löschen 137
Ordnung und Struktur in der Bibliothek 138

4.6 Gemeinsame Nutzung von Bibliothekselementen 141
Gemeinsam genutzte Bibliothek zur Laufzeit
(Runtime Shared Library) 142
Gemeinsam genutzte Symbole zur Authoring-Zeit (Flash-Projekt) 146
Gemeinsam genutzte Bibliothek zur Authoring-Zeit (SWC) 150
Fazit 151

5 Animation

5.1 Zeitleiste 153
Ebenenmodell 154
Mit Ebenen arbeiten 154
Bilder und Schlüsselbilder auf der Zeitleiste 159
Darstellungsoptionen der Zeitleiste 162
Zeitleiste steuern 163
Szenen und Bildbezeichner 163

5.2 Bild-für-Bild-Animation 166

5.3 Zwiebelschaleneffekt 176

5.4 Tweens 178
Bewegungs-Tween erstellen 179
Eigenschaften animieren 179
Pfad eines Bewegungs-Tween 184
Bewegungs-Editor 190
Bewegungsvoreinstellungen 202
Animation kopieren und einfügen 203

5.5 Klassische Tweens 204
Klassische Tweens an Pfad ausrichten 205
Timing 209

5.6 Weitere Eigenschaften animieren 216

5.7 Form-Tweens 220
    Bitmaps in Vektoren umwandeln 220
    Formmarken einsetzen 223

5.8 Masken 225

5.9 Verschachtelung 231

5.10 Inverse Kinematik 237
    Bone-Werkzeug 239
    Bindungswerkzeug 248
    Steuerungspunkte ausrichten 250

6   Text

6.1 Klassische Texterstellung in Flash 251
    Textbreite anpassen 253
    Text transformieren 253

6.2 Textfeld-Eigenschaften 255
    Textfeld-Typen 255
    Text formatieren 256
    Schriftart, -größe und -farbe 256
    Auszeichnungen 258
    Ausrichtung 260
    Zeilenabstand, Zeilenlänge und Zeichenabstand 261
    Textrichtung 263
    Text mit URL verknüpfen 264
    Auswählbarer Text 265

6.3 Darstellung von Schrift 266
    Geräteschriftarten 267
    Maskierung von Geräteschriftarten 268
    Eingebettete Schriften 272
    Bitmap-Text 273
    Text als Grafik einfügen 274
    Pixelfonts 275
    Fehlende Schriften ersetzen 278

6.4 TLF-Texterstellung in Flash 279
    TLF-Textfeld-Eigenschaften 280
    TLF-Textfeld formatieren 280
    TLF-Textfeld-Eigenschaften »Erweitert – Zeichen« 282
    TLF-Textfeld-Eigenschaften »Absatz« 286
    TLF-Textfeld-Eigenschaften »Container und Fluss« 288

7   Veröffentlichung

7.1   Veröffentlichungseinstellungen 293
Flash-Export (SWF) 294
HTML-Wrapper 301
GIF-Export 306
JPEG-Export 308
PNG-Export 308

7.2   Einbettung in HTML mit dem SWFObject 309
Express Install 312
FlashVars 313
Parameter 318

7.3   Ladeverhalten von Flash-Filmen 322

7.4   Export 325
Symbole und Animationen als Bitmap exportieren 325
Film als Bitmap exportieren 328

7.5   Eingabehilfen 330
Fenster »Eingabehilfen« 330
Eingabehilfe für Symbole 331

7.6   FLA-Datei als XFL-Datei speichern 332
Speichern als XFL-Dokument 332
Aktualisieren von Grafikmaterial 333

TEIL III ActionScript

8   ActionScript-Grundlagen

8.1   ActionScript-Versionen 337

8.2   ActionScript-Editor 339
Skripthilfe und Experten-Modus 340
Codefragmente 341
Funktionen des ActionScript-Editors 342

8.3   Mein erstes Skript 346

8.4   Variablen 346

8.5   Datentypen 348
Strikte Typisierung und lose Typisierung 349
Datentypen umwandeln 351
Geltungsbereich 353

8.6 Arrays 354
    Indizierte Arrays 354
    Assoziative Arrays 355
    Mehrdimensionale Arrays 355
    Arrays sortieren 357
    Typisiertes Array: Vektor 359

8.7 Einfache Operatoren 360
    Arithmetische Operatoren 360
    Vergleichsoperatoren und Fallunterscheidung 361
    Logische Operatoren 364

8.8 Bitweise Operatoren 365

8.9 Schleifen 368
    while-Schleife 368
    do-while-Schleife 370
    for-Schleife 370
    for-in-Schleife 371
    for-each-in-Schleife 372

8.10 Funktionen 373

8.11 Steuerung von Zeitleisten 376

8.12 Anzeigeliste 378
    Anzeigeklassen 378
    Anzeigeobjekte referenzieren 382
    Anzeigeobjekte hinzufügen und entfernen 383
    Anzeigeobjekte aus dem Speicher entfernen 385
    Reihenfolge in der Anzeigeliste ändern 386
    Struktur einer Anzeigeliste 386
    Instanzen aus der Bibliothek erzeugen 387

8.13 Ereignisse 389
    Ereignisse, Ereignis-Listener und
    Ereignisprozeduren 390
    target und currentTarget 390
    Ereignis-Listener entfernen 392
    Häufig verwendete Ereignisse
    mit Anzeigeobjekten 394

8.14 Loader 396

8.15 Fehlersuche 403
    Anwendung 404
    Haltepunkte 405
    Debug-Konsole 405

Remote-Debug 406

Debugging mit MonsterDebugger 407

Häufige Fehlerursachen 410

9   Animation mit ActionScript

9.1   Eigenschaften von Anzeigeobjekten 413

9.2   Bildrate 414

Die Bildrate ist nicht konstant 415

Die Bildrate ist unabhängig von der Zeitleiste 415

9.3   Ereignisse 415

ENTER_FRAME 415

MOUSE_MOVE 418

9.4   Timer 420

9.5   Geschwindigkeit und Beschleunigung 422

9.6   Easing 423

Bewegung 424

Weitere Instanzeigenschaften animieren 426

Animation beenden oder loopen 427

9.7   Trigonometrie 430

Koordinatensystem 430

Winkelangabe 430

Grad- und Bogenmaß – Umrechnung 431

Das rechtwinklige Dreieck 432

Schwingende Bewegung 433

Kreisbewegung 441

Winkel zwischen zwei Punkten berechnen 443

9.8   Tween-Engines 448

Adobes Tween-Klasse 448

Tween-Engines 448

TweenLite 449

TweenLite-Plugins 458

10   Einführung in die objektorientierte Programmierung

10.1   Warum OOP? 467

10.2   Die Welt der Objekte 468

10.3 Klassen und Objekte 470
      Klassenbezeichner und Dateiname 471
      Klassendefinition und Konstruktor 471
      Objekt initialisieren 472

10.4 Eigenschaften 474

10.5 Methoden 475

10.6 Paket- und Klassenpfad 476
      Pakete und Klassen importieren 477
      Eigene Pakete und Klassenpfade 479

10.7 Objektorientierte Projekte mit dem Projekt-Fenster verwalten 480

10.8 Sichtbarkeit 483

10.9 Instanz- und Klassenmitglieder 485

10.10 Dokumentklasse 488

10.11 Symbole als Klasse 490

10.12 Getter-/Setter-Methoden 496
      Syntax der Getter-Methode 496
      Syntax der Setter-Methode 497

10.13 Vererbung 498
      Methoden und Eigenschaften der Superklasse ansteuern 500
      Methoden und Eigenschaften einer Basisklasse überschreiben 500

11   Zeichnungs-API

11.1 Graphics-Klasse 503

11.2 Anzeigeobjekt erstellen 503
      Linien zeichnen 504
      Bitmap-Linien zeichnen 509
      Kurven zeichnen 510
      Füllungen erzeugen 512
      Rechteck zeichnen 512
      Rechteck mit abgerundeten Ecken zeichnen 518
      Kreis zeichnen 518
      Ellipse zeichnen 519
      Farbverlaufslinien und -füllungen erzeugen 519

12 Komponenten

12.1 Einführung 523

12.2 Anwendung 524
Komponenten in der Entwicklungsumgebung 524
Komponenten mit ActionScript erzeugen 526
Komponenten über ActionScript ansteuern 527
Eigenschaften 528
Methoden 528
Ereignisse 529

12.3 Erscheinungsbild anpassen 536

12.4 Stile 537
Komponenteninstanzen anpassen 537
Komponententyp anpassen 537

12.5 Skins 538
Skin eines Komponententyps anpassen 539
Skin einer Komponenteninstanz anpassen 540

TEIL IV Multimedia und dynamische Inhalte

13 Bitmaps

13.1 Bitmap-Import 545

13.2 Photoshop-Import 548
Bildebenen 549
Textebenen 550

13.3 Illustrator-Import 551
Bildebenen 553
Textebenen 553
Pfade 554

13.4 FXG 554

13.5 Mischmodi und Filter 555
Bitmap-Filter anwenden 557
Bitmap-Filter animieren 558

13.6 Anzeigeoptionen und Performance 559

13.7 Mischmodi und Bitmap-Filter mit ActionScript 561
Mischmodi 561
Bitmap-Filter 562

13.8 Bitmaps mit ActionScript 565

Bitmap-Klasse 565

BitmapData-Klasse 566

Pixel einer Bitmap auslesen und setzen 567

14 Sound

14.1 Hintergrundwissen 573

14.2 Import und Veröffentlichung 575

Veröffentlichungseinstellungen 575

Tipps für den Import 578

14.3 Sound in der Zeitleiste 579

Soundtypen 579

Soundeffekte 581

14.4 Sounds mit ActionScript 585

Sound-Klasse 585

Sound laden 587

Sound abspielen 589

Sound-Streaming steuern 590

Sound pausieren 594

Soundlautstärke 596

14.5 Soundspektrum 604

15 Video

15.1 Techniken zur Bereitstellung 609

15.2 Adobe Media Encoder 611

Video-Format 611

Kodierung 613

Exporteinstellungen 614

15.3 Video-Import in Flash 622

Video-Playback-Komponente 623

FLV in Zeitleiste integrieren und abspielen 624

15.4 Video-Anwendung 625

Eingebettete Videos 625

Externe Videos 627

Vollbild-Modus 631

Audio-Spur eines Videos steuern 632

Eigenschaften der NetStream-Klasse 634

Cue-Points 636

16 Dynamischer Text

16.1 Klassischer Text oder TLF-Text? 647

16.2 Dynamische Textfelder und Eingabetextfelder 650
Textfeld-Einstellungen 651
Zeicheneinbettung 652

16.3 Text zuweisen und abfragen 654
Tabulator-Reihenfolge 661
Eingabefokus 662

16.4 Textdokument laden und ausgeben 664
Zeichenkodierung 664
Textdokumente laden 665

16.5 Textfelder mit ActionScript steuern 670
Textfeld-Eigenschaften 670
TextFormat 673
Schriftart-Symbol und Schriftart-Klasse 676
Textfeld-Methoden 679

16.6 Textscroller – die UIScrollBarKomponente 680
Textbereich definieren 680
Bildlauf aktivieren 681
UIScrollBar-Komponente einfügen 681
Ziel der Scroller-Komponente festlegen 682

16.7 Text Layout Framework 682
Text Layout Framework und MVC Design Pattern 683
Hierarchische Struktur 684
TextLayoutFormat 685
ParagraphElement 690
SpanElement 690
Textcontainer 691
Mehrspaltiger Text 692

17 Flash, PHP und MySQL

17.1 PHP 697
Voraussetzungen 698
Lokaler Webserver 699
Sprachelemente und Syntax 702
Datums- und Zeitfunktion 706
Daten in Flash empfangen 707
Daten von Flash an PHP senden und wieder empfangen 715

Ein Kontaktformular erstellen 720

Sicherheit 728

PHP-Skripte testen und Fehlermeldungen 731

17.2   **MySQL** 732

phpMyAdmin 734

Datenbank erstellen 734

Datenbanktabelle erstellen 735

Datentypen 736

Felder bearbeiten, löschen und hinzufügen 738

Datensätze einfügen 739

Tabellen exportieren 739

Tabellen importieren 741

17.3   **PHP und MySQL im Team** 742

Datenbank-Login 742

Datenbankverbindung herstellen 743

Daten an Flash übergeben 745

Datenbanksätze einfügen 752

Sicherheit 755

Datensätze aktualisieren 758

18   XML

18.1   **XML definieren** 759

18.2   **XML-Dokument laden** 761

Wohlgeformtheit 763

Kommentare 763

Anzahl von Elementen 764

Daten filtern 765

18.3   **Formatierungen in XML** 771

18.4   **XML bearbeiten** 773

Elementwerte ändern 774

Elemente hinzufügen 774

Elemente entfernen 776

18.5   **XML sortieren** 777

XML nach Knoten sortieren 778

XML nach Attribut sortieren 779

18.6   **XML speichern** 781

19 FileReference

19.1 Öffnen und Speichern 789

19.2 Download 793

19.3 Upload 797

　　　Methoden 799

　　　Ereignis-Listener 800

　　　Eigenschaften 803

　　　Dateiendungen überprüfen 803

　　　Upload – FAQ 810

TEIL V Weitere Einsatzgebiete

20 Spieleprogrammierung

20.1 Interaktion 819

　　　Tastatursteuerung 819

　　　Maussteuerung 820

20.2 Kollisionserkennung 823

　　　Einfache Kollisionserkennung mit hitTestObject und hitTestPoint 823

　　　Pixelbasierte Kollisionserkennung 825

　　　Positionsbasierte Kollisionserkennung 831

20.3 Zeit 834

20.4 Daten lokal speichern mit einem SharedObject 835

20.5 Asteroids-Spiel 839

　　　Startbildschirm 840

　　　Soundobjekte initialisieren 841

　　　Spielvariablen initialisieren 841

　　　Raumschiffsteuerung 842

　　　Feuer frei 843

　　　Asteroiden erzeugen 845

　　　Bewegung und Kollisionserkennung der Asteroiden 846

　　　Schwierigkeitsgrad erhöhen 849

　　　Schussenergie aufladen 849

　　　Lebenspunkte erzeugen 850

　　　SlowMotion-Punkte erzeugen 852

　　　Spiel beenden 853

20.6 Highscore 855
      Highscore laden 855
      Highscore aktualisieren und speichern 856
      Highscore darstellen 859
      Spiel neu starten 860

20.7 Highscore-Sicherheit 861
      Hashfunktion verwenden 862
      Zeitpunkte in einem Array speichern 862
      Hashwerte erzeugen 864
      Analyse der Verschleierungstechnik 866
      Weitere Betrugsmöglichkeiten 868

20.8 Mehr zum Thema Spieleentwicklung 869
      Mit Flash-Browser-Spielen Geld verdienen 869
      Werkzeuge für die professionelle Spieleentwicklung 869

21   AIR: Für mobile Geräte und den Desktop veröffentlichen

21.1 Wie funktioniert AIR? 871
      Historie von AIR 872
      Mit eingebetteter Laufzeitumgebung ohne
      AIR-Abhängigkeit veröffentlichen 873

21.2 Desktop-Anwendungen entwickeln 874

21.3 Mobile Anwendungen entwickeln 875
      Mobile Content Simulator 875
      Native Extensions 875
      Debugging 876

21.4 »Hello World«-iPhone-App mit AIR entwickeln 877
      Vorbereitung zum Testen auf dem Gerät 880
      Veröffentlichen für das iPhone 888
      ActionScript API 893
      Einschränkungen und Richtlinien 895

22   Von Flash nach HTML5 exportieren

22.1 CreateJS 899

22.2 Einschränkungen von CreateJS 900

22.3 Installation des Toolkit for CreateJS 901

22.4 Das Toolkit for CreateJS anwenden 902

22.5   Eine HTML5-Website mit Flash entwickeln 903

22.6   Fazit 908

23   Ein Blick über den Tellerrand

23.1   ActionScript-Entwicklungsumgebungen 911
       FlashDevelop 911
       Flash Development Tools (FDT) 914
       Flash Builder und Flash Professional optimal nutzen 917

23.2   Hochperformante 2D- und 3D-Anwendungen entwickeln 926
       Mit Stage3D flüssige 2D-Spiele entwickeln 927
       3D-Animationen und -Spiele 927

23.3   Ausgelaufene Technologien 929
       Adobe Flex 929
       Adobe Flash Catalyst 931
       Weitere veraltete Technologien 934

23.4   Bildschirmschoner 934

Die DVD zum Buch 937
Index 939

Workshops

Zeichnen
▶ Farben einer umgewandelten Bitmap-Grafik austauschen 102

Symbole, Instanzen und die Bibliothek
▶ Instanzeigenschaften ändern 127
▶ Eine Schaltfläche erstellen 133

Animation
▶ Die Animation anlegen 167
▶ Animation in MovieClip verschachteln 172
▶ Geschwindigkeit ändern 174
▶ Ein Bewegungs-Tweening erstellen 181
▶ Eine Animation entlang eines Pfades erstellen 187
▶ Den Bewegungs-Editor einsetzen 195
▶ Beschleunigung im Bewegungs-Editor nutzen 199
▶ Klassisches Tween an Pfad ausrichten 206
▶ Klassisches Tween mit Beschleunigung und Abbremsung 210
▶ Ein fahrendes Motorrad mit einem beschleunigten klassischen Tween 213
▶ Ein springender Ball mit beschleunigtem klassischem Tween 215
▶ Bitmap in Vektoren umwandeln 221
▶ Formmarken für einen Form-Tween einsetzen 223
▶ Verlaufsmaske erstellen 227
▶ Verschachtelung in einer Galerie mit Maskeneffekt 231
▶ Charakteranimation mit inverser Kinematik 243

Text
▶ Maskierung von Geräteschriften 268
▶ Textfelder miteinander verbinden 289

Veröffentlichung
▶ FlashVars einsetzen 315

ActionScript-Grundlagen
▶ Navigation mit externen Flash-Filmen 399
▶ Remote-Debugging mit dem »MonsterDebugger« 407

Animation mit ActionScript

- ▶ Animation mit Event.ENTER_FRAME-Ereignis 417
- ▶ Animation mit MouseEvent.MOUSE_MOVE-Ereignis 419
- ▶ Bewegung mit Easing 425
- ▶ FadeOut mit Easing 426
- ▶ Animation beenden 428
- ▶ Fading-Animation loopen 429
- ▶ Schwingende Bewegung auf der x-Achse 434
- ▶ Schwingende Bewegung auf der y-Achse 436
- ▶ 3D-Bewegung und Tiefenänderung 438
- ▶ Kreis- und ellipsenförmige Bewegung 441
- ▶ Spiralenförmige Bewegung 442
- ▶ MovieClip in Mausrichtung drehen 444
- ▶ MovieClip in Mausrichtung bewegen 445
- ▶ 3D-Flip mit TweenLite 455
- ▶ Schneeflockensimulation mit TweenLite 463

Einführung in die objektorientierte Programmierung

- ▶ Klasse und Objekt erstellen 473
- ▶ Eine analoge Uhr erstellen 491

Zeichnungs-API

- ▶ Interaktive Linie zeichnen 507
- ▶ Interaktive Kurve zeichnen 510
- ▶ Interaktives Zeichnen von Rechtecken 513

Komponenten

- ▶ Gallery mit Slideshow-Funktion mithilfe von Komponenten 529

Bitmaps

- ▶ Bitmap-Filter mit ActionScript steuern 563
- ▶ Farbwerte einer Bitmap auslesen 567
- ▶ Kreispunkt-Muster mit setPixel erzeugen 570

Sound

- ▶ Eine Schaltfläche mit Sounds versehen 580
- ▶ Einen Streaming-Sound ein- und ausblenden 583
- ▶ Mehrere Sounds zuweisen, abspielen und stoppen 592
- ▶ Sound pausieren und abspielen 595
- ▶ Soundlautstärke über einen Slider steuern 597
- ▶ Das Soundspektrum eines abspielenden Sounds auslesen und grafisch darstellen 605

Video

▶ Ein eingebettetes Video über die Zeitleiste steuern 625
▶ Ein Video über ActionScript abspielen und steuern 629
▶ Ereignis-Cue-Points einsetzen 638
▶ Navigation-Cue-Points einsetzen 642

Dynamischer Text

▶ Texteingabe abfragen und ausgeben 658
▶ FocusEvent.FOCUS_IN und FocusEvent.FOCUS_OUT
   zur Hervorhebung von Eingabetextfeldern nutzen 662
▶ Textdokument laden und ausgeben 668
▶ Mehrspaltigen Text über ActionScript mithilfe
   des Text Layout Frameworks erzeugen 692

Flash, PHP und MySQL

▶ Serverseitiges Datum und Zeit in Flash ausgeben 712
▶ Kontaktformular – Eingabe überprüfen und zurücksetzen 720
▶ Kontaktformular – Kontaktdaten an ein PHP-Skript senden 724
▶ Kontaktformular – PHP-Skript für den Mailversand erstellen 726
▶ Kontaktformular – PHP-Skript mit Sicherheitsfunktionen versehen 730
▶ Gästebuch – Datensätze auslesen und in Flash darstellen 748
▶ Gästebuch – Daten von Flash an PHP übergeben
   und Datensätze erstellen 753
▶ Gästebuch – SQL-Injections verhindern 757

XML

▶ RSS-Feed einlesen und Daten des Feeds in Flash darstellen 766
▶ RSS-Feed serverseitig einlesen und an den Flash-Film übergeben 769
▶ HTML-Formatierungen in XML-Knoten integrieren 772
▶ XML-Dokument laden, ändern und mittels eines
   serverseitigen Skripts wieder speichern 781

FileReference

▶ Ein Textdokument in den Flash Player laden und ausgeben 790
▶ Daten lokal abspeichern 792
▶ Download via FileReference-Klasse mit Fortschrittsbalken 795
▶ Die Upload-Methode nutzen und Dateien clientseitig auf ihre
   Dateiendungen hin überprüfen 804
▶ Den Fortschritt des Upload-Vorgangs anzeigen 808
▶ Upload: Dateiendung serverseitig überprüfen 809

Spieleprogrammierung
- ▶ Kollisionserkennung mit Randbereichen und Bouncing 833
- ▶ Spielername lokal speichern und lesen 838

AIR: Für mobile Geräte und den Desktop veröffentlichen
- ▶ »HelloWorld« mit dem mobilen Simulator 877
- ▶ Zertifizierungsprozess unter Mac OS X durchführen 881
- ▶ Zertifizierungsprozess unter Windows durchführen 883

Von Flash nach HTML5 exportieren
- ▶ HTML5-Website mit CreateJS entwickeln 904

Ein Blick über den Tellerrand
- ▶ Optimalen Workflow einrichten 918

TEIL I
Grundlagen

Kapitel 1

Was ist Flash?

In diesem Kapitel lernen Sie, was Flash ist, wofür Sie es einsetzen können, und welche Neuerungen es in Flash CS6 gegenüber den Vorgängerversionen gibt.

1.1   Flash-Historie

1996 wurde ein kleines Softwareunternehmen namens Future-Wave aus San Diego von Macromedia gekauft. Kurze Zeit später entwickelte sich aus dem Zusammenschluss beider Unternehmen und der Weiterentwicklung der Software »Future Splash Anima-tor« von FutureWave die erste Flash-Version. Zunächst wurde Flash ausschließlich für animierte Vektorgrafiken eingesetzt – seitdem hat es sich jedoch stetig, und nicht zuletzt durch die Übernahme von Macromedia seitens Adobe im Jahr 2005, weiterentwickelt.

Flash avancierte bis heute zu einem vollständigen Multimedia-Autorensystem für Online- und Offline-Produktionen. Ein Jahr nach Veröffentlichung von Flash CS5 erschien Flash CS5.5 mit einem Schwerpunkt auf Animation, und ein weiteres Jahr später erschien Flash CS6 mit dem Schwerpunkt auf mobilen Geräten und Spieleentwicklung.

Flash-Versionen
Die Produktbezeichnungen der verschiedenen Flash-Versionen sind auf den ersten Blick nicht eindeutig und führen gelegent-lich zu Missverständnissen. Die folgende Aufstellung klärt ver-meidbare Verwechslungen beim Übergang auf die CS-Versionen auf:
- Flash MX → Flash 6
- Flash MX 2004 → Flash 7
- Flash 8 → Flash 8
- Flash CS3 → Flash 9
- Flash CS4 → Flash 10
- Flash CS5 → Flash 11
- etc.

1.2   Entwicklungsumgebung, Player und Projektor

Mit Adobe Flash (kurz: Flash) wird die Entwicklungsumgebung zur Erstellung und Entwicklung multimedialer Inhalte, sogenann-ter »Flash-Filme«, bezeichnet. Die in der Entwicklungsumgebung

Flash Player Browser-Plugin

Das aktuelle Plugin für Ihren Browser können Sie unter der folgenden Adresse kostenlos herunterladen:
http://get.adobe.com/de/ flashplayer/

»Shockwave Flash« oder »Small Web Format«

Auch heute noch wird diskutiert, welche Bedeutung die richtige ist. Nach der ursprünglichen technischen Herkunft scheint »Shockwave Flash« richtig zu sein. Hinweise darauf finden sich auch heute noch in Verankerungen des Formats in Betriebssystemen und in JavaScript-Dateien von Adobe zur Einbettung eines Flash-Films in HTML. Gängiger erscheint jedoch der Begriff »Small Web Format«, weil die Begriffserklärung sich an der tatsächlichen Anwendung orientiert. Auch Adobe scheint diese Begriffserklärung inzwischen zu bevorzugen.

Hinweis

Die Dateiendung *.app* wird auf dem Mac nicht angezeigt.

erstellten Dateien, auch als Quelldateien bezeichnet, haben die Dateierweiterung *.fla*. Quelldateien werden nur vom Flash-Anwender selbst benötigt, um das Projekt zu entwickeln oder zu erweitern.

Die aus den Quelldateien resultierenden Ergebnisse werden aus der Entwicklungsumgebung mittels eines Compilers erstellt. Die sogenannten SWF-Dateien mit gleichnamiger Dateiendung werden auch als Flash-Filme bezeichnet. SWF steht entweder für »**S**mall **W**eb **F**ormat« oder für »**S**hock**w**ave **F**lash«. Welche Bezeichnung die richtige ist, lässt sich nicht mehr eindeutig feststellen.

Um Flash-Filme betrachten zu können, ist der sogenannte Flash Player erforderlich, der sowohl als »Stand-Alone« als auch als Webbrowser-Plugin verfügbar ist und es ermöglicht, Flash im Webbrowser zu betrachten. Auch den Flash Player gibt es in verschiedenen Versionen. Zum Zeitpunkt der Drucklegung des Buches ist der Flash Player 11.3 aktuell. Aus der Entwicklungsumgebung können zusätzlich sogenannte Projektoren erstellt werden. Projektoren haben in Windows die Dateierweiterung *.exe* und auf Macs die Dateierweiterung *.app*. Projektoren sind direkt ausführbar – der Flash Player ist integriert, sodass Projektoren autonom lauffähig sind. Die Projektordateien können aber nicht auf das Betriebssystem zugreifen und werden im professionellen Einsatz nicht benutzt. Stattdessen werden Desktop-Anwendungen mit Adobe AIR veröffentlicht (siehe Kapitel 21, »AIR: Für mobile Geräte und den Desktop veröffentlichen«).

▲ **Abbildung 1.1**
Ein Flash-Film im Firefox-Browser

◀ **Abbildung 1.2**
Ein Flash-Film im (Stand-Alone-)
Flash Player

Um Flash-Filme im Webbrowser zu betrachten, werden diese auf einen Webserver geladen. Sie können dann z. B. mittels HTML und JavaScript eingebettet werden und im Webbrowser abgespielt werden.

1.3   Vektoren und Pixel

Flash lässt sich als eine Kombination aus einem Programm zur Erstellung von Vektorgrafiken und einer Animationssoftware bezeichnen. Über Flash lassen sich verschiedene Inhalte wie Bitmaps, Texte, Sounds und Videos zusammenführen und parallel im Flash Player darstellen bzw. ausgeben.

Vektorgrafik | Eine Vektorgrafik ist eine Computergrafik, zu deren Darstellung mathematische Größen verwendet werden. Die Grafik wird aus verschiedenen Werten berechnet. Um beispielsweise eine Linie darstellen zu können, werden dazu mindestens zwei Größen benötigt: der Anfangspunkt einer Linie und der Endpunkt. Das resultierende Ergebnis dieser Werte ist dann die berechnete Vektorgrafik.

Skalierbarkeit | Im Gegensatz zu einer Pixelgrafik (auch als Bitmap oder Rastergrafik bezeichnet), die jeden Punkt einer Linie beispielsweise in einem Raster speichert, sind Vektorgrafiken ohne Qualitätsverlust skalierbar. Die verlustfreie Skalierung von Vektorgrafiken ist eine der Stärken von Flash.

Flash arbeitet vektorbasiert
Obwohl Flash selbst auch Pixelgrafiken und im zunehmenden Maße Techniken zur Manipulation von Pixeln bietet, arbeitet Flash vektorbasiert und ist in erster Linie ein Programm zur Erstellung von Vektorgrafiken und -animationen.

[Rastergrafik]
Eine Rastergrafik besteht aus einer rasterförmigen Anordnung von Pixeln (Bildpunkten). Jedem Bildpunkt wird eine bestimmte Farbe zugeordnet. Alle diese Bildpunkte zusammengenommen ergeben dann das fertige Bild.

27

Abbildung 1.3 ▶
Oben: Pixelgrafik, unten: Vektor-grafik

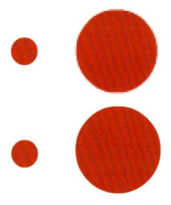

1.4   Anwendungsbereiche

Flash wird mittlerweile in sehr vielen Bereichen genutzt – die Zeit von langatmigen Flash-Intros ist bereits lange vorbei. Nachfolgend werden exemplarisch einige Anwendungsbereiche gezeigt.

Animationen | Animationen werden sowohl für Werbeeinblendungen, animierte Comics, Spiele, Präsentationen als auch in vielen anderen Anwendungsbereichen unterstützend eingesetzt. Da Animationen über einen zeitlichen Ablauf verfügen, können sie dazu genutzt werden, Inhalte auf ansprechende Weise darzustellen bzw. zu präsentieren. Die Aufmerksamkeit des Betrachters auf bestimmte Elemente von Inhalten zu lenken, kann mittels Animationen bewusst zeitlich gesteuert werden.

Dateigröße

Da geometrische Formen wie z. B. ein Rechteck oder eine Ellipse mittels Vektoren dargestellt werden, benötigen Grafiken und Animationen im Vektorformat im Vergleich zur Darstellung über Pixelgrafiken weniger Speicher.

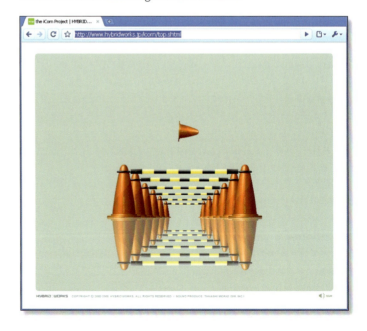

Abbildung 1.4 ▶
Flash-Animation von Hybrid-Works

Benutzeroberflächen | Flash wird zur Erstellung von Benutzeroberflächen sowohl für das Web als auch für CD- und DVD-Produktionen verwendet. Mittels Adobe AIR (Adobe Integrated Runtime) können Benutzeroberflächen auch für mobile Endgeräte wie z. B. PDAs oder Handys in Flash entwickelt werden, während dafür früher noch auf Flash Lite zurückgegriffen wurde. Auch plattformübergreifende Desktop-Anwendungen lassen sich mit AIR auf Flash-Basis erstellen.

Aktuelle Meldungen | Zur Ausgabe von aktuellen Meldungen wie Nachrichten, die in einem begrenzten Bereich einer Webseite oder Offline-Anwendung, z. B. einem RSS-Reader, dargestellt werden, lässt sich Flash einsetzen.

Animationsbeispiel
www.hybridworks.jp/icorn/ top.shtml

Adobe AIR
Mehr zu Adobe AIR erfahren Sie in Kapitel 21, »AIR: Für mobile Geräte und den Desktop veröffentlichen«.

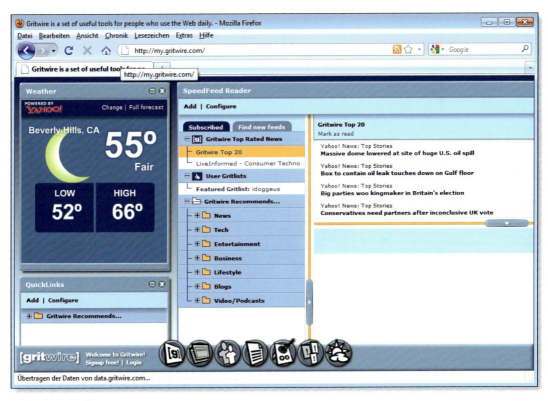

▲ **Abbildung 1.5**
Flash-basierter RSS-Reader von *my.gritwire.com*

Präsentationen | Die vielfältigen Möglichkeiten, verschiedene Medien in Flash parallel einzusetzen, bieten die idealen Voraussetzungen für Produktpräsentationen, sowohl für Online-Präsentationen im Web als auch für Offline-Produktionen (CD, DVD, USB etc.).

Abbildung 1.6 ▶
Produktpräsentation von
Mercedes-Benz Deutschland
(*www.mercedes-benz.de*)

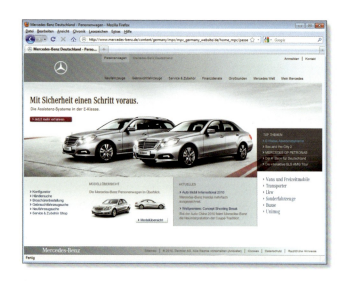

Bildschirmschoner
Flash kann auch zur Erstellung
von Bildschirmschonern verwendet werden. Dazu sind jedoch ergänzende Tools notwendig. Mehr
dazu erfahren Sie in Kapitel 23,
»Ein Blick über den Tellerrand«.

Multiplayer-Spiele

In Kombination mit Servertechnologien lassen sich auch Multiuser-Spiele umsetzen.

Spiele im Browser und auf mobilen Geräten | Online- und
Offline-Spiele werden aufgrund der Leistungssteigerung immer
häufiger mit Flash entwickelt. Dabei lassen sich Animationen und
Interaktivität in Flash kombinieren, um sowohl klassische Spielideen (Kniffel, Pong, Snake etc.) als auch grafisch anspruchsvollere 2D- oder 3D-Spiele umzusetzen.

Abbildung 1.7 ▶
»Agony: The Portal«, ein Browserspiel, das komplett mit Flash grafisch und spielerisch umgesetzt
wurde. Nur »Altes Papier«-Effekte
und Pinseleffekte wurden mit
Fireworks erstellt und die Objekte
als PNGs in Flash importiert.

Auch die Entwicklung von 3D-Spielen in Flash hat seit Flash
Player 11 große Fortschritte gemacht. Mit der Stage3D-API, die
auf OpenGL bzw. DirectX zurückgreift, hat es Adobe ermöglicht,
anspruchsvolle 3D- und 2D-Inhalte hardwarebeschleunigt flüssig
darzustellen.

Auf Stage 3D aufbauend, erschien auch das von Adobe unterstützte Open-Source-Framework Starling, das für die einfache

Entwicklung von 2D-Anwendungen gedacht ist, die von der Performance von Stage3D profitieren möchten. Analog dazu gibt es für den 3D-Bereich das von Adobe geförderte Framework Away3D. Mehr über die hardwarebeschleunigte Anzeige erfahren Sie in Kapitel 23, »Ein Blick über den Tellerrand«.

Mit Adobe AIR lassen sich Flash-Spiele sogar für mobile Endgeräte wie z. B. iPhone und iPad veröffentlichen, ohne dass Sie neue Sprachen wie z. B. Objective-C lernen müssen. Mehr darüber erfahren Sie in Kapitel 21, »AIR: Für mobile Geräte und den Desktop veröffentlichen«.

Flash ist allerdings nicht für die Erstellung von 3D-Modellen gedacht. Für diesen Bereich gibt es einige sehr gute Programme, mit denen Sie anspruchsvolle 3D-Grafiken erstellen können. Dazu zählen z. B. Cinema 4D und Blender. Sind diese 3D-Modelle erstellt, werden sie aus einer festen Perspektive, z. B. aus der Seitenansicht, als Bilder exportiert, um sie in einem 2D-Flash-Spiel zu verwenden. Sind die 3D-Modelle im 3D-Modelling-Programm animiert, z. B. mit 3D-Rotationen, dann werden die Animationen als PNG-Bildersequenzen exportiert. Bei 3D-Spielen hingegen sind nicht Bilder, sondern beliebig drehbare 3D-Anzeigen nötig, weshalb 3D-Engines wie z. B. Away3D sich um die mathematischen Grundlagen kümmern, die Sie dann in ActionScript für die Anzeige nutzen. Mehr über Projekte mit 3D-Modellen erfahren Sie in Kapitel 23, »Ein Blick über den Tellerrand«.

Professionelle Flash-Spiele entstehen oft aus einem Zusammenspiel von in Flash erstellten Vektorgrafiken und Animationen, den Bitmap-Manipulationsfunktionen von ActionScript und den von externen Grafikprogrammen importierten Bildern.

◀ **Abbildung 1.8**
»SpaceCraft«, ein Browserspiel, das die Bitmap-Manipulationsfunktionen von Flash (Action-Script 3.0) einsetzt, um besonders weiche und trotzdem performante Effekte zu erzielen. Die 3D-Grafiken wurden mit Cinema 4D erstellt und als PNG-Sequenzen in Flash importiert.

Webseiten

Eine gute Quelle zur Inspiration sind Portale oder Flash-Awards, die in unterschiedlichen Abständen verschiedene Flash-Webseiten prämieren. Lassen Sie sich inspirieren, z. B. unter *thefwa.com*.

Rich Internet Applications | Als Rich Internet Applications (RIA) werden Anwendungen bezeichnet, die Internettechniken verwenden, um mit interaktiven Benutzeroberflächen auf entfernte Daten zuzugreifen. Dazu gehören Kalenderanwendungen, Schulungs- und Prüfungsanwendungen, Shop-Systeme, Preissuche, Kartensuche etc. RIAs lassen sich flashbasiert sowohl für den Browser als auch als Desktop-Anwendung mittels Adobe AIR entwickeln. Für die Erstellung von RIAs mit komplexen Benutzeroberflächen wird alternativ zu Flash auch häufig Flex verwendet. Mehr zu Flex erfahren Sie in Kapitel 23, »Ein Blick über den Tellerrand«.

Ein Beispiel ist diese Suchmaschine für Flickr-Tags (*www.airtightinteractive.com/projects/related_tag_browser/app*).

Abbildung 1.9 ▶
Flickr: Tag-Browser von *airtightinteractive.com*

Video-Anwendungen | Da der Flash Player im Web sehr verbreitet ist und über leistungsstarke integrierte Video-Codecs verfügt, die neben einer guten Kompression auch eine verhältnismäßig gute Qualität bieten, wird Flash im Web auch als Video-Player verwendet – z. B. von *youtube.com*.

HTML 5 – eine Alternative zu Flash?

Da sich bislang noch kein Codec etabliert hat, wird HTML 5 Flash in absehbarer Zeit wohl nicht ersetzen.

Video-Wiedergabe: Flash gegen HTML 5 | Aktuell ist in aller Munde das Thema HTML 5 und die Möglichkeit, damit Videos, Musik und sogar Spiele innerhalb einer Webseite abspielen zu können, ohne dass ein zusätzliches Plugin vorhanden sein muss.

Der Unterschied zu Adobe Flash ist, dass HTML 5 ein herstellerunabhängiger Webstandard ist. Vorteil für Webentwickler ist hier, dass diese dadurch mehr Planungssicherheit haben und unabhängig von bestimmten Herstellern Animationen etc. entwickeln können. Auch das Thema Lizenzkosten spielt dabei eine Rolle, da der Einsatz professioneller Programme wie z. B. Flash im Gegensatz zu HTML 5 natürlich Geld kostet.

Aktuell gibt es drei verschiedene Video-Codecs, die versuchen, das Internet zu erobern: H.264, Ogg/Theora und von Google der Codec VP8. Alle drei Codecs haben ihre Vor- und Nachteile, sodass abzuwarten ist, welcher von den dreien sich durchsetzen wird.

Der Codec H.264 wird dafür kritisiert, dass in absehbarer Zeit Lizenzkosten anfallen könnten. Bei Ogg/Theora warnen Kritiker vor den sogenannten U-Boot-Patenten. Hierbei handelt es sich um Patente, die eine Rolle für die Implementierung des Standards spielen, aber keiner weiß, ob es sich dabei um eine patentierte Technik handelt. Patentinhaber könnten sich dann eventuell erst zu Wort melden, wenn der Codec bereits genügend Verbreitung gefunden hat. Was dies für kostentechnische Konsequenzen haben könnte, dürfte jedem klar sein.

Dann gibt es noch den Codec VP8 aus dem Hause Google, der eine Ähnlichkeit mit dem H.264 haben soll. Ein großer Vorteil hier ist, dass dieser Codec von Google als Open Source zur Verfügung gestellt wird. Somit haben wir mit VP8 einen weiteren interessanten Codec für die nächsten Jahre. Führende Anbieter wie Microsoft, Mozilla und selbstverständlich Google wollen diesen Codec mit in ihre Browser integrieren. Lediglich Apple weigert sich. Es gilt daher abzuwarten, ob und wie lange Apple dem Druck standhalten kann, bis VP8 auch im Safari integriert wird.

Da sich aber allgemein noch sehr viel auf diesem Gebiet tut, ist es noch völlig offen, welcher Codec letztlich der neue Standard für das Web sein wird. Es sollte auch bedacht werden, dass HTML 5 noch kein finaler Standard ist und teilweise in den Kinderschuhen steckt. HTML 5 wird Flash also wahrscheinlich nicht komplett ablösen, wie es teilweise aus einigen Kreisen bereits zu hören ist, sondern es wird lediglich zu einer Verschiebung der Aufgabengebiete kommen.

E-Learning | Für E-Learning-Module ist Flash ebenso geeignet, da verschiedene Medien wie Audio (Sprachausgabe), Video (Lernvideos), Bitmaps und Vektoren (erläuternde Bilder, Diagramme) und Text miteinander verknüpft werden können. Über Action-Script lassen sich dann gegebenenfalls Test- und Prüfungseinheiten sowie eine serverseitige Verarbeitung realisieren.

Simulationen
Mittels Vektoranimationen können schnell ladende Simulationen gezeigt werden – mittels Action-Script sogar dynamische Simulationen und Ausgaben (z. B. animierte Chartdiagramme). Simulationen werden häufig für E-Learning-Produktionen entwickelt.

Abbildung 1.10 ▶
Flash-Video-Player von
YouTube.com

1.5   Neues in Flash CS5.5 und CS6

Seit Flash CS5 hat sich vieles getan. Die wichtigsten Neuerungen werden im Folgenden kurz vorgestellt. Auf rein visuelle Änderungen, die Sie selbst beim Programmstart wahrnehmen werden, gehen wir hier nicht weiter ein.

Während Flash CS5.5 allgemein an design- und grafikorientierte Benutzer gerichtet war, hat Flash CS6 einen Schwerpunkt auf die mobile Entwicklung gesetzt. Für den Fall, dass Sie sich mit den Funktionen von Flash CS5.5 noch nicht tief gehend befasst haben sollten, sind die Neuerungen dieser Version ebenfalls aufgelistet worden. Auch wenn Flash CS5.5 bereits erste Funktionen für die mobile Entwicklung mitbrachte, ist dieser Bereich erst mit Flash CS6 wirklich gereift.

Neues in Flash CS5.5

Erweiterte Kopierfunktionen | Ebenen können samt Inhalt ausgeschnitten, kopiert und eingefügt werden. Das geht auch, wenn Sie bei gedrückter ⌂-Taste mehrere Ebenen auswählen. Früher musste man für das Kopieren von Ebenen mühsam erst alle infrage kommenden Bilder kopieren.

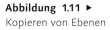

Abbildung 1.11 ▶
Kopieren von Ebenen

Eine weitere Kopierverbesserung findet sich beim Kopieren und Einfügen von Symbolen aus fremden FLAs, die den gleichen Namen haben, wie ein in der FLA existierendes Symbol. Sie können nun die doppelt vorhandenen Elemente in einem Ordner ablegen, sodass beide Symbole in der FLA gleichzeitig existieren.

Timeline-Arbeit mit Animationen erleichtert | Im Zeitleistenfenster befinden sich neue Abspielsymbole, von denen die SCHLEIFE ❶ das wesentliche ist. Diese Funktion erleichtert die Arbeit mit Animationen erheblich, da man bei komplexen Symbolen in der Regel mehrere Teilanimationen in einem MovieClip hat und sich oft nur bestimmte Teile der Animation genau anschauen möchte, um an diesen zu arbeiten. Details zu dieser Anwendung finden Sie in Kapitel 5, »Animation«.

◄ **Abbildung 1.12**
Gleichlautende Symbole in einer FLA

◄ **Abbildung 1.13**
Nur innerhalb einer ausgewählten Schleife abspielen

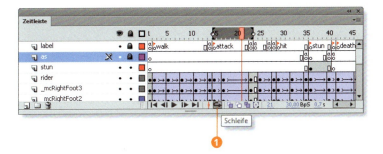

Schnelleres Kompilieren | Wer schon einmal ein großes Flash-Projekt vor sich hatte, der weiß diese Funktion zu würdigen: Bei eingebetteten Video-, Audio- und Fontdaten hat Flash früher bei jedem Testen des Films diese statischen, meist großen Daten neu kompiliert, was wegen der Komprimierung zeitaufwendig ist und die Fehlertestphase unerträglich langsam machen kann. Nun wird die Kompilierung dieser Daten gecachet, d. h. zwischengespeichert, anstatt ständig neu berechnet.

Optionen zur Performancesteigerung von Symbolen | Im Eigenschaftenfenster können Sie für ein Symbol unter ANZEIGE neben der Renderoption ALS BITMAP ZWISCHENSPEICHERN die Option ALS BITMAP EXPORTIEREN auswählen. Der Name ist etwas irreführend, da nicht etwa ein Bitmap als Datei exportiert wird, um das Sie sich in ActionScript kümmern müssten. Stattdessen wird beim Veröffentlichen das Symbol automatisch als Bitmap in die SWF-Datei kodiert und verwendet. Das ist insbesondere für mobile Geräte im Vergleich zum Zwischenspeichern performanter, da die Umwandlung zur Laufzeit entfällt und dadurch die schwache CPU entlastet wird.

▲ **Abbildung 1.14**
Neue Anzeigeoptionen zur Performancesteigerung

Bequem und nebenbei performancesteigernd ist außerdem die neue Option Sᴄʜᴛʙᴀʀ im Eigenschaftenfenster, die das Symbol zur Laufzeit von der Anzeige ausschließen kann. Mehr zu diesem Thema finden Sie in Kapitel 13, »Bitmaps«.

Datenverlust vermeiden durch automatisches Speichern | Beim Erstellen einer neuen FLA-Datei sowie in den Dokumenteneinstellungen können Sie nun angeben, ob und in welchen Zeitabständen die Datei automatisch gespeichert werden soll.

Außerdem hat Flash nun eine Auto-Wiederherstellungsfunktion, die die Datei standardmäßig im 10-Minuten-Takt in einer getrennten Datei sichert, sodass sie nach einem Absturz wiederhergestellt werden kann. Über die Menüleiste unter Bᴇᴀʀʙᴇɪᴛᴇɴ • Vᴏʀᴇɪɴꜱᴛᴇʟʟᴜɴɢᴇɴ ist auch dieser Zeitabstand änderbar.

▲ **Abbildung 1.15**
Automatische Wiederherstellung

Bühneninhalt mit Bühnengröße skalieren | Wenn Sie bereits Symbole und Grafiken auf der Bühne angeordnet haben und nachträglich die Bühnengröße ändern möchten, können Sie nun sämtliche Objekte proportional zur Bühnengröße anpassen lassen.

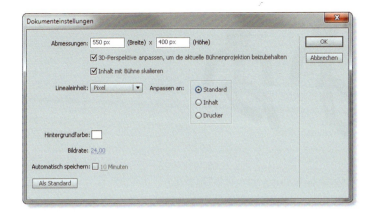

◄ **Abbildung 1.16**
Inhalt mit Bühne skalieren

Flash-Projekte für gemeinsame Nutzung von Symbolen | Falls Sie mehrere FLA-Dateien haben, die zu einem Projekt gehören und Symbole untereinander teilen sollen, dann können Sie sie in ein Flash-Projekt gruppieren, das ausgewählte gemeinsam genutzte Symbole automatisch in einer getrennten FLA-Datei sammelt. Werden diese in der FLA geändert, dann ändern sie sich automatisch auch in den anderen FLAs. Durch diese Synchronisation wird redundante Arbeit vermieden. Mehr über das Projektfenster erfahren Sie in Abschnitt 4.6, »Gemeinsame Nutzung von Bibliothekselementen«.

◄ **Abbildung 1.17**
Flash-Projekt mit einer Author-timeSharedAssets.fla

Natürlichere Animationen mit Bone-Fixierung | Durch Fixierung eines Bones kann man unnatürlich aussehende Gelenkanimationen verhindern. Dazu muss man ein Bone-Objekt auswählen und die Fixierung aktivieren, wodurch es an die Bühne angepinnt wird und sich nicht mehr bewegen kann. Die Fixierung kann z. B. dazu genutzt werden, die Animation wie gewünscht zu verändern, und kann später wieder deaktiviert werden. Mehr dazu in Kapitel 5, »Animation«.

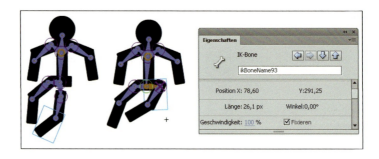

Abbildung 1.18 ▶
Beinbewegung nach Fixieren eines Hüft-Bones (links: Beinbewegung ohne Fixierung; rechts: Beinbewegung mit Fixierung)

Weiterentwicklung von TLF-Texten | TLF-Texte hatten trotz der funktionalen Überlegenheit gegenüber klassischen Textfeldern ein großes Problem: Die SWF-Datei wurde durch Einbettung des TLF-Frameworks zu groß, wodurch in der Regel TLF-Texte für kleine standardisierte Grafiken wie z. B. Werbebanner nicht eingesetzt werden konnten. Deshalb wurde die Dateigröße etwas optimiert. Eine besonders signifikante Reduktion erzielt man jetzt aber, wenn man ausschließlich »statische« TLF-Texte in der FLA verwendet. Mit »statisch« meinen wir, dass der TLF-Text keinen Instanznamen auf der Bühne hat und deshalb nicht von Action-Script angesprochen werden kann. Dann nämlich wird nicht das gesamte TLF-Framework eingebunden, und die Einbettung beansprucht nur noch ca. 20 KB Speicherplatz.

Abbildung 1.19 ▶
Dateigröße bei statischen und dynamischen Textfeldern mit nur einem eingebetteten Buchstaben (links oben: dynamisches klassisches Textfeld; links unten: statisches klassisches Textfeld; rechts oben: dynamisches TLF-Textfeld; rechts unten: statisches TLF-Textfeld)

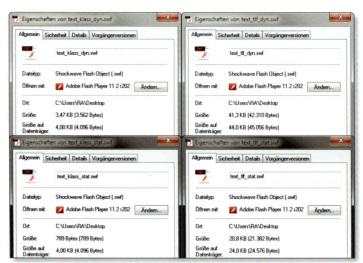

▲ **Abbildung 1.20**
Tabstopps in TLF-Texten definieren und so Abstände präzise kontrollieren

Eine weitere Neuerung bei TLF-Texten ist das TLF-Tabulatorlineal, mit dem Sie präzise Tabstopps setzen und bearbeiten können. So können Sie die Abstände in Ihren Texten perfektionieren. Mehr dazu finden Sie in Kapitel 6, »Text«.

Neuerungen von Flash CS6

Spritesheets für performante Spiele und Animationen | Spritesheets bieten die Möglichkeit, ein oder mehrere Symbole samt Animation über ein intelligentes Tool in ein gemeinsames Bild zu exportieren. Das ist, auch wenn es einfach klingt, eine bedeutende Neuerung, insbesondere für mobile Anwendungen. Diese Technik eignet sich nämlich sehr gut für das hardwarebeschleunigte Rendern über die GPU. Mehr darüber erfahren Sie in Kapitel 7, »Veröffentlichung«.

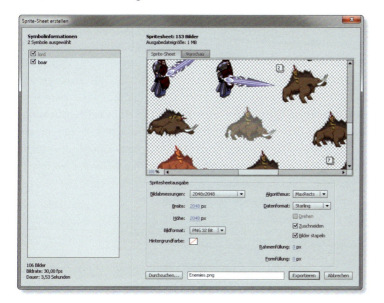

◄ **Abbildung 1.21**
Zwei MovieClips wurden optimal in ein Spritesheet gepackt, um als ein möglichst kleines PNG-Bild exportiert zu werden.

Exportieren in PNG-Bildersequenzen | Wenn Sie einfach nur die in einem Symbol enthaltene Animation als Sequenz von PNG-Bildern exportieren möchten, dann können Sie das nun von der Bühne oder von der Bibliothek aus erreichen. Sie können dabei auch die dpi-Auflösung einstellen.

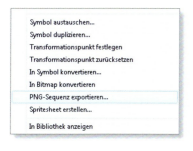

◄ **Abbildung 1.22**
Symbol als PNG-Sequenz exportieren

Von Flash nach HTML 5 exportieren | Das Trendthema HTML 5 wurde auch von Adobe aufgegriffen. So wurde mit dem Toolkit for CreateJS eine Erweiterung zu Flash CS6 entwickelt, mit der Sie in Flash Grafiken und Animationen gestalten und nach HTML 5 exportieren können, sodass Sie Browser ohne Flash Player erreichen können, also z. B. die von mobilen Geräten. Die Programmierung ist in JavaScript möglich und hat große Ähnlichkeiten mit der ActionScript-Programmierung. Für simple Anwendungen kann der JavaScript-Code auch direkt in die Zeitleiste geschrieben werden. Das Toolkit ist eine Brücke zu CreateJS, ein von Adobe gefördertes Open-Source-JavaScript-Framework, das auf die HTML 5-Bühne wie Flash malt und ähnlich zu programmieren ist.

Eine Einführung in die Arbeit mit dem Toolkit for CreateJS sowie ein Beispielprojekt finden Sie in Kapitel 22, »Von Flash nach HTML 5 exportieren«.

Abbildung 1.23 ▶
CreateJS mit seinen JavaScript-Bibliotheken für HTML 5

AIR-Anwendungen ohne AIR-Abhängigkeit veröffentlichen | Eine neue Option in den AIR-Veröffentlichungseinstellungen erlaubt das Veröffentlichen ohne Abhängigkeit von der AIR-Laufzeitumgebung. Damit wurde das bis dahin größte Manko beseitigt, denn man kann nicht immer sicherstellen, dass der Nutzer vorher AIR installiert hat, Internet zum Downloaden verfügbar ist oder die Installation technisch überhaupt möglich ist.

Abbildung 1.24 ▶
Mit eingebetteter AIR-Laufzeitumgebung veröffentlichen

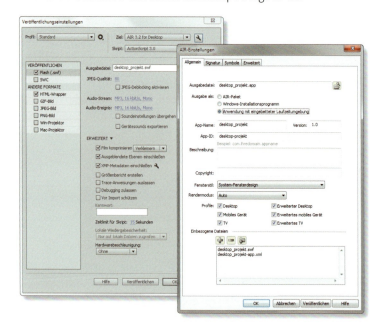

Durch diese Funktion ist man außerdem in der Regel nicht mehr auf externe Programme angewiesen, die aus Flash-Dateien native

Anwendungen erstellen. Auch neu ist die Veröffentlichung ohne AIR-Abhängigkeit für mobile Geräte.

Mehr zu den Möglichkeiten von AIR für das Erstellen von Desktop- und mobilen Applikationen erfahren Sie in Kapitel 21, »AIR: Für mobile Geräte und den Desktop veröffentlichen«.

Hochperformante 2D- und 3D-Anwendungen entwickeln | Adobe hat einen Schwerpunkt auf die Spieleentwicklung gesetzt und mit der Stage 3D-API eine Schnittstelle erschaffen, die erstmals die volle Leistungsfähigkeit der Grafikkarte ausnutzen kann. Auf Basis dieser Schnittstelle sind ein paar ActionScript-Bibliotheken entstanden, die Sie zum Entwickeln hochperformanter Anwendungen nutzen können. So ermöglicht das von Adobe geförderte Open-Source-Framework Starling die Hardwarebeschleunigung für flüssige, effektvolle 2D-Spiele und -Animationen, während sich das ebenfalls von Adobe geförderte Open-Source-Framework Away3D auf den 3D-Bereich bezieht. So können selbst grafisch anspruchsvolle 3D-Spiele flüssig im Browser dargestellt werden.

◄ **Abbildung 1.25**
Das Multiplayer-Browserspiel »Tanki Online« wurde mit dem auf Stage3D basierenden Framework Alternativa3D entwickelt.

Mehr über die Möglichkeiten mit Stage3D erfahren Sie in Kapitel 23, »Ein Blick über den Tellerrand«. Für die Entwicklung mit diesen zusätzlichen Frameworks müssen Sie allerdings schon ein fortgeschrittener ActionScript-Entwickler sein. Die Programmierung auf Basis von Stage3D würde den Rahmen dieses Buchs sprengen, weshalb Sie hier nur einführende Informationen darüber erhalten.

Native Extensions | Manche geräteabhängige Anwendungsfälle wie z. B. die In-App-Bezahlung oder das iOS Game Center sind (zumindest zum Zeitpunkt der Drucklegung dieses Buches) nicht in AIR enthalten. Mit den Native Extensions hat Adobe aber eine Schnittstelle geschaffen, die die direkte Ansprache des Geräts über die Einbindung von nativem Code ermöglicht. Im Falle von iOS ist das demnach Objective-C-Code und nicht ActionScript.

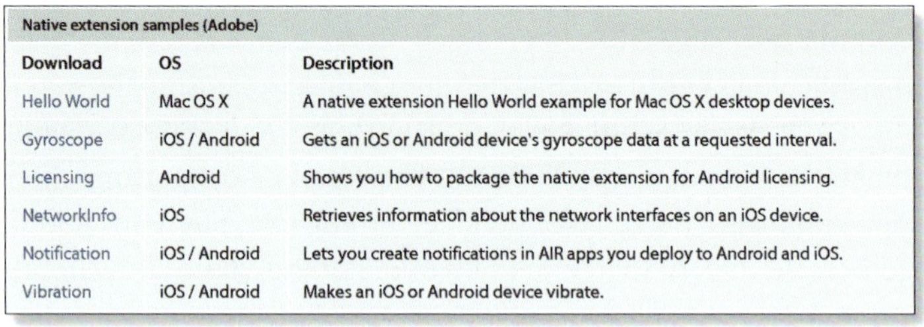

Native extension samples (Adobe)		
Download	**OS**	**Description**
Hello World	Mac OS X	A native extension Hello World example for Mac OS X desktop devices.
Gyroscope	iOS / Android	Gets an iOS or Android device's gyroscope data at a requested interval.
Licensing	Android	Shows you how to package the native extension for Android licensing.
NetworkInfo	iOS	Retrieves information about the network interfaces on an iOS device.
Notification	iOS / Android	Lets you create notifications in AIR apps you deploy to Android and iOS.
Vibration	iOS / Android	Makes an iOS or Android device vibrate.

Abbildung 1.26 ▶
Von Adobe entwickelte Native Extensions zum Download

Native Extensions werden in ane-Dateien gepackt und können in den Veröffentlichungseinstellungen in Flash eingebunden werden. Sie müssen nicht selbst nativ programmieren können, solange Sie für Ihren Anwendungsfall eine Native Extension auf der entsprechenden Adobe-Seite finden (*www.adobe.com/devnet/ air/native-extensions-for-air.html*), auf der sowohl von Adobe als auch von der Community entwickelte Extensions samt Tutorial aufgelistet werden.

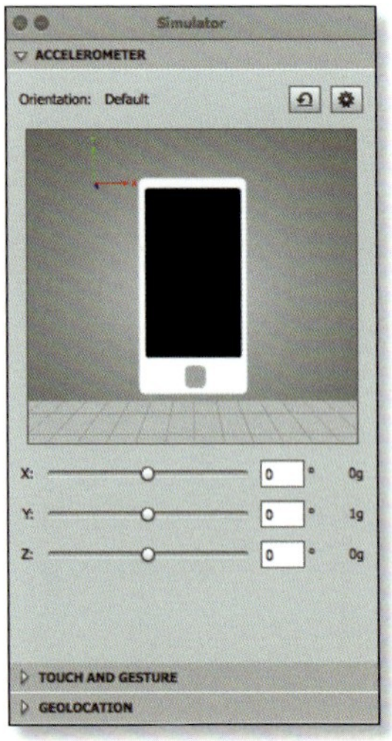

▲ **Abbildung 1.27**
Der Mobile Content Simulator simuliert u. a. die Neigung und den Ort des Geräts sowie unterschiedliche (Finger-)Gesten.

Mobile Content Simulator | Während in Flash CS5 die Adobe Device Central für jedes einzelne Gerät ein eigenes Profil hatte, wurde diese in Flash CS6 durch den Mobile Content Simulator ersetzt, mit dem Sie Touch-Events und Geräterotationen etc. simulieren können. Auf diese Weise können Sie Ihre Apps schneller testen. Der Simulator öffnet sich automatisch in einem Fenster, wenn in den Veröffentlichungseinstellungen eine mobile AIR-Version ausgewählt ist.

Den praktischen Umgang mit dem Simulator erlernen Sie in Kapitel 21, »AIR: Für mobile Geräte und den Desktop veröffentlichen«, in dem Sie eine »Hello World«-App für das iPhone entwickeln.

Automatisches Hintergrund-Update für Flash Player | Seit Flash Player 11.2 kann sich der Flash Player auf dem PC (bzw. seit Version 11.3 auf dem Mac) im Hintergrund automatisch aktualisieren. Damit erübrigt sich in Zukunft die Unsicherheit bei der Wahl der Flash-Version Ihrer Projekte. Auch wenn es möglich ist, diesen Mechanismus zu deaktivieren, werden sich wahrscheinlich fast alle Nutzer nicht darum bemühen. Übrigens wird sich der Debug Player nicht automatisch aktualisieren.

Effizientere SWF-Komprimierung | Ab Flash Player 11 bzw. AIR 3 kann im Veröffentlichungseinstellungen-Fenster unter FILM KOMPRIMIEREN die Option LZMA ausgewählt werden. Diese kann die Dateigröße laut Adobe um bis zu 40% reduzieren, abhängig davon, wie viel ActionScript-Code und wie viele Vektordaten enthalten sind.

▲ **Abbildung 1.28**
LZMA-Filmkomprimierung in den Veröffentlichungseinstellungen

Neues in ActionScript bei der Steuerung | Für anspruchsvolle Spiele ist natürlich auch eine entsprechende Steuerung notwendig. Seit Flash Player 11.2 ist es möglich, das Rechtsklickmenü komplett benutzerdefiniert zu gestalten oder auch zu blockieren. Außerdem kann die Maus gesperrt werden (`stage.mouseLock`), sodass mit relativen Mauskoordinaten (`MouseEvent.MOUSE_MOVE`) ein Endlos-Scrolleffekt wie bei 3D-Ego-Shooter-Spielen entsteht. Übrigens kann nun auch die mittlere Maustaste empfangen werden.

Für professionelle Spiele ist natürlich zudem ein Vollbild-Modus nötig, sodass das Gefühl verloren geht, sich im Browser zu befinden. Der Vollbild-Modus war auch schon früher in Flash möglich, allerdings wurden dort fast alle Tastatureingaben ignoriert, da er für das Abspielen von Videos gedacht war. Mit Flash Player 11.3 werden nun alle Tastatureingaben verarbeitet (bis auf `Esc`, was die Rückkehr in den Fenstermodus bedeutet). Beim Wechsel in den Vollbild-Modus (über `stage.displayState`) muss der Nutzer dem allerdings zustimmen.

In ActionScript JSON-Daten verarbeiten | JSON, in Flash nun mit der gleichnamigen Klasse vertreten (*http://de.wikipedia.org/wiki/JavaScript_Object_Notation*), ist ein Datenformat, das in vielen Fällen, in denen z. B. Text mit XML strukturiert zwischen Client und Server ausgetauscht wird, als Ersatz eingesetzt werden kann, weil es besser lesbar und oft effizienter ist. Manche Server können auch nur in JSON mit Ihrer Anwendung kommunizieren. Bisher musste man für die Arbeit mit JSON die externe Bibliothek as3corelib verwenden, aber nun unterstützt Flash direkt JSON, und das nativ, d. h. effizienter als über die externe Bibliothek.

Kapitel 2

Arbeitsumgebung

Dieses Kapitel gibt Ihnen einen ersten Überblick über die wichtigsten Elemente der Arbeitsumgebung. Die Arbeitsumgebung ist komplex und kann auf vielseitige Weise angepasst werden. Die folgenden Erläuterungen sollen Sie auf die praktische Anwendung vorbereiten.

2.1   Begrüßungsbildschirm

Nachdem Sie Flash gestartet haben, erscheint zunächst ein Begrüßungsbildschirm, der Ihnen eine Auswahl von häufig genutzten Programmfunktionen in einer Übersicht anbietet.

◀ **Abbildung 2.1**
Startbildschirm von Adobe Flash

Erste Hilfe und aktuelle News

Der untere rechte Bereich ❻ wird in unregelmäßigen Abständen automatisch von Adobe aktualisiert. Dort finden Sie Neuigkeiten und Seiten mit Anwendungstipps, Tutorials etc.

Der Bildschirm ist unterteilt in folgende Bereiche:

▶ AUS VORLAGE ERSTELLEN ❶: Öffnet ein neues Fenster mit einer Auswahl von Vorlagen, z. B. für Werbebanner in verschiedenen Formaten.

▶ ZULETZT GEÖFFNETE DATEIEN ❷: Listet Ihnen die zuletzt verwendeten Dateien zum Öffnen via Mausklick auf.

▶ NEU ERSTELLEN ❸: Aus einer Liste können Sie einen Dokumenttyp wählen – via Mausklick wird dann ein neues Dokument angelegt.

▶ LERNEN ❹: Bringt Sie zu der Webseite von Adobe, auf der Sie Einführungsthemen zu verschiedenen Funktionen finden.

▶ ERWEITERN ❺: Führt Sie zu der Adobe Exchange-Webseite, auf der Sie eine Vielzahl von Erweiterungen herunterladen können.

Hinweis

In diesem Buch werden ausschließlich Flash-Filme mit Action-Script 3 erstellt. Wenn Sie den Begrüßungsbildschirm nutzen wollen, wählen Sie den Menüpunkt NEU • TYP: FLASH-DATEI (ACTIONSCRIPT 3.0), um den Beispielen zu folgen.

Bis auf den unteren Bereich ❻ stehen Ihnen später alle hier aufgelisteten Funktionen auch über das Menü zur Verfügung – der Bildschirm ist also nicht unbedingt notwendig und kann über die Option NICHT MEHR ANZEIGEN ❼ für den nächsten Start deaktiviert werden. Klicken Sie im Bereich NEU ERSTELLEN auf FLASH-DATEI (ACTIONSCRIPT 3.0), um einen neuen Flash-Film zu erstellen und zur Entwicklungsumgebung zu gelangen.

2.2   Die Entwicklungsumgebung

Haben Sie sich für einen der Menüpunkte im Begrüßungsbildschirm unter NEU ERSTELLEN entschieden, öffnet Flash ein neues leeres Dokument.

Die wichtigsten Bereiche der Entwicklungsumgebung sind:

▶ Die Menüleiste ❽ mit ausklappbaren Untermenüs, wie Sie es aus anderen Programmen kennen.

▶ Die Werkzeugleiste ⓯, standardmäßig auf der rechten Seite, stellt Werkzeuge zum Erstellen und Bearbeiten von Objekten bereit. Verwandte Werkzeuge sind hier in Gruppen zusammengefasst.

▶ Das Fenster ZEITLEISTE ⓫, über das Sie den zeitlichen Ablauf eines Flash-Films steuern – standardmäßig unten im Arbeitsbereich; dies ist eines der wichtigsten Fenster in Flash.

▶ Das Dokumentfenster ❾ – ein Teil davon ist die Bühne ❿ in der Mitte. Die Bühne ist der Arbeitsbereich, auf dem visuelle Elemente in Flash angelegt werden – vergleichbar mit einer echten Bühne oder Leinwand.

▶ Das EIGENSCHAFTEN-Fenster **⓭**, standardmäßig rechts neben dem Arbeitsbereich. Dort finden Sie auch den Reiter BIBLIO-THEK **⓮**. Die Bibliothek enthält alle Symbole, die Sie in Flash angelegt haben.

▶ Der Arbeitsbereich BASIS **⓬** ist im Beispiel aktiv. Ein Arbeits-bereich ist einfach nur eine Anordnungsvorlage für die Fenster (EIGENSCHAFTEN, BIBLIOTHEK etc.).

Sichtbarer Bereich des Flash-Films
Die Bühne ist der sichtbare Be-reich eines veröffentlichten Flash-Films.

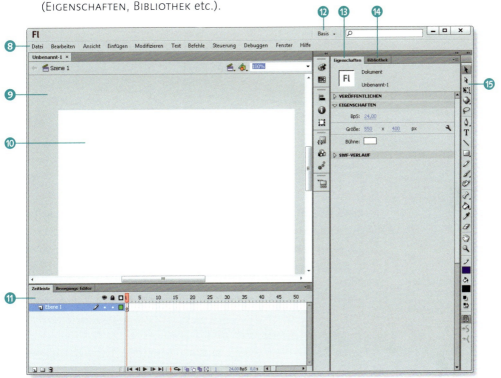

▲ **Abbildung 2.2**
Die Entwicklungsumgebung von Flash

2.3   Die Menüleiste

Über elf Hauptmenüpunkte, die teilweise weitere Untermenüs beinhalten, sind die wichtigsten Programmfunktionen zugänglich.

Menü »Datei« | Hier befinden sich alle Befehle zur Steuerung und Verwaltung von Dateien und Dokumenten. Darunter viele Befehle, die Sie auch aus anderen Anwendungen kennen, wie z. B. ÖFFNEN, SPEICHERN, SCHLIESSEN. Zusätzlich finden Sie hier Befehle zum Im- und Exportieren sowie Befehle zur Veröffentli-chung eines Flash-Films.

Abbildung 2.3 ▶
Menü DATEI und BEARBEITEN

Inaktive Menüpunkte
Menüpunkte, die inaktiv sind,
werden ausgegraut. Einige Menüpunkte können nur unter bestimmten Voraussetzungen wie
einer aktiven Auswahl verwendet
werden.

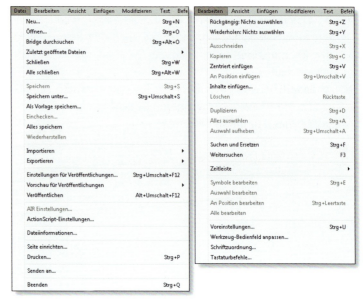

▲ **Abbildung 2.4**
Inaktive Menüpunkte

Untermenüpunkt »Zeitleiste«
Im Menüpunkt BEARBEITEN • ZEIT-
LEISTE finden Sie Untermenü-
punkte zum Arbeiten mit der
Zeitleiste. Der Menüpunkt ZEIT-
LEISTE enthält Befehle für das Be-
arbeiten von Symbolen.

Menü »Bearbeiten« | Im Menü BEARBEITEN finden sich zunächst
einige Standardbefehle wie RÜCKGÄNGIG, WIEDERHERSTELLEN,
AUSSCHNEIDEN, KOPIEREN und EINFÜGEN. Zusätzlich gibt es hier
die Befehle SUCHEN UND ERSETZEN und WEITERSUCHEN, die Ihnen
gerade bei umfangreichen Projekten gute Dienste leisten können.
Im letzten Abschnitt finden Sie grundlegende Programmeinstel-
lungen wie VOREINSTELLUNGEN, WERKZEUG-BEDIENFELD ANPAS-
SEN, SCHRIFTZUORDNUNG und TASTATURBEFEHLE. Auf dem Mac
finden Sie die Programmvoreinstellungen unter dem Menüpunkt
FLASH.

Menü »Ansicht« | Im Menü unter ANSICHT finden Sie Men-
übefehle zur Einstellung der Arbeitsumgebung, wie z. B. VER-
GRÖSSERN und VERKLEINERN, sowie Einstellungen zu Hilfswerkzeugen für das Arbeiten im Dokumentfenster.

Abbildung 2.5 ▶
Menü ANSICHT

Menü »Einfügen« | Das Menü Einfügen bietet Befehle zum Einfügen von Symbolen, Elementen der Zeitleiste, Szenen und Tweens für Animationen.

Menü »Modifizieren« | Im Menü Modifizieren findet sich eine bunte Mischung von Befehlen zum Modifizieren unterschiedlichster Objekte. Sie finden hier u.a. Befehle zum Modifizieren von Symbolen, Formen und Elementen der Zeitleiste. Weiterhin finden Sie Befehle zur Positionierung, Ausrichtung und Gruppierung von Objekten.

▲ **Abbildung 2.6**
Menü Einfügen

▲ **Abbildung 2.7**
Menü Modifizieren

Arbeiten mit der Zeitleiste
Erfahren Sie mehr zur Zeitleiste in Kapitel 5, »Animation«.

Menü »Text« | Das Menü Text bietet grundlegende Befehle und Einstellungen für Text sowie den Zugriff auf die Rechtschreibprüfung.

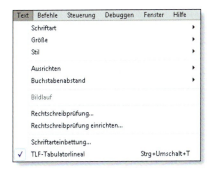

▲ **Abbildung 2.8**
Menü Text

Texteigenschaften
Texteigenschaften werden gewöhnlich nicht über das Menü selbst festgelegt, sondern über das Eigenschaften-Fenster – das geht meist deutlich schneller. Dazu mehr in Kapitel 6, »Text«.

Menü »Befehle« | Im Menü Befehle finden Sie sechs vordefinierte Befehle sowie drei Menüpunkte für die Verwaltung der

JSFL-Format

»JSFL« steht für Flash-JavaScript – lesen Sie es von rechts nach links –, eine Skriptsprache, die auf JavaScript basiert und zur Erweiterung der Arbeitsumgebung und zur Automatisierung von Flash-Befehlen dient. JSFL-Dateien werden von Flash-Entwicklern u. a. im Adobe Exchange-Forum (*www.adobe.com/cfusion/exchange*) im Bereich »Flash« bereitgestellt.

Adobe Exchange

Im Adobe Exchange-Forum stellen Ihnen Flash-Entwickler mehr oder weniger nützliche kommerzielle und kostenlose Erweiterungen für Flash zur Verfügung. Ein Besuch lohnt sich … schauen Sie mal rein: *www.adobe.com/cfusion/exchange/*

Befehle. Dieser Menüpunkt kann durch selbst entwickelte oder durch Befehle anderer Entwickler erweitert werden.

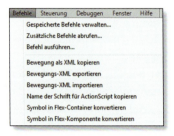

▲ **Abbildung 2.9**
Menü BEFEHLE

Menü »Steuerung« | Neben grundlegenden Steuerungsbefehlen wie dem Abspielen eines Flash-Films oder der Zeitleiste finden Sie hier den Befehl, um einen Flash-Film im Flash Player zu testen (STEUERUNG • FILM TESTEN) – ein häufig genutzter Befehl.

▲ **Abbildung 2.10**
Menü STEUERUNG

Debuggen

Weitere Informationen zu diesem Thema finden Sie in Abschnitt 8.15, »Fehlersuche«.

Menü »Debuggen« | Das Menü DEBUGGEN beinhaltet alle Befehle, die Sie zum Testen von Flash-Filmen und zur Fehlersuche benötigen.

Abbildung 2.11 ▶
Menü DEBUGGEN

Menü »Fenster« | Im Menü Fenster können Sie Fenster der Arbeitsumgebung aktivieren bzw. deaktivieren. Weiterhin finden Sie hier Menüpunkte, die Ihnen bei der Gestaltung der Arbeitsumgebung bzw. beim Umgang mit Fenstern helfen.

▲ **Abbildung 2.12**
Menü Fenster

Menü »Hilfe« | Neben der umfangreichen Hilfe finden Sie hier Links zu Online-Ressourcen, dem Flash Exchange und weiteren Online-Foren. Im letzten Menübereich können Sie Ihr Adobe-ID-Profil öffnen, Ihre Flash-Version aktivieren bzw. deaktivieren und nach Aktualisierungen suchen.

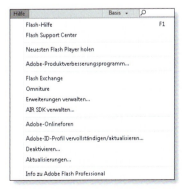

Zwischen Dokumenten wechseln
Im unteren Bereich des Menüs Fenster werden alle geöffneten Dokumente aufgelistet, zwischen denen via Mausklick gewechselt werden kann.

Kontextmenü
In Flash stehen Ihnen, wie in vielen anderen Anwendungen auch, sogenannte Kontextmenüs zur Verfügung. Diese lassen sich über die rechte Maustaste aktivieren. Je nachdem, über welchem Bereich sich der Mauszeiger befindet, wird dann ein kontextabhängiges Menü angezeigt.

▲ **Abbildung 2.13**
Kontextmenü des Dokumentfensters

Tastenkürzel für die Hilfe
Die integrierte Hilfe lässt sich, wie aus anderen Programmen gewohnt, über das Tastenkürzel F1 öffnen.

◄ **Abbildung 2.14**
Menü Hilfe

2.4   Die Werkzeugleiste

Hinweis

Streng genommen wird die Werkzeugleiste in Flash als FENSTER WERKZEUGE bezeichnet. Da sich das Fenster aber eher wie eine Leiste ausnimmt und auch so bedienen lässt, wird in diesem Buch der Ausdruck *Werkzeugleiste* verwendet.

Ein- und Ausblenden

Die Werkzeugleiste lässt sich über den Menüpunkt FENSTER • WERKZEUGE oder über das Tastenkürzel Strg/⌘+F2 ein- und ausblenden.

Empfehlung

Die Positionierung und Ausrichtung von Fenstern ist sicher Geschmackssache. Da die Werkzeugleiste jedoch meist der erste Bereich ist, den Sie mit der Maus ansteuern, empfehlen wir Ihnen, die Werkzeugleiste am linken Rand des Bildschirms zu positionieren bzw. einzurasten.

Tipp: Bedienfelder ausblenden

Platz kann man nie genug haben, insbesondere wenn man stark zoomt, was bei der Grafikerstellung oft der Fall ist. Blenden Sie mit der F4-Taste alle Bedienfelder aus, wenn Sie gerade zeichnen. Bei Bedarf blenden Sie später alle Bedienfelder oder auch nur einzelne Fenster wieder ein. Das erneute Einblenden sollte aber nicht über die Werkzeugleiste erfolgen – lernen Sie stattdessen die Tastenkürzel auswendig.

Zwischen den Modi wechseln

Klicken Sie auf den Doppelpfeil ⓬, um zwischen den Anzeigemodi zu wechseln.

In der Werkzeugleiste finden Sie u.a. alle Werkzeuge zum Zeichnen, Malen, Auswählen und Bearbeiten von Objekten. Die Leiste wird durch horizontale Linien in sechs Werkzeuggruppen unterteilt:

▶ Die erste Gruppe ❶ enthält Auswahlwerkzeuge und Werkzeuge zum Transformieren von Objekten und Farbverläufen.

▶ In der zweiten Gruppe ❷ finden Sie alle Werkzeuge zum Zeichnen und Malen und zur Erstellung von Text.

▶ Der dritte Bereich ❸ beinhaltet Werkzeuge zur Erstellung von inverser Kinematik, ein Farbauswahlwerkzeug und Werkzeuge zum Modifizieren von Strich- und Füllfarben.

▶ Der vierte Bereich ❹ enthält zwei Werkzeuge zur Steuerung der Arbeitsfläche.

▶ Der fünfte Bereich ❺ beinhaltet Einstellungen für Füllungs- und Strichfarbe.

▶ Der sechste Bereich ❻ bietet, je nach ausgewähltem Werkzeug, spezifische Einstellungen an.

Die Werkzeugleiste kann auf eine beliebige Breite skaliert werden und so beliebig viele Spalten besitzen. Um die Größe zu skalieren, klicken Sie auf die vertikale Trennlinie ❼.

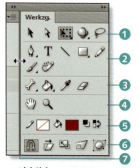

▲ Abbildung 2.15
Durch Ziehen des linken Rands wird die Werkzeugleiste nach links vergrößert.

▲ Abbildung 2.16
Nachdem die Werkzeugleiste frei steht, können Sie sie durch Verschieben einer der Begrenzungen skalieren.

Alternativ können Sie die Werkzeugleiste per Drag & Drop auch aus der Verankerung ziehen und sie dann skalieren, indem Sie einen der Begrenzungsränder verschieben ❽.

Jedes vertikal ausgerichtete Fenster lässt sich darüber hinaus von der gewöhnlichen Ansicht ❾ über einen Klick auf den Doppelpfeil ❿ auf eine Symbolleiste ⓫ reduzieren. Wurde das Fenster auf eine Symbolleiste reduziert, können Sie die Inhalte des ursprünglichen Fensters via Mausklick auf den inneren Doppelpfeil ⑫ ausklappen bzw. auch wieder einklappen. Das kann sehr viel Platz sparen, kostet aber auch Zeit beim Arbeiten.

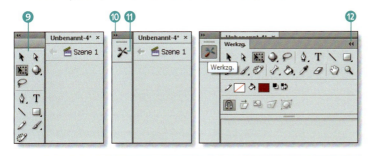

◄ **Abbildung 2.17**
Die verschiedenen Ansichtsmodi der Werkzeugleiste

Werkzeug	Symbol	Tastenkürzel (Windows)	Tastenkürzel (Mac)
3D-Drehungs-werkzeug		W	W
3D-Versetzungs-werkzeug		G	G
Auswahlwerkzeug		V	V
Ankerpunkt-einfügen-Werkzeug		+	=
Ankerpunkt-löschen-Werkzeug		-	-
Ankerpunkt-umwandeln-Werkzeug		C	C
Bindungswerkzeug		M	M
Bone-Werkzeug		M	M
Deko-Werkzeug		U	U
Ellipsenwerkzeug		O	O
Farbeimerwerkzeug		K	K
Freihandwerkzeug		Y	Y
Frei transformieren		Q	Q

◄ **Tabelle 2.1**
Tastenkürzel für Werkzeuge

53

Werkzeug	Symbol	Tastenkürzel (Windows)	Tastenkürzel (Mac)
Farbverlaufwerkzeug		F	F
Handwerkzeug		H	H
Lassowerkzeug		L	L
Linienwerkzeug		N	N
Pinselwerkzeug		B	B
Pipette		I	I
Radiergummi-werkzeug		E	E
Rechteckwerkzeug		R	R
Sprühen-Werkzeug		B	B
Stiftwerkzeug		P	P
Textwerkzeug		T	T
Tintenfasswerkzeug		S	S
Unterauswahl		A	A
Werkzeug für Ellipsengrundform		O	O
Werkzeug für Recht-eckgrundform		R	R
Zoomwerkzeug		Z	Z

Tabelle 2.1 ▶
Tastenkürzel für Werkzeuge (Forts.)

2.5   Die Zeitleiste

Mithilfe der Zeitleiste steuern Sie den zeitlichen Ablauf des Flash-Films oder eines Symbols mit Ebenen und Bildern. Wie ein Fernsehfilm setzt sich ein Flash-Film aus einer Reihe von Einzelbildern zusammen. Jedes Bild (engl. »frame«) wird durch ein kleines Rechteck ❶ innerhalb der Zeitleiste symbolisiert. Ein Flash-Film läuft Bild für Bild von links nach rechts ab.

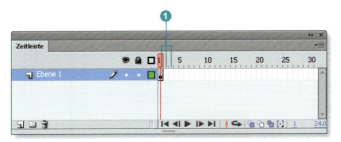

▲ **Abbildung 2.18**
Die Hauptzeitleiste des Flash-Films

Wie Sie mit der Zeitleiste arbeiten, welche Möglichkeiten Ihnen die Ebenen bieten und wie sich Bilder und Schlüsselbilder unterscheiden, erfahren Sie in Kapitel 5, »Animation«, in dem wir uns auch gleich mit den verschiedenen Animationsarten in Flash beschäftigen werden.

2.6   Die Bühne

Die Bühne in der Mitte des Bildschirms ist ein Teil des Dokumentfensters und stellt die Arbeitsfläche dar, auf der Sie grafische Elemente anlegen können. Elemente, die im inneren Bereich ❷ positioniert werden, sind zur Laufzeit des Flash-Films sichtbar.

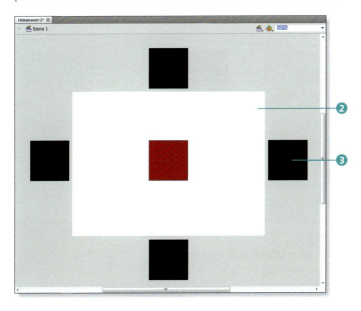

Hauptzeitleiste
Die Zeitleiste des Flash-Films wird auch als Hauptzeitleiste bezeichnet. Zeitleisten von Symbolen werden ebenfalls über das Fenster Zeitleiste gesteuert – in diesem Fall spricht man dann aber beispielsweise von der Zeitleiste des Movie-Clips »logo_mc«.

◄ **Abbildung 2.19**
Das rote Rechteck liegt im inneren Bereich, die vier blauen Rechtecke befinden sich außerhalb der Bühne.

Tipp

Sie können den nicht sichtbaren Bereich des Dokumentfensters in der Entwurfsphase dazu nutzen, grafische Elemente griffbereit abzulegen.

[!] Dateigröße

Wenn Sie Objekte außerhalb des sichtbaren Bühnenbereichs positionieren, werden diese in den Flash-Film mit aufgenommen, d.h., der Flash-Film wird entsprechend größer. Denken Sie daran, dass Sie Elemente, die Sie dort platziert haben und nicht verwenden, zumindest auf der Bühne im finalen Flash-Film entfernen.

Elemente, die außerhalb dieses Bereichs im Dokumentfenster positioniert werden ❸, sind zur Laufzeit im Flash Player nicht sichtbar.

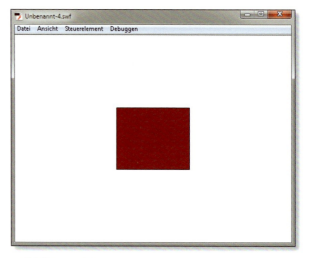

▲ **Abbildung 2.20**
Der Flash-Film im Player zeigt nur das rote Rechteck in der Mitte.

Tipp: Schneller verschieben

Halten Sie die Leertaste gedrückt, und schieben Sie die Bühne bei gedrückter linker Maustaste weg.

Ansicht verschieben | Über die Scrollleiste ❷ lässt sich die Ansicht des Dokumentfensters horizontal verschieben – über die Scrollleiste ❶ verschieben Sie den sichtbaren Bereich vertikal. Beachten Sie, dass Sie damit nur die Ansicht des Fensters verändern – dies hat keinen Einfluss auf den Flash-Film selbst.

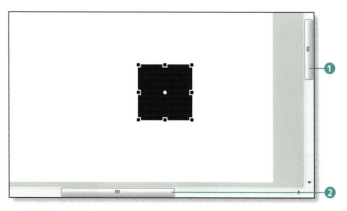

An Fenster anpassen

Die Einstellung AN FENSTER ANPASSEN im Dropdown-Menü ❸ sorgt dafür, dass alle Elemente innerhalb der Bühne zu sehen sind und dabei alle Elemente möglichst groß erscheinen.

▲ **Abbildung 2.21**
Mit den Scrollleisten können Sie das Dokumentfenster verschieben.

Ansicht vergrößern und verkleinern | Über das Menü ANSICHT • VERGRÖSSERUNG können Sie die Vergrößerung der Ansicht auf unterschiedliche Weise einstellen. Am wichtigsten ist die Zoom-

stufe 100 %, die Sie auch schnell über das Tastenkürzel [Strg]/
[⌘] + [1] aktivieren können. Mit [Strg]/[⌘] + [4] zoomen Sie hingegen auf 400 %.

Die Vergrößerung lässt sich alternativ auch über das Dropdown-Menü ❸ des Bühnenfensters oder durch direkte Eingabe
der Zoomstärke im Eingabefeld ❹ einstellen.

Dokumenteigenschaften | Grundlegende Einstellungen für den
Flash-Film werden über die DOKUMENTEIGENSCHAFTEN definiert.
Sie können sie über das Menü MODIFIZIEREN • DOKUMENT öffnen.

▲ **Abbildung 2.22**
Ansicht einstellen über das
Dropdown-Menü

Ansicht zentrieren
Wenn Sie die Ansicht so weit verschoben haben, dass Sie die
Bühne nicht auf Anhieb wiederfinden, können Sie die Ansicht
über [Strg]/[⌘] + [2] wieder zentrieren.

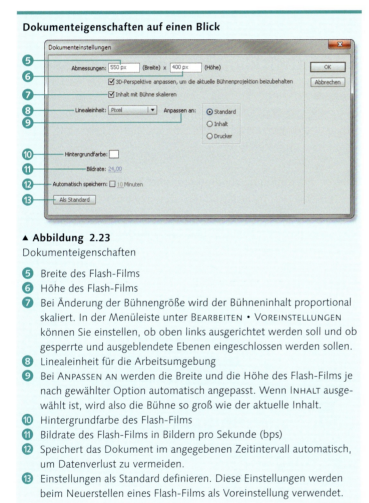

▲ **Abbildung 2.23**
Dokumenteigenschaften

❺ Breite des Flash-Films
❻ Höhe des Flash-Films
❼ Bei Änderung der Bühnengröße wird der Bühneninhalt proportional
 skaliert. In der Menüleiste unter BEARBEITEN • VOREINSTELLUNGEN
 können Sie einstellen, ob oben links ausgerichtet werden soll und ob
 gesperrte und ausgeblendete Ebenen eingeschlossen werden sollen.
❽ Linealeinheit für die Arbeitsumgebung
❾ Bei ANPASSEN AN werden die Breite und die Höhe des Flash-Films je
 nach gewählter Option automatisch angepasst. Wenn INHALT ausgewählt ist, wird also die Bühne so groß wie der aktuelle Inhalt.
❿ Hintergrundfarbe des Flash-Films
⓫ Bildrate des Flash-Films in Bildern pro Sekunde (bps)
⓬ Speichert das Dokument im angegebenen Zeitintervall automatisch,
 um Datenverlust zu vermeiden.
⓭ Einstellungen als Standard definieren. Diese Einstellungen werden
 beim Neuerstellen eines Flash-Films als Voreinstellung verwendet.

Die Größe des Flash-Films | Sie können die Größe eines Flash-
Films auf zweierlei Arten definieren:

Bildrate
Auf die Bildrate wird in Kapitel 5,
»Animation«, näher eingegangen.

▶ Sie stellen die Breite und die Höhe in Pixel manuell ein. Das ist die übliche Vorgehensweise; die Option ANPASSEN AN stellt sich dann automatisch auf STANDARD.

▶ Sie wählen eine der Optionen aus dem Bereich ANPASSEN AN. Die Breite und die Höhe werden dann automatisch so angepasst, dass sie entweder für die Ausgabe auf einem Drucker (DIN-A4-Format) oder für den Inhalt optimiert werden. Wenn die Option INHALT gewählt wird, passt sich die Bühnengröße so an, dass alle Elemente, die auf der Bühne platziert sind, in den Bühnenbereich passen. Wenn es schnell gehen soll, kann das durchaus nützlich sein.

Anpassen an: Drucker
Die Option DRUCKER wird nur selten eingesetzt, da Flash in erster Linie nicht zum Gestalten von Druck-Dokumenten verwendet wird.

2.7 Entwicklungsumgebung anpassen

Die Entwicklungsumgebung von Flash lässt sich auf vielseitige Weise an die eigenen Bedürfnisse anpassen. Um eine eigene Arbeitsumgebung einzurichten, können Sie Fenster auf unterschiedliche Weise ändern.

Tastenkürzel
Tastenkürzel zum Öffnen oder Schließen von Fenstern finden Sie in der Menüleiste FENSTER hinter dem jeweiligen Menüeintrag.

Fenster maximieren, minimieren und schließen | Fast jedes Fenster lässt sich in Flash öffnen und schließen. Sie können ein Fenster entweder über das Menü FENSTER schließen oder öffnen oder dazu das fensterspezifische Tastenkürzel verwenden. Alternativ können Sie jedes Fenster auch per Mausklick auf das Schließen-Symbol ❶ schließen.

Zum Minimieren oder Maximieren des Fensters doppelklicken Sie auf den Fenstertitel ❷. Doppelklicken Sie auf die obere dunkelgraue Fläche ❸ oder klicken Sie auf den Doppelpfeil ❹, wird das Fenster zu einer Symbolleiste ❺.

Abbildung 2.24 ▶
Maximiert (links), minimiert (rechts oben) und Symbolleiste (rechts unten)

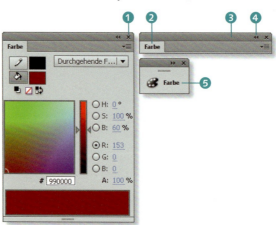

Einige Fenster, wie z. B. das EIGENSCHAFTEN-Fenster, bieten innerhalb des Fensters verschiedene Reiter. Per Mausklick auf den Titel
des Reiters klappen Sie den Bereich aus **6** bzw. ein **7**.

▲ **Abbildung 2.25**
Der Reiter EIGENSCHAFTEN im eingeklappten (links)
und ausgeklappten (rechts) Zustand

Fenster verankern | Fenster können auf drei unterschiedliche
Arten positioniert werden:
▶ Sie werden so verschoben, dass sie für sich allein in einem be-
stimmten Bereich stehen.

▲ **Abbildung 2.26**
Fenster verschieben

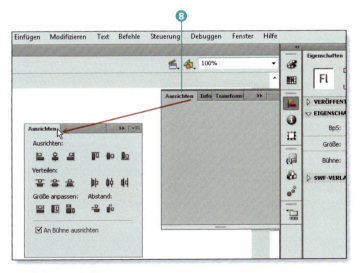

▲ **Abbildung 2.27**
Das AUSRICHTEN-Fenster wird aus der Verankerung rechts nach links in
einen freien Bereich gezogen.

▶ Ein Fenster wird in einem Randbereich des Anwendungsfens-
ters verankert.

Fenster verschieben

Jedes Fenster lässt sich von den
Leisten lösen und verschieben.
Klicken Sie mit der Maus dazu
zunächst auf die Titelleiste des
Fensters **8**, halten Sie die
Maustaste gedrückt, und ver-
schieben Sie das Fenster, indem
Sie die Maus bewegen. Um das
Fenster freizugeben, lassen Sie
die Maustaste los.

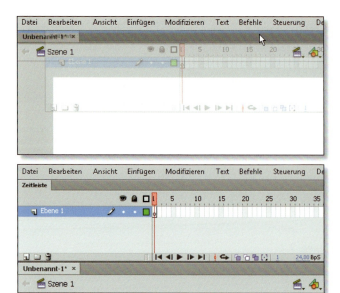

Abbildung 2.28 ▶
Das Fenster ZEITLEISTE wird im
oberen Bereich des Bildschirms
verankert.

▶ Ein Fenster wird mit einem anderen Fenster zu einer Fenstergruppe verbunden. Ähnlich wie bei Reitern können Sie innerhalb der Gruppe durch Mausklick auf den Titel eines Fensters
den gewünschten Fensterinhalt aktivieren.

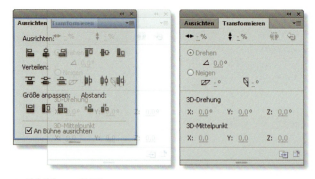

▲ Abbildung 2.29
Das TRANSFORMIEREN-Fenster wird mit dem AUSRICHTEN-Fenster
zu einer Fenstergruppe verbunden.

»Aktionen«-Fenster

Über das Fenster AKTIONEN kön-
nen Sie mithilfe der integrierten
Skriptsprache »ActionScript«
Programmcode erstellen. Mehr
dazu erfahren Sie in Kapitel 8,
»ActionScript-Grundlagen«.

In den beiden letzten Fällen zeigt ein blauer Rahmen an, dass sich
das Fenster über einem Bereich befindet, an dem es verankert
wird. Die Verankerung können Sie jederzeit rückgängig machen,
indem Sie das Fenster einfach erneut verschieben. Ein konkretes
Beispiel soll die Funktionsweise verdeutlichen.

Öffnen Sie das AKTIONEN-Fenster über die F9-Taste oder
über das Menü FENSTER • AKTIONEN. Das Fenster wird, soweit
es nicht schon einmal verankert wurde, frei stehend im mittleren
Bereich des Bildschirms platziert.

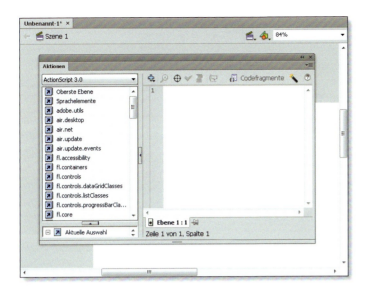

◀ Abbildung 2.30
Das AKTIONEN-Fenster steht frei in der Mitte der Arbeitsumgebung.

Wählen Sie das Fenster via Mausklick auf die Titelleiste aus, halten Sie die Maustaste dabei gedrückt, und verschieben Sie es nach unten, sodass es oberhalb des ZEITLEISTEN-Fensters verankert wird.

Fensterpositionen

Flash speichert die Position und die Verankerung eines Fensters auch dann, wenn ein Fenster geschlossen wurde. Wenn Sie es dann erneut öffnen, wird es auf der alten Position platziert.

◀ Abbildung 2.31
Die blaue Linie zeigt die Position, an der das Fenster verankert wird.

Nachdem es verankert wurde, ist die Arbeitsfläche der Arbeitsumgebung in großen Teilen verdeckt. Via Doppelklick auf die Titelleiste minimieren Sie das Fenster – auf dieselbe Weise lässt es sich dann auch wieder maximieren.

Übung macht den Meister

Nehmen Sie sich die Zeit, um sich mit der Anpassung des Arbeitsbereichs vertraut zu machen. Später werden Sie häufig ein oder mehrere Fenster öffnen, verschieben, verankern oder minimieren wollen, weil Sie gerade die eine Funktion des Fensters benötigen und nur eine begrenzte Fläche zur Verfügung haben. Wenn Sie die Anpassung nicht intuitiv beherrschen, kann das schnell lästig werden.

▲ Abbildung 2.32
Das AKTIONEN-Fenster befindet sich oberhalb des ZEITLEISTEN-Fensters. Damit die Arbeitsfläche nicht verdeckt wird, wurde es minimiert.

Standardlayout wiederherstellen
Verzweifeln Sie nicht, wenn Sie
Fenster so verschoben haben,
dass nichts mehr passen will. Sie
können das Standardlayout jederzeit wiederherstellen. Klicken Sie
dazu einfach auf den Menüpunkt
FENSTER • ARBEITSBEREICH • 'BASIS'
ZURÜCKSETZEN, je nachdem, welcher Arbeitsbereich aktiv ist.

Fenstergrenzen verändern | Sie können die Breite und die Höhe
von vielen Fenstern verändern. Sie werden das häufig benötigen,
da je nach Bildschirmgröße und -auflösung oft nicht genug freie
Fläche zur Verfügung steht. Um die Spaltenbreite eines Bereichs
zu ändern, bewegen Sie den Mauszeiger auf die Trennlinie ❷ der
Spalte. Ein doppelseitiger Pfeil ❶ zeigt an, dass die Position des
Mauszeigers richtig ist. Klicken Sie, und halten Sie die Maustaste
gedrückt. Durch Bewegen der Maus können Sie die Höhe anpassen, soweit die Fenstergröße das zulässt.

Analog dazu können Sie die Breite eines Bereichs oder Fensters ändern. Diese Methode kann auch auf ein verankertes Fenster angewendet werden.

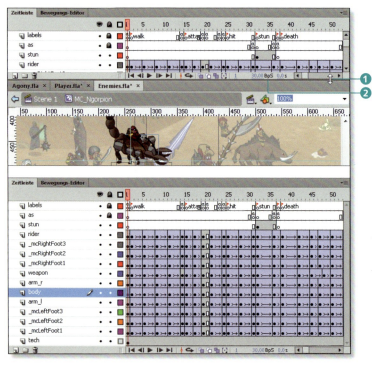

▲ **Abbildung 2.33**
Die Zeitleiste wurde nach unten hin erweitert.

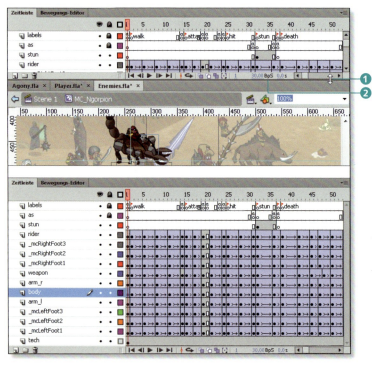

▲ **Abbildung 2.34**
Arbeitsbereiche lassen sich auch
über das Dropdown-Menü in der
Menüleiste verwalten.

Arbeitsumgebung speichern und laden | Wenn Sie nach dem
vielen Hin- und Hergeschiebe ein für Sie passendes Layout für die
Arbeitsumgebung gefunden haben, können Sie die Einstellung
speichern. Klicken Sie dazu im Menü auf FENSTER • ARBEITSBE-
REICH • NEUER ARBEITSBEREICH, um Ihren Arbeitsbereich zu sichern.

Im darauf erscheinenden Dialogfenster müssen Sie nur noch
einen eindeutigen Namen vergeben, z. B. »Programmierung« für

ein Layout, mit dem Sie bequem auf alle Fenster zugreifen können, die Sie beim Programmieren mit ActionScript benötigen. Danach können Sie das gespeicherte Layout jederzeit über das Menü FENSTER • ARBEITSBEREICH direkt auswählen.

Arbeitsbereiche verwalten
Alternativ können Sie Arbeitsbereiche auch in der Menüleiste auswählen und verwalten.

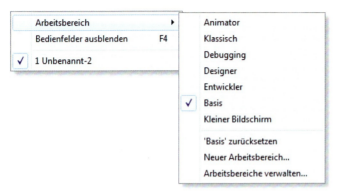

▲ **Abbildung 2.35**
Ein neuer, noch unbekannter Arbeitsbereich

2.8   Tastaturkurzbefehle

Tastaturkurzbefehle sind sehr nützlich, um häufig genutzte Funktionen deutlich schneller als über die Maus und das Menü ansteuern zu können. Je öfter Sie Tastaturkurzbefehle einsetzen und sich diese merken, umso weniger werden Sie die Kürzel zukünftig missen wollen.

Viele Funktionen besitzen standardmäßig bereits ein Tastenkürzel. Sie können diese im Menü oder in der Werkzeugleiste hinter jedem Menübefehl bzw. im Tooltipp des jeweiligen Werkzeugs sehen. Es gibt nahezu unzählige Kürzel – in der Regel benötigen Sie aber nur einen kleinen Teil davon.

Die wichtigsten Tastaturkurzbefehle der Menüs | Es empfiehlt sich, die Standard-Tastenkürzel des Menüs nach eigenen Vorlieben zu ändern, da diese doch teilweise sehr praxisfern angelegt wurden oder sogar fehlen.

In der folgenden Tabelle finden Sie die wichtigsten Standard-Tastenkürzel sowie unsere persönliche Empfehlung für eine eigene Belegung.

Tipp
Sie müssen sich nicht gleich alle Tastenkürzel einprägen. Es hilft, wenn Sie erst einmal über die Menüs arbeiten und dann selbst herausfinden, welche Befehle von Ihnen häufig genutzt werden. Schauen Sie dann nach, ob es entsprechende Tastenkürzel gibt, oder definieren Sie gegebenenfalls eigene Tastenkürzel.

Tastenkürzel drucken
Exportieren Sie Ihre eigene Belegung über die Schaltfläche SATZ ALS HTML EXPORTIEREN in ein HTML-Dokument – dann können Sie es über den Browser drucken und an die Wand hängen oder neben sich auf den Tisch legen.

Menübefehl	Standard-Tastenkürzel	Empfehlung
DATEI • NEU	Strg/⌘+N	
DATEI • ÖFFNEN	Strg/⌘+O	
DATEI • SPEICHERN	Strg/⌘+S	
DATEI • SPEICHERN UNTER	Strg/⌘+⇧+S	
DATEI • IMPORTIEREN • IN BÜHNE IMPORTIEREN	Strg/⌘+R	
DATEI • VERÖFFENTLICHEN	Alt+⇧/⌘+F12	F12
BEARBEITEN • RÜCKGÄNGIG	Strg/⌘+Z	
BEARBEITEN • AUSSCHNEIDEN	Strg/⌘+X	
BEARBEITEN • KOPIEREN	Strg/⌘+C	
BEARBEITEN • ZENTRIERT EINFÜGEN	Strg/⌘+V	
BEARBEITEN • AN POSITION EINFÜGEN	Strg/⌘+⇧+V	
BEARBEITEN • ALLES AUSWÄHLEN	Strg/⌘+A	
BEARBEITEN • SUCHEN UND ERSETZEN	Strg/⌘+F	
BEARBEITEN • SYMBOLE BEARBEITEN	Strg/⌘+E	
BEARBEITEN • AN POSITION BEARBEITEN		⇧+Space
BEARBEITEN • ZEITLEISTE • BILDER ENTFERNEN	⇧/⇧+F5	
ANSICHT • RASTER • RASTER EINBLENDEN	Strg+Ä/⌘+'	
EINFÜGEN • NEUES SYMBOL	Strg/⌘+F8	
EINFÜGEN • ZEITLEISTE • BILD	F5	
EINFÜGEN • ZEITLEISTE • SCHLÜSSELBILD	F6	
EINFÜGEN • ZEITLEISTE • LEERES SCHLÜSSELBILD	F7	
EINFÜGEN • ZEITLEISTE • BEWEGUNGS-TWEEN		⇧+F4
MODIFIZIEREN • IN SYMBOL KONVERTIEREN	F8	
MODIFIZIEREN • TEILEN	Strg/⌘+B	
MODIFIZIEREN • GRUPPIEREN	Strg/⌘+G	
MODIFIZIEREN • ZEITLEISTE • SCHLÜSSELBILD LÖSCHEN	⇧/⇧+⌘+F6	
STEUERUNG • FILM TESTEN • TESTEN	Strg/⌘+↵	
STEUERUNG • VERÖFFENTLICHUNGSCACHE LÖSCHEN UND FILM TESTEN		Strg+.
FENSTER • AUSRICHTEN	Strg/⌘+K	
FENSTER • AKTIONEN	F9/Alt+F9	

▲ Tabelle 2.2
Die wichtigsten Tastaturkurzbefehle des Menüs

TEIL II
Anwendung

Kapitel 3

Zeichnen

In diesem Kapitel erfahren Sie, wie Sie mit Flash zeichnen. Sie lernen die Zeichen-
werkzeuge und die umfangreichen Einstellungsmöglichkeiten der Werkzeuge kennen.
Darüber hinaus modifizieren und kombinieren Sie Formen, um neue zu erzeugen.

3.1   Zeichenmodi

Flash unterstützt zwei grundlegende Zeichenmodi, die sich unterschiedlich einsetzen lassen:

▶ ZEICHENVERBINDUNG: Mehrere Formen, die auf einer Ebene
gezeichnet werden, beeinflussen sich in diesem Modus, wenn
sich Bereiche davon überlagern ❶. Wird eine der Formen ausgewählt und verschoben, verändern sich die Formen ❷.

Gewöhnungssache
Der Modus ZEICHENVERBINDUNG
ist standardmäßig aktiviert – da
man dies aus anderen Grafikanwendungen so nicht kennt, kann
das zu Beginn irritieren – der Modus lässt sich aber kreativ nutzen,
um aus mehreren Formen eine
neue interessante Form zu kreie-
ren. Nach einiger Zeit geht die
Funktionsweise in Fleisch und
Blut über, und man will sie gar
nicht mehr missen.

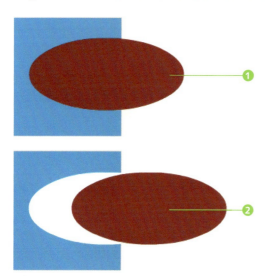

◀ **Abbildung 3.1**
Zwei Formen, die sich überlagern,
werden im Verbindungsmodus
automatisch zusammengefügt.

67

Tastenkürzel
Nutzen Sie das Tastenkürzel J,
um zwischen den Modi zu wechseln.

▲ **Abbildung 3.2**
Objektzeichnung aktivieren

▶ OBJEKTZEICHNUNG: Wenn Sie Objekte auf eine Ebene zeichnen und sich diese nicht beeinflussen sollen, können Sie die sogenannte OBJEKTZEICHNUNG aktivieren. Nachdem Sie ein Zeichenwerkzeug ausgewählt haben, lässt sich der Modus aktivieren oder gegebenenfalls deaktivieren. Klicken Sie dazu in der Werkzeugleiste unten auf das Symbol ❶ OBJEKTZEICHNUNG.
▶ Wenn der Modus aktiviert ist, werden Formen auf einer Ebene separat betrachtet und verbinden sich nicht mehr.

3.2   Zeichenwerkzeuge

In Flash stehen Ihnen zahlreiche Zeichenwerkzeuge zur Verfügung. Die Formen, die Sie mit ihnen erstellen, lassen sich grundsätzlich in drei Gruppen unterteilen:
▶ Formen, die nur aus einer Strichlinie bestehen
▶ Formen, die nur aus einer Füllung bestehen
▶ Formen, die sowohl eine Strichlinie als auch eine Füllung besitzen können

Ein einfaches Rechteck kann sowohl eine Strichlinie als auch eine Füllung besitzen. Eine Linie hingegen besteht nur aus einer Strichlinie. Sowohl die Strichlinie als auch die Füllung eines Objekts können separat modifiziert werden – betrachten Sie Strichlinie und Füllung immer als getrennte Elemente einer Form.

Strich- und Füllfarbe

▲ **Abbildung 3.3**
Strich- und Füllfarbe in der Werkzeugleiste

Strich- und Füllfarbe einer Form
Wenn Sie eine Form ausgewählt haben und in der Werkzeugleiste die Strich- bzw. Füllfarbe ändern, wird die neue Strich- bzw. Füllfarbe nur auf die Form angewendet.

In der Werkzeugleiste können Sie eine Füllfarbe ❸ und eine Strichfarbe ❷ definieren, die Sie so lange verwenden, bis Sie die Farbauswahl ändern. Per Mausklick auf das Feld SCHWARZWEISS ❹ in der Werkzeugleiste können Sie die Standardfarben wiederherstellen.

Mit einem Klick auf das Feld FARBEN AUSTAUSCHEN ❺ tauschen Sie die Farben der Strichlinie und der Füllung. Wenn Sie die Strich- oder Füllfarbe ganz deaktivieren möchten, klicken Sie auf das entsprechende Farbfeld und klicken dann auf das durchgestrichene Rechteck-Symbol.

Um eine Farbe auszuwählen, rufen Sie mit einem Klick auf das jeweilige Farbfeld der Werkzeugleiste das Farbauswahlfenster auf. Sie können entweder eine vordefinierte Farbe durch Auswahl eines der Farbfelder wählen oder im Eingabefeld ❻ den Hexadezimalwert der Farbe eingeben. Im Feld ALPHA ❼ können Sie die Transparenz durch Ändern des *Alphawerts* verändern.

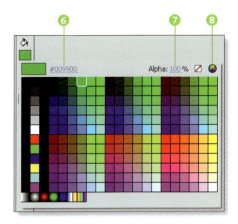

▲ **Abbildung 3.4**
Farbauswahl

[Alpha]
In Flash wird die Transparenz eines Objekts oder einer Farbe über den Alphawert gesteuert. Wird der Alphawert auf 0 % gestellt, ist das Objekt, die Füllung oder die Strichfarbe vollständig durchlässig und damit unsichtbar.

Eine weitere Farbauswahl steht Ihnen noch zusätzlich zur Verfügung. Wenn Sie auf den Farbkreis ❽ klicken, öffnet sich das FARBE-Dialogfenster ❾. Besonders nützlich ist diese Farbauswahl, da Sie sehr leicht auf Basis einer Grundfarbe, die Sie links bei den Grundfarben oder rechts im Farbfeld auswählen können, weitere harmonische Farben z. B. durch Verschieben des Helligkeitsreglers ❿ erzeugen können.

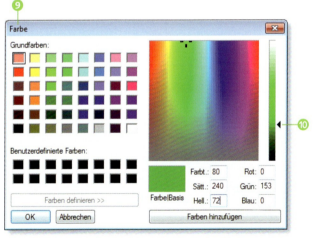

▲ **Abbildung 3.5**
Alternative Farbauswahl (Windows)

▲ **Abbildung 3.6**
Alternative Farbauswahl mit der Systempalette (Mac)

Farbpalette bearbeiten

Über das Fenster FARBFELDER, das Sie über FENSTER • FARBFELDER oder über [Strg]/[⌘]+[F9] öffnen, können Sie die verwendete Farbpalette bearbeiten.

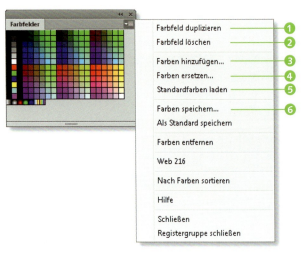

▲ **Abbildung 3.7**
Über das Fenster FARBFELDER können Sie die Farbpalette bearbeiten.

Über das Menü lassen sich Farbfelder duplizieren ❶ und löschen ❷. Nachdem Sie Änderungen an der Palette vorgenommen haben, können Sie die neue Farbpalette über FARBEN SPEICHERN ❻ als Flash-Farbsatz (.clr) speichern. Über die Menüpunkte FARBEN HINZUFÜGEN ❸ und FARBEN ERSETZEN ❹ können Sie einen Flash-Farbsatz laden. Die Standard-Farbpalette lässt sich über STANDARDFARBEN LADEN ❺ wiederherstellen.

Um einen individuellen Farbton in die Farbpalette einzufügen, öffnen Sie das FARBE-Fenster über FENSTER • FARBE oder über das Tastenkürzel ⬆+Alt+F9 (PC) bzw. ⬆+⌘+F9 (Mac). Über den Menüpunkt FARBFELD HINZUFÜGEN des FARBE-Fensters fügen Sie die definierte Farbe dann in die Farbpalette ein.

Tipp
Fügen Sie die Fenster FARBE und FARBFELDER zu einer Fenstergruppe zusammen, wenn Sie eigene Farbpaletten in Flash anlegen möchten.

▲ **Abbildung 3.8**
Der neue Farbton wurde zur Farbpalette hinzugefügt.

Kuler-Bedienfeld

Über das KULER-Bedienfeld können Sie eigene harmonische Farbschemata erstellen oder Farbschemata laden, die von anderen
Benutzern erzeugt und bereitgestellt wurden. Das Bedienfeld
können Sie über das Menü FENSTER • ERWEITERUNGEN • KULER
öffnen bzw. schließen.

Farbschemata

Farbschemata bestehen meist
aus harmonisierenden Farben
und können beispielsweise für
unterschiedliche Elemente einer
Anwendung oder Webseite eingesetzt werden. So können beispielsweise eine oder mehrere
Farben für Hintergrundelemente
und eine oder mehrere Farben
für Vordergrundelemente eingesetzt werden. Grundsätzlich gilt:
Verwenden Sie nicht zu viele
unterschiedliche Farbtöne,
leichte Farbabstufungen, z. B.
für Auszeichnungen, können
hingegen häufiger eingesetzt
werden.

◄ **Abbildung 3.9**
Das KULER-Bedienfeld

Im Reiter DURCHSUCHEN können Sie von Benutzern erzeugte
Farbschemata auswählen. Im oberen Bereich des Bedienfelds finden Sie ein Texteingabefeld ❼, über das Sie nach Bezeichnern
suchen können. Darunter finden Sie die Comboboxen ❽ und ❾,
mit deren Hilfe Sie die Anzeige über Kriterien, wie z. B. Bewer-
tung, Häufigkeit und die Aktualität, einschränken können. Nachdem Sie ein Farbschema ausgewählt haben, können Sie es via
Mausklick auf das Bearbeiten-Symbol ❿ nachträglich bearbeiten.
Via Mausklick auf das Farbfeld-Symbol ⓫ können Sie die Farben
des ausgewählten Schemas zu Ihrer aktuellen Farbpalette hinzufügen.

Farbschema erstellen/bearbeiten | Im Reiter ERSTELLEN haben
Sie wahlweise die Möglichkeit, ein zuvor ausgewähltes Farbschema zu bearbeiten oder ein neues Farbschema zu erstellen.
Um ein neues Farbschema zu erstellen, wählen Sie zunächst im
oberen Bereich eine Farbharmonieregel aus (siehe Abbildung
3.10).

Farbharmonieregel

Eine Farbharmonieregel folgt
bestimmten Gesetzen, nach der
die Regel definiert wurde. Der
einfachste Fall ist beispielsweise
die Regel KOMPLEMENTÄR, nach
der zwei Grundfarben ausgewählt werden, die sich im Farbkreis gegenüberstehen. Verschieben Sie den Ankerpunkt
einer der beiden Farbtöne, ver-
schiebt sich der gegenüberlie-
gende Farbton entsprechend.

Abbildung 3.10 ►
Im Reiter ERSTELLEN können Sie ein ausgewähltes Farbschema bearbeiten oder ein neues Farbschema erstellen.

Abbildung 3.11 ►►
Bei der Erstellung eines Farbschemas haben Sie drei Speichermöglichkeiten.

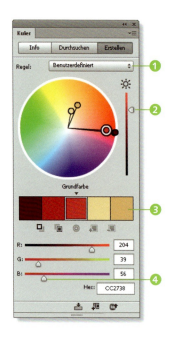

Benutzerdefinierte Regel
Wenn Sie eine eigene Farbharmonieregel anwenden möchten, haben Sie unter REGEL ❶ die Möglichkeit, die Einstellung BENUTZERDEFINIERT zu wählen. Anschließend können Sie eigene Grundfarben hinzufügen oder entfernen, indem Sie unter GRUNDFARBE ein Feld auswählen und unterhalb der Grundfarben auf das Plus- bzw. Minus-Symbol klicken.

Farbe als Strich- oder Füllfarbe festlegen
Um eine Farbe aus dem KULER-Bedienfeld als Strich- oder Füllfarbe festzulegen, wählen Sie zunächst in der Werkzeugleiste die Füll- oder Strichfarbe aus und klicken dann im KULER-Bedienfeld unter GRUNDFARBE auf die gewünschte Farbe. Der Farbton wird dann als Füll- bzw. Strichfarbe übernommen.

An Winkel ausrichten
Halten Sie ⬚ gedrückt, um die Linie in einem Winkel von 45 Grad oder einem Vielfachen davon auszurichten.

Anschließend können Sie die Ankerpunkte beliebig verschieben. Alle anderen Punkte richten sich nach der zuvor gewählten Regel. Unter GRUNDFARBE ❸ sehen Sie die Grundfarben des Schemas. Nach Auswahl einer Grundfarbe können Sie diese nachträglich mithilfe des Reglers ❷ auf der rechten Seite in ihrer Helligkeit anpassen oder die Farbe über ihren Rot-, Grün- oder Blauanteil mithilfe der unteren Regler ❹ verändern.

Gefällt Ihnen das erzeugte Farbschema, haben Sie drei Auswahlmöglichkeiten:

▶ Über das Speichern-Symbol ❺ können Sie das erzeugte Farbschema lokal auf Ihrem Rechner speichern. Gespeicherte Farbschemata können Sie im Reiter DURCHSUCHEN finden, wenn Sie als Kriterium GESPEICHERT auswählen.

▶ Über das Farbfelder-Symbol ❻ können Sie die Farben des Schemas in Ihre Farbpalette aufnehmen.

▶ Über das Kuler-Symbol ❼ lässt sich das erzeugte Farbschema in den Kuler-Dienst von Adobe hochladen. Das Schema steht dann auch anderen Benutzern zur Verfügung.

Linienwerkzeug

Um eine Linie zu zeichnen, wählen Sie zunächst das Linienwerkzeug ◥ in der Werkzeugleiste aus, klicken dann mit der Maus auf die Arbeitsfläche und halten die Maustaste dabei gedrückt. Durch Verschieben der Maus bestimmen Sie die Richtung und die Länge der Linie. Lassen Sie die Maustaste los, um die Linie zu erzeugen.

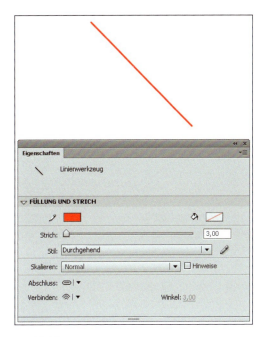

▲ Abbildung 3.12
Eine Linie mit einer Dicke von drei Punkten

Eigenschaften ändern

Sie können zwischen zwei Herangehensweisen wählen, um Eigenschaften eines Werkzeugs bzw. einer erzeugten Form zu definieren:

▶ Um Eigenschaften vor der Erstellung festzulegen, wählen Sie das Werkzeug aus und definieren anschließend die Eigenschaften im EIGENSCHAFTEN-Fenster.

▶ Um Eigenschaften einer Zeichenform nachträglich zu ändern, wählen Sie das erstellte Zeichenobjekt mit dem Auswahlwerkzeug ✠ im Dokumentfenster aus und ändern dann die Einstellungen im EIGENSCHAFTEN-Fenster. Um nur die Strichlinie oder nur die Füllung einer Form auszuwählen, klicken Sie diese separat an. Mit einem Doppelklick auf die Füllung wählen Sie sowohl die Füllung als auch die Strichlinie aus.

Stricheigenschaften

Jedes gezeichnete Objekt, das eine Strichlinie besitzt, stellt spezifische Eigenschaften für Strichlinien zur Verfügung. Die Eigenschaften von Strichlinien werden im Folgenden exemplarisch am Beispiel des Linienwerkzeugs erläutert.

Tastenkürzel
Das Linienwerkzeug kann mit dem Tastenkürzel N schnell aktiviert werden.

An Objekten ausrichten
Wenn Sie die Option ANSICHT • AUSRICHTEN • AN OBJEKTEN AUSRICHTEN aktivieren, orientiert sich die Zeichenform an einem in der Nähe befindlichen Objekt. Das hilft Ihnen dabei, wenn Sie zwei Formen, z. B. zwei Linien, exakt aneinander ausrichten möchten.

▲ Abbildung 3.13
Im oberen Beispiel wurde die Option AN OBJEKT AUSRICHTEN vor dem Zeichnen aktiviert; im unteren Beispiel war sie deaktiviert.

Strichlinie in Füllung umwandeln
Über das Menü MODIFIZIEREN • FORM • LINIEN IN FÜLLUNG KONVERTIEREN können Sie die ausgewählte Strichlinie in eine Füllung umwandeln. Das ist z. B. dann sinnvoll, wenn Sie Strichlinien als Maske verwenden wollen, da für Masken nur Füllungen verwendet werden können. Mehr zu Masken erfahren Sie in Kapitel 5, »Animation«.

Eingeschränkte Auswahl
Beachten Sie, dass es bei einigen Zeichenwerkzeugen, wie dem Rechteckwerkzeug, Eigenschaften gibt, die ausschließlich *vor* der Erstellung des Objekts zur Verfügung stehen.

Abbildung 3.14 ▶
Stricheigenschaften definieren

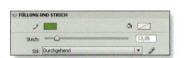

▲ **Abbildung 3.15**
Strichhöhe definieren

▲ **Abbildung 3.16**
Strichstile

Benutzerdefinierte Einstellungen
Die verfügbaren benutzerdefinierten Einstellungen sind abhängig vom gewählten Strichstil.

Gestrichelte Linien
Gestrichelte Linien sind weniger auffällig als durchgezogene Linien. Sie lassen sich z. B. für Bereiche, die Sie visuell eher unscheinbar trennen möchten, einsetzen.

Abbildung 3.17 ▶
Benutzerdefinierter Strichstil einer gestrichelten Linie

Strichfarbe | Im Feld Strichfarbe ❶ können Sie die Farbe der Linie auswählen. Alternativ können Sie die Strichfarbe auch über die bereits erwähnte Farbauswahl festlegen.

Strichhöhe | Mit der Strichhöhe ❷ und ❹ bestimmen Sie die Stärke der Linie. Diese können Sie entweder durch Verschieben des Schiebereglers oder durch Eingabe einer Zahl im Eingabefeld definieren.

Strichstil | Im Feld Strichstil ❸ lässt sich das Erscheinungsbild der Linie festlegen. Es stehen Ihnen sieben vordefinierte Einstellungen zur Verfügung.

Benutzerdefinierte Strichstile | Gefallen Ihnen die vordefinierten Strichstile nicht, können Sie diese anpassen. Durch Mausklick auf die Schaltfläche Strichstil bearbeiten ❺ können Sie einen der vordefinierten Strichstile mithilfe eigener Einstellungen ändern.

Im Fall der gestrichelten Linie gibt es z. B. zwei wesentliche Einstellungen:
▶ die Länge der Striche ❻
▶ der Abstand zwischen den Strichen ❼

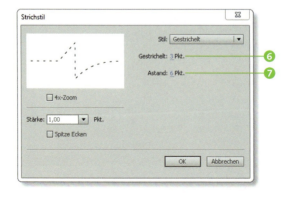

Abschluss | Für die durchgezogene Linie und die Haarlinie können Sie einen ABSCHLUSS ❽ definieren. Folgende Einstellungen stehen zur Verfügung:

▶ OHNE ❾: Der Abschluss der Linie wird entfernt, was zur Folge hat, dass die Linie insgesamt etwas kürzer wird.

▶ RUND ❿: ein runder Abschluss (Standard)

▶ QUADRAT ⓫: ein quadratischer Abschluss, empfehlenswert z. B. für geschlossene eckige Formen

Haarlinie | Der Strichstil HAARLINIE ist eine Besonderheit. Wird eine Linie mit diesem Strichstil formatiert, wird die Linie, unabhängig von der eingestellten Strichhöhe, immer mit der kleinstmöglichen Strichhöhe dargestellt. Bei einer Skalierung des Flash-Films werden Haarlinien nicht mitskaliert. Sie behalten also unabhängig von der Skalierung des Films ihre Strichstärke. Alle anderen Strichstile werden hingegen skaliert.

Verbindung | Neben dem Abschluss können Sie mithilfe der Einstellung Verbinden ⓬ festlegen, auf welche Weise sich zwei Linien miteinander verbinden sollen, wenn diese aufeinandertreffen. Sie können zwischen drei Einstellungen wählen:

▶ WINKEL ⓭: Die Linien werden winkelförmig verbunden. Mit dieser Einstellung können Sie z. B. einen gewöhnlichen Pfeil mit einer eckigen Verbindung erstellen.

▶ RUND ⓮: Die Verbindung ist rund.

▶ GESCHLIFFEN ⓯: Die Kanten der Linien werden abgeschnitten.

▲ **Abbildung 3.20**
Unter VERBINDEN stehen Ihnen drei Auswahlmöglichkeiten zur Verfügung.

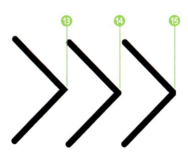

▲ **Abbildung 3.21**
Jeweils zwei verbundene Linien mit unterschiedlichen Verbindungseinstellungen

[Abschluss]
In Flash besteht eine Strichlinie jeweils aus drei Teilen. Der Anfang der Linie gehört zum Abschluss, gefolgt vom Mittelteil und dem Ende der Linie, das ebenfalls zum Abschluss gehört.

◀ **Abbildung 3.18**
Das Ende einer Strichlinie kann über den ABSCHLUSS definiert werden.

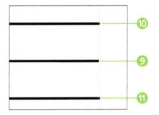

▲ **Abbildung 3.19**
Dieselbe Linie – jeweils mit unterschiedlichen Einstellungen für den Abschluss

Zoom
Um die Änderungen der Einstellungen besser nachvollziehen zu können, sollten Sie die Option 4x-ZOOM aktivieren, wodurch die Linie im VORSCHAU-Fenster vergrößert dargestellt wird.

Ausrichten an Pixeln | Gelegentlich kommt es vor, dass die Kanten einer Linie im Flash Player unsauber erscheinen. Um dies zu verhindern, können Sie das Optionsfeld Hinweise ❶ im Eigenschaften-Fenster aktivieren. Die Option sorgt dafür, dass sogenannte Ankerpunkte auf ganzzahlige Koordinaten gesetzt werden.

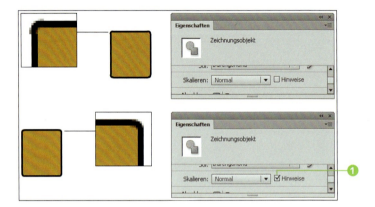

Abbildung 3.22 ▶
Oben wurde die Option nicht aktiviert. Unten wurde sie aktiviert.

Freihandwerkzeug

Mit dem Freihandwerkzeug können Sie ähnlich wie mit einem wirklichen Bleistift Linien oder Formen frei zeichnen. Klicken Sie auf das Freihandwerkzeug, oder wählen Sie alternativ das Tastenkürzel Y aus, um das Werkzeug zu aktivieren.

Danach klicken Sie mit der Maus auf die Arbeitsfläche und halten die Maustaste gedrückt, um mit dem Zeichnen zu beginnen. Da durch das Freihandwerkzeug eine Strichlinie erzeugt wird, stehen im Eigenschaften-Fenster dieselben Eigenschaften wie beim Linienwerkzeug zur Verfügung.

Nachdem Sie das Werkzeug ausgewählt haben, finden Sie unten in der Werkzeugleiste eine weitere werkzeugspezifische Einstellung, mit der Sie einen Zeichnungsmodus festlegen. Es stehen Ihnen drei Auswahlmöglichkeiten zur Verfügung:

▶ Begradigen
▶ Glätten
▶ Freihand

▲ **Abbildung 3.23**
Stiftmodus auswählen

Anmerkung
Dem unbedarften Zeichner wird die Option Begradigen sehr helfen, wie Sie in Abbildung 3.24 sehen können.

▲ **Abbildung 3.24**
Das Ergebnis der drei Zeichenmodi Begradigen, Glätten und Freihand im Vergleich

Der Modus BEGRADIGEN ist nützlich, wenn Sie eine Form mit Ecken und geraden Linien zeichnen möchten. Die Option GLÄTTEN sorgt dafür, dass kleine Zacken in einer Linie entfernt werden und die Linie weicher erscheint.

Pinselwerkzeug

Auch das Pinselwerkzeug lässt sich ähnlich wie das Freihandwerkzeug einsetzen. Im Gegensatz zum Freihandwerkzeug wird mit dem Pinselwerkzeug eine Füllung erstellt. Folgende Einstellungen stehen Ihnen im EIGENSCHAFTEN-Fenster zur Verfügung:

Füllfarbe | Die FÜLLFARBE lässt sich nach Auswahl des Werkzeugs im Eigenschaften-Fenster definieren.

Glätten | Über den Wert der Einstellung GLÄTTEN legen Sie die Stärke der automatischen Kantenglättung fest. Sie können Werte zwischen 0 und 100 einstellen – ein hoher Wert käme dem ungeübten Zeichner zugute.

▲ **Abbildung 3.25**
Einstellungen des Pinselwerkzeugs

In der Werkzeugleiste können Sie die gewünschte PINSELGRÖSSE ❷ und die PINSELFORM ❸ festlegen.

Pinselart | Neben der Pinselgröße und der Pinselform können Sie in der Werkzeugleiste im Feld PINSELART zwischen fünf Zeichenmodi wählen:

▶ NORMAL MALEN: IN DIESEM MODUS WERDEN Linien und Füllungen übermalt.

▶ FÜLLEN: Füllungen und leere Bereiche werden übermalt, Strichlinien bleiben erhalten.

Hinweis: Freihandmodus
Beachten Sie, dass wenn Sie den Freihandmodus aktivieren, keine automatische Korrektur der Linienform vorgenommen wird.

Tastenkürzel
Das Pinselwerkzeug lässt sich über die Taste B aktivieren. Drücken Sie sie mehrmals hintereinander, wechseln Sie zwischen dem Pinselwerkzeug und dem Sprühen-Werkzeug.

Zeichentablett
Wenn Sie über ein Zeichentablett verfügen, setzen Sie es mit dem Freihandwerkzeug und dem Pinselwerkzeug anstelle der Maus ein. Die Ergebnisse wirken meist natürlicher – Flash unterstützt übrigens drucksensitives Zeichnen.

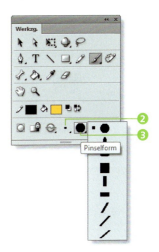

▲ **Abbildung 3.26**
Pinselgröße und Pinselform festlegen

▲ **Abbildung 3.27**
Pinselart ❶ auswählen

[!] Pinselart
Die Pinselarten funktionieren nur mit Formen, die auf derselben Ebene liegen. Auf Formen einer anderen Ebene haben diese keinen Einfluss.

Abbildung 3.29 ▶
Beim Modus In Auswahl malen wird die Linie nur in der oberen Hälfte des Kreises gemalt, da dieser vorher markiert wurde.

▶ Im Hintergrund malen: Leere Bereiche werden übermalt, Füllungen und Strichlinien bleiben jedoch erhalten.

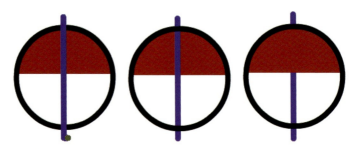

▲ **Abbildung 3.28**
Im Modus Normal malen (links) übermalt die Linie den kompletten Kreis. Im Modus Füllen (Mitte) übermalt die Linie nur die Füllung, die Umrandung des Kreises bleibt erhalten. Der Modus Im Hintergrund malen (rechts) erhält sowohl Füllungen als auch Strichlinien.

▶ In Auswahl malen: Wenn Sie vorher einen Bereich mit dem Auswahlwerkzeug ⬚ ❷, wird nur die Füllung des ausgewählten Bereichs ersetzt ❸.

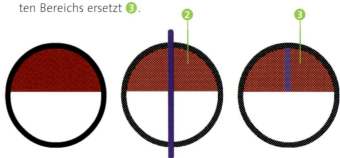

▶ Innen malen: Nur die Füllung, in der Sie den Pinsel ansetzen, wird übermalt. Alle anderen Bereiche werden nicht übermalt. Nutzen Sie diesen Modus, wenn Sie sicherstellen wollen, dass Sie nur innerhalb einer Füllung malen und nicht über die Form hinaus.

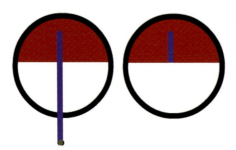

▲ **Abbildung 3.30**
Hier wirkt sich der Modus Innen malen nur auf die Füllung im Kreis aus.

Sprühen-Werkzeug

Mit dem Sprühen-Werkzeug können Sie Muster aus Formen »sprühen« lassen. Standardmäßig können Sie mit dem Werkzeug Punktmuster erzeugen. Alternativ lässt sich als Grundform auch ein beliebiges Symbol verwenden. Um mit dem Sprühen-Werkzeug ein Punktmuster zu erstellen, wählen Sie das Werkzeug aus und klicken anschließend mit der Maus auf eine beliebige Position. Im EIGENSCHAFTEN-Fenster im Reiter SYMBOL können Sie einen Farbton ❹ auswählen.

Tastenkürzel
Mit dem Tastenkürzel ⃞B⃞ wechseln Sie zwischen dem Pinselwerkzeug und dem Sprühen-Werkzeug.

Unregelmäßiges Muster
Aktivieren Sie die Option ZUFÄLLIGE SKALIERUNG, wenn die Grundform zufällig skaliert werden soll, um ein unregelmäßiges Muster zu erstellen.

◄ **Abbildung 3.31**
Wählen Sie zunächst eine Farbe im Reiter SYMBOL aus.

Unter dem Reiter PINSEL haben Sie verschiedene Einstellungsmöglichkeiten:

▶ BREITE UND HÖHE: Über die Breite und Höhe legen Sie fest, über welchen Bereich sich das Punktmuster verteilen soll. Stellen Sie beispielsweise für die Breite 500 Pixel ein, wird das Punktmuster auf einer Fläche mit einer Breite von 500 Pixeln verteilt.

▶ PINSELWINKEL: Über den Pinselwinkel legen Sie fest, in welche Richtung sich das Punktmuster ausbreiten soll. Wenn Sie beispielsweise für den Pinselwinkel 90 Grad wählen, verläuft das Punktmuster von oben nach unten.

▼ **Abbildung 3.32**
Mit dem Sprühen-Werkzeug wurde ein Sternenhimmel erzeugt.

▲ **Abbildung 3.33**
Das MovieClip-Symbol »stern_mc« wird als Vorlage für das Sprühen-Werkzeug ausgewählt.

Muster als Gruppen

Alle mit dem Sprühen-Werkzeug erzeugten Muster werden in Flash als Gruppe zusammengefasst. Sie lassen sich so leicht gemeinsam positionieren.

Sie können als Vorlage statt eines Kreises (Punktmuster) auch ein beliebiges Symbol verwenden. Klicken Sie dazu im Eigenschaften-Fenster im Reiter Symbol auf Bearbeiten ❶, und wählen Sie ein Symbol aus der Bibliothek aus.

Nachdem Sie ein eigenes Symbol als Form ausgewählt haben, stehen Ihnen im Eigenschaften-Fenster im Reiter Symbol weitere Eigenschaften zur Verfügung:

▶ Breite skalieren bzw. Höhe skalieren ❷: Über diese Einstellung können Sie festlegen, wie und ob das Symbol in der Breite bzw. in der Höhe skaliert werden soll.

▶ Symbol drehen ❸: Aktivieren Sie diese Option, wird die Form immer gleich um einen zufälligen Wert gedreht.

▶ Zufällige Drehung ❹: Aktivieren Sie diese Option, wenn Sie die Form zufällig um den Registrierungspunkt des Symbols drehen möchten. Das Muster wird so noch unregelmäßiger.

▲ **Abbildung 3.34**
Das Sternenmuster wurde mit dem Sprühen-Werkzeug erstellt.

Animationen als Grundform

Wenn Sie einen MovieClip als Grundform wählen, können Sie Elemente innerhalb des Movie-Clips animieren. So könnten Sie beispielsweise einen Stern ein- und ausblenden lassen. Die Animation wird dann übernommen.

Deko-Werkzeug

Hinter dem Deko-Werkzeug ▨ verstecken sich 13 verschiedene Werkzeuge bzw. Modi. Diese können Sie im Eigenschaften-Fenster im Reiter Zeichnungseffekte auswählen.

▶ Rankenfüllung: Baumstruktur mit Blättern und Blüten erstellen

▶ Rasterfüllung: Bereiche rasterförmig mit Formen füllen

▶ Symmetriepinsel: Formen symmetrisch anordnen

▶ 3D-Pinsel: verschiedene Formen aus der Bibliothek dreidimensional auf der Bühne platzieren

▶ GEBÄUDEPINSEL: Gebäudeobjekte in verschiedenen Größen erstellen

▶ DEKORPINSEL: 20 verschiedene Dekorationsformen erstellen, wie z. B. Wellen, Linien, Noten oder Sterne

▶ FEUERANIMATION: Feueranimation erstellen

▶ FLAMMENPINSEL: Flammen erstellen

▶ BLUMENPINSEL: verschiedene Formen von Blumen erstellen, wie z. B. Gartenblume, Rose oder Weihnachtsstern

▶ BLITZPINSEL: unterschiedliche Formen von Blitzen erstellen

▶ PARTIKELSYSTEM: Elemente aus der BIBLIOTHEK als Partikelanimation verwenden

▶ RAUCHANIMATION: Rauchanimationseffekte erstellen

▶ BAUMPINSEL: 20 verschiedene Baumtypen erstellen, wie z. B. Ahorn, Espe, Pappel oder Weihnachtsbaum

Rankenfüllung | Im Modus RANKENFÜLLUNG können Sie die Bühne oder eine Füllung mit einer Baumstruktur, mit Blättern und Blüten füllen. Im EIGENSCHAFTEN-Fenster in den Reitern ZEICHNUNGSEFFEKTE und ERWEITERTE OPTIONEN finden Sie verschiedene Einstellungen:

▶ FORM UND FARBE: Sie haben sowohl für das Blatt ❺ als auch für die Blüte ❻ die Möglichkeit, die Standardform zu wählen oder ein eigenes Symbol zu verwenden. Wenn Sie die Standardform verwenden, können Sie für das Blatt ❼, die Blüte ❽ und die Zweige ❾ eine beliebige Farbe im jeweiligen Farbfeld auswählen.

Tastenkürzel
Das Deko-Werkzeug rufen Sie über das Tastenkürzel U auf.

▲ **Abbildung 3.35**
Zeichnungseffekt auswählen

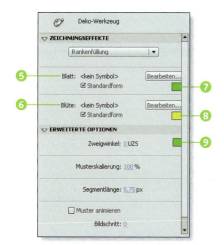

◀ **Abbildung 3.36**
Optionen des Modus RANKEN-FÜLLUNG

▶ ZWEIGWINKEL: Winkel des Zweigmusters

▶ MUSTERSKALIERUNG: Skalierung des Musters

▶ SEGMENTLÄNGE: Länge eines Segments zwischen Blüte und Blatt

Geschwindigkeit
Je höher Sie den Wert bei der Option BILDSCHRITT einstellen, desto weniger Schlüsselbilder werden erzeugt und desto schneller ist die Animation.

Wenn Sie die Option MUSTER ANIMIEREN aktivieren, wird der Aufbau des Musters animiert. Dazu legt Flash automatisch Schlüsselbilder in der ZEITLEISTE an. Über die Einstellung BILDSCHRITT können Sie bestimmen, wie viele Bilder pro Sekunde verwendet werden sollen.

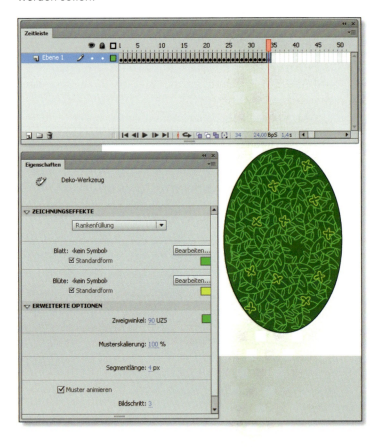

Abbildung 3.37 ▶
Eine animierte Rankenfüllung wurde erzeugt.

Rasterfüllung | Mithilfe des Modus RASTERFÜLLUNG können Sie einen Bereich sehr schnell mit einem beliebigen Muster rasterförmig verzieren. Wie auch beim Modus RANKENFÜLLUNG können Sie hier wahlweise die Standardform (ein gefülltes Rechteck) oder eine eigene Form als Symbol verwenden. Für anspruchsvolle Muster können Sie hier bis zu vier Symbole wählen, die sich im Muster abwechseln. Im Reiter ERWEITERTE OPTIONEN können Sie den Mustertyp festlegen:

▶ KACHELMUSTER: Erzeugt ein Rastermuster mit horizontal und vertikal gleichen Abständen, ohne zusätzliche Versetzung (Standard).

▶ ZIEGELSTEINMUSTER: Versetzt jede zweite Zeile leicht horizontal.

▶ BODENMUSTER: Versetzt jede zweite Zeile leicht horizontal und jede zweite Spalte leicht vertikal.

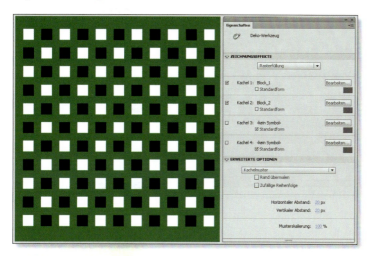

▲ **Abbildung 3.38**
Aus zwei eigenen Formen wurde ein Kachelmuster erzeugt.

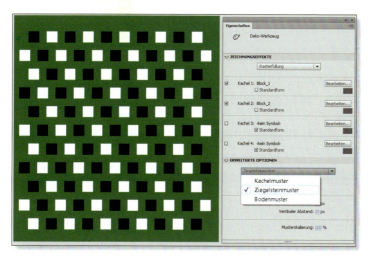

▲ **Abbildung 3.39**
Aus zwei eigenen Formen wurde ein Ziegelsteinmuster erzeugt.

Unter der Auswahl des Mustertypen finden sich außerdem für alle drei Muster dieselben zwei Zusatzoptionen:

▶ RAND ÜBERMALEN: Das Muster wird etwas über die Bühnenränder hinweg erzeugt, sodass beim Betrachten des Flash-Films das Muster auf jeden Fall den kompletten Hintergrund füllt.

▶ ZUFÄLLIGE REIHENFOLGE: Statt die Symbole hintereinander abwechselnd auszuwählen, ist die Auswahl zufällig, sodass Zufallsmuster entstehen.

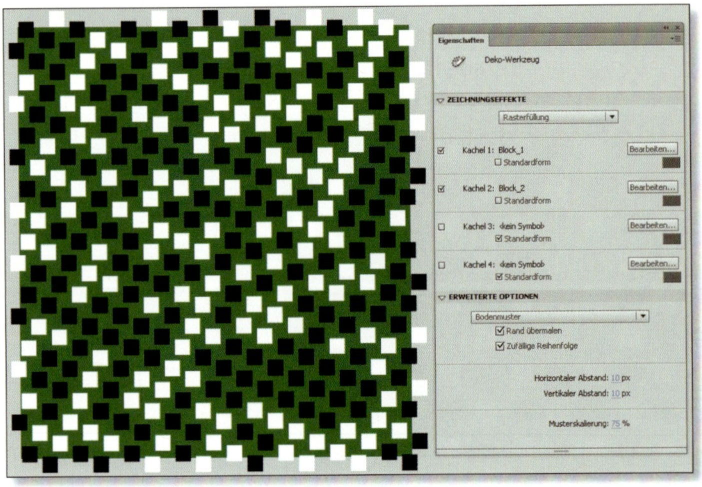

Abbildung 3.40 ▶
Aus zwei eigenen Formen wurde
ein zufälliges Bodenmuster
erzeugt, das den gesamten
Hintergrund füllt.

Schließlich stehen Ihnen noch drei Einstellungsmöglichkeiten für
die Feinjustierung zur Verfügung:

▶ HORIZONTALER ABSTAND: der Abstand auf der Horizontalen
zwischen den Formen des Musters

▶ VERTIKALER ABSTAND: der Abstand auf der Vertikalen zwischen
den Formen des Musters

▶ MUSTERSKALIERUNG: die Stärke der Skalierung der Form des
Musters

Symmetriepinsel | Über den Modus SYMMETRIEPINSEL können
Sie Formen symmetrisch anordnen, z. B. um symmetrische Muster
zu erzeugen. Im Reiter ZEICHNUNGSEFFEKTE können Sie zunächst
auswählen, ob Sie die Standardform (ein gefülltes Rechteck) oder
ein eigenes Symbol als Grundform verwenden möchten.

Kollision testen

Wenn Sie in den Optionen das
Optionsfeld KOLLISION TESTEN
aktivieren, wird sichergestellt,
dass erzeugte Formen nicht mit
anderen Formen kollidieren
bzw. andere mit dem Werkzeug
erzeugte Formen überlagern.

▲ **Abbildung 3.41**
ERWEITERTE OPTIONEN des Symmetriepinsels

Unter ERWEITERTE OPTIONEN können Sie auswählen, wie Formen positioniert werden sollen:

▶ AN LINIE SPIEGELN: Per Mausklick werden zwei Kopien der Grundform erzeugt, die so angeordnet werden, dass sie sich an der grünen Orientierungslinie ❷ spiegeln. Die Orientierungslinie können Sie mit dem größeren kreisrunden Anfasser ❸ per Drag & Drop verschieben oder per Drag & Drop auf den kleineren kreisrunden Anfasser mit den Pfeilen ❶ drehen.

▶ AN PUNKT SPIEGELN: Alle erzeugten Formen werden um den kreisförmigen Anfasser gespiegelt. Das Muster können Sie per Drag & Drop am Anfasser verschieben.

▶ HERUMDREHEN: Formen werden um den größeren runden Anfasser ❻ kreisförmig angeordnet. Über das äußere Ende des langen runden Anfassers mit den Pfeilen ❹ können Sie das Muster drehen. Über den Anfasser mit dem Plus-Zeichen ❺ lässt sich die Distanz per Drag & Drop zwischen den Formen vergrößern bzw. verkleinern. Je nach Abstand werden mehr oder weniger Formen erzeugt.

▶ RASTERVERSETZUNG: Mit diesem Modus erzeugen Sie ein rasterförmiges Formmuster. Über die beiden Anfasser mit dem Plus-Zeichen ❼ und ❿ können Sie das Raster in x- oder y-Richtung erweitern. Über die beiden kleineren rundförmigen Anfasser ❽ und ❾ können Sie das Raster drehen, verzerren und den Abstand zwischen den Formen auf der Vertikalen und Horizontalen steuern.

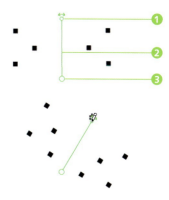

▲ **Abbildung 3.42**
SYMMETRIEPINSEL im Modus AN LINIE SPIEGELN

▲ **Abbildung 3.43**
Ein Muster, das über den Modus AN PUNKT SPIEGELN erzeugt wurde

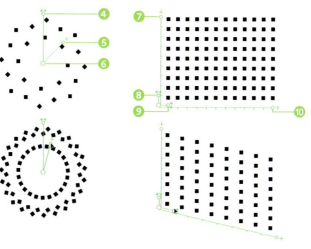

▲ **Abbildung 3.44**
Erzeugtes Muster mit dem Modus HERUMDREHEN

▲ **Abbildung 3.45**
Mit dem Modus RASTERVERSETZUNG können Sie ein selbst erzeugtes rasterförmiges Muster auf unterschiedliche Weise modifizieren.

▲ **Abbildung 3.46**
Objekteinstellungen für den
3D-Pinsel

▲ **Abbildung 3.47**
Smileys, die mit dem 3D-Pinsel
erzeugt wurden

3D-Pinsel | Mithilfe des Modus 3D-Pinsel können Sie in einem Bereich mit gedrückter Maustaste sehr schnell 3D-Formen erstellen.Je weiter Sie die Form am oberen Rand Ihrer Bühne erstellen, desto kleiner erscheint die Form. Umso weiter Sie mit gedrückter Maustaste zum unteren Rand Ihrer Bühne kommen, desto größer werden Ihre Objekte.

Sie können wahlweise die Standardform mit einer individuellen Farbe ❷ oder eine eigene Form über Bearbeiten ❶ aus der Bibliothek wählen. In den Erweiterten Optionen können Sie folgende verschiedene Einstellungen vornehmen:

▶ Max. Objekte: Anzahl der Objekte, die maximal erstellt werden sollen

▶ Sprühbereich: Festlegung, wie nah die Formen beim Sprühen beieinanderliegen sollen

▶ Perspektive: Aktivieren Sie diese Option, um eine noch bessere 3D-Perspektive zu erstellen.

▶ Entfernungsabstand: Definiert die Größe der Formen für eine 3D-realistische Ansicht (optischer Entfernungsabstand).

▶ Zufälliger Skalierbereich: Definiert die zufällige Größe der Objekte.

▶ Zufälliger Drehbereich: Definiert die zufällige Drehung der Objekte bei der Erstellung.

Gebäudepinsel | Mit dem Gebäudepinsel können Sie verschiedene Gebäude schnell und einfach erstellen. In den Erweiterten Optionen stehen Ihnen dazu vier verschiedene Gebäudearten ❸ zur Verfügung.

▲ **Abbildung 3.48**
Gebäudeoptionen

▲ **Abbildung 3.49**
Verschiedene Gebäude-
größen – links: Größe 1;
rechts: Größe 10

Unter Gebäudegrösse ❹ legen Sie die Gebäudegröße fest. Der Wert kann zwischen 1 und 10 liegen. Je größer der Wert, desto breiter wird auch das Gebäude erstellt.

Dekorpinsel | Mit dem Dekorpinsel können Sie zahlreiche Dekorationen für Ihr Projekt erstellen. Es stehen Ihnen in den Erweiterten Optionen dazu 20 verschiedene Dekorationstypen zur Verfügung. Unter Musterfarbe definieren Sie die Farbe Ihrer Dekoration ❺ und unter Mustergrösse bzw. Musterbreite die Größe der Dekoration ❻.

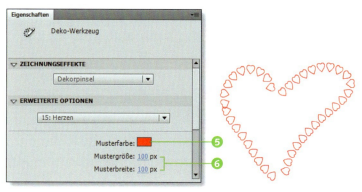

▲ **Abbildung 3.50**
Dekoreinstellungen für die Form Herzen in der Farbe Rot

▲ **Abbildung 3.51**
Beispiel des Dekorpinsels mit der Form Herzen

Feueranimation | Mit der Feueranimation können Sie auf sehr einfache Weise Feueranimationen erstellen. Flash legt dazu die passende Anzahl an Schlüsselbildern, die für die Animation benötigt werden, automatisch in Ihrer Zeitleiste an.

◄ **Abbildung 3.52**
Einstellungen für eine Feueranimation

❶ Grösse des Feuers: Legt Höhe und Breite der Flammen fest.
❷ Geschwindigkeit des Feuers: Definiert, wie schnell sich die Flammen bewegen.
❸ Dauer des Feuers: Legt die Länge der Animation in Schlüsselbildern fest.

❹ ANIMATION BEENDEN: Setzt am Ende der Animation ein leeres Schlüsselbild für den Abschluss der Animation. Aktivieren Sie diese Option, wenn Sie ein allmählich erlöschendes Feuer erstellen möchten, oder deaktivieren Sie sie, wenn Sie die Feueranimation in einer Schleife laufen lassen möchten.

❺ FLAMMENFARBE: Definiert die Farbe der Flamme.

❻ FARBE DES FLAMMENKERNS: Definiert die Kernfarbe der Flamme.

❼ FEUERFUNKEN: Legt die Anzahl der einzelnen Flammen an der direkten Basis des Feuers fest.

Flammenpinsel | Mit dem FLAMMENPINSEL können Sie auf der Bühne einzelne flammenartige Formen zeichnen:

▶ FLAMMENGRÖSSE: Legt die Größe der Flamme fest, die bei gedrückter Maustaste gezeichnet werden soll.

▶ FLAMMENFARBE: Legt die Farbe der Flamme fest.

Blumenpinsel | Mit dem BLUMENPINSEL können Sie verschiedene Blumen auf der Bühne erstellen. Es stehen Ihnen in den ERWEITERTEN OPTIONEN dazu vier verschiedene Blumen zur Verfügung:

❶ BLÜTENFARBE: Definiert die Blütenfarbe der Blume.

❷ GRÖSSE DER BLÜTE: Legt Höhe und Breite der Blüten fest.

❸ BLATTFARBE: Definiert die Farbe der Blätter.

❹ BLATTGRÖSSE: Definiert Höhe und Breite des Blattes.

❺ FARBE DER FRUCHT: Definiert die Farbe der Frucht.

❻ ZWEIG: Legt Zweige oder Stiele an.

❼ ZWEIGFARBE: Definiert die Farbe des Zweiges.

▲ **Abbildung 3.53**
GARTENBLUME aus dem BLUMEN-PINSEL

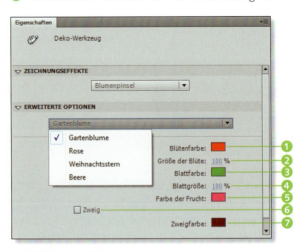

▲ **Abbildung 3.54**
BLUMENPINSEL-Einstellungen

Blitzpinsel | Mit dem Blitzpinsel können Sie Blitze zeichnen und Blitzanimationen erstellen. Dazu stehen Ihnen in den Erweiterten Optionen verschiedene Einstellungsmöglichkeiten zur Verfügung:

▲ **Abbildung 3.55**
Blitzpinsel-Einstellungen

▲ **Abbildung 3.56**
Blitz mit einer Komplexität von 50 %

❶ Blitzfarbe: Definiert die Farbe des Blitzes.

❷ Blitzmassstab: Definiert die Länge des Blitzstrahls.

❸ Animation: Ist diese Option aktiviert, wird von Flash eine Blitzanimation mit dem Hinzufügen von Schlüsselbildern in der Zeitleiste erstellt.

❹ Strahlbreite: Definiert die Dicke des Blitzes ausgehend vom Ausgangspunkt.

❺ Komplexität: Gibt an, in wie viele Teile sich der Blitz teilen soll.

Partikelsystem | Mit dem Partikelsystem können Sie verschiedene Formen aus Ihrer Bibliothek als Partikel z. B. vom Himmel regnen lassen. Sie können dazu die Standardform oder eigene Formen über den Button Bearbeiten ❶ aus der Bibliothek auswählen. Ihnen stehen in den Erweiterten Optionen dazu verschiedene Einstellungen zur Verfügung:

❷ Gesamtlänge: Definiert die Animationslänge in Schlüsselbildern, die Flash in der Zeitleiste erstellt.

❸ Partikelgeneration: Legt die Anzahl der Schlüsselbilder fest, in denen jeweils neue zusätzliche Partikel erstellt werden sollen. Ist der Wert Partikelgeneration kleiner als die Gesamtlänge, werden ab Erreichen der generierten Partikel keine weiteren mehr erstellt.

❹ Rate pro Bild: Anzahl der Partikel, die pro Bild erstellt werden sollen

▲ **Abbildung 3.57**
Partikelsystem-Einstellungen für die Animation

⑤ LEBENSDAUER: Definiert, wie lange ein erstellter Partikel auf der Bühne sichtbar bleibt.

⑥ ANFANGSGESCHWINDIGKEIT: Definiert die Geschwindigkeit eines Partikels.

⑦ ANFANGSGRÖSSE: Größe der Partikel bei der Erstellung

⑧ MIN. ANFANGSRICHTUNG: Legt den Bereich der möglichen Richtungen der Partikel fest, in die sich diese bei der Erstellung bewegen können. 0° = nach oben, 90° = nach rechts, 180° = nach unten, 270° = nach links, 360° = nach oben.

⑨ MAX. ANFANGSRICHTUNG: Legt analog den maximalen Bereich der möglichen Richtungen der Partikel fest, in die sich diese bei der Erstellung bewegen können.

Hinweis

Beachten Sie, dass die beiden Werte MIN. ANFANGSRICHTUNG und MAX. ANFANGSRICHTUNG zusammenhängen und bestimmen, wie groß der Winkel des Sprühkegels ist.

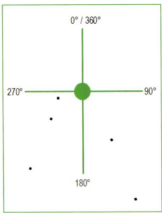

▲ **Abbildung 3.58**
Sprühausgangspunkt in der Mitte mit 90° MIN. ANFANGSRICHTUNG und 270° MAX. ANFANGSRICHTUNG. Der Sprühausgangspunkt befindet sich zwischen 90° und 270° im unteren Bereich.

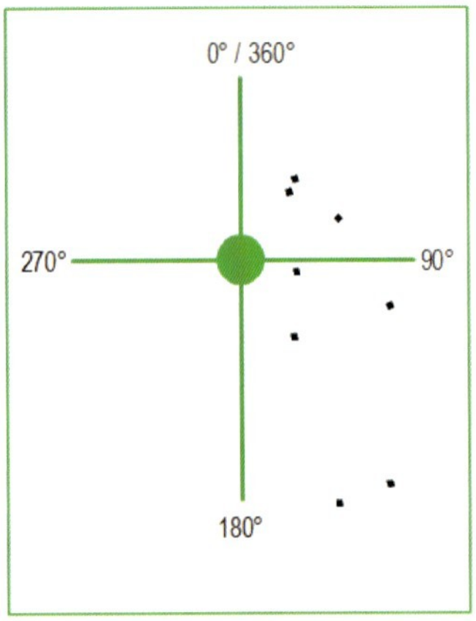

▲ **Abbildung 3.59**
Sprühausgangspunkt in der Mitte mit 0° MIN. ANFANGSRICHTUNG und 90° MAX. ANFANGSRICHTUNG. Der Sprühausgangspunkt befindet sich zwischen 0° und 90° im unteren Bereich.

⑩ SCHWERKRAFT: Definiert, in welche Richtung, z. B. nach oben oder nach unten, und wie schnell sich die Partikel bewegen sollen. Bei einem positiven Wert bewegen sich die Partikel nach unten und bei einem negativen Wert nach oben. Je größer zum Beispiel der positive Wert ist, desto schneller fallen die Partikel zu Boden.

⑪ DREHRATE: Definiert, in welchem Grad sich die Partikel drehen sollen.

Rauchanimation | Mit der RAUCHANIMATION können Sie mit einer Bild-für-Bild-Animation Rauch erstellen. Flash erstellt dazu die nötigen Schlüsselbilder in der ZEITLEISTE in Abhängigkeit von der RAUCHDAUER ❸. In den ERWEITERTEN OPTIONEN finden Sie dazu verschiedene Einstellungen:

❶ RAUCHGRÖSSE: Definiert die Höhe und Breite des Rauches.

❷ GESCHWINDIGKEIT DES RAUCHS: Legt die Geschwindigkeit fest, wie schnell der Rauch aufsteigen soll.

❸ RAUCHDAUER: Definiert die Animationslänge in Schlüsselbildern, die Flash in der ZEITLEISTE erstellt.

❹ ANIMATION BEENDEN: Setzt am Ende der Animation ein leeres Schlüsselbild für den Abschluss der Animation. Aktivieren Sie diese Option, wenn Sie einen allmählich verschwindenden Rauch erstellen möchten. Deaktivieren Sie diese Option, wenn Sie die Animation in einer Schleife laufen lassen möchten.

❺ RAUCHFARBE: Legt die Farbe der Rauchwolke fest.

❻ HINTERGRUNDFARBE: Definiert die Hintergrundfarbe, auf der der Rauch erstellt werden soll. Die Rauchwolke wird daraufhin nach und nach die Hintergrundfarbe annehmen und allmählich verschwinden.

▲ **Abbildung 3.60**
RAUCHANIMATIONS-Einstellungen

Baumpinsel | Mit dem BAUMPINSEL können Sie aus 20 verschiedenen Baumtypen einen Baum auf der Bühne erstellen. Je langsamer Sie bei gedrückter Maustaste die Maus über die Bühne bewegen, desto mehr Äste und Sträucher werden von Flash erstellt. Bewegen Sie die Maus etwas schneller, wird nur der Baumstamm gezeichnet. In den ERWEITERTEN OPTIONEN können Sie dazu noch individuelle Einstellungen vornehmen:

❶ BAUMMASSSTAB: Legen Sie hier die Größe des Baumes fest. Der Wert muss zwischen 75 und 100 % liegen.

❷ ZWEIGFARBE: Definiert die Farbe für die Zweige und den Baumstamm.

❸ BLATTFARBE: Definiert die Farbe der Blätter.

❹ FARBE DER BLÜTE/FRUCHT: Definiert die Farbe für die Blüten und Früchte.

▲ **Abbildung 3.61**
BAUMPINSEL-Einstellungen

Radiergummiwerkzeug

Das Radiergummiwerkzeug [🖊], das in der Werkzeugleiste oder alternativ über das Tastenkürzel [E] aktiviert wird, ist das Gegenstück zum Pinselwerkzeug. Das Radiergummiwerkzeug funktioniert fast so wie ein wirklicher Radiergummi, hat aber noch einige Tricks mehr auf Lager. Ähnlich wie beim Pinselwerkzeug können Sie in der Werkzeugleiste bei aktiviertem Werkzeug zwischen fünf Radiergummimodi ❶ wählen:

▲ **Abbildung 3.62**
ORANGENBAUM

▲ **Abbildung 3.63**
Radiermodus auswählen

Neue Formen erzeugen
Mit dem nötigen Feingefühl lassen sich mit dem Radiergummi durch das Entfernen von Füll- und Linienbereichen neue Formen erzeugen.

Benutzerdefinierte Radiergummigröße
Leider können nur die verfügbaren Größen ausgewählt werden – eine benutzerdefinierte Größe ist nicht möglich.

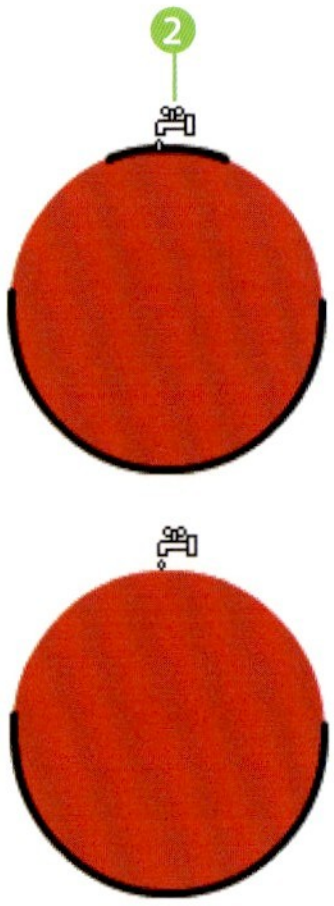

▲ **Abbildung 3.65**
Der Wasserhahn-Modus des Radiergummiwerkzeugs

▶ NORMAL RADIEREN ist der Standardmodus, der sowohl Strichlinien als auch Füllungen radiert.

▶ FÜLLUNGEN RADIEREN radiert ausschließlich Füllungen. Strichlinien werden ignoriert.

▶ LINIEN RADIEREN radiert ausschließlich Strichlinien, Füllungen bleiben unverändert.

▶ AUSGEWÄHLTE FÜLLUNGEN RADIEREN radiert Strichlinien und Füllungen eines durch das Auswahlwerkzeug 🔺 oder Lassowerkzeug 🔎 ausgewählten Bereichs. Der Name ist etwas unglücklich gewählt.

▶ INNEN RADIEREN radiert Füllungen innerhalb eines geschlossenen Pfads.

Radiergummiform | Über die Radiergummiform, die Sie in der Werkzeugleiste einstellen können, legen Sie sowohl die Form des Radiergummiwerkzeugs als auch die Größe fest.

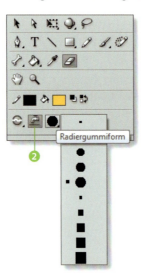

▲ **Abbildung 3.64**
Radiergummiform und -größe wählen

Wasserhahn | In der Werkzeugleiste lässt sich der sogenannte Wasserhahn-Modus ❷ aktivieren bzw. deaktivieren. Wenn der Wasserhahn-Modus aktiviert ist, funktioniert das Radiergummiwerkzeug auf eine andere Weise. Sie können eine Strichlinie oder Füllung löschen, indem Sie diese auswählen. Es werden nur geschlossene Pfade gelöscht. Wenn also eine Strichlinie z. B. durch eine kleine Lücke unterbrochen ist, wird nur der ausgewählte Teil gelöscht.

Rechteckwerkzeug

Das Rechteckwerkzeug ▣ lässt sich über die Werkzeugleiste ❸ oder alternativ über das Tastenkürzel Ⓡ aktivieren.

Tastenkürzel

Drücken Sie das Tastenkürzel Ⓡ mehrmals hintereinander, wechseln Sie zwischen dem Rechteckwerkzeug und dem Werkzeug für Rechteckgrundform.

▲ **Abbildung 3.66**
Unter der Schaltfläche für das Rechteckwerkzeug verstecken sich noch andere Werkzeuge.

Mit und ohne Außenlinie | Ein Rechteck kann sowohl eine Füllung als auch eine Strichlinie besitzen. Ob eine Strichlinie, also die Außenlinie eines Rechtecks, erstellt wird oder nicht, hängt davon ab, ob Sie vorher eine Farbe für die Strichlinie definiert haben. Wenn Sie keine Strichlinie verwenden möchten, deaktivieren Sie die Strichfarbe im Farbauswahlfenster ❹. Alternativ können Sie auf dieselbe Weise die Füllfarbe deaktivieren.

Füllfarbe deaktivieren
Die Füllfarbe lässt sich ebenso wie die Strichfarbe optional deaktivieren.

◄ **Abbildung 3.67**
Strichfarbe deaktivieren

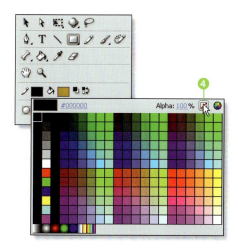

Eckrundungen | Neben den Ihnen bereits bekannten Einstellungen finden Sie im EIGENSCHAFTEN-Fenster unter RECHTECKOPTIONEN Felder zur Einstellung des Eckradius. Über den Eckradius können Sie die Stärke der Eckrundung jeder einzelnen Ecke bestimmen ❷ und damit Rechtecke mit abgerundeten Ecken erzeugen.

Eckrundungen vorher definieren
Leider können Eckrundungen nur vor der Erstellung der Form eingestellt werden. Sie lassen sich nach der Erstellung der Form nicht mehr ändern.

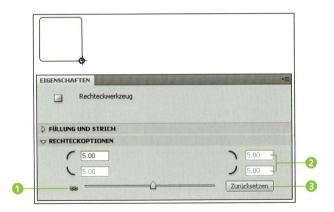

Abbildung 3.68 ▶
Den Eckradius bestimmen Sie
im EIGENSCHAFTEN-Fenster.

Wenn Sie das kleine Verankerungs-Symbol ❶ anklicken, werden
alle vier Ecken in gleichem Maße gerundet. Per Mausklick auf die
Schaltfläche ZURÜCKSETZEN ❸ setzen Sie alle Werte auf 0 zurück.

Werkzeug für Rechteckgrundform

Intuitive Bedienung
Die Bedienung des Werkzeugs
für Rechteckgrundform ist im
Vergleich zum Rechteckwerkzeug etwas intuitiver, da man
Eckrundungen mit der Maus
einstellen kann und eine Vorschau das Ergebnis anzeigt – außerdem bleiben die Eckradien
auch nachträglich noch modifi-
zierbar.
Ein Rechteck, das mit diesem
Werkzeug erstellt wurde, verhält sich immer so wie ein
Rechteck, das mit dem Objekt-
zeichnungsmodus gezeichnet
wurde. Es verbindet sich also
nicht mit anderen Formen.

Zum Erstellen von Rechteckformen steht Ihnen ein weiteres
Werkzeug mit dem schönen Namen WERKZEUG FÜR RECHTECK-
GRUNDFORM ▫, aktivierbar über das Tastenkürzel Ⓡ, zur Ver-
fügung.

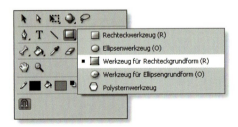

▲ **Abbildung 3.69**
Werkzeug für Rechteckgrundform

Dieses Werkzeug funktioniert ähnlich wie das Rechteckwerkzeug
▫ – mit dem Unterschied, dass Sie die Eckrundungen direkt über
Verschieben eines der vier Anfasser ❹, ❺, ❻ oder ❼ festlegen
können und die Eckrundungen auch noch nach Erstellung der
Form beliebig verändern können.

▲ **Abbildung 3.70**
Anfasser des Werkzeugs für Rechteckgrundform

Ellipsenwerkzeug

Das Ellipsenwerkzeug ist in der Werkzeugleiste im Untermenü des Rechteckwerkzeugs zu finden. Sie können das Werkzeug alternativ über das Tastenkürzel ⬚0⬚ aktivieren. Wählen Sie das Werkzeug aus, klicken Sie auf einen Bereich in der Arbeitsfläche, halten Sie die Maustaste gedrückt, und bewegen Sie die Maus, um eine Ellipse zu zeichnen.

Tastenkürzel
Drücken Sie mehrmals das Tastenkürzel ⬚0⬚ hintereinander, wechseln Sie zwischen dem Ellipsenwerkzeug und dem Werkzeug für Ellipsengrundform.

Segmente zeichnen
Mithilfe der Felder ANFANGSWINKEL ❶ und ENDWINKEL ❷ (siehe Abbildung 3.71) im EIGENSCHAFTEN-Fenster können Sie auf einfache Weise ein Kreissegment oder ein Ellipsensegment erzeugen.

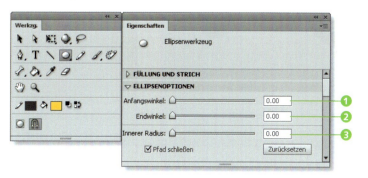

▲ **Abbildung 3.71**
Das EIGENSCHAFTEN-Fenster bei aktiviertem Ellipsenwerkzeug

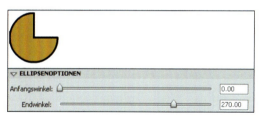

◄ **Abbildung 3.72**
Zwei Kreissegmente und ihre spezifischen Start- und Endwinkel

Kreis zeichnen
Halten Sie ⬚⇧⬚ gedrückt, um einen Kreis zu zeichnen.

Pfad schließen | Wenn das Optionsfeld PFAD SCHLIESSEN aktiviert ist, wird der Pfad des Kreissegments oder des Ellipsensegments automatisch geschlossen und kann mit einer Füllung versehen werden ❹. Wenn die Option deaktiviert ist, wird nur eine Strichlinie erstellt, und der Pfad bleibt geöffnet ❺.

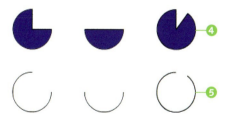

◄ **Abbildung 3.73**
Geschlossene und geöffnete Pfade

Interessante Formen
Durch Kombinieren der Eigenschaften des Ellipsenwerkzeugs sind viele interessante Formen möglich.

Geöffneter Kreis | Über die Eigenschaft INNERER RADIUS ❸ (siehe Abbildung 3.71) können Sie optional einen Radius definieren, der zur Folge hat, dass der Kreis bzw. die Ellipse durch einen innen liegenden Kreis oder eine innen liegende Ellipse geöffnet wird. Der Wert gibt dabei den Radius des innen liegenden Kreises an.

Abbildung 3.74 ▶
Kreise und Ellipsen mit verschiedenen inneren Radien

Werkzeug für Ellipsengrundform

Das Werkzeug für Ellipsengrundform ist das Pendant zum Werkzeug für Rechteckgrundform. Sie finden das Werkzeug in der Werkzeugleiste im Untermenü des Rechteckwerkzeugs oder alternativ über das Tastenkürzel ⓪.

▲ **Abbildung 3.75**
Werkzeug für Ellipsengrundform

[!] Gruppierung
Formen, die mit dem Werkzeug für Rechteckgrundform oder mit dem Werkzeug für Ellipsengrundform erstellt wurden, verhalten sich in einigen Dingen anders als Formen, die mit dem Rechteckwerkzeug oder Ellipsenwerkzeug angelegt wurden. Bevor Sie z. B. einen Bereich dieser Formen radieren können, müssen Sie erst einmal die Gruppierung der Form mit Strg/⌘+G aufheben.

Dieses Werkzeug bietet dieselben Einstellungen wie das Ellipsenwerkzeug, ist aber deutlich intuitiver zu bedienen. Über den in der Mitte liegenden Anfasser ❶ können Sie den inneren Radius über Verschiebung der Maus definieren. Über den außen liegenden Anfasser ❷ lässt sich das Kreissegment definieren.

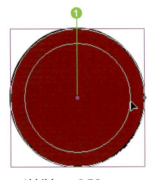

▲ **Abbildung 3.76**
Innerer Radius

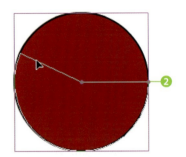

▲ **Abbildung 3.77**
Kreissegment definieren

Polysternwerkzeug

Das Polysternwerkzeug ◯ dient dazu, Polygone und Sternformen zu erstellen. Im EIGENSCHAFTEN-Fenster können Sie per Mausklick auf die Schaltfläche OPTIONEN erweiterte Werkzeugeinstellungen öffnen.

[Polygon]
Ein Polygon, auch als Vieleck bezeichnet, ist eine mehreckige geschlossene Pfadform. Allseits bekannte Polygone sind z. B. das Drei-, Vier- und das Fünfeck.

◀ **Abbildung 3.78**
Das Polysternwerkzeugs in der Werkzeugleiste

▶ Im Feld STIL ❸ (siehe Abbildung 3.79) legen Sie fest, ob Sie ein Polygon oder einen Stern zeichnen möchten.

▶ Durch die Angabe der ANZAHL DER SEITEN ❹ bestimmen Sie die Form des Polygons oder des Sterns.

▶ Die Einstellung STERNSPITZENGRÖSSE ❺ beeinflusst die Darstellung der Sternform. Sie können hier Werte zwischen 0 und 1 einstellen. Je höher der Wert ist, desto geringer wird die Ausprägung der Sternform.

◀ **Abbildung 3.79**
Werkzeugeinstellungen des Polysternwerkzeugs

▲ **Abbildung 3.80**
Drei Sterne mit Sternspitzengrößen 0.5, 0.25 uns 1.0

Stiftwerkzeug

Mit dem Stiftwerkzeug lassen sich gerade und kurvenförmige Strichlinien erzeugen. Wählen Sie das Stiftwerkzeug über das Symbol ◊ oder die Taste P aus. Sie können dann zwei unterschiedliche Strichlinien erzeugen:

Übung macht den Meister.
Das Stiftwerkzeug ist zugegebenermaßen gerade am Anfang nicht sehr intuitiv zu bedienen. Nehmen Sie sich die Zeit, den Umgang mit dem Werkzeug zu üben – es lohnt sich, da nahezu unbegrenzt viele Formen mit dem Werkzeug kreiert werden können.

- LINIENSEGMENT: Um eine gerade Linie zu erzeugen, positionieren Sie den Zeichenstift an der Stelle, an der das Liniensegment beginnen soll und klicken dann mit der Maus. Lassen Sie die Maustaste los, verschieben Sie die Maus, und klicken Sie erneut. Zwischen beiden Punkten wird eine gerade Linie erstellt. Sie können die Strichlinie auch beliebig fortsetzen, indem Sie weitere Punkte per Mausklick erstellen.
- KURVENSEGMENT: Um eine kurvenförmige Linie zu zeichnen, klicken Sie mit der Maus auf einen Punkt, lassen die Maustaste los und klicken erneut auf eine andere Position. Halten Sie diesmal die Maustaste gedrückt, und bewegen Sie den Mauszeiger ❶. Mit dieser Bewegung bestimmen Sie die Tangente, die für die Ausrichtung der Kurve verantwortlich ist. Wenn Sie die Maus loslassen, wird das Kurvensegment erstellt ❷.

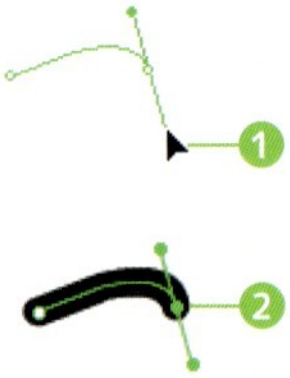

▲ **Abbildung 3.81**
Kurvensegmente zeichnen

Den Zeichenprozess können Sie abschließen, indem Sie ein anderes Werkzeug auswählen oder Esc drücken.

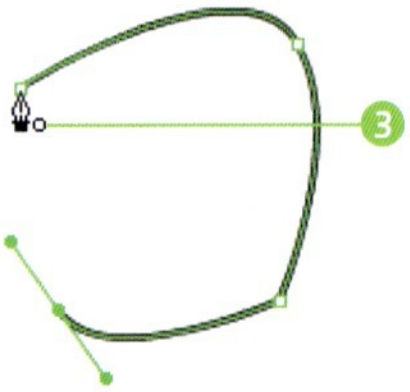

▲ **Abbildung 3.82**
Pfad schließen

Pfad schließen | Sie können einen Pfad schließen, indem Sie den ersten Punkt mit dem letzten Punkt verbinden. Dazu gehen Sie mit dem Mauszeiger über den ersten Punkt. Ein kleiner Kreis zeigt an ❸, dass die Maus richtig positioniert ist. Klicken Sie auf den Punkt, um den Pfad zu schließen.

▲ **Abbildung 3.83**
Ankerpunkt einfügen

Ankerpunkte hinzufügen | Die Form jeder Strichlinie und jeder Füllform wird durch die Position ihrer Ankerpunkte definiert. Mit dem Ankerpunkt-einfügen-Werkzeug können Sie jede Strichlinie und jede Füllform durch weitere Punkte erweitern.

Um einen Ankerpunkt einzufügen, klicken Sie mit der Maus auf die gewünschte Stelle innerhalb der Strichlinie oder der Füllung. Ein kleines Plus-Zeichen am Mauscursor zeigt Ihnen, dass an dieser Stelle ein Ankerpunkt hinzugefügt werden kann.

Unterauswahlwerkzeug

Einen Ankerpunkt können Sie übrigens auch mit dem Unterauswahlwerkzeug entfernen. Wählen Sie dazu den Ankerpunkt aus, und drücken Sie die Entf-Taste.

Ankerpunkte entfernen | Analog dazu können Sie mit dem Ankerpunkt-löschen-Werkzeug einen Ankerpunkt entfernen, was Einfluss auf die Strichlinie oder die Füllform hat.

Aktivieren Sie das Ankerpunkt-löschen-Werkzeug, und klicken Sie auf den Ankerpunkt, den Sie löschen wollen ❹, um ihn zu entfernen ❺.

Ankerpunkte umwandeln | Durch die Umwandlung eines Ankerpunkts können Sie aus einem Liniensegment ein Kurvensegment machen und umgekehrt. Sie können einen Ankerpunkt mithilfe des Ankerpunkt-umwandeln-Werkzeugs (Tastenkürzel

⎡C⎤) umwandeln. Klicken Sie dazu mit dem Werkzeug auf den Punkt, den Sie umwandeln möchten ❻. Durch Umwandlung des Punktes wird die Linien- oder Füllform verändert ❼.

▲ **Abbildung 3.84**
Der Ankerpunkt ❹ wurde gelöscht ❺.

▲ **Abbildung 3.85**
Ankerpunkt umwandeln

Tipp: Raster einblenden
Wenn Sie mit dem Stiftwerkzeug regelmäßige Formen, z. B. eine 8, zeichnen möchten, wird das deutlich einfacher, wenn Sie ein Raster einblenden. Klicken Sie dazu im Menü auf ANSICHT • RASTER • RASTER BEARBEITEN. Aktivieren Sie anschließend im Dialogfenster RASTER die Option RASTER EINBLENDEN und gegebenenfalls ANSICHT • AUSRICHTEN • AM RASTER AUSRICHTEN.

3.3 Objekte auswählen und bearbeiten

Auswahlwerkzeug

Das Auswahlwerkzeug ▸ dient zum Auswählen von Objekten. Um die Strichlinie eines Objekts auszuwählen, klicken Sie mit dem Werkzeug auf die Linie. Ebenso können Sie per Klick auf die Füllung diese separat auswählen. Führen Sie einen Doppelklick auf die Füllung aus, um sowohl die Füllung als auch die Strichlinie auszuwählen.

Sie können das Auswahlwerkzeug aber auch verwenden, um Strichlinien und Füllungen umzuformen. Es gibt hierfür zwei verschiedene Methoden:

▶ Platzieren Sie den Mauszeiger in der Nähe eines Ankerpunkts einer Strichlinie oder einer Füllung. Ein kleines Dreieck neben dem Auswahlpfeil zeigt an, dass der Mauszeiger die richtige Position hat ❸. Verändern Sie die Form, indem Sie den Ankerpunkt verschieben ❹.

Strichlinie glätten/begradigen
Wenn Sie eine Strichlinie mit dem Auswahlwerkzeug auswählen, können Sie die Linie über die Werkzeugleiste glätten ❶ oder begradigen ❷.

▲ **Abbildung 3.86**
Glätten und Begradigen mit dem Auswahlwerkzeug

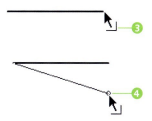

◀ **Abbildung 3.87**
Ankerpunkt verschieben

Pfeil-Tasten

Nachdem Sie einen Ankerpunkt ausgewählt haben, können Sie ihn auch durch Drücken einer der Pfeil-Tasten der Tastatur in kleinen Schritten verschieben. Wenn Sie dabei ⌂ gedrückt halten, wird die Schrittweite etwas größer.

▶ Platzieren Sie den Mauszeiger an einer Seite einer Strichlinie oder Füllung ❺. Ein Kreissegment neben dem Auswahlpfeil zeigt, dass der Mauszeiger richtig positioniert ist. Indem Sie die Seite durch Verschieben des Mauszeigers umformen, können Sie aus einer geraden Linie ein Kurvensegment generieren ❻.

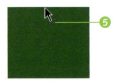

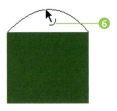

▲ **Abbildung 3.88**
Strichlinie entfernen

▲ **Abbildung 3.89**
Eine Linie in ein Kurvensegment umwandeln

Strichlinie entfernen

Mit dem Auswahlwerkzeug können Sie eine Strichlinie einer Form entfernen. Wählen Sie dazu die Strichlinie aus, und drücken Sie dann die Entf -Taste.

Unterauswahlwerkzeug

Sie können eine Form auch mit dem Unterauswahlwerkzeug 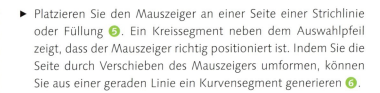 verändern. Es gibt zwei unterschiedliche Ansätze:

▶ Um ein Liniensegment einer Form zu ändern, wählen Sie das Unterauswahlwerkzeug aus, klicken die Form an und bewegen den Mauszeiger über einen der Ankerpunkte. Ein kleines Rechteck-Symbol neben dem Mauspfeil zeigt an, dass die Maus an der richtigen Position ist. Per Klick und mit anschließend gedrückter Maustaste können Sie den Ankerpunkt verschieben und die Form so verändern.

Abbildung 3.90 ▶
Ankerpunkt verschieben

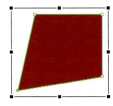

▶ Auch Kurvensegmente können mit dem Unterauswahlwerkzeug verändert werden. Klicken Sie dazu zunächst eine Form mit einem Kurvensegment, z. B. einen Kreis, an. Auch hier können Sie die Form durch Verschieben eines Ankerpunkts verändern.

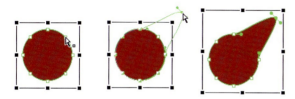

▲ **Abbildung 3.91**
Auch Kurvensegmente können Sie mit dem Unterauswahlwerkzeug
verändern.

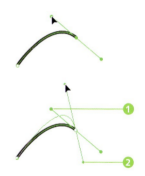

▲ **Abbildung 3.92**
Tangente verschieben

Ankerpunkte entfernen | Das Unterauswahlwerkzeug macht es
Ihnen möglich, einen Ankerpunkt eines Strich- oder Kurvenseg-
ments zu entfernen. Drücken Sie dazu [Entf], nachdem Sie den
Ankerpunkt ausgewählt haben.

So können Sie z. B. aus einem Rechteck ❸ mit nur einem
Schritt ein Dreieck ❹ machen.

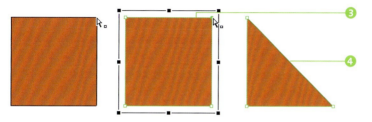

▲ **Abbildung 3.93**
Mit dem Unterauswahlwerkzeug können Sie aus einem
Rechteck schnell ein Dreieck machen.

> **Segmentform verändern**
>
> Zusätzlich können Sie durch
> Verschieben der Tangenten-
> punkte eines Kurvensegments
> die Neigung und die Richtung
> des Segments verändern. Ver-
> schieben Sie dazu einen der
> Tangentenpunkte ❶ und ❷.

Lassowerkzeug

Mit dem Lassowerkzeug 🔎 können Sie einen Bereich einer Form
auswählen. Sie aktivieren das Lassowerkzeug über das Tastenkürzel [L].

Das Werkzeug unterstützt drei verschiedene Auswahlmodi. Im
Standardmodus ❼ können Sie einen Bereich auswählen, indem
Sie einen Freihand-Auswahlrahmen um die gewünschte Auswahl
ziehen ❺. Klicken Sie dazu auf die Position, an der die Auswahl
beginnen soll, halten Sie die Maustaste gedrückt, und ziehen Sie
den gewünschten Bereich durch Bewegen der Maus auf.

> **Hinweis**
>
> Im Gegensatz zu anderen Werk-
> zeugen macht das Lassowerkzeug
> keinen Unterschied zwischen
> Strichlinien und Füllungen.

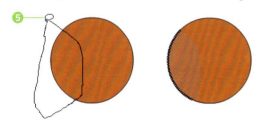

◄ **Abbildung 3.94**
Auswahl per Freihandform

Im Polygon-Modus ❽, den Sie in der Werkzeugleiste aktivieren können, erstellen Sie eine Polygon-Auswahl ❻.

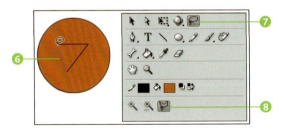

▲ **Abbildung 3.95**
Auswahl über den Polygon-Modus

Um das Polygon zu erstellen, wählen Sie das Werkzeug aus, aktivieren die Option POLYGON-MODUS und klicken mit der Maus an der Position, an der die Auswahl beginnen soll. Bewegen Sie die Maus, und klicken Sie, um weitere Punkte zu erstellen.

Um die Auswahl abzuschließen, führen Sie einen Doppelklick aus.

Der Zauberstab-Modus eignet sich zur Auswahl von Bereichen mit einer ähnlichen Farbe. In der Regel wird dieser Modus bei umgewandelten Bitmap-Grafiken verwendet.

Schritt für Schritt:
Farben einer umgewandelten Bitmap-Grafik austauschen

*03_Zeichnen\Bitmap_
Umwandlung\brustbeutel.png*

Der folgende Workshop zeigt, wie Sie den Zauberstab-Modus verwenden können, um eine Auswahl auf Grundlage einer bestimmten Farbe zu wählen.

1   Film erstellen und Grafik importieren
Erstellen Sie einen neuen Flash-Film, und importieren Sie die Bitmap-Grafik *brustbeutel.png* über das Menü DATEI • IMPORTIEREN • IN BÜHNE IMPORTIEREN.

2   Bitmap in Füllung umwandeln
Wählen Sie das Bild mit dem Auswahlwerkzeug ▸ aus, und wandeln Sie die Bitmap über das Tastenkürzel `Strg`/⌘+`B` in eine Vektorform um.

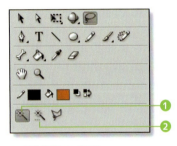

▲ **Abbildung 3.96**
Zauberstab-Modus aktivieren

3   Lassowerkzeug auswählen
Wählen Sie das Lassowerkzeug ♀ aus, und aktivieren Sie die Option ZAUBERSTAB ❶ in der Werkzeugleiste.

4   **Zauberstab-Einstellungen**

Klicken Sie auf die Schaltfläche ZAUBERSTAB-EINSTELLUNGEN ❷ in der Werkzeugleiste. Im Dialogfenster ZAUBERSTAB-FINSTELLUNGEN können Sie im Feld SCHWELLENWERT einen Wert zwischen 1 und 200 eingeben, der festlegt, wie genau die Farben der benachbarten Pixel übereinstimmen müssen, damit sie zur Auswahl hinzugefügt werden. Je größer der Wert ist, desto größer ist die Farbtoleranz.

In diesem Beispiel geben Sie »120« ein. Der Wert kann hier sehr hoch gewählt werden, da der gelbe Bereich durch eine harte Kante abgeschlossen ist.

Über die Option GLÄTTEN legen Sie fest, wie stark die Ränder der Auswahl geglättet werden sollen – in diesem Beispiel wird der Wert RAU gewählt.

◄ **Abbildung 3.97**
Die ZAUBERSTAB-EINSTELLUNGEN anpassen

5   **Bereich auswählen**

Bestätigen Sie das Dialogfeld mit OK, und klicken Sie nun mit dem Lassowerkzeug auf den Bereich, den Sie auswählen möchten – im Beispiel wird der gelbe Bereich des Brustbeutels ausgewählt. Über ⌈Entf⌋ wird der Bereich anschließend gelöscht.

◄ **Abbildung 3.98**
Nachdem der gelbe Bereich ausgewählt wurde, wird er über ⌈Entf⌋ gelöscht.

6   Feinjustierung

Mit dem Radiergummi 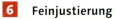 werden in einer vergrößerten Ansicht an den Kanten noch kleine gelbe Farbbereiche entfernt.

Abbildung 3.99 ▶
Zoomen Sie mit der Lupe an den Ausschnitt, den Sie bearbeiten möchten, heran.

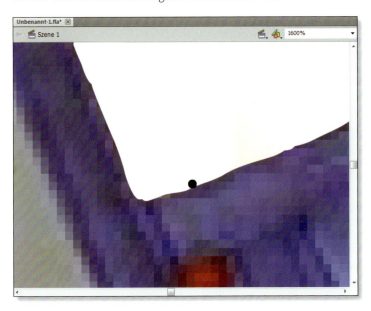

Ergebnis der Übung:
03_Zeichnen\Bitmap_Umwandlung\BitmapUmwandlung.fla

7   Bereich neu füllen

Anschließend können Sie den Bereich mit dem Farbeimerwerkzeug  mit einer beliebigen Farbe füllen.

Abbildung 3.100 ▶
Ein Klick in die weiße Fläche füllt sie mit der neuen Farbe.

3.4   Transformationen

Sie haben jetzt gelernt, wie Sie Formen mit den Zeichenwerkzeugen erstellen können. Nachdem Sie eine Form erstellt haben, können Sie diese auf unterschiedliche Art und Weise transformieren. Für die Transformationen stehen Ihnen in Flash verschiedene Werkzeuge zur Verfügung.

Frei-transformieren-Werkzeug

Mit dem Frei-transformieren-Werkzeug ⊞ können Sie Formen im zweidimensionalen Raum transformieren. Klicken Sie mit dem ausgewählten Werkzeug auf das zu transformierende Objekt.

Über einen der vier Anfasser ❶, ❸, ❻ und ❽ können Sie die Form sowohl vertikal als auch horizontal skalieren.

Tastenkürzel
Alternativ können Sie das Werkzeug auch über das Tastenkürzel ⒬ aktivieren.

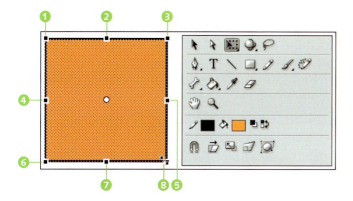

Tipp
Halten Sie beim Skalieren die ⬦-Taste gedrückt, um die Form proportional zu skalieren.

◀ **Abbildung 3.101**
Skalierung einer Form

- ▶ Alternativ können Sie die Form durch Verschieben der Anfasser ❹ und ❺ auch nur horizontal bzw. durch Verschieben der Anfasser ❷ und ❼ nur vertikal skalieren.
- ▶ Bewegen Sie den Mauszeiger in die Nähe einer der Anfasser ❶, ❸, ❻ und ❽, können Sie die Form drehen. Eine Pfeilkreislinie ❾ zeigt Ihnen an, ob die Position richtig ist.
- ▶ Bewegen Sie den Mauszeiger horizontal zwischen einen der Ankerpunkte, um die Form horizontal zu neigen. Um eine Form vertikal zu neigen, bewegen Sie die Maus zwischen einen der Ankerpunkte auf der Vertikalen.

Werkzeug-Modi | Nachdem Sie ein Objekt ausgewählt haben, können Sie in der Werkzeugleiste verschiedene Modi des Frei-transformieren-Werkzeugs aktivieren.

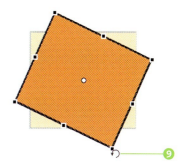

▲ **Abbildung 3.102**
Die Form wird gedreht.

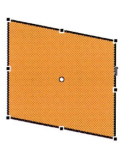

▲ **Abbildung 3.103**
Die Form wird vertikal geneigt.

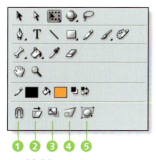

▲ **Abbildung 3.104**
Im unteren Bereich finden Sie die Modi des Werkzeugs.

▲ **Abbildung 3.105**
Der Verzerren-Modus des Freitransformieren-Werkzeugs

Transformieren-Fenster

Alle Transformationen können
Sie auch alternativ über das
Transformieren-Fenster vornehmen. Das Fenster können
Sie über das Menü Fenster •
Transformieren oder über das
Tastenkürzel Strg/⌘+T öffnen.

[!] 3D-Drehungswerkzeug nur
mit MovieClip-Symbolinstanzen
Beachten Sie, dass sich das Werkzeug nicht auf eine Form, sondern
nur auf eine MovieClip-Symbolinstanz anwenden lässt. Um eine
Form in ein MovieClip-Symbol zu
konvertieren, wählen Sie die Form
aus und verwenden das Tastenkürzel F8, um die Form in ein
MovieClip zu konvertieren. Mehr
zu Symbolen erfahren Sie in Kapitel 4, »Symbole, Instanzen und
die Bibliothek«.

Tastenkürzel

Das 3D-Drehungswerkzeug können Sie auch über das Tastenkürzel W aktivieren.

[!] 3D-MovieClips als Maske
3D-MovieClips können nicht als
Maske verwendet werden.

---

❶ An Objekten ausrichten: Bei aktivierter Option rastern Ankerpunkte der Transformation an anderen Objekten ein.

❷ Drehen und Neigen: In diesem Modus können Sie ein Objekt mit dem Werkzeug ausschließlich drehen oder neigen.

❸ Skalieren: In diesem Modus lässt sich ein Objekt mit dem Werkzeug ausschließlich skalieren.

❹ Verzerren: Durch Verschieben einer der Ankerpunkte verzerren Sie die Form des Objekts.

❺ Umhüllen: Das Objekt wird von acht Ankerpunkten, die sich verschieben lassen, umhüllt. Zwischen den Ankerpunkten liegen Steuerungspunkte, über die Sie die Form der Verbindungslinie zwischen zwei Ankerpunkten beeinflussen können.

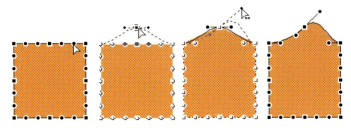

▲ **Abbildung 3.106**
Umformungen sind mit dem Umhüllen-Modus möglich.

3D-Drehungswerkzeug

Mit dem 3D-Drehungswerkzeug 🌐 können Sie eine MovieClip-Symbolinstanz in allen drei Dimensionen drehen.

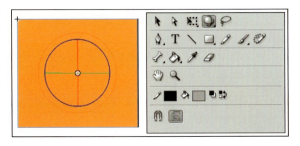

▲ **Abbildung 3.107**
Das 3D-Drehungswerkzeug wurde ausgewählt.

Nachdem Sie das Werkzeug ausgewählt und eine MovieClip-Symbolinstanz angeklickt haben, sehen Sie die drei Achsen, auf der Sie die Symbolinstanz drehen können.

▶ x-Achse: Die rote Linie symbolisiert die x-Achse.

▶ y-Achse: Die grüne Linie symbolisiert die y-Achse.

▶ z-Achse: Die blaue Kreislinie symbolisiert die z-Achse.

Bewegen Sie die Maus auf eine der Achsen, klicken Sie, und halten Sie die Maustaste gedrückt, während Sie die Maus bewegen, um die Symbolinstanz auf der entsprechenden Achse zu drehen. Ein kleiner Textbuchstabe neben der Maus ❶, ❷ und ❸ zeigt Ihnen an, auf welcher Achse Sie das Objekt drehen.

Sobald Sie einen MovieClip mit dem 3D-Drehungswerkzeug oder dem 3D-Versetzungswerkzeug im 3D-Raum gedreht bzw. bewegt haben, wird der MovieClip von Flash als sogenannter 3D-MovieClip interpretiert. Ob ein MovieClip als 3D-MovieClip agiert, können Sie erkennen, wenn Sie das Objekt mit dem Auswahlwerkzeug auswählen.

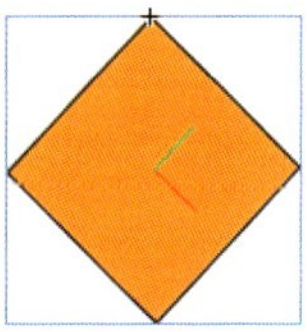

▲ **Abbildung 3.108**
Der 3D-MovieClip wurde ausgewählt.

Neuer Bezugspunkt
Nachdem Sie ein Objekt mit dem 3D-Drehungswerkzeug transformiert haben, können Sie den Bezugspunkt ändern und das Objekt dann auf Basis der neuen Position des Bezugpunkts erneut drehen.

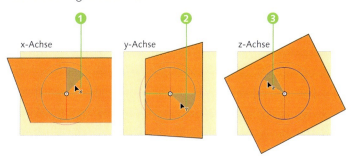

x-Achse   y-Achse   z-Achse

▲ **Abbildung 3.109**
Drehung des Symbols auf allen drei Achsen

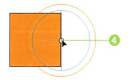

Der Anfasser in der Mitte des Kreises ❹ ist der Bezugspunkt für die Drehung. Sie können den Bezugspunkt beliebig verschieben.

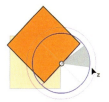

3D-Versetzungswerkzeug

Weiter gibt es in Flash neben dem 3D-Drehungswerkzeug das sogenannte 3D-Versetzungswerkzeug ⬟. Hiermit können Sie eine MovieClip-Symbolinstanz auf allen drei Dimensionen bewegen.

▲ **Abbildung 3.110**
Der Bezugspunkt wurde verschoben.

Drehung
Eine vollständige Drehung entspricht 360 Grad. Sie können die Stärke der Drehung während des Drehens anhand der Kreisform abschätzen. Eine vollständige Drehung hätte zur Folge, dass der Kreis vollständig gefüllt ist.

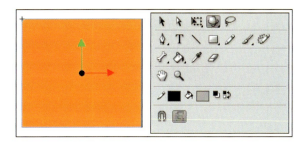

▲ **Abbildung 3.111**
Das 3D-Versetzungswerkzeug wurde ausgewählt.

▶ x-Achse: Die rote Pfeillinie entspricht der x-Achse.
▶ y-Achse: Die grüne Pfeillinie entspricht der y-Achse.

Tastenkürzel
Das 3D-Versetzungswerkzeug können Sie auch über das Tastenkürzel G aktivieren.

Tipp
Die 3D-Werkzeuge können nur
auf MovieClip-Symbolinstanzen
und nicht auf Formen angewendet werden.

Abbildung 3.112 ▶
Verschieben des Symbols auf allen
drei Achsen

▶ z-Achse: Der schwarze Punkt in der Mitte entspricht der
z-Achse.

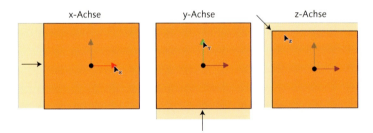

Fluchtpunkt und Perspektive

Wenn Sie ein Objekt mithilfe des 3D-Drehungswerkzeugs oder
dem 3D-Versetzungswerkzeugs im Raum modifizieren, richtet
sich diese Modifizierung nach der Perspektive des Flash-Films
und dem Fluchtpunkt des Objekts.

Die Perspektive ist der scheinbare Betrachtungswinkel für
3D-MovieClips. Eine Veränderung der Perspektive hat zur Folge,
dass sich die scheinbare Größe von 3D-MovieClips verändert und
die Position der 3D-MovieClips in Relation zu den Rändern der
Bühne ändert. Wenn Sie den Winkel der Perspektive erhöhen,
werden 3D-MovieClips größer, bzw. es scheint so, als wären
diese näher am Betrachter.

In den beiden folgenden Abbildungen bekommen Sie eine
Vorstellung davon, in welcher Relation der Winkel und das resultierende Bild zueinander stehen. Eine Vergrößerung des Winkels
beeinflusst die Größe und die Position von 3D-MovieClips, sie
beeinflusst jedoch nicht die Bühne selbst.

**Wertebereich des
Perspektiven-Winkels**

Der Wertebereich des Perspektiven-Winkels ist 1 bis 180
Grad. Der Standardwert ist 55
Grad. Dieser Wert entspricht
dem Betrachtungswinkel einer
normalen Kameralinse.

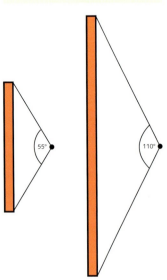

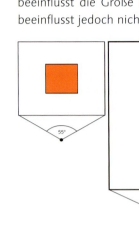

▲ **Abbildung 3.114**
Die Struktur aus Abbildung 3.113
von oben

▲ **Abbildung 3.113**
Wird der Betrachtungswinkel vergrößert,
erscheint ein Objekt näher beim Betrachter.

Den Perspektiven-Winkel ❶ können Sie im EIGENSCHAFTEN-Fenster im Reiter 3D-POSITION UND ANSICHT einstellen, wenn Sie einen 3D-MovieClip ausgewählt haben.

Hinweis
Beachten Sie, dass sich eine Änderung des Perspektiven-Winkels auf alle 3D-MovieClips eines Flash-Films auswirkt. Die Einstellung ist global für einen Flash-Film.

◄ **Abbildung 3.115**
Der Perspektiven-Winkel des Flash-Films ist 55 Grad.

Fluchtpunkt | Auch der Fluchtpunkt wirkt sich auf alle 3D-MovieClips aus. Die z-Achsen aller 3D-MovieClips laufen auf den Fluchtpunkt zu. Wenn Sie die Position des Fluchtpunkts ändern, hat das zur Folge, dass sich 3D-MovieClips auf der z-Achse in Richtung des neuen Fluchtpunkts bewegen. Die Position des Fluchtpunkts können Sie im EIGENSCHAFTEN-Fenster festlegen ❸. Wenn Sie die Position ändern, zeigt Ihnen ein graues Kreuz ❷ die Position auf der Bühne an.

▼ **Abbildung 3.116**
Die x-Koordinate des Fluchtpunkts wurde geändert.

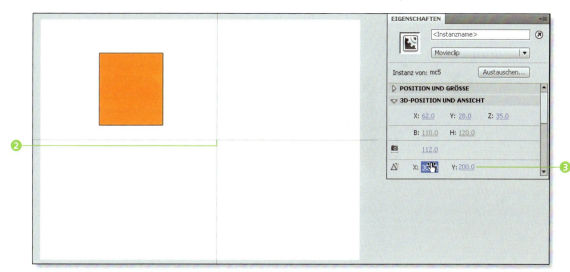

Wenn Sie beispielsweise den Fluchtpunkt auf die Koordinaten 0.0/0.0 setzen und einen MovieClip mit dem Versetzungswerkzeug auf der z-Achse bewegen, können Sie erkennen, dass sich das Objekt je nach Bewegungsrichtung zum Fluchtpunkt hin bzw. vom Fluchtpunkt weg bewegt.

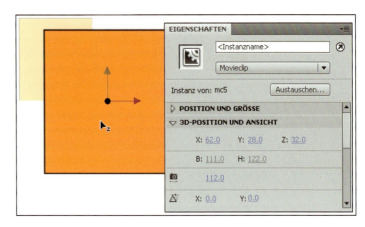

▲ Abbildung 3.117
Das Objekt bewegt sich vom Fluchtpunkt weg.

[Fluchtpunkt]
In einer perspektivischen Abbildung schneiden sich die Bilder aller Geraden, die im Original zueinander parallel verlaufen, in einem gemeinsamen Fluchtpunkt.
Bei der perspektivischen Abbildung werden räumliche Objekte auf eine ebene Fläche, die Bildebene, projiziert. Das ist z. B. bei der fotografischen Aufnahme der Fall.   *Quelle: Wikipedia*

3.5   Farben und Farbverläufe erstellen

Tintenfass- und Farbeimerwerkzeug

Mit dem Tintenfasswerkzeug ⬖ können Sie eine beliebige Füllung durch eine Strichlinie erweitern. Wählen Sie dazu zunächst das Tintenfasswerkzeug aus ⑤, stellen Sie sicher, dass eine Strichfarbe in der Werkzeugleiste gewählt wurde, und klicken Sie mit dem Werkzeug auf die Füllung, die durch die Strichlinie erweitert werden soll.

Tipp
Nachdem Sie einer Form mit dem Tintenfasswerkzeug eine Kontur zugewiesen haben, lassen sich einzelne Strichlinien der Kontur mit dem Auswahlwerkzeug auswählen und gegebenenfalls entfernen.

Strichattribute austauschen
Mithilfe des Tintenfasswerkzeugs können Sie auch die Attribute, wie die Farbe oder die Strichstärke, einer vorhandenen Strichlinie ändern.

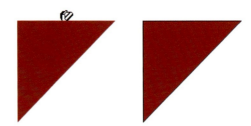

▲ Abbildung 3.118
Strichlinie hinzufügen

Tipp
Sollte es vorkommen, dass Sie einen selbst gezeichneten Pfad mit dem Farbeimerwerkzeug füllen möchten und dies nicht funktioniert, liegt das daran, dass der Pfad an einer oder mehreren Stellen nicht geschlossen ist.
Über das Auswahlmenü LÜCKENGRÖSSE in der Werkzeugleiste können Sie den Farbeimer so einstellen, dass kleine, mittlere oder große Lücken ignoriert werden.

Farbeimerwerkzeug | Das Farbeimerwerkzeug ⬦, das Sie über das Tastenkürzel Ⓚ aktivieren können, ist das Pendant zum Tintenfasswerkzeug für Füllungen. So können Sie einem geschlossenen Pfad eine Füllung hinzufügen: Stellen Sie sicher, dass eine Füllfarbe gewählt wurde, und klicken Sie dann auf einen Bereich innerhalb des Pfades, den Sie füllen möchten.

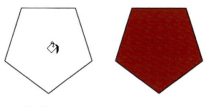

▲ **Abbildung 3.119**
Füllung einfügen

▲ **Abbildung 3.120**
Lückengröße definieren

Füllung sperren | Wenn Sie die Option FÜLLUNG SPERREN ❶ in der Werkzeugleiste aktivieren, können Sie einen eingestellten Farbverlauf ❷ über mehrere Formen hinweg verteilen.

Wählen Sie dazu das Farbeimerwerkzeug 🪣 aus, und klicken Sie die Formen nach und nach an.

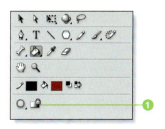

▲ **Abbildung 3.121**
Klicken Sie auf das Verlaufs-/ Schloss-Symbol, um eine Füllung zu sperren.

▲ **Abbildung 3.122**
Mit der Option FÜLLUNG SPERREN erstreckt sich der Farbverlauf über mehrere Objekte.

Pipette

Mit der PIPETTE 🖊, die Sie in der Werkzeugleiste finden oder mit der Taste I aktivieren, steht Ihnen eine weitere Möglichkeit zur Farbauswahl zur Verfügung. Nachdem das Werkzeug per Mausklick auf einen Bereich innerhalb der Arbeitsfläche aktiviert wurde, können Sie die dortige Farbe aufnehmen.

Wenn die Pipette dabei über einer Füllung, einer Bitmap oder einem freien Bereich positioniert wurde, wird danach automatisch das Farbeimerwerkzeug aktiviert. Sie können dann eine andere Füllung direkt mit der zuvor aufgenommenen Farbe füllen. Neben der Pipette wird ein Pinsel-Symbol angezeigt ❸, das den Modus symbolisiert.

Sollte die Pipette beim Aufnehmen der Farbe über einer Strichlinie positioniert sein, wird nach Aufnahme der Farbe das Tintenfasswerkzeug automatisch ausgewählt. Dies wird durch ein

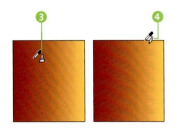

▲ **Abbildung 3.123**
Links befindet sich die Pipette über einer Füllung, rechts über einer Strichlinie.

Stift-Symbol neben der Pipette ❹ angezeigt. Sie können so die aufgenommene Farbe auf eine andere Strichlinie übertragen.

Farbverläufe

Die Farbauswahl über die Werkzeugleiste oder das Eigenschaften-Fenster haben Sie bereits kennengelernt. Es gibt allerdings noch eine dritte Farbauswahl, mit der sich im Fenster FARBE auch Farbverläufe definieren lassen. Diese können sowohl für die Strich- als auch für die Füllfarbe genutzt werden. Ist das Fenster bei Ihnen nicht zu sehen, wählen Sie aus dem Menü FENSTER • FARBE.

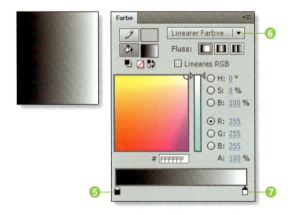

Abbildung 3.124 ▶
Das Fenster FARBE mit einem linearen Farbverlauf

Richtung eines Verlaufs

Die Richtung eines Verlaufs kann im Fenster Farbe nicht eingestellt werden. Dazu dient, wie Sie später noch sehen, das Farbverlaufwerkzeug.

▲ **Abbildung 3.125**
Farbe ändern

▲ **Abbildung 3.126**
Farbfeld hinzufügen

Linearer Farbverlauf | Um eine Strichlinie oder eine Füllung mit einem linearen Farbverlauf zu erzeugen, führen Sie folgende Schritte durch:

1. Wählen Sie die Strichlinie oder die Füllung mit dem Auswahlwerkzeug ▸ aus.
2. Öffnen Sie das Fenster FARBE über das Menü FENSTER • FARBE, und stellen Sie den FÜLLSTIL ❻ auf LINEARER FARBVERLAUF.
3. Im unteren Bereich des Fensters FARBE sehen Sie den eingestellten Verlauf, der standardmäßig von links nach rechts verläuft. Um eine Farbe des Verlaufs zu ändern, klicken Sie doppelt auf eines der Farbfelder ❺ oder ❼. Es öffnet sich der bereits bekannte Farbauswahldialog.
4. Um die Verteilung der Farben des Verlaufs zu ändern, verschieben Sie die Farbfelder auf der Schiebeleiste. Die Veränderung wirkt sich sofort auf die Füllung der ausgewählten Form aus.
5. Ein Farbverlauf kann durch beliebig viele Farben definiert werden. Bewegen Sie die Maus über die Farbleiste, ein Plus-Zeichen ❽ erscheint – klicken Sie mit der Maus, um eine Farbe einzufügen.

6. Wenn Sie eine Farbe aus dem Verlauf entfernen möchten, wählen Sie das Farbfeld per Mausklick aus, halten Sie die Maustaste gedrückt, und ziehen Sie es nach unten.

Radialer Farbverlauf | Ein radialer Farbverlauf hat im Gegensatz zum linearen Farbverlauf eine kreisrunde Ausrichtung. Die Vorgehensweise, um einen radialen Farbverlauf zu erstellen, ist identisch. Stellen Sie den Füllstill einfach auf RADIALER FARBVERLAUF ❶.

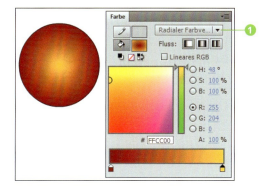

◀ **Abbildung 3.127**
Radialer Farbverlauf

Bitmap-Füllung

Über den Typ BITMAP-FÜLLUNG können Sie eine Form mit einer Bitmap-Grafik füllen.

Nachdem Sie eine Form ausgewählt haben und den Menüpunkt BITMAP-FÜLLUNG ❷ im Fenster FARBE aktiviert haben, können Sie über die Schaltfläche IMPORTIEREN ❸ eine beliebige Bitmap-Grafik auswählen. Falls es die erste Bitmap in der FLA ist, entfällt der Klick auf IMPORTIEREN, und es öffnet sich direkt das Dateiauswahlfenster.

Anschließend wird die importierte Bitmap-Grafik auf die Form angewendet und unten in die Liste aufgenommen, die Sie jederzeit zum Wechseln zwischen Bitmap-Grafiken nutzen können.

Anwendungsbereich
Bitmap-Füllungen werden häufig bei Spielen für Texturen oder als Hintergrundgrafiken eingesetzt.

◀ **Abbildung 3.128**
Das Rechteck wurde mit einer Bitmap-Füllung versehen.

▲ **Abbildung 3.129**
Das Farbverlaufwerkzeug in der Werkzeugleiste

Farbverlaufwerkzeug

Das Farbverlaufwerkzeug ![icon] ist ein mächtiges Werkzeug, um Farbverläufe und Bitmap-Füllungen zu bearbeiten. Sie finden es in der Werkzeugleiste im Untermenü des Frei-transformieren-Werkzeugs. Alternativ können Sie auch das Tastenkürzel F verwenden, um das Werkzeug zu aktivieren.

Je nach Füllstil stehen Ihnen verschiedene Möglichkeiten für die Füllung zur Verfügung. Wählen Sie zunächst das Werkzeug aus. Klicken Sie auf eine mit einem Verlauf oder einer Bitmap-Füllung gefüllte Form, woraufhin eine Begrenzungsbox mit Anfassern angezeigt wird.

Wenn Sie den Mauszeiger über einen der Anfasser bewegen, ändert er seine Form und zeigt die Funktion des Anfassers an. Um eine Füllung zu transformieren, wählen Sie einen der verfügbaren Anfasser per Mausklick aus, halten die Maustaste gedrückt und verschieben ihn durch Ziehen mit der Maus.

Anfasser des Farbverlaufwerkzeugs

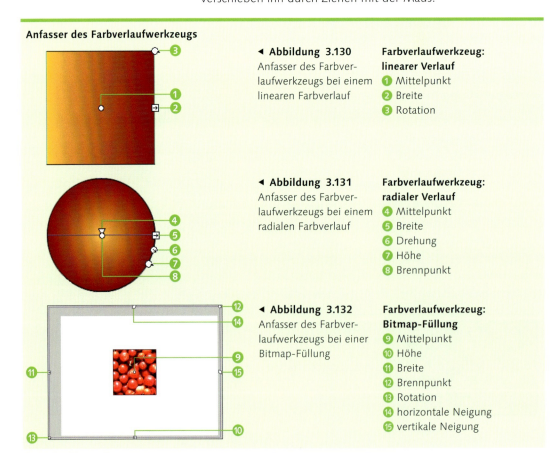

◄ **Abbildung 3.130**
Anfasser des Farbverlaufwerkzeugs bei einem linearen Farbverlauf

Farbverlaufwerkzeug: linearer Verlauf
❶ Mittelpunkt
❷ Breite
❸ Rotation

◄ **Abbildung 3.131**
Anfasser des Farbverlaufwerkzeugs bei einem radialen Farbverlauf

Farbverlaufwerkzeug: radialer Verlauf
❹ Mittelpunkt
❺ Breite
❻ Drehung
❼ Höhe
❽ Brennpunkt

◄ **Abbildung 3.132**
Anfasser des Farbverlaufwerkzeugs bei einer Bitmap-Füllung

Farbverlaufwerkzeug: Bitmap-Füllung
❾ Mittelpunkt
❿ Höhe
⓫ Breite
⓬ Brennpunkt
⓭ Rotation
⓮ horizontale Neigung
⓯ vertikale Neigung

3.6 Hilfswerkzeuge

Im Folgenden werden die wichtigsten Werkzeuge und deren Hilfsmittel vorgestellt, die Ihnen das Zeichnen und das pixelgenaue Positionieren von Formen erleichtern.

Skalierung mit dem 9-teiligen Segmentraster

Wenn Sie in Flash ein Rechteck mit runden Ecken anlegen ❶ und dieses unproportional skalieren, fällt das Ergebnis nicht immer so aus wie erwartet ❷.

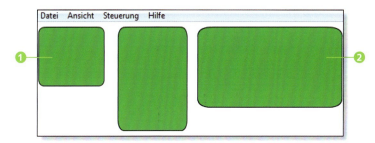

▲ **Abbildung 3.133**
Skalierung eines Rechtecks mit Eckrundungen im Flash Player

Durch Einsatz des sogenannten 9-teiligen-Segmentrasters können Sie die Skalierung einer Form differenziert beeinflussen. Da dieser Modus jedoch nur mit MovieClips einsetzbar ist, müssen Sie die Form zunächst auswählen und über F8 in einen MovieClip umwandeln. Wenn nicht schon geschehen, müssen Sie das Dialogfenster per Klick auf die Schaltfläche ERWEITERT ❸ erweitern, damit die Option sichtbar wird.

MovieClip-Symbol
Weiterführende Informationen zu MovieClip-Symbolen finden Sie in Kapitel 4, »Symbole, Instanzen und die Bibliothek«.

▲ **Abbildung 3.134**
In Symbol konvertieren

Anwendungsbereich
Häufig möchte man Formen nachträglich skalieren, da sie nicht in ein Layout passen o. Ä. Gelegentlich benötigt man einfach auch nur eine Form mehrmals in verschiedenen Größen – dann ist das mehrmalige Anlegen jeder einzelnen Form allerdings sehr mühselig.

Aktivieren Sie dann die Option HILFSLINIEN FÜR SKALIERUNG IN 9-TEILIGEM SEGMENTRASTER AKTIVIEREN ❹.

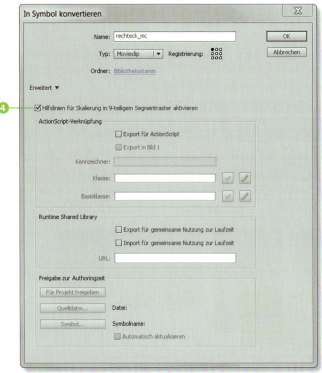

Abbildung 3.135 ▶
9-teiliges Segmentraster aktivieren

Wenn Sie nach der Konvertierung über ⌨Strg⌨/⌘+⌨E⌨ in den Bearbeitungsmodus des MovieClips wechseln, wird das 9-teilige Segmentraster in Form von gestrichelten Linien angezeigt.

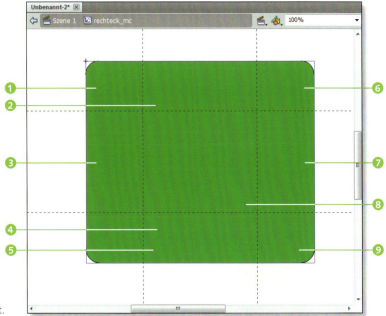

Abbildung 3.136 ▶
Das 9-teilige Segmentraster wird
mit gestrichelten Linien angezeigt.

Wie Sie in Abbildung 3.136 sehen können, unterteilen die Raster- linien die Form in neun Segmente. Die Segmente ❶, ❹, ❻ und ❾ werden nicht skaliert. Die Segmente ❷ und ❺ werden nur vertikal und die Segmente ❸ und ❼ nur horizontal skaliert. Das Segment in der Mitte ❽ wird sowohl vertikal als auch horizontal skaliert.

Durch Verschieben der Rasterlinien können Sie die Skalierung beeinflussen. Um eine Rasterlinie zu verschieben, wählen Sie diese per Mausklick aus, halten die Maustaste gedrückt und zie- hen die Maus in die gewünschte Richtung. Lassen Sie die Maus- taste los, um den Prozess abzuschließen.

Im abgebildeten Beispiel ist das 9-teilige Segmentraster schon richtig. Nachdem ein 9-teiliges Segmentraster ausgerichtet wurde, können Sie den MovieClip z. B. über das Frei-transformieren- Werkzeug ▦ skalieren, ohne dass die Eckrundungen dabei ver- zerrt werden.

Hinweis für Eckrundungen
Achten Sie bei einem Rechteck mit Eckrundungen darauf, dass die Eckrundungen in den äußeren Feldern liegen, da diese Felder nicht skaliert und die Ecken somit auch nicht verzerrt werden.

◀ **Abbildung 3.137**
Dank des 9-teiligen Segmentras- ters bleiben die Eckrundungen auch nach der Skalierung erhal- ten.

Objekte gruppieren und anordnen

Sie können mehrere Objekte auf einer Ebene zu einer Gruppe zu- sammenfügen. Wählen Sie die Elemente dazu zunächst mit dem Auswahlwerkzeug ▸ aus. Halten Sie dabei ⇧ gedrückt, um eine Mehrfachauswahl vorzunehmen. Nachdem die Elemente ausge- wählt wurden, wählen Sie in der Menüleiste den Menüpunkt Mo- difizieren • Gruppieren oder das Tastenkürzel Strg/⌘+G.

Anwendungsbereich
Durch die Gruppierung eines oder mehrerer Objekte verän- dert sich das Verhalten der gruppierten Objekte. So verbin- den sich diese Objekte z. B. nicht mehr mit anderen Objek- ten auf derselben Ebene, wenn sich diese überlagern (Verbin- dungsmodi). Sie können eine Gruppierung auch dazu nutzen, mehrere Objekte gleichzeitig zu verschieben oder eine Gruppe von Objekten an anderen Ob- jekten auszurichten.

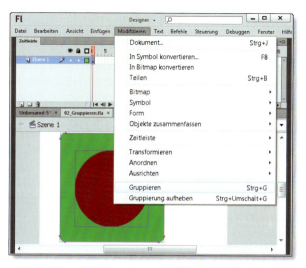

◀ **Abbildung 3.138**
Objekte gruppieren

Danach können Sie diese gemeinsam verschieben. Um die Gruppierung wieder aufzuheben, wählen Sie MODIFIZIEREN • GRUPPIERUNG AUFHEBEN. Wer lieber mit Tastenkürzeln arbeitet, kann entweder [Strg]/[⌘]+[⇧]+[G] oder [Strg]/[⌘]+[G] nutzen.

Stapelreihenfolge | Flash stapelt Objekte auf einer Ebene in einer bestimmten Reihenfolge.

Abbildung 3.139 ▶
Der rote Kreis liegt oberhalb des
Rechtecks und überlagert dieses.

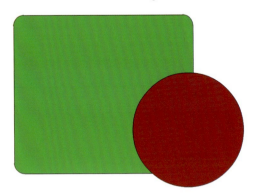

Die Reihenfolge der Objekte kann über das Menü MODIFIZIEREN • ANORDNEN verändert werden. Um ein Objekt zu verschieben, wählen Sie das Objekt mit dem Auswahlwerkzeug ![Auswahlwerkzeug] aus und entscheiden sich dann für einen der folgenden Menüpunkte:

▶ IN DEN VORDERGRUND: Das Objekt wird an die oberste Position der Reihenfolge verschoben. Es überlagert alle anderen Elemente auf derselben Ebene.

▶ NACH VORNE VERSCHIEBEN: Das Objekt wird eine Position nach vorn verschoben.

▶ NACH HINTEN VERSCHIEBEN: Das Element wird eine Position nach hinten verschoben.

▶ IN DEN HINTERGRUND: Das Element wird an die unterste Position der Reihenfolge verschoben. Es wird von allen anderen Elementen überdeckt.

Gruppierung notwendig
Damit Sie Formen in der Reihenfolge gruppieren können, müssen diese vorher über [Strg]/[⌘]+[G] gruppiert oder in ein Symbol umgewandelt werden. Erfahren Sie mehr über Symbole in Kapitel 4, »Symbole, Instanzen und die Bibliothek«.

Handwerkzeug

Mit dem Handwerkzeug lässt sich die Ansicht des Dokumentfensters frei verschieben. Sie können das Werkzeug in der Werkzeugleiste aktivieren oder alternativ das Tastenkürzel [H] verwenden. Noch schneller und einfacher geht es jedoch, wenn Sie die Leertaste gedrückt halten – das Werkzeug bleibt dann so lange aktiv, bis Sie die Taste wieder loslassen.

Hinweis
Die folgenden Hilfswerkzeuge können auch in anderen Anwendungsbereichen, vorzugsweise, um Objekte auszurichten und zu positionieren, sehr hilfreich sein.

Klicken Sie mit dem Hand-Icon auf eine beliebige Position im Bühnenbereich. Halten Sie die Maustaste gedrückt, und verschieben Sie die Ansicht durch Bewegen der Maus. Das Handwerkzeug ist besonders bei Zoomstufen über 100 % sehr hilfreich, um den sichtbaren Ausschnitt zu bewegen.

◄ **Abbildung 3.140**
Das Handwerkzeug in Aktion

Zoomwerkzeug

Das Zoomwerkzeug 🔍 dient dazu, die Ansicht des Dokumentfensters zu vergrößern oder zu verkleinern. Das Werkzeug lässt sich in der Werkzeugleiste oder über das Tastenkürzel M aktivieren. Es lässt sich auf zwei unterschiedliche Arten nutzen:

▶ Per Mausklick vergrößern Sie die Ansicht des Dokumentfensters je Mausklick um eine Zoomstufe, z. B. von 100 auf 200 %.

▶ Ziehen Sie mit dem Zoomwerkzeug 🔍 einen rechteckigen Auswahlrahmen auf, um den ausgewählten Bereich vergrößert zu betrachten.

Verkleinern
Halten Sie Alt gedrückt, um die Ansicht zu verkleinern. Das Icon verändert sich entsprechend und zeigt, je nach Modus, ein Minus- oder ein Plus-Zeichen.

▲ **Abbildung 3.141**
Zoomwerkzeug – Vergrößerung aktiviert

▲ **Abbildung 3.142**
Zoombereich definieren

Lineale

Mithilfe von Linealen können Sie Größen und Abstände kontrollieren. Sie können die Lineale über das Menü ANSICHT • LINEALE aktivieren bzw. deaktivieren. Der Nullpunkt der x- und y-Achse liegt an der linken oberen Ecke des Flash-Films.

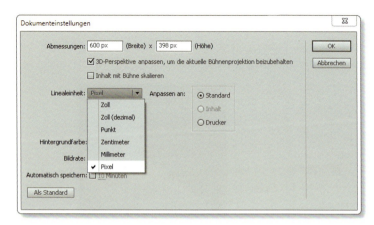

Abbildung 3.143 ▸
Linealeinheit festlegen

Im Dialogfenster DOKUMENTEIGENSCHAFTEN, das Sie über das Menü MODIFIZIEREN • DOKUMENT öffnen, können Sie die Linealeinheit wählen. Standardmäßig ist die Linealeinheit PIXEL ausgewählt.

Hilfslinien

Anwendungsbereich
Hilfslinien können für verschiedene Zwecke genutzt werden. Sie können Ihnen dabei helfen, Objekte aneinander auszurichten, ein Layout in Spalten und Zeilen zu unterteilen, Abstände zwischen Objekten einzuhalten etc.

Bevor Sie eine Hilfslinie anlegen können, müssen Sie dazu zunächst das Lineal über das Menü ANSICHT • LINEALE aktivieren.

Um eine vertikale Hilfslinie anzulegen, bewegen Sie den Mauszeiger zunächst über das linke Lineal ❶, klicken dann und halten die Maustaste gedrückt. Jetzt können Sie die Hilfslinie durch Bewegen der Maus nach rechts verschieben und positionieren ❷.

Abbildung 3.144 ▲
Vertikale Hilfslinie aufziehen

Analog dazu können Sie eine horizontale Hilfslinie anlegen, indem Sie die Maus zunächst über das oben liegende Lineal bewegen und dann nach unten ziehen.

Hilfslinie entfernen | Um eine einzelne Hilfslinie auf schnellstem Weg wieder zu entfernen, wählen Sie diese mit dem Auswahlwerkzeug ![Pfeil] aus – ein kleines Pfeil-Symbol zeigt an, dass der Mauszeiger die richtige Position hat – und ziehen die Linie zurück zu ihrem Ursprungspunkt, dem Lineal.

Hilfslinien bearbeiten | Im Menü ANSICHT • HILFSLINIEN • HILFSLINIEN BEARBEITEN stehen Ihnen noch zwei weitere wichtige Einstellungen zur Auswahl. Über das Farbfeld ❶ (siehe Abbildung 3.145) können Sie eine Farbe für die Hilfslinien definieren. Das ist hilfreich, wenn Sie den voreingestellten Grünton selbst oft verwenden und Hilfslinien dann nicht mehr gut erkennen können.

Hilfslinien anzeigen/ausblenden

Um alle Hilfslinien ein- bzw. auszublenden, wählen Sie im Menü ANSICHT den Menüpunkt HILFSLINIEN • HILFSLINIEN ANZEIGEN ⌜Strg⌝/⌜⌘⌝+⌜Ü⌝.

▲ **Abbildung 3.145**
Hilfslinien bearbeiten

Hilfslinien sperren

Um zu vermeiden, dass Hilfslinien während der Arbeit aus Versehen durch das Auswahlwerkzeug ausgewählt und dann verschoben werden, können Sie alle Hilfslinien sperren bzw. entsperren. Gesperrte Hilfslinien können nicht bewegt werden. Wählen Sie dazu den Menüpunkt ANSICHT • HILFSLINIEN • HILFSLINIEN SPERREN.

Die Option AN HILFSLINIEN AUSRICHTEN ❷ hat zur Folge, dass Objekte an Hilfslinien automatisch einrasten, wenn das Objekt in der Nähe der Hilfslinie positioniert wird. Die Ausrichtgenauigkeit (NAH, NORMAL oder ENTFERNT) ❸ gibt dabei die Reichweite dieser Rasterung an.

Ein Objekt kann dabei auf unterschiedliche Weise an einer Hilfslinie ausgerichtet werden. Es können nämlich nicht nur ganze Formen an Hilfslinien, sondern auch einzelne Ankerpunkte an Hilfslinien ausgerichtet werden. Markieren Sie das Objekt zunächst mit dem Auswahlwerkzeug ![Pfeil]. Positionieren Sie anschließend das Auswahlwerkzeug über dem Punkt der Form, den Sie an der Hilfslinie ausrichten müssen. Der Punkt kann entweder auf der Außenlinie der Form ❺ oder in der Mitte der Form ❹ liegen. Ein Kreis zeigt den gewählten Punkt an.

▲ **Abbildung 3.146**
An Hilfslinie einrasten

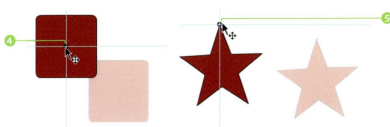

◀ **Abbildung 3.147**
Links wurde der Mittelpunkt des Rechtecks als Ausrichtungspunkt verwendet. Rechts wurde der oberste/mittige Punkt der Form zum Ausrichten verwendet.

Verschieben Sie den Ankerpunkt dann zur Hilfslinie, um ihn entsprechend auszurichten.

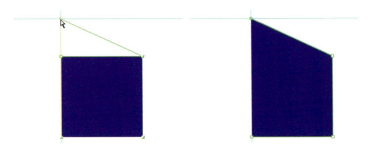

Abbildung 3.148 ▶
Sie können auch mit dem Unterauswahlwerkzeug Ankerpunkte an Hilfslinien ausrichten.

Raster

Rasterlinien funktionieren ähnlich wie Hilfslinien und dienen demselben Zweck. Um ein Raster einzublenden, wählen Sie den Menüpunkt Ansicht • Raster • Raster einblenden oder verwenden das Tastenkürzel Strg/⌘+Ä.

Raster bearbeiten | Einstellungen für das Raster finden Sie im Menü Ansicht • Raster • Raster bearbeiten.

Über Objekten anzeigen
Beim Aktivieren der Option Über Objekten anzeigen ❶ werden Rasterlinien über allen Objekten angezeigt und werden nicht verdeckt.

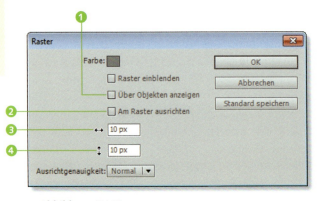

▲ **Abbildung 3.149**
Raster bearbeiten

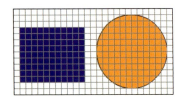

▲ **Abbildung 3.150**
Am Raster ausgerichtete Objekte

Die meisten Einstellungen kennen Sie bereits von Hilfslinien. Im Feld ❸ können Sie die Breite eines Rasterfelds und im Feld ❹ die Höhe eingeben. Die Wahl der Größe eines Rasterfelds richtet sich nach den Formen bzw. den Abständen, die Sie kontrollieren möchten. Aktivieren Sie die Option Am Raster ausrichten ❷, können Sie bereits erstellte Objekte exakt am Raster ausrichten oder neue Objekte auf Basis von Rastergrößen erstellen.

Kapitel 4

Symbole, Instanzen und die Bibliothek

Dieses Kapitel führt Sie ein in die Welt der Symbole und Instanzen. Darüber hinaus lernen Sie, mit der Bibliothek umzugehen. Das Kapitel bietet die Basis, um Kapitel 5, »Animation«, nachzuvollziehen. Machen Sie sich mit den Unterschieden von Symbolen und Instanzen vertraut, und lernen Sie die Einsatzmöglichkeiten kennen.

4.1   Symbole

Symbole sind Vorlagen für alle möglichen Objekte. So kann ein Symbol eine Vektorgrafik, eine Bitmap-Grafik und sogar eine Animation beinhalten. Je nach Anwendungsbereich wird ein bestimmtes Symbol eingesetzt. Wenn Sie z. B. ein Rechteck für einen Button verwenden möchten, müssen Sie das Rechteck in ein Schaltflächen- oder MovieClip-Symbol umwandeln. Das Symbol befindet sich dann in der BIBLIOTHEK des Flash-Films. Sogenannte Instanzen des Symbols können dann mehrfach im Flash-Film verwendet werden. Durch den Einsatz von Symbolen lässt sich so Speicherplatz sparen, da eine Instanz eines Symbols nur unwesentlichen zusätzlichen Speicher benötigt. Immer dann, wenn Sie ein Objekt mehrfach in einem Flash-Film verwenden möchten, sollten Sie das Objekt in ein Symbol umwandeln.

Nutzen Sie dann Instanzen des Symbols im Flash-Film, um Speicher und damit Ladezeit zu sparen. Es gibt in Flash vier unterschiedliche Symbole:

▶ **MovieClip-Symbole** können sowohl für Animationen als auch für komplexere Buttons eingesetzt werden. Sie sind das ultimative Mittel für jede Art von Inhalten und sehr flexibel einsetzbar. MovieClip-Symbole besitzen, wie der Flash-Film selbst, eine eigene Zeitleiste.

Instanzeigenschaften

Jede Instanz eines Symbols hat bestimmte Instanzeigenschaften. Diese Eigenschaften können Sie ändern, ohne dass Änderungen dabei Auswirkungen auf das Symbol der Instanz oder andere Instanzen des Symbols haben. Zu den Instanzeigenschaften gehören die Größe, der Rotations- oder Neigungswinkel, der Alphawert (Transparenz), die Helligkeit etc.

3D-Werkzeuge und 3D-MovieClips

Wenn Sie ein 3D-Werkzeug auf eine Form anwenden möchten, müssen Sie die Form zunächst in einen MovieClip umwandeln. 3D-Werkzeuge lassen sich nur auf MovieClips anwenden.

Verschachtelung

Alle Symbole können ineinander verschachtelt werden. Eine Verschachtelung wird besonders oft bei MovieClips eingesetzt – sowohl für spezielle Effekte als auch zur Strukturierung und Steuerung. Die Funktionsweise werden Sie im Verlauf dieses Buches kennenlernen.

▶ **Grafik-Symbole** können für statische Bilder und Animationen verwendet werden. Die Zeitleiste ist im Gegensatz zur Zeitleiste eines MovieClips an die Zeitleiste des Flash-Films gebunden und läuft immer synchron zur Hauptzeitleiste ab. Grafik-Symbole sind streng genommen ein Überbleibsel aus früheren Flash-Versionen; sie bieten keine Vorteile gegenüber Movie-Clips und finden in der Praxis kaum noch Anwendung.

▶ **Schaltflächen-Symbole** dienen ausschließlich zum Erstellen von interaktiven Schaltflächen, die auf Mausereignisse wie Klicken etc. reagieren können. Schaltflächen besitzen eine Zeitleiste, die speziell für die Interaktion ausgelegt ist und sich von der Hauptzeitleiste oder der Zeitleiste eines MovieClips unterscheidet. In der Praxis sind sie für einfache Buttons einsetzbar, für Buttons mit einer komplexen Steuerung werden bevorzugt MovieClips verwendet.

▶ **Schriftart-Symbole,** auf die gesondert in Kapitel 16, »Dynamischer Text«, eingegangen wird

4.2   Symbole erstellen

Symbole können auf zwei unterschiedliche Arten erstellt werden:
▶ Ein leeres Symbol wird erzeugt, und dem Symbol werden nachträglich grafische Elemente oder auch nur Steuerungsanweisungen zugewiesen.
▶ Ein bereits vorhandenes grafisches Element wird in ein Symbol umgewandelt.

So legen Sie ein leeres Symbol an
1. Wählen Sie in der Menüleiste den Menüpunkt EINFÜGEN • NEUES SYMBOL aus.
2. Geben Sie im folgenden Dialogfenster NEUES SYMBOL ERSTELLEN einen Symbolnamen ❶ ein, und wählen Sie den Symboltyp ❷ aus.

▲ **Abbildung 4.1**
Symbol erstellen

▲ **Abbildung 4.2**
Name und Typ des neuen Symbols festlegen

Klicken Sie auf OK, um das Symbol anzulegen. Das Symbol wird automatisch in die Bibliothek aufgenommen, und die Ansicht des Dokumentfensters wechselt in den Symbol-Bearbeitungsmodus. Im Symbol-Bearbeitungsmodus ❹ können Sie grafische Elemente einfügen und mit der Zeitleiste des Symbols arbeiten. Um die Bearbeitung des Symbols abzuschließen und zum Dokumentfenster zurückzukehren, klicken Sie auf SZENE 1 ❸.

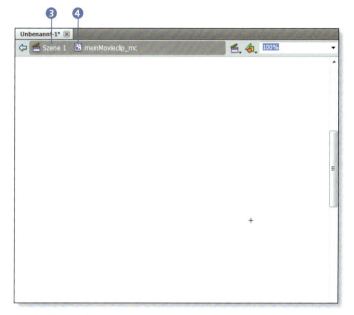

▲ **Abbildung 4.3**
Der Bearbeitungsmodus des MovieClips »meinMovieClip_mc«

Registrierung

Im Dialogfenster IN SYMBOL KONVERTIEREN können Sie neben dem Namen und dem Typ des Symbols die sogenannte REGISTRIERUNG des Symbols festlegen. Die Registrierung ist die Ausrichtung der Form innerhalb des Symbols; sie hat Einfluss auf die Positionierung und das Verhalten einer Symbolinstanz auf der Bühne. Sonst unterscheiden sich die Einstellungen in den Dialogfenstern NEUES SYMBOL ERSTELLEN und IN SYMBOL KONVERTIEREN nicht. Näheres zur Registrierung erfahren Sie im weiteren Verlauf dieses Kapitels.

Ein auf diese Weise erstelltes Symbol finden Sie nun zunächst ausschließlich in der Bibliothek. Die Bühne ist weiterhin leer. Sie können das Symbol aus der Bibliothek per Drag & Drop auf die Bühne ziehen.

In Symbol konvertieren | Um ein grafisches Element, das Sie bereits fertig auf der Bühne angelegt haben, in ein Symbol zu konvertieren, gehen Sie wie im Folgenden beschrieben vor.

Wählen Sie das grafische Element mit dem Auswahlwerkzeug ▶ aus, und klicken Sie auf den Menüpunkt MODIFIZIEREN • IN SYMBOL KONVERTIEREN. Achten Sie darauf, wirklich alle Bereiche Ihrer Grafik auszuwählen, also auch eventuell vorhandene Strichlinien einer Form. Übrigens können Sie auch mehrere Elemente von verschiedenen Ebenen auswählen. Sie werden allerdings bei der Umwandlung auf eine Ebene reduziert.

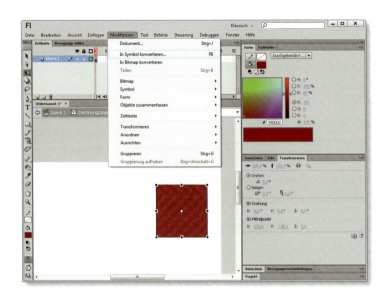

Abbildung 4.4 ►
Das ausgewählte Rechteck wird in ein MovieClip-Symbol konvertiert.

Flash legt das neue erstellte Symbol automatisch in der Bibliothek ab und erstellt gleichzeitig eine Instanz des Symbols auf der Bühne. Was Instanzen sind, erfahren Sie im nächsten Abschnitt.

Instanz auf der Bühne
Wenn Sie ein vorhandenes Element auf der Bühne in ein Symbol umgewandelt haben, wird das Element automatisch in eine Instanz des Symbols konvertiert. Das Symbol der Instanz liegt wie gewohnt in der Bibliothek.

4.3   Symbolinstanzen

Nachdem Sie ein Symbol erstellt haben, finden Sie es in der Bi-bliothek ❶, die Sie über das Menü Fenster • Bibliothek öffnen können. Alternativ können Sie auch das Tastenkürzel Strg/ ⌘+L verwenden, um die Bibliothek zu öffnen.

Sie können das Symbol aus der Bibliothek beliebig oft im Flash-Film verwenden. Dazu werden sogenannte Instanzen des Symbols angelegt. Eine Instanz ist eine *Kopie des Symbols*.

Das Original, das Symbol, bleibt in der Bibliothek. Wenn Sie die Instanz des Symbols auf der Bühne auswählen, können Sie der Instanz spezifische Eigenschaften, sogenannte Instanzeigenschaften, zuweisen. Diese Eigenschaften gelten *ausschließlich für diese eine Instanz des Symbols*.

Eine Veränderung der Instanzeigenschaften hat keine Auswirkung auf das Original in der Bibliothek oder eine andere Instanz des Symbols.

Zu den Instanzeigenschaften gehören Merkmale wie die Position, die Breite und Höhe der Instanz, die Transparenz etc. Instanzeigenschaften lassen sich über das Eigenschaften-Fenster und über das Transformieren-Fenster festlegen.

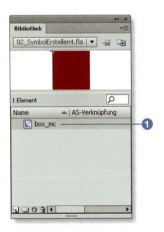

▲ **Abbildung 4.5**
Das Symbol in der Bibliothek

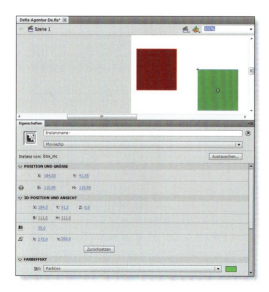

Symbolinstanz
Sie können sich eine Instanz eines Symbols auch als eine Verknüpfung vorstellen – ähnlich wie eine Dateiverknüpfung.

◄ **Abbildung 4.6**
Die Instanzeigenschaft Farbton wurde für eine Instanz des Symbols geändert. Die zweite Instanz auf der Bühne bleibt davon unberührt.

Schritt für Schritt:
Instanzeigenschaften ändern

In diesem Workshop lernen Sie, wie Sie Instanzeigenschaften ändern.

1   Flash-Film öffnen
Öffnen Sie den Flash-Film beispiel_01.fla im Ordner Instanz-eigenschaften. Im Flash-Film wurde ein Rechteck in ein Movie-Clip-Symbol umgewandelt.

04_Symbole\Instanz-eigenschaften\beispiel_01.fla

2   Instanz erzeugen
Wählen Sie die MovieClip-Instanz mit dem Auswahlwerkzeug aus, halten Sie die Alt -Taste gedrückt, und verschieben Sie die Instanz. Dadurch wird eine Kopie der Instanz, also eine weitere Instanz des Symbols, erzeugt.

◄ **Abbildung 4.7**
Symbolinstanz duplizieren

3   Farbton ändern
Wählen Sie die erzeugte Symbolinstanz aus, und öffnen Sie das Eigenschaften-Fenster über Fenster • Eigenschaften. Wählen Sie im Feld Farbeffekt den Menüpunkt farbton aus, und wählen Sie anschließend über das Farbfeld eine beliebige Farbe. Wie Sie sehen, ändert sich nur die Farbe dieser Symbolinstanz. Die Farbe der ersten Instanz bleibt davon unberührt.

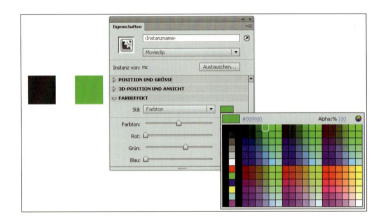

Abbildung 4.8 ▶
Farbton ändern

Symbol bearbeiten | Ein Vorteil des Prinzips der Instantiierung ist, dass Sie ein Symbol beliebig oft verwenden können und, falls eine Änderung, z. B. die Änderung der Form eines Elements, notwendig wird, diese nur einmal am Symbol selbst durchführen müssen, um alle Instanzen des Symbols zu ändern.

Ein Symbol können Sie auf zwei unterschiedliche Arten bearbeiten:

▶ Wählen Sie eine Instanz des Symbols auf der Bühne aus oder alternativ das Symbol in der BIBLIOTHEK. Klicken Sie dann in der Menüleiste auf BEARBEITEN • SYMBOLE BEARBEITEN, oder verwenden Sie das Tastenkürzel ⌨Strg/⌘+E. Sie gelangen in den Symbol-Bearbeitungsmodus, der nur das Symbol selbst darstellt, andere Elemente der Bühne sind nicht sichtbar.

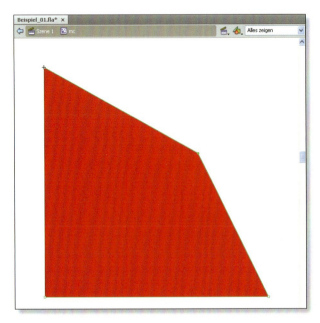

Abbildung 4.9 ▶
Symbol-Bearbeitungsmodus
(ohne Bühne)

▶ Wählen Sie eine Instanz des Symbols auf der Bühne aus, und doppelklicken Sie auf die Instanz, oder wählen Sie den Menüpunkt Bearbeiten • An Position bearbeiten. Sie gelangen in den Symbol-Bearbeitungsmodus, wobei die Bühne und alle anderen sichtbaren Elemente auf der Bühne im Hintergrund angezeigt werden. In diesem Modus haben Sie die volle Kontrolle über das Gesamterscheinungsbild – das ist meist die bevorzugte Methode.

Tastenkürzel
Erfahrungsgemäß wird der Menüpunkt Bearbeiten • An Position bearbeiten relativ oft verwendet. Standardmäßig ist dem Befehl jedoch kein Tastenkürzel zugewiesen. Es ist deshalb empfehlenswert, dem Befehl selbst ein Tastenkürzel zuzuweisen. Wie Sie ein eigenes Tastenkürzel einrichten können, erfahren Sie in Kapitel 2, »Arbeitsumgebung«.

◀ **Abbildung 4.10**
Symbol-Bearbeitungsmodus
(mit Bühne)

Wenn Sie das Symbol im Bearbeitungsmodus ändern, ändern Sie damit gleichzeitig auch alle Instanzen auf der Bühne.

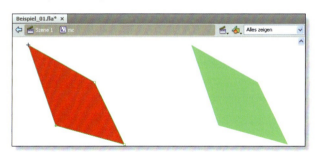

◀ **Abbildung 4.11**
Die Form innerhalb des Symbols wurde geändert. Alle Instanzen übernehmen die Änderung.

Symbol duplizieren | Gelegentlich kommt es vor, dass mehrere Instanzen eines Symbols auf der Bühne liegen, Sie aber nur eine einzige Instanz, z. B. ihre Form, ändern möchten. Es stehen Ihnen dann zwei Möglichkeiten zur Auswahl:

▶ Am schnellsten geht es, wenn Sie die Instanz des Symbols wieder zurück in eine Form wandeln. Dadurch verliert sie die Verbindung zum Symbol und kann individuell verändert werden, ohne dass sich die Änderung auf eine Instanz oder das Symbol selbst auswirkt. Wählen Sie dazu die Symbolinstanz aus, und drücken Sie Strg/⌘+B. Nach dem Vorgang steht die Form für sich allein und ist keine Symbolinstanz mehr.

▶ Sie duplizieren das Symbol zunächst. Das Duplikat sieht genauso aus wie das Symbol, verliert aber jede Verbindung zum Ursprungssymbol und kann daher beliebig verändert werden. Am schnellsten geht das wie folgt: Wählen Sie eine Instanz des

[!] Verschachtelung
Wenn Sie ein Symbol B in einem Symbol A verschachtelt haben und Symbol A duplizieren, um es zu ändern, führen Änderungen in Symbol B zur Änderung aller Instanzen des Symbols B. Symbol A wurde zwar dupliziert, Symbol B jedoch nicht.

Symbols auf der Bühne aus, öffnen Sie das Kontextmenü, und wählen Sie den Menüpunkt Symbol duplizieren. Weisen Sie dem neuen Symbol einen neuen Symbolnamen zu.

Abbildung 4.12 ▶
Im Kontextmenü der Symbol-instanz können Sie das Symbol duplizieren.

▲ **Abbildung 4.13**
Neuen Symbolnamen zuweisen

Jetzt gehört die Instanz zum Duplikat des Ursprungssymbols und kann geändert werden, ohne dass die Änderung Einfluss auf das ursprüngliche Symbol oder eine der Instanzen des ursprünglichen Symbols hat.

Beide Varianten führen dazu, dass Sie eine Kopie des Symbols erzeugen, die unabhängig vom Ursprungssymbol verändert werden kann. Für den Fall, dass die Kopie des Symbols ebenfalls ein Symbol sein sollte, z. B. weil Sie es animieren möchten, wählen Sie die zweite Methode. Sie können das Duplikat, das ebenso ein Symbol ist, dann beliebig verändern und z. B. animieren.

Abbildung 4.14 ▶
Eine Instanz des Symbolduplikats wird verändert, ohne dass dies Auswirkungen auf das ursprüngli-che Symbol hat.

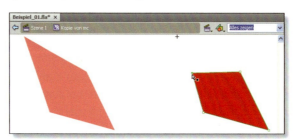

Begrenzungsrahmen | Jedes Symbol besitzt einen sogenannten *Begrenzungsrahmen*. Wenn Sie eine Symbolinstanz in der Flash-Umgebung auswählen, wird sie durch einen hellblauen Rahmen dargestellt. Der Begrenzungsrahmen ist immer rechteckig – unabhängig von der Form, die innerhalb des Symbols liegt.

Die Positionierung einer Symbolinstanz auf der Bühne wird auf Basis des Begrenzungsrahmens vorgenommen – und nicht anhand der Form innerhalb der Symbolinstanz.

Registrierung | Wenn Sie eine Form in ein Symbol konvertieren, können Sie im Dialogfenster In Symbol konvertieren neben dem Namen und dem Typ des Symbols die sogenannte *Registrierung* (den Registrierungspunkt) des Symbols festlegen.

Die Registrierung hat Einfluss auf die Positionierung und das Verhalten einer Symbolinstanz auf der Bühne. Das lässt sich am besten anhand einer Kreisform verdeutlichen: Zeichnen Sie mit dem Ellipsenwerkzeug ⬭ einen Kreis, und wandeln Sie den Kreis über F8 in ein MovieClip-Symbol um.

> **BoundingBox**
>
> Der Begrenzungsrahmen wird im Englischen als *BoundingBox* bezeichnet. Sie finden den Ausdruck auf vielen Entwicklerseiten.

▲ **Abbildung 4.15**
Begrenzungsrahmen von unterschiedlichen Formen

◄ **Abbildung 4.16**
Legen Sie die Registrierung des neuen Symbols fest.

Unter Registrierung ❷ können Sie zwischen neun Feldern wählen. Standardmäßig befindet sich der Registrierungspunkt eines Symbols links oben ❶. Das bedeutet, dass sich die x- und y-Koordinaten einer Instanz auf die linke obere Ecke des Begrenzungsrahmens des Symbols beziehen.

Vergleichen Sie zum besseren Verständnis die Positionen der MovieClip-Instanzen in Abbildung 4.17. Ein kleines Fadenkreuz zeigt die Registrierung der Symbolinstanz an, wenn diese ausgewählt wurde.

▼ **Abbildung 4.17**
Zwei Kreise mit unterschiedlichen Registrierungspunkten

Registrierung

Es ist wichtig, die Funktionsweise der Registrierung eines Symbols zu verstehen. Sie werden das in der Praxis später brauchen, z. B. wenn Sie eine Symbolinstanz per ActionScript skalieren oder positionieren.

Die Kreise wurden auf der Bühne an denselben Stellen positioniert. Die MovieClip-Instanz ❸ hat den Registrierungspunkt links oben. Da der Begrenzungsrahmen des Kreises an der linken oberen Ecke der Bühne klebt, sind die x- und y-Koordinaten der Symbolinstanz gleich 0.

Im zweiten Beispiel ❹ besitzt die MovieClip-Instanz aber eine mittige Registrierung. Die x- und y-Koordinaten werden in diesem Fall vom Mittelpunkt des Begrenzungsrahmens ermittelt. Die x- und y-Koordinaten sind 35/35, da der Kreis 70 Pixel breit und 70 Pixel hoch ist.

Die x- und y-Koordinaten des zweiten MovieClips sind dann gleich 0, wenn der Mittelpunkt des Kreises an der linken oberen Ecke der Bühne positioniert ist ❺.

Abbildung 4.18 ▶
x- und y-Koordinaten der Movie-Clip-Instanz, die eine mittige Registrierung besitzen, sind in diesem Fall gleich 0.

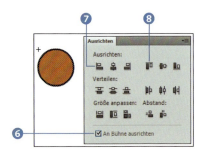

▲ Abbildung 4.19
Registrierung ändern

Registrierung eines MovieClips ändern | Wenn Sie die Registrierung eines MovieClips nachträglich ändern wollen, können Sie das durch Ändern der Position der Form innerhalb des Movie-Clips erreichen. Angenommen, Sie haben einen Kreis in einen MovieClip mit einer mittigen Registrierung umgewandelt und möchten die Registrierung auf links oben ändern, dann wählen Sie den MovieClip aus und wechseln über ⌷Strg⌷/⌷⌘⌷+⌷F⌷ in den Symbol-Bearbeitungsmodus. Öffnen Sie über ⌷Strg⌷+⌷K⌷ das Ausrichten-Fenster, und wählen Sie die Form aus. Aktivieren Sie die Optionsschaltfläche An Bühne ausrichten ❻, und klicken Sie auf die Schaltflächen ❼ und ❽. Die Form richtet sich so links oben aus. Damit haben Sie die Registrierung des MovieClips auf links oben geändert.

4.4   Schaltflächen

Schaltflächen-Symbole unterscheiden sich von MovieClip- und Grafik-Symbolen, da sie speziell für die Interaktion konzipiert sind und eine besondere Zeitleiste besitzen. Die Zeitleiste eines Schaltflächen-Symbols besteht aus vier Bildern:

◄ **Abbildung 4.20**
Zeitleiste eines Schaltflächen-Symbols

▶ Auf: Das erste Bild wird angezeigt, wenn sich der Mauszeiger nicht über der Schaltfläche befindet – die Standardansicht.

▶ Darüber: Wird angezeigt, wenn der Mauszeiger über den im Feld Aktiv definierten Bereich bewegt wird.

▶ Gedrückt: Der Inhalt des Bildes wird angezeigt, wenn der Mauszeiger sich über dem im Bild Aktiv definierten Bereich befindet und die Maustaste gedrückt wird.

▶ Aktiv: Hier wird der Bereich definiert, auf den die Maus reagiert. Er kann gegebenenfalls von der Form der Schaltfläche abweichen. Der Inhalt dieses Bildes wird zur Laufzeit der SWF-Datei im Flash Player nicht angezeigt.

Schritt für Schritt:
Eine Schaltfläche erstellen

In diesem Workshop lernen Sie, wie Sie Schaltflächen-Symbole einsetzen können.

1 **Flash-Dokument öffnen**

Öffnen Sie den Flash-Film *Schaltflächen_01.fla* über das Menü Datei • Öffnen.

04_Symbole\Schaltflächen\Schaltflächen_01.fla

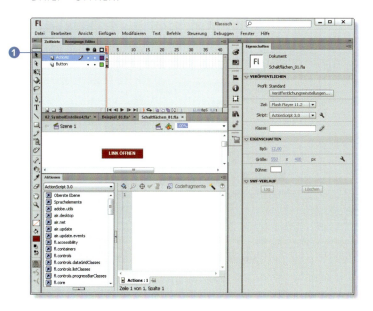

◄ **Abbildung 4.21**
Die Ausgangsbasis

133

2   In Schaltflächen-Symbol konvertieren

Zunächst wird sowohl der Text als auch das Rechteck markiert. Klicken Sie dazu mit dem Auswahlwerkzeug ![] auf das erste Schlüsselbild in der Zeitleiste ❶. Flash markiert automatisch das Rechteck und den Text. Wandeln Sie dann beides über [F8] in ein Schaltflächen-Symbol ❸ um, und nennen Sie es »link_btn« ❷.

Abbildung 4.22 ▶
Die Grafik wird in eine Schaltfläche umgewandelt.

3   Symbol bearbeiten

Doppelklicken Sie mit der Maus auf die Schaltflächeninstanz auf der Bühne, um in den Bearbeitungsmodus zu gelangen.

4   Darüber-Bild definieren

Wählen Sie das Bild DARÜBER ❺ in der Zeitleiste aus, und legen Sie mit [F6] ein neues Schlüsselbild an. Das Bild wird angezeigt, wenn sich der Mauszeiger über der Schaltfläche befindet. Sie sollten die Schaltfläche also modifizieren, um so dem Benutzer zu verdeutlichen, dass es sich um ein anklickbares Element handelt. Oft wird zu diesem Zweck die Farbe der Schaltfläche geändert. In diesem Beispiel muss dazu der Farbverlauf über das Fenster FARBE geändert werden.

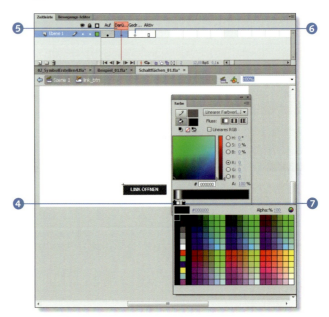

Abbildung 4.23 ▶
Ändern Sie den Farbverlauf der Schaltfläche im DARÜBER-Bild.

Doppelklicken Sie dazu auf den linken Farbtopf ❹, und wählen Sie mit der Pipette eine andere Farbe aus. In diesem Beispiel wurde Schwarz gewählt. Verfahren Sie anschließend genauso mit dem rechten Farbtopf ❼.

5 **Gedrückt-Bild definieren**

Analog dazu wird im Bild GEDRÜCKT ❻ über F6 zunächst ein Schlüsselbild erstellt und sowohl die Textfarbe als auch die Farbe der Strichlinie des Rechtecks geändert. Dieser Zustand wird angezeigt, wenn der Benutzer auf die Schaltfläche klickt.

Wählen Sie dazu das Auswahlwerkzeug ▶, und klicken Sie auf eine leere Stelle auf der Bühne, um die Auswahl der Schaltfläche aufzuheben. Doppelklicken Sie dann auf die Außenlinie des Rechtecks ❽, und vergeben Sie im FARBE-Fenster ❾ eine neue Farbe.

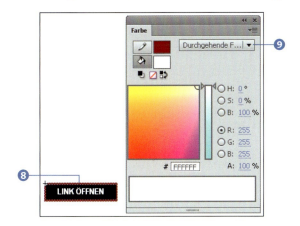

◀ **Abbildung 4.24**
Der Strichlinie des Rechtecks wird ein roter Farbton zugewiesen.

Wählen Sie anschließend das Textwerkzeug **T** aus, markieren Sie den Text, und vergeben Sie auch hier im EIGENSCHAFTEN-Fenster eine andere Farbe ❿.

Text in Flash
Mehr zum Arbeiten mit Text in Flash erfahren Sie in Kapitel 16, »Dynamischer Text«.

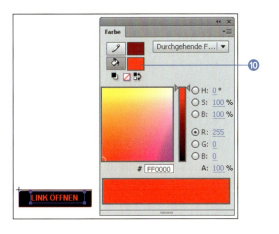

◀ **Abbildung 4.25**
Als Textfarbe wird ein sattes Rot gewählt.

6   Aktiv-Bild definieren

Das Bild AKTIV muss in jedem Fall definiert werden, damit die Schaltfläche überhaupt auf die Maus reagiert. In diesem Beispielfall brauchen Sie nichts weiter zu tun, als im Bild AKTIV über F5 ein Bild einzufügen.

7   Instanznamen zuweisen

Bisher wurde die Darstellung der Schaltfläche für verschiedene Zustände definiert. Damit die Schaltfläche auch etwas bewirkt, wenn sie angeklickt wird, wird ihr eine Aktion zugewiesen. Dafür müssen Sie der Schaltfläche zunächst einen Instanznamen geben. Wechseln Sie per Mausklick auf SZENE 1 zunächst zur Hauptzeitleiste zurück. Wählen Sie die Schaltfläche aus, öffnen Sie das EIGENSCHAFTEN-Fenster, und weisen Sie ihr den Instanznamen myButton zu.

Abbildung 4.26 ▶
Instanznamen zuweisen

8   ActionScript-Code erstellen

Wählen Sie nun das erste Schlüsselbild der Ebene ACTIONS aus, öffnen Sie über FENSTER • AKTIONEN das AKTIONEN-Fenster, und geben Sie folgenden Code ein:

Ergebnis der Übung:
04_Symbole\Schaltflachen
Schaltflächen_02.fla

```
import flash.events.MouseEvent;
import flash.net.URLRequest;
myButton.addEventListener(MouseEvent.CLICK,openURL);
function openURL(e:MouseEvent):void {
    var myRequest:URLRequest = new URLRequest("http://
    www.galileodesign.de");
    navigateToURL(myRequest,"_blank");
}
```

Mehr zu ActionScript
Erfahren Sie mehr über ActionScript in Kapitel 8, »ActionScript-Grundlagen«.

9   Film testen

Testen Sie den Flash-Film über Strg/⌘+↵. Wenn Sie auf die Schaltfläche klicken, öffnet sich in einem Browserfenster die Webseite von Galileo Design.

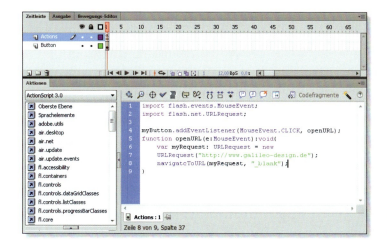

◀ **Abbildung 4.27**
Der Code im ActionScript-Editor

4.5   Bibliothek

Die Bibliothek können Sie über das Menü Fenster • Bibliothek oder über das Tastenkürzel ⌊Strg⌋/⌘+⌊L⌋ öffnen. Sie dient zum Speichern und Verwalten erstellter Symbole sowie importierter Dateien wie Bitmap-Grafiken, Sounds und Videos. Die Bibliothek ist ein Repertoire von Elementen, auf das Sie auf unterschiedliche Weise zugreifen können.

Wenn mehrere Flash-Filme geöffnet sind, können Sie über das Listenfeld zwischen den Bibliotheken der Filme wechseln, ohne dass Sie dazu das Dokument wechseln müssen.

Weiterhin haben Sie die Möglichkeit, ein Symbol eines anderen Films schnell in den aktuellen Flash-Film zu übernehmen. Wählen Sie dazu den Flash-Film in der Liste aus und anschließend das Symbol in der Bibliothek, das Sie übernehmen möchten. Ziehen Sie es auf die Bühne. Wenn Sie es nicht sofort auf der Bühne verwenden möchten, können Sie es auch gegebenenfalls durch ⌊Entf⌋ von der Bühne löschen – in der Bibliothek bleibt es jedoch erhalten, bis Sie es auch dort entfernen.

Bibliothekselemente löschen

Wenn Sie ein Symbol oder eine importierte Mediendatei mit Sicherheit nicht mehr brauchen, können Sie das Symbol, nachdem Sie dieses ausgewählt haben, über die Schaltfläche Löschen ❶ aus der Bibliothek entfernen.

Beachten Sie dabei, dass das Element, wenn es im Flash-Film eingesetzt wird, dann auch von der Bühne gelöscht wird. Es erscheint kein Warnhinweis, gehen Sie diesbezüglich also sehr vorsichtig vor.

[!] Symbolname, Instanzname und Klassenbezeichner
Verwechseln Sie den Symbolnamen nicht mit dem Instanznamen einer Instanz des Symbols oder dem Klassenbezeichner eines Symbols. Instanznamen und Klassenbezeichner werden später noch näher erläutert.

▲ **Abbildung 4.28**
Element löschen

Die Bibliothek auf einen Blick

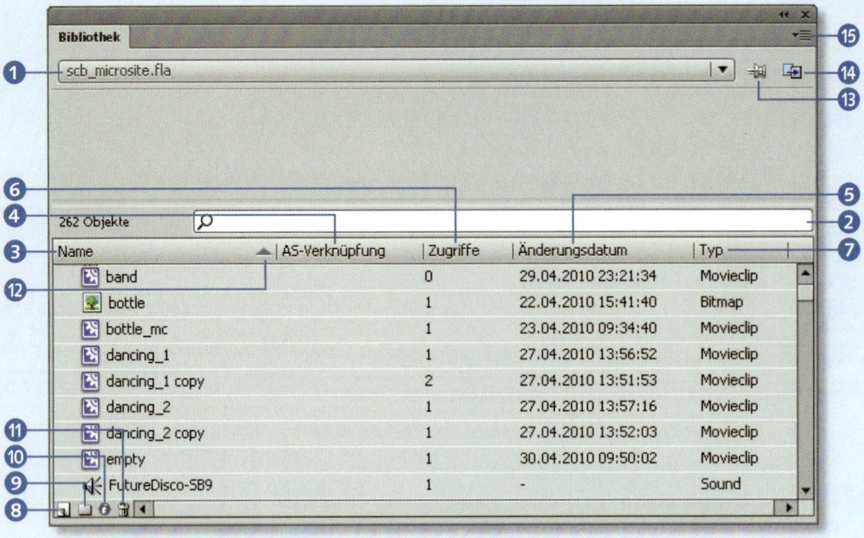

Abbildung 4.29 ▲
Eine Bibliothek mit unterschiedlichen Elementen

1 Auswahl der Bibliothek bzw. des Flash-Films: Hier können Sie schnell zwischen den unterschiedlichen Bibliotheken hin- und herschalten. Jedes Dokument hat eine eigene Bibliothek.

2 Suchfeld: Über das Suchfeld können Sie nach Bezeichnern von Bibliothekselementen suchen.

3 Name: der Name des Bibliothekselements

4 AS-Verknüpfung: Wenn Sie ein Element der Bibliothek über ActionScript ansteuern, d. h. beispielsweise zur Anzeigeliste hinzufügen möchten, müssen Sie dem Element eine Klasse zuweisen. Der Klassenbezeichner erscheint dann in dieser Spalte. Mehr dazu erfahren Sie in Kapitel 8, »ActionScript-Grundlagen«.

5 Änderungsdatum: das Datum, an dem das Element zuletzt geändert wurde

6 Zugriffe: Der Wert zeigt an, wie oft das Element im Flash-Film verwendet wird.

7 Typ des Bibliothekselements: Hier wird zwischen MovieClips, Schaltflächen, Bitmaps, Sounds etc. unterschieden.

8 Über die Schaltfläche NEUES SYMBOL können Sie direkt in der Bibliothek ein neues Element erstellen.

9 Über die Schaltfläche NEUER ORDNER können Sie einen neuen Bibliotheksordner anlegen. So können Sie Ordnung in Ihrer Bibliothek halten.

10 Mit dem kleinen i-Symbol blenden Sie die Eigenschaften des ausgewählten Elements ein.

11 Ein Klick auf den Papierkorb löscht das ausgewählte Element.

12 Hier können Sie die Sortierreihenfolge ändern.

13 Klicken Sie auf das Symbol AKTUELLE BIBLIOTHEK IMMER VORNE, um zu gewährleisten, dass die aktuell angezeigte Bibliothek auch beim Wechseln eines Flash-Films aktiviert bleibt.

14 Per Mausklick auf die Schaltfläche NEUES BEDIENFELD können Sie ein weiteres Bibliotheksfenster öffnen.

15 Das Menü der Bibliothek

Ordnung und Struktur in der Bibliothek

Ob es sinnvoll ist, die Bibliothek eines Projekts zu strukturieren und zu ordnen, hängt von verschiedenen Faktoren ab. Das Wichtigste dabei ist, dass Sie Symbolen immer eindeutige Namen zuweisen. Ein Symbol mit dem Namen »Symbol 234« wird Ihnen später keinen Hinweis darauf geben, um was es sich dabei handeln könnte. Geben Sie den Symbolen einen Bezeichner, durch den Sie selbst und andere einen Rückschluss auf deren Inhalt ziehen können.

Beispiele:

▶ Wenn Sie ein Logo in einen MovieClip umwandeln, nennen Sie das Symbol »logo_mc«. Einerseits ist sofort klar, dass es sich um ein Logo handelt, und andererseits zeigt der Name des Symbols bereits, dass es sich um einen MovieClip handelt. Das Suffix »mc« steht für MovieClip.

▶ Für einen Text, der auf der Startseite einer Webseite erscheint und in einen MovieClip umgewandelt wurde, wäre z.B. ein Name wie »homeText_mc« sinnvoll.

▶ Für eine Schaltfläche, die zur Verlinkung einer E-Mail-Adresse dient, würde sich der Name »email_btn« anbieten. »btn« steht in diesem Fall für das englische »Button«, auf Deutsch »Schaltfläche«.

Dateigröße

Beachten Sie, dass die Bereinigung der Bibliothek nur auf die Dateigröße der Quelldatei (FLA-Datei) Einfluss nimmt und nicht auf den veröffentlichten Film (SWF-Datei).

Suchfeld benutzen

Wenn Sie wissen, mit welchem Buchstaben der Bezeichner eines Symbols beginnt, können Sie auch das Suchfeld in der Bibliothek verwenden, um das Symbol zu finden.

▲ **Abbildung 4.30**
Ein Negativbeispiel: die Bibliothek eines sogenannten Flash-Templates

Ordner verwenden | Bei umfangreichen Projekten, die mit mehreren Entwicklern umgesetzt werden, ist die Ordnung in der Bibliothek meist wichtiger, als wenn Sie allein nach Ihrem eigenen System arbeiten. Um Elemente in der Bibliothek zu strukturieren, können Sie Elemente in Ordnern ablegen. Bei der Erstellung eines neuen Symbols oder bei der Konvertierung einer Form in ein Symbol klicken Sie im entsprechenden Dialogfenster unter ORDNER auf BIBLIOTHEKSSTAMM ❶. Im nächsten Dialogfenster haben Sie die Möglichkeit, einen neuen Ordner zu erstellen ❷ oder das Symbol in einen vorhandenen Ordner ❸ abzuspeichern.

[!] **Bibliotheksordner**

Bibliotheksordner haben einen Nachteil. Normalerweise erscheint eine Fehlermeldung, wenn Sie einem Symbol einen Namen geben, der bereits verwendet wird. Wenn das Symbol mit dem gleichen Namen vorher in einen Ordner verschoben wurde, bleibt die Fehlermeldung aus – das Symbol wird angelegt. Das ist aus technischer Sicht kein Problem, allerdings können Symbole mit gleichem Namen schnell verwechselt werden.

▲ **Abbildung 4.31**
Speichern Sie das Symbol in einen neuen oder in einen
vorhandenen Ordner.

▲ **Abbildung 4.32**
Elemente mittels Ordnern strukturieren

Sicherung

Bevor Sie die Bibliothek auf
diese Weise bereinigen, sollten
Sie den Flash-Film sichern. Es
kommt gelegentlich vor, dass
Elemente, die zur Laufzeit auf
der Bühne platziert werden, von
Flash als nicht verwendete Elemente eingestuft werden. Das
kann zu Fehlern führen. Sie sollten nach der Bereinigung den
Film ausführlich testen und
können dann bei Fehlern gegebenenfalls auf die gesicherte
Version zurückgreifen.

Um einen neuen Ordner über die Bibliothek anzulegen, klicken
Sie auf die Schaltfläche NEUER ORDNER ❹ und weisen dem Ordner einen möglichst eindeutigen Namen wie z. B. NAVIGATION zu.
Anschließend können Sie Elemente per Drag & Drop in den Ordner verschieben.

Bibliothek bereinigen | Bei der Entwicklung einer Webseite
oder einem ähnlich umfangreichen Projekt entstehen in der Ent-
wurfs- und Umsetzungsphase viele Symbole, die im fertigen Projekt nicht mehr benötigt werden. Je größer die Bibliothek wird,
desto größer wird die Flash-Quelldatei (».fla«) und desto länger
dauert das Öffnen des Flash-Dokuments.

Über das Menü NICHT VERWENDETE ELEMENTE AUSWÄHLEN ❺
haben Sie die Möglichkeit, die Bibliothek schnell zu bereinigen.
Nachdem die Elemente ausgewählt wurden, können Sie diese
über die Schaltfläche LÖSCHEN entfernen. Sie sollten aber vorher
sicherheitshalber eine Kopie der Datei anlegen, damit Sie verse-
hentlich gelöschte Elemente wiederherstellen können.

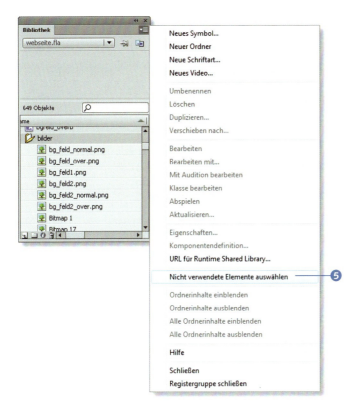

◀ **Abbildung 4.33**
Nicht verwendete Elemente
auswählen

4.6 Gemeinsame Nutzung von Bibliothekselementen

Wenn Sie größere Projekte bearbeiten, die aus mehreren FLA-Dateien bestehen, dann stellt sich schnell die Frage, ob und welche Ressourcen zentral verwendet werden sollen. Sie möchten schließlich nicht dieselben Bibliothekselemente in jeder FLA einzeln erstellen, denn bei einer Änderung eines MovieClips müssten Sie jede andere FLA per Hand auf den neuesten Stand bringen.

In der Regel werden Sie bei größeren Projekten gemeinsam genutzte Bibliothekselemente deshalb in einer zentralen FLA sammeln und die anderen FLA-Dateien davon abhängig machen.

Wie das am besten in Flash umgesetzt wird, hängt davon ab,

▶ ob Sie allein an dem Projekt arbeiten oder im Team und
▶ ob die veröffentlichten Dateien zur Laufzeit Abhängigkeiten haben sollen oder nicht.

Ein-Mann-Projekt oder Teamarbeit? | Wenn Sie allein an einem großen Projekt arbeiten, dann bedeutet das, dass Sie in Flash immer direkten Zugriff auf die zentrale Ressourcen-FLA-Datei haben, wofür Flash direkte Lösungen bietet. Bei Teamarbeit hinge-

Beispiel
Ein einleuchtender Fall für ein Projekt mit mehreren FLA-Dateien: Sie veröffentlichen für mobile Geräte und haben pro Gerät eine FLA-Datei, die die entsprechenden Maße und Veröffentlichungseinstellungen hat.

Parallele Bearbeitung
Bei komplexeren Projekten würden Sie sogar mehrere Ressourcen-FLA-Dateien erstellen, damit diese jeweils von eigenen Grafikern oder Sounddesignern parallel bearbeitet werden können.

gen haben Sie in Flash nicht unbedingt direkten Zugriff auf die FLA-Datei, sondern auf die veröffentlichten Ressourcen (SWC-Dateien), die Sie in Flash einbinden. Schließlich können Sie ja nicht gleichzeitig mit jemand anders an derselben FLA-Datei arbeiten, weil die Gefahr besteht, dass Sie seine Änderungen überschreiben würden oder umgekehrt.

Was bedeutet Authoring-Zeit?
Mit Authoring-Zeit ist die Phase gemeint, in der Sie in Flash, d.h. in der Authoring-Umgebung, arbeiten. Die Laufzeit hingegen ist die Phase, in der der Nutzer Ihren veröffentlichten Flash-Film betrachtet.

Abhängigkeit zur Authoring-Zeit oder zur Laufzeit? | Veröffentlichen Sie z.B. mehrere SWF-Dateien, die alle Teil einer Website sind, dann möchten Sie nur eine Ressourcen-SWF-Datei veröffentlichen, die die anderen Dateien für sich laden, wodurch Platz gespart wird. Veröffentlichen Sie hingegen ein Projekt für mehrere Geräte, dann laufen zwei veröffentlichte Dateien ja nie gleichzeitig auf demselben Gerät, weshalb keine Abhängigkeit von einer anderen Ressource nötig ist.

Im Folgenden werden wir Ihnen die verschiedenen Möglichkeiten vorstellen.

Gemeinsam genutzte Bibliothek zur Laufzeit (Runtime Shared Library)

Runtime Shared Library
Folgende Elemente können für eine Runtime Shared Library genutzt werden: MovieClip-, Grafik-, Schaltflächen- und Schriftart-Symbole sowie Sound- und Video-Objekte und Bitmaps.

Diese Technik eignet sich eher, wenn Sie allein am Projekt arbeiten und die Ressourcen zur Laufzeit für mehrere SWF-Dateien freigeben möchten. Ein Beispiel wäre eine Website, die neben HTML-Inhalten aus verschiedenen Flash-Elementen besteht, die alle (zur Laufzeit) auf eine gemeinsame Ressourcen-SWF-Datei zugreifen müssen, die z.B. Buttons und Designelemente beinhaltet.

Mithilfe einer sogenannten *Runtime Shared Library* können Symbole und Bitmaps von mehreren Flash-Filmen zur Laufzeit gemeinsam genutzt werden.

Gemeinsam genutzte Elemente in Quelldatei exportieren | Stellen Sie sich eine Webseite vor, die sich aus verschiedenen Flash-Filmen (SWF-Dateien) zusammensetzt. Zum Beispiel könnte es eine *main.swf* geben, die andere Bereiche wie z.B. das Impressum (*impressum.swf*) dynamisch lädt. Wenn Sie in verschiedenen Bereichen der Webseite eine eingebettete Schriftart verwenden würden, müssten Sie normalerweise die Schrift in jeden Flash-Film einbetten. So müsste die Schrift sowohl im Haupt-Flash-Film *main.swf* als auch in allen anderen Filmen wie dem Impressum eingebettet werden. Dasselbe gilt für Bitmaps, MovieClip-Symbole etc. Das hätte zur Folge, dass die Flash-Filme unnötig groß würden.

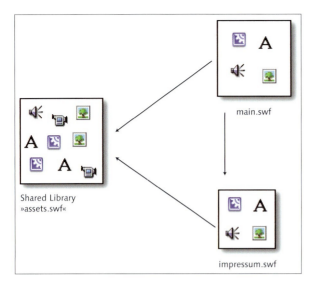

▲ Abbildung 4.34
Schema zur Funktionsweise der Runtime Shared Library

In dem Flash-Film, der als Runtime Shared Library dient, müssen Sie den Symbolen oder Bitmaps zunächst einen Klassenbezeichner zuweisen. Öffnen Sie dazu die Bibliothek, wählen Sie das Symbol aus, das Sie gemeinsam nutzen wollen, öffnen Sie dann das Kontextmenü, und wählen Sie anschließend den Menüpunkt Eigenschaften.

Anwendung
Mithilfe einer Runtime Shared Library können Sie mehrfach verwendete Elemente auslagern und zur Laufzeit von mehreren unterschiedlichen Flash-Filmen nutzen. So muss eine Schriftart nur einmal geladen werden. Am besten erstellen Sie dazu einen eigenen Flash-Film, wie z. B. *assets.swf*, der die gemeinsam genutzten Elemente beinhaltet und von *main.swf* geladen wird.

◄ Abbildung 4.35
Der Menüpunkt Eigenschaften

143

Hinweis

Klicken Sie auf OK, um die Einstellungen zu übernehmen. Es
folgt ein Dialogfenster, das Sie darauf hinweist, dass keine entsprechende Klasse gefunden wurde
und Flash automatisch eine Klasse
erzeugt. Bestätigen Sie dies durch
Mausklick auf OK.

▲ **Abbildung 4.36**
Warnhinweis zur ActionScript-
Klasse

Aktivieren Sie anschließend im sich daraufhin öffnenden Dialog-
fenster unter dem Tab ACTIONSCRIPT das Optionsfeld EXPORT FÜR
GEMEINSAME NUTZUNG ZUR LAUFZEIT. Das Optionsfeld EXPORT
FÜR ACTIONSCRIPT wird dann automatisch aktiviert.

Unter KLASSE geben Sie einen Bezeichner ein, über den Sie das
Element im gewünschten Flash-Film über ActionScript ansprechen können. Üblicherweise wird der erste Buchstabe eines Klassenbezeichners großgeschrieben. Im Feld URL geben Sie die URL
an, unter der der Flash-Film mit den gemeinsam genutzten Elementen gespeichert wird, also z. B. *http://www.meineDomain.de/
assets.swf*.

▲ **Abbildung 4.37**
Optionsfeld aktivieren und Klassenbezeichner definieren

Gemeinsam genutzte Elemente aus Quelldatei importieren |
Nachdem Sie alle gewünschten gemeinsam genutzten Elemente
mit einem Klassenbezeichner versehen haben, können Sie diese
in anderen Flash-Filmen nutzen, ohne dass sie tatsächlich in die
anderen Flash-Filme eingebettet werden müssen.

Angenommen, Sie haben einen Flash-Film *assets.swf* erstellt
und möchten ein Element der Bibliothek des Flash-Films in
einem Flash-Film *main.swf* nutzen. Öffnen Sie dazu zunächst die
Quelldatei *main.fla*. Wählen Sie den Menüpunkt DATEI • IMPOR-
TIEREN • EXTERNE BIBLIOTHEK ÖFFNEN.

Ladeverhalten

Flash-Filme, die geladen werden
und auf Elemente einer Runtime Shared Library zugreifen,
fordern diese, d. h. die SWF-
Datei, selbst an. Sie müssen sich
darum nicht kümmern. Wenn
Sie das Ladeverhalten selbst
kontrollieren möchten, können
Sie den Flash-Film, der als Runtime Shared Library agiert, auch
über ein Loader-Objekt laden.

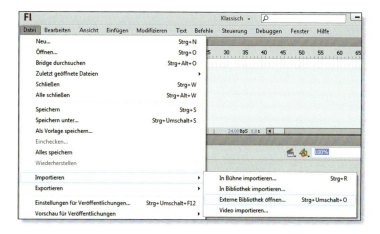

◄ **Abbildung 4.38**
Der Menüpunkt EXTERNE BIBLIO-
THEK ÖFFNEN

Wählen Sie die Quelldatei *assets.fla* aus – es öffnet sich ein neues
BIBLIOTHEK-Fenster. Öffnen Sie jetzt gegebenenfalls das BIBLIO-
THEK-Fenster der *main.fla*. Nun können Sie die Elemente aus der
Bibliothek der *assets.fla* per Drag & Drop in die Bibliothek der
main.fla ziehen.

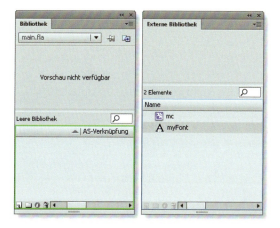

◄ **Abbildung 4.39**
Bibliothekselement hinzufügen

Zur Kontrolle wählen Sie das Element in der Bibliothek der Datei
main.fla aus, öffnen das Kontextmenü und klicken daraufhin auf
den Menüpunkt EIGENSCHAFTEN.

In dem sich nun öffnenden Dialogfenster ist unter dem Reiter
ACTIONSCRIPT die Option IMPORT FÜR GEMEINSAME NUTZUNG ZUR
LAUFZEIT aktiviert **1**, die darauf hindeutet, dass es sich um ein
gemeinsam verwendetes Element handelt, das in der *main.swf*
nicht eingebettet wird. Anschließend können Sie das verknüpfte
Element wie gewohnt im Flash-Film verwenden.

Hätten Sie das ursprüngliche Bibliothekselement nicht für die
gemeinsame Nutzung freigegeben, dann wäre es hier nur hinüber-
kopiert worden, wodurch keine Synchronisierung möglich wäre.

Dateigröße
Sie können selbst sehr einfach sehen, dass die Dateigröße des
Flash-Films *main.fla* nicht größer
wird, wenn Sie Elemente einer
Runtime Shared Library verwenden. Importieren Sie dazu einfach
eine große Bitmap in die Bibliothek
der Shared Library, und exportieren Sie sie für eine gemeinsame
Nutzung. Importieren Sie die Bitmap dann in die *main.fla*, ziehen
Sie sie auf die Bühne, und veröffentlichen Sie dann den Flash-Film.

Abbildung 4.40 ▸
Verknüpfungseigenschaften des
importierten Elements

Gemeinsam genutzte Symbole zur Authoring-Zeit (Flash-Projekt)

Freigabeeinschränkungen
Es können zur Authoring-Zeit nur
MovieClips, Grafik-Symbole und
Buttons gemeinsam genutzt werden. Das heißt, Bitmaps, Schrift-
Symbole, Videos und Sounds werden nicht direkt gemeinsam
genutzt. Aber bei der Freigabe eines Symbols werden die dazugehörigen Ressourcen, wie z. B. Bitmaps, in die fremde Bibliothek
mitkopiert. Fonts müssen Sie dabei jedoch erneut importieren.

Es gibt zwei Möglichkeiten, zur Authoring-Zeit Ressourcen zu teilen. Beide Techniken eignen sich eher, wenn Sie allein am Projekt
arbeiten und zur Laufzeit nicht die Ressourcen unter mehreren
veröffentlichten Dateien geteilt werden müssen.

Ein Beispiel wäre die Veröffentlichung einer Anwendung für
mehrere Geräte, wie z. B. iPhone, iPad und Browser. Dabei würde
pro Gerät eine FLA-Datei existieren, die die Oberfläche anders
anordnet und skaliert und die Elemente aus einer zentralen Gra-
fik-FLA-Datei nimmt.

Freigabe zur Authoring-Zeit | Bei der simpelsten Art, ein Sym-
bol aus einer anderen FLA-Datei zur Authoring-Zeit zu verwenden, erstellen Sie in Ihrer abhängigen FLA-Datei ein neues Symbol
und klicken unter FREIGABE ZUR AUTHORINGZEIT auf QUELLDATEI
❷, um die Bibliothek einer anderen FLA-Datei zu öffnen, aus der
Sie dann ein Symbol auswählen, das Sie mit OK ❸ bestätigen.

Wenn die Verknüpfung auf diese Weise hergestellt worden ist,
müssen Sie durch einen Klick auf die Option AUTOMATISCH AKTU-
ALISIEREN ❹ nur sicherstellen, dass sich Ihr verknüpftes Symbol
immer automatisch aktualisiert, wenn sich etwas in der Quelldatei daran ändert. Sie sollten die Quelldatei ab jetzt nicht mehr
verschieben oder umbenennen.

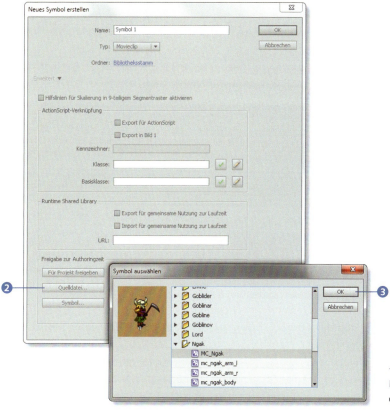

▶ **Abbildung 4.41**
Freigabe zur Authoring-Zeit aus
einer Quelldatei

▲ **Abbildung 4.42**
Freigegebenes Symbol der Quelldatei automatisch aktualisieren

Wenn Sie nun in der Quelldatei das Symbol ändern, ändert es sich automatisch auch in Ihrer abhängigen FLA-Datei. Umgekehrt werden Sie beim Versuch, in Ihrer abhängigen FLA-Datei das verknüpfte Symbol zu ändern, von Flash gefragt, ob Sie die Originaldatei öffnen möchten oder ob Sie die Verknüpfung trennen möchten, was das Symbol dupliziert.

▲ **Abbildung 4.43**
Bearbeiten eines freigegebenen
Symbols einer Quelldatei aus
einer abhängigen Datei heraus

Die Erweiterung: Freigabe zur Authoring-Zeit in einem Flash-Projekt | Die zuvor beschriebene Freigabe zur Authoring-Zeit ist ein älteres Feature. Später hat Adobe ein mächtigeres Feature entwickelt: das Projekt-Fenster, das sogenannte Flash-Projekte verwaltet. Wenn Sie mit mehreren FLA-Dateien und Action-

Script-Klassen arbeiten, die zu einem Projekt gehören, dann hilft Ihnen das Projekt-Fenster bei der Verwaltung. Damit können Sie auch sehr bequem Symbole zur Authoring-Zeit freigeben.

Um das Fenster zu nutzen, erstellen Sie am besten ein neues Flash-Projekt über das Fenster NEUES DOKUMENT.

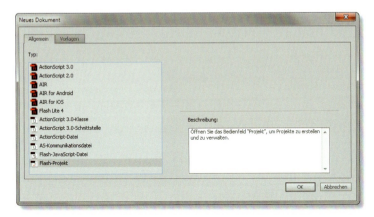

Abbildung 4.44 ▶
Neues Flash-Projekt erstellen

Projekt-Fenster öffnen
Das Projekt-Fenster können Sie auch jederzeit über FENSTER • PROJEKT öffnen.

Daraufhin öffnet sich das Projekt-Fenster, in dem Sie Ihr Projekt konfigurieren müssen. Sie müssen dabei einen STAMMORDNER **1** angeben, in dem sich dann alle Projektdateien befinden werden. Das Flash-Projekt hat zudem immer eine Haupt-FLA-Datei, die Ihre Anwendung repräsentiert und die Sie hier auch mit erstellen lassen.

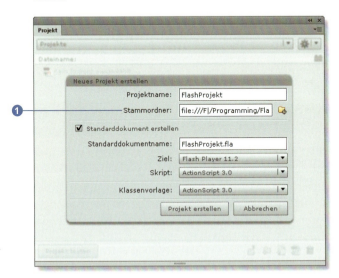

Abbildung 4.45 ▶
Neues Flash-Projekt im Projekt-Fenster konfigurieren

Es wird bei der Erstellung eines Flash-Projekts nicht nur die Haupt-FLA-Datei erstellt, sondern automatisch eine »Author-timeSharedAssets.fla«-Datei, die sämtliche gemeinsam genutzten Symbole zentral verwaltet. Es handelt sich ansonsten aber um eine normale FLA-Datei, die Sie auch öffnen können, aber nicht müssen.

Wenn Sie nun in Ihrer Haupt-FLA-Datei, hier »FlashProjekt. fla«, ein Symbol der Bibliothek für alle anderen FLA-Dateien des Projekts freigeben möchten, klicken Sie einfach nur auf die Freigabe-Checkbox ❷. Im Hintergrund verwaltet Flash dann automatisch das Projekt so, dass sich die Originalversion des Symbols in der AuthortimeSharedAssets-Datei befindet und Ihre FLA-Datei nur darauf verweist. Ändern Sie das Symbol danach und speichern die FLA, ändert es sich ebenfalls in der AuthortimeSharedAssets-Datei und damit auch in allen anderen FLA-Dateien.

▲ **Abbildung 4.46**
Automatisch erstellte Authortime-SharedAssets.fla

◄ **Abbildung 4.47**
Symbol zur gemeinsamen Nutzung freigeben

Wenn Sie nun z. B. über das weiß hinterlegte Plus-Zeichen ❹ im Projekt-Fenster eine weitere FLA-Datei erstellen, im Beispiel »FlashProjekt_iPad.fla« (und mit dem Häkchen ❸ die Veröffentlichung aktivieren), dann können Sie von der Bühne Ihrer Haupt-FLA-Datei einfach das gemeinsam genutzte Symbol auf die Bühne der neuen FLA-Datei per Copy & Paste kopieren, und Flash kümmert sich automatisch darum, die Verknüpfung zur AuthortimeSharedAssets-Datei zu setzen.

◄ **Abbildung 4.48**
Die neue FLA-Datei ist erstellt.

Das können Sie kontrollieren, indem Sie in der Bibliothek der Datei »FlashProjekt_iPad.fla« überprüfen, ob das Freigabe-Häkchen aktiviert ist. Im EIGENSCHAFTEN-Fenster des kopierten Symbols sehen Sie ebenfalls die Verknüpfung daran, dass die Quelldatei »AuthortimeSharedAssets.fla« ist.

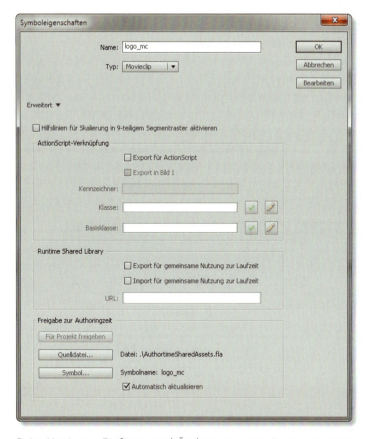

Abbildung 4.49 ▶
Symbol in der Bibliothek der
· Datei »FlashProjekt_iPad.fla« ist
ein zur Authoring-Zeit freigegebenes Symbol.

Beim Kopieren, Einfügen und Ändern von gemeinsam genutzten
Symbolen können Sie also nichts falsch machen – Flash kümmert
sich automatisch im Hintergrund um die Synchronisierung.

In Abschnitt 10.7, »Objektorientierte Projekte mit dem Projekt-Fenster verwalten«, erfahren Sie, wie Sie mit dem Projekt-
Fenster ActionScript-Klassen verwalten.

Gemeinsam genutzte Bibliothek zur Authoring-Zeit (SWC)

Diese Technik eignet sich sehr gut, wenn Sie im Team am Projekt
arbeiten und zur Laufzeit die Ressourcen nicht unter mehreren
veröffentlichten Dateien geteilt werden müssen.

Wenn mehrere Personen im Team an einem Projekt arbeiten, wird in der Regel Grafik von Programmierung getrennt.
Die einfachste Art, Symbole und Quellcode im Team auszutauschen, bieten SWC-Dateien. Diese sind letztlich nur ein Archiv,
bestehend aus einer SWF-Datei und einer Beschreibungsdatei im
XML-Format.

Ein Beispiel wäre ein Spiel, das die MonsterDebugger-Komponente nutzt (siehe Abschnitt 8.15, »Fehlersuche«), um eine bequeme Fehlersuche zu ermöglichen. Neben grafischen Bibliothekselementen können Sie vor allem auch Ihre eigenen ActionScript-Klassen in SWC-Form in andere Projekte importieren. Im Detail lernen Sie diesen Workflow anhand des Adobe Flash Builders im Abschnitt »Flash Builder und Flash Professional optimal nutzen«, in Abschnitt 23.1, »ActionScript-Entwicklungsumgebungen«, kennen.

Fazit

Sie haben gelernt, welche Möglichkeiten Flash zur Wiederverwendung von Bibliothekselementen bietet, sodass Teamarbeit ermöglicht, Redundanz vermieden und der Wartungsaufwand reduziert wird. Entscheiden Sie anhand der Komplexität eines Projekts, welche Methode für den jeweiligen Fall die beste ist.

Geteilte Ressourcen im Team

Wenn Sie im Team mit SWC-Dateien arbeiten und die Ressourcen geteilt werden sollen, d. h. die SWC-Dateien aufgrund eines Dateigrößenproblems nicht in jede SWF-Datei des Projekts erneut importiert werden sollen, dann können Sie z. B. auch die SWC-Dateien in nur eine FLA-Datei importieren und deren SWF-Datei dynamisch zur Laufzeit über ActionScript in die anderen SWF-Dateien laden. Je nach Fall könnten Sie sich auch für eine komplexere Architektur entscheiden.

Kapitel 5

Animation

Animationen sind seit der ersten Flash-Version bis heute eine der größten Stärken von Flash. In diesem Kapitel lernen Sie die Grundlagen, um Animationen in Flash zu erstellen und zu steuern. Sie lernen die unterschiedlichen Animationstechniken kennen und erfahren, wie Sie selbst Instanzeigenschaften wie z. B. Position, Skalierung, Transparenz und Farbe animieren können.

5.1   Zeitleiste

Bevor es darum geht, die verschiedenen Animationsmöglichkeiten, die in Flash zur Verfügung stehen, zu erläutern, sollten Sie sich mit der Zeitleiste näher vertraut machen. Der richtige Umgang mit der Zeitleiste ist zum Erstellen von Animationen eine Grundvoraussetzung.

Die Zeitleiste ist das Mittel, um den zeitlichen Ablauf eines Flash-Films zu steuern. Vergleicht man einen Flash-Film mit einem echten Film, würde die Zeitleiste der Filmrolle entsprechen, auf der die Einzelbilder eines Films in bestimmten Abständen in einer bestimmten Reihenfolge hintereinanderliegen. Ein Abspielgerät zeigt die Einzelbilder des Films in einer bestimmten Geschwindigkeit (bei Kino-/Fernsehfilmen üblicherweise 24 Bilder pro Sekunde) an.

[Animation]
Animation ist die Veränderung einer Objekteigenschaft über einen gewissen Zeitraum. Es gibt zwei wesentliche Faktoren, die eine Animation beeinflussen: die sich ändernde Eigenschaft (wie z. B. die Position, Farbe oder die Größe) und die Zeit.

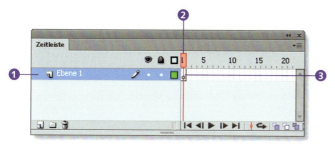

◀ **Abbildung 5.1**
Die Zeitleiste

Abspielrichtung

Der Abspielkopf bewegt sich beim Abspielen der Zeitleiste von links nach rechts, um die einzelnen Bilder der Zeitleiste und deren Inhalt darzustellen.

Auf der linken Seite der Zeitleiste werden Ebenen ❶ und auf der rechten Seite die Bilder der Zeitleiste ❸ dargestellt. Das rote Rechteck ❷ zeigt die aktuelle Position des Abspielkopfes in der Entwicklungsumgebung an.

Ebenenmodell

Ebenen sind vergleichbar mit transparenten Folien. Auf der transparenten Fläche einer Folie lassen sich verschiedene Elemente anlegen. Die Folien werden dann in einer bestimmten Reihenfolge, der Ebenenreihenfolge, übereinandergelegt und ergeben so ein Gesamtbild.

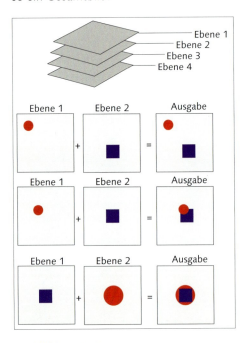

▲ **Abbildung 5.2**
Funktionsweise von Ebenen auf einen Blick

Ebenen und Animation

Grundsätzlich gilt, dass Objekte, die animiert werden, auf einer eigenen Ebene platziert werden müssen – es sollten also keine anderen Elemente auf der Ebene platziert werden, da es sonst zu Fehlern kommt. Die Ausnahmen dieser Regel sind Bild-für-Bild-Animationen und geskriptete Animationen, bei denen auch mehrere Elemente auf einer Ebene platziert werden können.

Jeder Flash-Film kann beliebig viele Ebenen besitzen – mithilfe von Ebenen können Sie die Bestandteile eines Flash-Films hierarchisch anordnen, inhaltsbezogen verteilen und strukturieren.

Mit Ebenen arbeiten

Nachdem ein neuer Flash-Film erstellt wurde, gibt es zunächst nur eine einzige Ebene mit dem Namen »Ebene 1«. Um eine neue Ebene anzulegen, klicken Sie in der ZEITLEISTE auf EBENE EINFÜGEN ❶.

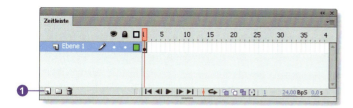

◄ **Abbildung 5.3**
Eine neue Ebene wurde eingefügt.

Sie sollten Ebenen möglichst eindeutige Namen zuweisen, damit Sie später einen Hinweis darauf haben, was sich auf den entsprechenden Ebenen befindet. Klicken Sie dazu auf den Ebenennamen ②. Anschließend können Sie einen neuen Namen eingeben.

◄ **Abbildung 5.4**
Ebenennamen ändern

Flash-Filme mit vielen Objekten und Animationen können sehr viele Ebenen beinhalten. Je mehr Ebenen der Flash-Film hat, desto wichtiger ist es, sich die Zeit zu nehmen, Ebenen zu benennen – die Übersicht geht sonst schnell verloren.

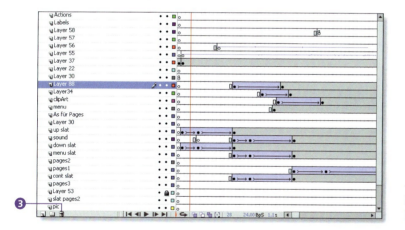

◄ **Abbildung 5.5**
Ein Negativbeispiel – wo ist was?
Das Rätseln beginnt.

Um eine Ebene zu löschen, wählen Sie diese aus und klicken dann auf das Papierkorb-Symbol LÖSCHEN ③.

Ebenenreihenfolge | Über die Ebenenreihenfolge legen Sie fest, welche Objekte im Vordergrund und welche im Hintergrund liegen sollen.

Ein möglicher Ebenenaufbau einer Webseite könnte so aussehen:

Reihenfolge

Objekte auf der obersten Ebene überlagern alle Objekte, die auf Ebenen darunter liegen.

Strukturierung

Am Anfang fällt es nicht immer leicht, eine gute Struktur für einen Flash-Film zu finden. Je mehr Sie mit Flash arbeiten, desto einfacher wird Ihnen das mit der Zeit fallen, da Sie fast wie von selbst lernen, bestimmte Inhalte nach bestimmten Schemata zu strukturieren.

▶ Unten: eine Ebene mit Hintergrundelementen (Grafiken, Fenster für Textbereiche etc.)

▶ Im mittleren Bereich: Ebenen mit Hauptinhalten der Webseite (Texte, Grafiken, Logo etc.)

▶ Oben: eine Ebene mit Bildbezeichnern und Aktionen (Diese Ebenen haben keinen sichtbaren Inhalt – sie dienen zur Steuerung und Strukturierung des Flash-Films. Üblicherweise werden sie ganz oben positioniert.)

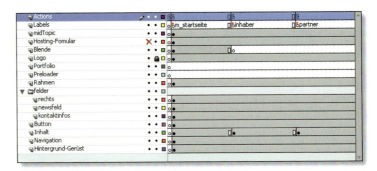

Abbildung 5.6 ▶
Klassische Ebenenstruktur einer Webseite

Ebenen auswählen

Halten Sie bei der Auswahl statt ⟨⇧⟩ die ⟨Strg⟩-Taste gedrückt, um eine Mehrfachauswahl von Ebenen vorzunehmen, die nicht hintereinanderliegen.

Natürlich können Sie die Ebenenreihenfolge auch jederzeit ändern. Wählen Sie dazu die Ebene via Mausklick aus ❷, halten Sie die Maustaste gedrückt, und verschieben Sie die Ebene auf die gewünschte Position. Eine Linie ❶ zeigt die neue Position der Ebene während des Vorgangs an.

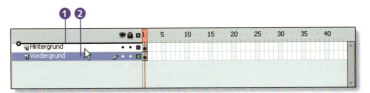

Abbildung 5.7 ▶
Die Ebene VORDERGRUND wird nach oben verschoben.

Ebenenordner steuern

Die Steuerungsfunktionen, die im folgenden Abschnitt erläutert werden, können auch auf Ebenenordner angewendet werden. So ist es z. B. möglich, alle Ebenen eines Ordners gleichzeitig auszublenden oder zu sperren.

Ebenenordner | Ebenen lassen sich mithilfe von ein- und ausklappbaren Ebenenordnern strukturieren. So können Sie mit Ebenenordnern Ebenen z. B. nach ihrem Inhalt sortieren und strukturieren. Es wäre beispielsweise sinnvoll, Ebenen mit Navigationselementen in einen Ebenenordner NAVIGATION zu platzieren. Das lohnt sich meist aber erst, wenn Sie insgesamt mehr als 15 Ebenen haben und sonst in der Zeitleiste oft scrollen müssten, um alle Ebenen im Blick zu behalten.

Um einen Ebenenordner anzulegen, klicken Sie in der Zeitleiste auf NEUEN ORDNER ❸.

Nachdem der Ordner angelegt wurde, sollten Sie ihm via Mausklick auf den Ordnernamen einen eindeutigen Namen zuweisen.

Anschließend wählen Sie alle Ebenen aus, die Sie in den Ordner verschieben möchten. Wenn diese Ebenen hintereinanderliegen, wählen Sie erst die unterste oder oberste Ebene aus, halten ⇧ gedrückt und wählen dann die oberste oder unterste Ebene aus. Alle Ebenen dazwischen werden automatisch ausgewählt. Klicken Sie dann auf eine ausgewählte Ebene, halten Sie die Maustaste gedrückt, und ziehen Sie die Ebenen in den Ordner.

▲ **Abbildung 5.8**
Links: Ein neuer Ebenenordner wurde angelegt. Rechts: Die ausgewählten Ebenen werden in den Ordner verschoben.

Sie können jetzt auf einen Blick erkennen, welche Ebenen zur Navigation gehören. Ein weiterer Vorteil ist, dass Sie Ebenenordner ein- und ausklappen können, was Platz in der Zeitleiste spart. Sie müssen dann seltener in der Zeitleiste scrollen. Um einen Ebenenordner ein- bzw. auszuklappen, klicken Sie einfach auf den Pfeil ❹ auf der linken Seite der Ebene.

Tiefe der Verschiebung

An dem kreisförmigen Abschluss der Vorschaulinie ❺ können Sie erkennen, in welcher Tiefe die Ebenen eingesetzt werden.

▲ **Abbildung 5.9**
Ebenen des Ordners ein-/ausblenden

▲ **Abbildung 5.10**
Oben: Die Ebenen werden innerhalb des Ebenenordners platziert. Unten: Die Ebenen werden oberhalb des Ebenenordners platziert.

Ebenen steuern | Sie können Ebenen über drei verschiedene Modi steuern:

▶ Via Mausklick auf einen der kleinen runden Kreise unter dem Auge ❶ (siehe Abbildung 5.11) können Sie Ebenen ein- und ausblenden. Das ist dann besonders hilfreich, wenn sich Bereiche in der Arbeitsfläche überlagern und Sie zeitweise nur bestimmte Teile des Flash-Films betrachten möchten.

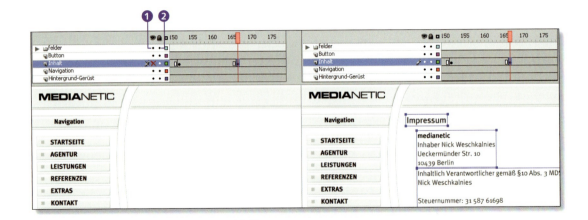

▲ **Abbildung 5.11**
Die Ebene »Inhalt« ist links aus- und rechts eingeblendet.

Ausgeblendete Ebenen einschließen

Wenn Sie bestimmte Ebenen ausblenden, können Sie Flash dazu veranlassen, diese Ebenen bei der Veröffentlichung des Flash-Films zu ignorieren. Diese Option ist nützlich in der Entwurfsphase. Sie finden die entsprechende Option im Menü Datei • Einstellungen für Veröffentlichungen im zweiten Reiter Flash unter Erweitert • Ausgeblendete Ebenen Einschließen. Deaktivieren Sie die Option, um ausgeblendete Ebenen auszuschließen.

▶ Klicken Sie auf den runden Kreis unterhalb der Spalte mit dem Schloss ❷, um eine Ebene zu sperren bzw. zu entsperren. Wenn eine Ebene gesperrt ist, können Elemente auf dieser Ebene nicht mehr ausgewählt werden. Dadurch wird verhindert, dass Objekte auf dieser Ebene unbeabsichtigt verschoben oder verändert werden.
Ein Schloss-Symbol ❺ wird angezeigt, wenn die Ebene gesperrt wurde. Wenn Sie die Ebene anwählen, zeigt Ihnen zusätzlich ein durchgestrichener Stift ❸ an, dass auf dieser Ebene nicht gearbeitet werden kann.

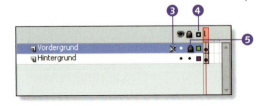

▲ **Abbildung 5.12**
Die Ebene Vordergrund wurde gesperrt.

Hinweis

Konturen werden ausschließlich bei vektorbasierten Formen angezeigt. Bei Bitmaps beispielsweise wird in der Konturansicht statt einer Kontur der Begrenzungsrahmen der Bitmap angezeigt.

▶ Gelegentlich kommt es vor, dass Objekte aneinander ausgerichtet werden sollen, bestimmte Teile der Objekte sich aber so überlagern, dass der Überblick verloren geht. Via Mausklick auf das Quadrat unter dem rechteckigen Rahmen ❹ können Sie die Konturansicht aktivieren bzw. deaktivieren. Es werden dann nur die Konturen der Objekte auf der Ebene dargestellt.

Sie können auch alle Ebenen gleichzeitig steuern. Klicken Sie dazu oberhalb der Ebenen auf eines der Symbole Auge, Schloss oder Rahmen.

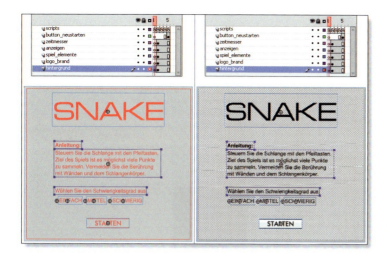

◄ **Abbildung 5.13**
Konturansicht und die normale
Ansicht im Vergleich

Bilder und Schlüsselbilder auf der Zeitleiste

Nachdem Sie einen neuen Flash-Film erstellt haben, besitzt der Flash-Film ein einziges Bild. Am Anfang steht Ihnen in Bild 1 der Zeitleiste ein leeres Schlüsselbild zur Verfügung ❻. In leeren Schlüsselbildern befindet sich nichts auf der Bühne. Sie können an dieser Stelle Inhalte einfügen, was dazu führt, dass aus dem leeren Schlüsselbild ein Schlüsselbild ❼ wird.

Bilder der Zeitleiste
Der Begriff *Bild* ist nicht eindeutig, da er für zweierlei Dinge verwendet wird:
Einerseits wird üblicherweise von einem Bild der Zeitleiste (oder auch vom Inhalt »an bzw. in Bild X«) gesprochen. Dies bezieht sich auf die Position innerhalb der Zeitleiste.
Andererseits gibt es Bilder in der Zeitleiste, die den Inhalt des vorangehenden Schlüsselbilds darstellen. Der Begriff ist derselbe, die Bedeutung aber eine andere.

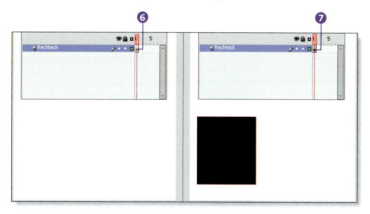

▲ **Abbildung 5.14**
Links: leeres Schlüsselbild; rechts: ein Schlüsselbild

Um den Inhalt eines Schlüsselbilds im weiteren Verlauf der Zeitleiste unverändert darzustellen, können Bilder ❾ (engl. »Frames«) hinter dem Schlüsselbild eingefügt werden. Diese zeigen dann den Inhalt des vorangehenden Schlüsselbilds in unveränderter Form an.

Um weitere Bilder einzufügen, klicken Sie auf das freie Bild in der ZEITLEISTE, um den Abspielkopf auf dieses Bild zu setzen, und wählen aus dem Menü EINFÜGEN • ZEITLEISTE • BILD oder nutzen das Tastenkürzel F5.

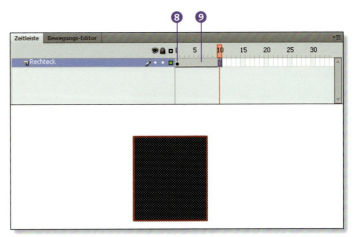

▲ **Abbildung 5.15**
Ein Schlüsselbild ❽ und neun Bilder ❾ dahinter

Schlüsselbilder

In Flash wird für jede Eigenschaftsänderung eines Objekts, wie z. B. die Änderung der Position, der Skalierung, des Rotationswinkel etc. auf einer sogenannten Tween-Ebene für diese Eigenschaft ein eigenes Schlüsselbild erstellt. Näheres dazu erfahren Sie im weiteren Verlauf dieses Kapitels.

Schlüsselbild einfügen | Wenn sich der Inhalt auf der Bühne verändern soll – sei es durch die Änderung der Position, der Größe etc. des Inhalts oder durch einen neuen Inhalt –, wird dazu ein neues Schlüsselbild auf der Zeitleiste benötigt.

Um ein neues Schlüsselbild zu erstellen, klicken Sie auf das Bild in der ZEITLEISTE und wählen EINFÜGEN • ZEITLEISTE • SCHLÜSSELBILD. Wer lieber mit Tastenkürzeln arbeitet, kann sich dafür das Tastenkürzel F6 merken.

Flash fügt daraufhin ein neues Schlüsselbild ⓫ ein – auf der Bühne sehen Sie noch keine Veränderung. Erst wenn Sie auf der Bühne eine Veränderung vornehmen, also z. B. ein weiteres Objekt zeichnen oder das bestehende Objekt verändern, sehen Sie, was passiert: Der Bereich ⓾ vor dem neuen Schlüsselbild bleibt unverändert.

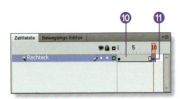

▲ **Abbildung 5.16**
Ein neues Schlüsselbild wurde in Bild 10 angelegt.

Schlüsselbilder verschieben/ kopieren

Um ein Schlüsselbild auf der Zeitleiste zu verschieben, wählen Sie es zunächst aus, halten die Maustaste gedrückt und bewegen die Maus, um es auf der Zeitleiste zu verschieben. Wenn Sie dabei Alt gedrückt haben, wird eine Kopie des Schlüsselbilds angelegt.

Leere Schlüsselbilder | In leeren Schlüsselbildern befindet sich nichts auf der Bühne. Ein leeres Schlüsselbild können Sie über das Menü EINFÜGEN • ZEITLEISTE • LEERES SCHLÜSSELBILD oder über F7 einfügen.

Schlüsselbild löschen | Um ein Schlüsselbild zu löschen, wählen Sie dieses zunächst aus, öffnen über die rechte Maustaste das Kontextmenü und wählen dann den Menüpunkt SCHLÜSSELBILD LÖSCHEN oder drücken das Tastenkürzel ⇧+F6.

Darstellungsweise | Die Darstellungsweise von Bildern (Inhalten), Animationen und Ebenen auf der Zeitleiste zeigen Ihnen auf den ersten Blick bereits, was sich auf dem entsprechenden Bild oder der Ebene befindet bzw. was dort geschieht. Die folgende Übersicht zeigt Ihnen, wie unterschiedliche Bereiche in der Zeitleiste dargestellt werden.

Bilder der Zeitleiste

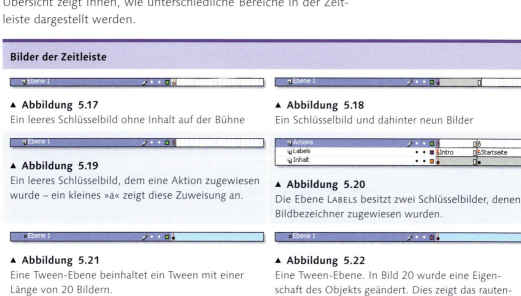

▲ **Abbildung 5.17**
Ein leeres Schlüsselbild ohne Inhalt auf der Bühne

▲ **Abbildung 5.18**
Ein Schlüsselbild und dahinter neun Bilder

▲ **Abbildung 5.19**
Ein leeres Schlüsselbild, dem eine Aktion zugewiesen wurde – ein kleines »a« zeigt diese Zuweisung an.

▲ **Abbildung 5.20**
Die Ebene LABELS besitzt zwei Schlüsselbilder, denen Bildbezeichner zugewiesen wurden.

▲ **Abbildung 5.21**
Eine Tween-Ebene beinhaltet ein Tween mit einer Länge von 20 Bildern.

▲ **Abbildung 5.22**
Eine Tween-Ebene. In Bild 20 wurde eine Eigenschaft des Objekts geändert. Dies zeigt das rautenförmige sogenannte Eigenschaften-Schlüsselbild in Bild 20 an.

▲ **Abbildung 5.23**
Ein klassisches Bewegungs-Tweening mit zwei Schlüsselbildern und einer Länge von 20 Bildern.

▲ **Abbildung 5.24**
Ein klassisches Bewegungs-Tweening, das jedoch fehlerhaft ist, da bisher kein zweites Schlüsselbild eingerichtet wurde. Dies wird durch die gestrichelte Linie angezeigt.

▲ **Abbildung 5.25**
Ein Form-Tween mit einer Länge von 20 Bildern und zwei Schlüsselbildern.

▲ **Abbildung 5.26**
Eine Maskenebene MASKE, die die Ebene INHALT maskiert.

▲ **Abbildung 5.27**
Ein Bewegungs-Tweening auf der Ebene INHALT. Das Tweening orientiert sich an dem Pfad, der auf der Führungsebene PFAD angelegt wurde.

▲ **Abbildung 5.28**
Eine Posenebene mit zwei Posenbildern

Darstellungsoptionen der Zeitleiste

Über das Optionsmenü ❶ der ZEITLEISTE lässt sich die Darstellungsweise der ZEITLEISTE einstellen.

Abbildung 5.29 ▶
Darstellungsoptionen der
ZEITLEISTE

Bei einem Flash-Film mit sehr vielen Ebenen bietet beispielsweise eine kleinere Darstellung der Zeitleiste einen besseren Überblick – unsere persönliche Empfehlung ist, die Ansicht NORMAL und REDUZIERT zu aktivieren; Sie können so möglichst viele Ebenen auf kleinster Fläche darstellen.

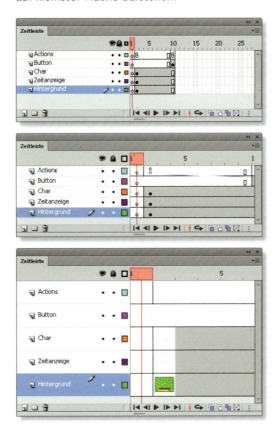

Abbildung 5.30 ▶
Darstellungen im Vergleich (von
oben nach unten): NORMAL und
REDUZIERT, GROSS, VORSCHAU IM
KONTEXT

Die Einstellungen VORSCHAU und VORSCHAU IM KONTEXT zeigen innerhalb der Zeitleiste eine kleine Vorschau des jeweiligen Bildes an.

Zeitleiste steuern

Normalerweise sehen Sie sich zum Testen Ihrer Arbeit den kompletten Flash-Film an, indem Sie ⌃Strg/⌘+↵ drücken oder den Befehl über STEUERUNG • FILM TESTEN • TESTEN aufrufen. Möchten Sie sich hingegen nur die aktuell betrachtete Zeitleiste anschauen, möglicherweise die eines MovieClips, drücken Sie einfach die ↵-Taste, und die Wiedergabe startet an der Stelle, an der der Abspielkopf in der Zeitleiste aktuell steht.

Im ZEITLEISTEN-Fenster finden Sie eine kleine, aber wichtige Funktion, die Ihnen eine Menge Zeit spart: Die SCHLEIFE ❼ erleichtert die Arbeit mit Animationen erheblich, da man bei komplexen Symbolen in der Regel mehrere Teilanimationen in einem MovieClip hat und sich oft nur bestimmte Teile der Animation genau anschauen möchte, um an diesen zu arbeiten.

Aktivieren Sie die Schleife, können Sie den Schleifenbereich über die Anfasser ❷ und ❸ anpassen. Der Abspielkopf wird sich dann nach Betätigen der Abspieltaste nur innerhalb des Schleifenbereichs bewegen.

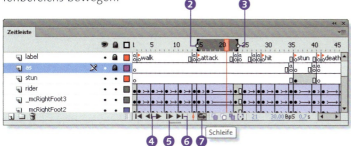

◄ **Abbildung 5.31**
Nur innerhalb einer ausgewählten Schleife abspielen

Neben der Schleife finden Sie übrigens auch weitere Steuerelemente: z. B. ABSPIELEN ❹, was dieselbe Funktion wie die ↵-Taste erfüllt, EIN BILD VORGEHEN ❺, was den Abspielkopf um ein Bild nach rechts bewegt (auch über die .-Taste auslösbar), und ZUM LETZTEN BILD GEHEN ❻, was den Abspielkopf ans rechte Ende bewegt (auch über ⇧+. auslösbar). Für die Tastenkürzel der Linksbewegung müssen Sie die .-Taste jeweils durch die ,-Taste ersetzen.

Szenen und Bildbezeichner

Komplexere Flash-Filme bestehen meist aus mehrteiligen Bereichen. Bei einer Webseite hätte man zu Beginn eventuell eine

163

kurze Animationssequenz, z. B. für einen animierten Aufbau der Webseite, und anschließend die einzelnen Inhaltsbereiche der Webseite.

Für einen solchen Aufbau können Sie Szenen verwenden. Jede Szene besitzt eine eigene Hauptzeitleiste. Sie erreichen das Fenster zur Verwaltung von Szenen über FENSTER • ANDERE BEDIEN-FELDER • SZENE.

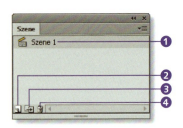

▲ **Abbildung 5.32**
Im Fenster SZENE können Sie die Szenen Ihres Films verwalten.

Szenen verwalten | Um eine neue Szene zu erstellen, klicken Sie auf das Symbol SZENE HINZUFÜGEN ❷. Via Doppelklick auf die Szene ❶ können Sie der Szene einen individuellen Namen geben. Per Mausklick auf SZENE DUPLIZIEREN ❸ wird ein Duplikat inklusive aller Inhalte der Szene erstellt. Eine vorhandene Szene können Sie via Mausklick auf den Papierkorb ❹ löschen. Die Reihenfolge von Szenen können Sie per Drag & Drop ändern.

Dateigröße
Der Einsatz von Szenen führt häufig dazu, dass Flash-Filme unnötig groß werden, da Elemente, die in mehreren Szenen eingesetzt werden, auch mehrmals instantiiert bzw. erzeugt werden müssen. Das lässt sich mithilfe von Bildbezeichnern vermeiden.

Vor- und Nachteile | Auf den ersten Blick erscheinen Szenen sehr vielversprechend, da sich Bereiche mittels Szenen inhaltlich sichtbar trennen lassen. In der Praxis ergeben sich allerdings des Öfteren Probleme, die einem häufig erst später auffallen. So ist es z. B. nicht möglich, ein grafisches Element auf mehreren Szenen gleichzeitig anzuzeigen, da jede Szene eine eigene Hauptzeitleiste besitzt und die Zeitleisten von zwei Szenen in keiner Weise miteinander verbunden sind.

Wenn Szenen verwendet werden, führt das oft dazu, dass Ebenen und Elemente mehrmals angelegt werden müssen. Häufig möchte man den Übergang zwischen zwei Bereichen eines Flash-Films über Transitionseffekte, wie ein Überblenden oder das Auf- und Abbauen von Elementen, animieren. Einen Übergang zwischen zwei Szenen zu animieren ist sehr umständlich, da eine Szene immer abrupt mit einem Endbild endet und die nächste Szene mit einem Startbild anfängt.

Eine Alternative zur Strukturierung bieten sogenannte Bildbezeichner.

Szenen vermeiden
Haben Sie einen Film erst einmal in Szenen unterteilt, ist es sehr mühselig, die Struktur wieder abzuändern. Alles in allem führt der Einsatz von Szenen in der Praxis oft zu vielen vermeidbaren Problemen. Der Einsatz von Szenen wird daher mittlerweile von vielen Flash-Nutzern vermieden.

Bildbezeichner | Mithilfe von Bildbezeichnern können Sie verschiedene Bereiche eines Flash-Films visuell auf der Hauptzeitleiste oder auch auf der Zeitleiste eines MovieClips voneinander trennen. Bildbezeichner können nur Schlüsselbildern zugeordnet werden – gängige Praxis ist es, eine eigene Ebene speziell für Bildbezeichner zu erstellen, an den gewünschten Stellen leere Schlüsselbilder anzulegen und diesen Schlüsselbildern dann Bildbezeichnern zuzuweisen. Da Bildbezeichner über ActionScript bildunabhängig angesteuert werden können, können Sie Schlüsselbilder mit Bildbezeichnern nachträglich beliebig verschieben, ohne dass dies die Ansteuerung via ActionScript unerwünscht beeinflusst. Die Nutzung von Bildbezeichnern kann die Steuerung und nachträgliche Veränderungen vereinfachen.

Sie können die Position einzelner Bereiche eines Flash-Films dann auf einen Blick schnell erkennen ❶, ❷ und ❸. Animierte Übergänge ❹ sind ebenso möglich wie mehrfach verwendete Elemente ❺ und ❻, die einfach mithilfe von Ebenen über mehrere Bereiche verteilt werden.

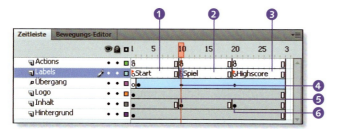

Um einem Schlüsselbild einen Bildbezeichner zuzuweisen, wählen Sie das Schlüsselbild in der ZEITLEISTE aus und öffnen gegebenenfalls das EIGENSCHAFTEN-Fenster. Tragen Sie den Bildbezeichner im EIGENSCHAFTEN-Fenster im Reiter BEZEICHNUNG unter NAME ❼ ein. Bildbezeichner mit Leerzeichen sind zwar gültig, sollten aber vermieden werden.

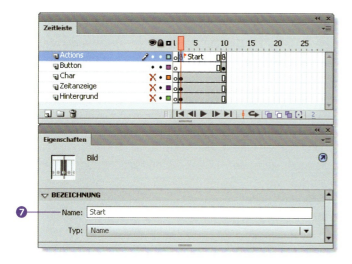

Ansteuerung von Szenen und Bildbezeichnern | Sie können Szenen und Bildbezeichner über ActionScript ansteuern. Um beispielsweise am Ende einer Szene eine andere Szene mit dem Namen »webpage« anzuspringen, wird einem Schlüsselbild im letzten Bild der Szene folgender Code zugewiesen:

Bildbezeichnertyp

Optional können Sie im Feld TYP einen Bildbezeichnertyp festlegen. Der Typ dient lediglich zur Beschreibung. Sie können zwischen den drei Werten NAME, KOMMENTAR und ANKER wählen.

◄ **Abbildung 5.33**
Getrennte Bereiche mit Bildbezeichnern

Film stoppen

Üblicherweise sollte der Flash-Film an Stellen mit Bildbezeichnern stoppen. Dazu werden auf einer eigenen Ebene, z. B. einer Ebene ACTIONS, Schlüsselbilder angelegt und den Schlüsselbildern die Aktion stop(); zugewiesen. Mehr zur Steuerung von Flash-Filmen erfahren Sie in Abschnitt 5.9, »Verschachtelung«.

◄ **Abbildung 5.34**
Bildbezeichner zuweisen

Ansteuerung von Bildern

Weitere Beispiele zur Ansteuerung von Bildern der Zeitleiste finden Sie in Abschnitt 5.9, »Verschachtelung«.

```
gotoAndStop(1,"webpage");
```

In diesem Codebeispiel entspricht »webpage« dem Namen der Szene und »1« der Bildnummer des Bildes, das angesprungen wird. Ein Bild mit dem Bildbezeichner »game« kann durch folgenden Code angesprungen werden:

```
gotoAndStop("game");
```

5.2 Bild-für-Bild-Animation

Animationen können in Flash über verschiedene Techniken verwirklicht werden. Die Auswahl der Technik richtet sich dabei nach der gewünschten Animation.

Link-Tipp: Flash Fight
Unter *www.yonkis.com/media-flash/animacionflashera.htm* finden Sie eine witzige Zeichentrick-Animation, die in großen Teilen mit Bild-für-Bild-Animationen verwirklicht wurde.

Die richtige Bildrate
Die richtige Bildrate hängt vom Projekt ab, bei Spielen z. B. werden oft sehr hohe Bildraten verwendet, meist 40 bis 60, bei Werbebannern oft 24 Bilder pro Sekunde. Bei gewöhnlichen Animationen reichen 31 Bilder pro Sekunde in der Regel aus. Da sich bestimmte Bildraten bei Macs und PCs in einigen Flash-Player-Versionen unterschiedlich auswirken, ist eine Bildrate von 31 BpS (Bildern pro Sekunde) empfehlenswert. Die Differenz von Mac zu PC fällt bei dieser Bildrate sehr gering aus. Bei modernen Flash-Player-Versionen gibt es aber keinen Unterschied mehr.

Anwendungsbereiche | Bild-für-Bild-Animationen werden recht selten eingesetzt, da sie in vielen Fällen zu einer großen Dateigröße des Flash-Films führen und vergleichsweise zeitaufwendig sind. Für jede Änderung wird ein eigenes Schlüsselbild benötigt. Daher werden sie meist nur dann verwendet, wenn eine der anderen Animationsmöglichkeiten für das gewünschte Resultat nicht ausreichend geeignet ist. Das ist z. B. bei 3D-Bitmap-Animationen der Fall.

Essenziell für Bild-für-Bild-Animationen ist die Arbeit mit Schlüsselbildern. Nachdem Sie einen Inhalt in einem Schlüsselbild platziert haben, werden für eine Bild-für-Bild-Animation in den darauffolgenden Bildern der Zeitleiste weitere Schlüsselbilder angelegt.

Bildrate | Die Bildrate eines Flash-Films ist die Geschwindigkeit der pro Sekunde angezeigten Bilder. Die Bildrate wird in Bildern pro Sekunde (BpS) gemessen und ist für die Geschwindigkeit, mit der eine Animation abläuft, ein wesentlicher Faktor.

Die Bildrate können Sie im EIGENSCHAFTEN-Fenster im Reiter EIGENSCHAFTEN einstellen. Achten Sie darauf, dass kein Objekt auf der Bühne ausgewählt ist. Die standardmäßig eingestellte Bildrate von 24 Bildern pro Sekunde ist meist zu niedrig. Grundsätzlich empfiehlt es sich als Erstes, die Bildrate zu erhöhen.

Wenn Sie die Bildrate eines Flash-Films einstellen, wird der Wert für die Bildrate gespeichert, sodass zukünftig erstellte Filme standardmäßig die zuletzt verwendete Bildrate verwenden.

◄ **Abbildung 5.35**
Bildrate einstellen

Eine perfekte Bild-für-Bild-Animation | Ein erstes Beispiel soll Ihnen die Erstellung einer Bild-für-Bild-Animation zeigen.

Schritt für Schritt:
Die Animation anlegen

1 **Neues Dokument erstellen**

Legen Sie einen neuen Flash-Film über das Menü Datei • Neu an. Wählen Sie den Dokumenttyp ActionScript 3.0 aus, stellen Sie die Bildrate auf 31 BpS, die Breite auf 600 px und die Höhe auf 400 px rechts ein, und klicken Sie auf OK. Speichern Sie das Dokument anschließend über das Menü Datei • Speichern unter in ein beliebiges Verzeichnis mit dem Dateinamen *step01.fla* ab.

Bildrate sofort festlegen
Sie sollten die Bildrate immer direkt beim Erstellen des Flash-Films festlegen, da sie für den ganzen Flash-Film gilt und die Länge einer Animation nach ihr ausgerichtet wird. Eine nachträgliche Änderung würde bedeuten, dass Sie jede zuvor erstellte Animation entsprechend an die neue Bildrate anpassen müssten.

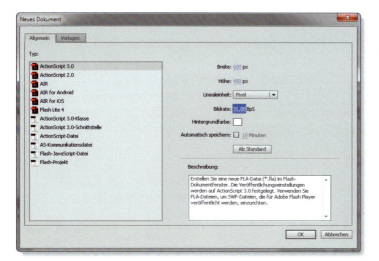

◄ **Abbildung 5.36**
Ein ActionScript 3.0-Dokument
anlegen

2 **Bitmap-Bilder importieren**

Ausgangsbasis sind zwölf Bitmap-Bilder, die mit Blender (*www. blender.org*), einem freien 3D-Modellierungs- und Animationsprogramm, gerendert wurden. Die Einzelbilder zeigen eine Gras-

05_Animation\Bild-für-Bild\
01.png

167

Schlüsselbilder

Jede Änderung auf der Bühne wird in der Zeitleiste durch ein Schlüsselbild repräsentiert. Mithilfe von Schlüsselbildern steuern Sie das Erscheinen, das Verschwinden und die Veränderung von Objekten. Ein Schlüsselbild mit Inhalt wird in der Zeitleiste durch einen gefüllten Kreis symbolisiert. Ein sogenanntes Eigenschaften-Schlüsselbild wird durch eine gefüllte Raute dargestellt. Ein leeres Schlüsselbild ohne Inhalt wird durch einen leeren, nicht gefüllten Kreis dargestellt.

fläche – der Wind weht, und die Grashalme bewegen sich von Bild zu Bild. Importieren Sie das Bitmap-Bild *01.png* aus dem Ordner *Bild-für-Bild* über ⌨Strg/⌘+⌨R.

Da in dem Verzeichnis weitere Bilder mit einer fortlaufenden Nummerierung *02.png*, *03.png* etc. liegen, erscheint ein Dialogfenster, das Sie auf eine mögliche Bildsequenz hinweist. Klicken Sie auf JA, um automatisch alle Bilder zu importieren – jedes Bitmap wird dann automatisch auf einem eigenen Schlüsselbild positioniert.

▲ **Abbildung 5.37**
Dialogfenster beim Import der Bildsequenz

05_Animation\Bild-für-Bild\ step02.fla

3   Film testen

Testen Sie den Flash-Film über ⌨Strg/⌘+⌨↵. Die Animation wird jetzt schneller abgespielt – sie wirkt jedoch noch nicht rund. Die sich im Wind wiegenden Grashalme bewegen sich von links nach rechts. Am Ende der Bildsequenz, in Bild 12, springt der Lesekopf der Zeitleiste wieder auf Bild 1 zurück – die Animation beginnt von vorn. Um die Animation abzurunden, muss die Animation ab Bild 13 nochmals rückwärts ablaufen, sodass das letzte Bild zusammen mit dem ersten Bild der Animation einen runden Übergang bildet.

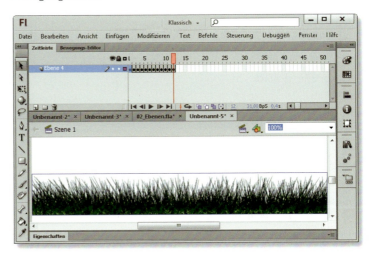

Abbildung 5.38 ▶
Flash nach dem Import der Bildsequenz

Klicken Sie auf das erste Schlüsselbild der ZEITLEISTE, halten Sie die Maustaste gedrückt, und bewegen Sie die Maus nach rechts, um alle zwölf Bilder der ZEITLEISTE zu markieren. Falls das Schlüsselbild bereits blau hinterlegt und damit ausgewählt ist, müssen Sie es zuerst durch Drücken der ⌜Esc⌟-Taste deselektieren, ansonsten werden Sie es durch die Mausbewegung nur verschieben. Lassen Sie die Maustaste nach dem Ziehen los, um alle Bilder zu selektieren. Öffnen Sie dann via Rechtsklick auf ein beliebiges selektiertes Schlüsselbild das Kontextmenü der ZEITLEISTE. Im Kontextmenü wählen Sie den Menüpunkt BILDER KOPIEREN ❶, wodurch alle ausgewählten Bilder in die Zwischenablage kopiert werden.

Bilder kopieren

Noch schneller geht das Kopieren, wenn Sie die Bilder auswählen ❷, ⌜Alt⌟ gedrückt halten und dann die Bilder verschieben.

▲ **Abbildung 5.39**
Bilder kopieren auf die schnelle

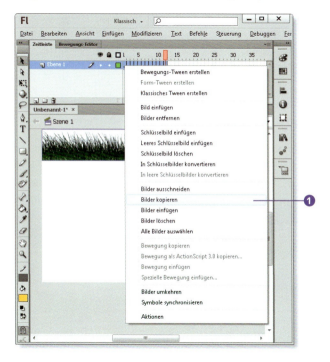

◄ **Abbildung 5.40**
Bilder kopieren

Anschließend wird Bild 13 der ZEITLEISTE markiert, das Kontextmenü der ZEITLEISTE geöffnet und der Menüpunkt BILDER EINFÜGEN ausgewählt.

4   Bilder umkehren

Vergleichen Sie jetzt Bild 12 und 13 miteinander. Zwischen den Bildern ist ein harter Bildwechsel, da die Reihenfolge der Bildsequenz ab Bild 13 noch nicht stimmt. Die Reihenfolge der Bilder 13 bis 24 wird jetzt umgekehrt. Wählen Sie dazu zunächst die Bilder 13 bis 24 aus, öffnen Sie das Kontextmenü, und wählen Sie den Menüpunkt BILDER UMKEHREN ❸.

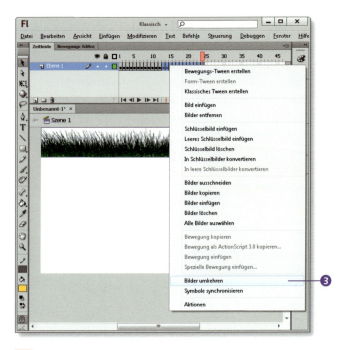

Abbildung 5.41 ▶
Bildreihenfolge umkehren

5   Überflüssige Bilder löschen

Die Bitmaps in Bild 12 und 13 sind identisch – zwei gleiche Bilder hintereinander stören den flüssigen Ablauf. Das Schlüsselbild in Bild 13 wird deshalb über ⌂+F6 oder über das Kontextmenü SCHLÜSSELBILD LÖSCHEN ❹ entfernt.

Abbildung 5.42 ▶
Schlüsselbild löschen

Das Schlüsselbild wurde entfernt, anstelle dessen befindet sich jedoch immer noch ein Bild in Bild 13. Das Bild zeigt die Bitmap des davor befindlichen Schlüsselbilds – also des Schlüsselbilds in Bild 12 – an; es muss ebenfalls entfernt werden. Markieren Sie dazu das Bild, und drücken Sie ⌂+F6, oder klicken Sie im Kontextmenü auf BILDER ENTFERNEN ❺.

Bilder der Zeitleiste

Zwischen Schlüsselbildern befinden sich oft »normale« Bilder (engl. »Frames«), die dafür sorgen, dass der Inhalt eines zuvor erstellten Schlüsselbilds unverändert angezeigt wird. Erst das nächste Schlüsselbild sorgt für eine Veränderung.

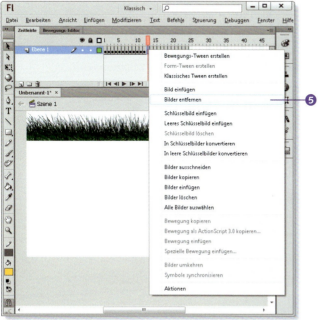

◄ **Abbildung 5.43**
Bild entfernen

6 Film testen

Testen Sie den Flash-Film über Strg/⌘+↵. Die Animation läuft immer noch nicht ganz rund – das letzte Bild zeigt dieselbe Bitmap wie das erste Bild der Sequenz; es muss entfernt werden. Markieren Sie das letzte Schlüsselbild, und entfernen Sie es über ⌂+F5 oder über das Kontextmenü SCHLÜSSELBILD LÖSCHEN. Entfernen Sie dann auch das übrig gebliebene Bild in der ZEITLEISTE.

◄ **Abbildung 5.44**
Die Zeitleiste mit 22 Bildern, nachdem auch das letzte Schlüsselbild entfernt wurde

Die Animation ist jetzt flüssig, allerdings sollte sie im unteren Bereich der Bühne ablaufen. Dazu muss die Position geändert werden. Sie könnten jetzt jede Bitmap in jedem Bild einzeln nach

 **Ergebnis der Übung:**
05_Animation\Bild-für-Bild
step03.fla

unten verschieben – besser ist es jedoch, wenn Sie die Animation in einem MovieClip verschachteln. Die Position der Bitmaps auf der Bühne lässt sich dann durch die Positionierung des Movie-Clips ändern. Zusätzlich können Sie den MovieClip unabhängig von der Hauptzeitleiste steuern.

Schritt für Schritt:
Animation in MovieClip verschachteln

05_Animation\Bild-für-Bild
step03.fla

In diesem Workshop wird gezeigt, wie Sie eine Bild-für-Bild-Animation in einem MovieClip verschachteln können.

1   In MovieClip konvertieren

Verschachtelung
Wie Sie MovieClips verschachteln können, wird in Abschnitt 5.9, »Verschachtelung«, näher erläutert.

Markieren Sie zunächst die Bitmap-Grafik im ersten Schlüsselbild, und wandeln Sie die Bitmap über F8 in ein MovieClip-Symbol um. Achten Sie darauf, dass die Option MOVICLIP ❷ aktiviert ist, und vergeben Sie den Namen »grassAni_mc« ❶.

Abbildung 5.45 ▶
In MovieClip konvertieren

2   Bilder kopieren und löschen
Markieren Sie alle Bilder ab dem zweiten Schlüsselbild (Bild 2 bis 22), öffnen Sie das Kontextmenü der ZEITLEISTE, und wählen Sie den Menüpunkt BILDER KOPIEREN ❹.

Abbildung 5.46 ▶
Bilder kopieren

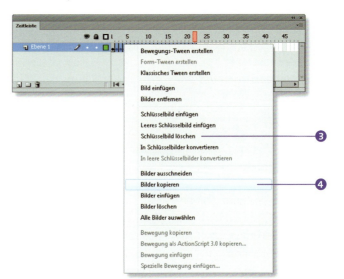

Die Bilder befinden sich jetzt in der Zwischenablage. Entfernen Sie die immer noch ausgewählten Bilder der Hauptzeitleiste anschließend über ⌂+F5 oder über SCHLÜSSELBILD LÖSCHEN ❸.

3   Bilder in MovieClip einfügen

Wählen Sie die MovieClip-Instanz im ersten Schlüsselbild aus, und wechseln Sie via Doppelklick auf die Instanz in den Symbol-Bearbeitungsmodus. Wählen Sie das zweite Bild der ZEITLEISTE aus, öffnen Sie das Kontextmenü, und fügen Sie die Bilder über BILDER EINFÜGEN ❺ ein.

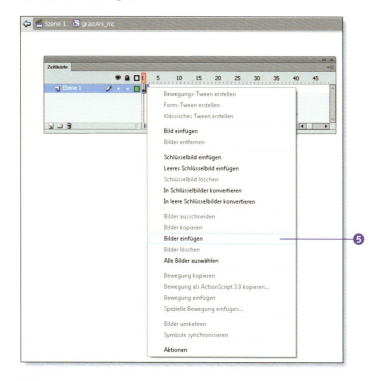

◄ **Abbildung 5.47**
Bilder einfügen

4   Bitmaps positionieren

Leider werden die Bitmaps ab Bild 2 nicht automatisch richtig positioniert. Öffnen Sie FENSTER • AUSRICHTEN, auch erreichbar über Strg/⌘+K, und aktivieren Sie die Option AN BÜHNE AUSRICHTEN ❾. Wählen Sie die Bitmap in Bild 2 aus, und positionieren Sie diese via Mausklick auf LINKE KANTE ❼ und OBERKANTE ❽ links oben.

Wiederholen Sie den Vorgang anschließend für die Bitmaps der anderen Bilder (Bild 3 bis 22). In Abschnitt 5.3, »Zwiebelschaleneffekt«, werden Sie lernen, wie Sie mit MEHRERE BILDER BEARBEITEN ❻ alle Bilder gleichzeitig anpassen können.

6   7   8

Abbildung 5.48 ▶
Bitmaps positionieren

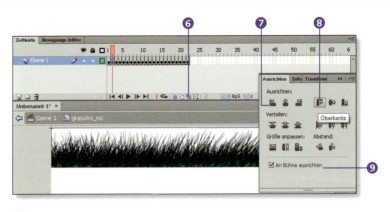

Ergebnis der Übung:
05_Animation\Bild-für-Bild\step04.fla

5 **Film testen**

Testen Sie den Flash-Film über ⌨Strg/⌘+↵.

Die gewählte Geschwindigkeit der Bild-für-Bild-Sequenz führt zu einer unruhig wirkenden Animation. Damit die Animation natürlicher wirkt, wird die Geschwindigkeit im Folgenden durch Einfügen von zusätzlichen Bildern angepasst.

Schritt für Schritt: Geschwindigkeit ändern

In diesem Workshop lernen Sie, wie Sie durch das gezielte Einfügen von Bildern die Geschwindigkeit einer Animation steuern können.

1 **Bilder einfügen**

Die Animation wirkt jetzt flüssig, die Grashalme bewegen sich jedoch noch viel zu schnell hin und her. Um das zu korrigieren, werden zwischen allen Schlüsselbildern jeweils zwei Bilder eingefügt. Wählen Sie zunächst das erste Bild aus, und drücken Sie zweimal F5, um zwei Bilder hinter dem ersten Schlüsselbild einzufügen. Wählen Sie dann jeweils das nächste Schlüsselbild aus, und wiederholen Sie den Vorgang.

Abbildung 5.49 ▶
Die Zeitleiste des MovieClips

2 **Auf die Hauptzeitleiste wechseln**

Wechseln Sie via Mausklick auf SZENE 1 zurück zur Hauptzeitleiste. Beachten Sie, dass die Zeitleiste des MovieClips »grasAni_mc« 66 Bilder besitzt – die Hauptzeitleiste jedoch nur 22 Bilder. Vielleicht würden Sie nun erwarten, dass deshalb auch nur 22 Bilder abgespielt werden können; da die Zeitleiste eines Movie-

Clips jedoch unabhängig von der Hauptzeitleiste abläuft, wird die vollständige Animation abgespielt. Sie können die Bilder in Bild 2 bis 22 auch noch entfernen.

3   Animation positionieren

Da die Animation in einem MovieClip verschachtelt wurde, können Sie diese ganz einfach durch die Positionierung des Movie-Clips platzieren – im Beispiel wird der MovieClip über das Fenster AUSRICHTEN an der linken unteren Kante der Bühne positioniert.

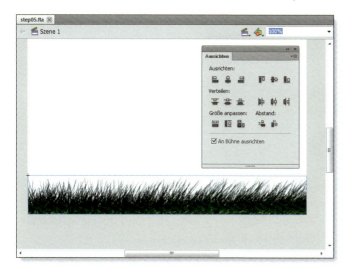

◄ **Abbildung 5.50**
Positionierung des MovieClips

4   Film testen

Glückwunsch! Sie haben jetzt bereits sehr viel über Bild-für-Bild-Animationen und das Arbeiten mit Bildern in der Zeitleiste gelernt – die Animation ist fertiggestellt. Testen Sie den Flash-Film über [Strg]/[⌘]+[↵].

Ergebnis der Übung:
05_Animation\Bild-für-Bild\step05.fla

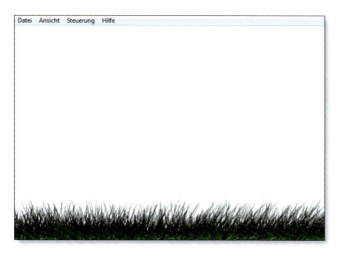

◄ **Abbildung 5.51**
Die fertige Animation im Flash Player

5.3 Zwiebelschaleneffekt

Standardmäßig wird in der Entwicklungsumgebung jeweils nur ein Bild der Zeitleiste auf der Bühne angezeigt. Mithilfe des Zwiebelschaleneffekts lassen sich jedoch auch mehrere Bilder gleichzeitig in der Entwicklungsumgebung anzeigen.

Anwendungsbereich
Der Zwiebelschaleneffekt ist besonders bei Bild-für-Bild-Animationen sehr nützlich, wenn Sie einzelne Objekte von Bild zu Bild vergleichen und verändern möchten.

Zwiebelschaleneffekt aktivieren | Via Mausklick auf die Schaltfläche ZWIEBELSCHALEN ❷ können Sie die Zwiebelschalenansicht in der ZEITLEISTE aktivieren bzw. deaktivieren.

Abbildung 5.52 ▶
Der Zwiebelschaleneffekt wurde aktiviert.

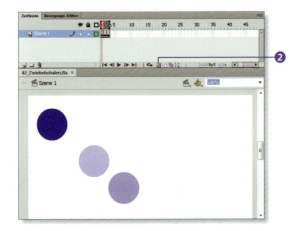

Markierungen verankern
Über die Schaltfläche ZWIEBELSCHALENMARKIERUNG ÄNDERN • MARKIERUNGEN VERANKERN können Sie die Anfasser verankern. Dies führt dazu, dass der Zwiebelschalenbereich, unabhängig vom ausgewählten Bild, immer auf der gleichen Position bleibt.

Im oberen Bereich der ZEITLEISTE werden nach der Aktivierung des Modus zwei Anfasser sichtbar ❶, die den Anfang bzw. das Ende der Zwiebelschalenansicht zeigen. Sie sehen anhand der Anfasser, welche Bilder der Zeitleiste auf der Bühne dargestellt werden. Die Anfasser können Sie verschieben ❸, um den angezeigten Bereich zu vergrößern oder zu verkleinern.

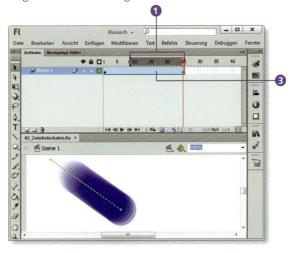

Abbildung 5.53 ▶
Der Zwiebelschalenbereich wird nach links erweitert.

Konturansicht | Standardmäßig werden Formfüllungen von Bildern, die im Bereich des Zwiebelschaleneffekts liegen, mit verschiedenen Transparenzstärken dargestellt.

Wenn Sie nach der Aktivierung des Zwiebelschaleneffekts auf Zwiebelschalenkonturen ⑤ klicken, werden stattdessen nur die Konturen der Formen angezeigt.

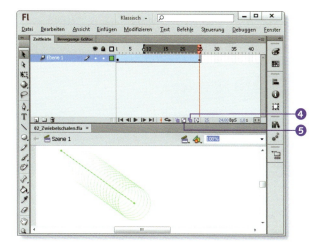

◀ **Abbildung 5.54**
Zwiebelschalenkonturen

Mehrere Bilder gleichzeitig bearbeiten | Der Modus Mehrere Bilder bearbeiten ④ ermöglicht es, mehrere Bilder der Zeitleiste, die im Zwiebelschalenbereich liegen, gleichzeitig zu modifizieren. Nachdem der Modus aktiviert wurde, können Sie die Bilder in der Zeitleiste auswählen und dann gemeinsam modifizieren.

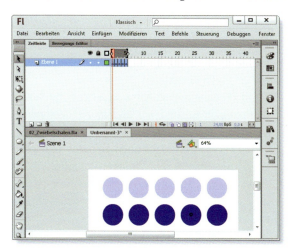

◀ **Abbildung 5.55**
Die Elemente mehrerer Schlüsselbilder wurden ausgewählt und werden gleichzeitig verschoben.

Diese Funktion ist sehr nützlich – Sie können z. B. auch alle Elemente einer Ebene gleichzeitig verschieben. Aktivieren Sie dazu den Modus, verschieben Sie die Anfasser des Zwiebelschalenmo-

[!] **Zwiebelschaleneffekt**

Beachten Sie, dass nur die Elemente gleichzeitig modifiziert werden, die innerhalb des definierten Zwiebelschalenbereichs liegen. Sollte ein Bild der Zeitleiste außerhalb liegen, wird es nicht modifiziert; auch dann nicht, wenn es ausgewählt wurde.

Abbildung 5.56 ▶
Alle Elemente im Bereich der Zwiebelschalenansicht (Bild 1 bis 3) der ausgewählten Ebene werden gleichzeitig verschoben.

Hinweis
Tween kommt von »between« (dt. »dazwischen«), was sich auf die Interpolation der Zwischenbilder eines Tweens zwischen zwei Schlüsselbildern bezieht.

Bewegungs-Tweens mit Symbolen und Textfeldern
Bewegungs-Tweens funktionieren nur mit Symbolinstanzen und Textfeldern – Formen müssen Sie vorher also z. B. in ein MovieClip-Symbol umwandeln.

dus, und klicken Sie auf die Ebene, deren Elemente Sie verschieben möchten – die Elemente werden automatisch ausgewählt.

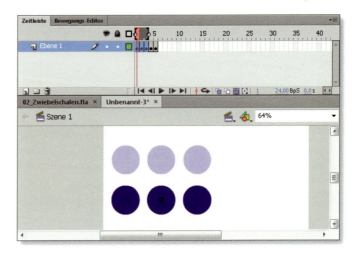

Generell sollten Sie den Zwiebelschalenmodus nur partiell nutzen – und denken Sie daran, den Modus zu deaktivieren, nachdem Sie ihn benutzt haben. Es kommt gelegentlich vor, dass man die Deaktivierung vergisst und dann unerwünschte Mehrfachauswahlen zu unerwarteten Ergebnissen führen.

5.4 Tweens

Neben der Bild-für-Bild-Technik lassen sich Animationen in Flash über sogenannte *Bewegungs-Tweenings* erzeugen. Adobe hat die Erstellung von Tweens seit Flash CS4 vereinfacht und mit zusätzlichen Einstellungsmöglichkeiten ausgestattet. Diese Bewegungs-Tweenings werden in Flash einfach als *Tweens* bezeichnet. Die ältere Technik, die in Vorgängerversionen verwendet wurde und jetzt u. a. aus Kompatibilitätsgründen noch immer verwendet werden kann, wird als *klassischer Tween* bezeichnet.

Klassische Tweens lassen sich immer noch erstellen und bearbeiten. Tatsächlich gibt es jedoch sehr wenige Animationen, die nicht über die neuen Tweens, sondern ausschließlich über klassische Tweens erstellt werden können. Zunächst werden Animationen mithilfe von Tweens behandelt.

Damit Sie jedoch mit beiden Techniken vertraut werden, finden Sie im Anschluss daran zusätzlich Erläuterungen und Beispiele zu klassischen Tweens.

Bewegungs-Tween erstellen

Um ein Bewegungs-Tween auf ein Objekt anzuwenden, wählen Sie das Schlüsselbild auf einer Ebene aus, in der das Objekt liegt, öffnen per rechter Maustaste das Kontextmenü und wählen den Menüpunkt Bewegungs-Tween erstellen aus. Handelt es sich bei dem Objekt um eine Vektorform, muss die Form zunächst in ein Symbol umgewandelt werden. Ein entsprechender Hinweis ❶ verweist darauf. Klicken Sie auf OK, um die Form automatisch in ein Symbol umzuwandeln.

Tweens und Flash-Player-Unterstützung

Da Tweens und klassische Tweens im Flash Player selbst auf gleiche Weise verarbeitet werden, sind Animationen, die mit den neuen Bewegungs-Tweens erstellt wurden, auch in allen älteren Flash Playern lauffähig – also nicht nur im neuesten Flash Player.

◀ **Abbildung 5.57**
Auswahl in Symbol für Tween konvertieren

Bei der Erstellung des Bewegungs-Tweens wird die Ebene in eine sogenannte Tween-Ebene umgewandelt. Die Ebene besitzt ein Schlüsselbild und weitere Bilder, wobei die Anzahl der zusätzlichen Bilder der Länge des Tweenings entspricht. Die standardmäßig erzeugte Anzahl der Bilder richtet sich nach der eingestellten Bildrate des Flash-Films.

Tween-Ebene

Im Gegensatz zu anderen Ebenen kann auf einer Tween-Ebene nur ein einziges Element angelegt werden.

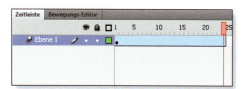

◀ **Abbildung 5.58**
Die Tween-Ebene mit einem Schlüsselbild und 23 Bildern

Die Länge eines Tweens können Sie verändern, indem Sie den Mauszeiger an das Ende des Tweens bewegen, die Maustaste drücken und halten und dann den Tween durch Verschieben der Maus nach links bzw. rechts verkürzen bzw. verlängern.

◀ **Abbildung 5.59**
Der Tween wird verkürzt.

Eigenschaften animieren

Mithilfe eines Bewegungs-Tweens können Sie Eigenschaften eines Objekts animieren. Dazu bewegen Sie den Abspielkopf per Mausklick auf ein Bild des Tweens und ändern dort die gewünschte

Klassische Tweens vs. Bewegungs-Tweens

Klassische Bewegungs-Tweens benötigen im Gegensatz zu den neuen Bewegungs-Tweens immer zwei definierte Schlüsselbilder, die den Anfangspunkt und den Endpunkt einer Animation definieren. Die Bilder zwischen den Schlüsselbildern werden automatisch berechnet (interpoliert). Die Animationsmöglichkeiten mithilfe von klassischen Bewegungs-Tweenings sind im Vergleich zu den Bewegungs-Tweens eingeschränkt. Beispielsweise lassen sich Animationen, die über klassische Tweens erstellt wurden, nicht über den Bewegungs-Editor anpassen.

Eigenschaft des Objekts. Um ein Objekt beispielsweise zu bewegen, wählen Sie das Objekt in dem gewünschten Bild aus und bewegen es an eine andere Stelle. Es wird dann automatisch ein sogenanntes *Eigenschaften-Schlüsselbild* in der ZEITLEISTE erstellt, das durch eine gefüllte Raute ❶ symbolisiert wird. Die Position des Objekts zwischen dem ersten Schlüsselbild und diesem Eigenschaften-Schlüsselbild wird je Bild automatisch berechnet (interpoliert).

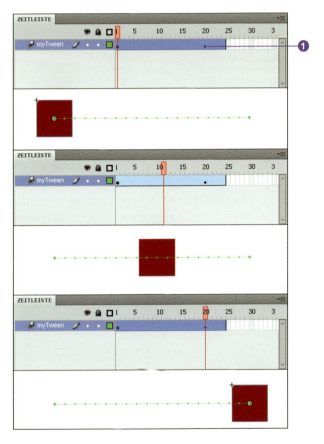

Abbildung 5.60 ▶
Oben: Ausgangspunkt des Tweens; Mitte: Bild 11 des Tweens; unten: der Endpunkt der Bewegung mit dem Eigenschaften-Schlüsselbild

Wenn Sie Eigenschaften eines Objekts in einem Bild der Zeitleiste geändert haben und einen Tween nachträglich verlängern, passt sich die Position des Eigenschaften-Schlüsselbilds automatisch relativ an die Gesamtlänge des Tweens an. Das bedeutet beispielsweise, dass ein Eigenschaften-Schlüsselbild, das ursprünglich auf Bild 10 liegt, bei einem Tween mit einer Länge von 20 Bildern auf Bild 19 positioniert wird, wenn die Länge auf 40 Bilder verdoppelt wird. Um ein Eigenschaften-Schlüsselbild eines Tweens zu verschieben, wählen Sie das Schlüsselbild zunächst mit gedrückter ⌐Strg⌐/⌘-Taste aus, klicken dann auf das Schlüsselbild, halten die Maustaste gedrückt und verschieben es anschließend an die gewünschte Position in der ZEITLEISTE.

◄ **Abbildung 5.61**
Das Eigenschaften-Schlüsselbild wird verschoben.

Schritt für Schritt:
Ein Bewegungs-Tweening erstellen

In diesem Workshop lernen Sie, wie Sie ein Bewegungs-Tweening erstellen können.

1   Flash-Film öffnen

Öffnen Sie den Flash-Film *Animation\Bewegungs-Tween\Bewegungs_Tween_01.fla*. In dem Flash-Film gibt es zwei Ebenen Vo-GEL und GRAS. Auf beiden Ebenen liegen zwei MovieClips, die Bild-für-Bild-Animationen beinhalten. Der MovieClip auf der Ebene VOGEL soll mithilfe eines Bewegungs-Tweens von links nach rechts bewegt werden.

05_Animation\Bewegungs_ Tween\Bewegungs_Tween_01.fla

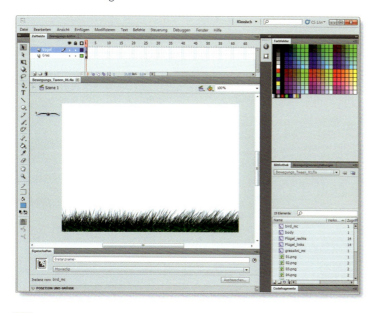

◄ **Abbildung 5.62**
Die Ausgangsbasis

2   Bewegungs-Tween erstellen

Wählen Sie das Schlüsselbild auf der Ebene VOGEL aus, öffnen Sie das Kontextmenü mit der rechten Maustaste, und wählen Sie den Menüpunkt BEWEGUNGS-TWEEN ERSTELLEN aus.

Abbildung 5.63 ▶
Bewegungs-Tween erstellen

3   Tween verlängern

Verlängern Sie den Tween auf 85 Bilder, indem Sie die Maus auf das Ende des Tweens bewegen, die Maustaste drücken, gedrückt halten und die Maus nach rechts bewegen. Wählen Sie Bild 85 auf der Ebene GRAS aus, und wählen Sie aus dem Kontextmenü den Menübefehl BILD EINFÜGEN, um auf dieser Ebene bis Bild 85 Bilder einzufügen.

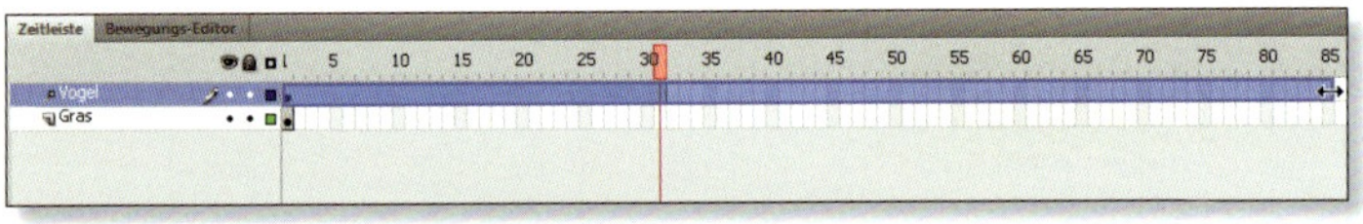

Abbildung 5.64 ▶
Tween verlängern

4   Instanzeigenschaft ändern

Setzen Sie den Abspielkopf der Zeitleiste auf das letzte Bild des Tweens, wählen Sie den MovieClip auf der Ebene VOGEL aus, und verschieben Sie ihn nach rechts und etwas nach unten.

Abbildung 5.65 ▶
Position des MovieClips in Bild 85
ändern

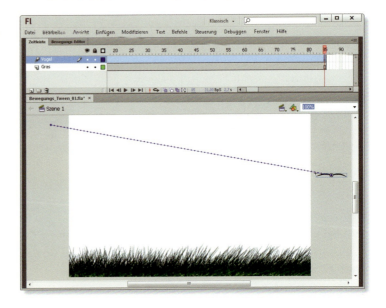

5 **Fertig! Film testen**

Glückwunsch! Sie haben Ihr erstes Bewegungs-Tweening angewendet. Testen Sie den Flash-Film über ⌈Strg⌉/⌈⌘⌉+⌈↵⌉. Der Vogel bewegt sich von links nach rechts. Die Bewegung wirkt bisher
noch nicht sehr natürlich – ein erster Schritt ist jedoch schon einmal gemacht.

Ergebnis der Übung:
05_Animation\Bewegungs_Tween
Bewegungs_Tween_02.fla

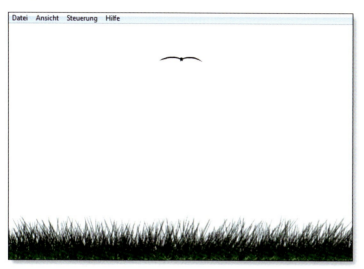

▲ **Abbildung 5.66**
Die Animation im Flash Player

Bewegungs-Tween-Optionen | Jeder Bewegungs-Tween besitzt
verschiedene Eigenschaften, die Sie im EIGENSCHAFTEN-Fenster
definieren können.

▶ Instanzname ❶: Sie können einem Tween einen Instanznamen
zuweisen. Anschließend können Sie per ActionScript mithilfe
der AnimatorFactory-Klasse mehrere Anzeigeobjekte mit der
Tween-Instanz verknüpfen, beispielsweise um mehrere Objekte auf Basis des in der Entwicklungsumgebung erzeugten
Tweens zu animieren. Weitere Informationen dazu finden Sie
in der ActionScript-Referenz unter »AnimatorFactory«.

▶ BESCHLEUNIGUNG ❷: Im Reiter BESCHLEUNIGUNG können Sie
den zeitlichen Ablauf der Animation beeinflussen, indem Sie
das Tweening entweder zu Beginn oder am Ende der Animation beschleunigen. Diese Art der Beschleunigung wird auch
als *einfache Beschleunigung* bezeichnet.

▶ DREHUNG ❸: In diesem Reiter legen Sie fest, ob das getweente
Objekt im oder gegen den Uhrzeigersinn gedreht ❻ werden
soll. Unter MAL ❹ legen Sie fest, wie oft das Objekt gedreht
werden soll, und bei dem Plus-Zeichen ❺, wie viel es um eine

**Mehrere Eigenschaften
animieren**

Auf diese Weise können Sie
viele unterschiedliche Eigenschaften eines Objekts animieren. Selbstverständlich lassen
sich auch mehrere Eigenschaften gleichzeitig animieren, wie
z. B. die Größe, Rotation und
der Farbton eines Objekts.

ganze Drehung hinaus gedreht werden soll. Wenn Sie die Option AN PFAD AUSRICHTEN ❼ aktivieren, richtet sich das Objekt am Pfad aus. Was ein Tween-Pfad ist, wird später noch erläutert.

- PFAD ❽: Hier können Sie die Position und die Größe eines Tween-Pfads festlegen.
- OPTIONEN ❾: Aktivieren Sie das Optionsfeld GRAFIKSYMBOLE SYNCHRONISIEREN, um die Animation innerhalb einer Grafiksymbol-Instanz mit der Zeitleiste des Tweens zu synchronisieren.

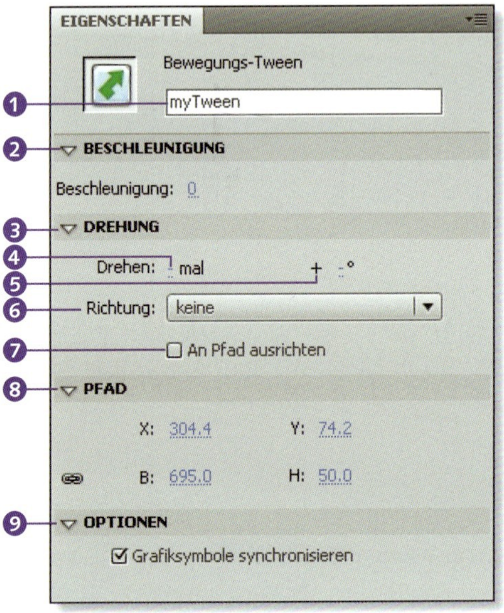

▲ **Abbildung 5.67**
Eigenschaften eines Bewegungs-Tweens

Pfad eines Bewegungs-Tween

Sobald Sie ein Bewegungs-Tween erstellen und die Position eines Objekts innerhalb des Tweens ändern, legt Flash automatisch einen Pfad an, an der sich die Bewegung orientiert. Diesen Pfad können Sie auf unterschiedliche Weise bearbeiten, um die Bewegungsrichtung innerhalb des Tweens sehr präzise zu steuern.

Mit dem Auswahlwerkzeug  können Sie den Bewegungspfad sowohl insgesamt verschieben und seine Form verändern als auch die Position und die Form einzelner Abschnitte des Pfades verändern. Um den vollständigen Pfad zu verschieben, wählen Sie diesen mit dem Auswahlwerkzeug aus und verschieben ihn dann beliebig. Die Position des getweenten Objekts ändert sich dabei automatisch ebenfalls.

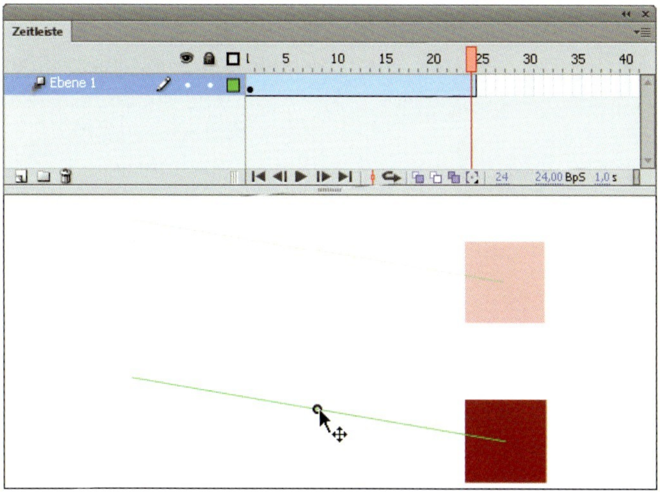

◂ **Abbildung 5.68**
Der Bewegungspfad wird nach unten verschoben.

Um die Form eines Pfades mit dem Auswahlwerkzeug zu ändern, um beispielsweise eine rundförmige Bewegung zu erzeugen, bewegen Sie die Maus auf den Bewegungspfad, bis neben dem Mauszeiger eine kreisrunde Linie ❶ angezeigt wird. Klicken Sie den Pfad dann an, halten Sie die Maustaste gedrückt, und verschieben Sie die Maus, um einen runden Bewegungspfad zu generieren.

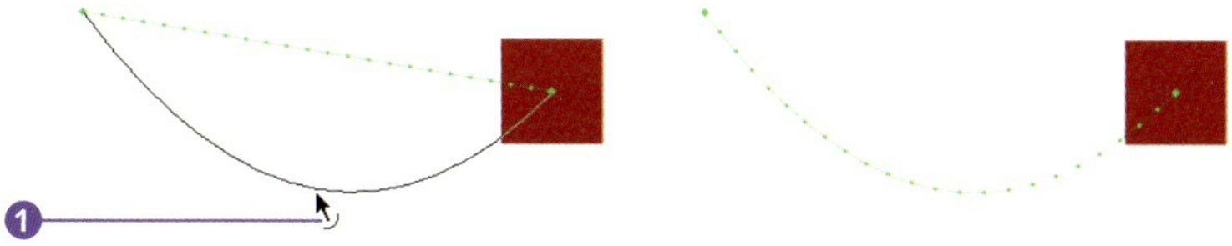

◂ **Abbildung 5.69**
Aus der geradlinigen Bewegung wird eine kreisförmige Bewegung.

Die Veränderung der Form hängt davon ab, an welcher Stelle des Pfades Sie den Pfad umformen. Ausschlaggebend dafür sind die gefüllten Kreisformen ❷ entlang der Pfadlinie.

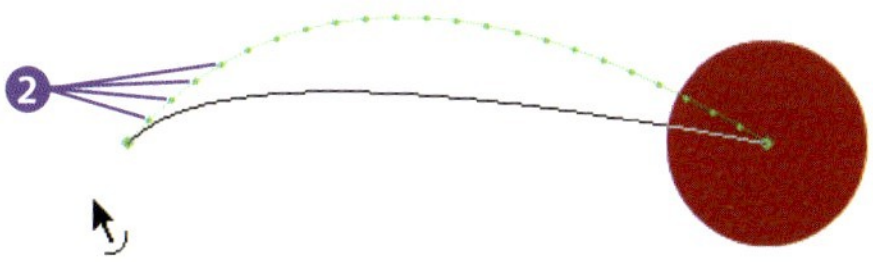

◂ **Abbildung 5.70**
Umformung des Bewegungspfads

Um die Form des Bewegungspfads zu ändern, können Sie optional auch den Anfangspunkt oder den Endpunkt des Pfades verschieben.

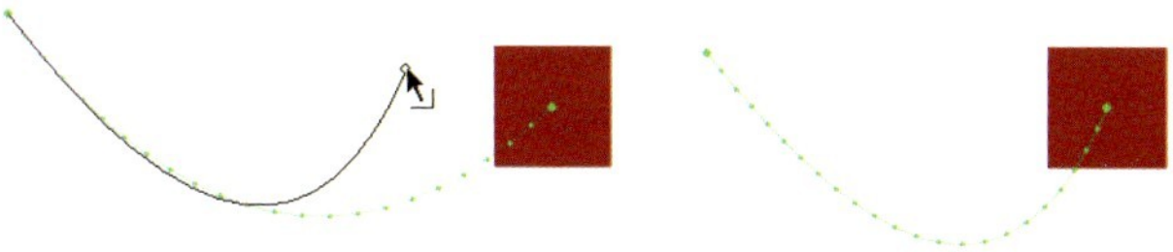

◂ **Abbildung 5.71**
In diesem Beispiel wurde der Endpunkt des Pfades verschoben, um die Form zu ändern.

Mit dem Unterauswahlwerkzeug ⟨⟩ können Sie die Form eines Bewegungspfads ändern, indem Sie die Steuerungspunkte (an der Position der Schlüsselbilder) des Pfades und die Bézier-Griffe verschieben.

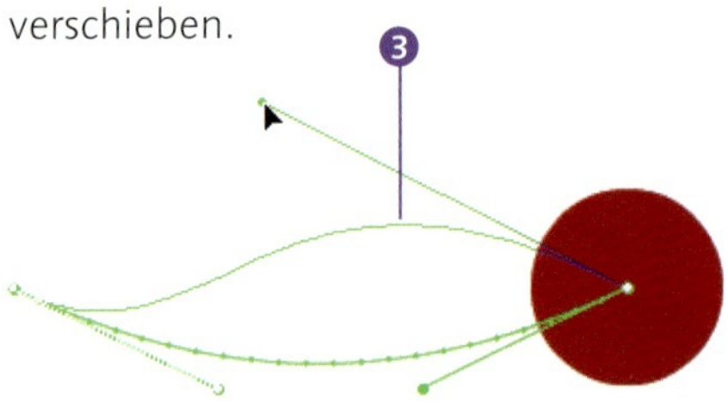

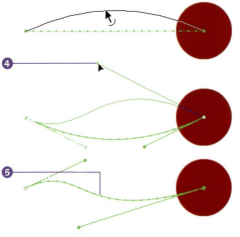

Abbildung 5.72 ▶
In diesem Beispiel wurde ein Bézier-Griff eines Steuerungspunkts verschoben.

Geschwindigkeit
Anhand der Verteilung der Kreisformen bzw. den Abständen zwischen den Kreisformen können Sie die Geschwindigkeit in verschiedenen Abschnitten abschätzen. Je größer der Abstand ist, desto langsamer ist die Animation in diesem Bereich. Standardmäßig ist die Geschwindigkeit gleichmäßig. Wie Sie die Geschwindigkeit ändern können, wird später noch erläutert.

Um beispielsweise aus einer geradlinigen Bewegung eine schlangenförmige Bewegung zu machen, können Sie zunächst das Auswahlwerkzeug ⟨⟩ verwenden, um aus einer geradlinigen Bewegung eine bogenförmige Bewegung zu erzeugen ❸. Anschließend verwenden Sie das ⟨⟩, um einen der Bézier-Griffe eines Kontrollpunkts so zu verschieben ❹, dass eine schlangenförmige Bewegung ❺ entsteht.

Abbildung 5.73 ▶
So entsteht aus einer geradlinigen Bewegung eine schlangenförmige Bewegung.

Abbildung 5.74 ▼
Der Bewegungspfad wird gedreht, geneigt und skaliert.

Um einen Bewegungspfad zu drehen ❻, zu neigen ❼ oder zu skalieren ❽, können Sie das Frei-transformieren-Werkzeug ⟨⟩ oder das TRANSFORMIEREN-Fenster verwenden.

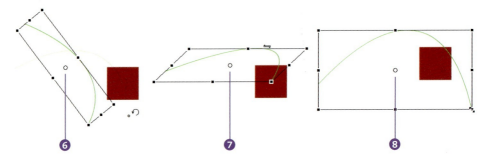

Schritt für Schritt:
Eine Animation entlang eines Pfades erstellen

In diesem Workshop lernen Sie anhand eines praktischen Beispiels,
wie Sie eine Animation entlang eines Pfades erstellen können.

1 Flash-Film öffnen
Öffnen Sie den Flash-Film *05\Animation\Bewegungs_Tween_Pfad*
Bewegungs_Tween_Pfad_01.fla. In dem Flash-Film bewegt sich ein
Vogel-MovieClip mit einem linearen Bewegungs-Tween von links
nach rechts. Die Animation wirkt noch sehr unnatürlich.

*05_Animation\Bewegungs_
Tween_Pfad\Bewegungs_Tween_
Pfad_01.fla*

2 MovieClip verschieben
Positionieren Sie den Abspielkopf der Zeitleiste zunächst auf Bild
100, wählen Sie dort den MovieClip aus, und verschieben Sie ihn
in die Mitte der Bühne.

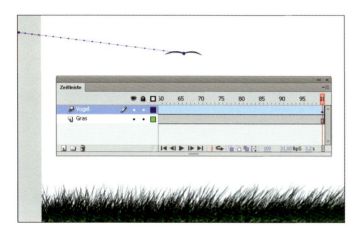

◄ **Abbildung 5.75**
Der MovieClip wird in der Mitte
der Bühne platziert.

3 Tween-Länge ändern
Als Nächstes wird der Tween zunächst auf 50 Bilder verkürzt. Bewegen Sie den Mauszeiger dazu an das Ende des Tweens, drücken
die Maustaste, halten diese gedrückt und ziehen die Maus nach
links, um den Tween auf 50 Bilder zu verkürzen.

◄ **Abbildung 5.76**
Der Bewegungs-Tween wird
verkürzt.

4 Schlüsselbild erstellen und MovieClip verschieben
Positionieren Sie den Abspielkopf der Zeitleiste auf Bild 100.
Wählen Sie Bild 100 auf der Ebene VOGEL aus, und drücken Sie
das Tastenkürzel F6, um ein weiteres Schlüsselbild einzufügen.

Verschieben Sie den MovieClip anschließend in Bild 100 nach rechts und etwas nach oben in den Bereich außerhalb der Bühne. Sie können jetzt gut erkennen, dass sich der Tween in zwei Sequenzen aufteilt. Die eine Sequenz bis zum ersten Eigenschaften-Schlüsselbild, in der sich der Vogel hin zur Mitte bewegt, und anschließend die zweite Sequenz hin zum letzten Eigenschaften-Schlüsselbild, nach rechts außerhalb der Bühne.

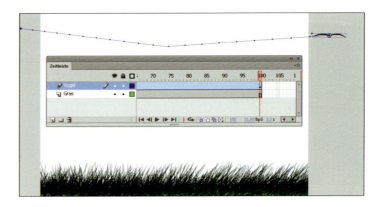

Abbildung 5.77 ▶
Das letzte Eigenschaften-Schlüsselbild des Tweens

5 **Den ersten Abschnitt des Bewegungspfads umformen**
Wählen Sie das Auswahlwerkzeug ![Werkzeug] aus, und ziehen Sie den ersten Abschnitt des Bewegungspfads nach oben, sodass eine bogenförmige Bewegung entsteht.

Abbildung 5.78 ▶
Der erste Abschnitt des Bewegungspfads wird umgeformt.

6 **Den zweiten Abschnitt des Bewegungspfads umformen**
Wählen Sie mit dem Auswahlwerkzeug ![Werkzeug] nun den zweiten Abschnitt des Bewegungspfads aus, und ziehen Sie ihn leicht nach unten.

Abbildung 5.79 ▶
Der zweite Abschnitt des Bewegungspfads wird umgeformt.

Ergebnis der Übung:
*Animation\Bewegungs_Tween_
Pfad\Bewegungs_Tween_Pfad_02.
fla*

7 **Film testen**
Testen Sie den Flash-Film über `Strg`/`⌘`+`↵`. Die Bewegung wirkt schon etwas natürlicher. Allerdings ist die Geschwindigkeit immer noch konstant gleichbleibend, was bei einer natürlichen Flugbewegung nicht der Fall wäre.

◄ **Abbildung 5.80**
Die Animation im Flash Player

8 **Optional: An Pfad ausrichten**

Optional können Sie testweise einmal den Tween auf der Ebene
VOGEL auswählen und im EIGENSCHAFTEN-Fenster die Option
AN PFAD AUSRICHTEN im Reiter DREHUNG aktivieren. Sie sehen
dann sehr gut, welche Auswirkung die Option in der Praxis hat.
In diesem Fall ist die Ausrichtung entlang des Pfades jedoch nicht
sinnvoll.

◄ **Abbildung 5.81**
AN PFAD AUSRICHTEN aktivieren

Einen eigenen Pfad als Bewegungspfad verwenden | Wenn Sie
einen komplexen Pfad als Basis für eine Animation verwenden
wollen, kann es einfacher sein, den Pfad dazu beispielsweise mit
dem Stiftwerkzeug oder einem anderen Werkzeug in Flash oder
auch in einem Vektorprogramm wie Illustrator oder Fireworks zu
erstellen. Sie können diesen Pfad dann für eine Tween-Ebene verwenden.

Um beispielsweise ein Objekt entlang einer kreisförmigen Linie
zu bewegen, könnten Sie zunächst mit dem Ellipsenwerkzeug ⬤
einen Kreis ohne Füllfarbe und mit einer schwarzen Strichfarbe
erstellen. Mit dem Auswahlwerkzeug ▶ entfernen Sie dann an

TIPP

Achten Sie möglichst darauf,
dass der entfernte Bereich möglichst klein ist. Benutzen Sie die
Zoomfunktion, um nur einen
minimalen Bereich des Kreises
zu entfernen. Dann wird dem
Betrachter nicht auffallen, dass
die Kreisbewegung nicht ganz
vollständig ist.

[!] Abgeschlossene Pfade

Als Bewegungspfad sind nur Pfade mit zwei Endpunkten zulässig. Sie können einen geschlossenen Pfad, wie einen Kreis, also nicht direkt als Bewegungspfad verwenden.

einer Stelle des Kreises einen kleinen Teil des Pfades, damit der Pfad nicht geschlossen ist.

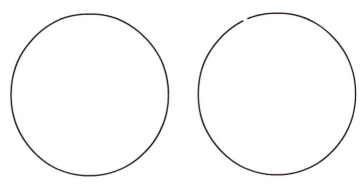

Abbildung 5.82 ▶
Ein kleiner Teil des Kreises (links) wurde entfernt (rechts).

05_Animation\Tween_Pfad_ Kreis\Tween_Pfad_Kreis.fla

Anschließend können Sie den Pfad per Copy & Paste, d.h. mit den Tastenkürzeln Strg/⌘+C und Strg/⌘+V in eine Tween-Ebene einfügen.

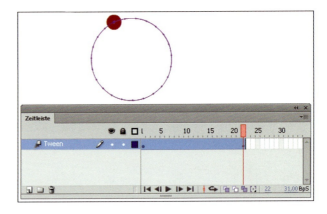

Abbildung 5.83 ▶
Der Tween richtet sich jetzt nach dem kreisförmigen Pfad.

Bewegungs-Editor

Über den Bewegungs-Editor, den Sie über das Menü FENSTER • BEWEGUNGS-EDITOR öffnen können, haben Sie die Möglichkeit, den zeitlichen Ablauf eines Tweens sehr genau zu definieren. Bevor die Anwendung der einzelnen Bereiche erläutert wird, folgt ein Überblick über wichtige Einstellungsmöglichkeiten des Fensters.

Die Anzeige des Bewegungs-Editors steuern | Im Bewegungs-Editor wird jede Instanzeigenschaft eines getweenten Objekts separat betrachtet. Auf der linken Seite ➊ sehen Sie die unterschiedlichen Eigenschaften eines Objekts, unterteilt in verschiedene Kategorien wie Basisbewegung, Transformation, Farbeffekt etc. Per Mausklick auf die Pfeilsymbole ➌, ➎ und ➏ klappen Sie eine Kategorie bzw. einen Reiter ein oder aus.

▲ **Abbildung 5.84**
Das Fenster des Bewegungs-Editors

In der Spalte WERT ❷ wird Ihnen der Wert der jeweiligen Eigenschaft des Objekts zum aktuellen Zeitpunkt angezeigt. Sie können den Wert einer Eigenschaft in dieser Spalte auch ändern.

Klicken Sie mit der Maus auf eine Eigenschaft, wird eine erweiterte Eigenschaftsansicht ❹ angezeigt.

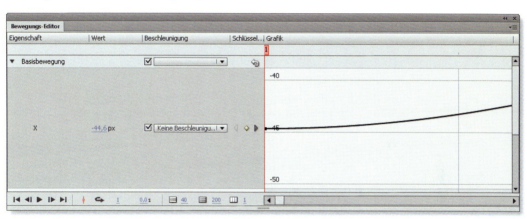

▲ **Abbildung 5.85**
Erweiterte Eigenschaftsansicht

Auf der rechten Seite des Fensters sehen Sie eine Zeitleiste, die ähnlich wie das ZEITLEISTEN-Fenster funktioniert. Per Mausklick auf das Bild der Zeitleiste können Sie den Abspielkopf ❼ der Zeitleiste verschieben.

Schlüsselbilder und Eigenschaften-Schlüsselbilder werden in der Zeitleiste durch gefüllte Rechtecke ❽ und ❾ symbolisiert.

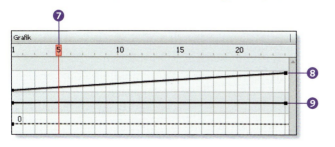

◄ **Abbildung 5.86**
Die Zeitleiste des Bewegungs-Editors

Die Ansicht der ZEITLEISTE können Sie durch drei Einstellungen beeinflussen:

▶ GRAPH-GRÖSSE: Sie bestimmt die Höhe des Graphenbereichs für jede Eigenschaft.

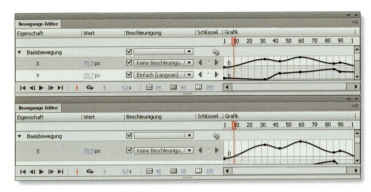

Abbildung 5.87 ▶
Die GRAPH-GRÖSSE wurde von 24 auf 48 erhöht.

▶ ERWEITERTE GRAPH-GRÖSSE: Sie legt die Höhe des erweiterten Graphenbereichs fest. Den erweiterten Bereich erreichen Sie, indem Sie mit der Maus auf eine Eigenschaft klicken.

▶ SICHTBARE BILDER: Sie definiert die Anzahl der sichtbaren Bilder im Graphen. Erhöhen Sie den Wert, wenn Sie längere Tweens verwenden.

Schritt zurück

Wenn Sie den Graphen einer Eigenschaft bearbeiten, können Sie Änderungen über das Tastenkürzel Strg/⌘+Z jederzeit rückgängig machen.

Umgang mit der Zeitleiste und dem Graphen | Der Graph und die Zeitleiste des Bewegungs-Editors zeigen Ihnen die Änderung eines Wertes über die Zeit an. Wird im Graphen beispielsweise eine geradlinige, stetig steigende Linie angezeigt, bedeutet das, dass der Wert dieser Eigenschaft über den abgebildeten Zeitraum konstant größer wird. Der Graph einer Eigenschaft lässt sich auf unterschiedliche Weise bearbeiten.

Zunächst können Sie den Anfangs- und den Endwert eines Tweens ändern, indem Sie das erste oder das letzte Schlüsselbild eines Tweens im Graphen vertikal verschieben.

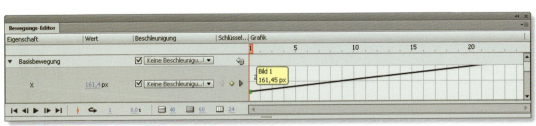

▲ **Abbildung 5.88**
In diesem Beispiel wird der Wert der Eigenschaft x im ersten Bild erhöht, indem der Anfasser nach oben verschoben wird.

Eigenschaften-Schlüsselbilder können Sie hinzufügen, indem Sie den Mauszeiger an die gewünschte Stelle bewegen, über die rechte Maustaste das Kontextmenü öffnen und den Menüpunkt SCHLÜSSELBILD HINZUFÜGEN ❷ auswählen.

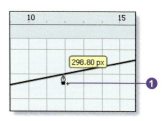

▲ **Abbildung 5.89**
Schlüsselbild hinzufügen

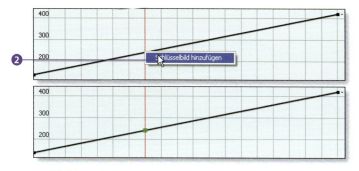

▲ **Abbildung 5.90**
Ein neues Schlüsselbild wird hinzugefügt.

Schlüsselbild hinzufügen

Alternativ können Sie ein Schlüsselbild hinzufügen, indem Sie die Strg/⌘-Taste gedrückt halten. Befindet sich der Mauszeiger über einer Linie des Graphen, wird ein Stift-Symbol ❶ angezeigt. Per Mausklick wird dann ein neues Schlüsselbild eingefügt.

Zum Navigieren zwischen Eigenschaften-Schlüsselbildern in der Zeitleiste können Sie die Pfeil-Symbole ZUM VORHERGEHENDEN SCHLÜSSELBILD ❸ bzw. ZUM NÄCHSTEN SCHLÜSSELBILD ❺ nutzen. Um ein Schlüsselbild an der Position des Abspielkopfs zu erstellen oder zu entfernen ❹, klicken Sie auf das jeweilige Symbol.

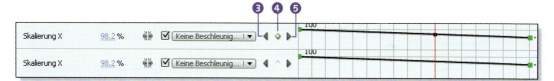

▲ **Abbildung 5.91**
Zum vorigen Schlüsselbild bzw. zum nächsten Schlüsselbild springen und Schlüsselbild erstellen bzw. entfernen

Die Eigenschaften x, y und z eines Objekts verhalten sich im Bewegungseditor etwas anders als alle anderen Eigenschaften, wie z. B. die Neigung auf der x- oder y-Achse oder die Skalierung auf der x- oder y-Achse. Die Position in Form der drei Koordinaten x, y und z ist an den Bewegungspfad eines Tweens gebunden.
Wenn Sie beispielsweise im Graphen einer dieser Eigenschaften einen bogenförmigen Verlauf möchten, können Sie dies nur durch Veränderung des Bewegungspfads erreichen. Haben Sie den Bewegungspfad entsprechend geändert, wird die Form im Bewegungs-Editor übernommen – sie lässt sich jedoch nicht im Bewegungs-Editor umformen.

Übung macht den Meister.

Nehmen Sie sich etwas Zeit, um sich mit dem Bewegungs-Editor und all seinen Möglichkeiten vertraut zu machen. Am besten, Sie fangen mit der Animation einer Eigenschaft an und probieren anhand dieser Eigenschaft die verschiedenen Bearbeitungsmöglichkeiten nacheinander aus.

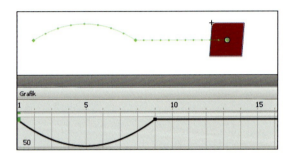

Abbildung 5.92 ▸
Der Bewegungspfad des Tweens wurde geändert. Die Änderung wird auch im Bewegungs-Editor angezeigt.

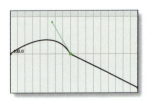

▲ **Abbildung 5.93**
Für das Schlüsselbild in der Mitte wurde die Option GLATT LINKS ausgewählt.

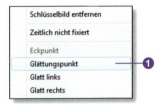

▲ **Abbildung 5.94**
Eckpunkt in Glättungspunkt umwandeln

▲ **Abbildung 5.95**
Eigenschaft zurücksetzen

Bei der Animation der Position eines Objekts sollten Sie den Bewegungspfad eines Tweens bearbeiten. Für die Eigenschaften x, y und z eines Objekts können im Bewegungs-Editor nur marginale Änderungen, wie z. B. das Verschieben eines Schlüsselbilds, vorgenommen werden. Die Form der Bewegung selbst kann nicht im Bewegungs-Editor verändert werden.

Eck- und Glättungspunkt | Alle anderen Eigenschafts-Graphen können Sie im Bewegungs-Editor beliebig umformen. Jedes Eigenschaften-Schlüsselbild kann im Graphen entweder ein Eck- oder ein Glättungspunkt sein. Ein Eckpunkt führt zu einer geradlinigen Verbindung zwischen zwei oder drei Schlüsselbildern. Um eine bogenförmige Verbindung zu erstellen, müssen Sie einen Eckpunkt zunächst in einen Glättungspunkt umwandeln. Wählen Sie dazu ein Schlüsselbild aus, öffnen Sie mit der rechten Maustaste das Kontextmenü, und wählen Sie den Menüpunkt GLÄTTUNGSPUNKT ❶.

Über die Menüpunkte GLATT LINKS bzw. GLATT RECHTS können Sie auch nur links oder nur rechts eine bogenförmige Verbindungslinie erzeugen. In diesem Fall erscheint nur ein Bézier-Steuerungspunkt.

Wenn Sie den Graphen einer Eigenschaft zurücksetzen möchten, um von vorn zu beginnen, klicken Sie auf den Graphen und wählen den Menüpunkt EIGENSCHAFT ZURÜCKSETZEN ❷ aus.

Anschließend können Sie Bézier-Steuerungspunkte verwenden, um bogenförmige Verbindungslinien zu erstellen.

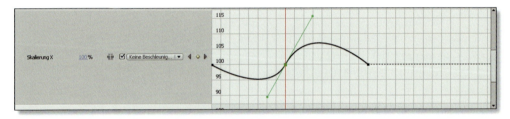

▲ **Abbildung 5.96**
Eine bogenförmige Verbindungslinie

Schritt für Schritt:
Den Bewegungs-Editor einsetzen

Öffnen Sie den Flash-Film *Animation\Bewegungs_Editor\Basket_01.fla*. Im Flash-Film wurde ein Tween mit einem Bewegungspfad angelegt.

05_Animation\Bewegungs_Editor\Basket_01.fla

◀ **Abbildung 5.97**
Ein Tween mit einem Schlüsselbild und drei Eigenschaften-Schlüsselbildern

1   Drehung einstellen

Als Erstes soll sich der Ball während der Flugphase drehen. Wählen Sie zunächst die Tween-Ebene in der Zeitleiste aus, öffnen Sie das EIGENSCHAFTEN-Fenster, und stellen Sie im Reiter DREHUNG den Wert DREHEN auf 1 MAL.

▼ **Abbildung 5.98**
Drehung einstellen

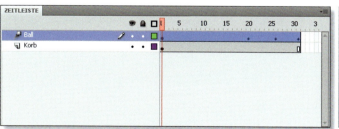

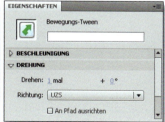

2   Eigenschaften-Schlüsselbilder einfügen

Um die Animation etwas realistischer erscheinen zu lassen, werden verschiedene Eigenschaften des MovieClips »ball_mc«

mithilfe des Bewegungs-Editors animiert. Öffnen Sie den Bewegungs-Editor über das Menü FENSTER. Klicken Sie im Reiter
TRANSFORMATION auf das Feld SKALIERUNG X ❶, um die erweiterte Ansicht der Eigenschaft zu öffnen. Erstellen Sie in Bild 10,
20 und 26 ein Eigenschaften-Schlüsselbild. Bewegen Sie den Abspielkopf dazu an die jeweilige Position, öffnen Sie mit der rechten Maustaste das Kontextmenü, und wählen Sie den Menüpunkt
SCHLÜSSELBILD HINZUFÜGEN.

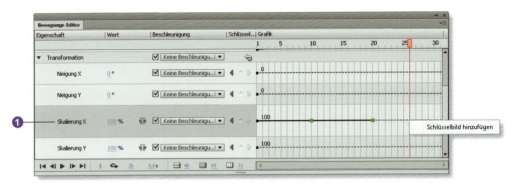

▲ **Abbildung 5.99**
Eigenschaften-Schlüsselbilder hinzufügen

3 **Skalierung auf der x-Achse anpassen**

Wählen Sie das Eigenschaften-Schlüsselbild in Bild 20 aus, öffnen
Sie via rechter Maustaste das Kontextmenü, und wählen Sie den
Menüpunkt GLÄTTUNGSPUNKT, um aus dem Eckpunkt ein Glät-
tungspunkt zu machen. Verschieben Sie dann das Eigenschaften-
Schlüsselbild nach oben auf 140 %.

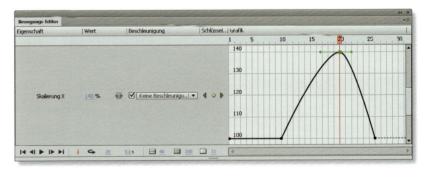

▲ **Abbildung 5.100**
Der Graph der Skalierung auf der x-Achse

4 **Skalierung auf der y-Achse anpassen**

Öffnen Sie dann die erweiterte Ansicht der Eigenschaft SKALIE-
RUNG Y, und wiederholen Sie den Vorgang.

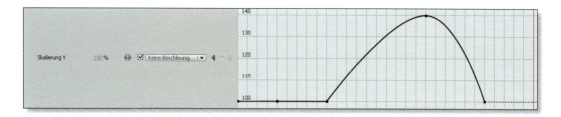

5 Film testen

Testen Sie den Flash-Film über `Strg`/`⌘`+`↵`. Die Animation wirkt jetzt schon realistischer, da die Skalierung eine bogenförmige Bewegung simuliert.

▲ **Abbildung 5.101**
Der Graph der Skalierung auf der y-Achse

6 Ball ausblenden

Nachdem der Ball in den Korb geflogen ist, soll er ausgeblendet werden. Öffnen Sie dazu den Bewegungs-Editor, klicken Sie auf das Plus-Symbol im Bereich FARBEFFEKT, und wählen Sie die Eigenschaft ALPHA aus. Erstellen Sie drei Schlüsselbilder in Bild 1, 20 und 31, und verschieben Sie das letzte Eigenschaften-Schlüsselbild auf den Wert 0.

▼ **Abbildung 5.102**
Der Graph der ALPHA-Eigenschaft

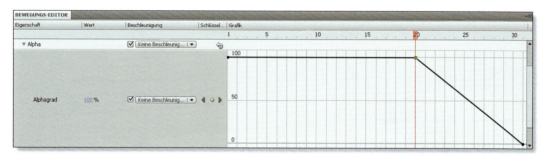

7 Fertig! Flash-Film testen

Testen Sie den Flash-Film über `Strg`/`⌘`+`↵`. Die Animation ist fertiggestellt.

05_Animation\Bewegungs_Editor\Basket_02.fla

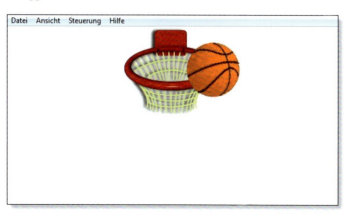

◄ **Abbildung 5.103**
Die Animation im Flash Player

Beschleunigung | Für jede Eigenschaft können Sie eine Be-
schleunigung bzw. Abbremsung einstellen. Standardmäßig stehen
in der Spalte Beschleunigung des Bewegungs-Editors die Einstellungen KEINE BESCHLEUNIGUNG oder EINFACH (LANGSAM) zur Auswahl.

▲ **Abbildung 5.104**
Die Standardoptionen unter BESCHLEUNIGUNG

Einfach (Langsam)
Die Einstellung EINFACH (LANG-
SAM) entspricht der Beschleuni-
gung, die Sie für alle Eigenschaf-
ten eines Tweens auch über das
EIGENSCHAFTEN-Fenster im Reiter
BESCHLEUNIGUNG einstellen kön-
nen.

Es gibt jedoch noch weitere Beschleunigungstypen. Um eine
dieser Optionen nutzen zu können, müssen Sie den Beschleunigungstyp im Reiter BESCHLEUNIGUNG via Mausklick auf das Plus-
Symbol ❶ hinzufügen.

**Beschleunigung als blaue
gestrichelte Linie**
Innerhalb des Graphen einer
Eigenschaft wird eine eingestellte Beschleunigung durch
eine blaue gestrichelte Linie angezeigt.

Abbildung 5.105 ▶
Die Auswahl der verfügbaren
Beschleunigungstypen

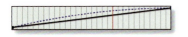

▲ **Abbildung 5.106**
Die Darstellung des Beschleuni-
gungstyps EINFACH (LANGSAM)
innerhalb eines Eigenschaften-
Graphen

Anschließend können Sie wie zuvor erläutert den Typ einem Ei-
genschafts-Tween zuordnen. Über die Einstellung BENUTZERDEFI-
NIERT ❷ können Sie einen Graphen für die Beschleunigung auch
selbst definieren. Nachdem Sie den Typ hinzugefügt haben, können Sie den Graphen wie gewohnt bearbeiten. Um neue Schlüsselbilder einzufügen, öffnen Sie mit der rechten Maustaste an der
gewünschten Position das Kontextmenü und wählen den Menüpunkt SCHLÜSSELBILD HINZUFÜGEN ❸.

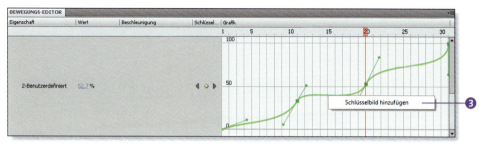

▲ **Abbildung 5.107**
Benutzerdefinierte Beschleunigung

Schritt für Schritt:
Beschleunigung im Bewegungs-Editor nutzen

1 **Flash-Film öffnen**

Öffnen Sie den Flash-Film *05_Animation\Beschleunigung\Beschleunigung_01.fla*. In dem Flash-Film liegen vier MovieClips, denen die Instanznamen *home_mc*, *mail_mc*, *sound_mc* und *info_mc* zugewiesen wurden. Die Bitmap-Grafik innerhalb der MovieClips wurde jeweils erneut in einen MovieClip umgewandelt, damit der verschachtelte MovieClip über einen Tween animiert werden kann. Bewegt der Benutzer die Maus über einen der MovieClips, soll die Skalierung der MovieClips in einer schwingenden Bewegung animiert werden.

05_Animation\Beschleunigung\Beschleunigung_01.fla

◄ **Abbildung 5.108**
Den vier MovieClips wurden jeweils Instanznamen zugewiesen.

Wählen Sie den ersten MovieClip aus, und wechseln Sie via doppelten Mausklick oder über Strg+E in den Symbol-Bearbeitungsmodus. Die Animation soll gestartet werden, wenn der Benutzer die Maus über den MovieClip bewegt. Im ersten Schlüsselbild soll noch nichts passieren. Wählen Sie das zweite Bild in der Zeitleiste aus, und drücken Sie F6, um ein Schlüsselbild anzulegen. Wählen Sie dann aus dem Kontextmenü den Befehl BEWEGUNGS-TWEEN ERSTELLEN. Sie müssen den Tween selbst verlängern. Bewegen Sie die Maus dazu auf das Schlüsselbild in Bild 2, drücken Sie die Maustaste, und ziehen Sie den Tween bis auf Bild 20 auf.

Abbildung 5.109 ▶
Tween bis Bild 20 verlängern

2   ActionScript-Code zuweisen

Fügen Sie eine neue Ebene ACTIONS ein, und weisen Sie dem ersten Schlüsselbild der Ebene im AKTIONEN-Fenster folgende Codezeile zu:

```
stop();
```

Später springt der Lesekopf auf Bild 2, wenn der Benutzer die Maus über den MovieClip bewegt.

3   Eigenschaften-Schlüsselbilder einfügen

Klicken Sie auf das zweite Schlüsselbild der Tween-Ebene, und öffnen Sie den Bewegungs-Editor über das Menü FENSTER. Erstellen Sie im Bewegungs-Editor in Bild 20 der Eigenschaften SKALIE-RUNG X und SKALIERUNG Y jeweils ein Eigenschaften-Schlüsselbild, und stellen Sie den Wert der Eigenschaft in Bild 20 jeweils auf 140 %.

▲ **Abbildung 5.110**
Schlüsselbilder wurden erstellt, und die Eigenschaftswerte wurden auf 140 % gestellt.

4   Beschleunigung einstellen

Klicken Sie dann im Reiter BESCHLEUNIGUNG auf das Plus-Symbol, um einen neuen Beschleunigungstyp einzufügen. Wählen Sie den Typ SPRINGEN aus. Anschließend stellen Sie für die Eigenschaft SKALIERUNG X und SKALIERUNG Y in der Spalte BESCHLEUNIGUNG den neuen Typ ein.

▲ **Abbildung 5.111**
Beschleunigung einstellen

5 **Schritte wiederholen**

Wiederholen Sie die bisher genannten Schritte für die anderen drei MovieClips.

6 **Ereignis-Listener registrieren und Ereignisprozeduren definieren**

Wechseln Sie dann zurück zur Hauptzeitleiste des Flash-Films, erstellen Sie eine neue Ebene ACTIONS, und weisen Sie dem ersten Schlüsselbild folgenden Code zu:

```
1:  home_mc.addEventListener
    (MouseEvent.ROLL_OVER,rollOverHandler);
2:  mail_mc.addEventListener
    (MouseEvent.ROLL_OVER,rollOverHandler);
3:  sound_mc.addEventListener
    (MouseEvent.ROLL_OVER,rollOverHandler);
4:  info_mc.addEventListener
    (MouseEvent.ROLL_OVER,rollOverHandler);
5:  home_mc.buttonMode = true;
6:  mail_mc.buttonMode = true;
7:  sound_mc.buttonMode = true;
8:  info_mc.buttonMode = true;
9:  function rollOverHandler(e:MouseEvent):void {
10:     e.target.gotoAndPlay(2);
11:  }
```

Der Code sorgt dafür, dass die MovieClips wie ein Button agieren, sodass das Mauszeiger-Symbol sich ändert, wenn der Benutzer den Mauszeiger über einen MovieClip bewegt (Zeile 5 bis 8). Zusätzlich bewirkt der Code, dass der Abspielkopf der Zeitleiste des jeweiligen MovieClips auf Bild 2 (Zeile 10) springt und die Zeitleiste weiter abspielt, wenn der Benutzer die Maus über einen MovieClip bewegt (Zeile 1 bis 4).

7   Fertig! Flash-Film testen

Testen Sie den Flash-Film über ⌨Strg⌨/⌨⌘⌨+⌨↵⌨. Bewegen Sie den Mauszeiger über einen der MovieClips, wird die Skalierung des MovieClips animiert.

Abbildung 5.112 ▶
Die animierten Bitmaps im Flash Player

Bewegungsvoreinstellungen

Sowohl Bewegungspfade von Tweens als auch alle Einstellungen im Bewegungs-Editor für einen Tween lassen sich als sogenannte Bewegungsvoreinstellungen speichern und dann sehr einfach auf andere Objekte anwenden. Im Fenster BEWEGUNGSVOREINSTEL-LUNGEN, das Sie über FENSTER • BEWEGUNGSVOREINSTELLUNGEN öffnen können, finden Sie im Ordner STANDARDVOREINSTELLUN-GEN bereits eine Auswahl von vordefinierten Animationsabläufen.

Hinweis

Bewegungsvoreinstellungen ermöglichen es, wiederverwendbare Tweens zu erstellen, die Sie sehr einfach auf unterschiedliche Objekte anwenden und anschließend gegebenenfalls anpassen können.
Bewegungsvoreinstellungen können nur für Tweens und nicht für klassische Tweens angelegt werden.

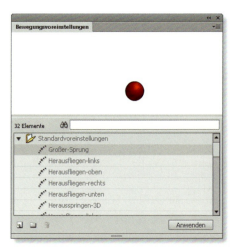

Abbildung 5.113 ▶
Bewegungsvoreinstellungen

Im oberen Bereich des Fensters ❶ zeigt Ihnen eine Vorschau an, um was für eine Animation es sich handelt. Um eine Bewegungsvoreinstellung auf ein Objekt anzuwenden, wählen Sie das Objekt zunächst auf der Bühne aus, selektieren dann eine Einstellung aus der Liste und klicken anschließend auf die Schaltfläche Anwen-den ❸.

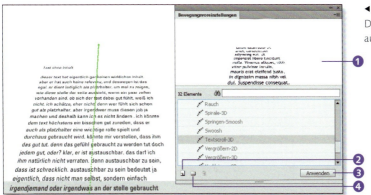

◄ **Abbildung 5.114**
Die Vorlage Textscroll-3D wurde auf ein Textfeld angewendet.

Um einen eigenen Tween inklusive Bewegungspfad und Beschleu-nigung als Vorlage zu speichern, wählen Sie den Tween bzw. die Tween-Ebene in der Zeitleiste aus und klicken anschließend auf die Schaltfläche Auswahl als Voreinstellung speichern ❹.

Ordner erstellen
Um Ihre eigenen Voreinstellungen geordnet abzuspeichern, können Sie über die Schaltfläche Neuer Ordner ❹ beliebige Ordner an-legen.

Animation kopieren und einfügen

Zur Wiederverwendung von bereits erstellten Animationen, die Sie nicht extra als Voreinstellung speichern möchten, dient das Kopieren bzw. Einfügen eines Tweens. Um eine Animation zu ko-pieren, müssen Sie zunächst den Tween bzw. die Bilder eines klas-sischen Tweens auswählen. Öffnen Sie dann das Kontextmenü der Zeitleiste, und wählen Sie den Menüpunkt Bewegung kopieren.

Anwendung
Die Funktion Bewegung kopieren ❺ ist sehr nützlich, wenn Sie mehrere Objekte, z. B. an ver-schiedenen Positionen, auf die gleiche Art und Weise animieren möchten. Die Funktion lässt sich sowohl auf Tweens als auch auf klassische Tweens anwenden.

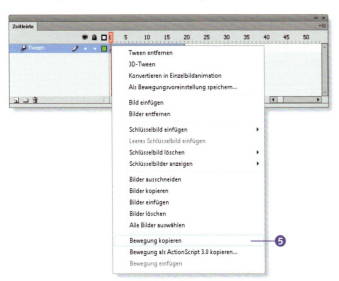

◄ **Abbildung 5.115**
Bewegung kopieren

Anschließend können Sie die Bewegung auf eine andere Symbol-
instanz anwenden. Wählen Sie dazu das Schlüsselbild mit der
Instanz aus, öffnen Sie das Kontextmenü, und wählen Sie den
Menüpunkt Bewegung einfügen.

5.5   Klassische Tweens

Damit Sie Animationen, die in einer Vorgängerversion von Flash
erstellt wurden, bearbeiten können, sollten Sie wissen, wie klassische Tweens funktionieren. Der Hauptunterschied im Vergleich
zu Tweens ist, dass ein Schlüsselbild bei einem klassischen Tween
intern alle Instanzeigenschaften eines Objekts symbolisiert. Bei
Tweens werden diese intern separat betrachtet und deshalb auch
als Eigenschaften-Schlüsselbild und nicht wie bei klassischen
Tweens einfach nur als *Schlüsselbild* bezeichnet. Schlüsselbilder
müssen Sie bei klassischen Tweens selbst erstellen. Um einen MovieClip mit einer Animation zu versehen, gehen Sie wie folgt vor:

1. Erstellen Sie auf der Ebene, auf der der MovieClip liegt, in ei-
nem Bild über [F6] oder über das Kontextmenü der Zeitleiste
Schlüsselbild einfügen ein zweites Schlüsselbild. Das zweite
Schlüsselbild ist das Endbild der Animation. Der Abstand des
ersten Schlüsselbilds zu diesem Schlüsselbild entspricht der
Länge der Animation.

2. Ändern Sie eine Eigenschaft, wie beispielsweise die Position,
die Größe, den Farbton des MovieClips, im neu erstellten
Schlüsselbild über das Eigenschaften-Fenster, das Transformieren-Fenster etc.

3. Wählen Sie das erste Schlüsselbild aus, öffnen Sie das Kontextmenü der Zeitleiste, und wählen Sie den Menüpunkt Klassisches Tween erstellen. Die Bilder zwischen den beiden
Schlüsselbildern werden automatisch berechnet.

Kein Bewegungspfad

Ein weiterer Unterschied zwischen einem Tween und einem
klassischen Tween ist, dass ein
klassischer Tween keinen Bewegungspfad besitzt. Eine Bewegung entlang eines Pfades wird
mit klassischen Tweens über
eine sogenannte Führungsebene
und einem separat erstellten
Pfad realisiert. Dazu später
mehr.

Mehrere Animationssequenzen

Sie könnten hinter dem zweiten
Schlüsselbild auf diese Weise auch
weitere Schlüsselbilder einfügen,
um mehrere Animationssequen-
zen zu erstellen.

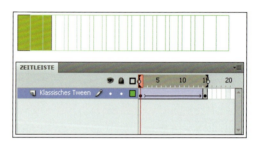

Abbildung 5.116 ▶
Ein klassischer Tween in der Zwiebelschalenansicht

Neue Funktionen wie der Bewegungs-Editor, der eine feine Steuerung von einzelnen Eigenschaften zulässt, funktionieren nicht
mit klassischen Tweens. Darüber hinaus unterscheiden sich die

Darstellung und die Handhabung in der Zeitleiste eines klassischen Tweens von der eines Tweens.

▲ **Abbildung 5.117**
Ein Tween und ein klassischer Tween in der Zeitleiste

Unter *05_Animation\Tween_Klassik* finden Sie Beispiele zur Erzeugung eines einfachen klassischen Tweens. Ausgangsbasis (*step01.fla*) ist die Bild-für-Bild-Animation, die Sie bereits kennengelernt haben.

Klassische Tweens an Pfad ausrichten

Mithilfe eines klassischen Tweens können Sie standardmäßig ein Element nur auf einer geraden Linie bewegen. Kurven und Kreisbewegungen sind zwar möglich, jedoch nur mit mehreren Arbeitsschritten. Solche Bewegungen lassen sich mit einem von Ihnen definierten Bewegungspfad, an dem sich das bewegte Objekt orientiert, realisieren.

Um einen klassischen Tween an einem solchen Pfad auszurichten, wählen Sie die Ebene mit dem Tweening aus, öffnen das Kontextmenü und wählen den Menüpunkt KLASSISCHEN PFAD HINZUFÜGEN.

Es wird automatisch eine neue Führungsebene erstellt, über die Sie den Verlauf der Bewegung durch einen Pfad bestimmen. Den Pfad selbst können Sie z. B. mit dem Stiftwerkzeug erstellen.

▲ **Abbildung 5.118**
Klassischen Pfad hinzufügen

▲ **Abbildung 5.119**
Führungsebene in der Zeitleiste

Damit das getweente Objekt sich auch an diesem Pfad orientiert, muss es jeweils im ersten und im letzten Schlüsselbild des Tweens am Pfad ausgerichtet werden. Dazu positionieren Sie das Objekt in den beiden Schlüsselbildern entsprechend. Ein runder Kreis erscheint neben dem Mauszeiger, wenn sich das Objekt über dem Pfad befindet. Lassen Sie die Maustaste dann los, damit das Objekt am Pfad einrastet.

Im EIGENSCHAFTEN-Fenster stehen Ihnen zusätzlich zwei weitere Einstellungen für das am Pfad ausgerichtete Tweening zur Verfügung:

Schlüsselbilder und Eigenschaften-Schlüsselbilder
Auch visuell wird in der Zeitleiste zwischen Schlüsselbildern und Eigenschaften-Schlüsselbildern unterschieden. Schlüsselbilder werden durch einen gefüllten Kreis angezeigt, wohingegen Eigenschaften-Schlüsselbilder durch eine gefüllte Raute dargestellt werden.

▲ **Abbildung 5.120**
Pfad-Optionen im EIGENSCHAFTEN-
Fenster

*05_Animation\Tween_
Klassik_Pfad\step01.fla*

► AUSRICHTEN ❶: Bei einem Bewegungs-Tweening, das an einem
Pfad ausgerichtet wurde, richtet sich das Objekt automatisch
an den Pfadpunkten aus.

► AN PFAD AUSRICHTEN ❷: Die aktivierte Option führt dazu, dass
das Objekt sich nicht nur an einem Pfad entlangbewegt, sondern sich auch in Pfadrichtung dreht.

Schritt für Schritt:
Klassisches Tween an Pfad ausrichten

Im Folgenden wird erläutert, wie Sie einen klassischen Tween an
einem Pfad ausrichten können.

1   Flash-Film öffnen

Öffnen Sie den Flash-Film *05_Animation\Tween_Klassik_Pfad\
step01.fla*. Ein Grashüpfer soll mithilfe eines klassischen Tweens
animiert werden. Er soll sich von links nach rechts bewegen und
einen kurzen Sprung ausführen.

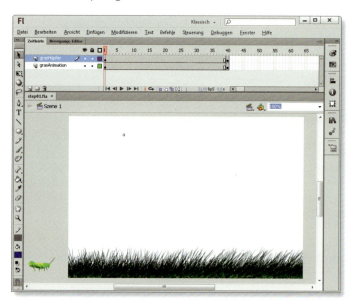

Abbildung 5.121 ►
Die vorbereitete Flash-Datei

2   Schlüsselbilder erstellen

Fügen Sie dazu zunächst in Bild 10 und 30 der Ebene »grasHüpfer« weitere Schlüsselbilder ein.

3   Positionen verändern

Der Grashüpfer wird in Bild 10 in den Bühnenbereich etwas nach
rechs verschoben. In Bild 30 wird er weiter nach rechts an den
rechten Bühnenrand verschoben.

▲ **Abbildung 5.122**
Weitere Schlüsselbilder einfügen

4   Bewegungs-Tweening einstellen

Selektieren Sie alle Bilder der entsprechenden Ebene, und fügen Sie über das Kontextmenü einen klassischen Bewegungs-Tween ein.

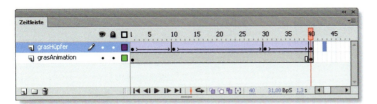

◄ **Abbildung 5.123**
Einen klassischen Bewegungs-Tween einfügen

5   Führungsebene anlegen

In der Zeitleiste wird eine neue Ebene »Pfad« erstellt. Anschließend wird via Klick auf die rechte Maustaste das Kontextmenü geöffnet, und die Ebene wird über den Menüpunkt FÜHRUNGS-EBENE ❶ in eine Führungsebene umgewandelt.

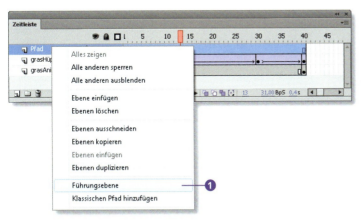

▲ **Abbildung 5.124**
Ebene in Führungsebene umwandeln

6   Ebene an Führungsebene einrasten

Wählen Sie die Ebene »grasHüpfer« aus, und ziehen Sie diese per Drag & Drop auf die Führungsebene, sodass sie eingerückt unter der Führungsebene steht.

Abbildung 5.125 ▶
Die Ebene »grasHüpfer« wurde
mit der Führungsebene verbunden.

7 Schlüsselbilder anlegen

In Bild 10 wird auf der Ebene »Pfad« über F7 oder über das
Kontextmenü ein leeres Schlüsselbild eingefügt. Ab hier soll sich
das Objekt an der Führungsebene orientieren.

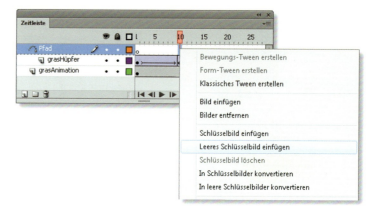

Abbildung 5.126 ▶
Das Schlüsselbild definiert den
Anfang der Pfadanimation.

8 Führungspfad zeichnen

Mit dem Stiftwerkzeug wird auf Bild 10 der Führungspfad eingezeichnet. Die Pfadform gibt die Bewegung des Objekts vor –
in diesem Fall eine Flugkurvenform. Achten Sie beim Zeichnen
darauf, dass der erste Punkt des Pfades in etwa an der Stelle des
Grashüpfers positioniert wird. Die Endposition des Pfades sollte
in etwa der Position des Hüpfers auf Bild 30 entsprechen. Fügen
Sie in Bild 31 ein leeres Schlüsselbild ein – ab hier soll die Pfadebene keinen Einfluss mehr auf die Bewegung nehmen.

Abbildung 5.127 ▶
Zeichnen Sie den Bewegungspfad,
auf dem der Grashüpfer »entlang-
hüpfen« soll.

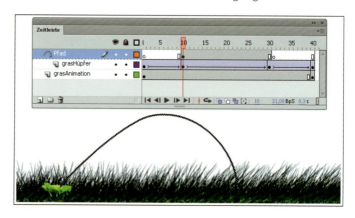

9 **Objekt an Pfad einrasten**

Damit sich der Grashüpfer an dem eben erstellen Führungspfad entlangbewegt, muss er an den Enden des Pfades einrasten. Wählen Sie den Hüpfer jeweils in Bild 10 und Bild 30 aus, halten Sie die Maustaste gedrückt, und verschieben Sie die MovieClip-Instanz so, dass der runde Kreis **1** in der Mitte am Pfad einrastet.

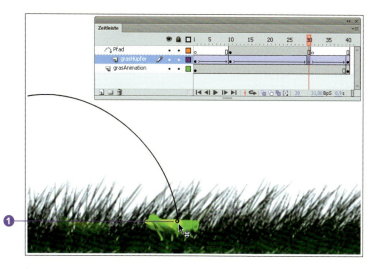

◄ **Abbildung 5.128**
Am Pfad einrasten

10 **Film testen**

Testen Sie den Flash-Film über ⌈Strg⌉/⌈⌘⌉+⌈↵⌉. Der Grashüpfer sollte zu Beginn von links nach rechts in den Bühnenbereich eintreten, einen kurzen kräftigen Sprung machen und wieder aus der Bühne hinauslaufen. Sollte der Sprung nicht funktionieren, überprüfen Sie nochmals, ob der MovieClip in den Bildern 10 und 30 am Pfad eingerastet ist.

Ergebnis der Übung:
05_Animation\Tween_Klassik_Pfad\step02.fla

Timing

Ein wesentlicher Faktor für eine gute Animation ist das richtige Timing. Diesbezüglich ist es nebensächlich, welche Technik Sie für eine Animation verwenden. Grundsätzlich wird die Geschwindigkeit einer Animation durch zwei Faktoren beeinflusst:

► die Bildrate des Flash-Films
► die Anzahl der Bilder der Animation

Stimmen Sie daher die Bildrate und die Anzahl der Bilder der Animation aufeinander ab. Üblicherweise wird zuerst die Bildrate für den gesamten Flash-Film definiert und dann die Anzahl der Bilder der jeweiligen Animation. Das richtige Timing entscheidet oft darüber, ob eine Animation glaubhaft wirkt oder nicht.

Neben diesen beiden Faktoren lässt sich das Timing auch durch einen dritten Faktor beeinflussen – durch Beschleunigung und Abbremsung. Wie Sie beschleunigte bzw. abgebremste Animationen mit Tweens erstellen, haben Sie bereits kennengelernt. Auch mit klassischen Tweens sind beschleunigte und abgebremste Animationen möglich, wenn auch nicht ganz so fein, wie das mit dem Bewegungs-Editor möglich ist.

Schritt für Schritt:
Klassisches Tween mit Beschleunigung und Abbremsung

In diesem Workshop erfahren Sie, wie Sie das Timing eines klassischen Tweens über Beschleunigung und Abbremsung beinflussen können.

1   **Flash-Film öffnen**

05_Animation\Tween_ Klassik_Beschleunigung\step01.fla

Öffnen Sie zunächst das Beispiel *05_Animation\Tween_Klassik_ Beschleunigung\step01.fla*.

2   **Beschleunigung am Anfang**

Ausgangsbasis ist ein klassischer Tween, bei dem ein Herz von klein auf groß skaliert wird. Die Animation wirkt so nicht besonders realistisch.

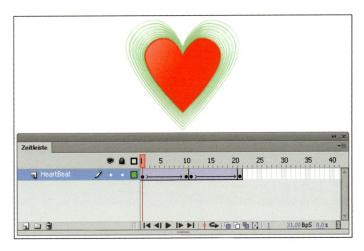

Abbildung 5.129 ▶
Ein schlagendes Herz

Wählen Sie das Schlüsselbild in Bild 1 aus, und stellen Sie die Beschleunigung im EIGENSCHAFTEN-Fenster im Reiter TWEENING auf »–50« ❶. Durch diese Einstellung wird das Herz zunächst langsamer und dann zunehmend schneller skaliert.

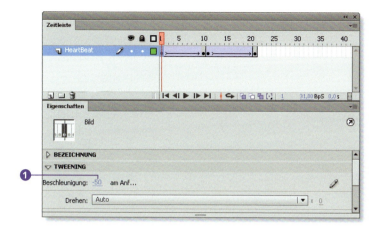

◄ **Abbildung 5.130**
Beschleunigung am Anfang

3 Beschleunigung am Ende

Wählen Sie das Schlüsselbild in Bild 11 aus, und stellen Sie die Beschleunigung auf »100« (am Ende) ❷, wodurch die Skalierung des Herz ab Bild 11 am Ende abgebremst wird. Durch die gegeneinander wirkenden Beschleunigungen wirkt die Animation schon deutlich besser – ein synchron dazu laufender Herzschlagsound ließe eine noch realistischere Stimmung entstehen.

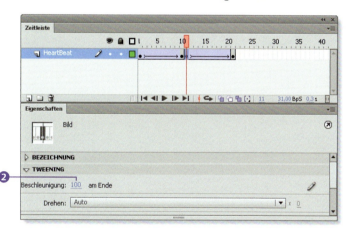

◄ **Abbildung 5.131**
Beschleunigung am Ende

4 Film testen

Testen Sie den Flash-Film über Strg / ⌘ + ↵ .

Benutzerdefinierte Beschleunigung und Abbremsung | Auch wenn die Steuerung des zeitlichen Ablaufs bei klassischen Tweens nicht ganz so komfortabel ist, wie das bei Tweens der Fall ist, lässt sich der zeitliche Ablauf auch bei klassischen Tweens ähnlich fein steuern. Nachdem Sie ein Schlüsselbild oder ein Zwischenbild eines klassischen Tweens ausgewählt haben, können Sie im EIGENSCHAFTEN-Fenster im Reiter TWEENING über die Schaltfläche

Ergebnis der Übung:
05_Animation\Tween_Klassik_Beschleunigung\step02.fla

Beschleunigung
Der Ausdruck *Beschleunigung* ist
hier etwas unglücklich gewählt.
Stellen Sie sich den Wert als *Abbremsung* vor. Ein Wert wie »40
am Ende« bedeutet also, dass
die Bewegung am Ende um den
Wert 40 abgebremst wird. Ein
Wert wie »–30 am Anfang«
würde bedeuten, dass die Bewegung am Anfang abgebremst
werden würde.

BESCHLEUNIGUNG BEARBEITEN ❸ den zeitlichen Ablauf noch genauer steuern.

▲ **Abbildung 5.132**
Klicken Sie auf BESCHLEUNIGUNG BEARBEITEN, um das Dialogfenster
zu öffnen.

Das Dialogfenster ermöglicht es Ihnen, die Bewegung bzw. die
Änderung des getweenten Objekts zwischen Anfangs- und End-
zustand zu steuern. Die horizontale Achse gibt die Bilder des
Tweenings wieder. Die vertikale Achse zeigt den Veränderungs-
grad in Prozent.

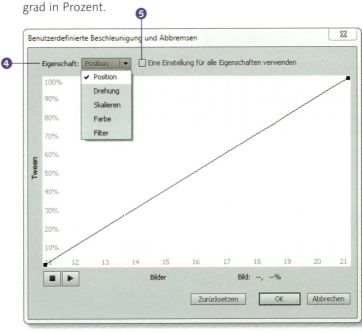

Abbildung 5.133 ▶
Benutzerdefinierte Beschleunigung und Abbremsung

Lineares Tweening
Standardmäßig liegt der Wert des
ersten Schlüsselbilds bei 0 % und
der Wert des letzten Schlüsselbilds bei 100 % – dies entspricht
einem linearen Tweening.

Über das Optionsfeld ❺ können Sie festlegen, ob sich der Graph
auf eine einzige Eigenschaft des getweenten Objekts oder auf alle
Eigenschaften auswirkt. Wenn das Optionsfeld deaktiviert wird,
lässt sich eine Eigenschaft im Listenfeld ❹ auswählen. Folgende
Eigenschaften lassen sich so getrennt voneinander steuern:
▶ Position (leider nicht getrennt in X- und Y-Position)
▶ Drehung des Objekts

▶ Größe bzw. die Skalierung des Objekts
▶ Farbe
▶ Filter(effekte)

Die Kurve selbst lässt sich durch Auswahl der Scheitelpunkte, die ähnlich wie Ankerpunkte eines Kurvensegments agieren, beeinflussen. Via Mausklick auf die Linie können Sie einen neuen Ankerpunkt erzeugen.

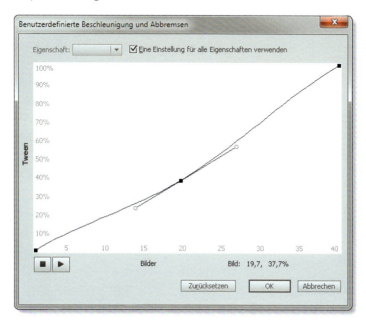

◀ **Abbildung 5.134**
Ein zusätzlicher Ankerpunkt wurde in der Mitte angelegt.

Um einen Scheitelpunkt zu entfernen, wählen Sie ihn mit der Maus aus und drücken [Entf], um ihn zu löschen. Via Mausklick auf die Schaltfläche ZURÜCKSETZEN stellen Sie den ursprünglichen Graphen wieder her.

Schritt für Schritt:
Ein fahrendes Motorrad mit einem beschleunigten klassischen Tween

In diesem Workshop wird gezeigt, wie Sie das Timing eines klassischen Tweens über die Beschleunigung beeinflussen können.

1 **Flash-Film öffnen**
Öffnen Sie dazu den Flash-Film *05_Animation\Tween_Klassik_Motorrad\ step01.fla*. Ausgangsbasis ist ein sich von links nach rechts bewegendes Motorrad.

05_Animation\Tween_Klassik_Motorrad\step01.fla

Abbildung 5.135 ▶
Die Animation des Motorrads

2   Benutzerdefinierte Beschleunigung einstellen

Wählen Sie das erste Schlüsselbild in der ZEITLEISTE aus. Klicken Sie im EIGENSCHAFTEN-Fenster im Reiter TWEENING auf BESCHLEUNI-GUNG BEARBEITEN. Erstellen Sie zwei zusätzliche Scheitelpunkte in Bild 7 ❶ und Bild 35 ❹, und verschieben Sie diese vertikal, wie in der folgenden Abbildung zu sehen. Um den Verlauf der Linie zwischen den Punkten zu ändern, wählen Sie die Scheitelpunkte aus und verschieben eine oder beide Anfasser ❸ und ❺ der Tangente.

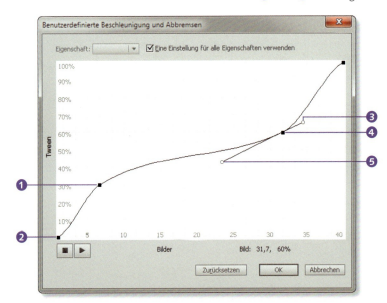

Abbildung 5.136 ▶
Die erste benutzerdefinierte
Beschleunigung

Der erste Abschnitt zwischen den Punkten ❶ und ❷ erstreckt sich über die ersten sechs Bilder der ZEITLEISTE. Sie sehen das anhand der horizontalen Achse. Bis Bild 6 werden 30 % der Strecke zurückgelegt – die vertikale Achse zeigt das. Da das Tweening aus insgesamt 40 Bildern besteht, stellen diese sechs Bilder eine vergleichsweise kurze Zeit dar. Das Motorrad bewegt sich zu Beginn also entsprechend schnell. Ab Bild 6 verläuft die Kurve wesentlich flacher über einen längeren Zeitraum, was zur Folge hat, dass sich das Motorrad deutlich langsamer bewegt. Zu guter Letzt beschleunigt es wieder ab Bild 33, die Kurve steigt hier deutlich an.

3 **Film testen**

Testen Sie den Flash-Film über ⌈Strg⌉/⌈⌘⌉+⌈↵⌉.

In dem vorangegangenen Workshop haben Sie gelernt, wie Sie eine Bewegung gezielt beschleunigen und abbremsen können. Mithilfe der benutzerdefinierten Beschleunigung können Sie zusätzlich die Bewegungsrichtung steuern. So sind auch zurücklaufende Bewegungen möglich. Was es damit auf sich hat, wird im folgenden Workshop erläutert.

Schritt für Schritt:
Ein springender Ball mit beschleunigtem klassischem Tween

In diesem Workshop erfahren Sie, wie Sie die Bewegungsrichtung mithilfe einer benutzerdefinierten Beschleunigung und Abbremsung umkehren können.

1 **Film öffnen**

Öffnen Sie den Flash-Film *05_Animation\Tween_Klassik_Springender_Ball\step01.fla*.

2 **Benutzerdefinierte Beschleunigung einstellen**

Wählen Sie das erste Schlüsselbild des klassischen Tweens aus, klicken Sie im EIGENSCHAFTEN-Fenster im Reiter TWEENING auf BESCHLEUNIGUNG BEARBEITEN, und verändern Sie den Graphen, wie in der folgenden Abbildung zu sehen.

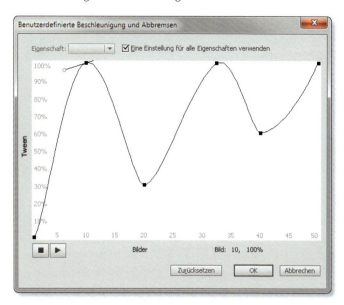

Ergebnis der Übung:
05_Animation\Tween_Klassik_Motorrad\step02.fla

05_Animation\Tween_Klassik_Springender_Ball\step01.fla

◄ **Abbildung 5.137**
Der Graph der Ball-Animation

Ergebnis der Übung:
*05_Animation\Tween_Klassik_*
Springender_Ball\step02.fla

3 **Film testen**

Testen Sie den Flash-Film über ⌈Strg⌋/⌈⌘⌋+⌈↵⌋. Die Bewegungsrichtung des Balls verläuft von oben nach unten. Das bedeutet, dass sich der Ball bei 100 % auf der y-Achse am niedrigsten Punkt befindet – in Bild 10.

Im zweiten Abschnitt, der sich zwischen Bild 10 und Bild 20 befindet, bewegt sich der Ball rückläufig. Der Ball bewegt sich von unten nach oben. Der Vorgang wiederholt sich anschließend – der Ball bewegt sich abwechselnd weiter von oben nach unten, wobei die Auslenkung nach oben immer geringer wird.

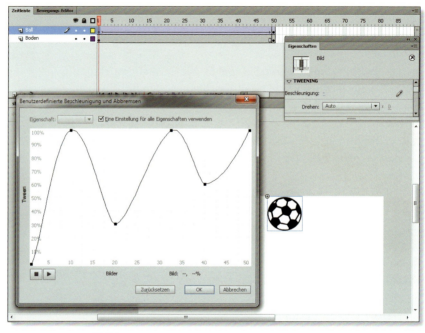

▲ **Abbildung 5.138**
Rückläufige Bewegung des Balls

5.6 Weitere Eigenschaften animieren

Neben der Position eines Objekts können Sie sowohl mit Tweens als auch mit klassischen Tweens folgende weitere Eigenschaften animieren:

Beispiele zu Animationen von Eigenschaften mit Tweens finden Sie auf der DVD im Verzeichnis *05_Animation\Tween_Eigenschaften*.

Skalierung | Sie können die Breite und Höhe eines Objekts animieren. Dazu können Sie sowohl absolute Werte über das EIGENSCHAFTEN-Fenster im Reiter POSITION UND GRÖSSE ändern (z. B. unter BREITE ❷ 200 px) als auch prozentuale Werte über das TRANSFORMIEREN-Fenster eingeben (z. B. 250 % ❶).

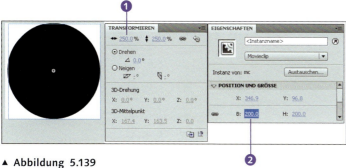

▲ **Abbildung 5.139**
Größe bzw. Skalierung ändern

Bewegung im Raum | Neben einer Bewegung auf der Bildebene, die Sie bereits mehrfach kennengelernt haben, können Sie ein Objekt auch mit dem 3D-Versetzungswerkzeug ⬟ oder über das Transformieren-Fenster im Raum auf der z-Achse bewegen.

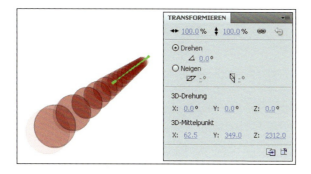

[!] Bewegung im Raum nur über Tweens
Wenn Sie ein Objekt im Raum animieren möchten, lässt sich dies nur über Tweens und nicht über klassische Tweens bewerkstelligen.

◄ **Abbildung 5.140**
Der MovieClip wird im Raum auf der z-Achse verschoben.

Rotation auf der Bildebene | Mit dem Frei-transformieren-Werkzeug ▦ oder über das Transformieren-Fenster können Sie nicht nur die Größe eines Objekts anpassen, sondern es auch rotieren ❸ oder neigen ❹.

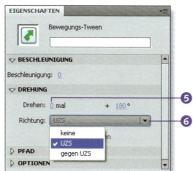

Drehung animieren

Unter Drehen im Eigenschaften-Fenster können Sie festlegen, wie oft ❺ und in welche Richtung ❻ das Objekt gedreht werden soll.

◄ **Abbildung 5.141**
Rotation im Transformieren-Fenster einstellen

Rotation im Raum | Mit dem Frei-3D-Drehungswerkzeug ◗ oder über das Transformieren-Fenster können Sie ein Objekt auf der x-, y- oder z-Achse im Raum rotieren.

[!] Rotation im Raum nur über Tweens
Wenn Sie die Drehung im Raum animieren möchten, lässt sich dies allerdings nur über Tweens und nicht über klassische Tweens bewerkstelligen.

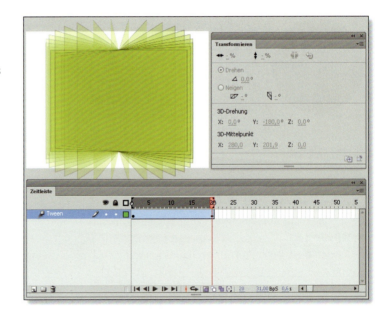

Abbildung 5.142 ▶
Ein Rechteck wird mittels eines Tweens auf der y-Achse im Raum gedreht.

Helligkeit | Der Helligkeitswert einer Instanz lässt sich im EIGEN-SCHAFTEN-Fenster im Reiter FARBEFFEKT einstellen. Wählen Sie dazu im Dropdown-Menü STIL ❶ den Eintrag HELLIGKEIT aus. Anschließend können Sie mit dem Schieberegler oder per Eingabe in das Feld den Grad der Helligkeit bestimmen.

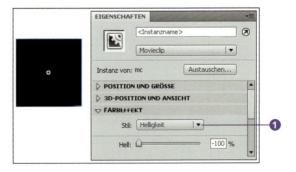

▲ Abbildung 5.143
Helligkeit auf –100%, der MovieClip erscheint schwarz.

Tipp
Die Veränderung des Helligkeitwerts über einen Tween benötigt deutlich weniger CPU-Leistung als die Veränderung des Alphawerts. Bei einem schwarzen oder weißen Hintergrund lässt sich der Helligkeitswert nutzen, um ein Alpha-Tweening zu simulieren.

Farbton | Nachdem Sie im EIGENSCHAFTEN-Fenster im REITER FARBEFFEKT unter STIL den Eintrag FARBTON gewählt haben, können Sie via Mausklick auf das Farbfeld ❷ einen Farbton und im Feld darunter ❸ die Helligkeit des Farbtons auswählen. Im Bereich RGB ❹ können Sie alternativ über den RGB-Farbwert (Rot, Grün, Blau) durch Mischung einen Farbton erzeugen. Die jeweils eingestellte Farbe überlagert die Instanz flächendeckend.

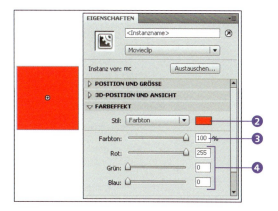

◀ **Abbildung 5.144**
Auch die Instanzeigenschaft Farbton lässt sich im Eigenschaften-Fenster ändern.

Transparenz | Der Stil-Wert Alpha einer Instanz definiert die Transparenz. Der Wert 100 % entspricht einer vollen Deckkraft der Instanz. Der Wert 0% sorgt dafür, dass das Objekt vollständig durchscheint.

◀ **Abbildung 5.145**
Der Wert Alpha des MovieClips »mc« wurde auf 0 % gestellt – er wird unsichtbar ❺.

Erweiterte Farbeinstellungen | Wenn Sie im Eigenschaften-Fenster im Reiter Farbeffekt unter Stil den Eintrag Erweitert wählen, können Sie den Farbton und gleichzeitig auch die Transparenz über den Wert Alpha mit einem einzigen Schritt festlegen.

Die Farbe und die Transparenz werden hierbei über einen ARGB-Wert (Alpha, Rot, Grün, Blau) festgelegt.

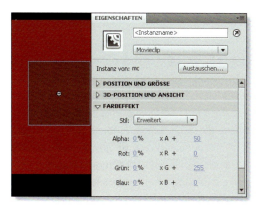

◀ **Abbildung 5.146**
Erweiterte Farbtoneinstellungen

5.7 Form-Tweens

Neben der Bild-für-Bild-Technik und Tweens gibt es eine dritte Animationstechnik. Sogenannte *Form-Tweens* werden dazu verwendet, Vektorformen über einen bestimmten Zeitraum umzuformen, so kann z. B. aus einem Kreis ein Stern entstehen. Ein Form-Tween funktioniert ausschließlich mit Vektorformen – es können keine Symbole und auch keine Bitmaps verwendet werden.

Bitmaps in Vektoren umwandeln

[!] Dateigröße

Nicht jede Bitmap eignet sich für die Umwandlung in Vektoren. Sehr komplexe Formen würden zu einer sehr hohen Dateigröße führen. Behalten Sie die Dateigröße des Flash-Films also immer im Auge, wenn Sie eine Bitmap in Vektoren umwandeln.

Gelegentlich möchte man Bitmap-Grafiken als Ausgangsbasis für einen Form-Tween nutzen. Dazu muss die Bitmap zunächst in Vektoren umgewandelt werden. Sie können eine ausgewählte Bitmap über das Menü Modifizieren • Bitmap • Bitmap nachzeichnen in eine Vektorform umwandeln.

▲ **Abbildung 5.147**
Bitmap nachzeichnen

Die Umwandlung selbst lässt sich im Dialogfenster über folgende vier Einstellungen steuern:

Kurvenanpassung

Der Wert Pixel würde zu einer sehr genauen Wiedergabe des Originals führen. Der Wert Sehr glatt rundet Kurven stark ab, wodurch die ursprüngliche Form an Genauigkeit verliert. Für die meisten Formen ist der Standardwert Normal ausreichend.

▶ Ist die Differenz zweier Farbwerte der Bitmap kleiner als der Farbschwellenwert ❶, werden die Farben als gleichwertig betrachtet – ein hoher Wert führt zu Vektorformen mit wenigen Farben. Auf das folgende Beispiel im Schritt-für-Schritt-Workshop hat der Wert keinen Einfluss, da nur Schwarz verwendet wurde.

▶ Über das Feld Kleinste Fläche ❷ legen Sie die Anzahl der umgebenden Pixel fest, die bei der Farbzuweisung berücksichtigt werden. Ein kleiner Wert führt zu komplexeren Formen, was dann die Dateigröße des Flash-Films entsprechend beeinflusst.

▶ Die Kurvenanpassung ❹ steuert die Genauigkeit der Kurven.

▶ Die Einstellung Eckenschwellenwert ❸ ist das Pendant zur Kurvenanpassung. Je mehr Ecken berücksichtigt werden, desto präziser wird die Form. Sie haben hier jedoch lediglich die Auswahl zwischen Viele Ecken, Normal und Wenige Ecken.

▲ **Abbildung 5.148**
Mögliche Kurvenanpassungen

Schritt für Schritt:
Bitmap in Vektoren umwandeln

In diesem Workshop lernen Sie, wie Sie eine Bitmap-Grafik in Vektoren umwandeln und wie Sie mit den erzeugten Vektoren einen Form-Tween erstellen.

1   Film öffnen
Öffnen Sie den Flash-Film *05_Animation\BitmapVektoren_Umwandlung\step01.fla*.

05_Animation\Bitmap-Vektoren_Umwandlung\step01.fla

◄ **Abbildung 5.149**
Die Bitmap-Grafik als Ausgangsbasis

Im Flash-Film finden Sie eine Bitmap mit den Umrissen von Deutschland und Italien.

2   Bitmap in Vektoren umwandeln
Wählen Sie die Bitmap aus, und öffnen Sie über das Menü Mo-DIFIZIEREN • BITMAP • BITMAP NACHZEICHNEN das Dialogfenster BITMAP NACHZEICHNEN. Für das Beispiel sind die Standardeinstellungen ausreichend – klicken Sie auf OK, um die Bitmap in eine Vektorform umzuwandeln.

3   Die Umwandlung ist fertig
Damit ist die Umwandlung schon fertig. Sie können jetzt jedes Vektor-Werkzeug in Flash wie gewohnt auf die Vektorform anwenden – z. B. mit dem Tintenfasswerkzeug eine Strichlinie (Kontur) einfügen.

4 **Italien-Karte ausschneiden**

Wählen Sie jetzt mit dem Auswahlwerkzeug ![] die Italien-Karte per Doppelklick aus, und drücken Sie Strg/⌘+X, um die Karte auszuschneiden. Die Karte wird damit entfernt und gleichzeitig in die Zwischenablage kopiert.

5 **Schlüsselbild erstellen**

Erstellen Sie in Bild 10 ein leeres Schlüsselbild, und fügen Sie die Italien-Karte über Strg/⌘+V ein. Beide Karten werden über das Fenster AUSRICHTEN mittig via Mausklick auf die Felder ❶, ❷ und ❸ auf der Bühne zentriert.

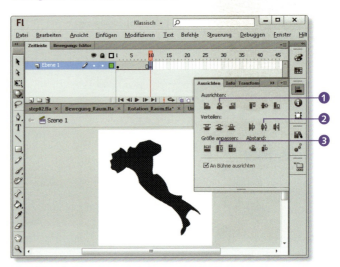

Abbildung 5.150 ▶
Die Karten werden mittig auf der Bühne zentriert.

6 **Form-Tween einstellen**

Wählen Sie das erste Schlüsselbild aus, öffnen Sie mit der rechten Maustaste das Kontextmenü der ZEITLEISTE, und wählen Sie den Menüpunkt FORM-TWEEN ERSTELLEN aus.

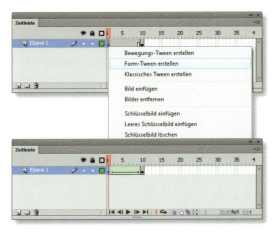

Abbildung 5.151 ▶
Das Form-Tweening wird in der ZEITLEISTE durch einen schwarzen Pfeil auf hellgrünem Hintergrund dargestellt.

7 Film testen

Jetzt können Sie den Flash-Film bereits über ⎡Strg⎤/⎡⌘⎤+⎡↵⎤ testen: Die Deutschland-Karte wird in einer fließenden Animation verformt und in die Italien-Karte umgewandelt.

Ergebnis der Übung:
*05_Animation\BitmapVektoren_*
Umwandlung\step02.fla

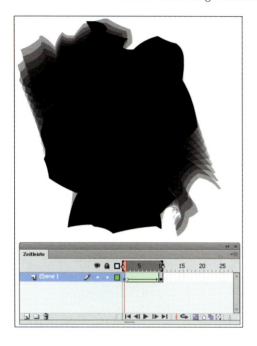

◀ **Abbildung 5.152**
Das Form-Tweening in der
Zwiebelschalenansicht

Die Formen der beiden Karten sind sehr unterschiedlich und komplex, was im Animationsablauf zu einigen unschönen Überschneidungen führt. Im folgenden Abschnitt erfahren Sie, wie Sie den Form-Tween noch verbessern können.

Formmarken einsetzen

Mit sogenannten *Formmarken* können Sie Flash dabei helfen, wesentliche Punkte der Formen zu finden und abzugleichen, um das Resultat des Form-Tweens zu verbessern.

Schritt für Schritt:
Formmarken für einen Form-Tween einsetzen

In diesem Workshop lernen Sie, wie Sie Formmarken für einen Form-Tween einsetzen können.

1 Film öffnen

Öffnen Sie den Flash-Film *05_Animation\BitmapVektoren_Umwandlung\step02.fla*.

05_Animation\Bitmap-
Vektoren_Umwandlung\step02.fla

Formmarken-Reihenfolge

Formmarken funktionieren am besten, wenn Sie sie, beginnend mit der linken oberen Ecke der Form, entgegen dem Uhrzeigersinn platzieren.

Reihenfolge

Den jeweiligen Formmarken sind Buchstaben (A bis z) zugewiesen – Sie können diese vergleichen, um festzustellen, welche Marken sich in der Ausgangs- und in der Endform entsprechen.

2   **Formmarke einfügen**

Wählen Sie das erste Schlüsselbild in der ZEITLEISTE aus, und fügen Sie eine Formmarke über MODIFIZIEREN • FORM • FORMMARKE HINZUFÜGEN oder über das Tastenkürzel $\boxed{\text{Strg}}$/$\boxed{\text{⌘}}$+$\boxed{\text{⇧}}$+$\boxed{\text{H}}$ ein. Verschieben Sie die Formmarke an die linke obere Ecke der Deutschland-Karte.

◄ **Abbildung 5.153**
Die erste Formmarke wurde positioniert.

3   **Weitere Formmarken einfügen**

Formmarken funktionieren am besten, wenn Sie sie beginnend mit der linken oberen Ecke der Form entgegen dem Uhrzeigersinn platzieren.

4   **Formmarken entfernen**

Formmarken entfernen

Verschieben Sie die Formmarke außerhalb der Bühne, um sie zu entfernen. Um alle Formmarken zu entfernen, wählen Sie den Menüpunkt MODIFIZIEREN • FORM • ALLE MARKEN LÖSCHEN.

Fügen Sie weitere Formmarken ein, und positionieren Sie die Marken an signifikanten Stellen der Form. Für dieses Beispiel reichen bereits drei Formmarken aus.

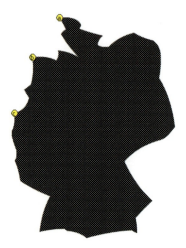

◄ **Abbildung 5.154**
Formmarken erstellen und positionieren

5 Formmarken für Endbild definieren

Wählen Sie jetzt Bild 10 aus, und positionieren Sie die Formmarken. Achten Sie bei der Positionierung darauf, dass die Formmarken in der richtigen Reihenfolge positioniert werden.

6 Formmarken abgleichen

Wechseln Sie dazu immer wieder einmal zurück zu Bild 1, um die Position der Marken zu vergleichen. Übrigens zeigt Flash Formmarken im Ausgangsbild in Gelb und im Endbild in Grün an, wenn Formmarken vermeintlich richtig positioniert wurden. Manchmal lässt sich das zwar nicht erreichen – die Formmarken funktionieren aber dennoch.

Ansicht

Gelegentlich kommt es vor, dass Flash Formmarken einfach ausblendet – das passiert regelmäßig beim Öffnen eines Films, der Formmarken verwendet. Klicken Sie dann auf ANSICHT • FORMMARKEN ANZEIGEN, um alle Formmarken einzublenden.

▲ **Abbildung 5.155**
Formmarken der Italien-Karte

7 Film testen

Nachdem Sie alle Formmarken gesetzt haben, sollten die unvorteilhaften Überlagerungen in der Animation verschwunden sein. Testen Sie den Flash-Film über ⌑Strg⌑/⌑⌘⌑+⌑↵⌑.

 Ergebnis der Übung:
05_Animation\BitmapVektoren_Umwandlung\step03.fla

5.8 Masken

Mittels einer Maske kann ein Ausschnitt eines sichtbaren Bildbereichs definiert werden. Dabei entspricht die Füllform der Maske dem Bereich des Ausschnitts. In Flash werden Masken in der Entwicklungsumgebung über sogenannte *Maskenebenen* verwirklicht.

Um eine normale Ebene in eine Maskenebene umzuwandeln, wählen Sie die Ebene aus, öffnen via Klick auf die rechte Maustaste das Kontextmenü und wählen den Menüpunkt MASKE ❶.

Gegenstück eines Passepartouts

Eine Maske ist das Gegenteil eines Passepartouts. Über die Maskenform wird der sichtbare Ausschnitt definiert.

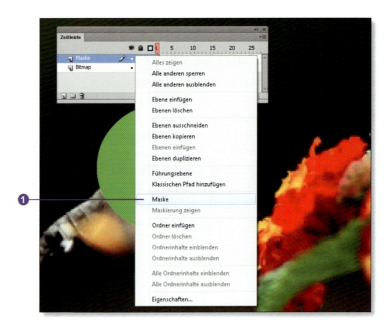

▲ **Abbildung 5.156**
Ebene in Maskenebene umwandeln

Farbe der Maske

Die Füllfarbe einer Maskenform ist nebensächlich und nimmt keinen Einfluss auf die Maskierung selbst – wichtig ist, dass Sie die Maske in der Arbeitsumgebung gut erkennen können. Sie sollten daher beispielsweise keine weiße Füllfarbe für eine Maske verwenden, wenn der Bühnenhintergrund oder das Objekt unter der Maskenebene ebenfalls weiß ist.

Die darunterliegende Ebene wird der Maskenebene zugeordnet und durch die eingezeichnete Maskenform maskiert. Damit das Resultat der Maske in der Entwicklungsumgebung sichtbar ist, wird sowohl die Maskenebene auch als die maskierte Ebene gesperrt. Wenn Sie diese Sperrung aufheben, ist das Resultat der Maske in der Entwicklungsumgebung nicht mehr sichtbar – beim Veröffentlichen des Films wird sie dennoch angewendet.

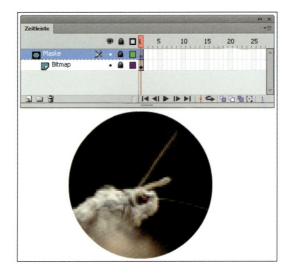

Abbildung 5.157 ▶
Das Resultat der Maskierung

Maskenebene | Eine Maskenebene beinhaltet eine Form, wie z. B. einen Kreis. Durch die Verbindung der Maskenebene mit einer anderen Ebene wird die Form der Maskenebene dazu verwendet, einen Ausschnitt der maskierten Ebene zu zeigen. Der Ausschnitt richtet sich nach der Form auf der Maskenebene – vergleichbar mit einem Fernrohr, bei dem die Form des Fernrohrs, durch das Sie sehen, der Maskenform entspricht.

Um eine Ebene nachträglich einer erstellten Maskenebene zuzuweisen, wählen Sie die Ebene aus und verschieben die Ebene unterhalb der Maskenebene ❶. Auf ähnliche Weise machen Sie aus einer maskierten Ebene wieder eine gewöhnliche Ebene. Dazu ziehen Sie die Maskenebene einfach nach links unten raus ❸.

Masken werden häufig auch im Zusammenhang mit Animationen verwendet. Wie Sie mithilfe mehrerer Maskenebenen einen interessanten Effekt für eine Slideshow erstellen können, erfahren Sie im Workshop in Abschnitt 5.9, »Verschachtelung«.

Verlaufsmasken | Seit Flash 8 sind Verlaufsmasken möglich, bei denen im Gegensatz zu einer normalen Maske keine einfarbige Fläche, sondern ein Farbverlauf zur Maskierung verwendet wird. Verlaufsmasken können besondere Effekte erzielen. Mit einem schwarz-transparenten Farbverlauf können Sie ein Bild oder eine Form so in eine Richtung transparent auslaufen lassen.

Um Verlaufsmasken anwenden zu können, sind jedoch einige besondere Schritte notwendig. Diese lernen Sie im folgenden Workshop kennen.

Schritt für Schritt:
Verlaufsmaske erstellen

In diesem Workshop erfahren Sie, wie Sie eine Verlaufsmaske erstellen können.

1   Film öffnen

Öffnen Sie den Flash-Film *05\Animation\Verlaufsmaske\step01. fla*. Auf der Ebene »Bitmap« befindet sich eine Bitmap, die im Folgenden über eine Verlaufsmaske maskiert wird.

Wählen Sie das Bild aus, und konvertieren Sie es über F8 in einen MovieClip »image_mc«. Weisen Sie dem MovieClip anschließend im EIGENSCHAFTEN-Fenster den Instanznamen »image_mc« ❹ zu.

Darstellung der Hierarchie
Auf welche Hierarchieebene eine Zeitleistenebene verschoben wird, wird Ihnen während des Verschiebens einer Ebene durch das Kreis-Symbol ❷ auf der linken Seite angezeigt.

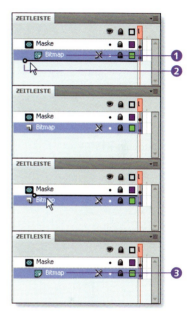

▲ **Abbildung 5.158**
Oben: Ebene einer Maske zuweisen; unten: maskierte Ebene in eine normale Ebene umwandeln

05_Animation\Verlaufsmaske\ step01.fla

Abbildung 5.159 ▶
Einen Instanznamen zuweisen

2   Maskenform anlegen

Zeichnen Sie mit dem Rechteckwerkzeug ▣ auf der Ebene »Maske« ein 500 × 400 px großes Rechteck ein. Achten Sie dabei darauf, dass Sie die Strichfarbe ❺ deaktiviert haben. Öffnen Sie das Fenster FARBE, und stellen Sie einen linearen Farbverlauf ❻ ein.

Abbildung 5.160 ▶
Linearen Farbverlauf einstellen

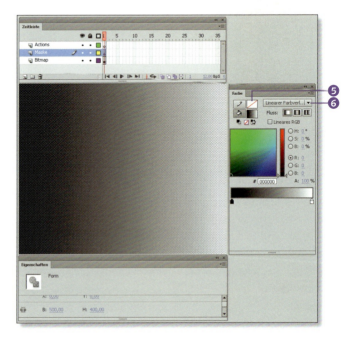

3   Farbverlauf mit transparenter Farbe

Wählen Sie das weiße Farbfeld **8** aus, und stellen Sie den Wert bei ALPHA **7** auf 0 %.

◄ **Abbildung 5.161**
Farbverlauf mit transparenter
Farbe

4   In MovieClip konvertieren

Wählen Sie das Rechteck mit dem Farbverlauf aus, und wandeln Sie es in einen MovieClip »mask_mc« um. Weisen Sie auch diesem MovieClip im EIGENSCHAFTEN-Fenster den Instanznamen »mask_mc« **9** zu.

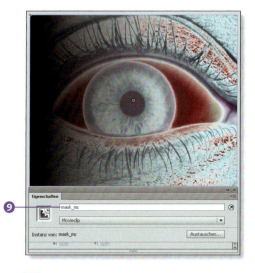

◄ **Abbildung 5.162**
Instanznamen zuweisen

5   cacheAsBitmap aktivieren

Jetzt kommt der Trick: Anstatt das Bild über eine Maskenebene zu maskieren, was nicht zum gewünschten Ergebnis führen würde, da eine Verlaufsmaske nicht mithilfe einer Maskenebene funktioniert, wird das Bild über ActionScript maskiert.

Damit das funktioniert, muss die Instanzeigenschaft `cacheAs-Bitmap` beider MovieClips auf `true` gesetzt werden. Wählen Sie das erste Schlüsselbild auf der Ebene »Actions« aus, und öffnen

Sie das AKTIONEN-Fenster über F9 bzw. Alt+F9. Geben Sie dort folgenden Code ein:

```
image_mc.cacheAsBitmap = true;
mask_mc.cacheAsBitmap = true;
image_mc.mask = mask_mc;
```

Abbildung 5.163 ▶
Dem ersten Schlüsselbild werden Aktionen zugewiesen.

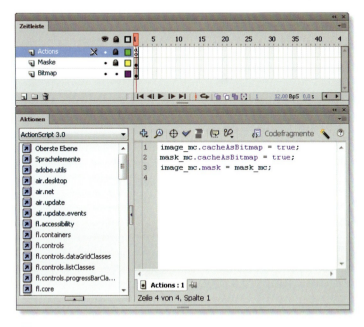

Ergebnis der Übung:
05_Animation\Verlaufsmaske\step02.fla

6   Film testen

Testen Sie den Flash-Film über Strg/⌘+↵. Das Bild wird über die Verlaufsmaske maskiert.

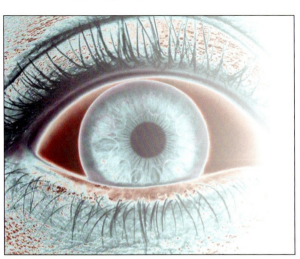

Abbildung 5.164 ▶
Maskierung per Verlaufsmaske

5.9   Verschachtelung

Eine der größten Stärken und Vorteile von MovieClips gegenüber Grafik-Symbolen liegt darin, dass MovieClips beliebig oft
verschachtelt werden können und nicht an die Hauptzeitleiste
gebunden sind. MovieClips besitzen ihre eigene Zeitleiste, die
nahezu autonom agiert.

Bei komplexen Flash-Filmen wie einer Webseite kann die
Strukturierung über MovieClips eine große Hilfe sein. Zusam-
mengehörende Elemente wie die Navigation, Textbereiche, das
Logo etc. lassen sich jeweils in einem MovieClip platzieren.

Eigene Ebene für MovieClips
Um den Überblick nicht zu verlieren, sollten Sie solche Movie-
Clips auf der Hauptzeitleiste auf
einer eigenen Ebene platzieren
und diese eindeutig benennen.

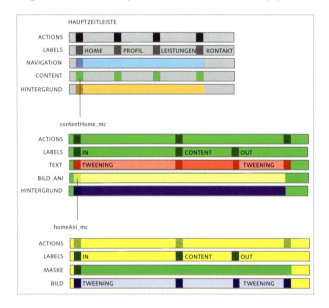

◄ **Abbildung 5.165**
Das Bild zeigt eine mögliche
Webseitenstruktur mithilfe von
verschachtelten MovieClips.

Ein weiterer Vorteil dieses Aufbaus ist, dass ein MovieClip dann
als separater Film agiert, als solcher gesteuert und unabhängig
von anderen Bereichen entwickelt werden kann. So lässt sich z. B.
zunächst die Navigation erstellen, dann verschiedene Inhaltsbereiche der Webseite etc.

Die Verschachtelung von MovieClips lässt sich jedoch nicht
nur zum Strukturieren verwenden – sie bietet auch viele Vorteile
für Animationen.

Schritt für Schritt:
Verschachtelung in einer Galerie mit Maskeneffekt

In diesem Workshop lernen Sie, wie Sie Verschachtelung sinnvoll
einsetzen können und wie Sie mithilfe von Masken einen interessanten Überblendungseffekt für eine Gallery erstellen können.

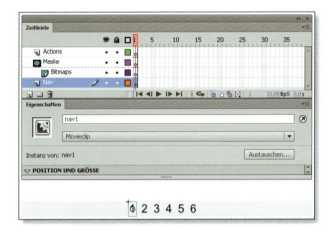

05_Animation\Masken_Gallery\Masken_Gallery_01.fla

1 Flash-Film öffnen

Öffnen Sie den Flash-Film *05_Animation\Masken_Gallery\Masken_Gallery_01.fla*. Auf der Hauptzeitleiste befinden sich auf der Ebene »Nav« sechs MovieClips mit den Instanznamen »nav«1 bis »nav6«. Per Mausklick auf einen MovieClip soll später ein entsprechendes Bild der Slideshow angezeigt werden. In der Bibliothek finden Sie sechs entsprechende Bitmaps, die für die Gallery verwendet werden sollen. Die Ebene »Maske« agiert als Maskenebene für die Ebene »Bitmaps«.

Abbildung 5.166 ▶
Die Ausgangsbasis

2 Bitmap einfügen

Wählen Sie das leere Schlüsselbild auf der Ebene »Bitmaps« aus, und ziehen Sie die erste Bitmap aus der BIBLIOTHEK auf die Bühne. Wandeln Sie die Bitmap über F8 in einen MovieClip um, und weisen Sie dem MovieClip im EIGENSCHAFTEN-Fenster den Instanznamen »gallery« zu.

Abbildung 5.167 ▶
Instanznamen zuweisen

3   **Bitmaps einfügen und ActionScript definieren**

Wechseln Sie über ⌜Strg⌝/⌜⌘⌝+⌜E⌝ in den Symbol-Bearbeitungs-modus des MovieClips, und fügen Sie in Bild 2 bis 6 über ⌜Strg⌝/ ⌜⌘⌝+⌜F7⌝ leere Schlüsselbilder ein. Platzieren Sie dann jeweils ein Bild aus der Bibliothek in jeweils ein Schlüsselbild, und richten Sie es über das AUSRICHTEN-Fenster (⌜Strg⌝/⌜⌘⌝+⌜K⌝) entsprechend aus. Je nachdem, auf welche Bildnummer der Benutzer klickt, wird das entsprechende Bild später dann im MovieClip angesprungen. Fügen Sie eine neue Ebene »Actions« ein, wählen Sie das erste Schlüsselbild auf der Ebene aus, öffnen Sie das AKTIONEN-Fenster, und weisen Sie dem ersten Schlüsselbild folgende Codezeile zu:

```
stop();
```

◀ **Abbildung 5.168**
ActionScript definieren

Wechseln Sie anschließend zurück zur Hauptzeitleiste des Flash-Films. In der BIBLIOTHEK finden Sie drei MovieClips »form0«, »form1« und »form2«. Die Zeitleiste aller drei MovieClips sind nach dem gleichen Schema aufgebaut. Auf der Ebene »Actions« befindet sich im ersten und letzten Schlüsselbild die Anweisung stop();, um die Zeitleiste zu Beginn und am Ende anzuhalten. Auf der Ebene »Form« befinden sich je nach MovieClip unterschiedliche Formen, die über ein Tween animiert wurden. Die Formen werden von klein nach groß skaliert und teilweise gedreht. Wichtig ist, dass die Fläche der Form im letzten Bild den gesamten Bühnenbereich bedeckt. Der Tween dient als Maskenanimation. Später wird zufällig ein MovieClip ausgewählt, und innerhalb des MovieClips wird die Animation ab Bild 2 abgespielt.

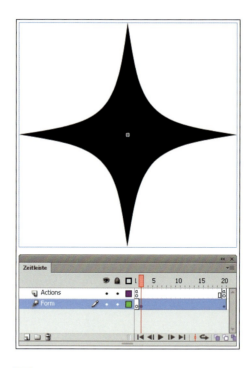

Abbildung 5.169 ▶
Die Zeitleiste und die Form des
MovieClips »form0«

4   Masken-MovieClip erstellen

Wählen Sie den MovieClip »form0« aus, ziehen Sie ihn auf die
Bühne in das Schlüsselbild der Ebene »Maske«, und richten Sie
den MovieClip über das AUSRICHTEN-Fenster mittig auf der Bühne
aus. Wandeln Sie den MovieClip erneut in einen MovieClip um,
und weisen Sie dem MovieClip dann im EIGENSCHAFTEN-Fenster
den Instanznamen »maske« zu.

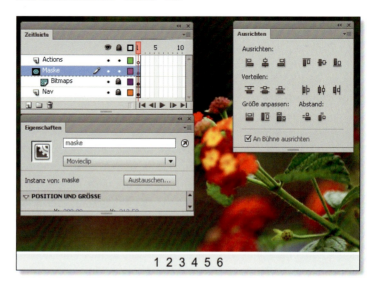

Abbildung 5.170 ▶
Der MovieClip »form0« wurde
mittig ausgerichtet und erneut in
einen MovieClip »maske« umgewandelt.

5   **Form-MovieClips einfügen und Instanznamen zuweisen**

Wechseln Sie anschließend in den Bearbeitungsmodus des MovieClips, nennen Sie die bereits vorhandene Ebene »form0«, und
erstellen Sie zwei weitere Ebenen »form1« und »form2«. Ziehen
Sie den MovieClip »form1« auf die Ebene form1 und den MovieClip »form2« auf die Ebene »form2«. Weisen Sie allen drei
MovieClips dann entsprechende Instanznamen zu: »form0«,
»form1«, »form2«. Die MovieClips werden mittig auf der Bühne
positioniert.

◀ **Abbildung 5.171**
Die Zeitleiste des MovieClips
»maske«

6   **ActionScript-Code für die Navigation definieren**

Wechseln Sie anschließend zurück zur Hauptzeitleiste des Flash-
Films, öffnen Sie das AKTIONEN-Fenster, und weisen Sie dem ersten Schlüsselbild zunächst folgenden Code zu:

```
1:   nav1.addEventListener(MouseEvent.CLICK,showImage);
2:   nav2.addEventListener(MouseEvent.CLICK,showImage);
3:   nav3.addEventListener(MouseEvent.CLICK,showImage);
4:   nav4.addEventListener(MouseEvent.CLICK,showImage);
5:   nav5.addEventListener(MouseEvent.CLICK,showImage);
6:   nav6.addEventListener(MouseEvent.CLICK,showImage);
7:   nav1.buttonMode = true;
8:   nav2.buttonMode = true;
9:   nav3.buttonMode = true;
10:  nav4.buttonMode = true;
11:  nav5.buttonMode = true;
12:  nav6.buttonMode = true;
```

Eventuell können Sie die folgenden Codehinweise noch nicht nachvollziehen. Lesen Sie zunächst die ActionScript-Kapitel in Teil III, wenn Sie den Code nachvollziehen möchten.

In Zeile 1 bis 6 werden sogenannte Ereignis-Listener an den MovieClips »nav1« bis »nav6« registriert, die dafür sorgen, dass die Funktion showImage aufgerufen wird, wenn der Benutzer auf einen der MovieClips klickt. In Zeile 7 bis 12 wird die Eigenschaft buttonMode der MovieClips auf true gesetzt, damit sich die MovieClips wie Schaltflächen verhalten und der Mauszeiger sich ändert, wenn der Benutzer den Mauszeiger über einen der MovieClips bewegt.

7 **Masken-MovieClip und Gallery-MovieClip steuern**
Ergänzen Sie den Code nun um folgende Zeilen:

```
1:   var maskArray:Array = new Array(
     maske.form0,maske.form1,maske.form2);
2:   function showImage(e:Event):void {
3:       var myImageIndex:uint =
         e.target.name.substr(-1,1);
4:       var ranIndex:uint =
         extRandom(0,maskArray.length-1);
5:       resetMask(ranIndex);
6:       maskArray[ranIndex].gotoAndPlay(2);
7:       gallery.gotoAndStop(myImageIndex);
8:   }
9:   function resetMask(myIndex:uint):void {
10:      for (var i:uint = 0;i<maskArray.length;i++) {
11:          if(i != myIndex) {
12:              maskArray[1].gotoAndStop(1);
13:          }
14:      }
15:  }
16:  function extRandom(
     minVal:uint,maxVal:uint):uint {
17:      return minVal+Math.floor(Math.random()*
         (maxVal+1-minVal));
18:  }
```

In Zeile 1 wird ein sogenanntes Array definiert, das Referenzen auf die jeweiligen MovieClips beinhaltet, die als Maske dienen. Die Funktion showImage, die ab Zeile 2 definiert ist, sorgt dafür, dass der Abspielkopf des MovieClips »gallery« auf das Bild mit der entsprechenden Bildnummer springt. Klickt der Benutzer beispielsweise auf die Nummer 3, wird das Bild 3 im MovieClip »gallery« angesprungen. Die entsprechende Bildnummer wird aus dem Namen des angeklickten MovieClips extrahiert. Dazu wird das letzte Zeichen des Namens ermittelt (Zeile 3) und der Variablen `myImageIndex` zugewiesen. Anschließend sorgt die Funktion dafür, dass zufällig (Zeile 4) einer der Masken-MovieClips angesteuert wird, der Abspielkopf auf Bild 2 des MovieClips springt und die Zeitleiste von dort abgespielt wird (Zeile 6). Die Maskenanimation wird dadurch sozusagen gestartet.

Der Abspielkopf der Zeitleisten der anderen zwei Masken-MovieClips springt auf Bild 1. Das ist notwendig, da sich der Abspielkopf einer der MovieClips auf dem letzten Bild befinden könnte, wenn eine Maskenanimation zuvor schon einmal abgespielt wurde. Dafür sorgt der Aufruf der Funktion `resetMask` in Zeile 5. Die Funktion `extRandom` (Zeile 16) erwartet zwei `uint`-Werte und gibt einen zufälligen `uint`-Wert in dem angegebenen Wertebereich zurück.

8   **Fertig! Flash-Film testen**

Testen Sie den Flash-Film über `Strg`+`↵`. Wenn Sie auf eine Bildnummer klicken, wird das entsprechende Bild durch eine zufällig ausgewählte Maskenanimation aufgedeckt.

Ergebnis der Übung:
05_Animation\Masken_Gallery\ Masken_Gallery_02.fla

◀ **Abbildung 5.172**
Die Gallery im Flash Player

5.10   Inverse Kinematik

Seit der Version Flash CS4 gibt es eine neue Animationstechnik, die sogenannte *inverse Kinematik*, häufig auch abgekürzt mit IK.

Inverse Kinematik

Der Begriff kommt ursprünglich aus der Robotik. Inverse Kinematik ist gerade für Charakteranimationen, die bisher meist über die Bild-für-Bild-Technik umgesetzt wurden, sehr hilfreich.

IK-Form

Werden einer Form Bones hinzugefügt, wird diese Form auch als *IK-Form* bezeichnet.

Bei der inversen Kinematik wird ein Teil einer kinematischen Kette bewegt. Alle anderen Teile der Kette richten sich je nach Einstellung nach diesem Element und werden entsprechend ausgerichtet bzw. bewegt. Das Prinzip funktioniert ähnlich wie bei einer menschlichen Hand. Bringen Sie Ihre Hand in eine bestimmte Position, richten sich Ihr Handgelenk, Ihr Arm, Ihr Ellenbogen und Ihre Schulter durch die verbundenen Muskeln entsprechend automatisch aus.

Die Teile oder Segmente einer kinematischen Kette werden in Flash als *Bones* (engl. für »Knochen«) bezeichnet. Die Verkettung der Bones wird als *Skelett* bezeichnet. Die inverse Kinematik kann in Flash auf zwei unterschiedliche Arten eingesetzt werden.

1. Bei der ersten Methode können Sie innerhalb einer Form verschiedene Bones erstellen. Wird ein Bone verschoben oder neu ausgerichtet, ändert sich somit auch die Position bzw. die Ausrichtung der anderen Bones, wodurch sich ebenfalls die Form selbst ändert. Eine sinnvolle Anwendung wäre beispielsweise die Abbildung der Bewegung eines Oberarms. Spannen Sie Ihren Oberarm an, verformt sich der Oberarm entsprechend.

2. Bei der zweiten Methode werden verschiedene Symbolinstanzen mithilfe von Bones verbunden. Sie können beispielsweise einen menschlichen Körper in seine Körperteile wie Kopf, Arme, Brust, Beine etc. aufteilen und in MovieClips konvertieren. Werden die einzelnen Teile über Bones verbunden, können diese dann getrennt oder in Abhängigkeit voneinander bewegt und gedreht werden. Eine Umformung der einzelnen Formteile findet dabei nicht statt.

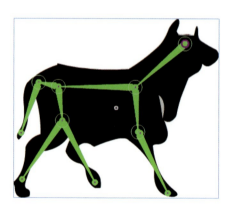

▲ **Abbildung 5.173**
Links: eine IK-Form; rechts: ein Skelett aus verschiedenen Symbolinstanzen

Bone-Werkzeug

Mit dem Bone-Werkzeug 🖉 lassen sich Bones erstellen. Um eine Form mit Bones zu versehen, wählen Sie das Werkzeug aus, klicken auf einen Punkt innerhalb der Form, halten die Maustaste gedrückt und bewegen die Maus zur gewünschten Position. Lassen Sie die Maustaste dann los. Jeder Bone besitzt einen Anfang ❷ und ein Ende ❶.

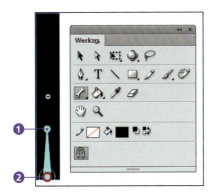

▲ **Abbildung 5.174**
Ein Bone wurde erstellt.

Um einen zweiten Bone mit dem ersten Bone zu verbinden, wählen Sie als Ausgangspunkt für den zweiten Bone den Endpunkt des ersten Bones ❸.

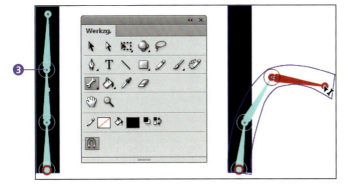

▲ **Abbildung 5.176**
Eine Verkettung von Bones wurde erzeugt. Die Form lässt sich dann durch Verschieben eines Bones umformen.

Mehrere Symbolinstanzen zu einem Skelett verbinden | Wie bereits erwähnt, können Sie ein Skelett auch durch die Verbindung von mehreren unterschiedlichen Symbolinstanzen erzeugen. Dazu ziehen Sie Bones von Symbolinstanz zu Symbolinstanz auf.

Posenebene

Wenn Sie Bones auf eine Form anwenden, wird die Form automatisch in eine neue Ebene verschoben. Die ursprüngliche Ebene bleibt erhalten. Die Ebene wird als *Posenebene* bezeichnet. Eine Posenebene kann nur ein Skelett und die zugeordneten Teile beinhalten.

▲ **Abbildung 5.175**
Eine Posenebene wurde erzeugt.

Hierarchie

Der Aufbau der einzelnen Bones eines Skeletts unterliegt einer Hierarchie. So nehmen verschiedene Bones auf unterschiedliche Weise Einfluss auf das Skelett. Das erscheint plausibel, wenn Sie sich das Prinzip wieder anhand eines menschlichen Körpers vergegenwärtigen. Wenn Sie Ihren Arm bewegen, beeinflusst die Bewegung automatisch Ihre Schulter, nicht jedoch Ihre Hand. Bewegen Sie unterschiedliche Bones eines Skeletts, ist die Veränderung nicht die gleiche.

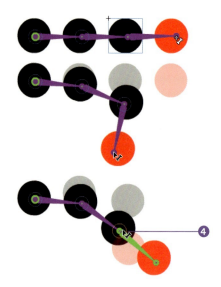

Abbildung 5.177 ▶
In diesem Beispiel wurden vier
MovieClip-Instanzen miteinander
verbunden.

Gelenke

Bones sind in einem Skelett aus
über- und untergeordneten Elementen miteinander verbunden.
Bones, die ihren Ursprung am
selben Bone haben, werden als
Nachbar-Bones bezeichnet. Der
Verbindungspunkt zweier Bones
wird auch *Gelenk* genannt.

Eigenschaften von Bones | Jeder Bone besitzt spezifische Eigen-
schaften. Um diese einzustellen, wählen Sie den Bone zunächst
mit dem 🔺 aus. Der ausgewählte Bone ❶ ist farbig markiert. Im
Eigenschaften-Fenster stehen Ihnen dann unterschiedliche Einstellungsmöglichkeiten zur Verfügung.

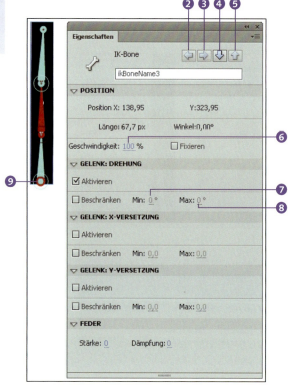

Abbildung 5.178 ▶
Eigenschaften eines Bones

▶ IK-Bone: In diesem Bereich sehen Sie den Instanznamen des Bones. Zusätzlich können Sie über die Pfeil-Symbole ❷, ❸, ❹ und ❺ innerhalb des Skeletts in der Bone-Struktur navigieren. So können Sie beispielsweise durch Mausklick auf das Pfeil-Symbol ❺ den übergeordneten Bone auswählen.

▶ Position: In diesem Bereich werden die Position auf der x- und y-Achse sowie die Länge und der Winkel des Bones angezeigt. Über die Einstellung Geschwindigkeit ❻ lässt sich einstellen, wie schnell der Bone auf eine Bewegung reagiert. Über die Einstellung lässt sich auch das Gewicht eines Bones simulieren. Gleich daneben finden Sie die Einstellung zur Fixierung eines Bones. Diese Funktion erleichtert Ihnen die Erstellung von Animationen, insbesondere wenn es natürlich aussehende Gelenkanimationen sein sollen. Sie werden bei zwei aufeinanderfolgenden Objekten die Fixierung aktivieren, wenn diese sich nicht voneinander entfernen dürfen. Der fixierte Bone wird an die Bühne angepinnt und bleibt starr, sichtbar an einem Kreuz am Bone-Ende. Beachten Sie, dass dies keine einmalige Einstellung ist, sondern dass sie gleich nach erfolgter Figurbewegung oder auch später in der Zeitleiste wieder deaktiviert werden kann. Nach Deaktivierung wird keine Bewegung oder Rotation rückgängig gemacht.

> **Darstellung von Bones**
>
> Bei sehr kleinen Charakteren ist es sehr schwierig, Bones richtig zu platzieren, da die Steuerungspunkte unabhängig von der Zoomstufe des Flash-Films und der Größe des Charakters immer gleich groß bleiben. Sie können die Darstellung von Bones jedoch ändern. Selektieren Sie dazu die Posenebene. Im Eigenschaften-Fenster im Reiter Optionen können Sie die Darstellung von Bones ändern, z. B. durch die Einstellung auf Linie, die sich besonders für kleinere Figuren eignet.

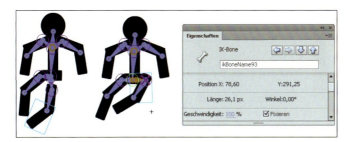

▲ **Abbildung 5.179**
Beinbewegung nach Fixieren eines Hüft-Bones. Links: Bewegung ohne Fixierung; rechts: Bewegung mit Fixierung

▶ Gelenk: Drehung: In diesem Bereich können Sie die Drehung eines Bones verhindern oder einschränken. Wenn Sie die Option Aktivieren ausschalten, verhält sich dieser Teil des Skeletts unbeweglich. Aktivieren Sie die Option Beschränken, können Sie in den Feldern ❼ und ❽ einen minimalen und maximalen Drehungswinkel bestimmen. Eine menschliche Hand beispielsweise lässt sich nur bis zu einem bestimmten Winkel drehen bzw. neigen. Eine solche Einschränkung ließe sich mit dieser Einstellung simulieren. Der eingestellte zulässige Bereich wird dann am Anfangspunkt des Bones ❾ symbolisiert.

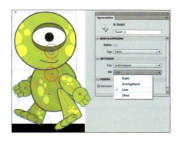

▲ **Abbildung 5.180**
Darstellung der Bones als Linie

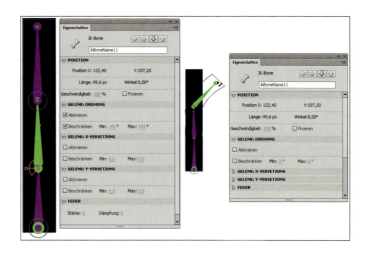

Abbildung 5.181 ▶
Die Gelenkdrehung des Bones
wurde eingeschränkt. Dadurch ist
der Bone unbeweglich.

▶ Gelenk: X-Versetzung und Gelenk: Y-Versetzung: Über diese
Einstellungen können Sie bestimmen, ob sich das Gelenk eines
Bones überhaupt oder nur eingeschränkt in einem definierten
Wertebereich auf der x-Achse bzw. y-Achse bewegen lässt.
Doppelte Pfeillinien ❶ zeigen an, wenn die jeweilige Verset-
zungsoption aktiviert ist. Wird die Versetzung zugelassen, kann
die Länge des übergeordneten Bones verändert werden ❷.

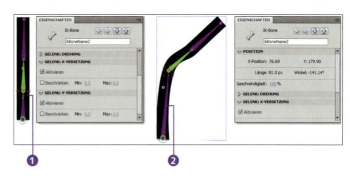

Abbildung 5.182 ▶
Die Gelenkversetzung des mittleren Bones wurde aktiviert. Die
Länge des übergeordneten Bones,
der untere Bone, ist veränderbar.

▶ Federn: Für physikalisch realistischere Animationen wird die
Federung eingesetzt. Wenn im IK-Skelett (Posenebene) die
Option Federn aktiviert ist, was standardmäßig der Fall ist,
dann können Sie in den Eigenschaften eines IK-Bones die entsprechende Stärke und Dämpfung der Federung einstellen. Je
größer der Wert für die Stärke, desto steifer wird die Feder. Je
größer der Wert für die Dämpfung, desto schneller lässt die
Feder nach.

▲ **Abbildung 5.183**
Typ auf Laufzeit stellen

Skelett-Animation | Um ein Skelett mithilfe von Bones zu ani-
mieren, gehen Sie wie folgt vor. Nachdem Sie einer Form oder
mehreren Symbolinstanzen mehrere Bones zu einem Skelett hinzugefügt haben, wählen Sie das Schlüsselbild auf der Posenebene

aus, klicken und halten die Maustaste gedrückt und bewegen die Maus nach rechts ❸, um die Pose auf die gewünschte Animationslänge zu verlängern ❹.

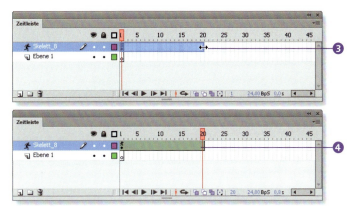

IK mit ActionScript nutzen
Die inverse Kinematik lässt sich auch mit ActionScript nutzen. So können Sie beispielsweise Bones eines Skeletts per ActionScript ausrichten. Dazu müssen Sie dem Skelett einen eindeutigen Instanznamen im EIGENSCHAFTEN-Fenster zuweisen. Selektieren Sie dazu die Posenebene. Zusätzlich müssen Sie im EIGENSCHAFTEN-Fenster im Reiter OPTIONEN den Typ auf LAUFZEIT stellen.

▲ **Abbildung 5.184**
Die Länge der Animation wurde auf 20 Bilder verlängert.

Anschließend positionieren Sie den Abspielkopf der ZEITLEISTE auf eine Position innerhalb des Posenbereichs, z. B. Bild 10, und verändern in diesem Bild dann die Position eines oder mehrerer Bones. In der ZEITLEISTE wird dann automatisch ein Schlüsselbild eingefügt ❺. Veränderungen zwischen zwei Schlüsselbildern werden wie gewohnt interpoliert, d. h. automatisch berechnet.

Schlüsselbild einer Posenebene
Das Schlüsselbild einer Posenebene wird auch als *Pose* bezeichnet.

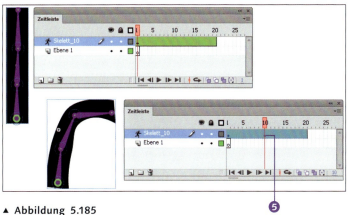

Der Umgang mit Bones ist nicht immer einfach.
Auch wenn das Prinzip der inversen Kinematik zunächst als sehr intuitiv erscheint, ist die Bedienung und der Umgang mit Bones oft nicht ganz einfach. Wenn Sie natürliche und realistische Bewegungen mit der inversen Kinematik erstellen möchten, nehmen Sie sich genug Zeit, um sich mit den Werkzeugen vertraut zu machen.

▲ **Abbildung 5.185**
Die Animation eines Skeletts

Schritt für Schritt:
Charakteranimation mit inverser Kinematik

In diesem Workshop lernen Sie, wie Sie einen Charakter mithilfe von inverser Kinematik mit Bones und Posen animieren können.

*05_Animation\IK_Charakter-
animation\Charakteranimation_01.
fla*

1   Flash-Film öffnen

Öffnen Sie den Flash-Film *05_Animation\IK_Charakteranimation\
Charakteranimation_01.fla*. Der Charakter wurde in seine einzelnen Teile wie Kopf, Arme, Brust und Beine unterteilt. Jedes Teil
wurde in einen MovieClip umgewandelt.

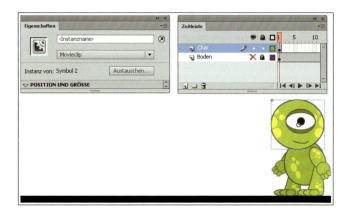

Abbildung 5.186 ▶
Die Ausgangsbasis

2   Den ersten Bone einfügen

Wählen Sie das Bone-Werkzeug [icon] aus, und ziehen Sie ein Bone
vom Kopf zur Brust des Charakters auf. Wenn der Kopf in den
Hintergrund rückt, dann wählen Sie ihn aus und bringen ihn über
Strg/⌘+↑ in den Vordergrund. Wählen Sie den Bone anschließend mit dem Auswahlwerkzeug [icon] aus, und deaktivieren
Sie im EIGENSCHAFTEN-Fenster das Optionsfeld GELENK: DREHUNG
• AKTIVIEREN. Die Verbindung vom Kopf zur Brust des Charakters
ist somit steif. Der Kopf sollte sich nicht drehen, wenn anschließend ein anderer Bone des Charakters neu ausgerichtet wird.

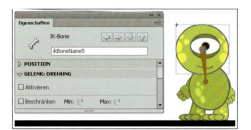

Abbildung 5.187 ▶
Der erste Bone wurde erzeugt.

3   Weitere Bones einfügen

Fügen Sie mit dem Bone-Werkzeug weitere Bones ein. Zunächst
erstellen Sie zusätzliche Bones von der Brust zu den Armen, dann
zu den Beinen. Sollte Ihnen dabei ein Fehler unterlaufen, können
Sie Bones jederzeit mit dem Auswahlwerkzeug auswählen und
über Entf löschen.

◄ **Abbildung 5.188**
Das fertige Skelett mit fünf Bones

4   Zeitleiste bereinigen

In der ZEITLEISTE sollte jetzt eine Posenebene vorhanden sein. Bis auf die Ebene »Boden« und die Posenebene können Sie alle anderen Ebenen entfernen.

◄ **Abbildung 5.189**
Die aktuelle Zeitleiste

5   Pose einfügen

Erweitern Sie die Pose bis auf Bild 80. Bewegen Sie den Mauszeiger dazu auf das Schlüsselbild, klicken Sie, halten Sie dabei die Maustaste gedrückt, und bewegen Sie die Maus dann nach rechts. Markieren Sie anschließend Bild 20, öffnen Sie das Kontextmenü der ZEITLEISTE, und wählen Sie den Menüpunkt POSE EINFÜGEN aus.

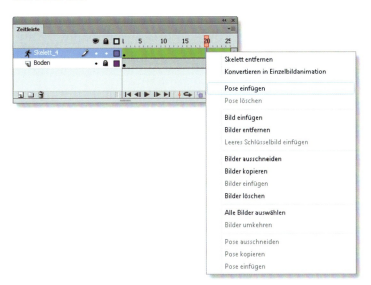

◄ **Abbildung 5.190**
Pose einfügen

6 Bones neu ausrichten

Wählen Sie alle Elemente des Skeletts mit dem Auswahlwerkzeug ![Mauszeiger] aus. Verschieben Sie die Figur dann mithilfe der Maus bei gedrückter Alt-Taste oder mithilfe der Pfeil-Tasten der Tastatur nach links, etwa um ¼ der Bühnenbreite. Wählen Sie jetzt nacheinander die Bones der Arme und Beine aus. Der linke Arm wird mithilfe des Bones so verschoben, dass er rechts hinter dem Körper platziert wird. Der rechte Arm wird so verschoben, dass er links vor dem Körper erscheint. Die Beine werden auf ähnliche Weise verschoben.

Abbildung 5.191 ▶
Die Bones wurden neu ausgerichtet.

7 Weitere Posen einfügen, Charakter positionieren und Bones ausrichten

Wiederholen Sie den Vorgang. Erstellen Sie zunächst eine neue Pose in Bild 40, 60 und 80. Verschieben Sie den Charakter zunächst immer weiter nach links. In Bild 80 sollte er dann am linken Rand der Bühne angekommen sein. Ändern Sie dann die Ausrichtung der Bones wie zuvor beschrieben – von Pose zu Pose immer in die entgegengesetzte Richtung.

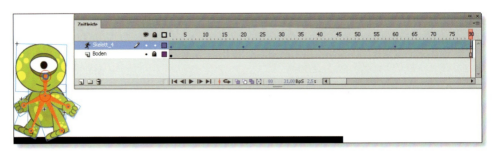

▲ **Abbildung 5.192**
Das letzte Bild der Posenebene

Ergebnis der Übung:
05_Animation\IK_Charakteranimation\Charakteranimation_02.fla

8 Fertig! Flash-Film testen

Testen Sie den Flash-Film über Strg/⌘+↵. Der Charakter sollte sich in einer relativ natürlichen Bewegung von links nach rechts bewegen.

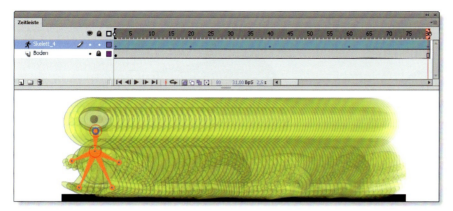

▲ **Abbildung 5.193**
Die Charakteranimation in der Zwiebelschalenansicht

Beschleunigung | Seit Flash CS5 gibt es die Möglichkeit, die Geschwindigkeit von Posenanimationen zwischen den einzelnen Schlüsselbildern zu beeinflussen. Wenn Sie eine Posenanimation mit mehreren Bildern erstellt haben, können Sie für einzelne Animationsabschnitte im Reiter BESCHLEUNIGUNG des EIGENSCHAFTEN-Fensters jeweils verschiedene Typen einstellen.

▲ **Abbildung 5.194**
Beschleunigungstypen im EIGENSCHAFTEN-Fenster

> **Federn aktivieren**
>
> Sie können eine Posenanimation neben der Beschleunigung auch durch die Feder-Eigenschaft des IK-Skeletts beeinflussen. Wählen Sie dazu zunächst die einzelnen Bones des IK-Skeletts mit dem Auswahlwerkzeug aus, und ändern Sie die Werte STÄRKE und DÄMPFUNG im EIGENSCHAFTEN-Fenster im Reiter FEDERN. Damit diese Einstellungen wirksam werden, müssen Sie darauf achten, dass für das IK-Skelett die Option AKTIVIEREN im EIGENSCHAFTEN-Fenster im Reiter FEDERN ausgewählt ist.

Nachdem Sie einen Typ ausgewählt haben, können Sie unter STÄRKE die Stärke der Beschleunigung bzw. des Abbremseffekts einstellen. Über die Stärke (–100 bis +100) können Sie festlegen, auf welche Bilder sich der gewählte Typ auswirken soll: Wählen Sie beispielsweise den Wert –100, wirkt sich der gewählte Typ primär auf die Bilder direkt am Anfang der Animationssequenz aus. Wählen Sie hingegen den Wert +100, wirkt sich der Effekt am stärksten auf die Bilder am Ende der Posenanimation aus.

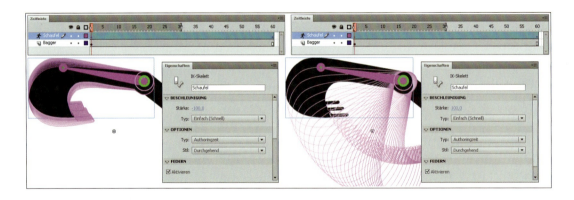

▲ **Abbildung 5.195**
Darstellung der Bewegung über den Zwiebelschaleneffekt. Links: Die Einstellung EINFACH (SCHNELL) mit einer Stärke von –100. Am Anfang der Sequenz bewegt sich die Baggerschaufel kaum. Rechts: Dieselbe Sequenz mit einer Stärke von +100 mit einer deutlich stärkeren Bewegung am Anfang der Sequenz.

Bindungswerkzeug

Mit dem Bindungswerkzeug können Sie die Umformung der Form beeinflussen, die sich durch die Änderung eines Bones ergibt. Von Bedeutung ist das Bindungswerkzeug nur im Zusammenhang mit Bones, die innerhalb einer Form eingefügt wurden. Eine solche Form, der Bones zugewiesen wurden, wird auch als *IK-Form* bezeichnet.

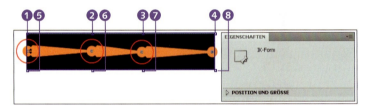

Abbildung 5.196 ▶
Steuerungspunkte einer IK-Form

Hinweis
Ist der Steuerungspunkt mit nur einem Bone verbunden, wird er als Quadrat dargestellt.

Wenn Sie mit dem Bindungswerkzeug eine IK-Form auswählen, werden Ihnen sogenannte Steuerungspunkte ❶, ❷, ❸, ❹, ❺, ❻, ❼ und ❽ angezeigt. Wenn Sie einen der Steuerungspunkte auswählen, zeigt eine gelbe Verbindungslinie (zwischen ❾ und ⓫) die Bones an, die mit dem Steuerungspunkt verknüpft sind. Diese Verknüpfung bedeutet, dass sich der Steuerungspunkt der Form ändern kann, wenn sich einer der markierten Bones ändern sollte. Der Steuerungspunkt wird als Dreieck ❿ dargestellt, wenn mehrere Bones mit dem Steuerungspunkt verbunden sind.

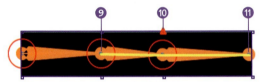

Abbildung 5.197 ▶
Ein ausgewählter Steuerungspunkt und die gelb markierten verbundenen Bones

Grundsätzlich haben Sie verschiedene Möglichkeiten, die Beziehung zwischen Steuerungspunkten einer Form und Bones zu ändern.

Verbindung entfernen | Nachdem Sie einen Steuerungspunkt ausgewählt haben, klicken Sie bei gedrückter ⌈Strg⌉/⌈⌥⌉-Taste auf eine gelb markierte Verbindungslinie, um die Verbindung zwischen Steuerungspunkt und Bone zu entfernen. Eine Umformung auf diesen Steuerungspunkt findet dann nicht mehr statt, wenn der Bone neu ausgerichtet wird. Abbildung 5.198 zeigt dies. Hier wurde die Verbindung eines Steuerungspunkts zu zwei Bones entfernt. Sie sehen genau, wie sich dies auf die Umformung auswirkt.

Das folgende Beispiel soll eine sinnvolle Anwendung des Bindungswerkzeugs veranschaulichen. Angenommen, Sie haben einen menschlichen Oberkörper gezeichnet und fügen mit dem Bone-Werkzeug mehrere Bones hinzu ❶. Wenn Sie beispielsweise den Bone des rechten Arms nach oben ziehen, verformt sich der Body (Brust und Taille) entsprechend ❷. Das wäre in diesem Fall nicht erwünscht.

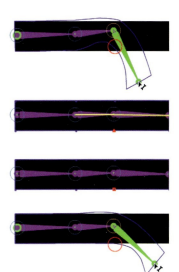

▲ **Abbildung 5.198**
Oben: die ursprüngliche Umformung; unten: die Umformung, nachdem die Verbindung entfernt wurde

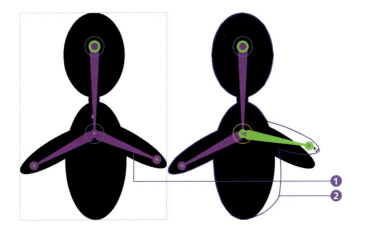

◄ **Abbildung 5.199**
Links: das definierte Skelett; rechts: die unerwünschte Umformung

Man könnte in einem solchen Fall die Verbindung zwischen zwei Steuerungspunkten ❸ und ❺ und dem Bone ❹ entfernen. Wie rechts ❻ zu sehen ist, findet dann dennoch eine Umformung des Bodys statt, diese fällt jedoch deutlich weniger auf.

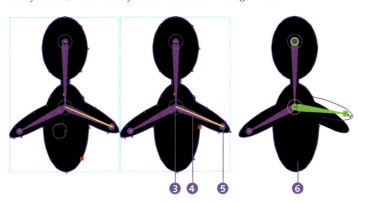

◄ **Abbildung 5.200**
Die Abbildung zeigt die einzelnen Arbeitsschritte.

Steuerungspunkte ausrichten

Sie können selbst diese geringfügige Verformung noch manuell korrigieren, indem Sie den Steuerungspunkt, der am Schnittpunkt zwischen Body und Arm liegt, manuell ausrichten bzw. neu positionieren. Dazu wählen Sie das Unterauswahlwerkzeug ▣ und anschließend den entsprechenden Steuerungspunkt ❶ aus. Sie sehen dann drei rote Rechtecke ❷, ❸ und ❹, die Sie mit der Maus per Drag & Drop verschieben können, um die Form an dieser Stelle Ihren Wünschen entsprechend zu ändern.

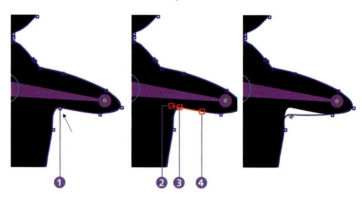

Abbildung 5.201 ▶
Ein Steuerungspunkt wird verschoben, um die unerwünschte Verformung zu korrigieren.

Verbindung hinzufügen | Um eine Verbindung zwischen einem Bone und einem Steuerungspunkt einzufügen, wählen Sie den Bone mit dem Bindungswerkzeug aus, wobei er rot markiert wird ❺. Klicken Sie dann bei gedrückter ⬦-Taste auf den Steuerungspunkt ❻.

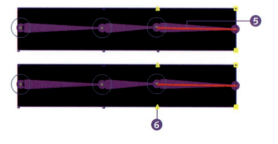

Abbildung 5.202 ▶
Der Bone wurde mit einem weiteren Steuerungspunkt verbunden.

Kapitel 6

Text

In diesem Kapitel lernen Sie den Umgang mit dem Textwerkzeug kennen. Sie erfahren, wie Sie mit Text in Flash arbeiten und wie Sie Textfeld-Eigenschaften nutzen, um Text gut lesbar zu gestalten. Für den Einstieg in das Textwerkzeug beginnen wir mit dem klassischen Text. In Kapitel 16, »Dynamischer Text«, werden wir dann ausführlich auf das neue Textwerkzeug TLF eingehen.

6.1   Klassische Texterstellung in Flash

Seit Flash CS5 gibt es die neue Textlayout-Funktion TLF (Text Layout Framework), die Ihnen viele Möglichkeiten zur Textgestaltung bietet. Die bisherige Textfunktion wurde daher in *Klassischer Text* umbenannt.

Sie haben zwei Möglichkeiten, einen klassischen Text mit dem Textwerkzeug zu erstellen: Punkttext und Absatztext.

Punkttext | Punkttext wird verwendet, wenn Sie nur wenige Zeilen schreiben wollen. Wählen Sie zunächst das Textwerkzeug [T] in der Werkzeugleiste mit dem Mauszeiger oder alternativ über das Tastenkürzel [T] aus. Klicken Sie dann auf die gewünschte Position, an der der Text beginnen soll. Der blinkende Cursor zeigt an, dass die Texteingabe bereit ist. Sie können direkt mit dem Schreiben beginnen. Ein Zeilenumbruch erfolgt erst, wenn Sie die [↵]-Taste drücken.

Der Kreis rechts oben ❶ (siehe Abbildung 6.1) zeigt an, dass es sich um einen Punkttext handelt und die Textrichtung nach rechts zeigt.

> **Verbesserte Textdarstellung**
> Adobe hat in den letzten Jahren konstant an der Textdarstellung in Flash gearbeitet und diese stetig verbessert. So entstand auch das Text Layout Framework, kurz TLF, was später noch behandelt wird.

Abbildung 6.1 ▶
Punkttext erstellen

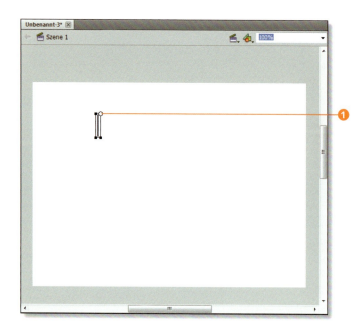

Absatztext in Punkttext umwandeln

Um einen Absatztext in einen Punkttext umzuwandeln, doppelklicken Sie auf den rechteckigen Anfasser des Absatztextes. Bei einer solchen Umwandlung wird die Breite des Textfelds automatisch an die Breite der längsten Textzeile angepasst.

Absatztext | Absatztext können Sie einsetzen, um einen Textblock mit mehreren Zeilen und einer festen Breite zu erstellen. Wählen Sie dazu das Textwerkzeug $\boxed{T}$ aus. Um einen Absatztext zu erstellen, klicken Sie zunächst auf die gewünschte Position und ziehen dann bei gedrückter Maustaste ein Rechteck auf, das den Textbereich definiert.

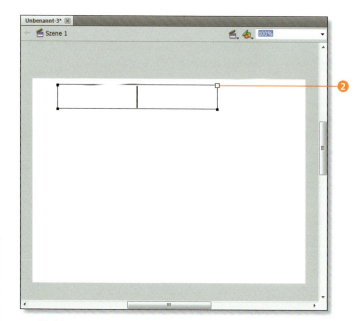

Texteingabe beenden

Um die Texteingabe abzuschließen, klicken Sie mit der Maus auf einen freien Bereich außerhalb des Textfelds oder wählen ein anderes Werkzeug aus.

▲ Abbildung 6.2
Begrenzungsrahmen eines Absatztextes

Der festgelegte Bereich sorgt bei der Texteingabe automatisch für einen Zeilenumbruch, wenn das Zeilenende erreicht ist. Der rechteckige Anfasser rechts oben ❷ zeigt an, dass es sich um einen Absatztext handelt und die Textrichtung nach rechts geht.

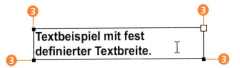

◄ **Abbildung 6.3**
Absatztext mit definierter Textbreite

Textbreite anpassen

Nachdem Sie einen Text angelegt haben, können Sie die Breite des Textbereichs durch Verschieben eines der vier Anfasser ❸ nachträglich verändern.

Alternativ kann die Breite eines Textfelds aber auch pixelgenau eingegeben werden. Wählen Sie dazu das Textfeld aus, und öffnen Sie dann über das Menü FENSTER das EIGENSCHAFTEN-Fenster. Unter BREITE ❹ können Sie die gewünschte Breite des Textfelds eingeben.

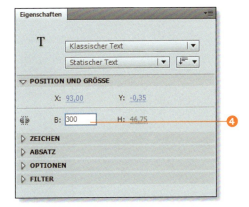

▲ **Abbildung 6.5**
Textbreite pixelgenau im EIGENSCHAFTEN-Fenster angeben

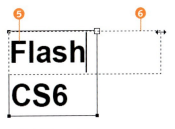

▲ **Abbildung 6.4**
Textbreite anpassen

Der Text selbst wird dabei nicht skaliert ❺ – es ändert sich tatsächlich nur die Breite des Textfelds ❻.

Text transformieren

Wie jedes andere Objekt können Sie ein Textfeld mit dem Freitransformieren-Werkzeug ▦, das Sie in der Werkzeugleiste finden oder über das Tastenkürzel Q aktivieren, transformieren. Klicken Sie das Textfeld an, nachdem Sie das Werkzeug aktiviert haben.

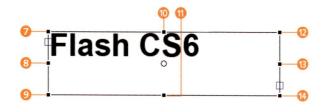

Abbildung 6.6 ▶
Die Anfasser des Frei-
transformieren-Werkzeugs

Skalierung | Über die Anfasser ⑩ und ⑪ können Sie den Text vertikal skalieren. Bewegen Sie den Mauszeiger dazu zunächst über einen der Anfasser, klicken Sie, halten Sie die Maustaste gedrückt, und bewegen Sie dann den Mauszeiger in die gewünschte Richtung. Durch Verschieben der Anfasser ⑧ und ⑬ skalieren Sie den Text horizontal. Wenn Sie den Text sowohl vertikal als auch horizontal skalieren möchten, können Sie dazu die Anfasser ⑦, ⑨, ⑫ oder ⑭ verwenden. Halten Sie 🔼 gedrückt, wenn Sie den Text proportional skalieren möchten.

Hinweis
Beachten Sie, dass der Text selbst skaliert wird und nicht nur das Begrenzungsfeld des Textfelds.

▲ **Abbildung 6.7**
Der Text wurde vertikal skaliert.

Rotation | Wenn Sie den Mauszeiger in die Nähe eines der Anfasser ①, ②, ④ oder ⑤ bewegen, wird der Mauszeiger zu einer kreisrunden Pfeillinie ③, die den Rotationsmodus symbolisiert. Halten Sie jetzt die Maustaste gedrückt, und verschieben Sie den Mauszeiger, um den Text zu rotieren.

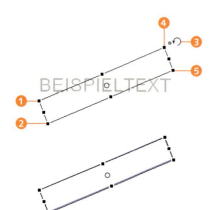

▲ **Abbildung 6.8**
Ein Textfeld, das eine Geräteschriftart verwendet, wurde
gedreht. Der Text wird nicht mehr
angezeigt.

▲ **Abbildung 6.9**
Rotation des Textfelds

Neigung | Bringen Sie den Mauszeiger zwischen die Anfasser **6** und **7** oder zwischen die Anfasser **7** und **8**, verwandelt sich der Mauszeiger in zwei Pfeillinien, die den Neigungsmodus symbolisieren. Wenn Sie den Text nach rechts neigen wollen, klicken Sie, halten die Maustaste gedrückt und verschieben die Maus dann nach rechts **9**. Analog dazu neigen Sie den Text nach links, wenn Sie den Mauszeiger nach links bewegen. Halten Sie dabei die Alt-Taste gedrückt, wird das Textfeld nur oben **10** bzw. unten geneigt, je nachdem, ob sich der Mauszeiger im oberen oder im unteren Bereich des Textfelds befindet.

In 45-Grad-Schritten rotieren
Halten Sie beim Rotieren die ⇧-Taste gedrückt, um den Text jeweils mit 45 Grad oder einem Vielfachen davon zu drehen.

[!] Rotation und Neigung eines Textes mit einer Geräteschriftart
Wenn Sie eine Geräteschriftart einsetzen, können Sie den Text nicht rotieren und nicht neigen. Der Text verschwindet dann und ist nicht mehr sichtbar.

▲ **Abbildung 6.10**
Neigung des Textfelds oben und unten

◄ **Abbildung 6.11**
Neigung des Textfelds nur oben

6.2 Textfeld-Eigenschaften

Das Erscheinungsbild eines Textes können Sie über die Textfeld-Eigenschaften steuern. Nachdem Sie ein Textfeld ausgewählt haben, stehen Ihnen verschiedene Eigenschaften des Textfelds im EIGENSCHAFTEN-Fenster zur Verfügung.

Textfeld-Typen

Es gibt in Flash drei unterschiedliche Textfeld-Typen, die mit dem Textwerkzeug angelegt werden können:

▶ **Statische Textfelder**, die zur Ausgabe von Text dienen, der zur Laufzeit des Flash-Films nicht verändert wird.

▶ **Dynamische Textfelder**, die zur Darstellung von Text verwendet werden, der zur Laufzeit ausgegeben wird und mithilfe von ActionScript zur Laufzeit geändert werden kann. Das können z. B. Nachrichten, Fehlermeldungen oder ein Highscore sein.

▶ **Texteingabefelder**, die zur Eingabe von Text z. B. in Formularen oder für die Eingabe eines Spielernamens genutzt werden können.

Hinweis
In diesem Kapitel werden vorwiegend statische Textfelder behandelt. Weitere Informationen zu dynamischen Textfeldern und Eingabetextfeldern finden Sie in Kapitel 16, »Dynamischer Text«.

▲ **Abbildung 6.12**
Die Auswahl des Textfeld-Typs

Sie können den Textfeld-Typ entweder vor der Erstellung des Textfelds im EIGENSCHAFTEN-Fenster ⓫ oder auch nach der Erstellung des Textfelds festlegen.

Text formatieren

Zur Gestaltung des Textes stehen Ihnen verschiedene Formatierungseinstellungen zur Verfügung. Alle wichtigen Einstellungen, um einen Text zu formatieren, finden Sie im Menü unter TEXT oder alternativ im EIGENSCHAFTEN-Fenster in den Reitern ZEICHEN und ABSATZ, nachdem Sie das Textfeld ausgewählt haben.

Formatierungseinstellungen auf einen Blick

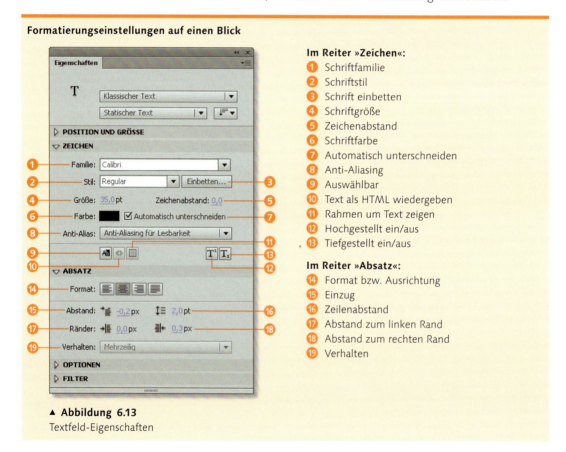

Im Reiter »Zeichen«:
1. Schriftfamilie
2. Schriftstil
3. Schrift einbetten
4. Schriftgröße
5. Zeichenabstand
6. Schriftfarbe
7. Automatisch unterschneiden
8. Anti-Aliasing
9. Auswählbar
10. Text als HTML wiedergeben
11. Rahmen um Text zeigen
12. Hochgestellt ein/aus
13. Tiefgestellt ein/aus

Im Reiter »Absatz«:
14. Format bzw. Ausrichtung
15. Einzug
16. Zeilenabstand
17. Abstand zum linken Rand
18. Abstand zum rechten Rand
19. Verhalten

▲ **Abbildung 6.13**
Textfeld-Eigenschaften

Schriftauswahl eingrenzen

Die Schriftauswahl können Sie beschleunigen, wenn Sie den Anfangsbuchstaben der gewünschten Schrift im Eingabefeld eingeben.

Schriftart, -größe und -farbe

Unter FAMILIE ① wählen Sie eine Schrift aus. Die Liste zeigt die verfügbaren Schriften an, die auf Ihrem System installiert sind. Um sie zu öffnen, klicken Sie auf den nach unten zeigenden Pfeil und wählen eine Schrift aus. Unter STIL können Sie, falls möglich, einen Schriftschnitt, z. B. Fett oder Kursiv, auswählen.

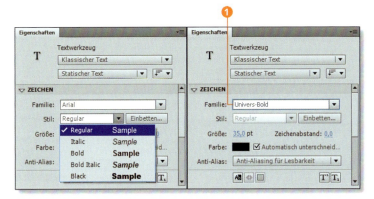

▲ **Abbildung 6.14**
Links: Die Schrift Arial kann mit verschiedenen Schriftstilen verwendet werden. Rechts: Univers-Bold steht für »Univers«, die bereits fett gedruckt wird. Das Feld Stil ist deshalb ausgegraut.

Alternativ können Sie die Schrift auch direkt im Eingabetextfeld ❷ eingeben.

▲ **Abbildung 6.16**
Eingrenzung der Auswahl per Texteingabe

Schriftgröße | Um die Schriftgröße auszuwählen, klicken Sie auf die Punktgröße ❸ unter Grösse. Sie haben die Wahl, die Punktgröße per Tastatur einzugeben oder auf die Punktgröße zu klicken, die Maustaste gedrückt zu halten und den Wert zu verkleinern bzw. zu vergrößern, indem Sie die Maus nach links oder rechts bewegen. Die Schriftgröße wird in Flash in Punkten angegeben.

Schriftfarbe | Um die Schriftfarbe auszuwählen, klicken Sie auf das Farbfeld ❹. Es öffnet sich das bereits bekannte Farbauswahlfenster.

Fehlende Schriften

Falls Sie einen Flash-Film öffnen, der eine oder mehrere Schriften verwendet, die nicht auf Ihrem System installiert sind, zeigt Flash die fehlenden Schriften in der Schriftliste oben an. Hinter dem Schriftnamen steht dann, welche Ersatzschriftart verwendet wird. Mehr dazu im Abschnitt »Fehlende Schriften ersetzen« in Abschnitt 6.3.

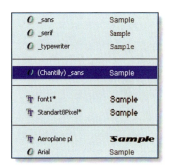

▲ **Abbildung 6.15**
Die Schrift »Chantilly« wurde nicht auf dem System gefunden und wird durch »_sans« ersetzt.

▲ **Abbildung 6.17**
Wenn Sie die Schriftgröße über den Schieberegler einstellen, können Sie die Veränderung direkt beobachten.

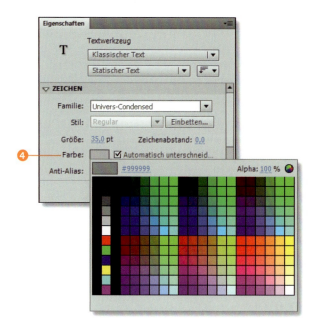

Abbildung 6.18 ▶
Farbauswahlfenster

Kontrast | Achten Sie bei der Auswahl der Schriftfarbe auf ein gutes Kontrastverhältnis zwischen Text- und Hintergrundfarbe. Schwarzer Text auf weißem Hintergrund überstrahlt auf Bildschirmen. Wählen Sie für einen Text auf weißem Hintergrund statt Schwarz lieber einen dunklen Grauton, wie z. B. #999999.

Auch einen zu geringen Kontrast sollten Sie vermeiden. Wenn der Kontrast zu gering ist, erschwert das die Lesbarkeit und ermüdet die Augen sehr schnell.

▲ **Abbildung 6.19**
Der obere Text überstrahlt auf Bildschirmen; der Text unten wirkt ruhiger.

▲ **Abbildung 6.20**
Der Kontrast zwischen Text und Hintergrundfarbe ist im oberen Beispiel zu schwach.

Auszeichnungen

Wenn Sie Textstellen besonders hervorheben möchten, sollten Sie Textauszeichnungen, wie z. B. Fettdruck, verwenden. Setzen Sie diese allerdings sparsam ein – in diesem Fall gilt der schöne Satz »Weniger ist mehr«. Wenn Sie es mit Textauszeichnungen übertreiben, verlieren diese schnell ihre Wirkung.

▶ **Fettdruck** ist eine besonders starke Auszeichnung und sollte deshalb besonders selten eingesetzt werden. Um einen Text fett zu setzen, wählen Sie den Textbereich mit dem Textwerkzeug **T** aus und stellen im Eigenschaften-Fenster im Reiter Zeichen die Einstellung Stil auf Bold.

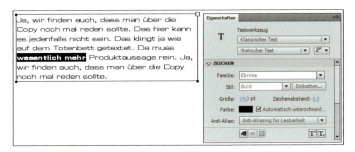

◀ **Abbildung 6.21**
Eine Textstelle wurde fett ausgezeichnet.

▶ **Kursiv** gestellter Text wirkt deutlich weniger aufdringlich als fett gesetzter Text. Die Lesegeschwindigkeit eines Textes wird durch kursiv gesetzte Textteile nicht wesentlich verringert – das Lesen gerät, anders als bei Fettdruck, nicht ins Stocken. Um einen Textbereich kursiv zu setzen, wählen Sie den Bereich aus und aktivieren den Schriftstil Italic.

> **Blindtexte**
> **Blindtexte**

◀ **Abbildung 6.22**
Franklin Gothic, oben mit schräg gestellten Zeichen, unten mit echten Kursiven

▶ **Kapitälchen** (engl. »small caps«) sind groß gesetzte Zeichen (Versalien), deren Höhe sich an der Höhe der Kleinbuchstaben orientiert. Sie werden häufig am Anfang eines Absatzes verwendet. Wie im Falle der kursiv gesetzten Schrift sind auch hier echte Kapitälchen gegenüber Großbuchstaben vorzuziehen. Bei einigen Schriften werden entsprechende Schriftschnitte dazu mitgeliefert.

Echte Kursive
Bei vielen Schriften werden die Zeichen einfach nur gekippt, was meist zu einer Verzerrung des Schriftbilds führt. Es handelt sich dabei um keine echten Kursive. Einige, meist professionelle Schriften werden mit speziellen Schriftschnitten ausgeliefert – oft auch mit einem kursiven Schnitt. Einen kursiven Schnitt können Sie meist am Schriftnamen erkennen. Dieser wird häufig mit der englischen Bezeichnung oblique versehen.

> Echte Kapitälchen unterscheiden sich von
> groß gesetzten Zeichen und sollten falls ein
> entsprechender Schriftschnitt vorhanden ist
> bevorzugt eingesetzt werden.
>
> ECHTE KAPITÄLCHEN unterscheiden sich von
> groß gesetzten Zeichen und sollten falls ein
> entsprechender Schriftschnitt vorhanden ist
> bevorzugt eingesetzt werden.

◀ **Abbildung 6.23**
Die Schrift »Function«, oben mit echten und unten mit falschen Kapitälchen

Ausrichtung

Texte lassen sich linksbündig **1**, rechtsbündig **3**, mittig **2** sowie im Blocksatz **4** ausrichten. Die entsprechende Einstellung finden Sie im EIGENSCHAFTEN-Fenster im Reiter ABSATZ unter FORMAT.

Abbildung 6.24 ▶
Möglichkeiten der Textausrichtung

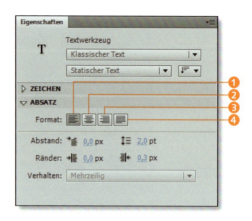

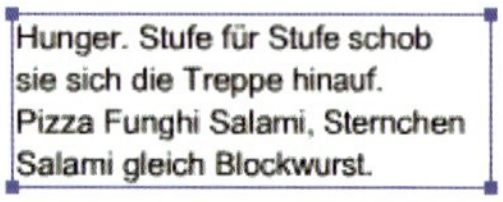

Linksbündiger Satz | Die linksbündige Ausrichtung ist die Standardeinstellung für jedes Textfeld.

Bei der linksbündigen Ausrichtung eines Textes sollten Sie, wenn möglich, darauf achten, dass der Zeilenfall (das Ende einer Zeile) einen abwechslungsreichen und rhythmischen Eindruck **5** macht. Eine Stufenbildung **6** und runde Formen **7** gilt es bei Fließtext möglichst zu vermeiden.

▲ **Abbildung 6.25**
Linksbündiger Satz

[Leserichtung]
Der linksbündige Satz wird sehr häufig verwendet, da diese Ausrichtung der Leserichtung der westlichen Welt, also von links nach rechts, entspricht.

Abbildung 6.26 ▶
Zeilenfall beim linksbündigen Satz

Rechtsbündiger Satz | Der rechtsbündige Satz eignet sich in der Regel nur für Aufzählungen und einzeiligen Text, da der Text in gegensätzlicher Richtung für die uns gewohnte Leserichtung verläuft.

Rechtsbündigen Text als Fließtext einzusetzen ist also eher ungewöhnlich, und, wenn auf Lesbarkeit und Lesegeschwindigkeit bevorzugt geachtet wird, zu vermeiden.

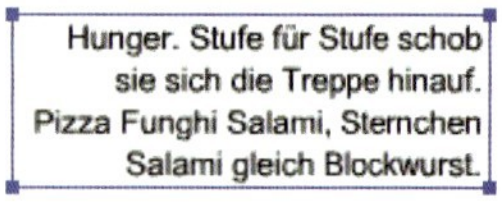

▲ **Abbildung 6.27**
Rechtsbündiger Satz

Mittig gesetzter Text | Auch mittig gesetzter Text widerstrebt unserer Leserichtung. So muss das Auge nach jeder Zeile erst einmal den Anfang der nächsten Zeile suchen. Dies reduziert die Lesegeschwindigkeit enorm, und daher sollte das Mittigsetzen von Text grundsätzlich nicht für lange Fließtexte verwendet werden.

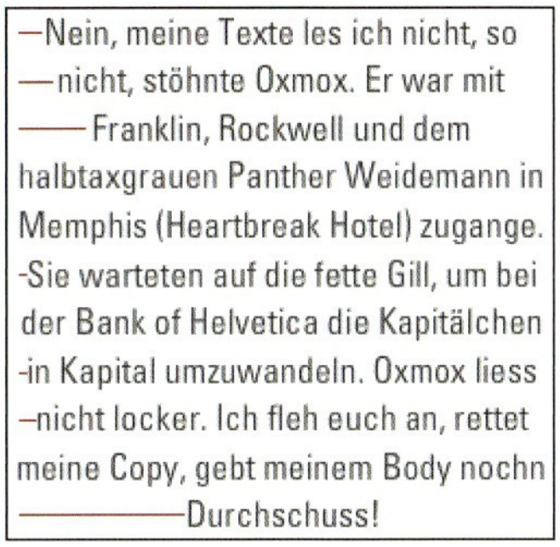

—Nein, meine Texte les ich nicht, so
—nicht, stöhnte Oxmox. Er war mit
——Franklin, Rockwell und dem
halbtaxgrauen Panther Weidemann in
Memphis (Heartbreak Hotel) zugange.
-Sie warteten auf die fette Gill, um bei
der Bank of Helvetica die Kapitälchen
-in Kapital umzuwandeln. Oxmox liess
–nicht locker. Ich fleh euch an, rettet
meine Copy, gebt meinem Body nochn
————————Durchschuss!

▲ **Abbildung 6.28**
Die roten Linien zeigen den Weg, den das Auge von Zeile zu Zeile zurücklegt, um jeweils den Zeilenanfang zu finden.

Blocksatz | Flash verwendet unterschiedliche Wortabstände, um den Blocksatz zu generieren, und unterstützt keine automatische Silbentrennung. Wenn Sie Blocksatz verwenden möchten, sollten Sie sich die Mühe machen, eine manuelle Silbentrennung durchzuführen, da sonst je nach Text große Lücken zwischen den Wörtern entstehen. Diese Lücken sind dem Schriftbild und der Lesbarkeit nicht zuträglich.

Zeilenabstand, Zeilenlänge und Zeichenabstand

Die Lesbarkeit eines Textes wird nicht allein durch die Wahl der Schriftart und -größe bestimmt, sondern auch durch den Zeilenabstand, die Zeilenlänge und den Zeichenabstand.

Zeilenabstand | Grundsätzlich können Sie bei der Bestimmung des Zeilenabstands der Regel folgen: Je länger eine Zeile ist, desto größer sollte der Zeilenabstand sein. Warum ist das so? Je länger eine Zeile ist, desto schwieriger ist es für das Auge, den Anfang der nächsten Zeile zu finden. Durch einen größeren Zeilenabstand geben Sie dem Auge eine bessere Orientierungshilfe. Den Zeilenabstand können Sie in Flash im EIGENSCHAFTEN-Fenster im Reiter ABSATZ ❶ einstellen. Hier können Sie auch den Einzug ❷ und gegebenenfalls den Textabstand zum linken ❸ oder rechten ❹ Rand einstellen.

Nein, meine Texte les ich nicht, so nicht, stöhnte Oxmox. Er war mit Franklin,   Rockwell   und   dem halbtaxgrauen Panther Weidemann in   Memphis   (Heartbreak   Hotel) zugange. Sie warteten auf die fette Gill, um bei der Bank of Helvetica die Kapitälchen in Kapital umzuwandeln.

Nein, meine Texte les ich nicht, so nicht, stöhnte Oxmox. Er war mit Franklin, Rockwell und dem halbtaxgrauen Panther Weidemann in Memphis (Heartbreak Hotel) zugange. Sie warteten auf die fette Gill, um bei der Bank of Helvetica die Kapitälchen in Kapital umzuwandeln.

▲ **Abbildung 6.29**
Beim Blocksatz ohne Silbentrennung (oben) sind deutlich größere Lücken zu sehen als im Blocksatz mit Silbentrennung (unten).

Blocksatz

Das Textbild des Blocksatzes wird von vielen Menschen als besonders schön empfunden, ist allerdings nicht immer leicht zu realisieren. Daher ist der Blocksatz in vielen Fällen auch nicht empfehlenswert.

[Unterschneidung]

Unterschneidung (engl. »Kerning«) ist ein Fachbegriff aus der Typografie. Mithilfe der Unterschneidung wird versucht, das Schriftbild und die Lesbarkeit von Text zu verbessern. Der horizontale Abstand der Zeichen (auch als *Weißraum* bezeichnet) wird bei bestimmten Buchstabenkombinationen gezielt verringert.

Abbildung 6.30 ▶
Zeilenabstand unter ABSTAND einstellen

Hinweis
Die Zeilenlänge eines Fließtextes beeinflusst die Lesbarkeit des Textes. Zu kurze Zeilen sind ermüdend, da das Auge zu oft vom Zeilenende zur nächsten Zeile springen muss. Zu lange Zeilen können dazu führen, dass die Augen den Anfang der nächsten Zeile nicht finden oder zu lange dafür brauchen.

Gmäeß eneir Sutide eneir elgnihcesn Uvinisterät

Gmäeß eneir Sutide eneir elgnihcesn Uvinisterät ist es nciht witihcg, in wlecehr Rneflogheie die Bstachuebn in eneim Wrot snid, das ezniige was wcthiig ist, ist dass der estre und der leztte Bstabchue an der ritihcegn Pstoiion snid.

Wie Sie sheen, nmimt das Ague den Txet zawr so whar wie er heir steht – das Gherin schffat es dnnoceh, die Wröetr iniutitv zu eneim sovinnelln Staz zsuaesnmmuzetzen. Die Lsearbeikt eneis Txetes wrid acuh druch enie krrokte Uternscheinundg der Bsteabuchn uternsztüt.

Zeilenlänge | Die Zeilenlänge können Sie, wie bereits zuvor erwähnt, festlegen, indem Sie einen Absatztext anlegen oder die Breite des Textfelds nachträglich ändern. Der Richtwert für die Anzahl der Zeichen eines Textes pro Zeile zum Lesen am Bildschirm beträgt 45 bis 55 Zeichen.

Zeichenabstand | Der Mensch erfasst ein Wort oder einen Satzteil nicht Buchstabe für Buchstabe, sondern nimmt nur Teile davon bewusst wahr und setzt diese beim Lesen intuitiv zum richtigen Wort oder Satzteil zusammen.

▲ **Abbildung 6.31**
Ein Text ist selbst dann lesbar, wenn die unteren Konturen der Schriftzeichen abgeschnitten werden (links). Werden hingegen die oberen Konturen abgedeckt (rechts), ist der Text nicht mehr lesbar.

Bei bestimmten Zeichenkombinationen entsteht durch die Form der Zeichen ein unschöner, zu großer Freiraum ❼. Dieser Freiraum hat u.a. zur Folge, dass das Auge das Wort nicht optimal erkennt.

Durch die Option AUTOMATISCH UNTERSCHNEIDEN ❻ wird der Freiraum zwischen bestimmten Buchstaben verringert ❽. Beachten Sie, dass diese Option nicht verfügbar ist für Textfelder, die eine Geräteschriftart verwenden.

Kreative Anwendung
Der Zeichenabstand kann aber auch kreativ eingesetzt werden, um Textbereiche hervorzuheben oder um mehrere Textzeilen in ihrer Zeilenlänge, z. B. in einem Logo, aneinander anzugleichen.

◄ **Abbildung 6.32**
Automatisch unterschneiden

Diese Unterschneidung basiert auf sogenannten *Kerning-Tabellen*, die in vielen Schriften integriert sind. Sollte Ihnen auffallen, dass eine Schrift nicht richtig unterschnitten wird, können Sie die Zeichenabstände im EIGENSCHAFTEN-Fenster unter ZEICHENABSTAND ❺ manuell korrigieren.

▲ **Abbildung 6.33**
Die Abstände der Zeichen W und a sind im oberen Text zu groß. Die automatische Unterschneidung behebt das im unteren Text.

Hoch- und tiefstellen | Im EIGENSCHAFTEN-Fenster können Sie eine Textpassage hoch- oder tiefstellen. Wählen Sie dazu zunächst den Textbereich mit dem Textwerkzeug aus. Aktivieren Sie dann die Option HOCHGESTELLT EIN/AUS ❾ bzw. TIEFGESTELLT EIN/AUS ❿.

◄ **Abbildung 6.34**
Hoch- und tiefgestellter Text

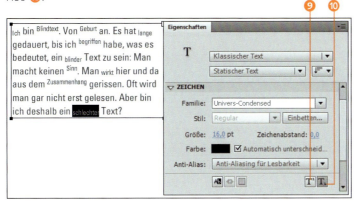

Textrichtung

Im Reiter ABSATZ im Bereich RICHTUNG ⓫ können Sie die Textrichtung bestimmen. Sie haben folgende Auswahlmöglichkeiten:

▶ **Horizontal**: Der Text verläuft von links nach rechts.
▶ **Vertikal**: Der Text verläuft vertikal, die erste Zeile beginnt rechts.
▶ **Vertikal, von links nach rechts**: Der Text verläuft vertikal, also von oben nach unten, wobei die erste Zeile links beginnt.

▲ **Abbildung 6.35**
Hier legen Sie die Textrichtung fest.

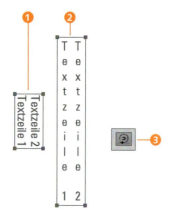

▲ Abbildung 6.36
Links: Text um 90 Grad gekippt;
rechts: Ausrichtung von oben
nach unten

Abbildung 6.37 ▶
Der verknüpfte Text wird in der
Arbeitsumgebung mit einer gestri-
chelten Linie gekennzeichnet.

▲ Abbildung 6.38
URL-Verknüpfung im Flash Player

[!] HTTP nicht vergessen
Denken Sie daran, die URL korrekt zu formatieren. Das *http://*
vor der eigentlichen Internetadresse darf nicht fehlen, da
die Verknüpfung sonst nicht
funktioniert.

Abbildung 6.39 ▶
In der Flash-Umgebung wird der
verlinkte Textbereich durch gestrichelte Linien gekennzeichnet.

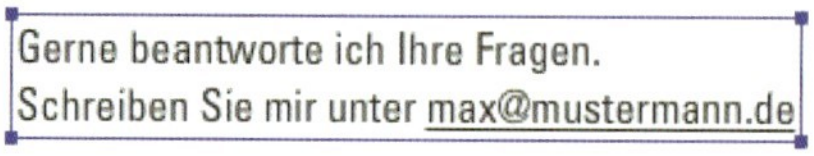

Vertikale Textrichtung | Wenn Sie eine vertikale Textrichtung
wählen, können Sie anschließend im Reiter ZEICHEN per Mausklick auf die Schaltfläche DREHEN ❸ die Textzeichen innerhalb
des Textfelds um 90 Grad drehen. Standardmäßig ist der Text um
90 Grad gekippt ❶. Durch Mausklick auf den Menüpunkt werden
die Zeichen von oben nach unten ausgerichtet ❷.

Text mit URL verknüpfen

Im Reiter OPTIONEN des EIGENSCHAFTEN-Fensters können Sie den
Text oder eine Textstelle eines Textfelds mit einer URL verknüpfen. Wählen Sie dazu das Textfeld aus, oder markieren Sie mit
dem Textwerkzeug **T** die gewünschte Textstelle eines Textfelds,
und geben Sie dann die URL im Bereich HYPERLINK ❹ ein. Unter
ZIEL ❺ können Sie das Zielfenster eingeben. Über die Einstellung
_BLANK würden Sie die URL in einem neuen Browserfenster öff-
nen. Im Flash-Film ändert sich das Pfeil-Symbol, wenn der Benutzer den Mauszeiger über die Verknüpfung bewegt.

E-Mail-Verknüpfung | Wenn Sie eine Textstelle mit einer E-
Mail-Adresse verknüpfen möchten, müssen Sie die URL-Adresse
im Mail-to-Format angeben. Geben Sie im Eingabefeld dann z. B.
Folgendes ein: »mailto:max@mustermann.de«.

Wenn der Benutzer auf die E-Mail-Verknüpfung klickt und
einen E-Mail-Client installiert hat, wird der E-Mail-Client automatisch geöffnet und eine neue E-Mail mit der E-Mail-Adresse
im Empfängerfeld angelegt.

Gerne beantworte ich Ihre Fragen.
Schreiben Sie mir unter max@mustermann.de

E-Mail-Link mit Betreff- und Haupttext | Sie können einen Text auch so verknüpfen, dass die Felder des Betreffs und des Haupttextes (Body) im E-Mail-Client automatisch ausgefüllt werden. Dazu können Sie über der entsprechenden Textstelle einen MovieClip mit einer transparenten Form erstellen, dem Movie-Clip einen Instanznamen im Eigenschaften-Fenster zuweisen und dann im Aktionen-Fenster folgenden Code definieren:

```
myButton_mc.addEventListener(MouseEvent.CLICK,sendMail);
myButton_mc.buttonMode = true;
function sendMail(e:MouseEvent):void {
    var myAdress:String="max@mustermann.de";
    var subject:String="Dies ist der Betreff der E-Mail.";
    var body:String="Dies ist der Haupttext der E-Mail.";
    var myRequest:URLRequest = new URLRequest("mailto:
    "+myAdress+"?subject="+subject+"&body="+body);
    navigateToURL(myRequest);
}
```

Ohne Mailprogramm
Für den Fall, dass der Benutzer selbst keine E-Mail-Adresse besitzt oder keinen E-Mail-Client eingerichtet hat, können Sie zur elektronischen Kontaktaufnahme ein Formular bereitstellen. Wie das funktioniert, erfahren Sie in Kapitel 17, »Flash, PHP und MySQL«.

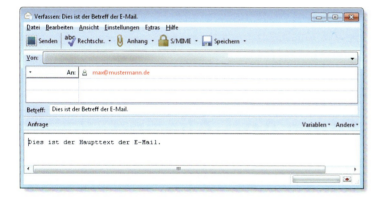

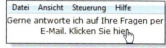

▲ **Abbildung 6.40**
Verlinkung mit einer unsichtbaren Schaltfläche im Flash Player

◄ **Abbildung 6.41**
Das Resultat im E-Mail-Client Thunderbird

Auswählbarer Text

Gelegentlich ist es sinnvoll, dem Benutzer die Möglichkeit zu geben, einen Text mit dem Mauszeiger direkt auszuwählen. So kann er den Text auswählen und diesen dann z. B. über das Tasten-kürzel ⌨Strg/⌘+C in die Zwischenablage kopieren. Anschließend kann der Text über das Tastenkürzel ⌨Strg/⌘+V in einer beliebigen Anwendung eingefügt werden. Die Option Text auswählbar zu machen ist besonders bei einer Anschrift oder einer E-Mail-Adresse sinnvoll.

Klicken Sie auf das Optionsfeld Auswählbar **6** im Reiter Zeichen des Eigenschaften-Fensters, um die Funktion zu aktivieren. Die Funktion kann nur für das gesamte Textfeld aktiviert bzw. deaktiviert werden.

06_Text\EMail_Link\ EMailLink.fla

▲ **Abbildung 6.42**
Text auswählbar

6.3   Darstellung von Schrift

Flash bietet dem Benutzer gegenüber HTML und CSS deutlich mehr gestalterische Freiheit beim Erstellen von Texten. So können Sie z. B. beliebige Schriften verwenden, und der Text erscheint unabhängig von Browsereinstellungen immer so, wie Sie es wünschen. Eine der wichtigsten Aufgaben beim Erstellen von Texten ist es, den Text möglichst gut lesbar zu gestalten.

Barrierefreiheit
Wie Sie Text, z. B. für sehbehinderte Menschen, barrierefrei veröffentlichen können, erfahren Sie in Kapitel 7, »Veröffentlichung«.

Anti-Aliasing | Bildschirme verwenden eine Auflösung von 72 dpi (Dots per Inch) und können Details deshalb nur viel schlechter darstellen, als das im Druck (300 dpi oder mehr) möglich ist. Da jede Form in das Pixelraster eines Bildschirms gesetzt wird, können Rundungen oft nur in Form von Treppenstufen dargestellt werden. Diese Treppenstufen fallen besonders bei Text negativ auf.

Flash und andere Grafikanwendungen verwenden das sogenannte *Anti-Aliasing*, um diese schlechte Darstellungseigenschaft von Bildschirmen zu korrigieren. So werden mithilfe von Anti-Aliasing Zwischentöne an den Kanten der Schriftzeichen eingefügt, die eine Art Weichzeichung zur Folge haben. Sie verleihen dem Schriftbild ein elegantes Erscheinungsbild.

[Anti-Aliasing]
Anti-Aliasing – auch als *Kantenglättung* bezeichnet – sorgt dafür, dass Zwischentöne an den Kanten eines Schriftzeichens hinzugefügt werden. Es handelt sich um eine Art der Weichzeichnung, die für eine bessere Lesbarkeit und eine höhere Anmutung des Schriftbilds sorgt.

▲ **Abbildung 6.43**
Oben: ohne Anti-Aliasing; unten: mit Anti-Aliasing. Durch Anti-Aliasing werden Zwischentöne an den Außenlinien der Schriftzeichen eingefügt.

Abbildung 6.44 ▶
Je nach Schriftart und -größe verschwimmen die Zeichen früher oder später, und die Lesbarkeit verschlechtert sich.

Beim Erstellen eines Textes müssen Sie sich bei der Schrift- und Schriftgrößenauswahl bewusst entscheiden, ob Sie Anti-Aliasing verwenden möchten oder nicht. Seit Flash 8 gibt es für die Auswahl des Anti-Aliasings sehr spezifische Einstellungen, die Sie für jedes Textfeld separat definieren können. Diese werden im Folgenden näher vorgestellt.

Anti-Alias | Im EIGENSCHAFTEN-Fenster können Sie zwischen fünf Anti-Aliasing-Einstellungen auswählen:

▶ GERÄTESCHRIFTARTEN VERWENDEN (kein Anti-Alias)
▶ BITMAPTEXT [KEIN ANTI-ALIAS]
▶ ANTI-ALIASING FÜR ANIMATION
▶ ANTI-ALIASING FÜR LESBARKEIT
▶ BENUTZERDEFINIERTES ANTI-ALIASING

Geräteschriftarten

Grundsätzlich werden in Flash Schriften in zwei Gruppen unterteilt:

▶ Schriftarten, die standardmäßig auf allen Betriebssystemen installiert sind, werden als *Geräteschriftarten* bezeichnet und können ohne Anti-Aliasing dargestellt werden.
▶ Schriftarten, die nicht standardmäßig auf allen Systemen installiert sind, werden in den Flash-Film eingebettet. Sie werden daher als *eingebettete Schriften* bezeichnet und werden für gewöhnlich mit Anti-Aliasing dargestellt. Die Ausnahme sind Texte, die mit der Einstellung BITMAP-TEXT versehen werden. Die Einstellung wird später noch erläutert.

Im Folgenden wird zunächst die erste Gruppe der Schriftarten, die Geräteschriftarten, erläutert.

▲ **Abbildung 6.45**
Anti-Aliasing-Einstellungen

Verfügbarkeit
Die genannten Anti-Aliasing-Einstellungen gelten nur für Filme, die für den Flash Player 8 und neuere Versionen veröffentlicht werden. Für Filme, die für den Flash Player 7 oder einen älteren Player veröffentlicht werden, sind ausschließlich die Einstellungen GERÄTESCHRIFTART VERWENDEN oder ANTI-ALIASING FÜR ANIMATION zulässig.

◀ **Abbildung 6.46**
Geräteschriftarten im Vergleich

Wie Sie in Abbildung 6.46 sehen können, sind Schriften ohne Anti-Aliasing auch in kleinen Schriftgrößen meist gut lesbar, sehen allerdings nicht ganz so elegant aus. Sie kennen diese Schriftdarstellung bereits von HTML-Seiten, auf denen in der Regel immer Schriften ohne Anti-Aliasing verwendet werden.

Wenn Sie die Schriftauswahlliste öffnen, wundern Sie sich vielleicht über die ganz oben stehenden Schriftarten _SANS, _SERIF und _TYPEWRITER, denn diese Schriftarten gibt es nicht. Die

[!] Tahoma

Die Schriftart »Tahoma« gehört auf Mac-Computern nicht zu den standardmäßig installierten Schriftarten und sollte deshalb nicht als Geräteschrift verwendet werden. Zahlen zur Verbreitung von unterschiedlichen Schriften auf verschiedenen Betriebssystemen finden Sie z. B. unter *www. visibone.com/font/FontResults.html*

[Serifen]

Serifen sind feine Linien, die einen Buchstabenstrich am Ende, quer zur Grundrichtung, abschließen.

Flash Player 10

Seit Flash Player 10 lassen sich Geräteschriftarten wie eingebettete Schriftarten maskieren. Vorher war das nicht ohne Weiteres möglich.

06_Text\Geräteschriftarten_ Maskieren\Beispiel.fla

Schriftauswahl _SANS_ steht allgemein für eine Schrift ohne Serifen, wie z. B. »Arial«. Es wird hier also ausdrücklich keine spezielle Schrift ausgewählt, die Auswahl wird mit einer der gewählten Schriften dem jeweiligen Flash Player überlassen. Die Schriftart _SERIF_ steht für eine Schrift mit Serifen, wie z. B. »Times New Roman«. Die Schriftart _TYPEWRITER_ steht für eine nicht proportionale Schrift, auch *Festbreitenschrift* genannt, wie z. B. »Courier«.

In Abbildung 6.46 ist gut zu sehen, dass im Beispielfall für _SANS_ die Schrift »Arial« und für _SERIF_ die Schrift »Times New Roman« verwendet wurde. Folgende Schriften können bedenkenlos als Geräteschriftart eingesetzt werden:

▶ Arial
▶ Courier
▶ Times New Roman
▶ Verdana
▶ _sans
▶ _serif
▶ _typewriter

Geräteschriftarten haben gegenüber eingebetteten Schriftarten einen wesentlichen Vorteil. Die Dateigröße des Flash-Films fällt in der Regel kleiner aus, da im Gegensatz zu eingebetteten Schriften keine Zeichen in den Film eingebunden werden.

Maskierung von Geräteschriftarten

Geräteschriftarten können in älteren Flash Playern (bis Version 9) nicht genauso wie eingebettete Schriften maskiert werden. Gelegentlich möchte man einen Textbereich in einem Layout begrenzen und z. B. mit einem Scroller versehen.

In der Arbeitsumgebung würde ein Text mit einer Geräteschriftart, der durch eine Maskenebene maskiert wird, maskiert angezeigt. Wenn Sie den Film jedoch für einen älteren Flash Player veröffentlichen, funktioniert die Maske nicht – der Text wird dann nicht angezeigt. Um einen Text mit einer Geräteschriftart zu maskieren, müssen Sie dann einen anderen Weg wählen. Der folgende Workshop zeigt, wie es geht.

Schritt für Schritt:
Maskierung von Geräteschriften

In diesem Workshop erfahren Sie, wie Sie einen Text mit einer Geräteschriftart maskieren können.

1 Text erstellen

Erstellen Sie einen neuen Flash-Film, wählen Sie das Textwerkzeug T aus, ziehen Sie ein statisches Textfeld auf, und geben Sie einen Text ein.

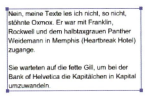

◄ **Abbildung 6.47**
Text und Textfeldbereich

Wählen Sie im EIGENSCHAFTEN-Fenster die Schrift ARIAL ❶ aus, und stellen Sie die Einstellung ANTI-ALIAS auf GERÄTESCHRIFTARTEN VERWENDEN ❷. Diese Technik können Sie auch auf dynamische und auf Eingabetextfelder anwenden.

◄ **Abbildung 6.48**
Texteigenschaften einstellen

2 MovieClip-Konvertierung

Wählen Sie das Textfeld aus, und konvertieren Sie es über ⌨F8 in einen MovieClip »text_mc«.

▲ **Abbildung 6.49**
Das Textfeld wird in einen MovieClip konvertiert.

3 Instanznamen vergeben

Weisen Sie dem MovieClip im EIGENSCHAFTEN-Fenster den Instanznamen »text_mc« zu.

Abbildung 6.50 ▶
Instanznamen zuweisen

4   Maske anlegen

Erstellen Sie oberhalb der Ebene mit dem Text eine neue Ebene
»Maske«.

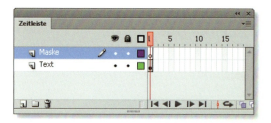

Abbildung 6.51 ▶
Die neue Ebene »Maske«

▲ Abbildung 6.52
Der maskierte Bereich

Begrenzungsrahmen
Der Begrenzungsrahmen eines
Symbols ist immer rechteckig und
wird in der Flash-Umgebung
durch einen hellblauen Rahmen
dargestellt. Mehr Infos dazu in
Kapitel 4, »Symbole, Instanzen
und die Bibliothek«.

Zeichnen Sie mit dem Rechteckwerkzeug ▢ den gewünschten
Maskenbereich ein. Beachten Sie dabei, dass zur Maskierung der
Begrenzungsrahmen des Masken-MovieClips und nicht die tat-
sächliche Form verwendet wird.

Da hier jedoch ein Rechteck als maskierende Form verwendet wird, ist der Begrenzungsrahmen mit der Form identisch. Das
wäre allerdings nicht der Fall, wenn Sie eine Kreisform als Maske
wählen würden. Geräteschriftarten lassen sich auf diese Weise
also nur durch rechteckige Formen maskieren.

5   MovieClip-Konvertierung

Wählen Sie das Rechteck aus, und konvertieren Sie es über [F8]
in einen MovieClip. Weisen Sie dem MovieClip anschließend den
Instanznamen »mask_mc« zu.

▲ Abbildung 6.53
Dem Masken-MovieClip wird ein Instanzname zugewiesen.

6 **Maskierung per ActionScript**

Erstellen Sie eine weitere Ebene »Actions«, auf der im Folgenden der Code zur Maskierung integriert wird.

Wählen Sie das erste Schlüsselbild auf der Ebene »Actions« aus, öffnen Sie das AKTIONEN-Fenster, und weisen Sie dem Schlüsselbild folgenden Code zu:

```
text_mc.mask = mask_mc;
```

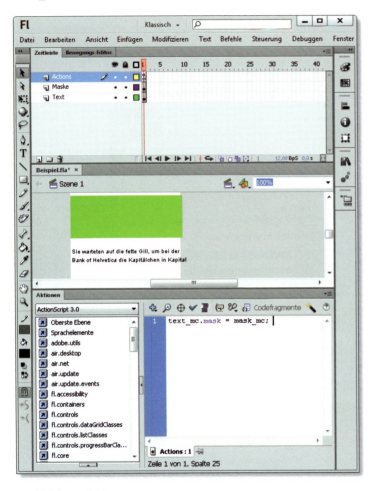

▲ **Abbildung 6.54**
Die Maske wird dem Text zugewiesen.

7 **Fertig! Veröffentlichung**

Veröffentlichen Sie den Film über Strg / ⌘ + ↵ . Der Text wird maskiert dargestellt.

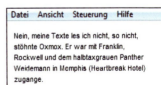

▲ **Abbildung 6.55**
Nur der obere Teil des Textes ist nun im Flash Player sichtbar.

Wie Sie ausgewählte Schriftzeichen für dynamische Textfelder und Eingabetextfelder einbetten, erfahren Sie in Kapitel 16, »Dynamischer Text«.

▲ **Abbildung 6.56**
Auswahl des Anti-Aliasings

Eingebettete Schriften

Wollen Sie sich nicht nur auf den Einsatz von Geräteschriftarten beschränken, müssen Sie die verwendete Schrift in Ihren Flash-Film einbetten. Bei statischen Textfeldern geschieht die Einbettung der Schrift automatisch. Sie müssen sich also nicht selbst darum kümmern.

Eingebettete Schriften können seit Flash 8 mit oder ohne Anti-Aliasing dargestellt werden. Falls Sie sich dafür entscheiden, Anti-Aliasing einzusetzen, haben Sie drei Auswahlmöglichkeiten, die Sie für jedes Textfeld separat im EIGENSCHAFTEN-Fenster einstellen können:

▶ Für Textfelder, die Sie animieren möchten, sollten Sie die Einstellung ANTI-ALIASING FÜR ANIMATION wählen.

▶ Für Textfelder, die nicht animiert werden, ist die Einstellung ANTI-ALIASING FÜR LESBARKEIT vorzuziehen.

▶ Bei einigen Schriften und einer kleinen Schriftgröße können Sie die Textdarstellung noch weiter verbessern, wenn Sie die Option BENUTZERDEFINIERTES ANTI-ALIASING wählen.

▲ **Abbildung 6.57**
Benutzerdefiniertes Anti-Aliasing

▲ **Abbildung 6.58**
Benutzerdefiniertes Anti-Aliasing mit verschiedenen Einstellungen

Feintuning | Bei dieser Einstellung können Sie über den Schieberegler STÄRKE die Breite der Zeichenform erweitern. Wie Sie in Abbildung 6.58 sehen können, wirken die Schriftzeichen im unteren Schriftbild ❶ etwas satter, und die Form ist besser erkennbar.

Über den Schieberegler SCHÄRFE legen Sie die Stärke der Weichzeichnung der Umrisse fest. Für die Abbildung wurden folgende Einstellungen gewählt:

▶ Stärke: 0, Schärfe: 0
▶ Stärke: 80, Schärfe: 0
▶ Stärke: 80, Schärfe: 90

Schriftzeichen in Vektoren umwandeln

Nachdem Sie einen Text in einem statischen Textfeld erzeugt haben, können Sie die Schriftzeichen des Textes über den Menüpunkt MODIFIZIEREN • TEILEN in Textfelder mit je einem Schriftzeichen teilen. Das kann sehr nützlich sein, wenn Sie einen Schriftzug zeichenweise animieren möchten. Sehr nützlich in diesem Zusammenhang ist dann auch der Befehl MODIFIZIEREN • ZEITLEISTE • AUF EBENEN VERTEILEN. So werden alle ausgewählten Objekte, in diesem Fall die Textzeichen, jeweils auf eine Ebene verteilt. Diese können dann, nachdem sie in MovieClips umgewandelt wurden, z. B. über ein Bewegungs-Tweening animiert werden.

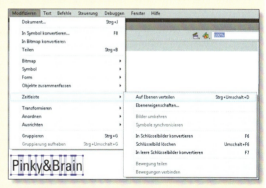

▲ **Abbildung 6.59**
Schriftzeichen auf Ebenen verteilen

Sollten Sie den Befehl MODIFIZIEREN • TEILEN ein weiteres Mal auf die Schriftzeichen anwenden, werden diese in Vektorfüllungen umgewandelt. Mit dem Tintenfasswerkzeug [Symbol] lässt sich der Schriftzug dann schnell beispielsweise mit einer Außenlinie versehen.

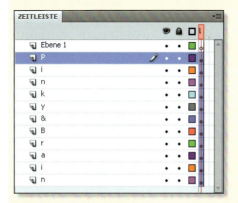

▲ **Abbildung 6.60**
Die ZEITLEISTE nach der Verteilung der Schriftzeichen

▲ **Abbildung 6.61**
Die Vektorfüllungen von ursprünglichen Textzeichen werden mit Außenlinien versehen.

Bitmap-Text

Wie bereits erwähnt, wirkt sich Anti-Aliasing bei kleinen Schriftgrößen unter 15 Punkten negativ auf die Lesbarkeit des Textes aus. Seit Flash 8 ist es möglich, eine beliebige Schrift ohne Anti-Aliasing darzustellen. Wählen Sie dazu im EIGENSCHAFTEN-Fenster die Schriftwiedergabeoption BITMAPTEXT [KEIN ANTI-ALIAS].

Die ausgewählte Schrift wird auch in diesem Fall in den Flash-Film eingebettet. Die Art und Weise, wie dies geschieht, unterscheidet sich jedoch von der Einbettung bei einer Schrift mit Anti-Aliasing. Bei einer Schrift, die mit Anti-Aliasing dargestellt wird, werden die Konturen der Schrift als Vektoren eingebunden.

Da Vektoren ohne Qualitätsverlust skaliert werden können, muss die Schrift nur einmal eingebunden werden und kann dann so oft wie benötigt in einer beliebigen Schriftgröße verwendet werden.

Eingebettete Zeichen
Bei statischen Textfeldern werden automatisch alle Zeichen einer Schrift, die im Text verwendet werden, eingebettet. Bei dynamischen Textfeldern und Eingabetextfeldern müssen Sie selbst definieren, welche Zeichen eingebettet werden sollen. Mehr dazu erfahren Sie in Kapitel 16, »Dynamischer Text«.

Dateigröße

Wenn Flash eine Schrift mit Anti-Aliasing einbettet, kann diese im Regelfall (Ausnahme: Bitmap-Text) beliebig oft in unterschiedlichen Schriftgrößen verwendet werden, ohne dass die Dateigröße des Flash-Films größer wird. Wenn Flash eine Schrift als Bitmap-Text einbettet, kann die Schrift nicht skaliert werden, für jede Schriftgröße wird eine eigene Einbettung notwendig. Die Dateigröße des Films wird dann gegebenenfalls entsprechend größer.

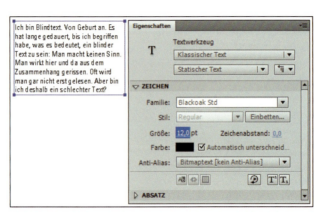

▲ **Abbildung 6.62**
Bitmap-Text ohne Anti-Aliasing

Wenn hingegen die Anti-Alias-Option BITMAPTEXT gewählt wurde, werden die Zeichen in der eingestellten Schriftgröße als Bitmap eingebunden und können *nicht verlustfrei skaliert* werden. Das hat Auswirkungen auf die Dateigröße eines Films, wenn Texte in unterschiedlichen Schriftgrößen gesetzt werden.

Abbildung 6.63 ▶
Im Veröffentlichungsreport können Sie erkennen, dass die Schrift in zwei unterschiedlichen Schriftgrößen eingebettet wurde.

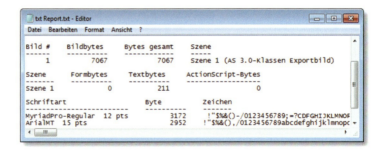

▲ **Abbildung 6.64**
Über das Kontextmenü gelangen Sie zu den Eigenschaften einer importierten Bitmap.

Text als Grafik einfügen

Eine Besonderheit, die streng genommen nicht direkt mit Text in Flash zu tun hat, ist der Einsatz sogenannter *Textgrafiken*. Dabei wird der Text nicht in Flash erstellt, sondern in einem Grafikprogramm (z. B. Photoshop) als Bild gespeichert. Beachten Sie jedoch, dass die Dateigröße des Flash-Films ansteigt, je mehr Textgrafiken Sie verwenden. Nutzen Sie diese also nur, wenn es unbedingt notwendig ist – z. B. wenn Sie einen Text, der eine Geräteschriftart verwendet, mit einer runden Maske maskieren möchten.

Haben Sie sich für eine Textgrafik entschieden, können Sie diese – wie jede andere Grafik – über DATEI • IMPORTIEREN • IN BÜHNE IMPORTIEREN in das Projekt importieren.

Unerwünschte Schatten | Wenn Sie für einen Text eine Textgrafik verwenden möchten, sollten Sie nach dem Import der Textgrafik überprüfen, ob die Einstellung GLÄTTEN ZULASSEN ❶ der Bit-map in der BIBLIOTHEK deaktiviert ist. Wählen Sie dazu die Bitmap in der BIBLIOTHEK aus, und öffnen Sie per Klick mit der rechten Maustaste das Kontextmenü. Wählen Sie dort den Menüpunkt EIGENSCHAFTEN. Sollte die Option aktiviert sein, werden die Kanten der Zeichen mit unerwünschten Zwischentönen versehen.

Maskierung von Textgrafiken
Textgrafiken bieten eine Alternative zur Darstellung von Text in Flash. Sie können eine Textgrafik beliebig maskieren. So ist eine Maskierung auch durch eine runde Form möglich.

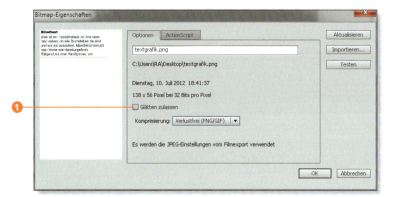

▲ **Abbildung 6.66**
BITMAP-EIGENSCHAFTEN

▲ **Abbildung 6.65**
Unten wurde die Option GLÄTTEN ZULASSEN aktiviert. An den Kanten der Zeichen werden Zwischentöne hinzugefügt.

Pixelfonts

Pixelfonts wurden vor Flash 8 häufig verwendet, um Text ohne Anti-Aliasing in kleinen Schriftgrößen gut lesbar darzustellen.

Form und Größe eines Schriftzeichens sind so gewählt, dass jedes Pixel in das Pixelraster des Bildschirms passt. Das ist auch der Grund, warum jeder Pixelfont nur in einer bestimmten Größe eingesetzt werden sollte.

Pixelbasiert
Pixelfonts basieren im Gegensatz zu vektorbasierten TrueType- und PostScript-Schriften auf Pixeln und sind speziell für die Bildschirmdarstellung ausgelegt.

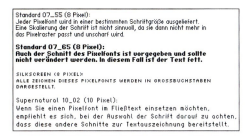

◄ **Abbildung 6.67**
Pixelfonts im Vergleich

Methode zur Schriftwiedergabe | Besonders gut geeignet sind Pixelfonts für Texte in sehr kleinen Schriftgrößen, da sie gestochen scharf erscheinen und sehr gut lesbar sind. Wenn Sie Pixelfonts verwenden möchten, müssen Sie die METHODE ZUR SCHRIFTWIEDERGABE auf BITMAPTEXT [KEIN ANTI-ALIAS] stellen.

Für den Einsatz von Pixelfonts gibt es ein paar wichtige Regeln, die Sie beachten sollten, damit sie korrekt dargestellt werden.

Probleme mit Pixelfonts

In der Praxis gibt es häufig Probleme mit Pixelfonts, was sich meist jedoch auf eine falsche Anwendung zurückführen lässt. In seltenen Fällen ist der Pixelfont nicht für Flash geeignet. Selbst wenn alle Register der Optimierung gezogen werden, erscheint der Text unscharf. Dann bleibt nur die Möglichkeit, einen anderen Pixelfont zu wählen.

[!] Pixelfonts in Symbolen

Symbole, die ein Textfeld mit einem Pixelfont verwenden, dürfen nicht skaliert werden.

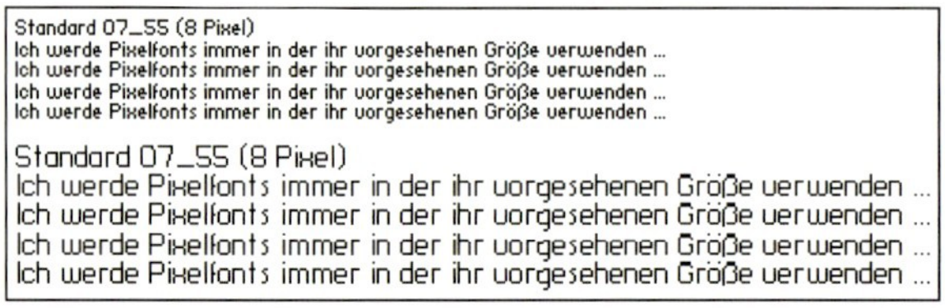

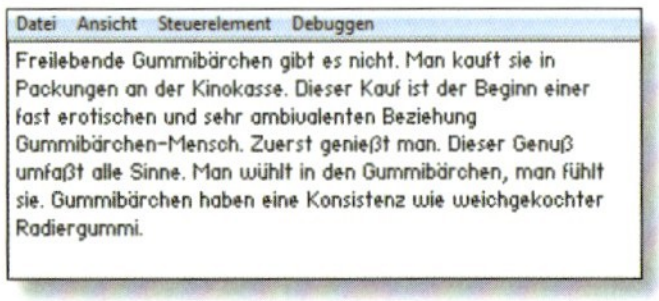

▲ **Abbildung 6.69**
Der MovieClip, in dem das Textfeld liegt, wurde auf 150 % skaliert. Die Zeichen fransen im Flash Player aus.

Tipp

In vielen Fällen gibt es zur Textauszeichnung spezielle Varianten der Schriftart, die gewählt werden können. Wenn Sie einen Pixelfont im Fließtext verwenden, prüfen Sie vorher, ob es entsprechende Varianten des Pixelfonts gibt.

Schriftgröße | Jeder Pixelfont sollte nur mit der für ihn bestimmten Schriftgröße verwendet werden, da die Pixel bei einer Skalierung sonst nicht mehr in das Pixelraster des Bildschirms passen und der Text unscharf wird.

Wenn Sie einen Pixelfont erhalten, sollten Sie sich die dazugehörige Schriftgröße unbedingt merken. Pixelfonts sind meist in Schriftgrößen zwischen fünf und zwölf Pixel verfügbar. In vielen Fällen deutet der Schriftname auf die Schriftgröße hin. Oftmals gibt es zur Schrift auch eine Dokumentation in Form einer »readme.txt«-Datei mit einer entsprechenden Information, oder Sie finden die Größenangabe auf der Herstellerseite im Internet.

Falls Sie einen Pixelfont erhalten und nicht feststellen können, welche Schriftgröße vorgesehen ist, müssen Sie dies überprüfen – am besten legen Sie dazu mehrere Textfelder mit verschiedenen Schriftgrößen an. Veröffentlichen Sie den Film – Sie sehen dann relativ schnell, welche Größe die richtige ist.

▲ **Abbildung 6.68**
Die Schriftgröße wurde im oberen Text richtig gewählt. Im unteren Text wurde der Pixelfont falsch eingesetzt. Die Buchstaben des Wortes »Größe« fransen deutlich aus.

Textauszeichnung | Wenn Sie einen Text oder ein einzelnes Wort auszeichnen möchten, können Sie dies nicht über die gewöhnlichen Formatierungseinstellungen vornehmen. Pixelfonts sollten also nicht fett, kursiv, hoch- oder tiefgestellt gesetzt werden. Auch der Zeilenabstand und der Zeichenabstand sollten, wenn nicht anders angegeben, nicht verändert werden.

Textausrichtung | Richten Sie Text, der mithilfe eines Pixelfonts dargestellt werden soll, immer linksbündig aus. Wenn der Text mittig oder rechtsbündig ausgerichtet wird, kann das funktionieren – es ist aber nicht zwingend der Fall. Auch hier kann es passieren, dass die Pixel eines Schriftzeichens dann nicht mehr in das Pixelraster passen.

Positionierung | Positionieren Sie das Textfeld grundsätzlich auf ganzzahligen Pixelkoordinaten, also z. B. x: 10.0 und y: 25.0. Wählen Sie dazu zunächst den Menübefehl ANSICHT • AUSRICH-

TEN • AN PIXEL AUSRICHTEN aus, und stellen Sie die Vergrößerung auf 800 %. In dieser Vergrößerungsstufe werden die Pixel dann mithilfe eines Rasters angezeigt, und Sie können prüfen, ob die Schrift korrekt dargestellt wird. Alternativ können Sie die x- und y-Koordinaten des Textfelds auch im EIGENSCHAFTEN-Fenster entsprechend einstellen.

[!] An Pixel ausrichten
Der Menüpunkt AN PIXEL AUS-RICHTEN hält nicht immer das, was er verspricht. Kontrollieren Sie die Koordinaten zur Sicherheit.

![Freilebende Gummibä Packungen an der Kir]

◄ **Abbildung 6.70**
Das Textfeld wurde auf ganzzahligen Koordinaten positioniert.

Wenn Sie ein Textfeld in ein Symbol konvertieren, sollten sowohl das Symbol als auch das Textfeld innerhalb des Symbols grundsätzlich auf ganzzahligen Koordinaten positioniert werden. Auch bei einer weiteren Verschachtelung sollte dies grundsätzlich eingehalten werden.

Wenn Sie einen Flash-Film laden, der einen Pixelfont einsetzt, sollte auch dieser auf ganzzahligen Koordinaten ❶ positioniert werden.

Nutzungshinweise beachten
Professionelle Pixelfonts, die speziell für den Einsatz in Flash entwickelt wurden, werden häufig mit Nutzungshinweisen vom Hersteller ausgeliefert. Diese geben Ihnen Aufschluss über Besonderheiten der Schrift und deren Anwendung. Sie finden hier häufig schon die Ursache für eine fehlerhafte Darstellung.

◄ **Abbildung 6.71**
Textfeld auf ganzzahligen Koordinaten positionieren

99,9 % | Sie sollten auf den Einsatz von Pixelfonts verzichten, wenn der Flash-Film skaliert werden soll. Ab und zu kommt es jedoch vor, dass Flash ein Symbol oder ein Textfeld scheinbar ohne jedes Zutun auf 99,9 % skaliert. Das fällt visuell bei anderen Elementen nicht ins Gewicht, ist beim Einsatz von Pixelfonts jedoch eine Fehlerquelle. Überprüfen Sie jedes Symbol, das ein Textfeld

**Ausnahmen bestätigen
die Regel.**

Dennoch kommt es bei einer Verschachtelung eines Textfelds in einem oder mehreren Symbolen ab und zu vor, dass der Pixelfont nicht scharf erscheint, obwohl alle Symbole auf ganzzahligen Koordinaten positioniert wurden. Wenn Sie alle anderen Regeln befolgt haben, können Sie als letzte Möglichkeit versuchen, das Textfeld auf ungeraden Koordinaten zu positionieren – die Prozedur ist sehr mühselig, führt aber in einigen Fällen zum Erfolg.

Abbildung 6.72 ▶
Die Schriftart »Standard0755« ist nicht auf dem System installiert. Es wird eine Ersatzschrift ausgewählt.

▲ **Abbildung 6.73**
Die Schrift ist nicht im System installiert.

mit einem Pixelfont enthält, auf seine Skalierung, wenn ein Pixelfont nicht wunschgemäß dargestellt wird. Die Skalierung können Sie sehr schnell über FENSTER • TRANSFORMIEREN überprüfen.

Filmvorschau | Wenn Sie einen Film über STEUERUNG • FILM TESTEN • TESTEN in der Vorschau öffnen, kann es vorkommen, dass der Film nicht exakt in 100 % angezeigt wird. Ein Pixelfont würde dann unscharf dargestellt werden. Lassen Sie sich davon nicht beirren, veröffentlichen Sie den Film über DATEI • VERÖFFENTLICHEN, und testen Sie ihn dann direkt im Flash Player.

Fehlende Schriften ersetzen

Wenn Sie eine FLA-Datei öffnen, die eingebettete Schriften verwendet, die Sie nicht auf Ihrem System installiert haben, erscheint das Dialogfenster SCHRIFTZUORDNUNG. In diesem Dialogfenster werden Ihnen zwei Auswahlmöglichkeiten angeboten:

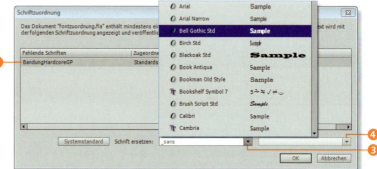

▶ SCHRIFT ERSETZEN: Wählen Sie zunächst die Schrift oben **2** aus, und stellen Sie dann im Listenfeld **3** eine Ersatzschriftart und im Listenfeld **4** den Schriftschnitt ein.
▶ SYSTEMSTANDARD: Klicken Sie auf die Schaltfläche, um die fehlende Schriftart durch eine Standardsystemschrift, wie z. B. »Arial«, zu ersetzen. Das jeweilige Textfeld »merkt« sich allerdings die ursprüngliche Schrift. Diese wird dann in Klammern im EIGENSCHAFTEN-Fenster angezeigt. Dahinter folgt dann die Schriftart, die als Ersatz verwendet wird.

Nachträgliche Schriftzuordnung | Für den Fall, dass Sie beim Öffnen der FLA-Datei die Schaltfläche SYSTEMSTANDARD gewählt haben, können Sie eine Schriftzuordnung auch noch nachträglich ändern. Klicken Sie dazu im Menü auf BEARBEITEN • SCHRIFTZUORDNUNG. Das Fenster dürfte Ihnen bereits bekannt sein.

6.4 TLF-Texterstellung in Flash

In diesem Abschnitt lernen Sie, wie Sie mit dem Textwerkzeug Text Layout Framework, kurz *TLF-Text* genannt, umgehen können. Sie erfahren, wie Sie damit die Textlayout-Funktionen richtig nutzen, was Ihre Arbeit in der Praxis erheblich erleichtern wird.

Da Sie bereits zu Anfang des Kapitels gelernt haben, wie Sie Texte bearbeiten und formatieren können, werden wir in diesem Abschnitt ausschließlich auf die zusätzlichen Textfunktionen von TLF eingehen.

TLF-Text oder klassischer Text?
Die Entscheidung, ob Sie TLF-Text oder klassischen Text verwenden sollten, hängt von mehreren Kriterien ab. Eine ausführliche Entscheidungshilfe dazu finden Sie in Kapitel 16, »Dynamischer Text«.

◄ **Abbildung 6.74**
Dateigröße bei statischen und dynamischen Textfeldern mit nur einem eingebetteten Buchstaben. Links oben: dynamisches klassisches Textfeld; links unten: statisches klassisches Textfeld; rechts oben: dynamisches TLF-Textfeld; rechts unten: statisches TLF-Textfeld

Bevor wir beginnen, möchten wir Ihnen als Erstes einen kleinen Überblick über die Vorteile bzw. Verbesserungen des Einsatzes eines TLF-Textfelds gegenüber dem klassischen Text geben:

▶ **Diverse neue Zeichenstile**, die Ihnen das Formatieren von Text noch besser ermöglichen, wie z. B. Zeilenabstände, Markierungsfarben, Unter- sowie Durchstreichen von Text, Ligaturen, Ziffernschreibweisen sowie Groß- und Kleinschreibung

▶ **Zusätzliche Absatzstile**, mit denen Sie verschiedene Optionen für die Ausrichtung der letzten Textzeile sowie die Unterstützung für mehrere Spalten mit einem speziellen Zwischenraum haben

▶ **Textfluss**, mit dem Sie Text über beliebig viele Textfelder fließen lassen können

▶ **Textlaufrichtung**, mit der Sie festlegen können, ob der Text von links nach rechts oder von rechts nach links, z. B. für arabische Texte, laufen soll

▶ **Bidirektionaler Text**, der es Ihnen ermöglicht, innerhalb eines von rechts nach links geschriebenen Textes einzelne Elemente

Dateigröße: Klassischer Text vs. TLF-Text

Obwohl TLF-Text grundsätzlich deutlich mehr Formatierungsmöglichkeiten bietet als klassischer Text, ist der Einsatz von TLF-Text nicht immer sinnvoll. Nur dann, wenn Eigenschaften von TLF-Text auch angewendet werden, sollte dieser auch verwendet werden. Beim Kompilieren eines Flash-Films, der TLF-Text verwendet, wird automatisch das TLF-Framework in den Flash-Film integriert. Dieses benötigt ca. 40 Kilobyte Extraspeicher. Wenn das TLF-Textfeld jedoch »statisch« ist, d. h. keinen Instanznamen hat, dann ist der Extraspeicher nur noch halb so groß, da nicht das gesamte TLF-Framework eingebettet wird. Bitte beachten Sie, dass »statisch« keine Option des EIGENSCHAFTEN-Fensters, sondern nur unsere Bezeichnung für diesen Fall ist.

Korrekte Veröffentlichungs-einstellungen

Um die Texteigenschaft TLF nutzen zu können, müssen Sie einen Flash-Film mindestens mit den Veröffentlichungseinstellungen »ActionScript 3.0« und »Flash Player 10« einstellen. Sollte dies nicht der Fall sein, wird Sie Flash darauf aufmerksam machen.

▲ **Abbildung 6.75**
Hinweis auf die Veröffentlichungseinstellungen für die Nutzung von TLF

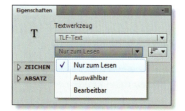

▲ **Abbildung 6.76**
Die Auswahl des Textfeld-Typs

Fehlt das TLF-Tabulatorlineal?
Falls Sie im Textbearbeitungsmodus sind (Doppelklick auf den Text) und das Lineal trotz Aktivierung in der Menüleiste unter Text fehlt, dann ändern Sie den Text-Typ im Eigenschaftenfenster kurz auf KLASSISCHER TEXT um und wieder zurück.

hinzuzufügen, die einen anderen Textfluss bekommen wie z. B. von links nach rechts. Dies ist dann sinnvoll, wenn Sie englische Wörter z. B. in einen arabischen Text einfügen möchten.

TLF-Textfeld-Eigenschaften

Beim Erstellen eines neuen TLF-Textfelds können Sie drei verschiedene Textarten wählen. Diese Einstellungen können Sie in den EIGENSCHAFTEN vornehmen:

▶ NUR ZUM LESEN dient dazu, dass der Text nach der Veröffentlichung weder ausgewählt noch bearbeitet werden kann.

▶ AUSWÄHLBAR dient dazu, dass nach der Veröffentlichung der Text ausgewählt werden und somit vom Benutzer in die Zwischenablage kopiert werden kann. Der Text kann bei dieser Option nicht bearbeitet werden.

▶ BEARBEITBAR ermöglicht es Ihnen, dass der Text nach der Veröffentlichung bearbeitet und ausgewählt werden kann.

Die Einstellung im EIGENSCHAFTEN-Fenster können Sie bei der Erstellung des Textfelds festlegen oder aber auch später noch nachträglich ändern.

TLF-Textfeld formatieren

Für die Gestaltung des Textes stehen Ihnen verschiedene Einstellungen für die Feinjustierung des Textlayouts zur Verfügung. Diese finden Sie im EIGENSCHAFTEN-Fenster in den Reitern ERWEITERT – ZEICHEN und CONTAINER UND FLUSS.

Seit Flash CS5.5 existiert zur präzisen Textgestaltung zudem das TLF-Tabulatorlineal, mit dem Sie Abstände durch Tabstopps steuern können. Die Einheit des Lineals entspricht der Einstellung in den Dokumenteneinstellungen der FLA.

Um das TLF-Tabulatorlineal anzuzeigen, muss das Textfeld ausgewählt und die Option in der Menüleiste unter TEXT • TLF-TABULATORLINEAL aktiviert sein. Wenn Sie den Text bearbeiten, dann erscheint darüber das Tabulatorlineal, in dem Sie ähnlich wie beim Definieren eines Farbverlaufs die einzelnen Positionen anlegen.

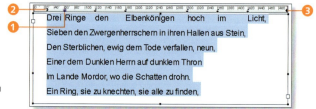

Abbildung 6.77 ▶
TLF-Tabulatorlineal mit mehreren Tabstopps

Nachdem Sie einen Teil oder den gesamten Text selektiert haben, wird durch einen Klick auf die gewünschte Tabposition auf dem Lineal ein neuer Tabstopp angelegt und als Pfeil dargestellt ❶. Verschieben Sie den Tabstopp durch Drag & Drop. Für eine noch genauere Positionierung doppelklicken Sie auf den Pfeil, um das dazugehörige Eigenschaften-Fenster zu öffnen. Zum Löschen ziehen Sie den Tabstopp einfach herunter.

Durch die Anfasser links ❷ und rechts ❸ außen können Sie außerdem den Text einrücken.

▲ **Abbildung 6.78**
Eigenschaften des Tabstopps

Formatierungseinstellungen auf einen Blick

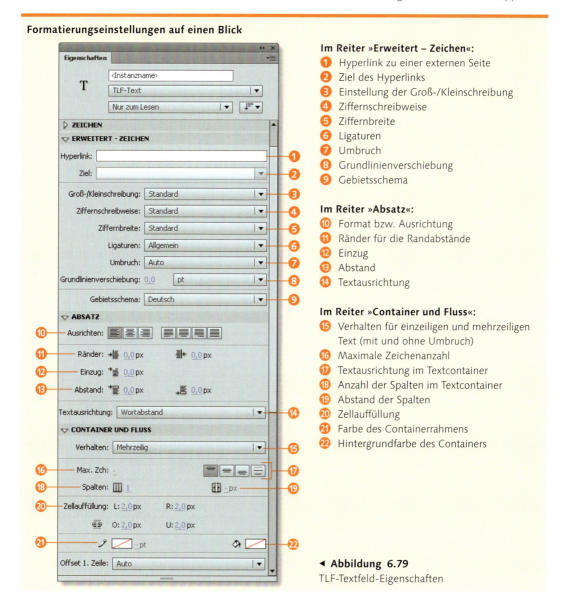

Im Reiter »Erweitert – Zeichen«:
❶ Hyperlink zu einer externen Seite
❷ Ziel des Hyperlinks
❸ Einstellung der Groß-/Kleinschreibung
❹ Ziffernschreibweise
❺ Ziffernbreite
❻ Ligaturen
❼ Umbruch
❽ Grundlinienverschiebung
❾ Gebietsschema

Im Reiter »Absatz«:
❿ Format bzw. Ausrichtung
⓫ Ränder für die Randabstände
⓬ Einzug
⓭ Abstand
⓮ Textausrichtung

Im Reiter »Container und Fluss«:
⓯ Verhalten für einzeiligen und mehrzeiligen Text (mit und ohne Umbruch)
⓰ Maximale Zeichenanzahl
⓱ Textausrichtung im Textcontainer
⓲ Anzahl der Spalten im Textcontainer
⓳ Abstand der Spalten
⓴ Zellauffüllung
㉑ Farbe des Containerrahmens
㉒ Hintergrundfarbe des Containers

◄ **Abbildung 6.79**
TLF-Textfeld-Eigenschaften

▲ **Abbildung 6.80**
TLF-Textfeld-Eigenschaften

[!] Schrifttypen
Bedenken Sie, dass anders als
beim klassischen Text TLF-Text
keine PostScript-Type-1-Schriftar-
ten unterstützt. Das TLF-Textfeld
unterstützt lediglich TrueType-
und OpenType-Schriftarten.

TLF-Textfeld-Eigenschaften »Erweitert – Zeichen«

Hyperlink und Ziel | Unter HYPERLINK ❶ können Sie eine Inter-
netadresse angeben, zu der verlinkt werden soll, wenn Ihr zuvor
markierter Text angeklickt wird. Beachten Sie, dass die URL mit
http:// beginnen muss. Unter ZIEL ❷ können Sie das Zielfenster festlegen, in dem sich der Link öffnen soll. Mit der Einstellung _BLANK würden Sie die URL in einem neuen Browserfenster
öffnen.

Groß-/Kleinschreibung | Mit der Option GROSS-/KLEINSCHREI-
BUNG können Sie festlegen, ob Ihr Text in Groß- oder in Kleinbuchstaben dargestellt werden soll. Dazu stehen Ihnen fünf verschiedene Einstellungen zur Verfügung.

Mit STANDARD ❺ wird Ihr Text genau so angezeigt, wie Sie
ihn eingegeben haben. Über die Option GROSSBUCHSTABEN ❻
wird Ihr Text komplett in Großbuchstaben angezeigt, das Gegenteil geschieht mit der Einstellung KLEINBUCHSTABEN ❼. Mit der
Einstellung GROSSBUCHSTABEN IN KAPITÄLCHEN ❽ werden alle
Großbuchstaben in kleiner Großschreibung angezeigt. Großge-
schriebene Zeichen werden also auf die Höhe der Kleinbuchstaben angepasst. Mit der Option KLEINBUCHSTABEN IN KAPITÄLCHEN
❾ werden entsprechend alle Kleinbuchstaben in kleiner Großschreibung dargestellt. Kleingeschriebene Zeichen werden also
als Großbuchstaben angezeigt, allerdings auf der Höhe eines kleinen Buchstabens. Den Unterschied können Sie sehr schön an den
Beispielen ❸ und ❹ erkennen.

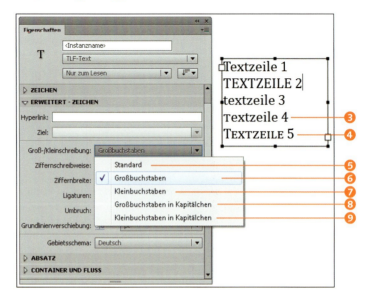

Abbildung 6.81 ▶
Unterschiedliche Einstellungen
der Groß-/Kleinschreibung

Ziffernschreibweise | Mit der Option ZIFFERNSCHREIBWEISE können Sie drei verschiedene Darstellungstypen für Ziffern festlegen. Mit STANDARD ❿ wird die Standardschreibweise für Ziffern verwendet, die Ihnen die Schriftart mitliefert.

Ist die VERSALSCHREIBWEISE ⓫ aktiviert, haben alle Ziffern dieselbe Höhe. Wenn Sie die MEDIÄVALSCHREIBWEISE ⓬ aktivieren, sehen Sie im Beispiel ⓭, dass einige Ziffern eine andere Proportion besitzen.

Mediävalziffern besitzen Ober- und Unterlängen und variieren in ihrer Laufweite. Diese sind daher zum Rechnen nicht besonders gut geeignet, sie passen sich aber in Fließtext optisch schön ein.

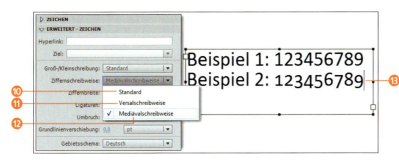

◄ **Abbildung 6.82**
Beispiel 1: Versalschreibweise;
Beispiel 2: Mediävalschreibweise

Ziffernbreite | Bei der ZIFFERNBREITE ⓮ können Sie einstellen, ob proportionale Ziffern oder Ziffern für eine Tabelle verwendet werden sollen. Mit der Option STANDARD ⓯ werden für Ziffern die Standardbreiten, die von der Schriftart mitgeliefert werden, verwendet. Aktivieren Sie hingegen die Option PROPORTIONAL ⓰, werden Ziffern proportional dargestellt.

Möchten Sie Ziffern in Tabellen darstellen, sollten Sie die Option TABELLE ⓱ aktivieren. In der zweiten Zeile sehen Sie bei der Ziffer »1« den Unterschied.

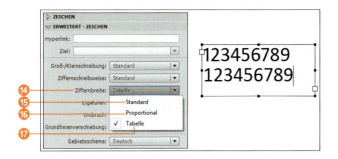

◄ **Abbildung 6.83**
Einstellung der Ziffernbreite

Ligaturen | Wie kommt es eigentlich zu Ligaturen? Rufen wir uns einmal die Buchstaben des Alphabets ins Gedächtnis; dabei stellen wir fest, dass es Buchstaben mit verschiedenen Überlängen gibt, wie z. B. das »f«. Wenn wir etwas schreiben, können

[Ligatur]

Als *Ligatur* bezeichnet man einen Verbund zweier oder mehrerer Buchstaben zu einem einzelnen Buchstaben. Dies geschieht durch eine sogenannte Verschmelzung, bei der die Buchstaben verknüpft werden. Durch die Nutzung von Ligaturen soll das Schriftbild für den Leser verbessert werden.

▲ **Abbildung 6.84**
Oben: ohne Ligaturen; unten: mit Ligaturen. Oben ist zu sehen, dass eine kleine »Lücke« zwischen den beiden Buchstaben entstanden ist.

Schifffahrt
Schifffahrt

▲ **Abbildung 6.85**
Oben: ohne Ligaturen; unten: mit Ligaturen

daher »Löcher« im Wort oder Satz entstehen ❶, die das Gesamtbild beeinträchtigen und die Lesbarkeit erschweren. Natürlich könnte man dieses Problem auch mit Unterschneidungen beheben, jedoch überlagern sich hierbei die Buchstaben, was wiederum ebenfalls ein unschönes Bild abgibt. Deshalb benutzen wir Ligaturen, die ohne Überlagerungen für ein besseres Gesamtbild sorgen. Aber auch zur optischen Gliederung sind Ligaturen von Nutzen. Ligaturen teilen drei aufeinanderfolgende Buchstaben optisch (und auch tatsächlich), sodass das jeweilige Wort, wie z. B. Schifffahrt ❷, besser gelesen werden kann.

Im Auswahlmenü des EIGENSCHAFTEN-Dialogs können Sie vier verschiedene Ligatureinstellungen wählen:

MINIMUM ❸ dient für minimale Ligaturen und ALLGEMEIN ❹ für die am häufigsten angewendeten Ligaturen. In Flash ist dies die Standardeinstellung. UNÜBLICH ❺ sind die Ligaturen, die eher weniger benötigt werden. EXOTISCH ❻ sind in den allerwenigsten Schriftfamilien enthalten.

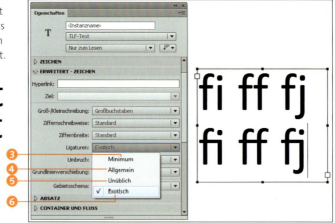

▲ **Abbildung 6.86**
Links: Auswahldialog; rechts: Zeile 1 mit MINIMUM- und Zeile 2 mit EXOTISCH-Ligaturen

Umbruch | Mit der Option UMBRUCH ❼ (siehe Abbildung 6.87) können Sie festlegen, wie einzelne Wörter oder Buchstaben umbrochen werden sollen. Dazu stehen Ihnen vier Auswahlmöglichkeiten zur Verfügung. Sie können dabei auch einzelne Wortgruppen sowie Zeichengruppen, wie z. B. Vor- und Nachnamen oder Initialen, zusammenhalten, sodass diese nicht umbrochen werden:

◄ **Abbildung 6.87**
Umbruch – Auswahlmöglichkeiten

Mit der Einstellung Auto ❽ werden Texte automatisch getrennt. Dies ist in Flash die Standardeinstellung. Mit Alle ❾ wird nach allen Zeichen in eine neue Zeile umbrochen, und mit der Einstellung Beliebig ❿ werden Wörter am Zeilenende radikal umbrochen. Wenn an einer bestimmten Stelle auf keinen Fall umbrochen werden soll, markieren Sie das entsprechende Zeichen und wählen Kein Umbruch ⓫.

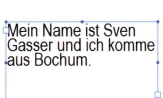

▲ **Abbildung 6.88**
Einstellung Auto

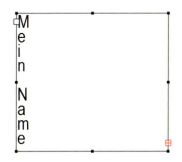

▲ **Abbildung 6.89**
Einstellung Alle

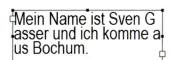

▲ **Abbildung 6.90**
Einstellung Beliebig

▲ **Abbildung 6.91**
Einstellung Kein Umbruch. Im Text wurde das Leerzeichen ⓬ zwischen dem Vor- und Nachnamen ausgewählt, damit der Name bei einem Umbruch nicht getrennt wird.

▲ **Abbildung 6.92**
Am Anfang des Satzes wurde Text ergänzt, und der komplette Name ist jetzt umbrochen worden. Ohne die vorher getätigte Einstellung hätte Flash nach dem Vornamen einen Umbruch vorgenommen.

▲ **Abbildung 6.93**
GRUNDLINIENVERSCHIEBUNG –
Einstellungsmöglichkeiten

Abbildung 6.94 ▶
Oben: keine Grundlinienverschiebung; unten: Grundlinienverschiebung mit 50 Pixeln

Grundlinienverschiebung | Mit der Option GRUNDLINIENVER-
SCHIEBUNG ❶ können Sie die Grundlinie Ihres Textes in Prozent
oder Pixel ❷ ändern.

Weiter können Sie den Text auch HOCHGESTELLT ❸ oder TIEF-
GESTELLT ❹ darstellen lassen. Der zulässige Wertebereich beträgt
maximal +/– 720 Pixel oder Prozent.

TLF-Textfeld-Eigenschaften »Absatz«

Ausrichten | Texte können wie beim klassischen Textfeld links-
bündig ❼, rechtsbündig ❺, mittig ❻ sowie im Blocksatz ❽ ausgerichtet werden.

Abbildung 6.95 ▶
Möglichkeiten der Textausrichtung

Beim TLF-Textfeld gibt es drei zusätzliche Blocksatz-Ausrichtungs-
möglichkeiten:

Mit BLOCKSATZ, LETZTE ZEILE AM ANFANG AUSGERICHTET ⓫ wird
Text im Blocksatz formatiert, die letzte Zeile aber linksbündig ausgerichtet. Wenn die letzte Zeile zentriert ausgerichtet sein soll,

wählen Sie BLOCKSATZ, LETZTE ZEILE ZENTRIERT ❿ und BLOCKSATZ, LETZTE ZEILE AM ENDE AUSGERICHTET ❾, wenn sie rechtsbündig ausgerichtet sein soll.

▲ **Abbildung 6.96**
Textausrichtung BLOCKSATZ, LETZTE ZEILE AM ANFANG AUSGERICHTET

▲ **Abbildung 6.97**
Textausrichtung BLOCKSATZ, LETZTE ZEILE ZENTRIERT

▲ **Abbildung 6.98**
Textausrichtung BLOCKSATZ, LETZTE ZEILE AM ENDE AUSGERICHTET

▲ **Abbildung 6.99**
Textausrichtung ALLE ZEILEN IM BLOCKSATZ

▲ **Abbildung 6.100**
Text mit einem Texteinzug von 15 Pixeln in der ersten Zeile

Mit der Einstellung EINZUG ⓬ können Sie in Pixel festlegen, wie weit die erste Zeile oder das erste Wort eines Absatzes verschoben werden soll.

Textausrichtung | Mit dieser Einstellungsmöglichkeit können Sie festlegen, wie sich der Text im Blocksatz ausrichten soll. Dazu stehen Ihnen zwei Auswahlmöglichkeiten zur Verfügung: Mit ZEICHENABSTAND ⓭ wird der Abstand zwischen den Zeichen vergrößert und mit WORTABSTAND ⓮ der Abstand zwischen den einzelnen Wörtern.

◄ **Abbildung 6.101**
Verschiedene Textausrichtungen – oben: ZEICHENABSTAND-Ausrichtung; unten: WORTABSTAND-Ausrichtung. Der Unterschied ist bei der Jahreszahl deutlich zu erkennen.

TLF-Textfeld-Eigenschaften »Container und Fluss«

Im Reiter Container und Fluss können Sie verschiedene Einstellungsmöglichkeiten zum Textfluss vornehmen.

Eigenschaften
<Instanzname>
T
TLF-Text
1
Bearbeitbar
CONTAINER UND FLUSS
Verhalten: Mehrzeilig
2
Max. Zch: 350
Spalten: 1
px
Zellauffüllung: L: 2,0 px R: 2,0 px
O: 2,0 px U: 2,0 px
pt
Offset 1. Zeile: Auto

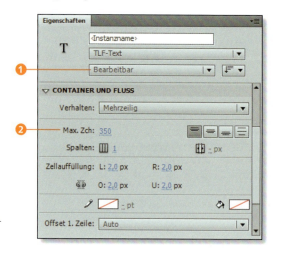

Abbildung 6.102 ▸
Container und Fluss – Einstellungsmöglichkeiten

Verhalten | Hier legen Sie fest, ob der Text Einzeilig oder Mehrzeilig dargestellt werden soll. Auch die Optionen Mehrzeilig, kein Umbruch oder Kennwort sind möglich, wobei Ihnen Letztere nur bei einem Bearbeitbar-Textfeld zur Verfügung steht.

Maximale Zeichen | Legt die maximale Anzahl der Zeichen ② für das Textfeld fest. Der Höchstwert, der dort eingegeben werden kann, beträgt 65.535 Zeichen. Beachten Sie, dass Ihnen diese Einstellungsmöglichkeit nur dann zur Verfügung steht, wenn Sie für das Textfeld die Option Bearbeitbar ① eingestellt haben.

Nicht nur in der pulsierenden
Metropole des Ruhrgebiets
sind wir vertreten, sondern in
ganz Deutschland.

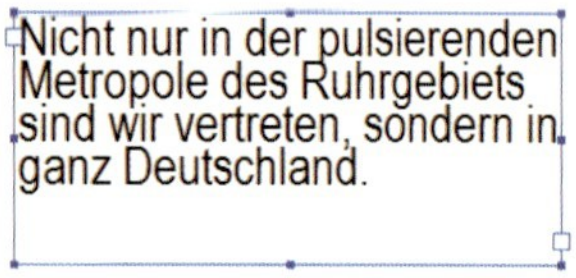

▲ **Abbildung 6.103**
Textausrichtung Text an Oberkante des Containers ausrichten

Textausrichtung im Container | Direkt neben der maximalen Anzahl der Zeichen können Sie die Textausrichtung innerhalb des Textfelds einstellen. Dazu stehen Ihnen vier Ausrichtungsmöglichkeiten zur Verfügung: Text an Oberkante des Containers ausrichten, Text an Mitte des Containers ausrichten, Text an Unterkante des Containers ausrichten sowie Blocksatz für Text im Container.

Nicht nur in der pulsierenden
Metropole des Ruhrgebiets
sind wir vertreten, sondern in
ganz Deutschland.

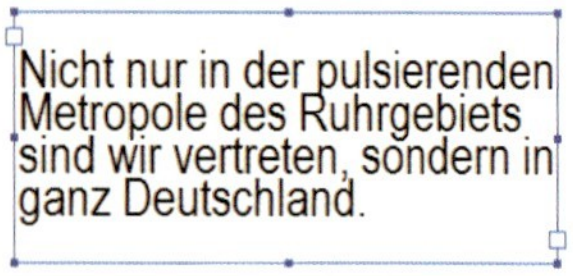

▲ **Abbildung 6.104**
Textausrichtung Text an Mitte des Containers ausrichten

Nicht nur in der pulsierenden
Metropole des Ruhrgebiets
sind wir vertreten, sondern in
ganz Deutschland.

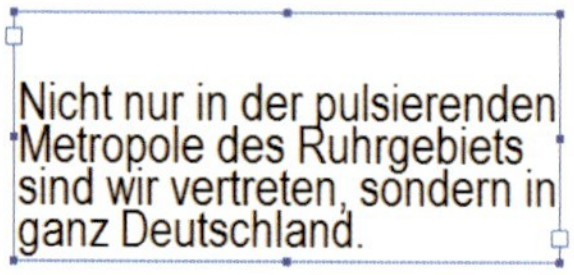

▲ **Abbildung 6.105**
Textausrichtung Text an Unterkante des Containers ausrichten

Nicht nur in der pulsierenden
Metropole des Ruhrgebiets
sind wir vertreten, sondern in
ganz Deutschland.

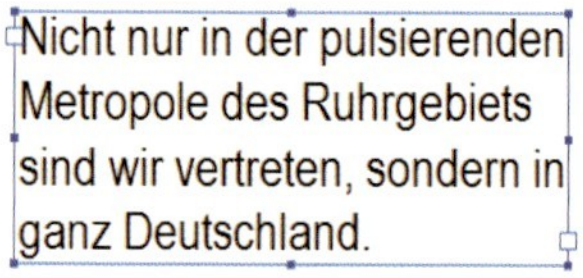

▲ **Abbildung 6.106**
Textausrichtung Blocksatz für Text im Container

Spalten | Legen Sie hier fest, in wie viele Spalten ❸ Ihr Flächentext eingeteilt werden soll. Sie können einen Wert zwischen 1 und 50 festlegen, wobei 1 der Standardwert für SPALTEN ist. Weiter können Sie mit dem ZWISCHENSCHLAG ❹ den Abstand zwischen den einzelnen Spalten einstellen. Der Standardwert beträgt 20 und der Höchstwert 200.

▲ **Abbildung 6.107**
Spalteneinstellungen für Textfelder

▲ **Abbildung 6.108**
Textfeld mit drei Spalten und einem Spaltenabstand von 20 Pixeln

▲ **Abbildung 6.109**
Textfeld mit zwei Spalten und einem Spaltenabstand von 75 Pixeln

Zellauffüllung | Mit der ZELLAUFFÜLLUNG können Sie die Breiten der Ränder zwischen dem Text und der Textbox festlegen. Sie können dabei für alle vier Ränder die Einstellungen festlegen: links ❻, rechts ❼, oben ❺ und unten ❽. Mit der Option ZELLAUFFÜLLUNGSWERTE ANEINANDER BINDEN ❾ werden alle vier Zellauffüllungen gleich eingestellt.

▲ **Abbildung 6.110**
Zellauffüllungseinstellungen für ein Textfeld

▲ **Abbildung 6.111**
Textfeld mit einer zwei Pixel starken roten Rahmenstärke und einer blauen Hintergrundfarbe

Textfeldfarbe | Legen Sie hier fest, welche Rahmenfarbe ❿ und welche Hintergrundfarbe ⓫ Ihr Textfeld erhalten soll.

Schritt für Schritt:
Textfelder miteinander verbinden

In diesem Workshop lernen Sie, wie Sie auf sehr einfache Weise Textfelder miteinander verbinden können, sodass Ihr Text von dem einen Textfeld in das nächste Textfeld übergeht.

*06_Text\Textfelder_
verknüpfen\ausgangsbasis.fla*

1   Textfeld aufziehen

Erstellen Sie einen neuen Flash-Film, und ziehen Sie als Erstes ein TLF-Textfeld ❶ in einer beliebigen Größe auf Ihrer Bühne auf.

Abbildung 6.112 ►
Links: das erste aufgezogene Textfeld

*06_Text\Textfelder_
verknüpfen\drei_textfelder.fla*

2   Weitere Textfelder hinzufügen

Als Nächstes ziehen Sie drei weitere Textfelder auf, in die später der Text aus dem ersten Textfeld übergehen soll.

Abbildung 6.113 ►
Über dem Bild wurden drei weitere Textfelder eingefügt.

*06_Text\Textfelder_
verknüpfen\text_hinzugefügt.fla*

3   Text hinzufügen

Kopieren Sie jetzt in das erste Textfeld links Ihren Text hinein. Achten Sie darauf, dass Sie genug Text in das Textfeld einfügen.

Dass Sie mehr Text in das Textfeld eingefügt haben, als angezeigt werden kann, erkennen Sie an dem roten Plus-Zeichen ❷ unten rechts am Textfeld.

Abbildung 6.114 ►
Text im linken Textfeld mit dem
Hinweis, dass hier zu viel Text
vorhanden ist

4 Textfelder verbinden

Als nächsten Schritt werden wir das große Textfeld links mit den anderen kleineren Textfelder über der Grafik verbinden.

Klicken Sie dazu als Erstes mit der Maus rechts unten im Textfeld auf das kleine rote Plus-Zeichen ❹. Ihr Maus-Icon zeigt Ihnen daraufhin ein Minitextfeld am Cursor an. Bewegen Sie die Maus über das erste obere Textfeld ❸. Sie sehen jetzt eine kleine Kette am Mauscursor.

Dies zeigt Ihnen an, dass Sie mit einem Mausklick das erste Textfeld mit dem ausgewählten Textfeld verbinden können. Da wir ja genau dies möchten, klicken Sie nun auf das Textfeld.

06_Text\Textfelder_verknüpfen\zwei_textfelder_verknüpft.fla

◀ **Abbildung 6.115**
Das linke Textfeld wurde mit dem ersten oberen Textfeld verbunden. Die Verbindung der Textfelder untereinander erkennen Sie an dem Verbindungspfad zwischen den beiden Textfeldern.

5 Weitere Textfelder miteinander verbinden

Wir haben jetzt die ersten beiden Textfelder erfolgreich miteinander verbunden. Da wir aber beim oberen Textfeld sehen, dass dort noch immer zu viel Text enthalten ist, verbinden wir, wie im vorigen Schritt erklärt, die weiteren Textfelder ebenfalls miteinander.

06_Text\Textfelder_verknüpfen\alle_textfelder_verknüpft.fla

◀ **Abbildung 6.116**
Alle Textfelder wurden erfolgreich untereinander verknüpft.

Dass jetzt der gesamte Text erfolgreich dargestellt wird und kein weiterer Text mehr im Textfeld verdeckt vorhanden ist, wird uns durch das kleine blaue Quadrat ❺ unten rechts am letzten Textfeld angezeigt. Anderenfalls würde unten rechts wieder ein kleines rotes Plus-Zeichen erscheinen, das uns darauf hinweist, dass doch noch mehr Text im Textfeld vorhanden ist.

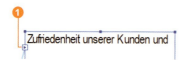

▲ **Abbildung 6.117**
Links ist das blaue Dreieck im
Quadrat zu sehen.

Abbildung 6.118 ▶
Die Verknüpfung mit dem letzten
Textfeld wurde gelöscht.

6 **Verknüpfung löschen**

Um eine Verknüpfung unter den Textfeldern wieder zu löschen,
wählen Sie das Textfeld, das nicht mehr verknüpft werden soll,
aus und klicken einfach mit der Maus doppelt auf das kleine Dreieck im blauen Quadrat **1**.

Die Verknüpfung ist wieder aufgehoben, und im mittleren
Textfeld symbolisiert Ihnen das rote Plus-Zeichen erneut, dass
der Text zu lang ist **2**.

Kapitel 7

Veröffentlichung

In diesem Kapitel lernen Sie die wesentlichen Veröffentlichungseinstellungen kennen. Darüber hinaus erfahren Sie, wie Sie Flash-Filme mithilfe von JavaScript browserkompatibel, HTML- und XHTML-konform einbetten.

7.1   Veröffentlichungseinstellungen

Über das Menü DATEI • VERÖFFENTLICHEN werden Ihr Flash-Film und alle dazugehörigen Dateien erstellt. Alle wesentlichen Veröffentlichungseinstellungen für diesen Vorgang finden Sie über das Menü DATEI • EINSTELLUNGEN FÜR VERÖFFENTLICHUNGEN.

[Veröffentlichung]
Unter dem Begriff *Veröffentlichung* versteht man in Flash den Vorgang zur Bereitstellung eines Flash-Films für ein spezielles Medium.

Typ	Format	Ergebnis der Veröffentlichung
FLASH (*.SWF)	SWF	Flash-Film (Standard)
SWC	SWC	SWC-Datei zum Verteilen selbst erstellter Komponenten
HTML-WRAPPER	HTML	HTML-Dokument mit eingebettetem Flash-Film (Standard)
GIF-BILD	GIF	statische GIF-Grafik oder als Animated GIF mit mehreren Frames (z. B. für Banner)
JPEG-BILD	JPG	JPEG-Grafik
PNG-BILD	PNG	PNG-Grafik
WIN-PROJEKTOR	EXE	Windows Projektor
MAC-PROJEKTOR	APP	Mac Projektor

◀ **Tabelle 7.1**
Veröffentlichungseinstellungen
– Dateiformate

Hinweis
Die wichtigsten Formate sind FLASH und HTML sowie WINDOWS PROJEKTOR und MAC PROJEKTOR, falls der Flash-Film für CD/DVD produziert wird.

Sie können ein oder mehrere Formate auswählen, die zur Ausgabe verwendet werden. Wenn Sie links ein Format aktivieren oder anklicken, erscheinen rechts davon die formatbezogenen Einstellungen.

Nachdem Sie die gewünschten Ausgabeformate festgelegt haben, werden diese anschließend immer dann verwendet, wenn Sie den Menüpunkt DATEI • VERÖFFENTLICHEN wählen.

Abbildung 7.1 ▶
Veröffentlichungseinstellungen für Flash

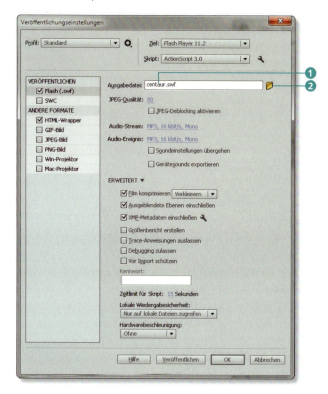

Empfehlung
In der Regel ist es nicht notwendig, für jedes Format einen Zielordner festzulegen. Speichern Sie das Flash-Dokument (».fla«) einfach als Erstes in dem gewünschten Ordner ab. Alle weiteren veröffentlichten Dateien werden dann automatisch in diesem Ordner gespeichert.

Unter AUSGABEDATEI lässt sich explizit für jedes Format ein Dateiname angeben ❶ und per Klick auf das Ordner-Icon ❷ ein Zielordner auswählen.

Flash-Export (SWF)

Adobe AIR
Weitere Informationen über Adobe AIR finden Sie in Kapitel 21, »AIR: Für mobile Geräte und den Desktop veröffentlichen«.

Player | Unter ZIEL ❸ wählen Sie die Version des Flash Players aus, für die Sie den Flash-Film entwickeln. Auch der Export in Flash Lite, eine veraltete, reduzierte mobile Variante von Flash, ist noch möglich. Wenn Sie allerdings eine neue mobile Anwendung mit Flash entwickeln möchten, dann arbeiten Sie heutzutage nicht mehr mit Flash Lite, sondern mit AIR.

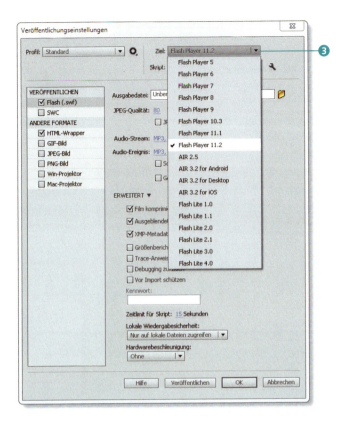

◄ **Abbildung 7.2**
Veröffentlichungseinstellungen
– Wahl der Flash-Version

Welche Flash-Version die richtige ist, lässt sich nicht allgemein-gültig beantworten – die Antwort auf diese Frage wird durch viele Faktoren beeinflusst und lässt sich nur projektbezogen geben. Es gibt jedoch zwei wichtige Kriterien:

▶ **Welche Version des Flash Players besitzt die Zielgruppe?** Grundsätzlich kennen Sie selbst oder derjenige, für den Sie das Projekt erstellen, die Zielgruppe vermutlich am besten. Dennoch können Ihnen Statistiken zur Verbreitung des Flash Players, wie z. B. von Adobe selbst unter *www.adobe.com/products/player_census/flashplayer/version_penetration.html*, bei der Auswahl der Version helfen. Dazu sei erwähnt, dass die Verbreitung des Flash Players stark abhängig ist von der Benutzergruppe und den verwendeten Betriebssystemen. Auf Windows-Rechnern wird der Flash Player als Browser-Plugin beispielsweise oft automatisch installiert.

▶ **Welche Anforderungen stellt das Projekt?** Kriterien dafür könnten beispielsweise sein: Wie wichtig ist die Performance für mein Projekt? Benötige ich Bitmap-Effekte (ab Flash Player 8)? Ist eine umfangreiche Textsuche erforderlich (reguläre Ausdrücke, ab Flash Player 9)? Benötige ich 3D-Werkzeuge, oder möchte ich inverse Kinematik nutzen (ab Flash Player 10)?

Abwärtskompatibilität
Der Flash Player ist grundsätz-lich abwärts kompatibel – ein Flash-Film, der für den Flash Player 7 veröffentlicht wird, läuft auch im Flash Player 10. Ein Flash-Film, der in Flash 10 veröffentlicht wird, wird jedoch nicht im Flash Player 7 laufen.

Mobile Endgeräte
Flash-Filme, die für mobile End-geräte wie Handys, PDAs etc. ge-eignet sein sollen, werden geson-dert entwickelt. Früher wurde in Flash Lite exportiert, heute in AIR. Einen Einblick in die mobile Ent-wicklung erhalten Sie in Kapitel 21, »AIR: Für mobile Geräte und den Desktop veröffentlichen«.

In der Praxis werden Flash-Filme zurzeit üblicherweise in den Versionen 8 bis 10 entwickelt. Flash 6 und Vorgängerversionen findet man nur noch selten.

Skript | Ebenso wichtig wie die Auswahl der Version des Flash Players, für die Sie einen Flash-Film erstellen möchten, ist die Auswahl der ActionScript-Version. Ab dem Flash Player 9 können Sie ActionScript 3 verwenden. Ältere Flash Player unterstützen entweder ActionScript 1 (Flash Player 5 und Vorgängerversionen) oder ActionScript 1 und 2 (ab Flash Player 6). Viele der neueren Funktionen wie z. B. reguläre Ausdrücke, E4X (ECMAScript for XML), 3D-Objekteigenschaften, Sounderstellung zur Laufzeit etc. lassen sich nur mit ActionScript 3 nutzen.

ActionScript 1 und 2 sind mittlerweile veraltet und wurden durch ActionScript 3 ersetzt. Deshalb beziehen sich alle Beschreibungen dieses Buches auf ActionScript 3. Auch alle Beispiele dieses Buches sind in ActionScript 3 geschrieben.

ActionScript 1 bzw. 2 und ActionScript 3

Grundsätzlich unterscheiden sich ActionScript 1 und 2 deutlich von ActionScript 3. Das gilt sowohl für die Syntax als auch für die Struktur der Sprache. ActionScript 1 und 2 folgen eher dem Ansatz einer imperativen bzw. prozeduralen Sprache, wohingegen ActionScript 3 von Grund auf objektorientiert ausgerichtet ist. ActionScript 1 und 2 wurden lange Zeit aufgrund von steigenden Anforderungen angepasst und ergänzt, wodurch die Sprachen teilweise im Vergleich zu ActionScript 3 nicht ganz so stringent erscheinen.

ActionScript 3

ActionScript 3 ist insofern eine Besonderheit, da Code in ActionScript 3 nicht zusammen mit Code der Versionen ActionScript 1 oder 2 verwendet werden kann. ActionScript 1 und 2 lassen sich hingegen gemeinsam verwenden.

Flash-Player-Version	ActionScript-Unterstützung
1 bis 5	ActionScript 1
6	ActionScript 1 (ab Version 6.0.65.0 auch ActionScript 2)
7, 8	ActionScript 1, 2
ab 9	ActionScript 1, 2, 3

▲ **Tabelle 7.2**
ActionScript-Unterstützung für die verschiedenen Flash-Player-Versionen

Bilder und Sounds | Im Veröffentlichungsfenster können Sie bestimmen, wie Bilder und Sounds grundsätzlich beim Veröffentlichen komprimiert werden.

Klassenpfade

Unter EINSTELLUNGEN können Sie dem Flash-Film Klassenpfade zuweisen. Mehr zu Klassenpfaden erfahren Sie in Kapitel 10, »Einführung in die objektorientierte Programmierung«.

Bildbasierte Komprimierung

Wie Sie individuelle Komprimierungseinstellungen für Bitmaps festlegen können, erfahren Sie in Kapitel 4, »Symbole, Instanzen und die Bibliothek«.

▲ **Abbildung 7.3**
Veröffentlichungseinstellungen für Bilder und Sounds

▶ JPEG-QUALITÄT ❶: Stellen Sie hier den Standardwert der Komprimierung für Bitmaps ein. Werte zwischen 50 und 90 bieten meist ein gutes Qualitäts- und Größenverhältnis. Wenn Sie eine geringe JPEG-Qualität einstellen, wird der Flash-Film entsprechend kleiner, Bitmaps sind jedoch im veröffentlichten Flash-Film von schlechterer Qualität. Bei einer geringen Qualität empfiehlt es sich, die Option JPEG-DEBLOCKING zu aktivieren (ab Flash Player 10), mit der das häufige Auftreten von Fragmenten etwas reduziert werden kann.

[!] **JPEG-Qualität**
Wenn Sie Bitmaps im JPEG-Format in Flash importieren, wird in Flash standardmäßig die JPEG-Komprimierung des JPEG-Bildes verwendet. Es wird dann nicht die Standard-JPEG-Qualität der Veröffentlichungseinstellung genutzt.

◀ **Abbildung 7.4**
Links: JPEG mit 30 % Qualität; rechts: JPEG mit 30 % Qualität und aktiviertem JPEG-DEBLOCKING

▶ AUDIO-STREAM ❷: Hier können Sie die Komprimierung von Sounds einstellen, die als sogenannte Stream-Sounds im Flash-Film als eingebettete Sounds abgespielt werden.
▶ AUDIO-EREIGNIS ❸: Hier stellen Sie die Komprimierung für Sounds ein, die als Ereignissounds im Flash-Film als eingebettete Sounds abgespielt werden.
▶ SOUNDEINSTELLUNGEN ÜBERGEHEN ❹: Wird diese Option aktiviert, werden individuelle Komprimierungseinstellungen ignoriert und die allgemeingültigen Einstellungen AUDIO-STREAM und AUDIO-EREIGNIS verwendet.
▶ GERÄTESOUNDS EXPORTIEREN ❺: Aktivieren Sie diese Option, wenn Sie eingestellte Sounds durch Gerätesounds ersetzen möchten. Diese Option ist ausschließlich für den Einsatz von Flash-Lite-Filmen auf mobilen Endgeräten gedacht.

Erweiterte Flash-Veröffentlichungseinstellungen | Unter ERWEITERT finden Sie weitere Veröffentlichungseinstellungen für die SWF-Datei.
▶ FILM KOMPRIMIEREN ❶: Es wird empfohlen, die Option, die ab Flash 6 verfügbar ist, in der Regel immer zu aktivieren. Dadurch wird eine verlustfreie Komprimierung auf die SWF-Datei angewendet, die zur Folge hat, dass die Dateigröße des Flash-Films wesentlich kleiner ausfällt. Seit Flash Player 11 ist auch die LZMA-Komprimierung ⓫ verfügbar, die die Dateigröße laut Adobe um bis zu 40 % reduzieren kann, abhängig davon, wie viel ActionScript-Code und wie viele Vektordaten enthalten sind.

▶ AUSGEBLENDETE EBENEN EINSCHLIESSEN ❷: Deaktivieren Sie diese Option, wenn ausgeblendete Ebenen nicht mit exportiert werden sollen. Diese Option wurde mit Flash CS3 eingeführt und ermöglicht es Ihnen, z. B. zu Testzwecken eine Ebene auszublenden und das Ergebnis im Flash Player zu betrachten. In früheren Versionen musste diese Ebene dazu komplett aus dem Flash-Film gelöscht werden, da immer alle – also auch die ausgeblendeten Ebenen – exportiert wurden und im späteren Film sichtbar waren.

▶ XMP-METADATEN EINSCHLIESSEN ❸: Ist diese Option aktiviert, werden XMP-Metadaten in die SWF-Datei integriert. Über XMP-Metadaten können Sie Beschreibungen und Tags hinzufügen. Klicken Sie auf das Werkzeug-Symbol ❹, um die XMP-Daten der SWF-Datei zu bearbeiten. XMP-Metadaten können beispielsweise über die Dateiverwaltung Adobe Bridge angezeigt werden und geben Ihnen Informationen über den Inhalt einer SWF-Datei, ohne dass Sie diese öffnen müssen.

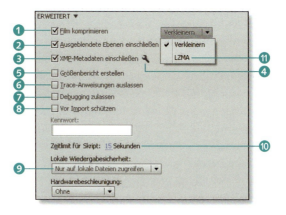

Abbildung 7.5 ▶
Erweiterte Veröffentlichungseinstellungen für Flash

Größenbericht erstellen | Die Option GRÖSSENBERICHT ERSTELLEN ❺ kann Ihnen dabei helfen, die Dateigröße eines veröffentlichten Films zu analysieren und zu optimieren. Nachdem die Option aktiviert wurde, wird bei jeder Veröffentlichung ein Größenbericht erstellt. Der Größenbericht wird als Textdatei im Projektverzeichnis gespeichert. Er listet Ihnen Metadaten der SWF-Datei sowie alle verwendeten Elemente und deren Größe im exportierten Flash-Film auf.

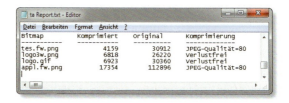

Abbildung 7.6 ▶
Importierte Bitmap-Grafiken und
die eingestellte Komprimierung

Besonderes Augenmerk sollten Sie hierbei auf verwendete Bitmap-Grafiken und eingebettete Schriftzeichen legen.

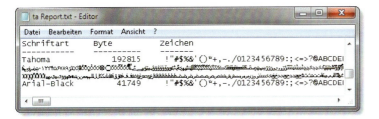

◀ Abbildung 7.7
Der Größenbericht zeigt Ihnen auch, welche Schriftzeichen eingebettet wurden.

Hier finden sich häufig Speicherfresser: Bitmap-Grafiken können durch eine stärkere Komprimierung und eine damit verbundene unwesentliche Qualitätsreduzierung kleiner gemacht werden. Gelegentlich werden auch alle Schriftzeichen einer Schrift eingebettet, obwohl nur einige davon verwendet werden. Wie Sie das ändern, erfahren Sie in Kapitel 6, »Text«, und in Kapitel 16, »Dynamischer Text«.

Trace-Aktionen übergehen | Wird das Optionsfeld TRACE-ANWEISUNGEN AUSLASSEN ❻ aktiviert, führt das dazu, dass die Ausführung der ActionScript-Textausgabe-Anweisung trace ignoriert wird. Die Funktionsweise der trace-Funktion wird in Kapitel 8, »ActionScript-Grundlagen«, erläutert.

Debugging erlauben | Die Aktivierung des Optionsfelds DEBUGGING ZULASSEN ❼ bewirkt, dass bei der Veröffentlichung eine zusätzliche Datei mit der Endung »*.swd« erstellt wird. Diese Datei wird zur Fehlersuche eines Remote-Flash-Films genutzt, z. B. zur Analyse eines Flash-Films, der auf einem Webserver liegt. Mithilfe des Kennworts können Sie das Remote-Debugging schützen.

Vor Import schützen | Aktivieren Sie das Optionsfeld VOR IMPORT SCHÜTZEN ❽, um den Import der erstellten SWF-Datei in Flash zu verhindern, sodass andere Benutzer und Entwickler Ihren Flash-Film nicht in Flash importieren können.

Beachten Sie dabei, dass diese Schutzmaßnahme über sogenannte Decompiler umgangen werden kann. Mit Decompilern lassen sich SWF-Dateien in Quelldateien (».fla«) umwandeln – wenn auch nicht immer fehlerfrei. So gehen beispielsweise meist Bezeichner und Variablennamen verloren.

Lokale Wiedergabesicherheit | Über das Listenfeld LOKALE WIEDERGABESICHERHEIT ❾ (siehe Abbildung 7.5) können Sie auswählen, ob ein lokal abgespielter Flash-Film entweder ausschließlich

Licht und Schatten

Decompiler können ein nützliches Werkzeug sein, wenn eigene Quelldateien (».fla«) verloren gegangen sind, um dann aus SWF-Dateien wieder bearbeitbare FLA-Dateien zu rekonstruieren. Andererseits werden sie gelegentlich auch dazu verwendet, fremde Quelldateien zu reproduzieren und Teile davon zu kopieren.

auf lokale Daten bzw. Dateien oder exklusiv auf Daten bzw. Dateien im Netz (Intranet/Internet) zugreifen kann. Wenn Sie den lokalen Zugriff auswählen, kann der veröffentlichte Flash-Film nur mit Dateien z. B. einer Bitmap-Grafik oder einem anderen Flash-Film (SWF) auf dem lokalen System kommunizieren. Wählen Sie den Netzwerkzugriff aus, kann der Flash-Film ausschließlich mit Daten bzw. Dateien aus dem Netz und nicht mit lokalen Daten bzw. Dateien kommunizieren. Aus Sicherheitsgründen lässt sich nur eine der Optionen auswählen.

Hardwarebeschleunigung | In anspruchsvollen Flash-Anwendungen wie Videos oder grafiklastigen Spielen kann die HARDWAREBESCHLEUNIGUNG das Abspielen von Animationen und Videos beschleunigen, indem zum Rendern bzw. für Berechnungen die GPU (Graphics Processing Unit, ein Prozessor auf Grafikkarten) statt der CPU (Central Processing Unit, Hauptprozessor) genutzt wird. Um die Option sinnvoll einsetzen zu können, sollten Sie wissen, welche Operationen von einer GPU schneller als von einer CPU ausgeführt werden können.

Beachten Sie, dass für die Hardwarebeschleunigung im Browser Überlappungen mit HTML-Elementen zugunsten des Flash-Films ignoriert werden müssen, weshalb der wmode-Parameter, mit dem Flash in HTML eingebettet wird, in der HTML-Datei auf direct bzw. gpu eingestellt sein muss (mehr dazu gleich im Abschnitt »Fenstermodus«). Beachten Sie beim Testen auch, dass die Film-Testen-Funktion von Flash keine Hardwarebeschleunigung einsetzt.

Sie können zwei unterschiedliche Einstellungen vornehmen:

▶ STUFE 1 – DIREKT: Dieser Modus versucht den schnellsten Weg zur Ausgabe auf dem Monitor zu finden. So zeichnet der Flash Player direkt auf die Fläche, anstatt das Zeichnen dem Browser zu überlassen, der auch HTML-Elemente mit einbezieht. Auf Windows-Rechnern werden in diesem Modus DirectDraw und Direct3D (Vista) genutzt. Auf Mac- und Linux-Rechnern wird OpenGL verwendet.

▶ STUFE 2 – GPU: In diesem Modus wird die Rechenleistung der Grafikkarte beansprucht, um beispielsweise die Video-Skalierung nativ über die Grafikkarte ausführen zu können und so die CPU zu entlasten. Für diese Option muss die Zielgruppe über Highend-Grafikkarten verfügen, ansonsten wechselt der Flash Player automatisch in den normalen Zeichenmodus zurück.

Hinweis

Grundsätzlich sollten Sie die Hardwarebeschleunigung nur einsetzen, wenn Sie genau wissen, was Sie tun. Ob die Hardwarebeschleunigung zu einer besseren Performance führt, hängt von den Hardwarevoraussetzungen des jeweiligen Rechners ab. So wird beispielsweise mindestens eine Grafikkarte mit DirectX 9-Unterstützung vorausgesetzt. Außerdem sollte wegen des erhöhten Ressourcenbedarfs nie mehr als ein hardwarebeschleunigter Flash-Film auf einer Website dargestellt werden. Für Banner beispielsweise kommt diese Option also nicht infrage.

Zeitlimit für Skript | Der Wert ZEITLIMIT FÜR SKRIPT ❿ bezieht sich ausschließlich auf Skripte, die in ActionScript 3 erstellt wurden. Über die SKRIPT-HÖCHSTZEIT legen Sie die maximal zulässige Dauer der Ausführung eines Skripts fest. Das kann nützlich sein, um zu verhindern, dass mögliche Fehler in einem Skript das System für einige Zeit lahmlegen.

Zeitlimit für Skript
Wird das Zeitlimit im Flash Player überschritten, erscheint ein entsprechender Warnhinweis, der eine Abbruchmöglichkeit bietet.

HTML-Wrapper

Es gibt verschiedene Methoden, um Flash-Filme in HTML einzubetten. Durch Aktivierung des HTML-Wrappers ⓬ in den EINSTELLUNGEN FÜR VERÖFFENTLICHUNGEN können Sie die Einbettung Flash überlassen.

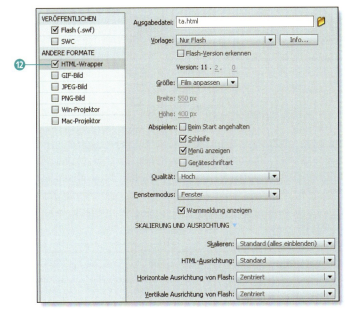

◀ **Abbildung 7.8**
HTML-Format aktivieren

Wenn Sie das entsprechende Optionsfeld aktiviert haben und den Film veröffentlichen, werden zwei Dateien erstellt:

▶ der Flash-Film im Format SWF
▶ das HTML-Dokument im Format HTML

Mit Aktivierung der Option HTML erscheinen rechts davon die Einstellungen für die Einbettung des Flash-Films in ein HTML-Dokument.

Vorlage | In diesem Bereich können Sie eine HTML-Vorlage auswählen, die beim Veröffentlichen des Flash-Films verwendet wird. In den meisten Fällen wird die Option NUR FLASH verwendet. Für

eine Anwendung (mit Video), die Sie im Fullscreen-Modus darstellen möchten, sollten Sie die Option Nur Flash – Vollbild
zulassen auswählen.

Flash-Player-Version erkennen | Aktivieren Sie diese Option,
um eine einfache Flash-Player-Erkennung in das HTML-Doku-
ment zu integrieren. Wählen Sie anschließend unter Version die
Flash-Player-Version aus, die als Mindestvoraussetzung für den
Flash-Film gelten soll. Die Flash Detection überprüft dann, ob der
Betrachter über ein passendes Flash-Browser-Plugin verfügt oder
nicht. Sollte für den verwendeten Browser kein passendes Flash-
Plugin installiert sein, wird eine Meldung im Browser angezeigt.

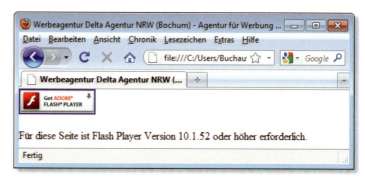

Abbildung 7.9 ▶
Der Browser verfügt über kein
passendes Flash-Plugin.

Den Inhalt können Sie im HTML-Dokument ändern, um in einem
solchen Fall z. B. einen alternativen Inhalt auszugeben. Zusätzlich
können Sie auch einen alternativen Inhalt definieren für den Fall,
dass der Benutzer JavaScript in seinem Browser ausgeschaltet hat.

```
32          swfobject.createCSS("body", "margin:0; padding:0; overflow:hidden; height:100%;");
33          swfobject.embedSWF(
34              "2.swf", "flashContent",
35              "550", "400",
36              swfVersionStr, xiSwfUrlStr,
37              flashvars, params, attributes);
38      </script>
39  </head>
40  <body>
41      <!-- Die SWFObject-Methode zum dynamischen Einbetten ersetzt diesen alternativen HTML-Inhalt durch Flash-Inhalt, <br />
42          wenn ausreichende JavaScript- und Flash-Plug-In-Unterstützung verfügbar ist. -->
43      <div id="flashContent">
44          <a href="http://www.adobe.com/go/getflash">
45              <img src="http://www.adobe.com/images/shared/download_buttons/get_flash_player.gif" alt="Get Adobe Flash Player" />
46          </a>
47          <p>Für diese Seite ist Flash Player Version 10.0.0 oder höher erforderlich.</p>
48      </div>
49  </body>
50 </html>
```

▲ Abbildung 7.10
Hier können Sie alternative
Inhalte definieren, wenn Sie
Ihren Flash-Film ohne SWFObject
veröffentlicht haben.

Sollten Sie die Methode Flash-Version erkennen zur Veröffentlichung gewählt haben, können Sie hier einen alternativen Inhalt
definieren, falls der Benutzer über kein passendes Flash-Plugin
verfügt.

```
31          <param name="play" value="true" />
32          <param name="loop" value="true" />
33          <param name="wmode" value="window" />
34          <param name="scale" value="showall" />
35          <param name="menu" value="true" />
36          <param name="devicefont" value="false" />
37          <param name="salign" value="" />
38          <param name="allowScriptAccess" value="sameDomain" />
39      <!--<![endif]-->
40          <a href="http://www.adobe.com/go/getflash">
41              <img src="http://www.adobe.com/images/shared/download_buttons/get_flash_player.gif" alt="Get Adobe Flash Player" />
42          </a>
43      <!--[if !IE]>-->
44          </object>
45      <!--<![endif]-->
46          </object>
47      </div>
48  </body>
49 </html>
```

Verschiedene SWF-Einbindungsmöglichkeiten | Seit Flash CS5 wird als Standardmethode zur Einbindung der SWF-Datei kein JavaScript mehr und damit kein SWFObject mehr benutzt. Es gibt stattdessen zwei verschiedene Methoden, wie Sie Ihren Flash-Film veröffentlichen können – zum einen mit und zum anderen ohne JavaScript:

▶ **Ohne SWFObject und ohne JavaScript**
Mit der Standardveröffentlichung, die Sie erhalten, indem Sie die Option FLASH-VERSION ERKENNEN deaktivieren ❶, wird Ihre SWF-Datei nur mithilfe der HTML-Elemente integriert.
Der Vorteil, der dabei auf der Hand liegt, ist der, dass Ihr Flash-Film so auch bei Benutzern angezeigt werden kann, die JavaScript deaktiviert haben.
Der Nachteil ist, dass der erstellte Code nicht W3C-konform ist. Beachten Sie, dass eine SWF-Datei bei deaktivierter Option FLASH-VERSION ERKENNEN erst seit Flash CS5 ohne JavaScript eingebunden wird. In den Vorgängerversionen wurde die SWF-Datei noch mithilfe von JavaScript eingebunden.

▶ **Mit SWFObject und mit JavaScript**
Mit der Aktivierung ❷ der Veröffentlichungseinstellung FLASH-VERSION ERKENNEN wird Ihre SWF-Datei mit SWFOBJECT und JavaScript eingebunden. Flash erstellt dazu automatisch die erforderliche JavaScript-Datei »swfobject.js«.
Der große Vorteil, der bei dieser Methode besteht, ist der, dass Ihr Quelltext W3C-konform erstellt wird. Sie ist daher die am häufigsten verwendete Vorgehensweise.
Der Nachteil ist, dass die Benutzer, die auf ihrem Computer JavaScript deaktiviert haben, Ihren Flash-Film nicht sehen können. Ein kleines Manko, mit dem Sie eigentlich leben können, wenn Sie bedenken, dass gerade einmal ca. 6 % der Benutzer JavaScript deaktiviert haben oder ihr Browser JavaScript nicht unterstützt.

▲ **Abbildung 7.11**
Hier können Sie alternative Inhalte definieren, wenn Sie Ihren Flash-Film mit SWFOBJECT veröffentlicht haben.

▲ **Abbildung 7.12**
FLASH-VERSION ERKENNEN ist standardmäßig in Flash deaktiviert.

▲ **Abbildung 7.13**
Aktivierte Option FLASH-VERSION ERKENNEN

Größe | Unter GRÖSSE legen Sie fest, in welcher Größe der Flash-Film im Browser dargestellt werden soll. Es stehen drei Auswahlmöglichkeiten zur Verfügung:

► FILM ANPASSEN: Der Flash-Film wird in seiner originalen Größe dargestellt.

► PIXEL: Legen Sie selbst eine Größe in Pixel fest. Der Flash-Film wird dann entsprechend skaliert.

► PROZENT: Der prozentuale Wert bezieht sich auf die Browser-Fenstergröße. Wählen Sie beispielsweise »100« für BREITE und HÖHE, um den Flash-Film auf die volle Fenstergröße des Browsers zu skalieren.

▲ **Abbildung 7.14**
Abspiel-Einstellungen

Abspielen | Aktivieren Sie die Option BEIM START ANGEHALTEN ➊, wenn der Flash-Film zu Beginn nicht automatisch abgespielt werden soll. Die Option SCHLEIFE ➋ sorgt dafür, dass die Hauptzeitleiste des Flash-Films geloopt, also endlos wiederholt, wird. Ist die Option MENÜ ANZEIGEN ➌ aktiviert, wird das erweiterte Kontextmenü des Flash Players aktiviert. Durch Aktivierung der Option GERÄTESCHRIFTART ➍ werden in statischen Textfeldern Geräteschriftarten verwendet, selbst dann, wenn eine andere Schriftwiedergabe für das jeweilige Textfeld gewählt wurde.

Qualität | In diesem Bereich legen Sie die Darstellungsqualität des Flash-Films fest. In der Regel ist die Standardeinstellung HOCH die richtige Wahl.

Fenstermodus | Über diese Option legen Sie das HTML-Attribut `wmode` im `object`-Tag bzw. in JavaScript fest, je nachdem ob Sie in den VERÖFFENTLICHUNGSEINSTELLUNGEN DES HTML-WRAPPERS die Option FLASH-VERSION ERKENNEN deaktiviert haben oder nicht.

Der Modus legt fest, auf welche Weise der Flash-Film in Bezug auf andere HTML-Inhalte dargestellt wird. Der Bereich des Flash-Films im HTML-Dokument wird diesbezüglich auch als virtuelles Fenster bezeichnet. Es stehen folgende Optionen zur Auswahl:

► FENSTER (Standardeinstellung): Der Hintergrund des Flash-Films ist undurchsichtig. Als Hintergrund wird die HTML-Hintergrundfarbe verwendet. HTML-Inhalte können nicht über oder unter dem Flash-Film angezeigt werden.

► UNDURCHSICHTIG OHNE FENSTER: Der Hintergrund des Flash-Films ist undurchsichtig, aber HTML-Inhalte wie z.B. Dropdown-Menüs können über dem Flash-Film angezeigt werden.

► TRANSPARENT OHNE FENSTER: Der Hintergrund des Flash-Films ist durchsichtig, sodass HTML-Inhalte über und unter dem

Flash-Film angezeigt werden. Beachten Sie, dass nicht alle Browser diesen Modus unterstützen und dass dieser Modus häufig zu unerwünschten Nebeneffekten führt. So kann beispielsweise in manchen Browsern in Eingabetextfeldern kein @-Zeichen mehr eingegeben werden.

▶ DIREKT: Dieser Fenstermodus verwendet die hardwarebeschleunigte Stage3D-Rendermethode, die auf die GPU zurückgreift. Stage3D ist die 3D-API von Adobe (siehe Kapitel 23, »Ein Blick über den Tellerrand«).

Beachten Sie, dass bei Aktivierung der Hardwarebeschleunigung in den Flash-Veröffentlichungseinstellungen (wie etwas weiter vorn im Abschnitt »Flash-Export (SWF)« beschrieben) der durch den Fenstermodus eingestellte wmode im HTML-Dokument überschrieben wird. Das heißt, wenn Sie für die Hardwarebeschleunigung z. B. STUFE 2 – GPU wählen, dann ist die Wahl des Fenstermodus irrelevant, da der wmode ohnehin gpu sein wird.

Warnmeldung anzeigen | Aktivieren Sie diese Option, um zu gewährleisten, dass Fehlermeldungen angezeigt werden, wenn sich vorgenommene HTML-Einstellungen widersprechen.

Skalieren | Über diese Einstellung können Sie den Skalierungstyp des Flash-Films im Browser einstellen, wenn die Flash-Film-Größe von den angegebenen Maßen abweicht.

HTML-Ausrichtung | Über diese Einstellung können Sie festlegen, wie der Inhalt an der entsprechenden Kante des Browserfensters ausgerichtet und gegebenenfalls beschnitten wird. Die Standardeinstellung ist LINKS.

Flash-Ausrichtung | Unter HORIZONTALE bzw. VERTIKALE AUSRICHTUNG VON FLASH können Sie angeben, wie der Inhalt im Anwendungsfenster positioniert und bei Bedarf zugeschnitten werden soll.

Die bessere Alternative? | Die integrierte Standardmethode zur Einbettung eines Flash-Films in HTML bringt einen Nachteil mit sich. Die verwendete Einbettungsmethode von Adobe ist nicht W3C-konform, wie die folgende Abbildung zeigt.

Eine Alternative zu dieser Veröffentlichungsmethode wäre die eben bereits beschriebene Methode FLASH-VERSION ERKENNEN.

W3C Validator
HTML- und XHTML-Dokumente können über den W3C Validator auf Konformität überprüft werden: *http://validator.w3.org/*

[W3C)]

Das W3C (World Wide Web Consortium) ist das Gremium zur Standardisierung für Techniken im World Wide Web (WWW). Beispiele für W3C-standardisierte Techniken sind u. a. HTML, XHTML, XML, CSS und RSS.

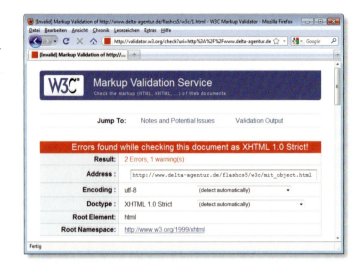

Abbildung 7.15 ▶

Die Validierung zeigt: Ein über Flash mittels Standardveröffentlichung ohne die Versionserkennung erstelltes HTML-Dokument ist nicht W3C-konform.

GIF-Export

Zeichnungen und einfache Animationen lassen sich als GIF oder animierte GIF-Datei exportieren. Durch Aktivierung der Option GIF-BILD erscheinen rechts davon die entsprechenden Einstellungen:

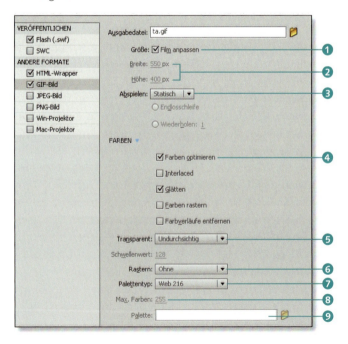

Abbildung 7.16 ▶
GIF-Einstellungen

Größe | Geben Sie hier die Breite und die Höhe ❷ der zu exportierenden GIF-Grafik an. Wählen Sie die Option FILM ANPASSEN ❶, wenn Sie die Größe des Flash-Films beibehalten möchten.

Abspielen | Über diese Option legen Sie fest, ob Sie ein Einzel-
bild (STATISCH ❸) oder eine animierte GIF-Datei (ANIMIERT) erzeugen wollen. Wenn Sie sich für die Option ANIMIERT entscheiden, können Sie wählen, ob die Animation automatisch geloopt
(ENDLOSSCHLEIFE) oder x-mal wiederholt werden soll (WIEDER-
HOLEN).

Farben | Aktivieren Sie im Bereich FARBEN: FARBEN OPTIMIEREN
❹, damit alle nicht verwendeten Farben aus der Farbpalette der
GIF-Grafik entfernt werden. Dies reduziert die Dateigröße. Die
Option INTERLACED sorgt dafür, dass die GIF-Grafik bereits beim
Herunterladen Schritt für Schritt angezeigt wird. Bei animierten
GIF-Grafiken sollte diese Option deaktiviert werden. Durch Aktivierung der Option GLÄTTEN wird das Anti-Aliasing aktiviert. Dies
führt meist zu einer höheren Darstellungsqualität, im Besonderen
für eine bessere Textdarstellung. Durch die Einstellung FARBEN
RASTERN werden sowohl einfarbige Farbflächen als auch Farbverläufe gerastert. Aktivieren Sie die Option FARBVERLÄUFE ENTFER-
NEN, damit Farbverläufe in einfarbige Flächen umgewandelt werden. Das kann sinnvoll sein, da Farbverläufe in GIF-Grafiken meist
schlecht dargestellt werden und viel Speicher benötigen.

Transparent | In diesem Bereich legen Sie fest, ob Sie einen
transparenten Hintergrund verwenden möchten und wie Al-
phaeinstellungen konvertiert werden sollen. Mit der Einstellung
UNDURCHSICHTIG ❺ wird die Hintergrundfarbe des Flash-Films
übernommen. Die Einstellung TRANSPARENT sorgt für einen transparenten Hintergrund. Über die Einstellung ALPHA können Sie
einen SCHWELLENWERT definieren, der die Stärke der Transparenz
steuert. Je niedriger Sie den Wert wählen, desto höher ist die
Transparenz. Probieren Sie ruhig einmal verschiedene Werte aus.

Rastern | Über diese Einstellung legen Sie fest, wie Farbwerte,
die nicht in der Farbpalette der GIF-Grafik sind, simuliert werden. Die Einstellung OHNE ❻ sorgt dafür, dass nicht vorhandene
Farbwerte durch den nächstliegenden Farbwert ersetzt werden.
Die Einstellung GEORDNET bewirkt eine einfache Rasterung (Mischung der Farbwerte), ohne die Dateigröße wesentlich zu erhöhen. Die Einstellung DIFFUSION bietet die beste Qualität, führt
allerdings je nach Bild zu einer entsprechend großen Datei.

Palettentyp | Unter PALETTENTYP ❼ können Sie die Farbpalette
der GIF-Grafik wählen. Die Einstellung beeinflusst die Farbwiedergabe und die resultierende Dateigröße. Wenn Sie die Option

ADAPTIV oder WEB SNAP ADAPTIV wählen, können Sie im Feld MAX. FARBEN ❽ bestimmen, wie viele Farben integriert werden. Eine größere Palette resultiert in einer besseren Farbwiedergabe, die Datei wird dadurch jedoch dementsprechend größer. Wählen Sie die Einstellung BENUTZERDEFINIERT, können Sie im Feld PA-LETTE ❾ eine Farbpalette im ACT-Format laden. Die Farben der Palette werden dann übernommen.

JPEG-Export

Aktivieren Sie die Option JPEG-BILD (».jpg«), wenn Sie das erste Bild eines Flash-Films als Einzelbild im JPEG-Format abspeichern möchten. Dadurch stehen Ihnen folgende Einstellungen zur Verfügung:

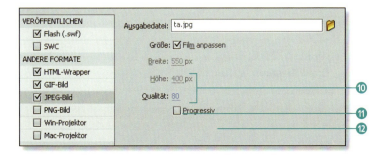

Abbildung 7.17 ▶
JPEG-Einstellungen

Größe | Hier können Sie die Größe ❿ der zu exportierenden JPEG-Grafik bestimmen. Aktivieren Sie die Option FILM ANPASSEN, um die Größe des Flash-Films zu verwenden.

Qualität | Wählen Sie unter QUALITÄT ⓫ die Komprimierungsrate. Je höher der Wert ist, desto besser ist die Qualität. Als Richtwert sollten Sie einen Wert zwischen 50 und 80 wählen.

Progressiv | Die Option PROGRESSIV ⓬ ähnelt der INTERLACING-Option von GIF-Grafiken. Wenn Sie diese Option aktivieren, wird das Bild, während es heruntergeladen wird, bereits in niedriger Qualität dargestellt.

PNG-Export

Wenn Sie das erste Bild eines Flash-Films als Einzelbild exportieren möchten, können Sie die Option PNG-GRAFIK (».png«) aktivieren. Dadurch stehen Ihnen folgende Einstellungen zur Verfügung:

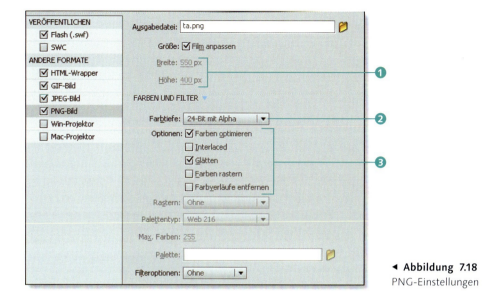

◄ **Abbildung 7.18**
PNG-Einstellungen

Größe | Hier können Sie die Größe ❶ der zu exportierenden PNG-Grafik bestimmen. Aktivieren Sie die Option FILM ANPASSEN, um die Größe des Flash-Films zu verwenden.

Farbtiefe | Die Farbtiefe ❷ legt fest, wie viele Bit pro Pixel, also wie viele Farben je Pixel, verwendet werden. Die Qualität und die Dateigröße erhöhen sich mit zunehmender Farbtiefe. Wählen Sie eine FARBTIEFE von 24-BIT, können Sie optional einen Alphakanal (Transparenz) verwenden.

Optionen | Über die Optionen ❸ können Sie die Methode zur Komprimierung wählen. Probieren Sie ruhig verschiedene Einstellungen aus, und vergleichen Sie dabei die Qualität und die Dateigröße.

Weitere Einstellungen | Weitere Einstellungen in diesem Bereich sind mit den Einstellungen für GIF-Grafiken identisch.

7.2 Einbettung in HTML mit dem SWFObject

Eine gute Methode für das Einbetten von Flash-Filmen bietet das sogenannte *SWFObject*. Bevor erläutert wird, wie sich das SWF-Object zur Einbettung eines Flash-Films einsetzen lässt, folgt zunächst zum besseren Verständnis eine kurze Vorgeschichte zur Einbettung von Flash-Filmen.

SWFObject

Sie finden die Quelldateien des SWFObjects auf der dem Buch beiliegenden DVD im Verzeichnis *07_Veröffentlichung\swfobject.zip* oder alternativ wahrscheinlich aktueller auf Google Code unter *http://code.google. com/p/swfobject/*.

<object>-/<embed>-Tag

Bis 2003 wurden Flash-Filme in HTML häufig direkt über das `<object>`- und `<embed>`-Tag eingebunden. Das `<embed>`-Tag gehört nicht zur HTML-Spezifikation und verhinderte von jeher eine W3C-konforme Syntax. Es gab zu dieser Zeit bereits einige alternative Methoden (z. B. Flash Satay), die jedoch nicht durchgehend browserkompatibel waren.

Abbildung 7.19 ▶
Ein mit Flash 8 eingebetteter Flash-Film im Internet Explorer 7

Adobe – Active Content

Adobe hat zu diesem Thema eine eigene Seite eingerichtet, die Sie unter *www.adobe.com/devnet/ activecontent* erreichen.

Eolas-Patentverletzung und die Folgen | Im Jahre 2003 führte ein Patentstreit zwischen dem amerikanischen Unternehmen Eolas und Microsoft dazu, dass sich Microsoft dazu veranlasst sah, die Einbettung von Flash-Filmen im Internet Explorer 7 grundlegend zu ändern.

Das hatte zur Folge, dass Flash-Filme, die über die altbewährte Methode eingebunden wurden, die zwar nicht W3C-konform, aber funktionstüchtig war, vom Benutzer per Mausklick erst aktiviert werden mussten. Auf den ersten Blick scheint das nicht allzu schwerwiegend zu sein. Viele nicht so erfahrene Computernutzer können mit der Meldung ❶ jedoch erst einmal nicht viel anfangen, was unter Umständen dazu führt, dass Flash-Filme einfach ignoriert (»weggeklickt«) werden.

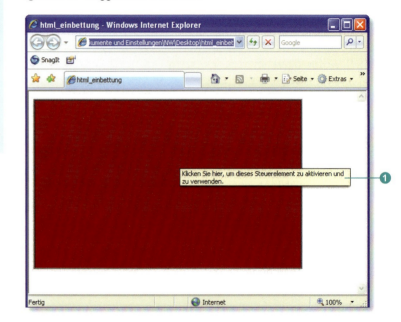

Obwohl die Änderungen nur den Internet Explorer 7 betrafen, suchten viele Flash-Anwender damals nach neuen Methoden, um Flash-Filme browserkompatibel, W3C-konform und ohne die nötige Aktivierung im Internet Explorer 7 einzubetten. Das Ergebnis war u. a. die Einbettung mittels JavaScript, die von Adobe in Flash CS3 und CS4 übernommen wurde und die immer noch genutzt wird, sofern das SWFObject zum Einsatz kommt (siehe etwas weiter vorn den Abschnitt »Flash-Player-Version erkennen«).

Diese Einbettung umgeht das zuvor genannte Problem mithilfe von JavaScript – die von Adobe gewählte Methode war bis CS4 jedoch nicht W3C-konform. Dies hat sich jedoch seit Flash CS5 geändert. Aufgrund neuer Technologielizenzen von Microsoft wurde im Jahre 2008 das Aktivierungsverhalten von Flash-Filmen aus dem Internet Explorer wieder entfernt.

JavaScript-Dokument einbetten | Eine W3C-konforme, valide Lösung bietet der Einsatz des sogenannten SWFObjects. Der erste Schritt zur Einbettung eines Flash-Films mithilfe des SWF-Objects ist die Einbettung des JavaScript-Dokuments zur Integration des SWFObjects.

Dazu wird im ⟨head⟩-Bereich des HTML-Dokuments zunächst folgende Zeile eingefügt:

```
<script type="text/javascript" src="swfobject.js">
</script>
```

Das JavaScript-Dokument sollte in diesem Beispiel im selben Verzeichnis wie das HTML-Dokument liegen. Nach der Einbettung können Sie innerhalb des HTML-Dokuments auf Funktionen des JavaScript-Dokuments zugreifen.

HTML und JavaScript lernen
Wenn Sie bisher noch keinerlei Erfahrung mit HTML und JavaScript haben, ist SELFHTML von Stefan Münz ein guter Einstieg: *http://de.selfhtml.org/*

⟨div⟩-Inhalt schreiben | Anschließend wird im ⟨head⟩-Bereich des HTML-Dokuments folgender JavaScript-Code eingefügt:

```
1:    <script type="text/javascript">
2:      swfobject.embedSWF("flashfilm.swf",
        "flashinhalt", "550", "400", "10.0.0");
3:    </script>
```

In Zeile 2 wird die Methode embedSWF des SWFObjects aufgerufen. An die Methode werden folgende Argumente übergeben:

▸ Dateiname: flashfilm.swf
▸ ID-Selektor des ⟨div⟩-Bereichs: flashinhalt, der im Folgenden noch definiert wird
▸ Breite des Flash-Films in Pixel: 550
▸ Höhe des Flash-Films in Pixel: 400
▸ vorausgesetzte Flash-Version: 10.0.0

Diese Eigenschaften des Flash-Films müssen bei jeder Einbettung mithilfe des SWFObjects angegeben werden.

Suchmaschinen-Indizierung
Der alternative Inhalt wird von Suchmaschinen indiziert. Sie können ihn dazu nutzen, den Inhalt des Flash-Films zu beschreiben und den Benutzer gegebenenfalls auf ein fehlendes Flash-Plugin hinzuweisen.

⟨div⟩-Container erstellen | Im ⟨body⟩-Bereich wird dann mittels eines ⟨div⟩-Elements eine Stelle festgelegt, an der der Flash-Film ausgegeben wird. Das ⟨div⟩-Element dient dabei als Container. Der darin enthaltene Text wird durch den Flash-Film ersetzt, wenn der Benutzer über ein geeignetes Flash-Plugin verfügt. Anderenfalls wird der alternative Inhalt (in diesem Fall der im `<div>`-Container liegende Text) angezeigt:

07_Veröffentlichung\SWF-Object\SWFObjectEinbettung1.html

```
<body>
<div id="flashinhalt">
Dieser Text wird durch den Flash-Film ersetzt.
</div>
</body>
```

Warnung im Internet Explorer 7 | Wenn ein Flash-Film über das SWFObject eingebettet wurde, wird der Flash-Film im Internet Explorer 7 nicht direkt angezeigt, wenn das HTML-Dokument lokal geöffnet wird. Es erfolgt vielmehr ein Warnhinweis ❶. Der Hinweis erscheint jedoch nicht, wenn die Dokumente auf einem Webserver liegen. Da Flash-Filme, die in ein HTML-Dokument eingebettet werden, üblicherweise immer auf einen Webserver gestellt werden und nur zu Testzwecken lokal geöffnet werden, ist diese Warnmeldung zu vernachlässigen.

Browserkompatibilität

Die Einbettung über ein SWF-Object wird von allen gängigen Browsern (Internet Explorer, Netscape, Firefox, Mozilla, Opera, Safari, Chrome, Konqueror etc.) unterstützt und entspricht den W3C-Spezifikationen für HTML und XHTML.

Abbildung 7.20 ▶
Warnung im Internet Explorer 7, wenn das HTML-Dokument lokal geöffnet wird

Express Install

Größe des Flash-Films

Die Größe des Flash-Films kann sowohl in Pixeln als auch in Prozent angegeben werden. Um einen Flash-Film z. B. fensterfüllend im Browser darzustellen, lässt sich sowohl die Breite auf 100% als auch die Höhe auf 100% setzen.

Es gibt noch weitere optionale Argumente, die Sie an die Methode `embedSWF` des SWFObjects übergeben können. Standardmäßig wird der alternative Inhalt angezeigt, wenn der Benutzer nicht über das vorausgesetzte Flash-Plugin verfügt. Wenn Sie möchten, dass der Benutzer automatisch eine direkte Möglichkeit zur Aktualisierung des Flash Players bekommt, können Sie »Express Install« verwenden. Zusammen mit dem SWFObject werden die Dateien *expressInstall.fla* und *expressInstall.as* mitgeliefert. Öffnen Sie die *expressInstall.fla* in Flash, und veröffentlichen Sie den Flash-Film.

Anschließend verwenden Sie folgenden Code, um den Flash-Film einzubetten:

07_Veröffentlichung\SWFObject\SWFObjectEinbettung2.html

```
...
swfobject.embedSWF("Flash-Film.swf", "flashinhalt",
"550", "400", "10.0.0","expressInstall.swf");
...
```

Besitzt der Benutzer kein passendes Flash-Plugin, erscheint im Browser ein Dialogfenster, über das er das passende Plugin, ohne die Seite zu verlassen, herunterladen kann.

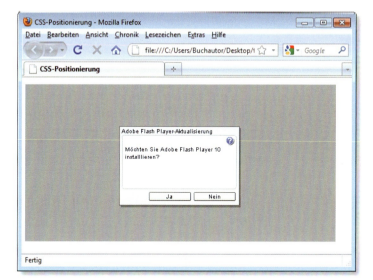

▲ Abbildung 7.21
Express Install im Firefox Browser

Möchten Sie die Express-Install-Funktion nicht nutzen, können Sie den Wert `false` als Argument übergeben. Das ist wichtig für den Fall, dass Sie noch weitere Argumente an die Methode übergeben möchten. Anderenfalls können Sie das Argument auch einfach weglassen:

```
...
swfobject.embedSWF("Flash-Film.swf", "flashinhalt",
"550", "400", "10.0.0",false);
...
```

FlashVars

FlashVars können dazu genutzt werden, um Werte mithilfe im HTML-Dokument festgelegter Variablen an Flash zu übergeben. Die Daten werden einmalig übergeben, wenn der Flash-Film im Webbrowser geladen wird.

Mithilfe von FlashVars könnten Sie z. B. über variable Parameter, die im HTML-Dokument definiert werden, das Erscheinungsbild einer Flash-Anwendung steuern, oder Sie definieren Parameter, über die gesteuert wird, wie sich eine Anwendung verhält. Das können z. B. auch Eigenschaften wie Farbtöne, Größenanga-

Hinweis
Damit das Beispiel funktioniert, müssen Sie die erzeugte *express-Install.swf* zusammen mit dem HTML-Dokument, dem Java-Script-Dokument und Ihrem Flash-Film auf Ihren Webserver laden. Achten Sie darauf, dass die Pfade stimmen. Am einfachsten ist es, wenn Sie alle Dateien in einem Verzeichnis speichern.

Hinweis
Wenn Sie die Funktion lokal testen, erhalten Sie einen Sicherheitshinweis vom Flash Player. Die Funktion lässt sich lokal nicht direkt testen. Der Hinweis erscheint jedoch nicht, wenn Sie die Dateien auf einen Webserver hochladen und von dort aufrufen.

Tipp
Wenn Sie die Express-Installation testen möchten, können Sie die Flash-Player-Version einfach auf eine noch nicht veröffentlichte Version setzen (z. B. 13.0.0).

JavaScript-/ActionScript-Kommunikation
Grundsätzlich ist es möglich, Flash-Filme per JavaScript anzusteuern und umgekehrt. Mehr dazu in den FAQ auf der Buch-DVD.

ben sein, nach denen dann bestimmte Elemente eingefärbt bzw. skaliert werden.

Die Einrichtung bzw. Definition von FlashVars ist mithilfe des SWFObjects sehr einfach.

Angenommen, Sie möchten zwei Variablen `titel` und `beschreibung` mit entsprechenden Werten an den Flash-Film übergeben. Dazu könnten Sie den Flash-Film über das SWFObject wie folgt einbetten:

```
1:  ...
2:  <script type="text/javascript">
3:  var flashvars = {
4:      titel: "Der Titel",
5:      beschreibung: "Die Beschreibung"
6:  };
7:  swfobject.embedSWF("Flash-Film.swf", "flashinhalt",
    "550", "400", "10.0.0",false,flashvars);
8:  </script>
9:  ...
```

In Zeile 3 bis 5 wird ein sogenanntes Array mit zwei Feldern definiert. Über die Variable `titel` können Sie im Flash-Film später den Stringwert `Der Titel` ermitteln. Über die Variable `beschreibung` lässt sich der Stringwert `Die Beschreibung` ermitteln. Das definierte Array `flashvars` wird als siebtes Argument an die Methode `embedSWF` übergeben. Die definierten Werte stehen dem Flash-Film dann auf der Hauptzeitleiste zur Verfügung.

Zugriff auf FlashVars aus Flash | Der Zugriff auf die Variablen bzw. deren Werte ist mit ActionScript 3 etwas komplizierter, als es noch in ActionScript 1 und 2 war. Um auf den Wert der Variablen `titel` zugreifen zu können, weisen Sie in der Hauptzeitleiste des Flash-Films einem Schlüsselbild folgenden Code zu:

```
root.loaderInfo.parameters.titel
```

Dabei entspricht `root` in diesem Fall dem obersten Anzeigeobjekt in der Anzeigeliste des Flash-Films. Die `loaderInfo`-Eigenschaft des `root`-Objekts beinhaltet Informationen zur geladenen Datei. Über die Eigenschaft `parameters` des `loaderInfo`-Objekts können Sie die Variable dann referenzieren. Der Code würde jedoch zu einer Fehlermeldung führen, die im AUSGABE-Fenster angezeigt wird, wenn Sie den Flash-Film in Flash testen. Die folgende Abbildung zeigt den Grund dafür.

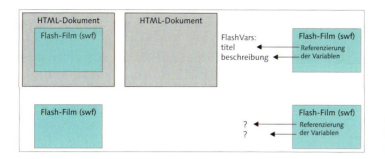

◄ **Abbildung 7.22**
Ohne das HTML-Dokument
können die Variablen nicht
referenziert werden.

Der Flash-Film bzw. der Compiler weiß ohne das HTML-Dokument nicht, dass die Variablen `titel` und `beschreibung` existieren bzw. Werte enthalten. Diese werden erst zur Laufzeit an den
Flash-Film übergeben.

Um die Fehlermeldung zu vermeiden, wenn der Flash-Film
ohne das HTML-Dokument abgespielt wird, können Sie eine
sogenannte `catch/try`-Anweisung verwenden. Dazu folgendes
Beispiel:

```
1:    try {
2:        titel_txt.text =
          root.loaderInfo.parameters.titel;
3:        beschreibung_txt.text =
          root.loaderInfo.parameters.beschreibung;
4:    } catch(error:Error) {
5:        trace("FlashVars-Error");
6:        titel_txt.text = "";
7:        beschreibung_txt.text = "";
8:    }
```

Zunächst wird versucht (engl. »try«), die Werte der Variablen `ti-
tel` und `beschreibung` zu referenzieren (Zeile 2 und 3) und hier
entsprechenden Textfeldern zuzuweisen. Sollte es dabei zu einem
Fehler kommen, wird der Fehler abgefangen (engl. »catch«), und
die Anweisungen innerhalb des `catch`-Codeblocks werden ausgeführt (Zeile 5 bis 7). Im folgenden Workshop werden Sie diese
Möglichkeit der Fehlermeldungsvermeidung zur besseren Veran-
schaulichung in der Praxis anwenden.

*07_Veröffentlichung\
FlashVars\FlashVars1.html*

Schritt für Schritt:
FlashVars einsetzen

In diesem Workshop erfahren Sie, wie Sie Variablen und Werte
aus einem HTML-Dokument an einen Flash-Film übergeben.

1   HTML-Dokument öffnen

Öffnen Sie das HTML-Dokument *FlashVars1.html*, und speichern Sie es unter *FlashVars2.html* ab. Beachten Sie, dass der Flash-Film und das SWFObject im selben Verzeichnis liegen müssen. Der Flash-Film *flashfilm.swf* wurde bereits mithilfe eines SWFObjects in die HTML-Datei eingebettet.

2   Code zur Einbettung des Flash-Films anpassen

Der Code zur Einbettung des Flash-Films wird wie folgt geändert:

```
...
<script type="text/javascript">
   var flashvars = {
      titel: "Blindtext",
      beschreibung: "Achtung! Dieser Blindtext wird
      gerade durch 130 Millionen Rezeptoren Ihrer
      Netzhaut erfasst. Die Zellen werden dadurch in
      einen Erregungszustand versetzt, der sich über
      den Sehnerv in dem hinteren Teil Ihres Gehirns
      ausbreitet."
   };
   swfobject.embedSWF("flashfilm.swf",
   "flashinhalt", "270", "310", "10.0.0",
   "expressInstall.swf",flashvars);
</script>
...
```

Wie zuvor erläutert, wurden zwei Array-Felder mit zwei Variablen `titel` und `beschreibung` und entsprechenden Werten definiert. Die Werte der Variablen sollen im Folgenden im Flash-Film ermittelt und ausgegeben werden.

3   Flash-Film öffnen

07_Veröffentlichung\FlashVars\flashfilm_original.fla

Öffnen Sie den Flash-Film *07_Veröffentlichung\Flashvars\flashfilm_original.fla*. In dem Flash-Film wurden zwei dynamische Textfelder angelegt, in denen die Werte ausgegeben werden sollen.

4   Instanznamen zuweisen

Wählen Sie das obere Textfeld aus, öffnen Sie das EIGENSCHAFTEN-Fenster, und weisen Sie dem Textfeld den Instanznamen »titel_txt« zu. Wählen Sie dann das untere Textfeld aus, und weisen Sie ihm den Instanznamen »beschreibung_txt« zu.

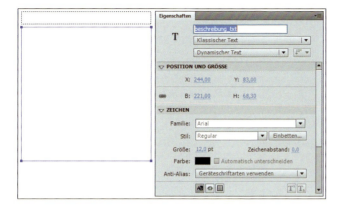

◄ Abbildung 7.23
Instanznamen zuweisen

5 ActionScript-Code erstellen

Wählen Sie das erste Schlüsselbild der Ebene Actions aus, öffnen Sie das Aktionen-Fenster über F9, und weisen Sie dem Schlüsselbild folgenden Code zu:

```
1:  try {
2:    titel_txt.text =
      root.loaderInfo.parameters.titel;
3:    beschreibung_txt.text =
      root.loaderInfo.parameters.beschreibung;
4:  } catch(error:Error) {
5:    trace("FlashVars-Error");
6:    titel_txt.text = "";
7:    beschreibung_txt.text = "";
8:  }
```

Die Ausgabe der Variablenwerte in den Textfeldern erfolgt durch die Zeilen 2 und 3. Die Werte der beiden Variablen können Sie über das `loaderInfo`-Objekt des obersten Anzeigeobjekts `root` der Anzeigeliste des Flash-Films referenzieren. Das Objekt besitzt eine Eigenschaft `parameters`, über die Sie den Wert der jeweiligen Variablen ermitteln können.

Wenn Sie nur diese beiden Zeilen verwenden würden, würde das Beispiel im Browser ebenfalls einwandfrei funktionieren. Wenn Sie das Beispiel jedoch in Flash selbst testen, wird im Ausgabe-Fenster eine entsprechende Fehlermeldung ausgegeben, da Flash zu diesem Zeitpunkt nicht weiß, dass die Eigenschaften `titel` und `beschreibung` existieren bzw. Werte besitzen. Um diese Fehlermeldung abzufangen, wird der Code über eine sogenannte `try/catch`-Blockanweisung ausgeführt. Speichern Sie den Flash-Film unter *flashfilm.fla* ab, und veröffentlichen Sie ihn über Datei • Veröffentlichen.

Ergebnis der Übung:
07_Veröffentlichung\FlashVars
FlashVars2.html und *flashfilm.swf*

6 HTML-Dokument testen

Öffnen Sie das HTML-Dokument in einem Webbrowser. Die Werte der FlashVars-Variablen werden im Flash-Film ausgegeben.

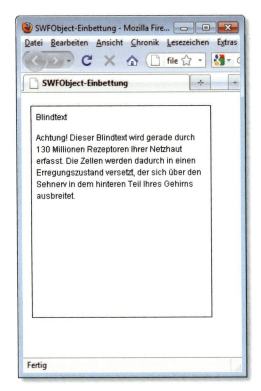

Abbildung 7.24 ▶
Ausgabe des aus dem HTML-Dokument übergebenen Variablenwerts

Parameter

Argumentenanzahl beachten
Wenn Sie keine FlashVars, dafür jedoch beispielsweise Parameter definieren möchten, müssen Sie die Reihenfolge und die Argumentenanzahl beachten. In diesem Beispiel wurde das Argument für FlashVars auf `false` gesetzt. Danach folgt das Parameterargument.

Bei der Einbettung eines Flash-Films mithilfe des SWFObjects können Sie optional weitere Parameter definieren, die das Verhalten des Flash-Films beeinflussen. So können Sie beispielsweise festlegen, dass nur ein eingeschränktes Kontextmenü angezeigt wird, wenn der Benutzer mit der rechten Maustaste auf den Flash-Film klickt. Dazu folgendes Codebeispiel:

```
<script type="text/javascript">
    var params = {menu: "false"}
    swfobject.embedSWF("flashfilm.swf",
    "flashinhalt", "270", "310", "10.0.0",
    "expressInstall.swf",false,params);
</script>
```

 07_Veröffentlichung
Parameter\Parameter.html

Die folgende Tabelle listet die wichtigsten Parameter auf.

Parameter	Zulässige Werte	Beschreibung
quality	▸ low ▸ autolow ▸ autohigh ▸ medium ▸ high (Standard) ▸ best	Darstellungsqualität des Flash-Films
play	▸ true ▸ false	Legt fest, ob der Flash-Film am Anfang abgespielt (true) oder angehalten (false) werden soll.
menu	▸ true (Standard) ▸ false	Gibt an, ob das erweiterte Kontextmenü des Flash Players verfügbar sein soll (true) oder nicht (false).
loop	▸ true (Standard) ▸ false	Gibt an, ob der Flash-Film geloopt werden soll (true) oder nicht (false).
scale	▸ showall (Standard) ▸ noborder ▸ exactfit ▸ noscale	Gibt an, wie der Flash-Film im Browser positioniert wird.
wmode	▸ window ▸ opaque ▸ transparent ▸ direct ▸ gpu	Darstellungsweise und Bereich des Flash-Films
align	▸ l (left) ▸ r (right) ▸ t (top) ▸ b (bottom)	Ausrichtung des Flash-Films im Fenster
salign	▸ l, r, t, b (left, right, top, bottom) ▸ tl, tr (top-left, top-right) ▸ bl, br (bottom-left, bottom-right)	Gibt an, wo ein Flash-Film in einem Bereich positioniert wird.
allowfullscreen	▸ true ▸ false	Gibt an, ob der Fullscreen-Modus des Flash Players zugelassen wird oder nicht. Die Anwendung des Fullscreen-Modus wird in Kapitel 15, »Video«, erläutert.

▲ **Tabelle 7.4**
SWFObject – die wichtigsten Parameter auf einen Blick

Parameter	Zulässige Werte	Beschreibung
bgcolor	▸ z. B. #FFFFFF (weiß)	Ein RGB-Farbwert in hexadezimaler Schreibweise. Der angegebene Farbwert Farbe wird als Hintergrundfarbe für den Flash-Film verwendet und überschreibt die Hintergrundfarbe, die im Flash-Film definiert wurde.
base	Beispiele: ▸ Keine Angabe: Standardmäßig ist die Ausgangsbasis für alle relativen Pfade der Pfad des HTML-Dokuments, in das der Flash-Film eingebunden wurde. ▸ .: Ausgangsbasis für alle relativen Pfade ist der Pfad des Flash-Films (SWF). ▸ /project/assets/: Ausgangsbasis für alle im Flash-Film verwendeten relativen Pfade ist der angegebene Pfad. ▸ http://www.meineDomain.de: Ausgangsbasis ist die angegebene Domain. Falls es sich um eine andere Domain handelt als die, in der der Flash-Film liegt, müssen Sie eine CrossDomain-Policy definieren, um auf Inhalte der angegebenen Domain zugreifen zu können.	Über diesen Parameter können Sie ein Basisverzeichnis definieren. Das Verzeichnis wird bei der Auflösung von relativen Pfadangaben (URLs), die im Flash-Film verwendet wurden, eingesetzt. Die Verwendung dieses Parameters kann hilfreich sein, wenn Dateien, auf die ein Flash-Film zugreift, in einem anderen Verzeichnis liegen als der Flash-Film und Sie die Referenzierung vereinfachen möchten.

Tabelle 7.4 ▲
SWFObject – die wichtigsten Parameter auf einen Blick (Forts.)

quality | Ein hoher Wert führt hier zu einer hohen Darstellungsqualität. Bei einem niedrigen Wert ist die Darstellungsqualität entsprechend niedriger, die Abspielgeschwindigkeit bei rechenintensiven Flash-Filmen jedoch höher. Für die meisten Anwendungen ist der Standardwert high (engl. für »hoch«) ausreichend.

Niedrige Qualität
Die Wiedergabegeschwindigkeit hat bei der Einstellung NIEDRIG Vorrang vor der Darstellungsqualität. Die Kantenglättung wird bei dieser Einstellung deaktiviert.

Abbildung 7.25 ▸
Qualitätseinstellung – links: low; rechts: high

menu | Wird der Wert des Parameters auf `false` gesetzt, ist nur ein eingeschränktes Kontextmenü verfügbar. Das Kontextmenü wird im Flash Player über die rechte Maustaste geöffnet.

◄ **Abbildung 7.26**
Links: Standard-Kontextmenü; rechts: eingeschränktes Kontextmenü

scale | Mit diesem Parameter beeinflussen Sie die Skalierung des Flash-Films im Browser. Folgende vier Einstellungen stehen Ihnen zur Verfügung:

► `showall` (Standard): Zeigt das ganze Dokument im angegebenen Bereich an.

► `noborder`: Füllt den festgelegten Bereich vollständig mit dem Dokument aus. Das Seitenverhältnis bleibt erhalten – es kann jedoch vorkommen, dass einige Teile abgeschnitten werden und nicht mehr zu sehen sind.

► `exactfit`: Der Inhalt wird passend auf den festgelegten Bereich skaliert. Das Seitenverhältnis bleibt nicht erhalten, was zu Verzerrungen führen kann.

► `noscale`: Der Flash-Film wird unter keinen Umständen skaliert, sondern in der originalen Größe angezeigt.

align (HTML-Ausrichtung) | Mit diesem Parameter wird festgelegt, wie der Inhalt an der entsprechenden Kante des Browserfensters ausgerichtet und gegebenenfalls beschnitten wird. Sie können zwischen folgenden Einstellungen wählen:

► `left`: linksbündig

► `right`: rechtsbündig

► `top`: oben

► `bottom`: unten

wmode | Sie können bei diesem Parameter zwischen drei Einstellungen wählen:

► `window`: Der Hintergrund des Flash-Films ist deckend.

► `opaque`: Der Hintergrund des Flash-Films ist deckend. HTML-Elemente, die über dem Flash-Film liegen, werden angezeigt.

Beispiele mit unterschiedlichen Einstellungen des `wmode`-Parameters finden Sie unter *07_Veröffentlichung\Fenstermodus*.

321

Abbildung 7.27 ▶
Die Vordergrund-HTML-Ebene ist sichtbar, die Hintergrundebene dagegen nicht.

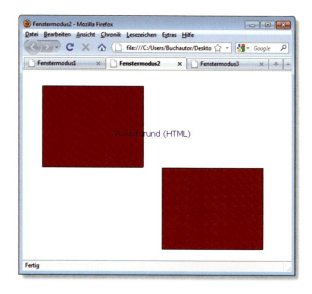

[!] wmode

Der transparente Modus (wmode = transparent) wird häufig bei Werbebannern eingesetzt. Er wird jedoch nicht von allen Webbrowsern fehlerfrei unterstützt und bewirkt meist noch viele andere negative Effekte. Zum Beispiel lässt sich in Eingabetextfeldern kein @-Zeichen eingeben – es erscheint stattdessen ein q. Dieser Modus sollte also wenn möglich nicht verwendet werden.

▶ transparent: Der Hintergrund des Flash-Films ist transparent. HTML-Elemente, die vor und hinter dem Flash-Film liegen, werden dargestellt.

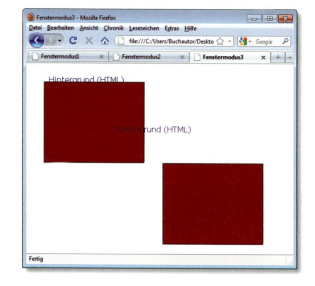

Abbildung 7.28 ▶
Vorder- und Hintergrund-HTML-Ebenen sind sichtbar.

7.3   Ladeverhalten von Flash-Filmen

Flash-Filme werden von sich aus erst einmal grundsätzlich progressiv heruntergeladen und abgespielt, d.h., Inhalte des Flash-Films werden nach und nach bildweise geladen und dargestellt, sobald sie verfügbar sind – sozusagen »on the fly«. Das Ladeverhalten lässt sich in Flash, im Gegensatz zu HTML, sehr fein steuern. Dazu werden häufig sogenannte *Preloader* eingesetzt, die Teile oder ganze Flash-Filme im Voraus laden, idealerweise nur dann, wenn dies notwendig ist.

Mithilfe von Preloadern kann sichergestellt werden, dass Inhalte verfügbar sind, sobald sie abgespielt werden sollen.

Die Möglichkeit, Inhalte progressiv herunterzuladen und abzuspielen, hängt im Wesentlichen von der verfügbaren Bandbreite des Internetanschlusses des Benutzers ab. Die Frage, die Sie sich stellen sollten, ist, ob Inhalte schnell genug geladen werden können, um sie direkt darzustellen. Sollte die Bandbreite zu niedrig sein, hält der Flash-Film an, bis die nächsten Bilder verfügbar sind und abgespielt werden können.

Viele Benutzer verbinden Flash grundsätzlich mit langen Ladezeiten, was jedoch nicht an der Technik, sondern meist an einer schlechten Anwendung liegt. Bei einigen Anwendungen sind Preloader nicht notwendig – was der Idealfall ist, da Inhalte direkt ohne Wartezeit dargestellt werden können.

Um das Ladeverhalten eines Flash-Films einschätzen zu können und zu optimieren, steht Ihnen in Flash der sogenannte *Bandbreiten-Profiler* zur Verfügung.

Bandbreiten-Profiler | Der Bandbreiten-Profiler zeigt Ihnen zunächst die Datenmenge des Flash-Films, verteilt auf die einzelnen Bilder, an. Sie sehen so auf einen Blick, in welchem Bild kleinere Datenmengen und in welchem Bild größere Datenmengen liegen, was die Ladezeit der entsprechenden Bilder beeinflusst.

Der Bandbreiten-Profiler steht Ihnen nur im Testmodus von Flash zur Verfügung. Nachdem Sie einen Flash-Film in der Entwicklungsumgebung über ⌈Strg⌉/⌈⌘⌉+⌈↵⌉ gestartet haben, können Sie den Bandbreiten-Profiler über das Menü ANSICHT • BANDBREITEN-PROFILER öffnen.

Im Bandbreiten-Profiler werden Ihnen folgende Informationen angezeigt:

❶ Breite und Höhe des Flash-Films
❷ Bildrate des Flash-Films
❸ Größe des Films (in KB)
❹ Dauer der Hauptzeitleiste in Bildern und die benötigte Download-Zeit
❺ Anzahl der Bilder, die im Voraus geladen werden müssen, und die dafür benötigte Zeit
❻ die aktuell eingestellte Bandbreite
❼ das aktuell ausgewählte Bild
❽ die Datengröße der Inhalte des ausgewählten Bildes
❾ die Verteilung der Daten auf die Bilder des Flash-Films

HTML-Ladeverhalten

Das Ladeverhalten eines Flash-Films, der z. B. in ein HTML-Dokument eingebettet wurde, unterscheidet sich vom Ladeverhalten bei HTML-Inhalten. Ein HTML-Dokument wird vollständig heruntergeladen, vom Browser interpretiert und dann ausgegeben. Verknüpfte externe Inhalte (wie Bilder) werden dann üblicherweise während der Ausgabe nachgeladen.

[Preloader (»pre« = voraus), (»loader« = Lader)]

Preloader sorgen dafür, dass Inhalte für eine reibungslose Darstellung im Voraus geladen werden.

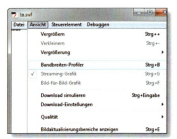

▲ **Abbildung 7.29**
Den Bandbreiten-Profiler öffnen

Bild wechseln

Durch Verschieben des Anfassers ❿ in der Zeitleiste können Sie das Bild wechseln, um beispielsweise festzustellen, wie hoch die Datenmenge in diesem Bild ist.

▲ **Abbildung 7.30**
Über den Anfasser wählen Sie das Bild aus.

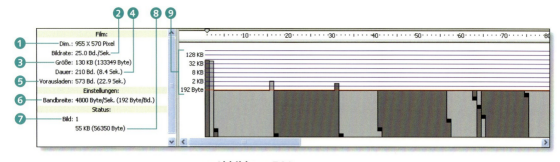

▲ **Abbildung 7.31**
Der Bandbreiten-Profiler

Download-Einstellungen

Über das Menü ANSICHT • DOWNLOAD-EINSTELLUNGEN können Sie die simulierte Bandbreite festlegen. Berücksichtigen Sie dabei, dass sich die Werte an der maximalen (theoretischen) Download-Rate der eingestellten Bandbreite orientieren. Es kann natürlich sein, dass die Bandbreite des Benutzers neben dem Download des Flash-Films parallel anderweitig belastet wird – sodass die tatsächliche Download-Rate unter Umständen weit unterhalb der maximalen Bandbreite liegt.

Nachdem Sie eine Bandbreite ausgewählt haben, können Sie das Streaming-Verhalten und die zeitliche Abfolge der Darstellung über das Menü ANSICHT • DOWNLOAD SIMULIEREN testen.

14.4 (1,2 KB/Sek.)
28.8 (2,3 KB/Sek.)
56K (4,7 KB/Sek.)
✓ DSL (32,6 KB/Sek.)
T1 (131,2 KB/Sek.)
Benutzerdefiniert 6 (2,3 KB/Sek.)
Benutzerdefiniert 7 (2,3 KB/Sek.)
Benutzerdefiniert 8 (2,3 KB/Sek.)
Anpassen ...

▲ **Abbildung 7.34**
Download-Einstellungen

Im Menü ANSICHT können Sie zwischen zwei Darstellungsweisen wählen. In der STREAMING-GRAFIK-Ansicht sehen Sie pro Bild abwechselnd hell- und dunkelgraue Balken. Die Länge der Balken zeigt die Größe des jeweiligen Bildes in Bytes an. Per Mausklick auf einen der Balken springt der Lesekopf zum jeweiligen Bild.

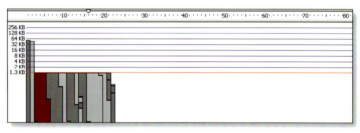

▲ **Abbildung 7.32**
STREAMING-GRAFIK-Ansicht

In der BILD-FÜR-BILD-GRAFIK-Ansicht werden nur die Daten der einzelnen (Schlüssel-)Bilder und nicht das mögliche Streaming zwischen ihnen angezeigt.

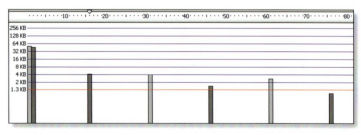

▲ **Abbildung 7.33**
BILD-FÜR-BILD-Grafik

Optimierung des Ladeverhaltens | Die rote Linie in der Grafik zeigt an, ob die eingestellte Bandbreite für das Streaming des Bildes ausreichend ist. Balken, die über die rote Linie hinausgehen, zeigen an, dass diese Bilder nicht direkt angezeigt werden könnten – der Flash-Film würde an diesen Stellen anhalten, um weitere Daten nachzuladen.

Durch die Analyse der Datenverteilung haben Sie die Möglichkeit, einen Flash-Film so zu optimieren, dass er optimal gestreamt werden kann. So könnten Sie z. B., falls möglich, umfangreiche Daten auf verschiedene Bilder verteilen, zunächst gegebenenfalls ausblenden und erst wieder an der Stelle einblenden, an der sie genutzt werden.

7.4   Export

Symbole und Animationen als Bitmap exportieren

Wenn Sie einfach nur die in einem Symbol enthaltene Animation als Sequenz von PNG-Bildern exportieren möchten, dann können Sie das von der Bühne oder Bibliothek aus erreichen. Sie können dabei auch die dpi-Auflösung einstellen. Die Bildnamen nutzen eine fortlaufende Nummerierung, wodurch die Reihenfolge klar ist.

Viel platzsparender und intelligenter, insbesondere für die Anwendung in der Spieleentwicklung, ist aber die Verwendung von Spritesheets.

Mit Spritesheets können Sie Symbole samt Animation über ein intelligentes Tool in ein gemeinsames Bild exportieren. Im einfachsten Fall werden dabei die Animationsbilder von links oben in Leserichtung hintereinander dargestellt. Zusätzlich zum Bild wird eine beschreibende Textdatei exportiert, die anschließend der Programmierer nutzen muss, um herauszulesen, an welcher Position im Bild welches Symbol und welcher Animationsteil stehen.

Was vielleicht zunächst unnötig klingt, ist für viele Anwendungen bedeutend. Je nach Anwendungsfall gibt es unterschiedliche Anforderungen: Mobile Geräte beispielsweise haben nur schwache Prozessoren, wodurch sich die in Flash üblichen Vektorgrafiken nicht eignen, denn sie benötigen zwar deutlich weniger Speicherplatz, sind aber rechenintensiv. Deshalb sind dort Bitmaps performanter, insbesondere wenn mit der GPU hardwarebeschleunigt gerendert wird, wie es z. B. das Starling-Framework tut (siehe Kapitel 23, »Ein Blick über den Tellerrand«).

Im Folgenden wird der SpriteSheet-Export in Flash beschrieben. Über den Eintrag SPRITEHEET ERSTELLEN im Kontextmenü eines Symbols der Bühne oder der Bibliothek wird das Fenster SPRITE-SHEET ERSTELLEN geöffnet.

▲ **Abbildung 7.35**
Symbol als PNG-Sequenz exportieren

Verschachtelte Animationen

Leider werden bei der Erstellung von Spritesheets verschachtelte Animationen nicht berücksichtigt. Die in der Hauptzeitleiste des Symbols angezeigten Bilder werden nur so, wie sie in der Entwicklungsumgebung aussehen, aufgenommen. Verschachtelte Animationen müssen Sie also in der Library zusätzlich zum übergeordneten Symbol auswählen, wenn sie in das Spritesheet exportiert werden sollen.

Abbildung 7.36 ▶
Erstellung eines Spritesheets, das
die Animationen zweier Movie-
Clips in ein PNG-Bild exportiert

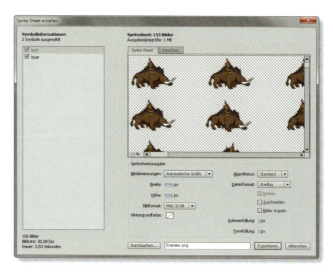

Export wie auf der Bühne

Wenn Sie über das Kontextmenü einer Instanz auf der
Bühne ein Spritesheet erstellen,
wird es so, wie es dort aussieht,
exportiert, d. h. unter Berück-
sichtigung der Transformationen
(Skalierung, Rotation etc.) und
Filter (Schatten etc.). Das können Sie z. B. dafür nutzen, zwei
verschieden groß skalierte Versionen zu exportieren.

▲ **Abbildung 7.37**
Datenformate für Spritesheets

Im Folgenden werden die wichtigsten Einstellungsoptionen erläutert.

Bildabmessungen | Die Standardbildabmessungen sind an von
Grafikkarten erwartete Formate für den Fall ausgelegt, dass das
Bild anschließend mit Hardwarebeschleunigung gerendert werden soll. Alternativ können Sie die Abmessungen benutzerdefiniert gestalten.

Bildformat | Neben 8, 24 und 32 Bit PNG steht Ihnen auch der
JPEG-Export zur Verfügung. Ein transparenter Hintergrund ist allerdings nur mit PNG in 8 Bit sowie in 32 Bit möglich. Falls 8
Bit für Ihre Bilder gute Farben liefert, können Sie die Dateigröße
dadurch deutlich reduzieren.

Algorithmus | Neben STANDARD gibt es hier die komplexe Op-
tion MAXRECTS, die die eingenommene Bildfläche reduzieren
kann, indem die Symbolbilder u. a. durch Optimierung der visuellen Reihenfolge noch dichter beieinander platziert werden. Das
lohnt sich natürlich ebenfalls in der Spieleentwicklung, da Platz
für mehr Animationen auf dem Bild entsteht.

Datenformat | Das Datenformat bezieht sich auf die zusätzlich
zum Bild exportierte Textdatei, die beschreibt, an welchen Positionen im exportierten PNG-Bild die einzelnen Animationsbilder der Symbole stehen. Diese Datei wird anschließend in der
Programmierung verwendet. Das auszuwählende Format hängt
davon ab, für welche Plattformen bzw. Geräte die Anwendung
entwickelt wird. Sie muss nicht in Flash entwickelt werden.

Sparrow und Starling sind fast dieselbe Open-Source-Spieleent-
wicklungsbibliothek, die beide grundsätzlich die GPU ausnutzen,
um Animationen hochperformant zu rendern. Der Unterschied
liegt in der Programmiersprache: Sparrow ist eine Bibliothek für
das iOS-Betriebssystem (in der Programmiersprache Objective-
C), die anschließend auch in ActionScript unter dem Namen Starling erschien und von Adobe gefördert wird.

Das Datenformat cocos2D bezieht sich ebenfalls auf eine insbesondere unter iOS bekannte Open-Source-Spieleentwicklungs-
bibliothek, die aber auch für andere Plattformen portiert wurde.

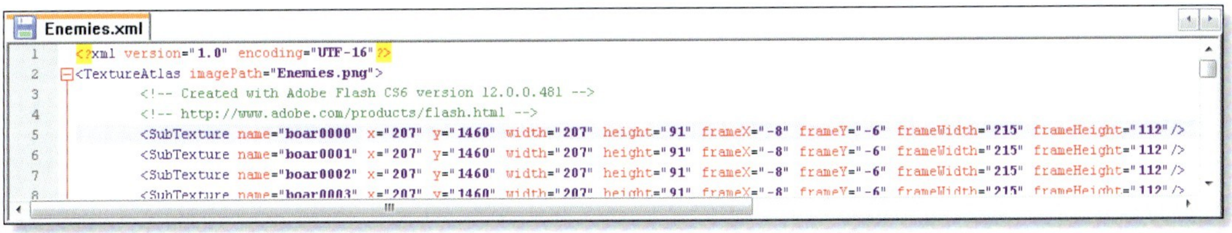

▼ **Abbildung 7.38**
Die für das Spritesheet zusätzlich
zum PNG-Bild exportierte
Beschreibungsdatei. Das Datenformat ist hier Starling, wodurch
die Daten mit XML strukturiert
werden.

```
  Enemies.xml
1   <?xml version="1.0" encoding="UTF-16" ?>
2   <TextureAtlas imagePath="Enemies.png">
3       <!-- Created with Adobe Flash CS6 version 12.0.0.481 -->
4       <!-- http://www.adobe.com/products/flash.html -->
5       <SubTexture name="boar0000" x="207" y="1460" width="207" height="91" frameX="-8" frameY="-6" frameWidth="215" frameHeight="112" />
6       <SubTexture name="boar0001" x="207" y="1460" width="207" height="91" frameX="-8" frameY="-6" frameWidth="215" frameHeight="112" />
7       <SubTexture name="boar0002" x="207" y="1460" width="207" height="91" frameX="-8" frameY="-6" frameWidth="215" frameHeight="112" />
8       <SubTexture name="boar0003" x="207" y="1460" width="207" height="91" frameX="-8" frameY="-6" frameWidth="215" frameHeight="112" />
```

Das Datenformat EASELJS bezieht sich auf das gleichnamige HTML5-
Framework, das zur ActionScript-ähnlichen CreateJS Suite gehört,
die von Adobe gefördert wird (siehe Kapitel 22, »Von Flash nach
HTML5 exportieren«). Die Anwendung soll in diesem Fall also in
HTML bzw. JavaScript und nicht etwa in Flash oder Objective-C
programmiert werden, weshalb die Datei eine js-Datei ist.

Der Vorteil der Frameworks ist der, dass die Datei einfach in
eine Zeile Code eingelesen werden kann und Sie sich nicht um
die Struktur kümmern müssen. Falls die Anwendung aber nicht
mit den aufgeführten Frameworks erfolgt und die jeweils erzeugten Datenformate ungünstig sind, können Sie auch im allgemein
bekannten JSON-Format exportieren.

Drehen | Mit dieser Option, die die Auswahl des MaxRects-
Algorithmus voraussetzt, werden einzelne Animationsbilder teilweise um 90° gedreht, sodass möglichst noch mehr Platz gespart
wird. Das ist nicht für alle Anwendungen sinnvoll, da die Zurück-
drehung zur Laufzeit erfolgen muss und Rechenleistung erfordert.
Diese Option ist außerdem für die Datenformate Sparrow, Starling und EASELJS nicht verfügbar.

Zuschneiden | Durch das Zuschneiden wird der Leerraum um
die einzelnen Animationsbilder herum entfernt, wodurch in der
Regel viel Platz gespart wird. Dadurch nehmen die Animationsbilder nicht mehr alle gleich viel Raum ein, was aber kein Problem
ist, da die Beschreibungsdatei die einzelnen Bildpositionen und
-maße enthält.

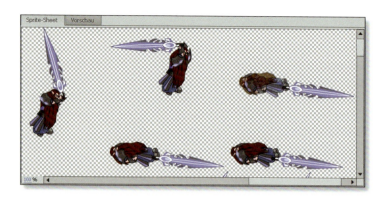

Abbildung 7.39 ▶
Spritesheet eines MovieClips. Die aktivierte ZUSCHNEIDEN-Option führt zu unterschiedlich großen Bildbereichen für die Animationsbilder.

Bilder stapeln | Animationen haben oft Einzelbilder, die sich wiederholen, um bestimmte visuelle Effekte zu erzielen. Die Option BILDER STAPELN verhindert, dass die mehrfach angezeigten Einzelbilder auch mehrfach im Spritesheet erscheinen, was Platz spart. Die Stapelung wird in Flash durch ein Stapel-Symbol kenntlich gemacht, das natürlich nicht mehr im exportierten PNG-Bild vorhanden ist. Die Beschreibungsdatei berücksichtigt die Stapelung.

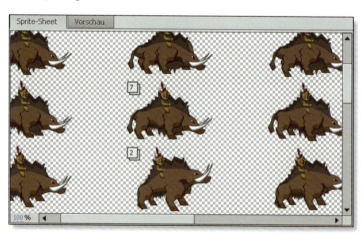

Abbildung 7.40 ▶
In der Animation mehrfach angezeigte Bilder erscheinen durch die Stapel-Option nur einmal im Spritesheet.

Rahmen- und Formfüllung | Falls Sie zusätzliche Abstände benötigen, können Sie mit der Einstellung FORMFÜLLUNG zwischen den Animationsbildern Platz schaffen. Die Einstellung RAHMENFÜLLUNG hingegen bezieht sich auf die Ränder des gesamten Spritesheets.

Film als Bitmap exportieren

Grundsätzlich können Sie einfach über das Menü DATEI • EXPORTIEREN • BILD EXPORTIEREN den aktuellen Frame des Films als Einzelbild exportieren. Für den Export des kompletten Films stehen

Ihnen verschiedene Formate unter DATEI • EXPORTIEREN • FILM
EXPORTIEREN zur Verfügung. Der PNG/GIF/JPEG-Sequenz-Export
ist allerdings an dieser Stelle nicht zu empfehlen, da MovieClip-
Symbole nur mit ihrem ersten Frame exportiert werden, während Grafik-Symbole normal funktionieren. Greifen Sie für den
Bitmap-Export deshalb lieber auf die symbolbezogenen Methoden aus dem Abschnitt »Symbole und Animationen als Bitmap
exportieren«, zurück.

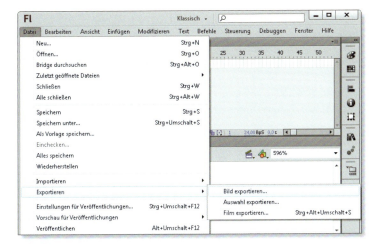

◄ **Abbildung 7.41**
Das Menü EXPORTIEREN

Dateiformat	Dateiendung	Bedeutung
Flash (SWF)	.swf	Standardformat für Flash-Filme
Windows AVI (unter Windows)	.avi	Animationen werden im Windows-Video-Format gespeichert.
QuickTime	.mov	Der Flash-Film wird als QuickTime-Video gespeichert.
Animiertes GIF	.gif	GIF-Grafik mit mehreren Bildern (Standardformat für Werbebanner)
WAV-Audio (unter Windows)	.wav	Der Sound der Zeitleisten wird als WAV-Datei gespeichert.
JPEG-Sequenz	.jpg	Die Bilder der Zeitleiste werden als durchnummerierte Bildsequenz im JPEG-Format (Pixelformat) gespeichert.
GIF-Sequenz	.gif	Die Bilder der Zeitleiste werden als durchnummerierte Bildsequenz im GIF-Format (Pixelformat) gespeichert.
PNG-Sequenz	.png	Die Bilder der Zeitleiste werden als durchnummerierte Bildsequenz im PNG-Format (Pixelformat) gespeichert.

▲ **Tabelle 7.5**
Film exportieren – Dateiformate

7.5   Eingabehilfen

Sehbehinderte Menschen setzen häufig sogenannte Bildschirm-leseprogramme (engl. »Screenreader«) ein, die ihnen Inhalte mittels Sprachausgabe wiedergeben. Damit Bildschirmlesepro-gramme bildliche Inhalte erkennen können, müssen diese ent-sprechend aufbereitet werden, was auf den folgenden Seiten er-läutert wird.

Fenster »Eingabehilfen«

[Barrierefreiheit]
Unter Barrierefreiheit versteht man die Möglichkeit, Inhalte Menschen mit Behinderungen uneinge-schränkt bereitstellen zu können. Anstelle des Begriffs Barrierefrei-heit wird häufig auch der Begriff *Zugänglichkeit* verwendet (engl. »accessibility«).

Über das Fenster EINGABEHILFEN, das sich in Flash im Menü FENS-TER • ANDERE BEDIENFELDER • EINGABEHILFEN befindet, haben Sie die Möglichkeit, Inhalte so bereitzustellen, dass sie für Bild-schirmleseprogramme besser lesbar sind.

Abbildung 7.42 ▶
Das Fenster EINGABEHILFEN

Standardmäßig ist das Optionsfeld FILM MIT EINGABEHILFEN VER-SEHEN aktiviert. So werden Informationen über Eingabehilfen automatisch an ein Bildschirmleseprogramm übergeben. Unter NAME ❶ und BESCHREIBUNG ❷ können Sie dem Flash-Film einen Namen und eine Beschreibung zuweisen, die an das Bildschirm-leseprogramm weitergegeben wird.

Durch Aktivierung bzw. Deaktivierung der Option UNTERGE-ORDNETE OBJEKTE MIT EINGABEHILFEN VERSEHEN legen Sie fest, ob Informationen von untergeordneten Elementen des Flash-Films an das Leseprogramm übergeben werden. Das können z. B. Infos zu Textfeldern sein, die beispielsweise in einem MovieClip ver-schachtelt sind. Die dritte Option – AUTOMATISCHE BEZEICHNUNG – bewirkt, dass Elementen automatisch ein Name zugewiesen wird, der dann vom Leseprogramm vorgelesen wird. Bei einer Schaltfläche würde über diese automatische Bezeichnung nur »Schaltfläche« ausgegeben.

Eingabehilfe für Symbole

In Flash besteht die Möglichkeit, jedes Symbol mit einer Eingabehilfe zu versehen. Um eine Eingabehilfe für ein Symbol zu definieren, wählen Sie dieses aus und öffnen anschließend das Fenster
EINGABEHILFEN.

Weitere Informationen
Weiterführende Informationen
zur Barrierefreiheit finden Sie unter *www.adobe.com/accessibility.*

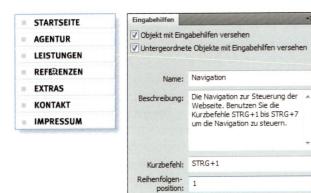

◄ **Abbildung 7.43**
Die Eingabehilfe für eine Navigation

Folgende Optionen sind in diesem Fenster verfügbar:

▶ OBJEKT MIT EINGABEHILFEN VERSEHEN: Aktivieren Sie diese Option, wenn Sie ein Objekt mit einer Eingabehilfe versehen möchten. Deaktivieren Sie sie für Objekte, die für ein Bildschirmleseprogramm nicht geeignet sind, wie z. B. eine Animation.

▶ UNTERGEORDNETE OBJEKTE MIT EINGABEHILFE VERSEHEN: Diese
Option bewirkt, dass untergeordnete Objekte von MovieClips
berücksichtigt werden oder nicht. Deaktivieren Sie diese Option, wenn untergeordnete Objekte störend auf die Wiedergabe eines Bildschirmleseprogramms wirken könnten.

▶ NAME UND BESCHREIBUNG: Die Beschreibung des Elements.
Geben Sie dem Objekt einen möglichst eindeutigen Namen,
und beschreiben Sie das Objekt.

▶ KURZBEFEHL: Sie können hier einen Hinweis auf einen Tasta-
turkurzbefehl eingeben. Beachten Sie dabei, dass hier nur der
Kurzbefehl genannt wird – er wird jedoch nicht funktional eingerichtet. Tastaturkurzbefehle müssen zusätzlich über Action-
Script (Ereignisse, Ereignis-Listener und Ereignisprozeduren)
eingerichtet werden.

▶ REIHENFOLGENPOSITION: Sie können dem Objekt einen Index
zuweisen. Über die Tab -Taste können Objekte in der angegebenen Reihenfolge angesteuert werden.

7.6   FLA-Datei als XFL-Datei speichern

Seit Flash CS5 ist es möglich, die FLA-Quelldateien in einem nicht komprimierten Dateiformat zu speichern. Die Dateien werden auf der Festplatte in einem neuen Verzeichnis auf der Basis eines XML-Formats als XFL (Flash Exchange Format) gespeichert. In dem neu erstellten Verzeichnis finden sich z. B. alle Bilder als einzelne Datei sowie die Projektinhalte inklusiver Einstellungen im Klartext.

Das offene Dateiformat hat gegenüber dem geschlossenen FLA-Format den Vorteil, dass alle Ressourcen einer Flash-Quelldatei wie z. B. Bilder oder definierte Texte des Projekts als Klartext in Form einer XML-Datei gespeichert werden. Der Workflow kann somit für viele Entwickler vereinfacht werden, da z. B. für eine Grafikaktualisierung Flash nicht unbedingt geöffnet werden muss.

▲ **Abbildung 7.44**
Speicheroption als nicht komprimiertes XFL-Dateiformat

Hinweis
Inhalte wie z. B. Texte aus Ihrem
Projekt finden Sie in der XML-Da-
tei *DOMDocument.xml*.

Speichern als XFL-Dokument

Über SPEICHERN, das Sie in Flash im Menü DATEI finden, haben Sie die Möglichkeit, Ihren Flash-Film in das offene, nicht komprimierte XFL-Format zu speichern. Wählen Sie dazu unter dem Dateinamen den Dateityp FLASH CS6 NICHT KOMPRIMIERTES DO-KUMENT (*.XFL) ❶ aus.

Abbildung 7.45 ▶
Speichern als XFL-Dokument

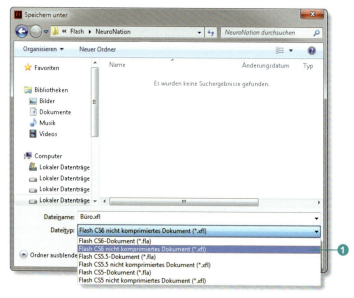

▲ **Abbildung 7.46**
Ordner- und Dateistruktur im
automatisch angelegten Ordner

Flash legt in dem ausgewählten Speicherort einen neuen Ordner an, der so bezeichnet wird, wie Sie Ihre Flash-Datei zuvor be-nannt haben, in diesem Fall BÜRO. In diesem Ordner werden alle wichtigen Informationen zum Flash-Projekt gespeichert.

Aktualisieren von Grafikmaterial

Einer der großen Vorteile, die das offene XFL-Format hat, möchten wir Ihnen in diesem Abschnitt erläutern. Angenommen, Sie arbeiten in einem Team mit einem Grafiker und einem Programmierer. Ihr Grafiker möchte eine Grafik innerhalb eines Flash-Projekts austauschen, ohne dafür die Flash-Datei öffnen zu müssen. Er muss sich dazu lediglich die Grafik aus dem Ordner heraussuchen, die er bearbeiten oder ersetzen möchte. Wenn er die entsprechende Grafik aktualisiert, und zu einem späteren Zeitpunkt Flash geöffnet wird, wird automatisch die neue Grafik im Flash-Projekt verwendet.

Schauen wir uns dazu ein Beispiel an. Als Grafiker möchten Sie eine Bürografik austauschen ❷.

Hinweis

Beachten Sie, dass, wenn Sie an Ihrem Projekt Änderungen vorgenommen haben, sei es eine Grafikaktualisierung oder Änderungen an der XML-Datei, diese Änderungen erst wirksam werden, wenn Sie Flash erneut öffnen und Ihr Projekt neu veröffentlichen bzw. exportieren. Erst dann wird eine neue aktualisierte SWF-Datei erstellt.

▲ **Abbildung 7.47**
Agenturprofil, in dem links die Grafik durch eine andere ersetzt werden soll

▲ **Abbildung 7.48**
Links wurde die Grafik automatisch von Flash aktualisiert.

Öffnen Sie dazu einfach in einem Grafikprogramm wie z. B. Adobe Photoshop die Grafik, die Sie bearbeiten möchten, im Ordner *Library*. Nachdem Sie Ihre Änderungen vorgenommen haben, speichern Sie sie unter dem gleichen Dateinamen wieder ab.

Sollten Sie jetzt Ihre XFL-Datei öffnen, werden Sie feststellen, dass Flash die Grafik automatisch aktualisiert ❸ und durch Ihre neue Grafik ersetzt hat. In einem letzten Schritt müssen Sie lediglich Ihren Flash-Film neu veröffentlichen.

Zum Schluss sehen Sie noch, wie Ihre Zeitleiste inklusive aller Szenen, Ebenen und Frames in der XML-Datei gespeichert wird.

▲ **Abbildung 7.49**
Inhalt des Ordners *Library*

◀ **Abbildung 7.50**
Aufbau der Zeitleiste in Ihrem Flash-Projekt

```
- <timelines>
  - <DOMTimeline name="Szene 1">
    - <layers>
      - <DOMLayer name="Delta Agentur Logo" color="#9933CC" autoNamed="false">
        - <frames>
          - <DOMFrame index="0" keyMode="9728">
            + <elements>
            </DOMFrame>
          </frames>
        </DOMLayer>
      - <DOMLayer name="Bürobild" color="#4FFF4F" current="true" isSelected="true" autoNamed="false">
        + <frames>
        </DOMLayer>
      - <DOMLayer name="Textinhalte" color="#FF800A" autoNamed="false">
        + <frames>
        </DOMLayer>
    </layers>
  </DOMTimeline>
</timelines>
```

Abbildung 7.51 ▶

Aufbau der Struktur der ZEITLEISTE innerhalb der XML-Datei

TEIL III
ActionScript

Kapitel 8

ActionScript-Grundlagen

ActionScript (kurz: AS) ist die integrierte Skriptsprache von Flash, die u. a. in der Entwicklungsumgebung von Flash erzeugt werden kann und die vom Flash Player beim Abspielen des Films interpretiert wird. Dieses Kapitel soll Ihnen die Grundlagen der Skriptsprache vermitteln, sodass Sie ActionScript nutzen können, um eigene Projekte umzusetzen und sich anschließend mit konkreten Anwendungsbereichen von ActionScript beschäftigen zu können.

8.1 ActionScript-Versionen

Bevor wichtige Grundbausteine und die Syntax der Sprache erläutert werden, folgt zunächst ein kurzer Überblick über die Entwicklung von ActionScript.

Es gibt aktuell drei verschiedene ActionScript-Versionen, die allesamt auch heute noch in der Praxis eingesetzt werden. Für Einsteiger sind die Unterschiede oft nicht zu durchschauen. Mit den folgenden Erläuterungen zur Entwicklung von ActionScript sollen Ihnen die Unterschiede der einzelnen Versionen nähergebracht werden.

Aktionen | Die Skriptsprache von Flash wurde parallel zu Flash von Beginn an ständig weiterentwickelt. Mit Flash 2 wurde eine frühe Version der Skriptsprache eingeführt, die ausschließlich einfache Befehle zur Steuerung der Zeitleiste wie `play`, `stop` etc. unterstützte.

In den Flash-Versionen 3 und 4 wurden grundlegende Skriptmerkmale wie Variablen, Bedingungen, Schleifen und das Laden von Flash-Filmen eingeführt. Bis zu diesem Zeitpunkt wurden die Skriptmöglichkeiten nicht unter dem Begriff *ActionScript* geführt, sondern als *Aktionen* bezeichnet.

ActionScript 3

Wie bereits im Vorwort erläutert, wird in diesem Buch ausschließlich ActionScript 3, die aktuelle Version, behandelt und in den Beispielen eingesetzt.

ActionScript: JavaScript-ähnliche Syntax

Grundsätzlich ist die Syntax von ActionScript der Syntax von JavaScript sehr ähnlich, was u. a. daran liegt, dass beide auf dem ECMA-Standard basieren. Wenn Sie bereits JavaScript angewendet haben, dürfte Ihnen der Einstieg in ActionScript nicht allzu schwerfallen.

Flash-Player-Verbreitung

Statistiken zur Verbreitung des Flash Players sind grundsätzlich und besonders wenn sie ursprünglich von Adobe, dem Hersteller, kommen, mit der nötigen Skepsis zu betrachten. Zu berücksichtigen sind meist sehr viele Faktoren, wie z. B. der Anwender bzw. die Benutzergruppe. Diese Statistiken geben auch keinen Aufschluss darüber, ob das Flash-Plugin im jeweils verwendeten Browser, beispielsweise durch ein Browser-Plugin, standardmäßig deaktiviert wurde. Für Safari unter Mac OS X gibt es beispielsweise »Flashless« (*http://useless.github.com/flashless/*).

Tabelle 8.1 ▶

Weltweite Verbreitung des Flash Players, Stand: Juni 2011, nach Herstellerangaben. Der Flash Player 10.3 erschien nur einen Monat vor Erhebung der Statistik, was die noch sehr niedrige Verbreitung erklärt. In der Vergangenheit hat es ca. ein Jahr gedauert, bis eine neue Version weltweite Verbreitungsraten von über 90 % erreichte. *Quelle: Adobe*

Statistiken zur Verbreitung

Aktuelle Statistiken von Adobe zur Verbreitung von verschiedenen Flash-Player-Versionen finden Sie unter *www.adobe.com/products/player_census/flashplayer/version_penetration.html*.

[API]

Ein *Application Programming Interface* (dt. »Programmierschnittstelle«) ist eine Schnittstelle, die von einer Software zur Programmierung bzw. zum Zugriff auf Funktionen bereitgestellt wird.

ActionScript 1 | Die erste echte ActionScript-Version, ActionScript 1, wurde mit Flash 5 eingeführt. ActionScript 1 basiert auf dem ECMA-262-Standard, wie übrigens auch JavaScript. ActionScript 1 unterstützte zum ersten Mal sogenannte Prototypen, die als Vorstufe der objektorientierten Programmierung bezeichnet werden können.

Die Skriptsprache wurde mit der Veröffentlichung von Flash 6 mit einigen Erweiterungen und Verbesserungen ausgestattet. So wurden z. B. erstmals Ereignisprozeduren eingeführt. ActionScript 1 besitzt bereits viele nötige Grundfunktionen einer einfachen Skriptsprache und wird vom Flash Player 5/6 und allen nachfolgenden Versionen des Flash Players unterstützt.

Da es viele Anwender gibt, die Flash vorzugsweise kreativ einsetzen, ohne größeren Gebrauch von ActionScript zu machen, und ältere Flash Player aufgrund der längeren Verfügbarkeit die größere Verbreitung besitzen, werden einige Flash-Projekte auch heute noch mit ActionScript 1 und 2 entwickelt. Dies geschieht stets unter der Voraussetzung, dass auf neuere Funktionen, die mit ActionScript 3 eingeführt wurden, verzichtet werden kann.

Region	Flash Player 9 und Vorgängerversionen	Flash Player 10	Flash Player 10.3
USA/Kanada	99,1 %	98,6 %	40,6 %
Europa	99,4 %	98,7 %	43,3 %
Japan	99,4 %	98,9 %	35,4 %
Australien/ Neuseeland	99,6 %	99,2 %	41,5 %

ActionScript 2 | Mit den steigenden Anforderungen an Flash, die über die Erstellung von einfachen Animationen weit hinausgingen, wurde mit Flash MX 2004 und dem dazugehörigen Flash Player 7 schließlich ActionScript 2 eingeführt. ActionScript 2 ist eine konsequente Weiterentwicklung von ActionScript 1 und leistungsfähiger als seine Vorgängerversionen. So bietet ActionScript 2 zum ersten Mal die Möglichkeit, objektorientiert zu programmieren.

Die Version wurde mit dem Erscheinen von Flash 8 durch weitere Funktionen wie Klassenbibliotheken, APIs für den Zugriff auf Bitmaps und Upload-Funktionen erweitert. ActionScript 2 basiert auf dem ECMAScript-4-Standard und ist der Programmiersprache Java ähnlich.

ActionScript 3 | ActionScript 3 wurde 2006 für den Flash Player 9 erstmals mit Flex 2 eingeführt und anschließend auch in Flash CS3 implementiert. ActionScript 3 wurde grundlegend neu aufgebaut und bietet daher neben zahlreichen Verbesserungen eine optimierte Leistungsfähigkeit. Da sich die neue Version stark von ihren Vorgängerversionen unterscheidet und einem strengen objektorientierten Konzept folgt, gilt sie teilweise für Einsteiger ohne grundlegende Programmierkenntnisse als vergleichsweise schwer erlernbar. In vielen Internetforen und Blogs gab es vor allem zur Einführung von ActionScript 3 viele Diskussionen darüber, ob dies tatsächlich so sei. Eine abschließende diesbezügliche Beurteilung gibt es vermutlich nicht. Allerdings scheint die Lernkurve von ActionScript 3 bei Benutzern, die zuvor noch nicht mit ActionScript gearbeitet haben, deutlich flacher auszufallen als bei Benutzern, die zuvor schon mit ActionScript 1 und 2 gearbeitet haben und darauf aufbauend ActionScript 3 erlernen möchten.

Damit ActionScript 3 verwendet werden kann, wurde im Flash Player 9 eine neue Virtual Machine (AVM2) integriert, die die Leistungsfähigkeit der Vorgängerversion (AVM1), die für ActionScript 1 und 2 eingesetzt wird, deutlich übertrifft. Da im Flash Player ab Version 9 sowohl die alte als auch die neue Virtual Machine integriert ist, können Flash-Filme, die ActionScript 1 oder 2 verwenden, auch weiterhin in neuen Versionen des Flash Players abgespielt werden und sind dementsprechend immer noch weit verbreitet, jedoch mit abnehmender Tendenz.

Neue Funktionen des Flash Players sowie voraussichtlich auch neue Funktionen von kommenden Flash-Player-Versionen sind in zunehmendem Maße nur noch mit ActionScript 3 nutzbar. In diesem Buch wird ausschließlich ActionScript 3 behandelt, da Vorgängerversionen nicht mehr weiterentwickelt werden. Ein weiterer Vorteil ist die Benutzung von modernen Quellcode-Editoren (z. B. Flash Builder), die in vollem Umfang nur mit ActionScript 3 verwendbar sind (siehe Kapitel 23, »Ein Blick über den Tellerrand«).

Neue Wege mit ActionScript 3
Adobe hat erkannt, dass die Weiterentwicklung von ActionScript 2 früher oder später an seine strukturellen Grenzen stoßen wird. Vermutlich deshalb, weil ActionScript 2 ursprünglich auf ActionScript 1 aufbaute und über einen langen Zeitraum »nur« an aktuelle Anforderungen angepasst wurde und daher nicht perspektivisch ausgerichtet war.

Unsere Empfehlung für ActionScript-Einsteiger
Wenn Sie bisher noch nicht mit ActionScript gearbeitet haben, empfehlen wir Ihnen, ActionScript 3 zu erlernen. ActionScript 3 bietet das breiteste Leistungsspektrum. Wie Sie im Folgenden sehen werden, kann ActionScript 3 auch ohne Grundkenntnisse der objektorientierten Programmierung angewendet werden.

8.2   ActionScript-Editor

Über den ActionScript-Editor können Sie Schlüsselbildern der Zeitleiste ActionScript zuweisen. Den Editor erreichen Sie über das Menü Fenster • Aktionen über F9 unter Windows bzw. Alt + F9 am Mac.

Hinweis
Im Gegensatz zu Schlüsselbildern können Sie gewöhnlichen Bildern in der Zeitleiste und Symbolinstanzen in ActionScript 3 keinen Code zuweisen. Dazu später noch mehr.

ActionScript-Referenz

Wenn Sie zu bestimmten Eigenschaften und Methoden oder einem Ereignis nähere Erläuterungen suchen, klicken Sie mit der rechten Maustaste auf den Eintrag in der Werkzeugleiste, und wählen Sie den Menüpunkt HILFE ANZEIGEN.

Abbildung 8.1 ▶
Der ActionScript-Editor von Flash

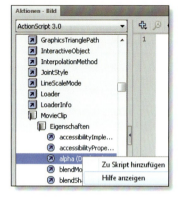

▲ **Abbildung 8.2**
Die integrierte Hilfe öffnen

Anwendungsbereich

Designer und Grafiker arbeiten mit Flash vorzugsweise auf grafischer Ebene. Für einfache Steuerungsanweisungen können die Skripthilfe und das Fenster CODEFRAGMENTE dabei helfen, ActionScript-Code zu erzeugen.

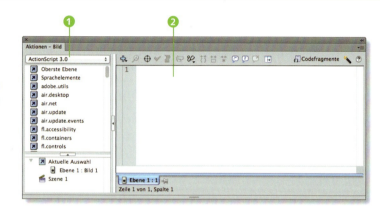

Der Editor teilt sich in zwei Bereiche:

▶ Die Werkzeugleiste ❶, über die Sie Anweisungen auswählen können, wenn Sie mit der Skripthilfe arbeiten. Per Doppelklick auf eine Anweisung wird sie zum Code hinzugefügt.
▶ Der Editor ❷, oben mit einer Leiste mit Hilfswerkzeugen und unten der Bereich zur Eingabe des ActionScript-Codes.

Skripthilfe und Experten-Modus

ActionScript lässt sich in Flash grundsätzlich über drei unterschiedliche Methoden erzeugen:

▶ Durch Aktivierung der sogenannten *Skripthilfe* kann Code durch Auswahl von Elementen mit der Maus erstellt werden.
▶ Über das Fenster CODEFRAGMENTE lassen sich vordefinierte Skripte einfügen.
▶ Im *Experten-Modus* wird der Code manuell über die Tastatur eingegeben.

Wollen Sie mit der Skripthilfe arbeiten, sind zum Einfügen einer ActionScript-Anweisung drei Schritte notwendig:

1. Wählen Sie zunächst ein Ziel für den Code aus. In Action-Script 3 kann das nur ein Schlüsselbild einer Zeitleiste sein.
2. Aktivieren Sie die Skripthilfe ❽. Die aktuell ausgewählte Bildnummer wird übrigens auch im Editor unten angezeigt ❼.

Abbildung 8.3 ▶
Der Code wird dem ersten Bild auf der Ebene »Ebene 1« zugewiesen.

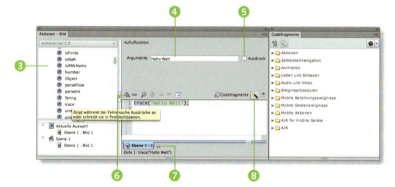

3. In der Werkzeugleiste wählen Sie dann das gewünschte Code-element aus ❸ und fügen es per Doppelklick ein. Alternativ können Sie eine Anweisung auch über das Plus-Symbol ❻ ein-fügen. Die ausgewählte Anweisung wird im Code eingefügt. Sind beispielsweise Parameter für die Anweisung vorgesehen, erscheinen dazu im oberen Bereich ❹ entsprechende Einga-befelder. Ist die Option AUSDRUCK ❺ ausgewählt, wird der Parameter dabei als Ausdruck bzw. Quellcode behandelt und nicht als Zeichenkette. Der Parameter sollte immer dann ein Ausdruck sein, wenn es sich beispielsweise um eine Variable handelt.

Element entfernen
Wählen Sie die Codezeile im Edi-tor aus, und klicken Sie auf das Minus-Symbol, um das Codeele-ment zu entfernen.

Nachteile der Skripthilfe | Wie bereits erwähnt, kann die Skript-hilfe für Einsteiger, die sich nicht detaillierter mit ActionScript be-schäftigen möchten, und für Grafiker, die Flash vorzugsweise als Designwerkzeug nutzen, eine große Hilfe sein, um nicht gänzlich auf ActionScript verzichten zu müssen. Jedoch ist das Arbeiten mit der Skripthilfe besonders mit ActionScript 3 nur in einem sehr beschränkten Maße möglich. Teilweise ist es schwieriger, die Skripthilfe zu verwenden, als die Syntax für bestimmte einfache Anweisungen zu lernen – das ist besonders bei ActionScript 3 der Fall, da man die gewünschte Anweisung zunächst einmal in der Werkzeugleiste finden muss.

Wer ernsthaft daran interessiert ist, ActionScript und die damit verbundenen Möglichkeiten kennenzulernen, sollte lieber von Anfang an auf die Skripthilfe verzichten. Im Folgenden wird die Skripthilfe deshalb zugunsten des größeren Lerneffekts bewusst nicht berücksichtigt.

Begrenzte Möglichkeiten
Der Umgang mit Programmcode wird mit der Skripthilfe nicht trai-niert – die Möglichkeiten werden durch die Auswahl der Optionen und Argumente eingeschränkt. Außerdem ist das Schreiben von Programmcode mit über 100 Zei-len so sehr mühselig.
Ähnliches gilt für die Verwendung von Codefragmenten, die im Fol-genden vorgestellt werden.

Codefragmente

Im CODEFRAGMENTE-Fenster findet der Einsteiger vorgefertigte Skripte, die häufig anfallende Aufgaben bereitstellen. Eigene Skripte lassen sich auch über das CODEFRAGMENTE-Fenster ab-speichern, um sie in anderen Projekten per Mausklick einzuset-zen. Das Fenster können Sie direkt über den ActionScript-Editor ❾ oder über das Menü FENSTER • CODEFRAGMENTE öffnen. Ein Klick auf das Informations-Symbol ❿ zeigt eine kurze Beschrei-bung des Codefragments an.

Um Code aus dem CODEFRAGMENTE-Fenster anzuwenden, wählen Sie vorher in der Entwicklungsumgebung zunächst je nach Codefragment ein Objekt oder ein Schlüsselbild aus. Wäh-len Sie dann das gewünschte Codefragment aus dem Fenster aus, und führen Sie einen Doppelklick aus. Wenn Sie das Fragment

Automatische Instanznamendefinition
Wird ein Codefragment auf einen MovieClip angewendet, dem bis-her kein Instanzname zugewiesen wurde, fordert Flash Sie auf, die-sen einzugeben.

▲ **Abbildung 8.4**
Aufforderung zur Eingabe des
Instanznamens

zunächst konfigurieren möchten, klicken Sie auf die geschweifte Klammer ⑪ rechts neben dem Codefragment. Im sich dann öffnenden Fenster sehen Sie den Quellcode des Fragments. Die konfigurierbaren Stellen sind blau hinterlegt. Der Text `instance_name_here` deutet dabei auf ein Symbol hin, dessen Instanzname an dieser Stelle eingefügt werden muss. Ziehen Sie mit der Maus diesen Text auf ein Symbol, um dessen Namen einzusetzen. Wenn Sie das Fragment konfiguriert haben, klicken Sie auf EIN-FÜGEN, und der Quellcode wird von Flash automatisch eingefügt.

Um beispielsweise einen MovieClip, der sich auf der Bühne befindet, per Drag & Drop verschiebbar zu machen, wählen Sie den MovieClip aus und wenden das Codefragment DRAG&DROP aus der Rubrik AKTIONEN auf diesen MovieClip an.

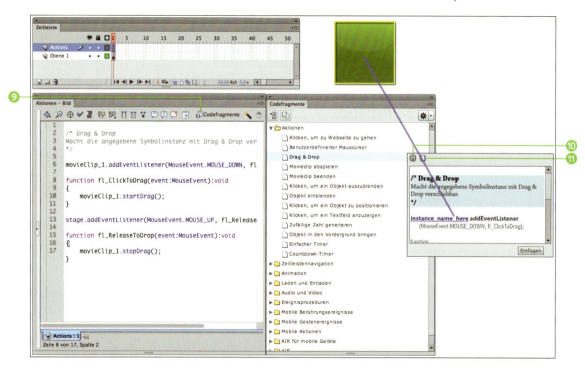

▲ **Abbildung 8.5**
Das Codefragment DRAG & DROP
wird auf den MovieClip angewendet. Der nötige Code wurde automatisch dem ersten Schlüsselbild
einer neuen Ebene ACTIONS zugewiesen.

Funktionen des ActionScript-Editors

Sie haben bereits zwei Möglichkeiten kennengelernt, um ActionScript zu erzeugen. Bevor es im Folgenden ausführlich um die Anwendung der Skriptsprache selbst geht, werden zunächst noch die Funktionen des in Flash integrierten Code-Editors erläutert.

Im oberen Bereich des ActionScript-Editors stehen Ihnen verschiedene Hilfsfunktionen zur Verfügung, die Ihnen das Schreiben von ActionScript-Code erleichtern sollen.

Funktionen des ActionScript-Editors

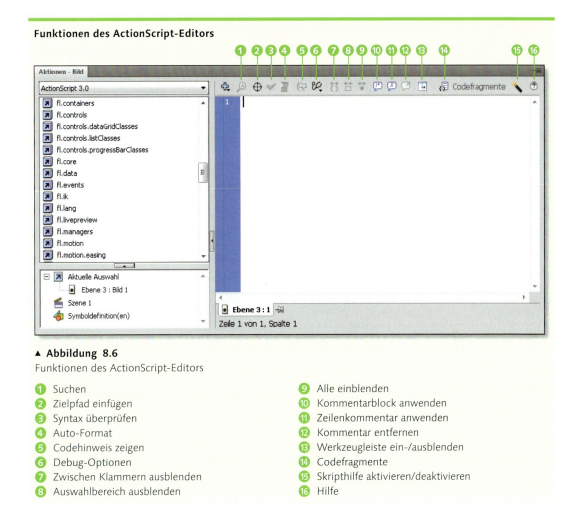

▲ **Abbildung 8.6**
Funktionen des ActionScript-Editors

❶ Suchen
❷ Zielpfad einfügen
❸ Syntax überprüfen
❹ Auto-Format
❺ Codehinweis zeigen
❻ Debug-Optionen
❼ Zwischen Klammern ausblenden
❽ Auswahlbereich ausblenden

❾ Alle einblenden
❿ Kommentarblock anwenden
⓫ Zeilenkommentar anwenden
⓬ Kommentar entfernen
⓭ Werkzeugleiste ein-/ausblenden
⓮ Codefragmente
⓯ Skripthilfe aktivieren/deaktivieren
⓰ Hilfe

Suchen und Ersetzen | Per Mausklick auf das Suchen-Symbol ❶ öffnet sich ein Dialogfenster, über das Sie nach Codestellen suchen und diese gegebenenfalls ersetzen können. Es ist besonders nützlich, wenn Sie z. B. schnell einen Variablenbezeichner an verschiedenen Stellen des Codes durch einen anderen ersetzen möchten.

◄ **Abbildung 8.7**
Code suchen und ersetzen

Zielpfad einfügen | Über ZIELPFAD EINFÜGEN können Sie eine Zeitleiste oder ein Objekt referenzieren. Diese Funktion kann Ihnen beispielsweise dabei helfen, den relativen oder absoluten Pfad einer Instanz, ausgehend von der aktuellen Position, zu ermitteln. Gelegentlich kommt es allerdings vor, dass ein Zielpfad, der über ZIELPFAD EINFÜGEN erstellt wurde, nicht richtig ist. Sie sollten sich also nicht völlig auf diese Funktion verlassen und den Pfad selbst noch einmal überprüfen.

Abbildung 8.8 ▶
Zielpfad einfügen

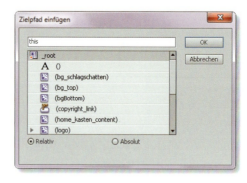

Schreibweise überprüfen
Die Syntax entspricht der formellen Schreibweise des Codes (ähnlich wie die Rechtschreibung und Grammatik einer Sprache) – Fehler in der Logik der Programmierung selbst gehören nicht zur Gruppe der Syntaxfehler und werden über den Befehl SYNTAX ÜBERPRÜFEN auch nicht gefunden.

Syntax überprüfen | Per Mausklick auf SYNTAX ÜBERPRÜFEN ❶ prüft Flash die Syntax des ActionScript-Codes. Sie sollten diese Funktion bei längeren Codeabschnitten nutzen, um die Syntax des Codes vor dem Testen des Flash-Films zu überprüfen. Die Funktion ist nützlich, da sich immer mal wieder Syntaxfehler in den Code einschleichen. Die Syntaxüberprüfung reagiert nur auf bestimmte Syntaxfehler. Dazu gehört beispielsweise, ob eine Schleife oder Funktion korrekt durch eine abschließende Klammer beendet wurde. Ob ein Befehl richtig geschrieben ist (z. B. »stopp«), wird nicht berücksichtigt.

▲ Abbildung 8.9
Flash unterstützt Sie bei der Syntaxüberprüfung.

Auto-Format-Einstellungen am Mac
Am Mac finden Sie die Einstellungen für Auto-Format unter FLASH • VOREINSTELLUNGEN im Reiter AUTO-FORMAT.

Auto-Format | Per Mausklick auf AUTO-FORMAT ❷ führt Flash eine automatische Formatierung des Codes durch.

Die Art und Weise der automatischen Formatierung lässt sich im Menü BEARBEITEN • VOREINSTELLUNGEN im Reiter AUTO-FORMAT einstellen.

Codebereiche ein- und ausblenden | Über ZWISCHEN KLAMMERN AUSBLENDEN ❻ klappen Sie den Codebereich innerhalb

eines Codeblocks ein ❸. Mit einem Mausklick auf AUSWAHLBE-
REICH AUSBLENDEN ❼ wird der ausgewählte Codebereich ❺ ein-
geklappt. Eingeklappte Bereiche lassen sich per Mausklick auf das
Plus-Symbol ❹ oder mit ALLE EINBLENDEN ❽ wieder einblenden.

Darstellung am Mac
Statt der Plus-Symbole werden
am Mac für eingeklappte Codebereiche Pfeile im Code-Editor angezeigt.

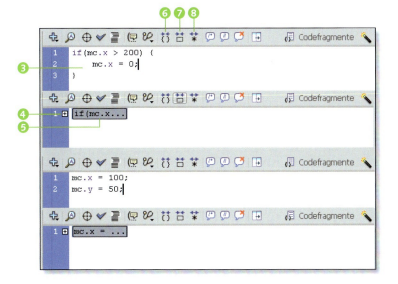

◄ **Abbildung 8.10**
Codebereiche ein- und ausblenden

Kommentarfunktionen | Es gibt zwei Möglichkeiten, Kommen-
tare, die vom Compiler ignoriert werden, in den Code zu integrieren. Über ZEILENKOMMENTAR ANWENDEN ⑫ erstellen Sie eine
Kommentarzeile ❾ und über KOMMENTARBLOCK ANWENDEN ⑪
einen mehrzeiligen Kommentarbereich ⑩.

Debug-Optionen
Erfahren Sie mehr zum Debuggen
und den zur Verfügung stehenden
Optionen in Abschnitt 8.15, »Fehlersuche«.

◄ **Abbildung 8.11**
Zeilenkommentar und Kommentarblock

Vorteile von Kommentaren
Nutzen Sie Kommentare, um Ihren Code für sich selbst und für
andere zu dokumentieren. Besonders bei komplexen Codean-
weisungen ist es dann auch für
Sie selbst im Nachhinein einfacher, den Code wieder nachvollziehen zu können. Die Formulierung von Codebeschreibungen
kann Ihnen zusätzlich dabei helfen, sich selbst noch einmal zu
vergegenwärtigen, wozu der entsprechende Codeabschnitt dient.

Einen einzeiligen Kommentar erkennen Sie an dem doppelten
Schrägstrich // am Anfang der Codezeile. Mehrzeilige Kommentare (auch Blockkommentare genannt) beginnen mit /* und werden mit */ abgeschlossen. Blockkommentare lassen sich nicht
schachteln. Code, der auskommentiert wurde, wird vom Inter-
preter nicht berücksichtigt. Sie können so beispielsweise schnell
einen Codebereich auskommentieren, wenn Sie vermuten, dass
ein Fehler in diesem Teil des Skripts vorliegt. Tritt der Fehler dann
nicht mehr auf, stehen die Chancen gut, dass der Fehler im aus-
kommentierten Bereich zu finden ist.

8.3   Mein erstes Skript

Bei der Programmierung in ActionScript werden Sie unabhängig davon, wie gut Sie die Sprache beherrschen, immer wieder auf Hürden stoßen – ein Skript funktioniert nicht so, wie es sollte, die Ausgabe des Skripts ist unerwartet o. Ä. Ein wichtiges Hilfsmittel, um Fehler zu finden und Code zu testen, ist das AUSGABE-Fenster, das Sie über FENSTER • AUSGABE oder über F2 öffnen und schließen können. Das AUSGABE-Fenster lässt sich wie folgt nutzen:

Ausgabe-Fenster
Es empfiehlt sich, das AUSGABE-Fenster immer in Sichtweite, z. B. unter den Bedienfeldern auf der rechten Seite, zu verankern.

Erstellen Sie einen neuen Flash-Film über DATEI • NEU • FLASH-DATEI (ACTIONSCRIPT 3.0). Wählen Sie das leere Schlüsselbild in Bild 1 aus, und öffnen Sie das Fenster AKTIONEN. Durch die vorangegangene Auswahl des Bildes wird der darauf folgende Code automatisch dem ersten Schlüsselbild zugewiesen. Fügen Sie folgende Zeile ein:

```
trace("Willkommen in der Welt von ActionScript 3");
```

Testen Sie den Flash-Film über Strg/⌘+↵. Flash begrüßt Sie nun im AUSGABE-Fenster.

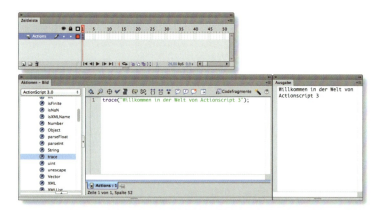

Abbildung 8.12 ▶
Das erste Skript ist fertiggestellt.

8.4   Variablen

Variablen sind ein wesentlicher Bestandteil jeder Skript- und Programmiersprache. Sie sind eine Referenz auf ein Element oder einen Inhalt. Sie brauchen sich den Inhalt einer Variablen nicht merken, sondern nur die Variable selbst. Der Vorteil einer Variablen ist, dass der Inhalt, wie der Name bereits sagt, variabel ist. Sie können also unterschiedliche Werte mit Variablen referenzieren und darauf zugreifen, vergleichbar mit einer Tasche, die verschiedene Dinge enthalten kann.

Nehmen Sie das erste Skript aus Abschnitt 8.3, »Mein erstes Skript«, und ändern Sie es wie folgt:

```
var msg:String =
"Willkommen in der Welt von ActionScript";
trace(msg);
```

Die Variable `msg` ist eine Referenz auf den Text `Willkommen in der Welt von ActionScript`. Die Referenz wird in der zweiten Zeile verwendet, um den Text im AUSGABE-Fenster auszugeben.

Anwendung | Stellen Sie sich ein Kontaktformular vor, in dem ein Benutzer seine Kontaktdaten einträgt. In einem Eingabefeld NAME trägt der Benutzer seinen Namen ein. Damit der eingetragene Name weiterverarbeitet werden kann, z.B. um eine Mail zu versenden, wird er einer Variablen zugewiesen. Der Wert der Variablen ist der eingegebene Name.

Vor der Eingabe des Namens besaß die Variable übrigens keinen Wert – in Flash entspricht der Wert der Variablen dann `null`. Testen Sie dazu den folgenden Code:

```
var msg:String;
trace(msg);
```

Die Variable `msg` wurde initialisiert – ihr wurde aber kein Wert zugewiesen, dementsprechend erscheint im AUSGABE-Fenster `null`. `null` ist ein Sonderwert, der einen fehlenden Wert darstellt. Um bei der Analogie der Tasche zu bleiben: `null` entspricht einer leeren Tasche.

Ein weiterer Sonderwert ist `undefined`. Der Sonderwert ist einer untypisierten Variablen zugewiesen, die keinen Wert besitzt. Typisierung wird später noch näher erläutert. Ein Codebeispiel dazu:

```
var msg;
trace(msg);
```

Datentypen von Variablen
Eine Variable kann eine Referenz auf sehr viele unterschiedliche Elemente sein. Im Beispiel ist es ein String (eine Zeichenkette). Einer Variablen kann jedoch auch eine Referenz auf einen MovieClip, ein Textfeld, eine Zahl etc. zugewiesen werden.

[Initialisierung]
Unter Initialisierung versteht man den Teil des Ladevorgangs eines Computerprogramms, in dem der zur Ausführung benötigte Speicherplatz (Variablen, Funktionen etc.) für das Programm reserviert und mit Startwerten gefüllt wird.

◄ **Abbildung 8.13**
Die Variable `msg` besitzt keinen Wert.

undefined
Eigenschaften von dynamischen Objekten, denen kein Wert zugewiesen wurde, besitzen ebenfalls den Sonderwert `undefined`.

Unterschied zwischen »null« und »undefined«

Grundsätzlich repräsentieren beide Sonderwerte das Fehlen eines Variablenwerts. Der Unterschied zwischen den beiden Sonderwerten ist, dass null den fehlenden Wert einer typisierten Variablen darstellt und undefined dem Wert einer untypisierten Variablen, die keinen Wert besitzt, entspricht. undefined kennzeichnet außerdem auch das Fehlen eines Objekts, beispielsweise wenn Sie auf einen MovieClip auf der Bühne zugreifen, der nicht vorhanden ist.

▲ **Abbildung 8.14**
Der Wert der untypisierten Variablen ist undefined.

Groß- und Kleinschreibung | ActionScript unterscheidet grundsätzlich zwischen Groß- und Kleinschreibung. myVar und myvar sind also zwei verschiedene Variablen. Eine weitverbreitete Konvention bei der Benennung von Variablen ist übrigens der sogenannte CamelCase. Dabei schreibt man außer dem ersten Wort jedes im Namen vorkommende Wort mit einem großen Anfangsbuchstaben, z. B. myVeryLongCamelCasedVariable.

[!] Beispiel: Telefonnummern
Eine Telefonnummer beginnt sehr häufig mit einer 0, z. B. 0307629273723. Sie können diese Ziffernfolge nicht als Number, uint oder int definieren, weil dadurch die 0 am Anfang entfernt werden würde. Sie müssen eine solche Ziffernfolge daher als String definieren.

8.5   Datentypen

Datentypen definieren die Art des Inhalts einer Variablen. Die Variable msg des folgenden Beispiels ist vom Datentyp String:

```
var msg:String =
"Willkommen in der Welt von ActionScript";
trace(msg);
```

Der Datentyp String ist nur einer von vielen Datentypen in ActionScript 3. In der folgenden Tabelle sind beispielhaft einige wesentliche Datentypen aufgeführt.

Tabelle 8.2 ▼
Wesentliche Datentypen in ActionScript 3

Datentyp	Zuweisung	Beschreibung
String	var myName:String = "Johnny";	Zeichenkette

Number	var dx:Number = -0.48;
	var friction:Number = 0.023;
	var step:Number = -1;
		Ganzzahlen, wie z. B. 5, und Gleitkommazahlen, wie z. B. 1.4444. Auch negative Werte sind zulässig.

uint	var numImages:uint = 203; var counter:uint = 0;	Abkürzung für Unsigned Integer; Ganzzahlen ohne negatives Vorzeichen, mit einem Wertebereich von 0 bis 4.294.967.295
int	var counter:int = -500; var dx:int = -2;	Integer; Ganzzahlen mit oder ohne negatives Vorzeichen mit einem Wertebereich von −2.147.483.648 bis +2.147.483.647

Datentyp	Zuweisung	Beschreibung
`Boolean`	`var isSet:Boolean = false;`	ein Wert vom Datentyp `Boolean`: `false` (falsch) oder `true` (richtig)
`MovieClip`	`var myMovieClip:MovieClip = new MovieClip();`	MovieClip ist ein Anzeigeobjekt und Anzeige-objektcontainer mit einer Zeitleiste, das auf Interaktion wie Maus- oder Tastaturereignisse reagieren kann.
`Sprite`	`var mySprite:Sprite = new Sprite();`	Sprite ist ein Anzeigeobjekt und ein Anzeige-objektcontainer. Im Gegensatz zu MovieClip besitzt ein Sprite-Objekt keine Zeitleiste, kann aber ebenso wie MovieClip auf Maus- oder Tastaturereignisse reagieren.
`Shape`	`var myShape:Shape = new Shape();`	Shape ist ein Anzeigeobjekt. Im Gegensatz zu MovieClip oder Sprite besitzt ein Shape-Objekt keine eigene Anzeigeliste und kann nur Grafik, aber keine anderen Elemente beinhalten. Es kann auch nicht auf Maus- oder Tastaturereig-nisse reagieren.
`Array`	`var myArray:Array = new Array("1","2","3");`	eine Referenz auf ein Array mit den Feldwerten `"1"`, `"2"`, `"3"`
`TextField`	`var meinTextfeld:TextField = msg_txt;`	eine Referenz `meinTextfeld` auf das Textfeld `msg_txt`
`Object`	`var myObj:Object = meinObjekt;`	eine Referenz `myObj` auf ein Objekt `meinObjekt`; ein Objekt ist dabei eine Art Oberbegriff für nahezu alle Datentypen in ActionScript (mehr dazu in Kapitel 10, »Einführung in die objektorientierte Programmierung«)

▲ **Tabelle 8.2**
Wesentliche Datentypen in ActionScript 3 (Forts.)

Strikte Typisierung und lose Typisierung

ActionScript wurde in den letzten Jahren parallel zu Flash stetig weiterentwickelt. Mit steigenden Anforderungen wurden neue Merkmale integriert, die dazu führten, dass ActionScript klassischen Programmiersprachen wie z. B. Java immer ähnlicher wurde. Mit ActionScript 2 wurde erstmals das sogenannte *strikte Typisieren* (engl. »strong typing«) für Variablen eingeführt. In ActionScript 1 wurde eine Variable zum Vergleich untypisiert (ohne strikte Typisierung) wie folgt initialisiert:

```
var active = true;
```

Dynamische Variablen
Variablen, für die vorgesehen ist, dass sich ihr Datentyp ändern kann, werden auch als *dynamische Variablen* bezeichnet.

Man nennt diese Typisierung auch *lose Typisierung* (engl. »loose typing«).

Der Variablen `active` wurde der Wert `true` vom Datentyp `Boolean` zugewiesen. Dieser Datentyp wird hier jedoch nicht explizit angegeben, man kann ihn einzig und allein am Wert der Variablen erkennen: `true` ist einer der möglichen Werte einer Variablen vom Datentyp `Boolean`.

Typisierung in ActionScript 3 | In ActionScript 3 ist sowohl lose Typisierung als auch strikte Typisierung möglich. Ein Beispiel für eine lose Typisierung einer Variablen:

```
var inputString = "Beispieltext";
```

Bei der strikten Typisierung hingegen wird der Datentyp bei der Initialisierung der Variablen mit angegeben:

```
var inputString:String = "Beispieltext";
```

Lose Typisierung
Wenn Sie einer Variablen keinen Datentyp zuweisen, können ihr verschiedene Werte zugeordnet werden. So können Sie beispielsweise einer Variablen zunächst einen Stringwert zuweisen und anschließend einen Wert vom Typ `Number`:

```
var inputString:* =
"Beispieltext";
inputString = 5;
```

In der Praxis sollten Sie Variablen immer strikt typisieren. Es mag wenige Anwendungsfälle geben, bei denen eine lose Typisierung sinnvoll ist. Sollten Sie lose Typisierung einsetzen, können Sie dies auch explizit betonen, in dem Sie die Syntax der strikten Typisierung verwenden und statt eines expliziten Datentyps ein *-Zeichen einfügen:

```
var inputString:* = "Beispieltext";
```

Das Zeichen * steht dabei für einen beliebigen Datentyp. Sie betonen mit dieser Schreibweise, dass es sich um eine Variable ohne definierten Datentyp handelt.

Der Grund für strikte Typisierung ist es, Ihnen »unnötige« Laufzeitfehler zu ersparen. Flash kann so viele Fehler bereits bei Veröffentlichung erkennen und Ihnen beim Editieren passende Hinweise geben, etwa ob ein Objekt eine bestimmte Eigenschaft besitzt. Zudem wird es leichter für Außenstehende, Ihren Quellcode zu verstehen. Es ist auch nicht unüblich, den Typ der Variablen im Namen zu erwähnen, z. B. `strMyVar` oder `mcMyClip`, wenn es sich um einen `String` bzw. einen `MovieClip` handelt.

Syntax: Strikte Typisierung
Bei der strikten Typisierung wird der Datentyp durch einen Doppelpunkt vom Variablennamen getrennt angegeben. Diese Syntax haben Sie bereits kennengelernt.

Sollte einer strikt typisierten Variablen nach der Initialisierung ein Wert eines anderen Datentyps ❶ zugewiesen werden, wird beim Veröffentlichen des Flash-Films eine entsprechende Fehlermeldung ❷ im Compiler-Fehler-Fenster, zu erreichen über [Alt]+[F2], angezeigt.

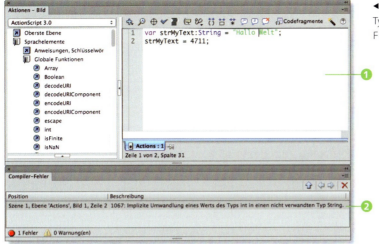

◀ **Abbildung 8.15**
Typenkonflikt im COMPILER-
FEHLER-Fenster

In Abbildung 8.15 wurde der Variablen myText zunächst ein Wert vom Datentyp String zugewiesen, anschließend dann ein Wert vom Datentyp Number, uint oder int, also eine Zahl. Das ist nicht zulässig und führt beim Testen des Flash-Films zum dargestellten Compiler-Fehler.

Datentypen umwandeln

Gelegentlich kommt es vor, dass man einen Wert in einen anderen Datentyp umwandeln möchte. Wenn Sie beispielsweise einen Text in einem Textfeld eingeben, ist der Datentyp des Werts immer vom Typ String. Es könnte sein, dass Sie jedoch einen numerischen Wert eingeben, den Sie beispielsweise für eine arithmetische Berechnung verwenden möchten. In diesem Fall ist eine Umwandlung des Datentyps von String zu Number, uint oder int notwendig. Das folgende Beispiel erläutert die Vorgehensweise.

String in Number umwandeln | In einem Eingabetextfeld wird eine Zahl eingegeben. Diese Zahl wird der Variablen inputString vom Typ String zugewiesen.
Diese Zahl soll mit dem Wert der Variablen num addiert und das Resultat der Variablen result zugewiesen werden. Die Variablen num und result sind jedoch vom Datentyp Number. Der erste Gedanke führt zu folgendem Code:

```
var inputString:String = "10";
var num:Number = 5;
var result:Number = inputString+num;
```

Datentyp ermitteln

Sie können den Datentyp einer Variablen über die Methode typeof wie folgt ermitteln:

```
trace(typeof(myVar));
```

Um zu prüfen, ob eine Variable einen bestimmten Typ hat, verwenden Sie den Operator is:
```
if(myVar is int){...}.
```

Hinweis

In diesem Beispiel wurde tatsächlich kein Text eingegeben. Der Wert der Variablen inputString simuliert einen Wert, der in ein Textfeld eingegeben wurde.

NaN

NaN (engl. »Not a Number«) ist das Ergebnis, wenn Sie versuchen, eine arithmetische Berechnung zwischen einer Zahl und einem Stringwert durchzuführen. Beispiel:

```
var inputString:String =
"Hallo";
var num:Number = 5;
var result:Number =
Number(inputString)+num;
trace(result);
```
Das Ergebnis ist NaN.

Mit der Funktion isNaN() können Sie prüfen, ob eine Variable NaN ist.

Beachten Sie, dass die Variable inputString vom Datentyp String ist. Die vermeintliche Zahl 10 wird deshalb nicht als Zahl, sondern als Zeichenkette interpretiert. Das führt zu einem Typenkonflikt.

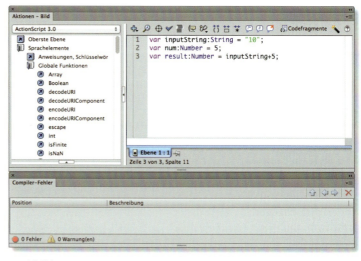

▲ **Abbildung 8.16**
Mit dem String "10" kann nicht gerechnet werden.

Die Lösung ist folgender Code:
```
var inputString:String = "10";
var num:Number = 5;
var result:Number = Number(inputString)+num;
```

Der Wert der Variablen inputString wird vor der Berechnung in den Datentyp Number umgewandelt: Der neue Datentyp, in den die Variable umgewandelt werden soll, wird vor die Variable geschrieben, die Variable selbst wird in Klammern dahintergesetzt.

Number in String umwandeln | Die Datentypumwandlung lässt sich in vergleichbarer Weise, soweit das zulässig ist, mit jedem Datentyp vornehmen. So könnten Sie z. B. einen Wert vom Datentyp Number wie folgt auch in einen Stringwert umwandeln:

```
var myNum:Number = 5;
var myNumString:String = String(myNum);
```

Umwandlung mit as | Offensichtlich ist die Umwandlung einer Zeichenkette in eine Zahl mit einer gewissen Logik verbunden, die von Number(...) gekapselt wird, das ist aber nicht immer wünschenswert. Eine andere Art, Variablen umzuwandeln, bietet daher der as-Operator. Das vorangehende Beispiel sähe dann wie folgt aus:

```
var myNum:Number = 5;
trace(myNum as String);
```

Das Ergebnis wäre in diesem Falle aber null. Dies ist so, da eine Zahl 5 im Speicher des Computers nicht einer Zeichenkette entspricht und somit nicht als solche behandelt werden kann. Eine Umwandlung über as entspricht daher dem Versuch, eine Variable eines Typs als eine Variable eines anderen Typs zu behandeln und nicht »sinngemäß« umzuwandeln. In diesem Beispiel ist es nicht möglich. Die Umwandlung schlägt daher fehl, und null wird zurückgeliefert. Diese Art von Umwandlung wird insbesondere im Zusammenhang mit Vererbung und komplexen Datentypen häufig verwendet, für Datentypen wie int, uint, Number und String ist dagegen die Umwandlung mit der Klammerschreibweise vorzuziehen.

Geltungsbereich (Scope)

Jede Variable befindet sich in einem bestimmten Geltungsbereich. Der Geltungsbereich gibt an, in welchem Bereich eine Variable existiert. Er hängt davon ab, wie und an welcher Stelle diese definiert wurde. In ActionScript 3 gibt es im Gegensatz zu Vorgängerversionen nur einen Geltungsbereich: den lokalen Geltungsbereich.

Über das Schlüsselwort var weisen Sie einer Variablen einen lokalen Geltungsbereich zu. Lokale Variablen existieren nur innerhalb eines bestimmten Bereichs. Wenn Sie beispielsweise auf der Hauptzeitleiste in einem Schlüsselbild eine Variable myText wie folgt definieren …

```
var myText:String = "Textbeispiel";
```

…existiert diese Variable nur im Bereich der Hauptzeitleiste. Versuchen Sie, den Wert der Variablen beispielsweise in einem Schlüsselbild eines MovieClips direkt zu ermitteln mit …

```
trace(myText);
```

…führt das zu einem Fehler, der im COMPILER-FEHLER-Fenster angezeigt wird.

Unzulässige Typumwandlung

Eine Typumwandlung ist jedoch nicht immer zulässig. Sie können beispielsweise einen MovieClip nicht in einen numerischen Wert umwandeln, was auch nicht sinnvoll wäre. Dazu folgendes Beispiel:

```
var mc:MovieClip = new
MovieClip();
trace(Number(mc));
```

Die Ausgabe ergibt wieder NaN (Not a Number).

[!] Mehrfache Variablendeklaration

Innerhalb eines Geltungsbereichs dürfen Sie eine Variable nicht mehrmals über var deklarieren. Folgender Code innerhalb eines Geltungsbereichs führt zu einem Compiler-Fehler:

```
var myText:String = "Halo";
var myText:String = "Hallo";
```

Wenn Sie einer bereits deklarierten Variablen einen neuen Wert zuweisen wollen, nutzen Sie dazu folgenden Code:

```
var myText:String =
"Guten Tag";
myText = "Hallo";
```

Abbildung 8.17 ▶
Die Variable `myText` existiert nicht in der Zeitleiste des MovieClips.

Ein anderes Beispiel für den lokalen Geltungsbereich sind Variablen, die innerhalb einer Funktion definiert werden. Der Wert einer solchen Variablen ist außerhalb der Funktion nicht existent – es sei denn, die Variablendeklaration fand außerhalb der Funktion statt.

8.6 Arrays

Arrays sind besondere Variablen, die im Gegensatz zu anderen Variablen nicht nur einen Wert, sondern eine ganze Reihe von Werten beinhalten können. Stellen Sie sich ein Array wie einen Schrank vor, der verschiedene Schubladen hat – der Schrank würde als Array bezeichnet werden und die Schubladen als die Felder des Arrays, in denen Inhalte abgelegt werden können. Ein Array wird wie folgt initialisiert:

```
var myArray_arr:Array = new Array();
```

Feldwerte von Arrays

Die Werte der Felder eines Arrays sind untypisiert und können von jedem beliebigen Datentyp sein. Sie können z. B. einem Array gleichzeitig verschiedene Stringwerte und Referenzen auf MovieClips zuweisen.

Typisierte Arrays heißen in Flash *Vektoren* und werden im Abschnitt »Typisiertes Array: Vektor« behandelt.

Es besitzt noch keinerlei Werte – folgende Initialisierungen sind gleichbedeutend und weisen dem Array gleichzeitig mehrere Stringwerte zu:

```
var myNames_arr:Array = new Array("Sonja"," Anja",
"Martin");
var nickNames_arr:Array = ["Lieschen","Schatzi"];
```

[!] Array-Index beginnt bei 0

Das erste Element eines Arrays ist in den meisten Programmiersprachen unter dem Index 0 und nicht 1 abgelegt. Ein Array der Länge 4 hat somit die Indizes 0,1,2 und 3.

[Indizierte Arrays]

Man spricht von *indizierten Arrays*, da der Zugriff auf die Felder über einen Index vorgenommen wird.

Indizierte Arrays

Nachdem Sie ein Array mit Werten gefüllt haben, können Sie über einen Index auf die entsprechenden Werte zugreifen:

```
trace(myNames_arr[0]);
```

Diese Anweisung führt zur Ausgabe `Sonja`. Der Index `0` verweist also auf den ersten Feldwert des Arrays. Analog dazu können Sie dem Array auf diese Weise auch einen Wert zuweisen:

```
myNames_arr[0] = "Michael";
```

Falls das Feld des Arrays mit dem Index 0 bereits einen Wert besitzt, wird dieser Wert überschrieben.

Assoziative Arrays

Alternativ lassen sich auch sogenannte *assoziative Arrays* verwenden, dazu folgendes Beispiel:

```
var profil_arr:Object = new Object();
profil_arr["name"] = "Michael";
profil_arr["alter"] = 22;
profil_arr["wohnort"] = "Hamburg";
```

Der Zugriff auf einen der Werte erfolgt durch Angabe des Feldbezeichners. Die Anweisung

```
trace(profil_arr["name"]);
```

führt zur Ausgabe Michael. Alternativ lässt sich das zuvor zitierte assoziative Array auch wie folgt definieren:

```
var profil_arr:Object = {name: "Michael", alter:22,
wohnort:"Hamburg"};
```

Achtung: Der Typ der Variablen ist hierbei Object. Ein Object kann bei ActionScript als assoziatives Array verwendet werden, gleichzeitig aber auch als eine Variable beliebigen Typs. Jeder Typ ist immer auch ein Object. Dieses Verhalten ist eine Besonderheit von ActionScript.

Mehrdimensionale Arrays

Sehr nützlich sind sogenannte *mehrdimensionale Arrays*, die z.B. Daten einer Tabelle mit mehreren Spalten und Zeilen abbilden können. Ein Beispiel für ein mehrdimensionales Array:

```
var adressbuch_arr = new Array({myname:"Klaus",alter:
22},{myname:"Fritz",alter:28});
```

Die Anweisung trace(adressbuch_arr[1].myname); führt zur Ausgabe Fritz. Wenn Sie sich diese Struktur in tabellarischer Form vorstellen möchten, wäre das in diesem Fall eine zweispal-

---

[Assoziative Arrays]
Man spricht von einem *assoziativen Array*, da ein Feld dieses Arrays über eine Assoziation, einen Bezeichner, referenziert wird.

Länge eines Arrays
Die Länge, d.h. die Anzahl der Feldwerte, lässt sich über die Eigenschaft length bestimmen. Beispiel:

```
trace(adressbuch_arr.length);
```

Das funktioniert jedoch nur bei indizierten Arrays. Bei assoziativen Arrays wird nach einem Feld mit dem Namen length gesucht, was in den meisten Fällen zu undefined führt.

Mächtige Datenstruktur
Mithilfe von Arrays können Sie sehr flexibel Daten abbilden. Arrays verfügen über viele Methoden, über die Daten innerhalb eines Arrays strukturiert und verändert werden können.

tige Tabelle mit den Spalten `myname` und `alter`. Die erste Zeile würde die Werte `Klaus` und `22` besitzen, die zweite Zeile die Werte `Fritz` und `28`. Hierbei wird ein indiziertes Array mit einem assoziativen kombiniert.

Methode	Beispiel	Beschreibung

concat	`var a0:Array = new Array(0,1);`
	`var a1:Array = new Array(2,3);`
	`var a2:Array = new Array();`
	`a2 = a0.concat(a1);`
	`trace(a2);`
	`// Das Array "a2" [0,1,2,3] wird erstellt.`
		Verkettet zwei Arrays miteinander und gibt ein neues Array mit den resultierenden Daten zurück.

join	`var a_arr:Array = new Array("Max","Moritz");`
	`trace(a_arr.join(" und "));`
	`//Ausgabe: Max und Moritz`
		Wandelt das Array in einen String um – die Feldwerte werden durch das angegebene Trennzeichen voneinander getrennt.

pop	`var a_arr:Array = [0,1,2];`
	`var lastValue:Object = a_arr.pop();`
	`trace(lastValue); // 2`
		Entfernt das letzte Element eines Arrays und gibt es zurück.

push	`var a_arr:Array = new Array(0,1,2);`
	`a_arr.push(3,4);`
	`trace(a_arr[a_arr.length-1]); // 4`
		Fügt am Ende des Arrays ein oder mehrere Elemente hinzu.

reverse	`var a_arr:Array = new Array(0,1,2);`
	`a_arr.reverse();`
	`trace(a_arr);`
	`// Array [2,1,0]`
		Kehrt die Reihenfolge des Arrays um.

shift	`var a_arr:Array = new Array(0,1,2);`
	`var firstValue:Object = a_arr.shift();`
	`trace(firstValue);`
		Entfernt das erste Element des Arrays und gibt es zurück,

slice(a,b)	`var a0_arr:Array = new Array(0,1,2,3,4,5);`
	`var aResult_arr:Array = a0_arr.slice(1,3);`
	`trace(aResult_arr);`
	`// Array [1,2]`
		Gibt ein Array aus Elementen von Index a bis ausschließlich Index b zurück.

sort	-	Sortieren (siehe Abschnitt »Arrays sortieren«)
sortOn	-	Sortieren nach Feldwert (siehe Abschnitt »Arrays sortieren«)

▲ **Tabelle 8.3**
Methoden der Array-Klasse

Methode	Beispiel	Beschreibung

`splice(startIndex: [deleteCount], [values])`	Entfernen:
	`var a0_arr:Array = new Array(0,1,2);`
	`a0_arr.splice(1,1);`
	`trace(a0_arr);`
	`// Array [0,2]`
	
	Einfügen:
	`var a0_arr:Array = new Array(0,1,2);`
	`a0_arr.splice(1,0,5);`
	`trace(a0_arr);`
	`// Array [0,5,1,2]`
		Fügt einem Array Elemente hinzu bzw. entfernt diese.

`toString`	`var a0_arr:Array = new Array(0,1,2);`
	`trace(a0_arr.toString());`
	`// String 1,2,3`
		Wandelt ein Array in einen durch Kommata getrennten String um.

`unshift`	`var a0_arr:Array = new Array(2,3,4);`
	`a0_arr.unshift(0,1);`
	`trace(a0_arr);`
	`// Array [0,1,2,3,4]`
		Fügt am Anfang des Arrays einen oder mehrere Werte hinzu.

▲ Tabelle 8.3
Methoden der Array-Klasse (Forts.)

Achtung: Assoziative Arrays heißen zwar so, haben aber in ActionScript nicht den Typ `Array` und können die hier genannten Methoden somit auch nicht verwenden.

Arrays sortieren

Für die Sortierung von Arrays stehen Ihnen die beiden Methoden `sort` und `sortOn` zur Verfügung.

Numerisch sortieren | Standardmäßig werden Feldwerte während der Sortierung vorübergehend in Stringwerte umgewandelt und nach ihren Unicode-Werten sortiert.
Die folgenden Anweisungen führen unerwartet zu dem »falschen« Ergebnis 0,1,2,22,3:

```
var myArray:Array = new Array(0,3,22,2,1);
myArray.sort();
```

Um ein Array numerisch zu sortieren, muss das Argument `Array.NUMERIC` an die Methode übergeben werden:

```
myArray.sort(Array.NUMERIC);
```

Das Array wird nun korrekt numerisch sortiert – Ergebnis: 0,1,2,3,22.

Absteigend sortieren | Um ein Array in absteigender Reihenfolge zu sortieren, müssen Sie `Array.DESCENDING` verwenden. Mehrere Optionen werden durch ein | (= oder) voneinander getrennt. Beispiel:

```
myArray.sort(Array.NUMERIC|Array.DESCENDING);
```

Alphabetisch sortieren | Bei der alphabetischen Sortierung ist zu beachten, dass standardmäßig zwischen Groß- und Kleinbuchstaben unterschieden wird – »Z« kommt dabei vor »a«. Der Code…

```
var myArray:Array = new Array("anton","Klaus","Katrin",
"Fritz");
myArray.sort();
```

…führt zur Abfolge `Fritz, Katrin, Klaus, anton`.

Damit die Sortierung richtig funktioniert, muss das Argument `Array.CASEINSENSITIVE` oder 1 übergeben werden:

```
myArray.sort(Array.CASEINSENSITIVE);
```

Der Code führt dann zur Abfolge `anton, Fritz, Katrin, Klaus`.

Option	Beschreibung
`Array.CASEINSENSITIVE` oder 1	Groß- und Kleinschreibung werden ignoriert.
`Array.DESCENDING` oder 2	absteigende Sortierung (»Zoo« kommt vor »Anton«)
`Array.UNIQUESORT` oder 4	Das Array wird nicht sortiert, wenn zwei Felder denselben Wert beinhalten.
`Array.RETURNINDEXEDARRAY` oder 8	Das Array selbst wird nicht geändert. Ein sortiertes Array wird zurückgegeben.
`Array.NUMERIC` oder 16	numerische Sortierung

Tabelle 8.4 ▶
Array-Sortierungsoptionen

Assoziatives mehrdimensionales Array sortieren | Über die Methode `sortOn` können Sie ein assoziatives mehrdimensionales Array nach einem bestimmten Feld sortieren. Beispiel:

```
var adressbuch_arr = new Array({myname:"Klaus",alter:
22},{
myname:"Fritz",alter:28},{myname:"Anton",alter:26});
adressbuch_arr.sortOn("myname");
```

Das Array `adressbuch_arr` wird anhand der Feldwerte `myname` sortiert. Das Ergebnis ist: `Anton`, `Fritz`, `Klaus`.

Sie können auch mehrere Felder zur Sortierung verwenden. Dabei hat das erste Feld vor dem zweiten Vorrang etc.:

```
var adressbuch_arr = new Array({myname:"Klaus",alter:2
2,ort:"Kiel"},{myname:"Fritz",alter:28,ort:"Moskau"},
{myname:"Anton",alter:28,ort:"Hamburg"});
adressbuch_arr.sortOn(["myname","ort"]);
```

Das Array wird zunächst über das Feld `myname` sortiert und anschließend über das Feld `ort`.

Sortierungsoptionen

Eine Sortierungsoption wird bei `sortOn()` durch ein Komma getrennt hinter dem Feldnamen angegeben. Beispiel: `adressbuch_arr.sortOn( ["myname","ort"],1);` sortiert die angegebenen Felder des Arrays mit der Option 1 bzw. `CASEINSENSITIVE`.

Typisiertes Array: Vektor

Wenn Sie ein Array verwenden möchten, bei dem Sie voraussetzen können, dass die Feldwerte des Arrays vom selben Datentyp sind, sollten Sie statt eines Arrays einen sogenannten *Vektor* verwenden. `Vector` ist eine Klasse bzw. ein Datentyp, der weniger Speicher als ein Array benötigt und sich schneller als ein Array verarbeiten lässt. Zudem kann Flash Fehler so bereits vor dem Auftreten erkennen, z. B. wenn Sie einen String in einen Vektor aus `int`-Werten schreiben möchten.

Die Klasse `Vector` verfügt über viele ähnliche oder gar gleiche Methoden und Eigenschaften wie die `Array`-Klasse. Dazu gehören beispielsweise Methoden wie `join`, `pop`, `push`, `shift`, `splice` etc. sowie die Eigenschaft `length`. Die Syntax, mit der ein Vector-Objekt initialisiert wird, unterscheidet sich von anderen Typen und ist ungewöhnlich. Dazu folgendes Beispiel:

Performance

Nach einem Test von Mike Chambers (*www.mikechambers. com/blog/2008/09/24/actioscript-3-vector-array-performance-comparison*) ist die Verarbeitung eines Objekts der Klasse `Vector` um ca. 60 % schneller als die Verarbeitung eines Objekts der Klasse `Array`.

```
var myVector:Vector.<String>;
```

Es wird eine Instanz `myVector` der `Vector`-Klasse initialisiert. Der Teil `.<String>` gibt an, dass die Feldwerte des Objekts ausschließlich vom Datentyp `String` sein dürfen. Um dem Vektor bei der Initialisierung verschiedene Werte zuzuweisen, können Sie folgende Syntax verwenden:

Beispiel mit Datentyp: int

Um ein Objekt der Klasse Vector zu initialisieren, in dem ausschließlich Werte vom Datentyp `int` zulässig sind, dient folgender Code:

```
var myVector:Vector.<int>;
```

```
var myNames:Vector.<String> = Vector.<String>(["John",
"Jim", "Harry"]);
```

Der Zugriff auf Felder eines Vektors funktioniert analog zum Zugriff auf die Felder eines Arrays. Um beispielsweise auf das Feld mit dem Index 1 zuzugreifen, können Sie folgenden Code nutzen:

```
trace(myNames[1]);
```

8.7   Einfache Operatoren

Operatoren dienen dazu, Werte zu vergleichen, zu kombinieren und zu ändern.

Arithmetische Operatoren

Arithmetische Operatoren dienen dazu, Berechnungen zwischen zwei oder mehreren Werten durchzuführen. Es gibt fünf arithmetische Operatoren.

Operator	Anwendung	Beschreibung
+	`var result:uint = 5+5;` `// 10`	Addition
-	`var result:uint = 10-5-2;` `//3`	Subtraktion
/	`var result:Number = 10/3;` `// 3.333...`	Division
*	`var result:uint = 2*2;` `// 4`	Multiplikation
%	`var result:Number = 10%4;` `// 2`	Modulo, gibt den Restwert einer Division zurück.

Tabelle 8.5 ▶
Arithmetische Operatoren

Der Modulo-Operator | Die vier ersten Operatoren der Tabelle sind Ihnen sicher geläufig – die Funktionsweise des Modulo-Operators ist jedoch nicht so bekannt, obwohl er auf jedem Taschenrechner zu finden ist. Über den Modulo wird der ganzzahlige Restwert einer Division berechnet:

```
trace(7%3);
```

Das Ergebnis ist 1, da 7 / 3 = 2 (+1) ist.

Anwendungsbeispiel | Ein Gästebuch wird in Seiten unterteilt. Auf einer Seite sollen maximal drei Einträge dargestellt werden. Bei neun Einträgen würden sich also drei Seiten à drei Einträge ergeben. Was passiert jedoch, wenn es zehn Einträge gibt? Das Ergebnis einer Division aus 10 und 3 würde zu 3,3333…führen. Für den letzten Eintrag wird eine separate Seite benötigt. Doch wie stellt man fest, ob eine separate Seite benötigt wird? Die Aufgabe lässt sich mithilfe von Modulo wie folgt lösen:

```
var anzahlDerEinträge:Number = 10;
var anzahlDerSeiten:Number = 10/3;
var restWert:Number = 10%3;
```

Wenn der Wert der Variablen `restWert` größer als 0 ist, muss zur Anzahl der Seiten (`anzahlDerSeiten`) eine zusätzliche Seite für den letzten Eintrag bereitgestellt werden. Wie sich dann diese Abfrage gestalten lässt, erfahren Sie im folgenden Abschnitt »Vergleichsoperatoren und Fallunterscheidung«.

Kurzschreibweise | Wenn Sie einen Variablenwert selbst um einen bestimmten Faktor verändern wollen, können Sie auch die Kurzschreibweise für diese Berechnung verwenden.

Kurzschreibweise	Entspricht …
`i++;`	`i = i+1;`
`i--;`	`i= i-1;`
`i+=10;`	`i= i+10;`
`i*=10;`	`i = i*10;`
`i/=10;`	`i = i/10;`

▲ **Tabelle 8.6**
Kurzschreibweise mit arithmetischen Operatoren

Vergleichsoperatoren und Fallunterscheidung

Sie werden bei der Programmierung immer wieder auf Stellen stoßen, an denen Sie in Abhängigkeit von einer bestimmten Bedingung und deren Resultat eine bestimmte Anweisung ausführen wollen – man spricht hier auch von einer Fallunterscheidung.

if-Anweisung | Die if-Anweisung wird dazu genutzt, zwei Werte zu vergleichen und – abhängig vom Resultat – entsprechende Anweisungen auszuführen. Eine einfache if-Anweisung hat folgenden formellen Aufbau:

```
if(Bedingung) {
    // Anweisung (Führe diesen Code aus.)
}
```

Die Bedingung setzt sich in der Regel aus mindestens zwei Werten und einem Vergleichsoperator zusammen. Die folgende Tabelle zeigt die möglichen Vergleichsoperatoren.

Operator	Anwendung	Erläuterung

==	`if(restWert == 0) {`
	`// restWert ist gleich 0`
	`}`
		gleich, wobei gegebenenfalls eine automatische Datentypumwandlung durchgeführt wird

!=	`if(restWert != 0) {`
	`// restWert ist ungleich 0`
	`}`
		ungleich, wobei gegebenenfalls eine automatische Datentypumwandlung durchgeführt wird

===	`if(restWert === 0) {`
	`// restWert ist gleich 0`
	`}`
		Sowohl die Werte als auch ihre Datentypen müssen übereinstimmen.

!==	`if(restWert !== 0) {`
	`// restWert ist ungleich 0`
	`}`
		Sowohl die Werte als auch ihre Datentypen stimmen nicht überein.

>	`if(restWert > 0) {`
	`// restWert ist größer 0`
	`}`
		größer als

<	`if(restWert < 0) {`
	`// restWert ist kleiner 0`
	`}`
		kleiner als

>=	`if(restWert >= 0) {`
	`// restWert ist größer oder gleich`
	`0`
	`}`
		größer gleich

<=	`if(restWert <= 0) {`
	`// restWert ist kleiner oder`
	`gleich 0`
	`}`
		kleiner gleich

▲ **Tabelle 8.7**
Übersicht über die Vergleichsoperatoren

In dem zuvor genannten fiktiven Gästebuch wäre dann z. B. folgende if-Anweisung sinnvoll:

```
var anzahlDerEinträge:Number = 10;
var anzahlDerSeiten:Number = 10/3;
var restWert:Number 10%3;
if(restWert >0) {
    anzahlDerSeiten = anzahlDerSeiten+1;
}
```

Der Wert der Variablen anzahlDerSeiten würde um 1 erhöht werden, wenn der Wert der Variablen restWert größer als 0 ist.

Falls ... ansonsten ... (if-else-Anweisung) | Eine if-Abfrage lässt sich auch noch erweitern. Zunächst wird eine Bedingung überprüft – wenn die Bedingung zutrifft, wird der darauffolgende Codeblock ausgeführt. Wenn die Bedingung nicht zutrifft, können Sie eine else-Bedingung nutzen, die dann alternativ greift. Formell sieht eine if-else-Anweisung so aus:

```
if(Bedingung) {
    // Die Bedingung ist erfüllt.
} else {
    // Die Bedingung ist nicht erfüllt.
}
```

Falls ... falls ... falls ... ansonsten ... | Wenn Sie mehrere Bedingungen überprüfen und gegebenenfalls entsprechend reagieren möchten, bietet sich eine if-Anweisung mit else-if-Bedingungen an:

```
if(Bedingung1) {
    // Bedingung 1 ist erfüllt.
} else if(Bedingung2) {
    // Bedingung 1 ist nicht erfüllt,
    Bedingung 2 // ist erfüllt.
} else if(Bedingung3) {
    // Bedingungen 1 und 2 sind nicht erfüllt,
    // Bedingung 3 ist erfüllt.
} else {
    // Keine der Bedingungen ist erfüllt.
}
```

[!] Verwechslungsgefahr

Einer der häufigsten Anfängerfehler ist es, den Gleichheitsoperator == mit dem Zuweisungsoperator = zu verwechseln. Der Gleichheitsoperator vergleicht zwei Werte, der Zuweisungsoperator weist einer Variablen einen Wert zu.

Hinweis

Enthält der if -Block nur eine einzige Anweisung, ist es möglich, die Klammern auch wegzulassen:

```
if(x == 0)
    trace("x ist 0!");
```

Hinweis

Sie können beliebig viele else-if-Bedingungen verwenden.

Default

Die default-Anweisung wird
ausgeführt, wenn keine der vorangegangenen Bedingungen
(Wertgleichheit) erfüllt wurde.
Sie ist vergleichbar mit der letzten else-Anweisung eines if-
Blocks. Die default-Anweisung
ist optional.

switch-Anweisung | Wenn Sie eine Variable auf verschiedene Einzelwerte überprüfen möchten, können Sie dazu die switch-Abfrage verwenden. Die Abfrage hat folgende Syntax:

```
switch(Variable) {
    case 0:
    // Anweisung 1
    break;
    case 1:
    // Anweisung 2
    break;
    default:
    // Default-Anweisung
}
```

Der Wert der Variablen wird hier jeweils mit dem Wert hinter dem Ausdruck case verglichen. Sind die Werte identisch, wird die sich daran anschließende Anweisung ausgeführt. Um zu verhindern, dass die Überprüfung dann weiter fortgesetzt wird, kann optional die Überprüfung über die Anweisung break; unterbrochen werden. Hier ein Beispiel:

```
switch(myName) {
    case "Fritz":
    trace ("Fritz");
    break;
    case "Jimmy":
    trace ("Jimmy");
    break;
    default:
    trace ("default");
}
```

Logische Operatoren

Mit logischen Operatoren lassen sich Bedingungen auf unterschiedliche Weise verknüpfen. Die folgende Tabelle zeigt die möglichen logischen Operatoren.

Operator	Anwendung	Erläuterung

!	`if(!restWert == 0) {`
	 `...`
	 `}`
		NOT: ist nicht gleich – kehrt den booleschen Wert eines Ausdrucks um.

||	`if(restWert > 0 || restWert < 0) {`
	 `...`
	 `}`
		ODER: Wenn eine der Bedingungen erfüllt ist, wird der Codeblock ausgeführt.

&&	`if(restWert >0 && restWert <5) {`
	 `...`
	 `}`
		UND: Nur wenn beide Bedingungen erfüllt sind, wird der Codeblock ausgeführt.

▲ **Tabelle 8.8**
Logische Operatoren

Beispiel für eine NOT-Abfrage (!):

```
var restWert:Number;
if(!restWert) {
    // Die Variable restWert besitzt keinen Wert.
}
```

Beispiel für eine ODER-Abfrage (||):

```
if(username == "admin" || username == "root") {
// Die Variable "username" besitzt den Wert "admin"
// oder "root ".
}
```

Beispiel für eine UND-Abfrage (&&):

```
if(vorname != null && vorname != "") {
// Der Variable "vorname" wurde ein Wert zugewiesen,
// und der Wert ist nicht gleich "".
}
```

Kurzschreibweise

Wenn Sie überprüfen möchten, ob einer Variablen ein Wert zugewiesen wurde oder nicht, können Sie dazu folgende Kurzschreibweise verwenden:

```
if(myVar) {
// myVar besitzt einen
Wert.
}
```

oder

```
if(!myVar) {
// myVar ist undefined.
}
```

Sehr häufig wird diese Schreibweise auch verwendet, um zu prüfen, ob eine Variable vom Typ `Boolean` true bzw. false ist.

8.8   Bitweise Operatoren

Bitweise Operatoren funktionieren im Prinzip ähnlich wie logische Operatoren – sie vergleichen jedoch die Bits eines gespeicherten Werts. Im Binärsystem entspricht die Zahl 65 z. B. dem Wert 1000001. Das *Binärsystem*, auch als Dualsystem bezeichnet, ist ein Zahlensystem, das nur zwei verschiedene Ziffern zum Darstellen von Zahlen verwendet (0 und 1). Das folgende Beispiel zeigt, wie Sie die Zahl 65 aus dem Dezimalsystem in das Binärsystem umwandeln können. Jede Stelle einer Zahl in einem Binärsys-

Anwendungsbereich

Bitweise Operatoren werden z. B. für die Manipulation von Farbwerten oder Pixeln verwendet sowie zur kompakten Übergabe von Parametern, wie z. B. bei der `sort`-Methode von Arrays (siehe Abschnitt »Arrays sortieren« im Abschnitt 8.6).

tem entspricht einem bestimmten Wert. Beginnen Sie von rechts nach links. Die Stelle ganz rechts entspricht 2^0 (1), die Stelle davor entspricht 2^1 (2), die dritte Stelle ist 2^2 (4) etc.

In der folgenden Tabelle sehen Sie in der oberen Zeile die jeweilige Stelle und den entsprechenden Wert. Da 64 + 1 = 65 gilt, werden an den entsprechenden Stellen Einsen gesetzt.

64	32	16	8	4	2	1
1	0	0	0	0	0	1

Folgende bitweise Operatoren stehen Ihnen in ActionScript zur Verfügung:

► **UND (&)**: Setzt das Ergebnisbit auf 1, wenn beide Bits an dieser Stelle 1 betragen. Das folgende Beispiel zeigt die bitweise UND-Verknüpfung von 13 (binär: 1101) und 11 (binär: 1011).

13	1	1	0	1
11	1	0	1	1
Ergebnis	1	0	0	1

► **ODER (|)**: Setzt das Ergebnisbit auf 1, wenn eines der beiden Bits an dieser Stelle 1 beträgt.

13	1	1	0	1
11	1	0	1	1
Ergebnis	1	1	1	1

► **XOR (^), EXKLUSIVES ODER**: Setzt das Ergebnisbit auf 1, an denen einer der Bits an dieser Stelle 1 ist – sonst wird das Ergebnisbit auf 0 gesetzt.

13	1	1	0	1
11	1	0	1	1
Ergebnis	0	1	1	0

► **NICHT (~)**: Führt eine logische Negation jedes Bits durch.

13	1	1	0	1
Ergebnis	0	0	1	0

▶ **Bitverschiebung NACH LINKS (<<)**: Bits werden um x Stellen nach links verschoben.

13	1	1	0	1
13 << 2	0	1	0	0

▶ **Bitverschiebung NACH RECHTS (>>)**: Bits werden um x Stellen nach rechts verschoben, wobei überflüssige Bits einfach nach rechts verschwinden.

13	1	1	0	1
13 >> 2			1	1

Bitverschiebung
Statt »Bitverschiebung« ist auch der englische Begriff »Bitshifting« gebräuchlich.

Sie fragen sich jetzt vielleicht, wofür Sie bitweise Operatoren einsetzen können. In der Regel werden sie für komplexere mathematische Berechnungen verwendet, u. a. weil bitweise Berechnungen vergleichsweise schnell sind und wenig Speicher benötigen. Das folgende Beispiel zeigt eine mögliche Anwendung. Angenommen, Sie haben eine Anwendung entwickelt, die verschiedene Einstellungsmöglichkeiten besitzt. So könnte es z. B. drei Einstellungen in Form von Variablen vom Datentyp Boolean geben:

Bitweise Operatoren…
…werden meist bei komplexeren mathematischen Berechnungen eingesetzt, um Speicher zu sparen.

```
var fullscreen:Boolean = false;
var autoUpdate:Boolean = true;
var autoSave:Boolean = false;
```

Wie Sie sehen, müssten Sie für jede Einstellung eine Variable definieren, die Speicher benötigt. Alternativ können Sie eine dreistellige Binärzahl verwenden. Dabei kann die erste Eigenschaft fullscreen der ersten Stelle, die zweite Eigenschaft autoUpdate der zweiten Stelle und die dritte Eigenschaft autoSave der dritten Stelle der Binärzahl entsprechen (von rechts nach links). Die folgende Tabelle zeigt zwei mögliche Einstellungskombinationen.

	autoSave	autoUpdate	fullscreen
Beispiel 1	1	1	1
Beispiel 2	0	1	0

Im ersten Beispiel sind alle drei Optionen aktiviert, im zweiten Beispiel nur die Option autoUpdate. Angenommen, Sie möchten alle drei Einstellungen in einer Variablen einstellungen speichern. Im Dezimalsystem würde dies wie in Beispiel 1 aussehen:

```
var einstellungen:Number = 0;
einstellungen+=1; // 2 hoch 0, entspricht der Zahl
    // ganz rechts im Binärsystem
einstellungen+=2; // 2 hoch 1, entspricht der Zahl
    // an der zweiten Stelle des Binärsystems
einstellungen+=4; // 2 hoch 2, entspricht der Zahl
    // an der dritten Stelle des Binärsystems
```

Der Wert der Variablen `einstellungen` wäre 7, was in binärer Schreibweise dem Wert 111 entspricht. Beispiel 2:

```
var einstellungen:Number = 0;
einstellungen +=2 // 2 hoch 1, entspricht der Zahl
    // an der zweiten Stelle des Binärsystems
```

In diesem Fall wäre der Wert der Variablen `einstellungen` gleich 2 – das entspricht im Binärsystem dem Wert 010. Beispiel 3:

```
var einstellungen:Number = 7;
einstellungen -=2;
```

Alle drei Optionen sind aktiviert. Der Wert der Variablen `einstellungen` ist 7. Um die Option `autoUpdate` zu deaktivieren, subtrahieren Sie den Wert 2. In dezimaler Schreibweise lautet der Wert dann 5, was im Binärsystem dem Wert 101 entspricht.

Dies sind nur einfache Beispiele dafür, wie das Binärsystem eingesetzt werden kann. Bitweise Operatoren und Bitverschiebung werden in ActionScript häufig u. a. zur Manipulation von Farbwerten verwendet.

8.9   Schleifen

Schleifen dienen dazu, eine Anweisung auf Grundlage einer Bedingung mehrmals hintereinander auszuführen.

while-Schleife

Schleifendurchlauf
Das wiederholte Ausführen des Codeblocks in einer Schleife wird auch als *Schleifendurchlauf* bezeichnet. Man sagt auch: »Eine Schleife wird zehnmal durchlaufen.«

Der formelle Aufbau einer `while`-Schleife ist wie folgt:

```
while(Bedingung) {
    // Anweisung
}
```

In diesem Fall wird die Schleife so lange die Bedingung erfüllt ist ausgeführt. Die Bedingung setzt sich dabei nicht, wie bei der if-Anweisung, aus einer einmaligen Abfrage zusammen, sondern wird üblicherweise mit einer sogenannten Zählervariablen verknüpft. Folgendes Beispiel dazu:

```
var i:uint = 0;
while (i < 10) {
    trace(i);
    i = i+1;
}
```

▲ **Abbildung 8.18**
Im AUSGABE-Fenster sehen Sie das Ergebnis.

Zunächst wird der Variablen i vom Datentyp uint der Wert 0 zugewiesen. Anschließend überprüft die while-Schleife, ob i kleiner als 10 ist. In diesem Fall wird der Wert der Variablen i im AUSGABE-Fenster ausgegeben. Der Wert der Variablen i wird um 1 erhöht, die Schleife wird erneut durchlaufen – bis der Wert der Variablen i schließlich gleich 10 ist.

Endlosschleifen | Ein Fehler, der im Zusammenhang mit Schleifen häufig auftritt, ist die sogenannte Endlosschleife. Wie der Name bereits sagt, handelt es sich um eine Schleife, die endlos weiterläuft. Eine Endlosschleife wird erzeugt, wenn die Bedingung der Schleife stets erfüllt bleibt. Folgender Code würde zu einer Endlosschleife führen:

```
var i:uint = 0;
while (i < 10) {
    trace(i);
}
```

[!] Endlosschleifen
Wenn Sie feststellen, dass in einer Anwendung eine vermeidliche Endlosschleife existiert, sollten Sie Ihr Augenmerk zunächst auf die Zählervariable richten. Sie sollten beispielsweise überprüfen, ob die Zählervariable überhaupt erhöht wird und die Bedingung irgendwann erfüllt sein kann.

Der Wert der Variablen i wird hier nicht erhöht, demnach bleibt die Bedingung i<10 stets erfüllt, und der Code innerhalb der Blockanweisung wird endlos wiederholt.

Zeitlimit für Skripte
Wie lange ein Skript ausgeführt wird, bevor es automatisch abgebrochen wird, können Sie selbst festlegen. Der Standardwert ist 15 Sekunden. Sie können den Wert unter DATEI • EINSTELLUNGEN FÜR DIE VERÖFFENTLICHUNG • FLASH (.SWF) selbst einstellen.

◀ **Abbildung 8.19**
Zeitlimit für Skript selbst definieren

Fehler zur Laufzeit entdecken
Ein Überschreiten des Zeitlimits lässt sich zur Laufzeit entdecken, indem man den Fehler `flash.errors.ScriptTimeoutError` abfängt.

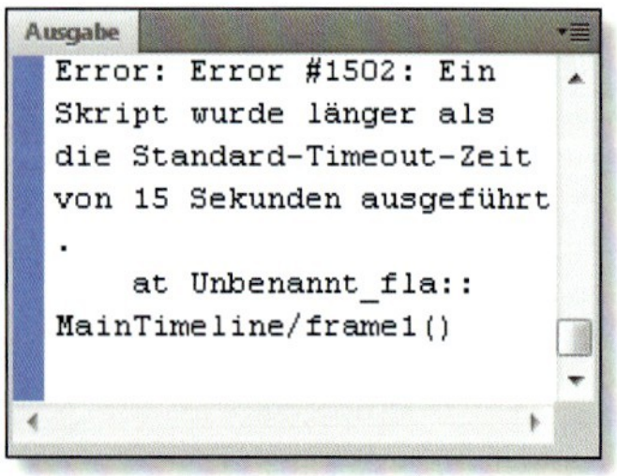

▲ **Abbildung 8.20**
Die Ausführung des Skripts wurde automatisch nach 15 Sekunden abgebrochen.

do-while-Schleife
Die `do-while`-Schleife wird vergleichsweise selten verwendet. Sie wird hier dennoch der Vollständigkeit halber erwähnt.

Wenn Sie einen Flash-Film mit einer Endlosschleife veröffentlichen, wird Ihr Rechner eine Zeit lang nicht reagieren – glücklicherweise fällt Flash das bereits nach kurzer Zeit auf. Die Ausführung des Skripts wird dann automatisch abgebrochen, und es wird eine entsprechende Fehlermeldung im AUSGABE-Fenster angezeigt.

Sollten Sie diese Fehlermeldung sehen, prüfen Sie Ihren Code als Erstes auf eine vermeidliche Endlosschleife! Der Fehler kann gelegentlich auch auftreten, wenn Sie mit Flash sehr komplexe Berechnungen ausführen, die länger als das Zeitlimit dauern.

do-while-Schleife

Die `do-while`-Schleife funktioniert ähnlich wie eine `while`-Schleife, mit dem Unterschied, dass die Bedingung erst nach der Ausführung der Anweisung überprüft wird – die Anweisung wird in jedem Fall mindestens einmal ausgeführt. Die formelle Syntax lautet wie folgt:

```
do {
   // Anweisung
} while(Bedingung);
```

Vergleich mit while-Schleife | Die `do-while`-Schleife verhält sich in diesem Beispielfall genau wie eine vergleichbare `while`-Schleife. Wenn Sie die Bedingung jedoch in `while(i >1)` ändern und das Resultat mit einer entsprechenden `while`-Schleife vergleichen, sehen Sie den Unterschied – die Bedingung ist nicht und wird auch nie erfüllt sein, der Anweisungsblock wird dennoch einmal ausgeführt:

```
var i:Number = 0;
do {
   trace(i);
   i++;
}
while (i < 5);
```

for-Schleife

Im Prinzip dient die `for`-Schleife demselben Zweck wie die `while`-Schleife. Allein die Syntax ist etwas anders. Eine `for`-Schleife sieht formell wie folgt aus:

```
for(Wert-Initialisierung; Bedingung; Wertänderung) {
    // Anweisung
}
```

Das ist noch nicht sehr aufschlussreich – ein praktisches Codebeispiel jedoch hilft, dies zu veranschaulichen:

```
for(var i:uint = 0; i < 10; i++) {
    trace(i);
}
```

Vergleichen Sie die Syntax ruhig einmal mit der Syntax einer `while`-Schleife. Die Bestandteile sind identisch, nur die Form ist eine andere.

Im Beispiel wird zunächst einmalig eine Zählervariable i initialisiert und der Variablen der Wert 0 zugewiesen. Es folgt die Bedingung i<10 der Schleife, die festlegt, unter welchen Voraussetzungen die Anweisung im Codeblock ausgeführt wird. Wenn die Bedingung erfüllt ist, wird die Anweisung ausgeführt, die Zählervariable i wird um 1 erhöht, und die Schleife wird erneut durchlaufen, bis die Bedingung nicht mehr erfüllt ist. In der Praxis werden `for`-Schleifen z. B. oft dazu genutzt, Arrays zu durchlaufen, um die Werte nach und nach weiterzuverarbeiten:

```
var highscore_arr:Array = new Array({myName:"Anton",
score:223},
    {myName:"Jimmy",score:173},
    {myName:"Julie",score:384}
);
for(var i:int = 0; i < highscore_arr.length; i++){
    trace(highscore_arr[i].myName);
    trace(highscore_arr[i].score);
}
```

for-in-Schleife

Die `for-in`-Schleife kann immer dann verwendet werden, wenn die Reihenfolge des Durchlaufens unwichtig ist. Insbesondere assoziative Arrays (siehe Abschnitt 8.6) können so sehr einfach durchlaufen werden.

Anwendungsbeispiel | Die formelle Syntax einer for-in-Schleife ist wie folgt:

Schachteln von Schleifen

Schleifen lassen sich ohne Probleme ineinander verschachteln, um so beispielsweise mehrdimensionale Arrays zu durchlaufen. Sie sollten jedoch darauf achten, dass die Schleifenvariablen unterschiedlich heißen:

```
for(var x:int = 0; x < 10;
x++){
    For(var y:int = 0; y < 5;
    y++){
        //Anweisungen...
    }
}
```

Vergleich

Im Prinzip ist es Geschmackssache, ob Sie `while`- oder `for`-Schleifen verwenden. Die Wahrscheinlichkeit, eine Endlosschleife zu erzeugen, ist bei `for`-Schleifen jedoch kleiner, da man die Wertänderung immer gleich angeben muss. Sie sollten daher wenn möglich for-Schleifen verwenden. `while`-Schleifen kommen immer dann zum Einsatz, wenn die Anzahl der Schritte nicht bekannt ist, etwa bei Sortieralgorithmen.

```
for (var field:String in Object) {
    // Anweisung
}
```

Die Variable `field` ist die Schleifenvariable. Sie hat immer den Typ `String` und entspricht bei assoziativen Arrays dem Namen des Feldes. Daher ist die for-in-Schleife insbesondere im Zusammenhang mit assoziativen Arrays/Objekten nützlich. Ein konkretes Beispiel hierzu:

```
var myObject:Object = {name: "John", age:26,
location: "Chicago"};
for (var prop:String in myObject) {
    trace(prop+":"+myObject[prop]);
}
```

for-each-in-Schleife

Ähnlich wie die `for-in`-Schleife funktioniert die `for-each-in`-Schleife. Die Schleifenvariable ist jedoch der Inhalt des Array-Felds und nicht, wie bei der `for-in`-Schleife, sein Name. Im Zusammenhang mit einem Array lässt sich die `for-each-in`-Schleife wie folgt verwenden:

```
var names_arr:Array = ["Anton","Jimmy","Julia"];
for each (var item:String in names_arr) {
    trace(item);
}
```

Genau wie die `for-in`-Schleife ist die `for-each-in`-Schleife insbesondere für assoziative Arrays wichtig. Ein Beispiel verdeutlicht die Eleganz und Lesbarkeit des entstehenden Quellcodes:

```
var myObject:Object = {name: "John", age:26,
location: "Chicago"};
for each (var prop:String in myObject){
    trace(prop);
}
```

Außerdem werden `for-in`- und `for-each-in`-Schleifen häufig auch mit XML-Daten verwendet, um Elemente einer XML-Struktur zu durchlaufen.

Codebeispiel mit einem Array

Auch wenn die Schleifenvariable ein String ist, kann die `for-in`-Schleife im Zusammenhang mit indizierten Arrays verwendet werden:

```
var names_arr:Array=
new Array("Anton","Jimmy",
"Julia");
var fieldIndex:String;
for (fieldIndex in
names_arr) {
    trace(names_arr
    [fieldIndex]);
}
```

Die `for-in`-Schleife durchläuft die Elemente des Arrays `names_arr`. Dabei wird der jeweilige Feldindex über die Variable `fieldIndex` referenziert, und anschließend werden die Feldwerte über `trace()` ausgegeben.

▲ **Abbildung 8.21**
Die Ausgabe des Skripts

▲ **Abbildung 8.22**
Die Ausgabe des Skripts

8.10   Funktionen

Funktionen sind in erster Linie dazu da, Codeblöcke, die Sie in einer Anwendung wiederholt einsetzen möchten, auszulagern. Ein weiterer Vorteil, der unserer Meinung nach zu selten erwähnt wird, ist, dass Code mit vielen Zeilen mithilfe von Funktionen deutlich übersichtlicher strukturiert werden kann. Ein Funktionsname kann dazu verwendet werden, zu beschreiben, wozu der Code innerhalb der Funktion dient. Eine Funktion wird formell folgendermaßen deklariert:

```
function Funktionsbezeichner():Rückgabewert {
    // Anweisungen
}
```

Über den Funktionsbezeichner rufen Sie die Funktion und damit die Anweisungen innerhalb des Codeblocks der Funktion auf. Hier ein Beispiel:

```
function showError():void {
    trace("Es ist ein Fehler aufgetreten.");
}
showError();
```

Nachdem die Funktion definiert wurde, können Sie diese beliebig oft aufrufen. Die zuvor genannte Funktion ist allerdings noch nicht sehr flexibel und gibt immer denselben Text im Ausgabe-Fenster aus.

Parameter und Argumente | Mit Parametern geben Sie einer Funktion die nötige Flexibilität. Folgendes Beispiel zeigt die Anwendungsweise:

```
function showError(myMessage:String):void {
    trace(myMessage);
}
showError("Fehler 101: Fehlende Benutzereingabe");
```

Der Parameter myMessage vom Datentyp String wird von der Funktion entgegengenommen, und der Wert wird im Ausgabe-Fenster ausgegeben. Als Argument wird der übergebene Wert bezeichnet, in diesem Fall also die Fehlermeldung.

Die Funktion erwartet als Argument einen Stringwert. Sollten Sie keinen Wert übergeben oder einen Wert eines anderen

---

void

Der Ausdruck void in der Funktionsdeklarierung gibt an, dass eine Funktion keinen Wert zurückgibt (siehe im Folgenden unter »Rückgabewert«). Beachten Sie, dass void in ActionScript 3 im Gegensatz zu ActionScript 2 mit einem Kleinbuchstaben beginnt.

Benennung von Funktionen

Wie auch bei Variablen, ist es üblich, Funktionsnamen immer im sogenannten CamelCase zu schreiben. Das heißt, dass der erste Buchstabe immer klein ist, alle danach folgenden im Namen enthaltenen Wörter werden mit einem großen Anfangsbuchstaben geschrieben.

Geltungsbereich von Funktionen

Auch Funktionen haben wie Variablen einen bestimmten Geltungsbereich. Dieser bezieht sich auf die Zeitleiste, in der sie definiert wurden. Sie können beispielsweise in einem Schlüsselbild in der Zeitleiste eines MovieClips nicht direkt auf eine Funktion zugreifen, die in einem Schlüsselbild der Hauptzeitleiste definiert wurde.

Datentyps, würde das zu einer Fehlermeldung führen. Die folgenden Codezeilen sind ungültig:

```
showError();
showError(10);
```

Abbildung 8.23 ▶
Die entsprechenden Fehlermeldungen im Compiler-Fehler-Fenster

Mehrere Argumente | Sie können für eine Funktion auch mehrere Parameter definieren. Dazu folgendes Beispiel:

```
function showError(myMessage:String,
myErrorCode:Number) {...}:void
```

Auch in diesem Fall müssen neben der Parameteranzahl und der Argumentenanzahl auch die Datentypen übereinstimmen.

Rückgabewert | Ein weiteres optionales Merkmal von Funktionen ist der sogenannte *Rückgabewert*. Eine Funktion kann immer nur einen Rückgabewert besitzen. Wie der Name bereits sagt, gibt die Funktion einen Wert zurück, nachdem sie aufgerufen wurde. Im folgenden Beispiel wird die Summe zweier Zahlenwerte berechnet und an den Funktionsaufruf zurückgegeben:

```
function sum(a:Number,b:Number):Number {
    return a+b;
}
var result:Number = sum(1,5);
trace(result);
```

Math-Klasse

Die Math-Klasse bietet die Möglichkeit, verschiedene mathematische Berechnungen durchzuführen. Erläuterungen zur Math-Klasse finden Sie in Kapitel 9, »Animation mit ActionScript«.

Die Funktion erwartet zwei Argumente für die Parameter a und b, in diesem Fall 1 und 5.

Die Funktion berechnet auf Basis der übergebenen Werte deren Summe und gibt das Resultat über die Anweisung return an den Funktionsaufruf zurück. Der zurückgegebene Wert wird der lokalen Variablen result zugewiesen und anschließend im Ausgabe-Fenster ausgegeben. Sie können auf diese Weise eine Funktion mit verschiedenen Werten »füttern« und erhalten ein Ergebnis zurück. Das ist z. B. wie in diesem Fall sehr praktisch, wenn Sie die Summe von unterschiedlichen Werten berechnen wollen. Sie müssen die Berechnung dann nicht jedes Mal neu schreiben, sondern können einfach die gewünschten Werte an die Funktion übergeben und erhalten daraufhin das Ergebnis.

Standardwerte für Parameter | Sie können eine Funktion auch so definieren, dass standardmäßig ein bestimmter Wert für einen Parameter verwendet wird, wenn im Funktionsaufruf selbst kein Argument angegeben wird. Dazu folgendes Beispiel:

```
function sum(a:Number,b:Number=0):Number {
    return a+b;
}
```

Wie zuvor erläutert, wäre dann folgender Funktionsaufruf zulässig:

```
var result:Number = sum(1,5); // Ergebnis: 6
```

Aber auch dieser Funktionsaufruf wäre zulässig:

```
var result:Number = sum(1); // Ergebnis: 1
```

Wird hier für den zweiten Parameter im Funktionsaufruf kein Argument angegeben, wird der Standardwert (hier 0) verwendet.

Unbekannte Parameteranzahl | Manchmal ist es sinnvoll, eine Funktion zu definieren, deren Parameteranzahl unbekannt sein soll. Es können dann optional beliebig viele Argumente an die Funktion übergeben werden. Das folgende Beispiel zeigt die Syntax einer solchen Funktion:

```
function sum(param0:Number,...params:Array):Number {
    var sum:Number = param0;
    for(var i:int = 0; i < params.length; i++) {
        sum += params[i];
    }
    return sum;
}
trace(sum(5, 6, 2));
trace(sum(3, 2, 1, 5.6, 7.8));
```

Optionale Parameter werden zum Schluss innerhalb der Funktionsdeklaration mit drei vorangestellten Punkten definiert. Der Datentyp dieses Parameters muss vom Typ Array sein. Das Array kann beliebig viele Werte besitzen. Es ist natürlich auch möglich, dass es leer ist.

Optionale Parameter am Ende

Optionale Parameter einer Funktion, z. B. mit einem Standardwert, müssen immer am Ende angegeben werden. Folgende Definition ist *nicht* zulässig:

```
function sum(num0:Number =
0,num1:Number) {
}
```

Diese Funktionsdefinition führt zu folgendem Compiler-Fehler: »1138: Erforderliche Parameter sind nach optionalen Parametern nicht zulässig.«

Methoden und Funktionen

Methoden und Funktionen sind in der objektorientierten Programmierung als Synonyme zu verstehen. Bei Flash bezeichnet man mit Funktion häufig eine Funktion, die auf der Zeitleiste definiert wird, während eine Methode innerhalb einer Klasse definiert wird. Es handelt sich aber nur um eine Wortdefinition, Sie müssen in jedem Fall function verwenden, um eine Methode bzw. Funktion zu definieren.

[!] **Endlos-Ausführung**

Rekursive Funktionen sind Schleifen sehr ähnlich und daher ebenfalls anfällig für endlose Ausführungen. Wenn Sie eine rekursive Funktion schreiben, sollten Sie besonders darauf achten, dass eine endlose Ausführung ausgeschlossen wird.

Zugriff auf die Hauptzeitleiste eines Flash-Films

Um die Hauptzeitleiste eines Flash-Films aus einem Movie-Clip steuern zu können, können Sie die Hauptzeitleiste entweder über einen relativen Pfad z. B. mit `parent` ansteuern, wenn der MovieClip auf der Hauptzeitleiste liegt, oder auch mit einem absoluten Pfad über `root`.
Der Datentyp des obersten Anzeigeobjekts ist `DisplayObject` und nicht `MovieClip`. Deshalb müssen Sie explizit angeben, dass das oberste Anzeigeobjekt wie ein MovieClip behandelt werden soll, damit auf die Zeitleiste zugegriffen werden kann. Dafür sorgt der fett gedruckte Teil in der Zeile

MovieClip(parent).
`gotoAndPlay(10);`
oder
MovieClip(root).
`gotoAndPlay(10);`.

Rekursive Funktionen | *Rekursive Funktionen* sind Funktionen, die sich selbst aufrufen. Als Anfänger werden Sie sie vergleichsweise selten benötigen. Jedoch lassen sich sehr viele Algorithmen in sehr knapper Form rekursiv formulieren. Es erfordert allerdings etwas Übung, um »rekursiv denken« zu lernen. Ein klassisches Beispiel für eine rekursive Funktion ist die Berechnung der Fakultät. Die Fakultät von 3 ist 6, da 3 * 2 * 1 = 6 ist. Folgendes Beispiel dazu:

```
function fac(n:Number):Number {
    if (n>1) {
        return n * fac(n-1);
    } else {
        return 1;
    }
}
trace(fac(3));
trace(fac(6));
```

Solange n größer als 1 ist, entspricht der Rückgabewert der Funktion $n*fac(n-1)$. Die Funktion `fac` wird also n-mal erneut aufgerufen, wobei n jeweils um 1 kleiner wird. Im Fall von `trace(fac(3));` wird sie daher dreimal aufgerufen.

Für dieses einfache Beispiel lässt sich die Aufgabe auch sehr einfach mittels einer Schleife lösen, was in der Regel auch performanter ist. Für viele klassische Algorithmen wie z. B. Sortieralgorithmen gilt dies nicht. Als Anfänger sollten Sie dennoch auf Rekursion möglichst verzichten und lieber mit Schleifen arbeiten.

8.11   Steuerung von Zeitleisten

Zu den ActionScript-Grundlagen gehört es, die Steuerungsmöglichkeiten der Zeitleiste zu kennen. Die Hauptzeitleiste eines Flash-Films oder eines MovieClips lässt sich gezielt über verschiedene einfache Befehle steuern. Sie können diese Steuerungsbefehle in Schlüsselbildern einer Zeitleiste integrieren, um diese Zeitleiste oder eine Zeitleiste eines anderen Objekts zu steuern. Wenn Sie den Abspielvorgang einer Zeitleiste an einer bestimmten Stelle anhalten möchten, könnten Sie dazu auf einer eigenen Ebene »Actions« an der Stelle ein Schlüsselbild über F7 erzeugen und dem Schlüsselbild die Zeile

```
stop();
```

zuweisen. Wenn Sie den Lesekopf in einem MovieClip mit dem Instanznamen »mc« anhalten möchten, verwenden Sie die Punktsyntax wie folgt:

```
mc.stop();
```

Wenn per Mausklick auf einen MovieClip mit dem Instanznamen »mc«, der auf der Hauptzeitleiste liegt, der Lesekopf der Hauptzeitleiste auf Bild 10 springen soll, können Sie folgenden Code verwenden. Der Code wird daraufhin in einem Schlüsselbild auf der Zeitleiste des MovieClips platziert:

```
this.addEventListener(MouseEvent.CLICK,clickHandler);
function clickHandler(e:MouseEvent):void {
    MovieClip(parent).gotoAndStop(10);
}
```

Im Code wurde ein sogenannter Ereignis-Listener am MovieClip »mc« registriert. Mehr zu Ereignis-Listenern erfahren Sie in Abschnitt 8.13, »Ereignisse«. Die folgende Tabelle zeigt die wichtigsten Steuerungsbefehle für Zeitleisten.

Referenzierung eines Objekts
Um ein Objekt, das über die Entwicklungsumgebung erstellt wurde, via ActionScript ansteuern zu können, müssen Sie dem Objekt einen Instanznamen zuweisen. Wählen Sie dazu das Objekt auf der Bühne aus, und weisen Sie ihm im EIGENSCHAFTEN-Fenster einen Instanznamen, z. B. »mc«, zu.

▼ **Tabelle 8.9**
Methoden zur Steuerung der Zeitleiste

Methode/Eigenschaft	Beispiel	Parameter	Beschreibung
stop	stop();	–	Der Lesekopf der Zeitleiste wird gestoppt.
nextFrame	nextFrame();	–	Der Lesekopf springt auf das nächste Bild der Zeitleiste.
prevFrame	prevFrame();	–	Der Lesekopf springt auf das vorige Bild der Zeitleiste.
gotoAndStop	gotoAndStop(10); gotoAndStop("home");	Bildnummer oder Bildbezeichner	Der Lesekopf springt auf das Bild mit der angegebenen Bildnummer oder dem Bildbezeichner und hält dann an.
isPlaying	mc.isPlaying	–	Eigenschaft, die angibt, ob die Zeitleiste abgespielt wird. Achtung: Sie müssen vorher gotoAndPlay aufgerufen haben, damit isPlaying korrekt funktioniert, ansonsten wird false ausgegeben, obwohl der MovieClip oder die Hauptzeitleiste abgespielt wird.
gotoAndPlay	gotoAndPlay(10); gotoAndPlay("in");	Bildnummer oder Bildbezeichner	Der Lesekopf springt auf das Bild mit der angegebenen Bildnummer oder dem Bildbezeichner und spielt die Zeitleiste von da an weiter ab.

8.12   Anzeigeliste

Anmerkung

Die folgenden Erläuterungen zur Anzeigeliste sind essenziell, um mit visuellen Objekten und ActionScript zu arbeiten. Besonders für ActionScript 2-Umsteiger dürften sie etwas ungewohnt sein. Wenn Sie die Erläuterungen beim ersten Mal nicht ganz verstanden haben, lesen Sie diese ruhig ein zweites Mal.

Warum Hierarchie?

Die Hierarchie erlaubt es sehr bequem, ganze Gruppen von Objekten zu handhaben. Setzen Sie beispielsweise einen Anzeigeobjektcontainer halbtransparent, erscheinen dieser und auch alle seine Kinder halbtransparent. Die Eigenschaften kumulieren sich also von der Wurzel zum Blatt.

Abbildung 8.24 ▸

Eine mögliche Anzeigeliste eines Flash-Films

Klasse und Objekt

Eine Klasse ist die Blaupause oder das Muster für ein Objekt. Ein Objekt wird auch als *Instanz der Klasse* bezeichnet. Mehr zu Klassen und Objekten erfahren Sie auch in Kapitel 10, »Einführung in die objektorientierte Programmierung«.

Sie haben jetzt bereits viele Grundlagen der Programmierung mit ActionScript kennengelernt. In diesem Abschnitt werfen wir einen Blick hinter die Kulissen der Bühne mit all ihren visuellen Protagonisten, die ein Flash-Film beinhalten kann. Alle sichtbaren Elemente eines Flash-Films unterliegen einer definierten Hierarchie. Für die Programmierung mit ActionScript ist es sehr wichtig, diese Hierarchie zu verstehen.

Jeder auf ActionScript 3 basierende Flash-Film besitzt eine Hierarchie von sogenannten *Anzeigeobjekten*. Die Hierarchie wird auch als *Anzeigeliste* bezeichnet. Bei der sichtbaren Anzeigeliste eines Flash-Films ist die Bühne (engl. »Stage«) der oberste *Anzeigeobjektcontainer* der Anzeigeliste.

Darunter können sich weitere Anzeigeobjektcontainer oder Anzeigeobjekte befinden. Anzeigeobjektcontainer verhalten sich grundsätzlich wie Anzeigeobjekte – mit dem Unterschied, dass sie zusätzlich weitere Anzeigeobjektcontainer und/oder Anzeigeobjekte beinhalten können. Ein Anzeigeobjektcontainer kennzeichnet sich also, wie auch die Stage, dadurch aus, dass er eine eigene Anzeigeliste besitzt. Abbildung 8.24 zeigt beispielhaft die Hierarchie eines Flash-Films.

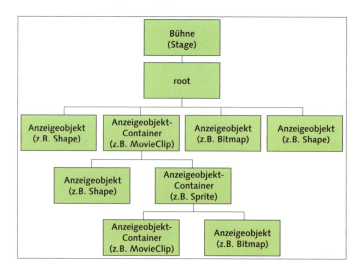

Anzeigeklassen

Eine Anzeigeliste enthält Objekte von Anzeigeklassen. Anzeigeklassen gehören zum Paket flash.display und werden Ihnen neben anderen Klassen im AKTIONEN-Fenster in der Werkzeugleiste unter FLASH.DISPLAY angezeigt.

Ein Anzeigeobjekt gehört zur Klasse bzw. ist eine Unterklasse von `DisplayObject`. Ein Anzeigeobjektcontainer gehört zur Klasse bzw. ist eine Unterklasse von `DisplayObjectContainer`. Abbildung 8.26 zeigt die Klassenhierarchie von Anzeigeobjekten und Anzeigeobjektcontainern.

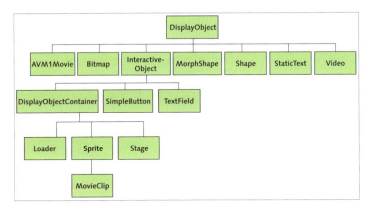

▲ **Abbildung 8.25**
Klassenhierarchie von Anzeigeobjekten und Anzeigeobjektcontainern

▲ **Abbildung 8.26**
Eine Auswahl von Anzeigeklassen in der Werkzeugleiste

Jede Anzeigeklasse erweitert die sogenannte DisplayObject-Klasse. So werden auch Eigenschaften und Methoden der DisplayObject-Klasse vererbt. Das bedeutet z. B., dass alle Anzeigeobjekte Eigenschaften wie x, y und z besitzen, über die die Position des Anzeigeobjekts innerhalb seines Anzeigeobjektcontainers (z. B. der Bühne) gesteuert werden kann.

Die folgende Tabelle zeigt die wichtigsten Eigenschaften der DisplayObject-Klasse, die von allen Anzeigeobjekten geerbt werden und deshalb auch mit jedem einzelnen von ihnen verwendet werden können.

▼ **Tabelle 8.10**
Eigenschaften von Anzeigeobjekten

Eigenschaft	Beispiel	Beschreibung
alpha	`myShape.alpha = 0.5;`	Alphawert (Transparenz) des Anzeigeobjekts; Wertebereich 0 bis 1 (100 %)
height	`mc.height = 100;`	Höhe des Anzeigeobjekts
width	`mc.width = 50;`	Breite des Anzeigeobjekts

name	`var myShape:Shape = new Shape();`
	`myShape.name = "titleBG";`
	`trace(myShape.name);`
	Oder für ein Objekt, das auf einem Schlüsselbild einer Zeitleiste platziert wurde:
	`trace(getChildAt(0).name);`
		Instanzname des Anzeigeobjekts. Hinweis: Der Instanzname eines in die Zeitleiste eingefügten Objekts kann nicht über ActionScript geändert werden.

Eigenschaft	Beispiel	Beschreibung
parent	trace(mc.parent);	Referenz auf das übergeordnete Display-ObjectContainer-Objekt einer Anzeigeliste
rotation	mySprite.rotation = 90;	Rotation (Drehung) des Anzeigeobjekts
rotationX	mySprite.rotationX = 90;	Rotation (Drehung) auf der x-Achse
rotationY	mySprite.rotationY = 90;	Rotation (Drehung) auf der y-Achse
rotationZ	mySprite.rotationZ = 90;	Rotation (Drehung) auf der z-Achse

scaleX	mySprite.scaleX = 2;
	(200 % Skalierung nach rechts, wenn der Registrierungspunkt links ist)
	mySprite.scaleX = -2;
	(200 % Skalierung nach links, wenn der Registrierungspunkt links ist)
		horizontale Skalierung des Anzeigeobjekts, ausgehend vom Registrierungspunkt

scaleY	mySprite.scaleY = 2;
	(200 % Skalierung nach unten, wenn der Registrierungspunkt oben ist)
	mySprite.scaleY = -2;
	(200 % Skalierung nach oben, wenn der Registrierungspunkt oben ist)
		vertikale Skalierung des Anzeigeobjekts, ausgehend vom Registrierungspunkt

scaleZ	mySprite.scaleZ = 2;	Skalierung des Anzeigeobjekts auf der z-Achse, ausgehend vom Registrierungspunkt
stage	trace(mySprite.stage)	Referenz auf die Bühne (Stage), in der sich das Anzeigeobjekt direkt oder verschachtelt in einem Anzeigeobjektcontainer befindet
visible	mc.visible = false;	Gibt an, ob das Anzeigeobjekt sichtbar und aktiv (true) oder unsichtbar und nicht aktiv (false) ist.
x	mc.x = 100;	x-Koordinate des Anzeigeobjekts, relativ zum übergeordneten DisplayObjectContainer-Objekt
y	mc.y = 200;	y-Koordinate des Anzeigeobjekts, relativ zum übergeordneten DisplayObjectContainer-Objekt
z	mc.z = 100;	z-Koordinate des Anzeigeobjekts, relativ zum übergeordneten DisplayObjectContainer-Objekt

▲ **Tabelle 8.10**
Eigenschaften von Anzeigeobjekten (Forts.)

In ActionScript 3 gibt es neben MovieClips und Bitmaps, mit denen Sie bereits in der Entwicklungsumgebung gearbeitet haben, viele weitere Anzeigeobjekte, die sich über ActionScript erzeugen und steuern lassen. Dazu gehören:

▶ **Stage (Anzeigeobjektcontainer)**: Jeder Flash-Film besitzt eine Instanz der Klasse Stage, über die u. a. auf Eigenschaften der DisplayObject-Instanzen zugegriffen werden kann. Die Bühne ist der grundlegende Anzeigeobjektcontainer an oberster Stelle eines Flash-Films.

▶ **MovieClip (Anzeigeobjektcontainer)**: Ein Objekt der Klasse MovieClip entspricht einer Instanz eines MovieClip-Symbols. Ein MovieClip-Objekt besitzt eine Zeitleiste und kann auf Maus- und Tastaturereignisse reagieren.

▶ **Sprite (Anzeigeobjektcontainer)**: Ein Sprite-Objekt kann Grafiken und untergeordnete Anzeigeobjekte enthalten. Ein Sprite-Objekt besitzt keine Zeitleiste. Sprite-Objekte können auf Maus- und Tastaturereignisse reagieren. Wenn Sie z. B. für ein grafisches Objekt, deren Animation Sie über ActionScript steuern, keine Zeitleiste benötigen, sollten Sie ein Sprite-Objekt und kein MovieClip-Objekt verwenden, da dieses performanter ist.

▶ **Shape**: Ein Objekt der Shape-Klasse kann Vektorformen wie Kreise, Rechtecke etc. beinhalten. Ein Shape-Objekt besitzt im Gegensatz zu einem MovieClip keine Zeitleiste. Da Shape-Objekte einfacher strukturiert sind als MovieClips oder Sprites, benötigen sie dementsprechend weniger Speicher. Shape-Objekte können nicht auf Maus- oder Tastaturereignisse reagieren.

▶ **Loader (Anzeigeobjektcontainer)**: Mithilfe der Loader-Klasse lassen sich externe Inhalte wie Flash-Filme (SWF) oder Grafiken laden.

▶ **SimpleButton**: Ein Objekt der SimpleButton-Klasse ähnelt einem Schaltflächen-Symbol. Es besitzt drei Zustände: AUF, GEDRÜCKT und DARÜBER.

▶ **Bitmap**: Mithilfe eines Bitmap-Objekts lassen sich sowohl externe Bitmaps als auch über ActionScript erzeugte Bitmaps darstellen und steuern.

▶ **TextField**: Eine Klasse zur Darstellung von Text. Ein Objekt der Klasse kann ein dynamisches oder ein Eingabetextfeld sein. Statische Textfelder gehören zur Klasse StaticText. Statische Textfelder können übrigens nicht mit ActionScript erstellt werden.

▶ **Video**: Die Video-Klasse zur Darstellung von Videos

MovieClip: Eine dynamische Klasse

Die MovieClip-Klasse ist eine besondere Ausnahme. Die Klasse ist im Gegensatz zu anderen Klassen in ActionScript 3 eine dynamische Klasse, was bedeutet, dass ihr zur Laufzeit Eigenschaften zugewiesen werden können. Dies lässt sich für spezielle Anwendungszwecke gut nutzen, wie später noch an einem Beispiel erläutert wird.

Anzeigeobjektcontainer

Klassen, die die DisplayObject-Container-Klasse erweitern, können neben eigenen grafischen Elementen auch untergeordnete Anzeigeobjekte beinhalten. Sie werden im Deutschen auch als Anzeigeobjektcontainer bezeichnet. So können einem Objekt der Klasse Sprite z. B. mehrere Objekte der Klasse Shape oder MovieClip als untergeordnete Objekte zugewiesen werden.

▶ **AVM1Movie**: Die Klasse dient zur Darstellung von geladenen Flash-Filmen, die auf ActionScript 1 oder 2 basieren.

▶ **MorphShape**: Wenn Sie in der Entwicklungsumgebung ein Form-Tweening erstellen, lässt sich über ein Objekt der MorphShape-Klasse darauf zugreifen.

Des Weiteren gibt es noch sogenannte *Basisklassen,* die die zuvor genannten Klassen erweitern. Dazu gehören:

▶ **DisplayObject**: Die DisplayObject-Klasse ist die Basisklasse für alle Objekte, die zu einer Anzeigeliste eines Anzeigeobjektcontainers hinzugefügt werden können.

▶ **DisplayObjectContainer**: Eine Basisklasse, die als Container dient. Die Klasse wird von den Klassen Loader, Sprite und Stage sowie von der MovieClip-Klasse erweitert, d. h., Eigenschaften und Methoden der DisplayObjectContainer-Klasse werden an die genannten Klassen vererbt.

▶ **InteractiveObject**: Eine Basisklasse, die zur Interaktion mit Maus und Tastatur verwendet wird. Zahlreiche Klassen erben von der InteractiveObjekt-Klasse, so z. B. die MovieClip-, die TextField- und die Sprite-Klasse.

InteractiveObject-Klasse

Die InteractiveObject-Klasse wird von vielen anderen Klassen, wie z. B. der Sprite-Klasse, geerbt. Über Methoden der InteractiveObject-Klasse können dem Objekt Maus- und Tastaturereignisse zugewiesen werden.

Anzeigeobjekte referenzieren

Grundsätzlich können Sie alle Anzeigeobjekte, die in der Entwicklungsumgebung erstellt wurden, auch über ActionScript ansteuern. Diese Objekte befinden sich in der Anzeigeliste der Bühne (Stage) oder in der Anzeigeliste eines Anzeigeobjektcontainers (z. B. eines MovieClips).

Angenommen, Sie zeichnen in einem neuen Flash-Film ein Rechteck und möchten die Position des Rechtecks über Action-Script ändern. Zunächst können Sie dazu das Rechteck über die Methode getChildAt referenzieren.

Die Methode erwartet als Argument den Index des Objekts in der Anzeigeliste eines Anzeigeobjektcontainers. Anschließend können Sie beispielsweise die Position eines Anzeigeobjekts über die x- und y-Eigenschaft ändern:

[!] Anzeigeobjekteigenschaften

Beachten Sie, dass Eigenschaften von Anzeigeobjekten in Action-Script 3 ohne den Unterstrich _ geschrieben werden. Der folgende Vergleich zeigt die unterschiedliche Schreibweise: ActionScript 1 und 2:

```
mc._x = 300;
```

ActionScript 3:

```
mc.x = 300;
```

```
var myRect:DisplayObject = this.getChildAt(0);
myRect.x = 200;
myRect.y = 100;
```

In diesem Beispiel bezieht sich this auf den obersten Anzeigeobjektcontainer des Flash-Films, d. h. der Bühne (Stage). Alternativ können Sie ein Anzeigeobjekt in einer Anzeigeliste auch über die

Methode `getChildByName` referenzieren. Jedes Anzeigeobjekt besitzt eine `name`-Eigenschaft, die Sie selbst zuweisen können. Sollten Sie die Eigenschaft nicht definieren, wird dem Objekt automatisch ein Name, wie z. B. `"instance1"`, zugewiesen.

Angenommen, Sie haben einen MovieClip erstellt und ihm im EIGENSCHAFTEN-Fenster den Instanznamen »mc« zugewiesen. Dann können Sie ihn anschließend wie folgt referenzieren:

```
var meinMovieClip:DisplayObject =
this.getChildByName("mc");
meinMovieClip.x = 300;
```

Den MovieClip können Sie natürlich auch direkt über seinen Instanznamen ansprechen:

```
mc.x = 300;
```

Sie sollten Objekten, die Sie per Code ansteuern möchten, immer einen Instanznamen zuweisen und sie wie eben beschrieben ansprechen. Das macht den Quellcode lesbarer und weniger fehleranfällig.

Datentyp überprüfen | Über den is-Operator können Sie überprüfen, ob ein Anzeigeobjekt ein Objekt einer bestimmten Klasse ist und den entsprechenden Datentyp besitzt. Der folgende Code prüft beispielsweise, ob das Element mit dem Index 0 in der Anzeigeliste vom Datentyp MovieClip ist – also einem Objekt der Klasse MovieClip entspricht:

```
if(this.getChildAt(0) is MovieClip) {
    trace("Das Anzeigeobjekt ist ein MovieClip");
}
```

Anzeigeobjekte hinzufügen und entfernen

Wenn Sie ein Anzeigeobjekt auf der Bühne platzieren möchten, müssen Sie das Anzeigeobjekt zur Anzeigeliste der Bühne hinzufügen. Statt ein Anzeigeobjekt der Anzeigeliste der Bühne hinzuzufügen, können Sie ein Anzeigeobjekt auch der Anzeigeliste eines Anzeigeobjektcontainers hinzufügen. Das Anzeigeobjekt ist in diesem Fall jedoch nur dann sichtbar, wenn der übergeordnete Anzeigeobjektcontainer der Anzeigeliste der Bühne hinzugefügt wurde.

name-Eigenschaft

Der Wert der Eigenschaft `name` entspricht dem Instanznamen eines Objekts. Sie können den Instanznamen in der Entwicklungsumgebung definieren, indem Sie das entsprechende Objekt auswählen und ihm im EIGENSCHAFTEN-Fenster einen Instanznamen zuweisen. Verwechseln Sie jedoch nie den Instanznamen eines Objekts mit dem Symbolbezeichner!

Sichtbare Objekte

Alle Objekte, die sichtbar in einem Flash-Film sind, gehören zur einer Anzeigeliste der Bühne oder eines Anzeigeobjektcontainers, der sich wiederum in der Anzeigeliste der Bühne befindet.

Ergänzend dazu wird die vollständige Anzeigeliste eines Anzeigeobjektcontainers sichtbar, sobald Sie den Anzeigeobjektcontainer der Anzeigeliste der Bühne hinzufügen.

Angenommen, Sie möchten auf der Bühne ein Textfeld erstellen. Zunächst müssen Sie dazu das Anzeigeobjekt initialisieren. Anschließend können Sie es über die Methode addChild zur Anzeigeliste der Bühne (Stage) hinzufügen:

```
var meinTextfeld:TextField = new TextField();
meinTextfeld.text = "Hallo Welt";
this.addChild (meinTextfeld);
```

Index und visuelle Reihenfolge

Der Index einer Anzeigeliste lässt sich mit Ebenen vergleichen. Der unterste Index 0 lässt sich mit der untersten Ebene einer Zeitleiste vergleichen. Ein Objekt, das auf dem Index 1 liegt, überlagert das Objekt, das auf dem Index 0 liegt.

Wenn Sie ein initialisiertes Anzeigeobjekt nicht in die Anzeigeliste einfügen, existiert es zwar im Speicher, ist jedoch nicht sichtbar.

Über die Methode addChildAt können Sie ein Anzeigeobjekt an einem bestimmten Index in der Anzeigeliste eines Anzeigeobjektcontainers einfügen. Angenommen, Sie möchten ein Textfeld oberhalb eines Sprite-Objekts platzieren, das z. B. einen Hintergrund für das Textfeld beinhaltet. Weiter nehmen wir an, dass das Textfeld als Erstes zur Anzeigeliste hinzugefügt wurde.

Sie können dann das Sprite-Objekt nachträglich auf dem Index des Textfelds positionieren. Folgender Code sorgt dafür, dass das Sprite-Objekt meinSprite auf dem Index 0 positioniert wird. Das Textfeld wird dann automatisch auf dem Index 1 platziert. Es kann jeweils immer *nur ein Objekt auf einem Index* existieren, und *die Index-Reihenfolge ist immer durchgängig*:

```
var meinTextfeld:TextField = new TextField();
meinTextfeld.text = "Hallo Welt";
this.addChild(meinTextfeld);
var meinSprite:Sprite = new Sprite();
this.addChildAt(meinSprite,0);
```

Der Index einer Anzeigeliste ist immer durchlaufend nummeriert, d. h., wenn in einer Anzeigeliste beispielsweise zwei Objekte liegen, deren Index 0 und 1 ist, können Sie über die Methode addChildAt kein Objekt auf dem Index 3 einfügen. Sie müssten das Objekt auf dem Index 2 platzieren. Anderenfalls würde dies zu einer Fehlermeldung führen.

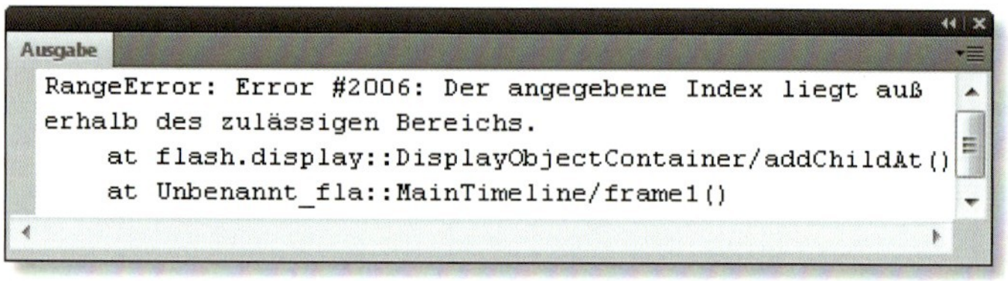

Abbildung 8.27 ▶
Es wurde versucht, ein Objekt auf einem nicht zulässigen Index der Anzeigeliste einzufügen.

Anzeigeobjekt entfernen | Über die Methode `removeChild` lässt sich ein Anzeigeobjekt aus einer Anzeigeliste wieder entfernen:

```
this.removeChild(meinTextfeld);
```

Dabei wird der Index jedes Elements der Anzeigeliste, das über dem entfernten Element liegt, automatisch um 1 reduziert. Beachten Sie, dass ein Objekt, das aus einer Anzeigeliste entfernt wurde, immer noch im Speicher existiert und dementsprechend Speicher verbraucht. Um ein nicht mehr benötigtes Objekt tatsächlich zum Löschen aus dem Speicher freizugeben, müssen Sie die Referenz auf das Objekt auf `null` setzen. Beispiel: Auf der Bühne befindet sich ein MovieClip mit dem Instanznamen »mc«, der entfernt werden soll. Dazu dient folgender Code:

```
removeChild(mc);
mc = null;
```

Alternativ können Sie ein Element an einem bestimmten Index über die Methode `removeChildAt` entfernen. Die folgende Anweisung löscht beispielsweise das Element mit dem Index 3:

```
this.removeChildAt(3);
```

Wenn Sie für Flash Player 11 oder höher veröffentlichen, können Sie die Methode `removeChildren` benutzen, um mehrere oder alle Kinder auf einmal zu entfernen. Sie hat zwei optionale Parameter, die die Indexgrenzen für die Löschung angeben:

```
this.removeChildren(2,4); //löscht an Position 2 und 3
this.removeChildren(2); //löscht alle ab Position 2
this.removeChildren(); //löscht alle Kinder
```

Anzeigeobjekte aus dem Speicher entfernen

Wenn Sie ein Anzeigeobjekt, an dem ein Ereignis-Listener registriert wurde, zum Löschen aus dem Speicher freigeben möchten, müssen Sie den Ereignis-Listener zunächst unregistrieren (abmelden). Beispiel:

```
removeChild(mc);
mc.removeEventListener(MouseEvent.
CLICK,clickHandler);
mc = null;
```

> **Indexposition bestimmen**
>
> Über die Methode `getChildIndex` können Sie den Index eines Elements in der Anzeigeliste eines `DisplayObjectContainers` bestimmen. Über folgende Anweisung würden Sie den Index eines `Sprite`-Objekts mein-Sprite bestimmen:
>
> ```
> trace(this.
> getChildIndex(meinSprite));
> ```

Sollten Sie vergessen, den Ereignis-Listener zu unregistrieren, wird das Objekt nicht aus dem Speicher entfernt werden. Auch dann nicht, wenn es sich in keiner Anzeigeliste eines Anzeigeobjektcontainers befindet. Eine Ausnahme hierzu bilden sogenannte schwache Ereignis-Listener (siehe Abschnitt 8.13, »Ereignisse«), in deren Zusammenhang jedoch in der Vergangenheit immer wieder von Fehlern berichtet wurden. Wir raten daher dazu, diese nicht zu verwenden und sich stattdessen manuell um die Unregistrierung zu kümmern.

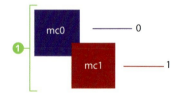

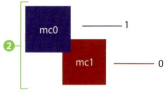

▲ **Abbildung 8.28**
Index-Reihenfolge ändern

Reihenfolge in der Anzeigeliste ändern

Der Index eines Anzeigeobjekts in einer Anzeigeliste eines Anzeigeobjektcontainers bestimmt, ob das Objekt oberhalb oder unterhalb anderer Objekte der Anzeigeliste dargestellt wird. Angenommen, Sie haben zwei MovieClips »mc0« und »mc1« auf der Bühne platziert ❶ und möchten die Reihenfolge entsprechend ändern ❷.

Sie können die Reihenfolge über zwei Methoden entsprechend ändern:

▶ **setChildIndex**: Über die Methode `setChildIndex` können Sie den Index eines Elements neu setzen. So würde folgende Anweisung dazu führen, dass der MovieClip »mc0« auf dem Index 1 positioniert wird. Dem MovieClip »mc1« wird dann automatisch der Index 0 zugewiesen:

```
this.setChildIndex(mc0,1);
```

▶ **swapChildren**: Über die Methode `swapChildren` können Sie die Position innerhalb der Hierarchie, also den Index von zwei Objekten, vertauschen:

```
this.swapChildren(mc0,mc1);
```

[!] Durchgehenden Index beachten

Beachten Sie auch hier wieder, dass der Index einer Anzeigeliste durchgehend sein muss. Sie können in diesem Beispiel den MovieClip »mc0« also nicht auf den Index 2 setzen, wenn nur die beiden genannten MovieClips in der Anzeigeliste existieren.

Sichtbarkeit eines Anzeigeobjekts

Wenn Sie die Eigenschaft visible eines Anzeigeobjekts auf false setzen, bedeutet dies, dass das Objekt und alle seine Kinder nicht sichtbar sind und auch auf keine Maus- oder Tastaturereignisse reagieren. Das Objekt ist jedoch immer noch in der Anzeigeliste eines Anzeigeobjektcontainers enthalten.

Struktur einer Anzeigeliste

Wenn Sie dynamische Anwendungen mit Flash entwickeln, werden Sie Anzeigeobjekte hauptsächlich zur Laufzeit und nicht in der Entwicklungsumgebung erzeugen. Wie bereits erwähnt, werden Anzeigeobjekte erst auf der Bühne sichtbar, wenn Sie diese zur Anzeigeliste hinzufügen. So können Sie Strukturen von Anzeigeobjektcontainern und Anzeigeobjekten zunächst anlegen und dann durch Einfügen des obersten Anzeigeobjektcontainers die vollständige Struktur in die Anzeigeliste einfügen. Angenommen, es liegt ein leerer Flash-Film vor, und Sie möchten die in Abbildung 8.29 gezeigte Struktur erzeugen.

Dann können Sie jetzt damit beginnen, die Struktur von oben nach unten zu erstellen. Das heißt also, Sie erstellen zunächst ein Shape- und ein Sprite-Objekt und fügen beide dann zur Anzeigeliste sowie anschließend ein Textfeld und ein Bitmap-Objekt zur Anzeigeliste des Sprite-Objekts hinzu. Alternativ können Sie auch zunächst zusätzlich zur Erzeugung des Shape-Objekts die rot markierte Struktur anlegen und diese dann durch Einfügen des Sprite-Objekts zur Anzeigeliste hinzufügen. Dazu folgendes Codebeispiel:

```
1:    var myText:TextField = new TextField();
2:    var myBitmap:Bitmap = new Bitmap();
3:    var mySpriteContainer:Sprite = new Sprite();
4:    mySpriteContainer.addChild(myText);
5:    mySpriteContainer.addChild(myBitmap);
6:    var myShape:Shape = new Shape();
7:    addChild(mySpriteContainer);
8:    addChild(myShape);
```

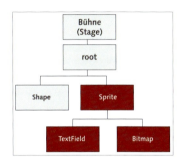

▲ **Abbildung 8.29**
Die gewünschte Struktur der Anzeigeliste

Zunächst wird die in Abbildung 8.29 rot markierte Struktur angelegt (Zeile 1 bis 5). Anschließend wird noch ein Shape-Objekt (Zeile 6) erstellt, und schließlich werden das Sprite- und das Shape-Objekt (Zeile 7 und 8) zur Anzeigeliste hinzugefügt. Sie haben so die zuvor beschriebene Anzeigehierarchie hergestellt.

Instanzen aus der Bibliothek erzeugen

Gelegentlich möchte man Symbole, die in der Bibliothek eines Flash-Films liegen, dynamisch zur Laufzeit über ActionScript ansteuern, um sie zur Laufzeit auf der Bühne zu platzieren.

Angenommen, Sie möchten einen MovieClip, der in der Bibliothek liegt, zur Laufzeit auf der Bühne positionieren: Wählen Sie dazu den MovieClip in der BIBLIOTHEK aus, öffnen Sie via rechte Maustaste das Kontextmenü, und wählen Sie den Menüpunkt EIGENSCHAFTEN.

Öffnen Sie gegebenenfalls über die Schaltfläche ERWEITERT ❶ zunächst die erweiterten Einstellungsmöglichkeiten. Aktivieren Sie anschließend die Option EXPORT FÜR ACTIONSCRIPT ❷. Die Felder KLASSE und BASISKLASSE werden daraufhin automatisch aktiviert. Unter KLASSE ❸ geben Sie den Bezeichner der Klasse ein, die Sie mit dem MovieClip verknüpfen möchten, z. B. Enemy. Über die angegebene Klasse können Sie den MovieClip dann in ActionScript 3 referenzieren, indem Sie ein Objekt der Klasse erzeugen. Dazu mehr im weiteren Verlauf des Kapitels.

▲ **Abbildung 8.30**
Eigenschaften eines MovieClip-Symbols definieren

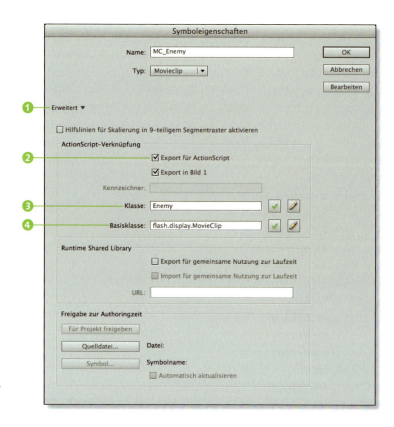

Abbildung 8.31 ▶
Die Klasse und die Basisklasse
wurden definiert.

Eigene Klasse verwenden

Zusätzlich könnten Sie hier optional auch eine eigene Klasse,
die die Sprite- oder MovieClip-
Klasse erweitert, eingeben.
Durch eine eigene Klasse könnten Sie die Funktionalität der
Sprite- oder MovieClip-Klasse
beliebig erweitern. Mehr zu
Klassen erfahren Sie in Kapitel
10, »Einführung in die objektorientierte Programmierung«.

Unter BASISKLASSE ❹ wird automatisch der Wert flash.display.
MovieClip eingetragen. Falls Sie die Zeitleiste des MovieClips
nicht benötigen, können Sie hier auch alternativ flash.display.
Sprite eintragen.

Sollten Sie alle Einstellungen so belassen, erscheint ein Warnhinweis. Die Meldung weist Sie darauf hin, dass es bisher keine
Klasse mit dem angegebenen Namen gibt. Klicken Sie auf OK,
um diesen Hinweis zu übergehen. Es wird dann automatisch eine
entsprechende Klasse in den Flash-Film integriert, die entweder
automatisch eine Unterklasse der Sprite- oder der MovieClip-
Klasse ist. Falls Sie unter Basisklasse flash.display.MovieClip
eingegeben haben, wird beispielsweise automatisch folgende
Klasse in den Flash-Film integriert:

```
package {
    import flash.display.MovieClip;
    public class Enemy extends MovieClip {
        public function Enemy() {
        }
    }
}
```

Der Code der Klasse ist allerdings nicht sichtbar und kann auch nicht bearbeitet werden. Anschließend können Sie durch die Initialisierung eines Objekts der dazugehörigen Klasse eine neue MovieClip-Instanz erzeugen und diese wie folgt auf der Bühne platzieren:

```
var mcEvilEnemy:Enemy = new Enemy();
addChild(mcEvilEnemy);
```

Mehrere Instanzen | Natürlich können Sie auch mehrere Instanzen einer Klasse zur Anzeigeliste hinzufügen. Im folgenden Beispiel werden mithilfe einer for-Schleife zehn Objekte der Klasse Enemy an zufälligen Koordinaten auf der Bühne platziert:

```
for (var i:int = 0; i<10; i++) {
    var mcEvilEnemy:Enemy = new Enemy();
    this.addChild(mcEvilEnemy);
    var stageWidth:int = this.stage.stageWidth;
    var stageHeight:int = this.stage.stageHeight;
    mcEvilEnemy.x = randomExt(mcEvilEnemy.
width,stageWidth-mcEvilEnemy.width);
    mcEvilEnemy.y = randomExt(mcEvilEnemy.
height,stageHeight-mcEvilEnemy.height);
}
function randomExt(minVal:int,maxVal:int):int {
    return minVal + Math.floor(Math.random() * maxVal
    + 1 - minVal);
}
```

Dieses Beispiel finden Sie auch auf der dem Buch beiliegenden DVD unter *08_ActionScript\Mehrere_Instanzen\Beispiel.fla*.

08_ActionScript\Mehrere_Instanzen\Beispiel.fla

8.13   Ereignisse

Ein wichtiger Bestandteil von ActionScript 3 ist das Ereignismodell. Viele Anweisungen werden ereignisbasiert ausgeführt. Ein Beispiel dafür ist, wenn Sie Anweisungen ausführen, sobald ein Benutzer mit der Maus auf ein Anzeigeobjekt, z. B. ein MovieClip, klickt.

Ereignisse, Ereignis-Listener und Ereignisprozeduren

Um auf das Auftreten eines Ereignisses reagieren zu können, müssen Sie zunächst einen sogenannten Ereignis-Listener an dem Objekt registrieren, auf das sich das Ereignis bezieht. Wird ein MovieClip angeklickt, wird daraufhin, falls vorhanden, die Ereignisprozedur aufgerufen, die bei der Registrierung des Ereignis-Listeners angegeben wurde. Wenn der MovieClip den Instanznamen »mc« besitzt, dient folgender Code dazu, einen Ereignis-Listener am MovieClip-Objekt zu registrieren:

```
mc.addEventListener (MouseEvent.CLICK, clickHandler);
```

An die Methode `addEventListener` werden zwei Argumente übergeben: Das erste Argument, in diesem Fall `MouseEvent.CLICK`, setzt sich zusammen aus einer Ereignisklasse `MouseEvent` und dem konkreten Ereignis `CLICK`. Klickt der Benutzer auf den MovieClip mit dem Instanznamen »mc«, wird eine sogenannte *Ereignisprozedur* (engl. »Event Handler«) aufgerufen. Die Ereignisprozedur ist das zweite Argument, das an die Methode `addEventListener` übergeben wird, in diesem Fall also `clickHandler`. Eine Ereignisprozedur ist ähnlich aufgebaut wie eine Funktion, wobei der Parameter dem Ereignis (MouseEvent) entspricht. Eine Ereignisprozedur, die aufgerufen wird, wenn der Benutzer auf den MovieClip »mc« klickt, könnte wie folgt aussehen:

Ereignisobjekte und Ereignisse
Es gibt eine Vielzahl von Ereignisobjekten und Ereignissen. Im weiteren Verlauf dieses Buches werden Sie noch andere Ereignisobjekte und Ereignisse kennenlernen.

```
function clickHandler(e:MouseEvent):void {
    trace("Ein Mausklick wurde ausgeführt.");
}
```

Um innerhalb der Ereignisprozedur festzustellen, auf welches Objekt sich das Auftreten des Ereignisses bezieht, verwenden Sie die Eigenschaft `currentTarget` des übergebenden Ereignisobjekts. Dazu folgendes Beispiel:

▲ **Abbildung 8.32**
Der MovieClip mit dem Instanznamen »mc« wurde angeklickt.

```
mc.addEventListener(MouseEvent.CLICK,clickHandler);
function clickHandler(e:MouseEvent):void {
    trace(e.currentTarget.name + " wurde angeklickt.");
}
```

target und currentTarget

Es ist wichtig, zu wissen, wie Sie ein Objekt innerhalb einer Ereignisprozedur referenzieren können. Um ein Objekt zu referenzieren, können Sie grundsätzlich die Eigenschaften `target` und

currentTarget des an die Ereignisprozedur übergebenen Ereignisobjekts nutzen. Dabei verweist currentTarget auf das Objekt,
an dem der Ereignis-Listener registriert wurde. Die Eigenschaft
target kann, muss aber nicht auf dasselbe Objekt verweisen. Die
Eigenschaft zeigt auf das Objekt, an dem das Ereignis aufgetreten
ist. Der Unterschied zwischen target und currentTarget lässt
sich gut an einem einfachen Beispiel erläutern:

Angenommen, Sie erstellen ein MovieClip-Objekt und fügen
innerhalb der Anzeigeliste des MovieClip-Objekts ein TextField-
Objekt ein:

```
var mc:MovieClip = new MovieClip();
var myText:TextField = new TextField();
myText.text = "Beispieltext";
mc.addChild(myText);
addChild(mc);
```

An dem MovieClip-Objekt registrieren Sie einen Ereignis-Listener, der die Ereignisprozedur clickHandler aufruft, sobald auf
den MovieClip geklickt wird:

```
mc.addEventListener(MouseEvent.CLICK,clickHandler);
function clickHandler(e:MouseEvent):void {
}
```

Wenn Sie jetzt innerhalb der Ereignisprozedur auf die Eigenschaften target und currentTarget des übergebenen Ereignisobjekts
(e) zugreifen, sehen Sie, dass target auf das TextField-Objekt
verweist und currentTarget auf das MovieClip-Objekt.

Das liegt daran, dass das Ereignis MouseEvent.CLICK tatsächlich auf dem TextField-Objekt ausgelöst wurde. Über target
können Sie also auf das Objekt zugreifen, auf dem das Ereignis
tatsächlich ausgelöst wurde, wohingegen currentTarget auf das
Objekt verweist, an dem der Ereignis-Listener registriert wurde.
In diesem Beispiel sind das zwei unterschiedliche Objekte. Die
folgende Ereignisprozedur ändert den Text des Textfelds wie
gewünscht:

```
function clickHandler(e:MouseEvent):void {
    e.target.text = "Neuer Text";
}
```

Die folgende Ereignisprozedur ändert den Text jedoch *nicht*, da
currentTarget auf das MovieClip-Objekt verweist:

```
function clickHandler(e:MouseEvent):void {
    e.currentTarget.text = "Neuer Text";
}
```

08_ActionScript\ereignis_
CurrentTarget_Target\Beispiel.fla

Es erscheint in diesem Fall allerdings auch keine Fehlermeldung.

Das Beispiel finden Sie auf der dem Buch beiliegenden DVD unter *08_ActionScript\Ereignis_currentTarget_target\beispiel.fla*.

In den meisten Fällen werden Sie `currentTarget` nutzen wollen, da man in der Regel auf das Objekt zugreifen möchte, an dem der Ereignis-Listener registriert wurde.

Ereignis-Listener entfernen

Wenn Sie nicht mehr auf das Auftreten eines Ereignisses reagieren möchten, können Sie den registrierten Ereignis-Listener eines Objekts auch wieder entfernen. Dazu dient die Methode `removeEventListener`. Um beispielsweise nicht mehr auf das `MouseEvent.CLICK`-Ereignis zu reagieren, können Sie den Ereignis-Listener durch folgenden Code wieder entfernen bzw. von dem Objekt ablösen:

```
mc.removeEventListener(MouseEvent.CLICK,clickHandler);
```

Beachten Sie, dass Sie dabei sowohl das Objekt (`mc`), an dem der Ereignis-Listener registriert war, angeben müssen als auch das Ereignis (`MouseEvent.CLICK`) und die Ereignisprozedur (`click-Handler`).

Schwache (weak) Ereignis-Listener | Die bisher vorgestellten Ereignis-Listener zählen zu den sogenannten *strong EventListeners*. *Strong* und *weak Listeners* verhalten sich grundsätzlich identisch bis auf die Speicherfreigabe.

Grundsätzlich behandelt die Flash-Laufzeitumgebung die Freigabe im Gegensatz zu vielen anderen Sprachen selbst. Der Mechanismus dahinter heißt *Garbage Collection*. Der Speicher für ein Objekt wird immer dann freigegeben, wenn von nirgendwo mehr auf dieses Objekt verwiesen wird. Deswegen wurde im vorangehenden Beispiel die Referenz auf `null` gesetzt. Listener werden intern zentral verwaltet, ein *starker* Listener stellt somit ebenso einen Verweis auf das Objekt dar wie eine Variable. Dadurch kann ein Objekt erst gelöscht werden, wenn alle Listener unregistriert wurden.

In der Praxis kann es passieren, dass man genau das vergisst und so Speicherlecks (engl. »memory leaks«) erzeugt. Genau hier

[!] Speicher freigeben
Wenn Sie ein Objekt beispielsweise von der Anzeigeliste entfernen und die Referenz des Objekts auf `null` setzen, damit es aus dem Speicher entfernt wird, müssen Sie darauf achten, dass Sie auch an dem Objekt registrierte Ereignis-Listener über `remove-EventListener` entfernen. Dazu ein Beispiel mit einem MovieClip, der den Instanznamen »mc« besitzt:

```
mc.addEventListener(MouseEvent.
CLICK,clickHandler);
function clickHandler(
e:MouseEvent):void {
    removeChild(mc);
    mc.removeEventListener
    (MouseEvent.CLICK,
    clickHandler);
    mc = null;
}
```

kommen *schwache* Event-Listener ins Spiel. Den Verweis über einen schwachen Event-Listener zählt der Garbage Collector nicht als Referenz und löscht das Objekt, selbst wenn es noch Listener hat. Um einen schwachen Listener zu erzeugen, benutzt man wieder die Methode `addEventListener`. Diese hat aber weitere optionale Parameter. Der letzte heißt `useWeakReference` und gibt an, ob es sich um einen schwachen Listener handeln soll. Im Code sieht das so aus:

```
mc.addEventListener(MouseEvent.CLICK, clickHandler,
false, true);
```

In der Vergangenheit wurde oft von Problemen berichtet, die im Zusammenhang mit schwachen Event-Listenern auftraten. Wir empfehlen daher, das Unregistrieren der Event-Listener in speicherintensiven Programmen weiterhin manuell zu überwachen.

Ist ein Ereignis-Listener registriert? | In vielen Fällen möchten Sie ein Objekt aus dem Speicher entfernen, wissen aber nicht, ob an dem Objekt ein Ereignis-Listener registriert wurde. Natürlich können Sie nicht auf Verdacht einen Ereignis-Listener unregistrieren, da dies zu einem Fehler führen würde, wenn an dem Objekt gar kein entsprechender Ereignis-Listener registriert wurde. Um festzustellen, ob überhaupt ein Ereignis-Listener an einem Objekt registriert wurde oder nicht, können Sie eine entsprechende Abfrage mithilfe der Methode `hasEventListener` definieren. Dazu folgendes Beispiel:

```
var mc:MovieClip = new MovieClip();
mc.graphics.beginFill(0xCCCCCC);
mc.graphics.drawRect(0,0,100,100);
mc.graphics.endFill();
addChild(mc);
mc.addEventListener(MouseEvent.CLICK,clickHandler);
function clickHandler(e:MouseEvent):void {
    trace("Clicked");
    if(e.currentTarget.hasEventListener(MouseEvent.
    CLICK)) {
        trace("Das Objekt hat einen entsprechenden
        Listener registriert");
        e.currentTarget.removeEventListener(MouseEvent.
        CLICK,clickHandler);
    }
}
```

Mehrere Ereignis-Listener registrieren

Grundsätzlich können Sie auch mehrere Ereignis-Listener an einem Objekt registrieren, die auf dasselbe Ereignis reagieren, aber jeweils andere Ereignisprozeduren aufrufen. Beispiel:

```
mc.addEventListener(
MouseEvent.CLICK,
clickHandler);
mc.addEventListener(
MouseEvent.CLICK,
clickHandler2);
function clickHandler
(e:MouseEvent):void {
    trace(e.currentTarget.
    name + " wurde
    angeklickt.");
}
function clickHandler2
(e:MouseEvent):void {
    trace(e.currentTarget.
    name + " wurde
    angeklickt.");
}
```

Über die Methode `willTrigger` können Sie feststellen, ob ein bestimmtes Ereignis bereits an einem Objekt registriert ist oder nicht. Dazu folgendes kurzes Beispiel:

```
if (scroller.willTrigger(Event.ENTER_FRAME) == false)
{
    scroller.addEventListener(Event.ENTER_FRAME,
    scrollContent);
}
```

Häufig verwendete Ereignisse mit Anzeigeobjekten

Wie bereits erwähnt, gibt es eine Vielzahl von Ereignissen, die an dieser Stelle nicht alle erläutert werden können. Exemplarisch werden im Folgenden Ereignisse aufgeführt, die sehr häufig mit Anzeigeobjekten verwendet werden. Im weiteren Verlauf dieses Buches werden Sie dann noch viele andere Ereignisse kennenlernen.

Ereignis	Beispiel	Beschreibung

MouseEvent.CLICK	`myButton.addEventListener`
	`(MouseEvent.CLICK, clickHandler);`
	`function clickHandler-`
	`(e:MouseEvent):void {`
	`    trace(e.currentTarget + "wurde`
	`    angeklickt.");`
	`}`
		Wird ausgelöst, wenn der Benutzer mit der Maustaste auf ein `Interacti-veObject` klickt.

MouseEvent.DOUBLE_CLICK	`myButton.doubleClickEnabled = true;`
	`myButton.addEventListener(MouseEvent.`
	`DOUBLE_CLICK, dbclickHandler);`
	`function dbclickHandler(e:MouseEvent)`
	`:void {`
	`    trace(e.currentTarget + "wurde`
	`    doppelt angeklickt.");`
	`}`
		Wird ausgelöst, wenn der Benutzer einen Doppelklick über einem `Inter-activeObject` ausführt. Zuvor muss die Eigenschaft `doubleClickEnab-led` des Objekts auf `true` gesetzt werden.

MouseEvent.MOUSE_DOWN	`myButton.addEventListener(MouseEvent.`
	`MOUSE_DOWN, mouseDownHandler);`
	`function mouseDownHandler`
	`(e:MouseEvent):void {`
	`    trace("Maustaste gedrückt");`
	`}`
		Wird ausgelöst, wenn die linke Maustaste über einem Anzeigeobjekt heruntergedrückt wird.

▲ **Tabelle 8.11**
Häufig verwendete Ereignisse von Anzeigeobjekten

Ereignis	Beispiel	Beschreibung
MouseEvent.MOUSE_UP	```myButton.addEventListener(MouseEvent.MOUSE_UP, mouseUpHandler);``` ```function mouseUpHandler(e:MouseEvent):void {``` ``` trace("Maustaste los gelassen");``` ```}```	Wird ausgelöst, wenn die linke Maustaste über einem Anzeigeobjekt losgelassen wird.
MouseEvent.RIGHT_MOUSE_UP MouseEvent.RIGHT_MOUSE_DOWN MouseEvent.RIGHT_MOUSE_CLICK	```//analog zu MouseEvent.MOUSE_UP``` ```//analog zu MouseEvent.MOUSE_DOWN``` ```//analog zu MouseEvent.MOUSE_CLICK```	Ab Flash Player 11.2 lassen sich analog zur linken auch die rechte, ebenfalls analog dazu auch die mittlere Maustaste abfragen.
MouseEvent.ROLL_OVER	```myButton.addEventListener(MouseEvent.ROLL_OVER, rollOverHandler);``` ```function rollOverHandler(e:MouseEvent):void {``` ``` trace("rollOver");``` ```}```	Wird ausgelöst, wenn der Mauszeiger über eine Instanz der Interactive-Object-Klasse bewegt wird.
MouseEvent.ROLL_OUT	```myButton.addEventListener(MouseEvent.ROLL_OUT, rollOutHandler);``` ```function rollOutHandler(e:MouseEvent):void {``` ``` trace("rollOut");``` ```}```	Wird ausgelöst, wenn der Mauszeiger aus einer Instanz der Interactive-Object-Klasse herausbewegt wird.
MouseEvent.MOUSE_MOVE	```mc.addEventListener(MouseEvent.MOUSE_MOVE, mouseMoveHandler);``` ```function mouseMoveHandler(e:MouseEvent):void {``` ``` trace("Maus wurde bewegt");``` ```}```	Wird ausgelöst, wenn sich der Mauszeiger über dem Anzeigeobjekt befindet und bewegt wird.
KeyboardEvent.KEY_UP	```myText.addEventListener(KeyboardEvent.KEY_UP, keyUpHandler);``` ```function keyUpHandler(e:KeyboardEvent):void {``` ``` trace("Taste losgelassen");``` ```}```	Wird ausgelöst, wenn eine Taste der Tastatur losgelassen wird und das Anzeigeobjekt, z. B. ein Textfeld, den Fokus besitzt.
KeyboardEvent.KEY_DOWN	```myText.addEventListener(KeyboardEvent.KEY_DOWN, keyDownHandler);``` ```function keyDownHandler(e:KeyboardEvent):void {``` ``` trace("Taste gedrückt");``` ```}```	Wird ausgelöst, wenn eine Taste der Tastatur gedrückt wird und das Anzeigeobjekt den Fokus besitzt.

▲ **Tabelle 8.11**
Häufig verwendete Ereignisse von Anzeigeobjekten (Forts.)

Ereignis	Beispiel	Beschreibung
`Event.ENTER_FRAME`	```mc.addEventListener(Event.ENTER_FRAME, enterFrameHandler); function enterFrameHandler(e:Event): void { trace("enterFrame"); }```	Wird in jedem Frame ausgelöst, unabhängig davon, ob die Zeitleiste pausiert oder nicht.
`Event.ADDED_TO_STAGE`	```var myText:TextField = new TextField(); myText.name = "myText"; myText.addEventListener(Event. ADDED_TO_STAGE, addedToStageHandler); addChild(myText); function addedToStageHandler(e:Event) :void { trace(e.currentTarget.name +" wurde zur Anzeigeliste hinzugefügt."); }```	Wird ausgelöst, wenn das Anzeigeobjekt zur Anzeigeliste hinzugefügt wurde.
`Event.REMOVED_FROM_STAGE`	```var myText:TextField = new TextField(); myText.name = "myText"; myText.addEventListener(Event. REMOVED_FROM_STAGE, removedFromStageHandler); addChild(myText); removeChild(myText); function removedFromStageHandler (e:Event):void { trace(e.currentTarget.name +" wurde aus der Anzeigeliste entfernt."); }```	Wird ausgelöst, wenn das Anzeigeobjekt aus der Anzeigeliste entfernt wurde.

▲ **Tabelle 8.11**
Häufig verwendete Ereignisse von Anzeigeobjekten (Forts.)

[!] Sicherheitsbestimmungen
Läuft Flash auf einer Domain A.com, dürfen zunächst keine Inhalte von einer anderen Domain B.com geladen werden – es tritt ein Laufzeitfehler auf. Damit dieser nicht auftritt, müssen Sie eine sogenannte Crossdomain-Policy-Datei auf B.com hinterlegen, die das Laden von Inhalten für die Domain A.com erlaubt. Diese kurze XML-Datei kann z. B. unter *www.crossdomainmaker.com* erzeugt werden. Der Flash Player liest diese dann zur Laufzeit aus und erlaubt den Zugriff.

8.14 Loader

Mithilfe der Loader-Klasse, die eine Unterklasse der DisplayObjectContainer-Klasse ist, können Sie externe Inhalte laden und darstellen. Folgende Inhalte können mit einem Objekt der Loader-Klasse geladen werden:

▶ Flash-Filme: Entweder ein auf ActionScript 1 und 2 basierender Flash-Film (SWF) oder ein auf ActionScript 3 basierender Flash-Film (SWF)

▶ Bitmap-Grafiken: Dazu gehören JPEG-, PNG- und GIF-Grafiken.

Um eine Bitmap-Grafik oder einen Flash-Film zu laden, benötigen Sie zunächst ein Objekt der Klasse Loader. Anschließend definieren Sie ein sogenanntes `URLRequest`-Objekt, das an die Methode `load` des Loader-Objekts übergeben wird. Damit die Bitmap-Grafik oder ein Flash-Film im Flash-Film dargestellt wird, wird das Loader-Objekt zur Anzeigeliste hinzugefügt. Beispiel mit einer Bitmap-Grafik:

```
var picLoader:Loader = new Loader();
var picRequest:URLRequest = new URLRequest
("image.png");
picLoader.load (picRequest);
this.addChild(picLoader);
```

Ladevorgang kontrollieren | Der Ladevorgang kann über ein sogenanntes LoaderInfo-Objekt kontrolliert werden. Sobald der Ladevorgang gestartet wurde, wird automatisch ein LoaderInfo-Objekt erzeugt, das sich über die Eigenschaft `contentLoaderInfo` des Loader-Objekts ansprechen lässt. Über das LoaderInfo-Objekt kann mithilfe von Ereignis-Listenern auf verschiedene Ereignisse reagiert werden.

Angenommen, Sie möchten ein Bild auf der Bühne positionieren, sobald alle Eigenschaften bzw. Methoden des geladenen Objekts zur Verfügung stehen, sodass Sie beispielsweise auf die Größe einer zu ladenden Bitmap zugreifen können. Dazu lässt sich das Ereignis `Event.INIT` wie folgt nutzen:

```
var picLoader:Loader = new Loader();
var picRequest:URLRequest = new URLRequest
("image.png");
picLoader.contentLoaderInfo.addEventListener
(Event.INIT, posPic);
picLoader.contentLoaderInfo.addEventListener
(ProgressEvent.PROGRESS,showProgress);
picLoader.load(picRequest);
function posPic(e:Event):void {
    this.addChild(picLoader);
    picLoader.content.x = 10;
    picLoader.content.y = 10;
}
function showProgress(e:ProgressEvent):void {
    var geladen:uint = e.bytesLoaded;
    var total:uint = e.bytesTotal;
    var prozent:uint = Math.round((geladen/total)*100);
    trace(prozent + "% geladen");
}
```

Event.COMPLETE vs. Event.INIT

Das Ereignis `Event.COMPLETE` wird ausgelöst, wenn ein Inhalt vollständig geladen wurde. Das Ereignis `Event.INIT` wird ausgelöst, sobald alle Eigenschaften und Methoden des zu ladenden Objekts verfügbar sind. Sie sollten es verwenden, um ein Objekt zu positionieren. Zum Skalieren etc. sollten Sie das Ereignis `Event.INIT` verwenden. Das Ereignis `Event.COMPLETE` wird nach dem Auftreten des Ereignisses `Event.INIT` ausgelöst.

Hinweis

Beachten Sie, dass Sie den Inhalt des Loader-Objekts, in diesem Fall die Bitmap-Grafik, über die Eigenschaft `content` ansprechen können.

▲ **Abbildung 8.33**
Das Bild wurde geladen und positioniert.

08_ActionScript
Bild_laden\Bild_laden.fla

Ein Beispiel dazu finden Sie auf der dem Buch beiliegenden DVD unter *08_ActionScript\Bild_laden\Bild_laden.fla*.

Preloader für Flash-Filme | In diesem Beispiel wurde ein Bild geladen. Grundsätzlich können Sie über die Loader-Klasse natürlich auch Flash-Filme laden. So können Sie beispielsweise sehr einfach auch einen Preloader für eine Webseite erstellen. Ein einfaches Beispiel dazu finden Sie ebenfalls auf der Buch-DVD unter *08_ActionScript\Preloader\Preloader.fla*.

08_ActionScript
Preloader\Preloader.fla

In der folgenden Tabelle werden die wichtigsten Ereignisse des LoaderInfo-Objekts erläutert, über die Sie den Ladestatus kontrollieren können.

Ereignis	Beispiel	Beschreibung
Event.COMPLETE	```myLoader.contentLoaderInfo.addEventListener(Event.COMPLETE, completeHandler);myLoader.load(picRequest);function completeHandler(e:Event):void { trace("Inhalt geladen");}```	Wird aufgerufen, wenn der Inhalt vollständig geladen wurde.
Event.INIT	```myLoader.contentLoaderInfo.addEventListener(Event.INIT, initHandler);myLoader.load(picRequest);function initHandler(e:Event):void { trace("Inhalt kann angesteuert werden");}```	Wird aufgerufen, wenn auf Eigenschaften des zu ladenden Inhalts zugegriffen werden kann. Sollte dann z. B. zur Positionierung verwendet werden.
IOErrorEvent.IO_ERROR	```myLoader.contentLoaderInfo.addEventListener(IOErrorEvent.IO_ERROR, errorHandler);myLoader.load(picRequest);function errorHandler(e:IOErrorEvent):void { trace("Inhalt konnte nicht geladen werden");}```	Wird aufgerufen, wenn ein Eingabe- oder Ausgabefehler auftritt, z. B. wenn der geladene Inhalt nicht existiert.
Event.OPEN	```myLoader.contentLoaderInfo.addEventListener(Event.OPEN, openHandler);myLoader.load(picRequest);function openHandler(e:Event):void { trace("Ladevorgang gestartet");}```	Wird aufgerufen, sobald der Ladevorgang gestartet wird.

▲ **Tabelle 8.12**
Ereignisse des LoaderInfo-Objekts

Ereignis	Beispiel	Beschreibung
ProgressEvent.PROGRESS	```myLoader.contentLoaderInfo.
addEventListener(ProgressEvent.PROGRESS,
progressHandler);
myLoader.load(picRequest);
function progressHandler(e:ProgressEvent
):void {
var geladen:uint = e.bytesLoaded;
var total:uint = e.bytesTotal;
var prozent:uint = Math.
round((geladen/total)*100);
trace(prozent + "% geladen");
}```	Wird regelmäßig aufgerufen, sobald Daten empfangen werden.
Event.UNLOAD	```myLoader.contentLoaderInfo.
addEventListener(Event.UNLOAD,
unloadHandler);
myLoader.contentLoaderInfo.
addEventListener(Event.COMPLETE,
completeHandler);
myLoader.load(picRequest);
function unloadHandler(e:Event):void {
trace("Inhalt wurde entfernt");
}
function completeHandler(e:Event):void {
myLoader.unload();
}```	Wird aufgerufen, wenn der Inhalt des Loader-Objekts über die Methode unload entfernt wird oder wenn ein geladener Inhalt durch einen anderen ersetzt wird.

▲ **Tabelle 8.12**
Ereignisse des LoaderInfo-Objekts (Forts.)

Schritt für Schritt:
Navigation mit externen Flash-Filmen

In diesem Workshop lernen Sie, wie Sie eine Navigation erstellen können, über die externe Flash-Filme geladen werden. Der Aufbau ist sehr einfach gehalten. Die Vorgehensweise lässt sich jedoch auch auf größere Webseiten in ähnlicher Art und Weise anwenden.

1 **Flash-Film öffnen**

Öffnen Sie den Flash-Film *08_ActionScript\Navigation_Filme_laden\Nav01.fla*. Auf der Ebene »Nav« befinden sich vier Movie-Clips mit den Instanznamen »nav0«, »nav1«, »nav2« und »nav3«. Wählen Sie einen MovieClip aus, und wechseln Sie über ⌃Strg⌄/⌘+E in den Symbol-Bearbeitungsmodus. Schauen Sie sich die Zeitleiste an. Das Bild mit dem Bildbezeichner »in« wird später

08_ActionScript\Navigation_Filme_laden\Nav01.fla

per ActionScript angesprungen, wenn der Benutzer den Mauszeiger über den MovieClip bewegt. Das Bild mit dem Bildbezeichner »out« wird angesprungen, wenn der Benutzer den Mauszeiger dann wieder aus dem Bereich des MovieClips hinausbewegt.

2   Navigation initialisieren

Wechseln Sie wieder zurück zur Hauptzeitleiste des Flash-Films. Auf der Ebene »progressBar« befindet sich ein MovieClip mit dem Instanznamen »progressBar«. Diese soll später den Ladefortschritt anzeigen. Wählen Sie das erste Schlüsselbild der Ebene »Actions« aus, öffnen Sie das AKTIONEN-Fenster über F9 bzw. Alt + F9 am Mac, und fügen Sie zunächst folgenden Code ein:

```
1:   var myMovies_arr:Array = new Array("home.swf",
       "leistungen.swf", "kontakt.swf", "impressum.swf");
2:   var loader:Loader;
3:   var container:MovieClip = new MovieClip();
4:   addChild(container);
5:   function initNav():void {
6:       progressBar.scaleX = 0;
7:       for (var i:uint = 0; i<myMovies_arr.length;
         i++) {
8:           var aktNav:MovieClip = this["nav"+i];
9:           aktNav.buttonMode = true;
10:          aktNav.myIndex = i;
11:          aktNav.addEventListener(MouseEvent.
             ROLL_OVER,rollOverHandler);
12:          aktNav.addEventListener(MouseEvent.
             ROLL_OUT,rollOutHandler);
13:          aktNav.addEventListener(MouseEvent.CLICK,
             loadMyMovie);
14:      }
15: }
```

In Zeile 1 wird ein Array definiert, dem die Pfade zu den jeweiligen Flash-Filmen zugewiesen werden. In Zeile 2 wird ein Loader-Objekt initialisiert. Das Objekt wird außerhalb einer Funktion initialisiert, damit im Folgenden von jeder Funktion darauf zugegriffen werden kann. In Zeile 3 und 4 wird ein MovieClip erzeugt und zur Anzeigeliste hinzugefügt. In diesen MovieClip werden die Flash-Filme später geladen. Die Funktion `initNav` sorgt zunächst dafür, dass der MovieClip `progressBar` horizontal auf 0 % skaliert wird. Anschließend werden mithilfe einer for-Schleife die Movie-Clips der Navigation referenziert (Zeile 8). Damit sich die Movie-

Clips wie Buttons verhalten, wird die Eigenschaft `buttonMode` auf `true` gesetzt (Zeile 9). Da die MovieClip-Klasse eine dynamische Klasse ist, können Sie ihr eigene Figenschaften zuweisen. Davon wird in Zeile 10 Gebrauch gemacht, damit später eine Zuordnung zwischen angeklicktem MovieClip und dem zu ladenden Film stattfinden kann. Dazu wird der dynamischen Eigenschaft myIndex des jeweiligen MovieClips der aktuelle Wert der Zählervariable i zugewiesen, sodass beispielsweise der Wert der Eigenschaft `myIndex` des MovieClips »nav0« dem Wert 0 entspricht. In Zeile 11 bis 13 werden Ereignis-Listener am jeweiligen MovieClip registriert.

3   Ereignisprozeduren definieren

Ergänzen Sie den Code nun um folgende Zeilen:

```
1:    function rollOverHandler(e:MouseEvent):void {
2:        e.target.gotoAndPlay("in");
3:    }
4:    function rollOutHandler(e:MouseEvent):void {
5:        e.target.gotoAndPlay("out");
6:    }
7:    function loadMyMovie(e:MouseEvent):void {
8:        progressBar.scaleX = 0;
9:        var myIndex:uint = e.currentTarget.myIndex;
10:       loader = new Loader();
11:       var myRequest:URLRequest = new URLRequest
          (myMovies_arr[myIndex]);
12:       loader.contentLoaderInfo.addEventListener
          (ProgressEvent.PROGRESS,progressHandler);
13:       loader.contentLoaderInfo.addEventListener
          (Event.INIT,imageLoaded);
14:       loader.load(myRequest);
15:    }
```

In Zeile 1 bis 6 werden zwei Ereignis-Listener für die Ereignisse `MouseEvent.ROLL_OVER` und `MouseEvent.ROLL_OUT` definiert. Wie zuvor erwähnt, wird je nach Mausaktion das Bild mit dem Bildbezeichner »in« oder »out« des jeweiligen Navigation-MovieClips angesprungen. Die Funktion `loadMyMovie` (ab Zeile 7) skaliert den MovieClip »progressBar« auf der x-Achse zunächst auf 0%. Falls zuvor bereits ein Flash-Film geladen wurde, wird die Skalierung des MovieClips also auf 0% zurückgesetzt. In Zeile 9 wird der Index des angeklickten MovieClips ermittelt. Anschließend wird ein Loader- und ein URLRequest-Objekt definiert. Dem

URLRequest-Objekt wird mithilfe des Arrays `myMovies_arr` und dem ermittelten Index der Pfad zum jeweiligen Flash-Film übergeben. In Zeile 12 wird ein Ereignis-Listener registriert, der dafür sorgt, dass die Funktion `progressHandler` aufgerufen wird, während der Ladevorgang läuft. In Zeile 13 wird ein Ereignis-Listener definiert, der dafür sorgt, dass sowohl die Funktion `imageLoaded` aufgerufen wird, wenn ein Flash-Film geladen wurde, als auch der geladene Flash-Film mit ActionScript angesteuert werden kann. In Zeile 14 wird schließlich der jeweilige Film über die Methode `load` des Loader-Objekts geladen.

4   **Den geladenen Flash-Film zur Anzeigeliste hinzufügen und den Ladefortschritt anzeigen**

Ergänzen Sie den Code zum Schluss um folgende Zeilen:

```
1:    function imageLoaded(e:Event):void {
2:      if(container.numChildren >0) {
3:        var lastContent:MovieClip = container.
          removeChildAt(0);
4:        lastContent = null;
5:      }
6:      var myContent:MovieClip = container.addChild
        (e.target.content);
7:      myContent.gotoAndStop(2);
8:    }
9:    function progressHandler(e:ProgressEvent):void {
10:     var geladen:Number = e.target.bytesLoaded;
11:     var total:Number = e.target. bytesTotal;
12:     var prozent:Number = geladen/total;
13:     progressBar.scaleX = prozent;
14:   }
15:   initNav();
16:   stop();
```

Ein geladener Flash-Film wird an den MovieClip »container« angehängt. Sollte vorher schon ein Flash-Film geladen sein, muss dieser zunächst aus der Anzeigeliste und dem Speicher entfernt werden. Dazu wird in Zeile 2 geprüft, ob der MovieClip »container« mehr als 0 Child-Elemente besitzt. In diesem Fall liegt ein bereits geladener Film schon im MovieClip. Er wird dann in Zeile 3 aus der Anzeigeliste entfernt und in Zeile 4 zum Löschen aus dem Speicher freigegeben. Anschließend wird der neu geladene Flash-Film zur Anzeigeliste im Container-MovieClip eingefügt (Zeile 6), und der Abspielkopf des MovieClips springt auf Bild 2

(Zeile 7). Beachten Sie, dass die zu ladenden Flash-Filme im ersten Schlüsselbild jeweils keinen Inhalt besitzen und ein `stop()`; dafür sorgt, dass die Zeitleiste nicht automatisch abgespielt wird. Sie können so sehr genau steuern, dass der Inhalt – das können auch Animationen sein – erst angezeigt wird, wenn der Ladevorgang vollständig abgeschlossen ist. In Zeile 9 bis 14 wird die Ereignisprozedur definiert, die während des Ladevorgangs mehrmalig aufgerufen wird. Die Funktion ermittelt die geladenen (Zeile 10) und die gesamten Bytes (Zeile 11) des Flash-Films und errechnet einen anteiligen Fortschrittswert (Zeile 12), der zwischen 0 und 1 liegt. Der MovieClip »progressBar« wird dann entsprechend skaliert, um den Ladefortschritt anzuzeigen. Beachten Sie, dass Sie die Skalierung des MovieClips lokal und auch vermutlich online nicht sehen werden, da die Flash-Filme sehr klein sind und die Daten sehr schnell geladen sind. Wären die Flash-Filme größer, würden Sie den Fortschritt sehen können.

5   Fertig! Flash-Film testen

Testen Sie den Flash-Film über [Strg]/[⌘]+[↵].

 **Ergebnis der Übung:**
08_ActionScript\Navigation_Filme_laden\Nav02.fla

◄ **Abbildung 8.35**
Der fertiggestellte Flash-Film

8.15   Fehlersuche

Je intensiver Sie mit ActionScript arbeiten, desto komplexer werden meist die Aufgaben, die es zu lösen gilt. Da komplexe Anwendungen ein entsprechendes hohes Fehlerpotenzial mit sich bringen, sind Fehlersuche und -beseitigung ein wesentlicher Bestandteil jedes Entwicklungsprozesses.

Für die Fehlersuche gibt es grundsätzlich viele unterschiedliche Techniken, die je nach Anwendungsfall eingesetzt werden.

Bugs?

Der Begriff *Bug* bezeichnet Programmfehler und stammt vermutlich aus den 40er-Jahren, in denen tatsächlich existierende Käfer die Relais von frühen Computern stören konnten und somit Fehler verursachten. Programme zur Fehlersuche heißen daher *Debugger*.

Zur Fehlersuche und -beseitigung bietet die Flash-Entwicklungsumgebung einen Debugger, der Sie dabei unterstützen kann und der u. a. im Folgenden vorgestellt wird.

Anwendung

Mithilfe des integrierten ActionScript 3.0-Debuggers können Sie Fehler in ActionScript 3 finden. Den Debugger können Sie über das Menü DEBUGGEN • DEBUGGEN für die jeweilige Anwendung starten.

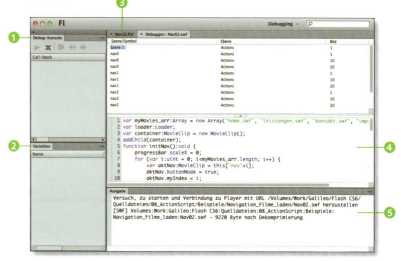

Abbildung 8.36 ▶
Der Debugger auf einen Blick

1. Debug-Konsole
2. Variablen
3. Szene/Symbol
4. Codefenster
5. Ausgabe

Flash Debug Player

Neben dem üblichen Flash Player bietet Adobe für Entwickler den Flash Debug Player sowohl als Stand-Alone-Version als auch als Browser-Plugin an.
Der Unterschied zwischen dem üblichen Flash Player und der Debug-Version ist, dass der Debug Player Sie zur Laufzeit über Compiler-Fehler informiert.

Für Entwickler ist diese Version unbedingt zu empfehlen, um Laufzeitfehler beispielsweise auch auf Live-Servern sofort erkennen zu können.
Den Flash Debug Player können Sie herunterladen unter *www.adobe.com/support/flashplayer/downloads. html*.

◀ **Abbildung 8.37**
Der Flash Debug Player weist auf einen Laufzeitfehler hin.

Haltepunkte

Bevor Sie mit dem Debugger effektiv arbeiten können, müssen Sie im Code einen oder mehrere sogenannte Haltepunkte einfügen. Um einen Haltepunkt einzufügen, öffnen Sie, bevor Sie den Debugger starten, das AKTIONEN-Fenster und klicken auf der linken Seite auf die gewünschte Codezeile, an der Sie den Flash-Film anhalten möchten.

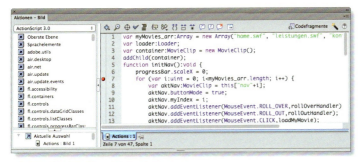

◄ **Abbildung 8.38**
Ein Haltepunkt wurde in Zeile 7 hinzugefügt.

Wenn Sie dann den Flash-Film über DEBUGGEN • DEBUGGEN starten, wird die Ausführung des Codes an der Position des definierten Haltepunkts angehalten.

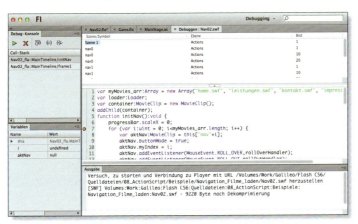

◄ **Abbildung 8.39**
Die Ausführung des Codes wurde am Haltepunkt angehalten.

Debug-Konsole

Im DEBUG-KONSOLE-Fenster wird Ihnen zunächst der Call-Stack angezeigt. Der Call-Stack zeigt die Reihenfolge von Routinen, die nach und nach ausgeführt wurden. Im Beispiel wurde zunächst der Code des ersten Bilds auf der Hauptzeitleiste angesprungen. Anschließend wird der Code innerhalb der Funktion `initNav` ausgeführt. Hier befindet sich auch der Haltepunkt.

Die Ausführung des Codes ab einem Haltepunkt können Sie dann über das DEBUG-KONSOLE-Fenster weiter steuern. Via Mausklick auf die Schaltfläche WEITER ❶ springen Sie zum nächsten Haltepunkt weiter oder setzen die Ausführung des Codes bis zum Ende fort.

Wenn sich ein Haltepunkt am Anfang einer Schleife befindet und Sie auf die Schaltfläche klicken, springt die Ausführung zum nächsten Durchlauf der Schleife weiter. Auf diese Weise können Sie jeden Schleifendurchlauf kontrollieren. Im Fenster VARIABLEN können Sie dann sehr einfach die aktuellen Werte von Variablen einsehen.

Um den Debugger zu verlassen, klicken Sie auf die Schaltfläche DEBUGGEN BEENDEN ❷. Um eine Codezeile zu überspringen, klicken Sie auf die Schaltfläche ÜBERSPRINGEN ❸. Per Mausklick auf die Schaltfläche HINEINSPRINGEN ❹ können Sie den Code innerhalb eines Codeblocks, z. B. innerhalb einer Schleife, ausführen. Nachdem Sie beispielsweise in den Code einer Schleife hineingesprungen sind, können Sie per Mausklick auf die Schaltfläche VERLASSEN ❺ den Code innerhalb des Codeblocks wieder verlassen.

▲ **Abbildung 8.40**
Der Call-Stack der Anwendung bis zum Haltepunkt

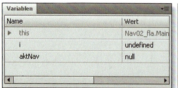 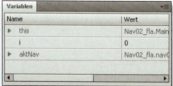 

▲ **Abbildung 8.41**
Hier wird der Wert der Variablen i der for-Schleife je Schleifendurchlauf kontrolliert.

Debug-Konsole und Variablen-Fenster öffnen
Wenn Sie die Debug-Konsole oder das VARIABLEN-Fenster geschlossen haben, können Sie es über das Menü FENSTER • DEBUG-BEDIENFELDER wieder öffnen.

Auf diese Weise können Sie nicht nur Variablenwerte zur Laufzeit überprüfen sondern auch Variablenwerte selbst ändern. Klicken Sie dazu einfach auf das Feld mit dem Wert der Variablen, und geben Sie den gewünschten Wert ein. Auf diese Weise können Sie beispielsweise schnell mögliche Texteingaben eines Formulars simulieren.

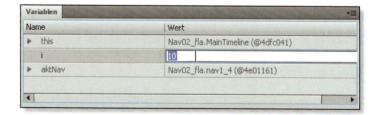

Abbildung 8.42 ▶
Der Wert der Zählervariable i wird zur Laufzeit auf »10« geändert.

Remote-Debug

Remote-Debugging ist eine großartige Möglichkeit, den Flash-Film direkt »in freier Wildbahn« zu testen. Dabei wird die

SWF-Datei nicht wie beim normalen Debugging in der Flash-Authoring-Umgebung ausgeführt, sondern direkt im Browser, genau so, wie es der Nutzer später sieht. Im Browser bzw. auf einer nicht lokalen Domain gelten andere Sicherheitsbestimmungen, und wenn serverseitige Technologien verwendet werden, kann das Verhalten live noch weiter vom lokalen Verhalten abweichen.

Damit Sie einen Flash-Film über Remote-Debugging debuggen können, muss in den Veröffentlichungseinstellungen unter FLASH(.SWF) zunächst das Häkchen DEBUGGING ZULASSEN aktiviert werden. Die SWF-Datei wird so mit Debugging-Informationen angereichert, die sie etwas größer und langsamer, jedoch debugbar machen. Außerdem müssen Sie sicherstellen, dass im Browser die Debug-Version des Flash Players läuft, diese können Sie bei Adobe herunterladen unter *www.adobe.com/support/flashplayer/downloads.html*.

Eine Remote-Debugging-Session starten Sie über das Menü DEBUGGEN • REMOTE-DEBUG-SITZUNG BEGINNEN • ACTIONSCRIPT 3.0. Der Flash Player wechselt die Ansicht und beginnt zu warten. Anschließend navigieren Sie im Browser zu der Seite, auf der Flash-Film läuft, und der Debugger stellt automatisch eine Verbindung her. Ab hier läuft das Debugging wie gewohnt weiter. Das Remote-Debugging hat zwei kleine Einschränkungen:

▲ **Abbildung 8.43**
Der Debugger wartet maximal zwei Minuten, bis ein Flash-Film gestartet wird.

▸ Sie können keinen Quellcode debuggen, der sich in der Zeitleiste befindet, sondern nur Klassen in externen *.as*-Dateien. Für größere Projekte sollten Sie jedoch ohnehin den Quellcode in der Zeitleiste auf einfache Anweisungen wie stop() und play() reduzieren und die Programmlogik in externe Dateien auslagern, wodurch diese Einschränkung kaum ein Problem darstellen dürfte.

▸ Der Debugger und der Flash-Film müssen auf dem gleichen Rechner laufen, auch das ist normalerweise der Fall.

Debugging mit MonsterDebugger

Ein sehr nützliches Tool ist der auf AIR basierende Open-Source-Debugger *MonsterDebugger* (*http://demonsterdebugger.com/*). Wie Sie den Debugger einsetzen, zeigt der folgende Workshop.

Schritt für Schritt:
Remote-Debugging mit dem »MonsterDebugger«

In diesem Workshop lernen Sie, wie Sie den Open-Source-Debugger *MonsterDebugger* einsetzen, um einen Flash-Film per Remote-Debugging zu debuggen.

▲ **Abbildung 8.44**
Der angehaltene Flash-Film mit einem Haltepunkt von Monster-Debugger

1 Debugger herunterladen und AIR installieren

Laden Sie zunächst den Debugger unter *http://demonsterdebugger.com/* herunter, und installieren Sie ihn. Für die Installation benötigen Sie gegebenenfalls die Laufzeitumgebung AIR, die Sie hier herunterladen können: *http://get.adobe.com/de/air/*.

2 SWC-Datei speichern

Öffnen Sie den Debugger, und wählen Sie als Erstes den Menüpunkt FILE • EXPORT SWC. Wählen Sie ein beliebiges Verzeichnis, das als Projektverzeichnis für das Beispiel dient. In dem Verzeichnis wird die SWC-Datei zur Nutzung des Debuggers gespeichert. Die SWC-Datei enthält vorkompilierten Quellcode, der es Ihrem Flash-Film ermöglicht, sich mit dem MonsterDebugger zu verbinden.

3 Flash-Film öffnen

Öffnen Sie auf der Buch-DVD das Beispiel unter *08_ActionScript\ Debugger\Debugger_01.fla*, und speichern Sie den Flash-Film in dem zuvor gewählten Projektverzeichnis ab. Im ersten Schlüsselbild finden Sie eine einfache Funktion, die die Summe der beiden übergebenen Argumente errechnet.

> **Haltepunkte mit »MonsterDebugger«**
>
> Der Debugger »MonsterDebugger« unterstützt ab Version 3 auch Haltepunkte. Diese setzen Sie, indem Sie den Befehl `MonsterDebugger. breakpoint(this);` in Ihren Flash-Film einsetzen.

08_ActionScript\Debugger\ Debugger_01.fla

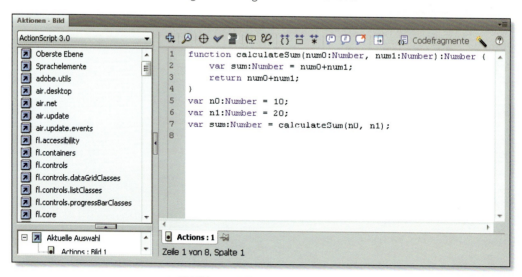

▲ **Abbildung 8.45**
Der Code des Beispiels

4 SWC-Datei einbinden

Um den Debugger einsetzen zu können, müssen Sie zunächst die SWC-Datei einbinden. Dazu öffnen Sie das Menü DATEI • ACTIONSCRIPT-EINSTELLUNGEN, klicken im Reiter BIBLIOTHEKSPFAD auf das SWC-Symbol und wählen die Datei *MonsterDebugger.swc* aus.

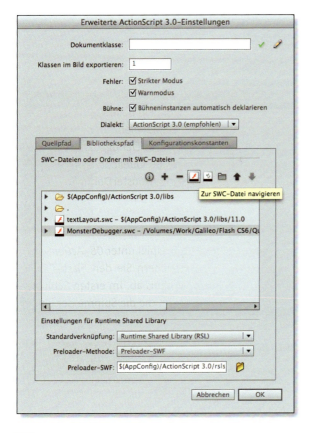

◀ **Abbildung 8.46**
Einstellen des Pfads für die Datei *MonsterDebugger.swc*

5 MonsterDebugger einsetzen

Im Quellcode rufen Sie nun MonsterDebugger.initialize(this) auf. Über die Methode MonsterDebugger.trace können Sie dann Werte an den Debugger zur Laufzeit übergeben. Ändern Sie den vorhandenen Code dazu wie folgt (Änderungen sind fett gedruckt):

```
import com.demonsters.debugger.MonsterDebugger;
MonsterDebugger.initialize(this);
function calculateSum(num0:Number, num1:Number):Number {
    var sum:Number = num0+num1;
    MonsterDebugger.trace(this, sum);
    return num0+num1;
}
var n0:Number = 10;
var n1:Number = 20;
var sum:Number = calculateSum(n0, n1);
```

6 Fertig! Flash-Film debuggen

Veröffentlichen Sie den Flash-Film, und laden Sie anschließend den Flash-Film (SWF) und das HTML-Dokument auf einen Webserver. Stellen Sie sicher, dass die AIR-Anwendung gestartet wurde, und öffnen Sie dann das Beispiel in einem beliebigen Browser.

Abbildung 8.47 ▶
Die Ausgabe der trace-Anweisung finden Sie im Bereich TRACES.

Häufige Fehlerursachen

Wenn Sie mit ActionScript programmieren, werden Sie am Anfang häufig auf Fehlermeldungen treffen, die Ihnen auf den ersten Blick vielleicht nicht viel sagen. Um Ihren Blick für mögliche Fehlerursachen zu schärfen, finden Sie in der folgenden Tabelle einen Überblick über häufige Fehler und deren Ursache.

ActionScript-Code	Fehlermeldung/Ausgabe	Ursache
`var num0:Number = "5";`	1067: implizite Umwandlung eines Werts des Typs String in einen nicht verwandten Typ Number	Der Variablen num0 vom Datentyp Number wurde fälschlicherweise ein Stringwert zugewiesen.
`var myArray:Array = [1,2,3];` `trace(mYArray[0]);`	1120: Zugriff auf eine nicht definierte Eigenschaft mYArray	Beachten Sie die Groß- und Kleinschreibung. Das Array mYArray existiert nicht.
`trace(mc.x);`	1120: Zugriff auf eine nicht definierte Eigenschaft mc	Ein MovieClip »mc« wurde angelegt – ihm wurde jedoch kein gleichnamiger Instanzname zugewiesen.

▲ Tabelle 8.13
Häufige Fehlerursachen

ActionScript-Code	Fehlermeldung/Ausgabe	Ursache
| ```
var i:Number = 0;
if(i=0) {
    trace("Ok");
}
``` | Warning: 1100: Zuweisung in Bedingung. Wollten Sie == statt = eingeben? | Im if-Block wurde fälschlicherweise der Zuweisungsoperator = statt des Vergleichsoperators == verwendet. |
| In einem Schlüsselbild in Bild 10:
```trace(mc.alpha);``` | Ausgabe: `undefined` | In diesem Fall gibt es einen Movie-Clip mit dem Instanznamen »mc«. Der MovieClip beginnt aber erst ab Bild 11 auf einem Schlüsselbild zu existieren. Zum Zeitpunkt des Aufrufs existierte er nicht. |
| ```var 0num:Number = 0;``` | 1084: Syntaxfehler: identifier vor 0 erforderlich | Der Variablenname ist ungültig. Das erste Zeichen eines Variablennamens darf keine Ziffer und kein Sonderzeichen sein. Auch Zeichenabstände in Variablennamen sind ungültig. |
| ```
function
showMessage():String {
    trace("meine Nachricht");
}
showMessage();
``` | 1170: Funktion gibt keinen Wert zurück. | In der Definition der Funktion wurde angegeben, dass ein Wert vom Datentyp `String` zurückgegeben wird. Es fehlt jedoch die notwendige `return`-Anweisung. |
| ```
function init():void {
    var myNum:Number = 5;
}
init();
trace(myNum);
``` | 1120: Zugriff auf eine nicht definierte Eigenschaft `myNum` | Die Variable `myNum` hat einen lokalen Geltungsbereich und existiert außerhalb der Funktion nicht. Ein falscher Geltungsbereich (engl. »Scope«) oder eine falsche Pfadangabe gehören zu den häufigsten Fehlerquellen. |
| In einem Schlüsselbild in Bild 1:
```var sum:Number = 100;```
In einem Schlüsselbild in Bild 10:
```var sum:Number = 200;``` | 1151: In der Definition `sum` im Namespace internal liegt ein Konflikt vor.

3596: doppelte Variablendefinition | Eine Variable sollte nicht zweimal in einer Zeitleiste initialisiert werden. Legitim wäre es jedoch, der bereits existierenden Variable einen neuen Wert in Bild 10 zuzuweisen:
```sum = 200;``` |
| In einem Schlüsselbild eines MovieClips, der auf der Hauptzeitleiste liegt:
```root.gotoAndPlay(10);``` | 1061: Aufruf für eine möglicherweise nicht definierte Methode `gotoAndPlay` über einen Verweis mit statischem Typ `flash.display:DisplayObject` | Das root-Objekt verweist zwar auf das oberste Objekt der Anzeigeliste. Es ist jedoch vom Datentyp `DisplayObject` und nicht vom Datentyp `MovieClip`. Sie müssen explizit angeben, dass es sich bei dem obersten Anzeigeobjekt um einen MovieClip handelt.
```MovieClip(root).gotoAndPlay(10);``` |

▲ Tabelle 8.13
Häufige Fehlerursachen (Forts.)
```

Kapitel 9

Animation mit ActionScript

In Kapitel 5, »Animation«, haben Sie bereits verschiedene Techniken kennengelernt, um Objekte mithilfe von Werkzeugen der Entwicklungsumgebung zu animieren. In diesem Kapitel lernen Sie, wie Sie Animationen mit ActionScript 3 entwickeln können.

9.1   Eigenschaften von Anzeigeobjekten

Jedes Anzeigeobjekt, wie ein Sprite-, ein MovieClip- oder auch ein Bitmap-Objekt, besitzt spezifische Instanzeigenschaften, die sich über ActionScript 3 zur Laufzeit ändern lassen. So können Sie z. B. die Position auf der x-Achse eines Sprite-Objekts mit dem Instanznamen mySprite durch folgenden Aufruf ändern:

Kein Unterstrich in ActionScript 3
In ActionScript 1 und 2 wurde vor jeder Eigenschaft ein Unterstrich geschrieben. Der Unterstrich fällt in ActionScript 3 weg.

```
mySprite.x = 200;
```

In der folgenden Tabelle sind die wichtigsten Instanzeigenschaften aufgelistet.

Eigenschaft	Datentyp	Beschreibung
alpha	Number	Alphawert von 0 bis 1 (Transparenz)
x	Number	Position auf der x-Achse
y	Number	Position auf der y-Achse
z	Number	Position auf der z-Achse
height	Number	Höhe des MovieClips
width	Number	Breite des MovieClips

◄ **Tabelle 9.1**
Instanzeigenschaften von Anzeigeobjekten

Eigenschaft	Datentyp	Beschreibung
scaleX	Number	Skalierung auf der x-Achse
scaleY	Number	Skalierung auf der y-Achse
scaleZ	Number	Skalierung auf der z-Achse
rotation	Number	Rotation (Drehung) in Grad
rotationX	Number	Rotation (Drehung) auf der x-Achse in Grad
rotationY	Number	Rotation (Drehung) auf der y-Achse in Grad
rotationZ	Number	Rotation (Drehung) auf der z-Achse in Grad

Tabelle 9.1 ▶
Instanzeigenschaften von
Anzeigeobjekten (Forts.)

Halbe Pixel
Übrigens, Flash hat gar kein Problem damit, Objekte an »krummen« Positionen wie beispielsweise X=4.3 und =20.3 darzustellen, denn es handelt sich bei X und Y nicht um Pixelkoordinaten. Die Pixelwerte werden erst zur Laufzeit berechnet, und mittels Anti-Aliasing kann auch der Effekt einer Darstellung zwischen Pixeln erzeugt werden.

Wenn Sie eine dieser Eigenschaften ändern, geschieht diese Änderung standardmäßig nur einmalig. Um Änderungen an Anzeigeobjekten für Animationen mehrmals bzw. über einen bestimmten Zeitraum durchzuführen, können Sie dafür *Ereignis-Listener*, *Ereignisse* und *Ereignisprozeduren* verwenden.

9.2 Bildrate

Um eine Animation mit ActionScript zu erstellen, ist es wichtig, zunächst den Mechanismus zu verstehen, nach dem Flash die Animation handhabt. Im Mittelpunkt dieser Überlegung steht die Bildrate (siehe Kapitel 5, »Animation«). Diese gibt an, wie häufig Flash die Bühne neu zeichnet. Eine hohe Bildrate bedeutet somit flüssigere Animationen, da häufiger neu gezeichnet wird, allerdings kostet dies auch mehr Performance. Für Spiele ist eine Bildrate von 30 bis 60 BpS optimal, für Anwendungen sind 30 BpS meistens ausreichend.

Erzeugt man die Animation per ActionScript, wird der Animationscode ausgeführt, bevor die Bühne neu gemalt wird. Der Animationscode kann z. B. die Position, Rotation oder eine andere Eigenschaft ändern. Es macht keinen Sinn, die Animation zwischen zwei Frames mehrmals zu berechnen, da immer nur das letzte Ergebnis angezeigt werden würde. Die Wahl der Bildrate ist somit entscheidend und hat Einfluss auf die Geschwindigkeit und »Flüssigkeit« der Animation.

Die Bildrate ist nicht konstant

Schon immer war die Bildrate für viele Spieler das ausschlagge-
bende Argument, sich neue Grafikkarten und Computer zu kau-
fen. Gerade 3D-Shooter wollten viele mit 100 BpS spielen. Auch
bei Flash ist die Bildrate bei größeren Spielen und gerade bei 3D-
Anwendungen ein Problem.

Die Einstellung der Bildrate bewirkt nur das Optimum, das der
Flash Player anstrebt. Wenn die Bühne jedoch über sehr viele
Objekte verfügt und zudem viele Bitmap-Filter anwendet, kann
der Flash Player die Bildrate nicht mehr einhalten, und die Ani-
mationen wirken abgehackt. Mit dem MonsterDebugger (siehe
Kapitel 8, »ActionScript-Grundlagen«) lässt sich die tatsächliche
Bildrate sehr einfach messen.

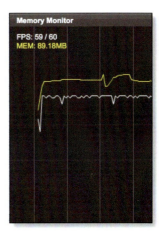

▲ **Abbildung 9.1**
Der MonsterDebugger zeigt den
Verlauf der Bildrate (engl.
»**F**rames **p**er **s**econd«, FPS) und
der Speicherauslastung einer ein-
fachen Applikation.

Die Bildrate ist unabhängig von der Zeitleiste

Benutzt man die Zeitleiste in Flash, tritt eine Animation erst auf,
wenn diese Zeitleiste einen Frame weitergeht. Wenn in einem
Bild pausiert wird, steht die Animation still. Das heißt jedoch
nicht, dass Flash sich zu diesem Zeitpunkt nicht um das Rendern
der Bühne kümmert. Im Gegenteil, es wird immer noch abhängig von der Bildrate in regelmäßigen Intervallen Code ausgeführt,
der prüft, ob etwas neu gemalt werden muss, und der sich dann
darum kümmert.

Die Zeitleiste sollte man also so verstehen, dass es eine grafische Art ist, Animationen zu programmieren. Sie steuert nicht die
Animationszyklen. Beim Kompilieren tut Flash nichts anderes, als
die Zeitleiste in Quellcode zu übersetzen und diesen Code dann
zur Laufzeit auszuführen.

Im weiteren Verlauf dieses Kapitel gewinnen Sie einen sehr
guten Überblick über die Art und Weise, wie man mit Code die
Grafik steuert.

9.3   Ereignisse

Über bestimmte Ereignisse, Ereignis-Listener und Ereignisprozeduren können Sie Animationen mit ActionScript selbst erstellen.
Die wichtigsten werden im Folgenden vorgestellt.

ENTER_FRAME

Das ENTER_FRAME-Ereignis tritt wiederholt mit einem Intervall eines Bildes auf. Wie häufig es auftritt, hängt direkt mit der Bildrate

[!] Falscher Ansatz: Schleifen
Sollte es Ihnen nicht anders gehen
als uns, und Sie denken darüber
nach, Schleifen direkt für Animationen einzusetzen, verwerfen Sie
den Gedanken möglichst schnell!
Schleifen sind zeitunabhängig.
Animationen dagegen basieren
immer auf Zeit bzw. Zeitleisten.
Kein gutes Beispiel:

```
while(mc.x < 100) {
    mc.x += 10;
}
```

Sie werden nur das Ergebnis
selbst, nicht aber die Zwischen-
schritte sehen.

des Flash-Films zusammen. Um auf das Auftreten eines Ereignisses zu reagieren, wird ein sogenannter Ereignis-Listener an dem Objekt, auf das sich das Ereignis bezieht, registriert. Wenn Sie beispielsweise ein Sprite-Objekt animieren möchten, ist es in den meisten Fällen sinnvoll, dafür einen entsprechenden Ereignis-Listener an diesem Sprite-Objekt zu registrieren.

Bei der Registrierung eines Ereignis-Listeners wird eine Ereignisprozedur angegeben, die aufgerufen wird, wenn das Ereignis auftritt. Das ENTER_FRAME-Ereignis tritt beim Abspielen jedes Bildes auf, d. h. also mit einem Intervall von je einem Bild. Eine mögliche Änderung, die Sie mithilfe des Ereignisses durchführen, wie z. B. eine Neupositionierung eines Anzeigeobjekts, wird dann anschließend beim Rendern des nächsten Bildes der Zeitleiste sichtbar. Abbildung 9.2 verdeutlicht den zeitlichen Ablauf.

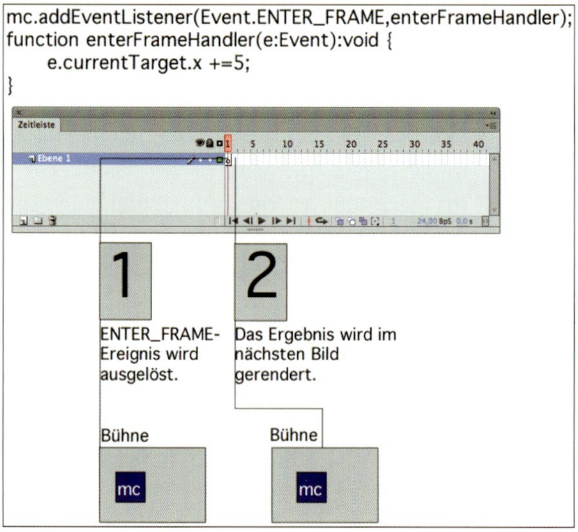

Abbildung 9.2 ▶
Zeitlicher Ablauf und Darstellung der Positionsveränderung eines Objekts mithilfe des Ereignisses ENTER_FRAME

```
mc.addEventListener(Event.ENTER_FRAME,enterFrameHandler);
function enterFrameHandler(e:Event):void {
    e.currentTarget.x +=5;
}
```

▲ **Abbildung 9.3**
Instanznamen zuweisen

Damit Sie ein Anzeigeobjekt, das über die Entwicklungsumgebung erstellt wurde, über eine Ereignisprozedur steuern können, müssen Sie dem Anzeigeobjekt, in diesem Beispiel einem MovieClip, zuvor einen Instanznamen ❶ im EIGENSCHAFTEN-Fenster zuweisen.

Anschließend können Sie an dem Objekt einen Ereignis-Listener registrieren. Der Ereignis-Listener sorgt dafür, dass auf das Auftreten eines bestimmten Ereignisses »gewartet« wird und bei Auslösung dieses Ereignisses die definierte Ereignisprozedur aufgerufen wird.

Die formelle Schreibweise für das Registrieren eines Ereignis-Listeners für ein ENTER_FRAME-Ereignis und eine entsprechende Ereignisprozedur sehen wie folgt aus:

```
mc.addEventListener(Event.ENTER_FRAME,
enterFrameHandler);
function enterFrameHandler(e:Event):void {
    // Anweisung
}
```

Möchten Sie die Animation eines Objekts beenden, können Sie dazu den Ereignis-Listener wieder entfernen.

```
mc.removeEventListener(Event.ENTER_FRAME,
enterFrameHandler);
```

Im folgenden Workshop möchten wir Ihnen zeigen, wie Sie eine MovieClip-Instanz mithilfe eines ENTER_FRAME-Ereignisses animieren können.

Schritt für Schritt:
Animation mit Event.ENTER_FRAME-Ereignis

1 **Flash-Film erstellen**

Erstellen Sie einen neuen Flash-Film über das Menü DATEI • NEU. Wählen Sie im Reiter ALLGEMEIN den Typ ACTIONSCRIPT 3.0 aus. Speichern Sie das Dokument über das Menü DATEI • SPEICHERN UNTER in ein beliebiges Verzeichnis unter dem Dateinamen *Animation01.fla* ab.

2 **Kreis-MovieClip erstellen**

Zeichnen Sie mit dem Ellipsenwerkzeug ⊙ einen Kreis ein, und wandeln Sie den Kreis über F8 in den MovieClip »ball_mc« um.

◀ **Abbildung 9.4**
In MovieClip konvertieren

3 **Instanznamen zuweisen**

Wählen Sie den MovieClip auf der Bühne aus, und verschieben Sie ihn nach links auf eine Position außerhalb der Bühne. Weisen Sie ihm im EIGENSCHAFTEN-Fenster den Instanznamen »ball_mc« zu.

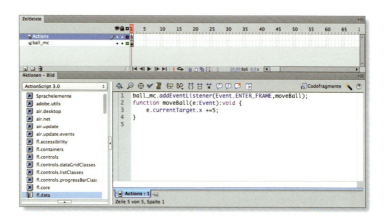

Abbildung 9.5 ▶
Instanznamen zuweisen

4   Aktion zuweisen

Erstellen Sie eine neue Ebene »Actions«, und weisen Sie dem ersten Schlüsselbild folgenden Code zu:

```
ball_mc.addEventListener(Event.ENTER_FRAME,moveBall);
function moveBall(e:Event):void {
    e.currentTarget.x +=5;
}
```

Abbildung 9.6 ▶
Aktion zuweisen

Ergebnis der Übung:
*09_AS_Animation\ENTER_FRAME\
beispiel.fla*

5   Film testen

Testen Sie den Flash-Film über ⌃Strg/⌘+⏎. Der Kreis bewegt sich von links nach rechts. Mit jedem abgespielten Bild wird er um fünf Pixel nach rechts verschoben.

MOUSE_MOVE

Mit dem Ereignis MOUSE_MOVE steht Ihnen eine weitere Möglichkeit für Animationen von Objekten per ActionScript zur Verfügung. Das Ereignis wird aufgerufen, wenn die Maus bewegt wird. Dies geschieht unabhängig von der eingestellten Bildrate des Flash-Films. Das Ergebnis, z. B. eine Verschiebung eines MovieClips, ist allerdings erst zu sehen, wenn das nächste Bild des Flash-Films dargestellt wird. Ein Ereignis-Listener für dieses Ereignis wird meist an dem Stage-Objekt registriert, da es nur aufgerufen wird, wenn sich der Mauszeiger über der Fläche des Objekts befindet, an der der Ereignis-Listener registriert wurde. In den meisten Fällen werden Sie deshalb als Bezugspunkt dafür die Fläche des gesamten Flash-Films verwenden wollen.

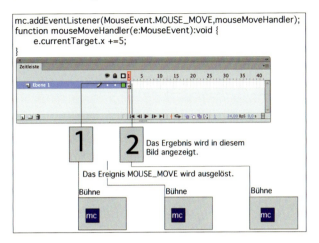

```
mc.addEventListener(MouseEvent.MOUSE_MOVE,mouseMoveHandler);
function mouseMoveHandler(e:MouseEvent):void {
    e.currentTarget.x +=5;
}
```

▲ **Abbildung 9.7**
Zeitlicher Ablauf und Darstellung des Ereignisses MOUSE_MOVE

Schritt für Schritt:
Animation mit MouseEvent.MOUSE_MOVE-Ereignis

In diesem Workshop lernen Sie, wie Sie das Ereignis MOUSE_MOVE für Animationen einsetzen können.

1   Flash-Film öffnen

Öffnen Sie den Flash-Film *Beispiel_01.fla* aus dem Ordner *MOUSE_MOVE*. Ausgangsbasis ist der MovieClip mit dem Instanznamen »ball_mc«. Dieser besitzt einen mittig zentrierten Registrierungspunkt.

2   Aktion zuweisen

Weisen Sie dem ersten Schlüsselbild auf der Ebene »Actions« folgenden Code zu:

```
stage.addEventListener(MouseEvent.MOUSE_MOVE,moveBall);
function moveBall(e:MouseEvent):void {
    ball_mc.x = mouseX;
    ball_mc.y = mouseY;
    e.updateAfterEvent();
}
```

---

updateAfterEvent

Verwenden Sie die Methode updateAfterEvent(); innerhalb der MOUSE_MOVE-Ereignisprozedur, um eine sofortige Aktualisierung der Anzeige (Bühne) zu erzwingen. Beachten Sie, dass die Methode eine Methode des übergebenden MouseEvent-Objekts ist:

```
function
moveBall(e:MouseEvent):void {

...

e.updateAfterEvent();
}
```

Das ist besonders nützlich, wenn Sie einen Clip draggen möchten. Die Anzeige wird so, unabhängig von der Bildrate, nahezu ruckelfrei angezeigt.

09_AS_Animation\MOUSE_MOVE\Beispiel_01.fla

Mauszeiger ausblenden

Verwenden Sie folgenden Aufruf, wenn Sie den Mauszeiger ausblenden möchten:

```
Mouse.hide();
```

Zum Einblenden verwenden Sie:

```
Mouse.show();
```

Um die Methoden anwenden zu können, müssen Sie gegebenenfalls zuvor das Paket flash.ui importieren:

```
import flash.ui.*;
```

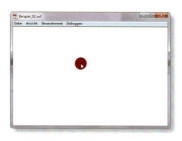

▲ **Abbildung 9.8**
Der MovieClip richtet sich anhand
der Maus aus.

Immer dann, wenn die Maus bewegt wird, richtet sich der MovieClip anhand der x- und y-Koordinate des Mauszeigers aus. Beachten Sie, dass der MovieClip hier nicht über `e.currentTarget` innerhalb der Ereignisprozedur angesprochen werden kann, da `e.currentTarget` auf das Stage-Objekt und nicht auf den MovieClip zeigt. In diesem Beispiel wird der MovieClip über seinen Instanznamen angesteuert.

3 **Film testen**
Testen Sie den Flash-Film über Strg/⌘+↵. Wie Sie vielleicht bemerken, ist der MovieClip zu Beginn nicht zu sehen – erst, wenn Sie die Maus bewegen und die Ereignisprozedur aufgerufen wird, wird er positioniert.

4 **MovieClip zu Beginn positionieren**
Um den MovieClip schon zu Beginn auf den Mauszeigerkoordinaten zu positionieren, wird der Code dazu wie folgt erweitert:

```
ball_mc.x = mouseX;
ball_mc.y = mouseY;
function moveBall(e:MouseEvent):void {
    ...
}
```

 Ergebnis der Übung:
09_AS_Animation\MOUSE_MOVE
Beispiel_02.fla

5 **Film erneut testen**
Testen Sie den Flash-Film über Strg/⌘+↵. Der MovieClip wird jetzt zu Beginn einmalig ausgerichtet.

9.4   Timer

Die dritte Möglichkeit, Objekte mit ActionScript 3 selbst zu animieren, bietet die `Timer`-Klasse. Mithilfe dieser Klasse können Sie eine Funktion definieren, die in einem bestimmten zeitlichen Abstand mehrmalig aufgerufen wird. Auch die Anzahl der Wiederholungen lässt sich definieren. Die formelle Syntax zur Initialisierung eines `Timer`-Objekts lautet wie folgt:

```
var myTimer:Timer = new Timer(
delay:Number,repeatCount:int);
```

Über den Bezeichner `myTimer` können Sie das Objekt später ansprechen. Über den Parameter `delay` geben Sie an, in welchem zeitlichen Abstand (in Millisekunden) eine noch zu definierende

Funktion wiederholt ausgeführt werden soll. Der Parameter re-peatCount gibt an, wie oft der Aufruf der Funktion durchgeführt werden soll. Der Standardwert ist 0 und führt zu einer unendlichen Wiederholung.

Allein die Initialisierung eines Timer-Objekts hat keinerlei Auswirkung. Damit Sie Code über das Timer-Objekt ausführen können, müssen Sie einen entsprechenden Ereignis-Listener und eine Ereignisprozedur definieren. Dazu folgendes Beispiel:

```
myTimer.addEventListener(TimerEvent.TIMER,timerHandler);
function timerHandler(e:TimerEvent):void {
    trace("Timer Event triggered");
}
```

Sobald ein TimerEvent.TIMER-Ereignis auftritt, wird die Ereignisprozedur timerHandler aufgerufen. Um den Timer zu starten, können Sie die Methode start des Timer-Objekts verwenden:

```
myTimer.start();
```

Über die Methode stop können Sie das Timer-Objekt auch jederzeit wieder anhalten:

```
myTimer.stop();
```

Anwendung | Grundsätzlich können Sie ein Timer-Objekt ähnlich wie mit einer Ereignisprozedur des Ereignisses ENTER_FRAME für Animationen nutzen. Der Hauptunterschied ist, dass die angegebene Ereignisprozedur nicht bildabhängig, sondern tatsächlich zeitabhängig aufgerufen wird. Eine mögliche Änderung einer Instanzeigenschaft, die in der Ereignisprozedur stattfinden könnte, wird standardmäßig allerdings erst angezeigt, wenn das nächste Bild der Zeitleiste gerendert wird (ähnlich wie bei dem Ereignis MOUSE_MOVE). Auch in diesem Fall lässt sich die Methode updateAfterEvent nutzen, um eine sofortige Aktualisierung der Darstellung zu erzwingen:

```
var myTimer:Timer = new Timer(100,100);
myTimer.addEventListener(TimerEvent.TIMER,moveObject);
myTimer.start();
function moveObject(e:TimerEvent):void {
    ball_mc.x +=5;
    e.updateAfterEvent();
}
```

Verzögerung und Bildrate

Die tatsächliche Verzögerung hängt auch von der Bildrate des Flash-Films ab. Wenn Sie beispielsweise eine Bildrate von 10 Bildern pro Sekunde eingestellt haben, was pro Bild einem zeitlichen Abstand von 100 Millisekunden entspricht, und Sie die Verzögerung eines Timer-Objekts auf 80 Millisekunden setzen, wird die tatsächliche Verzögerung in etwa auch bei 100 Millisekunden liegen.

Paket der Timer-Klasse

Die Timer-Klasse gehört zum Paket flash.utils. Um die Klasse verwenden zu können, müssen Sie das Paket bzw. die Klasse vorher gegebenenfalls importieren:

```
import flash.utils.*;
```

Timer-Objekt löschen

Sollten Sie ein Timer-Objekt nicht mehr benötigen, z. B. nachdem Sie den Timer über stop angehalten haben, sollten Sie zunächst den Ereignis-Listener entfernen und das Objekt dann auf null setzen. Es kann dann beim nächsten Durchlauf des Garbage Collectors aus dem Speicher entfernt werden. Beispiel:

```
...
myTimer.stop();
myTimer.removeEventListener
(TimerEvent.
TIMER,timerHandler);
myTimer = null;
```

9.5 Geschwindigkeit und Beschleunigung

Realistische Animationen
Ein Ansatz, um realistische Animationen in Flash über Action-Script zu erstellen, ist die Orientierung an physikalischen Größen der wirklichen Welt.

Die Geschwindigkeit oder, allgemeiner formuliert, die Änderung einer bestimmten Größe zur Zeit, und die Beschleunigung lassen sich in Flash für Animationen einsetzen.

Geschwindigkeit | Die Geschwindigkeit ist eine relativ einfache Größe. Sie lässt sich in ActionScript wie folgt definieren und anwenden:

```
var vx:Number = 5;
ball_mc.addEventListener(Event.ENTER_FRAME,moveBall);
function moveBall(e:Event):void {
    e.currentTarget.x +=vx;
}
```

🖸 *09_AS_Animation*
Geschwindigkeit_Beschleunigung
AS_Animation01.fla

In diesem Beispiel wird einmalig die Geschwindigkeit definiert und der Variablen vx (v = Geschwindigkeit, x = x-Richtung) zugewiesen. Die Eigenschaft x wird je Bild mittels einer ENTER_FRAME-Ereignisprozedur um den Wert der Geschwindigkeit erhöht. Der MovieClip »ball_mc« bewegt sich also von links nach rechts.

Bewegungsrichtungen
von links nach rechts:
ball_mc.x+=vx;
von rechts nach links:
ball_mc.x-=vx;
von oben nach unten:
ball_mc.y +=vy;
von unten nach oben:
ball_mc.y -=vy;

Beschleunigung | Eine beschleunigte Bewegung lässt sich in ActionScript wie folgt definieren und anwenden:

```
var vx:Number = 5;
var ax:Number = 1.5;
ball_mc.addEventListener(Event.ENTER_FRAME,moveBall);
function moveBall(e:Event):void {
    e.currentTarget.x +=vx;
    vx+=ax;
}
```

🖸 *09_AS_Animation*
Geschwindigkeit_Beschleunigung
AS_Animation02.fla

Wenn Sie mit Geschwindigkeiten und Beschleunigungen arbeiten, verwenden Sie nicht die Datentypen int und uint, da es hierbei zu Rundungsfehlern kommen kann. Addieren Sie beispielsweise eine Beschleunigung von 0.4 zu einer Geschwindigkeitsvariablen, die ein int ist, wird die Geschwindigkeit aufgrund von Rundung gar nicht erhöht. Die Beschleunigung ax (a = Acceleration, x = x-Richtung) wurde hier zu Beginn auf den Wert 1.5 festgelegt. Die Geschwindigkeit, mit der sich der MovieClip bewegt, wird je Bild um den Wert der Beschleunigung erhöht. Je größer die Beschleunigung ist, desto schneller erhöht sich die Geschwindigkeit dementsprechend.

◄ **Abbildung 9.9**
Geschwindigkeit und Beschleunigung

Die Verwendung dieser beiden Größen lässt sich natürlich auch auf jede andere Instanzeigenschaft anwenden. So könnten Sie einen MovieClip über folgenden Code beschleunigt größer werden lassen:

09_AS_Animation\
Geschwindigkeit_Beschleunigung\
AS_Animation03.fla

```
var vx:Number = 1;
var ax:Number = 0.5;
ball_mc.addEventListener(Event.ENTER_FRAME,moveBall);
function moveBall(e:Event):void {
    e.currentTarget.scaleX += vx;
    e.currentTarget.scaleY += vx;
    vx += ax;
}
```

9.6   Easing

Der Begriff *Easing* steht für eine nicht lineare beschleunigte oder abgebremste Bewegung. Würde man die Bewegung auf einem Graphen mit zwei Achsen (y-Achse: Zeit, x-Achse: zurückgelegte Strecke) einzeichnen, wäre eine lineare Bewegung eine Gerade von links unten nach rechts oben ❶. Eine Kurvenform ❷ entspricht einer nicht linearen Bewegung. Grundsätzlich gibt es verschiedene Methoden, um Easing für Animationen einzusetzen.

Anwendungsbereich
Animationen, die Easing einsetzen, werden oft als sehr weich, natürlich und rund (smooth) empfunden.

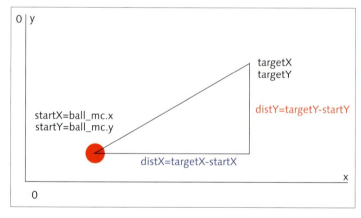

Abbildung 9.10 ▶
Links: lineare Bewegung; rechts:
nicht lineare Bewegung

Bewegung

Eine Bewegung auf zwei Achsen (x, y) lässt sich in Flash in folgende Faktoren auflösen:

▶ die x- und y-Koordinaten des Startpunkts
▶ die x- und y-Koordinaten des Zielpunkts

Bei einem MovieClip entsprechen die x- und y-Koordinaten des MovieClips den Startkoordinaten. Die x- und y-Koordinaten des Zielpunkts könnten z. B. eine fest definierte Position auf der Bühne sein, die Koordinaten eines anderen Anzeigeobjekts oder auch die Koordinaten des Mauszeigers.

Abbildung 9.11 ▶
Berechnung der Distanz zwischen
zwei Punkten

Aus den Koordinaten des Startpunkts und den Koordinaten des Zielpunkts lässt sich die Distanz zwischen den beiden Punkten wie folgt ermitteln:

Hinweis
Damit die Änderungen nicht nur
einmalig durchgeführt werden,
können Sie eine der zuvor genannten Methoden verwenden
(ENTER_FRAME oder die Timer-
Klasse).

```
var distX:Number = targetX - startX;
var distY:Number = targetY - startY;
```

Wenn sich das Objekt in Zielrichtung bewegt, wird die Distanz immer kleiner. In Flash bedeutet das, dass die Distanz von Bild zu Bild kleiner wird. Dieser Umstand lässt sich nutzen, um ein einfaches Easing für eine Bewegung zu erzielen.

Für ein solches Easing wird zur Änderung der Position des Movie-Clips ein definierter Teil der Distanz z. B. wie im folgenden Beispiel verwendet. Hier wird die Distanz durch 4 geteilt, der MovieClip würde sich also je Bild um 1/4 der Distanz verschieben. Sie können hier auch andere Werte wie z. B. 1/2 oder 1/3 verwenden, die erzielte Wirkung hängt stets von diesem Wert ab:

```
mc.x += distX/4;
mc.y += distY/4;
```

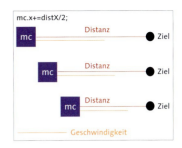

▲ **Abbildung 9.12**
Easing – Geschwindigkeit in Abhängigkeit von der Distanz zum Zielpunkt

Schritt für Schritt:
Bewegung mit Easing

In diesem Workshop lernen Sie, wie Sie eine MovieClip-Instanz mithilfe eines Easings animieren können.

1 Film öffnen

Öffnen Sie den Flash-Film *AS_Animation01.fla* aus dem Ordner *Easing_01*.

09_AS_Animation\ Easing_01\AS_Animation01.fla

2 Distanz ermitteln

Zunächst wird aus den Startkoordinaten und den Zielkoordinaten, die in diesem Fall den Koordinaten der Maus entsprechen, die Distanz auf der x- und y-Achse berechnet und den Variablen distX und distY zugewiesen. Fügen Sie dazu auf der Ebene »Actions« folgenden Code ein:

```
ball_mc.addEventListener(Event.ENTER_FRAME,moveBall);
function moveBall(e:Event):void {
    var startX:Number = ball_mc.x;
    var startY:Number = ball_mc.y;
    var targetX:Number = stage.mouseX;
    var targetY:Number = stage.mouseY;
    var distX:Number = targetX - startX;
    var distY:Number = targetY - startY;
}
```

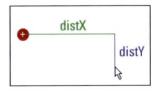

▲ **Abbildung 9.13**
Distanz auf der x- und y-Achse

3 Easing

Sinn und Zweck des Easings ist es, die Bewegung in Abhängigkeit von der Distanz zum Ziel abzubremsen. Dazu wird der Code innerhalb der Ereignisprozedur moveBall durch folgende Zeilen ergänzt:

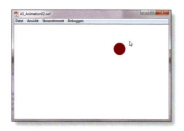

▲ Abbildung 9.14
Der MovieClip folgt dem Mauszeiger mit Verzögerung.

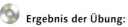

Ergebnis der Übung:
09_AS_Animation\Easing_01\AS_
Animation02.fla

```
e.currentTarget.x += distX/4;
e.currentTarget.y += distY/4;
```

Der MovieClip wird um ein Viertel der Distanz verschoben. Da
die Distanz beim nächsten Aufruf der Ereignisprozedur kleiner ist,
wird die Verschiebung ebenso immer kleiner.

4 **Film testen**
Testen Sie den Flash-Film über Strg/⌘+↵.

Weitere Instanzeigenschaften animieren

Das zuvor genannte Prinzip des Easings lässt sich in ähnlicher
Weise auch für Animationen von anderen Instanzeigenschaften
einsetzen. Durch eine allgemeingültigere Formulierung können
Sie das Grundprinzip vielseitig verwenden. Der folgende Workshop zeigt dafür ein weiteres Beispiel.

Schritt für Schritt:
FadeOut mit Easing

In diesem Workshop erfahren Sie, wie Sie eine MovieClip-Instanz
mittels eines Easings ausblenden können.

1 **Film öffnen**
Öffnen Sie den Flash-Film *AS_Animation01.fla* aus dem Ordner
Easing_02.

09_AS_Animation\
Easing_02\AS_Animation01.fla

2 **Code zuweisen**
Weisen Sie dem ersten Schlüsselbild auf der Ebene »Actions« folgenden Code zu:

```
var easeFaktor:Number = 0.2;
var targetValue:Number = 0;
ball_mc.addEventListener(Event.ENTER_FRAME,fadeBallOut);
function fadeBallOut(e:Event):void {
    var aktValue:Number = ball_mc.alpha;
    var difValue:Number = targetValue-aktValue;
    e.currentTarget.alpha += difValue*easeFaktor;
}
```

Ergebnis der Übung:
09_AS_Animation\Easing_02\
AS_Animation02.fla

3 **Flash-Film testen**
Testen Sie den Flash-Film über Strg/⌘+↵. Probieren Sie ruhig einmal verschiedene Werte für den easeFaktor aus. Sie be-

kommen so am besten ein Gefühl dafür, wie sich der Faktor auf die Animation auswirkt.

Animation beenden oder loopen

Animationen, die über ActionScript erstellt werden, sollten entweder geloopt oder, falls das nicht gewünscht ist, beendet werden. Wenn keine Routinen zur Beendigung einer Animation geschrieben werden, läuft die Animation, wenn auch vielleicht nicht sichtbar, weiter und benötigt unnötigerweise CPU-Leistung und Speicher.

Um eine Animation zu beenden, müssen Sie die Ereignisprozedur am jeweiligen Objekt unregistrieren. Es reicht nicht aus, das animierte Objekt aus einer Anzeigeliste zu entfernen oder auf null zu setzen.

Für den Fall, dass Sie einem MovieClip mit dem Instanznamen »mc« eine ENTER_FRAME-Ereignisprozedur zugewiesen haben, würde die Syntax wie folgt lauten:

```
mc.removeEventListener(
Event.ENTER_FRAME,enterFrameHandler);
```

Beachten Sie, dass Sie einen Ereignis-Listener auch innerhalb einer Ereignisprozedur entfernen können:

```
function enterFrameHandler(e:Event):void {
   e.currentTarget.removeEventListener(
   Event.ENTER_FRAME,enterFrameHandler);
}
```

Dabei referenziert e.currentTarget immer das Objekt, in diesem Fall den MovieClip, an dem der Ereignis-Listener registriert wurde.

Gewöhnlich ist das Beenden einer Ereignisprozedur an eine Bedingung geknüpft. So würde man z. B. eine MovieClip-Instanz entfernen, wenn ihr Alphawert kleiner oder gleich 0 ist. Die Ereignisprozedur sähe dann so aus:

```
function enterFrameHandler(e:Event):void {
   e.currentTarget.alpha -= 0.1;
   if(e.currentTarget.alpha <= 0) {
      e.currentTarget.removeEventListener(Event.
      ENTER_FRAME,enterFrameHandler);
         trace("end");
   }
}
```

[!] **Werte sind oft nicht genau gleich 0**

Bei Zahlen treten in Flash häufig Rundungsfehler auf, sodass ein Wert nicht exakt so ist, wie Sie es erwarten. Ziehen Sie beispielsweise 0.1 vom Alphawert ab, ist es möglich, dass Sie folgende Ausgabe erhalten:

```
0.3
0.2000000001
0.1
0.0000000001
```

Berücksichtigen Sie dies, indem Sie statt des Gleichheitsoperators (==) besser kleiner gleich (<=) oder größer gleich (>=) verwenden. Beispiel:

```
ball_mc.alpha = 1;
ball_mc.addEventListener(
Event.ENTER_FRAME,
enterFrameHandler);
function enterFrameHandler
(e:Event):void {
   e.currentTarget.alpha -=
   0.1;
   trace(e.currentTarget.
   alpha);
}
```

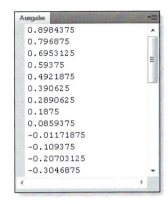

▲ **Abbildung 9.15**
Näherungswerte – oft nicht exakt

Schritt für Schritt:
Animation beenden

In diesem Workshop erfahren Sie, wie Sie eine geskriptete Animation beenden können.

1 Film öffnen

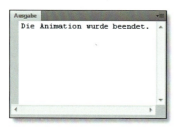
09_AS_Animation\Animation_Beenden\AS_Animation01.fla

Öffnen Sie den Flash-Film *AS_Animation01.fla* aus dem Ordner *Animation_Beenden*.

2 Code zuweisen

Weisen Sie dem ersten Schlüsselbild auf der Ebene »Actions« folgenden Code zu:

Ereignis-Listener entfernen
Ereignis-Listener, die Sie nicht mehr benötigen, sollten Sie über die Methode removeEventListener entfernen.

```
1:  var easeFaktor:Number = 0.2;
2:  var targetXScale:Number = 0;
3:  var targetYScale:Number = 0;
4:  ball_mc.addEventListener(Event.ENTER_FRAME,
    scaleOut);
5:  function scaleOut(e:Event):void {
6:     var aktXScale:Number = e.currentTarget.scaleX;
7:     var aktYScale:Number = e.currentTarget.scaleY;
8:     var difX:Number = targetXScale-aktXScale;
9:     var difY:Number = targetYScale-aktYScale;
10:    e.currentTarget.scaleX += difX*easeFaktor;
11:    e.currentTarget.scaleY += difY*easeFaktor;
12:    if (e.currentTarget.scaleX <= 0.01) {
13:       trace("Die Animation wurde beendet.");
14:       e.currentTarget.removeEventListener(
          Event.ENTER_FRAME, scaleOut);
15:       removeChild(e.currentTarget);
16:       ball_mc = null;
17:    }
18: }
```

▲ Abbildung 9.16
Die Ereignisprozedur wurde gelöscht, der MovieClip aus der Anzeigeliste entfernt und zur Tilgung aus dem Speicher freigegeben.

In Zeile 12 wird geprüft, ob die x-Skalierung des MovieClips kleiner oder gleich 0,01 ist. Wenn das zutrifft, wird die Ereignisprozedur in Zeile 14 gelöscht. Damit Sie sehen können, dass die Bedingung erfüllt ist und die Ereignisprozedur tatsächlich gelöscht wird, wird in Zeile 13 eine Meldung im AUSGABE-Fenster ausgegeben. In Zeile 15 wird das MovieClip-Objekt aus der Anzeigeliste entfernt. In Zeile 16 wird die Referenz auf den MovieClip »ball_mc« auf null gesetzt, sodass er vom Garbage Collector aus dem Speicher entfernt werden kann.

3   Film testen

Testen Sie den Flash-Film über $\boxed{\text{Strg}}$/$\boxed{\text{⌘}}$+$\boxed{\leftarrow}$.

Ergebnis der Übung:
*09_AS_Animation\Animation_
Beenden\AS_Animation02.fla*

Animation loopen | Das Loopen von geskripteten Animationen
ist nicht immer ganz einfach. Auch hier wird mindestens eine Bedingung benötigt, die den Animationsprozess zu einem bestimmten Zeitpunkt jeweils umkehrt. Wenn Sie also z.B. einen Movie-
Clip ausblenden möchten, müssen Sie ihn wieder einblenden,
sobald er unsichtbar ist, und umgekehrt. Die Bedingung dazu
könnte wie folgt lauten:

```
if(mc.alpha >= 1 || mc.alpha <= 0)
    // Kehre den Prozess um.
}
```

Schritt für Schritt:
Fading-Animation loopen

In diesem Workshop erfahren Sie, wie Sie eine geskriptete Animation loopen können.

1   Film öffnen

Öffnen Sie den Flash-Film *AS_Animation01.fla* aus dem Ordner
Animation_Loopen.

*09_AS_Animation\
Animation_Loopen\AS_Animation
01.fla*

2   Code zuweisen

Weisen Sie dem ersten Schlüsselbild auf der Ebene »Actions« folgenden Code zu:

```
1:    var speed:Number = 0.05;
2:    ball_mc.addEventListener(Event.ENTER_FRAME,
      enterFrameHandler);
3:    function enterFrameHandler(e:Event):void {
4:        e.currentTarget.alpha -= speed;
5:        if(e.currentTarget.alpha >=1 || e.currentTarget.
          alpha <= 0) {
6:            speed *= -1;
7:        }
8:    }
```

Sobald der Alphawert des MovieClips größer als 1 oder kleiner als
0 ist, wird die Größenänderung mit –1 multipliziert, wodurch die
Animation umgekehrt wird.

Ergebnis der Übung:
09_AS_Animation\Animation_Loopen\AS_Animation02.fla

3   **Film testen**

Testen Sie den Flash-Film über ⎡Strg⎤/⎡⌘⎤+⎡↵⎤. Die gefadete Animation loopt.

9.7   Trigonometrie

Wer eigene Animationsabläufe mit ActionScript erzeugen möchte, wird kaum um einige Grundlagen der Mathematik herumkommen. Viele Ansätze der Mathematik lassen sich sehr gut in ActionScript übertragen, so z. B. auch im Besonderen die Trigonometrie. Dieser Teilbereich der Geometrie lässt sich mit ActionScript sehr vielseitig u. a. zur Entwicklung von eindrucksvollen Animationen nutzen. Einige Grundlagen der Trigonometrie und der praktische Einsatz mit ActionScript werden im Folgenden erläutert. Bei der Anwendung von Trigonometrie in ActionScript müssen Sie jedoch zunächst einige Besonderheiten beachten.

Koordinatensystem

Trigonometrie
Bei einer einfachen Anwendung der Trigonometrie, der sogenannten *ebenen Trigonometrie*, geht es darum, die Beziehung zwischen Seiten eines Dreiecks und deren Winkeln zu ermitteln.

In der Schulmathematik wird in der Regel das Koordinatensystem so dargestellt, dass der Nullpunkt links unten liegt und der Y-Wert nach oben hin höhere Werte annimmt. Das ist bei Flash und nahezu allen Programmiersprachen anders: Der Nullpunkt liegt in der linken *oberen* Ecke, und die Richtung der Y-Achse ist umgekehrt. Sie nimmt nach unten hin größere Werte an. Diese Besonderheit müssen Sie grundsätzlich berücksichtigen, wenn Sie mathematische Regeln in ActionScript übernehmen und anwenden möchten.

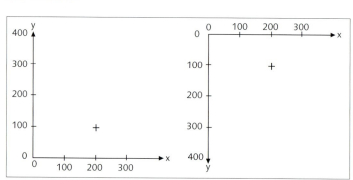

Abbildung 9.17 ▶
Koordinatensystem in der Mathematik (links) und in Flash (rechts) mit einem Punkt auf denselben Koordinaten

Winkelangabe

Auch die Winkelangabe unterscheidet sich von der in der Mathematik. In der Mathematik wird der Winkel, ausgehend von der x-Achse, gegen den Uhrzeigersinn angegeben – in Flash hingegen im Uhrzeigersinn.

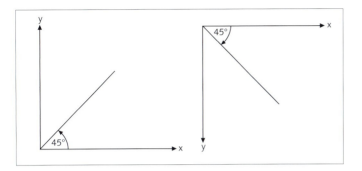

Position eines MovieClips
Ein MovieClip mit den Koordinaten x:0, y:0 befindet sich an der linken oberen Kante der Bühne bzw. seines übergeordneten Anzeigeobjektcontainers.

◄ **Abbildung 9.18**
45-Grad-Winkel in der Mathematik (links) und in Flash (rechts)

Rotationsrichtung | So wird ein MovieClip, der um 45 Grad gedreht wird, sowohl in der Entwicklungsumgebung als auch in ActionScript nicht nach links, sondern nach rechts gedreht.

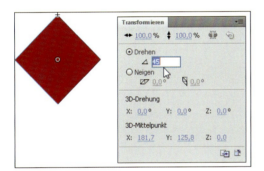

◄ **Abbildung 9.19**
Drehung eines MovieClips um 45 Grad

Grad- und Bogenmaß – Umrechnung

Wir sind es gewohnt, Winkel in Gradmaß, also z. B. 90 Grad, anzugeben. Zur Berechnung von Winkeln und Größen wird in ActionScript hingegen das Bogenmaß mit der Maßeinheit »Radiant« verwendet. Keine Sorge – es handelt sich schlichtweg um eine andere Maßeinheit, die leicht umgerechnet werden kann:

Ein Winkel von 360 Grad entspricht in Bogenmaß 2π (gesprochen: zwei Pi).

Sie können einen Winkel, der in Bogenmaß angegeben ist, wie folgt in ein Gradmaß umrechnen:

*Grad = Radiant * (180 / Pi)*

In ActionScript sieht die Umrechnung des Bogenmaßwinkels 2*Math.PI dann wie folgt aus:

[Pi]
Die Kreiszahl π (Pi) entspricht in etwa einem Wert von 3,14159. Sie beschreibt das Verhältnis zwischen Durchmesser und Umfang eines Kreises.

```
var radiant:Number = 2*Math.PI;
var grad:Number = radiant*(180/Math.PI);
```

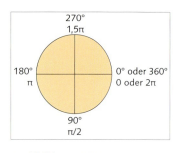

▲ Abbildung 9.20
Winkel in Grad- und Bogenmaß

Umrechnungsbeispiel
So wandeln Sie z. B. einen Winkel
von 45 Grad in Bogenmaß um:

```
var radiant:Number =
45*(Math.PI/180);
trace(radiant);
```

Rechtwinkliges Dreieck
Ein rechtwinkliges Dreieck mit einem 90-Grad-Winkel hat besondere Eigenschaften, die sich für
viele verschiedene Animationen
mit ActionScript nutzen lassen.

Abbildung 9.21 ▶
Berechnung des Abstands
zwischen zwei Punkten

Negative Koordinaten
Beachten Sie, dass Koordinaten
und Abstände in Flash grundsätzlich auch negative Werte
sein können. Bei der Berechnung der Distanz ist das uner-
heblich, da die Distanz, z. B.
xDif, mit sich selbst multipliziert wird. Das Ergebnis ist also
immer positiv, da –2 * –2 = 4
ist.

Um einen Winkel, der in Gradmaß angegeben ist, in Bogenmaß
umzurechnen, verwenden Sie folgende Formel:

   *Radiant = Grad * (π / 180)*

In ActionScript sieht die Umrechnung des Beispielwinkels 360
Grad dann wie folgt aus:

```
var grad:Number = 360;
var radiant:Number = grad*(Math.PI/180);
```

Das rechtwinklige Dreieck

Häufig ist es hilfreich, den Abstand zwischen zwei Punkten ermitteln zu können. Dazu lässt sich der Satz des Pythagoras einsetzen, nach dem gilt, dass das Quadrat der Hypotenuse ❶ (c), der
längsten Seite des Dreiecks, gleich der Summe der Quadrate der
jeweils anderen beiden Seiten ❷ und ❸ (a, b) ist. Was in text-
licher Form kompliziert aussieht, lässt sich mathematisch doch
ganz einfach beschreiben. Die gute alte Pythagoras-Formel lautet:
   $a^2 + b^2 = c^2$.

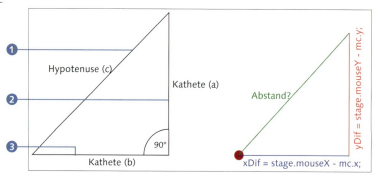

Die Formeln zum Berechnen der Länge der beiden Katheten haben Sie bereits in Abschnitt 9.6, »Easing«, kennengelernt.
   Für den Abstand zwischen einem MovieClip »mc« und der
Mausposition wäre demnach die Länge der Kathete a wie folgt
zu ermitteln:

```
var yDif:Number = stage.mouseY - mc.y;
```

Und die Länge der Kathete b:

```
var xDif:Number = stage.mouseX - mc.x;
```

Stellt man den Satz des Pythagoras etwas um, lässt sich die Distanz zwischen zwei Punkten wie folgt berechnen:

```
var distanz:Number = Math.sqrt(xDif*xDif + yDif*yDif);
```

Dabei entspricht der Ausdruck `Math.sqrt` »der Wurzel aus« (sqrt = engl. »square root«).

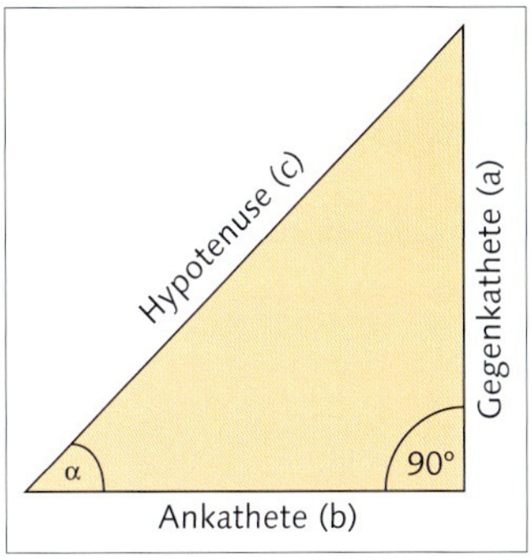

Seiten und Winkel eines rechtwinkligen Dreiecks | Bei einem Dreieck ist die Summe der Winkel immer gleich 180 Grad. Bei einem rechtwinkligen Dreieck ist der größte Winkel der 90-Grad-Winkel, dem gegenüber die Hypotenuse liegt. Wenn sie sich auf einen anderen der beiden Winkel beziehen, spricht man von der dem Winkel gegenüberliegenden Seite als *Gegenkathete* und von der am Winkel anliegenden Seite als *Ankathete*.

Die Seiten und Winkel eines rechtwinkligen Dreiecks stehen in einem besonderen Verhältnis zueinander, das sich in Flash, wie Sie später noch sehen werden, für Animationen nutzen lässt.

▲ **Abbildung 9.22**
Seiten eines Dreiecks in Bezug auf den Winkel α

Schwingende Bewegung

Mithilfe der trigonometrischen Kosinus- und Sinus-Funktion können Sie ein Objekt auf unterschiedliche Weise animieren. So können Sie ein Objekt über die Funktionen in eine schwingende Bewegung versetzen.

Kosinus | In einem rechtwinkligen Dreieck gilt die Formel:

cos α = Ankathete / Hypotenuse

Die Ankathete entspricht der Distanz auf der x-Achse eines Punktes zum Mittelpunkt eines Kreises. Für die x-Position muss also die Ankathete berechnet werden. Stellt man die Formel danach um, erhält man:

*Ankathete = cos α * Hypotenuse*

[!] Bogenmaß vs. Grad
Alle trigonometrischen Funktionen in ActionScript erwarten Winkelangaben immer in Bogenmaß und nicht in Grad. Die `rotation`-Eigenschaft eines Movie-Clips, also die Drehung, ist aber immer eine Gradangabe. Sie müssen sich daher in der Regel um die Umrechnung kümmern.

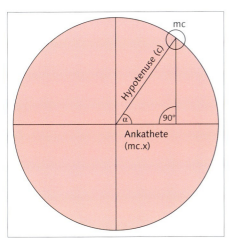

◀ **Abbildung 9.23**
Berechnung der x-Koordinate des MovieClips mit dem Instanznamen »mc«

Der Winkel verläuft in einem Kreis von 0 bis 2π (360 Grad). Die Hypotenuse ist der Radius des Kreises. Bei einem MovieClip mit dem Instanznamen »mc«, der auf einem Kreis positioniert wird, könnte folgende Formel zur Berechnung der Position auf der x-Achse, in Abhängigkeit vom angegebenen Winkel, angewendet werden:

```
mc.x = Math.cos(winkel_in_bogenmaß)*radius;
```

Schritt für Schritt:
Schwingende Bewegung auf der x-Achse

In diesem Workshop lernen Sie, wie Sie eine schwingende Bewegung mithilfe der Kosinus-Funktion auf der x-Achse erzielen können.

1 Film öffnen

09_AS_Animation\
SchwingungX\SchwingungX_01.fla

Öffnen Sie den Flash-Film *SchwingungX_01.fla* aus dem Ordner *SchwingungX*. Ausgangsbasis ist ein Kreis, der in einen Movie-Clip mit dem Instanznamen »kreis_mc« umgewandelt wurde. Der Registrierungspunkt der Kreises ist mittig. Der MovieClip wurde mittig auf der Bühne platziert.

Abbildung 9.24 ▶
Mittig registrierter MovieClip

2 Code zuweisen

Weisen Sie dem ersten Schlüsselbild auf der Ebene »Actions« folgenden Code zu:

Mehr Bildrate, weichere Animation
Probieren Sie auch einmal die Bildrate auf 60 BpS zu setzen und das Inkrement des Winkels auf 0.05. Die Animation wird zwar nicht schneller, aber viel weicher. Testen Sie dies aber unbedingt im Browser und nicht im Flash-Authoring-Tool, da hier der Flash Player immer etwas langsamer ist.

```
1:    var winkel:Number = 0;
2:    var radius:Number = 200;
3:    kreis_mc.addEventListener(Event.ENTER_FRAME,
      moveBall);
4:    function moveBall(e:Event):void {
5:        e.currentTarget.x = Math.cos(winkel)*radius;
6:        winkel += 0.1;
7:    }
```

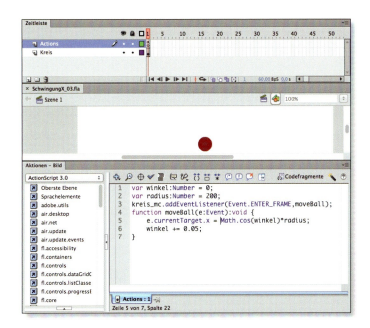

◄ **Abbildung 9.25**
Aktionen zuweisen

3   Film testen

Testen Sie den Flash-Film über `Strg`/`⌘`+`↵`. Der MovieClip schwingt auf der x-Achse mit einem Radius von 200 Pixeln hin und her. Dabei ist der Mittelpunkt der Schwingung der linke Rand der Bühne (x:0), und das unabhängig davon, wo der MovieClip zunächst positioniert wurde.

**Zwischenergebnis
der Übung:**
*09_AS_Animation\SchwingungX\
SchwingungX_02.fla*

4   Mittelpunkt definieren

Ändern Sie den Code nun wie folgt:

```
...
var startX:Number = stage.stageWidth/2;
function moveBall(e:Event):void {
    e.currentTarget.x = startX+Math.
cos(winkel)*radius;
    winkel += 0.1;
};
```

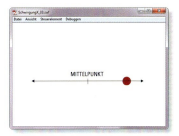

▲ **Abbildung 9.26**
Der Bewegungsbereich des
MovieClips

Der Mittelpunkt wurde in diesem Fall jetzt auf die Hälfte der Bühnebreite, d.h. auf die Mitte der Bühne, festgelegt.

5   Film erneut testen

Testen Sie den Flash-Film über `Strg`/`⌘`+`↵`. Ändern Sie ruhig einmal die Werte für den Mittelpunkt (z.B. 100) und die Steigerung des Winkels (z.B. 0.5), und beobachten Sie die Auswirkungen.

Ergebnis der Übung:
*09_AS_Animation\SchwingungX\
SchwingungX_03.fla*

Sinus | In einem rechtwinkligen Dreieck gilt die Formel:

sin α = Gegenkathete / Hypotenuse

Die Gegenkathete entspricht der Distanz auf der y-Achse eines Punktes zum Mittelpunkt eines Kreises. Für die y-Position muss also die Gegenkathete berechnet werden. Stellt man die Formel dementsprechend um, erhält man:

*Gegenkathete = sin α * Hypotenuse*

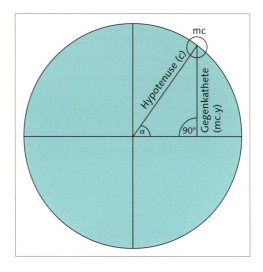

Abbildung 9.27 ▶
Berechnung der y-Koordinate

Schritt für Schritt:
Schwingende Bewegung auf der y-Achse

In diesem Workshop erfahren Sie, wie Sie eine schwingende Bewegung auf der y-Achse erzielen können.

1   Film öffnen

09_AS_Animation\ SchwingungY\SchwingungY_01.fla

Öffnen Sie den Flash-Film *SchwingungY_01.fla* aus dem Ordner *SchwingungY*. Ausgangsbasis ist ein Kreis, der in einen MovieClip mit dem Instanznamen »kreis_mc« umgewandelt wurde. Der Registrierungspunkt des Kreises ist mittig.

2   Code zuweisen

Weisen Sie dem ersten Schlüsselbild auf der Ebene »Actions« folgenden Code zu:

Positionierung auf der y-Achse
Die y-Koordinate eines Movie-Clips »mc« wird demnach wie folgt berechnet:

```
mc.y = Math.sin(winkel)*radius;
```

```
1:    var winkel:Number = 0;
2:    var radius:Number = 150;
3:    var startY:Number = stage.stageHeight/2;
4:    kreis_mc.addEventListener(Event.ENTER_
      FRAME,moveBall);
```

```
5:    function moveBall(e:Event):void {
6:        e.currentTarget.y = startY+Math.
          sin(winkel)*radius;
7:        winkel += 0.1;
8:    };
```

3 **Film testen**

Testen Sie den Flash-Film über ⌨Strg/⌘+⏎. Der MovieClip schwingt auf der y-Achse mit einem Radius von 150 Pixeln um den Mittelpunkt (startY).

3D-Bewegung über die z-Achse | Mit ActionScript 3 bzw. dem Flash Player 10 wurde die z-Achse eingeführt. Früher hat man diese Tiefenachse durch Skalierung selbst simulieren müssen, um 3D-Animationen annähernd realistisch abzubilden. Das ist jetzt nicht mehr notwendig. Sie müssen allerdings beachten, dass die z-Achse tatsächlich keine echte dritte Dimension ist, wie man sie aus 3D-Programmen kennt, sondern eher als »2,5te Dimension« bezeichnet werden kann, da keine automatische Tiefenverwaltung stattfindet. Das bedeutet, dass Objekte, die sich z. B. entgegengesetzt auf der z-Achse bewegen, sich visuell also nach vorn bzw. nach hinten bewegen, nicht gleichzeitig auch ihre Ebenentiefe verändern. Das führt dazu, dass sich Objekte unter Umständen optisch falsch überlagern (siehe dazu auch Abbildung 9.29).

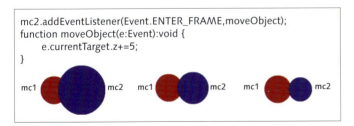

```
mc2.addEventListener(Event.ENTER_FRAME,moveObject);
function moveObject(e:Event):void {
    e.currentTarget.z+=5;
}
```

▲ **Abbildung 9.29**
Der MovieClip »mc2« bewegt sich auf der z-Achse nach hinten. Die Tiefe des MovieClips »mc2« ändert sich nicht automatisch, wenn er den MovieClip »mc1« passiert.

Eine Änderung der Tiefe, d. h. die Änderung des Index eines Anzeigeobjekts in der Anzeigeliste, muss für eine korrekte Darstellung selbst vorgenommen werden. Der folgende Workshop zeigt eine praktische Anwendung der z-Achse und demonstriert, wie Sie die Tiefe eines Objekts entsprechend ändern können, sodass der Eindruck einer 3D-Bewegung entsteht.

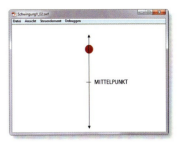

▲ **Abbildung 9.28**
Der Bewegungsbereich des MovieClips

🔘 **Ergebnis der Übung:**
09_AS_Animation\SchwingungY\ SchwingungY_02.fla

3D-Raumsimulation
Die z-Achse in Flash allein ist nicht ausreichend, um einen 3D-Raum zu simulieren. Um dies zu erreichen, muss eine eigene Routine zur Tiefenverwaltung von Anzeigeobjekten innerhalb einer Anzeigeliste ergänzt werden. Es gibt bisher keine Kopplung der z-Achse mit der Hierarchie einer Anzeigeliste.

[!] **Registrierungspunkt beachten**
Auch bei der z-Achse ist der Registrierungspunkt zu beachten. Wenn Sie beispielsweise einen Kreis oder ein Rechteck auf der z-Achse bewegen möchten, sollten Sie den Registrierungspunkt des MovieClips auf mittig stellen. Ist der Registrierungspunkt eines MovieClips links oben, bewirkt eine Änderung der z-Eigenschaft eine Skalierung und eine Verschiebung auf der x- und y-Achse.

Schritt für Schritt:
3D-Bewegung und Tiefenänderung

In diesem Workshop wird erläutert, wie Sie die z-Achse für eine 3D-Bewegung einsetzen können und wie Sie gleichzeitig die Tiefe der Anzeigeobjekte so ändern, dass der Eindruck einer Bewegung im 3D-Raum entsteht.

1   Flash-Film öffnen

09_AS_Animation\3D_Bewegung\3D_Bewegung_01.fla

Öffnen Sie den Flash-Film *3DBewegung_01.fla* aus dem Verzeichnis *3D_Bewegung*. In dem Flash-Film wurden zwei MovieClips »erde_mc« und »mond_mc« und eine Hintergrundgrafik angelegt.

Abbildung 9.30 ▶
Die Ausgangssituation

2   Variablen und Bewegung initiieren

Weisen Sie dem ersten Schlüsselbild auf der Ebene »Actions« zunächst folgenden Code zu:

```
1:   mond_mc.addEventListener(Event.ENTER_FRAME,
     moveObject);
2:   var winkel:Number = 0;
3:   var radius:uint = 200;
4:   var startX:Number = stage.stageWidth/2;
5:   var startY:Number = stage.stageHeight/2;
6:   function moveObject(e:Event):void {
7:      e.currentTarget.x = startX + Math.cos(winkel)
        *radius;
8:      e.currentTarget.y = startY+Math.sin(winkel)
        *20;
9:      e.currentTarget.z = Math.sin(winkel)*radius;
10:      winkel += 0.02;
11:   }
```

In Zeile 1 wird ein Ereignis-Listener registriert, der mit einem Intervall eines Bildes die Funktion moveObject aufruft. Anschließend wird in Zeile 2 die Variable winkel definiert, und ihr wird der Startwert 0 zugewiesen. Über die Variablen startX und startY definieren Sie den Mittelpunkt der kreisförmigen 3D-Bewegung (Zeile 4 und 5). Innerhalb der Funktion moveObject wird der MovieClip »mond_mc« zunächst auf der x-Achse bewegt (siehe dazu auch Abschnitt »Schwingende Bewegung«). Der Code in Zeile 8 sorgt für die Bewegung auf der y-Achse. Der Mond kreist tatsächlich nicht ganz parallel zur Erdachse. Um eine entsprechende Bewegung auf der y-Achse zu simulieren, wird der Wert hier mit 20 multipliziert (Zeile 8). Der Faktor gibt die Auslenkung der Bewegung auf der y-Achse an. Um eine 3D-Bewegung zu simulieren, wird der Wert der Eigenschaft z des MovieClips größer und wieder kleiner, d.h., der MovieClip wird größer und kleiner. Das geschieht mittels einer Sinus-Funktion (Zeile 9). Der Wert der Variablen winkel wird je Durchlauf um 0,02 erhöht. Wenn Sie den Wert erhöhen, wird die Bewegung schneller, verringern Sie den Wert, erhalten Sie eine langsamere Bewegung.

3 Flash-Film testen

Testen Sie den Flash-Film über $\boxed{\text{Strg}}$/$\boxed{\text{⌘}}$+$\boxed{↵}$. Wie Sie sehen, wirkt die Animation noch nicht realistisch, da sich die Tiefe des MovieClips »mond_mc« bisher nicht verändert. Der MovieClip »mond_mc« bleibt visuell immer auf einer Ebene vor dem Movie-Clip »erde_mc«, auch dann, wenn er sich nach der z-Achse hinter dem MovieClip »erde_mc« befindet.

◄ **Abbildung 9.31**
Noch wirkt die Animation nicht realistisch.

4 Tiefe des MovieClips je nach Position ändern

Ändern Sie den Code innerhalb der Funktion `moveObject` wie folgt (Änderungen sind fett gedruckt):

```
1:    function moveObject(e:Event):void {
2:        e.currentTarget.x=startX+Math.cos(winkel)
          *radius;
3:        e.currentTarget.y=startY+Math.sin(winkel)*20;
4:        e.currentTarget.z=Math.sin(winkel)*radius;
5:        winkel+=0.02;
6:        if (winkel > Math.PI/4) {
7:            setChildIndex(DisplayObject(e.target),1);
8:        }
9:        if (winkel > Math.PI) {
10:           setChildIndex(DisplayObject(e.target),2);
11:       }
12:       if (winkel > Math.PI*2) {
13:           winkel = 0;
14:       }
15:   }
```

Wenn der Winkel größer ist als `Math.PI/4`, wird der MovieClip »mond_mc« auf den Index 1 der Anzeigeliste platziert (Zeile 6 bis 8). `Math.PI/4` entspricht dem Achtel von 360 Grad – also 1/8 einer Umdrehung. Dann befindet er sich auf dem Weg hinter die Erde (gestrichelte Linie). Er wird also auf die Ebene hinter die Erde platziert. Sobald der Winkel größer als `Math.PI` ist, wird der MovieClip auf den Index 2 der Anzeigeliste platziert, eine Ebene vor der Erde (durchgezogene Linie). Nach einer Umrundung (entspricht `Math.PI*2`) wird der Wert der Variablen `winkel` wieder auf 0 gesetzt (Zeile 12 bis 14).

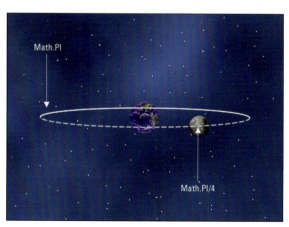

Abbildung 9.32 ▶
Die Tiefe wird situationsabhängig geändert.

5   **Fertig! Flash-Film testen**

Testen Sie den Flash-Film über ⌨Strg/⌘+↵. Die Animation wirkt dank der Änderung der Tiefe jetzt schon deutlich realistischer.

Kreisbewegung

Im Prinzip haben Sie jetzt bereits alles Notwendige kennengelernt, um eine Kreisbewegung über ActionScript zu animieren. Zum besseren Verständnis der Zusammenhänge folgt noch eine zusätzliche visuelle Erläuterung.

Sie kennen wahrscheinlich den Graphen einer Sinus- und einer Kosinus-Kurve. Die Form dieser Graphen zeigt jeweils das Resultat der jeweiligen Funktion mit Winkeln von 0 bis 360 Grad.

Visualisierung der Kreisbewegung in x- und y-Richtung | Versuchen Sie einmal, die Bewegung eines Objekts auf einem Kreis in x- und y-Richtung separat zu betrachten. Probieren Sie es zunächst mit der x-Richtung. Stellen Sie sich dabei z. B. einen Kreis mit einem Radius von 100 Pixeln vor. Angenommen, die Position des Objekts ist zu Beginn rechts in der Mitte des Kreises ❶. Auf der x-Achse befindet sich das Objekt zunächst also auf x = 100. Dann bewegt sich das Objekt nach links zum Mittelpunkt des Kreises. X wird also kleiner, bis es 0 ist ❷. Vom Mittelpunkt der x-Achse geht es weiter in den negativen Bereich ❸ etc.

Dieselbe Visualisierung lässt sich ebenso für die y-Bewegung mittels der Sinus-Kurve anwenden. Sie können eine Kreisbewegung also mit Sinus und Kosinus in ihre x- und y-Achse separieren.

Anwendung für eine Kreisbewegung | Die Auflösung der Bewegung in x- und y-Richtung lässt sich in Flash nutzen, um eine Kreisbewegung zu erzielen. Dazu rufen Sie die Ihnen bereits bekannten Kosinus- und Sinus-Funktionen einfach gleichzeitig auf:

```
mc.x = Math.cos(winkel) * radius;
mc.y = Math.sin(winkel) * radius;
```

Schritt für Schritt:
Kreis- und ellipsenförmige Bewegung

In diesem Kapitel lernen Sie, wie Sie eine kreis- und eine ellipsenförmige Bewegung eines Objekts erzielen können.

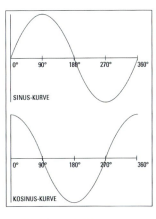

Ergebnis der Übung:
09_AS_Animation\3D_Bewegung\3D_Bewegung_02.fla

▲ **Abbildung 9.33**
Sinus- und Kosinus-Kurve

Tipp
Vergleichen Sie diese Bewegung mit dem Verlauf der Kosinus-Kurve – sie ist »überraschenderweise« identisch.

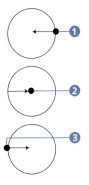

▲ **Abbildung 9.34**
Bewegung auf der x-Achse

*09_AS_Animation\
Kreis_Elliptische_Bewegung\
Kreisbewegung01.fla*

1   Flash-Film öffnen

Öffnen Sie den Flash-Film *Kreisbewegung01.fla* aus dem Ordner *Kreis_Elliptische_Bewegung*.

2   Anfangswerte initialisieren

Weisen Sie dem ersten Schlüsselbild auf der Ebene »Actions« folgenden Code zu:

```
var winkel:Number = 0;
var radiusX:Number = 150;
var radiusY:Number = 150;
var startX:Number = stage.stageWidth/2;
var startY:Number = stage.stageHeight/2;
```

3   Ellipsenförmige Bewegung

Um eine elliptische Bewegung zu erreichen, müssen Sie nur die Radien ändern, z. B.:

```
var radiusX:Number = 150;
var radiusY:Number = 20;
```

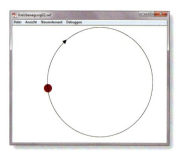

▲ **Abbildung 9.35**
Der Bewegungsbereich des MovieClips

 Ergebnis der Übung:
*09_AS_Animation\Kreis_Elliptische_
Bewegung\Kreisbewegung02.fla*

4   Kreisbewegung initiieren

Ergänzen Sie den Code nun um folgende Zeilen:

```
kreis_mc.addEventListener(Event.ENTER_FRAME,moveBall);
function moveBall(e:Event):void {
    e.currentTarget.x = startX+Math.cos(winkel)*radiusX;
    e.currentTarget.y = startY+Math.sin(winkel)*radiusY;
    winkel += 0.1;
};
```

5   Film testen

Testen Sie den Flash-Film über [Strg]/[⌘]+[↵].

Schritt für Schritt:
Spiralenförmige Bewegung

In diesem Workshop lernen Sie, wie Sie eine spiralenförmige Bewegung eines Objekts erzielen können.

1   Film öffnen

 *09_AS_Animation\Kreis_
Elliptische_Bewegung\Spiralen-
bewegung01.fla*

Öffnen Sie den Flash-Film *Spiralenbewegung01.fla* aus dem Ordner *Kreis_Elliptische_Bewegung*. Ausgangsbasis ist eine geskriptete kreisförmige Bewegung.

2   Code ergänzen

Um aus der kreisförmigen Bewegung eine spiralenförmige Bewegung zu machen, müssen Sie den Radius über die Zeit verkleinern. Fügen Sie dem Code die folgenden fett gedruckten Codezeilen hinzu:

```
function moveBall(e:Event):void {
...
if (radiusX < 1) {
    e.currentTarget.removeEventListener(Event.
    ENTER_FRAME,moveBall);
    }
radiusX--;
radiusY--;
}
```

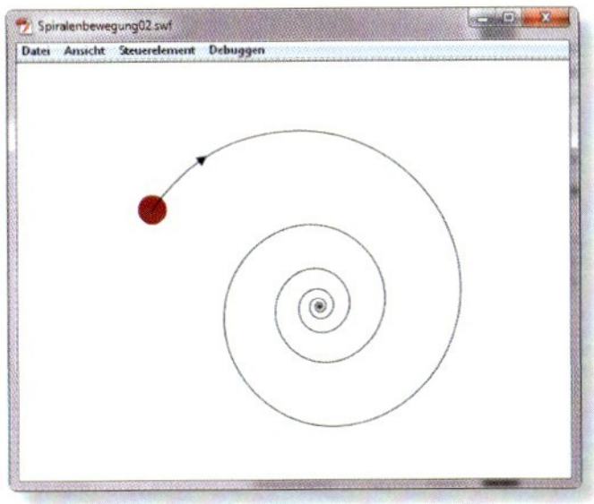

▲ **Abbildung 9.36**
Der Bewegungsbereich des MovieClips

3   Film testen

Testen Sie den Flash-Film über ⌨Strg/⌘+↵. Sowohl der Radius der Bewegung auf der x-Achse als auch der Radius der Bewegung der y-Achse werden je Bild verkleinert. Sobald der x-Radius kleiner als 1 ist, wird die ENTER_FRAME-Ereignisprozedur entfernt, die Bewegung wird also gestoppt.

Ergebnis der Übung:
09_AS_Animation\Kreis_Elliptische_Bewegung\Spiralenbewegung02.fla

Winkel zwischen zwei Punkten berechnen

Gelegentlich möchte man den Winkel zwischen zwei Punkten ermitteln, z. B. um ein Objekt in die Richtung eines anderen Objekts zu drehen. Um den Winkel in Bogenmaß zwischen zwei Punkten zu berechnen, können Sie die Math-Methode atan2 nutzen. Zur Berechnung des Winkels zwischen zwei Punkten wird zunächst die Distanz auf der x- und auf der y-Achse ermittelt:

```
var difX:Number = stage.mouseX - mc.x;
var difY:Number = stage.mouseY - mc.y;
```

Über die Methode atan2 der Math-Klasse lässt sich der Winkel im Bogenmaß (Radiant) wie folgt ermitteln:

```
var radiant:Number = Math.atan2(difY, difX);
```

Math.atan2(dy, dx)
Beachten Sie die unübliche Reihenfolge der Parameter. Zuerst wird die y-Distanz, dann erst die Distanz auf der x-Achse angegeben.

Schritt für Schritt:
MovieClip in Mausrichtung drehen

In diesem Workshop lernen Sie, wie Sie einen MovieClip in Maus-richtung drehen können.

1   **Film öffnen**

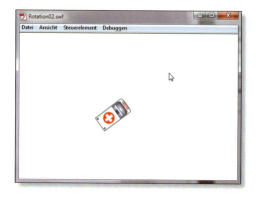

*09_AS_Animation\Rotation\
Rotation01.fla*

Öffnen Sie den Flash-Film *Rotation01.fla* aus dem Ordner *Rotation*. Ausgangsbasis ist ein mittig registrierter MovieClip mit dem Instanznamen »car_mc«.

2   **Code zuweisen**

Weisen Sie dem ersten Schlüsselbild auf der Ebene »Actions« folgenden Code zu:

```
stage.addEventListener(MouseEvent.MOUSE_MOVE,arrangeCar);
function arrangeCar(e:MouseEvent):void {
    var difX:Number = stage.mouseX - car_mc.x;
    var difY:Number = stage.mouseY - car_mc.y;
    var radiant:Number = Math.atan2(difY, difX);
    var grad:Number = radiant*(180/Math.PI);
    car_mc.rotation = grad;
    e.updateAfterEvent();
}
```

Beachten Sie hierbei, dass der Ereignis-Listener am Stage-Objekt und nicht am MovieClip »car_mc« registriert wurde. Aus diesem Grund wird die Referenzierung des MovieClips hier über den In-stanznamen »car_mc« und nicht über e.currentTarget vorge-nommen.

Ergebnis der Übung:
*09_AS_Animation\Rotation\
Rotation02.fla*

3   **Film testen**

Testen Sie den Flash-Film über Strg/⌘+↵.

Abbildung 9.37 ▶
Der MovieClip »car_mc« dreht sich automatisch in die Richtung des Mauszeigers.

Schritt für Schritt:
MovieClip in Mausrichtung bewegen

Sie lernen in diesem Workshop, wie Sie einen MovieClip in die Richtung des Mauszeigers bewegen können.

1   Film öffnen

Öffnen Sie den Flash-Film *Rotation02.fla* aus dem Ordner *Rotation*. Der MovieClip »car_mc« dreht sich bereits in die Mausrichtung. Sobald der Benutzer klickt, soll sich der MovieClip in die Mausrichtung bewegen.

09_AS_Animation\Rotation\Rotation02.fla

2   Zielkoordinaten festlegen

Ergänzen Sie den Code im ersten Schlüsselbild auf der Ebene »*Actions*« hinter dem bereits vorhandenen Code um folgende Zeilen:

```
var targetX:Number;
var targetY:Number;
stage.addEventListener(MouseEvent.MOUSE_DOWN,
initCarMove);
function initCarMove(e:MouseEvent):void {
    targetX = stage.mouseX;
    targetY = stage.mouseY;
    car_mc.addEventListener(Event.ENTER_FRAME,moveCar);
}
```

Damit Sie auf die Werte der Variablen `targetX` und `targetY` auch innerhalb einer anderen Funktion zugreifen können, werden diese zunächst außerhalb der folgenden Ereignisprozedur definiert. Wenn die Maustaste gedrückt wird, werden den Variablen `targetX` und `targetY` die Zielkoordinaten zugewiesen. Anschließend wird die Ereignisprozedur `moveCar` aufgerufen.

3   Bewegung initiieren

Ergänzen Sie den Code nun um folgende Zeilen:

```
function moveCar(e:Event):void {
    var difX:Number = targetX-car_mc.x;
    var difY:Number = targetY-car_mc.y;
        car_mc.x += difX/4;
        car_mc.y += difY/4;
        if (Math.abs(difX)<1 && Math.abs(difY)<1) {
            trace("Car reached position.");
```

```
                    car_mc.removeEventListener(
                    Event.ENTER_FRAME,moveCar);
                }
            }
```

Der MovieClip wird über eine `ENTER_FRAME`-Ereignisprozedur mittels eines einfachen Easings in Zielrichtung bewegt. Sobald der Abstand zwischen MovieClip und Ziel kleiner als 1 ist, wird die Ereignisprozedur entfernt, und eine Meldung erscheint im Ausgabe-Fenster. Beachten Sie dabei, dass die Werte `difX` und `difY` auch negativ sein können. Sie werden deshalb vorher über `Math.abs()` in absolute Werte umgewandelt.

09_AS_Animation\Rotation
Rotation03.fla

4   **Film testen**

Testen Sie den Flash-Film über ⎡Strg⎤/⎡⌘⎤+⎡↵⎤.

Methode	Beispiel	Beschreibung
abs	Math.abs(-2.1); Ergebnis: 2.1	Berechnet den Betrag.
acos	Math.acos(-1); Ergebnis: 3.141…	Arkuskosinus (in Radiant)
asin	Math.asin(-1); Ergebnis: –1.570…	Arkussinus (in Radiant)
atan	Math.atan(1); Ergebnis: 0.78539	Arkustangens
atan2	Math.atan2(10,0); Ergebnis: 1.570…	Berechnet den Winkel des Punktes y/x im Bogenmaß.
ceil	Math.ceil(3.4); Ergebnis: 4	Rundet die Zahl auf.
cos	Math.cos(Math.PI/2); Ergebnis: 6.123…-17 -> 0 (geht gegen 0)	Berechnet den Kosinus (in Radiant) des angegebenen Winkels.
exp	Math.exp(2); Ergebnis: 7.380…	Berechnet e hoch den angegebenen Exponenten. e=2,7183 ist die Eulersche Zahl.
floor	Math.floor(3.7); Ergebnis: 3	Rundet die Zahl ab.
log	Math.log(2); Ergebnis: 0.693…	Berechnet den natürlichen Logarithmus einer Zahl.

Tabelle 9.2 ▶
Die wichtigsten Methoden der Math-Klasse

Methode	Beispiel	Beschreibung
max	Math.max(10,20); Ergebnis: 20	Wertet zwei oder mehr Werte aus und gibt den höheren Wert zurück.
min	Math.min(10,20); Ergebnis: 10	Wertet zwei oder mehr Werte aus und gibt den niedrigeren Wert zurück.
pow	Math.pow(2,3); Ergebnis: 8	Berechnet x hoch y.
random	Math.random(); Ergebnis: zwischen 0 und 1	Zufallszahl zwischen 0 und 1
round	Math.round(2.4); Ergebnis: 2 Math.round(2.5); Ergebnis: 3	Rundet den Wert auf die nächstliegende Zahl auf oder ab.
sin	Math.sin(Math.PI/2); Ergebnis: 1	Berechnet den Sinus des angegebenen Winkels.
sqrt	Math.sqrt(4); Ergebnis: 2	Berechnet die Quadratwurzel.
tan	Math.tan(Math.PI/2); Ergebnis: 16331778728383844	Berechnet den Tangens des angegebenen Winkels.

◀ **Tabelle 9.2**
Die wichtigsten Methoden der Math-Klasse (Forts.)

Konstante	Beispiel	Beschreibung
Pi	trace(Math.PI); Ergebnis: 3.141592653589793	ein gerundeter Wert der Kreiszahl Pi
E	trace(Math.E); Ergebnis: 2.718281828459045	Konstante für die Basis des natürlichen Logarithmus
LN10	trace(Math.LN10); Ergebnis: 2.302585092994046	Konstante für den natürlichen Logarithmus von 10
LN2	trace(Math.LN2); Ergebnis: 0.6931471805599453	Konstante für den natürlichen Logarithmus von 2
LOG10E	trace(Math.LOG10E); Ergebnis: 0.4342944819032518	Konstante für den Logarithmus zur Basis 10 der Konstante E (Math.E)

◀ **Tabelle 9.3**
Konstanten der Math-Klasse

Kon-stante	Beispiel	Beschreibung
LOG2E	trace(Math.LOG2E); Ergebnis: 1.4426950408889634	Konstante für den Logarithmus zur Basis 2 der Konstante E (Math.E)
SQRT1_2	trace(Math.SQRT1_2); Ergebnis: 0.7071067811865476	Konstante für die Quadratwurzel von ½
SQRT2	trace(Math.SQRT2); Ergebnis: 1.4142135623730951	Konstante für die Quadratwurzel von 2

Tabelle 9.3 ▶
Konstanten der Math-Klasse (Forts.)

9.8   Tween-Engines

Auswahl der Tween-Engine
Die Auswahl einer Tween-Engine ist einerseits Geschmackssache, hängt jedoch andererseits auch davon ab, welche Anforderungen Sie für Ihre Animationen an eine Tween-Engine stellen.

Erste Grundlagen, wie geskriptete Animationen in ActionScript, erzeugt werden, haben Sie hier bereits kennengelernt. Statt Animationen manuell zu erstellen, ist es meist jedoch praktikabler, Animationen mithilfe von sogenannten Tween-Engines bzw. Tween-Klassen in ActionScript zu erzeugen.

In der Praxis werden aktuell noch viele unterschiedliche Tween-Klassen verwendet. Das mag sich gegebenenfalls ändern, wenn sich die eine oder andere Engine durchgesetzt hat und/oder eventuell von Adobe in die API übernommen wird. Im Folgenden werden einige Tween-Engines vorgestellt und die Anwendung einer Engine erläutert.

Adobes Tween-Klasse

Fehlerhaftes Ereignis in Adobes Tween-Klasse
Nebensächlich, dennoch erwähnenswert ist ein Fehler, der im Zusammenhang mit dem Ereignis TweenEvent.MOTION_START auftritt. Das Ereignis wird nicht, wie in der Dokumentation beschrieben, ausgelöst, wenn der Tween gestartet wird.

Adobe bietet seit ActionScript 2 eine eigene Tween-Klasse an. In ActionScript 3 können Sie die Klasse Tween, die zum Paket fl.transitions gehört, verwenden. Kurz gesagt, wenn Sie eine zuverlässige Tween-Klasse benötigen, die auch mit mehreren gleichzeitig animierten Objekten funktionieren soll, sollten Sie um die Tween-Klasse von Adobe einen Bogen machen. Die Tween-Klasse von Adobe bietet im Vergleich zu anderen Tween-Klassen nur sehr rudimentäre Möglichkeiten.

Tween-Engines

Glücklicherweise gibt es mehrere unterschiedliche freie Tween-Engines von Drittanbietern, die sich bewährt haben und von vielen Entwicklern in der Praxis verwendet werden. In der folgenden Tabelle finden Sie einen Auszug aktueller Tween-Engines.

Tween-Engine	Eigenschaften	Quelle
Tweener	Tweener ist eine solide Tween-Engine, die es u.a. ermöglicht, auf einfachste Weise mehrere Eigenschaften zu animieren. Auch Bitmap-Filter lassen sich mit Tweener animieren.	*http://code.google.com/p/tweener*
TweenNano	TweenNano ist eine sehr kleine (ca. 1,6 KB) Tween-Engine, reduziert auf Basisfunktionen. Erhältlich für ActionScript 2 und 3.	*www.greensock.com/tweennano*
TweenLite	TweenLite ist im Vergleich zu TweenNano eine sehr leistungsfähige und kleine (ca. 4,7 KB) Tween-Engine mit zusätzlichen Funktionseigenschaften, wie beispielsweise Plugins (z. B. für Filter). Erhältlich für ActionScript 2 und 3.	*www.greensock.com/tweenlite*
TweenMax	TweenMax (8,7 KB) basiert auf TweenLite, bietet allerdings noch weitere Möglichkeiten, wie z. B. timeScale und AS3 Event Dispatching.	*www.greensock.com/tweenmax*
Tween	Tween wird von Grant Skinner entwickelt und bietet eine leichte und schnelle TweenEngine mit vielen Einstellungsmöglichkeiten.	*www.gskinner.com/libraries/gtween*
Tweensy	Tweensy ist zum Zeitpunkt der Drucklegung immer noch im Beta-Status und sieht recht vielversprechend aus. Die Tween-Engine wird als Open Source unter der MIT-Lizenz veröffentlicht und verspricht, eine leistungsstarke und schlanke Tween-Engine zu sein.	*http://code.google.com/p/tweensy*

▲ **Tabelle 9.4**
Aktuelle und frei verfügbare Tween-Engines von Drittanbietern

TweenLite

Für die meisten Animationszwecke ist die kleine und leistungsfähige TweenLite-Engine von Jack Doyle ausreichend. Die Anwendung der Engine wird auf den folgenden Seiten erläutert.

Kopieren Sie zunächst das Verzeichnis *com* aus dem Verzeichnis *greensock-as3* in ein beliebiges Verzeichnis. Auf der Buch-DVD finden Sie die TweenLite-Engine in der Version 1.698 im Verzeichnis *Animation mit ActionScript\TweenLite*.

Erstellen Sie einen neuen Flash-Film, und speichern Sie den Film ebenfalls in das Verzeichnis. Anschließend können Sie die Klasse über folgende Zeile importieren:

Version
Zum Zeitpunkt der Drucklegung war die Version 1.698 aktuell. Auf der dem Buch beiliegenden DVD finden Sie die ActionScript 3-Version im Verzeichnis *09_AS_Animation\TweenLite*. Bei neueren Versionen sind von den hier dargestellten Erläuterungen abweichende Funktionen nicht ausgeschlossen.

```
import com.greensock.TweenLite;
```

Methoden der TweenLite-Klasse | Sie können die Klasse auf unterschiedliche Weise verwenden. Einerseits können Sie statische Methoden der Klasse verwenden. In diesem Fall müssen Sie kein Objekt der Klasse initialisieren. Das hat den Vorteil, dass Sie sich um die Entfernung des Objekts aus dem Speicher nicht kümmern müssen. Der folgende Code führt dazu, dass ein MovieClip mit dem Instanznamen mc innerhalb von einer Sekunde auf die x-Koordinate 300 bewegt wird:

```
TweenLite.to(mc, 1, {x: 300});
```

Private und kommerzielle Nutzungsrechte
TweenLite kann für private als auch, eingeschränkt, für kommerzielle Anwendungen genutzt werden. Weitere Infos zu Nutzungsrechten finden Sie unter *www. greensock.com/licensing*.

Diese Methode wird im Folgenden weiterhin verwendet. Andererseits können Sie auch ein Objekt der TweenLite-Klasse initialisieren. Das hat den Vorteil, dass Sie so mehrere Tweens erstellen können und der Tween einen Bezeichner besitzt, den Sie zur Steuerung oder Entfernung des Objekts verwenden können. Das gleiche Beispiel nun mit einem explizit definierten TweenLite-Objekt:

```
var myTween:TweenLite = new TweenLite(mc, 1,
{x:300});
```

Tabelle 9.5 ▼
Wesentliche Methoden der TweenLite-Klasse

Die Klasse verfügt über weitere Methoden, die in der folgenden Tabelle aufgelistet sind.

Methode	Beispiel	Beschreibung
from	import com.greensock.TweenLite; TweenLite.from(mc,1,{x:500});	Tweent die Werte der Eigenschaften des Objekts von den angegebenen Werten zu den Werten, die es im Moment besitzt.
delayedCall	import com.greensock.TweenLite; TweenLite.to(mc,1,{x:500}); TweenLite.delayedCall(1, **moveDone**, [mc]) function moveDone(target:MovieClip):void { trace(target +" wurde bewegt."); }	Ruft die angegebene Funktion nach x Sekunden auf. Dabei können beliebige Argumente als Array an die Funktion übergeben werden.
killTweensOf	import com.greensock.TweenLite; TweenLite.to(mc,1,{x:500}); TweenLite.killTweensOf(mc,true);	Entfernt unverzüglich alle Tweens des angegebenen Objekts. Dabei können Sie angeben, ob das Objekt unverzüglich auf die Zielwerte gesetzt werden soll (true) oder nicht (false).

Methode	Beispiel	Beschreibung

killDelayedCallsTo	```import com.greensock.TweenLite;```
	```TweenLite.delayedCall(1, moveDone, [mc])```
	```function moveDone(target:MovieClip):void {```
	``` trace(target +" wurde bewegt.");```
	```}```
	```TweenLite.killDelayedCallsTo(moveDone);```
		Entfernt alle Aufrufe einer Funktion, die über die Methode delayedCall eingerichtet wurden.

kill	```import com.greensock.TweenLite;```
	```var myTween:TweenLite = new TweenLite(mc,```
	```1, {x:300});```
	```myTween.kill();```
		Entfernt eine Tween-Instanz.

killTweensOf	Tweens werden sofort entfernt (ohne Beendigung):
	```import com.greensock.TweenLite;```
	```var moveTween:TweenLite = new```
	```TweenLite(mc, 1, {x:300});```
	```var alphaTween:TweenLite = new```
	```TweenLite(mc,0.5,{alpha: 0.3,delay:1});```
	```TweenLite.killTweensOf(mc,false);```
	Tweens werden beendet (Eigenschaften auf die Zielwerte gesetzt):
	```import com.greensock.TweenLite;```
	```var moveTween:TweenLite = new```
	```TweenLite(mc, 1, {x:300});```
	```var alphaTween:TweenLite = new```
	```TweenLite(mc,0.5,{alpha: 0.3,delay:1});```
	```TweenLite.killTweensOf(mc,true);```
		Statische (Klassen-)Methode, um alle Tweens, bezogen auf ein bestimmtes Tween-Objekt, zu entfernen. Optional können die Tweens vorher sofort beendet, d. h. auf den Zielwert gesetzt werden. Der zweite Parameter der Methode gibt dies an (true/false).

▲ **Tabelle 9.5**
Wesentliche Methoden der TweenLite-Klasse (Forts.)

Animation umkehren | Über die Methode reverse haben Sie die Möglichkeit, einen Tween rückwärts abzuspielen. Sie können die Methode allerdings nur auf eine Instanz der Tween-Klasse und nicht auf die Tween-Klasse selbst anwenden. Dazu folgendes Beispiel:

Die genaue Dokumentation aller TweenLite-Funktionen im HTML-Format finden Sie auf der DVD im TweenLite-Ordner unter *documentation.html*.

```
1:    import com.greensock.TweenLite;
2:    var myTween:TweenLite = new TweenLite(mc, 1,
      {x:400, onComplete:reversePlayback});
3:    function reversePlayback():void {
4:        myTween.reverse();
5:    }
```

In Zeile 2 wird eine Instanz der TweenLite-Klasse erzeugt. Der MovieClip mc wird in einer Sekunde auf die x-Koordinate 400 bewegt. Wenn die Animation beendet wurde, wird die Funktion `reversePlayback` aufgerufen. Der zuvor definierte Tween wird in der Funktion über die Methode `reverse` umgekehrt ausgeführt, d. h., der MovieClip bewegt sich dann wieder auf die Anfangsposition zurück.

Mehrere Eigenschaften und Sequenzen animieren | Natürlich können Sie auch mehrere Eigenschaften gleichzeitig animieren. Im folgenden Beispiel wird der MovieClip mit dem Instanznamen »mc« auf die x-Koordinate 300 bewegt und zeitgleich ausgeblendet:

```
TweenLite.to(mc, 1, {x: 300,alpha:0});
```

Wenn Sie Eigenschaften eines Objekts nacheinander animieren möchten, können Sie dazu die delay-Eigenschaft (in Sekunden) wie folgt nutzen:

```
TweenLite.to(mc, 1, {y: 200});
TweenLite.to(mc,3,{alpha:0,delay:1,overwrite:0});
```

OverwriteManager

Der *OverwriteManager* wird automatisch integriert, wenn Sie für die Eigenschaft `overwrite` einen anderen Wert als 0 oder 1 verwenden.

Zunächst wird der MovieClip auf die y-Koordinate 200 verschoben. Nachdem er die Position erreicht hat, wird er ausgeblendet. Über die Eigenschaft `delay` geben Sie die Verzögerung (in Sekunden) an. Da die erste Sequenz eine Sekunde benötigt, wird bei der zweiten Sequenz eine Verzögerung von einer Sekunde eingestellt. Standardmäßig werden Tweens überschrieben. Das bedeutet, dass ein Tween, der aktuell läuft, durch den neuen Tween ersetzt wird und der neue Tween dann über die Methode `to` ausgeführt wird.

Tabelle 9.6 ▼

Die wichtigsten Werte für die overwrite-Eigenschaft

Um das zu vermeiden, wird hier die Eigenschaft `overwrite` auf 0 gesetzt. Weitere wichtige Eigenschaftswerte für die overwrite-Eigenschaft sind in der folgenden Tabelle aufgelistet.

Overwrite-Eigenschaftswert	Performance	Beispiel/Beispielbeschreibung	Beschreibung
0 (NONE)	exzellent	`import com.greensock.TweenLite;` `TweenLite.to(mc, 1, {y: 200});` `TweenLite.to(mc,3,{y:0,delay:` `1, overwrite:0});` Der MovieClip bewegt sich auf die y-Koordinate 200 und direkt anschließend auf die y-Koordinate 0.	Kein Tween wird überschrieben – die schnellste Methode. Es muss jedoch eigenständig darauf geachtet werden, dass keine überlappenden Eigenschaften eines Objekts animiert werden.

Overwrite-Eigenschaftswert	Performance	Beispiel/Beispielbeschreibung	Beschreibung
1 (ALL)	exzellent	`import com.greensock.TweenLite;` `TweenLite.to(mc, 1, {x: -100});` `TweenLite.to(mc,1,{x:400,` `overwrite:1});` Der MovieClip bewegt sich sofort zur x-Koordinate 400. Der erste Tween wird überschrieben.	Alle Tweens eines Objekts werden sofort überschrieben. Das ist der Standardwert für TweenLite.
2 (AUTO)	sehr gut, wenn es nicht zu viele überlappende Tweens gibt	`import com.greensock.TweenLite;` `TweenLite.to(mc, 1,` `{x: -100,y:200});` `TweenLite.to(mc,1,{x:450,` `overwrite:2});` Da die x-Position im zweiten Tween angegeben ist, wird der erste Tween vollständig überschrieben.	Sucht und überschreibt einen Tween, jedoch nur dann, wenn es überlappende Tween-Eigenschaften gibt.

▲ **Tabelle 9.6**
Die wichtigsten Werte für die overwrite-Eigenschaft (Forts.)

Weitere gültige Werte für die overwrite-Eigenschaft, die jedoch nur bei sehr speziellen Anwendungsfällen benötigt werden, finden Sie in der Dokumentation der TweenLite-Engine.

Easing mit TweenLite | Wie fast jede aktuell verwendete Tween-Engine bietet auch TweenLite Easing an. Um einen Tween mit einer Easing-Funktion zu versehen, müssen Sie zunächst die mitgelieferten Klassen importieren. Dazu dient folgende Zeile:

```
import com.greensock.easing.*;
```

Anschließend können Sie die Eigenschaft ease mit einer der verfügbaren Easing-Funktionen definieren:

```
TweenLite.to(mc, 3, {scaleX:2, ease:Quad.easeOut});
```

Folgende Easing-Typen stehen Ihnen zur Verfügung:

▶ Back
▶ Bounce
▶ Circ
▶ Cubic
▶ Elastic
▶ Expo
▶ Linear

Easing Equations von Robert Penner

Die mitgelieferten Easing-Funktionen wurden ursprünglich von Robert Penner entwickelt und unter der Open-Source-Lizenz BSD veröffentlicht.

Custom Ease Builder

Neben den genannten Easing-Typen können Sie auch eigene Graphen erstellen, die Sie dann über die Klasse CustomEase verwenden können. Über den Custom Ease Builder (*www.greensock.com/customease*) lässt sich ein solcher Graph und der dazugehörige Code generieren. Die Klasse CustomEase erhalten Sie, wenn Sie Mitglied im Club Greensock (*http://blog.greensock.com/club*) sind. Die Mitgliedschaft ist kostenpflichtig.

► Quad
► Quart
► Quint
► Sine
► Strong

Typ Linear

Beim Typ Linear stehen Ihnen genau genommen vier Methoden zur Auswahl, die jedoch keinen Einfluss auf die Bewegung haben. Es handelt sich dabei um eine lineare Bewegung. Der Easing-Typ ist damit überflüssig.

Bis auf den Typ Linear unterstützen alle Typen folgende Easing-Methoden:

► **easeIn**: Die Werte erhöhen sich am Anfang nur wenig und mit zunehmender Dauer dann mehr (beschleunigte Bewegung).
► **easeOut**: Die Werte erhöhen sich am Anfang sehr stark und mit zunehmender Dauer dann weniger (abgebremste Bewegung).
► **easeInOut**: Die Werte erhöhen sich sowohl am Anfang als auch am Ende wenig (beschleunigte und abgebremste Bewegung).

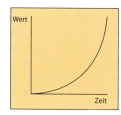 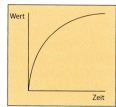 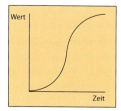

Abbildung 9.38 ►
links: Circ.easeIn; Mitte: Circ.easeOut; rechts: Circ.easeInOut

onReverseComplete

Über die Eigenschaft `onReverseComplete` können Sie eine Funktion angeben, die aufgerufen wird, wenn ein Tween, das über die Methode `reverse` umgekehrt wurde, beendet wurde. Sie können so beispielsweise sehr einfach eine loopende Animation erzeugen. Dazu folgendes Beispiel:

```
import com.greensock.
TweenLite;
var myTween:TweenLite = new
TweenLite(mc, 1, {x:400,
onComplete:reversePlayback,
onReverseComplete:playAgain});
function
reversePlayback():void {
    myTween.reverse();
}
function playAgain():void {
    myTween.play();
}
```

TweenLite-Ereignisse | Das AS3-Ereignismodell wird von TweenLite nicht unterstützt. Sie können also keine Ereignis-Listener an der TweenLite-Klasse oder einem Tween direkt registrieren.

Es gibt jedoch die Möglichkeit, dass Sie über spezielle Eigenschaften Funktionen angeben, die aufgerufen werden, wenn ein Tween startet, läuft oder beendet ist. Dazu dienen die Eigenschaften `onStart`, `onUpdate`, `onComplete` und `onReverseComplete` vom Datentyp `Function`. Dazu folgendes Beispiel:

```
import com.greensock.TweenLite;
TweenLite.to(mc,1,{rotationY:360,onStart:hasStarted,
onUpdate:isTweening,onComplete:hasFinished});
function hasStarted():void {
    trace("Tween wurde gestartet.");
}
function isTweening():void {
    trace("Tween läuft.");
}
function hasFinished():void {
    trace("Tween wurde beendet.");
}
```

Optional können Sie über die Eigenschaften `onStartParams`, `onUpdateParams`, `onCompleteParams` und `onReverseComplete-Params` vom Datentyp Array eigene Argumente an die Funktionen übergeben. Dazu folgendes Beispiel mit der Eigenschaft `onStartParams`:

```
import com.greensock.TweenLite;
TweenLite.to(mc,1,{rotationY:360,onStart:hasStarted,
onStartParams:[mc,"Startmeldung:"]});
function hasStarted(target:MovieClip,msg:String):
void {
   trace(msg+target);
}
```

Schritt für Schritt:
3D-Flip mit TweenLite

In diesem Workshop lernen Sie, wie Sie TweenLite einsetzen können, um einen MovieClip auf der y-Achse zu rotieren, um damit einen 3D-Effekt (Flip) zu erzielen.

1 Flash-Film öffnen

Öffnen Sie den Flash-Film *flipPlane_01.fla* aus dem Verzeichnis *FlipPlane*. Auf der Hauptzeitleiste befinden sich zwei MovieClips mit den Instanznamen »plane_mc« und »flip_mc«. Der Movie-Clip »flip_mc« dient als Schaltfläche. Wählen Sie den MovieClip »plane_mc« aus, und wechseln Sie in den Bearbeitungsmodus Strg/⌘+E. Auf der Ebene RAHMEN ist ein Rechteck ohne Füllung eingezeichnet. Auf den darunterliegenden Ebenen »content0« und »content1« liegt jeweils ein MovieClip mit dem Instanznamen »content0_mc« bzw. »content1_mc« mit jeweils einem Bitmap. Beide MovieClips sind mittig innerhalb des Movie-Clips »plane_mc« positioniert. Wechseln Sie zurück zur Hauptzeitleiste.

09_AS_Animation\FlipPlane\ flipPlane_01.fla

2 MovieClip rotieren

Wählen Sie das erste Schlüsselbild auf der Ebene »Actions« aus, und fügen Sie folgenden Code ein:

```
1:    import com.greensock.TweenLite;
2:    flip_mc.addEventListener(MouseEvent.CLICK,
      rotatePlane);
3:    plane_mc.content1_mc.visible = false;
```

```
4:    var targetRotation:Number = 180;
5:    var planeWidth:Number = plane_mc.width;
6:    function rotatePlane(e:MouseEvent):void {
7:        TweenLite.to(plane_mc,1,{rotationY:
          targetRotation,onUpdate:checkRotation,
          onComplete:changeDirection});
8:    }
```

Zunächst wird in Zeile 1 die TweenLite-Klasse importiert. In Zeile 2 wird ein Ereignis-Listener am Objekt »flip_mc« registriert, der dafür sorgt, dass die Ereignisprozedur `rotatePlane` aufgerufen wird, wenn der MovieClip angeklickt wird. Der Inhalt des Movie-Clips »content1_mc«, der im MovieClip »plane_mc« liegt, wird zu Beginn in Zeile 3 ausgeblendet. Zunächst soll sich die Fläche samt Inhalt auf der y-Achse auf 180 Grad drehen. Dazu wird in Zeile 4 eine entsprechende Variable definiert. Die Breite des MovieClips »plane_mc« wird der Variablen `planeWidth` zugewiesen. Sie wird später benötigt, um das gespiegelte Bild zu positionieren.

Klickt der Benutzer auf den Button, wird der MovieClip »plane_mc« auf der y-Achse zunächst auf 180 Grad gedreht. Während der Tween ausgeführt wird, wird die Funktion `checkRotation` mehrmals aufgerufen. Sobald der Tween abgeschlossen ist, wird die Funktion `changeDirection` aufgerufen.

3 | **Inhalte ein- bzw. ausblenden und MovieClip positionieren**

Ergänzen Sie den Code nun um folgende Zeilen:

```
1:    function checkRotation():void {
2:        if (plane_mc.rotationY >= 90 &&
          targetRotation == 180) {
3:            plane_mc.content1_mc.scaleX = -1;
4:            plane_mc.content1_mc.x = planeWidth / 2;
5:            plane_mc.content0_mc.visible = false;
6:            plane_mc.content1_mc.visible = true;
7:        }
8:        else if (plane_mc.rotationY >= 270 &&
          targetRotation == 360) {
9:            plane_mc.content1_mc.scaleX = 1;
10:            plane_mc.content0_mc.visible = true;
11:            plane_mc.content1_mc.visible = false;
12:        }
13:    }
```

Sobald die Rotation auf der y-Achse 90 Grad überschreitet und das Ziel der Drehung 180 Grad ist, wird der MovieClip »content0_mc« ausgeblendet und der MovieClip »content1_mc« eingeblendet (Zeile 5 und 6). Zusätzlich wird in Zeile 3 und 4 der MovieClip »content1_mc« auf der x-Achse auf –1 skaliert (gespiegelt) und neu positioniert.

Klickt der Benutzer nach einer halben Drehung wieder auf den Button, wird die Fläche von 180 Grad auf 360 Grad gedreht. In diesem Fall wird der MovieClip »content0_mc« ausgeblendet (Zeile 9) und der MovieClip »content1_mc« wieder eingeblendet (Zeile 10), wenn die Rotation in y-Richtung den Wert 270 überschreitet. Zusätzlich wird die Skalierung in x-Richtung des MovieClips »content1_mc« in Zeile 9 wieder auf 1 zurückgesetzt.

4   **Den Zielwert für die Rotation ändern**
Ergänzen Sie den Code nun um folgende Zeilen:

```
1:    function changeDirection():void {
2:        if (targetRotation == 180) {
3:            targetRotation = 360;
4:        }
5:        else {
6:            plane_mc.rotationY = 0;
7:            targetRotation = 180;
8:        }
9:    }
```

▲ **Abbildung 9.39**
Das Resultat mit zwei Bildern

Sobald eine Rotation abgeschlossen ist, wird die Funktion `change-Direction` aufgerufen. Sollte der bisherige Zielwert für die Rotation 180 betragen, wird der Wert auf 360 geändert (Zeile 2 und 3). Sollte der bisherige Zielwert einen anderen Wert (360) besitzen, wird der Zielwert auf 180 gesetzt (Zeile 7). Zusätzlich wird die Rotation des MovieClips »plane_mc« in y-Richtung auf 0 gesetzt. Tatsächlich besitzt der MovieClip zu diesem Zeitpunkt eine y-Rotation von 360 Grad. Der Wert muss auf 0 zurückgesetzt werden, damit die if-Bedingung in der Funktion `checkRotation` weiterhin funktioniert.

Ergebnis der Übung:
09_AS_Animation\FlipPane
FlipPlane_02.fla

[!] Eigenschaftskonflikte
Es gibt einige Eigenschaften, bei denen Konflikte auftreten können. Wenn Sie beispielsweise die Eigenschaft `autoAlpha` verwenden, hat die zusätzliche Verwendung der Eigenschaft `visible` keinen Einfluss.

5   Fertig! Flash-Film testen
Testen Sie den Flash-Film über [Strg]/[⌘]+[↵].

TweenLite-Plugins

Der Funktionsumfang von TweenLite ist erweiterbar durch sogenannte Plugins. Wird ein bestimmtes Plugin aktiviert, stehen einem Tween weitere Eigenschaften zur Verfügung. Je nach Umfang des aktivierten Plugins wird der Flash-Film etwas größer.

Bevor Sie ein Plugin nutzen können, müssen Sie die entsprechende Klasse, die sich im Paket `com.greensock.plugins` befindet, importieren. Wenn Sie beispielsweise das Plugin BlurFilter, über das Sie einen Weichzeichnungsfilter für ein Objekt animieren können, aktivieren möchten, importieren Sie es zunächst wie folgt:

```
import com.greensock.plugins.BlurFilterPlugin;
```

Anschließend können Sie es auf diese Weise aktivieren:

```
import com.greensock.plugins.TweenPlugin;
TweenPlugin.activate([BlurFilterPlugin]);
```

Sie können auch mehrere Plugins gleichzeitig aktivieren. Dazu folgendes Beispiel:

```
import com.greensock.plugins.*;
TweenPlugin.activate([BlurFilterPlugin,GlowFilterPlugin,
BevelFilterPlugin]);
```

Eine Übersicht über die wichtigsten Plugins, die Sie mit TweenLite nutzen können, finden Sie in der folgenden Tabelle.

Plugin	Beispiel	Größe	Beschreibung
autoAlpha	```import com.greensock.TweenLite; import com.greensock.easing.*; import com.greensock.plugins.*; TweenPlugin.activate ([AutoAlphaPlugin]); TweenLite.to(mc, 1, {alpha: 0, autoAlpha:0});```	0,2 KB	autoAlpha ist eine Alternative zu alpha mit dem Unterschied, dass die Eigenschaft visible eines Objekts zusätzlich automatisch auf false gesetzt wird, wenn der Alphawert 0 erreicht.
bevelFilter	```import com.greensock.TweenLite; import com.greensock.easing.*; import com.greensock.plugins.*; TweenPlugin.activate ([BevelFilterPlugin]); TweenLite.to(mc, 1, {bevelFilter: {blurX:10, blurY:10, strength:1, distance:10}});```	0,3 KB	Bevel-Filter-(Abschrägen-) Unterstützung
bezier	```import com.greensock.TweenLite; import com.greensock.easing.*; import com.greensock.plugins.*; TweenPlugin.activate ([BezierPlugin]); TweenLite.to(mc, 3, {bezier:[{x:172, y:249}, {x:310, y:169}], ease: Bounce.easeOut});```	1,3 KB	Tweening auf Bézierkurven (nicht linear)
bezierThrough	```import com.greensock.TweenLite; import com.greensock.easing.*; import com.greensock.plugins.*; TweenPlugin.activate ([BezierThroughPlugin]); TweenLite.to(mc, 3, {bezierThrough: [{x:172, y:249}, {x:310, y:169}], ease:Bounce.easeOut});```	0,1 KB	Ähnlich wie bezier – mit dem Unterschied, dass keine Kontrollpunkte zur Definition der Bézierkurve verwendet werden, sondern Punkte, durch die die Bézierkurve selbst läuft.
blurFilter	```import com.greensock.TweenLite; import com.greensock.easing.*; import com.greensock.plugins.*; TweenPlugin.activate ([BlurFilterPlugin]); TweenLite.to(mc, 1, {blurFilter: {blurX:20}});```	0,2 KB	BlurFilter-(Weichzeichnungs-) Unterstützung

▲ Tabelle 9.7
Wichtige Plugins für TweenLite

Plugin	Beispiel	Größe	Beschreibung

colorMatrixFilter	`import com.greensock.TweenLite;`
	`import com.greensock.easing.*;`
	`import com.greensock.plugins.*;`
	`TweenPlugin.activate`
	`([ColorMatrixFilterPlugin]);`
	`TweenLite.to(mc, 1,`
	`{colorMatrixFilter:{colorize:`
	`0xff0000, amount:3}});`
		1,2 KB	Ermöglicht das Tweening von Farbsättigung, Helligkeit, Kontrast und Färbung eines Objekts.

colorTransform	`import com.greensock.TweenLite;`
	`import com.greensock.easing.*;`
	`import com.greensock.plugins.*;`
	`TweenPlugin.activate`
	`([ColorTransformPlugin]);`
	`TweenLite.to(mc, 1, {colorTransform:`
	`{tint:0xff0000, tintAmount:0.5}});`
		0,5 KB	Ermöglicht das Tweening von Helligkeit und Sättigung sowie von Farbwerten eines Objekts.

dropShadowFilter	`import com.greensock.TweenLite;`
	`import com.greensock.easing.*;`
	`import com.greensock.plugins.*;`
	`TweenPlugin.activate`
	`([DropShadowFilterPlugin]);`
	`TweenLite.to(mc, 1, {dropShadowFilter:`
	`{color:0xff0000, alpha:1, blurX:12,`
	`blurY:12, distance:12}});`
		0,3 KB	DropShadow-Filter-(Schlagschatten-)Unterstützung

frame	`import com.greensock.TweenLite;`
	`import com.greensock.easing.*;`
	`import com.greensock.plugins.*;`
	`TweenPlugin.activate([FramePlugin]);`
	`TweenLite.to(mc, 2, {frame:20});`
		0,2 KB	Ermöglicht das Tweening zu einem bestimmten Bildindex einer Zeitleiste, z. B. zu Bild 20 der Zeitleiste eines MovieClips.

frameLabel	`import com.greensock.TweenLite;`
	`import com.greensock.easing.*;`
	`import com.greensock.plugins.*;`
	`TweenPlugin.activate`
	`([FrameLabelPlugin]);`
	`TweenLite.to(mc, 2, {frameLabel:`
	`"rollOut"});`
		0,2 KB	Ermöglicht das Tweening zu einem Bild mit einem Bildbezeichner einer Zeitleiste, z. B. zu dem Bild mit dem Bildbezeichner »rollOut« in der Zeitleiste eines MovieClips.

glowFilter	`import com.greensock.TweenLite;`
	`import com.greensock.easing.*;`
	`import com.greensock.plugins.*;`
	`TweenPlugin.activate`
	`([GlowFilterPlugin]);`
	`TweenLite.to(mc, 1, {glowFilter:`
	`{color:0xFF0000, alpha:1, blurX:30,`
	`blurY:30}});`
		0,3 KB	Glow-Filter-Unterstützung

▲ **Tabelle 9.7**
Wichtige Plugins für TweenLite (Forts.)

Plugin	Beispiel	Größe	Beschreibung

hexColors	```
	import com.greensock.TweenLite;
	import com.greensock.easing.*;
	import com.greensock.plugins.*;
	TweenPlugin.activate
	([HexColorsPlugin]);
	var colors:Object = {left:0xFFFFFF,
	right:0x000000};
	TweenLite.to(colors, 3, {hexColors:
	{left:0x000000, right:0xFFFFFF},
	onUpdate:drawGradient});
	var mySprite:Sprite = new Sprite();
	addChild(mySprite);
	drawGradient();
	function drawGradient():void {
	    var m:Matrix = new Matrix();
	    m.createGradientBox(220, 220, 0,
	    0, 0);
	    mySprite.graphics.
	    beginGradientFill(GradientType.
	    LINEAR, [colors.left, colors.
	    right], [1, 1], [0x00, 0xFF], m,
	    SpreadMethod.PAD);
	    mySprite.graphics.drawRect
	    (0,0,220,220);
	}
	``
		0,4 KB	Ermöglicht beispielsweise das Tweening von Farben eines Farbverlaufs.

removeTint	``` import com.greensock.TweenLite; import com.greensock.easing.*; import com.greensock.plugins.*; TweenPlugin.activate ([RemoveTintPlugin,TintPlugin]); TweenLite.to(mc, 1, {tint:0xFF0000}); TweenLite.to(mc, 1, {removeTint: true,delay:2,overwrite:0}); ```	0,1 KB	Entfernt die Färbung eines zuvor gefärbten Objekts.
scrollRect	``` import com.greensock.TweenLite; import com.greensock.easing.*; import com.greensock.plugins.*; TweenPlugin.activate ([ScrollRectPlugin]); TweenLite.to(mc, 1, {scrollRect: {left:12, right:288, top:11, bottom:216}}); ```	0,3 KB	Ermöglicht das Tweening der scrollRect-Eigenschaft eines DisplayObject.

▲ **Tabelle 9.7**
Wichtige Plugins für TweenLite (Forts.)

Plugin	Beispiel	Größe	Beschreibung

setSize	```import fl.controls.*```
	 ```import com.greensock.TweenLite;```
	 ```import com.greensock.easing.*;```
	 ```import com.greensock.plugins.*;```
	 ```TweenPlugin.activate```
	 ```([SetSizePlugin]);```
	 ```var t:TextInput = new TextInput();```
	 ```t.text = "This is a much too long```
	 ```sample text.";```
	 ```addChild(t);```
	 ```TweenLite.to(t, 1, {setSize:{width:```
	 ```t.textWidth, height:20}});```
		0,4 KB	Ermöglicht das Tweening beispielsweise der Größe von Komponenten, die dafür die Methode setSize verwenden.

shortRotation	```import com.greensock.TweenLite;```
	 ```import com.greensock.easing.*;```
	 ```import com.greensock.plugins.*;```
	 ```TweenPlugin.activate```
	 ```([ShortRotationPlugin]);```
	 ```TweenLite.to(mc, 1, {shortRotation:```
	 ```{rotation:270}});```
		0,4 KB	Ermöglicht die Rotation von Objekten auf dem kürzesten Weg (im oder gegen den Uhrzeigersinn).

tint	```import com.greensock.TweenLite;```
	 ```import com.greensock.easing.*;```
	 ```import com.greensock.plugins.*;```
	 ```TweenPlugin.activate([TintPlugin]);```
	 ```TweenLite.to(mc, 1, {tint:0xFF0000});```
		0,5 KB	Ermöglicht die Färbung eines Objekts.

transformMatrix	```import com.greensock.TweenLite;```
	 ```import com.greensock.easing.*;```
	 ```import com.greensock.plugins.*;```
	 ```TweenPlugin.activate```
	 ```([TransformMatrixPlugin]);```
	 ```TweenLite.to(mc, 1, {transformMatrix:```
	 ```{a:3, b:0.08, c:0, d:2, tx:180,```
	 ```ty:200}});```
		1,1 KB	Ermöglicht die Positionierung, Skalierung, Neigung und Rotation eines Objekts über eine Transformationsmatrix.

visible	```import com.greensock.TweenLite;```
	 ```import com.greensock.easing.*;```
	 ```import com.greensock.plugins.*;```
	 ```TweenPlugin.activate([VisiblePlugin]);```
	 ```TweenLite.to(mc, 1, {alpha:0,```
	 ```visible:false});```
		0,2 KB	Setzt die Eigenschaft visible eines Objekts auf true oder false.

▲ **Tabelle 9.7**
Wichtige Plugins für TweenLite (Forts.)

Plugin	Beispiel	Größe	Beschreibung

volume	```import com.greensock.TweenLite;```
	 ```import com.greensock.easing.*;```
	 ```import com.greensock.plugins.*;```
	 ```import flash.media.Sound;```
	 ```import flash.net.URLRequest;```
	 ```import flash.events.Event;```
	 ```import flash.media.SoundTransform;```
	 ```TweenPlugin.activate([VolumePlugin]);```
	 ```var r:URLRequest = new URLRequest```
	 ```("mysound.mp3");```
	 ```var mySound:Sound = new Sound(r);```
	 ```mySound.addEventListener```
	 ```(Event.COMPLETE,soundLoaded);```
	 ```function soundLoaded(e:Event):void {```
	 ``` var sndTransform:SoundTransform =```
	 ``` new SoundTransform(0);```
	 ``` var channel:SoundChannel =```
	 ``` mySound.play(0);```
	 ``` channel.soundTransform =```
	 ``` sndTransform;```
	 ``` TweenLite.to(channel, 5,```
	 ``` {volume:1});```
	 ```}```
		0,3 KB	Ermöglicht das Tweening (z. B. Ein- oder Ausblenden) eines Objekts, das eine soundTransform-Eigenschaft besitzt (z. B. MovieClip, Net-Stream oder SoundChannel).

▲ **Tabelle 9.7**
Wichtige Plugins für TweenLite (Forts.)

Schritt für Schritt:
Schneeflockensimulation mit TweenLite

In diesem Workshop erfahren Sie, wie Sie mit TweenLite und einem Timer-Objekt Schneeflocken simulieren können, und lernen zudem eine sinnvolle Anwendung der Eigenschaft onComplete-Params der TweenLite-Klasse kennen.

1 Flash-Film öffnen

Öffnen Sie den Flash-Film *Snowflakes\Snow_01.fla*. In der BIB-LIOTHEK finden Sie einen MovieClip, dem die Klasse Snowflake zugewiesen wurde.

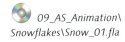

09_AS_Animation
Snowflakes\Snow_01.fla

2 Timer-Objekt initialisieren

Wählen Sie das erste Schlüsselbild auf der Ebene »Actions« aus, und weisen Sie dem Schlüsselbild zunächst folgenden Code zu:

```
import com.greensock.TweenLite;
var myTimer:Timer = new Timer(200,int.MAX_VALUE);
myTimer.addEventListener(TimerEvent.TIMER,initFlake);
myTimer.start();
```

Es wird ein Timer-Objekt initialisiert. Das Objekt sorgt dafür, dass die Ereignisprozedur `initFlake` mit einem zeitlichen Abstand von 200 Millisekunden aufgerufen wird.

3   Snowflake-Objekte erstellen, positionieren, skalieren und Animation starten

Ergänzen Sie den Code nun um folgende Zeilen:

```
1:    function initFlake(e:TimerEvent):void {
2:    trace("Anzahl Flakes: "+numChildren);
3:      var anzahl:uint = 3;
4:      for(var i:uint = 0;i<anzahl;i++) {
5:      var mySnowflake:Snowflake = new Snowflake();
6:        mySnowflake.x=randomExt(0,550);
7:        mySnowflake.y=-10;
8:        var destX:Number=randomExt(mySnowflake.
          x-250,mySnowflake.x+250);
9:        var destY:Number=stage.stageHeight+10;
10:       var scaling:Number=Math.random();
11:       var time:Number=randomExt(5,9);
12:       mySnowflake.scaleX=mySnowflake.scaleY=
          scaling;
13:       addChild(mySnowflake);
14:       TweenLite.to(mySnowflake,time,
          {x:destX,y:destY,onComplete:killFlake,
          onCompleteParams:[mySnowflake]});
15:     }
16:  }
```

Ab Zeile 4 werden mithilfe einer for-Schleife drei Schneeflocken erstellt (Zeile 5), zufällig skaliert (Zeile 10 und 12) und positioniert (Zeile 6 und 7) und anschließend in die Anzeigeliste (Zeile 13) eingefügt. Die Dauer eines Tween wird ebenfalls zufällig gewählt (Zeile 11). Sollten Sie auf diese Weise mehrere Objekte erstellen, empfiehlt es sich, während der Laufzeit zu überprüfen, wie viele Objekte auf der Bühne aktuell platziert sind. Dazu können Sie die Eigenschaft `numChildren` nutzen, die angibt, wie viele Anzeigeobjekte sich in der Anzeigeliste befinden. Später werden Objekte, die sich außerhalb der Bühne befinden, wieder entfernt, sodass ein Volllaufen des Speichers verhindert wird. Sie sehen, dass das Löschen der Objekte funktioniert, da die Anzahl der sich auf der Bühne befindlichen Objekte nach einiger Zeit stagniert. Beachten Sie, dass die Funktion `killFlake` aufgerufen wird, sobald ein Tween beendet wurde (Zeile 14). Damit das Objekt, das den Tween beendet hat, entfernt werden kann, wird es über die Eigenschaft `onCompleteParams` (Zeile 14) an die Funktion übergeben.

4 **Zufallsfunktion definieren und Objekt nach dem Tween aus der Anzeigeliste entfernen**

Ergänzen Sie den Code nun um folgende Zeilen:

```
function randomExt(minVal:Number,maxVal:Number):
Number {
    return Math.floor(Math.random() *
    (1+maxVal-minVal)) + minVal;
}
function killFlake(target:MovieClip):void {
    removeChild(target);
}
```

Die Funktion `randomExt` erwartet zwei Werte und gibt eine zufällige Zahl aus dem angegebenen Wertebereich zurück. Wenn Sie beispielsweise die Zahlen 0 und 10 an die Funktion übergeben, gibt die Funktion eine zufällige Zahl zwischen 0 und 10 zurück. Wie bereits erwähnt, wird die Funktion `killFlake` aufgerufen, wenn ein Tween beendet wurde. Über die Methode `removeChild` wird der MovieClip aus der Anzeigeliste entfernt.

5 **Fertig! Flash-Film testen**

◄ **Abbildung 9.40**
Das fertiggestellte Beispiel

Ergebnis der Übung:

09_AS_Animation\Snowflakes
Snow_02.fla

Testen Sie den Flash-Film über ⌈Strg⌉/⌈⌘⌉+⌈↵⌉. Sie können den Wert der Variablen anzahl vor der for-Schleife ändern, wenn Sie mehr oder weniger Flocken möchten. Probieren Sie ruhig auch einmal andere Wertebereiche für die zufällige Skalierung und für die zufällige Animationsszeit aus.

Kapitel 10

Einführung in die objektorientierte Programmierung

Bei der bisherigen Anwendung von ActionScript haben Sie bewusst oder unbewusst bereits einige grundlegende Merkmale der objektorientierten Programmierung genutzt. Grundsätzlich sind die Struktur und die Ausrichtung von ActionScript 3 auf eine objektorientierte Anwendung ausgelegt, auch wenn sich die Skriptsprache, wie bisher erläutert, ebenso prozedural anwenden lässt.

In diesem Buch werden u. a. die Grundlagen von ActionScript erläutert, und es wird, von diesem Kapitel einmal abgesehen, nicht weiter auf eine objektorientierte Anwendung eingegangen. Wieso ist das so?

Das haben wir bewusst so entschieden, da die *objektorientierte* Programmierung mit ActionScript deutlich mehr theoretische Grundlagen erfordert als die *prozedurale* Programmierung.

Damit Sie dennoch nicht das Gefühl entwickeln, dass hier etwas Wesentliches ausgelassen wurde, werden in diesem Kapitel eine kurze, vorwiegend theoretische Einführung in die objektorientierte Programmierung sowie einige Anwendungsbeispiele vorgestellt.

10.1 Warum OOP?

Wenn Sie noch Anfänger sind, haben Sie vielleicht gehört, dass objektorientierte Programmierung doch irgendwie schwierig sei. Sie sollten sich beim Lernen jedoch nicht an die Schwierigkeiten erinnern, sondern an die enormen Vorteile, die die objektorientierte Programmierung Ihnen bietet, wenn Sie sie einmal beherrschen:

▸ **Leichte Wiederverwendbarkeit von Code**. Sie können sich mit der Zeit eine kleine Bibliothek an gut strukturiertem Quellcode

Flexibilität und Wiederverwendbarkeit

Die objektorientierte Programmierung (kurz: OOP) basiert auf einem Konzept, das Merkmale von Objekten nutzt, um Programmteile flexibel und gleichzeitig wiederverwendbar zu gestalten.

Ziel des Kapitels

Ziel dieses Kapitels ist es nicht, Ihnen einen tiefen Einblick in die objektorientierte Programmierung mit ActionScript zu geben. Um dies zu erreichen, wäre ein eigenes Buch notwendig.

Da ActionScript 3 jedoch bereits strikt objektorientiert ist und sich zukünftige Versionen daran orientieren werden, ist dieses Kapitel für Sie wertvoll, wenn Sie sich detaillierter mit dieser Thematik beschäftigen möchten.

aufbauen, der das Erstellen neuer Projekte sehr erleichtert. Ein Beispiel dafür haben Sie im vorangehenden Kapitel mit Tween-Lite kennengelernt.

▶ **Übersichtlichkeit des Quellcodes**: Durch die Verteilung des Quellcodes auf viele Klassen und Dateien und eine spezielle Dokumentations- und Diagrammtechnik können Sie selbst in größeren Projekten den Überblick behalten. Das ist sehr schwierig, wenn der Quellcode über viele Frames und Movie-Clips auf der Bühne verteilt ist.

▶ **Bessere Zusammenarbeit im Team**: Durch die klare Trennung von Code und Grafik können mehrere Programmierer und Designer am selben Projekt arbeiten, ohne auf die gleichen Dateien zugreifen zu müssen.

▶ **Bessere Editoren**: Durch die Verwendung von OOP können moderne Editoren Sie beim Programmieren viel besser unterstützen, da sie Ihren Code besser »verstehen« (siehe Kapitel 23, »Ein Blick über den Tellerrand«). Verwenden Sie z. B. Variablen, die nicht deklariert sind, fällt das bereits vor dem Kompilieren auf, und Sie können mit einem Klick das Problem automatisch lösen.

▶ **Viele Bibliotheken**: Für die meisten Quellcodebibliotheken wird OOP angewendet. Zumindest ein Basiswissen über OOP wird Ihre Möglichkeiten hierbei um ein Vielfaches erweitern.

Haben Sie also keine Angst, mit OOP anzufangen, Sie werden merken, dass die Vorteile die Hürden um ein Vielfaches aufwiegen!

10.2 Die Welt der Objekte

Anmerkung
Viele der im Folgenden beschriebenen Beispiele sind theoretischer Natur und ohne weiteres Zutun nicht direkt praktisch anzuwenden. Im Vordergrund dieses Kapitels steht die Erläuterung von Konzepten der objektorientierten Programmierung.

Blicken Sie sich in Ihrer jetzigen Umgebung einmal um. Versuchen Sie alles, was Sie sehen, als ein Objekt anzusehen. Vielleicht fällt Ihr Blick gerade auf eine leere Kaffeetasse, ein leeres Blatt Papier, eine Pflanze, oder Sie sitzen auf einer Parkbank und sehen einen Vogel vorbeifliegen. Vielleicht lesen Sie das Buch auch gerade in der Bahn und sehen Menschen, Sitzbänke, Fenster oder eine Tür.

Sie sind vermutlich nicht gerade auf dem Weg zum Mars, also atmen Sie natürliche Luft und damit für uns unsichtbare Sauerstoffpartikel – all diese Dinge können als Objekte interpretiert werden. Sogar Dinge, die wir mit einem oder mehreren Sinnesorganen nicht wahrnehmen, können vereinfacht als Objekte bezeichnet werden. In der objektorientierten Programmierung sind viele Objekte meist noch deutlich abstrakter, so wie z. B. ein Objekt der `MovieClip`-Klasse.

Welche Merkmale zeichnen Objekte aus? | Ein Objekt besitzt Eigenschaften: Ein blauer Kugelschreiber besitzt eine Farbe und wiegt in der Regel zwischen 5 und 20 Gramm. Ein Mensch verfügt über Eigenschaften wie Haut- und Haarfarbe, Größe, Gewicht etc.

Ein Objekt besitzt Methoden: Ein Mensch, als Beispiel genommen, kann laufen, springen, sich hinsetzen, ein Buch lesen und noch viele Dinge mehr. Fragen Sie uns in diesem Zusammenhang jetzt bitte nicht nach denkbaren Methoden von Sauerstoffpartikeln…

Ohne darüber nachzudenken, haben Sie jetzt bereits zwei wesentliche Merkmale, um Objekte zu beschreiben, kennengelernt: Objekteigenschaften und -methoden, die sich auch in der objektorientierten Programmierung wiederfinden.

Klasse und Instantiierung | Über einem Objekt steht immer die Klasse dieses Objekts. Klassen können Sie sich wie übergeordnete Entwürfe oder Muster von Objekten vorstellen. Ein Vergleich wäre z. B. ein Muster zur Erstellung eines Autos. Ein Objekt der Klasse könnte dann ein ganz bestimmtes Auto sein.

Man spricht bei einem Objekt auch von einer Instanz der Klasse, demnach könnte die Instanz einer Klasse Auto z. B. ein ganz bestimmter Sportwagen sein. Die Erzeugung eines Objekts, wie die des Sportwagens, wird auch als *Instantiierung* der Klasse bezeichnet.

Nicht jedes Objekt einer Klasse Auto besitzt zwangsläufig die gleichen Eigenschaften und hat dieselben Fähigkeiten – Sportwagen z. B. sind meist deutlich schneller als Familienautos und besitzen weniger Türen. Dieses Merkmal von Objektorientierung ist eine weitere Analogie zu Alltagsobjekten aus unserer Umgebung. Objekte einer Klasse können sich also durch individuelle Eigenschaften (Instanzeigenschaften) unterscheiden.

Sie haben jetzt bereits eine abstrakte Vorstellung davon, was eine Klasse und was ein Objekt ist – wie könnte die Syntax einer entsprechenden Klasse in ActionScript 3 aussehen? Das zuvor erwähnte Beispiel lässt sich einfach wie folgt in ActionScript übertragen:

```
package {
  public class Auto {
    public var maxSpeed:Number = 150;
    public var color:String = "red";

    public function fahren():void {
```

Übrigens…
…ist auch dieses Buch in Ihren Händen ein Objekt.

OOP in ActionScript 3
Da ActionScript 3 grundsätzlich einem strikten objektorientierten Ansatz folgt, sind die Erläuterungen in diesem Kapitel auch dann für Sie wertvoll, wenn Sie nicht objektorientiert programmieren möchten.

Überlegen Sie mal…
…ob Ihnen mögliche Klassen für Objekte, die Sie gerade umgeben, einfallen.

Symbole und Instanzen
Das Verhältnis zwischen einer Klasse und einem Objekt ist vergleichbar mit dem Verhältnis zwischen einem Symbol und einer Symbolinstanz.

Hinweis
Im weiteren Verlauf dieses Kapitels werden die Bestandteile einer Klasse noch näher erläutert.

```
                              // Eine Methode, die dem Objekt die Möglich-
                              // keit gibt zu fahren.
                    }
               }
          }
```

Natürlich fehlen hier noch die eine oder andere Eigenschaft und Methode, damit diese Klasse eine sinnvolle Anwendung erlaubt. Den grundsätzlichen Aufbau zeigt sie jedoch schon einmal. Um ein spezielles Auto, z. B. einen Sportwagen, der Klasse Auto zu erstellen, müssen Sie ein Objekt der Klasse initialisieren. Dazu dient dann folgender Code:

```
var meinSportwagen:Auto = new Auto();
```

Es wurde ein Objekt meinSportwagen der Klasse Auto erzeugt. Innerhalb der Klasse Auto wurden Methoden definiert. Methoden, die dazu dienen, dem Objekt Fähigkeiten wie das »Fahren« zu geben. Eigenschaften wie die Farbe und die maximale Geschwindigkeit sind ebenfalls vorgesehen.

Nach der Initialisierung des Objekts können Sie dem Objekt z. B. eine neue maximale Geschwindigkeit zuweisen. Was im wirklichen Leben nicht so einfach möglich ist, lässt sich in ActionScript über folgende Codezeile realisieren:

```
meinSportwagen.maxSpeed = 200;
```

10.3 Klassen und Objekte

Eine Klasse wird in ActionScript in einer separaten ActionScript-Datei mit der Dateiendung *.as* definiert. Wählen Sie den Menüpunkt DATEI • NEU aus und anschließend im Reiter ALLGEMEIN den Dokumenttyp ACTIONSCRIPT 3.0-KLASSE, um eine Action-Script-Klasse zu erzeugen. Geben Sie im Feld KLASSENNAME den Namen der neuen Klasse ein.

Wenn Sie zusätzlich zu Flash den Flash Builder besitzen, können Sie hier auch angeben, ob Sie die Klasse mit dem Flash Builder oder mit dem integrierten ActionScript-Editor bearbeiten möchten. Letzteres ist gerade für größere Projekte nicht zu empfehlen. In diesem Fall erstellt man besser alle Klassen im Flash Builder und lagert die Grafik und Kompilierung an Flash CS6 aus. Hat man jedoch nur wenige kurze Klassen, ist es ausreichend, mit dem integrierten Editor zu arbeiten.

Schwieriger Einstieg?

Die objektorientierte Programmierung ist gerade für Programmiereinsteiger zunächst eine Herausforderung. Wenn Sie jedoch professionell mit Flash arbeiten möchten, müssen Sie sich die Zeit nehmen und sich die Grundlagen der objektorientierten Programmierung mit diesem Buch aneignen. Zusätzlich gibt es fortschrittliche Code-Editoren (z. B. den Adobe Flash Builder), die Ihnen die Arbeit extrem erleichtern werden.

ActionScript-Editoren

Flash-Entwickler, die schwerpunktmäßig objektorientiert mit ActionScript arbeiten, nutzen in zunehmendem Maße andere Entwicklungsumgebungen als Flash, wie z. B. Flash Builder oder FDT.

Flash selbst eignet sich nur bedingt für die objektorientierte Programmierung, da es dafür vergleichsweise wenig Hilfswerkzeuge bereitstellt.

Auf der Buch-DVD finden Sie eine aktuelle Übersicht über alternative Entwicklungsumgebungen, die zur objektorientierten Programmierung mit ActionScript eingesetzt werden.

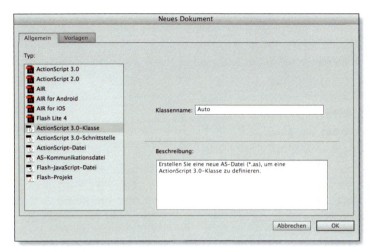

ActionScript-Dateien bzw. -Klassen bestehen ausschließlich aus ActionScript-Code und haben keine sonstigen Elemente wie Elemente auf der ZEITLEISTE, Elemente in der BIBLIOTHEK o.Ä. Nach Auswahl der Anwendung zur Erstellung der `ActionScript 3.0`-Klasse wird automatisch ein Klassen-Grundgerüst angelegt. Die einzelnen Bestandteile einer Klasse werden im Folgenden noch erläutert.

> **Empfohlene Schreibweise: Klasse und Objekt**
>
> Es gilt als gängige Regel, dass das erste Zeichen eines Klassenbezeichners immer ein Großbuchstabe (`Auto`) ist – das erste Zeichen des Dateinamens muss dementsprechend auch großgeschrieben werden. Objektnamen werden hingegen generell durch einen Kleinbuchstaben zu Beginn des Begriffs (`meinSportwagen`) gekennzeichnet. Gleiches gilt für die Methoden der Klasse. Diese Schreibweise betont nebenbei auch das Verhältnis zwischen Klasse und Objekt.

> **Hinweis: Flash Builder**
>
> Auf die Programmierung mit dem Flash Builder wird hier nicht näher eingegangen. Die Arbeit mit dem Flash Builder erlernen Sie in Kapitel 23, »Ein Blick über den Tellerrand«.

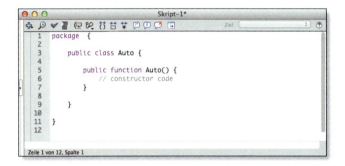

◄ **Abbildung 10.2**
Flash legt automatisch ein Grundgerüst der Klasse an.

Klassenbezeichner und Dateiname

Der Dateiname einer ActionScript-Datei muss dem Klassenbezeichner der dort definierten Klasse entsprechen. Das bedeutet, wenn Sie eine Klasse `Auto` erstellen, muss die ActionScript-Datei unter dem Dateinamen *Auto.as* abgespeichert werden.

Klassendefinition und Konstruktor

Die Definition einer Klasse in ActionScript 3 beginnt immer mit dem Schlüsselwort `package`. Das Paket gibt an, in welchem Un-

[!] Rückgabewert

Im Gegensatz zu anderen Methoden einer Klasse darf der Konstruktor keinen Rückgabewert besitzen. Selbst der Datentyp `void`, der dafür steht, dass die Funktion oder Methode keinen Wert zurückgibt, sollte nicht verwendet werden. Das hängt damit zusammen, dass der Konstruktor in gewisser Weise die Instanz selbst zurückgibt und somit keine anderen Rückgabewerte haben kann.

[!] Regelmäßig speichern

Wenn Sie in Flash objektorientiert programmieren, benötigen Sie in der Regel mindestens einen Flash-Film und eine ActionScript-Datei. Damit sich Änderungen in der ActionScript-Datei (bzw. -Klasse) entsprechend auf das im Flash-Film initialisierte Objekt auswirken, muss die ActionScript-Datei gespeichert werden, bevor der Flash-Film kompiliert bzw. getestet wird. Sie müssen die ActionScript-Datei also nach jeder Änderung speichern. Verwenden Sie dazu das Tastenkürzel Strg/ ⌘ + S .

Alternative: Pakete und Ordnerstrukturen

Die Speicherung von Klassen in dasselbe Verzeichnis, in dem auch der Flash-Film liegt, ist möglich. Jedoch werden bei komplexeren objektorientierten Anwendungen sogenannte Pakete und Klassenpfade verwendet, um Klassen zu strukturieren und zu vermeiden, dass nachher vielleicht viele Hundert Klassen in einem Verzeichnis gespeichert werden. Mehr dazu erfahren Sie in Abschnitt 10.6, »Paket- und Klassenpfad«.

terverzeichnis sich die Klasse befindet. Pakete werden in Abschnitt 10.6, »Paket- und Klassenpfad«, näher erläutert. Für ein erstes Beispiel ist ein Paket ohne Name ausreichend. Nach dem `package`-Schlüsselwort folgt direkt die Klassendefinition:

```
package {
    public class Auto {
    }
}
```

Im Anschluss daran können Sie Eigenschaften der Klasse definieren, wie z. B. `color`:

```
package {
    public class Auto {
        public var color:uint = 0xFF0000; // Rot
    }
}
```

Es folgt der *Konstruktor*, eine Methode der Klasse, die denselben Bezeichner wie die Klasse selbst besitzt. Es gilt als guter Stil, den Konstruktor immer zu definieren, auch wenn er weggelassen werden kann, weil keine Anweisungen innerhalb der `Konstruktor`-Methode ausgeführt werden:

```
package {
    public class Auto {
        public var color:String = "red";
        public function Auto() {
            // Konstruktor
        }
    }
}
```

Der Konstruktor wird immer automatisch aufgerufen, wenn ein Objekt der Klasse initialisiert wird. Er wird häufig z. B. dazu genutzt, Eigenschaften des Objekts zu initialisieren oder andere Methoden des Objekts zu Beginn der Existenz des Objekts aufzurufen.

Objekt initialisieren

Über das Schlüsselwort `new` lässt sich ein Objekt einer Klasse initialisieren. Sie müssen dabei beachten, dass der Flash-Film, in dem das Objekt initialisiert wird, die Klasse korrekt referenziert. Am einfachsten ist es, wenn Sie die ActionScript-Datei, in der die Klasse definiert ist, im selben Verzeichnis speichern wie den Flash-Film selbst. Sie können ein Objekt dann auf einem Schlüsselbild der Zeitleiste des Flash-Films wie folgt initialisieren:

```
var meinAuto:Auto = new Auto();
```

Unter der Haube reserviert Flash den Speicher, um alle Eigenschaften der Instanz speichern zu können, ruft den Konstruktor auf, der diese Instanz initialisiert, und gibt schließlich einen Zeiger darauf zurück. Genau dieser Zeiger wird in der Variable `meinAuto` gespeichert.

Schritt für Schritt:
Klasse und Objekt erstellen

In diesem Workshop erfahren Sie, wie Sie eine Klasse erstellen und ein Objekt der Klasse initialisieren können.

1 ActionScript-Datei erstellen
Erstellen Sie über Datei • Neu • ActionScript 3.0-Klasse eine neue `ActionScript`-Klasse `Uhr`, und speichern Sie die Datei unter *Uhr.as* ab.

2 Klasse erstellen
Die Klasse beinhaltet die minimalen Voraussetzungen, die Klassendefinition und den Konstruktor. Sobald ein Objekt der Klasse initialisiert wird, wird der Konstruktor aufgerufen und im Ausgabe-Fenster über `trace` eine Meldung ausgegeben. Ändern Sie den Code wie folgt:

```
package {
   public class Uhr {
      public function Uhr(){
         trace("Ein Objekt von mir wurde erzeugt.");
      }
   }
}
```

3 Flash-Datei erstellen
Erstellen Sie über Datei • Neu im Reiter Allgemein eine neue Flash-Datei (ActionScript 3.0). Speichern Sie den Flash-Film in dasselbe Verzeichnis wie die ActionScript-Datei.

10_OOP\Objekt_ Initialisierung\Uhr.as

▲ **Abbildung 10.3**
Der Konstruktor des Objekts
wurde aufgerufen.

 Ergebnis der Übung:
10_OOP\Objekt_Initialisierung
Beispiel.fla

Dynamische Klasse

Sie können eine Klasse auch als
dynamische Klasse kennzeichnen. Objekten einer dynamischen Klasse können zur Laufzeit Eigenschaften zugewiesen
werden, die nicht in der Klasse
definiert wurden. Über das
Schlüsselwort `dynamic` kennzeichnen Sie eine Klasse als dynamisch. Die `MovieClip`-Klasse
ist beispielsweise eine dynamische Klasse. Auch wenn dynamische Klassen auf den ersten
Blick viele Vorteile mit sich bringen, sollten sie möglichst vermieden werden, weil sie ähnlich
wie untypisierte Variablen leicht
zu unerwarteten Programmfeh-
lern führen können. Ein Codebeispiel zur Definition einer dynamischen Klasse:

```
package {
  public dynamic class Uhr {
   public var stunden:uint;
   public function Uhr(){
    trace("Ein Objekt von
    mir wurde erzeugt.");
   }
  }
}
```

Abbildung 10.4 ▶
Compiler-Fehler: Das Objekt
besitzt keine Eigenschaft `stunden`.

4   **Objekt initialisieren**
Weisen Sie dem ersten Schlüsselbild der Zeitleiste folgenden
Code zu:

```
var meineUhr:Uhr = new Uhr();
```

Ein Objekt `meineUhr` der Klasse `Uhr` wird initialisiert.

5   **Fertig! Film testen**
Testen Sie den Flash-Film über Strg/⌘+↵. Im AUSGABE-
Fenster erscheint die Meldung, sobald das Objekt erzeugt wurde.

10.4 Eigenschaften

Sowohl die Klasse selbst als auch ein Objekt der Klasse kann Eigenschaften besitzen. Damit ein Objekt eine Eigenschaft besitzt,
die gesteuert werden kann, muss die Eigenschaft üblicherweise
in der Klasse definiert werden. Beispiel: Sie definieren eine Klasse
`Uhr` wie folgt:

```
package {
   public class Uhr {
      public function Uhr(){
         trace("Ein Objekt von mir wurde erzeugt.");
      }
   }
}
```

Anschließend initialisieren Sie ein Objekt `meineUhr` der Klasse
`Uhr`:

```
var meineUhr:Uhr = new Uhr();
```

Die Klasse und das Objekt besitzen bisher keine definierten Eigenschaften. Der folgende Aufruf wäre demnach ungültig:

```
meineUhr.stunden = 20;
```

Damit dem Objekt ein entsprechender Eigenschaftswert zugewiesen werden kann, muss die angegebene Eigenschaft in der
Klasse definiert werden:

```
package {
   public class Uhr {
      public var stunden:uint;
      public function Uhr(){
         trace("Ein Objekt von mir wurde erzeugt.");
      }
   }
}
```

Beachten Sie dass der Eigenschaft stunden in der Klasse kein
Wert zugewiesen wurde. Wenn ein Objekt der Klasse erzeugt
wird, besitzt das Objekt in diesem Fall zwar eine entsprechende
Eigenschaft, die Eigenschaft hat jedoch keinen Wert.

Sie können der Objekteigenschaft jedoch auch zu Beginn
einen Wert zuweisen, z. B.:

```
public var stunden:uint = 20;
```

Natürlich können Sie einem Objekt der Klasse zur Laufzeit einen
Eigenschaftswert zuweisen:

```
var meineUhr:Uhr = new Uhr();
meineUhr.stunden = 30;
```

Sollte der Eigenschaft bereits ein Wert zugewiesen sein, wird dieser überschrieben.

> **null-Wert**
>
> Wenn Sie einer Eigenschaft kei-
> nen Wert zuordnen (wie für
> stunden), wird der Wert dieser
> Eigenschaft null sein, was das
> Fehlen eines Werts kennzeich-
> net. Sie können mit == null die
> Eigenschaft darauf testen, ob sie
> einen Wert besitzt. Eine Aus-
> nahme sind die Typen int, uint
> und Number, bei denen der Ver-
> gleich zu einem Fehler führt. Es
> handelt sich hierbei um soge-
> nannte primitive Datentypen,
> die intern anders gespeichert
> werden. Der Wert ist daher die
> Zahl 0.

10.5   Methoden

Methoden sind ähnlich aufgebaut wie Funktionen, die Sie bereits
kennengelernt haben. Methoden haben jedoch im Vergleich zu
Funktionen, die für sich selbst stehen, immer einen Bezug zur
Klasse bzw. zum Objekt der Klasse.

Methoden sollten immer nach dem Konstruktor definiert werden:

```
package {
   public class Uhr {
      public function Uhr() {
```

```
                              // Konstruktor
               }
               public function getTime():void {
                  // Methode
               }
            }
         }
```

Ähnlich wie Funktionen können Methoden einen Rückgabewert an den Methodenaufruf zurückgeben. Die folgende Methode ist so definiert, dass sie einen Wert vom Datentyp `String` zurückgibt:

```
public function getTime():String {
   var myTime:String = "16 Uhr";
   return myTime;
}
```

Der dazugehörige Methodenaufruf eines Objekts `meineUhr` wäre dann wie folgt:

```
var myTime:String = meineUhr.getTime();
```

[!] »return« nicht vergessen!

Wenn Sie angeben, dass eine Methode einen Rückgabewert hat, müssen Sie diesen auch mithilfe von return zurückgeben. Vergessen Sie das, bestraft Sie der Compiler mit dem Fehler: *1170: Funktion gibt keinen Wert zurück.*

10.6   Paket- und Klassenpfad

Ein Merkmal der objektorientierten Programmierung und der Strukturierung einer Anwendung über Klassen und Objekte ist die Wiederverwendbarkeit. Dabei können Klassen gleichzeitig sehr flexibel und damit für unterschiedliche Zwecke geeignet sein.

In unterschiedlichen Anwendungen kommt es häufig vor, dass ähnliche Aufgaben oder sogar die gleichen Aufgaben zu lösen sind.

Wiederverwendbarkeit

Sie können Klassen so definieren, dass Sie diese für verschiedene Flash-Projekte nutzen können und den Code nicht immer wieder neu schreiben müssen.

Bisher haben Sie Klassen immer direkt in das Verzeichnis abgespeichert, in dem auch der Flash-Film, der auf die Klasse zugreift, liegt. Diese Vorgehensweise ist legitim, bringt jedoch einige potenzielle Probleme mit sich:

▶ **Namenskonflikte**: Angenommen, Sie haben bereits eine Klasse MathExt erstellt, die die Grundfunktionalität der integrierten Math-Klasse erweitert und Ihnen verschiedene Hilfsfunktionen zur Verfügung stellt. Jetzt möchten Sie diese Klasse in einem Projekt einsetzen, an dem mehrere Entwickler beteiligt sind, oder Sie möchten diese Klasse anderen zur Verfügung stellen. Es ist denkbar, dass ein anderer Entwickler eine ähnliche

Klasse mit dem gleichen Klassenbezeichner geschrieben hat und bereits in einem Projekt einsetzt. Der Entwickler wird sich vielleicht wundern, weil ein bereits geschriebener Teil einer Anwendung plötzlich nicht mehr wie gewohnt funktioniert, wenn Klassen ausgetauscht wurden, und seine MathExt-Klasse überschrieben wurde. Um solche Konflikte zu vermeiden, ist es sinnvoll, Klassen-Pakete zu verwenden.

▶ **Fehlerbehebung**: Wenn Sie z. B. eine oder mehrere Klassen in mehreren Projekten nutzen möchten, müssen Sie die ActionScript-Dateien in jedes Projektverzeichnis kopieren. Finden Sie dann innerhalb einer Klasse einen Fehler, können Sie den Fehler beseitigen, müssen dann jedoch auch alle ActionScript-Dateien in den verschiedenen Projektverzeichnissen aktualisieren. Um die Fehlerbehebung und die Aktualisierung von Code zu vereinfachen, können Klassen-Pakete eingesetzt werden.

▶ **Übersichtlichkeit**: Wenn Sie ein Projekt mit beispielsweise mehr als 20 Klassen entwickeln und Sie alle Klassen in einem Verzeichnis speichern, kann es vorkommen, dass Sie schnell die Übersicht verlieren. Eine Hierarchie von Klassen kann Ihnen dann dabei behilflich sein, den Überblick zu behalten.

Zugriffsbeschränkung
Ein weiterer Vorteil von Paketen ist, dass sich der Zugriffsbereich auf Klassen, Methoden und Eigenschaften von Klassen-Paketen definieren lässt. So können Sie beispielsweise eine Methode definieren, auf die nur innerhalb eines bestimmten Pakets zugegriffen werden kann. Näheres dazu wird in Abschnitt 10.8, »Sichtbarkeit«, erläutert.

Um u. a. solche Probleme zu vermeiden, werden bei der objektorientierten Programmierung *Pakete* (engl. »Packages«) und *Klassenpfade* (engl. »Classpaths«) verwendet.

Pakete und Klassen importieren

Wie bereits erwähnt, können Sie mehrere Klassen mithilfe von sogenannten Klassen-Paketen strukturieren. Alle existierenden integrierten Klassen (BuiltIn-Klassen) von ActionScript 3 sind in solchen Paketen strukturiert. Diese Paketstruktur ist beispielsweise im AKTIONEN-Fenster in der Werkzeugleiste zu sehen. So gehören die Klassen Bitmap, MovieClip, Sprite, Shape etc. beispielsweise zum Paket flash.display.

Um eine dieser Klassen *in einer eigenen Klasse* verwenden zu können, müssen Sie zunächst das Paket und die gewünschte Klasse importieren. Dies übernimmt seit Flash CS5 der ActionScript-Editor für Sie. Wenn Sie die Klasse in einer eigenen Klasse benutzen, wird das entsprechende Paket automatisch importiert.

Die Anweisung import dient dazu, eine Klasse oder ein Klassen-Paket zu importieren. Um beispielsweise einen MovieClip in einer eigenen Klasse erzeugen zu können, müssen Sie die MovieClip-Klasse über den Pfad des Pakets wie folgt importieren:

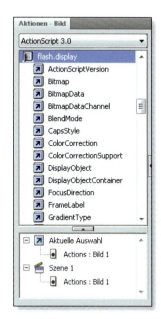

▲ **Abbildung 10.5**
Klassen des Pakets flash.display in der Werkzeugleiste des AKTIONEN-Fensters

```
package {
    import flash.display.MovieClip;
    public class DemoClass {
        public function DemoClass() {
            var mc:MovieClip = new MovieClip();
        }
    }
}
```

Wenn Sie mehrere Klassen eines Pakets verwenden möchten, können Sie auch folgende Schreibweise wählen (in diesem Beispiel werden alle Klassen des Pakets `flash.display` importiert):

```
package {
    import flash.display.*;
    public class DemoClass {
    }
}
```

Anmerkung

Ein Objekt einer Klasse lässt sich nicht direkt erzeugen, ohne die Klasse oder das gesamte Paket, in dem die Klasse liegt, zu importieren, da der Compiler die Klasse ohne das angegebene Paket nicht finden kann. Wenn Sie ActionScript-Code ausschließlich in Schlüsselbildern einer Zeitleiste einsetzen, d. h. also, wenn Sie nicht objektorientiert mit Action-Script-Dateien arbeiten, müssen Sie integrierte Standardklassen von ActionScript *nicht* importieren, um diese nutzen zu können. Eigene Klassen eines Pakets müssen jedoch auch bei Zeitleistencode importiert werden.

Automatischer Import bei eigenen Klassen

Wenn Sie eigene Klassen verwenden, wird der automatische Import der Klasse durchgeführt, wenn Sie die Code-Ergänzungsvorschläge nutzen. Beispiel: Ein Flash-Film (*.fla*) wird in einem Verzeichnis gespeichert, in dem eine Klasse `Slider` im Paket `com.medianetic.slider` liegt. Nachdem Sie beispielsweise »var s:Sl« ❶ eingegeben haben, erscheint ein Fenster mit sinnvollen Ergänzungen. Darunter findet sich auch der Datentyp der gewünschten Klasse `Slider` ❷.

▲ **Abbildung 10.6**
Flash gibt Ihnen eine Auswahl an sinnvollen Ergänzungen.

Wenn Sie jetzt die gewünschte Klasse auswählen, wird das entsprechende Klassen-Paket automatisch importiert ❸.

```
1   import com.medianetic.slider.Slider;   ❸
2
3   var s:Slider
```

▲ **Abbildung 10.7**
Die Klasse `Slider` im Paket `com.medianetic.slider` wurde automatisch importiert.

Eigene Pakete und Klassenpfade

Wie bereits erläutert wurde, werden Klassen üblicherweise in Paketen strukturiert. Dabei wird die Paketstruktur häufig so bezeichnet, dass andere diese eindeutig mit Ihnen in Verbindung bringen können. Dazu folgendes Beispiel:

Wenn Sie ein eigenes Unternehmen und oder eine Internetseite haben, können Sie z. B. den Namen des Unternehmens oder der Domain dazu verwenden. Angenommen, Sie sind Besitzer der Domain *example.org* und möchten die Domain zukünftig auch für die Paketstruktur Ihrer eigenen Klassen nutzen.

Dazu würden Sie zunächst auf Ihrer Festplatte ein Verzeichnis *org* erstellen, in dem Sie dann ein Verzeichnis *example* anlegen. Diese Struktur würde Sie als Urheber eindeutig identifizieren, und Namenskonflikte wären damit nahezu ausgeschlossen.

Innerhalb des Verzeichnisses *example* können Sie dann verschiedene Verzeichnisse erstellen, deren Bezeichner bereits ein Hinweis darauf sind, wofür die Klassen im jeweiligen Verzeichnis geeignet sind bzw. in welche Kategorie sie einzuordnen sind. Das können Verzeichnisse sein wie *utils*, *data*, *navigation*, *transitions*, *easing* etc.

Innerhalb des jeweiligen Verzeichnisses erstellen Sie dann Klassen, die zu den Paketen gehören, also beispielsweise eine Klasse `org.example.utils.MathExt`. Die Definition der Klasse könnte dann wie folgt aussehen:

```
package org.example.utils {
    public class MathExt {
        public function MathExt() {
            // Konstruktor          }
        ...
    }
}
```

Damit Sie anschließend in Flash ein Objekt der Klasse in einem Schlüsselbild der Zeitleiste erzeugen können, wird das Paket zunächst importiert:

```
import org.example.utils.*;
var myMath:MathExt = new MathExt();
```

Der Compiler sucht dann ausgehend vom Pfad des Flash-Films nach einem Verzeichnis *org*, einem Unterverzeichnis *example*, einem Unterverzeichnis *utils* und importiert dann alle Klassen (*) aus diesem Verzeichnis. Sie können anschließend die entsprechende Klasse direkt referenzieren, ohne das Paket erneut angeben zu müssen.

10.7 Objektorientierte Projekte mit dem Projekt-Fenster verwalten

Wenn Sie ein Projekt objektorientiert programmieren, erzeugen Sie in der Regel viele unterschiedliche Klassen und Klassen-Pakete. Zur Verwaltung eines Projekts können Sie dafür das PROJEKT-Fenster nutzen.

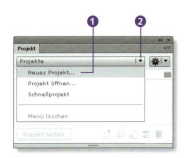

▲ **Abbildung 10.8**
Ein neues Projekt erstellen

Das PROJEKT-Fenster können Sie über FENSTER • PROJEKT öffnen. Klicken Sie anschließend auf das Dropdown-Menü ❷ und auf den Menüpunkt NEUES PROJEKT ❶, um ein neues Projekt anzulegen.

Geben Sie im darauffolgenden Fenster einen Projektnamen und das Stammverzeichnis/Quellverzeichnis des Projekts ein. Belassen Sie dabei die Einstellung ACTIONSCRIPT 3.0 im Feld ACTIONSCRIPT-VERSION. Klicken Sie dann auf PROJEKT ERSTELLEN. Anschließend werden Ihnen alle Dateien und Verzeichnisse des Quellverzeichnisses angezeigt. Via Mausklick auf eine ActionScript-Datei können Sie diese schnell öffnen.

Flash-Projekte bieten neben einer bequemen Projektverwaltung von Dateien auch die Möglichkeit, mit einem Klick mehrere FLA-Dateien zu kompilieren. Entwickelt man beispielsweise ein Banner, können die unterschiedlichen FLA-Dateien für die unterschiedlichen Größen genutzt werden (Rectangle, Skyscraper etc). Es ist sehr einfach möglich, die Grafik zentral zu verwalten, damit eine Änderung in allen FLAs gleichzeitig aktiv wird. Mehr zur Nutzung im Hinblick auf zentrale Grafikverwaltung erfahren Sie in Abschnitt 4.6, »Gemeinsame Nutzung von Bibliothekselementen«.

Ein Flash-Projekt besteht aus einer Haupt-FLA-Datei, einer AuthortimeSharedAssets.fla-Datei zum Speichern projektweit genutzter Grafiken sowie weiterer ActionScript- und Flash-Dateien. Über das Häkchen ❸ können Sie festlegen, welche der *.fla*-Dateien beim Veröffentlichen des Projekts kompiliert werden sollen.

Rechts unten im Fenster finden Sie einige Schaltflächen, über die Sie unterschiedliche Funktionen aufrufen können:

▶ FIXIERUNG ANWENDEN/AUFHEBEN ❹: Klicken Sie auf diese Schaltfläche, wenn Sie ausschließlich Klassen des ausgewählten Pakets (Verzeichnisses) und nicht die gesamte Ordnerstruktur anzeigen möchten.

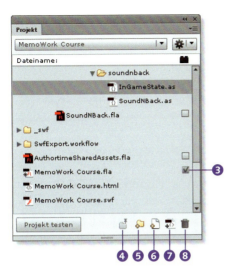

◄ **Abbildung 10.9**
Ordnerstrukturen und Klassen im
PROJEKT-Fenster

▶ NEUER ORDNER ➎: Via Mausklick auf diese Schaltfläche können Sie einen neuen Ordner in dem aktuell ausgewählten Verzeichnis erstellen.

▶ NEUE DATEI ➏: Nachdem Sie auf diese Schaltfläche geklickt
haben, können Sie im sich daraufhin öffnenden Fenster einen Dateinamen und einen Dateityp festlegen. Die Datei wird
dann per Mausklick auf OK im zuvor ausgewählten Verzeichnis
erstellt. Wenn Sie eine neue *.fla*-Datei erstellen, ist zusätzlich
das Festlegen der Flash-Player-Version und der ActionScript-
Version möglich, mit denen diese veröffentlicht wird.

▶ KLASSE ERSTELLEN ➐: Über diese Schaltfläche können Sie eine
neue Klasse erstellen. Dabei können Sie die neue Klasse optional an ein Symbol, das bereits angelegt wurde, oder an ein
neues Symbol binden (siehe dazu auch Abschnitt 10.11, »Symbole als Klasse«).

▶ LÖSCHEN ➑: Wählen Sie eine Datei oder einen neuen Ordner
im PROJEKT-Fenster aus, und klicken Sie auf diese Schaltfläche,
um die Datei oder den Ordner zu löschen.

▲ **Abbildung 10.10**
Datei erstellen

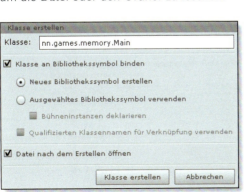

◄ **Abbildung 10.11**
Eine neue Klasse erstellen

481

Hinweis
Sie können den Quellpfad, auch als *Klassenpfad* bezeichnet, global für alle Flash-Filme festlegen oder für jeden Flash-Film separat.

Quellpfad anpassen
Wenn Sie mit anderen Flash-Ent-wicklern zusammen an einem ob-jektorientierten Projekt arbeiten, können beim Austausch der Da-teien Probleme auftreten.
Zum Beispiel könnte es sein, dass ein Flash-Entwickler den Quell-pfad global bei sich auf *C:\AS_ Klassen* eingestellt hat, Sie selbst die Dateien aber unter *C:\Projekt_ XXX* speichern. Eine fehlerfreie Kompilierung wäre ohne Ände-rung nicht möglich. Verwenden Sie daher möglichst immer rela-tive Pfadangaben.

Es kann vorkommen, dass Sie den Flash-Film selbst nicht in dem Ursprungsverzeichnis, in dem auch all Ihre Pakete liegen, spei-chern möchten. Angenommen, Sie speichern Ihre Flash-Filme (*.fla*) in einem Verzeichnis *src* und Ihre Klassen in einem Verzeich-nis *com/example*. Der Klassenpfad könnte dann beispielsweise com.example.slider.Slider sein. Sie müssen gewährleisten, dass der Compiler ausgehend vom Pfad der Flash-Filme (*/src*) die entsprechenden Klassen Ihrer Pakete finden kann. Sollte der Compiler die Klassen nicht finden können, kann der Flash-Film nicht kompiliert werden. Um zu gewährleisten, dass der Compi-ler die Klassen in einem solchen Fall findet, können Sie das Ur-sprungsverzeichnis, in dem der Compiler nach Ihren Paketen und Klassen suchen soll, den sogenannten *Quellpfad*, separat über zwei unterschiedliche Methoden festlegen:

▶ **Filmbasierte Angabe des Quellpfads**: Klicken Sie im Menü auf DATEI • ACTIONSCRIPT-EINSTELLUNGEN. Klicken Sie dann auf das Ordner-Symbol ❶, um einen Quellpfad hinzuzufügen. Dieser Pfad wird dann für diesen Flash-Film als Quelle verwendet, um nach Klassen und Klassen-Paketen zu suchen. Flash erzeugt so einen *absoluten* Pfad zum ausgewählten Verzeichnis. Das ist in Ordnung, wenn Sie allein arbeiten. Besser ist es aber, mit re-lativen Angaben zu arbeiten, da diese unabhängig davon sind, wo die Datei geöffnet wird. Klicken Sie auf das Plus-Symbol ❷, um einen Pfad manuell einzugeben. Schreiben Sie nun bei-spielsweise .\src, wenn Sie einen Ordner *src* meinen, der im gleichen Verzeichnis wie die FLA-Datei liegt. Zwei Punkte in der Pfadangabe bedeuten, dass es sich um einen übergeordne-ten Ordner handelt, z. B. ..\assets.

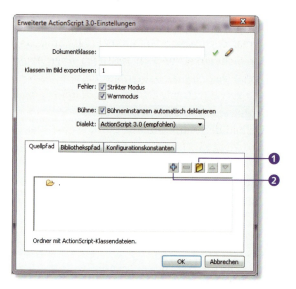

Abbildung 10.12 ▶
Quellpfad hinzufügen

▶ **Globale Angabe des Quellpfads**: Alternativ können Sie auch einen globalen Quellpfad angeben, der für alle erstellten Flash-Filme verwendet wird. Klicken Sie dazu auf das Menü BEARBEITEN • VOREINSTELLUNGEN (am Mac: FLASH • VOREINSTELLUNGEN). Wählen Sie die Kategorie ACTIONSCRIPT aus, und klicken Sie unter SPRACHE auf ACTIONSCRIPT 3.0 EINSTELLUNGEN. Klicken Sie unter QUELLPFAD auf das Ordner-Symbol ❸, um einen globalen Quellpfad auszuwählen.

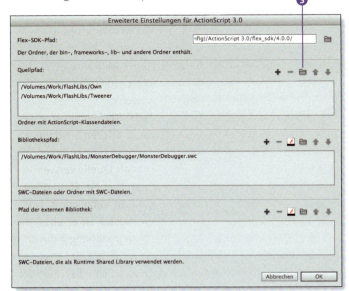

◀ **Abbildung 10.13**
Globalen Quellpfad definieren

10.8 Sichtbarkeit

Die Sichtbarkeit von Klassen, ihren Methoden und Eigenschaften ist ein Merkmal der objektorientierten Programmierung in ActionScript. Der Sichtbarkeitsbereich lässt sich über Attributschlüsselwörter festlegen. Bisher haben Sie Klassen, Methoden und Eigenschaften kennengelernt, die Sie sowohl innerhalb einer Klasse als auch von außerhalb der Klasse ansteuern können, z. B. in einem Schlüsselbild der Hauptzeitleiste eines Flash-Films.

Das Attributschlüsselwort für solche Klassen, Methoden und Eigenschaften ist `public`. Im folgenden Beispiel können Sie den Eigenschaftswert der Eigenschaft `color` innerhalb einer Methode der Klasse und auch von außerhalb der Klasse ansprechen:

```
package {
  public class Auto {
    public var color:String = "red";
```

```
        public function Auto():void {
        // Konstruktor
        }
    }
}
```

Unterklassen

Unterklassen erweitern ihre übergeordneten Klassen. Mehr dazu erfahren Sie in Abschnitt 10.13, »Vererbung«.

Um den Zugriff auf eine Klasse, Methode oder Eigenschaft einzuschränken, stehen Ihnen folgende Attributschlüsselwörter zur Verfügung:

- ▶ `public`: Der Zugriff auf Klassen, Methoden und Eigenschaften ist von jedem Objekt zulässig.
- ▶ `protected`: Der Zugriff auf Klassen, Methoden und Eigenschaften ist innerhalb der Klasse und von allen Unterklassen zulässig.
- ▶ `private`: Der Zugriff auf Klassen, Methoden und Eigenschaften ist innerhalb der Klasse selbst, jedoch nicht von Unterklassen zulässig.
- ▶ `internal`: Der Zugriff auf Klassen, Methoden und Eigenschaften ist innerhalb von Klassen eines Pakets zulässig. Wird kein Attributschlüsselwort angegeben, wird `internal` verwendet (Standardwert).

Tipp

Die Möglichkeit der Zugriffsbeschränkung dient in vielen Fällen dazu, logische Programmierfehler zu vermeiden. Ähnlich wie beim Geltungsbereich einer Variablen, empfiehlt es sich, Methoden und Eigenschaften einer Klasse zunächst als `private` zu definieren. Nur wenn der Zugriff von außerhalb der Klasse notwendig ist, sollten Sie ein anderes Attributschlüsselwort verwenden.

Das folgende Beispiel soll beispielhaft den Unterschied zwischen `public` und `private` erläutern:

Eine Eigenschaft `stunden`, auf die nur innerhalb der Klasse `Uhr` zugegriffen werden kann, wird wie folgt definiert:

```
private var stunden:Number = 20;
```

Diese Eigenschaft lässt sich dann nicht von außerhalb der Klasse ansprechen. Würden Sie ein Objekt `meineUhr` in einem Flash-Film initialisieren, könnten Sie also nicht auf die Eigenschaft `stunden` des Objekts zugreifen. Folgende Anweisung würde zu einer Fehlermeldung führen:

```
trace(meineUhr.stunden);
```

Abbildung 10.14 ▶
Der Zugriff auf die `private`-Eigenschaft von außerhalb der Klasse ist ungültig.

Auch wenn Sie die Eigenschaft über `protected`, `private` oder `internal` definieren würden, könnten Sie so nicht auf die Eigenschaft selbst zugreifen.

Innerhalb der Klasse können Sie dagegen auch auf private-Methoden und -Eigenschaften zugreifen. Folgendes Beispiel zeigt einen gültigen Zugriff auf eine private-Eigenschaft:

```
package {
   public class Uhr {
      private var stunden:uint = 20;
      public function Uhr() {
         traceHours();
      }
      private function traceHours():void{
         trace(stunden);
      }
   }
}
```

Ein wichtiger Grund für den Einsatz von private ist, die Verwendung Ihrer Klasse zu vereinfachen. Die Klasse Uhr könnte intern Dutzende Variablen besitzen, nach außen hin sind aber nur wenige relevant, wie z. B. stunden. Wenn Sie die Uhr-Klasse später anderen zur Verwendung überlassen, würden sie sich nur für diese interessieren und nicht für die Details Ihrer Implementierung. Dieses Prinzip wird in der Informatik auch *Kapselung* genannt.

> **Öffentliche Methoden und Eigenschaften**
>
> Viele Methoden und Eigenschaften, die Sie über Zeitleisten eines Flash-Films steuern können, sind öffentlich (public). So z. B. Methoden und Eigenschaften von Anzeigeobjekten wie die Position auf der x-Achse eines MovieClips (mc.x).

10.9 Instanz- und Klassenmitglieder

Sie haben bisher ausschließlich sogenannte Instanzmitglieder einer Klasse, z. B. Instanzmethoden und -eigenschaften, kennengelernt. Die bisher vorgestellten Methoden und Eigenschaften beziehen sich immer auf ein bestimmtes Objekt einer Klasse und nicht auf die Klasse selbst.

Instanzmitglied | Sie initialisieren zwei Objekte einer Klasse Uhr z. B. wie folgt:

```
var uhr0:Uhr = new Uhr();
var uhr1:Uhr = new Uhr();
```

Anschließend weisen Sie der Eigenschaft stunden des Objekts uhr0 den Wert 20 zu:

```
uhr0.stunden = 20;
```

Die Eigenschaft `stunden` des Objekts `uhr0` ist gleich 20. Die Eigenschaft `stunden` des Objekts `uhr1` besitzt keinen oder den Anfangswert, der eventuell in der Klasse definiert wurde. Sie haben hiermit also eine *Instanzeigenschaft* geändert. Eine solche Eigenschaft wird auch als Instanzmitglied bezeichnet, weil sie sich auf die Instanz (ein Objekt einer Klasse) bezieht.

Klassenmitglied | Ein Klassenmitglied hingegen, das sich auf eine Klasse und nicht auf eine Instanz dieser Klasse bezieht, lässt sich unter Angabe des Attributschlüsselworts `static` wie folgt definieren:

```
package {
    public class Uhr {
        public static var stunden:Number = 20;
        ...
    }
}
```

Referenzierung von Klassenmitgliedern
Ein Klassenmitglied wird im Gegensatz zu Instanzmitgliedern mithilfe des Klassenbezeichners referenziert.

Wenn Sie die Eigenschaft `stunden` der Klasse `Uhr` ändern, wirkt sich die Änderung auf die Klasse und nicht auf eine Instanz der Klasse aus:

```
var uhr0:Uhr = new Uhr();
var uhr1:Uhr = new Uhr();
Uhr.stunden = 20;
trace(Uhr.stunden);
```

Im Ausgabe-Fenster würde in diesem Fall der Wert 20 erscheinen. Der Zugriff auf ein Klassenmitglied ist nur über die Klasse selbst möglich und nicht über eine Instanz der Klasse. Folgende Anweisung würde also zu einer Fehlermeldung führen:

```
trace(uhr0.stunden);
```

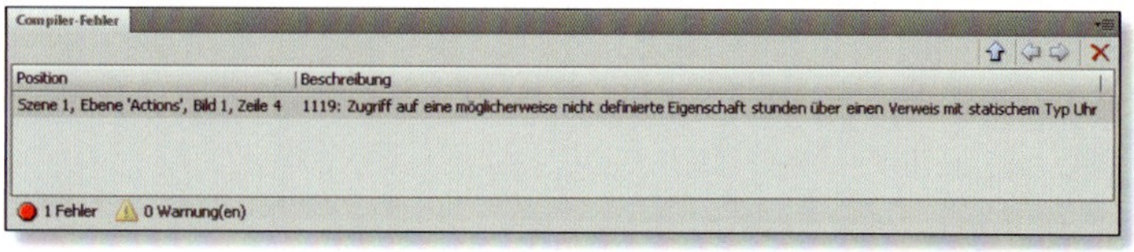

Abbildung 10.15 ▶
Der Zugriff über eine Instanz der Klasse auf das Klassenmitglied ist unzulässig.

Genauso, wie es eine Klasse nur ein einziges Mal geben kann, gibt es auch Klassenvariablen nur ein einziges Mal. Wenn Ihnen das Konzept zunächst etwas befremdlich erscheint, machen Sie sich keine Sorgen. Mit der Zeit wird Ihnen dieses häufig begegnen, und Sie werden den Nutzen voll und ganz verstehen.

Ein solcher Nutzen ist beispielsweise, dass Methoden und Eigenschaften einer Klasse, die ausschließlich Klassen-Methoden und -Eigenschaften definieren, ohne eine Instantiierung der Klasse genutzt werden können. Ein gutes Beispiel dafür ist die integrierte `Math`-Klasse. Um beispielsweise den Wert von π zu ermitteln, referenzieren Sie die Klasseneigenschaft `PI` wie folgt:

```
trace(Math.PI);
```

Eine weitere sinnvolle Anwendung eines Klassenmitglieds wäre z. B., die Anzahl der erzeugten Objekte einer Klasse zu zählen. Eine entsprechende Klasse könnte wie folgt aussehen:

```
package {
   public class Uhr {
      public static var anzObj:uint=0;
      public function Uhr() {
         anzObj++;
      }
   }
}
```

So könnten Sie dann über folgende Anweisung die Anzahl der erzeugten Objekte ermitteln:

```
var uhr0:Uhr = new Uhr();
var uhr1:Uhr = new Uhr();
trace(Uhr.anzObj);
```

Beachten Sie, dass die Eigenschaft `anzObj` sowohl als Klassenmitglied als auch als öffentlich zugänglich deklariert wurde. Der Zugriff der Eigenschaft von außerhalb der Klasse ist hier also zulässig. Sie können ein Klassenmitglied jedoch beispielsweise wie folgt auch als `private` deklarieren:

```
package {
   public class Uhr {
      private static var anzObj:uint=0;
...
```

In diesem Fall wäre der Zugriff von außerhalb der Klasse nicht gültig.

Abbildung 10.16 ▶
Das Klassenmitglied ist `private`.
Ein Zugriff von außerhalb der
Klasse ist unzulässig.

▲ Abbildung 10.17
Die Dokumentklasse `MainClass`
wurde dem Flash-Film zugewiesen.

**Wenn Sie keine
Dokumentklasse definieren …**
… erstellt Flash automatisch, für
Sie nicht sichtbar, eine Dokumentklasse. Diese Dokumentklasse erweitert die `MovieClip`-
Klasse. Die Hauptzeitleiste
entspricht also der Zeitleiste des
instantiierten Objekts der Dokumentklasse.

10.10 Dokumentklasse

In ActionScript 3 können Sie einem Flash-Film eine Klasse in der
obersten Ebene der Hierarchie zuordnen. Eine solche Klasse wird
als die Dokumentklasse des Flash-Films bezeichnet. Diese Dokumentklasse wird beim Kompilieren eines Flash-Films, der auf
ActionScript 3 basiert, immer automatisch erstellt, auch wenn Sie
selbst diese Klasse nicht definieren.

Sie brauchen auch keine Instanz dieser Klasse instantiieren,
wenn Sie beispielsweise eine eigene Dokumentklasse nutzen
möchten. Wird ein Flash-Film vom Flash Player geladen, wird
dabei automatisch eine Instanz dieser Dokumentklasse erzeugt.

Sie können einem Flash-Film eine eigene Dokumentklasse
zuweisen, indem Sie das EIGENSCHAFTEN-Fenster öffnen und im
Feld KLASSE ❶ den gewünschten Klassenbezeichner eingeben.

Die Hauptzeitleiste eines Flash-Films entspricht der Zeitleiste
des instantiierten Objekts der Dokumentklasse. Aus diesem Grund
muss die Dokumentklasse die Klasse `flash.display.MovieClip`
erweitern, wenn Sie mehrere Bilder in der Zeitleiste eines Flash-
Films verwenden möchten.

Eine Dokumentklasse wird in der objektorientierten Programmierung mit ActionScript häufig dazu verwendet, eigene Basis-
objekte zu initialisieren bzw. die Hierarchie eines Flash-Films
anzulegen.

Der grundsätzliche Aufbau einer Dokumentklasse gleicht jeder
anderen Klasse. Sie kann beispielsweise selbst definierte Methoden und Eigenschaften besitzen:

```
package  {
   import flash.display.MovieClip;
   import flash.events.*;
   public class MainClass extends MovieClip {
      private var myWidth:Number;
      private var myHeight:Number;
      public function MainClass() {
         // Konstruktor-Code
         addEventListener(Event.ADDED_TO_STAGE,init);
      }
```

```
        private function init(e:Event):void {
            trace("Ein Objekt der Dokumentklasse
            wurde der DisplayList des Flash-Films
            hinzugefügt");
            removeEventListener(Event.ADDED_TO_STAGE,
            init);
                    // Initialisierung, los gehts ...
            myWidth = stage.stageWidth;
            myHeight = stage.stageHeight;
        }
    }
}
```

In der Praxis werden Sie erleben, dass Sie einen Flash-Film mit visuellen Objekten auf der Bühne versehen, auf die Sie dann in der Dokumentklasse des Flash-Films zugreifen möchten. Dazu können Sie in der Dokumentklasse eine entsprechende Eigenschaft definieren.

Wenn Sie beispielsweise eine TextInput-Komponente auf die Bühne eines Flash-Films ziehen und dieser Komponente den Instanznamen »name_txt« zuweisen, können Sie wie folgt von der Dokumentklasse dieses Flash-Films darauf zugreifen:

```
package  {
    import flash.display.MovieClip;
    import fl.controls.TextInput;
    public class TestMain extends MovieClip {
        public var name_txt:TextInput;
        public function TestMain() {
            // Konstruktor-Code
            name_txt.text = "Beispiel";
        }
    }
}
```

> **Geltungsbereich: Dokument-klasse und Hauptzeitleiste des Flash-Films**
>
> Beachten Sie, dass der Geltungsbereich einer Dokumentklasse identisch ist mit dem Geltungsbereich der Hauptzeitleiste eines Flash-Films. Das bedeutet, dass auf definierte Methoden und Eigenschaften einer Dokumentklasse auch direkt von Schlüsselbildern der Zeitleiste und vice versa zugegriffen werden kann. Das sollten Sie jedoch in jedem Fall vermeiden, denn es macht den Quellcode schwerer lesbar. Sie sollten Ihren Quellcode immer an einem Ort haben. Wenn es dennoch unumgänglich ist, erstellen Sie eine Funktion in der Dokumentklasse und rufen sie diese lediglich von der Hauptzeitleiste auf.

Weiterhin hat diese Sichtbarkeit zur Folge, dass Sie keine gleichnamigen Variablen in der Hauptzeitleiste bzw. Eigenschaften in der Dokumentklasse definieren können. Dasselbe gilt für Funktionen in der Hauptzeitleiste bzw. für Methoden in der Dokumentklasse.

Sollten Sie keine Dokumentklasse definieren, erstellt Flash automatisch eine Dokumentklasse. Tatsächlich ist es so, dass beispielsweise eine in der Hauptzeitleiste definierte Variable myText automatisch als definierte Eigenschaft der Dokumentklasse ein-

Eigenschaften ohne Attributschlüsselwort

Das Standard-Attributschlüsselwort, beispielsweise für Eigenschaften, die ohne Attributschlüsselwort definiert wurden, ist `internal`.

gerichtet wird. Wenn Sie eine solche Variable bzw. Eigenschaft mehrfach initialisieren würden, führte das zu einem CompilerFehler. Angenommen, Sie würden also beispielsweise die Variable `myText` in einem Schlüsselbild der Hauptzeitleiste wie folgt definieren:

```
var myText:String = "Beispiel";
```

Dann entspräche dies in einer eigenen Dokumentklasse der folgenden Deklaration:

```
package {
   ...
   internal var myText:String = "Beispiel";
   public class MainClass extends MovieClip {
      ...
   }
}
```

Sie können die Variable also nicht in der Zeitleiste des Flash-Films und zugleich in der Dokumentklasse definieren. Wie Sie bereits gelernt haben, ist eine mehrfache Variablendefinition nicht zulässig. Aus diesem Grund würde in einem solchen Fall dann eine Fehlermeldung erscheinen.

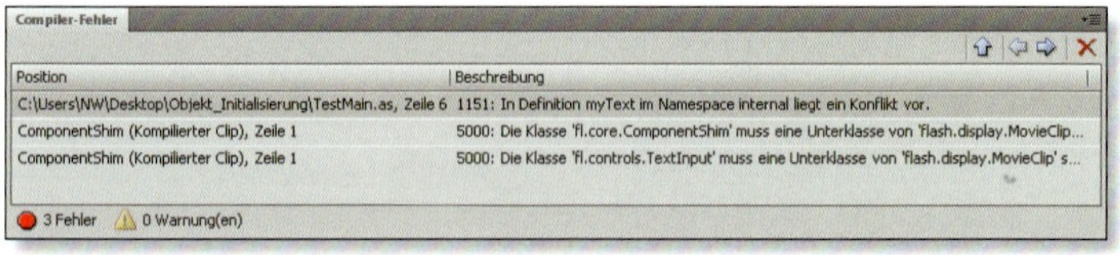

Abbildung 10.18 ▶
Das Beispiel führt zu drei Compiler-Fehlern. Die entscheidende Fehlermeldung ist die erste der drei Meldungen.

10.11   Symbole als Klasse

In Flash haben Sie die Möglichkeit, ein Symbol, das in der Bɪʙʟɪᴏᴛʜᴇᴋ eines Flash-Films liegt, mit einer Klasse zu verknüpfen. Sie können dann eine oder mehrere Instanzen der Klasse über ActionScript erzeugen und beispielsweise zur Anzeigeliste eines Flash-Films hinzufügen. Darauf wurde bereits in Kapitel 8, »ActionScript-Grundlagen«, eingegangen. Darüber hinaus können Sie jedoch die Klasse, die Sie einem Symbol zuweisen, auch selbst definieren. Sie können auf diese Weise einem Symbol also individuelle Methoden und Eigenschaften zuweisen.

Dazu wählen Sie das Symbol in der Bɪʙʟɪᴏᴛʜᴇᴋ aus, öffnen per Mausklick auf die rechte Maustaste das Kontextmenü und wählen den Menüpunkt EIGENSCHAFTEN aus. Im darauffolgenden Fenster aktivieren Sie die Option EXPORT FÜR ACTIONSCRIPT und weisen dem Symbol unter KLASSE den gewünschten Klassenbezeichner zu. Sollte die gewünschte Klasse in einem Paket sein, müssen Sie den Pfad des Pakets mit angeben (`org.example.utils.MathExt`).

In diesem Beispiel wurde dem MovieClip-Symbol die Klasse `Apple` zugewiesen. Die Klasse `Apple` erweitert die Basisklasse, die in diesem Fall `flash.display.MovieClip` ist. Sie können jetzt eine neue Klasse `Apple` erstellen und so dem Symbol eigene Methoden und Eigenschaften aneignen. Ein Beispiel für eine sinnvolle Anwendung dessen wird im folgenden Workshop erläutert.

Schritt für Schritt:
Eine analoge Uhr erstellen

In diesem Workshop erfahren Sie, wie Sie einem MovieClip-Symbol eine Klasse zuweisen und die Klasse selbst definieren, um eine analoge Uhr, objektorientiert, in Flash zu entwickeln.

Basisklasse

Die Basisklasse ist die Klasse, von der Ihre Klasse erbt, bzw. die Klasse, die Ihre Klasse erweitert. Ihre Klasse ist eine Unterklasse der Basisklasse. Das Prinzip der Vererbung wird in Abschnitt 10.13, »Vererbung«, näher erläutert.

◄ **Abbildung 10.19**
Dem MovieClip-Symbol wurde die Klasse `Apple` zugewiesen. Diese Klasse erweitert die `Movie-Clip`-Klasse.

Wenn die Zeitleiste nicht benötigt wird
Wenn Sie die Zeitleiste eines MovieClip-Symbols nicht benötigen, sollten Sie als Basisklasse die `Sprite`-Klasse vorziehen. Tragen Sie unter BASISKLASSE dann `flash.display.Sprite` ein, diese verbraucht weniger Speicher als MovieClips. Gerade wenn viele Instanzen dieses Objekts auf der Bühne sind, ist das essenziell.

10_OOP\Analog_Uhr\Uhr_01.fla

1   **Flash-Film öffnen**

Öffnen Sie den Flash-Film *10_OOP\Analog_Uhr\Uhr_01.fla*, und speichern Sie die Datei in einem anderen Verzeichnis ab.

Die Bibliothek des Flash-Films enhält vier MovieClip-Symbole. Dem MovieClip »Uhr« wurde die (noch nicht vorhandene) Klasse Uhr zugewiesen.

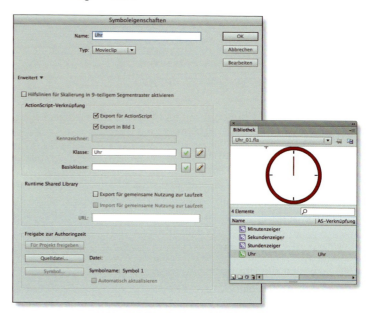

Abbildung 10.20 ▶
Die Bibliothek und die Symboleigenschaften des MovieClips »Uhr«

Innerhalb des MovieClips »Uhr« befinden sich vier Ebenen, auf denen Elemente einer analogen Uhr platziert sind. Es gibt drei Zeitzeiger für die Stunden, die Minuten und die Sekunden. Dabei handelt es sich jeweils um einen MovieClip, dem ein entsprechender Instanzname zugewiesen wurde: »stundenzeiger«, »minutenzeiger« und »sekundenzeiger«.

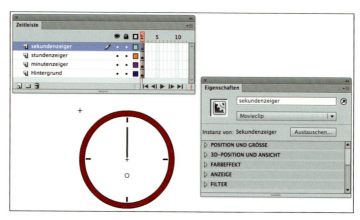

Abbildung 10.21 ▶
Die Zeitleiste und Elemente des MovieClips Uhr

2   Instanz der Klasse erzeugen

Wechseln Sie gegebenenfalls zurück zur Hauptzeitleiste, wählen Sie das erste Schlüsselbild auf der Ebene »Actions« aus, und weisen Sie dem Schlüsselbild im AKTIONEN-Fenster folgenden Code zu:

```
1:   var meineUhr:Uhr = new Uhr();
2:   meineUhr.x = (stage.stageWidth-meineUhr.
     width)/2;
3:   meineUhr.y = (stage.stageHeight-meineUhr.
     height)/2;
4:   addChild(meineUhr);
```

In Zeile 1 wird ein Objekt der Klasse Uhr initialisiert, das in Zeile 2 und 3 mittig auf der Bühne ausgerichtet wird. Beachten Sie, dass die Position des Objekts festgelegt wird, bevor es überhaupt in die Anzeigeliste eingefügt wird. Das Objekt wird erst in Zeile 4 zur Anzeigeliste hinzugefügt. Testen Sie den Flash-Film über Strg/⌘+↵.

▲ **Abbildung 10.22**
Ein Objekt der Klasse Uhr wurde zur Anzeigeliste hinzugefügt und mittig auf der Bühne positioniert.

3   Klasse erzeugen

Bisher besitzt die Uhr noch keinerlei Funktionalität. Erstellen Sie über DATEI • NEU eine ActionScript-Datei, und speichern Sie die Datei unter *Uhr.as* im Verzeichnis ab, in dem auch der Flash-Film liegt. Fügen Sie dann zunächst folgenden Code ein:

```
1:   package {
2:      import flash.display.*;
3:      import flash.utils.*;
4:      import flash.events.*;
5:      public class Uhr extends Sprite {
6:         private var stunden:uint;
7:         private var minuten:uint;
8:         private var sekunden:uint;
9:         private var myTimer:Timer;
10:        public function Uhr() {
11:           init();
12:        }
13:     }
14: }
```

In Zeile 2 bis 4 werden verschiedene Pakete importiert, von denen einige Klassen verwendet werden. Da in diesem Beispiel die Zeitleiste des MovieClips nicht benötigt wird, erweitert die Klasse

Uhr die Klasse `Sprite` und nicht die `MovieClip`-Klasse (Zeile 5). Für die Aktualisierung der Zeit wird ein sogenanntes `Timer`-Objekt verwendet. Dazu wird in Zeile 9 die Eigenschaft `myTimer` definiert. Im Konstruktor wird die Methode `init` aufgerufen. An dieser Stelle sei erwähnt, dass Code im Konstruktor etwas langsamer ausgeführt wird als in anderen Methoden. Aus diesem Grund lagert man Code, den man zu Beginn aufrufen möchte, meist in eine andere Methode, hier `init`, aus.

4   Timer-Objekt initialisieren

Ergänzen Sie den Code nach dem Konstruktor (ab Zeile 13) nun um folgende Zeilen:

```
1:    private function init():void {
2:        myTimer = new Timer(100,0);
3:        myTimer.addEventListener(TimerEvent.TIMER,
          setTime);
4:        myTimer.start();
5:        setTime(null);
6:    }
```

In der Methode `init` wird ein `Timer`-Objekt initialisiert (Zeile 2). Mithilfe eines `Timer`-Objekts ist es möglich, eine Funktion oder Methode x-mal in einem bestimmten zeitlichen Intervall aufzurufen. Dem Konstruktor der `Timer`-Klasse werden zwei Argumente übergeben: die Verzögerung in Millisekunden, die angibt, in welchem zeitlichen Abstand eine Methode aufgerufen werden soll, und die Anzahl der Wiederholungen. Die Anzahl der Wiederholungen ist hier auf »0« gesetzt. Wenn der Wert 0 ist, wird der Timer unbegrenzt ausgeführt.

In Zeile 3 wird am `Timer`-Objekt ein Ereignis-Listener registriert, der dafür sorgt, dass die Methode `setTime` im Abstand von 100 Millisekunden mehrmals aufgerufen wird. Anschließend wird der Timer über die Methode `start` gestartet. Zu Beginn wird die Methode `setTime` zusätzlich einmalig aufgerufen, da der Timer die Methode erst nach 100 Millisekunden aufrufen wird. An die Methode wird `null` übergeben. Man simuliert so einen Schritt vom Timer. Da das `TimerEvent` innerhalb von `setTime` ohnehin nicht benutzt wird, ist der Wert des Parameters egal. Die Übergabe von `null` führt daher nicht zu einem Fehler.

5   Uhrzeit ermitteln und ausgeben

Definieren Sie in der Klasse dann die Methode `setTime` wie folgt:

```
1:    private function setTime(e:TimerEvent):void {
2:        var myDate:Date = new Date();
3:        sekunden = myDate.seconds;
4:        minuten = myDate.minutes;
5:        stunden = myDate.hours;
6:        if(stunden > 12) {
7:            stunden -=12;
8:        }
9:        var secDegree:Number = (sekunden/60)*360;
10:        sekundenzeiger.rotation = secDegree;
11:        var minDegree:Number = (minuten/60)*360;
12:        minutenzeiger.rotation = minDegree;
13:        var hourDegree:Number = (stunden/12+
           (minuten/60/12))*360;
14:        stundenzeiger.rotation = hourDegree;
15:    }
```

In Zeile 2 wird ein `Date`-Objekt initialisiert. Ein `Date`-Objekt, das erzeugt wird, besitzt standardmäßig das aktuelle Systemdatum und die aktuelle Systemzeit. Anschließend werden den Eigenschaften `sekunden`, `minuten` und `stunden` mithilfe des `Date`-Objekts die entsprechenden Werte der lokalen Zeit des Clients zugewiesen. Eine analoge Uhr zeigt die Zeit im 12-Stunden-Format an. Sobald der Wert der Eigenschaft `stunden` größer als 12 ist, wird der Wert mit 12 subtrahiert. 15 Uhr entspricht beispielsweise auf einer analogen Uhr 3 Uhr (15–12=3).

Anschließend werden die MovieClips mit den Instanznamen `sekundenzeiger`, `minutenzeiger` und `stundenzeiger`, die im MovieClip `Uhr` liegen, anhand der Uhrzeit entsprechend rotiert. Dabei wird beispielsweise die Sekundenanzahl durch 60 dividiert. So erhalten Sie bei 30 Sekunden z. B. den Wert 0,5. Das Resultat, in diesem Fall 0,5, wird mit 360 multipliziert, da eine Umdrehung 360 Grad entspricht. So würde der Zeiger bei 0,5 also auf 180 Grad gedreht werden.

▲ **Abbildung 10.23**
Die analoge Uhr zeigt jetzt die lokale Zeit des Client-Rechners an.

6   Fertig! Flash-Film testen

Testen Sie den Flash-Film über Strg/⌘+↵. Die analoge Uhr ist somit fertiggestellt.

Ergebnis der Übung:
10_OOP\Analog_Uhr\Uhr_02.fla

10.12 Getter-/Setter-Methoden

Schreibweise: private Eigenschaften

Private Eigenschaften einer Klasse werden häufig auch mit einem vorangehenden Unterstrich _ geschrieben. Sie betonen damit, dass es sich um eine private Eigenschaft handelt.

Bisher haben Sie Eigenschaften von Objekten immer als public-Variablen innerhalb einer Klasse kennengelernt. Das ist zum einen eine sehr enge Art, Eigenschaften zu betrachten, und zum anderen auch eine gefährliche. Stellen Sie sich vor, Ihre Uhr-Klasse aus den vorangehenden Beispielen hat eine Eigenschaft time, die es ermöglicht, die Uhrzeit der Uhr zu setzen. Es ist nun denkbar, dass jemand, der Ihre Klasse verwendet, die Uhrzeit auf »25:11« setzt. Auf der Erde hat der Tag 24 Stunden, weswegen das wohl keine gültige Uhrzeit ist. Das Setzen der Uhrzeit auf 25:11 kann dazu führen, dass Ihre Uhr das Programm zum Absturz bringt.

Genau an dieser Stelle kommen Getter- und Setter-Methoden ins Spiel. Es sind spezielle Methoden, die zwischen einer Eigenschaft und dem Zugriff auf eine Variable stehen. Sie haben die Möglichkeit, die Variable time innerhalb der Klasse zu kapseln. Die Kapselung funktioniert meistens in zwei Schritten:

Getter/Setter vs. Variablen

Das Verwenden von Gettern/Settern gegenüber einem direkten Zugriff ist gute OOP-Praxis, jedoch aufwendiger als eine »nackte« Variable. Glücklicherweise können Editoren wie Flash Builder eine solche Kapselung vollautomatisch mit einem Klick vornehmen. Wenn Sie Wert auf sauberen und fehlerfreien Code legen, sollten Sie immer Getter/Setter gegenüber Variablen vorziehen.

1. Sie setzen den Geltungsbereich auf private. Dadurch ist der Zugriff auf die Variable auf innerhalb der Klasse beschränkt.
2. Sie definieren eine öffentliche (public, protected, internal) Getter-Methode und/oder Setter-Methode, die eine bestimmte Syntax in ActionScript haben. Innerhalb dieser Methoden können Sie dann beispielsweise eine Prüfung auf ungültige Werte, wie im vorigen Beispiel, vornehmen.

Syntax der Getter-Methode

Angenommen, Sie definieren in einer Klasse Uhr eine private Eigenschaft _stunden:

```
private var _intStunden:int = 16;
```

Standardmäßig können Sie den Wert der Variablen von außen (d.h. von außerhalb der Klasse selbst) nicht abfragen und auch nicht festlegen. Wenn Sie jedoch innerhalb der Klasse eine Getter-Methode definieren, lässt sich der Wert auch von außen ermitteln. Eine entsprechende Getter-Methode würde wie folgt aussehen:

Eigenschaften ohne Variable

Einer Eigenschaft muss nicht immer eine Variable zugrunde liegen. Beispielsweise könnten Sie eine Eigenschaft zeitBisMitternacht definieren, indem Sie einen Getter mit diesem Namen anlegen und innerhalb des Getters die Zeit bis Mitternacht berechnen. Der Zugriff erfolgt identisch mit meineUhr.zeitBisMitternacht.

```
public function get stunden():int {
    return _intStunden;
}
```

So könnten Sie jetzt von außen, z.B. in einem Schlüsselbild der ZEITLEISTE, den Wert der Eigenschaft wie folgt ermitteln:

```
var meineUhr:Uhr = new Uhr();
trace(meineUhr.stunden);
```

Die Getter-Methode wird automatisch aufgerufen, wenn der Eigenschaftswert `stunden` abgefragt wird. Im Gegensatz zu anderen Methoden wird eine Getter-Methode nicht direkt aufgerufen, also nicht über `meineUhr.stunden()`, sondern durch Abfragen des dazugehörigen Eigenschaftswerts, also über `meineUhr.stunden`.

Syntax der Setter-Methode

Analog dazu können Sie eine Setter-Methode definieren, die es erlaubt, den Wert einer privaten Eigenschaft von außen zu ändern, und diese außerdem vor unerlaubten Werten schützt. Eine entsprechende Setter-Methode würde wie folgt aussehen:

```
public function set stunden(val:int):void {
    if(val >= 0 && val < 24){
        _intStunden = val;
    }else{
        trace("Der Wert " + val + " ist nicht
        zulässig!")
    }
}
```

Typen und Nomenklatur
Getter- und Setter-Methoden einer Eigenschaft haben immer denselben Namen. Auch der Datentyp muss gleich sein, ansonsten erhalten Sie den Fehler: *1053: Zugriffsarten müssen übereinstimmen.*

Von außen können Sie jetzt den Wert der Eigenschaft `_intStunden` wie folgt festlegen:

```
var meineUhr:Uhr = new Uhr();
meineUhr.stunden = 18;
```

Grundsätzlich können Sie jeden beliebigen Quellcode in eine Getter-/Setter-Methode auslagern. Beispielsweise wäre es auch denkbar, dass Sie eine Eigenschaft `animatedRotation` definieren, die die Drehung des MovieClips nicht direkt ändert, sondern einen Tween auslöst, der die Drehung langsam zum gewünschten Wert ausführt. Die zugehörige Setter-Methode unter Verwendung von TweenLite (siehe Kapitel 9, »Animation mit Action-Script«) sieht dann z. B. so aus:

```
public function set animatedRotation(r:Number):void{
    TweenLite.to(this, r/100,
        {rotation:r, ease:Cubic.easeInOut});
}
```

Read-only-Eigenschaften
Sie müssen nicht immer einen Getter *und* einen Setter definieren. Definieren Sie nur einen der beiden, haben Sie eine Read-only- bzw. Write-only-Eigenschaft. Auch das ist ein Sicherheitsmechanismus, den man in der OOP-Programmierung verwendet, um Fehler zu vermeiden.

10_OOP\Analog_Uhr_Setter_Getter\Uhr_02.fla, Uhr.as

Beachten Sie, dass der Eigenschaft `animatedRotation` keine wirkliche private Variable zugrunde liegt. Ein Getter macht daher wenig Sinn, denn die Eigenschaft ist write-only. Die Verwendung von außen sieht aber dennoch wie ein Variablenzugriff aus:

```
meineUhr.animatedRotation = 200;
```

Eine solche Verwendung von Setter-Methoden ist gängige Praxis und zeigt deutlich die Eleganz, die dieses OOP-Konzept mit sich bringt.

10.13 Vererbung

Basis- bzw. Superklasse und Unterklasse

Eine Klasse, die Methoden und Eigenschaften einer anderen Klasse erbt, wird auch als *Unterklasse* (engl. »subclass«) bezeichnet. Die vererbende Klasse wird auch als *Basisklasse* oder *Superklasse* bezeichnet.

Coderedundanz vermeiden

Durch den gezielten Einsatz von Vererbung lässt sich u. a. Coderedundanz vermeiden. So können z. B. Methoden, die in mehreren Klassen verwendet werden, in einer übergeordneten Klasse definiert werden. Durch die Vererbung können diese Methoden dann auch von untergeordneten Klassen verwendet werden.

Sie haben jetzt bereits viele Merkmale der objektorientierten Programmierung kennengelernt. Eine besondere Technik, die zur objektorientierten Programmierung gehört, ist die *Vererbung* (engl. »Inheritance«). Mithilfe von Vererbung lässt sich auch eine Klassenhierarchie herstellen. Sie können beispielsweise eine vorhandene Klasse, auch als Basis- oder Superklasse bezeichnet, durch eine *Unterklasse* erweitern. Eine solche Unterklasse besitzt alle Merkmale der Basisklasse und kann zusätzlich weitere Merkmale besitzen. Eine Unterklasse kann optional auch bestimmte Merkmale der Basisklasse überschreiben.

Grundsätzlich fördert Vererbung die Wiederverwendbarkeit von Code. Die folgenden Beispiele sollen Ihnen die grundsätzliche Funktionsweise und grundlegende Anwendung in ActionScript beispielhaft erläutern. Angenommen, Sie erstellen eine Klasse `Uhr`:

```
package {
   public class Uhr {
      private var _stunden:uint=15;
      private var _minuten:uint=32;
      private var _sekunden:uint=35;
      public function Uhr() {
         // Konstruktor
      }
      ...
      public function getTime():String {
         return _stunden+":"+_minuten+":"+_sekunden;
      }
   }
}
```

Die Klasse besitzt verschiedene Eigenschaften und könnte zusätzlich auch verschiedene Methoden besitzen, die die Uhrzeit bestimmen, um diese dann mithilfe der Methode getTime zurückzugeben.

Es gibt bekanntermaßen digitale und analoge Uhren, die sich allein durch ihr Äußeres unterscheiden. Wenn Sie sowohl eine analoge als auch eine digitale Ausgabe der Uhrzeit bereitstellen möchten, können Sie dafür für jede Ausgabe zwei separat agierende Klassen erstellen. Viele der Methoden zur Bestimmung der Zeit müssten dann jedoch *auf dieselbe Weise* in beide Klassen integriert werden.

Um dies zu erreichen, wäre es sinnvoller, wenn Sie sowohl für die analoge als auch für die digitale Ausgabe der Zeit zusätzlich zur Klasse Uhr zwei weitere Klassen erzeugten, die nur zur Ausgabe der Zeit dienten. Diese könnten dann die Methoden und Eigenschaften zur Ermittlung der Zeit der Klasse Uhr übernehmen (erben). Das Definitionsschlüsselwort, um eine Klasse zu erweitern, ist extends und wird wie folgt in die Klassendefinition integriert:

```
package {
    public class AnalogUhr extends Uhr {
        ...
    }
}
package {
    public class DigitalUhr extends Uhr {
        ...
    }
}
```

Initialisieren Sie jetzt ein neues Objekt myAnalogUhr der Klasse AnalogUhr, ist folgender Methodenaufruf gültig, da die Klasse AnalogUhr alle Methoden und Eigenschaften der Klasse Uhr geerbt hat:

```
var myAnalogUhr:AnalogUhr = new AnalogUhr();
var time:String = myAnalogUhr.getTime();
trace(time);
```

In der Klasse AnalogUhr können Sie natürlich zusätzlich auch eigene Methoden und Eigenschaften definieren, z. B.:

Existierende ActionScript-Klassen erweitern

Grundsätzlich können Sie auch bereits existierende Action-Script-Klassen, wie z. B. die Sprite-Klasse, durch eigene Klassen erweitern. Tatsächlich wurde davon bereits in einigen Beispielen Gebrauch gemacht. Beachten Sie jedoch, dass sich nicht jede Klasse erweitern lässt. Die Math-Klasse beispielsweise lässt sich nicht erweitern. Eine Klasse oder auch eine Methode, die nicht erweitert werden soll, wird mit dem Attributschlüsselwort final versehen:

```
package {
    final class
    UnextendableClass {
        ...
    }
}
```

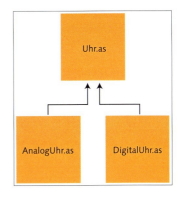

▲ **Abbildung 10.24**
Beispiel einer Klassenhierarchie

```
package {
    public class AnalogUhr extends Uhr {
        public var zeigerFarbe:String = "schwarz";
        public var hintergrundFarbe:String = "rot";
        ...
    }
}
```

Diese Eigenschaften (im Beispiel `zeigerFarbe` und `hintergrund-Farbe`) beziehen sich dann nur auf Objekte der Klasse `AnalogUhr`. Ein Zugriff von einem Objekt der Klasse `Uhr` wäre also ungültig:

▶ Gültig:

```
var myAnalogUhr:AnalogUhr = new AnalogUhr();
trace(myAnalogUhr.zeigerFarbe);
```

▶ Ungültig (die Klasse `Uhr` des Objekts `myUhr` besitzt keine Eigenschaft `zeigerFarbe`):

```
var myUhr:Uhr = new Uhr();
trace(myUhr.zeigerFarbe);
```

Methoden und Eigenschaften der Superklasse ansteuern

Über die Anweisung `super` lässt sich eine Methode oder Eigenschaft der Superklasse aus einer Unterklasse ansprechen. Im folgenden Beispiel wird die Methode `getTime` der Superklasse `Uhr` aufgerufen:

```
package {
    public class AnalogUhr extends Uhr {
        ...
        private function refreshTime():void {
            var myTime:String = super.getTime();
        }
    }
}
```

super im Konstruktor

Wenn Sie eine Klasse A durch eine Klasse B erweitern, wird im Konstruktor der Klasse B automatisch der Konstruktor der Klasse A aufgerufen. Sie können das auch selbst explizit »betonen«, indem Sie im Konstruktor der Klasse B die Anweisung `super();` verwenden. Das gilt als guter Stil, denn damit betonen Sie, für jeden erkenntlich, dass der Konstruktor der Superklasse aufgerufen wird bzw. dass die Klasse B eine andere Klasse erweitert. Außerdem können Sie so spezielle Parameter an den Superkonstruktor übergeben.

Methoden und Eigenschaften einer Basisklasse überschreiben

Sowohl Methoden als auch Eigenschaften einer Basisklasse können in einer Unterklasse überschrieben werden. Wenn Sie in einer Unterklasse eine Methode oder Eigenschaft der Basisklasse überschreiben möchten, müssen Sie das Attributschlüsselwort override verwenden. Im folgenden Codebeispiel überschreibt die Klasse `AnalogUhr` die Methode `setTime` der Superklasse `Uhr`. Beispielcode der Klasse `Uhr`:

10_OOP\Klassen_Methoden_
Überschreiben\Uhr.as, AnalogUhr.as
und Beispiel.fla

```
package {
    public class Uhr {

        ...

        public function setTime():void {
            trace("Uhr.setTime wurde aufgerufen");
        }
    }
}
```

Beispielcode der Klasse `AnalogUhr`:

```
package {
    public class AnalogUhr extends Uhr {

        ...

        public override function setTime():void {
            trace("AnalogUhr.setTime wurde aufgerufen");
        }
    }
}
```

Die Klasse `AnalogUhr` besitzt jetzt also eine eigene Methode `set-Time`. Der folgende Aufruf führt deshalb zur Ausgabe »AnalogUhr. setTime wurde aufgerufen«:

```
var myAnalogUhr:AnalogUhr = new AnalogUhr();
myAnalogUhr.setTime();
```

Tipp
Die Möglichkeit, Methoden und Eigenschaften einer Superklasse zu überschreiben, kann der Unterklasse die für sie notwendige Flexibilität geben.

Kapitel 11

Zeichnungs-API

Mithilfe der sogenannten Zeichnungs-API (API = »Application Programming Interface« bzw. Programmierschnittstelle) können Sie Linien und Formen mit Action-Script zur Laufzeit erstellen. Sie lernen in diesem Kapitel die grundlegenden Merkmale der Zeichnungs-API kennen.

11.1 Graphics-Klasse

Über die Zeichnungs-API lassen sich Vektorgrafiken über Action-Script zur Laufzeit erzeugen. Zur Erzeugung von Vektorgrafiken können Sie in ActionScript 3 die sogenannte Graphics-Klasse nutzen. Jedes Shape-, Sprite- und MovieClip-Objekt besitzt eine Eigenschaft graphics, bei der es sich um ein Objekt der Graphics-Klasse handelt.

11.2 Anzeigeobjekt erstellen

Bevor Sie innerhalb eines Anzeigeobjekts zeichnen, müssen Sie dieses zunächst erstellen. Dabei müssen Sie sich zunächst für ein Anzeigeobjekt entscheiden. Die folgende Übersicht hilft Ihnen dabei:

▶ **Shape**: Verwenden Sie ein Shape-Objekt, wenn Sie nur eine Form zeichnen möchten. Ein Shape-Objekt belegt nur sehr wenig Speicher. Im Gegensatz zu einem Sprite-Objekt ist ein Shape-Objekt kein Anzeigeobjektcontainer und kann deshalb keine untergeordneten Elemente besitzen. Ein Shape-Objekt besitzt nur sehr rudimentäre Ereignisse. Benutzerinteraktionen, wie z. B. das Abfragen eines Mausklicks, sind nicht möglich. Ein Shape-Objekt besitzt keine Zeitleiste.

> **Zeichenfläche eines Anzeigeobjekts**
>
> Sie können sich die Eigenschaft graphics eines Anzeigeobjekts wie eine Zeichenfläche des Objekts vorstellen, das der untersten visuellen Ebene des Objekts entspricht. Die Ebene liegt unterhalb der Anzeigeliste des Anzeigeobjekts (Anzeigeobjektcontainer). Dies führt beispielsweise dazu, dass Formen, die auf dieser Ebene gezeichnet werden, immer unter allen anderen Anzeigeobjekten der Anzeigeliste des Objekts erscheinen.

Anzeigeobjekt erstellen

Ein Anzeigeobjekt können Sie über die Anweisung new erzeugen. Beachten Sie, dass das Anzeigeobjekt erst dargestellt wird, wenn Sie es über addChild der Anzeigeliste hinzugefügt haben. Beispiel:

```
var mySprite:Sprite =
new Sprite();
addChild(mySprite);
```

▶ **Sprite**: Verwenden Sie ein Sprite-Objekt, wenn Sie in dem Objekt untergeordnete Elemente einfügen und/oder auf Ereignisse reagieren möchten. In den meisten Fällen ist ein Sprite-Objekt die richtige Wahl, wenn Sie mit der Zeichnungs-API arbeiten. Im Gegensatz zu einem MovieClip-Objekt besitzt ein Sprite-Objekt keine Zeitleiste und verbraucht deshalb auch weniger Speicher als ein MovieClip-Objekt.

▶ **MovieClip**: Verwenden Sie ein MovieClip-Objekt, wenn Sie untergeordnete Elemente einfügen oder auf Ereignisse reagieren möchten und wenn Sie eine Zeitleiste benötigen. Das wäre beispielsweise der Fall, wenn Sie eine in der Entwicklungsumgebung erstellte Animation innerhalb des MovieClip-Objekts abspielen möchten.

Linien zeichnen

Vereinfachte Schreibweise

Wenn Sie viele Methoden auf die Eigenschaft graphics eines Anzeigeobjekts anwenden, können Sie die Eigenschaft auch referenzieren. Dadurch wird Ihr Code übersichtlicher. Beispiel:

```
var myShape:Shape =
new Shape();
var g:Graphics =
myShape.graphics;
g.lineStyle(1,0x000000,0.5);
g.moveTo(0,0);
g.lineTo(100,0);
addChild(myShape);
```

Alternativ gibt es das immer noch häufig verwendete

```
with(myShape.graphics){
  moveTo(0,0);
  lineTo(100,0)
}
```

Das with bewirkt, dass sich alle Anweisungen auf das Objekt in den Klammern beziehen. Diese Schreibweise führt manchmal zu Warnungen von Flash und wird daher nicht mehr empfohlen.

Bevor Sie in einem Anzeigeobjekt eine Linie zeichnen können, müssen Sie den Linienstil über die Methode lineStyle definieren. Die Methode hat folgende gekürzte formelle Syntax:

```
lineStyle(Strichstärke, Farbe, Alpha);
```

Angenommen, Sie möchten in einem Shape-Objekt myShape eine schwarze Linie mit einer Transparenz von 50% und einer Strichstärke von drei Pixeln zeichnen. Zunächst initialisieren Sie dazu ein Shape-Objekt und setzen die Eigenschaft des Linienstils entsprechend:

```
var myShape:Shape = new Shape();
myShape.graphics.lineStyle(3,0x000000,0.5);
```

Anschließend können Sie über die Methode moveTo die Anfangsposition eines fiktiven Zeichenstifts, der die Linie zeichnet, bestimmen. Über die Methode lineTo zeichnen Sie dann eine Linie, ausgehend von der Anfangsposition bis hin zu den angegebenen Koordinaten.

Damit das Shape-Objekt bzw. die Linie auf der Bühne dargestellt wird, müssen Sie das Objekt zur Anzeigeliste hinzufügen. Die Position des Shape-Objekts können Sie dann nachträglich über die x- und y-Eigenschaft des Objekts festlegen:

```
var myShape:Shape = new Shape();
myShape.graphics.moveTo(0,0);
myShape.graphics.lineStyle(1,0x000000,1);
```

```
myShape.graphics.lineTo(100,0);
addChild(myShape);
myShape.x = 20;
myShape.y = 20;
```

Farbwerte

Farbwerte werden häufig als ein uint gespeichert und hexadezimal angegeben. Letzteres ist an dem Kürzel 0x vor dem Wert erkennbar. Die Farben (Rot, Grün, Blau) sind dabei in der Form 0xRRGGBB kodiert.

◀ **Abbildung 11.1**
Die über ActionScript erzeugte Linie

Neben den bereits genannten Parametern lassen sich noch feinere Einstellungen für das Zeichnen einer Linie festlegen. Zu den optionalen Parametern, die an die Methode lineStyle übergeben werden können, gehören:

▶ **pixelHinting**: Ein boolescher Wert, der angibt, ob Linien an ganzen Pixel einrasten (true) oder nicht (false). Die Einstellung betrifft sowohl die Position der Ankerpunkte der Linie als auch die Linienstärke. Der Standardwert ist false. Setzen Sie den Parameter auf true, wenn Sie verschwommene Linien oder Kanten sehen.

Gezeichnete Formen löschen

Um alle über ActionScript gezeichneten Formen innerhalb eines Anzeigeobjekts zu löschen, können Sie die Methode clear der Graphics-Klasse nutzen. Das trifft beispielsweise dann zu, wenn Sie Linien in einem Shape-Objekt myShape erstellt haben und diese entfernen möchten. Dazu folgender Beispielcode:

```
myShape.graphics.clear();
```

▲ **Abbildung 11.2**
Links: eine vergrößerte Linie ohne pixelHinting;
rechts: die Linie mit pixelHinting

▶ **scaleMode**: Ein Wert vom Datentyp String, der angibt, auf welche Weise die erzeugte Linie skaliert werden soll, wenn das Objekt skaliert wird. Der Standard entspricht dem Wert LineScaleMode.NORMAL. Sollten Sie die Linie bei einer Skalierung des Anzeigeobjekts überhaupt nicht mitskalieren wollen, setzen Sie den Parameter auf LineScaleMode.NONE. Wenn Sie den Wert auf LineScaleMode.VERTICAL setzen, wird die Linie nur horizontal skaliert. Analog dazu wird die Linie nur vertikal skaliert, wenn die Einstellung LineScaleMode.HORIZONTAL gewählt wurde.

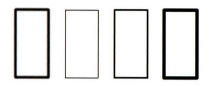

▲ **Abbildung 11.3**
Ein Rechteck, das auf `scaleX = 2` und `scaleY = 4` hochskaliert wurde.
Von links nach rechts: `LineScaleMode.NORMAL`, `LineScaleMode.NONE`,
`LineScaleMode.VERTICAL` und `LineScaleMode.HORIZONTAL`

Linienenden bei Rechtecken
Wenn Sie beispielsweise ein Rechteck zeichnen wollen, bietet sich die Einstellung `CapsStyle.SQUARE` an, da ein Rechteck üblicherweise mit geraden Kanten abgeschlossen wird.

Abbildung 11.4 ▶
Von oben nach unten: `Caps-Style.NONE`, `CapsStyle.ROUND` und `CapsStyle.SQUARE`

▶ **caps**: Ein Wert vom Datentyp `String`, der die Form der Linienenden angibt. Mögliche Werte sind `CapsStyle.NONE`, `CapsStyle.ROUND` und `CapsStyle.SQUARE`.

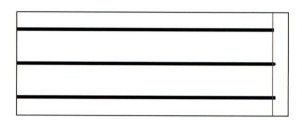

▶ **joints**: Ein Wert vom Datentyp `String`, der die Form (den Verbindungswinkel) definiert, nach der zwei Linien miteinander verbunden werden. Mögliche Werte sind `JointStyle.BEVEL` (schräg), `JointStyle.MITER` (abgeschliffen) und `JointStyle.ROUND` (rund, Standardwert).

Abbildung 11.5 ▶
Von links nach rechts: `Joint-Style.BEVEL`, `JointStyle.MITER` und `JointStyle.ROUND`

▶ **mitterLimit**: Ein Wert vom Datentyp `Number`, der eine Grenze angibt, ab wann der Winkel zweier verbundener Linien abgeschnitten wird, wenn der Parameter `joints` den Wert `JointStyle.MITER` besitzt. Der Wertebereich geht von 0 bis 255.

Abbildung 11.6 ▶
Von oben nach unten besitzt der Parameter `mitterLimit` folgende Werte: 1, 10 und 20.

Schritt für Schritt:
Interaktive Linie zeichnen

In diesem Workshop lernen Sie, wie Sie eine Verbindungslinie zwischen zwei verschiebbaren Objekten zeichnen können.

1 Flash-Film öffnen

Öffnen Sie den Flash-Film *Linien_01.fla* aus dem Verzeichnis *Linien_zeichnen*. Der Flash-Film enthält zwei Kreise, die in MovieClips umgewandelt wurden und denen die Instanznamen »circle0« und »circle1« zugewiesen wurden.

 *11_Zeichnungs_API\Linien_ zeichnen\Linien_01.fla*

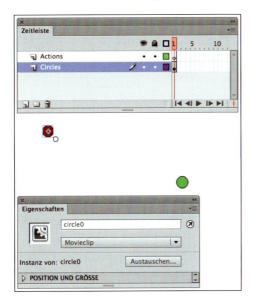

◄ **Abbildung 11.7**
Die Ausgangsbasis

2 MovieClips per Benutzerinteraktion verschiebbar machen

Klickt der Benutzer auf einen der MovieClips und hält die Maustaste gedrückt, sollen die MovieClips verschiebbar sein. Weisen Sie dazu dem ersten Schlüsselbild auf der Ebene »Actions« folgenden Code zu:

```
1:    circle0.buttonMode=true;
2:    circle1.buttonMode=true;
3:    circle0.addEventListener(MouseEvent.MOUSE_DOWN,
      initDrag);
4:    circle1.addEventListener(MouseEvent.MOUSE_DOWN,
      initDrag);
5:    circle0.addEventListener(MouseEvent.MOUSE_UP,
      endDrag);
```

```
 6:    circle1.addEventListener(MouseEvent.MOUSE_UP,
       endDrag);
 7:    function initDrag(e:MouseEvent):void {
 8:       e.target.startDrag();
 9:    }
10:    function endDrag(e:MouseEvent):void {
11:       e.target.stopDrag();
12:    }
```

Zunächst wird der Wert der Eigenschaft `buttonMode` der beiden MovieClips in Zeile 1 und 2 auf `true` gesetzt. Die Folge ist, dass ein Hand-Symbol angezeigt wird, wenn der Benutzer den Mauszeiger über die MovieClips bewegt. Anschließend werden in Zeile 3 bis 6 Ereignis-Listener an beiden MovieClips registriert. Bewegt der Benutzer den Mauszeiger über den MovieClip und hält die Maustaste gedrückt, wird das Ereignis `MouseEvent.MOUSE_DOWN` ausgelöst.

Daraufhin wird die Funktion `initDrag` aufgerufen, die den Drag-Vorgang des jeweiligen MovieClips über die Methode `startDrag` startet. Innerhalb der Ereignisprozedur können Sie den jeweiligen MovieClip über `e.target` referenzieren. Lässt der Benutzer die Maustaste wieder los, wird die Ereignisprozedur `endDrag` aufgerufen und der Drag-Vorgang über die Methode `stopDrag` beendet.

▲ **Abbildung 11.8**
Die MovieClips lassen sich per Drag & Drop verschieben.

3   Flash-Film testen

Testen Sie den Flash-Film über ⎡Strg⎤/⎡⌘⎤+⏎. Die MovieClips lassen sich wie beschrieben beliebig verschieben.

Zum Schluss wird mittels einer `ENTER_FRAME`-Ereignisprozedur eine Linie zwischen den MovieClips gezeichnet. Der Registrierungspunkt der MovieClips ist mittig, sodass die Position der MovieClips dem Mittelpunkt der Kreise entspricht. Ergänzen Sie den Code um folgende Zeilen:

```
1:    var drawStage:Sprite = new Sprite();
2:    addChildAt(drawStage,0);
3:    drawStage.addEventListener(Event.ENTER_FRAME,
      drawLine);
4:    function drawLine(e:Event):void {
5:       drawStage.graphics.clear();
6:       drawStage.graphics.lineStyle(1,0x000000,1);
7:       drawStage.graphics.moveTo(circle0.x,circle0.y);
8:       drawStage.graphics.lineTo(circle1.x,circle1.y);
9:    }
```

In Zeile 1 wird ein `Sprite`-Objekt initialisiert, das in Zeile 2 zur Anzeigeliste hinzugefügt wird. Damit die Linie unterhalb der MovieClips dargestellt werden kann, wird die Methode `addChildAt` verwendet, um das `Sprite`-Objekt auf die unterste Stufe zu platzieren. Die bereits vorhandenen MovieClips werden dann automatisch auf die beiden nächsten höheren Stufen verschoben. In Zeile 3 wird ein Ereignis-Listener registriert, der dafür sorgt, dass die Funktion `drawLine` mehrmals pro Sekunde (abhängig von der eingestellten Bildrate) aufgerufen wird. Die Funktion `drawLine` zeichnet eine Linie zwischen beiden Kreisen. Dazu wird ein fiktiver Zeichenstift zunächst auf die Koordinaten des ersten Movie-Clips `circle0` positioniert (Zeile 7) und dann die Linie zur Position des zweiten MovieClips `circle1` gezeichnet (Zeile 8).

▲ **Abbildung 11.9**
Eine Verbindungslinie wird automatisch zwischen den beiden MovieClips gezeichnet.

4   Flash-Film erneut testen

Testen Sie den Flash-Film über `Strg`/`⌘`+`↵`. Sie können beide MovieClips beliebig bewegen. Es wird automatisch eine Verbindungslinie zwischen beiden MovieClips gezeichnet.

Ergebnis der Übung:
11_Zeichnungs_API\Linien_zeichnen\Linien_02.fla

Bitmap-Linien zeichnen

In seltenen Fällen kommt es vor, dass man eine Linie mit einer Bitmap-Füllung versehen möchte. Über die Methode `lineBitmapStyle` können Sie auf Basis einer Bitmap eine gemusterte Linie zeichnen. Die Methode erwartet folgende Parameter:

```
lineBitmapStyle(bitmap:BitmapData, matrix:Matrix =
null, repeat:Boolean = true, smooth:Boolean = false)
```

11_Zeichnungs_API\lineBitmapStyle\beispiel.fla

Der Parameter `repeat` gibt dabei an, ob sich die Bitmap, wie bei einem Muster, wiederholen soll oder nicht. Bevor Sie die `lineBitmapStyle`-Methode verwenden können, müssen Sie zuvor über die Methode `lineStyle` einen Linienstil definieren. Das folgende Beispiel verwendet die Klasse `CustomBitmapClass`, um die Linie eines Kreises mit der verknüpften Bitmap zu füllen. Die Klasse wurde mit einer Bitmap in der Bibliothek verknüpft.

```
import flash.geom.Matrix;
import flash.display.BitmapData;
var bmp:BitmapData = new CustomBitmapClass();
var matrix:Matrix = new Matrix();
this.graphics.lineStyle(20,0x000000,1,true,"normal");
this.graphics.lineBitmapStyle(bmp,matrix,true);
this.graphics.drawCircle(100,100,80);
```

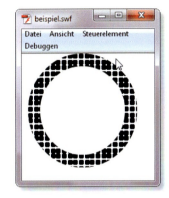

▲ **Abbildung 11.10**
Das Ergebnis des Beispiels

509

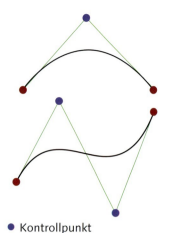

● Kontrollpunkt
● Ankerpunkt

▲ **Abbildung 11.11**
Eine quadratische (oben) und eine
kubische (unten) Bézierkurve.
Jede Kurve hat zwei Ankerpunkte,
durch die die Kurve verläuft. Die
Kontrollpunkte ermöglichen
zusätzlich das Formen der Kurve.

▲ **Abbildung 11.12**
Die erzeugten Bézierkurven
(oben die quadratische, unten
die kubische)

*11_Zeichnungs_API\Kurven_*
zeichnen\Kurven_01.fla

Kurven zeichnen

Mithilfe der Methode `curveTo` können Sie sogenannte quadratische Bézierkurven zeichnen. Die Methode erwartet vier Argumente:

▶ `controlX`, die x-Koordinate des Kontrollpunkts
▶ `controlY`, die y-Koordinate des Kontrollpunkts
▶ `anchorX`, die x-Koordinate des zweiten Ankerpunkts
▶ `anchorY`, die y-Koordinate des zweiten Ankerpunkts

Eine quadratische Bézierkurve lässt sich mit zwei Ankerpunkten und einem Kontrollpunkt definieren (siehe Abbildung 11.11), eine kubische braucht noch einen zusätzlichen Kontrollpunkt, bietet dafür jedoch mehr Freiheit, was das Zeichnen angeht. (Kubische Kurven können Sie erst ab Flash Player 11 zeichnen.) Die Position des ersten Ankerpunkts legen Sie fest, indem Sie den fiktiven Zeichenstift mit der Methode `moveTo` auf die gewünschten Koordinaten setzen. Dazu folgendes Beispiel:

```
var quadCurve:Shape = new Shape();
quadCurve.graphics.lineStyle(2,0x000000,1);
quadCurve.graphics.moveTo(0,0);
quadCurve.graphics.curveTo(50,50,100,0);
this.addChild(quadCurve);

var cubicCurve:Shape = new Shape();
cubicCurve.graphics.lineStyle(2,0x0000FF,1);
cubicCurve.graphics.moveTo(0,0);
cubicCurve.graphics.cubicCurveTo(25,50, 75,-50, 100,0);
this.addChild(cubicCurve);

quadCurve.x = 20; quadCurve.y = 30;
cubicCurve.x = 20; cubicCurve.y = 100;
```

Schritt für Schritt:
Interaktive Kurve zeichnen

In diesem Workshop wird erläutert, wie Sie eine Kurve in Abhängigkeit von der Mausposition zeichnen können.

1   Flash-Film öffnen
Öffnen Sie den Flash-Film *Kurven_01.fla* aus dem Verzeichnis *Kurven_zeichnen*.

2   **Sprite-Objekt erstellen und Ereignis-Listener registrieren**

Weisen Sie dem ersten Schlüsselbild auf der Ebene »Actions« zunächst folgenden Code zu:

```
var drawStage:Sprite = new Sprite();
addChild(drawStage);
stage.addEventListener(MouseEvent.MOUSE_MOVE,
drawCurve);
```

Es wird ein `Sprite`-Objekt erstellt und zur Anzeigeliste hinzugefügt. An der Bühne wird ein Ereignis-Listener registriert, der die Ereignisprozedur `drawCurve` immer dann aufruft, wenn die Maus bewegt wird.

3   **Kurve in Abhängigkeit der Mausposition zeichnen**

Ergänzen Sie den Code auf dem ersten Schlüsselbild nun um folgende Zeilen:

```
1:    function drawCurve(e:MouseEvent):void {
2:        drawStage.graphics.clear();
3:        drawStage.graphics.lineStyle(2,0x000000,1);
4:        drawStage.graphics.moveTo(
          0,stage.stageHeight/2);
5:        var controlX:Number = stage.mouseX;
6:        var controlY:Number = stage.mouseY;
7:        drawStage.graphics.
          curveTo(controlX,controlY,stage.
          stageWidth,stage.stageHeight/2);
8:        e.updateAfterEvent();
9:    }
```

Die Funktion `drawCurve` löscht bei jedem Aufruf zunächst alle bisher gezeichneten Elemente (Zeile 2). Anschließend wird die Stricheigenschaft definiert (Zeile 3), und der fiktive Zeichenstift wird horizontal links und vertikal in der Mitte positioniert (Zeile 4). In Zeile 5 und 6 wird anhand der Mauszeigerposition die x- und y-Koordinate für den Kontrollpunkt definiert und entsprechenden Variablen zugewiesen. Der zweite Kontrollpunkt wird auf den rechten Rand der Bühne, vertikal zentriert, gesetzt.

In Zeile 7 wird die Kurve dann gezeichnet. Anschließend wird über den Aufruf der Methode `updateAfterEvent` die Bildschirmanzeige sofort aktualisiert.

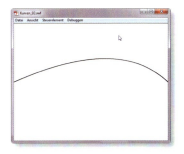

▲ **Abbildung 11.13**
Das Ergebnis im Flash Player

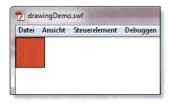

11_Zeichnungs_API\Kurven_zeichnen\Kurven_02.fla

4   Fertig! Film testen

Testen Sie den Flash-Film über ⎡Strg⎤/⎡⌘⎤+⎡↵⎤. Durch Bewegen der Maus können Sie die Position des Kontrollpunkts und somit die Form der Kurve interaktiv beeinflussen.

Füllungen erzeugen

Über die Methode `beginFill` können Sie eine Form mit einer einfarbigen Füllung versehen. Dazu müssen Sie, ähnlich wie bei `lineStyle`, zunächst entsprechende Eigenschaften definieren. Anschließend können Sie dann eine gefüllte Form zeichnen. Angenommen, Sie möchten eine Form mit einer roten Füllfarbe und einer Transparenz von 70% füllen. Zunächst werden dazu die entsprechenden Eigenschaften definiert:

```
var myShape:Shape = new Shape();
addChild(myShape);
myShape.graphics.beginFill(0xCC0000,0.7);
```

Anschließend können Sie beispielsweise mithilfe der Methoden `moveTo` und `lineTo` ein 50×50 Pixel großes Rechteck zeichnen:

```
myShape.graphics.lineStyle(1,0x000000,1);
myShape.graphics.moveTo(0,0);
myShape.graphics.lineTo(50,0);
myShape.graphics.lineTo(50,50);
myShape.graphics.lineTo(0,50);
myShape.graphics.lineTo(0,0);
```

Nachdem die Form abgeschlossen ist, müssen Sie die Methode `endFill` aufrufen, um die Füllung abzuschließen:

```
myShape.graphics.endFill();
```

Rechteck zeichnen

ActionScript 3 bietet Ihnen verschiedene Methoden, um häufig genutzte geometrische Formen zu zeichnen. Sie müssen also nicht jedes Rechteck über `moveTo` und `lineTo` selbst zeichnen. Um ein Rechteck zu zeichnen, können Sie alternativ auch die Methode `drawRect` verwenden, die vier Parameter besitzt: die x-Koordinate, an der das Rechteck beginnen soll, die y-Koordinate, an der das Rechteck beginnen soll, die Breite des Rechtecks und die Höhe des Rechtecks.

Nicht geschlossene Form

Wenn Sie über `lineTo` eine Form erstellen und diese nicht schließen, schließt Flash die Form automatisch für Sie, indem es den fiktiven Zeichenstift zur Ausgangsposition bewegt. Die Ausgangsposition entspricht den Koordinaten, die Sie über die Methode `moveTo` zu Beginn festgelegt haben.

▲ **Abbildung 11.14**
Das Ergebnis im Flash Player

Bevor Sie ein Rechteck zeichnen, legen Sie wie gewohnt die Eigenschaften für die Strichlinie und gegebenenfalls für die Füllung fest. Denken Sie daran, die Füllung über `endFill` abzuschließen. Der folgende Code zeichnet ein 100×100 Pixel großes Rechteck mit einer blauen Füllfarbe und einer hellblauen Strichfarbe:

```
var myShape:Shape = new Shape();
myShape.graphics.beginFill(0x000099,1);
myShape.graphics.lineStyle(1,0x0098FF,1);
myShape.graphics.drawRect(0,0,100,100);
myShape.graphics.endFill();
addChild(myShape);
```

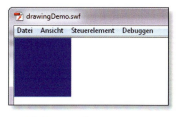

▲ **Abbildung 11.15**
Die erzeugte Rechteckform

Schritt für Schritt:
Interaktives Zeichnen von Rechtecken

In diesem Workshop lernen Sie, wie Sie mit der Maus Rechtecke zur Laufzeit zeichnen können.

1   Flash-Film öffnen

Öffnen Sie den Flash-Film *11_Zeichnungs_API\Rechteck_Zeichnen\Rechteck_01.fla*. Der Flash-Film enthält einen MovieClip »rect_mc«, der als Button dient und zwei Schlüsselbilder besitzt, die den Status des Buttons darstellen. Der Button kann aktiviert oder deaktiviert sein. Der jeweilige Status zeigt den Zustand an.

11_Zeichnungs_API
Rechteck_zeichnen\Rechteck_01.fla

Weiterhin gibt es zwei ColorPicker-Komponenten mit den Instanznamen »fill_mc« und »line_mc« und eine Button-Komponente mit dem Instanznamen »reset_mc« mit der Beschriftung »Zurücksetzen«, die per Mausklick alle gezeichneten Objekte zurücksetzt.

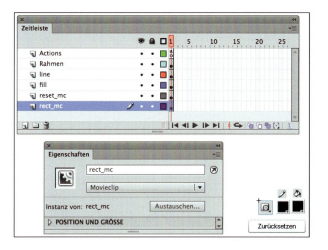

◄ **Abbildung 11.16**
Die Zeitleiste und der als Button agierende MovieClip mit dem Instanznamen »rect_mc«

2   **Zeichenmodus aktivieren bzw. deaktivieren**

Weisen Sie dem ersten Schlüsselbild auf der Ebene »Actions« dazu zunächst folgenden Code zu:

```
1:    var drawMode:Boolean=false;
2:    rect_mc.addEventListener(MouseEvent.CLICK,
      activateDrawMode);
3:    rect_mc.buttonMode=true;
4:    function activateDrawMode(e:MouseEvent):void {
5:        if (drawMode==false) {
6:            e.target.gotoAndStop(2);
7:            drawMode=true;
8:        } else {
9:            e.target.gotoAndStop(1);
10:           drawMode=false;
11:       }
12:   }
```

In Zeile 1 wird eine Variable `drawMode` vom Datentyp `Boolean` definiert, die angibt, ob der Zeichenmodus aktiviert ist (`true`) oder nicht (`false`). In Zeile 2 wird an dem MovieClip ein Ereignis-Listener registriert, der die Funktion `activateDrawMode` aufruft, sobald der Benutzer auf den MovieClip klickt. In Zeile 3 wird die Eigenschaft `buttonMode` des MovieClips auf `true` gesetzt, sodass der Mauszeiger in ein Hand-Symbol wechselt, wenn der Benutzer den Mauszeiger über den MovieClip bewegt.

Die Funktion `activateDrawMode` prüft, ob der Zeichenmodus aktiviert ist oder nicht und ändert den Wert der Variablen `draw-Mode` entsprechend. Zusätzlich springt der Lesekopf bei Aktivierung auf Bild 2 und bei Deaktivierung auf Bild 1.

3   **Sprite-Objekt erzeugen und Mausposition ermitteln**

Ergänzen Sie den Code im ersten Schlüsselbild um folgende Zeilen:

```
1:    stage.addEventListener(MouseEvent.MOUSE_DOWN,
      mouseDownHandler);
2:    stage.addEventListener(MouseEvent.MOUSE_UP,
      mouseUpHandler);
3:    var startX:Number;
4:    var startY:Number;
5:    var drawStage:Sprite;
6:    var drawStages:Array = new Array();
```

```
7:    function mouseDownHandler(e:MouseEvent):void {
8:       if (drawMode==true) {
9:          drawStage = new Sprite();
10:          addChild(drawStage);
11:          drawStages.push(drawStage);
12:          startX=stage.mouseX;
13:          startY=stage.mouseY;
14:          drawStage.addEventListener(Event.
             ENTER_FRAME,drawRect);
15:       }
16:    }
17:    function mouseUpHandler(e:MouseEvent):void {
18:       if (drawMode==true) {
19:          drawStage.removeEventListener(Event.
             ENTER_FRAME,drawRect);
20:       }
21:    }
```

In Zeile 1 und 2 werden an der Bühne zwei Ereignis-Listener registriert, die die Funktionen mouseDownHandler bzw. mouseUp-Handler aufrufen, wenn der Benutzer die Maustaste drückt oder wieder loslässt. Drückt der Benutzer die Maustaste und wurde der drawMode aktiviert, wird ein neues Sprite-Objekt drawStage initialisiert und zur Anzeigeliste hinzugefügt (Zeile 9 und 10). Eine Referenz des erzeugten Sprite-Objekts wird zu dem Array drawStages hinzugefügt (Zeile 11). Durch Iteration des Arrays können Objekte später wieder entfernt werden.

Als Nächstes werden die Mauskoordinaten ermittelt und den Variablen startX und startY zugewiesen. Anschließend wird die Funktion drawRect, die im folgenden Schritt definiert wird, mehrmals pro Sekunde, abhängig von der eingestellten Bildrate des Flash-Films, aufgerufen. Lässt der Benutzer die Maustaste wieder los, wird der zuvor registrierte Ereignis-Listener wieder entfernt (Zeile 19), wenn der Zeichnungsmodus aktiviert war.

4 **Rechteck zeichnen**

Ergänzen Sie den Code nun um folgende Zeilen:

```
1:    function drawRect(e:Event):void {
2:       e.target.graphics.clear();
3:       e.target.graphics.beginFill(fillColor);
4:       e.target.graphics.lineStyle(1,lineColor,1);
5:       var myWidth:Number=stage.mouseX-startX;
6:       var myHeight:Number=stage.mouseY-startY;
```

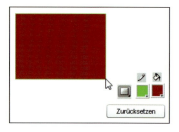

▲ Abbildung 11.17
In der Anwendung wird ein
Rechteck gezeichnet.

```
7:        e.target.graphics.drawRect(startX,startY,
          myWidth,myHeight);
8:        e.target.graphics.endFill();
9:    }
```

Die Funktion drawRect zeichnet das Rechteck ausgehend von der Position, an der die Maus war, als der Benutzer die Maustaste gedrückt hat (startX, startY). Zur Bestimmung der Breite und Höhe werden die Werte der Variablen startX und startY von den aktuellen Koordinaten der Mausposition abgezogen (Zeile 5 und 6). Beachten Sie, dass die Zeichenfläche über die Methode clear (Zeile 1) bei jedem Aufruf der Funktion gelöscht wird. Anderenfalls würden mehrere Rechtecke auf die Zeichenfläche gezeichnet werden, und zwar so lange, bis der Benutzer die Maustaste wieder loslässt.

5   Erzeugte Sprite-Objekte von der Bühne entfernen
Ergänzen Sie den Code um folgende Zeilen:

```
reset_mc.addEventListener(MouseEvent.CLICK,resetStage);
function resetStage(e:MouseEvent):void {
    for(var i:uint = 0;i<drawStages.length;i++) {
        removeChild(drawStages[i]);
    }
    drawStages = new Array();
}
```

Klickt der Benutzer auf die BUTTON-Komponente, wird die Ereignisprozedur resetStage aufgerufen. Mithilfe einer for-Schleife werden alle Sprite-Objekte über die Methode removeChild aus der Anzeigeliste gelöscht, und die Referenzierung wird entfernt. Das Array drawStages wird anschließend neu initialisiert, um alle Felder des Arrays zurückzusetzen.

6   Strich- und Füllfarbe definieren
Fügen Sie folgenden Code am Ende des Listings ein:

```
1:    var lineColor:Number = 0x000000;
2:    var fillColor:Number = 0xCC0000;
3:    fill_mc.selectedColor = fillColor;
4:    line_mc.selectedColor = lineColor;
5:    import fl.events.ColorPickerEvent;
6:    line_mc.addEventListener(ColorPickerEvent.
      CHANGE,changeLineColor);
```

```
 7:   function changeLineColor(e:ColorPickerEvent):
       void {
 8:      lineColor = e.color;
 9:   }
10:   fill_mc.addEventListener(ColorPickerEvent.
       CHANGE,changeFillColor);
11:   function changeFillColor(e:ColorPickerEvent):
       void {
12:      fillColor = e.color;
13:   }
```

In Zeile 1 und 2 werden Standardfarben für die Strich- und Füll-farbe entsprechenden Variablen zugewiesen. Die Anfangswerte der Eigenschaft selectedColor beider COLORPICKER-Komponen-ten werden in Zeile 3 und 4 auf die definierten Werte gesetzt. Wenn der Benutzer eine Farbe über eine der COLORPICKER-Kom-ponenten auswählt, wird das Ereignis ColorPickerEvent.CHANGE ausgelöst. Um das Ereignis nutzen zu können, müssen Sie das Paket zunächst importieren (Zeile 5). Anschließend werden für beide COLORPICKER-Komponenten entsprechende Ereignis-Liste-ner registriert. Ändert der Benutzer Strich- oder Füllfarbe, werden den entsprechenden Variablen lineColor und fillColor die Werte der jeweilige Komponente zugewiesen (Zeile 8 und 12).

7   Fertig! Flash-Film testen

Testen Sie den Flash-Film über ⌷Strg⌷/⌘+⌷↵⌷.

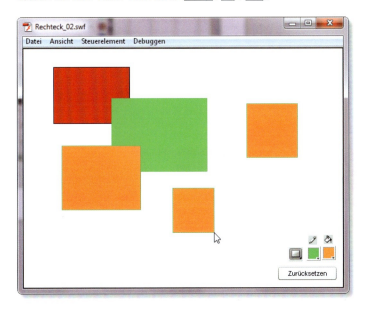

Ergebnis der Übung:
11_Zeichnungs_API\Rechteck_zeichnen\Rechteck_02.fla

◀ **Abbildung 11.18**
Der fertige Flash-Film

Rechteck mit abgerundeten Ecken zeichnen

Wenn Sie ein Rechteck mit gerundeten Ecken zeichnen möchten, können Sie das über die Methode `drawRoundRect` erreichen. Die Methode erwartet mindestens fünf, optional sechs Argumente:

▶ x-Koordinate, an der das Rechteck beginnen soll

▶ y-Koordinate, an der das Rechteck beginnen soll

▶ Breite des Rechtecks

▶ Höhe des Rechtecks

▶ Breite der Ellipse, die zum Zeichnen der Eckrundung verwendet wird

▶ Optional: Höhe der Ellipse, die zum Zeichnen der Eckrundungen verwendet wird. Wird kein Wert angegeben, wird der Wert der Breite der Ellipse übernommen.

Dazu folgendes Codebeispiel:

```
var myShape:Shape = new Shape();
myShape.graphics.lineStyle(2,0x000000,1,true);
myShape.graphics.beginFill(0x990000,1);
myShape.graphics.drawRoundRect(5,5,100,100,20);
myShape.graphics.endFill();
this.addChild(myShape);
```

▲ **Abbildung 11.19**
Das erzeugte Rechteck mit Eckrundungen

Sowohl die Breite als auch die Höhe der Ellipse zur Zeichnung der Eckrundung wurde hier auf 20 Pixel festgelegt.

Kreis zeichnen

Auf ähnliche Weise können Sie über die Methode `drawCircle` einen Kreis zeichnen. Die Methode erwartet drei Argumente:

▶ x-Koordinate, an der der Kreis (Mittelpunkt) beginnen soll

▶ y-Koordinate, an der der Kreis (Mittelpunkt) beginnen soll

▶ Radius des Kreises

Durch folgenden Code würde ein Kreis mit einem Radius von 50 Pixeln, einer schwarzen Strichfarbe und einer grünen Füllfarbe erzeugt. Beachten Sie, dass sich die x- (`100`) und y-Koordinaten (`100`) auf den Mittelpunkt des Kreises beziehen:

```
var myShape:Shape = new Shape();
myShape.graphics.lineStyle(2,0x000000,1);
myShape.graphics.beginFill(0x00CC00,1);
myShape.graphics.drawCircle(100,100,50);
```

```
myShape.graphics.endFill();
this.addChild(myShape);
```

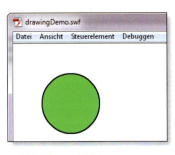

▲ Abbildung 11.20
Die erzeugte Kreisform

Ellipse zeichnen

Mithilfe der Methode `drawEllipse` können Sie sehr einfach auch Ellipsen zeichnen. Die Methode erwartet vier Argumente:

▶ x-Koordinate des rechteckigen Begrenzungsrahmens der Ellipse (linke obere Ecke des Begrenzungsrahmens)
▶ y-Koordinate des rechteckigen Begrenzungsrahmens der Ellipse (linke obere Ecke des Begrenzungsrahmens)
▶ Breite der Ellipse
▶ Höhe der Ellipse

Durch folgenden Code zeichnen Sie beispielsweise eine 150 × 100 Pixel große Ellipse, deren rechteckiger Begrenzungsrahmen auf der x- und y-Koordinate 10 positioniert wird:

```
var myShape:Shape = new Shape();
myShape.graphics.lineStyle(2,0x000000,1);
myShape.graphics.beginFill(0x00CC00,1);
myShape.graphics.drawEllipse(10,10,150,100);
myShape.graphics.endFill();
this.addChild(myShape);
```

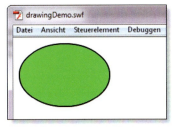

▲ Abbildung 11.21
Die erzeugte Ellipsenform

Farbverlaufslinien und -füllungen erzeugen

Die Erzeugung einer Farbverlaufslinie oder -füllung ist vergleichsweise etwas komplizierter. Über die Methode `lineGradientStyle` legen Sie Eigenschaften für eine Farbverlaufslinie fest. Über die Methode `beginGradientFill` bestimmen Sie Eigenschaften für einen Farbverlauf. Beide Methoden erwarten mindestens folgende Argumente:

▶ **Fülltyp**: Legt fest, ob ein linearer Farbverlauf (`GradientType.LINEAR`) oder ein radialer (kreisförmiger) Farbverlauf (`GradientType.RADIAL`) verwendet wird.
▶ **Farben**: Ein Array mit hexadezimalen RGB-Farbwerten, die im Farbverlauf verwendet werden, wie z. B. `0x000000` (Schwarz) und `0xFFFFFF` (Weiß)
▶ **Alphas**: Ein Array mit Alphawerten für die unter FARBEN angegebenen Farbwerte
▶ **Ratios**: Ein Array mit Farbverteilungsverhältnissen der angegebenen Farbe. Der Wertebereich liegt zwischen 0 und 255. Der

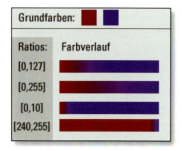

▲ Abbildung 11.22
Lineare Farbverläufe und entsprechende Ratios

Wert 0 entspricht der linken Seite des Farbfeldes. Der Wert 255 entspricht der rechten Seite des Farbfeldes (siehe Abbildung 11.22).

▶ **Matrix**: Eine Transformationsmatrix, die sich vereinfacht über die Methode `createGradientBox` der `Matrix`-Klasse erzeugen lässt. Über die Matrix bestimmen Sie u. a. die Ausrichtung (den Winkel) des Farbverlaufs.

Matrix für Farbverläufe

Um eine Matrix für Farbverläufe zu erzeugen, müssen Sie über die Methode `createGradientBox` einen Matrixstil erstellen, der sich für Farbverläufe eignet. Die Methode erwartet mindestens folgende Argumente:

▶ Breite des Farbverlaufsfeldes

▶ Höhe des Farbverlaufsfeldes

▶ Rotation des Farbverlaufs, optional (im Bogenmaß [Radiant], Standard ist 0)

Führen Sie folgende Schritte durch, um einen Matrixstil für einen Farbverlauf zu erstellen:

1. Initialisieren Sie ein Objekt der `Matrix`-Klasse:

```
var myMatrix:Matrix = new Matrix();
```

2. Erzeugen Sie einen Matrixstil über die Methode `createGradient-Box`. Im Folgenden wird ein Matrixstil für einen 200×100 Pixel großen Farbverlauf erzeugt. Dabei wird der Farbverlauf um 90 Grad gedreht:

```
var radiant:Number = 90*(Math.PI/180);
myMatrix.createGradientBox(200,100,radiant);
```

Angenommen, Sie möchten ein 200×100 Pixel großes Rechteck mit einem linearen Farbverlauf füllen. Der Verlauf soll sich aus einem Rotton (0x990000) und einem Blauton (0x3300CC) zusammensetzen. Das Farbverteilungsverhältnis wird so eingestellt, dass beide Farben den gleichen Anteil besitzen (0,255). Über die Matrix soll der Farbverlauf um 90 Grad gedreht werden, sodass er von oben (Rot) nach unten (Blau) verläuft. Folgender Code würde ein Rechteck erzeugen und es mit dem genannten Farbverlauf füllen:

```
var typ:String = GradientType.LINEAR;
var colors:Array = new Array(0x990000, 0x3300CC);
var alphas:Array = new Array(1, 1);
var ratios:Array = new Array(0, 255);
var myMatrix:Matrix = new Matrix();
var radiant:Number = 90*(Math.PI/180);
myMatrix.createGradientBox(200,100,radiant);
var myShape:Shape = new Shape();
```

```
myShape.graphics.beginGradientFill(typ,colors,alphas,
ratios,myMatrix);
myShape.graphics.drawRect(0,0,200,100);
myShape.graphics.endFill();
this.addChild(myShape);
```

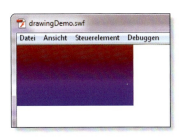

▲ **Abbildung 11.23**
Die erzeugte Farbverlaufsfüllung

Auf ähnliche Weise können Sie auch eine Strichlinie einer Form mit einem Farbverlauf versehen. Dazu folgendes Beispiel:

```
var typ:String = GradientType.LINEAR;
var colors:Array = new Array(0xCC0000, 0xFFFF00);
var alphas:Array = new Array(1, 1);
var ratios:Array = new Array(0, 255);
var myMatrix:Matrix = new Matrix();
var radiant:Number = 90*(Math.PI/180);
myMatrix.createGradientBox(100,100,radiant);
var myShape:Shape = new Shape();
myShape.graphics.beginFill(0x0000FF);
myShape.graphics.lineStyle(1);
myShape.graphics.lineGradientStyle(typ,colors,alphas,
ratios,myMatrix);
myShape.graphics.drawRect(5,5,100,100);
myShape.graphics.endFill();
this.addChild(myShape);
```

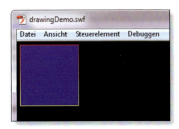

▲ **Abbildung 11.24**
Das erzeugte Rechteck mit einem Farbverlauf in der Strichlinie

Hier wird ein 100×100 Pixel großes Rechteck gezeichnet, dessen Strichlinie einen Farbverlauf von Rot zu Gelb besitzt.

Kapitel 12

Komponenten

Komponenten bieten Ihnen die Möglichkeit, Benutzeroberflächen in Flash zu erstellen, die einem einheitlichen Gestaltungs- und Verhaltensmuster folgen. Anwendungen mit komplexen und stark angepassten Benutzeroberflächen sind allerdings nicht einfach mit Flash umzusetzen, Adobe Flex hingegen ist darauf optimiert (siehe Kapitel 23, »Ein Blick über den Tellerrand«).

12.1 Einführung

Viele der in Flash verfügbaren Komponenten sind standardisierte Interface-Elemente, die sich sehr einfach in eigene Projekte integrieren lassen.

Komponenten bieten Ihnen die Möglichkeit, häufig genutzte Steuerelemente für die Benutzeroberfläche einer Webseite oder Webanwendung, wie z.B. einen Button oder ein Optionsfeld, einzurichten. Dabei müssen Sie die grundlegende Logik des jeweiligen Steuerelements nicht selbst programmieren.

Merkmale von Komponenten | Grundsätzlich benötigen Komponenten, die auf ActionScript 3 basieren, im Vergleich zu Vorgängerversionen weniger Speicher. Da viele Komponenten die gleichen Elemente verwenden, steigt die Dateigröße *nicht proportional* zur Anzahl der verwendeten unterschiedlichen Komponenten an.

Ein Beispiel: Wenn Sie eine Button-Komponente verwenden, die ca. 16 Kilobyte benötigt, und eine Checkbox-Komponente, die ebenfalls ca. 16 Kilobyte benötigt, beträgt die Dateigröße des Flash-Films mit beiden Komponenten nicht zwangsläufig 32 Kilobyte. Die Dateigröße liegt dann, soweit keine anderen Elemente verwendet werden, bei ca. 20 Kilobyte. Die Action-Script 3-Komponentenarchitektur ist so angelegt, dass verschiedene Komponenten Teile der Architektur gemeinsam nutzen.

Adobe Exchange

Im Adobe Exchange-Forum (*www.adobe.com/cfusion/exchange*) im Bereich Flash finden Sie u. a. weitere freie und kommerzielle Komponenten von Third-Party-Entwicklern.

MinimalComps von Keith Peters

MinimalComps (*www.minimalcomps.com*) ist ein kostenfreies Set von leicht bedienbaren Komponenten, die sich für Projekte auf ActionScript 3-Basis eignen. Die Komponenten sind sehr klein und auf einen minimalen Funktionsumfang reduziert.

Skinning | Das Erscheinungsbild von Komponenten anzupassen, die auf ActionScript 3 basieren, ist sehr einfach. Mithilfe des sogenannten Skinnings, auf das wir später noch eingehen, lässt sich z. B. die Farbe oder die Form eines grafischen Elements einer Komponente ändern.

Komponenten von Drittanbietern

Neben den von Adobe entwickelten Komponenten bieten einige kommerzielle Anbieter weitere Komponenten für Flash und seine Vorgängerversionen an. Hier eine kleine Auswahl von professionellen Anbietern:

▸ Flashloaded (*www.flashloaded.com*): Flashloaded bietet neben Templates, Video-Loops, Flash-Filmen, Sound und Pixelfonts auch viele hochwertige Komponenten zu fairen Preisen an.

▸ JumpEye Components (*www.jumpeyecomponents. com*): Neben einigen UI-Komponenten bietet der Anbieter Menüs und Animationseffekte an. Der Anbieter stellt Komponenten sowohl für ActionScript 2 als auch für ActionScript 3 zur Verfügung.

▸ Ultrashock (*www.ultrashock.com*): Ultrashock ist eine Plattform, auf der sowohl selbst entwickelte Ressourcen als auch Entwicklungen von Drittanbietern bereitgestellt werden. Sie finden hier eine umfassende professionelle Auswahl von FLASH-Komponenten, Vektorgrafiken/-animationen, Bitmap-Grafiken und Sounds.

▸ Flash Components (*www.flashcomponents.net*): Ähnlich wie Ultrashock, findet sich auf dieser Seite ein Portal mit einer großen Auswahl von Komponenten, Widgets und Ressourcen.

▸ Activeden (*http://activeden.net*): Dies ist zurzeit wohl eines der größten Portale mit einer sehr großen Auswahl von Komponenten, Widgets, Templates und Ressourcen.

12.2 Anwendung

Grundsätzlich gibt es zwei verschiedene Möglichkeiten, Komponenten in einem Flash-Film zu nutzen. Sie können eine Komponenteninstanz entweder in der Entwicklungsumgebung auf die Bühne ziehen oder zur Laufzeit über ActionScript erzeugen. Zunächst wird die Erstellung und Einrichtung in der Entwicklungsumgebung erläutert.

Komponenten in der Entwicklungsumgebung

Um eine Komponente über die Entwicklungsumgebung einzurichten, müssen Sie die Komponente zunächst auf die Bühne ziehen. Öffnen Sie dazu das KOMPONENTEN-Fenster über das Menü FENSTER • KOMPONENTEN oder über das Tastenkürzel $\boxed{\text{Strg}}$/$\boxed{\text{⌘}}$+$\boxed{\text{F7}}$.

Nachdem Sie das Fenster geöffnet haben, wählen Sie eine Komponente, z. B. die BUTTON-Komponente, aus und ziehen diese per Drag & Drop auf die Bühne.

Nachdem Sie die Komponente eingefügt und ausgewählt haben, können Sie die Komponente im EIGENSCHAFTEN-Fenster im Reiter KOMPONENTENPARAMETER konfigurieren.

Live-Vorschau

Die sogenannte Live-Vorschau ist bei der Nutzung von Komponenten, die auf ActionScript 3 basieren, standardmäßig aktiviert. Die aktivierte Option sorgt dafür, dass Sie Änderungen an Einstellungen einer Komponente direkt in der Entwicklungsumgebung sehen. Für ältere Komponenten können Sie diese Option im Menü unter STEUERUNG • LIVE-VORSCHAU AKTIVIEREN aktivieren bzw. deaktivieren.

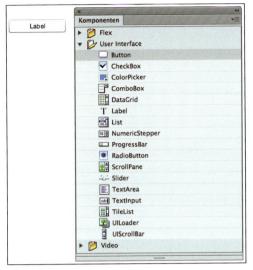

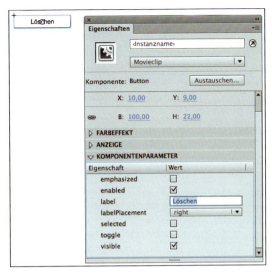

▲ **Abbildung 12.1**
Eine BUTTON-Komponente wurde auf der Bühne platziert.

▲ **Abbildung 12.2**
Der BUTTON-Komponente wurde ein neues Label zugewiesen.

Instanznamen zuweisen | In den meisten Fällen wie z. B. bei der BUTTON-Komponente werden Funktionen der Komponente über ActionScript angesteuert. Um eine Komponente, die auf der Bühne des Flash-Films platziert wurde, einfach per ActionScript ansteuern zu können, sollten Sie ihr im EIGENSCHAFTEN-Fenster einen Instanznamen zuweisen.

◄ **Abbildung 12.3**
Der BUTTON-Komponente wurde der Instanzname »deleteBtn« zugewiesen.

Komponenten mit ActionScript erzeugen

In einer dynamischen Anwendung ist es häufig erforderlich, Komponenten zur Laufzeit über ActionScript zu erstellen und gegebenenfalls wieder zu entfernen. Damit Sie per ActionScript in der Flash-Entwicklungsumgebung eine Komponente erzeugen können, müssen Sie die Komponente zunächst aus dem Komponenten-Fenster in die Bibliothek des Flash-Films ziehen.

Abbildung 12.4 ▸
Die Button-Komponente wurde in die Bibliothek des Flash-Films eingefügt.

Anschließend können Sie eine Instanz der Komponente per Action-Script erzeugen. Dazu müssen Sie zunächst die entsprechende Klasse oder das gesamte Paket über import importieren. Danach können Sie ein Objekt der entsprechenden Komponenten-Klasse wie folgt initialisieren (der folgende Code könnte beispielsweise dem ersten Schlüsselbild eines Flash-Films zugewiesen werden):

```
import fl.controls.*;
var myButton:Button = new Button();
addChild(myButton);
```

Über die Methode removeChild können Sie eine Komponenten-instanz, die sich auf der Bühne befindet, wie folgt entfernen:

```
removeChild(myButton);
```

Sollten Sie das Objekt nicht mehr benötigen, können Sie das Objekt myButton anschließend auf den Wert null setzen, um das automatische Entfernen des Objekts aus dem Speicher zu erlauben. Sollten Sie am Objekt Ereignis-Listener registriert haben, sollten Sie diese Ereignis-Listener unbedingt vorher unregistrieren. Anderenfalls kann das Objekt unter Umständen nicht aus dem Speicher entfernt werden.

```
myButton = null;
```

Komponenten über ActionScript ansteuern

Wenn Sie eine KOMPONENTENinstanz auf der Bühne platziert haben, können Sie diese per ActionScript über ihren Instanznamen ansprechen. Sollten Sie eine Komponente per ActionScript erzeugt haben, können Sie die KOMPONENTENinstanz über ihren Objektbezeichner ansprechen.

Beispiel: Eine BUTTON-Komponente, der Sie den Instanznamen `myButton` zugewiesen haben oder die per ActionScript erzeugt wurde und den Objektbezeichner `myButton` besitzt, können Sie wie folgt per ActionScript positionieren:

```
myButton.x = 200;
myButton.y = 10;
```

Der Instanzname und der Objektbezeichner sind zwar nicht das Gleiche, die Ansteuerung, sei es über einen Instanznamen oder über einen Objektbezeichner, ist jedoch gleich. In den folgenden Erläuterungen wird zur Vereinfachung der Ausdruck *Instanzname* sowohl für Instanzname als auch für den Objektbezeichner verwendet.

▲ **Abbildung 12.5**
Die Größe der Checkbox wurde angepasst.

Das Verhalten und das äußere Erscheinungsbild einer Komponente lassen sich grundsätzlich über drei verschiedene Gruppen steuern:

▶ **Eigenschaften**: Über Eigenschaften können Sie das Verhalten und einige Teile des Erscheinungsbildes einer KOMPONENTENinstanz steuern. Eigenschaften finden Sie im EIGENSCHAFTEN-Fenster im Reiter KOMPONENTENPARAMETER.

▶ **Methoden**: Über Methoden können Sie z. B. Inhalte, die in Komponenten dargestellt werden, zur Laufzeit hinzufügen oder entfernen. Zu den Methoden gehören auch die Methoden `addEventListener` und `removeEventListener` zur Registrierung bzw. Entfernung von sogenannten Ereignis-Listenern, die im Zusammenhang mit der nächsten Gruppe, den Ereignissen, verwendet werden.

Größe der Komponente

Die Größe einer Komponente kann wahlweise in der Entwicklungsumgebung mithilfe des Frei-transformieren-Werkzeugs, des TRANSFORMIEREN-Fensters oder über das EIGENSCHAFTEN-Fenster eingestellt werden. Das ist insbesondere dann wichtig, wenn der Text (Label) innerhalb der Komponente sehr lang wird. Per ActionScript haben Sie hierzu zwei Möglichkeiten: die Methode `setSize` und die `textField.autoSize`-Eigenschaft.

Weisen Sie zunächst einer Komponente, z. B. CHECKBOX oder BUTTON, ein besonders langes Label zu, und nennen Sie sie `myBox`.

Die Methode `setSize` nimmt als Argumente die Breite und die Höhe:

```
myBox.setSize(350,30);
```

Alternativ benutzen Sie:

```
myBox.textField.autoSize =
TextFieldAutoSize.LEFT;
```

Das bewirkt, dass sich das Textfeld innerhalb der Komponente mit der Größe des Inhalts vergrößert. Wichtig ist, dass nur das Textfeld größer wird. Für Buttons ist diese Methode daher nicht geeignet, wohl aber für Checkboxen und RadioButtons.

▶ **Ereignisse**: Über Ereignisse können Sie mithilfe von Ereignis-Listenern und Ereignisprozeduren auf bestimmte Ereignisse wie z. B. einen Mausklick reagieren.

Eigenschaften

Komponenten-Eigenschaften
Eigenschaften beziehen sich immer nur auf ein konkretes Objekt oder auf eine einzige Komponenteninstanz. Wenn Sie mehrere Komponenteninstanzen erzeugt haben, müssen Sie die Eigenschaften für jede einzelne Komponente festlegen.

Eigenschaften lassen sich wie gewohnt über die Punktsyntax referenzieren und zuweisen. Angenommen, Sie möchten überprüfen, ob eine CHECKBOX-Komponente, der Sie den Instanznamen myBox zugewiesen haben, aktiviert oder deaktiviert ist, ließe sich dies über die Eigenschaft selected wie folgt prüfen:

```
if(myBox.selected) {
    trace("Checkbox ist angewählt.");
} else {
    trace("Checkbox ist nicht angewählt.");
}
```

Komponente und Komponenteninstanz
In den Erläuterungen findet sich hier häufig der Begriff *Komponente*. Streng genommen sind in der Regel damit Instanzen einer Komponente gemeint.

Analog dazu können Sie den Wert einer Eigenschaft einer Komponente ändern. Im folgenden Beispiel wird die Beschriftung einer CHECKBOX-Komponente mit dem Instanznamen myBox geändert:

```
myBox.label = "Option 1";
```

Methoden

Methoden können u. a. dazu verwendet werden, Inhalte einer Komponente zu definieren. Die LIST-Komponente bietet die Möglichkeit, eine auswählbare, scrollbare Liste zu erstellen. Jeder Eintrag der LIST-Komponente setzt sich aus zwei Werten zusammen: einem Bezeichner, der in der LIST-Komponente dargestellt wird, und einem Feldwert, der von einem beliebigen Datentyp sein kann. Dieses Feld kann z. B. dazu genutzt werden, eine Variable, einen MovieClip o. Ä. mit einem Eintrag zu verknüpfen.

Angenommen, Sie möchten einer LIST-Komponente, die den Instanznamen myList besitzt, zehn Einträge zur Laufzeit zuweisen, können Sie dazu die Methode addItem wie folgt nutzen:

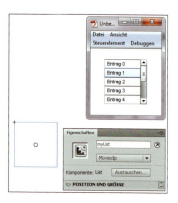

▲ **Abbildung 12.6**
Oben: der veröffentlichte Flash-Film; unten: die LIST-Komponente auf der Bühne in der Entwicklungsumgebung

```
for (var i:uint = 0; i<10; i++) {
    var myLabel:String="Eintrag "+i;
    var myData:MovieClip=this["mc"+i];
    myList.addItem({label:myLabel,data:myData});
}
```

Ereignisse

Die Anwendungslogik von Komponenten lässt sich durch Registrierung von Ereignis-Listenern an der jeweiligen Komponente definieren. Angenommen, Sie möchten auf die Auswahl eines Eintrags einer LIST-Komponente reagieren. Zunächst müssen Sie dazu an der Komponenteninstanz über die Methode `addEvent-Listener` einen Ereignis-Listener registrieren:

```
myList.addEventListener(Event.CHANGE,changeHandler);
```

Der Ereignis-Listener gibt an, dass beim Auftreten des Ereignisses `Event.CHANGE` die Ereignisprozedur `changeHandler` aufgerufen werden soll. Definieren Sie jetzt eine entsprechende Ereignisprozedur, um auf das Auftreten des Ereignisses zu reagieren:

```
function changeHandler(e:Event):void {
    trace(e.currentTarget.selectedIndex);
}
```

In diesem Beispiel wird der Index des ausgewählten Elements ausgegeben. Dabei wird über `e.currentTarget` das Objekt referenziert, an dem der Ereignis-Listener registriert wurde (`e.currentTarget` entspricht `myList`). Der Wert der Eigenschaft `selectedIndex` ist der Index des ausgewählten Elements. Wurde das erste Element der LIST-Komponente ausgewählt, ist der Index gleich 0.

Über die Methode `removeEventListener` können Sie einen Ereignis-Listener jederzeit entfernen, was dazu führt, dass nicht mehr auf das entsprechende Ereignis reagiert wird.

```
myList.removeEventListener(
Event.CHANGE,changeHandler);
```

Event.CHANGE

Das Ereignis `Event.CHANGE` tritt auf, wenn sich die Auswahl bzw. der Wert der Komponente ändert. Im Fall einer LIST-Komponente wird das Ereignis dann ausgelöst, wenn eine Auswahl getroffen wird.

[!] Datentyp beachten

Der Datentyp des Wertes, der als Parameter in der Ereignisprozedur angegeben wird (`e:Event`), muss mit dem Datentyp des Ereignisses, das im Ereignis-Listener angegeben wurde (`Event`), übereinstimmen.

Schritt für Schritt:
Gallery mit Slideshow-Funktion mithilfe von Komponenten

In diesem Workshop lernen Sie, wie Sie Komponenten praktisch einsetzen können. Als Beispiel soll eine Gallery mit Slideshow-Funktion entwickelt werden.

1 Flash-Film öffnen

Öffnen Sie den Flash-Film *12_Komponenten\Gallery\Gallery_01.fla*. Der Flash-Film besitzt keinerlei Elemente – allein die Größe des Flash-Films wurde bisher angepasst.

12_Komponenten\Gallery\Gallery_01.fla

2 Komponenten auf der Bühne platzieren und Instanznamen zuweisen

Öffnen Sie das KOMPONENTEN-Fenster, und ziehen Sie eine UILOADER-Komponente, eine TILELIST-Komponente, eine PROGRESSBAR-Komponente, eine LABEL-Komponente und zwei RADIOBUTTON-Komponenten auf die Bühne. Weisen Sie den Komponenten, bis auf die LABEL-Komponente, nacheinander folgende Instanznamen im EIGENSCHAFTEN-Fenster zu: `myUILoader`, `myTileList`, `myProgressBar`, `chk_on` und `chk_off`.

Abbildung 12.7 ▶
Einem der RadioButtons wurde der Instanzname `chk_on` zugewiesen.

Wählen Sie zunächst die UILOADER-Komponente aus, stellen Sie die Größe im INFO-Fenster auf 480×318 Pixel, und positionieren Sie die Komponente links am oberen Rand der Bühne. Wählen Sie die TILELIST-Komponente aus, stellen Sie die Größe der Komponente auf 480×180 Pixel, und positionieren Sie die Komponente unterhalb der UILOADER-Komponente.

Ändern Sie anschließend die Größe der PROGRESSBAR-Komponente auf 480×20 Pixel, positionieren Sie die Komponente unterhalb der TILELIST-Komponente, und stellen Sie den Wert `visible` im EIGENSCHAFTEN-Fenster im Reiter KOMPONENTENPARAMETER auf `false`. Wählen Sie die LABEL-Komponente aus, und stellen Sie den Wert der Eigenschaft `text` auf SLIDESHOW-MODE.

Selektieren Sie den RadioButton `chk_on`, und weisen Sie der Eigenschaft `label` der Komponente den Wert ON zu. Analog dazu wird der RadioButton `chk_off` ausgewählt und der Eigenschaft `label` der Wert OFF zugewiesen. Zusätzlich wird das Optionsfeld `selected` der RADIOBUTTON-Komponente `chk_off` aktiviert. Beiden Komponenteninstanzen wird derselbe Gruppennamen (`groupName`) `myGroup` zugewiesen. Dadurch sind die beiden RadioButtons aneinander gebunden. Die Aktivierung eines RadioButtons führt zur Deaktivierung des anderen RadioButtons. Positionieren Sie die Komponenten der folgenden Abbildung entsprechend.

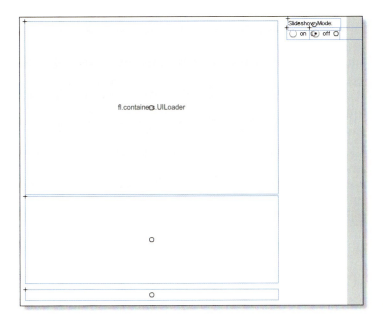

◀ **Abbildung 12.8**
Anordnung der Komponenten

3   **Gallery-Initialisierung**

Wählen Sie das erste Schlüsselbild der Ebene »Actions« aus, öffnen Sie das AKTIONEN-Fenster, und weisen Sie dem Schlüsselbild zunächst folgenden Code zu:

```
1:    import fl.controls.*;
2:    import fl.events.*;
3:    import flash.utils.*;
4:    var numImages:uint = 9;
5:    var imageCounter:uint = 0;
6:    var thumbArray:Array = new Array();
7:    var slideshowMode:Boolean = false;
8:    var myTimer:Timer = new Timer(0,0);
9:    function init():void {
10:      loadThumbs(0);
11:      chk_on.addEventListener(MouseEvent.
         MOUSE_DOWN,switchSlideshowMode);
12:      chk_off.addEventListener(MouseEvent.
         MOUSE_DOWN,switchSlideshowMode);
13:    }
14:    init();
15:    stop();
```

In Zeile 1 bis 3 werden benötigte Klassen-Pakete importiert. Anschließend werden in Zeile 4 bis 8 einige Variablen initialisiert, auf die in mehreren Funktionen zugegriffen werden soll. Aus diesem Grund werden sie außerhalb einer Funktion definiert. Die Beispiel-Gallery umfasst neun Bilder. Wenn Sie eigene Bilder verwenden möchten, können Sie den Wert der Variablen numImages (Zeile 4) einfach entsprechend anpassen. Die Funktion init wird zu Beginn aufgerufen. Die Funktion ruft wiederum die Funktion loadThumbs, die im Folgenden definiert wird, auf und übergibt 0 als Argument an die Funktion (Zeile 10). Anschließend werden zwei Ereignis-Listener an den RadioButtons registriert, die dafür sorgen, dass die Funktion switchSlideshowMode aufgerufen wird, wenn auf einen der RadioButtons geklickt wird.

4   **Vorschaubilder laden**

Ergänzen Sie den Code nach der Funktion init um folgende Zeilen:

```
1:    function loadThumbs(myIndex:uint):void {
2:        var myLoader:Loader = new Loader();
3:        var myRequest = new URLRequest("thumbs/image"
          + myIndex + ".jpg");
4:        myLoader.contentLoaderInfo.addEventListener
          (Event.INIT,thumbLoaded);
5:        myLoader.load(myRequest);
6:    }
7:    function thumbLoaded(e:Event):void {
8:        thumbArray.push(e.target.content);
9:        imageCounter++;
10:       if (imageCounter < numImages) {
11:           loadThumbs(imageCounter);
12:       } else {
13:           arrangeImages();
14:       }
15:   }
```

Zu Beginn wird die Funktion loadThumbs mit dem Argument 0 aufgerufen. Die Funktion sorgt dafür, dass das erste Vorschaubild *thumbs/image0.jpg* geladen wird. Sobald das Bild vollständig geladen wurde, wird die Funktion thumbsLoaded (Zeile 7) aufgerufen. Zunächst wird die Referenz auf die geladene Bitmap-Grafik zum Array thumbArray hinzugefügt. Die einzelnen Bitmaps können dann später sehr einfach über das Array referenziert werden. Als Nächstes wird die Zählervariable imageCounter um eins erhöht (Zeile 9). In Zeile 10 wird geprüft, ob der Wert der Variable imageCounter kleiner ist als der Wert der Variable numImages. In diesem Fall gibt es noch Bilder, die geladen werden sollen, und die Funktion `loadThumbs` wird mit dem Wert der zuvor um eins erhöhten Zählervariable als Argument aufgerufen (Zeile 11). Sollten alle Bilder geladen sein, wird die Funktion `arrangeImages` (Zeile 13) aufgerufen.

5   **Die Vorschaubilder zur TileList-Komponente hinzufügen**
Ergänzen Sie den Code um folgende Zeilen:

```
1:   function arrangeImages():void {
2:       myTileList.columnWidth = 120;
3:       myTileList.rowHeight = 80;
4:       for (var i:uint = 0; i<numImages; i++) {
5:           myTileList.addItem({label:"Bild "+String
             (i+1),source:thumbArray[i],data:i});
6:       }
7:       myTileList.direction=ScrollBarDirection.
         VERTICAL;
8:       myTileList.columnCount = 4;
9:       myTileList.rowCount = 2;
10:      myTileList.scrollPolicy = ScrollPolicy.AUTO;
11:      myTileList.addEventListener(ListEvent.
         ITEM_CLICK, thumbSelected);
12:      myTileList.selectedIndex = 0;
13:      showImage(0);
14:  }
```

Die Funktion `arrangeImages` legt die Breite einer Spalte der TileList-Komponente auf 120 Pixel fest (Zeile 2). Die Höhe einer Zeile wird auf 80 Pixel festgelegt (Zeile 3). Das entspricht der Größe eines Vorschaubildes. Anschließend werden mithilfe einer `for`-Schleife über die Methode `addItem` die Bilder zur TileList-Komponente hinzugefügt. Jeder Eintrag einer TileList-Komponente ist vom Datentyp `Array` und kann die Felder `label`, `source` und `data` besitzen. Das Feld `label` ist ein Bezeichner, der zusammen mit dem Bild, das im Feld `source` angegeben wird, in der TileList-Komponente dargestellt wird. Das Feld `data` kann ein Wert eines beliebigen Datentyps sein. Dem Feld wird der Index des Bildes, beim ersten Bild also 0, zugewiesen. Die Scrollrichtung des Scrollers der Komponente wird in Zeile 7 auf `VERTICAL` gesetzt. In Zeile 8 und 9 wird die Anzahl der Spalten (4) und Zeilen (2) festgelegt. In Zeile 11 wird ein Ereignis-Listener an der TileList-Komponente registriert, der dafür sorgt, dass die Funktion `thumbSelected` aufgerufen wird, wenn ein Vorschaubild ausgewählt wurde. Zu Beginn wird das erste Bild innerhalb der

TILE LIST-Komponente ausgewählt (Zeile 12). Anschließend wird die Funktion showImage mit dem Argument 0 aufgerufen.

6   Bild laden und in UILoader-Komponente darstellen

Fügen Sie nach der Funktion arrangeImages nun folgenden Code ein:

```
1:    function thumbSelected(e:ListEvent):void {
2:        showImage(e.item.data);
3:    }
4:    function showImage(imageIndex:uint):void {
5:        myUILoader.graphics.lineStyle(1, 0x000000);
6:        myUILoader.graphics.drawRect(0, 0,
              myUILoader.width, myUILoader.height);
7:        myProgressBar.source = myUILoader;
8:        myProgressBar.visible = true;
9:        myUILoader.source="images/image
              "+imageIndex+".jpg";
10:   }
```

Die Funktion thumbSelected wird aufgerufen, wenn ein Vorschaubild selektiert wurde. Die Funktion ruft wiederum die Funktion showImage auf, wobei der Funktion als Argument der Wert e.item.data übergeben wird. Der Wert entspricht dem Index des ausgewählten Bildes.

In der Funktion showImage wird zunächst in Zeile 5 und 6 ein Rahmen für das Bild gezeichnet. Dazu wird die Methode drawRect der Zeichnungs-API verwendet.

Anschließend wird der PROGRESS BAR-Komponente als Quelle die UI LOADER-Komponente zugewiesen (Zeile 7). Das führt dazu, dass der Ladefortschritt eines Bildes, das über die UI LOADER-Komponente geladen und dargestellt wird, über die PROGRESS BAR-Komponente abgebildet wird. In Zeile 8 wird die PROGRESS BAR-Komponente eingeblendet. Anschließend wird in Zeile 9 der UI LOADER-Komponente als Quelle ein Bild zugewiesen, deren Pfad sich u.a. aus dem Index des Bildes zusammensetzt.

7   Slideshow-Funktion integrieren

Ergänzen Sie den Code abschließend um folgende Zeilen:

```
1:    function switchSlideshowMode(e:MouseEvent):void {
2:        if (e.currentTarget.name == "chk_on") {
3:            startSlideshow();
```

```
4:        } else {
5:            stopSlideshow();
6:        }
7:    }
8:    function startSlideshow():void {
9:        slideshowMode = true;
10:       myTimer = new Timer(3000, int.MAX_VALUE);
11:       myTimer.addEventListener(TimerEvent.TIMER,
              showNextImage);
12:       myTimer.start();
13:   }
14:   function stopSlideshow():void {
15:       if (slideshowMode == true) {
16:           slideshowMode = false;
17:           myTimer.stop();
18:       }
19:   }
20:   function showNextImage(e:TimerEvent):void {
21:       if (myTileList.selectedIndex+1 <
              myTileList.length) {
22:           showImage(myTileList.selectedIndex+1);
23:           myTileList.selectedIndex =
                  myTileList.selectedIndex+1;
24:       } else {
25:           myTileList.selectedIndex = 0;
26:           showImage(0);
27:       }
28:   }
```

Zur Erinnerung: Die Funktion switchSlideshowMode wird aufgerufen, wenn einer der RadioButtons angeklickt wird. Dann wird über den Instanznamen überprüft, welcher RadioButton angeklickt wurde (Zeile 2). Falls der RadioButton chk_on angeklickt wurde, wird die Funktion startSlideshow aufgerufen, anderenfalls die Funktion stopSlideshow.

Wird die Funktion startSlideshow aufgerufen, wird der Wert der Variable slideshowMode auf true gesetzt (Zeile 9). Anschließend wird ein Timer-Objekt initialisiert, das die Funktion showNextImage in einem Intervall von drei Sekunden aufruft.

Sollte die Slideshow-Funktion aktiviert sein und der Benutzer klickt auf den RadioButton chk_off, wird die Funktion stopSlideshow aufgerufen. Diese prüft, ob die Slideshow-Funktion tatsächlich aktiv (Zeile 15) ist, und stoppt den Timer (Zeile 17).

Die Funktion showNextImage, die über das Timer-Objekt aufge-rufen wird, prüft, ob das nächste auszuwählende bzw. zu ladende Bild die Anzahl der gesamten Bilder nicht überschreitet (Zeile 21). In diesem Fall wird dann das nächste Bild geladen (Zeile 22) und in der TileList ausgewählt (Zeile 23). Anderenfalls wird das erste Bild ausgewählt (Zeile 25) und geladen (Zeile 26).

Ergebnis der Übung:
12_Komponenten\Gallery
Gallery_02.fla

8   Die Gallery ist fertiggestellt!
Testen Sie den Flash-Film über Strg/⌘+↵.

Abbildung 12.9 ▶
Die Gallery mit Slideshow-Funktion

Sie haben jetzt an einem Beispiel gelernt, wie Sie Komponenten in der Praxis einsetzen können. Der nächste Abschnitt erläutert, wie Sie das äußere Erscheinungsbild von Komponenten ändern können, um Farben und Formen an das Design Ihrer Anwendung anzupassen.

12.3   Erscheinungsbild anpassen

Das Erscheinungsbild von Komponenten lässt sich auf zwei Arten anpassen:

▶ **Stile**: Über Stile können Sie Farb- und Textformatierungen für Komponenteninstanzen oder für einen Komponententyp fest-legen.

▶ **Skins**: Komponenten setzen sich aus verschiedenen grafischen Elementen zusammen. Eine solche Gruppe der visuellen Bestandteile einer Komponente wird auch als Skin bezeichnet. Durch Veränderung eines Skins können Sie z. B. die Farbe und die Form eines grafischen Elements einer Komponente ändern.

12.4   Stile

Grundsätzlich lassen sich Stile für bestimmte Instanzen einer Komponente, für einen bestimmten Komponententyp oder für alle Komponenten festlegen.

Reihenfolge: Stile
Stile, die für eine Instanz einer Komponente festgelegt wurden, werden vorrangig vor Stilen verwendet, die für einen Typ oder für alle Komponenten definiert wurden.

Komponenteninstanzen anpassen

Über die Methode `setStyle` lassen sich Stileigenschaften für Komponenteninstanzen festlegen. Komponenten besitzen grundsätzlich viele unterschiedliche spezifische Stileigenschaften. Alle Komponenten verwenden gemeinsam den `TextFormat`-Stil, über den Texteigenschaften wie Schriftart, -farbe, -größe etc. definiert werden können.

Um dem Textbezeichner einer BUTTON-Komponente mit dem Instanznamen `myButton` z. B. eine Schriftgröße von 14 Pixel, Fettdruck und eine rote Schriftfarbe zuzuweisen, müssen Sie zunächst ein `TextFormat`-Objekt erstellen und dem Objekt entsprechende Eigenschaften zuweisen:

```
var format:TextFormat = new TextFormat();
format.size = 14;
format.color = 0x990000;
format.bold = true;
```

Anschließend können Sie das `TextFormat`-Objekt als Argument an die Methode `setStyle` der BUTTON-Komponente übergeben:

```
myButton.setStyle("textFormat",format);
```

▲ **Abbildung 12.10**
Textgröße, -farbe und Fettdruck wurden angepasst.

Komponententyp anpassen

Wenn Sie eine Stileigenschaft für alle Komponenten eines Typs, z. B. einer BUTTON-Komponente, definieren möchten, können Sie dazu die sogenannte `StyleManager`-Klasse verwenden. Für die Anwendung müssen Sie zunächst die entsprechenden Klassen

Tabelle 12.1 ▶

Stil für alle Komponenten festlegen

Wenn Sie einen Stil für alle Komponenten festlegen möchten, können Sie die Methode setStyle der StyleManager-Klasse verwenden. Beispiel:

```
import fl.managers.Style-
Manager;
var tf:TextFormat = new
TextFormat();
tf.color = 0xFF0000;
StyleManager.
setStyle("textFormat", tf);
```

importieren. Anschließend initialisieren Sie ein TextFormat-Objekt und definieren Eigenschaften des TextFormat-Objekts. Zum Schluss verknüpfen Sie die gewünschte Komponenten-Klasse über die Methode setComponentStyle der StyleManager-Klasse mit dem TextFormat-Objekt. Dazu folgendes Beispiel:

```
import fl.managers.StyleManager;
import fl.controls.*;
var tf:TextFormat = new TextFormat();
tf.color = 0xFF0000;
StyleManager.setComponentStyle(Button,
"textFormat", tf);
var myButton:Button = new Button();
addChild(myButton);
```

Die folgende Tabelle zeigt TextFormat-Eigenschaften, die sich auf alle Komponenten anwenden lassen.

Eigenschaft	Beispiel	Beschreibung
bold	format.bold = true;	Fettdruck: an: true aus: false
color	format.color = 0xCC0000;	Textfarbe (hexadezimal)
font	format.font="Verdana";	Schriftart
italic	format.italic = true;	kursiv: an: true aus: false
size	format.size = 20;	Schriftgröße
underline	format.underline = true;	unterstrichen: an: true aus: false
letterSpacing	format.letterSpacing = 5;	Zeichenabstand in Pixel

Von Komponenten unterstützte TextFormat-Eigenschaften

12.5 Skins

Jede Komponente besitzt einen sogenannten Skin, der aus mehreren Symbolen besteht und das äußere Erscheinungsbild der Komponente bildet. Durch Ändern der Elemente des jeweiligen Skins können Sie das Erscheinungsbild der Komponente anpassen.

Skin eines Komponententyps anpassen

Die Bearbeitung von Skins von Komponenten, die auf Action-Script 3 basieren, ist verhältnismäßig einfach. Um den Skin einer Komponente zu bearbeiten, wählen Sie diese im KOMPONENTEN-Fenster aus, ziehen die Komponente auf die Bühne und wechseln per Doppelklick auf die Komponente in den Symbol-Bearbeitungsmodus. Im zweiten Schlüsselbild auf der Ebene »Assets« befinden sich die grafischen Elemente der Komponente.

[!] Keine Bitmaps für Skins
Für den Skin können Sie in der Regel keine Bitmaps verwenden, da Bitmaps nicht ohne Qualitätsverlust skalierbar sind.

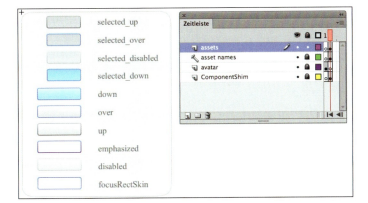

◄ **Abbildung 12.11**
Die einzelnen Elemente des Skins der BUTTON-Komponente

Für jeden Zustand der Komponente finden Sie ein entsprechendes Symbol, das Sie per Doppelklick bearbeiten können. Sie können sowohl die Form als auch die Farben ändern, sollten aber darauf achten, dass es sich grundsätzlich um eine skalierbare Form handelt und dass Sie das 9-teilige Segmentraster gegebenenfalls ebenfalls entsprechend anpassen. Die Registrierung der Movie-Clips ist links oben – Sie sollten auch die Position der Elemente danach ausrichten.

9-teiliges Segmentraster
Die meisten Symbole eines Skins besitzen ein sogenanntes 9-teiliges Segmentraster, über das Bereiche der Form unproportional skaliert werden können. Mehr zum 9-teiligen Segmentraster erfahren Sie in Kapitel 3, »Zeichnen«.

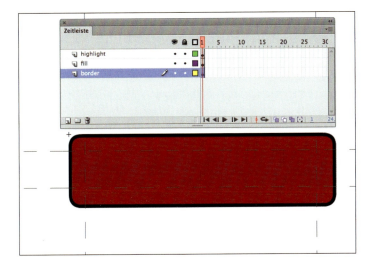

◄ **Abbildung 12.12**
Die Füll- und Strichfarbe der Form des `Button_overSkin`-MovieClips wurde geändert.

Der Strich ist oft eine Füllung.
Was wie ein Strich aussieht, ist
bei einem Komponenten-Skin
häufig tatsächlich eine Füllung,
die unter der offensichtlichen Füllung liegt. Ein solcher Aufbau verhält sich beim Skalieren besser als
ein einfacher Strich. Um die vermeintliche Strichfarbe zu ändern,
müssen Sie also tatsächlich die
Farbe dieser Füllung ändern.

Der Skin, den Sie auf diese Weise anpassen, wird innerhalb des
Flash-Films für alle Komponenten dieses Typs verwendet.

Skin einer Komponenteninstanz anpassen

Das Ändern eines Skins für eine einzelne Komponenteninstanz
ist vergleichsweise sehr mühselig. Die Vorgehensweise wird im
Folgenden für ein Element eines Skins beispielhaft beschrieben.

Ziehen Sie zunächst eine Komponente auf die Bühne, öffnen
Sie das BIBLIOTHEK-Fenster über ⌨Strg/⌘+⌨L, und klappen Sie
den Ordner COMPONENT ASSETS auf ❶.

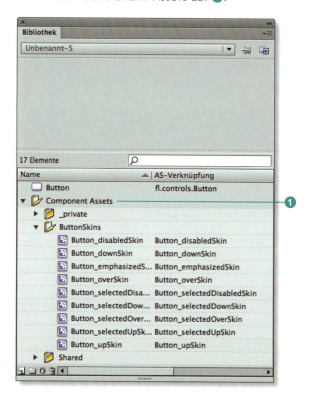

Abbildung 12.13 ▸
Symbole des Skins der BUTTON-
Komponente

In einem Unterordner, im Fall der BUTTON-Komponente z. B. BUT-
TONSKINS, finden Sie die einzelnen Symbole des Skins der Komponente. Wählen Sie ein Symbol aus, öffnen Sie per Mausklick
mit der rechten Maustaste das Kontextmenü, und wählen Sie den
Menüpunkt DUPLIZIEREN. Weisen Sie dem Symbol einen eindeutigen Namen ❷ zu, und aktivieren Sie die Option EXPORT FÜR
ACTIONSCRIPT ❸. Die Felder KLASSE ❹ und BASISKLASSE ❺ werden automatisch aktiviert. Wichtig ist der Wert des Feldes KLASSE,
über den Sie später diesen Teil des Skins einer Komponente zuweisen können.

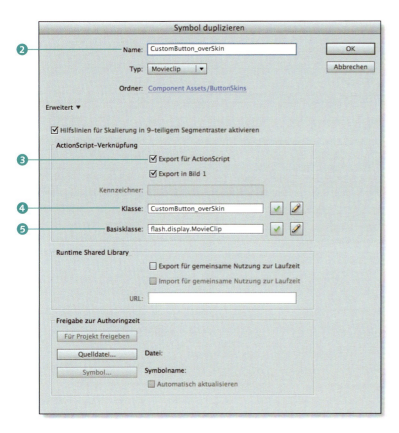

❷ Name: CustomButton_overSkin

❸ Export für ActionScript

❹ Klasse: CustomButton_overSkin

❺ Basisklasse: flash.display.MovieClip

◄ **Abbildung 12.14**
Symbol duplizieren

Klicken Sie auf OK, um das Symbol zu duplizieren. Es erscheint ein Warnhinweis, den Sie jedoch per Mausklick auf OK ignorieren können. Anschließend können Sie das Symbol im Symbol-Bearbeitungsmodus, wie zuvor schon erläutert, anpassen. Danach können Sie einer Komponenteninstanz (myButton) den Teil des Skins über die Methode setStyle der Komponente wie folgt zuweisen:

```
myButton.setStyle("overSkin",CustomButton_overSkin);
```

Das erste Argument, das an die Methode setStyle übergeben wird, ist die Stileigenschaft, in diesem Fall ein Wert (overSkin), der für das Skin-Element des »Darüber«-Zustands der Komponente steht.
Der zweite Parameter (CustomButton_overSkin) ist der Klassenbezeichner, der Klasse, die mit dem Symbol verbunden werden soll. Nach demselben Prinzip können Sie die anderen Teile der Komponente entsprechend ändern und einer bestimmten Komponenteninstanz zuweisen.

Warnhinweis

Der Warnhinweis informiert Sie darüber, dass keine Klasse mit dem angegebenen Klassenbezeichner existiert und automatisch eine entsprechende Klasse angelegt wird.

Skin-Eigenschaften

Welche Skin-Eigenschaft zum jeweiligen Teil des Skins in der BIBLIOTHEK gehört, können Sie anhand des Symbolnamens erkennen. So gehört z. B. die Skin-Eigenschaft upIcon zum Symbol CheckBox_upIcon des Checkbox-Skins.

TEIL IV
Multimedia und dynamische Inhalte

Kapitel 13

Bitmaps

In diesem Kapitel lernen Sie, welche unterschiedlichen Möglichkeiten es gibt, Bitmaps in Flash zu importieren und zu nutzen. Sie lernen, wie Sie Mischmodi und Bitmap-Filter einsetzen und diese mit ActionScript zur Laufzeit modifizieren können.

13.1 Bitmap-Import

In der Flash-Authoring-Umgebung gibt es zwei unterschiedliche Möglichkeiten, Bitmaps zu importieren:

1. Wählen Sie mit ⌨Strg/⌘+⌨R Datei • Importieren • In Bühne importieren, wenn Sie die Bitmap direkt auf der Bühne einsetzen möchten – die Bitmap wird dann zusätzlich auch in die Bibliothek aufgenommen.
2. Wählen Sie den Menüpunkt Datei • Importieren • In Bibliothek importieren, wenn Sie die Bitmap erst zur Laufzeit verwenden und nicht sofort auf der Bühne platzieren möchten.

Die folgende Tabelle gibt Ihnen einen Überblick über die wichtigsten Bitmap-Formate, die Sie in Flash importieren können.

[Bitmap]
Eine Bitmap, auch Rastergrafik oder Pixelgrafik genannt, ist die computerlesbare Form zur Beschreibung eines Bildes. Bitmaps bestehen aus rasterförmig angeordneten Pixeln (Bildpunkten), denen jeweils ein Farbwert zugewiesen ist. Zu den grundlegenden Eigenschaften einer Bitmap gehören die Bildgröße (Breite und Höhe der Bitmap) sowie die Farbtiefe (Anzahl der verfügbaren Farben). Vektorgrafiken sind nicht vergleichbar mit Bitmaps, da sie Bilder auf eine andere Art und Weise beschreiben.

Format	Farben	Alphakanal (Transparenz)	Komprimierung
BMP	16,7 Millionen	–	keine oder verlustfrei
GIF	256 Farben	Eingeschränkt – eine Farbe der Farbpalette wird als transparent definiert. Transparente Farbverläufe sind nicht möglich.	verlustfrei

◄ **Tabelle 13.1**
Bitmap-Formate im Vergleich

Import per Drag & Drop

Alternativ können Sie eine Bitmap auch per Drag & Drop aus dem Dateibrowser in Flash ziehen, um die Grafik in die Bühne oder in die BIBLIOTHEK zu importieren.

Format	Farben	Alphakanal (Transparenz)	Komprimierung
JPEG	16,7 Millionen	–	verlustbehaftet
PNG	16,7 Millionen	ja	verlustfrei
TIFF	16,7 Millionen	ja	verlustfrei/ verlustbehaftet

▲ **Tabelle 13.1**
Bitmap-Formate im Vergleich (Forts.)

Bitmap-Komprimierung | Nachdem eine Bitmap importiert wurde, können Sie die Komprimierung dieser Bitmap in der BIB-LIOTHEK einstellen. Wählen Sie dazu die Bitmap in der BIBLIOTHEK aus, öffnen Sie mit der rechten Maustaste das Kontextmenü, und klicken Sie auf EIGENSCHAFTEN. Es öffnet sich daraufhin das Fenster BITMAP-EIGENSCHAFTEN.

▲ **Abbildung 13.1**
Sie können auch auf das i-Symbol ① klicken, um die Bitmap-Eigenschaften zu öffnen.

Abbildung 13.2 ▶
Bitmap-Eigenschaften

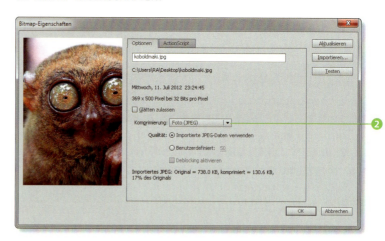

Empfehlung

Grundsätzlich empfiehlt es sich, die Komprimierung für jede Bitmap separat festzulegen, auch wenn damit ein entsprechender Zeitaufwand verbunden ist. Die Dateigröße eines Flash-Films, der viele Bitmaps einsetzt, kann so deutlich reduziert werden.

Unter KOMPRIMIERUNG ② können Sie zwischen den Einstellungen FOTO (JPEG) oder VERLUSTFREI (PNG/GIF) wählen. Wählen Sie die Einstellung VERLUSTFREI (PNG/GIF), wird die Bitmap nicht oder, für den Fall, dass es sich um eine bereits komprimierte Bitmap handelt, nicht noch einmal komprimiert. Wenn Sie die Einstellung FOTO (JPEG) wählen, sind die verfügbaren Komprimierungseinstellungen davon abhängig, ob es sich bei der Bitmap um eine Grafik im JPEG-Format handelt oder nicht. Handelt es sich um eine JPEG-Grafik, stehen Ihnen unter QUALITÄT zwei Einstellungsmöglichkeiten zur Verfügung:

▶ IMPORTIERTE JPEG-DATEN VERWENDEN: Grundsätzlich besitzt eine JPEG-Grafik bereits eine verlustbehaftete Komprimierung. Die Stärke der Komprimierung hängt davon ab, mit welcher

Komprimierung Sie die Bitmap aus dem Grafikprogramm abgespeichert bzw. welche Komprimierungsstärke Sie in Ihrer Digitalkamera eingestellt haben. Die Komprimierung wird bei dieser Einstellung übernommen – die JPEG-Grafik wird also nicht noch einmal komprimiert.

▶ BENUTZERDEFINIERT: Geben Sie einen Wert zwischen 0 und 100 ein, um die Stärke der Komprimierung festzulegen. Für JPEG-Grafiken ist diese Einstellung wenn möglich zu vermeiden, da diese dann nochmals komprimiert werden. Mit jeder Komprimierung nimmt die Bildqualität ab.

▲ **Abbildung 13.3**
Komprimierungseinstellungen für eine JPEG-Grafik

Wenn es sich bei der Grafik nicht um eine JPEG-Grafik handeln sollte und Sie unter KOMPRIMIERUNG FOTO (JPEG) auswählen, stehen Ihnen ebenfalls zwei Einstellungsmöglichkeiten zur Auswahl:

▶ VERÖFFENTLICHUNGSEINSTELLUNG VERWENDEN: Wählen Sie diese Einstellung, wird die Bitmap mit der Standard-Komprimierungsstärke des Flash-Films komprimiert. Die Standardqualität für die Komprimierung lässt sich über das Menü DATEI • EINSTELLUNGEN FÜR VERÖFFENTLICHUNGEN im Reiter FLASH unter JPEG-QUALITÄT einstellen.

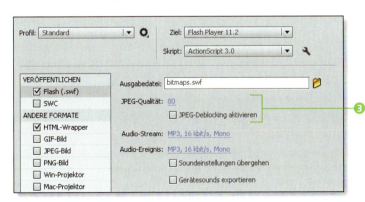

▶ BENUTZERDEFINIERT: Wenn Sie diese Einstellung wählen, können Sie eine Komprimierungsstärke zwischen 0 und 100 festlegen. Diese Komprimierungsstärke gilt dann nur für diese eine Bitmap.

Stärke der Komprimierung

Die Stärke der Komprimierung von Bitmaps hat Einfluss auf die Darstellungsqualität und die Dateigröße des veröffentlichten Flash-Films. Eine gute Einstellung ist von der jeweiligen Grafik abhängig. Es gibt Grafiken, bei denen eine starke Komprimierung kaum sichtbare Qualitätsverluste zur Folge hat. Bei anderen Grafiken sind schon bei geringen Komprimierungsunterschieden starke Qualitätsverluste zu erkennen.

Richtwerte: Eine Stärke zwischen 60 und 80 reicht meist für eine gute Darstellungsqualität aus. Werte zwischen 40 und 60 sind bei einigen Bitmaps noch tragbar. Probieren Sie einfach verschiedene Werte aus.

Bildausschnitt verschieben

Sie können den Ausschnitt, der im Vorschaubereich sichtbar ist, verschieben, wenn Sie die Maus in diesen Bereich bewegen. Es erscheint dann ein Hand-Symbol, und Sie können den Ausschnitt bei gedrückter Maustaste verschieben.

◀ **Abbildung 13.4**
Allgemeine JPEG-Qualitätseinstellungen ❸

JPEG-Deblocking aktivieren | Bei einer geringen Qualität bzw. einer stark gewählten Komprimierung empfiehlt es sich, die Option JPEG-DEBLOCKING zu aktivieren (ab Flash Player 10), mit der das Auftreten von Fragmenten etwas reduziert werden kann.

Abbildung 13.5 ▶
Links: JPEG mit 30% Qualität;
rechts: JPEG mit 30% Qualität
und aktiviertem JPEG-DEBLOCKING

13.2 Photoshop-Import

Viele Anwender entwerfen Layouts für Flash-Projekte in Photoshop. In älteren Flash-Versionen mussten jedoch Elemente auf unterschiedlichen Ebenen immer separat abgespeichert werden, um sie auf unterschiedlichen Ebenen in Flash nutzen zu können. Seit Flash CS3 ist der Import von Photoshop-Dateien hingegen sehr komfortabel.

Nachdem Sie ein Photoshop-Dokument (*.psd*) über DATEI • IMPORTIEREN und IN BÜHNE IMPORTIEREN in die Bühne oder über IN BIBLIOTHEK IMPORTIEREN in die Bibliothek importiert haben, erscheint ein Dialogfenster.

Abbildung 13.6 ▶
Dialogfenster für den
Photoshop-Import

Zunächst sehen Sie auf der linken Seite alle Ebenen des Photoshop-Dokuments. Per Mausklick auf die Checkbox ❶ neben der jeweiligen Ebene können Sie definieren, ob die Ebene beim Import berücksichtigt wird oder nicht. Im unteren Bereich können Sie folgende grundlegende Import-Eigenschaften festlegen:

▶ EBENE UMWANDELN IN: Hier ❷ legen Sie fest, ob Sie die Ebenen in Flash-Ebenen oder in Schlüsselbilder umwandeln möchten. Die Einstellung gilt für alle Ebenen.

▶ EBENE AUF URSPRÜNGLICHER POSITION PLATZIEREN: Aktivieren Sie diese Option ❸, um sicherzustellen, dass die Ebenenreihenfolge beibehalten wird.

▶ BÜHNE AUF GLEICHE GRÖSSE WIE PHOTOSHOP-LEINWAND EINSTELLEN: Wenn Sie die Option ❹ aktivieren, passt sich die Bühne an die Leinwand des importierten Photoshop-Dokuments an.

Je nachdem, ob Sie auf der linken Seite eine Bildebene oder eine Textebene ausgewählt haben, stehen Ihnen unterschiedliche Optionen für diese Ebene auf der rechten Seite zur Verfügung.

Bildebenen

Bei Bildebenen stehen Ihnen die im Folgenden beschriebenen Optionen zur Auswahl.

Bildebene importieren als | Wählen Sie die Option BITMAPBILD MIT BEARBEITBAREN EBENENSTILEN, wenn Sie Ebenenstile in Flash, soweit das möglich ist, übernehmen und bearbeiten wollen. Das kann z. B. ein Schlagschatten sein. Bei einem Schlagschatten würden in Flash zwei Ebenen angelegt. Eine Bitmap mit dem Schlagschatten wird auf einer eigenen Ebene platziert. Wählen Sie die Option FLACHES BITMAPBILD, wenn die Grafik und alle Ebenenstile auf einer Ebene zusammengefügt werden sollen.

> **Masken**
>
> Masken werden beim Import angewendet, lassen sich dann in Flash jedoch leider nicht bearbeiten. Es wird nur der maskierte Bildausschnitt in Flash verwendet.

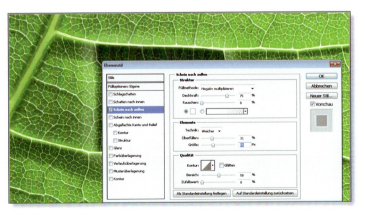

◀ **Abbildung 13.7**
Der Ebenenstil SCHEIN NACH AUSSEN in Photoshop

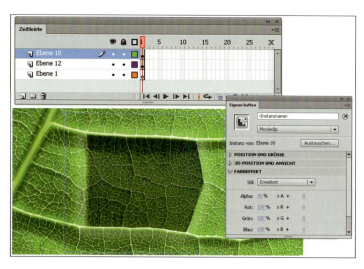

▲ **Abbildung 13.8**
Das Resultat des Import-Vorgangs in Flash

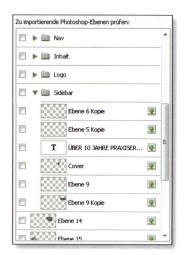

▲ **Abbildung 13.9**
Untergeordnete Ebenen der Gruppe SIDEBAR im IMPORT-Dialogfenster

---

Gruppen

Ebenen, die in Photoshop in einer Gruppe platziert sind, werden übrigens ebenso angezeigt. Klicken Sie auf das Ordner-Symbol, um die untergeordneten Ebenen anzuzeigen und so gegebenenfalls Einstellungen für die jeweilige Ebene vornehmen zu können.

MovieClip für diese Ebene erstellen | Aktivieren Sie diese Option, wenn Sie möchten, dass Elemente der Ebene in einen MovieClip umgewandelt werden. Nachdem Sie die Option aktiviert haben, können Sie darunter einen Instanznamen und die Registrierung des MovieClips auswählen.

Einstellungen für Veröffentlichungen | Hier können Sie die Komprimierung der Bitmap einstellen, die im Flash-Film verwendet wird. Die Einstellungsmöglichkeiten sind den Einstellungen aus der BIBLIOTHEK sehr ähnlich. Per Mausklick auf die Schaltfläche BITMAPGRÖSSE BERECHNEN können Sie die Dateigröße unter Berücksichtigung der vorgenommenen Einstellungen ermitteln lassen.

Textebenen

Sollten Sie eine Textebene auf der linken Seite ausgewählt haben, stehen Ihnen auf der rechten Seite die im Folgenden beschriebenen Optionen für den Import zur Auswahl.

Textebene importieren als ❶ | Wählen Sie die Einstellung BEARBEITBARER TEXT, wenn Sie den Text in Flash weiterbearbeiten möchten. Es wird ein statisches Textfeld mit den verwendeten Texteigenschaften erzeugt. Wählen Sie VEKTORKONTUREN, wenn der Text in Vektoren umgewandelt werden soll. Das ist praktisch, wenn Sie die einzelnen Zeichen eines Textes animieren möchten.

Wenn Sie die Option FLACHES BITMAPBILD wählen, wird der Text in eine Bitmap umgewandelt.

Weitere Einstellungen | Im unteren Bereich können Sie, wie bei Bildebenen auch, wählen, ob Sie den Text in einen MovieClip umwandeln wollen. Zusätzlich können Sie unter EINSTELLUNGEN FÜR VERÖFFENTLICHUNGEN die KOMPRIMIERUNG einstellen. Diese Einstellungen werden genutzt für den Fall, dass Sie den Text in ein flaches Bitmap-Bild umwandeln.

▲ **Abbildung 13.10**
Optionen für eine Textebene

13.3 Illustrator-Import

Ebenso wie Photoshop wird Illustrator häufig zur Erstellung von Layouts verwendet. Illustrator wird dazu verwendet, um vorzugsweise vektorbasierte Illustrationen zu erstellen, z. B. Comic-Zeichnungen. Wie auch bei Photoshop, ist das Importieren von Dokumenten in Flash sehr komfortabel. Nachdem Sie ein Illustrator-Dokument (.ai) über DATEI • IMPORTIEREN und IN BÜHNE IMPORTIEREN entweder in die Bühne oder über IN BIBLIOTHEK IMPORTIEREN in die BIBLIOTHEK importiert haben, erscheint ein Dialogfenster.

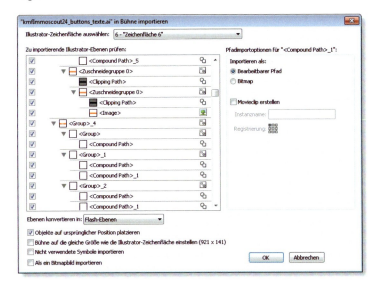

◀ **Abbildung 13.11**
Dialogfenster für den Illustrator-Import

Auf der linken Seite werden Elemente des Illustrator-Dokuments in Gruppen unterteilt, dazu gehören z. B. Pfad-, Bild- und Textebenen.

Abbildung 13.12 ►
Inkompatibilitätsmeldung

Hervorzuheben ist die Schaltfläche INKOMPATIBILITÄTSBERICHT **1**, die erscheint, wenn nicht alle Elemente eines Illustrator-Dokuments eins zu eins in Flash übernommen werden können. Per Mausklick auf die Schaltfläche werden weitere Details angezeigt.

Abbildung 13.13 ►
Inkompatibilitätsbericht – der
Effekt 3D-KREISELN kann in Flash
nicht übernommen werden.

**Empfohlene
Importeinstellungen**
Falls Sie die Option EMPFOHLENE
IMPORTEINSTELLUNGEN ANWENDEN
2 aktivieren, wendet Flash automatisch alle empfohlenen Import-Optionen auf nicht kompatible Elemente an, sobald das Fenster über SCHLIESSEN geschlossen wird.

Im unteren Bereich des Dialogfensters für den Import stehen Ihnen folgende grundlegende Einstellungsmöglichkeiten zur Auswahl:
▶ EBENEN KONVERTIEREN IN: Wählen Sie hier die Option FLASH-EBENEN, um alle Illustrator-Ebenen jeweils in eine Flash-Ebene umzuwandeln. Wenn Sie die Option SCHLÜSSELBILDER aktivieren, wird jede Illustrator-Ebene in einem Schlüsselbild platziert. Über die Option EINE FLASH-EBENE werden alle Illustrator-Ebenen zu einer Flash-Ebene zusammengefügt.

Abbildung 13.14 ►
Einstellungsmöglichkeiten für den
Import

- ▶ OBJEKTE AUF URSPRÜNGLICHER POSITION PLATZIEREN: Aktivieren Sie diese Option, um sicherzustellen, dass alle Elemente auf der ursprünglichen Position (z. B. x=100, y=100) der Illustrator-Datei positioniert werden.
- ▶ BÜHNE AUF DIE GLEICHE GRÖSSE WIE DIE ILLUSTRATOR-ZEICHENFLÄCHE EINSTELLEN: Aktivieren Sie diese Option, wenn die Bühnengröße des Flash-Films automatisch an die Zeichenfläche des importierten Illustrator-Dokuments angepasst werden soll.
- ▶ NICHT VERWENDETE SYMBOLE IMPORTIEREN: Aktivieren Sie diese Option, um auch alle nicht verwendeten Elemente aus der Illustrator-Bibliothek in die Flash-Bibliothek zu übernehmen.
- ▶ ALS EIN BITMAPBILD IMPORTIEREN: Sollten Sie diese Option aktivieren, werden alle Elemente des Illustrator-Dokuments zu einem flachen Bitmap-Bild zusammengefügt.

Bildebenen

Wenn Sie auf der linken Seite eine Bildebene auswählen, können Sie auf der rechten Seite folgende Einstellungen vornehmen:

- ▶ BITMAP ABFLACHEN, UM ERSCHEINUNGSBILD BEIZUBEHALTEN: Einige in Illustrator verwendete Bitmap-Effekte werden von Flash nicht unterstützt und können nicht ohne Weiteres eins zu eins übernommen werden. Wenn Sie die Option BITMAP ABFLACHEN aktivieren, kann das Erscheinungsbild eins zu eins übernommen werden. Die Inhalte lassen sich dann allerdings nicht mehr bearbeiten, da das Bild dann als flache Bitmap importiert wird.
- ▶ MOVIECLIP ERSTELLEN: Aktivieren Sie diese Option, wenn Sie möchten, dass Elemente der Ebene in einen MovieClip umgewandelt werden sollen. Nachdem Sie die Option aktiviert haben, können Sie darunter einen Instanznamen und die Registrierung des MovieClips auswählen.

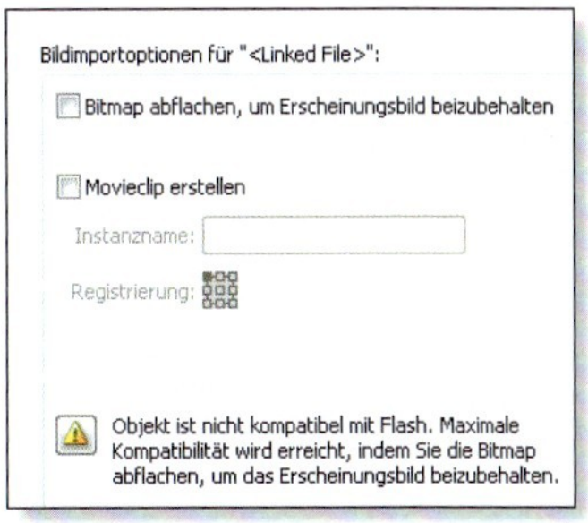

▲ **Abbildung 13.15**
BILDIMPORTOPTIONEN

Textebenen

Wenn Sie eine Textebene auf der linken Seite ausgewählt haben, stehen Ihnen auf der rechten Seite folgende Optionen für den Import zur Auswahl:

- ▶ IMPORTIEREN ALS: Wählen Sie die Einstellung BEARBEITBARER TEXT, wenn Sie den Text in Flash weiterbearbeiten möchten. Es wird ein statisches Textfeld mit den verwendeten Texteigenschaften erzeugt. Wählen Sie VEKTORKONTUREN, wenn der Text in Vektoren umgewandelt werden soll. Das ist sinnvoll, wenn Sie die einzelnen Zeichen eines Textes animieren möchten.

▲ **Abbildung 13.16**
TEXTIMPORTOPTIONEN

Wenn Sie die Option FLACHES BITMAP wählen, wird der Text in eine Bitmap umgewandelt.

▶ MOVIECLIP ERSTELLEN: Im unteren Bereich können Sie wählen, ob Sie den Text in einen MovieClip umwandeln wollen. Sie können dem MovieClip dann einen Instanznamen zuweisen und die Registrierung des MovieClips festlegen.

Pfade

▲ **Abbildung 13.17**
PFADIMPORTOPTIONEN

Ein Pfad ist eine Linie, die in Illustrator durch Zeichnen erzeugt wird. Sollten Sie auf der linken Seite des IMPORT-Dialogfensters eine Pfadebene auswählen, stehen Ihnen auf der rechten Seite folgende Optionen zur Auswahl:

▶ IMPORTIEREN ALS: Wählen Sie BEARBEITBARER PFAD, wenn Sie den Pfad in Flash weiterhin bearbeiten möchten. Wenn Sie die Option BITMAP wählen, wird der Pfad in eine Bitmap umgewandelt.

▶ MOVIECLIP ERSTELLEN: Aktivieren Sie die Option, wenn Sie Elemente der ausgewählten Pfadebene in einen MovieClip umwandeln möchten. Nachdem Sie die Option aktiviert haben, können Sie darunter einen Instanznamen und die Registrierung des MovieClips auswählen.

13.4 FXG

[FXG (Flash XML Graphics)]
FXG ist ein XML-basiertes Grafik-austausch-Format, das von Adobe entwickelt wurde. Das Format orientiert sich stark an dem Rendering-Modell des Flash Players. Neben dem ursprünglich gedachten Anwendungsbereich (Komponentengrafiken) lässt es sich ebenfalls für den Austausch von Grafiken zwischen Adobe-Produkten einsetzen.

Das FXG-Format wird von vielen Produkten der Creative Suite (Flash, Flash Builder, Illustrator, Fireworks, InDesign etc.) unterstützt. Neben den bereits vorgestellten Möglichkeiten, Grafiken zwischen Flash und anderen Produkten von Adobe auszutauschen, bietet das FXG-Format eine weitere alternative Möglichkeit.

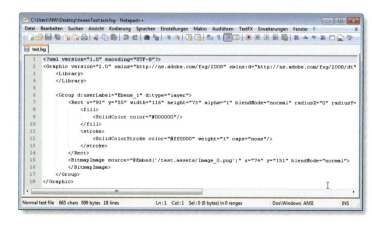

Abbildung 13.18 ▶
Der Quellcode einer FXG-Datei

Früher wurde das FXG-Format vor allem im Zusammenhang mit dem Adobe Flash Catalyst genutzt, da es Flash Catalyst vorzugsweise als grafisches Vorlagenformat nutzt. Mittlerweile hat Adobe aber die Entwicklung von Flash Catalyst eingestellt (siehe Kapitel 23, »Ein Blick über den Tellerrand«).

Das FXG-Format bietet als Grafikaustausch-Format gegenüber den bereits vorgestellten Möglichkeiten einen Vorteil: Da es auf XML basiert, lässt es sich mit beliebigen Editoren bearbeiten und auch im Zusammenhang mit Versionskontrollen nutzen.

◀ **Abbildung 13.19**
FXG-Export in Fireworks

Wenn Sie ein Dokument als FXG abspeichern, werden alle nicht vektorbasierten Elemente in einem automatisch erstellten Assets-Verzeichnis gespeichert. Vektorobjekte, Texte und Bitmap-Eigenschaften, soweit sie von Flash unterstützt werden, bleiben nach dem Import in Flash bearbeitbar. Ein FXG-Dokument lässt sich in Flash über DATEI • ÖFFNEN direkt öffnen oder auch über DATEI • IMPORTIEREN in ein vorhandenes Projekt importieren.

13.5 Mischmodi und Filter

Über sogenannte Mischmodi können Sie die Darstellung einer Symbolinstanz, die andere Objekte überlagert, beeinflussen – Sie kennen vielleicht bereits die Ebenenmodi aus Photoshop, die auf ähnliche Weise funktionieren.

In Flash werden Mischmodi im Gegensatz zu Photoshop nur auf einzelne Symbolinstanzen und nicht auf Ebenen angewendet.

Misch- und Grundfarbe

Ein Mischmodus setzt sich aus Misch- und Grundfarbe zusammen. Die Mischfarbe ist die Farbe des Objekts, auf die der Mischmodus angewendet wird. Die Grundfarbe ist die Farbe der Objekte, die sich unterhalb der Mischfarbe befinden.

▲ Abbildung 13.20
Die verfügbaren Mischmodi im
EIGENSCHAFTEN-Fenster

Experimentieren Sie …
Das Resultat einer Mischung fällt
je nach Farbe des überlagernden
Objekts und je nach Farbe des darunterliegenden Objekts sehr unterschiedlich aus, da es zusätzlich
auch noch von der Transparenz
eines Objekts abhängig ist. Probieren Sie einfach verschiedene
Modi aus.

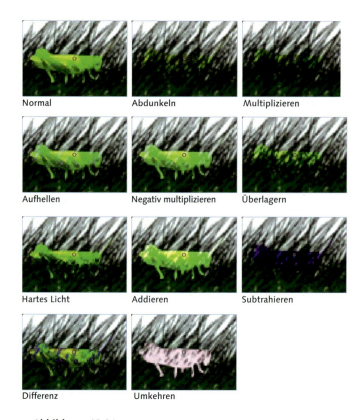

Normal   Abdunkeln   Multiplizieren

Aufhellen   Negativ multiplizieren   Überlagern

Hartes Licht   Addieren   Subtrahieren

Differenz   Umkehren

▲ Abbildung 13.21
Verschiedene Mischmodi

Folgende Mischmodi stehen Ihnen im EIGENSCHAFTEN-Fenster
zur Auswahl:

▶ NORMAL: Die Farben werden nicht gemischt (Standard).

▶ EBENE: Dieser Modus nimmt keinen Einfluss auf die Darstellung des Objekts – er ist notwendig, um die Modi ALPHA und
LÖSCHEN anwenden zu können.

▶ ABDUNKELN: Bereiche, die heller sind als die Mischfarbe, werden ersetzt. Bereiche, die dunkler als die Mischfarbe sind, bleiben unverändert, was insgesamt zu einer Abdunklung führt.

▶ MULTIPLIZIEREN: Grundfarbe und Mischfarbe werden multipliziert, was zu dunkleren Farbtönen führt.

▶ AUFHELLEN: Bereiche, die dunkler sind als die Mischfarbe, werden ersetzt. Hellere Bereiche bleiben unverändert.

▶ NEGATIV MULTIPLIZIEREN: Die Umkehrfarbe der Mischfarbe
wird mit der Grundfarbe multipliziert. Dies führt zu helleren
Farbtönen.

▶ ÜBERLAGERN: Die Farben werden je nach Grundfarbe multipliziert oder gefiltert.

▶ HARTES LICHT: Die Farben werden abhängig von der Mischfarbe multipliziert oder gefiltert. Der erzielte Effekt ist vergleichbar mit einem Strahler, der das Objekt beleuchtet.

▶ ADDIEREN: Grund- und Mischfarbe werden addiert.

▶ SUBTRAHIEREN: Die Mischfarbe wird von der Grundfarbe subtrahiert.

▶ DIFFERENZ: Die Farbe mit dem größeren Helligkeitswert wird von der anderen Farbe abgezogen.

▶ UMKEHREN: Dieser Modus kehrt die Grundfarbe um.

▶ ALPHA: Die überlagernde Instanz wird als Alphamaske auf die untere angewendet.

▶ LÖSCHEN: Alle Pixel, die mit der Grundfarbe eingefärbt sind, werden gelöscht.

Alpha und Löschen
Bei diesen Modi muss für die unten liegende Instanz jeweils der Mischmodus EBENE aktiviert sein.

Bitmap-Filter anwenden

Bitmap-Filter bieten Ihnen die Möglichkeit, Text, MovieClips und Schaltflächen mit visuellen Bitmap-Effekten zu versehen und zu animieren.

Um ein Objekt mit einem Filter zu versehen, wählen Sie das Objekt aus, öffnen das EIGENSCHAFTEN-Fenster und klicken im Reiter FILTER auf FILTER HINZUFÜGEN.

[!] Bitmap-Filter benötigen CPU-Leistung!
Bitmap-Filter benötigen verhältnismäßig viel CPU-Leistung. Sie können zwar beliebig viele Filter auf ein Objekt anwenden, sollten dabei jedoch die Auswahl in Hinsicht auf die CPU-Last sorgfältig treffen. Wenn das Symbol aber stillsteht oder nur bewegt wird, wird die CPU nur einmal und nicht laufend beansprucht (siehe Abschnitt 13.6, »Anzeigeoptionen und Performance«).

◀ **Abbildung 13.22**
Filter hinzufügen

Folgende Filter stehen Ihnen in Flash zur Verfügung:

▶ SCHLAGSCHATTEN
▶ WEICHZEICHNEN
▶ GLÜHEN
▶ ABSCHRÄGEN
▶ FARBVERLAUF – GLÜHEN
▶ FARBVERLAUF – GESCHLIFFEN
▶ FARBE ANPASSEN (Helligkeit, Kontrast, Sättigung, Farbton)

Abbildung 13.23 ▶
Filtereffekte in Flash

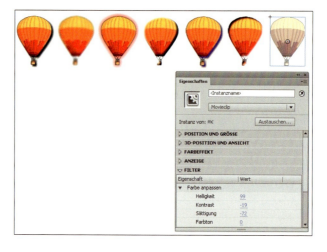

Qualität

Über die Einstellung QUALITÄT lässt sich die Darstellungsqualität des jeweiligen Filters beeinflussen. Eine niedrige Einstellung führt bei älteren Rechnern zu einer besseren Wiedergabeleistung.

Abbildung 13.24 ▼
Verschiedene Filtereinstellungen bei SCHLAGSCHATTEN

Nachdem Sie einen Filter hinzugefügt haben, können Sie im Reiter FILTER unter dem entsprechenden Filter spezifische Filtereinstellungen vornehmen.

Bitmap-Filter animieren

13_Bitmaps\Bitmap-FilterTween\BitmapFilterTween.fla

Filter können Sie sowohl auf nicht animierte als auch auf animierte Objekte anwenden. Des Weiteren verhalten sich Filtereinstellungen wie Instanzeigenschaften und lassen sich auf dieselbe Weise animieren.

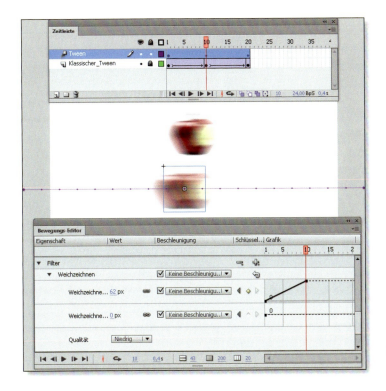

◄ **Abbildung 13.25**
Klassischer Tween und Tween mit
dem WEICHZEICHNEN-Filter

13.6   Anzeigeoptionen und Performance

Im Symbol-Eigenschaftenfenster finden Sie neben den Mischmodi zwei davon unabhängige Anzeigeoptionen ❶ und ❷.

◄ **Abbildung 13.26**
Anzeigeoptionen

Mit SICHTBAR können Sie schnell und bequem kontrollieren, ob
ein Symbol gerade gezeichnet werden soll oder nicht. Diese Option zu benutzen ist nicht nur bequemer, als den Alphawert z. B.

über einen FARBEFFEKT auf null zu setzen, sondern auch performanter, denn das Symbol wird gänzlich vom Zeichenvorgang ausgeschlossen. Diese Einstellung ist allerdings nur bei Veröffentlichung für den Flash Player 10.3 oder höher möglich.

Mit den Optionen unter RENDERN können Sie in bestimmten Fällen die Performance Ihres Flash-Films bei komplexen Zeichnungen stark verbessern. Insbesondere mobile Geräte können davon sehr profitieren, da dort die CPU in der Regel schwach ist. Weil die Performance aber in anderen Fällen auch schlechter werden kann, müssen Sie wissen, was dabei passiert:

Zwischenspeicher nutzen trotz Transformationen

Über die zusätzliche Action-Script-Eigenschaft `cacheAsBitmapMatrix` kann der Bitmap-Zwischenspeicher sogar effizient mit Rotation, Skalierung und Alphawertänderung umgehen, indem die Original-Bitmap beibehalten wird und die Transformationen schneller über die GPU anstatt über die CPU berechnet werden. Diese Eigenschaft ist allerdings nur verfügbar, wenn in AIR veröffentlicht wird (siehe Kapitel 21, »AIR: Für mobile Geräte und den Desktop veröffentlichen«).

Als Bitmap zwischenspeichern | Ist der Render-Modus ALS BITMAP ZWISCHENSPEICHERN, in ActionScript bekannt als `cacheAsBitmap`, aktiviert, wird die Vektorgrafik des Objekts in Form einer Bitmap zur Laufzeit im Flash Player intern zwischengespeichert, sodass sie bei den folgenden Zeichenvorgängen direkt dargestellt werden kann. So wird vermieden, dass eine Vektorgrafik mit z. B. komplexen Verläufen und Formen in jedem Frame von Grund auf neu berechnet wird, und die CPU wird entlastet. Die Performanceauswirkungen sind dann allerdings negativ, wenn das Objekt häufig gedreht oder skaliert wird oder seinen Alphawert ändert, denn in diesen Fällen ist die zwischengespeicherte Bitmap nicht mehr aktuell und muss neu berechnet werden. Einfache Verschiebungen sind hingegen kein Problem. Beachten Sie außerdem, dass das Zwischenspeichern einen höheren Arbeitsspeicherverbrauch im Vergleich zur Vektorgrafik bedeutet, da eine Bitmap Daten über jeden einzelnen Pixel beinhaltet. Beispielsweise kann ein zwischengespeicherter MovieClip der Größe 250×250 Pixel gleich 250 KB anstatt nur ca. 1 KB verbrauchen. Beachten Sie also auch die Objektmaße und den Arbeitsspeicher des Zielgeräts.

Filter nutzen automatisch Bitmap-Zwischenspeicherung

Wird auf ein Objekt ein Filter wie z. B. ein Schlagschatten angewendet, nutzt Flash intern automatisch die Bitmap-Zwischenspeicherung. Deshalb gilt es, bei anspruchsvollen Animationen und großen Bildern die Filteranwendung hinsichtlich der Performance zu überdenken.

Als Bitmap exportieren | Ist der Render-Modus ALS BITMAP EXPORTIEREN aktiviert, wird das Objekt schon beim Export des Flash-Films als Bitmap direkt in die exportierte Filmdatei gespeichert, also z. B. in die SWF-Datei. Der Name ist etwas irreführend, da nicht etwa eine Bitmap als Datei exportiert wird, um die Sie sich in ActionScript kümmern müssten. Die Zwischenspeicherung passiert also im Kontrast zum Modus ALS BITMAP ZWISCHENSPEICHERN nicht zur Laufzeit, sondern beim Veröffentlichen, was weniger Arbeitsspeicherbelastung und eine höhere Performance bedeutet. Deshalb kann außerdem das ausgewählte Objekt nicht Teil eines Tweens sein oder Animationen enthalten, es soll ja schließlich eine einzige Bitmap für den Zwischenspeicher entstehen. Beachten Sie, dass durch diese Option die Dateigröße steigt.

Hintergrundfarbe der Bitmap | Wenn Sie einen der beiden Render-Modi nutzen, können Sie übrigens auch die Hintergrundfarbe ❶ wählen, falls sie nicht transparent sein soll.

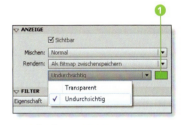

Per Hand in eine Bitmap umwandeln | Es gibt auch eine alternative Möglichkeit, Symbole in Bitmaps umzuwandeln: Die Option IN BITMAP KONVERTIEREN der Menüleiste wandelt das ausgewählte Symbol direkt auf der Bühne um und fügt es zur Bibliothek hinzu. So können Sie die Qualität des Symbols anschließend in der Bibliothek ändern oder es mit Bildbearbeitungsprogrammen editieren, um es schließlich z. B. in anderen FLAs oder in ActionScript weiterzuverwenden.

▲ **Abbildung 13.27**
Hintergrundfarbe für zwischengespeicherte Bitmaps

◀ **Abbildung 13.28**
Symbol IN BITMAP KONVERTIEREN

13.7   Mischmodi und Bitmap-Filter mit ActionScript

In diesem Abschnitt wird erläutert, wie Sie Mischmodi und Filter via ActionScript statt über die Entwicklungsumgebung anwenden können.

Mischmodi

Jedes Anzeigeobjekt besitzt die Eigenschaft `blendMode`, über die Sie einem Anzeigeobjekt einen Mischmodus zuweisen können. Um einem `Sprite`-Objekt beispielsweise den Mischmodus MULTIPLIZIEREN zuzuweisen, verwenden Sie folgende Anweisung:

```
mySprite.blendMode = BlendMode.MULTIPLY;
```

Die folgende Tabelle zeigt die entsprechenden Konstanten für die verschiedenen Mischmodi.

BlendMode-Konstante	Bezeichnung
BlendMode.NORMAL	NORMAL
BlendMode.LAYER	EBENE
BlendMode.MULTIPLY	MULTIPLIZIEREN
BlendMode.SCREEN	NEGATIV MULTIPLIZIEREN
BlendMode.LIGHTEN	AUFHELLEN
BlendMode.DARKEN	ABDUNKELN
BlendMode.DIFFERENCE	DIFFERENZ
BlendMode.ADD	HINZUFÜGEN
BlendMode.SUBTRACT	SUBTRAHIEREN
BlendMode.INVERT	UMKEHREN
BlendMode.ALPHA	ALPHA
BlendMode.ERASE	LÖSCHEN
BlendMode.OVERLAY	ÜBERLAGERN
BlendMode.HARDLIGHT	HARTES LICHT
BlendMode.SHADER	(Passt die Farbe mit einer benutzerdefinierten Shader-Routine an.)

Tabelle 13.2 ▶
BlendMode-Konstanten

Bitmap-Filter

Jeder Bitmap-Filter entspricht in ActionScript einer eigenen Klasse. Die verschiedenen Bitmap-Filter wie z.B. der BlurFilter erweitern alle die Bitmap-Filter-Klasse. Um einen Bitmap-Filter auf ein Objekt anzuwenden, initialisieren Sie zunächst ein entsprechendes Objekt – im folgenden Beispiel ein BlurFilter-Objekt:

```
var blurX:Number = 30;
var blurY:Number = 10;
var myBlurFilter:BlurFilter = new BlurFilter(blurX,
blurY, BitmapFilterQuality.MEDIUM);
```

Anschließend initialisieren Sie ein Array, dem Sie beliebig viele zuvor definierte Filter zuweisen können. Das Array weisen Sie dann der Eigenschaft `filters` eines Anzeigeobjekts zu, um einen oder mehrere zuvor definierte Filter auf das Objekt anzuwenden:

```
var filterArray:Array = new Array(myBlurFilter);
mc.filters = filterArray;
```

Neben dem `BlurFilter` gibt es viele weitere Filter, die Sie per ActionScript einem Objekt zuweisen können. Dazu gehören:

- ▶ `BevelFilter`
- ▶ `BlurFilter`
- ▶ `ColorMatrixFilter`
- ▶ `ConvolutionFilter`
- ▶ `DisplacementMapFilter`
- ▶ `DropShadowFilter`
- ▶ `GlowFilter`
- ▶ `GradientBevelFilter`
- ▶ `GradientGlowFilter`
- ▶ `ShaderFilter`

Bitmap-Filter entfernen

Um alle Bitmap-Filter, die einem Objekt zugewiesen wurden, wieder zu entfernen, können Sie die Eigenschaft `filters` eines Anzeigeobjekts auf `null` setzen:

```
mc.filters = null;
```

Anmerkung

Um jeden Filter im Einzelnen zu erläutern, wäre ein sehr umfangreiches Kapitel notwendig. In diesem Abschnitt wird daher nur beispielhaft auf die Anwendung von Filtern mit ActionScript eingegangen.

Schritt für Schritt:
Bitmap-Filter mit ActionScript steuern

In diesem Workshop wird erläutert, wie Sie die Stärke eines Bitmap-Filters über Interaktion (die Mausposition) zur Laufzeit verändern.

1   Flash-Film öffnen
Öffnen Sie den Flash-Film *13_Bitmaps\BitmapFilter_AS\Bitmap-Filter_AS_01.fla*. In dem Flash-Film wurde ein statisches Textfeld in einen MovieClip umgewandelt, dem der Instanzname »text_mc« zugewiesen wurde. Beachten Sie, dass die Registrierung des MovieClips mittig ist, sodass die x- und y-Koordinate des Textmittelpunkts den Koordinaten des MovieClips entspricht.

13_Bitmaps\BitmapFilter_AS\BitmapFilter_AS_01.fla

2   GlowFilter initialisieren
Öffnen Sie das AKTIONEN-Fenster, und weisen Sie dem ersten Schlüsselbild auf der Ebene »Actions« zunächst folgenden Code zu:

```
1:    var myGlowFilter:GlowFilter = new GlowFilter();
2:    myGlowFilter.color = 0xFF0000;
3:    myGlowFilter.alpha = .8;
```

```
4:   myGlowFilter.blurX = 10;
5:   myGlowFilter.blurY = 10;
```

In Zeile 1 wird ein neues `GlowFilter`-Objekt initialisiert, dem in Zeile 2 bis 5 Eigenschaftswerte zugewiesen werden.

3 Stärke des Filters in Abhängigkeit von der Mausposition steuern

Ergänzen Sie den Code nun um folgende Zeilen:

```
1:   text_mc.addEventListener(Event.ENTER_FRAME,
     enterFrameHandler);
2:   function enterFrameHandler(e:Event):void {
3:       var dx:Number = e.currentTarget.x -stage.
         mouseX;
4:       var dy:Number= e.currentTarget.y -stage.
         mouseY;
5:       var distanz:Number = Math.
         sqrt(dx*dx+dy*dy)/40;
6:       myGlowFilter.strength = distanz;
7:       var filterArray:Array = new Array(myGlowFilter);
8:       e.currentTarget.filters = filterArray;
9:   }
```

In Zeile 1 wird am MovieClip »text_mc« ein Ereignis-Listener registriert, der dafür sorgt, dass die Ereignisprozedur `enterFrame-Handler` mit einem Intervall von einem Bild aufgerufen wird. Innerhalb der Funktion wird der Abstand vom Mittelpunkt des Textes zur Maus auf x- und y-Achse der Bühne ermittelt (Zeile 3 und 4). Anschließend wird auf Grundlage der ermittelten Werte die Distanz zwischen Textmittelpunkt und Mausposition berechnet und durch den Faktor 40 dividiert (Zeile 5). Der Eigenschaft `strength` des `GlowFilter`-Objekts wird der Wert der Variable `distanz` zugewiesen (Zeile 6). Zum Schluss wird der definierte Bitmap-Filter zu einem Array hinzugefügt (Zeile 7), und das Array wird der Eigenschaft `filters` des MovieClips »text_mc« zugewiesen.

Ergebnis der Übung:
*13_Bitmaps\BitmapFilter_AS\
BitmapFilter_AS_02.fla*

4 Fertig! Flash-Film testen

Testen Sie den Flash-Film über ⌈Strg⌉/⌈⌘⌉+⌈↵⌉. Je weiter Sie die Maus vom Mittelpunkt des Textes wegbewegen, desto stärker wird der Glow-Effekt.

◄ **Abbildung 13.29**
Das Beispiel im Flash Player

13.8   Bitmaps mit ActionScript

Flash war ursprünglich ein vektorbasiertes Werkzeug. Mit der Zeit wurden jedoch immer mehr Funktionen integriert, um Bitmaps auf Pixelebene zu erstellen und zu modifizieren. Sie haben beispielsweise bereits Bitmap-Filter und Blendmodi kennengelernt, die Sie sowohl über die Entwicklungsumgebung von Flash als auch über ActionScript auf Objekte anwenden können.

Neben dem Laden von Bitmaps über ActionScript ist es darüber hinaus möglich, Bitmaps zur Laufzeit zu erstellen und auf unterschiedlichste Weise zur Laufzeit zu verändern. In diesem Abschnitt lernen Sie einige grundlegende Möglichkeiten kennen, um Bitmaps mit ActionScript zu erzeugen und zu verändern.

Bitmap-Klasse

Die sogenannte `Bitmap`-Klasse ist eine Unterklasse der `Display-Object`-Klasse. Ein `Bitmap`-Objekt ist ein Anzeigeobjekt, das eine Bitmap (Rastergrafik) darstellt. Mithilfe der `Bitmap`-Klasse bzw. einem Objekt der Klasse können Sie Bitmaps zur Laufzeit erstellen und auf Pixelebene modifizieren. Die `Bitmap`-Klasse selbst besitzt nur drei explizite Eigenschaften:

▶ `bitmapData`: Dieser Eigenschaft eines `Bitmap`-Objekts kann ein sogenanntes `BitmapData`-Objekt zugewiesen werden. Ein `BitmapData`-Objekt repräsentiert die Daten einer Bitmap. Manipulationen auf Pixelebene werden auf ein `BitmapData`-Objekt angewendet.

▶ `pixelSnapping`: Eine Eigenschaft vom Datentyp `String`, die angibt, ob das `Bitmap`-Objekt am nächsten Pixel ausgerichtet werden soll. Der Wert `PixelSnapping.NEVER` führt dazu, dass das `Bitmap`-Objekt nicht am nächsten Pixel ausgerichtet wird. Die Position der Bitmap könnte dann also beispielsweise auch auf x: 10.2 und y: 15.4 liegen. Der Wert `PixelSnapping.ALWAYS` gibt an, dass das `Bitmap`-Objekt immer an ganzzahli-

[!] Bitmap-Grafiken in der Entwicklungsumgebung
Beachten Sie, dass eine Bitmap, die über die Entwicklungsumgebung in einen Flash-Film eingefügt ist, nicht, wie man vielleicht erwarten würde, vom Datentyp `Bitmap` ist, sondern vom Datentyp `Shape`. Eine über ActionScript geladene Bitmap ist hingegen vom Datentyp `Bitmap`.

gen Pixel ausgerichtet werden soll. Der Wert `PixelSnapping.`
`AUTO` gibt an, dass das `Bitmap`-Objekt an ganzzahligen Pixel
ausgerichtet wird, wenn es nicht gedreht, geneigt oder skaliert
wurde. Wenn eine Bitmap nicht auf ganzzahligen Pixelkoordinaten positioniert wird, kann das dazu führen, dass die Ränder
der Bitmap nicht korrekt dargestellt werden, wie Abbildung
13.30 zeigt.

Abbildung 13.30 ▶
Links: eine Bitmap, die nicht auf
ganzzahligen Koordinaten positioniert wurde; rechts: Die Bitmap
wurde auf ganzzahligen Koordinaten positioniert.

▶ `smoothing`: Ein Wert vom Datentyp `Boolean`, der angibt, ob
die Bitmap beim Skalieren geglättet werden soll (`true`) oder
nicht (`false`). Wenn Sie eine Bitmap größer skalieren müssen
als die ursprüngliche Größe, empfiehlt es sich, diese Einstellung zu aktivieren (`true`).

Bitmap-Klasse

Die `Bitmap`-Klasse gehört zum Paket `flash.display`. Die `Bitmap`-
Klasse erweitert die Klasse `Dis-
playObject` und gehört demnach
zu den Anzeigeobjekten. Sie können also Eigenschaften wie x, y,
z, `alpha` etc. mit jedem `Bitmap`-
Objekt verwenden.

Abbildung 13.31 ▶
Links: eine skalierte Bitmap mit
der Eigenschaft `smoothing =`
`false`; rechts: eine skalierte Bitmap mit der Eigenschaft
`smoothing = true`

BitmapData-Klasse

Ein Objekt der `BitmapData`-Klasse repräsentiert die Daten einer
Bitmap. Mithilfe eines Objekts der Klasse können Sie über ActionScript zur Laufzeit Bitmaps erzeugen und auf Pixelebene verändern. Um ein Objekt der `BitmapData`-Klasse zu erzeugen, dient
folgende formelle Syntax:

```
var bmpData:BitmapData = new BitmapData(Breite:int,
Höhe:int,Transparenz:Boolean,füllFarbe:uint);
```

Um beispielsweise eine Bitmap zu erzeugen, deren Bildfläche 400 × 400 Pixel groß ist, deren Pixel Transparenz unterstützen und deren Hintergrundfarbe Schwarz ist, verwenden Sie folgende Anweisungen:

```
var bmpData:BitmapData = new BitmapData(400,400,true,
0xFF000000);
var bmp:Bitmap = new Bitmap(bmpData);
addChild(bmp);
```

Hinweis: Füllfarbe als ARGB-Wert
Beachten Sie, dass die Füllfarbe im ARGB-Format (Alpha, Rot, Grün, Blau) angegeben wird. Der Alphawert entspricht der Transparenz der Füllung. In hexadezimaler Schreibweise entspricht FF 100% Deckung und 00 0% Deckung.

Pixel einer Bitmap auslesen und setzen

Zwei grundlegende Methoden der `BitmapData`-Klasse sind `getPixel` und `setPixel`, deren Anwendung im Folgenden erläutert wird.

Pixel auslesen | Um einen Farbton eines Pixels einer Bitmap zu ermitteln, können Sie die Methode `getPixel` verwenden. An die Methode werden die x- und y-Koordinaten eines Pixels einer Bitmap übergeben. Um beispielsweise den Farbton des Pixels eines `Bitmap`-Objekts `bmp` auf den Koordinaten x: 50 und y: 100 zu ermitteln, verwenden Sie folgenden Code:

```
var selectedColor:uint = bmp.bitmapData.getPixel
(50,100);
trace(selectedColor);
```

Anmerkung
Die `BitmapData`-Klasse besitzt neben den Methoden `getPixel` und `setPixel` eine Vielzahl von weiteren Methoden, um Bitmaps auf Pixelebene auf unterschiedliche Weise zu modifizieren und um unterschiedliche Bitmap-Effekte zu erzeugen. In diesem Kapitel wird aber nur auf grundlegende Methoden eingegangen.

Schritt für Schritt:
Farbwerte einer Bitmap auslesen

In diesem Workshop wird erläutert, wie Sie Farbwerte einer geladenen Bitmap per Mausklick ermitteln können.

1   Flash-Film öffnen
Öffnen Sie den Flash-Film *13_Bitmaps\getPixel\getPixel_01.fla*. Auf der Bühne wurde eine COLORPICKER-Komponente platziert. Der Komponente wurde der Instanzname `myPicker` zugewiesen.

13_Bitmaps\getPixel\getPixel_01.fla

2   Bitmap laden
Wählen Sie das Schlüsselbild auf der Ebene »Actions« aus, öffnen Sie das AKTIONEN-Fenster, und weisen Sie dem Schlüsselbild zunächst folgenden Code zu:

```
1:    var container:Sprite = new Sprite();
2:    addChild(container);
3:    var loader:Loader = new Loader();
4:    var myURLRequest:URLRequest = new URLRequest
      ("beispiel.png");
5:    loader.contentLoaderInfo.addEventListener
      (Event.INIT,initHandler);
6:    loader.load(myURLRequest);
7:    var bmpData:BitmapData;
8:    var bmp:Bitmap;
```

Zunächst wird in Zeile 1 ein Sprite-Objekt erstellt, das in Zeile 2 zur Anzeigeliste des Flash-Films hinzugefügt wird. Das Sprite-Objekt dient als Container. Anschließend wird über ein Loader-Objekt die Bitmap *beispiel.png* geladen. In Zeile 5 wird ein Ereignis-Listener registriert, der dafür sorgt, dass die Ereignisprozedur initHandler aufgerufen wird, wenn die Bitmap vollständig geladen wurde. In Zeile 6 wird der Ladevorgang gestartet. In Zeile 7 und 8 werden ein BitmapData-Objekt und ein Bitmap-Objekt initialisiert.

3 **Zuweisung des Bitmap-Objekts und BitmapData-Objekts**

Ergänzen Sie den Code nun um folgende Zeilen:

```
1:    function initHandler(e:Event):void {
2:        bmp = e.currentTarget.content;
3:        bmpData = bmp.bitmapData;
4:        container.addChild(bmp);
5:        container.addEventListener(
          MouseEvent.CLICK,getColor);
6:    }
```

Zunächst wird in Zeile 2 die geladene Bitmap dem Bitmap-Objekt bmp zugewiesen. In Zeile 3 werden dann dem BitmapData-Objekt bmpData die Daten der geladenen Bitmap zugewiesen. Anschließend wird das Bitmap-Objekt in die Anzeigeliste des Sprite-Objekts container eingefügt. In Zeile 5 wird ein Ereignis-Listener an dem Sprite-Objekt registriert, der dafür sorgt, dass die Ereignisprozedur getColor aufgerufen wird, wenn die Maustaste über dem Sprite-Objekt gedrückt wird.

4 **Farbwert des Pixels ermitteln und der ColorPicker-Komponente zuweisen**

Ergänzen Sie den Code abschließend um folgende Zeilen:

```
function getColor(e:MouseEvent):void {
    var myColor:uint = bmpData.getPixel(container.
    mouseX,container.mouseY);
    myPicker.selectedColor = myColor;
}
```

Über die Methode `getPixel` wird auf Basis der Mausposition innerhalb des `Sprite`-Objekts der Farbwert der geladenen Bitmap ermittelt und der Variablen `myColor` zugewiesen. Der Eigenschaft `selectedColor` wird dann der Farbwert des Pixels zugewiesen.

▲ **Abbildung 13.32**
Der Farbwert des Pixels wurde ermittelt.

5   **Fertig! Flash-Film testen**
Testen Sie den Flash-Film über ⎡Strg⎤/⌘+⏎. Mit der Maus können Sie jetzt Pixelwerte der Bitmap ermitteln, die dann über die COLORPICKER-Komponente dargestellt werden.

Neben der Methode `getPixel` gibt es weitere Methoden, um Pixeldaten auszulesen:

Ergebnis der Übung:
13_Bitmaps\getPixel\getPixel_02.fla

▶ `getPixel32(x:int,y:int)`: Im Gegensatz zur Methode `get-Pixel` ermittelt die Methode `getPixel32` den ARGB-Wert eines Pixels. Dabei steht ARGB für Alpha, Rot, Grün und Blau. Der Rückgabewert ist vom Datentyp `uint`.

▶ `getPixels(rect:Rectangle)`: Die Methode gibt ein sogenanntes ByteArray aus einem rechteckigen Bereich von Pixelwerten zurück.

▶ `getVector(rect:Rectangle)`: Die Methode gibt ein typisiertes Array (`Vector`-Objekt) aus einem rechteckigen Bereich von Pixelwerten zurück. Die Feldwerte des Arrays sind vom Datentyp `uint`.

Pixel setzen | Das Pendant zu `getPixel` ist die Methode `set-Pixel`, über die Sie den Farbwert eines Pixels eines `BitmapData`-Objekts festlegen können. Um beispielsweise über die Methode `setPixel` eine 50 Pixel breite Linie mit einem gelben Farbton zu zeichnen, verwenden Sie folgenden Code:

```
var bmpData:BitmapData = new BitmapData(200,200,true,
0xFF000000);
var startX:uint = 50;
var startY:uint = 50;
for(var i:uint=0;i<50;i++) {
    bmpData.setPixel(startX+i,startY,0xFFFFFF00);
}
var bmp:Bitmap = new Bitmap(bmpData);
addChild(bmp);
```

BitmapData: dispose

Wenn Sie ein `BitmapData`-Objekt nicht mehr benötigen, sollten Sie die Methode `dispose` des Objekts aufrufen. Die Methode gibt den von der `Bitmap-Data` genutzten Speicher wieder frei. Sie können dann das Objekt und das `Bitmap`-Objekt anschließend ergänzend auf `null` setzen, um die Objekte für die Entfernung aus dem Speicher freizugeben. Beispiel:

```
var bmpData:BitmapData =
new BitmapData(
200,200,true,0xFF000000);
var bmp:Bitmap = new
Bitmap(bmpData);
addChild(bmp);
// Objekt wieder entfernen
removeChild(bmp);
bmpData.dispose();
bmpData = null;
bmp = null;
```

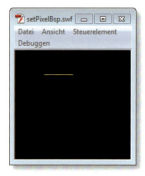

▲ **Abbildung 13.33**
Die über ActionScript erzeugte
Bitmap-Linie

Die `BitmapData`-Klasse besitzt neben `setPixel` weitere Methoden, um Pixel zu setzen:

▶ `setPixel32(x:int,y:int,color:uint)`: Ähnelt der Methode `setPixel` mit dem Unterschied, dass als Eingabe ein Farbwert im ARGB-Format (Alpha, Rot, Grün, Blau) erwartet wird.

▶ `setPixels(rect:Rectangle, inputByteArray:ByteArray)`: Die Methode setzt mithilfe eines ByteArrays die Pixelwerte innerhalb eines definierten Rechtecks.

▶ `setVector(rect:Rectangle, inputVector:Vector.<uint>)`: Die Methode setzt mithilfe eines typisierten Arrays (Vector-Objekt) die Pixelwerte innerhalb eines definierten Rechtecks.

Schritt für Schritt:
Kreispunkt-Muster mit setPixel erzeugen

In diesem Workshop wird erläutert, wie Sie die Methode `setPixel` einsetzen können, um in Abhhängigkeit von der Mausposition ein Kreispunkt-Muster zu erstellen.

1   Neues Dokument erstellen

Erstellen Sie einen neuen Flash-Film, und stellen Sie die Bildrate des Flash-Films auf 31 Bilder pro Sekunde.

2   Bitmap erzeugen und Ereignis-Listener registrieren

Nennen Sie die bereits vorhandene Ebene »Actions«, und weisen Sie dem ersten Schlüsselbild zunächst folgenden Code zu:

```
1:    var bmpData:BitmapData=new BitmapData(stage.
      stageWidth,stage.stageHeight,false,0xFF000000);
2:    var bmp:Bitmap=new Bitmap(bmpData);
3:    addChild(bmp);
4:    stage.addEventListener(Event.ENTER_FRAME,
      drawCircleDots);
5:    var counter:uint = 0;
```

In Zeile 1 wird ein `BitmapData`-Objekt erzeugt, dessen Bildfläche auf die Größe der Bühne festgelegt wird. Die Hintergrundfarbe wird auf Schwarz gesetzt. Anschließend wird in Zeile 2 ein `Bitmap`-Objekt initialisiert, dem Objekt wird das `BitmapData`-Objekt übergeben, und anschließend wird das `Bitmap`-Objekt zur Anzeigeliste hinzugefügt (Zeile 3). In Zeile 4 wird an der Bühne des Flash-Films ein Ereignis-Listener registriert, der die Ereignisprozedur `drawCircleDots` in einem Intervall von einem Bild aufruft. In Zeile 5 wird eine Zählervariable `counter` initialisiert, die später dazu verwendet wird, die Bildfläche nach einer bestimmten Anzahl von Durchläufen zurückzusetzen.

3   **Ereignis-Prozedur und Zufalls-Hilfsfunktion definieren**
Ergänzen Sie den Code nun um folgende Zeilen:

```
1:   function drawCircleDots(e:Event):void {
2:      if (counter<400) {
3:         counter++;
4:         var rndColor:Number=randomExt(0,0xFFFFFF);
5:         var rndRadius:Number=randomExt(0,50);
6:         var angle:Number=0;
7:         var density:Number = 50;
8:         for (var i:Number = 0; i<density; i+=Math.
           PI*2/density) {
9:            angle=i;
10:           var xPos:Number=stage.mouseX+Math.
              cos(angle)*rndRadius;
11:           var yPos:Number=stage.mouseY+Math.
              sin(angle)*rndRadius;
12:           bmpData.setPixel(xPos,yPos,rndColor);
13:        }
14:     } else {
15:        counter=0;
16:        bmpData=new BitmapData(stage.stageWidth,
              stage.stageHeight,true,0xFF000000);
17:        bmp.bitmapData=bmpData;
18:     }
19:   }
20:   function randomExt(minVal:Number,maxVal:Number):
        Number {
21:      return Math.floor(Math.random() *
           (1+maxVal-minVal)) + minVal;
22:   }
```

Zunächst wird in der Funktion `drawCircleDots` geprüft, ob der Wert der Zählervariable `counter` kleiner als 400 ist. Sollte der Wert gleich oder größer als 400 sein, wird der Wert der Zählvariable zurückgesetzt (Zeile 15), das `BitmapData`-Objekt neu definiert (Zeile 16) und der Bitmap zugewiesen (Zeile 17).

Sollte der Wert kleiner als 400 sein, wird der Wert der Zählervariable `counter` zunächst um 1 erhöht (Zeile 3). Anschließend werden einige Variablen initialisiert (Zeile 4 bis 7), wie z. B. die Variable `rndColor` (Zeile 4), der ein zufälliger Farbwert zugewiesen wird.

In Zeile 8 wird eine `for`-Schleife definiert, die 50-mal durchlaufen wird. Dabei wird die Zählervariable `i` um jeweils 1/50 von `Math.PI*2` erhöht. `Math.PI*2` entspricht 360 Grad, d. h. einer Umdrehung. Auf Basis der aktuellen Mausposition, des aktuellen Werts von `i` bzw. `angle` und des zuvor zufällig festgelegten Radius wird ein gepunkteter Kreis über die Methode `setPixel` gezeichnet (Zeile 10 bis 12).

Ergebnis der Übung:
13_Bitmaps\setPixel\setPixel.fla

4   Fertig! Flash-Film testen

Testen Sie den Flash-Film über Strg/⌘+↵. Probieren Sie ruhig einmal einige Parameter aus, indem Sie z. B. den zufälligen Wert für `rndRadius` ändern, und beobachten Sie die Auswirkungen.

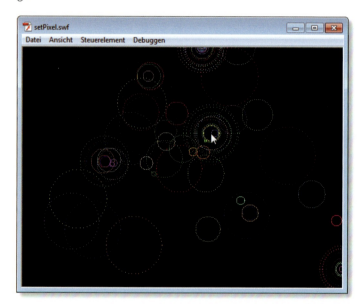

Abbildung 13.34 ▶
Das erzeugte Kreispunkt-Muster

Kapitel 14

Sound

In diesem Kapitel lernen Sie alles Wissenswerte, um Sound in Flash zu nutzen. Sie erfahren, wie Sie Sounds in der Authoring-Umgebung über die »Zeitleiste« in einen Flash-Film einbetten und wie Sie Sounds mithilfe von ActionScript 3 nutzen und steuern können.

14.1 Hintergrundwissen

Wir nehmen Töne analog wahr. In unserer analogen Welt können Töne mit sich kontinuierlich ausbreitenden Schallwellen umschrieben werden.

Ein Beispiel: Ein Lautsprecher sorgt dafür, dass elektrische Eingangssignale in Schallwellen umgewandelt und ausgegeben werden (sich ausbreiten). Unser Ohr, genauer gesagt das Trommelfell des Ohrs, empfängt diese Wellen und wird in Schwingung versetzt – unser Gehirn wandelt diese Impulse anschließend um, wodurch wir diese Schwingungen letzten Endes als Töne interpretieren.

Computer hingegen können mit den rein analogen Signalen nichts anfangen. Damit Computer analoge Ausgangssignale interpretieren können, müssen diese analogen Signale erst einmal in digitale, maschinell interpretierbare Werte übersetzt werden.

Bei dieser Umwandlung werden Näherungswerte der ursprünglich analogen Schwingung verwendet. Ähnlich wie beim Scannen eines Bildes mit einem Scanner wird bei der Audio-Digitalisierung die analoge Schwingung abgetastet und in digitale Werte umgewandelt. Die Genauigkeit der Abtastung, die Auflösung, entscheidet u. a. darüber, wie genau die digitale Abbildung dem analogen Original entspricht. Audiodaten für herkömmliche CDs werden beispielsweise mit einer Abtastrate von 44,1 kHz und mit einer Samplingtiefe von 16 Bit mit zwei Kanälen aufgezeichnet. In die-

Die kleine Geschichte der krummen Abtast-Rate von CDs

Unbestätigten Gerüchten zufolge ist der Ursprung des krummen Werts der Abtastrate von Audio-CDs auf folgende Geschichte zurückzuführen: Ursprünglich war eine Gesamtlänge von 60 Minuten und eine entsprechend höhere Abtastrate als 44,1 kHz geplant. Das Lieblingsstück der Frau eines Sony-Managers war jedoch eine Aufnahme der 9. Sinfonie Beethovens, die exakt 74 Minuten lang ist. Der Legende folgend, veranlasste der Manager, die Abtastrate auf 44,1 kHz zu senken, um die ursprüngliche Länge von 60 auf genau 74 Minuten zu verlängern. Eine schöne Geschichte … Der wahre Grund für die krumme Abtastrate von CDs ist allerdings auf TV-Standards (NTSC/PAL) zurückzuführen. Dort stehen die 44,1 kHz relativ zum Verhältnis der unterschiedlichen Zeilenauflösung und Bildwiederholungsfrequenzen.

ser Qualität können auf einer Audio-CD 74 Minuten gespeichert werden, bei einer geringen Qualität entsprechend mehr.

Samplingrate | Die Anzahl der Messungen pro Sekunde wird dabei als *Samplingrate* oder *Abtastrate* bezeichnet. Über die Samplingrate wird bestimmt, in welchem Abstand die Welle abgetastet wird und wie häufig entsprechende Werte zur Beschreibung der Welle gespeichert werden. Je höher die Samplingrate ist, desto genauer entspricht die digitale Beschreibung dem analogen Original.

Eine Schwingung lässt sich mithilfe der Frequenz und der Amplitude (Lautstärke), der Auslenkung der Schwingung, beschreiben. Die Samplingrate wird in Kilohertz (kHz) angegeben, z. B. 22 kHz.

Abtastrate

Wenn möglich, sollten Sie Sounds mit einer Abtastrate von 11 kHz oder einem Vielfachen davon verwenden. Sounds, deren Abtastrate keinem Vielfachen von 11 kHz entspricht, werden beim Import in Flash auf einen entsprechenden Wert neu umgerechnet. Die Abtastrate muss immer doppelt so groß gewählt werden wie die höchste Frequenz, die abgebildet werden soll.

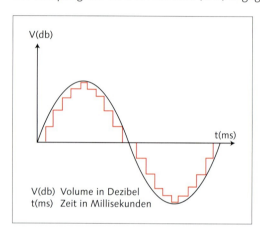

Abbildung 14.1 ▶
Samplingrate

Samplingtiefe | Die sogenannte *Samplingtiefe* entspricht der Anzahl der Abstufungen der Amplitude. Je größer die Samplingtiefe eines digitalen Audio-Signals ist, desto präziser sind die Abstufungen der Lautstärke. Ebenso wie die Samplingrate ist die Samplingtiefe ein Qualitätsmerkmal. Die Samplingtiefe wird in Bit angegeben, z. B. 16 Bit.

Abbildung 14.2 ▶
Samplingtiefe

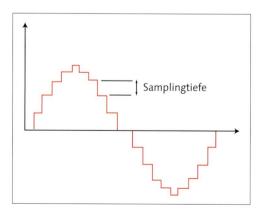

14.2 Import und Veröffentlichung

Bevor Sie Sounds in Flash über die ZEITLEISTE einsetzen können, müssen Sie den jeweiligen Sound zunächst in Flash importieren. Wählen Sie dazu den Menübefehl DATEI • IMPORTIEREN • IN BIBLIOTHEK IMPORTIEREN.

Import-Formate | Sounds, die direkt in der ZEITLEISTE eines Flash-Films integriert werden sollen, werden üblicherweise im WAV-Format (Windows) oder im AIFF-Format (Mac) importiert.

Komprimierung
Unkomprimierte Soundformate wie WAV oder AIFF sind in der Regel sehr groß, Flash wandelt sie jedoch bei der Veröffentlichung des Flash-Films standardmäßig in das komprimierte MP3-Format um.

Format	Dateiendung	Beschreibung
WAV	.wav	Standard-Soundformat (unter Windows), unkomprimiert
AIFF	.aiff, .aif	Standard-Soundformat (unter Mac), unkomprimiert
MP3	.mp3	(MPEG-1 Audio Layer 3), komprimiert
Adobe Sound Document	.asnd	von Adobe Soundbooth verwendetes Format
SUN AU	.au	Soundformat von Sun, unkomprimiert/komprimiert

▲ **Tabelle 14.1**
Die wichtigsten importfähigen Soundformate

Veröffentlichungseinstellungen

In welchem Format und in welcher Qualität ein Sound standardmäßig in den Flash-Film eingebunden wird, lässt sich im Menü DATEI • EINSTELLUNGEN FÜR VERÖFFENTLICHUNGEN unter AUDIO-STREAM und AUDIO-EREIGNIS global für den jeweiligen Soundtyp einstellen.

◀ **Abbildung 14.3**
Audio-Einstellungen für die Veröffentlichung

Wie auch bei der Komprimierung von Bitmap-Grafiken lassen sich diese Einstellungen in der BIBLIOTHEK darüber hinaus auch individuell für jeden Sound einstellen. Wählen Sie dazu die Sounddatei in der Bibliothek aus, öffnen Sie das Kontextmenü, und wählen Sie den Menüpunkt EIGENSCHAFTEN.

Soundeigenschaften auf einen Blick

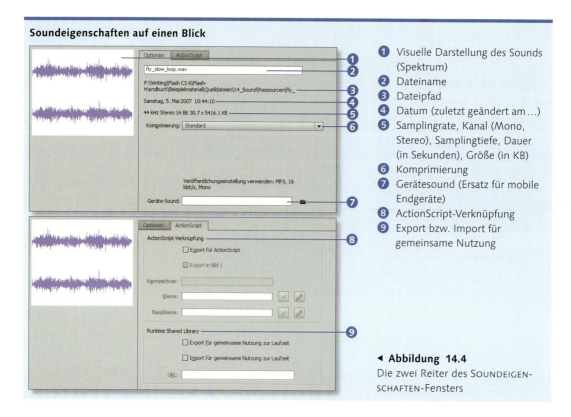

1. Visuelle Darstellung des Sounds (Spektrum)
2. Dateiname
3. Dateipfad
4. Datum (zuletzt geändert am …)
5. Samplingrate, Kanal (Mono, Stereo), Samplingtiefe, Dauer (in Sekunden), Größe (in KB)
6. Komprimierung
7. Gerätesound (Ersatz für mobile Endgeräte)
8. ActionScript-Verknüpfung
9. Export bzw. Import für gemeinsame Nutzung

◀ **Abbildung 14.4**
Die zwei Reiter des SOUNDEIGEN-SCHAFTEN-Fensters

▲ **Abbildung 14.5**
Auswahl der Komprimierung

[!] Variable Bitrate (VBR)
Einige MP3s werden mit einer dynamischen Datenrate (VBR-Modus, »Variable Bitrate«) kodiert. Bei einigen VBR-komprimierten MP3-Dateien kann es zu Fehlern beim Abspielen in Flash kommen. Häufig tritt das Problem bei gestreamten Sounds auf. Wandeln Sie VBR-kodierte MP3-Dateien vorher mit einem geeigneten Audio-Programm in WAV, AIFF oder in MP3 ohne VBR um.

Zunächst können Sie unter KOMPRIMIERUNG ➏ das gewünschte Export-Format und die damit verbundene Komprimierung auswählen.

ADPCM | ADPCM nutzt ein Verfahren zur Komprimierung, über das versucht wird, ausgehend von einem Signal den weiteren Verlauf des Signals vorherzusagen. So müssen weniger Bits zur Beschreibung des Signals gespeichert werden. Das Verfahren führt meist zu schlechteren Ergebnissen als MP3.

MP3 | Das bevorzugte Export-Format ist MP3. Das MP3-Format nutzt ein verlustbehaftetes Komprimierungsverfahren, das sich der Psychoakustik bedient. Die Psychoakustik hat das Ziel, ausschließlich für den Menschen bewusst hörbare Audio-Signale zu nutzen. Es bietet in der Regel das beste Qualitäts-Größen-Verhältnis.

RAW | Mit der Einstellung RAW werden Sounds ohne Komprimierung exportiert, was selbstverständlich zur bestmöglichen Qualität führt. Durch die fehlende Komprimierung werden Flash-Filme jedoch entsprechend groß, was bei Webprojekten inakzeptabel ist.

Sprache | Die Einstellung SPRACHE bietet eine speziell für Sprachausgaben optimierte Komprimierung.

Erweiterte MP3-Einstellungen | Nachdem Sie eine Komprimierung gewählt haben, stehen Ihnen je nach Komprimierung weitere Einstellungen zur Verfügung. Für die MP3-Komprimierung haben Sie exemplarisch folgende Auswahlmöglichkeiten:

◄ **Abbildung 14.6**
Erweiterte MP3-Einstellungen

▶ VORVERARBEITUNG ①: Durch Aktivierung der Option werden Stereo-Aufnahmen in Mono-Aufnahmen umgewandelt. Bei einer Bitrate von 16 kbit/s oder geringer ist die Option automatisch aktiviert. In Stereo exportierte Aufnahmen benötigen geringfügig mehr Speicher.

▶ BITRATE ②: Wenn Sie die Komprimierung MP3 gewählt haben, können Sie über die Bitrate die Stärke der Komprimierung festlegen. 16 KBIT/S (Kilobit pro Sekunde) ist meist zu niedrig. Es empfiehlt sich, Werte zwischen 48 kbit/s und 128 kbit/s (annähernd CD-Qualität) zu wählen.

▶ QUALITÄT ③: Die Einstellung beeinflusst die Geschwindigkeit, mit der die Komprimierung durchgeführt wird. Der Wert SCHNELL sorgt für eine schnelle Komprimierung mit entsprechend geringerer Qualität. Zum Testen sollten Sie die Option SCHNELL wählen – wenn Sie den Flash-Film finalisieren, empfiehlt es sich, die Einstellung in OPTIMAL zu ändern.

[Bitrate]

Die Bitrate ist einerseits ein Qualitätsmerkmal. Andererseits gibt sie gleichzeitig die Bandbreite an, die erforderlich ist, um den Sound zu streamen. Eine Kodierung mit 48 kbit/s bedeutet, dass 48 Kilobit pro Sekunde gestreamt werden müssen. Die theoretische Bandbreite von ISDN beträgt 64 Kilobit pro Sekunde. In der Praxis kann die Bandbreite etwas geringer ausfallen. Die Bandbreite eines Standard-DSL-Anschlusses ist 768 Kilobit pro Sekunde.

Weitere Funktionen des Soundeigenschaften-Fensters | Im Dialogfenster SOUNDEIGENSCHAFTEN stehen Ihnen auf der rechten Seite zusätzliche Funktionen zur Verfügung.

◄ **Abbildung 14.7**
Funktionen des SOUNDEIGEN-
SCHAFTEN-Fensters

▶ AKTUALISIEREN ④: Nachdem Sie eine Sounddatei importiert und diese nachträglich in einem externen Audio-Editor bearbeitet haben, können Sie die Änderungen der Sounddatei im Flash-Film per Mausklick auf AKTUALISIEREN übernehmen. Änderungen an Sounddateien werden, wie bei Bitmaps auch, nicht automatisch übernommen.

▶ IMPORTIEREN ❺: Über die Schaltfläche IMPORTIEREN können Sie eine Sounddatei durch eine andere ersetzen. Das ist sehr praktisch, wenn Sie einen Sound in den Flash-Film integriert haben und ihn schnell durch einen anderen austauschen möchten.

▶ TESTEN ❻: Über die Schaltfläche TESTEN können Sie das Resultat der eingestellten Komprimierung testen. Die Sounddatei wird mit der eingestellten Komprimierung exportiert und abgespielt.

Falls Sie Audio-Material professionell herstellen und bearbeiten wollen, benötigen Sie spezielle Audio-Software. Einen Überblick über die bekanntesten Audio-Programme gibt Ihnen die folgende Tabelle.

Sounds aus der Bibliothek speichern

Wenn Sie eine Flash-Quelldatei (FLA) erhalten und einen Sound, der jedoch in der BIBLIOTHEK nicht mitgeliefert wird, anderweitig benötigen, wählen Sie den Sound in der BIBLIOTHEK aus, öffnen das Kontextmenü und wählen den Menüpunkt BEARBEITEN MIT. Wählen Sie anschließend ein geeignetes Soundbearbeitungsprogramm, wie z. B. Audacity, aus.

Audio-Editor	Hersteller/Bezugsquelle	System	Lizenz
Sound Forge	Sony Pictures www.sonycreativesoftware.com	Windows	kommerziell
Audacity	www.audacity.de	Windows, Mac, Linux	Open Source
Adobe Soundbooth	Adobe www.adobe.de	Windows Mac	kommerziell
Adobe Audition (früher Cool Edit Pro)	Adobe www.adobe.de	Windows	kommerziell
GarageBand	www.apple.com/de/ilife/garageband	Mac	standardmäßig bei Mac OS X dabei
ProTools	www.digidesign.com	Windows, Mac	kommerziell
Wavelab	www.steinberg.net	Windows	kommerziell

▲ Tabelle 14.2
Audio-Editoren

Tipps für den Import

Gutes Ausgangsmaterial

Grundsätzlich gilt: Je besser das Ausgangsmaterial ist, desto besser ist das Endergebnis. Besitzen Sie einen Sound in einem unkomprimierten Format, wie z. B. WAV oder AIFF, nutzen Sie dieses Format für den Import in Flash.

Wenn Sie Sounds in der ZEITLEISTE eines Flash-Films oder einer Symbolinstanz verwenden möchten, sollten Sie den Sound in der bestmöglichen Qualität in Flash importieren. Nehmen Sie dabei keine Rücksicht auf die Dateigröße, da Flash den Sound standardmäßig selbst komprimiert.

Sollte Ihnen die Sounddatei ausschließlich in einem komprimierten Format vorliegen, bleibt Ihnen folgende Möglichkeit:

Sie öffnen die komprimierte Sounddatei in einem externen Soundeditor und speichern sie in ein unkomprimiertes Format,

z. B. in das WAV-Format, ab. Diese Version können Sie dann nutzen, um Änderungen an der Sounddatei vorzunehmen. Die Qualität des Originals bleibt so auch bei Änderungen und wiederholten Speichern erhalten. Importieren Sie dann die unkomprimierte Version in Flash.

14.3   Sound in der Zeitleiste

Um einen Sound auf der Zeitleiste zu integrieren, müssen Sie den Sound einem Schlüsselbild zuweisen. Wählen Sie dazu das Schlüsselbild aus, öffnen Sie das EIGENSCHAFTEN-Fenster, und wählen Sie den zuvor importierten Sound im Listenfeld im Reiter SOUND ❶ aus.

Hinweis
Für eine bessere Übersicht empfiehlt es sich, auf der Zeitleiste eine oder mehrere Ebenen speziell für Sounds anzulegen.

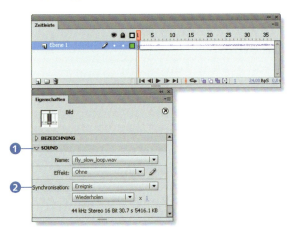

◄ **Abbildung 14.8**
Einem Schlüsselbild Sound zuweisen

Mehrere Sounds gleichzeitig abspielen

Um mehrere Sounds parallel abzuspielen, müssen Sie für jeden Sound eine eigene Ebene und ein Schlüsselbild anlegen.

Soundtypen

Im EIGENSCHAFTEN-Fenster im Reiter SOUND stehen Ihnen weitere Einstellungen, die das Verhalten des Sounds beeinflussen, zur Verfügung. Unter SYNCHRONISATION ❷ können Sie zwischen vier Einstellungsmöglichkeiten wählen:

► EREIGNIS: Ereignissounds müssen vor dem Abspielen vollständig heruntergeladen werden. Sie eignen sich für kurze Soundeffekte, die parallel zu bestimmten Ereignissen wie z. B. dem Erscheinen eines Textes abgespielt werden.

► STARTEN: Ein Startensound verhält sich ähnlich wie ein Ereignissound. Der Sound wird allerdings nur erneut abgespielt, wenn sein vorheriger Abspielvorgang bereits abgeschlossen ist. Die Einstellung eignet sich für Button-Ereignisse wie `MouseEvent.CLICK`, `MouseEvent.ROLL_OVER` etc., die nicht mehrfach parallel abgespielt werden sollen.

▲ **Abbildung 14.9**
Synchronisationseinstellungen

▶ STOPP: Über STOPP können Sie den Abspielvorgang eines zuvor eingestellten Sounds mit der Einstellung EREIGNIS oder STARTEN an einem von Ihnen definierten Bild in der ZEITLEISTE stoppen.

▶ STREAM: Streaming-Sounds werden abgespielt, sobald ausreichend Daten für die ersten Bilder heruntergeladen wurden. Diese Einstellung lässt sich für längere Sounds nutzen, z. B. für Hintergrundmusik. Hierbei sollte darauf geachtet werden, dass die Bandbreite des Betrachters ausreicht, um den Sound zu streamen. Da Sounds mit der Einstellung STREAM synchron zur ZEITLEISTE abgespielt werden, eignen sie sich besonders gut, um Animationen und Sound exakt parallel (synchron) abzuspielen. Sollte der Flash-Film nicht schnell genug geladen werden, werden Bilder des Flash-Films übersprungen.

▲ **Abbildung 14.10**
WIEDERHOLEN oder SCHLEIFE einstellen

Wiederholungen | Neben dem Soundtyp können Sie rechts daneben einstellen, wie oft ein Sound abgespielt werden soll. Wahlweise können Sie mit der Einstellung WIEDERHOLEN ❶ einen Sound x-mal wiederholen. Die Anzahl der Wiederholungen definieren Sie dann rechts neben dem Auswahlfeld. Wenn Sie einen Sound unendlich oft wiederholen möchten, wählen Sie die Einstellung SCHLEIFE ❷.

Schritt für Schritt:
Eine Schaltfläche mit Sounds versehen

In diesem Workshop lernen Sie, wie Sie einen Sound mit einer Schaltfläche verknüpfen.

1   Flash-Film öffnen

14_Sound\Button\ Button_01.fla, klick_1.wav und *rollover_2.wav*

Öffnen Sie den Flash-Film *14_Sound\Button\Button_01.fla.* Im Flash-Film wurde eine Schaltfläche angelegt. Für die Zustände AUF und DARÜBER wird im Folgenden jeweils ein Sound integriert.

2   Symbol-Bearbeitungsmodus

Wählen Sie die Schaltflächen-Symbolinstanz auf der Bühne aus, und wechseln Sie über Strg/⌘+E in den Symbol-Bearbeitungsmodus. Erstellen Sie eine neue Ebene »Sounds«.

Abbildung 14.11 ▶
Eine neue Ebene »Sounds« wurde angelegt.

3 **Sounddateien importieren**

Importieren Sie über das Menü DATEI • IMPORTIEREN • IN BIBLIO-
THEK IMPORTIEREN die WAV-Dateien *klick_1.wav* und *rollover_2.
wav*. Erstellen Sie auf der Ebene »Sounds« im Bild DARÜBER und
GEDRÜCKT über F6 jeweils ein leeres Schlüsselbild.

◄ **Abbildung 14.12**
Schlüsselbilder erstellen

4 **Sounds zuweisen**

Wählen Sie zunächst das Schlüsselbild im Feld DARÜBER aus, und
weisen Sie ihm über das EIGENSCHAFTEN-Fenster im Reiter SOUND
den Sound *rollover_2.wav* zu. Stellen Sie im Feld SYNCHRONISA-
TION die Einstellung auf STARTEN und WIEDERHOLEN auf »0«. Wählen Sie jetzt das Schlüsselbild im Bild GEDRÜCKT aus, und weisen
Sie ihm den Sound *klick_1.wav* zu. Stellen Sie im Feld SYNCHRO-
NISATION die Einstellung auf STARTEN und WIEDERHOLEN auf »0«.

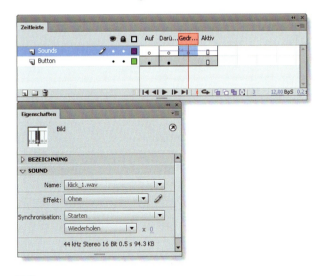

◄ **Abbildung 14.13**
Klicksound zuweisen

5 **Film testen**

Testen Sie den Flash-Film über Strg/⌘+↵, und vergessen Sie
nicht, Ihre Lautsprecher anzustellen.

Ergebnis der Übung:
14_Sound\Button\Button_02.fla

Soundeffekte

Im Feld EFFEKT können Sie aus einem Listenfeld zwischen verschiedenen Einstellungen wählen:

▲ **Abbildung 14.14**
Soundeffekte

Gefüllter Anfasser

Sobald der Anfasser ausgewählt wurde, wird er durch ein gefülltes Rechteck ersetzt.

Ein- und Ausblenden

Mithilfe von vier Anfassern können Sie so z. B. einen Ein- und Ausblendeneffekt erstellen.

▶ OHNE: Der Sound wird ohne Effekt abgespielt.

▶ LINKER/RECHTER KANAL: Der jeweils angegebene Kanal wird abgespielt – der andere Kanal ist deaktiviert.

▶ NACH RECHTS/NACH LINKS: Der Sound verläuft in die angegebene Kanalrichtung. NACH RECHTS bedeutet, dass der Sound zunächst links abgespielt wird und nach und nach zum rechten Kanal übergeht.

▶ EINBLENDEN/AUSBLENDEN: Die Lautstärke des Sounds steigert sich von 0 auf 1 (Einblenden) bzw. fällt von 1 auf 0 (Ausblenden).

▶ BENUTZERDEFINIERT: Es öffnet sich das Dialogfenster HÜLLE BEARBEITEN, das sich auch über das Stift-Symbol öffnen lässt. Die Möglichkeiten werden im Folgenden näher erläutert.

Benutzerdefinierte Soundeffekte | Im Dialogfenster HÜLLE BEARBEITEN können Sie unter EFFEKT ❶ einen der bereits vorgestellten Effekte auswählen. Auswirkungen des Effekts sind dann auf dem linken ❷ und rechten ❸ Kanal im unteren Bereich zu sehen. Alternativ können Sie die Lautstärke des linken und rechten Kanals auch selbst steuern. Wählen Sie dazu unter EFFEKT die Einstellung BENUTZERDEFINIERT.

Klicken Sie einen der Anfasser ⓫ und ⓬ im gewünschten Kanal an, halten Sie die Maustaste gedrückt, und verschieben Sie ihn. Um einen neuen Anfasser zu erstellen, klicken Sie mit der Maus auf einen Punkt auf der Linie ⓭.

Dialogfenster: Hülle bearbeiten

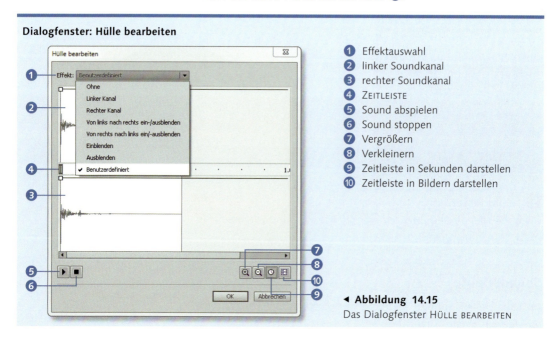

❶ Effektauswahl
❷ linker Soundkanal
❸ rechter Soundkanal
❹ ZEITLEISTE
❺ Sound abspielen
❻ Sound stoppen
❼ Vergrößern
❽ Verkleinern
❾ Zeitleiste in Sekunden darstellen
❿ Zeitleiste in Bildern darstellen

◀ **Abbildung 14.15**
Das Dialogfenster HÜLLE BEARBEITEN

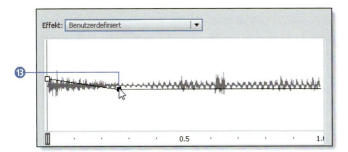

▲ **Abbildung 14.16**
Ein neuer Punkt wurde erstellt.

Schritt für Schritt:
Einen Streaming-Sound ein- und ausblenden

In diesem Workshop wird gezeigt, wie Sie einen gestreamten Sound ein- und ausblenden können.

1 Flash-Film erstellen
Öffnen Sie über DATEI • NEU im Reiter ALLGEMEIN eine neue Flash-Datei (ActionScript 3.0). Importieren Sie den Sound *comx_fast_loop.wav* über das Menü DATEI • IMPORTIEREN • IN BIBLIO-THEK IMPORTIEREN.

2 Sound einstellen
Wählen Sie das erste Schlüsselbild aus, und weisen Sie dem Schlüsselbild im EIGENSCHAFTEN-Fenster den Sound zu. Stellen Sie die Einstellung unter SYNCHRONISATION auf STREAM.

▲ **Abbildung 14.17**
Der Lautstärkepegel des linken Kanals wurde reduziert.

🔘 *14_Sound\StreamingSound\ comx_fast_loop.wav*

◄ **Abbildung 14.18**
Dem Schlüsselbild Sound zuweisen

583

▲ **Abbildung 14.19**
Soundeigenschaften einstellen

3 Soundeigenschaften festlegen

Öffnen Sie die BIBLIOTHEK, wählen Sie den Sound aus, und öffnen Sie per Klick mit der rechten Maustaste das Kontextmenü. Wählen Sie den Menüpunkt EIGENSCHAFTEN. Stellen Sie die KOMPRIMIERUNG auf MP3 und die BITRATE auf 80 KBIT/S, was in etwa der Bandbreite von ISDN entspricht. Unter QUALITÄT wird der Wert OPTIMAL eingestellt. Bestätigen Sie die Komprimierung durch Klick auf OK.

4 Bilder einfügen

Damit der Sound abgespielt wird, müssen Sie die ZEITLEISTE durch weitere Bilder ergänzen. Wählen Sie in der Zeitleiste Bild 280 aus, und fügen Sie über ⌨F5 in Bild 2 bis zu 280 Bilder ein.

Abbildung 14.20 ▶
Bilder einfügen

5 Sound einblenden

Wählen Sie das Schlüsselbild in Bild 1 aus, und klicken Sie auf die Stiftsymbol-Schaltfläche SOUNDUMHÜLLUNG BEARBEITEN im EIGENSCHAFTEN-Fenster. Erstellen Sie zunächst per Mausklick einen weiteren Anfasser ❷ nach einer Sekunde, und verschieben Sie den ersten Anfasser ❶ jedes Kanals nach unten, sodass der Sound am Anfang eingeblendet wird.

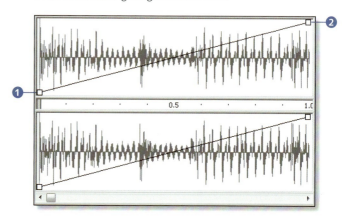

Abbildung 14.21 ▶
Sound einblenden

6 Sound ausblenden

Nutzen Sie den horizontalen Scroller ❸, um an das Ende des Sounds, in Höhe von ungefähr 23,3 Sekunden, zu scrollen. Erstellen Sie zwei weitere Anfasser, und verschieben Sie den letzten Anfasser jedes Kanals am Ende des Sounds nach unten, um den Sound auszublenden.

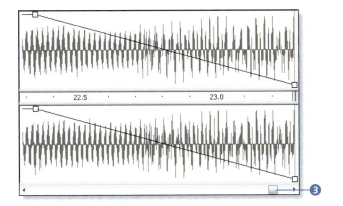

◄ **Abbildung 14.22**
Sound ausblenden

7   Veröffentlichungseinstellungen anpassen

Da der Sound in die HAUPTZEITLEISTE integriert wird, müssen Sie sicherstellen, dass die Sound-Exporteinstellungen für den Flash-Film mit den Einstellungen des integrierten Sounds übereinstimmen. Klicken Sie im Menü auf DATEI • EINSTELLUNGEN FÜR DIE VERÖFFENTLICHUNGEN, klicken Sie neben AUDIO-STREAM auf die eingestellte Qualität, und wählen Sie dort unter BITRATE 80 KBIT/S aus.

▲ **Abbildung 14.23**
Soundeinstellungen

8   Film testen

Testen Sie den Flash-Film über ⌷Strg⌷/⌷⌘⌷+⌷↵⌷.

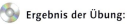 **Ergebnis der Übung:**
14_Sound\StreamingSound\ streamingSound.fla

14.4 Sounds mit ActionScript

Häufig möchte man Sounds nicht einfach nur in einen Flash-Film integrieren, sondern die Möglichkeit haben, Sounds zu steuern. In den meisten Fällen macht es Sinn, Sounds nicht in der Zeitleiste eines Flash-Films, sondern über ActionScript einzubinden, weil sich Sounds in der Zeitleiste nicht über ActionScript ansteuern lassen.

Ausnahme: stopAll

Die einzige Ausnahme ist der Aufruf der Methode stopAll der SoundMixer-Klasse: Sound-Mixer.stopAll();, mit der Sie den Abspielvorgang aller aktuell abgespielten Sounds (auch der in Zeitleiste) gleichzeitig stoppen können.

Sound-Klasse

Sounds können über ein Objekt der Sound-Klasse mithilfe von ActionScript 3 integriert werden. Grundsätzlich haben Sie zwei Möglichkeiten, einen Sound mit einem Sound-Objekt zu verknüpfen:

▶ Für jeden Sound aus der BIBLIOTHEK wird eine Klasse erstellt. Ein Objekt der Klasse kann dann initialisiert werden, und der Sound wird über das Objekt gesteuert. Diese Methode wird im direkten Anschluss erläutert.

▶ Über die Methode load der Sound-Klasse können Sie eine extern liegende MP3-Datei zur Laufzeit laden. Diese Möglichkeit wird später noch erläutert.

Sound-Klasse erweitern

Eine Klasse, die Sie mit einem Sound-Element verknüpfen, erweitert in der Regel die Basisklasse Sound des Klassen-Pakets flash.media. Alle Eigenschaften und Methoden der Sound-Klasse lassen sich so auf ein Objekt Ihrer selbst definierten Klasse anwenden.

Um einen Sound aus der Bibliothek verwenden zu können, müssen Sie das Sound-Element zunächst mit einer eigenen Klasse verknüpfen. Wählen Sie dazu den Sound in der BIBLIOTHEK aus, öffnen Sie das Kontextmenü, und wählen Sie den Menüpunkt EIGENSCHAFTEN. Klicken Sie gegebenenfalls auf die Schaltfläche ERWEITERT, und aktivieren Sie das Optionsfeld EXPORT FÜR ACTIONSCRIPT im Bereich VERKNÜPFUNG. Weisen Sie dem Sound einen eindeutigen Klassenbezeichner im Feld KLASSE zu. Beachten Sie, dass Klassennamen üblicherweise mit einem Großbuchstaben beginnen sollten. Wählen Sie z. B. als Klassenbezeichner FXSound1, und klicken Sie auf OK.

Abbildung 14.24 ▶
Klassenbezeichner zuweisen

Länge des Sounds ermitteln

Über das Sound-Objekt können Sie auf den Sound zugreifen. So können Sie z. B. über die Eigenschaft length die Länge des Sounds (in Millisekunden) ermitteln:

```
trace(mySound.length);
```

Es erscheint ein Warnhinweis, dass keine Definition der Klasse gefunden wurde. Sie können den Warnhinweis ignorieren. Klicken Sie dazu auf OK. In diesem Fall erstellt Flash dann automatisch eine Klasse mit dem Namen. Die Klasse erweitert automatisch die Sound-Klasse.

Abbildung 14.25 ▶
Ignorieren Sie den Hinweis durch Mausklick auf OK.

Danach können Sie ein Objekt mySound der Klasse FXSound1 wie folgt definieren:

```
var mySound:FXSound1 = new FXSound1();
```

Der Sound wird nicht automatisch abgespielt. Um den Abspielvorgang zu starten, können Sie die Methode play der Sound-
Klasse wie folgt nutzen:

```
mySound.play();
```

An die Methode play können Sie optional drei Argumente übergeben:
- ▶ startTime:Number: Die Position in Millisekunden, ab der der
  Sound abgespielt werden soll. Der Standardwert ist 0.
- ▶ loops:int: Gibt an, wie oft der Sound wiederholt werden
  soll. Der Standardwert ist 0 und führt zu einem einmaligen
  Abspielen.
- ▶ sndTransform:SoundTransform: ein SoundTransform-Objekt, das dem Soundkanal zugewiesen wurde. Über ein Sound-
  Transform-Objekt können Sie beispielsweise die Lautstärke
  und die Kanäle steuern. Dazu später mehr.

SoundChannel-Objekt

Die Methode play eines Sound-
Objekts gibt ein SoundChannel-
Objekt zurück, über das Sie bei-
spielsweise die Lautstärke der
Kanäle steuern können. Mehr
dazu später.

Sound laden

Über die Methode load eines Sound-Objekts können Sie eine
extern liegende MP3-Datei zur Laufzeit laden. Dazu werden zunächst ein Sound-Objekt und ein URLRequest-Objekt definiert,
und anschließend wird die Methode load aufgerufen:

```
var mySound:Sound = new Sound();
var myRequest:URLRequest = new URLRequest
("sample.mp3");
mySound.load(myRequest);
```

Alternative Schreibweise

Alternativ können Sie das URLRequest-Objekt auch direkt an die
Konstruktor-Funktion des Sound-
Objekts übergeben. Die Methode
load wird dann automatisch aufgerufen. Beispiel:

```
var myRequest:URLRequest =
new URLRequest("sample.mp3");
var mySound:Sound =
new Sound(myRequest);
```

Über das Ereignis Event.COMPLETE können Sie feststellen, wann
die Sounddatei vollständig geladen ist, und diese dann über eine
entsprechende Ereignisprozedur wie folgt abspielen:

```
mySound.addEventListener(Event.COMPLETE,
completeHandler);
function completeHandler(e:Event):void {
    e.currentTarget.play();
}
```

Innerhalb der Ereignisprozedur completeHandler können Sie das
Sound-Objekt über e.currentTarget referenzieren und über die
Methode play abspielen.

Ein Beispiel, wie Sie ID3-Tags auslesen, finden Sie auch auf der DVD unter *14_Sound\Sound_ID3\demo_id3.fla*.

ID3-Tags auslesen

ID3-Tags sind ein Format für Zusatzinformationen, die in Sounddateien des MP3-Formats integriert sein können. ID3 steht für »Identify an MP3«. Es gibt verschiedene Versionen des ID3-Formats, dazu gehören ID3v1, ID3v1.1 und ID3v2.0, ID3v2.2, ID3v2.3 und ID3v2.4. Action-Script 3 unterstützt ID3 2.0 und insbesondere 2.3- und 2.4-Tags. ID3-Tags können Sie wie folgt auslesen:

Zunächst registrieren Sie einen Ereignis-Listener am Sound-Objekt für das Ereignis Event.ID3. Die Ereignisprozedur wird ausgeführt, sobald ID3-Informationen zur Verfügung stehen.

```
mySound.addEventListener(Event.ID3,id3Available);
```

Anschließend können Sie innerhalb der Ereignisprozedur über e.currentTarget auf das Sound-Objekt zugreifen und ID3-Tags auslesen:

```
function id3Available(e:Event):void {
    trace("Comment: "+e.currentTarget.id3.comment);
    trace("Genre: "+e.currentTarget.id3.genre);
    trace("Titel: "+e.currentTarget.id3.songName );
    trace("Künstler: "+e.currentTarget.id3.artist);
}
```

Tabelle 14.3 ▶
Die wichtigsten ID3-Tags
(ID3 v2.0)

Bedeutung	ActionScript 3-Eigenschaft
Kommentar	mySound.id3.comment
Album	mySound.id3.album
Genre	mySound.id3.genre
Titel des Tracks	mySound.id3.songName
Künstler	mySound.id3.artist
Tracknummer	mySound.id3.track
Jahr, an dem der Sound produziert wurde	mySound.id3.year

Ladevorgang abbrechen

Es kann vorkommen, dass man den Ladevorgang eines Sounds abbrechen möchte, z. B. wenn ein Soundloop geladen wird oder der Besucher einer Webseite in einen anderen Bereich der Webseite wechselt, der Videos (mit Tonspuren) enthält. Um den Ladevorgang abzubrechen, rufen Sie die Methode close des Sound-Objekts auf. Um den Sound dann für die Entfernung aus dem Speicher freizugeben, löschen Sie gegebenenfalls registrierte Ereignis-Listener und setzen das Objekt auf null:

```
mySound.close();
mySound.removeEventListener
(IOErrorEvent.IO_ERROR,
ioErrorHandler);
mySound = null;
```

Ladefehler abfragen | Für den Fall, dass die Sounddatei nicht geladen werden kann, sollten Sie einen möglichen Fehler mithilfe des Ereignisses IOErrorEvent.IO_ERROR abfragen:

```
mySound.addEventListener(
IOErrorEvent.IO_ERROR,ioErrorHandler);
function ioErrorHandler(e:IOErrorEvent):void {
    trace("Sound konnte nicht geladen werden.");
}
```

Ladefortschritt ermitteln | Über das Ereignis `ProgressEvent.`
`PROGRESS` und eine entsprechende Ereignisprozedur können Sie
den Ladefortschritt wie folgt ermitteln:

```
mySound.addEventListener(ProgressEvent.
PROGRESS,progressHandler);
function progressHandler(e:ProgressEvent):void {
   var geladen:Number = e.bytesLoaded;
   var total:Number = e.bytesTotal;
   var prozent:uint = Math.round((geladen/total)*100);
   trace(prozent);
}
```

Sound abspielen

Wie bereits erwähnt, können Sie einen Sound, der einem Sound-
Objekt zugewiesen wurde, über die Methode `play` abspielen.
Dabei können Sie sowohl den Einstiegspunkt (in Millisekunden)
als auch die Anzahl der Wiederholungen angeben. Wenn Sie z. B.
einen Sound mit einer Länge von 20 Sekunden ab der Mitte (10
Sekunden) abspielen wollen, können Sie folgenden Code nutzen:

```
mySound.play(10000);
```

Um den Sound von Anfang an abzuspielen und ihn zwei weitere
Male zu wiederholen, verwenden Sie folgende Anweisung:

```
mySound.play(0,2);
```

Sekunden in Millisekunden
1 Sekunde entspricht 1.000 Millisekunden.

Endloswiederholungen | In einigen Fällen, z. B. bei Soundloops,
möchte man den Sound sich unendlich oft wiederholen lassen.
Leider gibt es in ActionScript 3 keinen Wert oder eine Konstante
für »unendlich«. Um einen Sound endlos abzuspielen, können
Sie das Ereignis `Event.SOUND_COMPLETE` eines `SoundChannel`-
Objekts nutzen. Das Ereignis wird aufgerufen, wenn der Sound
vollständig abgespielt wurde. Zunächst benötigen Sie dafür ein
`SoundChannel`-Objekt. Dieses wird Ihnen beim Aufruf der Methode `play` eines Sound-Objekts zurückgegeben:

```
var mySoundChannel:SoundChannel  = new SoundChannel();
mySoundChannel=mySound.play();
```

Alternative: Wiederholungen
Alternativ können Sie einen Sound auch bis zu dem maximalen Wert von int wiederholen. Der Sound würde so 2.147.483.647-mal wiederholt werden:

```
mySoundChannel=mySound.
play(0,int.MAX_VALUE);
```

Anschließend registrieren Sie am SoundChannel-Objekt den Ereignis-Listener und definieren eine Ereignisprozedur, die den Sound erneut abspielt:

```
mySoundChannel.addEventListener(Event.SOUND_COMPLETE,
soundCompleteHandler);
```

Der Ereignis-Listener ist nur für dieses SoundChannel-Objekt registriert. Damit der Sound unendlich oft wiederholt wird, müssen Sie innerhalb der Ereignisprozedur erneut den Ereignis-Listener am SoundChannel-Objekt registrieren:

```
function soundCompleteHandler(e:Event):void {
    mySoundChannel=mySound.play();mySoundChannel.
    addEventListener(Event.SOUND_COMPLETE,
    soundCompleteHandler);
}
```

Sobald der Sound vollständig abgespielt wurde, wird er erneut gestartet.

Sound-Streaming steuern

Progressiver Download
Streng genommen handelt es sich bei den hier beschriebenen Erläuterungen nicht um ein echtes Streaming. Tatsächlich findet ein progressiver Download statt, der sich jedoch ähnlich verhält. Da in Flash selbst der Ausdruck *Streaming* verwendet wird, wird dieser auch hier benutzt. Ein echtes Streaming ist nur mit speziellen Streaming-Servern (z. B. dem Flash Media Server) möglich. Die Anwendung mit Streaming-Servern wird hier nicht weiter erläutert.

Bisher haben Sie die Möglichkeit kennengelernt, einen Sound zu laden und nach dem vollständigen Laden abzuspielen. Eine weitere Möglichkeit ist das Streamen eines Sounds, dabei wird zunächst nur ein Teil der Sounddaten in den Soundpuffer geladen. Der Sound wird dann abgespielt, während zeitgleich weitere Daten empfangen werden.

Die Größe des Soundpuffers können Sie mithilfe eines sogenannten SoundLoaderContext-Objekts festlegen:

```
var myContext:SoundLoaderContext =
new SoundLoaderContext(5000, false);
```

An den Konstruktor der SoundLoaderContext-Klasse werden zwei Argumente übergeben.

Das erste Argument, hier 5000, gibt die Zeit in Millisekunden an, die für den Soundpuffer verwendet werden soll. Dies führt dazu, dass so lange gewartet wird, bis fünf Sekunden des Sounds in den Puffer geladen wurden, bevor der Sound gestreamt bzw. abgespielt wird.

Das zweite Argument, hier false, gibt an, ob beim Laden des Sounds die Domain, in der der Sound liegt, auf eine Cross-

Domain-Policy überprüft werden soll. Um einen externen Sound als Streaming-Sound abzuspielen, könnten Sie folgenden Code verwenden:

```
var mySound:Sound = new Sound();
var myRequest:URLRequest = new URLRequest
("sample.mp3");
var myContext:SoundLoaderContext =
new SoundLoaderContext(5000, false);
mySound.load(myRequest, myContext);
mySound.play();
```

Soundloops als MP3 | Unter *Gapless-Playback* versteht man den lückenlosen Abspielübergang von einem Sound auf einen anderen und beim Looping den lückenlosen Abspielübergang zur Anfangsposition des Sounds. Besonders bei Sounds, die als Loop eingesetzt werden, ist es wichtig, dass am Anfang und am Ende des Sounds keine Pause zu hören ist.

Nicht jedes Format unterstützt das Gapless-Playback. Der erste MP3-Codec vom Fraunhofer Institut unterstützt es leider auch nicht. Sounds, die auf einem solchen Codec basieren, können als Loop nur schwer eingesetzt werden.

Die Ursache dafür ist die sogenannte feste Framegröße – damit ein Übergang flüssig ist, muss der letzte Frame exakt ausgefüllt werden. Das ist allerdings in der Praxis selten der Fall und ist, wenn überhaupt, nur zufällig der Fall.

Der Open-Source-MP3-Encoder von LAME besitzt eine Funktion, die Metadaten integriert, die explizit angeben, bis wohin die Nutzdaten der Sounddatei reichen. Einige Player berücksichtigen diese Metadaten und können auf diese Weise dann ein Gapless-Playback erzielen.

Wenn Sie also einen Sound als Loop verwenden möchten, sollten Sie den Sound z. B. als WAV oder AIFF entweder direkt auf der Zeitleiste eines Flash-Films positionieren oder den Sound in die BIBLIOTHEK des Flash-Films ablegen und über die Instantiierung der zugewiesenen Klasse ansprechen. Auch wenn Flash selbst den Sound intern ebenfalls als MP3 kodiert, tritt dieses Problem dann nicht auf.

Sollte der Sound bereits im MP3-Format vorliegen, sollten Sie ihn zunächst in ein anderes Format umwandeln und eventuell die Stille am Anfang entfernen, um ihn dann in Flash zu importieren.

Cross-Domain-Policy

Wenn Ihr Flash-Film auf einem Server mit der Domain A liegt und sich der Sound, den Sie von diesem Flash-Film laden möchten, auf einem Server mit der Domain B befindet, müssen Sie eine Cross-Domain-Policy im Root-Verzeichnis des Servers mit der Domain B erstellen. Dies gewährleistet, dass der Flash-Film den Sound laden darf.

[Streaming]

Beim Streaming werden Mediendaten gleichzeitig empfangen und wiedergegeben. Da die Wiedergabe der Daten beim Streaming gleichzeitig mit dem Empfang stattfindet, muss beim Empfänger eine ausreichende Datenübertragungsrate vorliegen.

Um Unterbrechungen zu vermeiden, wird im Flash Player ein Puffer mit einer bestimmten Größe verwendet, deren Verwendung anfänglich eine kurze zeitliche Verzögerung zur Folge hat.

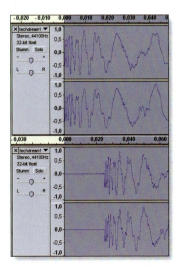

▲ **Abbildung 14.26**
Sound vor (oben) und nach (unten) der Kodierung in MP3

Schritt für Schritt:
Mehrere Sounds zuweisen, abspielen und stoppen

In diesem Workshop erfahren Sie, wie Sie mehrere Sounds parallel abspielen und über ActionScript steuern können.

1   Film öffnen

14_Sound\MultiSound\
MultiSound_01.fla

Öffnen Sie den Flash-Film *14_Sound\MultiSound\MultiSound_01.fla*. Es wurden zwei MovieClips, die als Button dienen, mit den Instanznamen »loop1_mc« und »loop2_mc« angelegt. Zusätzlich befinden sich in der BIBLIOTHEK zwei Sounddateien.

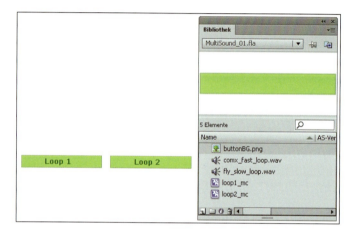

Abbildung 14.27 ▶
Die Ausgangsbasis

2   Klassenbezeichner zuweisen

Wählen Sie den Sound *comx_fast_loop.wav* in der BIBLIOTHEK aus, öffnen Sie das Kontextmenü, und wählen Sie den Menüpunkt EIGENSCHAFTEN. Klicken Sie gegebenenfalls auf die Schaltfläche ERWEITERT, um die erweiterten Einstellungen anzuzeigen.

Aktivieren Sie das Optionsfeld EXPORT FÜR ACTIONSCRIPT, und weisen Sie dem Sound unter KLASSE den Klassenbezeichner SoundLoop1 zu.

Abbildung 14.28 ▶
Klassenbezeichner zuweisen

Wiederholen Sie den Vorgang für den Sound *fly_slow_loop.wav*, wobei Sie diesem Sound den Klassenbezeichner SoundLoop2 zuweisen.

3 Soundobjekte initialisieren

Weisen Sie dem Schlüsselbild auf der Ebene »Actions« zunächst folgenden Code zu:

```
1:   var sndLoop1:SoundLoop1 = new SoundLoop1();
2:   var sndLoop2:SoundLoop2 = new SoundLoop2();
3:   var soundChannel1:SoundChannel;
4:   var soundChannel2:SoundChannel;
5:   var sndState1:Boolean = false;
6:   var sndState2:Boolean = false;
7:   loop1_mc.addEventListener(MouseEvent.CLICK,
     clickHandler1);
8:   loop2_mc.addEventListener(MouseEvent.CLICK,
     clickHandler2);
9:   loop1_mc.buttonMode = true;
10:  loop2_mc.buttonMode = true;
```

Es werden zwei Objekte initialisiert (Zeile 1 und 2). Die Objekte sind vom Datentyp `Soundloop1` und `Soundloop2`. Beide Klassen erweitern die `Sound`-Klasse und besitzen aus dem Grund gleichnamige Methoden und Eigenschaften und können wie ein `Sound`-Objekt selbst verwendet werden. In Zeile 3 und 4 werden zwei `SoundChannel`-Objekte initialisiert, die zum Stoppen der Sounds benötigt werden. Die `Sound`-Klasse selbst besitzt keine Methode `stop`. Die Variablen `sndState1` und `sndState2` geben den Status des Abspielvorgangs wieder. In Zeile 7 und 8 werden Ereignis-Listener an den zwei bereits erstellten MovieClips registriert.

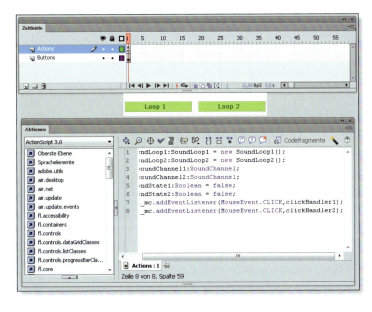

◄ **Abbildung 14.29**
Aktionen zuweisen

4   Steuerung der Sounds

Ergänzen Sie nun den Code um folgende Zeilen:

```
function clickHandler1(e:MouseEvent):void {
   if (sndState1 == false) {
      sndState1 = true;
      soundChannel1 = sndLoop1.play();
   } else {
      soundChannel1.stop();
      sndState1 = false;
   }
}
function clickHandler2(e:MouseEvent):void {
   if (sndState2 == false) {
      sndState2 = true;
      soundChannel2 = sndLoop2.play();
   } else {
      soundChannel2.stop();
      sndState2 = false;
   }
}
```

Der Code dient zum Starten bzw. Stoppen der Sounds. Je nachdem, ob der Sound bereits abgespielt wird oder nicht, wird er über die Methode `stop` gestoppt oder über die Methode `play` des `SoundChannel`-Objekts abgespielt.

Ergebnis der Übung:
*14_Sound\MultiSound\
MultiSound_02.fla*

5   Film testen

Testen Sie den Flash-Film über ⌃Strg/⌘+↵.

Sound pausieren

Weder die `Sound`-Klasse noch die `SoundChannel`-Klasse besitzen eine Methode, um einen Sound zu pausieren. Mit einer eigenen Methode lässt sich dies jedoch erreichen.

Wenn ein Sound abgespielt wird, können Sie die Position des Abspielvorgangs (in Millisekunden) über die Eigenschaft `position` des `SoundChannel`-Objekts bestimmen:

```
var lastPos:Number = mySoundChannel.position;
```

Nachdem Sie die Position ermittelt haben, können Sie den Sound über die Methode `stop` stoppen:

```
mySoundChannel.stop();
```

Falls der Sound fortgesetzt werden soll, lässt sich nun die ermittelte Position verwenden, um den Sound an dieser Stelle weiter abzuspielen:

```
mySound.play(lastPos);
```

Schritt für Schritt:
Sound pausieren und abspielen

In diesem Workshop lernen Sie, wie Sie einen Sound über zwei Buttons pausieren und wieder abspielen können.

1   Flash-Film öffnen

Öffnen Sie den Flash-Film *14_Sound\SoundPause\SoundPause_01. fla*. In dem Flash-Film wurden zwei MovieClips mit den Instanznamen »play_mc« und »pause_mc«, die als Button dienen, angelegt.

14_Sound\SoundPause\ SoundPause_01.fla

2   Verknüpfungsbezeichner zuweisen

Öffnen Sie die BIBLIOTHEK, und weisen Sie dem Sound den Klassenbezeichner SoundLoop zu.

3   Sound-Objekt und SoundChannel-Objekt initialisieren

Weisen Sie dem Schlüsselbild auf der Ebene »Actions« zunächst folgenden Code zu:

▲ **Abbildung 14.30**
Klassenbezeichner zuweisen

```
var mySound:SoundLoop = new SoundLoop();
var mySoundChannel:SoundChannel;
var lastPos:int;
```

Als Erstes wird eine Instanz (Objekt) der Klasse SoundLoop initialisiert. Weiterhin wird ein SoundChannel-Objekt definiert und eine Number-Variable, in der die letzte Position des Sounds gespeichert wird.

4   Steuerung: Abspielen

Ergänzen Sie nun den Code um folgende Zeilen:

```
1:    play_mc.addEventListener(MouseEvent.CLICK,
      playSound);
2:    play_mc.buttonMode = true;
3:    function playSound(e:MouseEvent):void {
4:       if (lastPos) {
```

```
5:          mySoundChannel=mySound.play(lastPos,1000);
6:      } else {
7:          mySoundChannel=mySound.play(0,1000);
8:      }
9:  }
```

Wenn der Benutzer auf den MovieClip »play_mc« klickt, wird zunächst geprüft, ob die Variable `lastPos` einen Wert besitzt (Zeile 4). In diesem Fall wurde der Sound zuvor bereits einmal angehalten. Der Sound wird dann an der zuvor gespeicherten Stelle fortgesetzt (Zeile 5). Sollte die Variable `lastPos` keinen Wert besitzen, wird der Sound von vorn abgespielt (Zeile 7).

5 Steuerung: Pausieren

Ergänzen Sie den Code zum Schluss um folgende Zeilen:

```
1:  pause_mc.addEventListener(MouseEvent.CLICK,
    pauseSound);
2:  pause_mc.buttonMode = true;
3:  function pauseSound(e:MouseEvent):void {
4:      lastPos=mySoundChannel.position;
5:      mySoundChannel.stop();
6:  }
```

Klickt der Benutzer auf den MovieClip »pause_mc«, wird die aktuelle Position des Sounds der Variablen `lastPos` zugewiesen (Zeile 4). Der Sound kann dann mithilfe der gespeicherten Position später wieder fortgesetzt bzw. an dieser Position neu gestartet werden. Danach wird der Sound gestoppt (Zeile 5).

Ergebnis der Übung:
*14_Sound\SoundPause\
SoundPause_02.fla*

6 Film testen

Testen Sie den Flash-Film über Strg/⌘+↵.

Soundlautstärke

Die Lautstärke eines Sounds können Sie über die Eigenschaften `volume` eines `SoundTransform`-Objekts abfragen und festlegen. Dabei steht der Wert 0 für stumm und 1 für die maximale Lautstärke. Wenn Sie z. B. die Lautstärke eines Sounds auf 50% reduzieren möchten, verwenden Sie dazu folgende Anweisung:

```
var mySound:Sound = new Sound();
var myRequest:URLRequest=new URLRequest("sample.mp3");
mySound.load(myRequest);
```

```
var mySoundChannel:SoundChannel  = new SoundChannel();
mySoundChannel=mySound.play(0,1000);
var myTransform:SoundTransform = new SoundTransform();
myTransform.volume = 0.5;
mySoundChannel.soundTransform = myTransform;
```

Um einen Sound über ActionScript ein- bzw. auszublenden, können Sie eine ENTER_FRAME-Ereignisprozedur eines Anzeigeobjekts wie beispielsweise eines Sprite-Objekts nutzen. Das Anzeigeobjekt muss dafür nicht zur Anzeigeliste hinzugefügt werden. Folgende Anweisungen würden einen Sound zu Beginn einblenden:

Auf der DVD finden Sie im Verzeichnis *14_Sound\Sound-EinAusblenden* jeweils ein Beispiel zum Ein- und Ausblenden von Sounds via ActionScript.

```
var mySound:Sound = new Sound();
var myRequest:URLRequest=new URLRequest("sample.mp3");
mySound.load(myRequest);
var mySoundChannel:SoundChannel  = new SoundChannel();
mySoundChannel=mySound.play(0,1000);
var myTransform:SoundTransform = new SoundTransform();
myTransform.volume=0;
mySoundChannel.soundTransform=myTransform;
var sndController:Sprite = new Sprite();
sndController.addEventListener(Event.ENTER_FRAME,
fadeSoundIn);
function fadeSoundIn(e:Event):void {
    if (myTransform.volume<1) {
       myTransform.volume+=0.01;
       mySoundChannel.soundTransform=myTransform;
    } else {
       sndController.removeEventListener(Event.
       ENTER_FRAME,fadeSoundIn);
    }
}
```

In den meisten Fällen ist es sinnvoll, dem Benutzer die Möglichkeit zu geben, die Lautstärke eines Sounds selbst zu steuern, da Sie nicht wissen, wie die Lautstärke des Benutzersystems eingestellt ist. Wie Sie einen Lautstärkeregler integrieren können, erfahren Sie im folgenden Workshop.

Schritt für Schritt:
Soundlautstärke über einen Slider steuern

In diesem Workshop lernen Sie, wie Sie einen eigenen Sound-Slider zur Steuerung der Lautstärke eines Sounds erstellen können.

🔘 *14_Sound\SoundSlider*
SoundSlider_01.fla

1   Flash-Film öffnen

Öffnen Sie den Flash-Film *14_Sound\SoundSlider\SoundSlider_01. fla*.

2   Hintergrund für den Slider zeichnen

Zeichen Sie mit dem Rechteckwerkzeug auf der Ebene »Slider« ein beliebig breites und ca. 10 Pixel hohes Rechteck ein. Wählen Sie das Rechteck aus, und stellen Sie als Füllfarbe einen grünen Farbton ein.

Abbildung 14.31 ▶
Slider zeichnen

3   In MovieClip konvertieren

Wandeln Sie das Rechteck über F8 in einen MovieClip »slider-Fill_mc« um. Achten Sie darauf, dass die Registrierung des Movie-Clips links oben ist ❶. Weisen Sie dem MovieClip anschließend im EIGENSCHAFTEN-Fenster den Instanznamen »sliderFill_mc« zu.

Abbildung 14.32 ▶
Form in MovieClip konvertieren

4   MovieClip in MovieClip verschachteln

Wandeln Sie den MovieClip dann erneut über F8 in einen Mo-vieClip »slider_mc« um, wechseln Sie zur HauptZEITLEISTE, und weisen Sie dem MovieClip den Instanznamen »slider_mc« zu.

Abbildung 14.33 ▶
Instanznamen zuweisen

5   Slider erzeugen

Wechseln Sie per Doppelklick auf den MovieClip in den Symbol-Bearbeitungsmodus, benennen Sie die bereits vorhandene Ebene in »SliderFill« um, und erstellen Sie eine neue Ebene »SliderBG«. Wählen Sie nun den MovieClip auf der Ebene »SliderFill« aus, kopieren Sie ihn über ⌃Strg/⌘+⃝C in die Zwischenablage, und fügen Sie ihn auf der Ebene »SliderBG« über das Menü BEARBEITEN • AN POSITION EINFÜGEN ein. Drücken Sie die Tastenkombination ⌃Strg+⃝B, um den MovieClip in eine Form zurückzuwandeln, und weisen Sie dem Rechteck einen hellen Grauton als Füllfarbe zu.

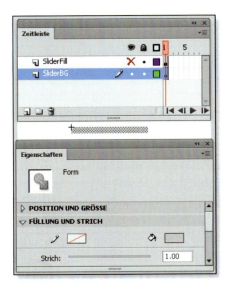

◄ **Abbildung 14.34**
Der Hintergrund des Sliders

6   Sound-Objekt initialisieren

Wechseln Sie zurück zur HauptZEITLEISTE, öffnen Sie mit ⌃Strg+⃝L die BIBLIOTHEK, wählen Sie den Sound aus, und wählen Sie im Kontextmenü den Menüpunkt EIGENSCHAFTEN. Aktivieren Sie das Optionsfeld EXPORT FÜR ACTIONSCRIPT, und weisen Sie dem Sound unter KLASSE den Klassenbezeichner SoundLoop zu. Wählen Sie das erste Schlüsselbild der Ebene »Actions« aus, und fügen Sie zunächst folgenden Code ein:

```
var mySound:SoundLoop = new SoundLoop();
var myChannel:SoundChannel=mySound.play
(0,int.MAX_VALUE);
```

Ein Objekt der Klasse SoundLoop wird initialisiert. Der Sound wird über die Methode play gestartet. Die Methode gibt einen SoundChannel zurück, der der Variablen myChannel zugewiesen wird.

7   **Ereignis-Listener registrieren**

Ergänzen Sie nun den Code um folgende Zeilen:

```
slider_mc.addEventListener(MouseEvent.MOUSE_DOWN,
initSlider);
stage.addEventListener(MouseEvent.MOUSE_UP,stopSlider);
function initSlider(e:MouseEvent):void {
    slider_mc.addEventListener(Event.ENTER_FRAME,
    setVolume);
}
function stopSlider(e:MouseEvent):void {
    slider_mc.removeEventListener(Event.ENTER_FRAME,
    setVolume);
}
```

Wird die Maustaste über dem MovieClip »slider_mc« gedrückt, wird die Ereignisprozedur `initSlider` aufgerufen, die wiederum einen Ereignis-Listener am MovieClip »slider_mc« registriert, sodass mit einem Intervall von einem Bild die Ereignisprozedur `setVolume`, die im nächsten Schritt erläutert wird, aufgerufen wird. Lässt der Benutzer die Maustaste wieder los, wird der Ereignis-Listener für das Ereignis `Event.ENTER_FRAME` vom MovieClip entfernt.

8   **Lautstärke und Skalierung des MovieClips steuern**

Ergänzen Sie nun den Code um folgende Zeilen:

```
1:   function setVolume(e:Event):void {
2:       var xMouse:Number=slider_mc.mouseX;
3:       var total:Number=slider_mc.width;
4:       var prozent:Number=xMouse/total;
5:       if(prozent >=0 && prozent <=1) {
6:           var myTransform:SoundTransform=
             new SoundTransform(prozent);
7:           myChannel.soundTransform=myTransform;
8:           slider_mc.sliderFill_mc.scaleX=prozent;
9:       }
10:  }
```

Ergebnis der Übung:
14_Sound\SoundSlider
SoundSlider_02.fla

In Zeile 2 wird die Mausposition auf der x-Achse innerhalb des MovieClips »slider_mc« ermittelt. Befindet sich die Maus beispielsweise an der linken Seiten des MovieClips, entspricht die Mausposition auf der x-Achse gleich 0. Die Breite des MovieClips wird der Variablen `total` zugewiesen (Zeile 3). Anschließend wird in Zeile 4 ermittelt, an welcher relativen Position sich der Mauszeiger befindet, ähnlich einem prozentualen Wert, wobei 0% dem Wert 0 entspricht und 100% dem Wert 1. Sollte der Wert zwischen 0 oder 1 liegen, werden die folgenden Anweisungen ausgeführt: Es wird ein `SoundTransform`-Objekt erstellt, dem der Anteil als Lautstärke zugewiesen wird (Zeile 6). Das `SoundTransform`-Objekt wird auf das `SoundChannel`-Objekt angewendet (Zeile 6), und der MovieClip »sliderFill_mc« wird in x-Richtung entsprechend skaliert (Zeile 8).

▲ **Abbildung 14.35**
Lautstärkesteuerung per Maus

9 **Film testen**

Testen Sie den Flash-Film über `Strg`/`⌘`+`↵`. Per Mausklick auf den Slider können Sie jetzt die Lautstärke regeln.

Sie haben jetzt bereits viele Methoden, Ereignisse und Eigenschaften verschiedener Objekte, über die Sie Sounds mit ActionScript steuern können, in der Praxis kennengelernt. Die folgenden Tabellen zeigen noch mal die wichtigsten Methoden, Ereignisse und Eigenschaften von soundrelevanten Objekten.

Auf der DVD finden Sie im Ordner AUDIOPLAYER ein Beispiel für einen Multitrack-Audio-Player. Die verwendete Schriftart können Sie unter *www.miniml.com* herunterladen.

Methode	Anwendung	Beschreibung
close	`mySound.close();`	Schließt das laufende Streaming oder unterbricht den Ladevorgang eines Sounds.
load	`var myRequest:URLRequest = new URLRequest("sample.mp3"); mySound.load(myRequest);`	Lädt den angegebenen Sound.
play	`var myChannel:SoundChannel = mySound.play(0,int.MAX_VALUE);`	Spielt den Sound ab 0 Millisekunden ab, wiederholt ihn int.MAX_VALUE-mal und gibt ein SoundChannel-Objekt zurück.

▲ **Tabelle 14.4**
Die wichtigsten Methoden der Sound-Klasse

Eigenschaft	Beispiel	Beschreibung
bytesLoaded	`trace(mySound.bytesLoaded);`	Anzahl der geladenen Bytes des Sounds
bytesTotal	`trace(mySound.bytesTotal);`	Gesamtanzahl der Bytes des Sounds
id3	`trace(mySound.id3.songName);`	Eine Referenz auf ein ID3-Info-Objekt, das ID3-Metainfos (MP3) wie z. B. den Songtitel enthalten kann
length	`trace(mySound.length);`	Abspieldauer des Sounds (in Millisekunden)
url	`trace(mySound.url);`	URL, von der der Sound aus geladen wurde

▲ **Tabelle 14.5**
Die wichtigsten Eigenschaften der Sound-Klasse

Ereignis	Beispiel	Beschreibung
Event.COMPLETE	```mySound.addEventListener(Event.COMPLETE, soundLoaded); function soundLoaded(e:Event):void { trace("Sound wurde geladen."); }```	Wird aufgerufen, wenn ein Sound vollständig geladen wurde.
Event.ID3	```mySound.addEventListener(Event.ID3, infoAvailable); function infoAvailable(e:Event):void { trace("ID3-Infos verfügbar."); }```	Wird aufgerufen, wenn ID3-Infos des Sounds zur Verfügung stehen.
IOErrorEvent.IO_ERROR	```mySound.addEventListener(IOErrorEvent.IO_ ERROR,ioErrorHandler); function ioErrorHandler(e:IOErrorEvent):void { trace("Sound konnte nicht geladen werden."); }```	Wird aufgerufen, wenn ein Sound nicht geladen werden konnte.
ProgressEvent.PROGRESS	```mySound.addEventListener(ProgressEvent.PROGRESS, progressHandler); function progressHandler(e:ProgressEvent):void { trace(e.currentTarget.bytesLoaded); trace(e.currentTarget.bytesTotal); }```	Wird mehrmalig während des Ladeprozesses aufgerufen.

▲ **Tabelle 14.6**
Die wichtigsten Ereignisse der Sound-Klasse

Methode	Beispiel	Beschreibung
stop	`myChannel.stop();`	Stoppt den Sound, der mit dem SoundChannel-Objekt verknüpft ist.

▲ **Tabelle 14.7**
Die wichtigste Methode der SoundChannel-Klasse

Eigenschaft	Beispiel	Beschreibung
position	`trace(myChannel.position);`	Die aktuelle Abspielposition des Sounds (in Millisekunden)
leftPeak	`trace(myChannel.leftPeak)`	Die aktuelle Amplitude (Lautstärke) des linken Kanals (0 bis 1). Die Eigenschaft ist schreibgeschützt und kann nur ausgelesen werden.

▲ **Tabelle 14.8**
Die wichtigsten Eigenschaften der SoundChannel-Klasse

Eigenschaft	Beispiel	Beschreibung
rightPeak	trace(myChannel.rightPeak)	Die aktuelle Amplitude (Lautstärke) des rechten Kanals (0 bis 1). Die Eigenschaft ist schreibgeschützt und kann nur ausgelesen werden.
soundTransform	var myTransform:SoundTransform= new SoundTransform(0.5); myChannel.soundTransform=myTransform;	Eine Referenz auf das SoundTransform-Objekt, das mit dem SoundChannel-Objekt verknüpft ist

▲ **Tabelle 14.8**
Die wichtigsten Eigenschaften der SoundChannel-Klasse (Forts.)

Ereignis	Beispiel	Beschreibung
Event.SOUND_COMPLETE	myChannel.addEventListener(Event. SOUND_COMPLETE,soundFinished); function soundFinished(e:Event):void { trace("Der Sound wurde abgespielt."); }	Wird aufgerufen, wenn der Sound vollständig abgespielt wurde.

▲ **Tabelle 14.9**
Das wichtigste Ereignis der SoundChannel-Klasse

Eigenschaft	Beispiel	Beschreibung
leftToLeft	myTransform.leftToLeft = 0.75;	Der Anteil des linken Eingangsignals, der über den linken Lautsprecher ausgegeben wird (0 bis 1)
leftToRight	myTransform.leftToRight = 0.25;	Der Anteil des linken Eingangsignals, der über den rechten Lautsprecher ausgegeben wird (0 bis 1)
rightToLeft	myTransform.rightToLeft = 0.75;	Der Anteil des rechten Eingangsignals, der über den linken Lautsprecher ausgegeben wird (0 bis 1)
rightToRight	myTransform.rightToRight = 0.25;	Der Anteil des rechten Eingangsignals, der über den rechten Lautsprecher ausgegeben wird (0 bis 1)
pan	myTransform.pan = -1;	Gibt die Verteilung der Amplitude (Lautstärke) auf die beiden Kanäle an. Der Wert –1 setzt die vollständige Lautstärke auf den linken Kanal. Der Wert 0 (Standardwert) führt zu einer Gleichverteilung zwischen linken und rechten Kanal. Der Wert 1 setzt die vollständige Lautstärke auf den rechten Kanal.
volume	myTransform.volume = 0.5;	Die Amplitude (Lautstärke) des Sounds (0 bis 1)

▲ **Tabelle 14.10**
Die wichtigsten Eigenschaften der SoundTransform-Klasse

14.5 Soundspektrum

Mit ActionScript 3 ist es möglich, das Spektrum eines abspielenden Sounds zu ermitteln und darzustellen. Dazu wird die sogenannte SoundMixer-Klasse verwendet, die die Methode computeSpectrum besitzt. Die Methode schreibt die Werte des Soundspektrums in ein ByteArray. Standardmäßig werden dabei 512 Werte ausgelesen und in das ByteArray geschrieben. Die ersten 256 Werte entsprechen dem Spektrum des linken Soundkanals, die darauf folgenden 256 Werte dem Spektrum des rechten Soundkanals. Die Methode besitzt drei Parameter:

▶ byteArray: Ein ByteArray, das mit den Werten des Spektrums gefüllt werden soll.

▶ FFTMode: Ein Wert vom Datentyp Boolean, der angibt, ob eine sogenannte Fourier-Transformation auf das Spektrum angewendet werden soll (true) oder nicht (false). Wird die Transformation angewendet, werden niedrige Frequenzen auf der linken Seite und hohe auf der rechten Seite abgebildet.

▶ stretchFaktor: Gibt die Auflösung an, mit der das Spektrum abgetastet werden soll. Standardmäßig (Wert 0) ist die Samplingrate 44,1 kHz. Mit jedem Erhöhen des Wertes wird die Samplingrate halbiert. So entspricht der Wert 1 einer Samplingrate von 22,05 kHz, der Wert 2 entspricht 11,025 kHz etc. Je niedriger der Eigenschaftswert, desto höher ist die Samplingrate und desto präziser ist die Abtastung.

Fourier-Transformation

Die Fourier-Transformation ist eine Integraltransformation, die einer gegebenen Funktion eine andere Funktion (ihre Fouriertransformierte) zuordnet. Sie ist eng mit der Laplace-Transformation verbunden. In vielen Einsatzgebieten wird sie dazu verwendet, um für zeitliche Signale (z. B. ein Sprachsignal oder einen Spannungsverlauf) das Frequenzspektrum zu berechnen.
(Quelle: Wikipedia)

Um das Soundspektrum auszulesen, gehen Sie wie folgt vor: Als Erstes wird ein ByteArray definiert, in das die Werte des Soundspektrums geschrieben werden:

```
var bytes:ByteArray = new ByteArray();
```

Anschließend können Sie das ByteArray mit den Werten des Spektrums füllen:

```
SoundMixer.computeSpectrum(bytes,false,0);
```

Wertebereich

Der Wertebereich der ermittelten Werte des Spektrums geht von –1 bis +1. Es handelt sich um Fließkommazahlen. Aus diesem Grund sollten Sie hier den Datentyp Number verwenden.

Über eine for-Schleife und die Methode readFloat können Sie jeden Wert des Spektrums auslesen:

```
for (var i:uint=0; i<512; i++) {
   var val:Number=bytes.readFloat();
   trace(val);
}
```

Schritt für Schritt:
Das Soundspektrum eines abspielenden Sounds
auslesen und grafisch darstellen

In diesem Workshop wird erläutert, wie Sie das Soundspektrum
beider Kanäle auslesen und visualisieren können.

1   Flash-Film öffnen

Öffnen Sie den Flash-Film *14_Sound\SoundSpektrum\SoundSpek-
trum_01.fla*. In der Bibliothek befindet sich ein MovieClip »Bar«,
der ein 1×60 Pixel großes Rechteck beinhaltet.

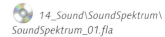

*14_Sound\SoundSpektrum\
SoundSpektrum_01.fla*

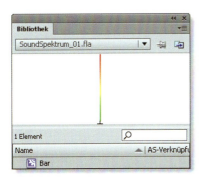

◄ **Abbildung 14.36**
Der MovieClip »Bar«

2   Klasse mit MovieClip verknüpfen

Wählen Sie den MovieClip in der BIBLIOTHEK aus, öffnen Sie das
Kontextmenü, und wählen Sie den Menüpunkt EIGENSCHAFTEN.
Aktivieren Sie das Optionsfeld EXPORT FÜR ACTIONSCRIPT, und
weisen Sie dem MovieClip unter KLASSE den Klassenbezeichner
Bar zu.

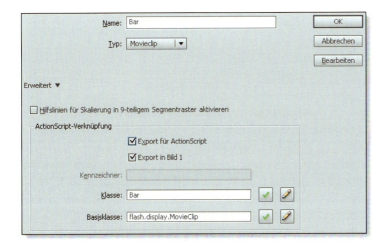

◄ **Abbildung 14.37**
Klassenbezeichner zuweisen

3   Sound abspielen und ByteArray definieren

Wählen Sie das erste Schlüsselbild der Ebene »Actions« aus, und fügen Sie zunächst folgenden Code ein:

```
1:   var mySound:Sound=new Sound();
2:   var myRequest:URLRequest=new URLRequest
     ("techdream1_loop.mp3");
3:   mySound.load(myRequest);
4:   mySound.play(0,1000);
5:   var bytes:ByteArray = new ByteArray();
6:   addEventListener(Event.ENTER_FRAME, drawSpectrum);
```

In Zeile 1 wird ein Sound-Objekt initialisiert, das in Zeile 3 den Sound *techdream1_loop.mp3* lädt. Über Zeile 4 wird der Sound abgespielt. In Zeile 5 wird ein ByteArray definiert, das später mit den Werten des Spektrums gefüllt wird. Über die Methode addEventListener wird in Zeile 6 ein Ereignis-Listener registriert, der die Funktion drawSpektrum in einem Intervall von einem Bild aufruft.

4   MovieClips erzeugen und positionieren

Ergänzen Sie nun den Code um folgende Zeilen:

```
1:   var leftBarArray:Array = new Array();
2:   var rightBarArray:Array = new Array();
3:   for (var i:uint = 0; i<256; i++) {
4:     var leftBar:Bar = new Bar();
5:     var rightBar:Bar = new Bar();
6:     addChild(leftBar);
7:     addChild(rightBar);
8:     leftBar.x=i*2;
9:     leftBar.y=100;
10:    rightBar.x=i*2;
11:    rightBar.y=200;
12:    leftBarArray.push(leftBar);
13:    rightBarArray.push(rightBar);
14:  }
```

Zunächst werden zwei Arrays initialisiert, die später Referenzen auf die MovieClips beinhalten. Mithilfe einer for-Schleife werden 256-mal jeweils zwei Instanzen der Klasse Bar erstellt. Die beiden Instanzen werden später dazu verwendet, einen Wert des Spektrums für den linken Kanal und für den rechten Kanal abzubilden. Im oberen Bereich der Bühne werden die Bar-Objekte für den linken Kanal und im unteren Bereich für den rechten Kanal positioniert. Die Objekte werden in den Zeilen 12 und 13 den Arrays `leftBarArray` und `rightBarArray` hinzugefügt. Sie lassen sich dann später einfach über das Array referenzieren.

5   Das Soundspektrum visualisieren

Ergänzen Sie nun den Code im ersten Schlüsselbild um folgende Zeilen:

```
1:    function drawSpectrum(e:Event):void {
2:        SoundMixer.computeSpectrum(bytes,false,0);
3:        for (var i:uint=0; i<512; i++) {
4:            if (i<256) {
5:                var val_left:Number=
                  bytes.readFloat()*2;
6:                if (val_left<0) {
7:                    val_left=val_left*-1;
8:                }
9:                leftBarArray[i].scaleY=val_left;
10:           } else {
11:               var val_right:Number=
                  bytes.readFloat()*2;
12:               if (val_right<0) {
13:                   val_right=val_right*-1;
14:               }
15:               rightBarArray[i-256].scaleY=val_right;
16:           }
17:
18:       }
19:   }
```

Die Funktion `drawSpectrum` wird ständig mit einem Intervall von einem Bild aufgerufen. Eine `for`-Schleife durchläuft den Schleifencode 512-mal. Die ersten 256 Werte enthalten die Werte des Spektrums für den linken Kanal. Die letzten 256 Werte sind für den rechten Kanal. Der linke und rechte Kanal wird unabhängig voneinander visualisiert. Für die Unterscheidung sorgt die `if-else`-Bedingung in den Zeilen 4 und 10. Über die Methode `readFloat` (Zeile 5 und 11) können Sie die Werte als Fließkommazahl des `ByteArrays` auslesen. Bei jedem Aufruf der Methode `drawSpectrum` erhöht sich intern ein Zähler, sodass beim nächsten Aufruf automatisch der nächste Wert ausgelesen wird. Deshalb müssen Sie an die Methode keine eigene Zählervariable übergeben. In Zeile 6 bzw. 12 wird geprüft, ob der Wert kleiner gleich 0 ist. Da die Visualisierung nur in eine Richtung (nach oben) verlaufen soll, wird ein negativer Wert in einen positiven Wert umgewandelt (Zeile 7 und 13). Damit der Ausschlag der Balken noch etwas deutlicher ausfällt, wird der ermittelte Wert mit 2 multipliziert. Im letzten Schritt (Zeile 9 und 15) wird der jeweilige Balken, der den Wert visuell repräsentiert, in y-Richtung entsprechend skaliert.

Ergebnis der Übung:
14_Sound\SoundSpektrum
SoundSpektrum_02.fla

6   Fertig! Film testen

Testen Sie den Flash-Film über `Strg`/`⌘`+`↵`. Beachten Sie, dass die Kalkulation relativ rechenintensiv ist. Eventuell wirkt sie im Testmodus in der Flash-Umgebung nicht ganz synchron zur Musik. Öffnen Sie dann die SWF direkt im Flash Player, um das Resultat zu begutachten.

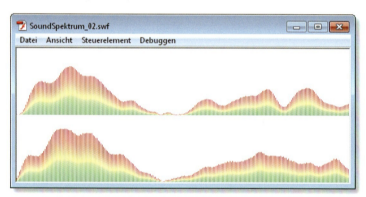

Abbildung 14.38 ▶
Die Darstellung des Soundspektrums im Flash Player

Kapitel 15

Video

In diesem Kapitel lernen Sie, wie Sie mit Flash Videos bereitstellen. Sie erfahren hier, welche unterschiedlichen Techniken es für die Bereitstellung von Videos gibt und wie Sie Videos mit ActionScript 3 steuern können.

15.1 Techniken zur Bereitstellung

Bevor Sie Videos auf Flash-Basis bereitstellen, sollten Sie sich für eine der drei Bereitstellungsmethoden entscheiden. Jede Methode besitzt bestimmte Vor- und Nachteile. Damit verbunden sind auch unterschiedliche technische Voraussetzungen. Von dieser Entscheidung ist abhängig, wie Sie Videos für die Nutzung vorbereiten. Videos auf Flash-Basis können grundsätzlich über drei verschiedene Techniken bereitgestellt werden:

► **Progressiver Download (HTTP)**: Für die Bereitstellung per progressiven Download (häufig auch fälschlicherweise als »Streaming« bezeichnet) sind serverseitig keine besonderen Voraussetzungen notwendig. Beim progressiven Download wird das Video nach einer kurzen Pufferphase zu Beginn abgespielt, und nachfolgende Teile werden zeitgleich nachgeladen. Ein Nachteil dieser Bereitstellungsmethode ist beispielsweise, dass ein Anspringen von Teilen des Videos, die noch nicht heruntergeladen wurden, nicht möglich ist.

► **HTTP Dynamic Streaming**: Neben dem progressiven Download, der Standardvariante, die keine serverseitigen Voraussetzungen benötigt, gibt es seit Flash Player 10.1 die Möglichkeit, Videos per HTTP Dynamic Streaming bereitzustellen. Bei dieser Methode wird ein Video vor der Bereitstellung in viele kleine Datenblöcke unterteilt, die dem Benutzer dann progressiv zu-

Hinweis

Auf weitere Erläuterungen bezüglich der Bereitstellung von Videos mithilfe von HTTP Dynamic Streaming oder Video-Streaming via RTMP wird in diesem Kapitel bewusst verzichtet. Einerseits können wir nicht davon ausgehen, dass viele Leser über die notwendigen technischen Voraussetzungen verfügen. Andererseits ist auch der Umfang dieses Kapitels limitiert, und weitere Erläuterungen dazu würden es zu ausladend werden lassen.

gestellt werden. Für die Teilung eines Videos in diese kleinen Datenpakete bietet Adobe ein kostenloses Kommandozeilen-Programm (File Packager for HTTP Dynamic Streaming) an. Für die Bereitstellung wird dann ein zusätzliches HTTP-Modul (Origin module for HTTP Dynamic Streaming, Apache 2.2 vorausgesetzt) benötigt, das ebenfalls von Adobe zum kostenlosen Download angeboten wird. Der Vorteil gegenüber dem progressiven Download ist, dass der Benutzer an beliebige Positionen der Zeitleiste eines Videos springen kann, und zwar auch dann, wenn angeforderte Bereiche des Videos noch nicht heruntergeladen sind. Bei einem progressiven Download ist das nicht möglich. Weitere Informationen dazu sowie die nötigen zusätzlichen Programme finden Sie unter *www.adobe.com/products/httpdynamicstreaming*.

▶ **Streaming via RTMP-Protokoll**: Die dritte Variante ist das Streaming via RTMP. Hierfür wird ein spezieller Streaming-Server benötigt. Adobe stellt für das Video-Streaming per RTMP-Protokoll den kostenpflichtigen Flash Media Server bereit, der sich jedoch nur für größere Video-Projekte eignet. Alternativen sind der auf Java basierende Open Source Flash Server Red5 (*http://red5.org/*) und der Wowza Media Server (*www.wowzamedia.com*).

Grundsätzlich ist das Streaming bei professionellen Video-Anwendungen die erste Wahl, weil u. a. das RTMP-Protokoll im Vergleich zu HTTP für Video-Übertragungen besser geeignet ist. Die folgende Tabelle zeigt noch einmal die drei Methoden zur Bereitstellung von Videos mit Flash und deren Voraussetzungen.

Tabelle 15.1 ▼
Bereitstellungsmöglichkeiten von Videos auf Flash-Basis

Methode	Clientseitige Voraussetzungen	Serverseitige Voraussetzungen	Sonstige Voraussetzungen
Progressiver Download	Flash Player	–	–
HTTP Dynamic Streaming	Flash Player ab Version 10.1	spezielles Webserver-Modul für HTTP	File Packager (zur Generierung der Datenpakete) Video-Player, der HTTP Dynamic Streaming unterstützt (z. B. Strobe Media Playback vom Open Source Media Framework 1.0, *www.osmf.org/strobe_mediaplayback.html*)
Streaming via RTMP	Flash Player	Streaming-Server (z. B. Flash Media Server von Adobe)	–

Im Folgenden wird ausschließlich auf die Standardmethode mittels progressiven Downloads zur Bereitstellung von Videos mit Flash eingegangen. Da diese Methode keine besonderen technischen Voraussetzungen erfordert, ist diese Methode von jedem leicht anzuwenden und wird hier vorzugsweise behandelt.

15.2   Adobe Media Encoder

Bevor Sie Videos in Flash einsetzen können und per progressiven Download bereitstellen, sollten Sie das jeweilige Video zunächst in eines der beiden Flash-Video-Formate konvertieren. Für die Kodierung können Sie den Adobe Media Encoder nutzen, der zusammen mit Flash ausgeliefert wird. Es handelt sich um ein eigenständiges Programm, das viele Möglichkeiten für die Video-Produktion bietet, insbesondere wenn mit dem Video-Schnittprogramm Adobe Premiere Pro gearbeitet wird. Wir schauen uns hier nur die für unsere Anwendungsfälle relevanten Funktionen an.

Unter anderem lassen sich die folgenden Video-Formate im Adobe Media Encoder importieren:

HTML5 und Flash als Video-Player

Aufgrund der hohen Verbreitung des Flash-Browser-Plugins und des leistungsfähigen integrierten Video-Codecs (H.264) finden sich im Internet viele Flash-basierte Video-Player. Auch wenn mit HTML5 langfristig eine offene Lösung zur Bereitstellung von Videos bereits in den Startlöchern steht, dürfte es noch eine Weile dauern, bis Flash als Video-Player abgelöst wird. Auch YouTube (*www.youtube.de*), einer der größten Video-Dienste im Web, liefert Videos nach wie vor hauptsächlich auf Flash-Basis aus.

▼ **Tabelle 15.2**
Einige der unterstützten Video-Dateiformate

Dateiformat	Dateiendung	Bedeutung
Audio Video Interleaved	.avi	Video- Containerformat für Windows von Microsoft
Digital Video	.dv, .dvi	Speicherverfahren von digitalen Video-Kameras (DV-Standard)
MPEG (Motion Picture Expert Group)	.mpg, .m1v, .m2p, .m2t, .m2ts etc.	verlustbehaftetes, weitverbreitetes Video-Format
MPEG (Motion Picture Expert Group) 4	.mp4, .m4v, .avc	verlustbehaftetes, weitverbreitetes Video-Format
QuickTime-Video	.mov, .qt	Standard-Video-Format von Apple
Windows Media-Datei	.wmv, .asf	Video-Format für den Media Player von Microsoft (unter Windows)
Flash Video	.flv	Flash-Video-Format, das vom Flash Player unterstützt wird

Video-Format

Verwenden Sie das FLV-Format (Flash Video), wenn Sie das Video direkt in die Zeitleiste eines Flash-Films integrieren möchten. Wenn nur ältere Flash Player (von Flash Player 6 bis 8) vorausgesetzt werden können, ist das FLV-Format, das es in verschiedenen

[Video-Containerformat]
In einem Video-Containerformat können mehrere Video-, Audio- und Textuntertiteldatenströme vorhanden sein, die mit unterschiedlichen Codecs kodiert wurden. Im Gegensatz zu einem Video-Format gibt ein Video-Containerformat also nicht die Kodierung an. So ist das Standard-Video-Containerformat für H.264 beispielsweise MP4. Zum Abspielen eines Video-Containerformats wird grundsätzlich neben der Unterstützung des Formats auch die Unterstützung des Codecs, der verwendet wird, vorausgesetzt.

Versionen gibt (siehe dazu die nachfolgende Tabelle), die richtige Wahl.

Das neuere F4V-Format (Video for Flash, lesen Sie die Abkürzung von rechts nach links) wird ab dem Flash Player 9.0.115 unterstützt und erzeugt mit dem H.264-Standard (MPEG-4 AVC) im Vergleich zum FLV-Format bei gleicher Dateigröße eine bessere Qualität, lässt sich allerdings nicht direkt in die Zeitleiste eines Flash-Films integrieren. Video-Qualität ist das Argument, das für den Einsatz des F4V-Formats spricht. Wenn möglich, sollten Sie deshalb grundsätzlich das F4V-Format dem älteren FLV-Format vorziehen.

Tabelle 15.3 ▶
Flash Player und verwendete Video-Formate/Video-Standards im Überblick

Flash Player	Format/Standard
ab 6	FLV-Format (nur über RTMP-Streaming): Sorenson-Codec/Screen-Capture-Codec
ab 7	FLV-Format (auch über http): Sorenson-Codec/Screen-Capture-Codec
ab 8	FLV-Format, VP6-Codec (entspricht einer H.263-Variante)
ab 9 (ab 9.0.115)	F4V-Format, H.264/MPEG-4-AVC-Standard

Abbildung 15.1 ▶
Adobe Media Encoder

Lokale FLV- und F4V-Video-Player

Bis 2010 konnte man noch für das lokale Abspielen von FLV- bzw. F4V-kodierten Videos auf den Adobe Media Player zurückgreifen, bis dessen Weiterentwicklung eingestellt wurde. Es gibt aber auch viele andere, frei erhältliche Video-Player. Die meisten davon bieten sowohl gängige Abspielfunktionen als auch Funktionen, um Daten des Videos wie die Größe, Bildrate etc. zu ermitteln. Die folgende Tabelle zeigt einige kostenlose Video-Player, die FLV und F4V unterstützen.

Video-Player	Hersteller/Quelle	Unterstützte Betriebssysteme
VLC Media Player	*www.videolan.org*	Windows, Linux, Mac OS X
FLV-Media Player	*www.flv-media-player.com*	Windows 7, Windows Vista, Windows XP, Windows 2003, Windows 2000
FLV Player	*www.martijndevisser.com/blog/flv-player*	Windows XP, Windows Vista, Windows 7
Perian	*http://perian.org*	Mac OS X

▲ **Abbildung 15.2**
Abspielen eines Videos im VLC Media Player

◄ **Tabelle 15.4**
Video-Player, die FLV und F4V unterstützen

Kodierung

Um ein Video in das F4V-Format zu kodieren, können Sie es per Drag & Drop in die Warteschlange ziehen oder durch Mausklick auf das Plus-Symbol ❶ in die Warteschlange einfügen.

▲ **Abbildung 15.3**
Unter FORMAT können Sie zwischen FLV, F4V und H.264 wählen.

Nachdem die Video-Datei eingefügt wurde, können Sie unter FORMAT das Ausgabeformat bestimmen: FLV, F4V oder H.264. Beachten Sie, dass Sie bei der Auswahl nur das Dateiformat (Video-Containerformat) selbst auswählen und nicht unbedingt

Videos in Adobe Flash importieren
Bis Flash CS3 war es üblich, Videos direkt in Flash zu importieren. Diese Vorgehensweise ist inzwischen veraltet. Videos, die auf Flash-Basis bereitgestellt werden, sollten zunächst im Adobe Media Encoder in das richtige Format kodiert werden.

Batch-Verfahren

Der Adobe Media Encoder bietet u. a. den Vorteil, mehrere Videos nach und nach im Batch-Verfahren kodieren zu können. Wenn Sie viele Videos hintereinander kodieren möchten, kann Ihnen das Batch-Verfahren viel Zeit sparen helfen. Ziehen Sie einfach mehrere Videos in die Warteschlange, editieren Sie die Einstellungen, und klicken Sie dann auf WARTESCHLANGE STARTEN, um den Batch-Vorgang zu starten. Die Videos werden dann nacheinander kodiert. Sie können die Kodierung auch im Hintergrund laufen lassen.

den verwendeten Codec, denn wie bereits erwähnt verwendet das F4V-Format ebenfalls den H.264-Standard. Wählen Sie hier H.264 aus, wird das Video als MPEG-4 (Video-Containerformat) gespeichert.

Abhängig von der Formatwahl ändern sich die verfügbaren Vorlagen unter VORGABE. Adobe Media Encoder bietet dafür sehr viele Vorlagen, um möglichst jedes Endgerät abzudecken.

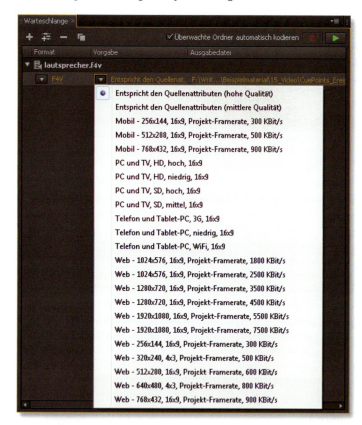

Abbildung 15.4 ▶
Der Adobe Media Encoder bietet Ihnen für verschiedene Zwecke passende Ausgabevorlagen an.

Vorlage duplizieren

Wenn Sie ein Video mit unterschiedlichen Einstellungen bzw. Video-Formaten exportieren möchten, klicken Sie auf das Duplizieren-Symbol, oder klicken Sie auf DUPLIZIEREN nach einem Rechtsklick auf die Zeile und passen dann die Einstellungen für das Duplikat an.

Exporteinstellungen

Für jedes Video können Sie verschiedene Exporteinstellungen festlegen. Wählen Sie das entsprechende Video im Adobe Media Encoder aus, und klicken Sie dann auf das ausgewählte Format oder auf die ausgewählte Vorlage.

Video-Größe | Wenn Sie beispielsweise die Video-Größe ändern möchten, wählen Sie im Fenster EXPORTEINSTELLUNGEN den Reiter VIDEO aus und aktivieren das Optionsfeld ÄNDERN DER VIDEO-GRÖSSE ❷.

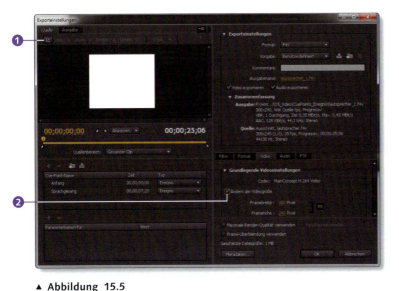

▲ Abbildung 15.5
Ändern des Video-Formats im Fenster EXPORTEINSTELLUNGEN

Tipp: Bestätigung von Einstellungen
Wenn Sie Exporteinstellungen vornehmen und die Eingaben mit der ↵-Taste bestätigen, wird das Fenster EXPORTEINSTELLUNGEN automatisch geschlossen. Das ist sehr umständlich, wenn Sie nachfolgend noch weitere Einstellungen vornehmen möchten. Um dies zu verhindern, können Sie auch einfach mit der Maus innerhalb des Fensters auf einen anderen Punkt klicken, um die Eingabe abzuschließen. Das Fenster bleibt dann weiterhin geöffnet.

Video beschneiden | Im linken oberen Bereich ❶ des Fensters EXPORTEINSTELLUNGEN können Sie das Video auf eine gewünschte Größe beschneiden, z. B. um etwas am Rand abzuschneiden, wie in Abbildung 15.6 zu sehen ist. Es stehen Ihnen verschiedene Methoden zur Verfügung, um ein Video zu beschneiden. Eine Möglichkeit bietet der Beschneidungsmodus. Klicken Sie auf das Beschneiden-Symbol 🔲, um den Modus zu aktivieren.

Qualität des Ausgangsmaterials
Wie bei Sounds gilt auch hier grundsätzlich: Je besser das Ausgangsmaterial ist, desto besser ist das Endergebnis. Besitzen Sie Video-Material ohne verlustbehaftete Komprimierung oder mit einer möglichst geringen verlustbehafteten Komprimierung, sollten Sie es als Ausgangsmaterial verwenden.

▲ Abbildung 15.6
Der exportierte Bereich wird auf der rechten Seite verkleinert.

Durch Ziehen eines der vier Anfasser ❸, ❹, ❺ und ❻ können Sie auch nur einen bestimmten Ausschnitt des Videos für den Export festlegen.

Abbildung 15.7 ▸
Hier wurde nur ein kleiner Ausschnitt des Videos für den Export
ausgewählt.

Wie sich der Beschnitt auswirkt, können Sie im Bereich AUSGABE
erkennen und über die drei Einstellungen im Menü beeinflussen:

Abbildung 15.8 ▸
Im Reiter AUSGABE sehen Sie eine
Vorschau und können Einstellun-
gen für den Beschnitt auswählen.

▸ GRÖSSE DURCH SKALIEREN ANPASSEN: Der definierte Bereich
wird so skaliert, dass er in das gewählte Video-Containerformat passt. Das Seitenverhältnis wird beibehalten, und unge-
nutzte Bereiche werden im späteren Video schwarz dargestellt.

Abbildung 15.9 ▸
Vorschau der Einstellung GRÖSSE
DURCH SKALIEREN ANPASSEN

▸ AUF FÜLLGRÖSSE SKALIEREN: Der Ausgabebereich wird mit der
Quelle komplett gefüllt, aber das Seitenverhältnis der Quelle
wird beibehalten.

◄ **Abbildung 15.10**
Vorschau der Einstellung Auf
Füllgrösse skalieren

▶ Auf Füllgrösse dehnen: Die Quelle wird so gedehnt, dass sie den Ausgabebereich komplett füllt. Das Seitenverhältnis der Quelle wird also nicht beibehalten.

◄ **Abbildung 15.11**
Vorschau der Einstellung Auf
Füllgrösse dehnen

▶ Skalieren und in schwarze Rahmen einpassen: Der Bereich, der abgeschnitten wurde, wird als schwarzer Bereich dargestellt. Das Video wird nicht verzerrt, und der Bereich wird nicht skaliert.

◄ **Abbildung 15.12**
Vorschau der Einstellung Skalieren und in schwarze Rahmen einpassen

▶ Ausgabegrösse an Quelle anpassen: Die Größe des Videos wird an die Größe des definierten Bereichs angepasst. Das ist die einzige Option, die das Video-Format ändert.

Abbildung 15.13 ▶
Vorschau der Einstellung Ausgabegrösse an Quelle anpassen

Alternativ können Sie den Export-Bereich auch durch die Eingabe
entsprechender Werte im oberen Bereich im Reiter Quelle definieren ❶, oder Sie wählen im Listenfeld ❷ ein fest definiertes
Seitenverhältnis aus.

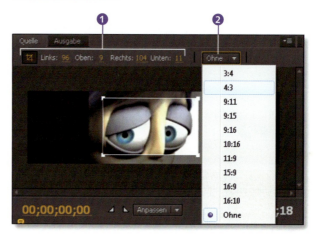

Abbildung 15.14 ▶
Wahlweise können Sie auch ein
festes Seitenverhältnis für das
gesamte Video bzw. nur für den
definierten Begrenzungsbereich
auswählen.

Cue-Points
In diesem Bereich können Sie
dem Video auch Cue-Points zuweisen. Was Cue-Points sind und
wie sie funktionieren, wird später
noch erläutert.

Video-Zeitleiste | Im Bereich unterhalb des Beschneidungsbe-
reichs wird die Zeitleiste des Videos angezeigt.

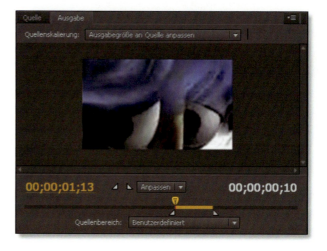

Abbildung 15.15 ▶
Über den In- und Out-Point
bestimmen Sie den zu exportie-
renden Abschnitt des Videos.

Durch Verschieben des Anfassers unten links ❸ können Sie festlegen, an welcher Stelle das exportierte Video beginnen soll. Verschieben Sie den rechten Anfasser ❼, um das Ende des exportierten Videos zu bestimmen. Wenn Sie In- bzw. Out-Points sehr
genau setzen müssen, können Sie den oberen Anfasser (für den
Abspielkopf) ❹ zunächst per Maus ungefähr in den gewünschten Anfangs- bzw. Endbereich ziehen und die Position mit den
Tasten ← und → in kleinen Abständen (Einzelbildern) exakt
ansteuern. Anschließend klicken Sie oberhalb der Zeitleiste auf
das In- ❺ bzw. Out-Point-Symbol ❻, um den In- oder Out-Point
an diese Stelle zu setzen.

Der Bereich »Exporteinstellungen« | Im Bereich EXPORTEINSTEL-
LUNGEN sehen Sie im unteren Bereich ❿ eine Zusammenfassung,
die u. a. die wichtigsten gewählten Einstellungen wiedergibt.
Haben Sie im Feld VORGABE die Einstellung BENUTZERDEFINIERT
gewählt, können Sie die gewählten Einstellungen durch Mausklick auf das Speichern-Symbol 🖫 für andere Videos als Vorlage
abspeichern. Gespeicherte Vorlagen können Sie durch Mausklick
auf das Papierkorb-Symbol 🗑 wieder entfernen. Im Feld KOM-
MENTARE können Sie zu dem gewählten Profil einen beschreiben-
den Text definieren. Durch Mausklick auf das Ordner-Symbol 🗁
können Sie eine Vorlage laden.

Video-/Audio-Export | Wenn Sie nur das Video ohne Audio-
Spur oder nur die Audio-Spur eines Videos exportieren möchten,
aktivieren bzw. deaktivieren Sie dazu die entsprechenden Opti-
onsfelder ❽ und ❾.

Gaußscher Weichzeichner | Bei Videos mit vielen Bildstörungen
kann es hilfreich sein, das Video mit dem Gaußschen Weichzeichner leicht weichzuzeichnen. Das Video-Bild wird dadurch zwar

▲ **Abbildung 15.16**
Oberhalb der Zeitleiste finden Sie
die Symbole für das Setzen eines
In- bzw. Out-Points.

Video-Qualität

Grundsätzlich bietet der H.264-
Standard die beste Video-Qualität. Danach folgt der im FLV-
Format verwendete Codec VP6
(ab Flash Player 8) und dann
der ältere Sorenson-Spark-
Codec.

◄ **Abbildung 15.17**
Der Bereich EXPORTEINSTELLUNGEN

Audio-Spur deaktivieren
Sollte das Video keine Audio-Spur
besitzen, sollten Sie im oberen
Bereich das Optionsfeld AUDIO
EXPORTIEREN deaktivieren.

etwas unscharf, Bildstörungen müssen dann jedoch nicht kodiert werden, was gegebenenfalls eine etwas kleinere Dateigröße zur Folge haben kann. Probieren Sie ruhig verschiedene Stärken aus, um ein gutes Verhältnis zwischen Bildqualität und Dateigröße zu finden.

Abbildung 15.18 ▶
Aktivieren Sie die Option GAUSSSCHER WEICHZEICHNER, wenn das Ausgangs-Video von schlechter Qualität ist und viele Bildstörungen besitzt.

Aktivieren Sie dazu im Bereich Filter das Optionsfeld. Unter STÄRKE DES WEICHZEICHNERS stellen Sie die Stärke des Filters ein und unter ABMESSUNG DES WEICHZEICHNERS können Sie festlegen, in welche Richtung das Video weichgezeichnet werden soll. Um das Ergebnis zu sehen, klicken Sie links oben auf den Reiter AUSGABE.

Video-Einstellungen | Abhängig davon, welches Video-Ausgabeformat (FLV oder F4V) Sie vorher gewählt haben, stehen Ihnen im Reiter VIDEO weitere Video-Einstellungsmöglichkeiten zur Verfügung.

Abbildung 15.19 ▶
Grundlegende Video-Einstellungen

Die Einstellungsmöglichkeiten sind sehr umfangreich und hängen vom gewählten Video-Ausgabeformat ab. Die meisten Einstellungen sind nur für erfahrene Video-Benutzer relevant. In der Regel können Sie die Standardeinstellungen so belassen. Mit der Einstellung VBR, 2 DURCHGÄNGE kann die Video-Qualität etwas gesteigert werden, allerdings dauert die Kodierung mit dieser Einstellung auch etwas länger.

Tooltipps

Im unteren Bereich wird Ihnen eine kurze Beschreibung angezeigt, wenn Sie den Mauszeiger über die jeweilige Einstellung bewegen.

Metainformationen mit XMP bereitstellen

Die Extensible Metadata Plattform (XMP) ist ein von Adobe entwickelter Standard, um Metadaten in digitale Medien einzubetten. XMP basiert auf RDF (Resource Description Framework) bzw. XML (Extensible Markup Language) und wird u. a. von allen gängigen Produkten von Adobe unterstützt, so beispielsweise auch von der Dateiverwaltung Adobe Bridge. Die Einbettung von Metadaten, wie z. B. die Beschreibung eines Video-Inhalts, bringt zwei wesentliche Vorteile. Zum einen bietet es den Erstellern und Entwicklern verschiedene Informationen zum Inhalt bzw. zur Erstellungsweise des Inhalts, ohne dazu ein Video betrachten zu müssen.

Zum anderen bringt es den Vorteil, dass es die Erfassung von Inhalten z. B. durch Suchmaschinen, wenn diese entsprechende Metadaten überprüfen, vereinfacht. Grundsätzlich lassen sich XMP-Daten auch mit ActionScript lesen. Im Adobe Media Encoder können Sie Metadaten im XMP-Standard im Fenster METADATENEXPORT erstellen. Um das Fenster zu öffnen, klicken Sie im Reiter FORMAT oder VIDEO unten auf die Schaltfläche METADATEN ❶.

Im Fenster METADATENEXPORT finden Sie zahlreiche bearbeitbare Felder beispielsweise über den Inhalt des Videos.

▲ **Abbildung 15.20**
XMP-Metadaten über das Menü erstellen

▲ **Abbildung 15.21**
Mithilfe von XMP lassen sich unzählige Metadaten in ein Video einbetten.

Audio-Einstellungen | Auch für die Audio-Spur eines Videos können Sie die Kodierung und die Qualität festlegen. Entsprechende Einstellungsmöglichkeiten finden Sie im Reiter Audio.

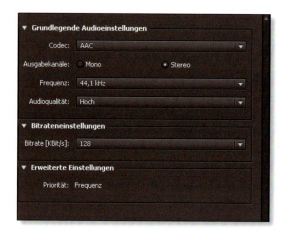

Abbildung 15.22 ▶
Einstellungen für die Audio-Spur

FTP-Zugang einrichten

In dem Bereich, den Sie über den Reiter FTP erreichen, können Sie einen FTP-Zugang einrichten, über den es möglich ist, das exportierte Video direkt aus dem Adobe Media Encoder via FTP auf einen Server zu laden.

FTP-Zugang | Optional können Sie einen FTP-Zugang einrichten, über den Sie das Video direkt auf einen Server laden können.

Abbildung 15.23 ▶
FTP-Zugang einrichten

15.3 Video-Import in Flash

Nachdem Sie ein Video mithilfe des Adobe Media Encoder in das FLV- oder F4V-Format kodiert haben, können Sie es in Flash nutzen. Es gibt unterschiedliche Anwendungsmöglichkeiten, die im Folgenden erläutert werden. Um ein Video in Flash zu nutzen, klicken Sie zunächst im Menü Datei • Importieren auf Video importieren. Im sich daraufhin öffnenden Dialogfenster können Sie auswählen, auf welche Weise Sie das Video nutzen möchten.

◄ **Abbildung 15.24**
Das Dialogfenster VIDEO IMPOR-
TIEREN

Im Fenster VIDEO IMPORTIEREN können Sie zunächst wählen, ob das Video auf Ihrem Computer liegt oder von einem Webserver (Flash Video Streaming Service oder Flash Media Server) abgespielt werden soll. Wenn das Video auf Ihrer Festplatte liegt, klicken Sie zunächst auf die Schaltfläche DURCHSUCHEN, um es auszuwählen. Anschließend haben Sie drei Auswahlmöglichkeiten:

▶ EXTERNES VIDEO MIT PLAYBACK-KOMPONENTE LADEN: Mit dieser Einstellung können Sie anschließend eine Video-Playback-Komponente einrichten, über die das Video abgespielt wird.

▶ FLV IN SWF EINBETTEN UND IN ZEITLEISTE ABSPIELEN: Das Video wird in die Zeitleiste eines Flash-Films integriert.

▶ ALS VIDEO FÜR MOBILGERÄTE IN SWF ZUSAMMENGEFASST IMPORTIEREN: Wenn Sie eine Anwendung für ein Mobilgerät entwickeln, erlaubt diese Einstellung die Integration des Videos in den Flash-Film. Diese Option ist für das veraltete Flash Lite noch vorhanden.

Flash Media Server
Flash Media Server sind spezielle Server, die u. a. Live-Streaming in Echtzeit erlauben. Flash Media Server werden von einigen speziellen Hostinganbietern (z. B. *www.influxis.com*) angeboten oder können auch selbst betrieben werden. Weitere Informationen finden Sie unter *www.adobe. com/de/products/flashmediaserver*.

Video-Playback-Komponente

Wenn Sie das Video mithilfe eines Video-Players bereitstellen möchten, ist die erste Einstellung die richtige Wahl. Mithilfe der Video-Playback-Komponente können Sie in wenigen Schritten ein Video mit Player in einen Flash-Film integrieren.

Nachdem Sie das Video ausgewählt und die entsprechende Option aktiviert haben, klicken Sie auf die Schaltfläche WEITER. Es öffnet sich nun ein weiteres Fenster, in dem Sie SKIN (das Erscheinungsbild) und FARBE des Players auswählen können. Über die

▲ **Abbildung 15.25**
Video spulen in der Flash IDE

Video spulen in der Flash IDE

Seit Flash CS5 gibt es die Möglichkeit, Videos, die über die Video-Playback-Komponente eingebunden wurden, innerhalb der Flash IDE zu spulen.

Eigene Steuerungsfunktionen

Wenn Sie eigene oder keine Steuerungsfunktionen für ein Video bereitstellen möchten, können Sie unter SKIN die Einstellung OHNE wählen. In diesem Fall werden keine Bedienelemente erstellt. Das Video wird dann dennoch über die FLV-Playback-Komponente integriert und abgespielt.

▲ **Abbildung 15.27**
Playback-Komponente im Flash Player

Soundsynchronisation

Beachten Sie, dass es bei längeren Videos mit einer Audio-Spur bei eingebetteten Videos Probleme mit der Soundsynchronisation geben kann.

Auswahl des Skins legen Sie auch fest, über welche Funktionen der Player verfügen soll. Der Skin »SkinOverPlaySeekMute« gibt beispielsweise an, dass der Player bei einem MouseOver-Event über dem Video eingeblendet wird und über Funktionen zum Abspielen (Play) und Navigieren auf der Zeitleiste (Seek) sowie über eine Funktion zum Stummstellen der Soundspur des Videos (Mute) verfügt.

▲ **Abbildung 15.26**
Das Erscheinungsbild und die Farbe der Komponente auswählen

Wenn Sie einen Skin ausgewählt haben, folgen Sie den Anweisungen durch Mausklick auf WEITER. Klicken Sie im letzten Fenster abschließend auf FERTIGSTELLEN, um die Video-Komponente in den geöffneten Flash-Film zu integrieren.

FLV in Zeitleiste integrieren und abspielen

Nachdem Sie die Option FLV IN SWF EINBETTEN UND IN ZEITLEISTE ABSPIELEN aktiviert haben, folgt ein weiteres Dialogfenster, über das Sie einstellen können, wie das Video in den Flash-Film integriert wird.

Im Feld SYMBOLTYP können Sie auswählen, ob Sie das Video direkt auf der Hauptzeitleiste als eingebettetes Video platzieren oder in einem MovieClip- bzw. Grafik-Symbol verschachteln möchten. Die Option INSTANZ AUF BÜHNE PLATZIEREN sorgt dafür, dass das Video direkt auf der Bühne platziert wird und nicht nur in die Bibliothek aufgenommen wird. Die Option ZEITLEISTE BEI BEDARF ERWEITERN fügt automatisch für das Video ausreichende

Bilder in die Zeitleiste ein. Aktivieren Sie die Option AUDIO EIN-
SCHLIESSEN, wenn das Video eine Audio-Spur besitzt.

15.4   Video-Anwendung

Sie haben jetzt bereits die wichtigsten Einstellungen für den
Import von Videos zur Nutzung mit progressivem Download
kennengelernt. Es wird nun höchste Zeit, sich mit den unterschiedlichen Anwendungsmöglichkeiten von Videos in Flash zu
beschäftigen.

▲ **Abbildung 15.28**
Einstellung der Option FLV IN
SWF EINBETTEN UND IN ZEITLEISTE
ABSPIELEN

Eingebettete Videos

Eingebettete Videos werden in der Zeitleiste eines Flash-Films abgespielt. Wenn Sie ein Video in einen MovieClip verschachteln,
können Sie das Video über den MovieClip steuern. Der folgende
Workshop erläutert ein Beispiel dazu.

Schritt für Schritt:
Ein eingebettetes Video über die Zeitleiste steuern

In diesem Workshop wird gezeigt, wie Sie ein eingebettetes Video über die Zeitleiste eines MovieClips steuern können.

1   **Film öffnen**
Öffnen Sie den Flash-Film *15_Video\EmbedVideo\Embed-Video_01.
fla*. In dem MovieClip mit dem Instanznamen »video_mc« ist das
Video in einem Schlüsselbild ab Bild 2 eingebettet.

*15_Video\EmbedVideo\
EmbedVideo_01.fla*

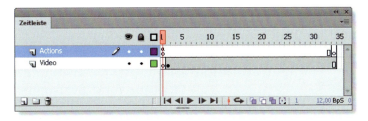

◄ **Abbildung 15.29**
Die Zeitleiste des MovieClips
»video_mc«

2   **Video starten**
Per Mausklick auf den MovieClip mit dem Instanznamen »start_
mc« soll das Video abgespielt werden. Öffnen Sie dazu das AKTI-
ONEN-Fenster über FENSTER • AKTIONEN oder über das Tastenkürzel F9 bzw. Alt+F9, und weisen Sie dem ersten Schlüsselbild
auf der Ebene »Actions« folgenden Code zu:

```
1:    var playState:Boolean=false;
2:    start_mc.addEventListener(MouseEvent.CLICK,
      playVideo);
3:    start_mc.buttonMode=true;
4:    function playVideo(e:MouseEvent):void {
5:        if (playState==false || video_mc.currentFrame
          == 1) {
6:            video_mc.gotoAndPlay(2);
7:            playState=true;
8:        }
9:    }
```

In Zeile 1 wird die Variable `playState` definiert, die angibt, ob das Video abgespielt (`true`) oder gestoppt (`false`) ist bzw. wurde. In Zeile 2 wird ein Ereignis-Listener am MovieClip »start_mc« registriert, der die Ereignisprozedur `playVideo` aufruft, wenn der Benutzer auf den MovieClip klickt. Damit sich der MovieClip wie ein Button verhält, wird die Eigenschaft `buttonMode` des MovieClips in Zeile 3 auf `true` gesetzt. Die Funktion `playVideo` überprüft zunächst, ob der Wert der Variablen `playState` gleich `false` ist oder ob sich der Lesekopf innerhalb des MovieClips »video_mc« auf Bild 1 befindet. In beiden Fällen wird das Video abgespielt (Zeile 6), und der Wert der Variablen `playState` wird auf `true` gesetzt (Zeile 7).

3   **Video stoppen und weiter abspielen**

Per Mausklick auf den MovieClip mit dem Instanznamen »pause_mc« soll das Video entweder angehalten oder weiter abgespielt werden, je nachdem, ob es zuvor angehalten wurde oder gerade abgespielt wird. Ergänzen Sie den Code dazu wie folgt:

▲ **Abbildung 15.30**
Über die beiden MovieClip-Buttons lässt sich der Abspielvorgang steuern.

```
1:    pause_mc.addEventListener(MouseEvent.CLICK,
      pausePlayVideo);
2:    pause_mc.buttonMode=true;
3:    function pausePlayVideo(e:MouseEvent):void {
4:        if (playState==true) {
5:            video_mc.stop();
6:            playState=false;
7:        } else {
8:            video_mc.play();
9:            playState = true;
10:       }
11:   }
```

Die Funktion `pausePlayVideo` wird aufgerufen, wenn der Benutzer auf den MovieClip »pause_mc« klickt. Die Funktion überprüft, ob der Wert der Variablen `playState` gleich `true` ist. In diesem Fall wird der Abspielkopf des MovieClips »video_mc« gestoppt (Zeile 5), und der Wert der Variablen `playState` wird auf `false` gesetzt (Zeile 6). Sollte der Wert der Variablen `playState` nicht gleich `true` sein – in diesem Fall wurde das Video angehalten –, wird es wieder abgespielt (Zeile 8), und die Variable `playState` wird auf `true` gesetzt (Zeile 9).

4   Film testen

Testen Sie den Flash-Film über ⌜Strg⌝/⌜⌘⌝+⌜↵⌝.

Ergebnis der Übung:
15_Video\EmbedVideo
EmbedVideo_02.fla

Externe Videos

Um ein externes Video im Flash-Video-Format (*.flv*) oder im Video-for-Flash-Format (*.f4v*) ansteuern zu können, müssen Sie zunächst ein Video-Symbol in der Bibliothek erstellen. Das Video-Symbol dient als Video-Anzeige für das externe Video.

Öffnen Sie das Bibliothek-Fenster mit ⌜Strg⌝/⌜⌘⌝+⌜L⌝, und wählen Sie den Menüpunkt Neues Video, um ein Video-Symbol zu erstellen.

Video-Objekt erstellen

Wenn Sie die Video-Anzeige direkt über ActionScript 3 erzeugen möchten, initialisieren Sie dazu ein Video-Objekt und fügen es zur Anzeigeliste des Flash-Films wie folgt hinzu:

```
import flash.media.Video;
var myVideoContainer:Video =
new Video(320,240);
addChild(myVideoContainer);
```

An den Konstruktor des Video-Objekts werden dabei die Breite und die Höhe des Videos übergeben.

◄ **Abbildung 15.31**
Neues Video-Symbol erstellen

Aktivieren Sie im sich daraufhin öffnenden Dialogfenster die Option Video (von ActionScript gesteuert), und weisen Sie dem Video-Symbol einen Symbolbezeichner, z. B. »videoContainer«, zu.

627

Abbildung 15.32 ▸
Video-Eigenschaften definieren

Wählen Sie das Video aus, und ziehen Sie es auf die Bühne. Um die Video-Anzeige über ActionScript ansteuern zu können, müssen Sie ihr im EIGENSCHAFTEN-Fenster einen Instanznamen zuweisen.

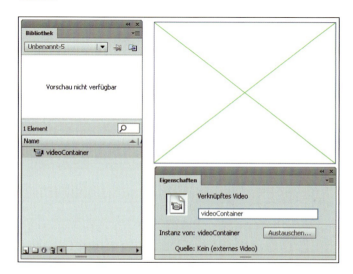

Abbildung 15.33 ▸
Der Video-Anzeige wurde der Instanzname »videoContainer« zugewiesen.

Video-Größe festlegen | Sie sollten dem Video-Container die Größe des externen Videos zuweisen. Geben Sie dazu die Breite und die Höhe im EIGENSCHAFTEN-Fenster oder INFO-Fenster ein. Anderenfalls wird das Video auf die Größe des Video-Containers skaliert.

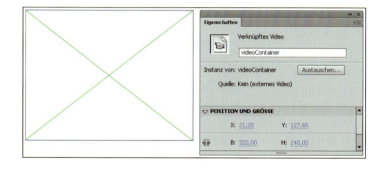

Abbildung 15.34 ▸
Die Größe des Videos wurde auf
320 × 240 Pixel gestellt.

NetConnection- und NetStream-Objekt | Um das externe Video über ActionScript abspielen und steuern zu können, müssen Sie ein sogenanntes `NetConnection`-Objekt und ein `NetStream`-Objekt initialisieren. Die Methode `connect` des `NetConnection`-Objekts öffnet eine Verbindung, über die ein externes Video abgespielt werden kann. Das `NetConnection`-Objekt wird bei der Initialisierung des `NetStream`-Objekts an das `NetStream`-Objekt übergeben:

```
var connect_nc:NetConnection = new NetConnection();
connect_nc.connect(null);
var stream:NetStream=new NetStream(connect_nc);
```

Schritt für Schritt:
Ein Video über ActionScript abspielen und steuern

In diesem Workshop erfahren Sie, wie Sie ein externes Video integrieren und steuern können.

1 Film öffnen

Öffnen Sie den Flash-Film *15_Video\ExtVideo\ExtVideo_01.fla*. Auf der Bühne befinden sich zwei MovieClips mit den Instanznamen »start_mc« und »pause_mc« sowie ein Video-Container mit dem Instanznamen »videoContainer«.

15_Video\ExtVideo\ ExtVideo_01.fla

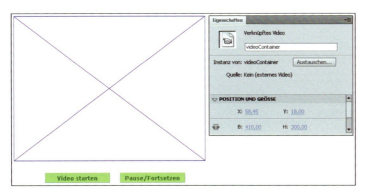

◄ **Abbildung 15.35**
Die Ausgangsbasis

2 NetConnection- und NetStream-Objekt initialisieren

Weisen Sie dem ersten Schlüsselbild auf der Ebene »Actions« zunächst folgenden Code zu:

```
var connect_nc:NetConnection = new NetConnection();
connect_nc.connect(null);
var stream:NetStream=new NetStream(connect_nc);
```

client-Eigenschaft des NetStream-Objekts

Damit Flash keine Compiler-Fehler anzeigt, wird der Eigenschaft `client` des `NetStream`-Objekts das Objekt `myClient` zugewiesen. Die Eigenschaft wird dazu verwendet, um auf bestimmte Datenereignisse reagieren zu können.

```
var myClient:Object = new Object();
stream.client=myClient;
videoContainer.attachNetStream(stream);
```

Per Mausklick auf den MovieClip mit dem Instanznamen »start_mc« soll das Video im Video-Container abgespielt werden.

3 Video abspielen

Ergänzen Sie den Code im Schlüsselbild auf der Ebene »Actions« dazu um folgende Zeilen:

```
start_mc.addEventListener(MouseEvent.CLICK,startVideo);
start_mc.buttonMode=true;
function startVideo(e:MouseEvent):void {
    stream.play("lautsprecher.f4v");
}
```

4 Video pausieren oder fortsetzen

Per Mausklick auf den MovieClip mit dem Instanznamen »pause_mc« soll das Video angehalten bzw. fortgesetzt werden, wenn es zuvor angehalten wurde. Ergänzen Sie den Code dazu wie folgt:

```
pause_mc.addEventListener(MouseEvent.CLICK,pauseVideo);
pause_mc.buttonMode=true;
function pauseVideo(e:MouseEvent):void {
    stream.togglePause();
}
```

▲ **Abbildung 15.36**
Das externe Video kann über die MovieClip-Buttons gestartet, gestoppt bzw. fortgesetzt werden.

Über die Methode `togglePause` können Sie ein Video fortsetzen bzw. anhalten, je nachdem, ob es gerade gestoppt ist oder abgespielt wird. Die Methode erkennt das selbst und führt die entsprechende Aktion aus.

 **Ergebnis der Übung:**
15_Video\ExtVideo\ExtVideo_02.fla

5 Film testen

Testen Sie den Flash-Film über ⌨Strg/⌘+⏎.

NetStream-Ereignisse | An einem Objekt der `NetStream`-Klasse können Sie verschiedene Ereignis-Listener registrieren, um damit über Ereignisprozeduren auf verschiedene Ereignisse reagieren zu können. Zu den wichtigsten Ereignissen, zur Ermittlung von Fehlern, gehören die Ereignisse `IOErrorEvent.IO_ERROR` und `NetStatusEvent.NET_STATUS`. Das `IOErrorEvent.IO_ERROR`-Ereignis wird ausgelöst, wenn ein Ein- oder Ausgabefehler aufgetreten ist. Um auf das Ereignis reagieren zu können, müssen Sie am `NetStream`-Objekt einen Ereignis-Listener registrieren:

```
var stream:NetStream=new NetStream(connect_nc);
stream.addEventListener(IOErrorEvent.IO_ERROR,
ioErrorHandler);
function ioErrorHandler(e:IOErrorEvent):void{
    trace("IO ERROR");
}
```

Das Ereignis `NetStatusEvent.NET_STATUS` wird aufgerufen, wenn das `NetStream`-Objekt einen Status meldet, das kann ein Fehler, aber auch eine Statusmeldung sein, die z. B. auftritt, wenn ein Video gestartet wurde. Über die Eigenschaft `info.code` des an die Ereignisprozedur übergebenen Ereignisses können Sie ermitteln, welcher Status gemeldet wurde, und gegebenenfalls darauf reagieren:

```
var stream:NetStream=new NetStream(connect_nc);
stream.addEventListener(NetStatusEvent.NET_STATUS,
netStatusHandler);
function netStatusHandler(e:NetStatusEvent):void{
    trace("Status: "+e.info.code);
    if(e.info.code == "NetStream.Play.Start") {
        trace("Video wurde gestartet");
    }
}
```

▲ **Abbildung 15.37**
Die Ausgabe des Beispielcodes

Vollbild-Modus

Einen Vollbild-Modus gab es bereits in früheren Flash-Versionen, allerdings nur für den Stand-Alone-Player und den Projektor. Ab dem Flash Player 9.0.28.0 ist es möglich, einen echten Vollbild-Modus auch im Browser zu nutzen. Das ist besonders – aber nicht nur – für Video-Anwendungen interessant, da Benutzer ein Video bei einer entsprechend hohen Qualität gerne im Vollbild-Modus betrachten.

Die folgenden Schritte erläutern die Vorgehensweise, um den Vollbild-Modus zu nutzen:

Bevor Sie einen Flash-Film im Browser im Vollbild-Modus darstellen können, müssen Sie den Parameter `allowFullScreen` im HTML-Dokument auf `true` setzen. Am schnellsten können Sie den Modus aktivieren, indem Sie in Flash im Menü DATEI • EINSTELLUNGEN FÜR VERÖFFENTLICHUNGEN die Option HTML-

▲ **Abbildung 15.38**
Die Flash-Vorlage für den Vollbild-Modus auswählen

[!] Im Browser testen
Wenn Sie das Beispiel in Flash testen, werden Sie keine Veränderung feststellen. Sie müssen dazu das Beispiel in einem Browser öffnen.

▲ **Abbildung 15.39**
Video im Browser: Fullscreen-Modus

🖸 *15_Video\Vollbild-Modus\
Vollbild.fla, Vollbild.html* oder
Vollbild_swfObject.html

WRAPPER aktivieren und anschließend die Vorlage NUR FLASH – VOLLBILD ZULASSEN wählen. Der Parameter wird dann automatisch integriert.

Der Vollbild-Modus kann nur über eine Maus- oder Tastatureingabe aktiviert werden. Angenommen, Sie möchten den Vollbild-Modus optional per Mausklick auf einen MovieClip mit dem Instanznamen »fullscreen_mc« aktivieren bzw. deaktivieren. Dazu würde Ihnen dann folgender Code dienen:

```
var fullScreenState:Boolean=false;
fullscreen_mc.buttonMode=true;
fullscreen_mc.addEventListener(MouseEvent.
CLICK,switchState);
function switchState(e:MouseEvent):void {
    if (fullScreenState==false) {
        stage.displayState=StageDisplayState.
        FULL_SCREEN;
        fullScreenState=true;
    } else {
        stage.displayState=StageDisplayState.NORMAL;
        fullScreenState=false;
    }
}
```

Ein passendes Beispiel finden Sie auf der beiliegenden DVD unter *15_Video\Vollbild-Modus*.

Audio-Spur eines Videos steuern

Wenn Sie ein externes Video abspielen, kann es nützlich sein, auf die Audio-Spur des Videos zugreifen zu können, um z. B. die Lautstärke zu regeln.

Dazu können Sie der Eigenschaft soundTransform eines NetStream-Objekts ein SoundTransform-Objekt zuweisen. Das folgende Codebeispiel zeigt die Vorgehensweise:

```
1:   var connect_nc:NetConnection =
     new NetConnection();
2:   connect_nc.connect(null);
3:   var stream:NetStream=new NetStream(connect_nc);
4:   var myClient:Object = new Object();
5:   stream.client=myClient;
6:   videoContainer.attachNetStream(stream);
7:   stream.play("lautsprecher.f4v");
```

```
8:    var myTransform:SoundTransform =
      new SoundTransform();
9:    myTransform.volume = .1;
10:   stream.soundTransform = myTransform;
```

Wie bereits erläutert, wird ein `NetConnection`- und ein `NetStream`-Objekt initialisiert, über das dann eine Verbindung zum Video hergestellt wird. Das Video wird abgespielt. Anschließend wird in Zeile 8 ein `SoundTransform`-Objekt erstellt und deren Eigenschaft `volume` wird in Zeile 9 der Wert 0,1 (10 %) zugewiesen. Der zulässige Wertebereich der Eigenschaft `volume` ist 0 bis 1 (100 %). In Zeile 10 wird das definierte `SoundTransform`-Objekt der Eigenschaft `soundTransform` des `NetStream`-Objekts zugewiesen.

▲ **Abbildung 15.40**
Die Lautstärke der Video-Tonspur über einen Lautstärkeregler steuern

15_Video\ExtVideo\ ExtVideo_03.fla

Lautstärkeregler | Wie Sie einen Lautstärkeregler erstellen können, haben Sie bereits in Kapitel 14, »Sound«, kennengelernt. Auf der beiliegenden DVD wurde dieser Lautstärkeregler mit dem Sound eines Videos verknüpft. Sie finden das Beispiel unter *15_ Video\ExtVideo\ExtVideo_03.fla*.

Wie sich ein `NetStream`-Objekt einsetzen lässt, haben Sie jetzt gelernt. In der folgenden Tabelle werden noch einmal die wichtigsten Methoden der `NetStream`-Klasse zusammengefasst.

Methode	Beispiel	Beschreibung
close	stream.close()	Stoppt die Wiedergabe der Daten des Streams und setzt die Eigenschaft `time` auf 0. Dadurch wird der Stream zurückgesetzt.
pause	stream.pause();	Hält den Abspielvorgang an.
play	stream.play("video. flv");	Spielt das angegebene Flash-Video ab.
resume	stream.resume();	Setzt einen angehaltenen Video-Stream fort.
seek	stream.seek(30);	Sucht das Schlüsselbild, das dem angegebenen Zeitpunkt (in Sekunden) am nächsten kommt, und springt zu diesem Punkt.
togglePause	stream.togglePause();	Hält die Wiedergabe eines Streams an oder setzt sie fort.

▲ **Tabelle 15.5**
Die wichtigsten Methoden der `NetStream`-Klasse

Eigenschaften der NetStream-Klasse

Die NetStream-Klasse verfügt über einige interessante Eigenschaften. So können Sie z. B. den Ladefortschritt eines gestreamten Videos ermitteln. Dazu können Sie einen Ereignis-Listener für das Ereignis Event.ENTER_FRAME an einem Anzeigeobjekt registrieren, um den Fortschritt regelmäßig zu kontrollieren und gegebenenfalls auszugeben. Das folgende Beispiel zeigt die Vorgehensweise:

15_Video\NetStream-Eigenschaften\VideoProgress.fla

```
var connect_nc:NetConnection = new NetConnection();
connect_nc.connect(null);
var stream:NetStream=new NetStream(connect_nc);
var myClient:Object = new Object();
stream.client=myClient;
videoContainer.attachNetStream(stream);
stream.play("lautsprecher.f4v");
var videoController:Sprite = new Sprite();
videoController.addEventListener(Event.ENTER_FRAME,
controlLoading);
function controlLoading(e:Event):void {
    var geladen:uint=stream.bytesLoaded;
    var total:uint=stream.bytesTotal;
    var prozent:Number = geladen/total;
    trace(prozent);
    if (prozent>=1) {
        trace("Video vollständig geladen");
        videoController.removeEventListener(
        Event.ENTER_FRAME,controlLoading);
        videoController=null;
    } else {
        trace("Video lädt ...");
    }
}
```

Video auf Webserver laden

Laden Sie das Video und den Flash-Film am besten auf einen Webserver hoch, um den Fortschrittsprozess zu sehen. Wenn Sie das Beispiel lokal testen, ist das Video sofort geladen, und Sie sehen den Fortschritt des Ladevorgangs nicht.

In diesem Fall würde über die Eigenschaft bytesLoaded des NetStream-Objekts stream die aktuell geladene Datenmenge (in Bytes) ermittelt und der Wert der Variablen geladen zugewiesen. Analog dazu wird die gesamte Datenmenge über die Eigenschaft bytesTotal ermittelt und der Wert der Variablen total zugewiesen. Auf Basis dieser beiden Werte lässt sich dann der prozentuale Fortschritt leicht berechnen, und Sie können feststellen, wann ein Video vollständig geladen wurde.

Abspielzeit anzeigen | Über die Eigenschaft time der Net-
Stream-Klasse können Sie die Position des Video-Abspielkopfes
(in Sekunden) bestimmen. So können Sie z. B. die aktuelle Position im Format Stunden:Minuten:Sekunden wie folgt ausgeben:

```
var videoController:Sprite = new Sprite();
videoController.addEventListener(Event.ENTER_FRAME,
controlLoading);
function controlLoading(e:Event):void {
    var time:Number = stream.time;
    var stunden:uint = Math.floor(time/3600);
    var minuten:uint = Math.floor(time/60);
    var sekunden:uint = Math.floor(time);
    trace(stunden+":"+minuten+":"+sekunden);
}
```

*15_Video\NetStream-
Eigenschaften\VideoTime.fla*

In der folgenden Tabelle sind noch einmal die wichtigsten Eigenschaften der NetStream-Klasse aufgelistet.

Eigenschaft	Datentyp	Beschreibung
bufferLength	Number	Derzeit im Datenpuffer befindliche Datenmenge (in Sekunden). Die Eigenschaft ist schreibge-schützt.
bufferTime	Number	Legt fest, welche Zeitdauer des Videos (in Sekun-den) im Puffer gespeichert werden soll, bis das Video anfängt abzuspielen.
bytesLoaded	uint	aktuell geladene Datenmenge (in Bytes)
bytesTotal	uint	gesamte Datenmenge (in Bytes)
client	Object	Der Eigenschaft wird ein Objekt zugewiesen, an dem Ereignis-Listener registriert werden können, um beispielsweise Metadaten von Cue-Points auszulesen (siehe dazu Beispiel im folgenden Abschnitt »Cue-Points«).
currentFPS	Number	Bildrate: die Anzahl der pro Sekunde angezeigten Bilder
soundTransform	SoundTransform	SoundTransform-Objekt, über das sich der Sound eines NetStream-Objekts steuern lässt
time	Number	aktuelle Position des Abspielkopfes in Sekunden

▲ **Tabelle 15.6**
Die wichtigsten Eigenschaften der NetStream-Klasse

Cue-Points

Mithilfe sogenannter *Cue-Points* können Sie Positionen auf der Zeitleiste eines Videos definieren, an denen entweder ein bestimmtes Ereignis, z. B. die Steuerung eines MovieClips, aufgerufen wird oder die zur Navigation genutzt werden können.

Im Adobe Media Encoder können Sie Cue-Points im linken unteren Bereich unterhalb der Zeitleiste des Videos einrichten.

▲ **Abbildung 15.41**
Ein Cue-Point wurde eingefügt.

Cue-Points per ActionScript

Cue-Points können via ActionScript über eine FLV-Playback-Komponente erzeugt werden. Eine Erstellung über ein `NetStream`-Objekt ist leider nicht möglich. Beachten Sie, dass Cue-Points, die via ActionScript erstellt werden, nicht ganz so exakt sind wie Cue-Points, die im Adobe Media Player eingerichtet werden. Um einen Cue-Point per ActionScript mithilfe einer FLV-Playback-Komponente `videoPlayer` zu erstellen, können Sie folgenden Beispielcode verwenden:

```
var firstCuePoint:Object =
new Object();
firstCuePoint.text =
"Der erste Cue-Point."
videoPlayer.addASCuePoint-
(2.345,"caption",firstCue-
Point);
```

Um einen Cue-Point an einer bestimmten Position einzufügen, müssen Sie den oberen Pfeil-Anfasser ❶ zunächst an die gewünschte Stelle verschieben. Klicken Sie dann auf das Plus-Symbol ❷, um einen Cue-Point an dieser Position der Zeitleiste einzufügen. Anschließend können Sie dem Cue-Point in der Spalte Cue-Point-Name ❸ einen Bezeichner zuweisen, der beispielsweise eine Beschreibung der Video-Stelle angibt. Sie können diesen Wert dann später auslesen. In der Spalte Zeit ❹ sehen Sie den genauen Zeitpunkt des Cue-Points. Unter Typ ❺ können Sie wählen, ob der Cue-Point zum Auslösen eines Ereignisses oder zur Navigation genutzt werden soll.

Zugriff auf Cue-Points | Im Bereich Parameternamen können Sie dem Cue-Point Variablen und Werte zuweisen, die dann beim Abspielen des Videos beim Erreichen der jeweiligen Position des Cue-Points weiterverarbeitet werden können.

Um zu ermitteln, wann ein Cue-Point im Video auftaucht, können Sie die client-Eigenschaft eines NetStream-Objekts verwenden. Dazu folgender Beispielcode:

```
1:   var connect_nc:NetConnection =
     new NetConnection();
2:   connect_nc.connect(null);
3:   var stream:NetStream=new NetStream(connect_nc);
4:   videoContainer.attachNetStream(stream);
5:   var listener:Object = new Object();
6:   listener.onCuePoint = function(e:Object):void {
7:     trace("Cue-Point-Name: "+e.name);
8:     trace("Zeitpunkt: "+e.time);
9:     trace("Typ: "+e.type);
10:  };
11:  stream.client = listener;
12:  stream.play("lautsprecher.f4v");
```

Zunächst wird in Zeile 5 eine Variable vom Datentyp Object initialisiert. Für das Objekt wird in Zeile 6 die Methode onCuePoint eingerichtet. Die Methode wird aufgerufen, wenn ein Cue-Point erreicht wird. An die Methode wird eine Variable vom Datentyp Object übergeben, die folgende Informationen über einen erreichten Cue-Point besitzt:

▶ name: den Namen des Cue-Points

▶ time: Den Zeitpunkt (in Sekunden), an dem der Cue-Point auf der Zeitleiste positioniert wurde. Die letzten zwei Stellen hinter dem Semikolon geben Einzelbilder an, z. B. zehn Sekunden und 20 Bilder.

▶ type: den Typ des Cue-Points (event oder navigation)

Ungewöhnliche Syntax

Die Syntax für den Zugriff auf erreichte Cue-Points ist für ActionScript 3 sehr ungewöhnlich. Die Syntax ist hier eine seltene Ausnahme; gewöhnlich würde für einen solchen Anwendungsfall das Ereignissystem (mit Ereignis-Listener und Ereignisprozeduren) verwendet werden.

Zugriff auf Parameter von Cue-Points | Um auf eingerichtete Parameter eines Cue-Points zugreifen zu können, können Sie die Eigenschaft parameter des Objekts verwenden. Der Wert der Eigenschaft parameter ist ein assoziatives Array. Angenommen, Sie erstellen einen Cue-Point und richten zwei Parameter param0 und param1 mit den Werten »Parameter-0« und »Parameter-1« ein.

Assoziatives Array?

Was ein assoziatives Array ist, erfahren Sie in Kapitel 8, »ActionScript-Grundlagen«.

Abbildung 15.42 ▶
Zwei Cue-Point-Parameter wurden angelegt.

Um die Werte der Parameter zu ermitteln, können Sie dann folgenden Code verwenden:

```
var connect_nc:NetConnection = new NetConnection();
connect_nc.connect(null);
var stream:NetStream=new NetStream(connect_nc);
videoContainer.attachNetStream(stream);
var listener:Object = new Object();
listener.onCuePoint = function(e:Object):void {
  trace(e.parameters.param0);
  trace(e.parameters.param1);
};
stream.client=listener;
stream.play("lautsprecher.f4v");
```

Schritt für Schritt:
Ereignis-Cue-Points einsetzen

*15_Video\CuePoints_Ereignis\
lautsprecher.mov, CuePoints_01.fla*

In diesem Workshop wird gezeigt, wie Sie Ereignis-Cue-Points nutzen können.

1   Video auswählen

Öffnen Sie den Adobe Media Encoder, und klicken Sie auf das Plus-Symbol ❶, um das Video *lautsprecher.mov* aus dem Ordner *CuePoints_Ereignis* zur Warteschlange hinzuzufügen.

Abbildung 15.43 ▶
Das Video wurde zur Warteschlange hinzugefügt.

2 Exporteinstellungen definieren

Klicken Sie z. B. auf den Formatnamen ❷ unter FORMAT, um die Exporteinstellungen zu öffnen.

3 Cue-Point einfügen

Klicken Sie auf das Plus-Symbol auf der linken Seite ❸ des Fensters EXPORTEINSTELLUNGEN, um einen Cue-Point zu Beginn einzufügen. Weisen Sie dem Cue-Point den Namen »Anfang« zu, und klicken Sie darunter auf das Plus-Symbol ❹, um einen Parameter name mit dem Wert »Szene 1 – Intro« einzufügen. Damit der neue Parameter hinzugefügt werden kann, muss der Cue-Point noch angewählt sein.

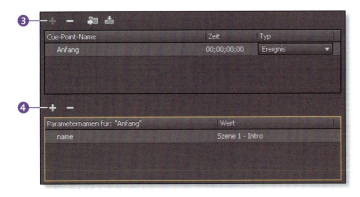

◀ **Abbildung 15.44**
Den ersten Cue-Point einfügen

4 Einen weiteren Cue-Point einfügen

Verschieben Sie den Pfeil-Anfasser ❺ auf ca. 7 Sekunden und 20 Bilder, und fügen Sie einen weiteren Cue-Point »Sprachgesang« ein. Diesem Cue-Point wird der Parameter name und der Wert »Szene 2 – Sprachgesang« zugewiesen.

◀ **Abbildung 15.45**
Den zweiten Cue-Point einfügen

5 **Video-Größe ändern und Kodierung des Videos starten**

Wählen Sie auf der rechten Seite den Reiter VIDEO aus, und ändern Sie die Video-Größe auf 300×240 Pixel. Klicken Sie auf OK, um die Kodierungseinstellung zu übernehmen, und starten Sie die Warteschlange, indem Sie die ⏎-Taste drücken, woraufhin das Video kodiert wird.

Abbildung 15.46 ▶
Die Video-Größe wurde geändert.

6 **Flash-Film öffnen und Code zuweisen**

15_Video\CuePoints_
Ereignis\CuePoints_01.fla

Öffnen Sie den Flash-Film *15_Video\CuePoint_Ereignis\Cue-Points_01.fla*, und speichern Sie den Flash-Film in das Verzeichnis, in dem das kodierte Video liegt, ab. Weisen Sie dem ersten Schlüsselbild auf der Ebene »Actions« folgenden Code zu:

```
1:    var connect_nc:NetConnection =
      new NetConnection();
2:    connect_nc.connect(null);
3:    var stream:NetStream=new NetStream(connect_nc);
4:    videoContainer.attachNetStream(stream);
5:    var listener:Object = new Object();
6:    listener.onCuePoint = function(e:Object):void {
7:        ausgabe_txt.text = e.parameters.name;
8:    };
9:    stream.client=listener;
10:   start_mc.addEventListener(MouseEvent.CLICK,
      startVideo);
11:   start_mc.buttonMode = true;
12:   function startVideo(e:MouseEvent):void {
13:       stream.play("lautsprecher.f4v");
14:   }
15:   pause_mc.buttonMode = true;
```

▲ **Abbildung 15.47**
Das Ergebnis des Workshops

```
16:    pause_mc.addEventListener(MouseEvent.CLICK,
       pauseVideo);
17:    function pauseVideo(e:MouseEvent):void {
18:        stream.togglePause();
19:    }
```

Sobald ein Cue-Point erreicht wurde, wird die in Zeile 6 definierte Methode `onCuePoint` aufgerufen. Diese sorgt dafür, dass das Textfeld `ausgabe_txt` den Wert des Parameters `name` anzeigt.

7   Film testen

Testen Sie den Flash-Film über Strg/⌘+↵.

Ergebnis der Übung:
15_Video\CuePoints_Ereignis\
CuePoints_02.fla

Navigation-Cue-Points | Cue-Points vom Typ NAVIGATION können zur Navigation des Videos verwendet werden. Nachdem Sie entsprechende Cue-Points bei der Kodierung definiert haben, können Sie alle Cue-Points über die Methode `onMetaData` eines Objekts, das der Eigenschaft `client` eines `NetStream`-Objekts zugewiesen wurde, auslesen.

Danach können Sie die Position der Cue-Points nutzen, um über die Methode `seek` des `NetStream`-Objekts an die entsprechende Stelle zu springen, z. B. wenn der Benutzer auf eine bestimmte Schaltfläche klickt.

Die Ereignisprozedur `onMetaData` lässt sich wie folgt einsetzen, um alle Cue-Points eines Videos auszulesen:

```
1:    var connect_nc:NetConnection =
      new NetConnection();
2:    connect_nc.connect(null);
3:    var stream:NetStream=new NetStream(connect_nc);
4:    videoContainer.attachNetStream(stream);
5:    var listener:Object = new Object();
6:    listener.onMetaData = function(eObject:Object):
      void {
7:        var myProperty:String;
8:        for (myProperty in eObject) {
9:            if (myProperty == "cuePoints") {
10:           var cuePointArr:Array = eObject["cuePoints"];
11:               for (var i:uint = 0; i<cuePointArr.
                  length; i++) {
12:                   var currentCuePoint:Object = eObject
                      [myProperty][i];
13:                   trace("name: "+currentCuePoint.name);
14:                   trace("time: "+currentCuePoint.time);
```

```
15:           }
16:          }
17:       }
18:    };
19:    stream.client=listener;
20:    stream.play("lautsprecher.f4v");
```

Dabei werden alle Eigenschaften des Objekts `eObject` mithilfe einer `for-in`-Schleife durchlaufen. Falls die Eigenschaft den Namen `cuePoints` besitzt, handelt es sich um einen Cue-Point. Sie können dann anschließend den Namen des Cue-Points (Zeile 13) und die Position in Sekunden (Zeile 14) ermitteln.

Schritt für Schritt:
Navigation-Cue-Points einsetzen

In diesem Workshop lernen Sie, wie Sie mithilfe von Navigation-Cue-Points bestimmte Positionen eines Videos anspringen können.

1   **Video hinzufügen**

15_Video\CuePoints_Nav\ CuePoints_01.fla und *lautsprecher. mov*

Öffnen Sie den Adobe Media Encoder, und klicken Sie auf das Plus-Symbol ❶, um das Video *lautsprecher.mov* aus dem Ordner *CuePoints_Ereignis* zur Warteschlange hinzuzufügen.

▲ **Abbildung 15.48**
Das Video wurde zur Warteschlange hinzugefügt.

2   **Exporteinstellungen definieren**

Klicken Sie z. B. auf den Formatnamen ❷ unter FORMAT, um die Exporteinstellungen zu öffnen.

3   **Video-Größe ändern**

Wählen Sie auf der rechten Seite den Reiter VIDEO aus, und ändern Sie die Video-Größe auf 300 × 240 Pixel.

◄ **Abbildung 15.49**
Die Video-Größe wurde geändert.

4   **Cue-Points einrichten**

Richten Sie im linken unteren Bereich folgende drei Cue-Points ein: »start« (0 Sekunden), »rap« (7 Sekunden und 20 Bilder), »keyboard« (11 Sekunden und 20 Bilder), und weisen Sie den Cue-Points jeweils den Typ NAVIGATION zu.

◄ **Abbildung 15.50**
Drei Cue-Points wurden einge-richtet.

5   **Video kodieren**

Klicken Sie auf OK, um die Kodierungseinstellung zu überneh-men, und starten Sie die Warteschlange, indem Sie die ↵-Taste drücken, woraufhin das Video kodiert wird.

6   **Flash-Film öffnen/speichern**

Öffnen Sie den Flash-Film *15_Video\CuePoints_Nav\CuePoints_01. fla*, und speichern Sie ihn in das Verzeichnis, in dem das kodierte Video liegt, ab. In dem Flash-Film wurden drei MovieClips mit den Instanznamen »p0«, »p1« und »p2« angelegt. Per Mausklick auf einen der drei MovieClips soll die Position des entsprechen-den Cue-Points angesprungen werden.

*15_Video\CuePoints_Nav\
CuePoints_01.fla*

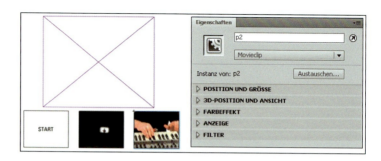

Abbildung 15.51 ▶
Die Bühne mit dem ausgewählten
MovieClip »p2«

7 **NetConnection-/NetStream-Objekt und
Array initialisieren**

Weisen Sie dem ersten Schlüsselbild auf der Ebene »Actions« zunächst folgenden Code zu:

```
1:   var connect_nc:NetConnection =
     new NetConnection();
2:   connect_nc.connect(null);
3:   var stream:NetStream=new NetStream(connect_nc);
4:   videoContainer.attachNetStream(stream);
5:   var listener:Object = new Object();
6:   var cueArray:Array = new Array();
```

In Zeile 6 wird ein Array `cueArray` initialisiert, dem nachher sowohl der Name als auch der Zeitpunkt des jeweiligen Cue-Points als Feldwert zugewiesen wird.

Ergänzen Sie den Code im ersten Schlüsselbild um folgende Zeilen:

```
1:   listener.onMetaData = function(eObject:Object):
     void {
2:     var myProperty:String;
3:     for (myProperty in eObject) {
4:       if (myProperty == "cuePoints") {
5:         var cuePointArr:Array = eObject
           ["cuePoints"];
6:         for (var i:uint = 0; i<cuePointArr.
           length; i++) {
7:           var currentCuePoint:Object =
             eObject[myProperty][i];
8:           cueArray.push({name:currentCuePoint.
             name,time:currentCuePoint.time});
9:         }
10:      }
11:    }
```

```
12:     p0.addEventListener(MouseEvent.CLICK,seekTo);
13:     p0.buttonMode = true;
14:     p0.myIndex = 0;
15:     p1.addEventListener(MouseEvent.CLICK,seekTo);
16:     p1.buttonMode = true;
17:       p1.myIndex = 1;
18:     p2.addEventListener(MouseEvent.CLICK,seekTo);
19:     p2.buttonMode = true;
20:       p2.myIndex = 2;
21:   };
22:   stream.client=listener;
23:   stream.play("lautsprecher.f4v");
```

Die Methode onMetaData wird aufgerufen, wenn der Flash-Film Metadaten, dazu gehören auch Cue-Point-Informationen, empfangen hat. Zu diesem Zeitpunkt werden alle Eigenschaften des Objekts eObject mithilfe einer for-in-Schleife durchlaufen. Falls die Eigenschaft den Namen cuePoints besitzt, wird eine Liste der Cue-Points der Array-Variable cuePointArray zugewiesen (Zeile 5). Anschließend wird das Array mithilfe einer for-Schleife durchlaufen (Zeile 6 bis 9), und sowohl der Name als auch der Zeitpunkt des Cue-Points wird als Feldwert dem assoziativen Array cueArray zugewiesen (Zeile 8). So können Sie durch Referenzierung eines Feldwerts sehr einfach auf den Namen und den Zeitpunkt eines Cue-Points zugreifen. Anschließend wird den drei MovieClips »p0«, »p1« und »p2« jeweils ein Index zugewiesen, und es wird ein Ereignis-Listener registriert, der per Mausklick auf einen der MovieClips die Funktion seekTo aufruft. Zum Schluss wird das Video gestartet (Zeile 23).

8 **Video-Position anspringen**
Ergänzen Sie den Code nun um folgende Zeilen:

```
1:  function seekTo(e:MouseEvent):void {
2:      var myTime:Number = cueArray[e.target.
        myIndex].time;
3:      var myName:String = cueArray[e.target.
        myIndex].name;
4:      stream.seek(myTime);
5:      trace(myName);
6:  }
```

Die Funktion seekTo ermittelt auf Basis des Index des MovieClips e.target sowohl den ermittelten Zeitpunkt als auch den Namen des Cue-Points. Über die Methode `seek` des `NetStream`-Objekts wird dann die entsprechende Position im Video angesteuert.

Ergebnis der Übung:

*15_Video\CuePoints_Nav\
CuePoints_02.fla*

9   Fertig! Film testen

Testen Sie den Flash-Film über Strg/⌘+↵. Wenn Sie eines der Vorschaubilder anklicken, wird die entsprechende Position im Video angesprungen.

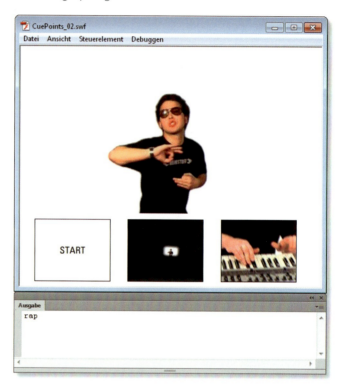

Abbildung 15.52 ▶
Der zweite Cue-Point mit dem Namen »rap« wurde angesprungen.

Kapitel 16

Dynamischer Text

In diesem Kapitel lernen Sie zunächst den Umgang mit klassischem Text kennen, der zur Laufzeit mit ActionScript erzeugt und formatiert wird. Weiterhin erfahren Sie, wie Sie die `Scroller`*-Komponente nutzen können, um Text zu scrollen. Es folgt eine kurze Einführung in das Text Layout Framework, und Sie lernen, wie Sie mehrspaltigen Text mit ActionScript erzeugen können.*

16.1   Klassischer Text oder TLF-Text?

Bevor Sie damit beginnen, Text zur Laufzeit zu erzeugen, sollten Sie sich Gedanken darüber machen, ob Sie klassischen Text oder TLF-Text einsetzen möchten. Grundsätzlich spricht vieles für den Einsatz von TLF-Text, da TLF-Text nahezu dieselben Möglichkeiten bietet wie klassischer Text, zusätzlich jedoch eine Vielzahl von weiteren Gestaltungs-, Auszeichnungs- und Formatierungsmöglichkeiten. Drei Argumente sprechen jedoch gegebenenfalls gegen den Einsatz von TLF-Text:

▶ Beim Einsatz von TLF-Text wird der Flash Player in der Version 10 sowie ActionScript 3 vorausgesetzt. Sie müssen die Veröffentlichungseinstellungen des Flash-Films dementsprechend einstellen, wenn Sie TLF-Text verwenden. Von älteren Flash Playern wird TLF-Text nicht unterstützt.

▶ Durch die Integration des TLF-Frameworks wird jeder Flash-Film, der TLF-Text einsetzt, um mindestens ca. 40 Kilobyte größer. Dieser Extra-Speicherbedarf wurde in Flash CS5.5 bereits optimiert – ältere Versionen von Flash hatten einen noch höheren Speicherbedarf. Weiter lässt sich die Dateigröße reduzieren, wenn das TLF-Textfeld statisch ist, also keinen Instanznamen hat: Dann nämlich wird nicht das gesamte TLF-Framework eingebettet, wodurch der Extra-Speicherbedarf nur noch halb so groß ist. Bei Anwendungsbereichen wie z. B.

TLF in den Adobe Labs
Weiterführende Informationen zum Text Layout Framework (kurz: TLF) finden Sie ergänzend in den Adobe Labs unter *http://labs.adobe.com/technologies/textlayout/*.
Eine beispielhafte Demonstration der Möglichkeiten des Text Layout Frameworks finden Sie in den Adobe Labs unter *http://labs.adobe.com/technologies/textlayout/demos/*.

Keine PostScript-Type-1-Schriften bei TLF-Text
TLF-Textfelder unterstützen im Gegensatz zu klassischen Textfeldern nur OpenType- und TrueType-Schriftarten und keine PostScript-Schriften. Diese werden in Flash bei Verwendung eines TLF-Textfelds nicht angezeigt.

Werbebannern ist die Dateigröße ein wichtiger Faktor und darf festgelegte Grenzen (z. B. 40 Kilobyte) nicht überschreiten. Die Anwendung von TLF-Text wäre deshalb beispielsweise bei Werbebannern oft nicht möglich.

Abbildung 16.1 ▶
Dateigröße bei statischen und dynamischen Textfeldern mit nur einem eingebetteten Buchstaben. Links oben: dynamisches klassisches Textfeld; links unten: statisches klassisches Textfeld; rechts oben: dynamisches TLF-Textfeld; rechts unten: statisches TLF-Textfeld

TLF-ActionScript-Bibliothek
Die Bibliothek wird auch als *Runtime Shared Library* (RSL) bezeichnet.

▶ Flash-Filme, die TLF-Text verwenden, verlassen sich auf die Verfügbarkeit einer spezifischen TLF-ActionScript-Bibliothek. Diese Bibliothek muss auf dem jeweiligen Client-Rechner vorhanden sein, damit TLF-Text verwendet werden kann. Wird ein Flash-Film, der TLF-Text einsetzt, ausgeführt, sucht der Flash Player zunächst im Cache-Speicher des Flash Players nach dieser Bibliothek. Wird die Bibliothek gefunden, muss sie nicht extra heruntergeladen werden. Wird die Bibliothek nicht gefunden, sucht der Flash Player auf Servern von Adobe nach der Bibliothek, lädt diese automatisch herunter und speichert sie in den Cache des Flash Players (auch für zukünftige Verwendung). Sollten die Server von Adobe einmal nicht erreichbar sein, sucht der Flash Player auf dem Webserver im Verzeichnis, in der sich der Flash-Film befindet, nach der Bibliothek.

Verbreitung der TLF-Action-Script-Bibliothek
Anzumerken ist, dass die TLF-ActionScript-Bibliothek pro Clientrechner natürlich nur einmal heruntergeladen werden muss. Sobald sich TLF-Text im Internet etabliert hat, kann man davon ausgehen, dass jeder Flash-Player-Client auch die Bibliothek im Cache des Flash Players vorliegen hat und die Notwendigkeit des Herunterladens der Bibliothek somit entfällt.

Beim Veröffentlichen eines Flash-Films, der TLF-Text verwendet, wird automatisch eine Datei *textLayout_X.X.X.XXX.swz* erstellt. Hinter dem Bezeichner »textLayout« steht die Versionsnummer der Bibliothek. Sie sollten diese Bibliothek im Zweifelsfall mit auf den Webserver laden – für den Fall, dass die Server von Adobe einmal nicht verfügbar sind. Die Bibliothek selbst ist ca. 150 Kilobyte groß und muss selbst gegebenenfalls zusätzlich zum Flash-Film vom Client heruntergeladen werden.

Integration der TLF-ActionScript-Bibliothek in den Flash-Film

Es gibt eine weitere Möglichkeit, sicherzustellen, dass beim Einsatz von TLF-Text die erforderliche TLF-ActionScript-Bibliothek in jedem Fall verfügbar ist. Sie kann in den Flash-Film selbst integriert werden, was den Flash-Film jedoch deutlich größer macht und die Dateigröße auch dann negativ beeinflusst, wenn die Bibliothek bereits im Cache des Flash Players liegt. Diese Methode ist also nur in Einzelfällen zu empfehlen. Um die Bibliothek in den Flash-Film selbst zu integrieren, klicken Sie in Flash zunächst auf DATEI • EINSTELLUNGEN FÜR VERÖFFENTLICHUNGEN. Klicken Sie dann oben neben SKRIPT auf das Werkzeug-Symbol.

Im Reiter BIBLIOTHEKSPFAD können Sie im Bereich EINSTELLUNGEN FÜR RUNTIME SHARED LIBRARY unter STANDARDVERKNÜPFUNG die Option IM CODE ZUSAMMENGEFÜHRT auswählen, um die Bibliothek in den Flash-Film selbst zu integrieren.
Unter PRELOADER-METHODE können Sie übrigens einstellen, ob Sie einen Standard-Preloader (PRELOADER-SWF) für das gegebenenfalls notwendige Herunterladen der Bibliothek in den Flash-Film integrieren möchten oder eine eigene Preloader-SWF (BENUTZERDEFINIERTE PRELOADER-SCHLEIFE) verwenden möchten.

Die Entscheidung, ob Sie TLF-Text verwenden oder nicht, sollte davon abhängig sein, ob Sie spezifische Merkmale von TLF-Text benötigen. TLF-Text bietet eine Reihe von Vorteilen gegenüber klassischem Text. Um Ihnen die Entscheidung vorweg etwas einfacher zu machen, folgt eine Liste der wichtigsten Merkmale von TLF-Text, die von klassischem Text *nicht* unterstützt werden:

▶ **Aufteilung von Textblöcken**: Text kann über mehrere verbundene oder verknüpfte Textcontainer fließen. So können Sie Texte beispielsweise um bestimmte Elemente wie Bilder, die aus mehreren Textcontainern bestehen, herumfließen lassen.

▶ **Zusätzliche Zeichenstile**: Zeilenabstand, Ligaturen, Markierungsfarbe, Unterstreichen, Durchgestrichen, Groß-/Kleinschreibung und Ziffernschreibweise bei verfügbaren Schriftschnitten

▶ **Neue Absatzstile**: Unterstützung von mehrspaltigem Text mit Zwischenräumen, Optionen für die Ausrichtung der letzten Zeile, Ränder, Einzüge, Absatzabstände und Auffüllung

▶ **Effekte**: 3D-Drehung, Farbeffekte und Mischmodi lassen sich direkt auf TLF-Textfeldinstanzen anwenden.

▶ **Textrichtung**: Von rechts nach links laufende Texte (z. B. bei arabischen und hebräischen Texten) können mit TLF-Text erzeugt werden. Dabei können Textelemente innerhalb von rechts nach links laufendem Text auch von links nach rechts laufen (z. B. für englische Wörter oder arabische Zahlen).

▶ **Attribute für asiatischen Text**: Tate Chu Yoko, Mojikumi, Kinsoku Shori Type und Durchschussmodell. Diese Attribute werden benötigt, um innerhalb eines vertikal ausgerichteten Textes horizontale Textabsätze zu integrieren.

Obwohl in Flash der Standardtyp für Texte TLF-Text ist, wird in diesem Kapitel zunächst ausführlich die Anwendung von klassi-

Klassischer und TLF-Text
Wenn TLF-Text die zuvor genannten Einschränkungen nicht hätte, gäbe es keinen Grund mehr, klassischen Text überhaupt noch zu verwenden. Da jedoch diese Einschränkungen bestehen, sind Erläuterungen zum klassischen Text erforderlich und werden in diesem Kapitel ausführlich behandelt.

Umwandlung von TLF-Text in klassischen Text
Bei der Umwandlung von TLF-Text zu klassischem Text werden die Texttypen wie folgt konvertiert:
▶ TLF: nur zum Lesen > Klassisch: statisches Textfeld
▶ TLF: auswählbar > Klassisch: statisches Textfeld
▶ TLF: bearbeitbar > Klassisch: Eingabetextfeld

[TLF] Textfeldtypen

TLF unterscheidet zwischen drei verschiedenen Textfeldtypen:

Nur zum Lesen: Für statische oder dynamische Texte, die nicht ausgewählt und zur Laufzeit nicht bearbeitbar sind

Auswählbar: Für statische und dynamische Texte, die auswählbar, jedoch zur Laufzeit nicht bearbeitbar sind

Bearbeitbar: Für statische und dynamische Texte, die auswählbar und zur Laufzeit bearbeitbar sind (entspricht bei klassischem Text auswählbaren Eingabetextfeldern)

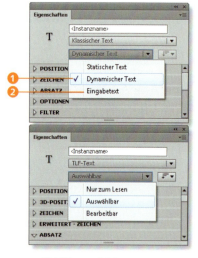

▲ **Abbildung 16.2**
Verfügbare Textfeldtypen bei klassischem Text und TLF-Text

schem Text erläutert. Gibt es dabei Parallelen zu TLF-Text, wird darauf entweder im Haupttext selbst oder in den Marginalien eingegangen. Anschließend werden die wichtigsten Funktionen von TLF-Text vorgestellt, die mit klassischem Text nicht möglich sind.

16.2   Dynamische Textfelder und Eingabetextfelder

Dynamische Textfelder eignen sich für Text, der zur Laufzeit generiert und ausgegeben wird – z. B. ein Hinweis in einem Formular, der angezeigt wird, wenn der Benutzer ein erforderliches Formularfeld nicht ausgefüllt hat.

Eingabetextfelder eignen sich hingegen für Texte, die zur Laufzeit eingegeben werden, wie bei Formularfeldern zur Eingabe des Namens, der E-Mail-Adresse etc. Um ein dynamisches Textfeld oder ein Eingabetextfeld zu erstellen, wählen Sie das Textwerkzeug T aus, wählen als Texttyp KLASSISCHER TEXT und selektieren im EIGENSCHAFTEN-Fenster den Texttyp DYNAMISCHER TEXT ❶ oder EINGABETEXT ❷. Klicken Sie anschließend auf die Bühne, halten Sie die Maustaste gedrückt, und ziehen Sie das Textfeld auf.

Instanznamen zuweisen | Unabhängig davon, ob Sie in ActionScript mit klassischem Text oder TLF-Text arbeiten möchten, sollten Sie dem jeweiligen Textfeld zunächst einen Instanznamen ❸ im EIGENSCHAFTEN-Fenster zuweisen. Über den Instanznamen können Sie dann sowohl das Textfeld als auch den Text im Textfeld mit ActionScript ansteuern.

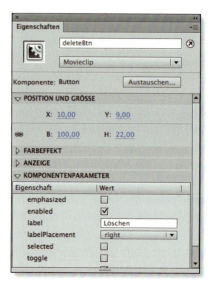

Abbildung 16.3 ▶
Instanznamen zuweisen

Textfeld-Einstellungen

Zu den Ihnen bereits bekannten Textfeld-Eigenschaften lassen sich für dynamische Textfelder oder Eingabetextfelder zusätzliche Eigenschaften im EIGENSCHAFTEN-Fenster einstellen.

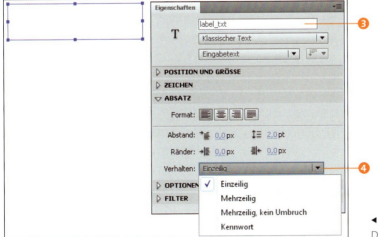

◄ **Abbildung 16.4**
Den Zeilentyp auswählen

Zeilentyp | Im Reiter ABSATZ stehen Ihnen unter VERHALTEN **④** je nach Texttyp drei bzw. vier Einstellungen zur Verfügung:

▶ **Einzeilig**: Das Textfeld ist einzeilig – Sie können zwar mehrere Zeilen eingeben, bei der Veröffentlichung wird jedoch nur eine Zeile berücksichtigt.

▶ **Mehrzeilig**: Das Textfeld ist mehrzeilig. Es erfolgt ein automatischer Zeilenumbruch, wenn eine Zeilenlänge des Texts die Breite des Textbereichs überschreitet.

▶ **Mehrzeilig, kein Umbruch**: Wenn Sie Textfeldern über Action-Script dynamisch Text zuweisen, wird bei dieser Einstellung kein automatischer Zeilenumbruch durchgeführt. Der Text wird also standardmäßig abgeschnitten, wenn er die Breite des Textfelds überschreitet. Sie können jedoch manuelle Zeilenumbrüche definieren.

▶ **Kennwort (ausschließlich bei Eingabetextfeldern)**: Die Zeichen des Textfelds werden bei der Eingabe automatisch durch Sternchen (*) ersetzt.

[TLF] Zeilentyp und Optionen
Die Einstellungen des Zeilentyps und der Optionen finden Sie bei TLF-Text im EIGENSCHAFTEN-Fenster im Reiter CONTAINER UND FLUSS.

Kennwort
Die Einstellung KENNWORT verhindert lediglich, dass der eingegebene Text von einer unbefugten Person über Ihren Bildschirm mitgelesen wird. Sie schützt den Text darüber hinaus in keiner Weise.

Maximale Zeichenanzahl (nur bei Eingabetextfeldern) | Im EIGENSCHAFTEN-Fenster im Reiter OPTIONEN können Sie im Feld MAX. ZCH. **⑤** die Anzahl der maximal einzugebenden Zeichen bei Eingabetextfeldern festlegen. Eine solche Limitierung wäre z. B. bei einem Eingabetextfeld, das zur Eingabe einer Postleitzahl (fünf Zeichen) vorgesehen ist, durchaus sinnvoll.

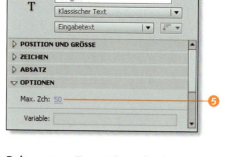

Abbildung 16.5 ▶
Max. Zeichenanzahl – Limitierung
auf 50 Zeichen

[TLF] Rahmen und Hintergrund
Für TLF-Textfelder können Sie
Rahmen und Hintergrund im Reiter CONTAINER UND FLUSS definieren und zusätzlich Rahmenbreite
und -farbe festlegen.

Rahmen um Text zeigen | Aktivieren Sie im Reiter ZEICHEN die
Option RAHMEN UM TEXT ZEIGEN **6**, um ein dynamisches Textfeld
oder ein Eingabetextfeld mit einer Hintergrundfarbe und einem
Rahmen zu versehen. Die Hintergrundfarbe ist standardmäßig
weiß und der Rahmen schwarz.

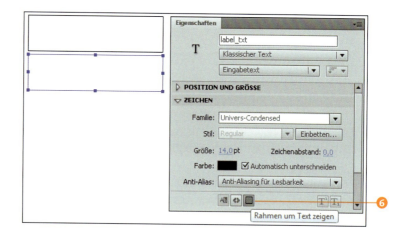

Abbildung 16.6 ▶
Die Option RAHMEN UM TEXT
ZEIGEN wurde aktiviert.

[TLF] Zeicheneinbettung
Die Vorgehensweise zur Zeicheneinbettung unterscheidet sich bei
TLF-Text nicht von der Einbettung
bei klassischem Text.

**Notwendigkeit für die
Zeicheneinbettung**

Flash kann nicht wissen, welche
Zeichen zur Laufzeit im Textfeld
verwendet werden. Deshalb
müssen Sie die Zeicheneinbettung bei dynamischen Textfeldern und Eingabetextfeldern
selbst übernehmen.

Zeicheneinbettung

In Flash wird die Zeicheneinbettung global für den gesamten
Flash-Film und somit gleichzeitig auch für alle Textfelder eines
Flash-Films festgelegt.

Wie bei statischen Textfeldern können Sie auch bei dynamischen Textfeldern oder Eingabetextfeldern im Reiter ZEICHEN des
EIGENSCHAFTEN-Fensters zunächst sowohl die Schriftart als auch
die Schriftwiedergabe einstellen. Wenn Sie keine Geräteschriftarten verwenden möchten, müssen die Schriftkonturen der Schrift
in den Flash-Film eingebettet werden. Welche Schriftkonturen
der Schrift eingebettet werden, können Sie im Reiter ZEICHEN
über die Schaltfläche EINBETTEN **1** festlegen. Klicken Sie auf die
Schaltfläche, um das Dialogfenster SCHRIFTARTEINBETTUNG zu
öffnen.

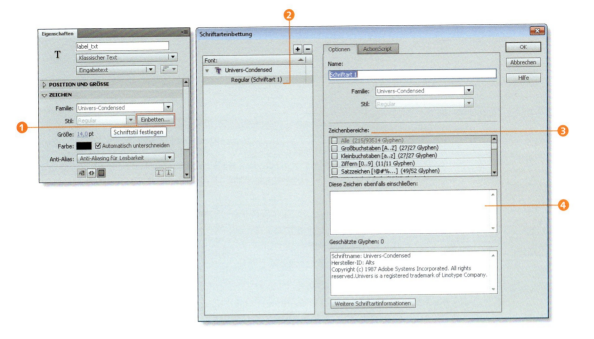

▲ **Abbildung 16.7**
Zeicheneinbettung

Im Dialogfenster SCHRIFTARTEINBETTUNG haben Sie verschiedene Möglichkeiten, Textzeichen zu definieren, die in den Flash-Film eingebettet werden:

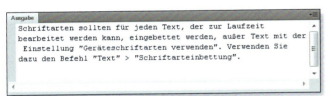

Schriftarten sollten für jeden Text, der zur Laufzeit bearbeitet werden kann, eingebettet werden, außer Text mit der Einstellung "Geräteschriftarten verwenden". Verwenden Sie dazu den Befehl "Text" > "Schriftarteinbettung".

▲ **Abbildung 16.8**
Wenn Sie eine erforderliche Zeicheneinbettung vergessen, weist Flash Sie im AUSGABE-Fenster bei der Veröffentlichung darauf hin.

▶ Wählen Sie auf der linken Seite des Fensters zunächst den Schriftschnitt (z. B. REGULAR [SCHRIFTART 1]) ❷ aus. Auf der rechten Seite im Bereich ZEICHENBEREICHE ❸ können Sie dann per Mausklick für diesen Schriftschnitt einen oder mehrere der verfügbaren Zeichenbereiche aktivieren.

▶ Ergänzend dazu können Sie auch einzelne Zeichen im Feld DIESE ZEICHEN EBENFALLS EINSCHLIESSEN ❹ eingeben. Das ist z. B. dann sinnvoll, wenn Sie nur eine kleine Auswahl von Zeichen einer Schrift benötigen. Wenn Sie beispielsweise nur die Ziffern »0«, »1« und »2« verwenden möchten, geben Sie »012« in das Textfeld ein.

Schriftklassen eines ausge-wählten Zeichenbereichs

Eine wesentliche Verbesserung, die das neue Fenster SCHRIFT-ARTEINBETTUNG mit sich bringt, ist, dass Sie einen bestimmten Zeichenbereich einer Schriftart mit einer Klasse verknüpfen können. In früheren Flash-Versionen konnten nur Schrift-Symbole in der Bibliothek angelegt werden, die einer Klasse zuge-wiesen wurden. Dabei wurden automatisch immer alle Zeichen einer Schriftart in den Flash-Film eingebettet, auch dann, wenn man nur eine kleine Aus-wahl benötigte. Das ist dank des neuen Dialogfensters SCHRIFTARTEINBETTUNG nicht mehr notwendig.

[!] Groß- und Kleinschreibung
Wenn Sie die Zeichen manuell
eingeben, achten Sie auf die
Groß- und Kleinschreibung. Wenn
Sie das Zeichen »ü« einbetten,
wird damit nicht gleichzeitig der
Großbuchstabe »Ü« eingebettet.

**Zeicheneinbettung bei stati-
schen Textfeldern**

Bei statischen Textfeldern werden automatisch die Zeichen
eingebettet, die in dem jeweiligen Textfeld verwendet werden.
Sie brauchen sich also nicht
selbst darum zu kümmern.

Lateinisch einfach

Auf der Buch-DVD finden Sie
eine Unicode-8-Zeichentabelle
mit allen Zeichen, die über die
Einstellung LATEINISCH EINFACH
(95 GLYPHEN) eingebettet werden. Auf die Zeichenkodierung
wird später noch näher eingegangen.

**[TLF] Text zuweisen und
abfragen**
Die Textzuweisung und das Abfragen von Text funktionieren sowohl bei normalem Text als auch
bei HTML-Text bei TLF-Text genauso wie bei klassischem Text.

Bei der Auswahl müssen Sie alle Zeichen berücksichtigen, die im
Textfeld verwendet werden könnten. Sollten Sie Zeichen verwen-
den, die nicht eingebettet wurden, erscheinen diese nicht, wenn
Sie den Flash-Film veröffentlichen.

▲ **Abbildung 16.9**
Das Resultat – links: ohne Einbettung von Großbuchstaben;
rechts: mit Einbettung von Großbuchstaben

Dennoch ist es sinnvoll, nicht wahllos alle verfügbaren Zeichen
einzubetten, da die Dateigröße des Flash-Films sonst dementsprechend groß werden würde. Für deutsche Texte bietet sich
die folgende Kombination an: Wählen Sie LATEINISCH EINFACH (95
GLYPHEN), und betten Sie im Eingabefeld DIESE ZEICHEN EBEN-
FALLS EINSCHLIESSEN zusätzlich Umlaute und Sonderzeichen wie
z. B. »ä«, »ü«, »ö«, »Ä«, »Ü«, »Ö«, »ß«, »€« ein. Diese Kombination ist in der Regel für deutsche Standardtexte ausreichend.

16.3 Text zuweisen und abfragen

Nachdem Sie ein dynamisches Textfeld oder ein Eingabetextfeld
auf der Bühne angelegt haben, können Sie dem Textfeld über die
Eigenschaft `text` oder, falls Sie die Option TEXT ALS HTML WIE-
DERGEBEN aktiviert haben, über die Eigenschaft `htmlText` einen
Text zur Laufzeit zuweisen. (Sie können diese Option im EIGEN-
SCHAFTEN-Fenster im Reiter ZEICHEN über die Schaltfläche »html-
text.tif« aktivieren.) Damit Sie das Textfeld referenzieren können,
sollten Sie dem Textfeld einen Instanznamen geben.

Über folgende ActionScript-Anweisung können Sie einem Textfeld mit dem Instanznamen »ausgabe_txt« einen Text zuweisen:

```
ausgabe_txt.text = "Dies ist ein Beispiel";
```

HTML-Textfelder | Wenn das Textfeld über HTML mit Geräteschriftarten formatiert werden soll, lautet die Anweisung wie folgt:

```
ausgabe_txt.htmlText =
"Dies ist ein <b>fett gesetztes</b> Beispiel.";
```

▲ **Abbildung 16.10**
Textfeld mit HTML-Formatierung

▲ **Abbildung 16.11**
Die Ausgabe über die Eigenschaft text führt nicht zum gewünschten Ergebnis.

In diesem Fall erscheint der Text »fett gesetztes« in fetten Buchstaben.

[!] HTML-Formatierungen

Um einen Text mit HTML-Tags zu formatieren, müssen Sie den Text über die Eigenschaft htmlText zuweisen. Sollten Sie den Text inklusive der HTML-Formatierungen über die Eigenschaft text zuweisen, werden HTML-Tags nicht interpretiert.
Tabelle 16.1 zeigt die am häufigsten verwendeten HTML-Formatierungen, die von Flash unterstützt werden.

🔘 16_Dynamischer_Text\
HTMLTextFontEmbed\
HTMLTextFontEmbed.fla

Fett gesetzter Text bei HTML-Textfeldern mit eingebetteten Schriften

Wenn Sie HTML-Textfelder verwenden und einen Textabschnitt über den HTML-Tag <b> fett setzen möchten, funktioniert dies in der Flash-Authoring-Umgebung standardmäßig zunächst nur mit Geräteschriftarten und nicht mit eingebetteten Schriftarten. Andere HTML-Tags, wie z. B. <u> für Unterstreichung, funktionieren hingegen. Dabei ist auch die zusätzliche Einbettung des fetten Schriftschnitts allein keine Lösung. Dies ist ein bereits lang existierendes Problem. Es gibt dafür verschiedene Workarounds. Eine Lösung des Problems ist ein Workaround, bei dem man die Schriftart in den eingesetzten Schriftschnitten (z. B. Normal und Fett) separat jeweils als ActionScript-Klasse definiert und dem Textfeld als Schriftart die Klasse des normalen Schriftschnitts zuweist. Das folgende Beispiel zeigt die Vorgehensweise.
Erstellen Sie zunächst einen neuen Flash-Film, und ziehen Sie mit dem Textwerkzeug ein klassisches Textfeld oder ein TLF-Textfeld auf. Weisen Sie dem Textfeld den Instanznamen »label_txt« zu. Öffnen Sie über EINBETTEN in den Textfeld-Eigenschaften das Fenster SCHRIFTARTEINBETTUNG. Klicken Sie auf das Plus-Symbol ①, um eine neue Schriftart zur Einbettung hinzuzufügen. Legen Sie von dieser Schriftart, hier Arial, für die gewünschten Schnitte »Normal« und »Bold« jeweils einen Eintrag an.

Geben Sie unter NAME einen beliebigen Namen, hier »normalVersion« und »boldVersion«, ein. Stellen Sie die Zeicheneinbettung, hier LATEINISCH EINFACH, ein.

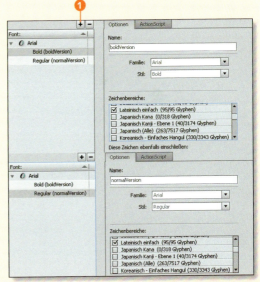

▲ **Abbildung 16.12**
Schrifteinbettung für Arial – oben der normale Schriftschnitt und unten der fette Schriftschnitt

Fett gesetzter Text bei HTML-Textfeldern mit eingebetteten Schriften (Forts.)

Wählen Sie dann für jeden der beiden Schriftschnitte einmal den Reiter ACTIONSCRIPT aus, aktivieren Sie die Option EXPORT FÜR ACTIONSCRIPT, und weisen Sie den Schriftschnitten beispielsweise den Klassenbezeichner »NormalFont« und »BoldFont« zu.

Bestätigen Sie die Einstellung mit einem Klick auf OK. Wählen Sie das Textfeld aus, und stellen Sie im EIGEN-SCHAFTEN-Fenster die Schrift »normalVersion« ein. Der Fontname hat zusätzlich einen Stern, der darauf hinweist, dass der Font eingebettet ist. Weisen Sie dem ersten Schlüsselbild nun folgenden Code zu:

```
label_txt.htmlText="<b>Fett</b> gesetzter
Text mit HTML-Textfeld und eingebetteter
Schriftart.";
```

Jetzt funktioniert das <b>-HTML-Tag wie gewünscht, und ein Teil des Textes wird fett dargestellt. Das Beispiel finden Sie auf der DVD unter *16_Dynamischer Text\HTMLTextFontEmbed\HTMLTextFontEmbed.fla*.

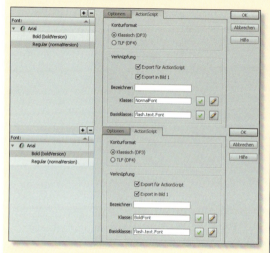

▲ **Abbildung 16.13**
ActionScript-Verknüpfung – oben für den normalen Schriftschnitt und unten für den fetten Schriftschnitt

▲ **Abbildung 16.14**
Die Ausgabe des Beispiels

HTML-Tag	Beispiele	Beschreibung
a	`ausgabe_txt.htmlText = "<a href= 'http://www.spiegel.de' target= '_blank'>Spiegel.de</a>"`	Anker-Tag, über das Sie mit den Parametern url und target einen Hyperlink setzen können (Zielfenster im Browser)
b	`ausgabe_txt.htmlText = "<b>Fett</b> gesetzt."`	Fettdruck
i	`ausgabe_txt.htmlText = "<i>Italic</i> gesetzt."`	Italic (kursiv)
u	`ausgabe_txt.htmlText = "<u>Unterstrichen</u> gesetzt."`	Unterstreichung
br	`ausgabe_txt.htmlText = "Zeile1 Zeile2"`	Zeilenumbruch
font color	`ausgabe_txt.htmlText = "<font color= '0xFF0000'>Roter</font> Text";`	Schriftfarbe

▲ **Tabelle 16.1** ▶
Die wichtigsten HTML-Tags, unterstützt von klassischen Textfeldern und TLF-Textfeldern

HTML-Tag	Beispiele	Beschreibung
font face	`ausgabe_txt.htmlText = "<font face='Verdana'>In Verdana</font> und normal";`	Schriftart
font size	`ausgabe_txt.htmlText = "<font size='18'>groß</font> und klein";`	Schriftgröße
p	`ausgabe_txt.htmlText = "<p>Absatz 1</p>";`	Erzeugt einen Textabsatz (mit automatischem Zeilenumbruch).
li	`ausgabe_txt.htmlText = "<li>Erstes Listenelement</li><li>Zweites Listenelement</li>"`	Setzt vor dem Text ein Aufzählungszeichen. Flash unterstützt keine sortierten (`<ol>`) bzw. unsortierten (`<ul>`) Listen.
img	`ausgabe_txt.htmlText = "Hunger. Stufe für Stufe schob sie sich die Treppe hinauf. Pizza Funghi Salami, Sternchen Salami gleich Blockwurst.<img width='100' height='75' vspace='5' hspace='5' src='image.jpg'/> Die Pilze hatten sechs Monate in einem Sarg aus Blech, abgeschattet vom Sonnenlicht, eingeschläfert in einer Sosse aus Essig, billigem Öl und verschiedenen Geschmacksverstärkern, geruht. Es war nur ein Augenblick, in dem sie die Welt erblickt hatten, dann verschwanden sie wieder in einem 450° heissen Ofen."`	Über das `<img>`-Tag können Sie Bilder in ein Textfeld integrieren. Die Quelle kann sowohl eine externe Bitmap-Grafik (*.jpg*, *.gif*, *.png*), ein Flash-Film (*.swf*) als auch ein MovieClip sein. Dabei fließt Text automatisch um eine integrierte Bitmap-Grafik herum. Unterstützte Attribute sind u.a.: ▸ `src`: der Pfad einer externen Bitmap-Grafik/eines Flash-Films oder der Klassenbezeichner eines MovieClips, der in der Bibliothek des Flash-Films liegt ▸ `width`/`height`: Breite und Höhe des Inhalts ▸ `align`: Ausrichtung des Inhalts (`left` oder `right`) ▸ `hspace`/`vspace`: der horizontale bzw. vertikale Abstand vom Inhalt zum Text
textformat	`ausgabe_txt.htmlText="<textformat leftmargin='5'>Der linke Absatzabstand beträgt 5 Punkt.</textformat>";`	Mit dem Tag `<textformat>` lassen sich einige Eigenschaften der `TextFormat`-Klasse in Textfeldern nutzen. Dabei können über das Tag `<textformat>` Eigenschaften mit den integrierten HTML-Tags kombiniert werden. Die folgenden Attribute werden vom `<textformat>`-Tag unterstützt: `blockindent`: der Blockeinzug in Punkten `indent`: der Einzug vom linken Rand bis zum ersten Zeichen im Absatz (auch negative Werte sind möglich) ▸ `leading`: der vertikale Zeilenabstand (auch negative Werte sind möglich) ▸ `leftmargin`: der linke Rand im Absatz in Punkten ▸ `rightmargin`: der rechte Rand im Absatz in Punkten ▸ `tabstops`: benutzerdefinierte Tabstopps als Array aus nicht negativen Ganzzahlen

[TLF] Text abfragen und manueller Zeilenumbruch
Ein manueller Zeilenumbruch funktioniert bei TLF-Text genauso wie bei klassischem Text. Den Inhalt eines TLF-Textfelds können Sie genau wie bei klassischem Text über die Eigenschaften `text` und `htmlText` ermitteln.

Manueller Zeilenumbruch | In einem dynamischen Textfeld oder in einem Eingabetextfeld können Sie einen manuellen Zeilenumbruch über die sogenannte *Escape-Sequenz* \n durchführen:

```
ausgabe_txt.text="Zeile1\nZeile2";
```

In einem HTML-Textfeld könnten Sie einen Zeilenumbruch über das HTML-Tag `<br>` erreichen:

```
ausgabe_txt.htmlText="Zeile1<br>Zeile2";
```

Text abfragen | Bisher haben Sie die wichtigsten Möglichkeiten kennengelernt, wie Sie einem dynamischen Textfeld oder einem Eingabetextfeld per ActionScript Text zuweisen können. Vor allem bei Eingabetextfeldern werden Sie den eingegebenen Text abfragen wollen. Das funktioniert ebenso über die `text`- wie auch über die `htmlText`-Eigenschaft des Textfelds.

Um den Text eines Textfelds mit dem Instanznamen »vorname_txt« der Variablen `vorname` zuzuweisen und dann den Text im Ausgabe-Fenster anzuzeigen, ist folgende Zeile nötig:

```
var vorname:String = vorname_txt.text;
trace(vorname);
```

Beachten Sie, dass der Wert der Eigenschaft `text` immer vom Datentyp `String` ist – auch wenn Sie eine Zahl eingeben. Wie Sie einen Wert vom Datentyp `String` in einen Wert vom Datentyp `Number` umwandeln können, erfahren Sie in Kapitel 8, »ActionScript-Grundlagen«.

Schritt für Schritt:
Texteingabe abfragen und ausgeben

In diesem Workshop lernen Sie, wie Sie den eingegebenen Text abfragen und in einem anderen Textfeld ausgeben können.

1 Flash-Film öffnen

16_Dynamischer_Text\Text_Eingabe_Ausgabe\EinAusgabe01.fla

Öffnen Sie den Flash-Film *EinAusgabe01.fla* aus dem Ordner *Text_Eingabe_Ausgabe*. Im Beispiel wurden zwei Eingabetextfelder und ein mehrzeiliges dynamisches Textfeld mit der aktivierten Option Text als HTML wiedergeben erstellt.

Ziel ist es, dass der eingegebene Text per Mausklick auf den MovieClip mit dem Instanznamen »showOutput_mc«, der als Button agiert, im dynamischen Textfeld erscheint.

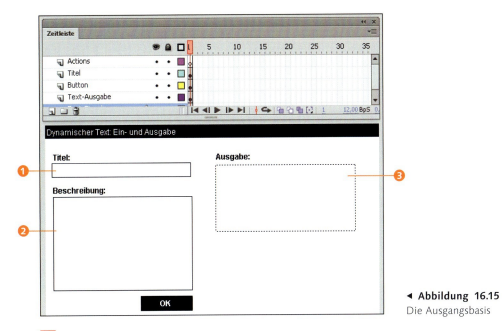

◄ **Abbildung 16.15**
Die Ausgangsbasis

2 **Instanznamen zuweisen**

Weisen Sie dem Eingabetextfeld **1** den Instanznamen »titel_txt«
im EIGENSCHAFTEN-Fenster zu **4**. Dem zweiten Eingabetextfeld
2 weisen Sie den Instanznamen »desc_txt« zu, und dem dritten
Ausgabetextfeld **3** geben Sie den Instanznamen »output_txt«.

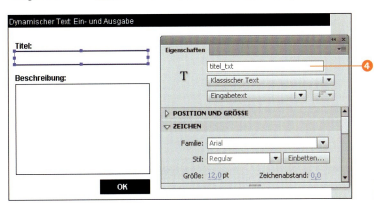

◄ **Abbildung 16.16**
Instanznamen zuweisen

3 **Code zuweisen**

Wählen Sie das erste Schlüsselbild auf der Ebene »Actions« aus,
öffnen Sie das AKTIONEN-Fenster, und weisen Sie dem Schlüsselbild folgenden Code zu:

```
1:   showOutput_mc.buttonMode = true;
2:   showOutput_mc.addEventListener(MouseEvent.CLICK,
     clickHandler);
```

```
3:    function clickHandler(e:MouseEvent):void {
4:        var myOutput:String = "<font size='14'><b>";
5:        myOutput += titel_txt.text;
6:        myOutput += "</font></b><br>";
7:        myOutput += desc_txt.text;
8:        output_txt.htmlText = myOutput;
9:    }
```

Damit sich der MovieClip »showOutput_mc« wie eine Schaltfläche verhält, wird in Zeile 1 die Eigenschaft `buttonMode` auf `true` gesetzt. In Zeile 2 wird am MovieClip »showOutput_mc« ein Ereignis-Listener registriert, der dafür sorgt, dass die Ereignisprozedur `clickHandler` ausgeführt wird, wenn der Benutzer auf den MovieClip klickt.

Innerhalb der Funktion `clickHandler` wird in Zeile 4 eine Variable vom Datentyp `String` initialisiert. Der Titel soll mit einer Schriftgröße von 14 Pixeln und fett dargestellt werden. Der Variable `myOutput` werden entsprechende HTML-Tags zugewiesen. Anschließend wird an die Variable in Zeile 5 der Text des Textfelds »titel_txt« angehängt. Die zuvor geöffneten HTML-Tags für die Formatierung des Titels werden wieder geschlossen (Zeile 6). Anschließend wird in Zeile 7 der Beschreibungstext an den String angehängt, und schließlich wird der Text in Zeile 8 im Textfeld »output_txt« ausgegeben.

Ergebnis der Übung:

16_Dynamischer_Text\Text_Eingabe_Ausgabe\EinAusgabe02.fla

4   **Film testen**

Testen Sie den Flash-Film über ⌨Strg/⌘+⏎. Geben Sie einen Text für den Titel und die Beschreibung ein, und klicken Sie auf OK. Der eingegebene Text wird im Ausgabetextfeld formatiert ausgegeben.

Abbildung 16.17 ▶
Das Resultat – die dynamische Ein- und Ausgabe

Tabulator-Reihenfolge

Über ActionScript können Sie dynamischen Textfeldern und Eingabetextfeldern jeweils einen sogenannten `tabIndex` zuweisen. Über den Index legen Sie fest, in welcher Reihenfolge der Eingabefokus von Textfeldern wechselt, wenn die `Tab`-Taste gedrückt wird.

Standardmäßig wird die Reihenfolge von oben nach unten automatisch festgelegt. Liegen zwei Textfelder vertikal auf der gleichen Position, wird die Reihenfolge von links nach rechts festgelegt.

Das bedeutet, dass ein Textfeld, das links oben auf der Bühne positioniert wird, beispielsweise in der Reihenfolge am Anfang steht und ein Textfeld, das rechts unten positioniert wird, in der Reihenfolge am Ende steht.

Die manuelle Definition der Tabulator-Reihenfolge ist zu empfehlen, wenn Sie mehrere Eingabetextfelder, wie z. B. bei einem Kontaktformular, verwenden. Dies hat zwei Vorteile:

▶ Sie können genau festlegen, in welcher Reihenfolge der Benutzer die Textfelder durch Drücken der ⇆-Taste anspringen kann.

▶ Wenn Sie den `tabIndex` von Textfeldern manuell festlegen, können Sie Textfelder ausschließen, die nicht über die ⇆-Taste angesprungen werden können. Einem solchen Textfeld wird dazu einfach kein `tabIndex` zugewiesen.

Über die Definition der `tabIndex`-Eigenschaft können Sie die Reihenfolge beliebig, unabhängig von der Position der Textfelder, anpassen. Wenn Sie vier Eingabetextfelder mit den Instanznamen »t0«, »t1«, »t2« und »t3« besitzen, können Sie die Reihenfolge wie folgt definieren:

```
t0.tabIndex = 1;
t1.tabIndex = 2;
t2.tabIndex = 3;
t3.tabIndex = 4;
```

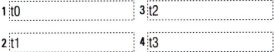

▲ **Abbildung 16.19**
Die manuell definierte Reihenfolge

So würde der Eingabefokus vom Textfeld »t0« zunächst auf »t1«, dann auf »t2« und anschließend auf »t3« wechseln etc.

[Eingabefokus]
Wenn ein Eingabetextfeld zur Laufzeit angeklickt wird, kann der Benutzer eine Eingabe vornehmen. Man spricht bei diesem Aktivierungsvorgang des Textfelds auch vom Eingabefokus oder sagt: »Das Textfeld erhält/besitzt den (Eingabe-)Fokus«.

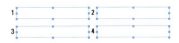

▲ **Abbildung 16.18**
Die von Flash festgelegte automatische Reihenfolge

Standardwert
Soweit Sie den `tabIndex` eines Textfelds nicht selbst festgelegt haben, ist der Standardwert der Eigenschaft `tabIndex` eines Textfelds `-1`.

[TLF] Tabulator-Reihenfolge
Auch TLF-Textfelder besitzen die Eigenschaft `tabIndex`. Sie können die Tabulator-Reihenfolge bei TLF-Textfeldern also auf dieselbe Weise festlegen.

Benutzerdefinierte Tabulator-Reihenfolge
Sobald einem Textfeld eines Flash-Films manuell ein `tabIndex` zugeordnet wurde, wird die automatische Reihenfolge deaktiviert. Es werden dann nur noch Objekte berücksichtigt, deren `tabIndex`-Eigenschaft einem Wert zugewiesen wurde.

Eingabefokus

Es kann hilfreich sein, festzustellen, wann ein dynamisches Textfeld oder ein Eingabetextfeld den Eingabefokus erhalten hat oder verliert. Über die Ereignisse `FocusEvent.FOCUS_IN` und `FocusEvent.FOCUS_OUT` können Sie dies feststellen.

Um Anweisungen auszuführen, sobald ein bestimmtes Textfeld den Eingabefokus erhält, registrieren Sie an dem Textfeld zunächst einen Ereignis-Listener. Hier anhand eines Textfelds mit dem Instanznamen »myText«:

```
myText.addEventListener(FocusEvent.FOCUS_IN,
focusInHandler);
```

[TLF] Eingabefokus
Den Eingabefokus von TLF-Textfeldern können Sie auf dieselbe Art und Weise steuern.

Anschließend definieren Sie die Ereignisprozedur `focusInHandler` wie folgt:

```
function focusInHandler(e:FocusEvent):void {
    trace(e.currentTarget.name+" hat den Eingabefokus.");
}
```

Analog dazu können Sie mithilfe des Ereignisses `FocusEvent.FOCUS_OUT` feststellen, wenn ein bestimmtes Textfeld den Eingabefokus verliert:

```
myText.addEventListener(FocusEvent.FOCUS_OUT,
focusOutHandler);
function focusOutHandler(e:FocusEvent):void {
    trace(e.currentTarget.name+" hat den Eingabefokus
    verloren.");
}
```

Schritt für Schritt:
FocusEvent.FOCUS_IN und FocusEvent.FOCUS_OUT zur Hervorhebung von Eingabetextfeldern nutzen

In diesem Workshop lernen Sie, wie Sie die `Focus`-Ereignisse z. B. für ein Formular sinnvoll einsetzen können, um Eingabetextfelder hervorzuheben, wenn sie den Eingabefokus erhalten.

16_Dynamischer_Text\ Text_Fokus\Text_Fokus_01.fla

1   Flash-Film öffnen
Öffnen Sie den Flash-Film *16_Dynamischer_Text\Text_Fokus\ Text_Fokus_01.fla*. Ausgangsbasis sind zwei MovieClips mit den Instanznamen »vorname_mc« und »nachname_mc«. Innerhalb der MovieClips liegt jeweils ein Eingabetextfeld mit dem Instanz-

namen »myText«. Weiterhin enthält jeder MovieClip zwei Movie-Clips, die als Hintergrund für das Textfeld dienen. Auf der Ebene »Over« liegt der MovieClip, der als Hintergrund dient, wenn das Textfeld den Eingabefokus erhält. Auf der Ebene »Normal« liegt der MovieClip, der als Hintergrund dient, wenn das Textfeld den Eingabefokus nicht besitzt oder ihn verloren hat. Sobald ein Textfeld den Eingabefokus bekommt, soll der Abspielkopf der Zeitleiste auf das Bild mit dem Bildbezeichner »in« springen, sodass der »Over«-Hintergrund eingeblendet wird. Hierzu wurde ein Tween angelegt.

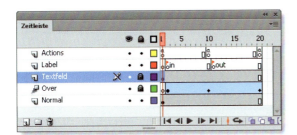

◄ **Abbildung 16.20**
Die Zeitleiste des MovieClips »vorname_mc«

2   Ereignis-Listener registrieren

Wechseln Sie gegebenenfalls zur Hauptzeitleiste des Flash-Films zurück, wählen Sie das erste Schlüsselbild auf der Ebene »Actions« aus, öffnen Sie das AKTIONEN-Fenster, und weisen Sie dem Schlüsselbild zunächst folgenden Code zu:

```
1:   vorname_mc.myText.addEventListener(FocusEvent.
     FOCUS_IN,focusInHandler);
2:   nachname_mc.myText.addEventListener(FocusEvent.
     FOCUS_IN,focusInHandler);
3:   vorname_mc.myText.addEventListener(FocusEvent.
     FOCUS_OUT,focusOutHandler);
4:   nachname_mc.myText.addEventListener(FocusEvent.
     FOCUS_OUT,focusOutHandler);
```

Sobald eines der beiden Textfelder (»vorname_mc.myText« oder »nachname_mc.myText«) den Fokus bekommt, wird die Ereignisprozedur `focusInHandler` aufgerufen (Zeile 1 und 2). Analog dazu wird die Ereignisprozedur `focusOutHandler` aufgerufen, wenn eines der beiden Textfelder den Fokus verliert (Zeile 3 und 4).

3   Ereignisprozeduren definieren

Ergänzen Sie den Code auf dem ersten Schlüsselbild nun um folgende Zeilen:

```
function focusInHandler(e:FocusEvent):void {
    e.currentTarget.parent.gotoAndPlay("in");
}
function focusOutHandler(e:FocusEvent):void {
    e.currentTarget.parent.gotoAndPlay("out");
}
```

Sobald ein Textfeld den Fokus erhält, wird die Ereignisprozedur `focusInHandler` aufgerufen. Über `e.currentTarget` referenzieren Sie das Textfeld selbst. Um auf die dem Textfeld übergeordnete Zeitleiste zu referenzieren, hängen Sie ein `parent` an die Pfadangabe an. Der Lesekopf der Zeitleiste springt auf das Bild mit dem Bildbezeichner »in«. Auf dieselbe Weise springt der Lesekopf der Zeitleiste auf das Bild mit dem Bildbezeichner »out«, wenn ein Textfeld den Fokus verliert.

Ergebnis der Übung:
16_Dynamischer_Text\Text_Fokus\Text_Fokus_02.fla

4   Fertig! Flash-Film testen

Testen Sie den Flash-Film über ⌈Strg⌋/⌈⌘⌋+⌈↵⌋. Auf dieselbe Art und Weise können Sie den Eingabefokus von Textfeldern beispielsweise auch in einem Formular mit vielen Textfeldern visuell hervorheben.

16.4 Textdokument laden und ausgeben

Dynamische Textfelder werden meistens dazu genutzt, Texte aus externen Datenquellen, wie Text- und XML-Dokumente aus Datenbanken, auszugeben. So können z. B. Textbereiche einer Webseite dynamisch angelegt werden, Textinhalte lassen sich dann unabhängig von Flash-Filmen ändern und aktualisieren.

Zeichenkodierung

Unicode (UTF)
Es gibt verschiedene Unicode-Spezifikationen – dazu gehören z. B. UTF-7, UTF-8, UTF-16 und UTF-32. Flash unterstützt UTF-8 (empfohlen), UTF-16 LE und UTF-16 BE. Weitere Infos zu Unicode gibt es unter *www.unicode.org*.

Wenn Sie Texte aus externen Quellen laden, müssen Sie dabei beachten, dass Flash ab Version 7 Texte grundsätzlich als Unicode-kodierten Text interpretiert. Sie haben zwei Möglichkeiten, Texte aus externen Quellen in Flash zu nutzen:

▶ Die externen Texte werden als Unicode-8 kodiert. Flash stellt diese dann korrekt dar. Das ist die empfohlene Variante.

▶ Wenn Sie keinen Einfluss darauf haben, wie der externe Text kodiert ist, z. B. wenn Sie Text aus einer fremden Quelle laden, können Sie Flash dazu veranlassen, nicht Unicode-kodierte Texte mithilfe der herkömmlichen Zeichensatztabelle (engl. »Codepage«) des Betriebssystems zu kodieren. Dazu dient folgende Anweisung, die vor dem Laden eines Textdokuments ausgeführt werden sollte:

```
System.useCodePage = true;
```

Beachten Sie jedoch, dass sich die Anweisung `System.use-CodePage = true;` auf den gesamten Flash-Film auswirkt.

Wenn Sie einen Text in Unicode kodieren möchten, müssen Sie für die Erstellung einen Texteditor verwenden, der Unicode unterstützt.

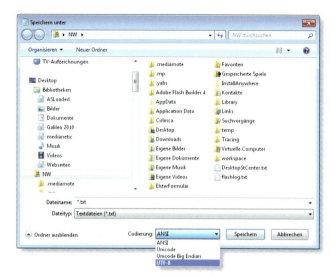

◄ **Abbildung 16.21**
UTF-8 im Texteditor Notepad von Windows 7

Editor	System	Hersteller/Bezugsquelle
Notepad	Windows (ab Windows 2000)	Microsoft
Dreamweaver	Windows, Mac	Adobe
UniRed	Windows 9x, NT, 2000, XP	*www.esperanto.mv.ru/UniRed*
Yudit	Windows, Linux	*www.yudit.org*
Notepad++	Windows	*http://notepad-plus-plus.org/*

◄ **Tabelle 16.2**
Auswahl von Editoren, die Unicode unterstützen

Textdokumente laden

Zum Laden eines Textdokuments lässt sich die sogenannte `URL-Loader`-Klasse einsetzen. Dabei stehen Ihnen grundsätzlich zwei Möglichkeiten zur Verfügung, auf die im weiteren Verlauf des Kapitels noch eingegangen wird.

Textdokument laden

An den Konstruktor des `URLLoa-der`-Objekts können Sie auch direkt das `URLRequest`-Objekt übergeben, um den Ladevorgang sofort zu starten. Beispiel:

```
var myRequest:URLRequest =
new URLRequest("text.txt");
var myLoader:URLLoader = new
URLLoader(myRequest);
```

Sie können dann jedoch keinen Wert mehr für die Eigenschaft `da-taFormat` festlegen. In einem solchen Fall würde der Standardwert der Eigenschaft `dataFormat` (`URL-LoaderDataFormat.TEXT`) verwendet werden.

Um ein Textdokument zu laden, muss dafür ein Objekt der `URL-Loader`-Klasse und ein Objekt der `URLRequest`-Klasse initialisiert werden:

```
var myRequest:URLRequest = new URLRequest("text.txt");
var myLoader:URLLoader = new URLLoader();
```

Der nächste Schritt hängt davon ab, wie das Textdokument aufgebaut ist. Grundsätzlich gibt es dafür zwei Möglichkeiten:

▶ Das Textdokument besteht aus einem einzigen Text, den Sie in Flash laden möchten. Beispiel: »Ein einfaches Textdokument«. In diesem Fall ist es sinnvoll, den Wert der Eigenschaft `data-Format` des `URLLoader`-Objekts auf den Wert `URLLoaderData-Format.TEXT` zu setzen.

▶ Das Textdokument beinhaltet verschiedene Textvariablen – es beinhaltet also eine einfache Struktur bzw. verschiedene Elemente, die Sie in Flash separat voneinander ansteuern möchten. Beispiel: »titel=Dies ist der Titel&beschreibung=Dies ist die Beschreibung«. In diesem Fall sollten Sie den Wert der Eigenschaft `dataFormat` des `URLLoader`-Objekts auf den Wert `URLLoaderDataFormat.VARIABLES` festlegen.

Wenn Sie ein Textdokument, das einen einzigen Text beinhaltet, laden möchten, können Sie dazu folgenden Code nutzen:

```
var myRequest:URLRequest = new URLRequest("text.txt");
var myLoader:URLLoader = new URLLoader(myRequest);
myLoader.dataFormat = URLLoaderDataFormat.TEXT;
myLoader.addEventListener(Event.COMPLETE,dataLoaded);
myLoader.load(myRequest);
function dataLoaded(e:Event):void {
    trace(e.currentTarget.data);
}
```

Den Text können Sie dann innerhalb der Ereignisprozedur über `e.currentTarget.data` referenzieren.

Wenn Sie ein Textdokument laden möchten, das Textvariablen beinhaltet, müssen Sie beachten, dass Flash erwartet, dass der Text URL-kodiert ist. Was das bedeutet, wird im folgenden Abschnitt erläutert.

URL-Kodierung | Eine *URL-Kodierung* ist erforderlich, wenn Sie Textvariablen in einem Text einsetzen möchten. Wenn Sie nur einen einzigen Text laden möchten und die Eigenschaft `dataFor-`

mat dementsprechend auf `URLLoaderDataFormat.TEXT` stellen, müssen Sie Zeichen hingegen *nicht* URL-kodieren.

Solange Texte mit Unicode-8 kodiert werden, sollte es in der Regel keine Probleme mit Umlauten, Sonderzeichen etc. geben. Einige besondere Zeichen müssen darüber hinaus jedoch URL-kodiert werden. Dazu werden die Zeichen durch Escape-Sequenzen ersetzt.

Angenommen, Sie definieren in einem Textdokument folgenden Text »berechnung=5+2«, laden das Textdokument und geben den Text in Flash in einem dynamischen Textfeld aus. Das +-Zeichen wird nicht dargestellt. Es muss erst URL-kodiert werden. Ersetzen Sie es im Textdokument einfach durch »%2B«. Beachten Sie, dass nicht jedes Zeichen URL-kodiert sein muss – nur spezielle Zeichen, die in einer URL als Anweisung interpretiert werden, müssen URL-kodiert werden.

◄ **Abbildung 16.22**
Der Text und die Ausgabe im Flash Player – links: ohne URL-Kodierung; rechts: mit URL-Kodierung

Text mit Textvariablen laden | Nachdem Sie einen Text mit Textvariablen URL-kodiert haben, können Sie ihn laden und auf die Textvariablen zugreifen. Dazu folgendes Beispiel: In einem Textdokument »text.txt« werden zwei Textvariablen `titel` und `beschreibung` wie folgt definiert:

```
titel=Dies ist der Titel.&beschreibung=Dies ist die
Beschreibung.
```

Sie können den Text jetzt wie folgt laden und auf die Textvariablen zugreifen:

[!] Text-Variablen an Flash übergeben
Häufig wurden Textvariablen für Flash-Filme, die auf ActionScript 1 und 2 basieren, wie folgt formatiert:

```
&titel=Titel&beschreibung=
Beschreibung
```

Beachten Sie das erste Zeichen &. Dies führt in ActionScript 3 zu einer Fehlermeldung (Error #2101). ActionScript 3 akzeptiert diese Formatierung nicht mehr. Sie müssen daher das erste &-Zeichen entfernen.

Hinweis

In diesem Fall ist keine URL-Kodierung notwendig, da der Text keine entsprechenden Zeichen enthält.

```
1:    var myRequest:URLRequest = new URLRequest(
         "text.txt");
2:    var myLoader:URLLoader = new URLLoader(myRequest);
3:    myLoader.dataFormat = URLLoaderDataFormat.VARIABLES
4:    myLoader.addEventListener(Event.COMPLETE,
         dataLoaded);
5:    myLoader.load(myRequest);
6:    function dataLoaded(e:Event):void {
7:        var titel:String = e.currentTarget.data.titel;
8:        var desc:String = e.currenTarget.data.
             beschreibung;
9:        trace("titel: "+titel);
10:       trace("beschreibung: "+desc);
11:   }
```

Innerhalb der Ereignisprozedur `dataLoaded` können Sie den Titel über `e.currentTarget.data.titel` und die Beschreibung über `e.currentTarget.data.beschreibung` referenzieren.

Schritt für Schritt:
Textdokument laden und ausgeben

In diesem Workshop lernen Sie, wie Sie ein Textdokument laden und Werte von Textvariablen des Textes in formatierter Form ausgeben.

1   **Flash-Film öffnen**

16_Dynamischer_Text\ Text_Laden\TextLaden01.fla

Öffnen Sie den Flash-Film *16_Dynamischer_Text\Text_laden\TextLaden01.fla*.

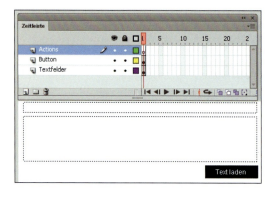

Abbildung 16.23 ▶
Die Ausgangssituation

2   **Text laden**

Weisen Sie dem ersten Schlüsselbild der Ebene »Actions« zunächst folgenden Code zu:

```
1:   loadText_mc.buttonMode = true;
2:   loadText_mc.addEventListener(MouseEvent.CLICK,
     loadText);
3:   function loadText(e:MouseEvent):void {
4:       titel_txt.text = "Text wird geladen ...";
5:       var myLoader:URLLoader = new URLLoader();
6:       var myRequest:URLRequest = new URLRequest
         ("text.txt");
7:       myLoader.dataFormat = URLLoaderDataFormat.
         VARIABLES;
8:       myLoader.addEventListener(Event.COMPLETE,
         textLoaded);
9:       myLoader.load(myRequest);
10:  }
```

Per Mausklick auf den MovieClip »loadText_mc« wird die Funktion loadText aufgerufen. Zum Laden des Textdokuments werden ein URLLoader-Objekt und ein URLRequest-Objekt initialisiert (Zeile 5 und 6). Der Wert der Eigenschaft dataFormat wird auf URLLoaderDataFormat.VARIABLES gesetzt (Zeile 7). In Zeile 8 wird ein Ereignis-Listener am URLLoader-Objekt registriert, der die Funktion textLoaded aufruft, sobald das Textdokument geladen wurde. In Zeile 9 wird das Textdokument über die Methode load geladen.

3 Textausgabe

Sobald der Text geladen wurde, soll der Titel im Textfeld »titel_txt« und die Beschreibung im Textfeld »desc_txt« ausgegeben werden. Ergänzen Sie den Code dazu um folgende Zeilen:

```
function textLoaded(e:Event):void {
   titel_txt.text = e.target.data.titel;
   desc_txt.text = e.target.data.beschreibung;
}
```

4 Flash-Film testen

Testen Sie den Flash-Film über [Strg]/[⌘]+[↵].

Ergebnis der Übung:
*16_Dynamischer_Text\Text_Laden\
TextLaden02.fla*

◀ **Abbildung 16.24**
Der Text wurde per Mausklick auf den Button geladen.

669

16.5 Textfelder mit ActionScript steuern

[TLF] TLF-Textfelder mit ActionScript erzeugen

TLF-Textfelder können Sie auf ähnliche Weise mit ActionScript erzeugen und zur Anzeigeliste eines Flash-Films hinzufügen. Dazu folgendes Beispiel:

```
import fl.text.TLFTextField;
var myText:TLFTextField = new TLFTextField();
addChild(myText);
```

Über ActionScript können Sie Textfelder, ähnlich wie MovieClips, Sprites etc., zur Laufzeit erzeugen. Um ein Textfeld zu erzeugen, initialisieren Sie ein Objekt der TextField-Klasse wie folgt:

```
var myText:TextField = new TextField();
```

Anschließend können Sie das Textfeld wie gewohnt über addChild zur Anzeigeliste des Flash-Films hinzufügen.

```
addChild(myText);
```

Um ein dynamisch erstelltes Textfeld von der Anzeigeliste zu entfernen, können Sie die Methode removeChild verwenden. Wenn Sie das Textfeld darüber hinaus zur Entfernung aus dem Speicher freigeben wollen, sollten Sie die Referenz auf das Textfeld anschließend auf null setzen:

```
removeChild(myText);
myText = null;
```

TextField-Klasse

Die TextField-Klasse gehört zum Paket flash.text und erweitert sowohl die DisplayObject-Klasse als auch die InteractiveObject-Klasse. Sie können also sowohl Eigenschaften, Methoden und Ereignisse von Anzeigeobjekten (DisplayObject) als auch interaktive (InteractiveObject) Eigenschaften, Methoden und Ereignisse mit einem Textfeld verwenden. Sie können beispielsweise auf einen Mausklick reagieren, der über einem Textfeld ausgeführt wurde.

Textfeld-Eigenschaften

Sowohl klassische als auch TLF-Textfelder besitzen viele Eigenschaften, die Sie nach Erzeugung des Textfelds über ActionScript ansteuern können. Um z. B. die Höhe eines Textfelds zu ändern, können Sie den Wert der Eigenschaft height wie folgt definieren:

```
myText.height = 100;
```

Tabelle 16.3 ▼
Die wichtigsten Eigenschaften von klassischen Textfeldern (diese sind bei TLF-Textfeldern identisch)

In der folgenden Tabelle sind die wichtigsten Eigenschaften von klassischen Textfeldern aufgelistet. Alle hier genannten Eigenschaften werden genauso *auch von TLF-Textfeldern* unterstützt.

Eigenschaft	Beispiel	Beschreibung
x	myText.x = 100;	Position auf der x-Achse
y	myText.y = 100;	Position auf der y-Achse
z	myText.z = 50;	Position auf der z-Achse
height	myText.height = 100;	Höhe des Textfelds
width	myText.width = 200;	Breite des Textfelds

Eigenschaft	Beispiel	Beschreibung

antiAliasType	`var myFont:Font = new StandardFont();`
	`var myText:TextField = new TextField();`
	`myText.embedFonts = true;`
	`myText.antiAliasType = AntiAliasType.`
	`ADVANCED;`
	`addChild(myText);`
	`var myFormat_tf:TextFormat =`
	`new TextFormat();`
	`myFormat_tf.font = myFont.fontName;`
	`myFormat_tf.size = 20;`
	`myText.defaultTextFormat = myFormat_tf;`
	`myText.text = "Hallo Welt";`
	(Für das Beispiel benötigen Sie in der Bibliothek ein Schrift-Symbol, das mit der Klasse `StandardFont` verknüpft wurde.)
		Der Anti-Aliasing-Typ, der für das Textfeld verwendet wird (gilt ausschließlich für Textfelder, die eine eingebettete Schriftart verwenden):
		▶ `AntiAliasType.NORMAL` (Standard): das normale Text-Anti-Aliasing
		▶ `AntiAliasType.ADVANCED`: erweitertes Anti-Aliasing (besonders bei kleinen Schriftgrößen [unter 48 Punkten] empfehlenswert)

autoSize	`myText.autoSize = TextFieldAutoSize.` `LEFT;`	Die automatische Ausrichtung und Größenänderung von Textfeldern: ▶ `TextFieldAutoSize.NONE` (Standard): Es erfolgt keine automatische Größenänderung. ▶ `TextFieldAutoSize.LEFT`: Der Text wird linksbündig ausgerichtet, und das Textfeld wird automatisch nach rechts vergrößert. ▶ `TextFieldAutoSize.RIGHT`: Der Text wird rechtsbündig ausgerichtet, und das Textfeld wird automatisch nach links vergrößert. ▶ `TextFieldAutoSize.CENTER`: Der Text wird zentriert ausgerichtet und das Textfeld zu beiden Seiten gleichermaßen vergrößert.
background	`myText.background = true;`	Gibt an, ob das Textfeld einen Hintergrund besitzen soll: ▶ `true` (ja) ▶ `false` (nein; Standard)
backgroundColor	`myText.backgroundColor = 0xCCCCCC;`	Farbe des Hintergrunds in hexadezimaler Schreibweise (0x000000 entspricht Schwarz), Standard: 0xFFFFFF (weiß)
border	`myText.border = true;`	Gibt an, ob das Textfeld einen Rahmen besitzen soll: ▶ `true` (ja) ▶ `false` (nein; Standard)

▲ **Tabelle 16.3**
Die wichtigsten Eigenschaften von klassischen Textfeldern (diese sind bei TLF-Textfeldern identisch) (Forts.)

Eigenschaft	Beispiel	Beschreibung
borderColor	myText.borderColor = 0xCCCCCC;	Farbe des Rahmens in hexadezimaler Schreibweise Standard: 0x000000 (schwarz)
defaultTextFormat	var myText:TextField = new TextField(); var myFormat:TextFormat = new TextFormat(); myFormat.font = "Arial"; myFormat.size = 12; myText.defaultTextFormat = myFormat; myText.text = "hallo welt"; addChild(myText);	Gibt das Standard-TextFormat an, das auf neu zugewiesenen Text oder angehängten Text angewendet wird.
embedFonts	myText.embedFonts = true;	Gibt an, ob eine eingebettete Schriftart verwendet werden soll: ▸ true (ja) ▸ false (nein; Standard), in diesem Fall wird die Schrift als Geräteschriftart (ohne Anti-Aliasing) verwendet.
htmlText	var myText:TextField = new TextField(); myText.htmlText = "Fett gesetzter Text."; addChild(myText);	Entspricht dem Text des Textfelds in HTML-formatierter Form.
length	trace(myText.length);	Anzahl der Zeichen des Textes (schreibgeschützt)
maxChars	myText.maxChars = 100;	maximale Anzahl von Zeichen, die das Textfeld enthalten darf
multiline	myText.multiline = true;	Gibt an, ob das Textfeld mehrzeilig sein soll: ▸ true (ja) ▸ false (nein; Standard)
name	myText.name = "name_txt";	Instanzname des Textfelds
numLines	trace(myText.numLines);	Anzahl der Textzeilen eines mehrzeiligen Textfelds
tabIndex	myText.tabIndex = 1;	tabIndex des Textfelds zur Definition der Tabulator-Reihenfolge
text	myText.text = "Textbeispiel";	Entspricht dem Text des Textfelds.
textColor	myText.textColor = 0xCC0000;	Textfarbe in hexadezimaler Schreibweise

▲ **Tabelle 16.3**
Die wichtigsten Eigenschaften von klassischen Textfeldern
(diese sind bei TLF-Textfeldern identisch) (Forts.)

Eigenschaft	Beispiel	Beschreibung
textHeight	trace(myText.textHeight);	Höhe des Textes in Pixel (nicht zu verwechseln mit der Höhe des Textfelds). Diese Eigenschaft ist schreibgeschützt und kann nur ausgelesen werden.
textWidth	trace(myText.textWidth);	Breite des Texts in Pixel (nicht zu verwechseln mit der Breite des Textfelds). Diese Eigenschaft ist schreibgeschützt und kann nur ausgelesen werden.
type	ausgabe_txt.type = TextFieldType.DYNAMIC	Gibt an, ob das Textfeld als dynamisches Textfeld oder als Eingabetextfeld agieren soll: ▸ TextFieldType.DYNAMIC: dynamisches Textfeld ▸ TextFieldType.INPUT: Eingabetextfeld
restrict	myText.restrict = "A-Z 0-9";	Gibt die Zeichen (oder den Zeichenbereich) an, die im Textfeld eingegeben werden können.
selectable	myText.selectable = false;	Gibt an, ob der Text bzw. ein Textteil des Textfelds auswählbar sein soll (true; Standard) oder nicht (false).
visible	myText.visible = false;	Gibt an, ob das Textfeld sichtbar ist (true) oder nicht (false).
wordWrap	myText.wordWrap = true;	Gibt an, ob das Textfeld einen automatischen Zeilenumbruch verwenden soll: ▸ true (ja) ▸ false (nein; Standard)

▲ **Tabelle 16.3**
Die wichtigsten Eigenschaften von klassischen Textfeldern (diese sind bei TLF-Textfeldern identisch) (Forts.)

TextFormat

Das Erscheinungsbild eines Textes können Sie sowohl über Textfeld-Eigenschaften als auch über ein Objekt der TextFormat-Klasse beeinflussen. Um ein klassisches Textfeld oder ein TLF-Textfeld mithilfe eines TextFormat-Objekts zu formatieren, müssen Sie zunächst ein TextFormat-Objekt initialisieren. Im folgenden Fall wird ein TextFormat-Objekt tf erzeugt:

```
var tf:TextFormat = new TextFormat();
```

Formatierungen über Style-sheets (CSS)

Eine weitere Möglichkeit, Text-formatierungen zu definieren und anzuwenden, bieten soge-nannte Stylesheets (CSS), die auf Textfelder mit XML- oder HTML-Text angewendet werden können. Für die Anwendung wird ein Objekt der `Style-Sheet`-Klasse benötigt. In die-sem Kapitel wird nicht näher darauf eingegangen, da die `TextFormat`-Klasse für die über-wiegende Anzahl von Anwen-dungen besser geeignet ist und sich sehr einfach verwenden lässt.

[TLF] TextFormat

Die `TextFormat`-Klasse lässt sich wie bei klassischen Textfeldern auch auf TLF-Textfelder anwenden.

Anschließend können Sie dem Objekt `tf` Formatierungseigen-schaften wie folgt zuweisen:

```
tf.font = "Courier";
tf.size = 12;
tf.color = 0xFF0000;
```

Nachdem Sie Objekt-Eigenschaften definiert haben, stehen Ihnen zwei Möglichkeiten zur Auswahl, um das `TextFormat`-Objekt auf ein Textfeld anzuwenden:

▶ **defaultTextFormat**: Sie können über die Eigenschaft `default-TextFormat` eines Textfelds ein Standardformat festlegen, das, nachdem es dem Textfeld zugewiesen wurde, auf alle zukünf-tigen zugewiesenen Texte oder angehängte Texte angewendet wird. Beispiel:

```
var myText:TextField = new TextField();
var myFormat_tf:TextFormat = new TextFormat();
tf.font = "Courier";
tf.size = 12;
tf.color = 0xFF0000;
myText.defaultTextFormat = tf;
myText.text = "Hallo Welt";
addChild(myText);
```

▶ **setTextFormat**: Wenn Sie das Textfeld formatieren möchten, nachdem Sie den Text zugewiesen haben, verwenden Sie die Methode `setTextFormat`. Beispiel:

```
var myText:TextField = new TextField();
myText.text = "Hallo Welt";
addChild(myText);
var tf:TextFormat = new TextFormat();
tf.font = "Courier";
tf.size = 12;
tf.color = 0xFF0000;
myText.setTextFormat(tf);
```

Über die Methode `setTextFormat` können Sie auch nur einen be-stimmten Textbereich mit definierten Formatierungen versehen. Dazu können Sie der Methode nach der Angabe des `TextFor-mats` zwei zusätzliche Argumente übergeben, die den Textbereich angeben (Position der Zeichen, Anfangs- und Endwert). Wenn Sie beispielsweise das Wort »Hallo« des vorangegangenen Beispiels mit einem gesonderten `TextFormat` auszeichnen wollen, könnten Sie dazu ergänzend folgenden Code verwenden:

```
var newFormat:TextFormat = new TextFormat();
newFormat.bold = true;
newFormat.size = 16;
myText.setTextFormat(newFormat,0,5);
```

Die `TextFormat`-Klasse besitzt viele Eigenschaften, über die Sie Textformatierungen vornehmen können. In der folgenden Tabelle sind die wichtigsten Eigenschaften aufgeführt.

Eigenschaft	Beschreibung
align	Textausrichtung des Absatzes: ▸ `TextFormatAlign.LEFT`: linksbündig (Standard) ▸ `TextFormatAlign.RIGHT`: rechtsbündig ▸ `TextFormatAlign.CENTER`: mittig ▸ `TextFormatAlign.JUSTIFY`: Blocksatz
blockIndent	Blockeinzug (Abstand zum linken Rand) in Pixel für den gesamten Textblock
bold	Fettdruck: ▸ `true` (ja) ▸ `false` (nein; Standard)
color	Textfarbe (in hexadezimaler Schreibweise, 0xFF0000 entspricht Rot)
font	Schriftart als String (Standard: `Times New Roman`)
indent	ganzzahliger Wert, der den Einzug vom linken Rand der ersten Zeile eines Absatz des Textfelds zum Text angibt
italic	kursiv: `true` (ja) `false` (nein; Standard)
kerning	Gibt an, ob Zeichen automatisch unterschnitten werden sollen (`true`) oder nicht (`false`; Standard). Die automatische Unterschneidung ist nur bei eingebetteten Schriften verfügbar.
leading	Zeilenabstand (in Pixel); Standard: `null`
leftMargin	linker Rand des Absatzes; Standard: `null`
letterSpacing	Zeichenabstand in Pixel; Standard: `null`
rightMargin	rechter Rand des Absatzes; Standard: `null`

◄ **Tabelle 16.4**
Die wichtigsten Eigenschaften der `TextFormat`-Klasse

Eigenschaft	Beschreibung
size	Schriftgröße (in Pixel)
target	Zielfenster, in dem ein Hyperlink geöffnet werden soll: ▸ _self (Standard) ▸ _blank ▸ _parent ▸ _top ▸ ein benutzerdefinierter Namen (z. B. der Name eines Browser-Frames)
underline	Unterstreichung: ▸ true (ja) ▸ false (nein; Standard)
url	Gibt die URL an, mit der der durch das TextFormat-Objekt formatierte Text verknüpft wird.

Tabelle 16.4 ▸
Die wichtigsten Eigenschaften der
TextFormat-Klasse (Forts.)

Schriftart-Symbol und Schriftart-Klasse

Um in einem zur Laufzeit über ActionScript erzeugten Textfeld eine eingebettete Schriftart zu verwenden, müssen Sie die Konturen der Schriftart in den Flash-Film integrieren und die Schriftart bzw. den Schriftschnitt mit einer Klasse verknüpfen. Diese Verknüpfung können Sie im Fenster Schriftarteinbettung vornehmen, das Sie über das Menü Text • Schriftarteinbettung oder über das Menü der Bibliothek über Neue Schriftart erreichen können.

Geräteschriftarten verwenden

Um in einem dynamisch erzeugten Textfeld eine Geräteschriftart einzusetzen, müssen Sie zunächst dem Textfeld ein TextFormat-Objekt zuweisen und anschließend die Eigenschaft font des TextFormat-Objekts auf die gewünschte Schriftart stellen:

```
var myText:TextField = new
TextField();
myText.text = "Hallo Welt";
addChild(myText);
var tf:TextFormat = new
TextFormat();
tf.font = "Arial";
myText.setTextFormat(tf);
```

Abbildung 16.25 ▸
Das Fenster Schriftarteinbettung

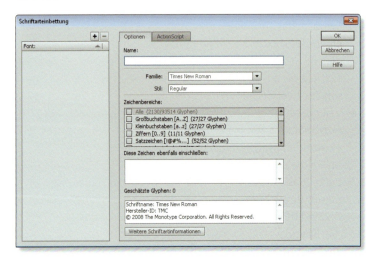

Auf der linken Seite können Sie wie zuvor beschrieben Schriftarten bzw. -schnitte definieren, die in den Flash-Film integriert werden. Nachdem Sie dann noch den gewünschten Zeichenbereich
festgelegt haben, klicken Sie im oberen Bereich auf den Reiter
ActionScript ❶.

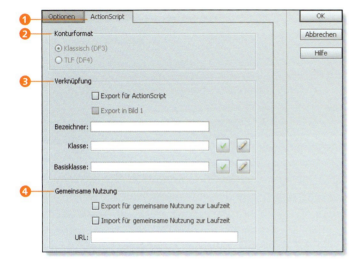

◄ **Abbildung 16.26**
Der Reiter ActionScript im
Fenster Schriftarteinbettung

Sie finden in diesem Reiter des Fensters folgende Einstellungsmöglichkeiten:

▶ Konturformat ❷: Nachdem Sie das Optionsfeld Export für
ActionScript aktiviert haben, können Sie hier das Kontur-
format einstellen. Wählen Sie Klassisch (DF3), wenn Sie die
Schrift mit einem klassischen Textfeld verwenden möchten. Selektieren Sie hingegen TLF (DF4), wenn Sie die Schrift in einem
TLF-Textfeld einsetzen möchten. Versuchen Sie ein Schriftart-
Symbol, das für ein klassisches Textfeld eingebettet wird, mit
einem TLF-Textfeld zu verwenden (und vice versa), funktioniert
dies nicht. Wenn Sie eine Schriftart sowohl für ein klassisches
Textfeld als auch für ein TLF-Textfeld einsetzen möchten, müssen Sie zwei Versionen des Schriftart-Symbols erstellen.

▶ Verknüpfung ❸: Aktivieren Sie hier die Option Export für
ActionScript, wenn Sie die Schriftart innerhalb eines Textfelds
verwenden möchten, das Sie über ActionScript erzeugt haben.
Im Feld Klasse sollten Sie dann der Schriftart einen eindeutigen Klassenbezeichner, z. B. `RegularFont`, zuweisen. Über
diesen Bezeichner können Sie die Schrift anschließend einem
Textfeld über ActionScript zuweisen. Das Feld Basisklasse gibt
die Basisklasse (Superklasse) der zuvor eingetragenen Klasse
an. Sie müssen den Standardwert `flash.text.Font` in der Regel nicht ändern.

Abbildung 16.27 ▶
Die Schrift Univers-Condensed
mit normalem Schnitt (Schriftart-
Symbol mit dem Namen
»myFont« wurde mit der Klasse
`RegularFont` verknüpft)

[!] Verwechslungsgefahr
Verwechseln Sie den Namen des
Schriftart-Symbols nicht mit dem
Klassenbezeichner!

[!] Dateigröße
Beachten Sie, dass alle definierten
Zeichen der Schrift automatisch in
den Flash-Film eingebettet werden, unabhängig davon, ob Sie
das Schriftart-Symbol verwenden
oder nicht. Die Dateigröße des
Flash-Films wird entsprechend
größer. Sie sollten daher auf keinen Fall verknüpfte Schriftart-
Symbole in der Bibliothek lassen,
wenn Sie diese nicht einsetzen.

Hinweis
Ein Schriftart-Symbol wird im Ei-
GENSCHAFTEN-Fenster durch ein
auf den Schriftart-Symbolbezeich-
ner folgendes Sternchen * gekennzeichnet.

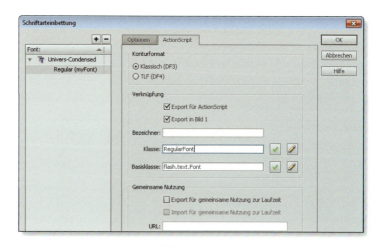

▶ GEMEINSAME NUTZUNG ❹: Optional können Sie eine Schriftklasse in mehreren Flash-Filmen auf Basis einer gemeinsam
genutzten Bibliothek verwenden, ohne dass Sie die Schriftkonturen in jeden Flash-Film integrieren müssen. Wenn Sie
die Option EXPORT FÜR GEMEINSAME NUTZUNG ZUR LAUFZEIT
aktiviert haben, müssen Sie im Feld URL die URL zur gemeinsam genutzten Bibliothek (der Pfad eines Flash-Films, der die
gemeinsam genutzten Elemente, wie Schriftklassen, enthält)
eintragen.

Nachdem Sie ein Schriftart-Symbol erstellt und mit einer Klasse
verknüpft haben, können Sie die Schrift über die Schriftklasse in
ActionScript verwenden. In der Bibliothek wird Ihnen die Verknüpfung mit der Klasse ❺ angezeigt.

Um die mit einer Klasse verbundenen Schrift in einem zur
Laufzeit erzeugten Textfeld anzuwenden, müssen Sie zunächst
eine Instanz der Schrift erzeugen:

```
var myFont:Font = new RegularFont();
```

Anschließend können Sie ein Textfeld erzeugen und der Eigenschaft `embedFonts` des Objekts den Wert `true` zuweisen:

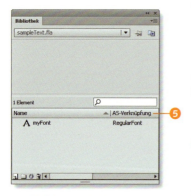

▲ **Abbildung 16.28**
Das Schriftart-Symbol »myFont«
wurde mit der Klasse `Regular-
Font` verknüpft.

```
var myText:TextField = new TextField();
myText.embedFonts = true;
addChild(myText);
```

Zum Schluss definieren Sie ein `TextFormat`-Objekt und weisen
der Eigenschaft `font` den Namen der Schrift über die Referenz
`myFont.fontName` zu:

```
var tf:TextFormat = new TextFormat();
tf.font = myFont.fontName;
myText.defaultTextFormat = tf;
myText.text = "Hallo Welt";
```

16_Dynamischer_Text\Text_Eingebettet\Beispiel.fla

Textfeld-Methoden

Sowohl die klassische `TextField`-Klasse als auch die `TLFTextField`-Klasse besitzt eine Vielzahl von Methoden, von denen viele dazu genutzt werden können, Informationen über Textbereiche oder einzelne Zeichen zu ermitteln. Diese Methoden werden häufig speziell im Zusammenhang mit besonders textlastigen Anwendungen wie z. B. einem Chat eingesetzt.

In der folgenden Tabelle sind die wichtigsten Methoden von klassischen Textfeldern aufgelistet. Alle hier genannten Methoden werden genauso *auch von TLF-Textfeldern* unterstützt.

Methode	Beispiel	Beschreibung

appendText	`var myText:TextField = new TextField();`
	`myText.appendText("Hallo");`
	`myText.appendText(" Welt");`
	`addChild(myText);`
		Hängt den als Argument angegebenen String an den Text eines Textfelds an. Sie sollten diese Methode bei umfangreichen Texten der Anweisung += vorziehen, also statt `myText+=" Welt";` die Anweisung `myText.appendText(" Welt");` verwenden.

getLineText	`var myText:TextField = new TextField();`
	`myText.width = 100;`
	`myText.multiline = true;`
	`myText.wordWrap = true;`
	`myText.text = "Hunger. Stufe für Stufe schob sie sich die Treppe hinauf. Pizza Funghi Salami, Sternchen Salami gleich Blockwurst.";`
	`addChild(myText);`
	`trace(myText.getLineText(3));`
	`// Pizza Funghi`
		Gibt den Text der angegebenen Textzeile zurück.

replaceText	`var myText:TextField = new TextField();`
	`myText.width = 200;`
	`myText.text = "Salami schmeckt gut";`
	`addChild(myText);`
	`myText.replaceText(0,6,"Thunfisch");`
	`trace(myText.text);`
	`// Thunfisch schmeckt gut.`
		Ersetzt den angegebenen Textbereich (den durch `beginIndex` und `endIndex` definierten Bereich) durch den angegebenen Text.

▲ **Tabelle 16.5**
Die wichtigsten Methoden von klassischen Textfeldern

Methode	Beispiel	Beschreibung
setSelection	```var myText:TextField = new TextField();
myText.width=200;
myText.text="Salami schmeckt gut";
addChild(myText);
myText.addEventListener(MouseEvent.
CLICK,selectText);
function selectText(e:MouseEvent):void {
myText.setSelection(0,6);
}```	Selektiert die angegebene Textstelle (den durch beginIndex und endIndex definierten Bereich) des Textfelds.
setTextFormat	```var myText:TextField = new TextField();
myText.text = "Hallo Welt";
addChild(myText);
var tf:TextFormat = new TextFormat();
tf.font = "Courier";
tf.size = 12;
tf.color = 0xFF0000;
myText.setTextFormat(tf);```	Weist dem angegebenen Text oder einem Textbereich eines Textfelds das angegebene TextFormat-Objekt zu.

▲ Tabelle 16.5
Die wichtigsten Methoden von klassischen Textfeldern (Forts.)

Mehr zu Komponenten
In diesem Abschnitt wird ausschließlich auf die Anwendung der UIScrollBar-Komponente eingegangen. Mehr zu Komponenten erfahren Sie in Kapitel 12, »Komponenten«.

Statischer Text in dynamischem Textfeld
Grundsätzlich können Sie einen statischen Text, der sich zur Laufzeit nicht ändert, auch in einem dynamischen Textfeld eingeben – auch wenn dies nicht der Sinn und Zweck eines dynamischen Textfelds ist. Sie müssen dann darauf achten, dass Sie die verwendeten Schriftzeichen einbetten. Bei einem statischen Textfeld macht Flash das automatisch.

16.6 Textscroller – die UIScrollBarKomponente

In Flash-Filmen werden häufig Textscroller eingesetzt, um Text zu scrollen. Das ist notwendig, wenn der Textbereich innerhalb eines beschränkten Bereichs dargestellt werden muss. Reicht der zur Verfügung stehende Platz nicht aus, muss der Text mit einem Textscroller verknüpft werden, damit der Benutzer die Möglichkeit hat, den kompletten Text zu lesen.

Einen eigenen Textscroller zu entwickeln, der nicht nur zeilenweise scrollen kann, ist nicht ganz einfach. Adobe bietet jedoch auch einen Scroller mit der UIScrollBar-Komponente an, der sich leicht zum Scrollen von Text einsetzen lässt.

Textbereich definieren

Die UIScrollBar-Komponente können Sie sowohl für klassische Textfelder als auch für TLF-Textfelder nutzen. Um einen scrollbaren Textbereich zu erstellen, müssen Sie zunächst den sichtbaren Textbereich definieren. Ziehen Sie dazu mit dem Textwerkzeug T ein Textfeld auf, und weisen Sie diesem Feld im EIGENSCHAFTEN-Fenster einen Instanznamen zu.

Bildlauf aktivieren

Wenn Sie einen statischen Text in einem klassischen dynamischen Textfeld einfügen und diesen über die `UIScrollBar`-Komponente scrollen möchten, müssen Sie zunächst den sogenannten Bildlauf aktivieren. Anderenfalls würde sich das dynamische Textfeld automatisch an den eingegebenen Text anpassen. Bei TLF-Textfeldern ist die Aktivierung des Bildlaufs nicht notwendig, da sich der Bildlauf standardmäßig in TLF-Textfeldern definieren lässt.

Um den Bildlauf eines klassischen Textfelds zu aktivieren, wählen Sie das Textfeld aus und klicken anschließend auf den Menüpunkt TEXT • BILDLAUF.

Anschließend können Sie den sichtbaren Textbereich definieren, indem Sie das Auswahlwerkzeug ![cursor] auswählen und dann per Drag & Drop einen der vier Anfasser des Textfelds ❶, ❷, ❸ und ❹ verschieben.

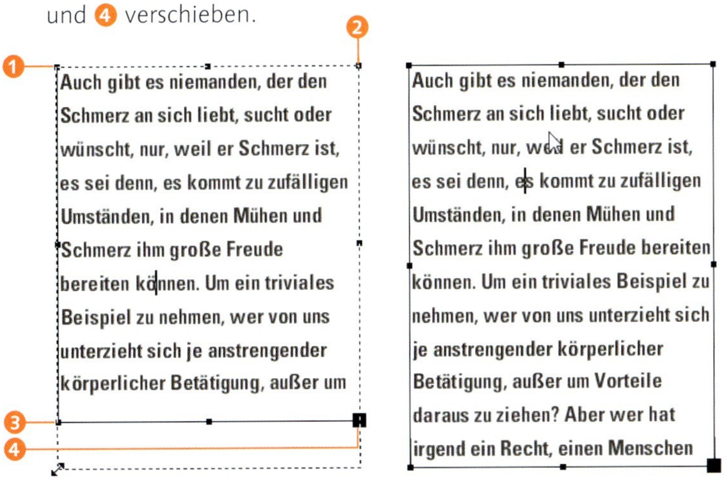

▲ **Abbildung 16.29**
Den Bildlauf für ein klassisches Textfeld aktivieren

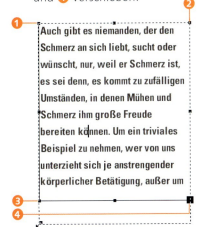

▲ **Abbildung 16.30**
Der sichtbare Bereich des Textfelds wird vergrößert.

Diese Vorgehensweise ist ausschließlich bei statischen Texten, die mit dynamischen Textfeldern verwendet werden, notwendig. Bei Texten, die dynamischen Textfeldern zur Laufzeit zugewiesen werden, passen sich die Textfelder nicht automatisch an den Text an.

[TLF] Sichtbaren Bereich definieren

Bei TLF-Textfeldern können Sie den sichtbaren Bereich ebenso einfach definieren. Verschieben Sie einfach einen der acht Anfasser, um den Bereich festzulegen.

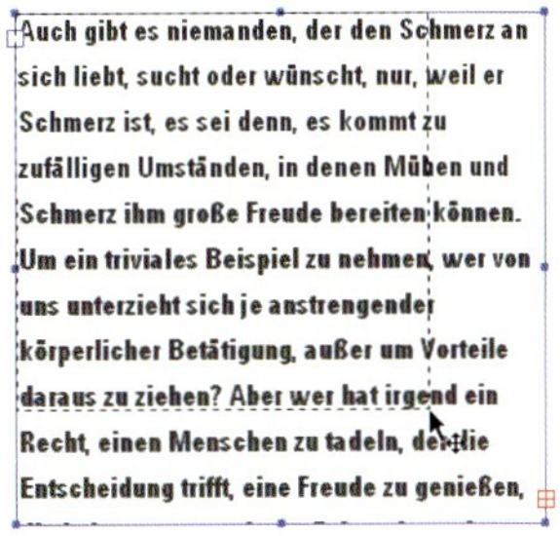

▲ **Abbildung 16.31**
Der sichtbare Bereich des TLF-Textfelds wird verkleinert.

UIScrollBar-Komponente einfügen

Wählen Sie den Menüpunkt FENSTER • KOMPONENTEN, um das KOMPONENTEN-Fenster über Strg/⌘+F7 zu öffnen. Wählen Sie im Bereich USER INTERFACE die Komponente `UIScrollBar` mit der Maus aus, und ziehen Sie die Komponente auf die Bühne. Klicken Sie auf die linke obere Ecke der Komponente, und richten Sie diese so am Textfeld aus, wie in Abbildung 16.32 zu sehen ist ❺.

▲ **Abbildung 16.32**
`UIScrollBar`-Komponente am Textfeld ausrichten

Ziel der Scroller-Komponente festlegen

Damit die `Scroller`-Komponente den Text im Textfeld scrollt, muss sie mit dem Textfeld verknüpft werden. Dazu müssen Sie dem Textfeld zunächst einen Instanznamen zuweisen, z. B. `my-Text`. Wählen Sie die Komponente aus, und öffnen Sie dann im EIGENSCHAFTEN-Fenster den Reiter KOMPONENTENPARAMETER. Geben Sie den Instanznamen des Textfelds im Feld SCROLLTAR-GETNAME ein.

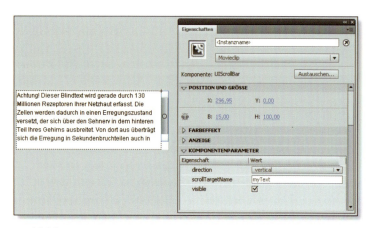

*16_Dynamischer_Text\
UIScrollBar_statisch\Beispiel.fla,
UIScrollBar_dynamisch\Beispiel.fla*

▲ **Abbildung 16.33**
`UIScrollBar` mit dem Textfeld verbinden

▲ **Abbildung 16.34**
Textfeld und -scroller im Flash Player

Danach ist die Komponente mit dem Textfeld verknüpft. Passen Sie die Größe der Komponente jetzt an das Textfeld an. Die Höhe der Komponente können Sie über das INFO-Fenster oder über das EIGENSCHAFTEN-Fenster im Reiter POSITION UND GRÖSSE anpassen. Veröffentlichen Sie anschließend den Film – der Text sollte sich jetzt im angegebenen Bereich scrollen lassen.

16.7 Text Layout Framework

Bestehend aus ungefähr hundert `ActionScript`-Klassen bietet das Text Layout Framework sehr viele neue Gestaltungs- und Formatierungsmöglichkeiten in der Flash-Authoring-Umgebung und über ActionScript. In Zukunft wird von vielen dieser Möglichkeiten in speziellen Anwendungen Gebrauch gemacht werden. Wie Sie jedoch bereits zu Anfang des Kapitels erfahren haben, ist der Einsatz des Text Layout Frameworks nicht immer in jedem Fall die richtige Wahl. Für die grundlegende Anwendung von Text bietet klassischer Text ausreichend viele Möglichkeiten und sollte teilweise die bevorzugte Variante sein.

Hinweis

Im Rahmen dieses Kapitels können leider nicht alle Möglichkeiten des Text Layout Frameworks im Detail vorgestellt werden, weil dafür auch die Grundlagen zu klassischem Text vermittelt werden müssten. Die folgenden Erläuterungen sind daher eher ein erster Einstieg in das Thema.

Dennoch gab es auch in der Vergangenheit schon viele Anwendungsfälle von Text, bei denen klassischer Text, auch aufgrund seiner internen Struktur, an seine Grenzen gestoßen ist. Beispielsweise war es nicht möglich, Text in mehrere Spalten mithilfe eines Textfelds bzw. Containers zu setzen oder Text um ein grafisches Objekt herumfließen zu lassen. In solchen Fällen bietet das Text Layout Framework zukünftig Möglichkeiten, die in der Praxis, wenn überhaupt, sonst nur mit sehr viel größerem Aufwand zu lösen wären.

Aufgrund des Umfangs und der Komplexität des Text Layout Frameworks können im Folgenden nur erste Grundlagen dazu vermittelt werden.

Text Layout Framework und MVC Design Pattern

Das Text Layout Framework basiert streng genommen nicht auf dem MVC Design Pattern, ist jedoch vom grundsätzlichen Aufbau dem MVC Design Pattern sehr ähnlich. Das MVC Design Pattern sieht vor, den Programmcode in drei Module zu unterteilen:

▶ **Datenmodell (Model)**: Das Modell enthält die darzustellenden Daten.
▶ **Präsentation (View)**: Die Präsentation ist für die Darstellung der Daten und für die Entgegennahme von Benutzerinteraktion zuständig.
▶ **Programmsteuerung (Controller)**: Die Steuerung ist für die Verwaltung einer oder mehrerer Präsentationen zuständig und nimmt von ihnen Benutzeraktionen entgegen.

Beim Text Layout Framework gibt es ebenfalls drei Elemente:

▶ **Datenmodell**: Das Datenmodell wird durch das `Elements`-Paket (`flashx.textLayout.elements`), das `Format`-Paket (`flashx.textLayout.formats`) und das `Conversion`-Paket (`flashx.textLayout.conversion`) repräsentiert.
▶ **Präsentation**: Die Präsentation wird durch das `Factory`-Paket (`flashx.textLayout.factory`), das `Container`-Paket (`flashx.textLayout.container`) und das `Compose`-Paket (`flashx.textLayout.compose`) abgebildet.
▶ **Programmsteuerung**: Die Programmsteuerung wird durch das `Edit`-Paket (`flashx.textLayout.edit`), das `Operations`-Paket (`flashx.textLayout.operations`) und das `Events`-Paket (`flashx.textLayout.events`) dargestellt.

Hierarchische Struktur

Text, der das Text Layout Framework verwendet, sollte in einer festgelegten hierarchischen Struktur definiert werden. Dabei repräsentiert die sogenannte `TextFlow`-Klasse den gesamten Text, der aus mehreren einzelnen Elementen bestehen kann. Ein Objekt der `TextFlow`-Klasse ist das oberste Element einer solchen Baumstrukur. Abbildung 16.35 zeigt eine solche Struktur mit dem `TextFlow`-Objekt als Wurzelelement.

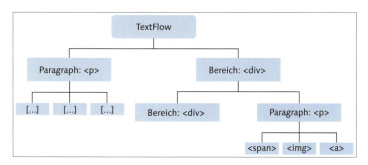

▲ **Abbildung 16.35**

Struktur eines Textes, basierend auf dem Text Layout Framework

Basisklasse von TLF-Elementen
Die Basisklasse von allen Elementen, die zu der Baumstruktur eines `TextFlow`-Objekts gehören, ist die `FlowElement`-Klasse.

Diese Struktur berücksichtigend, wird Text basierend auf dem TLF in eine Vielzahl von unterschiedlichen Elementen unterteilt. Die folgende Tabelle listet die unterschiedlichen Elemente auf.

Element	Beschreibung	Mögliche Kindelemente (children)	Klasse
textflow	oberstes Element in der Hierarchie	div, p	TextFlow
div	Bereich innerhalb des Text-Flow. Kann einen oder mehrere Paragrafen beinhalten.	div, p	DivElement
p	Paragraf, der als übergeordnetes Element für ein Inhaltselement dient	a, tcy, span, img, tab, br	ParagraphElement
a	Link	tcy, span, img, tab, br	LinkElement
tcy	Dient dazu, Textblöcke eines vertikalen Textes (z. B. Japanisch) horizontal zu setzen.	a, span, img, tab, br	TCYElement
span	Textabschnitt innerhalb eines Paragrafen	–	SpanElement

▲ **Tabelle 16.6**
Wichtige Elemente des Text Layout Frameworks

Element	Beschreibung	Mögliche Kindelemente (children)	Klasse
`img`	Bild innerhalb eines Paragrafen	–	`InlineGraphic-Element`
`tab`	Tabulatorzeichen	–	`TabElement`
`br`	Zeilenumbruch, um eine Zeile innerhalb eines Paragrafen zu beenden	–	`BreakElement`

▲ **Tabelle 16.6**
Wichtige Elemente des Text Layout Frameworks (Forts.)

Ein Objekt der `TextFlow`-Klasse dient als Container zur Strukturierung und Verwaltung von Textabschnitten. Wenn Sie eine solche Struktur anlegen möchten, können Sie als Erstes damit beginnen, ein Objekt der `TextFlow`-Klasse wie folgt zu initialisieren:

```
import flashx.textLayout.elements.TextFlow;
var flow:TextFlow = new TextFlow();
```

TextLayoutFormat

Layouteigenschaften und Formatierungen von Containern, Absatz- oder Textelementen können über die sogenannte `TextLayoutFormat`-Klasse definiert werden. Die Klasse ist der `TextFormat`-Klasse ähnlich, die auch bei klassischen Textfeldern verwendet wird. Sie bietet jedoch noch eine Vielzahl von weiteren Möglichkeiten.

Sie können ein Objekt der Klasse entweder auf einen Container oder auf ein untergeordnetes `FlowElement` anwenden. Wird ein `TextLayoutFormat` auf einen Container angewendet, gelten alle Eigenschaften für den gesamten Container, also zunächst einmal auch für alle untergeordneten Elemente. Möchten Sie hingegen nur ein einzelnes Element über ein `TextLayoutFormat` formatieren, weisen Sie es dem Element selbst zu.

Das `TextLayoutFormat` besitzt eine Vielzahl von Eigenschaften, über die Sie das Format für Textabschnitte definieren können. Die Initialisierung eines `TextLayoutFormat`-Objekts und die Definition von Eigenschaften ähneln der Vorgehensweise bei `TextFormat`-Objekten. Es folgt ein Beispiel, bei dem ein `TextLayoutFormat` auf ein `TextFlow`-Objekt angewendet wird (das `TextLayoutFormat` wird hier für einen Text mit vier Spalten, einer Spaltenbreite von 120 Pixeln und einem Raum zwischen den Spalten in der Größe von 30 Pixeln definiert):

Formatkonflikte

Grundsätzlich kann es bei Formatierungen zu Formatkonflikten kommen. Zum Beispiel, wenn Sie dem `TextFlow`-Container ein bestimmtes `TextLayoutFormat` zuweisen und die Textfarbe dabei auf Schwarz setzen. Weisen Sie dann einem untergeordneten Element ein anderes `TextLayoutFormat` mit der Textfarbe Rot zu, hat dieses Format für dieses Element in der Regel Vorrang vor dem `TextFlow`-Format.

685

Eigenschaft: format

Die Eigenschaft format dient dazu, einem TLF-Element ein TextLayoutFormat zuzuweisen. Die Eigenschaft gehört zur Flow-Element-Klasse. Sie wird von allen Unterklassen geerbt und ist auch auf diese anwendbar.

Kaskadeneffekt bedeutet …

…im übertragenen Sinne eine Verkettung von Ereignissen oder Prozessen, wobei alle Ereignisse auf die vorhergehenden aufbauen. (Quelle: Wikipedia)

FormatValue.AUTO

Im Unterschied zu vererbenden Eigenschaften (FormatValue.INHERIT) gibt der Eigenschaftswert FormatValue.AUTO an, dass der Eigenschaftswert durch einen internen Algorithmus automatisch bestimmt wird. Wird eine Eigenschaft nicht direkt und auch nicht innerhalb der Kaskade definiert, nimmt sie den Wert FormatValue.AUTO an.

Tabelle 16.7 ▼▶

Die wichtigsten Eigenschaften der TextLayoutFormat-Klasse

```
import flashx.textLayout.elements.*;
import flashx.textLayout.formats.TextLayoutFormat;
var flow:TextFlow = new TextFlow();
var flowFormat:TextLayoutFormat = new TextLayoutFormat();
flowFormat.columnCount = 4;
flowFormat.columnWidth = 120;
flowFormat.columnGap = 30;
flow.format = flowFormat;
```

Vererbung von Eigenschaften | Die Struktur eines Textes ist beim Einsatz des Text Layout Frameworks hierarchisch. Die hierarchische Struktur verhält sich dabei darüber hinaus wie eine Kaskade. Ein Merkmal der Kaskade ist es, dass Eigenschaften von Elementen an das nächste untergeordnete Element vererbt werden, wenn die entsprechende Eigenschaft nicht ausdrücklich selbst für dieses untergeordnete Element definiert wird. Wenn Sie Erfahrungen mit CSS (Cascading Style Sheets) haben, wird Ihnen dieses Prinzip bereits bekannt vorkommen.

Bei vielen dieser Eigenschaften, von denen einige im Folgenden vorgestellt werden, ist FormatValue.INHERIT ein zulässiger Wert. Dieser Wert gibt an, dass der Eigenschaftswert des übergeordneten Elements übernommen wird. Wenn Sie beispielsweise für ein TextFlow-Objekt die Schriftfarbe auf Rot und die Eigenschaft bei untergeordneten Elementen auf FormatValue.INHERIT setzen, wird die rote Schriftfarbe für diese Elemente vom übergeordneten Element übernommen.

Eigenschaften | Die TextLayoutFormat-Klasse besitzt sehr viele Eigenschaften. Viele davon dienen ganz speziellen Anwendungsfällen. In der folgenden Tabelle sind grundlegende Eigenschaften der TextLayoutFormat-Klasse aufgeführt. Der Datentyp ist in allen Fällen * (untypisiert).

Eigenschaft	Wertebereich	Beschreibung
backgroundAlpha	0 bis 1 FormatValue.INHERIT	Alphawert für den Hintergrund
backgroundColor	RGB-Wert (z. B. 0x000000) BackgroundColor.TRANSPARENT FormatValue.INHERIT	Hintergrundfarbe des Textes
color	RGB-Wert (z. B. 0x000000)	Farbe des Textes
columnCount	Ganzzahlen zwischen 1 und 50 FormatValue.AUTO FormatValue.INHERIT	Anzahl der Textspalten

Eigenschaft	Wertebereich	Beschreibung
columnGap	0 bis 1.000 `FormatValue.INHERIT`	Raum zwischen den Spalten in Pixel

columnWidth	0 bis 8.000
	`FormatValue.AUTO`
	`FormatValue.INHERIT`
		Spaltenbreite

direction	`Direction.LTR` (links nach rechts, left to right) `Direction.RTL` (rechts nach links, right to left) `FormatValue.INHERIT`	Textrichtung
fontFamily	Schriftart kommagetrennte Liste von Schriftarten	Schriftart oder eine durch Komma getrennte Auswahl von Schriftarten (z. B. »Arial, Helvetica, _sans«). Wird eine Liste von Schriftarten angegeben, wird die erste der Schriftarten verwendet, die auf dem Clientsystem verfügbar ist. Nicht verfügbare Schriftarten werden übersprungen.
fontSize	1 bis 720 `FormatValue.INHERIT`	Schriftgröße in Pixel

fontStyle	`FontPosture.NORMAL`
	`FontPosture.ITALIC`
	`FormatValue.INHERIT`
		Stil des Textes
		(nur für Geräteschriftarten)

fontWeight	`FontWeight.NORMAL`
	`FontWeight.BOLD`
	`FormatValue.INHERIT`
		Stärke der Schriftart
		(nur bei Geräteschriftarten)

kerning	`Kerning.ON`
	`Kerning.OFF`
	`Kerning.AUTO`
	`FormatValue.INHERIT`
		Kerning (Abstand zwischen bestimmten Zeichenpaaren). Wird nur bei Schriften mit entsprechenden Kerning-Tabellen verwendet.

lineBreak	`LineBreak.EXPLICIT`: Nur bei expliziten Zeilenendschaltungen oder -vorschüben erfolgt ein Zeilenumbruch. `LineBreak.TO_FIT`: Text wird auf die Breite des Containers angepasst. `FormatValue.INHERIT`	Definiert den Zeilenumbruch im Container.

lineHeight	`-720 bis 720`
	`"-1000%" bis "1000%"`
	(als String anzugeben)
	`FormatValue.INHERIT`
		Zeilenabstand des Textes

lineThrough	`true`
	`false`
	`FormatValue.INHERIT`
		Gibt an, ob der Text durchgestrichen werden soll oder nicht.

Eigenschaft	Wertebereich	Beschreibung
paddingBottom	0 bis 1000 FormatValue.INHERIT	Abstand zwischen der unteren Containerkante und dem Text in Pixel
paddingLeft	0 bis 1000 FormatValue.INHERIT	Abstand zwischen der linken Containerkante und dem Text in Pixel
paddingRight	0 bis 1000 FormatValue.INHERIT	Abstand zwischen der rechten Containerkante und dem Text in Pixel
paddingTop	0 bis 1000 FormatValue.INHERIT	Abstand zwischen der oberen Containerkante und dem Text in Pixel
paragraphEndIndent	0 bis 1000 FormatValue.INHERIT	Einrückung der Endkante des Absatzes in Pixel (gilt für den rechten Rand bei Text von links nach rechts oder für den linken Rand bei Text von rechts nach links). Sie können so beispielsweise bei einem zweispaltigen Text am Ende des letzten Absatzes der ersten Spalte eine Einrückung des Textes definieren, sodass Teile der ersten Textspalte in die zweite Textspalte übernommen werden.
paragraphSpaceAfter	0 bis 1000 FormatValue.INHERIT	Leerraum in Pixel, der auf einen Absatz folgt
paragraphSpaceBefore	0 bis 1000 FormatValue.INHERIT	Leerraum in Pixel, der vor einem Absatz stehen soll
paragraphStartIndent	0 bis 1000 FormatValue.INHERIT	Einrückung der Anfangskante des Absatzes in Pixel (gilt für den linken Rand bei Text von links nach rechts oder für den rechten Rand bei Text von rechts nach links)
textAlign	TextAlign.LEFT: am linken Rand des Containers TextAlign.RIGHT: am rechten Rand des Containers TextAlign.CENTER: zentriert (in der Mitte des Containers) TextAlign.JUSTIFY: Blocksatz (den Raum ausfüllend) TextAlign.START: entspricht Linksausrichtung (bei Text von links nach rechts) oder rechts (bei Text von rechts nach links). TextAlign.END: entspricht Rechtsausrichtung (bei Text von links nach rechts) oder links (bei Text von rechts nach links). FormatValue.INHERIT	Zeilenausrichtung des Absatzes (relativ zum Container)

Eigenschaft	Wertebereich	Beschreibung
textAlignLast	Siehe: textAlign	Zeilenausrichtung der letzten Zeile des Absatzes (relativ zum Container)
textAlpha	0 bis 1 FormatValue.INHERIT	Transparenz (Alpha) des Textes
textDecoration	TextDecoration.NONE TextDecoration.UNDERLINE FormatValue.INHERIT	Auszeichnungen im Text (für Unterstreichung)
textIndent	-1000 bis 1000 FormatValue.INHERIT	Einrückung der ersten Zeile eines Absatzes
textRotation	TextRotation.ROTATE_0 TextRotation.ROTATE_90 TextRotation.ROTATE_180 TextRotation.ROTATE_270 TextRotation.AUTO FormatValue.INHERIT	Gradzahlangabe zur Drehung des Textes
trackingLeft	-1000 bis 1000 FormatValue.INHERIT	Laufweite (manuelles Kerning) links vom Schriftzeichen in Pixel. Ist das automatische Kerning aktiviert, wird der angegebene Wert zur Laufweite hinzugefügt. Ist es deaktiviert, wird der Wert für die Laufweite verwendet.
trackingRight	-1000 bis 1000 FormatValue.INHERIT	Laufweite (manuelles Kerning) rechts vom Schriftzeichen in Pixel. Ist das automatische Kerning aktiviert, wird der angegebene Wert zur Laufweite hinzugefügt. Ist es deaktiviert, wird der Wert für die Laufweite verwendet.
verticalAlign	VerticalAlign.TOP VerticalAlign.MIDDLE VerticalAlign.BOTTOM VerticalAlign.JUSTIFY FormatValue.INHERIT	vertikale Ausrichtung oder Blocksatz (JUSTIFY) von TextFlow-Elementen innerhalb des Containers
whiteSpaceCollapse	WhiteSpaceCollapse.PRESERVE: behält den Leerraum bei. WhiteSpaceCollapse.COLLAPSE: entfernt Zeichen für neue Zeilen, Tabulatoren und Leerzeichen am Anfang und am Ende eines Textblocks.	Option für den Umgang mit Leerzeichen (bei einem in ein TextFlow-Objekt importierten Text)

◄▲ **Tabelle 16.7**
Die wichtigsten Eigenschaften der TextLayoutFormat-Klasse (Forts.)

Direkte Zuweisung von Eigenschaften

ParagraphElementen und anderen FlowElementen können Sie auch direkt Eigenschaftswerte zuweisen. Sie müssen also nicht unbedingt immer ein TextLayoutFormat definieren. Um beispielsweise die Schriftfarbe eines ParagraphElements festzulegen, können Sie folgenden Code verwenden:

```
import flashx.textLayout.
elements.ParagraphElement;
var p0:ParagraphElement =
new ParagraphElement();
p0.color = 0xFF0000;
...
```

SpanElement

Ein SpanElement repräsentiert einen einzelnen Textabschnitt. Eigenschaften, die für dieses Element festgelegt werden, gelten nur für diesen Textabschnitt. Ein Absatz (ParagraphElement) kann ein oder mehrere SpanElemente beinhalten.

ParagraphElement

Ein Objekt der ParagraphElement-Klasse repräsentiert einen Absatz in der Texthierarchie. Er kann untergeordnete Elemente wie Bereiche (span), Bilder (img), Hyperlinks (a) etc. beinhalten. Er dient also als Container. Wie jedem FlowElement können Sie auch einem ParagraphElement ein TextLayoutFormat zuweisen. Im folgenden Beispielcode wird ein TextFlow-Objekt initialisiert. Dem TextFlow-Objekt wird als untergeordnetes Element dann ein ParagraphElement-Objekt zugewiesen. Das ParagraphElement-Objekt wird über ein TextLayoutFormat-Objekt formatiert:

```
import flashx.textLayout.elements.TextFlow;
import flashx.textLayout.elements.ParagraphElement;
import flashx.textLayout.formats.TextLayoutFormat;
var flow:TextFlow = new TextFlow();
var p1:ParagraphElement = new ParagraphElement();
var tlf:TextLayoutFormat = new TextLayoutFormat();
tlf.fontFamily = "Arial";
tlf.fontSize = 22;
p1.format = tlf;
flow.addChild(p1);
```

SpanElement

Bisher besitzt kein Element in dem Beispiel einen Text- oder Bildinhalt. Es wurde allein die Struktur angelegt. Um einen Text in dieser Struktur zu verwenden, können Sie dem ParagraphElement ein SpanElement hinzufügen, dem Sie Text zuweisen:

```
import flashx.textLayout.elements.TextFlow;
import flashx.textLayout.elements.ParagraphElement;
import flashx.textLayout.formats.TextLayoutFormat;
import flashx.textLayout.elements.SpanElement;
var flow:TextFlow = new TextFlow();
var p1:ParagraphElement = new ParagraphElement();
var tlf:TextLayoutFormat = new TextLayoutFormat();
tlf.fontFamily = "Arial";
tlf.fontSize = 22;
p1.format = tlf;
flow.addChild(p1);
var span1:SpanElement = new SpanElement();
span1.text = "Du lächelst - und die Welt verändert sich.";
p1.addChild(span1);
```

Textcontainer

Damit die angelegte Textstruktur zur Anzeigeliste eines Flash-Films hinzugefügt werden kann, müssen Sie zunächst einen Container vom Datentyp `Sprite` erstellen, in dem dann die erzeugte Textstruktur abgelegt wird. Die Zuweisung eines `TextFlow`-Objekts zu einem Container wird über ein sogenanntes `Container-Controller`-Objekt vorgenommen. Das folgende Beispiel zeigt die Anwendung:

```
import flashx.textLayout.elements.TextFlow;
import flashx.textLayout.elements.ParagraphElement;
import flashx.textLayout.formats.TextLayoutFormat;
import flashx.textLayout.elements.SpanElement;
import flashx.textLayout.container.ContainerController;
var flow:TextFlow = new TextFlow();
var p1:ParagraphElement = new ParagraphElement();
var tlf:TextLayoutFormat = new TextLayoutFormat();
tlf.fontFamily = "Arial";
tlf.fontSize = 22;
p1.format = tlf;
flow.addChild(p1);
var span1:SpanElement = new SpanElement();
span1.text = "Du lächelst – und die Welt verändert
sich.";
p1.addChild(span1);
var container:Sprite=new Sprite();
container.x = 10;
container.y = 10;
this.addChild(container);
flow.flowComposer.addController(new
ContainerController(container, stage.width,
stage.height));
flow.flowComposer.updateAllControllers();
```

Dabei wird dem Konstruktor des `ContainerController`-Objekts der gewünschte `Sprite`-Container (`container`) sowie die gewünschte Breite (`stage.width`) und Höhe (`stage.height`) des Containers übergeben. Über die Eigenschaft `flowComposer` des `TextFlow`-Objekts können Sie die Container des `TextFlow`-Objekts verwalten. In diesem Beispiel wird die Methode `update-AllControllers` aufgerufen, die den Inhalt des Stammelements (`TextFlow`) erzeugt und die Anzeige aktualisiert.

[!] **FlowElemente sind keine Anzeigeobjekte.**

`FlowElement`-Objekte, die von der Basisklasse `flashx.textLayout.elements.FlowElement`, wie `TextFlow`, `ParagraphElement` und `SpanElement`, erben, sind *keine* Anzeigeobjekte und erben *nicht* von `flash.display.DisplayObject`. Sie können nicht direkt zur Anzeigeliste eines Flash-Films oder zur Anzeigeliste eines Anzeigeobjektcontainers hinzugefügt werden.

updateAllControllers

Nehmen Sie Änderungen an der Struktur eines `TextFlow`-Objekts vor, müssen Sie die Methode `updateAllControllers` der `flowComposer`-Eigenschaft aufrufen, um die Struktur und die Darstellung zu aktualisieren.

Mehrspaltiger Text

Sie haben jetzt einiges über das Text Layout Framework gelernt und besitzen die Grundlagen, um Text mithilfe des Text Layout Frameworks über ActionScript zu erzeugen. Zum Abschluss dieses Themenbereichs folgt ein einfacher praktischer Workshop, bei dem es darum geht, eine Textstruktur mit mehreren Textspalten zu erzeugen.

Schritt für Schritt:
Mehrspaltigen Text über ActionScript mithilfe des Text Layout Frameworks erzeugen

In diesem Workshop lernen Sie, wie Sie mehrspaltigen Text über ActionScript mithilfe des Text Layout Frameworks erzeugen können und wie Sie Textbereiche formatieren.

1   Flash-Film erstellen

Erstellen Sie einen neuen Flash-Film, und nennen Sie die bereits vorhandene Ebene »Actions«.

2   XML-Dokument erstellen

16_Dynamischer_Text\ Mehrspaltiger_Text\text.xml

Der Text selbst wird in einem XML-Dokument definiert und dann zur Laufzeit geladen. Sie finden das XML-Dokument auf der dem Buch beiliegenden DVD unter *16_Dynamischer_Text\ Mehrspaltiger_Text\text.xml*. Speichern Sie das XML-Dokument in das Verzeichnis, in dem auch der Flash-Film liegt, ab. Das XML-Dokument *text.xml* besitzt folgende Struktur (der Text wurde hier gekürzt):

```
<?xml version="1.0" encoding="utf-8" ?>
<data>
    <story>
        <column>Er hörte leise Schritte ...</column>
        <column>Gehetzt sah er sich um. ...</column>
    </story>
</data>
```

3   XML-Dokument laden

Als Erstes wird das XML-Dokument geladen. Die XML-Struktur wird dem XML-Objekt xml zugeordnet. Weisen Sie dem ersten Schlüsselbild des Flash-Films dazu zunächst folgenden Code zu:

```
 1:   var xml:XML = new XML();
 2:   var container:Sprite = new Sprite();
 3:   container.x = 10;
 4:   container.y = 10;
 5:   addChild(container);
 6:   function loadXML():void {
 7:      var r:URLRequest = new URLRequest("text.xml");
 8:      var urlLoader:URLLoader = new URLLoader(r);
 9:      urlLoader.addEventListener(Event.COMPLETE,
         xmlLoaded);
10:   }
11:   function xmlLoaded(e:Event):void {
12:      xml = XML(e.currentTarget.data);
13:      initText();
14:   }
```

Damit der Zugriff auf die XML-Daten auch außerhalb von Funktionen gewährleistet ist, wird das XML-Objekt xml außerhalb des
Funktionscodes initialisiert (Zeile 1). Aus demselben Grund wird
außerhalb ein Sprite-Container, der später den Text enthält, erzeugt und zur Anzeigeliste des Flash-Films hinzugefügt (Zeile 2
bis 5). Die Funktion loadXML lädt das XML-Dokument über ein
URLLoader-Objekt. Sobald das XML-Dokument geladen wurde,
wird die Funktion xmlLoaded aufgerufen, die dem XML-Objekt
xml die XML-Struktur zuweist und die Funktion initText aufruft.

4   **Klassen des Text Layout Frameworks importieren**

Als Nächstes müssen die Klassen des Text Layout Frameworks
importiert werden. Ergänzen Sie den Code am Anfang noch um
folgende Zeilen:

```
1:   import flashx.textLayout.container.
     ContainerController;
2:   import flashx.textLayout.elements.ParagraphElement;
3:   import flashx.textLayout.elements.SpanElement;
4:   import flashx.textLayout.elements.TextFlow;
5:   import flashx.textLayout.formats.TextLayoutFormat;
```

5   **Erzeugung der Textstruktur und -elemente sowie
Zuweisung des Textes**

Es folgt die Erzeugung der Textstruktur und der notwendigen
Textelemente. Ergänzen Sie den Code nun wie folgt:

```
1:   function initText():void {
2:       var tlf:TextLayoutFormat =
         new TextLayoutFormat();
3:       tlf.columnCount = 2;
4:       tlf.columnWidth = 200;
5:       tlf.columnGap = 30;
6:       tlf.fontFamily = "Arial";
7:       tlf.paragraphSpaceBefore = 0;
8:       tlf.paragraphSpaceAfter = 20;
9:       tlf.fontSize = 12;
10:      var flow:TextFlow = new TextFlow();
11:      flow.hostFormat = tlf;
12:      var p0:ParagraphElement =
         new ParagraphElement();
13:      var s0:SpanElement = new SpanElement();
14:      s0.text = xml.story.column[0];
15:      p0.addChild(s0);
16:      var p1:ParagraphElement =
         new ParagraphElement();
17:      var s1:SpanElement = new SpanElement();
18:      s1.text = xml.story.column[1];
19:      p1.addChild(s1);
20:      flow.addChild(p0);
21:      flow.addChild(p1);
22:      flow.flowComposer.addController
         (new ContainerController(container, 450, 300));
23:      flow.flowComposer.updateAllControllers();
24:   }
25:   loadXML();
```

In Zeile 2 bis 9 wird ein `TextLayoutFormat`-Objekt erstellt. Dem Objekt werden entsprechende Eigenschaften zugewiesen. Dazu gehören die Anzahl der Spalten (`columnCount`), die Breite der Spalten (`columnWidth`) und der Raum zwischen den Spalten (`columnGap`).

In Zeile 10 wird ein `TextFlow`-Objekt initialisiert. Über die Eigenschaft `hostFormat` wird das zuvor definierte `TextLayoutFormat` dem Wurzelelement der Textstruktur zugewiesen (Zeile 11). Alle definierten Formatierungen werden automatisch auf alle untergeordneten Elemente angewendet. In Zeile 12 bis 16 wird das erste `ParagraphElement` erzeugt. Dem Element wird als untergeordnetes Element ein `SpanElement` zugewiesen. Diesem Element wird der Text für die erste Spalte `xml.story.column[0]` zugeordnet.

Analog dazu wird in Zeile 16 bis 21 das zweite `ParagraphElement` mit dem zweiten `SpanElement` erzeugt. Dem `SpanElement` wird der Text für die zweite Spalte `xml.story.column[1]` zugewiesen. Zum Schluss (ab Zeile 20) werden beide `ParagraphElemente` dem `TextFlow`-Objekt als untergeordnete Elemente zugewiesen, und das `TextFlow`-Objekt selbst wird dem `Sprite`-Container `container` hinzugefügt. In Zeile 25 wird der Ladevorgang des XML-Dokuments initiiert.

6   **Fertig! Flash-Film testen**

Testen Sie den Flash-Film über Strg/⌘+↵.

▲ **Abbildung 16.36**
Ergebnis – Text in zwei Spalten

Kapitel 17

Flash, PHP und MySQL

Flash, die Skriptsprache PHP und das Datenbankverwaltungssystem MySQL bilden ein bewährtes Team, um dynamische Flash-Anwendungen zu entwickeln. Dieses Kapitel bietet Ihnen einen Einstieg in die Skriptsprache PHP und in MySQL. Sie lernen sowohl einige Grundlagen von PHP und MySQL als auch die praktische Anwendung mit Flash kennen.

17.1   PHP

PHP (Hypertext Preprocessor) ist eine weitverbreitete und beliebte serverseitige Skriptsprache. Die erste Version, PHP 1.0, wurde im Jahr 1995 veröffentlicht. Seitdem wurde die Skriptsprache stetig weiterentwickelt bis hin zur aktuellen Version 5. In der Praxis wird vorzugsweise PHP5 eingesetzt, ältere Skripts basieren noch auf PHP 4.

Serverseitige Skriptsprachen
Neben PHP gibt es zahlreiche weitere serverseitige Skriptsprachen wie Perl, Python, Ruby, VBScript (ASP) etc.

◄ **Abbildung 17.1**
Anfrage vom Client, Antwort vom Webserver

Der Datenaustausch bzw. die Weiterverarbeitung von Daten mit einer serverseitigen Skriptsprache verläuft wie folgt: Zunächst stellt der Client, z. B. ein Webbrowser oder der Flash Player, der im Webbrowser clientseitig ausgeführt wird, eine Anfrage. Die Anfrage wird von einer serverseitigen Skriptsprache, z. B. PHP, entgegengenommen und serverseitig weiterverarbeitet. Gegebenenfalls gibt das Skript nach der Verarbeitung eine Antwort zurück an den Client. Das kann z. B. eine Fehlermeldung sein, falls die serverseitige Verarbeitung fehlgeschlagen ist, oder auch

Übertragungsprotokoll: HTTP
In der Regel wird zum Austausch der Daten zwischen Client und Server das HTTP-Protokoll (Hypertext Transfer Protocol) verwendet. Alle Daten werden dabei unverschlüsselt übermittelt.

Dateiendungen
Einige Webserver unterstützen verschiedene PHP-Versionen und interpretieren PHP-Skripte auf Basis ihrer Version. So werden PHP-Skripte in der Version 4 auf einigen Servern z. B. mit der Dateiendung *.php4* gekennzeichnet und gespeichert.

Hinweis
Innerhalb eines PHP-Skripts können verschiedene Schreibweisen verwendet werden, um den Code als PHP-Code zu kennzeichnen. Am häufigsten wird die XML- und SGML-Schreibweise verwendet.
XML:
```
<?php
    ...
?>
```
SGML:
```
<?
    ...
?>
```

Daten, die an den Client zurückgegeben werden. Abbildung 17.1 demonstriert eine übliche Anfrage und deren Verlauf.

Voraussetzungen

Für die Entwicklung von Flash-Anwendungen mit PHP benötigen Sie einen Webserver wie z. B. Apache, der PHP unterstützt. PHP ist Open-Source-Software und auf vielen Webservern bereits vorinstalliert. In der Regel werden PHP-Skripte mit der Dateiendung *.php* gekennzeichnet und als solche vom Webserver entsprechend interpretiert.

Wenn Sie nicht wissen, ob PHP auf Ihrem Webserver eingerichtet ist, können Sie das mithilfe eines einfachen Skripts überprüfen. Öffnen Sie dazu einen beliebigen Editor, und verwenden Sie folgende Anweisungen, um u. a. die verfügbare PHP-Version zu ermitteln:

```
<?php
    phpinfo();
?>
```

Bereitstellung | Speichern Sie das Dokument z. B. unter *info.php* ab. Sollten Sie im Internet einen Webserver mit PHP-Unterstützung haben, können Sie das Skript in der Regel z. B. mit einem FTP-Client in ein beliebiges Verzeichnis hochladen und anschließend im Browser öffnen, z. B. über *http://www.meinedomain.de/info.php*, falls Sie das Skript in das Root-Verzeichnis Ihrer Internetseite gespeichert haben.

Falls Ihr Webserver PHP unterstützt, erscheint eine entsprechende Ausgabe; ganz oben sehen Sie die Version ❶.

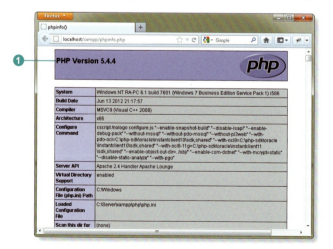

Abbildung 17.2 ▶
Die Ausgabe im Firefox

Sollten Sie einen lokalen Webserver wie z. B. Apache (von XAMPP) eingerichtet haben, müssen Sie das Skript in ein bestimmtes Verzeichnis speichern. In XAMPP ist das Standardverzeichnis: [Laufwerk:]*Xampp\htdocs*. Das ist das Root-Verzeichnis. Wenn Sie das Skript nicht direkt in das Root-Verzeichnis abspeichern möchten, können Sie dazu auch ein Unterverzeichnis einrichten.

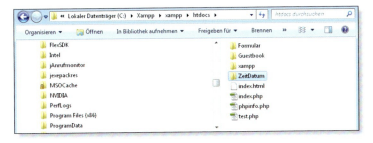

◄ Abbildung 17.3
Verzeichnis in einem lokalen Apache Server (XAMPP)

Wenn Sie das PHP-Skript im Root-Verzeichnis Ihres lokalen Webservers abgespeichert haben, können Sie es im Browser über *http://localhost/info.php* aufrufen.

Lokaler Webserver

Falls Sie über keinen Webserver im Internet mit PHP verfügen oder Entwicklungen erst einmal lokal testen möchten, was gerade für Einsteiger empfehlenswert ist, können Sie auch einen eigenen Apache-Webserver lokal auf Ihrem System einrichten. Ein lokaler Server wird häufig zu Testzwecken genutzt, um mögliche Fehler, die bei der Entwicklung eines Projekts entstehen können, vor der Veröffentlichung abzufangen und um keine unnötigen Risiken durch potenziell fehlerhaften oder sicherheitsbedenklichen Code einzugehen. Die Entwicklungsphase wird in vielen Fällen durch das lokale Arbeiten beschleunigt, da Skripte nur abgespeichert werden müssen und das Hochladen über FTP entfällt.

Einfach zu installieren ist XAMPP – ein Paket, das sowohl einen Apache-Webserver als auch PHP, Perl und MySQL bereitstellt. XAMPP ist verfügbar für Linux, Windows, Mac OS X und Solaris. Das Paket können Sie unter *www.apachefriends.org/de/xampp. html* herunterladen. Auf den folgenden Seiten wird erläutert, wie Sie XAMPP unter Windows installieren und nutzen können.

XAMPP installieren | Laden Sie zunächst das XAMPP-Paket unter *www.apachefriends.org/de/xampp.html* herunter. Zum Zeitpunkt der Drucklegung des Buches war die Version 1.8.0 aktuell. Die folgenden Erläuterungen beziehen sich auf die Installer-Version.

Mac OS X, MAMP

Unter Mac OS X wird meist MAMP (*www.mamp.info*) eingesetzt. MAMP ist ein Paket, das wie XAMPP einen Apache-Webserver, PHP und MySQL beinhaltet.

XAMPP unter Windows Vista/Windows 7

Wenn Sie XAMPP unter Windows Vista oder Windows 7 installieren möchten, sollten Sie nicht das Standardinstallationsverzeichnis *C:\Programme* oder *C:\Programm Files (x86)* wählen, sondern ein alternatives Verzeichnis wie z. B. *C:\xampp*, da dies aufgrund von eingeschränkten Schreibrechten sonst eventuell zu Problemen führen kann.

Abbildung 17.4 ▶
XAMPP für Windows

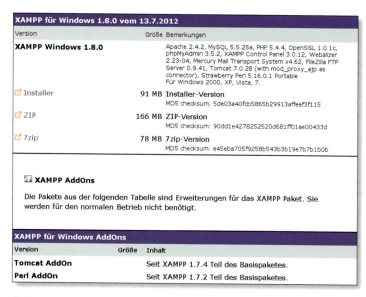

Empfehlung

Sollten Sie sich nicht sicher sein, ob Sie die Module als Dienste installieren möchten, würden wir Ihnen empfehlen, diese nicht als Dienste zu installieren. Bedenken Sie, dass sonst das jeweilige Modul standardmäßig im Hintergrund gestartet wird und, sofern Sie es nicht deaktivieren, immer aktiv ist.

Öffnen Sie den Installer (*xampp-win32-[Version]-VC9-installer.exe*), und folgen Sie der Installation.

Abbildung 17.5 ▶
XAMPP-Installer für Windows 7

XAMPP-Module als Systemdienste

Sie können selbst entscheiden, ob Sie Module von XAMPP manuell laden oder als Systemdienst einrichten möchten. Wenn Sie ein Modul als Systemdienst einrichten möchten, aktivieren Sie es im XAMPP Control Panel links in der Spalte DIENST.

Der XAMPP-Installer installiert auch das XAMPP Control Panel, mit dem Sie bequem Ihren Webserver (Apache) sowie Ihre Datenbank (MySQL) jederzeit starten oder stoppen können.

Xampp Control Panel Application | Über die XAMPP CONTROL PANEL APPLICATION können Sie Module starten und beenden. Klicken Sie dazu einfach auf die jeweilige START-Schaltfläche ❶, ❷, ❸ und ❹. Um PHP lokal ausführen zu können, muss der Apache-Webserver gestartet werden.

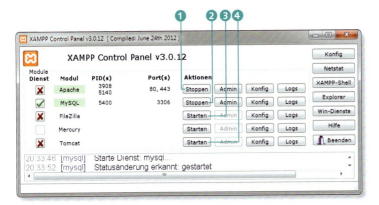

Keine PHP4-Unterstützung
XAMPP bietet standardmäßig
keine PHP4-Unterstützung mehr.
Es wird nur noch PHP5 unterstützt.

▲ **Abbildung 17.6**
Die XAMPP Control Panel Application

Klicken Sie dazu auf die Schaltfläche START und anschließend auf die Schaltfläche ADMIN. Es öffnet sich daraufhin ein Browserfenster, in dem Sie die gewünschte Sprache wählen können. Darauf folgt ein Fenster, über das Sie viele unterschiedliche Funktionen steuern können. Unter STATUS beispielsweise können Sie sehen, welche Module zurzeit laufen.

Komponente	Status	Hinweis
MySQL-Datenbank	AKTIVIERT	
PHP	AKTIVIERT	
HTTPS (SSL)	AKTIVIERT	
Common Gateway Interface (CGI)	AKTIVIERT	
Server Side Includes (SSI)	AKTIVIERT	
SMTP Server	DEAKTIVIERT	
FTP Server	DEAKTIVIERT	
Tomcat Server	DEAKTIVIERT	

◀ **Abbildung 17.7**
In diesem Fall laufen die PHP-
Umgebung und die MySQL-
Datenbank.

Unter `phpinfo()` sehen Sie die aktuellen Einstellungen für die PHP-Laufzeitumgebung. Um eigene PHP-Skripte auszuführen, müssen Sie diese im Root-Verzeichnis oder in einem Unterverzeichnis des Root-Verzeichnisses speichern. Wenn Sie XAMPP beispielsweise im Verzeichnis *C:* installiert haben, können Sie eigene PHP-Skripte im Verzeichnis *C:\Xampp\htdocs* oder in Unterverzeichnissen speichern.

Angenommen, Sie erstellen ein PHP-Skript *test.php* mit folgendem Code und speichern es in das Verzeichnis *C:\Xampp\htdocs*:

```php
<?php
echo "Hallo Welt!";
?>
```

[!] PHP-Skript wird nicht interpretiert.
Sie können ein lokal gespeichertes
PHP-Skript nicht per Drag & Drop
in das Browserfenster ziehen. In
einem solchen Fall wird das PHP-
Skript nicht von der laufenden
PHP-Umgebung interpretiert. Die
richtige Vorgehensweise wurde
hier beschrieben.

[!] Apache Server gestartet?
Denken Sie daran, den Apache
Server manuell zu starten, bevor
Sie ein PHP-Skript lokal aufrufen.

Abbildung 17.8 ▶
Deaktivieren Sie das Optionsfeld, um die Ports für
den Apache Server freizugeben.

> **Skype-Ports blockieren den Apache Server**
>
> Da Skype unter Windows standardmäßig die Ports 80 (HTTP) und 443 (HTTPS) als Alternativen für eingehende Verbindungen nutzt, kann der Apache Server nicht gestartet werden, wenn Skype bereits zuvor gestartet wurde. Entweder starten Sie also Skype erst, nachdem Sie bereits den Apache Server gestartet haben, oder Sie deaktivieren die Nutzung der Ports unter SKYPE im Konfigurationsdialog (siehe Abbildung 17.8).

Sie können das PHP-Skript dann mit einem beliebigen Browser über *http://localhost/test.php* aufrufen.

▲ **Abbildung 17.9**
Das Skript wurde im Browser aufgerufen und vom
PHP-Modul interpretiert.

Sprachelemente und Syntax

Sie kennen bereits viele Sprachelemente und die Syntax von ActionScript. Viele der Sprachelemente gibt es auch in PHP, allein die Syntax und die Schreibweise unterscheiden sich in vielen Fällen. Im Folgenden werden einige wesentliche Sprachelemente vorgestellt.

> **Mehr zu PHP**
>
> Auf der offiziellen Webseite zu PHP unter *www.php.net* finden Sie u. a. aktuelle Nachrichten zu neuen Versionen und eine umfangreiche Dokumentation.

Variablen | Variablen werden in PHP durch ein vorangehendes Dollarzeichen $ gekennzeichnet. Jede Anweisung wird, wie auch in ActionScript, mit einem Semikolon beendet. Über folgenden Code würden Sie der Variablen name z. B. den Stringwert Jim zuweisen:

```php
<?php
    $name = "Jim";
?>
```

> **[!] Syntax**
>
> Beachten Sie und merken Sie sich die unterschiedliche Schreibweise einer Variablenzuweisung. Wenn Sie viel mit ActionScript und PHP arbeiten, ist die unterschiedliche Schreibweise eine häufige Fehlerquelle.

Der Datentyp eines Wertes einer Variablen wird in PHP nicht explizit angegeben. In PHP werden *dynamische Datentypen* verwendet, d. h., einer Variablen können Werte von unterschiedlichen Datentypen zugewiesen werden:

```
1:   <?php
2:       $name = "Jim";
3:       $name = 10;
4:   ?>
```

Im Beispiel wird der Variablen $name in Zeile 2 zunächst ein String-wert und anschließend in Zeile 3 ein Integerwert zugewiesen.

Für einen besseren Überblick stellt die folgende Tabelle die Variablenzuweisung und die Datentypen in PHP und ActionScript einmal exemplarisch gegenüber.

Zuweisung in PHP	Zuweisung in ActionScript	Datentyp in PHP	Datentyp in ActionScript
$name="Jim";	name = "Jim";	string	String
$num = 5;	num = 5;	integer	uint, int, Number
$num = 5.4;	num = 5.4;	double	Number
$geladen = true;	geladen = true;	boolean	Boolean

▲ **Tabelle 17.1**
Vergleich – Zuweisung und Datentypen

Operatoren | Die meistverwendeten Operatoren, die arithmetischen Operatoren, gleichen denen in ActionScript. Beispiele:

```
<?php
    $sum = 5+5; // Ergebnis: 10
    $dif = 10-5; // Ergebnis: 5
    $multi = 10*2; // Ergebnis: 20
    $div = 10/2; // Ergebnis: 5
    $modulo = 10%2; // Ergebnis: 0
?>
```

Fallentscheidung: if-Anweisung | Die Schreibweise einer Fallentscheidung mithilfe einer if-Anweisung ist identisch mit ActionScript. Ein Beispiel in PHP:

```
<?php
    $anzahl = 10;
    if($anzahl == 10) {
        echo "Die Bedingung ist erfüllt.";
    }
?>
```

[!] **Stringwerte verketten**
Im Gegensatz zu ActionScript (+) werden Strings in PHP mithilfe des String-Operators . verkettet. Beispiel:

```
$vorname ="Max";
$nachname = "Mustermann";
echo "Mein Name ist:
".$vorname." ".$nachname;
```

Das +-Zeichen wird in PHP ausschließlich als arithmetischer Operator eingesetzt.

Kommentare
Kommentare können wie bei ActionScript einzeilig durch vorangestellte //-Zeichen gekennzeichnet werden. Mehrzeilige Kommentare können ebenso über einen Kommentarblock wie folgt formatiert werden:

```
/*
    Kommentar Zeile 1
    Kommentar Zeile 2
    ...
*/
```

Wie auch in ActionScript können Sie eine `if`-Anweisung ebenfalls mit einer oder mehreren `else-if`-Bedingungen und einer `else`-Bedingung erweitern:

```php
<?php
   ...
   if($vorname == "John") {
      echo "Ich bin's, John.";
   } else if($vorname == "Jim") {
      echo "Ich bin's, Jim.";
   } else {
      echo "Gut, dass niemand weiß ...";
   }
?>
```

Ausgabe per echo

Über die Anweisung `echo` können Sie Stringwerte ausgeben. Die Ausgabe wird dann, falls das Skript im Browser geöffnet wird, im Browser angezeigt. Beispiel:

```php
<?php
   echo "Hallo Welt";.
?>
```

Beachten Sie, dass `echo` keine Funktion ist und keine Werte zurückgibt. Folgende Schreibweise ist jedoch ebenso gültig:

```
echo ("Hallo Welt");
```

▲ **Abbildung 17.10**
Die Ausführung des Skripts wurde hier nach 60 Sekunden automatisch abgebrochen.

Fallentscheidung: switch-Anweisung | Wenn Sie den Wert einer Variablen auf mehrere bestimmte Werte hin überprüfen möchten, lässt sich dazu, genau wie in ActionScript, eine `switch`-Anweisung verwenden:

```php
<?php
   ...
   switch ($vorname) {
      case "John":
      echo "Ich bin's, John.";
      break;
      case "Jim":
      echo "Ich bin's, Jim.";
      break;
      default:
      echo "Gut, dass niemand weiß ...";
   }
?>
```

Schleifen | Wie in ActionScript, gibt es auch in PHP zahlreiche Schleifen mit einer sehr ähnlichen Syntax. Im Folgenden werden nur die häufig genutzten Schleifen kurz vorgestellt:

▶ **while-Schleife**: Die Schreibweise einer `while`-Schleife ist sehr ähnlich. Zunächst wird eine Zählervariable initialisiert. Anschließend wird die Bedingung der `while`-Schleife definiert und der Wert der Zählervariable je Schleifendurchlauf erhöht:

```php
<?php
  $i = 0;
  while($i < 10) {
    echo $i;
    $i++;
  }
?>
```

Endlosschleifen
Auch in PHP sind Endlosschleifen möglich. Diese gilt es, unbedingt zu vermeiden. Ein Beispiel für eine Endlosschleife:

```php
<?php
  $i = 0;
  while($i < 10) {
    echo $i;
  }
?>
```

Wie lang der Schleifencode ausgeführt wird, bevor die Ausführung des Skripts automatisch abgebrochen wird, hängt von den Einstellungen max_execution_time der PHP-Umgebung ab.

▶ **for-Schleife**: Wie auch die while-Schleife, ist die Schreibweise der for-Schleife der in ActionScript sehr ähnlich:

```php
<?php
  for($i = 0;$i<10;$i++) {
    echo $i;
  }
?>
```

▶ **foreach-Schleife**: Die foreach-Schleife ähnelt der for-in-Schleife in ActionScript. Mithilfe dieser Schleife lässt sich ein Array sehr einfach durchlaufen. Die Schleife kann übrigens nur mit Arrays verwendet werden. Dazu folgendes Beispiel:

```php
<?php
  $names_arr = array ("Jim", "John", "Pete");
  foreach($names_arr as $name) {
    echo "Ich bin´s ".$name."<br>";
  }
?>
```

Funktionen | Die Syntax von Funktionen in PHP ist nahezu identisch mit ActionScript. Im folgenden Beispiel wird eine Funktion getSum definiert, die zwei Argumente für die Parameter num0 und num1 erwartet und das Ergebnis an den Funktionsaufruf zurückgibt:

Datentyp
Der Datentyp des Rückgabewerts der Funktion wird in PHP im Gegensatz zu ActionScript nicht explizit angegeben.

```php
<?php
  function getSum($num0,$num1) {
    return $num0+$num1;
  }
  $result = getSum(5,10);
  echo $result; // Ergebnis: 15
?>
```

Datums- und Zeitfunktion

Gelegentlich möchte man das Datum und die Zeit über PHP ermitteln und in Flash nutzen. Über die Funktion date können Sie sowohl das aktuelle Datum als auch die Zeit ermitteln.

Dabei ist bemerkenswert, dass es sich um das Datum und die Zeit des Servers handelt, auf dem PHP läuft. Das hat gegenüber der clientseitigen Datums- und Zeitermittlung, z. B. in Flash, den Vorteil, dass die Angaben nicht von den eingestellten Benutzersystem-Einstellungen abhängen.

Über ein sogenanntes Format-Zeichen können Sie bestimmen, welche Daten an den Funktionsaufruf zurückgegeben werden sollen. Um das Datum zu ermitteln und im Format TT.MM.JJJJ (z. B. »09.07.2012«) auszugeben, können Sie folgende Anweisungen nutzen:

```php
<?php
    $tag=date("d");
    $monat=date("m");
    $jahr=date("Y");
    echo $tag.".".$monat.".".$jahr;
?>
```

Um die Zeit im Format hh:mm:ss (z. B. »13:32:20«) zu ermitteln, können Sie folgende Anweisungen nutzen:

```php
<?php>
    $stunden = date("H");
    $minuten = date("i");
    $sekunden = date("s");
    echo $stunden.":".$minuten.":".$sekunden;
?>
```

> **Server in einer anderen Zeitzone**
>
> Sollten Sie einen Webserver nutzen, der in einer anderen Zeitzone liegt, müssen Sie bei der Ermittlung der Zeit gegebenenfalls einige Stunden dazurechnen oder abziehen.

Format-Zeichen	Beschreibung	Ausgabe
Y	Jahreszahl, 4-stellig	2012
z	Tag des Jahres	0 bis 365
y	Jahreszahl, 2-stellig	07
F	Monat als englisches Wort	January, February, March … December
m	Monat als Zahl, 2-stellig	01 bis 12
n	Monat als Zahl	1 bis 12

Tabelle 17.2 ▶
Parameter der date-Funktion

Format-Zeichen	Beschreibung	Ausgabe
d	Tag des Monats, 2-stellig	01 bis 31
j	Tag des Monats	1 bis 31
D	Tag der Woche, englisch, 3 Buchstaben	Mon, Tue, Wed, Thu, Fri, Sat, Sun
w	Tag der Woche, numerisch	0 = Sonntag 1 = Montag …
t	Anzahl der Tage des angegebenen Monats	28 bis 31
G	Stunden (24-Format)	0 bis 23
H	Stunden (24-Format, 2-stellig)	00 bis 23
i	Minuten, 2-stellig	00 bis 59
s	Sekunden, 2-stellig	00 bis 59
O	Zeitunterschied zur Greenwich-Zeit (GMT) in Stunden	+0200

◄ **Tabelle 17.2**
Parameter der date-Funktion
(Forts.)

Daten in Flash empfangen

Sie haben jetzt bereits einige Sprachelemente und die Syntax von PHP kennengelernt.

Es wird Zeit, sich mit der praktischen Anwendung vertraut zu machen. Bevor es aber so richtig losgeht, müssen Sie wissen, wie Sie Daten zwischen Flash und PHP austauschen können.

Wenn Sie Daten in Flash von einem PHP-Skript empfangen möchten, können Sie ein Objekt der URLLoader-Klasse verwenden, um das PHP-Skript aufzurufen. Über folgende Anweisungen würden Sie das PHP-Skript getTime.php mithilfe eines URLLoader-Objekts myLoader über Flash aufrufen:

```
var myRequest:URLRequest = new URLRequest("http://
localhost/getTime.php");
var myLoader:URLLoader = new URLLoader(myRequest);
```

Wenn das PHP-Skript eine Ausgabe generiert und Sie die Ausgabe in Flash nutzen möchten, können Sie die Ausgabedaten des Skripts abfragen, sobald die Datenübertragung beendet ist. Dazu können Sie das Ereignis COMPLETE des URLLoaders wie folgt nutzen:

Anmerkung

Natürlich kann dieser kurze Ausflug kein Referenzbuch zu PHP ersetzen, er bietet jedoch die Grundlage, um im Folgenden einige praktische Beispiele zu demonstrieren.

Load-Methode

Sie können auch explizit die Load-Methode des URLLoader-Objekts verwenden. Der Code würde dann so aussehen:

```
var myRequest:URLRequest =
new URLRequest("http://
localhost/getTime.php");

var myLoader:URLLoader =
new URLLoader();
myLoader.load(myRequest);
```

```
myLoader.addEventListener(Event.
COMPLETE,completeHandler);
function completeHandler(e:Event):void {
trace(e.currentTarget.data);
}
```

Der Wert der Referenz `e.currentTarget.data` entspricht den Daten, die an das `URLLoader`-Objekt zurückgegeben wurden – das ist die Ausgabe des Skripts, die über `echo` durchgeführt wurde, oder eine Fehlermeldung.

Zur Sicherheit sollten Sie immer auch mögliche Fehler beim Laden berücksichtigen. Dazu können Sie die Ereignisse `IO_ERROR` und `SECURITY_ERROR` nutzen. Zu diesem Zweck können Sie entsprechende Ereignis-Listener wie folgt einrichten:

IOErrorEvent

Ein `IOErrorEvent` tritt beispielsweise auf, wenn das Skript nicht existiert oder ein falscher Pfad angegeben wurde.

```
myLoader.addEventListener(IOErrorEvent.IO_
ERROR,ioErrorHandler);
function ioErrorHandler(e:IOErrorEvent):void {
trace("IOError: "+e.text);
}
myLoader.addEventListener(SecurityErrorEvent.
SECURITY_ERROR, securityErrorHandler);
function securityErrorHandler(e:SecurityErrorEvent):
void {
trace("Security-Error: "+e.text);
}
```

SecurityErrorEvent

Ein `SecurityErrorEvent` tritt beispielsweise auf, wenn ein Skript in einer anderen Domain aufgerufen wird. Ein solcher Zugriff wird ohne eine sogenannte Cross-Domain-Policy nicht gestattet.

[!] Variablen an Flash übergeben

Üblicherweise wurden Ausgaben, die von PHP erzeugt werden, für Flash-Filme, die ActionScript 1 oder 2 verwendeten, wie folgt formatiert:

```
echo "&stunden=
$stunden&minuten=
$minuten&sekunden=$sekunden";
```

Beachten Sie das erste Zeichen &. Dies führt in ActionScript 3 zu einer Fehlermeldung (Error #2101). ActionScript 3 akzeptiert diese Formatierung nicht. Sie müssen das erste &-Zeichen entfernen.

URLLoaderDataFormat | Sie haben bereits gelernt, dass Sie die an den Flash-Film zurückgegebenen Daten innerhalb der Ereignisprozedur des Events `COMPLETE` beispielsweise über `e.currentTarget.data` ansprechen können. Darüber hinaus können Sie festlegen, wie die Daten, die an den Flash-Film zurückgegeben werden, interpretiert werden. Dazu dient die Eigenschaft `dataFormat` der `URLLoader`-Klasse. Für die Eigenschaft sind drei Werte zulässig:

► `URLLoaderDataFormat.TEXT`: Die Daten werden als Text interpretiert.
► `URLLoaderDataFormat.VARIABLES`: Die Daten werden als URL-kodierte Variablen interpretiert.
► `URLLoaderDataFormat.BINARY`: Die Daten werden als unformatierte Binärdaten interpretiert.

Standardmäßig ist der Wert der Eigenschaft `dataFormat` gleich `URLLoaderDataFormat.TEXT`. In vielen Fällen gibt man jedoch mehrere Variablen, wie bei der Zeit die Stunden, die Minuten und die Sekunden, zurück. In diesen Fällen müssen Sie den Wert der Eigenschaft `dataFormat` auf `URLLoaderDataFormat.VARIABLES` festlegen.

Angenommen, das PHP-Skript *getTime.php* gibt die Stunden, die Minuten und die Sekunden der Serverzeit per `echo` aus. Der Code des PHP-Skripts könnte wie folgt aussehen:

```php
<?php
    $stunden = date("H");
    $minuten = date("i");
    $sekunden = date("s");
    echo "stunden=$stunden&minuten=$minuten&sekunden=
    $sekunden";
?>
```

Damit die Stunden, die Minuten und die Sekunden in Flash als einzelne Werte verarbeitet werden können, müssen Sie also den Wert der Eigenschaft `dataFormat` auf `URLLoaderDataFormat.VARIABLES` setzen. Der Code zur Ausgabe der Stunden, Minuten und Sekunden würde wie folgt aussehen:

```
var myRequest:URLRequest = new URLRequest("http://
localhost/getTime.php");
var myLoader:URLLoader = new URLLoader(myRequest);
myLoader.dataFormat = URLLoaderDataFormat.VARIABLES;
myLoader.addEventListener(Event.
COMPLETE,completeHandler);
function completeHandler(e:Event):void {
    trace("Stunden: "+e.target.data.stunden);
    trace("Minuten: "+e.target.data.minuten);
    trace("Sekunden: "+e.target.data.sekunden);
}
```

urlencode | ActionScript stellt grundsätzlich gewisse Anforderungen an externe Daten. Daten, die über ein `URLLoader`-Objekt empfangen werden, müssen das MIME-Format »application/x-www-form-urlencoded« besitzen.

Schwierigkeiten in diesem Zusammenhang gibt es z. B. dann, wenn Sie in der Ausgabe des PHP-Skripts Zeichen verwenden, die nicht in einer URL vorkommen dürfen bzw. die als Steuerungszeichen interpretiert werden, wie z. B. »&«, »=«, »?« etc. Dies würden zu einer Fehlermeldung in Flash führen – so wie die folgende Ausgabe:

Statische Klasseneigenschaft

Streng genommen sind die möglichen Werte für die Eigenschaft `dataFormat` gleich `text`, `variables` und `binary`. Diese Werte erscheinen auch, wenn Sie den Wert der Eigenschaft über `trace()`; ausgeben.

In diesen Beispielen werden der Eigenschaft statt der genannten Werte statische Klasseneigenschaften zugewiesen, die jedoch genau den genannten Werten entsprechen.

Diese Schreibweise wird empfohlen, da auch die Autocompletion diese Werte erwartet. Alternativ können Sie der Eigenschaft jedoch auch direkt die Werte zuweisen, z. B. `myLoader.dataFormat = "variables";`

Lesen Sie mehr zu statischen Klasseneigenschaften in Kapitel 10, »Einführung in die objektorientierte Programmierung«.

[URL-Encoding]
URL-Encoding (URL-Kodierung, auch *Prozentkodierung* genannt) ist ein Mechanismus, um Informationen in einer URL unter bestimmten Gegebenheiten zu kodieren. Zur Kodierung werden nur bestimmte Zeichen des ASCII-Zeichensatzes verwendet.
Ohne diese Kodierung wären einige Informationen nicht in einer URL darstellbar. Beispielsweise kann mit der URL-Kodierung ein Leerzeichen problemlos als %20 übergeben werden. Einige Zeichen des ASCII-Zeichensatzes sind in einer URL nicht nur als Zeichen möglich, sondern können eine besondere Bedeutung haben. Diese »reservierten« Zeichen dienen beispielsweise der Strukturierung für die Weiterverarbeitung einer Anfrage über die URL.
(Quelle: Wikipedia)

```php
<?php
    $myNames = "Hans&Fritz";
    echo "returnVal=$myNames";
?>
```

Damit Sie diese speziellen Zeichen verwenden können, müssen Sie die Werte, die an Flash übergeben werden, zunächst über die Methode `urlencode()` kodieren:

```php
<?php
    $myNames = urlencode("Hans&Fritz");
    echo "returnVal=$myNames";
?>
```

Wenn Sie mehrere Werte an Flash übergeben möchten, sollten Sie nicht einfach die komplette Rückgabe kodieren. So sollten Sie es also *nicht* machen:

```php
<?php
    $vorname1 = "Hans";
    $vorname2 = "Jim";
    echo urlencode("vorname1=$vorname1&vorname2=
    $vorname2");
?>
```

Diese Vorgehensweise würde zu Fehlern führen. Kodieren Sie beide Werte jeweils *vor* der Ausgabe:

```php
<?php
    $vorname1 = urlencode("Hans");
    $vorname2 = urlencode("Jim");
    echo "vorname1=$vorname1&vorname2=$vorname2";
?>
```

utf8_encode und utf8_decode | In Kapitel 16, »Dynamischer Text«, wurde bereits ausführlich auf die Kodierung von Text in Flash eingegangen. Text wird in Flash grundsätzlich als Unicode-8-kodiert interpretiert. Dementsprechend müssen Sie Text vor der Übergabe an Flash in Unicode-8 kodieren, falls dieser nicht schon entsprechend kodiert wurde. Falls Sie also Text über ein PHP-Skript in Flash laden und Sonderzeichen bzw. Umlaute nicht richtig dargestellt werden, müssen Sie den Text vorher in Unicode umkodieren.

Dazu können Sie die Methode utf8_encode verwenden. Beachten Sie dabei die *Reihenfolge der Kodierung*. Zunächst wird der Text in Unicode kodiert, dann erfolgt die Kodierung über urlencode. Mit dieser Vorgehensweise sollten Sie keine Schwierigkeiten mehr mit Sonderzeichen und Umlauten haben. Folgendes Beispiel dazu:

```php
<?php
    $angebot = utf8_encode("Regelmäßig neue Getränke
    auf Bestellung.");
    $angebot = urlencode($angebot);
    echo "ausgabe=$angebot";
?>
```

Für die Kodierung lohnt es sich, eine eigene Funktion zu schreiben, die die Kodierung vereinfacht. Die Funktion könnte z. B. so aussehen:

```php
<?php
    function encode($str) {
        $str = utf8_encode($str);
        $str = urlencode($str);
        return $str;
    }
    $meinText = encode("Regelmäßig neue Getränke auf
    Bestellung.");
        echo "ausgabe=$meinText";
?>
```

Gelegentlich möchte man Unicode-kodierten Text, der von Flash kommt, z. B. für die Ausgabe in einem ISO-8859-1-kodierten HTML-Dokument umwandeln. Sie können dazu in PHP die Methode utf8_decode wie folgt nutzen:

```php
<?php
    $myName = utf8_decode($_POST['myname']);
    ...
?>
```

Browser-Caching verhindern | Gelegentlich kommt es vor, dass Daten im Cache des Browsers oder Clients lokal zwischengespeichert und beim nächsten Aufruf aus dem Cache geladen werden. Das führt häufig zu unerwarteten Ergebnissen, da Daten dann bereits eventuell nicht mehr aktuell sind. Das gilt auch für PHP-

Zeichenkodierung

In vielen Fällen hat man es in der Praxis mit Daten zu tun, die nicht UTF-8-kodiert sind. Zum Beispiel dann, wenn Daten in einer MySQL-Datenbank nicht in UTF-8 kodiert wurden. Wenn solche Daten über ein PHP-Skript gelesen und an Flash übergeben werden, müssen Sie selbst sicherstellen, dass die Daten tatsächlich in UTF-8 kodiert werden.

Skripte, die von Flash aus von einem lokalen Webserver aufgerufen werden. Dabei kann es vorkommen, dass die Ausgabe eines Skripts zwischengespeichert wurde, sodass Änderungen am Skript nicht sofort berücksichtigt werden. Eine gängige Methode, um das Zwischenspeichern zu verhindern, wird im Folgenden erläutert. Erstellen Sie im Flash-Film einen Zeitstempel durch folgenden Code:

```
var myDate:Date = new Date();
var timestamp:uint = myDate.getTime();
```

Hängen Sie den Zeitstempel an die URL wie folgt an:

```
var myURL:String = "http://localhost/meinScript.
php?"+timestamp;
```

Verwenden Sie die neue zusammengesetzte URL, z. B. mit einem URLLoader-Objekt:

```
var myRequest:URLRequest = new URLRequest(myURL);
var myLoader:URLLoader = new URLLoader(myRequest);
```

Schritt für Schritt:
Serverseitiges Datum und Zeit in Flash ausgeben

In diesem Workshop lernen Sie, wie Sie serverseitig die Zeit und das aktuelle Datum ermitteln, an Flash übertragen und ausgeben.

1 PHP-Skript erstellen

17_PHP_MYSQL\ZeitDatum\ getDateTime.php und zeitDatum_ 01.fla

Erstellen Sie ein neues PHP-Skript *getDateTime.php* mit folgendem Code:

```
1:   <?php
2:   function encode($str) {
3:       $str = utf8_encode($str);
4:       $str = urlencode($str);
5:       return $str;
6:   }
7:   // Zeit
8:   $stunden = encode(date("H"));
9:   $minuten = encode(date("i"));
10:  // Datum
11:  $tag=encode(date("d"));
12:  $monat=encode(date("m"));
```

```
13:    $jahr=encode(date("Y"));
14:    echo "tag=$tag&monat=$monat&jahr=$jahr&stunden=
       $stunden&minuten=$minuten";
15:    ?>
```

In Zeile 8 und 9 werden die aktuelle Stunde und die Minuten ermittelt. In Zeile 11 bis 13 werden der Tag, der Monat und das Jahr ermittelt.

Die Werte werden jeweils URL- und Unicode-8-kodiert. Anschließend werden sie über `echo` in Zeile 14 ausgegeben.

2 Flash-Film öffnen

Öffnen Sie den Flash-Film *17_PHP_MYSQL\ZeitDatum\zeitDatum_01.fla*, und speichern Sie ihn in das Verzeichnis, in dem auch das PHP-Skript liegt, ab. Im Textfeld mit dem Instanznamen »ausgabe_txt« sollen das Datum und die Zeit ausgegeben werden.

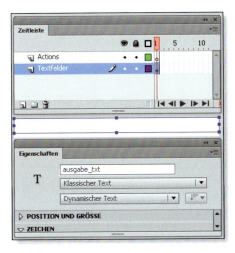

◀ **Abbildung 17.11**
Das Textfeld »ausgabe_txt« zur Ausgabe des Datums und der Zeit

3 Daten laden

Weisen Sie dem ersten Schlüsselbild der Ebene »Actions« zunächst folgenden Code zu:

```
function init():void {
   var myTimer=new Timer(30000,0);
   myTimer.addEventListener(
   TimerEvent.TIMER,timerHandler);
   myTimer.start();
   loadDateTime();
}
function loadDateTime():void {
   var myDate:Date = new Date();
```

```
var timestamp:uint=myDate.getTime();
var myRequest:URLRequest=new URLRequest("http://
localhost/zeitDatum/getDateTime.php?"+timestamp);
var myLoader:URLLoader=new URLLoader(myRequest);
myLoader.dataFormat=URLLoaderDataFormat.VARIABLES;
myLoader.addEventListener(Event.COMPLETE,
completeHandler);
myLoader.addEventListener(SecurityErrorEvent.
SECURITY_ERROR, securityErrorHandler);
   myLoader.addEventListener(IOErrorEvent.
   IO_ERROR,ioErrorHandler);
   }
```

4 Daten ausgeben

Zunächst wird ein `Timer`-Objekt initialisiert, das dafür sorgt, dass die Funktion `loadDateTime` regelmäßig in einem Intervall von 30 Sekunden aufgerufen wird. Die Funktion `loadDateTime` ermittelt die aktuelle Serverzeit. Ergänzen Sie den Code nun um folgende Zeilen:

```
function completeHandler(e:Event):void {
   var tag:String = e.currentTarget.data.tag;
   var monat:String = e.currentTarget.data.monat;
   var jahr:String = e.currentTarget.data.jahr;
   var stunden:String = e.currentTarget.data.stunden;
   var minuten:String = e.currentTarget.data.minuten;
   ausgabe_txt.text = tag + "." + monat + "." + jahr
   + "," + stunden + ":" + minuten + " Uhr";
}
function timerHandler(e:TimerEvent):void {
   loadDateTime();
}
```

Die Funktion `completeHandler` weist die empfangenen Daten entsprechenden Variablen zu. Anschließend werden das Datum und die Zeit im Textfeld »ausgabe_txt« ausgegeben. Die Funktion `timeHandler`, die mithilfe des `Timer`-Objekts alle 30 Sekunden aufgerufen wird, sorgt dafür, dass die Zeit stets neu ermittelt wird.

5 Fehlerroutine erstellen

Ergänzen Sie den Code nun um folgende Zeilen:

```
function securityErrorHandler(e:SecurityErrorEvent):
void {
```

```
    ausgabe_txt.text="Security-Fehler: Daten konnte
    nicht geladen werden.";
}
function ioErrorHandler(e:IOErrorEvent):void {
    ausgabe_txt.text="IO-Fehler: Daten konnte nicht
    geladen werden.";
}
init();
```

Die Funktionen `securityErrorHandler` und `ioErrorHandler` werden bei entsprechenden Fehlern aufgerufen und zeigen im Textfeld eine entsprechende Fehlermeldung an. In der letzten Zeile des Codes wird die Funktion `init` einmalig aufgerufen, um den Prozess zu starten.

6   Film testen

Laden Sie sowohl das PHP-Skript als auch den Flash-Film auf Ihren Webserver, und öffnen Sie den Flash-Film in einem Browser. Alternativ können Sie auch nur das PHP-Skript auf dem Webserver bereitstellen. Sie müssten die URL im Flash-Film dann jedoch anpassen. So können Sie den Film auch lokal über die Entwicklungsumgebung testen.

Ergebnis der Übung:
*17_PHP_MYSQL\ZeitDatum\
zeitDatum_02.fla*

▲ **Abbildung 17.12**
Ausgabe des serverseitigen Datums und der Zeit

Daten von Flash an PHP senden und wieder empfangen

Mithilfe eines `URLLoader`-Objekts können Sie Daten an ein PHP-Skript senden und nach der serverseitigen Verarbeitung des Skripts auch wieder Daten empfangen. Grundsätzlich gibt es zwei verschiedene Methoden, um Daten an ein PHP-Skript zu senden.

Daten versenden über GET | Über die `HTTP`-Methode GET werden Daten per Query-String an die URL angehängt. Sie haben diese Methode bereits kennengelernt. Ein Beispiel dafür war die Verhinderung des Browser-Cachings von Daten mithilfe eines Zeitstempels, der an die URL angehängt wurde. Angenommen, die Variable `vorname` mit dem Wert `Max` und die Variable `nachname` mit dem Wert `Mustermann` sollen per GET an ein PHP-Skript *sendForm.php* übergeben werden, so wird der Query-String `"?vorname=Max&nachname=Mustermann"` an die URL wie folgt angehängt:

```
"sendForm.php?vorname=Max&nachname=Mustermann"
```

Query-String
Der Name ist Programm. Über Query Strings (GET) können Sie ausschließlich Strings (Zeichenketten) übertragen. Andere Datentypen, wie Dateien, lassen sich nicht per GET übertragen.

Der Anfang einer entsprechenden GET-Anfrage eines Clients an den Server sieht ähnlich aus:

```
GET /..../sendForm.php?vorname=Max&nachname=
Mustermann HTTP /1.1
```

Aufgrund des Umstands, dass die zulässige Zeichenlänge einer URL grundsätzlich limitiert ist, ist die GET-Methode der POST-Methode nur in wenigen Fällen vorzuziehen.

In PHP können Sie ab Version 4.1.0 Variablen und deren Werte, die an das Skript übergeben werden, über sogenannte *superglobale Arrays* referenzieren. Sie sollten diese Methode, die im Folgenden erläutert wird, bevorzugt einsetzen. Die Referenzierung über superglobale Arrays ist im Vergleich zur direkten Referenzierung (register_globals) sicherer.

Sollte die Einstellung register_globals aktiviert sein, können vom Benutzer übertragene Variablen deutlich leichter in den PHP-Code injiziert werden, da der Benutzer beliebige Variablen an das PHP-Skript übergeben kann, die eventuell intern im Skript für vermeintlich andere Zwecke verwendet werden. Durch die Deaktivierung von register_globals und den Einsatz von superglobalen Arrays können Sie die intern im Skript genutzten Variablen effektiv von den übergebenen Benutzervariablen isolieren.

Um die Werte der Variablen vorname und nachname aus einem superglobalen Array in PHP auszulesen, können Sie folgende Anweisungen nutzen:

```php
<?php
    $vorname = $_GET['vorname'];
    $nachname = $_GET['nachname'];
?>
```

In diesem Fall wird davon ausgegangen, dass die Variablen über die GET-Methode übertragen wurden.

Daten versenden über POST | Die Übertragung über die HTTP-Methode POST bietet gegenüber der GET-Methode zwei wesentliche Vorteile:

▶ Da die Daten nicht wie bei GET an die URL angehängt werden, ist die Datenmenge, die über POST übertragen werden kann, grundsätzlich nicht limitiert.

▶ Über POST können auch andere Daten, wie z. B. binäre Daten, übertragen werden. Das ist über Query-Strings (GET) nicht möglich.

---

register_globals

Bei einigen Webservern ist die PHP-Einstellung register_globals standardmäßig eingeschaltet. Über phpinfo können Sie feststellen, ob die Einstellung auf Ihrem Webserver aktiviert ist. Sollte sie aktiviert sein, können Daten, die per GET oder POST übertragen wurden, direkt über ihren Variablennamen angesprochen werden:

```php
<?php
    echo $myname;
?>
```

Statt:

```php
<?php
    echo $_GET['myname'];
?>
```

Die Einstellung birgt jedoch einige potenzielle Sicherheitsprobleme – deaktivieren Sie die Option, falls möglich, und nutzen Sie vorzugsweise superglobale Arrays zur Referenzierung.

Der Anfang einer POST-Anfrage von einem Client an einen Server sieht wie folgt aus:

```
POST /.../sendForm.php HTTP/1.1
Request-Method: POST
```

Um die Werte der Variablen vorname und nachname in PHP mit einer POST-Anfrage auszulesen, können Sie folgende Anweisungen nutzen:

```php
<?php
    $vorname = $_POST['vorname'];
    $nachname = $_POST['nachname'];
?>
```

UNIX-Dateirechte

Viele der aktuellen Webserver, die PHP einsetzen, basieren auf einem UNIX- oder einem verwandten Betriebssystem wie z. B. Linux. Wenn Sie mit PHP arbeiten, müssen Sie gegebenenfalls die Dateirechte der Skripte und der Verzeichnisse anpassen, z. B. wenn Sie über PHP eine Datei auf dem Server schreiben möchten. Wenn Sie ein PHP-Skript über FTP auf Ihren Webserver laden, wird dem PHP-Skript der genutzte FTP-Account als Eigentümer der Datei zugeordnet. Zusätzlich wird der Datei eine Gruppe, in der sich der FTP-Account befindet, zugewiesen. Grundsätzlich gehört jede Datei so zu einem Systembenutzer und einer Systemgruppe.

Jeder Datei und jedem Verzeichnis können Sie Lese-, Schreib- und Ausführungsrechte zuweisen. Diese Rechte können Sie für den Besitzer, die Gruppe oder für alle anderen explizit festlegen.

Berechtigungen werden dabei als Ziffern angegeben. Dabei gilt:

1 = Ausführen
2 = Schreiben
4 = Lesen

Wenn der Eigentümer beispielsweise alle Rechte besitzen soll, führt das zur Abfolge 1 + 2 + 4 = 7. Analog dazu werden für die Gruppe und die anderen Benutzer ebenfalls Rechte vergeben, sodass eine dreistellige Zahl entsteht. (Der Ziffernabfolge wird immer eine 0 vorangestellt.)

Die Abfolge 0744 bedeutet z. B., dass der Eigentümer vollen Zugriff hat und alle anderen nur über einen Lesezugriff verfügen. Übrigens unterstützen auch viele FTP-Clients diese Rechtevergabe. Über die Konsole können Sie Dateirechte über den Befehl chmod ändern (z. B. CHMOD 0714 /verzeichnis).

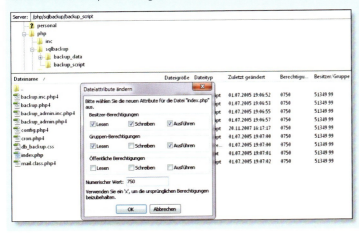

◄ **Abbildung 17.13**
Dateirechte zuweisen im
FTP-Client FileZilla

Daten senden und empfangen: URLVariables | Mithilfe eines Objekts der Klasse `URLVariables` können Sie Variablen definieren, die an eine URL, z. B. ein serverseitiges Skript, gesendet bzw. übergeben werden. Dabei können Sie explizit über ein `URLRequest`-Objekt definieren, ob die Anfrage per GET oder POST durchgeführt werden soll. Standardmäßig und ohne explizite Angabe wird POST verwendet.

Um z. B. die Variablen `vorname` und `nachname` und entsprechende Werte an ein PHP-Skript *sendForm.php* explizit per POST zu übertragen, können Sie folgende Anweisungen in Flash nutzen:

```
var myRequest:URLRequest = new URLRequest("http://
localhost/sendForm.php");
myRequest.method = URLRequestMethod.POST
var myLoader:URLLoader = new URLLoader();
var myVars:URLVariables = new URLVariables();
myVars.vorname = "John";
myVars.nachname = "Smith";
myRequest.data = myVars;
myLoader.load(myRequest);
```

Zunächst wird ein neues `URLRequest`-Objekt, dem eine entsprechenden URL zugeordnet wird, initialisiert. Der Eigenschaft `method` wird der Wert der statischen Klasseneigenschaft `URLRequestMethod.POST` zugewiesen. Wenn Sie Daten per GET übertragen möchten, müssen Sie der Eigenschaft den Wert `URLRequestMethod.GET` zuweisen.

Anschließend wird ein `URLVariables`-Objekt initialisiert. Dem Objekt werden Eigenschaften `vorname` und `nachname` sowie entsprechende Werte zugewiesen. Das Objekt wird dann der Eigenschaft `data` des `URLRequest`-Objekts zugewiesen. Zum Schluss wird über die Methode `load` des `URLLoader`-Objekts die Übertragung initiiert.

Bisher wurden nur Daten an das Skript übertragen. Wenn Sie zusätzlich Daten empfangen möchten, müssen Sie den Code wie folgt abändern (Änderungen sind fett gedruckt):

```
var myRequest:URLRequest = new URLRequest("http://
localhost/sendForm.php");
myRequest.method = URLRequestMethod.POST
var myLoader:URLLoader = new URLLoader();
myLoader.dataFormat = URLLoaderDataFormat.VARIABLES;
var myVars:URLVariables = new URLVariables();
myVars.vorname = "John";
```

[!] Die Eigenschaft data

Sowohl das `URLLoader`-Objekt als auch das `URLRequest`-Objekt besitzen die Eigenschaft `data`, über die Sie Daten empfangen und versenden können. Wenn Sie Daten senden möchten, empfehlen wir Ihnen, dafür die `data`-Eigenschaft des `URLRequest`-Objekts zu verwenden. In dem folgenden Formularbeispiel kommt es zu einem Fehler (Error #2101), wenn versucht wird, Daten über die `data`-Eigenschaft des `URLLoader`-Objekts zu übertragen.

Daten aus Flash sind immer UTF-8-kodiert.

Daten, die Sie von Flash aus an ein serverseitiges Skript übergeben, sind immer UTF-8-kodiert. Das ist in der Regel kein Problem, da inzwischen viele Anwendungen auf UTF-8-kodierten Zeichen basieren. Sollten Sie jedoch einmal Probleme damit haben, können Sie die empfangenen Zeichen mit `utf8_decode` in PHP dekodieren. Das wäre beispielsweise dann notwendig, wenn das PHP-Skript Datenbankeinträge vornimmt und die Datenbank auf einem anderen Zeichensatz wie z. B. LATIN1 basiert.

```
myVars.nachname = "Smith";
myRequest.data = myVars;
myLoader.load(myRequest);
myLoader.addEventListener(Event.COMPLETE,completeHandler)
function completeHandler(e:Event) {
    trace(e.currentTarget.data);
}
```

Wie gewohnt können Sie über einen Ereignis-Listener, der auf das Ereignis `Event.COMPLETE` reagiert, auf die empfangenen Daten zugreifen.

URLVariables ist eine dynamische Klasse

In ActionScript 3 gibt es nur noch wenige dynamischen Klassen. Dynamische Klassen sind Klassen, denen Sie zur Laufzeit Eigenschaften und Methoden zuweisen können. Neben der `URLVariables`-Klasse gehört auch die `MovieClip`-Klasse dazu.

HTTP-POST-/-GET-Request kontrollieren

Um zur Laufzeit nachzuvollziehen, welche Daten per POST oder GET vom Client an den Server gesendet werden und vice versa, können Sie einen sogenannten Network Protocol Analyzer wie z. B. Wireshark verwenden. Wireshark ist für Windows, Linux und Mac OS X frei erhältlich unter *www.wireshark.org*. Alternativ gibt es auch einige Browser-Plugins, die ähnlich funktionieren, wie z. B. HttpFox für Firefox (*https://addons.mozilla.org/de/firefox/addon/6647/*). Um die Datenübertragung zu verfolgen, gehen Sie wie folgt vor. Öffnen Sie das Programm, und klicken Sie auf den Menüpunkt CAPTURE • OPTIONS. Unter INTERFACE sollten Sie die Netzwerkkarte auswählen, die Sie für den Internetzugang verwenden. Grundsätzlich zeichnet Wireshark den gesamten Datenverkehr auf. Für POST- und GET-Anfragen benötigen Sie jedoch nur die Daten, die per HTTP ausgetauscht werden. Klicken Sie auf die Schaltfläche CAPTURE FILTER, und wählen Sie HTTP TCP PORT 80 aus.

Klicken Sie jetzt auf die Schaltfläche START, um die Aufzeichnung zu beginnen. Nun können Sie beispielsweise ein Formular mit dem Browser öffnen sowie Daten eingeben und versenden. Danach sollten Sie den Aufzeichnungsmodus über CAPTURE • STOP wieder stoppen. Suchen Sie in der Liste nach der verwendeten URL und nach GET-/POST-Anfragen.

▲ **Abbildung 17.15**
Die Aufzeichnung von HTTP-Datenpaketen

Klicken Sie mit der rechten Maustaste auf den Eintrag, und wählen Sie den Menüpunkt FOLLOW TCP STREAM. Sie sehen dann sowohl die Daten, die an das serverseitige Skript ❶ übergeben wurden, als auch die Daten, die vom Server an den Client geschickt wurden ❷.

▲ **Abbildung 17.14**
Filter definieren

▲ **Abbildung 17.16**
Die übertragenen Daten eines Kontaktformulars

Ein Kontaktformular erstellen

Eine klassische Anwendung, in der Daten sowohl an ein PHP-Skript gesendet als auch Daten vom PHP-Skript empfangen werden, ist ein Kontaktformular. Bevor Sie jedoch die eingegebenen Daten an das PHP-Skript senden, sollten Sie die Daten überprüfen. Sonst kann es passieren, dass Sie Mails mit Spaßeinträgen oder ohne notwendige Informationen erhalten.

Schritt für Schritt:
Kontaktformular – Eingabe überprüfen und zurücksetzen

17_PHP_MYSQL\Formular\formular01.fla

In diesem Workshop lernen Sie eine einfache Methode, um die Eingabedaten eines Kontaktformulars clientseitig zu überprüfen.

1   **Film öffnen**

17_PHP_MYSQL\Formular\formular02.fla

Öffnen Sie den Flash-Film *17_PHP_MYSQL\Formular\formular01. fla* aus dem Ordner *Formular*. In dem Flash-Film wurden bereits einige Eingabetextfelder angelegt, die in MovieClips verschachtelt wurden. Darüber hinaus gibt es ein dynamisches Textfeld »status_txt«, das gegebenenfalls auf eine Fehlermeldung oder den erfolgreichen Versand hinweist. Zwei Button-Komponenten mit den Instanznamen »reset_mc« und »send_mc« wurden ebenfalls bereits angelegt.

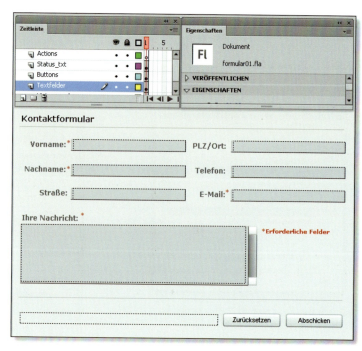

Abbildung 17.17 ▶
Das Formular in der Arbeitsumgebung von Flash

2   **Eingabe überprüfen**

Per Mausklick auf den Button »send_mc« soll zunächst überprüft werden, ob die Textfelder für den Vornamen, den Nachnamen, die E-Mail-Adresse und die Nachricht nicht leer sind. Diese Felder sind Pflichtfelder und müssen ausgefüllt sein.

Ergänzen Sie den Code im ersten Schlüsselbild auf der Ebene »Actions« dazu wie folgt:

```
1:  function checkForm(e:MouseEvent):void {
2:      if (vornameBG_mc.input_txt.text!="" &&
        nachnameBG_mc.input_txt.text!="" &&
        msgBG_mc.input_txt.text!="" && emailBG_
        mc.input_txt.text!="") {
3:          status_txt.text = "";
4:          checkAdress();
5:      } else {
6:          status_txt.text="Bitte füllen Sie alle
            erforderlichen Felder aus.";
7:      }
8:  }
```

In Zeile 2 wird zunächst überprüft, ob Eingaben in den Pflichtfeldern vorgenommen wurden. Wurden alle Eingabefelder ausgefüllt, wird anschließend die Funktion checkAdress aufgerufen. Diese überprüft dann noch einmal die E-Mail-Adresse auf ein gültiges Format. Sollte eines der Felder nicht ausgefüllt sein, wird in Zeile 6 eine entsprechende Fehlermeldung im Textfeld »status_txt« ausgegeben.

3   **E-Mail-Adresse prüfen**

Ergänzen Sie den Code nun um folgende Zeilen:

```
1:  function checkAdress():void {
2:      var myRegExp:RegExp=/^[a-z][\w.-]+@\
        w[\w.-]+\.[\w.-]*[a-z][a-z]$/i;
3:      if (myRegExp.test(emailBG_mc.input_txt.text)) {
4:          status_txt.text = "";
5:          sendForm();
6:      } else {
7:          status_txt.text="Bitte geben Sie eine
            gültige E-Mail-Adresse an.";
8:      }
9:  }
```

▲ **Abbildung 17.18**
Fehlermeldung bei ungültiger
E-Mail-Adresse

Die Funktion `checkAdress` überprüft die E-Mail-Adresse auf ein gültiges Format. In jeder E-Mail-Adresse muss beispielsweise ein @-Zeichen vorkommen. Dazu wird ein regulärer Ausdruck verwendet. Über die Methode `test` wird der Inhalt des Textfelds mithilfe des regulären Ausdrucks überprüft. Sollte das Format gültig sein, wird in Zeile 5 die Funktion `sendForm` aufgerufen. Anderenfalls wird eine entsprechende Fehlermeldung in Zeile 7 ausgegeben.

4   Textfelder zurücksetzen

Per Mausklick auf die Button-Komponente mit dem Instanznamen »reset_mc« soll der Text der Textfelder zurückgesetzt werden. Ergänzen Sie den Code dazu wie folgt:

```
1:   function resetForm(e:MouseEvent):void {
2:       for (var i:uint = 0; i<textBG_arr.length; i++) {
3:           var aktBG:MovieClip = textBG_arr[i];
4:           aktBG.input_txt.text = "";
5:       }
6:       status_txt.text = "";
7:   }
```

Das Array `textBG_arr` besitzt Referenzen auf die MovieClips, die Textfelder beinhalten.

Mithilfe einer `for`-Schleife wird dann jeder einzelne MovieClip referenziert und der Inhalt des jeweiligen Textfelds anschließend zurückgesetzt. Falls vorher eine Fehlermeldung angezeigt wurde, wird auch diese in Zeile 6 entfernt.

5   Aktionen vervollständigen

Damit das Beispiel bis hierhin eigenständig lauffähig ist, müssen Sie noch einige Zeilen Code einfügen:

```
1:   function init():void {
2:       for(var i:uint = 0;i<textBG_arr.length;i++) {
3:           var aktBG:MovieClip = textBG_arr[i];
4:           aktBG.input_txt.
             addEventListener(FocusEvent.FOCUS_IN,
             focusInHandler);
5:           aktBG.input_txt.
             addEventListener(FocusEvent.FOCUS_OUT,
             focusOutHandler);
6:       }
```

```
7:       reset_mc.addEventListener(MouseEvent.CLICK,
         resetForm);
8:       send_mc.addEventListener(MouseEvent.CLICK,
         checkForm);
9:    }
10:  function focusInHandler(e:FocusEvent):void {
11:     e.target.parent.gotoAndPlay(2);
12:  }
13:  function focusOutHandler(e:FocusEvent):void {
14:     e.target.parent.gotoAndStop(1);
15:  }
16:  function sendForm():void {
17:  }
18:  var sentState:Boolean = false;
19:  var textBG_arr:Array = new Array(vornameBG_mc,
        nachnameBG_mc, strasseBG_mc, plzOrtBG_mc,
        telBG_mc, emailBG_mc, msgBG_mc);
20:  init();
```

Die Funktion init sorgt dafür, dass die Textfelder hevorgehoben werden, wenn die Eingabe aktiviert wird. Dazu dienen die Ereignisprozeduren focusInHandler und focusOutHandler (Zeile 10 bis 15).

Weiterhin werden Ereignis-Listener für die beiden Buttons definiert (Zeile 7 und 8). In Zeile 16 wird eine Funktion ohne Code sendForm definiert. Sie wird im nachfolgenden Workshop noch weiter behandelt.

In Zeile 18 wird eine Variable sentState definiert, die angibt, ob das Formular schon einmal verschickt wurde (true) oder nicht (false). In Zeile 19 wird ein Array definiert, das die Instanznamen der Textfelder beinhaltet. Abschließend wird in Zeile 20 die Funktion init aufgerufen.

6 Film testen

Testen Sie den Flash-Film über ⌃Strg/⌘+↵, und probieren Sie ruhig einmal ein paar ungültige Eingaben aus. Es wird dann eine entsprechende Fehlermeldung ausgegeben.

Grundsätzlich sollten Sie Daten, die an ein serverseitiges Skript übergeben werden, vor der Übergabe prüfen. Wie sich das machen lässt, haben Sie jetzt gelernt. Nachdem die Daten überprüft wurden, werden sie an ein serverseitiges Skript zur Weiterverarbeitung übergeben. Dies wird im folgenden Workshop erläutert.

17_PHP_MYSQL\Formular\ formular02.fla

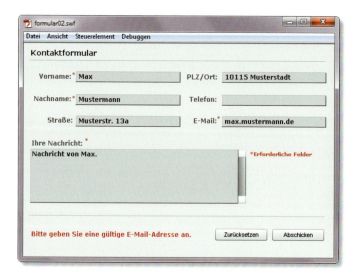

Abbildung 17.19 ▶
Die E-Mail-Adresse ist ungültig.

Schritt für Schritt:
Kontaktformular – Kontaktdaten an ein PHP-Skript senden

In diesem Workshop erfahren Sie, wie Sie Eingabedaten eines Kontaktformulars an ein PHP-Skript übertragen.

1 Film öffnen

Öffnen Sie den Flash-Film *17_PHP_MYSQL\Formular\formular02. fla.*

2 Daten referenzieren und versenden

Die eingegebenen Daten werden über ein URLLoader-Objekt per POST an das PHP-Skript »sendForm.php« übergeben. Ergänzen Sie den vorhandenen Code dazu um folgende Zeilen (beachten Sie, dass die Funktion sendForm bereits definiert wurde; Sie müssen die Funktion entsprechend ersetzen):

```
1:    function sendForm():void{
2:        if(sentState == false) {
3:            var myLoader:URLLoader = new URLLoader();
4:            myLoader.dataFormat = URLLoaderDataFormat.
                VARIABLES;
5:            var myDate:Date = new Date();
6:            var timestamp:uint = myDate.getTime();
7:            var myVars:URLVariables =
                new URLVariables();
8:            myVars.vorname = vornameBG_mc.input_txt.
                text;
```

```
9:        myVars.nachname = nachnameBG_mc.input_txt.
          text;
10:       myVars.strasse = strasseBG_mc.input_txt.
          text;
11:       myVars.plzOrt = plzOrtBG_mc.input_txt.text;
12:       myVars.tel = telBG_mc.input_txt.text;
13:       myVars.email = emailBG_mc.input_txt.text;
14:       myVars.msg = msgBG_mc.input_txt.text;
15:       var myRequest:URLRequest = new
          URLRequest("http://www.ihreDomain.de/
          sendForm.php?"+timestamp);
16:       myRequest.method = URLRequestMethod.POST;
17:       myRequest.data = myVars;
18:       myLoader.load(myRequest);
19:       myLoader.addEventListener(Event.
          COMPLETE,formSubmitted);
20:       myLoader.addEventListener(SecurityError-
          Event.SECURITY_ERROR,securityErrorHandler);
21:       myLoader.addEventListener(IOErrorEvent.
          IO_ERROR,ioErrorHandler);
22:     } else {
23:       status_txt.text = "Ich habe Ihre Anfrage
          bereits erhalten.";
24:     }
25:   }
```

Wenn die Funktion sendForm aufgerufen wurde, wird über den Wert der Variablen sentState geprüft, ob die Daten vorher schon einmal übertragen wurden. Sollte der Benutzer vorher bereits Daten verschickt haben, wird ein Hinweis (Zeile 23) ausgegeben, und die Daten werden nicht versendet. Anderenfalls werden ein URLLoader-Objekt, ein URLRequest-Objekt und ein URLVariables-Objekt definiert. Dem URLVariables-Objekt werden in den Zeilen 8 bis 14 Eigenschaften und Werte zugewiesen. Die Werte entsprechen den Inhalten der Textfelder. Der Eigenschaft data des URLRequest-Objekts wird in Zeile 17 das URLVariables-Objekt zugewiesen.

▲ **Abbildung 17.20**
Fehlermeldung, wenn das Formular bereits abgesendet wurde

Anschließend wird die Übertragung mit der Methode load gestartet (Zeile 18), und notwendige Ereignis-Listener werden registriert (Zeile 19 bis 21).

Wenn der Vorgang erfolgreich durchgeführt wurde, wird die Funktion formSubmitted aufgerufen. Sollte der Vorgang fehlgeschlagen sein, wird eine Fehlermeldung ausgegeben.

Ergänzen Sie den Code dafür um folgende Zeilen:

```
function securityErrorHandler(e:SecurityErrorEvent):
void {
    status_txt.text = "Fehler: Das Formular wurde
    nicht versandt!";
}
function ioErrorHandler(e:IOErrorEvent):void {
    status_txt.text="Fehler: Das Formular wurde nicht
    versandt!";
}
function formSubmitted(e:Event):void {
    resetForm(null);
    status_txt.text = "Danke! Ihre Anfrage wurde
    versandt.";
    sentState = true;
}
```

Ergebnis der Übung:
17_PHP_MYSQL\Formular
formular03.fla

Hinweis
Beachten Sie, dass das Skript auf einem lokalen Webserver nur funktioniert, wenn ein entsprechender Mailserver eingerichtet ist. In XAMPP funktioniert das Skript deshalb standardmäßig nicht – laden Sie es im Zweifelsfall auf einen Live-Webserver hoch, um es zu testen.

3   Film testen

Die Funktion `formSubmitted` wird aufgerufen, wenn die Daten erfolgreich übertragen wurden. Die Textfelder werden durch Aufruf der Funktion `resetForm` zurückgesetzt, und eine entsprechende Erfolgsmeldung wird ausgegeben. Beachten Sie, dass das Argument `null` an die Funktion übergeben werden muss, da die Funktion einen Wert vom Datentyp `MouseEvent` erwartet. Das ist hier nicht notwendig, `null` ist deshalb ausreichend.

Damit die Daten nicht noch einmal verschickt werden, wird der Variablen `sendState` der Wert `true` zugewiesen.

Damit ist die Übertragung der Daten von Flash an das PHP-Skript vorbereitet.

Sie haben jetzt gelernt, wie die Daten eines Formulars von Flash an ein serverseitiges Skript übergeben werden. Im folgenden Workshop wird erläutert, wie Sie die Daten dann serverseitig weiterverarbeiten, um sie per E-Mail zu verschicken.

Schritt für Schritt:
Kontaktformular – PHP-Skript für den Mailversand erstellen

In diesem Workshop lernen Sie, wie Sie ein PHP-Skript zum Versand einer E-Mail erstellen können.

1   PHP-Skript erstellen

Erstellen Sie mit einem beliebigen Editor ein neues PHP-Skript, und speichern Sie es in das Verzeichnis, in dem auch der Flash-Film liegt, unter *sendForm_original.php* ab.

2 Variablen überprüfen und E-Mail-Adresse angeben

Fügen Sie zunächst folgenden Code ein:

```
1:  <?php
2:  if(isset($_POST['vorname']) &&
3:     isset($_POST['nachname']) &&
4:     isset($_POST['email']) &&
5:     isset($_POST['msg'])) {
6:  $vorname = utf8_decode($_POST['vorname']);
7:  $nachname = utf8_decode($_POST['nachname']);
8:  $strasse = utf8_decode($_POST['strasse']);
9:  $plzOrt = utf8_decode($_POST['plzOrt']);
10: $tel = utf8_decode($_POST['tel']);
11: $email = utf8_decode($_POST['email']);
12: $msg = utf8_decode($_POST['msg']);
13: $meineAdresse = "mail@meineDomain.de";
15: $subject="Anfrage von $vorname, $nachname";
16: $msg = str_replace("\r","\n",$msg);
```

Zunächst wird geprüft, ob die Pflichtangaben in den Feldern des superglobalen Arrays existieren (Zeile 2 bis 5). Dazu dient die Methode `isset`. Nur wenn das der Fall ist, wird der darauffolgende Code ausgeführt.

Weisen Sie der Variablen in Zeile 13 Ihre E-Mail-Adresse zu, an die das Skript die Nachricht senden soll.

3 E-Mail-Versand

Ergänzen Sie den Code anschließend um folgende Zeilen:

```
1:  $myMessage = "Vorname: $vorname\n"."Nachname:
    $nachname\n"."Strasse: $strasse\n"."PLZ/Ort:
    $plzOrt\n"."Telefon: $tel\n"."E-Mail: $email\n".
    "Tel: $tel\n"."Nachricht:\n$msg\n";
2:  mail($meineAdresse,$subject,$myMessage,$header);
3:  echo "status=ok";
4:  }
5:  ?>
```

Über die Methode `mail` wird eine E-Mail mit den angegebenen Daten versendet. Zum Schluss wird die Variable `status` mit dem Wert `ok` an den Flash-Film zurückgegeben.

4   **Fertig!**

Das Formular ist damit fertiggestellt. Bevor Sie es jedoch testen, sollten Sie noch die Hinweise zur Sicherheit auf den nächsten Seiten lesen und beachten.

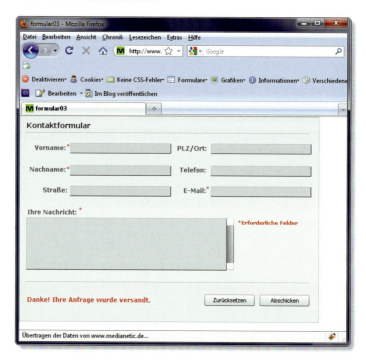

Abbildung 17.21 ▶
Die Nachricht wurde verschickt.

Sicherheit

Im bisherigen Skript wurden bereits einige sicherheitsrelevante Aspekte beachtet. So sollten Sie beispielsweise die E-Mail-Adresse, an die die Daten geschickt werden, nicht von Flash an das Skript übertragen. Die E-Mail-Adresse sollte, wenn möglich, im PHP-Skript selbst stehen. Ein möglicher Angreifer könnte sonst eventuell andere E-Mail-Adressen an das PHP-Skript übergeben, wodurch aus Ihrem Formularskript sehr schnell und einfach ein Skript zum Versenden von Spam-E-Mails an beliebige Adressen werden könnte.

Grundsätzlich sollte Ihnen bewusst sein, dass sowohl die Daten, die vom Client an den Server geschickt werden, als auch die Daten, die der Client vom Server zurückbekommt, standardmäßig unverschlüsselt übertragen werden. Es ist nicht schwierig, diese Daten zu ermitteln, da sie im Klartext übertragen werden.

E-Mail-Header-Injection | Die E-Mail-Header-Injection ist eine Technik, mit der E-Mail-Kopfzeilen an ein Versandskript überge-

Verschlüsselung mit HTTPS

Wie bereits erwähnt, werden Daten vom Client zum Server standardmäßig unverschlüsselt übertragen. Eine Verschlüsselung ist grundsätzlich über HTTPS (HyperText Transfer Protocol Secure) möglich. HTTPS ist HTTP ähnlich, wobei eine zusätzliche Verschlüsselung über SSL bzw. TLS stattfindet. Um HTTPS mit SSL nutzen zu können, benötigen Sie für Ihre Domain jedoch ein meist kostenpflichtiges digitales Zertifikat, das Ihre Domain gegenüber dem Client authentifiziert.

ben werden können. Ein E-Mail-Header besteht aus bestimmten, zum Teil optionalen Zeilen wie z. B. From, To, Subject. Darüber hinaus gibt es die optionalen Zeilen Cc und Bcc. Cc steht für »Carbon Copy« und Bcc steht für »Blind Carbon Copy«. Hinter dem Feld Cc können neben der Empfängeradresse weitere E-Mail-Adressen angegeben werden. An diese E-Mail-Adressen wird die E-Mail dann als Kopie zusätzlich verschickt. Diese E-Mail-Adressen sind für jeden Empfänger sichtbar. Im Feld Bcc können Sie ebenfalls weitere Empfänger-E-Mail-Adressen angeben, diese sind allerdings unsichtbar für alle Empfänger. Durch das Einschleusen eines veränderten E-Mail-Headers ist es möglich, aus einem PHP-Skript zum Versand einer E-Mail ein Skript zum Versenden von Spam-E-Mails zu machen.

Um E-Mail-Header-Injections zu verhindern, sollten Sie alle nicht erlaubten Zeichen sowie Header-Felder wie Cc und Bcc aus allen eingehenden Stringwerten entfernen. Dazu können Sie die Methode `preg_replace` nutzen. Am besten, Sie schreiben dafür eine Funktion, die einen String als Eingabe erwartet, den String bereinigt und ihn an den Funktionsaufruf zurückgibt. Dazu folgendes Beispiel:

```
function clearString($in) {
    $temp = $in;
    $temp = preg_replace("/[^a-z0-9 !?:;,.\/_\-=+@#$&
    \*\(\)]/im", "", $temp);
    $temp = preg_replace( "/(content-type:|bcc:|cc:
    |to:|from:)/im", "", $temp );
    return $temp;
}
```

Anschließend können Sie die empfangenen Daten an die Funktion übergeben und den zurückgegebenen Wert weiter verwenden:

```
...
$msg = str_replace("\r","\n",$msg);
$msg = clearString($msg);
...
```

HTML- und JavaScript-Tags entfernen | Zusätzlich sollten Sie HTML- und JavaScript-Tags aus jedem eingehenden Stringwert entfernen. HTML- und besonders JavaScript-Code könnte eventuell im E-Mail-Client ausgeführt werden, um Sicherheitslücken des E-Mail-Clients auszunutzen und potenziell gefährlichen Code auszuführen. Um HTML- und JavaScript-Tags aus einem String zu entfernen, können Sie die Methode `strip_tags` verwenden. Die zuvor definierte Funktion wird dazu einfach um eine weitere Zeile erweitert (Änderungen sind fett gedruckt):

```
function clearString($in) {
    $temp = $in;
    $temp = preg_replace("/[^a-z0-9 !?:;,.\/_\-=+@#$&
    \*\(\)]/im", "", $temp);
    $temp = preg_replace( "/(content-type:|bcc:|cc:
    |to:|from:)/im", "", $temp );
    $temp = strip_tags($temp);
    return $temp;
}
```

Sie haben jetzt zwei Methoden kennengelernt, die das unerwünschte Einschleusen von potenziell gefährlichen Daten verhindern. Im folgenden Workshop wird erläutert, wie Sie das bisherige PHP-Skript des Kontaktformulars entsprechend anpassen.

Schritt für Schritt:
Kontaktformular – PHP-Skript mit Sicherheitsfunktionen versehen

In diesem Workshop erfahren Sie, wie Sie das bisherige PHP-Skript mit den bereits erläuterten Sicherheitsfunktionen ausstatten, sodass übliche Angriffe, wie z. B. der Versand von Spam-Mails, über das Skript verhindert werden.

1   **PHP-Skript öffnen**

17_PHP_MYSQL\Formular\ sendForm_original.php

Öffnen Sie das PHP-Skript *17_PHP_MYSQL\Formular\sendForm_ original.php*. Fügen Sie nach der Zeile `<?php` folgenden Code ein:

```
function clearString($in) {
    $temp = $in;
    $temp = preg_replace("/[^a-z0-9 !?:;,.\/_\-=+@#$&
    \*\(\)]/im", "", $temp);
    $temp = preg_replace( "/(content-
    type:|bcc:|cc:|to:|from:)/im", "", $temp );
    $temp = strip_tags($temp);
    $temp = utf8_decode($temp);
    return $temp;
}
```

Die Funktion `clearString` erwartet einen String, entfernt potenziell gefährliche Zeichen, dekodiert die Zeichen über `utf8_decode` und gibt den geänderten String an den Funktionsaufruf zurück. Ändern Sie Zeile 14 bis 23 des Codes wie folgt:

```
14:   $vorname = clearString($_POST['vorname']);
15:   $nachname = clearString($_POST['nachname']);
16:   $strasse = clearString($_POST['strasse']);
17:   $plzOrt = clearString($_POST['plzOrt']);
18:   $tel = clearString($_POST['tel']);
19:   $email = clearString($_POST['email']);
20:   $msg = clearString($_POST['msg']);
21:   $meineAdresse = "mail@ihredomain.de";
22:   $subject="Anfrage von $vorname, $nachname";
23:   $msg = str_replace("\r","\n",clearString($msg));
```

Denken Sie daran, Ihre E-Mail-Adresse in Zeile 21 einzugeben.

2   **Fertig! Kontaktformular testen**

Speichern Sie das PHP-Skript unter *sendForm.php* ab. Achten Sie darauf, dass der Pfad im Flash-Film korrekt ist, und laden Sie dann das PHP-Skript, den Flash-Film und das HTML-Dokument, in dem der Flash-Film eingebettet ist, auf Ihren Server, und testen Sie anschließend das Kontaktformular.

17_PHP_MYSQL\Formular\ sendForm.php

PHP-Skripte testen und Fehlermeldungen

Je umfangreicher PHP-Skripte sind, desto leichter schleicht sich der eine oder andere logische Fehler oder Syntaxfehler ein. Grundsätzlich empfiehlt es sich, das PHP-Skript vor der Nutzung mit Flash separat zu testen. Dazu können Sie das Skript in Verwendung mit einem lokalen Webserver im Browser testen oder müssen es zunächst auf den Webserver hochladen und dann im Browser öffnen. Wenn das Skript Daten von Flash empfängt, können Sie diese Daten zunächst einfach simulieren, indem Sie testweise entsprechende Variablen und Werte definieren.

Angenommen, Sie wollen ein Formularskript mit verschiedenen Variablen testen. Normalerweise würden Sie den Variablen die entsprechenden Werte der superglobalen Arrays zuweisen, also z. B.:

```
$vorname = $_POST['vorname'];
```

Kommentieren Sie dazu diese Stelle zum Testen einfach aus, und weisen Sie der Variablen einen festen Wert zu:

```
// $vorname = $_POST['vorname'];
$vorname = "Jim";
```

Sicherheit

Nachdem Sie erste Tests fehlerfrei durchgeführt haben, empfiehlt es sich, verschiedene Eingaben zu simulieren und im gleichen Atemzug über potenzielle Sicherheitslücken nachzudenken.

So wird das Skript separat lauffähig. Sollte im Skript an einer anderen Stelle ein Fehler sein, wird Ihnen dieser Fehler nach Ausführung des Skripts im Browserfenster angezeigt.

▲ **Abbildung 17.22**
Die Ausgabe weist auf einen Skriptfehler hin.

Erst wenn das Skript wie gewünscht funktioniert, sollten Sie die Änderungen zum Testen rückgängig machen und das Skript mit Flash testen. Es können dann immer noch Fehler auftreten. Potenzielle Fehlerbereiche sind dann jedoch einfacher zu ermitteln.

17.2 MySQL

[MySQL]

MySQL ist ein relationales Datenbankmanagementsystem. Es wurde ursprünglich von der schwedischen Firma MySQL AB entwickelt, die 2008 von Sun Microsystems übernommen wurde. MySQL wird frei unter der GPL-Lizenz (ohne Support) und kommerziell vertrieben und ist auf vielen Webservern vorinstalliert. Die offizielle Webseite zu MySQL finden Sie unter *www.mysql.com*.

Es gibt eine Reihe von Datenbankmanagementsystemen, wie Microsoft SQL Server, Oracle Database, PostgreSQL etc. Im Folgenden wird MySQL vorgestellt, da MySQL sehr weit verbreitet ist und sich über PHP gut ansteuern lässt. Es ist gut geeignet, um einfache datenbankgestützte Anwendungen zu entwickeln.

Ein vermeintlicher Nachteil von MySQL ist, dass es standardmäßig ohne GUI (Graphical User Interface) ausgeliefert wird, was den Einstieg für viele Benutzer zunächst erschwert.

MySQL wird standardmäßig über Befehlszeilen mithilfe der Programmiersprache SQL (Structured Query Language) über eine Konsole administriert. Glücklicherweise gibt es jedoch einige frei verfügbare GUIs, die es auch Einsteigern ermöglichen, die vielen Funktionen von MySQL zu nutzen.

MySQL Workbench | Sun Microsystems bietet selbst MySQL Workbench an. Die Software eignet sich u. a. zur Verwaltung von MySQL-Datenbanken.

▲ **Abbildung 17.23**
MySQL Workbench unter Windows 7

Die Software können Sie für Windows, Mac OS X und Linux unter *http://dev.mysql.com/downloads/workbench/5.2.html* herunterladen. Das Paket enthält u. a.:

▶ **SQL Development**: In diesem Bereich können Sie Verbindungen zu MySQL-Datenbanken herstellen, um Daten zu bearbeiten, und SQL-Querys ausführen, um diese zu testen.

◀ **Abbildung 17.24**
SQL Editor: Eine Verbindung zur lokalen MySQL-Datenbank wurde hergestellt.

▶ **Data Modelling**: In diesem Bereich können Sie Datenbankmodelle erstellen. Der Bereich ist für fortgeschrittene Benutzer.

▶ **Server Adminstration**: Über diesen Bereich können Sie Ihre MySQL-Datenbankserver konfigurieren, soweit Sie über die erforderlichen Rechte verfügen. Sie können hier beispielsweise auch Benutzer anlegen oder Log-Dateien einsehen.

phpMyAdmin

phpMyAdmin

Wenn Sie feststellen möchten, ob phpMyAdmin auf Ihrem Webserver installiert ist, sollten Sie die Benutzer-/Serverdaten Ihres Providers prüfen oder Ihren Provider fragen. Sollte phpMyAdmin nicht installiert sein, können Sie es auch selbst installieren, wenn Ihr Webserver PHP und MySQL unterstützt. Die offizielle Webseite zu phpMyAdmin ist *www.phpmyadmin.net*.

Weit verbreitet ist phpMyAdmin, ein freies, auf PHP basierendes GUI zur Administration von MySQL-Datenbanken. phpMyAdmin ist auf vielen Webservern, gerade bei größeren Providern, meist standardmäßig vorinstalliert. Auf den folgenden Seiten wird phpMyAdmin zur Verwaltung von MySQL-Datenbanken verwendet.

Abbildung 17.25 ▸
In XAMPP wird phpMyAdmin standardmäßig mit installiert und ist direkt über das Menü ❶ erreichbar.

Datenbank erstellen

Der erste Schritt, um mit MySQL zu arbeiten, ist das Erstellen einer Datenbank. Öffnen Sie zunächst phpMyAdmin im Browser, und klicken Sie auf DATENBANKEN ❷, um eine Übersicht über die bereits erstellten Datenbanken zu erhalten.

▲ Abbildung 17.26
Keine Rechte zur Erstellung einer Datenbank

Kollation

Durch die Kollation werden der Zeichensatz und die Sortierungsreihenfolge beeinflusst. Für deutsche Texte mit Umlauten empfiehlt sich die Einstellung LATIN1_GERMAN1_CI.
Danach werden Umlaute dann wie folgt sortiert:
Ä = A
Ö = O
ß = s
…

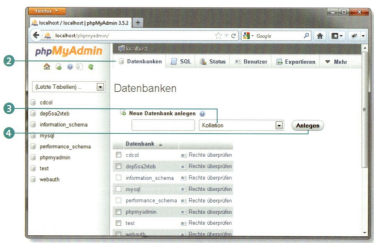

▲ Abbildung 17.27
Reiter DATENBANKEN in phpMyAdmin

Geben Sie im ersten Eingabefeld NEUE DATENBANK ANLEGEN den Namen der Datenbank ein (z. B. »flash_test«), und stellen Sie den Wert im Feld KOLLATION **❸** auf LATIN1_GERMAN1_CI. Klicken Sie auf die Schaltfläche ANLEGEN **❹**, um die Datenbank zu erstellen.

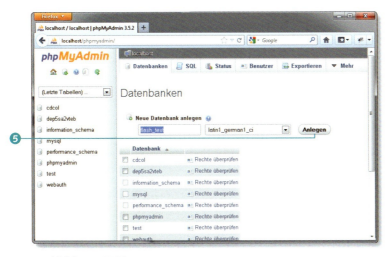

▲ **Abbildung 17.28**
Neue Datenbank anlegen **❺**

Datenbanktabelle erstellen

Nachdem Sie eine Datenbank erstellt haben, können Sie diese auf der linken Seite des Browserfensters auswählen **❻**. Sollte die Datenbank noch leer sein, können Sie im sich anschließend öffnenden Fenster eine neue Datenbanktabelle einrichten.

Geben Sie im Feld NAME **❼** einen eindeutigen Bezeichner für die Tabelle und im Feld ANZAHL DER SPALTEN **❽** die Anzahl der Spalten ein. Klicken Sie dann auf OK, um eine entsprechende Tabelle zu erstellen.

▲ **Abbildung 17.30**
Tabelle erstellen

Rechte zur Erstellung

Bei vielen Providern wird Ihnen, je nach Tarif, nur eine begrenzte Zahl von Datenbanken zur Verfügung stehen. Oft ist auch nur eine einzige Datenbank vorhanden. Sie können diesen Absatz dann überspringen, da Sie in diesem Fall keine Rechte zur Erstellung einer eigenen Datenbank besitzen. Verwenden Sie stattdessen die bereits eingerichtete Datenbank.

[!] **Lokaler Webserver**
Bevor Sie in XAMPP mit phpMyAdmin arbeiten können, müssen Sie zunächst gegebenenfalls im XAMPP Control Panel das Modul MySQL starten. Sie können phpMyAdmin dann direkt unter *http://localhost/phpmyadmin/* aufrufen.

▲ **Abbildung 17.29**
Datenbank auswählen

Hinweis
Wenn Sie eine andere Version von phpMyAdmin einsetzen, können sich Bedienfelder Ihrer phpMyAdmin-Version von den hier angegebenen Erläuterungen eventuell marginal unterscheiden.

Tabellenspalten definieren | Im darauffolgenden Fenster steht Ihnen eine Reihe von Einstellungen für die Tabellenspalten zur Verfügung.

Abbildung 17.31 ▶
Tabellenspalten definieren

Die wichtigsten Einstellungen sind:

Hinweis
Beachten Sie, dass Felder mit Datentypen, die z. B. wenige Zeichen vorsehen, auch wenig Speicher benötigen und der Zugriff daher entsprechend schneller ist.

▶ **Name**: Geben Sie hier den Bezeichner des Feldes bzw. der Tabellenspalte, wie id, vorname, nachname etc., ein.

▶ **Typ**: Unter TYP wählen Sie den Datentyp des Feldes.

▶ **Länge/Werte**: Hier geben Sie die maximal zulässige Länge des Feldes ein, z. B. die Anzahl der Zeichen einer Zeichenkette.

▶ **Standard**: Hier können Sie einen Standardwert für das Feld eintragen, der verwendet wird, wenn ein neuer Eintrag vorgenommen, das Feld jedoch nicht ausgefüllt wird.

▶ **Attribute**: Gibt u. a. an, ob die angegebene Zahl mit Vorzeichen (UNSIGNED) und gegebenenfalls mit vorlaufenden Nullen formatiert wird (UNSIGNED ZEROFILL).

▶ **Null**: Wird diese Option aktiviert, wird der Wert des Feldes bei einem neuen Eintrag, wenn der Wert nicht definiert wurde, automatisch auf NULL gesetzt. Ist diese Option deaktiviert, muss bei einem neuen Eintrag ein Wert für diese Spalte angegeben werden (NOT NULL).

▶ **Index**: Wählen Sie hier PRIMARY, um das Feld als eindeutig zu identifizieren und als sogenannten Primärschlüssel zu verwenden. Ein Beispiel hierfür wäre die ISBN eines Buches, die einzigartig ist und das Buch eindeutig identifiziert. Sie können nur eine Spalte innerhalb einer Tabelle als Primärschlüssel auszeichnen.

▶ **A_I (AUTO_INCREMENT)**: Aktivieren Sie diese Option, wenn Sie das Feld als Zähler zur Indizierung verwenden möchten. Beim Einfügen eines neuen Datensatzes wird der Wert des letzten Feldes automatisch um 1 erhöht. Je Tabelle kann nur einem Feld die Option AUTO_INCREMENT zugeordnet werden.

Datentypen

Besonders wichtig ist die Einstellung des Datentyps. Die folgenden Tabellen zeigen Ihnen die wichtigsten Datentypen.

Datentyp	Anzahl der Zeichen
VARCHAR	Variable Zeichenkette mit bis zu 255 Zeichen. Es wird nur der Speicherplatz belegt, der zum Speichern der Zeichenkette notwendig ist.
CHAR	Eine Zeichenkette mit einer fest angegebenen Länge (maximal 255 Zeichen). Für CHAR-Felder werden immer n (je nach angegebener Länge) Bytes an Speicherplatz reserviert, auch wenn die tatsächliche Länge der Zeichenkette kürzer ist.
TEXT	bis zu 65.535 Zeichen
MEDIUMTEXT	bis zu 16.777.215 Zeichen
TINYTEXT	bis zu 255 Zeichen
LONGTEXT	bis zu 2^32-1 Zeichen

◀ **Tabelle 17.3**
Datentypen für String

Datentyp	Format	Beispiel
DATE	JJJJ-MM-TT	2012-30-12
TIME	hh.mm:ss	20:10:14
DATETIME	JJJJ-MM-TT hh:mm:ss	2012-30-12 20:10:24
TIMESTAMP	JJJJMMTThhmmss	20123012201024
YEAR	JJJJ	2012

◀ **Tabelle 17.4**
Datentypen für Datums- und Zeitangaben

Datentyp	Wertebereich (SIGNED)
TINYINT	–127 bis 127
SMALLINT	–32.768 bis 32.767
MEDIUMINT	–8.388.608 bis 8.388.607
INT	–2.147.683.648 bis 2.147.683.647
BIGINT	–263 bis 263
FLOAT	Fließkommazahl, z. B. 2,567, mit einfacher Genauigkeit (32 Bit)
DOUBLE	Fließkommazahl mit doppelter Genauigkeit (64 Bit)
DECIMAL	Festkommazahlentyp, z. B. DECIMAL (4,2); bedeutet, dass vier Vorkommastellen und zwei Nachkommastellen vorgesehen sind.
REAL	Synonym für DOUBLE

◀ **Tabelle 17.5**
Numerische Datentypen

Felder bearbeiten, löschen und hinzufügen

Nachdem Sie eine Tabelle angelegt haben, können Sie die Felder nachträglich bearbeiten, neue Felder hinzufügen oder Felder
löschen.

Abbildung 17.32 ▼
Die ersten Datensätze der Tabelle

Wählen Sie dazu zunächst die Datenbank auf der linken Seite
❶ aus, und klicken Sie dann auf die Tabelle ❷. Sofern die Tabelle
nicht leer ist, werden Ihnen dann zunächst die ersten Datensätze
der Tabelle angezeigt.

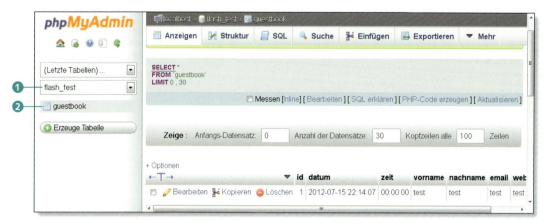

Um die Struktur der Datenbanktabelle zu bearbeiten, klicken Sie
im oberen Bereich zunächst auf STRUKTUR ❸.

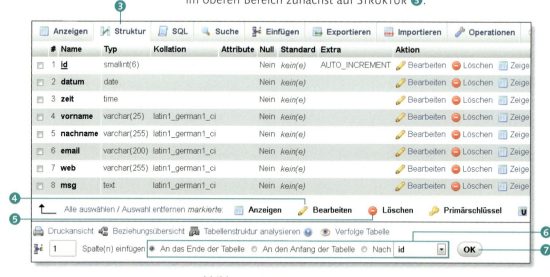

▲ **Abbildung 17.33**
Die Struktur der Datenbanktabelle

Per Mausklick auf das Bearbeiten-Symbol ❹ können Sie Eigenschaften des Feldes bearbeiten. Mit einem Klick auf LÖSCHEN ❺
können Sie das entsprechende Feld der Tabelle entfernen.

Unterhalb der Tabelle können Sie ein Feld an einer bestimmten Position einfügen. Wählen Sie die Position aus ⑥, und klicken Sie anschließend auf OK ⑦, um ein neues Feld zu erzeugen.

Datensätze einfügen

Um einen oder mehrere Datensätze in eine Datenbanktabelle einzufügen, wählen Sie zunächst die Tabelle aus und klicken dann im Menü auf EINFÜGEN ⑧. Im folgenden Bereich können Sie dann den Tabellenfeldern im Bereich WERT entsprechende Werte zuweisen.

Um den Datensatz einzufügen, klicken Sie auf OK ⑨.

[Datensatz]
Ein Datensatz ist eine abgeschlossene Einheit innerhalb einer Datenbank. In der Regel besteht ein Datensatz aus mehreren Datenfeldern. Wenn die Datenbankstruktur einer Tabelle entspricht, dann entspricht ein Datensatz einer Tabellenzeile.

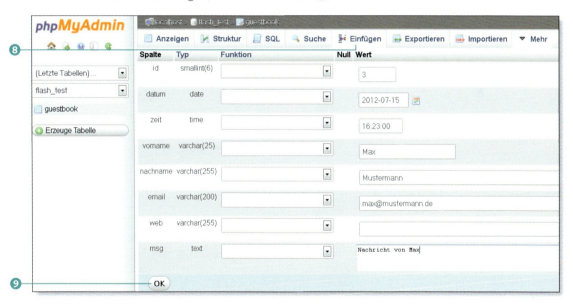

▲ **Abbildung 17.34**
Einen neuen Datensatz einfügen

Tabellen exportieren

Gelegentlich möchte man Daten einer Tabelle im- oder exportieren, z. B. um eine Datensicherung durchzuführen oder Daten einer anderen Datenbank zu übernehmen. Um eine Tabelle zu exportieren, wählen Sie diese aus und klicken im oberen Bereich auf den Reiter EXPORTIEREN ⑩.

▲ **Abbildung 17.35**
Tabelle exportieren

Tabellen eines lokalen Webservers auf einen Live-Server übertragen
Wenn Sie Daten einer lokalen Datenbank nach der Testphase auf einen Live-Server übertragen möchten, müssen Sie die Tabelle auf dem lokalen Webserver zunächst exportieren und anschließend auf dem Live-Server importieren.

Im folgenden Bereich können Sie zunächst auswählen, in welches Format die Tabelle exportiert werden soll. Wenn Sie die Tabelle in eine andere MySQL-Datenbank übernehmen möchten, empfiehlt sich das Format SQL. In der Exportart SCHNELL werden sämtliche Daten, die Datenbankstruktur eingeschlossen, exportiert. Haben Sie andere Wünsche, beispielsweise nur die Struktur zu exportieren, dann wählen Sie die Option ANGEPASST ❶, woraufhin unten viele weitere Optionen erscheinen, von denen Sie die meisten bei ihrem Standardwert belassen.

▲ **Abbildung 17.36**
Export-Einstellungen

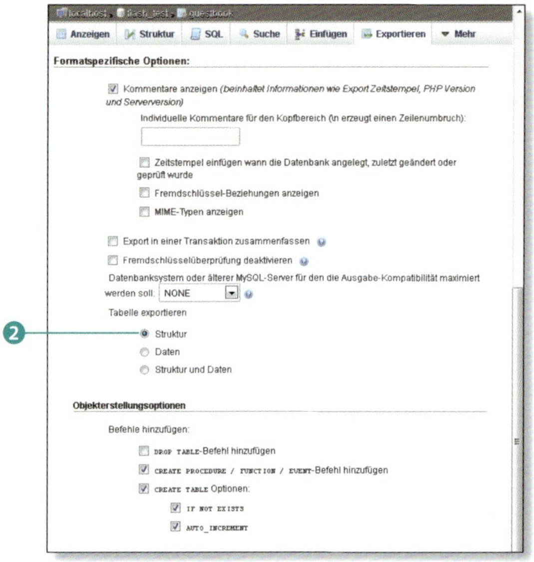

▲ **Abbildung 17.37**
Weitere Export-Einstellungen (hier wurde nur der Struktur-Export ausgewählt)

Tipp
Wenn Sie die Tabellenstruktur und die Daten der Tabelle von einem lokalen Webserver auf einen Live-Server übertragen möchten, sollten Sie an dieser Stelle die Option SPEICHERE AUSGABE IN DATEI aktivieren. Sie können dann die Datei für den Import-Vorgang auf dem Live-Server nutzen.

Unter FORMATSPEZIFISCHE OPTIONEN lässt sich auswählen, ob nur die STRUKTUR ❷ oder auch die DATEN der Tabelle exportiert werden sollen. Wenn Sie die Tabelle im SQL-Format exportieren, können Sie im Bereich AUSGABE wählen, ob die SQL-Anweisungen zur Erzeugung der Tabellenstruktur und gegebenenfalls die Inhalte im Plain-Text im Browser ausgegeben oder in einer Datei gespeichert ❸ werden sollen, was standardmäßig aktiviert ist.

Abbildung 17.38 ▶
Export-Vorgang abschließen

Tabellenstruktur und -daten in eine neue Tabelle übernehmen |
Sollten Sie eine Tabelle in das SQL-Format exportieren, können
Sie die Datei mit der Erweiterung *.sql* mit einem beliebigen Text-
editor öffnen. Angenommen, Sie exportieren eine Tabelle »guest-
book« und möchten zum Testen die Struktur und die Daten der
Tabelle in eine neue Tabelle »guestbook2« übernehmen. Stellen
Sie vor dem Export zunächst sicher, dass im Bereich FORMATSPEZI-
FISCHE OPTIONEN eine Option mit Daten-Export aktiviert ist. Stellen Sie als Export-Format SQL ein, und aktivieren Sie die Option
SPEICHERE AUSGABE IN DATEI. Klicken Sie auf OK – Sie erhalten
daraufhin die exportierte SQL-Datei. Öffnen Sie diese mit einem
Texteditor, der UTF-8 unterstützt, und verwenden Sie die Funktion SUCHEN UND ERSETZEN Ihres Editors, z. B. Notepad++, um
nach dem String »guestbook« zu suchen. Ersetzen Sie ihn durch
»guestbook2«.

Speichern Sie die Datei anschließend unter einem neuen
Dateinamen ab. Im folgenden Abschnitt wird erläutert, wie Sie
eine Datenbanktabelle in phpMyAdmin importieren.

Tabellen importieren

Um Tabellendaten zu importieren, wählen Sie die Datenbank aus,
in die Sie die Daten importieren möchten, und klicken anschließend im oberen Bereich auf IMPORTIEREN. Klicken Sie dann auf
DURCHSUCHEN, um die Datei zum Importieren auszuwählen. Im
unteren Bereich lässt sich das Dateiformat auswählen.

◄ **Abbildung 17.39**
Tabelle importieren

Klicken Sie abschließend auf OK, um die Tabelle zu importieren. Der Import wird erfolgreich sein, falls Sie, wie zuvor beschrieben, »guestbook« durch »guestbook2« in der SQL-Datei ersetzt haben. Ansonsten werden Sie eine Fehlermeldung bezüglich doppelter Daten erhalten, falls Sie Ihre Tabelle nicht vorher über TABELLE LÖSCHEN (TRUNCATE) unter MEHR • OPERATIONEN geleert haben.

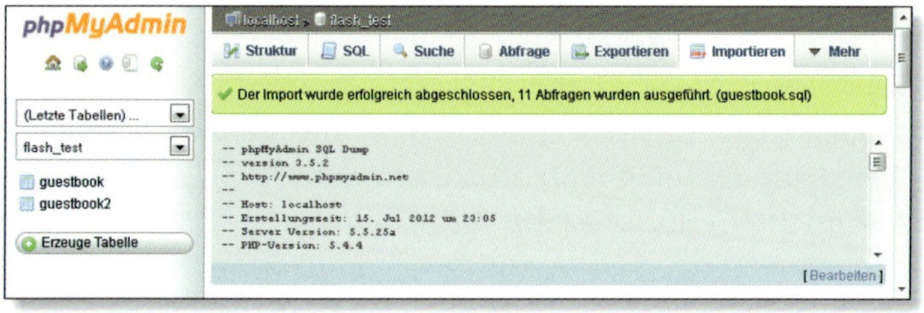

Abbildung 17.40 ▶
Der Import-Vorgang wurde erfolgreich abgeschlossen. Es wurde eine neue Tabelle »guestbook2« erzeugt.

17.3 PHP und MySQL im Team

Sie haben jetzt bereits die wichtigsten Funktionen kennengelernt, um Datenbanktabellen mit phpMyAdmin zu erzeugen. In diesem Abschnitt lernen Sie, wie Sie mittels PHP auf MySQL-Tabellen zugreifen können, um Daten auszulesen, zu ändern und neue Datensätze zu erzeugen.

Datenbank-Login

Bevor Sie auf Datensätze einer Datenbanktabelle zugreifen können, müssen Sie eine Verbindung zur Datenbank herstellen. Für einen Zugriff auf eine Datenbank benötigen Sie zunächst grundsätzlich folgende Daten:

▶ **Server**: Die Serveradresse, über die Sie den MySQL-Server ansprechen können. In den meisten Fällen können Sie `local-host` verwenden. Einige Provider nutzen jedoch auch eine spezielle Adresse wie z. B. *mysql.meineDomain.de* oder auch versionsabhängig z. B. *mysql4.meineDomain.de*. Konsultieren Sie gegebenenfalls Ihren Provider.

▶ **Login-Daten**: Für den Zugriff benötigen Sie sowohl einen Benutzernamen als auch ein Kennwort.

Da Sie diese Daten für jeden Zugriff benötigen, ist es sinnvoll, die Zugangsdaten in ein eigenes PHP-Skript auszulagern. Dazu könnten Sie z. B. ein PHP-Skript *dbdata.inc.php* mit folgendem Aufbau erstellen:

```php
<?php
   $server="localhost";
   $benutzer="db2642";
   $kennwort="6sfdzbhir";
?>
```

Angenommen, Sie speichern Ihre PHP-Skripte in ein Verzeichnis *php*. Sie sollten dann das PHP-Skript mit den Zugangsdaten in ein Unterverzeichnis, z. B. *inc*, speichern. Sie haben so die Möglichkeit, diesem Verzeichnis bestimmte Zugriffsrechte zuzuweisen, um den Zugriff zu beschränken. PHP-Skripte, über die Sie auf die Datenbank zugreifen möchten, können das PHP-Skript mit den Zugangsdaten dann wie folgt integrieren:

Zugriffsrechte
Wie Sie Zugriffsrechte von Verzeichnissen und Dateien auf einem Apache Server über chmod steuern können, erfahren Sie im Abschnitt »Daten von Flash an PHP senden und wieder empfangen« im Abschnitt 17.1.

```php
include "inc/dbdata.inc.php";
```

Innerhalb des jeweiligen Skripts können Sie dann direkt auf die Werte der Variablen $server, $benutzer und $kennwort zugreifen.

Datenbankverbindung herstellen

Nachdem Sie die Zugangsdaten vorbereitet haben, können Sie unter Angabe der Login-Daten über die Funktion mysql_connect eine Verbindung zur Datenbank herstellen. Das folgende Beispiel zeigt die Vorgehensweise:

Verbindungsfehler
Sollte die Verbindung nicht hergestellt werden, wird die Ausführung des Skripts über die Funktion die sofort abgebrochen. Es erscheint dann die Meldung, die als Argument an die Funktion übergeben wurde, in diesem Fall »Verbindung konnte nicht hergestellt werden«.

```php
<?php
   include 'inc/dbdata.inc.php';
   $conn = mysql_connect($server,$benutzer,$kennwort);
   if (!$conn) {
      die("Verbindung konnte nicht hergestellt werden.");
   }
?>
```

Tabelle auswählen | Wenn die Verbindung erfolgreich war, können Sie die Datenbank über mysql_select_db auswählen:

```php
<?php
   ...
   $conn = mysql_connect($server,$benutzer,$kennwort);
   $db = "phpflash";
   $db_selected = mysql_select_db($db, $conn);
   if(!$db_selected) {
```

```
                    die("Datenbank konnte nicht ausgewählt werden.");
        }
        ...
?>
```

An die Funktion werden zwei Argumente übergeben – der Name der Datenbank $db und eine Referenz auf die hergestellte Verbindung $conn. Auch hier wird geprüft, ob die Datenbank erfolgreich selektiert werden konnte. Anderenfalls wird die Skriptausführung mit einer entsprechenden Fehlermeldung abgebrochen.

Datensätze auswählen: SELECT | Bevor Sie Datensätze ausgeben können, um diese z. B. an Flash zu übergeben, müssen Sie den Datensatz oder die gewünschten Datensätze auswählen. Dazu senden Sie über die Funktion mysql_query eine SQL-Anfrage (auch als *Query* bezeichnet) an die Datenbank. Der SQL-Befehl SELECT selektiert einen bestimmten Bereich einer Tabelle. Die formelle Syntax des Befehls lautet:

```
SELECT spaltenname FROM tabelle [WHERE bedingung]
[LIMIT anzahl] [ORDER BY spaltenname
Sortierungsreihenfolge (ASC | DESC)]
```

Dazu folgende Beispiele:

▶ Auswahl aller Felder der Tabelle $table:
  `$sql_query = "SELECT * FROM $table";`

▶ Auswahl der Felder id, datum der Tabelle $table:
  `$sql_query = "SELECT id,datum FROM $table";`

▶ Auswahl des Feldes msg der Tabelle $table an der Stelle, an der das Feld id den Wert 1 besitzt:
  `$sql_query = "SELECT msg FROM $table WHERE id=1";`

▶ Auswahl aller Felder, sortiert nach dem Feld datum:
  `$sql_query = "SELECT * FROM $table ORDER BY datum";`

▶ Auswahl der Felder von 0 bis 10, sortiert nach dem Feld id:
  `$sql_query = "SELECT * FROM $table ORDER BY id LIMIT 0,10";`

Wie Sie sehen, können Sie die Auswahl der Datensätze einer Tabelle durch verschiedene Kriterien einschränken. Nachdem Sie

---

ORDER BY

Über die Option ASC oder DESC können Sie die Sortierungsreihenfolge festlegen. ASC steht für aufsteigend (A…Z, 0…9), DESC steht für absteigend (Z…A, 9…0). Beispiel:

`"SELECT * FROM $table ORDER BY id DESC"`

die Auswahl definiert haben, wird die entsprechende SQL-Anfrage über die Funktion `mysql_query` ausgeführt:

```
...
$table = "fl_data";
$sql_query = "SELECT * FROM $table";
$result=mysql_query($sql_query,$conn);
if(!result) {
    die("Ungültige Anfrage");
}
...
```

Datensätze in Array speichern | Über die Funktion `mysql_fetch_array` lassen sich die Datensätze in einem indizierten Array oder in einem assoziativen Array abbilden. Danach können Sie über das Array komfortabler auf die Daten zugreifen. Wenn die ersten beiden Spalten der Tabelle `id` und `datum` sind, können Sie auf die Werte der Felder wie folgt zugreifen:

Indiziertes Array:

```
$sql_query = "SELECT * FROM $table";
$result=mysql_query($sql_query,$conn);
while ($row = mysql_fetch_array($result, MYSQL_NUM)) {
    echo "ID: $row[0]\n";
    echo "DATUM: $row[1]\n";
}
```

Assoziatives Array:

```
$sql_query = "SELECT * FROM $table";
$result=mysql_query($sql_query,$conn);
while ($row = mysql_fetch_array($result, MYSQL_ASSOC)) {
    echo "ID: ".$row["id"]."\n";
    echo "DATUM: ".$row["datum"]."\n";
}
```

Daten an Flash übergeben

Nachdem die gewünschten Datensätze über ein indiziertes oder assoziatives Array referenziert wurden, besteht die nächste Aufgabe darin, die Daten an Flash zu übergeben. Die einfachste Methode, mehrere Datensätze an Flash zu übergeben, besteht darin, die Datensätze zu einer Zeichenkette zu verbinden, die dann per

SQL Distinct

Manchmal möchte man nur Datensätze anzeigen, die sich in einem bestimmten Feld unterscheiden. Beispiel: Eine Datenbanktabelle enthält Informationen zu bestimmten Filialen eines Unternehmens. Eine Liste der Filialen soll also erstellt werden.

Es kann jedoch vorkommen, dass in der Tabelle Filialen mehrmals aufgeführt sind, z. B. weil in anderen Feldern noch andere Informationen gespeichert sind, die für die Ausgabe der Filialenliste jedoch nicht relevant sind. Möchten Sie nur die Filialen auflisten, verwenden Sie dazu die Anweisung DISTINCT:

Ort	Umsatz	Datum
Berlin	10.000 Euro	01.01.2011
München	12.400 Euro	04.01.2011
Berlin	5.000 Euro	01.01.2012
München	13.831 Euro	01.01.2012

```
SELECT ort DISTINCT ort FROM
Filialen
```

Die Anweisung würde zu zwei Ergebnissen führen: Berlin und München (jeweils nur einmal).

Anzahl der zurückgegebenen Datensätze ermitteln

Sollte die Anfrage gültig sein, können Sie über die Funktion `mysql_num_rows` die Anzahl der zurückgegebenen Datensätze ermitteln:

```
$num_rows = mysql_num_
rows($result);
echo "$num_rows Einträge";
```

echo an Flash übergeben wird. Leider funktioniert das nur mit Stringwerten und nicht mit Arrays.

Angenommen, Sie haben eine Datenbanktabelle mit den Feldern id, datum und msg angelegt und möchten alle Datensätze der Tabelle auslesen. Über eine while-Schleife lassen sich alle Datensätze nach und nach zeilenweise ermitteln. Zunächst wird eine Zählervariable $counter initialisiert (Zeile 1). Diese wird je Schleifendurchlauf um 1 (Zeile 13) erhöht und später an die jeweiligen Variablenbezeichner (Zeile 7, 9, 11 und 12) angehängt, um jeden Datensatz eindeutig referenzieren zu können. Als Nächstes werden die Daten referenziert (Zeile 3 bis 5), und anschließend wird die Ausgabe generiert. Dazu wird jedem Feldwert ein eindeutiger Variablenname zugewiesen. Dieser setzt sich zusammen aus dem Feldnamen und dem Wert der Zählervariablen. Die Variablen und die Werte werden an eine Zeichenkette angehängt (Zeile 7, 9, 11 und 12):

ActionScript 3 und URL-kodierte Variablen

In ActionScript 3 darf eine Ausgabe, die als URL-kodiert interpretiert werden soll (URLLoaderDataFormat.VARIABLES), *nicht* mit einem &-Zeichen *beginnen* oder *enden*.

In diesem Beispiel wird durch eine if-Bedingung verhindert, dass die Ausgabe mit einem &-Zeichen beginnt (ab Zeile 6).

```
1:    $counter = 0;
2:    while ($row = mysql_fetch_array($result,
      MYSQL_ASSOC)) {
3:        $id = $row["id"];
4:        $datum = $row["datum"];
5:        $msg = $row["msg"];
6:        if($counter == 0) {
7:            $output = "id".$counter."=".$id;
8:        } else {
9:            $output.= '&id'.$counter.'='."$id";
10:       }
11:       $output.= '&datum'.$counter.'='."$datum";
12:       $output.= '&msg'.$counter.'='."$msg";
13:       $counter++;
14:   }
```

Anschließend wird an die Zeichenkette $output die Anzahl der Datensätze angehängt, und die Zeichenkette wird per echo ausgegeben, z. B. um diese an Flash zu übergeben:

```
$output.="&counter="."$counter";
echo "$output";
```

Die Ausgabe könnte dann z. B. wie folgt aussehen:

```
id0=1&datum0=2012-07-16&msg0=Erster
Eintrag&id1=2&datum1=2012-07-22&msg1=Zweiter
Eintrag&counter=2
```

Damit Sie mit den Daten in Flash arbeiten können, können Sie diese z. B. in ein assoziatives Array transformieren. Dazu folgender Beispielcode:

```
1:   var myRequest:URLRequest = new URLRequest
     ("http://localhost/mysql/getEntrys.php");
2:   var myLoader:URLLoader = new
     URLLoader(myRequest);
3:   myLoader.dataFormat = URLLoaderDataFormat.
     VARIABLES;
4:   myLoader.addEventListener(Event.COMPLETE,
     completeHandler);
5:   function completeHandler(e:Event):void {
6:       var flashData_arr = new Array();
7:       var anzData:uint = uint(e.target.data.counter);
8:       for (var i:uint = 0; i<anzData; i++) {
9:           var id:uint = e.target.data["id"+i];
10:          var datum:String = e.target.data["datum"+i];
11:          var msg:String = e.target.data["msg"+i];
12:          flashData_arr.push({id:id,datum:datum,
             msg:msg});
13:      }
14:  }
```

[!] Lokales Array

Beachten Sie, dass das Array flashData_arr in diesem Beispiel innerhalb der Funktion definiert wurde. Das hat zur Folge, dass Sie nur innerhalb der Funktion darauf zugreifen können. Sollten Sie die Daten in einer anderen Funktion oder außerhalb der Funktion nutzen wollen, sollten Sie das Array zunächst außerhalb der Funktion definieren. Beispiel:

```
var flashData_arr:Array =
new Array();
function completeHandler
(e:Event): void {
...
flashData_arr.push({id:
id,datum:datum,msg:msg});
...
}
trace(flashData_arr[0].datum);
```

Zunächst werden ein URLRequest-Objekt und ein URLLoader-Objekt definiert (Zeile 1 bis 3). In Zeile 4 wird ein Ereignis-Listener registriert, sodass die Funktion completeHandler aufgerufen wird, sobald die Datenübertragung abgeschlossen ist. In der Funktion completeHandler wird ein neues Array flashData_arr definiert. Die Anzahl der Einträge wird in Zeile 7 ermittelt. Anschließend werden mithilfe einer for-Schleife die einzelnen Werte für die Variablen id, datum und msg ermittelt und temporären Variablen zugewiesen. Die Daten werden je Schleife in das Array flashData_arr eingefügt (Zeile 12). Anschließend können Sie z. B. das Datum des ersten Feldes über flashData_arr[0].datum ermitteln.

Schritt für Schritt:
Gästebuch – Datensätze auslesen und in
Flash darstellen

In diesem Workshop lernen Sie, wie Sie Datensätze eines Gästebuchs auslesen und in Flash ausgeben können.

1   Datenbank erstellen und Tabelle importieren

17_PHP_MYSQL\Guestbook\ *guestbook.sql*

Erstellen Sie, falls nicht schon vorhanden, eine Datenbank, wählen Sie die Datenbank in phpMyAdmin auf der linken Seite aus ❶, und klicken Sie dann im Menü auf IMPORTIEREN ❷. Klicken Sie auf DURCHSUCHEN, und wählen Sie die Datei *guestbook.sql* aus dem Ordner *Guestbook* aus. Klicken Sie auf OK, um die Struktur der Tabelle und den Inhalt zu importieren.

Abbildung 17.41 ▼
Der Import wurde erfolgreich abgeschlossen.

2   Falls nötig, Tabelle manuell erstellen

Es wird eine Tabelle »guestbook« mit acht Feldern angelegt:

```
id, datum, zeit, vorname, nachname, email, web, msg
```

Zwei Testeinträge wurden bereits erstellt. Falls der Import-Vorgang nicht funktioniert hat, sollten Sie selbst eine Tabelle anlegen. Abbildung 17.42 zeigt die Struktur.

Abbildung 17.42 ▼
Die Struktur der Datenbanktabelle

3   PHP-Skript öffnen und bearbeiten

Öffnen Sie das PHP-Skript *readData.php* aus dem Ordner *Guestbook*, und speichern Sie es in einem beliebigen Verzeichnis ab. Erstellen Sie in diesem Verzeichnis ein Unterverzeichnis *inc*, öffnen Sie das PHP-Skript *dbdata.inc.php* aus dem Ordner *Guestbook/inc*, und ändern Sie die Zugangsdaten. Bei einer frischen phpMyAdmin-Installation ist der Benutzername »root« und das Passwort leer »«.

Speichern Sie das Skript dann im Unterverzeichnis *inc* ab. Im PHP-Skript *readData.php* müssen Sie den Wert der Variablen `$db` ändern. Geben Sie den Namen Ihrer Datenbank ein.

17_PHP_MYSQL\Guestbook\ readData.php und 17_PHP_MYSQL\ Guestbook\inc\dbdata.inc.php

4   PHP-Skript testen

Laden Sie beide PHP-Skripte, falls Sie keinen lokalen Webserver verwenden möchten, auf Ihren Webserver, und öffnen Sie das PHP-Skript *readData.php* im Browser. Wenn alles funktioniert hat, werden die Daten der Tabelle im Browserfenster ausgegeben.

▲ **Abbildung 17.43**
Ausgabe des PHP-Skripts im Browser

5   Flash-Film öffnen und Daten laden

Öffnen Sie nun den Flash-Film *guestbook01.fla* aus dem Ordner *Guestbook*, und speichern Sie ihn in das Projektverzeichnis ab. Ergänzen Sie den Code im ersten Schlüsselbild um folgende Zeilen, und ändern Sie die URL in Zeile 5:

17_PHP_MYSQL\ Guestbook\guestbook01.fla

```
1:    function readData():void {
2:        var myLoader:URLLoader = new URLLoader();
3:        var myDate:Date = new Date();
4:        var timestamp:uint = myDate.getTime();
5:        var myRequest:URLRequest = new URLRequest
          ("http://localhost/guestbook/readData.
          php?"+timestamp);
6:        myLoader.dataFormat=URLLoaderDataFormat.
          VARIABLES;
```

```
 7:     myLoader.load(myRequest);
 8:     myLoader.addEventListener(Event.COMPLETE,
        completeHandler);
 9:     myLoader.addEventListener(SecurityErrorEvent.
        SECURITY_ERROR,securityErrorHandler);
10:     myLoader.addEventListener(IOErrorEvent.
        IO_ERROR,ioErrorHandler);
11:   }
12:   function completeHandler(e:Event):void {
13:     var anzData:uint = uint(e.target.data.counter);
14:     for (var i:uint = 0; i<anzData; i++) {
15:       var id:uint = e.target.data["id"+i];
16:       var datum:String = e.target.data["datum"+i];
17:       var zeit:String = e.target.data["zeit"+i];
18:       var myname:String = e.target.
          data["vorname"+i] + " "+e.target.
          data["nachname"+i];
19:       var email:String = e.target.data["email"+i];
20:       var web:String = e.target.data["web"+i];
21:       var msg:String = e.target.data["msg"+i];
22:       gbData_arr.push({id:id, datum:datum,
          zeit:zeit, myname:myname, email:email,
          web:web, msg:msg});
23:     }
24:     renderData();
25:   }
26:   function securityErrorHandler(e:Event):void {
27:     status_txt.text="Fehler beim Übertragen der
        Daten";
28:   }
29:   function ioErrorHandler(e:Event):void {
30:     status_txt.text="Fehler beim Übertragen der
        Daten";
31:   }
32:   var gbData_arr:Array = new Array();
33:   readData();
```

In Zeile 32 wird ein Array `gbData_arr` definiert. Das Array wird später die eingelesenen Daten beinhalten. Die Funktion `read-Data` wird zu Beginn aufgerufen. Über ein `URLLoader`-Objekt wird das PHP-Skript *readData.php* aufgerufen. Die Daten werden referenziert (Zeile 15 bis 21) und in dem Array `gbData_arr` abgelegt (Zeile 22). Wenn die Daten erfolgreich gelesen wurden, wird die

Funktion renderData (Zeile 24), die im Folgenden definiert wird, aufgerufen. Sollte es einen Fehler bei der Übertragung geben, sorgen entsprechende Listener (Zeile 9 und 10 bzw. 26 bis 31) für entsprechende Fehlermeldungen.

6   Daten ausgeben

Ergänzen Sie den Code nun um folgende Zeilen:

```
1:    function renderData():void {
2:        ausgabe_txt.htmlText = "";
3:        var outputStr:String = "";
4:        for (var i:uint = 0; i<gbData_arr.length;
          i++) {
5:            outputStr+="<b>"+gbData_arr[i].myname+"</b>
              schrieb am: ";
6:            outputStr+=gbData_arr[i].datum+" um ";
7:            outputStr+=gbData_arr[i].zeit+"<br>";
8:            outputStr+=gbData_arr[i].msg+"<br>";
9:            if (gbData_arr[i].email!="") {
10:               outputStr+="E-Mail: "+gbData_arr[i].
                  email+"<br>";
11:           }
12:           if (gbData_arr[i].web!="") {
13:               outputStr+="Web: "+gbData_arr[i].web+
                  "<br><br>";
14:           }
15:       }
16:       ausgabe_txt.htmlText=outputStr;
17:   }
```

Die Funktion generiert die Zeichenkette outputStr aus den Werten der Felder des Arrays gbData_arr. Hierbei wurden nur ganz einfache HTML-Formatierungen verwendet. Sie können die Felder optional auch durch weitere Formatierungen ergänzen. Der zusammengesetzte String wird zum Schluss der Eigenschaft htmlText des dynamischen Textfelds »ausgabe_txt« zugewiesen.

7   Flash-Film hochladen und testen

Laden Sie den Flash-Film auf Ihren Webserver, und testen Sie ihn. Beachten Sie, dass die Anwendung auf einem lokalen Server eventuell nicht funktioniert, da das PHP-Skript vom Server nicht als solches interpretiert wird, weil die Anfrage vom Flash Player und nicht vom Browser kommt.

Ergebnis der Übung:
17_PHP_MYSQL\Guestbook\ guestbook02.fla

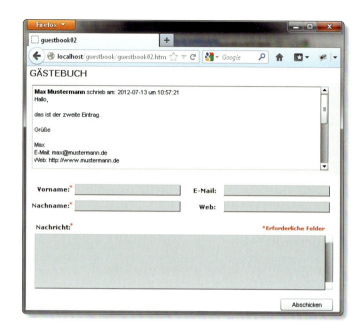

Abbildung 17.44 ▶
Das Gästebuch im Firefox unter
Windows 7

Datenbanksätze einfügen

Der Vorgang zum Einfügen von Datenbanksätzen ist dem des Auslesens von Datenbanksätzen sehr ähnlich. Der einzige wesentliche Unterschied ist die SQL-Anfrage. Kurz zusammengefasst, werden also folgende Schritte durchgeführt:

1. Über `mysql_connect` wird eine Verbindung zur Datenbank hergestellt.
2. Mithilfe von `mysql_select_db` wird die Datenbank ausgewählt und referenziert.
3. Eine SQL-Anfrage wird definiert, und die Anfrage wird über `mysql_query` an die Verbindung übergeben.

Der erste Teil des letzten Schritts unterscheidet sich beim Auslesen und Einfügen von Datensätzen. Um einen Datensatz einzufügen, wird die SQL-Anweisung `INSERT` verwendet. Die formelle Syntax des SQL-Befehls lautet wie folgt:

```
INSERT INTO tabelle wert VALUES spaltenname [WHERE
bedingung] [LIMIT anzahl]
```

Dazu folgende Beispiele:

▶ Es wird ein neuer Datensatz angelegt. Der Wert der Variablen `$vorname` wird in das Feld `vorname` eingetragen:

```
$sql_query = "INSERT INTO $table vorname VALUES
$vorname";
```

SQL-Injection

Mit *SQL-Injection* wird das Ausnutzen einer Sicherheitslücke, die durch mangelnde Überprüfung von Meta- und Steuerungsbefehlen in Benutzereingaben entsteht, bezeichnet. Bei SQL-Injections werden Steuerungsbefehle in Eingabedaten eingeschleust, um so Datenbanksätze zu ändern oder Zugangsdaten zu ermitteln. Die hier vorgestellten Beispiele sind grundsätzlich anfällig für SQL-Injections. Bevor Sie sie mehreren Benutzern zugänglich machen, sollten Sie die Beispiele absichern. Wie Sie das machen, wird in den Workshops jeweils am Ende erläutert.

▶ Es wird ein neuer Datensatz angelegt. Die Werte der Variablen `vorname`, `nachname` und `msg` werden in die gleichnamigen Felder eingetragen:

```
$sql_query = "INSERT INTO $ta-
ble (vorname,nachname,msg) VALUES
($vorname,$nachname,$msg)";
```

Schritt für Schritt:
Gästebuch – Daten von Flash an PHP übergeben und Datensätze erstellen

In diesem Workshop wird gezeigt, wie Sie Daten, die in Flash eingegeben wurden, an ein PHP-Skript übergeben, um entsprechende Datensätze in einer Datenbank einzufügen.

1 PHP-Skript öffnen und anpassen
Öffnen Sie das PHP-Skript *writeData_Original.php* aus dem Ordner *Guestbook*, und speichern Sie es in das Projektverzeichnis unter *writeData.php* ab. Ändern Sie den Wert der Variablen `$db`. Tragen Sie hier den Namen Ihrer Datenbank ein. Beachten Sie, dass die Zeit und das Datum serverseitig ermittelt werden. Diese Daten kommen also nicht vom Client (Flash-Film), sondern vom Server.

17_PHP_MYSQL\Guestbook\ writeData_original.php und guest-book02.fla

2 Daten an PHP-Skript übergeben
Öffnen Sie den Flash-Film *guestbook02.fla* aus dem Ordner *Guestbook*, ergänzen Sie den Code des Schlüsselbilds auf der Ebene »Actions« um folgende Zeilen, und passen Sie die URL in Zeile 8 an:

```
1:   var sentState:Boolean = false;
2:   send_mc.addEventListener(MouseEvent.CLICK,
     writeData);
3:   function writeData(e:MouseEvent):void {
4:     if (sentState==false) {
5:       var myLoader:URLLoader = new URLLoader();
6:       var myDate:Date = new Date();
7:       var timestamp:uint = myDate.getTime();
8:       var myRequest:URLRequest = new URLRequest
         ("http://localhost/guestbook/writeData.
         php?"+timestamp);
9:       myRequest.method = URLRequestMethod.POST;
10:      var myVars:URLVariables =
         new URLVariables();
```

```
11:         myVars.vorname=vornameBG_mc.input_txt.text;
12:         myVars.nachname=nachnameBG_mc.input_txt.
            text;
13:         myVars.email=emailBG_mc.input_txt.text;
14:         myVars.web=webBG_mc.input_txt.text;
15:         myVars.msg=msgBG_mc.input_txt.text;
16:         myRequest.data=myVars;
17:         myLoader.dataFormat=URLLoaderDataFormat.
            VARIABLES;
18:         myLoader.load(myRequest);
19:         myLoader.addEventListener(Event.
            COMPLETE,transferedOutput);
20:         myLoader.addEventListener
            (SecurityErrorEvent.SECURITY_ERROR,
            securityErrorHandler);
21:         myLoader.addEventListener(IOErrorEvent.
            IO_ERROR,ioErrorHandler);
22:     } else {
23:         status_txt.text="Du hast Dich bereits
            eingetragen.";
24:     }
25: }
26: function transferedOutput(e:Event):void {
27:     status_txt.text="Ihr Eintrag wurde eingefügt.";
28:     sentState=true;
29:     readData();
30: }
```

In Zeile 1 wird eine Variable `sentState` definiert, und der Wert wird auf `false` gestellt. Die Variable gibt an, ob sich der Benutzer in dieser Sitzung bereits schon einmal eingetragen hat. Damit lässt sich verhindern, dass er sich ohne das Neuladen der Seite mehrmals hintereinander einträgt.

Die Funktion `writeData` wird ausgeführt, wenn der Benutzer auf die Schaltfläche ABSCHICKEN klickt. Dazu dient in Zeile 2 die Registrierung eines Listeners am Button. Als Erstes wird ein `URLLoader`-Objekt und dann ein `URLRequest`-Objekt initialisiert. Anschließend wird ein `URLVariables`-Objekt definiert. Dem Objekt werden die Daten aus den Textfeldern zugewiesen (Zeile 11 bis 15). Das `URLVariables`-Objekt wird der Eigenschaft `data` des `URLRequest`-Objekts zugewiesen (Zeile 16).

Anschließend werden die bereits bekannten Ereignis-Listener registriert (Zeile 19 bis 21). Die Daten werden an das PHP-Skript übertragen (Zeile 18), und nach einer erfolgreichen Übertragung

wird die Funktion `transferedOutput` aufgerufen. Die Funktion setzt den Wert der Variablen `sendState` auf `true`. Zusätzlich wird die Funktion `readData` aufgerufen, die dafür sorgt, dass die Daten neu eingelesen werden.

3 **PHP-Skript und Flash-Film hochladen und testen**

Laden Sie das PHP-Skript *writeData.php* und den Flash-Film auf Ihren Webserver, und öffnen Sie den Film im Browser. Schreiben Sie einen neuen Eintrag, und klicken Sie auf ABSCHICKEN. Sollte alles funktionieren, wird der Eintrag kurz darauf im oberen Bereich dargestellt. Sollte es einen Fehler geben (Error #2101), sollten Sie sowohl die Zugangsdaten als auch den Bezeichner der Datenbank und der Tabelle in den PHP-Skripts überprüfen. Für den Fall, dass keine Verbindung zur Datenbank hergestellt werden kann, wird der String »Verbindung konnte nicht hergestellt werden« an den Flash-Film übergeben. Das führt dann zu dem genannten Fehler.

Ergebnis der Übung:
17_PHP_MYSQL\Guestbook\guestbookFinal.fla

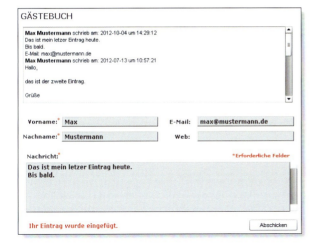

◄ **Abbildung 17.45**
Ein neuer Gästebucheintrag wurde vorgenommen.

Sicherheit

Beim Einsatz einer Datenbank sollten Sie sicherheitsrelevante Aspekte bedenken und berücksichtigen. Eine gängige Angriffstechnik ist die sogenannte *SQL-Injection*. Dabei werden Daten, die per GET oder POST an ein serverseitiges Skript übergeben werden, bewusst manipuliert, um vermeintlich gefährliche Steuerungsbefehle in den SQL-Querys zu integrieren.

Mögliche Angriffsziele von SQL-Injections sind z. B.:

▶ unberechtigter Zugriff auf Daten
▶ Veränderung von Daten der Datenbank
▶ Löschen von Daten der Datenbank

▶ Ändern von Benutzerdaten, z. B. um Root-Zugriff auf die Datenbank zu erhalten

Die wichtigste Maßnahme, um SQL-Injections zu verhindern, ist das Überprüfen der eingehenden Daten bzw. Variablen. Im Folgenden werden einige Lösungen gezeigt, wie Sie eingehende Daten überprüfen bzw. auf welche Weise Sie mit den Daten umgehen sollten:

▶ Datentypüberprüfung: Wenn Sie einen numerischen Wert erwarten, z. B. für eine ID, sollten Sie keine Stringwerte zulassen. Im Zweifelsfall können Sie den Wert einer Variablen über die Methode settype in einen int-Wert umwandeln:

```
$selectedID = settype($selectedID,int);
$sql_query = "SELECT * FROM $table WHERE
ID='$selectedID'";
```

▶ Backslashes entfernen: Ist die Option MAGIC_QUOTES in der PHP-Laufzeitumgebung aktiviert, werden alle Anführungszeichen automatisch mit einem Backslash maskiert. So wird aus 'Max' automatisch \'Max\'. Da die Daten in die Datenbank eingefügt werden sollen und eine eigene Maskierung (Escaping) erfordern, sollten Sie diese Backslashes entfernen. Anderenfalls führt dies zu fehlerhaften Zeichenketten. Um die Backslashes zu entfernen, können Sie die Methode strip_slashes wie folgt verwenden:

```
if(get_magic_quotes_gpc()) {
    $name = stripslashes($_POST['name']);
}
```

▶ SQL-Sonderzeichen entfernen: Grundsätzlich sollten Sie alle nicht numerischen Daten, die für ein SQL-Query verwendet werden, über die Methode mysql_real_escape_string escapen. Die Methode versieht spezielle SQL-Sonderzeichen mit einem Backslash. Das folgende Beispiel soll die potenzielle Gefahr verdeutlichen. Es liefert alle Datensätze eines Benutzers zurück. Die Filterung der Datensätze findet auf Basis des Benutzernamens und des Passworts statt:

```
<?php
    $sql_query = "SELECT * FROM users WHERE
    user='{$_POST['user']}' AND passwort='{$_POST
    ['passwort']}'";
```

```
    mysql_query($query);
?>
```

Der Wert der Variablen passwort könnte z. B. den Wert "' OR
''='" besitzen, wodurch jedes Passwort möglich wäre. Sie
sollten deshalb die per POST empfangenen Variablen zunächst
escapen:

```
<?php
    $user = mysql_real_escape_string($_POST['user']);
    $passwort = mysql_real_escape_string($_POST
    ['passwort']);
    $sql_query = "SELECT * FROM users WHERE user=
    '$user' AND passwort='$passwort'";
    mysql_query($query);
?>
```

Schritt für Schritt:
Gästebuch – SQL-Injections verhindern

In diesem Workshop erfahren Sie, wie Sie das Gästebuch gegen
SQL-Injections schützen.

1   PHP-Skript öffnen
Öffnen Sie das PHP-Skript *17_PHP_MYSQL\Guestbook\writeData_
original.php*.

   Fügen Sie nach der include-Anweisung in Zeile 3 folgenden
Code ein:

*17_PHP_MYSQL\Guestbook\
writeData_original.php*

```
3:    function secureData($value) {
4:        if(get_magic_quotes_gpc()) {
5:            $value = stripslashes($value);
6:        }
7:        $value = mysql_real_escape_string($value);
8:        return $value;
9:    }
```

2   Funktion definieren
Die Funktion secureData erwartet einen Stringwert. In Zeile 2
wird geprüft, ob die Option MAGIC_QUOTES der PHP-Laufzeitumgebung aktiviert ist. Über die Methode strip_slashed werden
die Backslashes aus dem jeweiligen Stringwert entfernt. Anschließend werden über die Methode mysql_real_escape_string die

SQL-Sonderzeichen mit einem Backslash maskiert, wodurch die Ausführung von potenziell gefährlichem Code verhindert wird.

3   Werte an Funktion übergeben

Ändern Sie die Zeile 15 bis 18 dann wie folgt:

```
14:   $vorname = secureData($_POST['vorname']);
15:   $nachname = secureData($_POST['nachname']);
16:   $email = secureData($_POST['email']);
17:   $web = secureData($_POST['web']);
18:   $msg = secureData($_POST['msg']);
```

Jede Variable, die über POST an das Skript übergeben wurde, wird an die Funktion secureData weitergereicht, die den überprüften bzw. angepassten Stringwert wieder zurückgibt.

4   Fertig!

Damit sind die sicherheitsrelevanten Änderungen fertiggestellt.

Datensätze aktualisieren

SQL-Injection möglich

Auch bei einer Aktualisierung von Datensätzen ist eine SQL-Injection möglich. Wenden Sie auf alle Daten die im vorangegangenen Workshop beschriebenen Techniken an.

Über die SQL-Anweisung UPDATE können Sie vorhandene Datensätze aktualisieren. Die formelle Syntax des Befehls lautet wie folgt:

```
UPDATE tabelle SET spaltenname=wert,[spaltenname=w
ert],[...,...] WHERE bedingung LIMIT anzahl
```

Folgende Beispiele dazu:

▶ Dem Feld vorname wird der Wert der Variablen $vorname an der Stelle zugewiesen, an der das Feld id den Wert 1 besitzt:

```
$sql_query = "UPDATE $table SET vorname='$vorname'
WHERE id= 1";
```

▶ Die Werte aller Felder id werden um 10 erhöht:
```
$sql_query = "UPDATE $table SET id = id+10";
```
▶ Die Werte der Felder vorname, nachname und msg werden an den Stellen, an denen das Feld id einen Wert, der größer als 10 ist, durch entsprechende Werte ersetzt:

```
$sql_query = "UPDATE $table SET vorname='$vorname',
nachname='$nachname',msg='$msg' WHERE id >10";
```

Kapitel 18

XML

XML (»Extensible Markup Language«, also »erweiterbare Auszeichnungssprache«) ist nicht nur im Internet inzwischen zu einem der bedeutendsten Datenformate geworden, um hierarchisch strukturierte Daten abzubilden und zwischen verschiedenen Anwendungen auszutauschen. In diesem Kapitel lernen Sie den Umgang mit XML in ActionScript 3 kennen. Sie werden hier erfahren, wie Sie XML-Daten erstellen, laden, verändern, sortieren und speichern können.

18.1 XML definieren

Seit es ActionScript 3 gibt, lassen sich XML-Daten nativ über E4X (ECMAScripts for XML) verarbeiten. Die Referenzierung sowie die Bearbeitung von XML-Daten sind gegenüber Vorgängerversionen von ActionScript 3 deutlich einfacher.

Die Erstellung einer XML-basierten Datenstruktur in Action-Script 3 ist sehr einfach. Das folgende Beispiel zeigt einen Auszug von XML-Daten eines Adressbuchs in ActionScript 3:

```
var xml:XML =
<adressbuch>
    <item>
        <name>John</name>
        <nachname>Smith</nachname>
    </item>
    <item>
        <name>Jim</name>
        <nachname>Schmidt</nachname>
    </item>
</adressbuch>;
```

Die XML-Struktur besitzt einen sogenannten Wurzelknoten (auch als Wurzelelement bezeichnet) adressbuch, der mehrere Unter-

Nativ

Nativ (lat. »angeboren«) lässt sich auch mit »natürlich« oder »unverändert« umschreiben. Ein natives Datenformat ist das von einer Anwendung bevorzugte Format, da zur Bearbeitung keinerlei Umwandlung notwendig ist.

Web 2.0 und XML

Viele der sogenannten Web 2.0-Dienste wie Flickr, Google-Maps, del.icio.us, Twitter etc. bieten APIs an, um ihre Dienste mit selbst erstellten GUIs verwalten zu können. Die meisten Dienste bieten dazu Schnittstellen an, deren Datenaustauschformat XML oder eine Erweiterung dessen ist. Mit XML und ActionScript 3 steht Ihnen eine vielfältige Welt von Einsatzmöglichkeiten offen.

Daten in UTF8

XML-Dokumente bestehen aus Textzeichen und sind mit beliebigen Texteditoren lesbar und editierbar. Wenn Sie ein externes XML-Dokument für den Einsatz in Flash erstellen, sollten Sie darauf achten, dass das Dokument UTF8-kodiert wird. Zu diesem Zweck sollten Sie einen Editor verwenden, der UTF8 unterstützt (Näheres dazu siehe Kapitel 16, »Dynamischer Text«).

knoten (Elemente) `item` besitzt, die ihrerseits wiederum sogenannte Textknoten `name` und `nachname` als Unterknoten besitzen. Um beispielsweise auf den Inhalt des ersten Textknotens `name` zuzugreifen, können Sie folgenden Code verwenden:

```
trace(xml.item.name[0].text());
```

Dabei gibt Ihnen die Referenz `xml.item.name` eine Liste zurück, aus der Sie, wie bei einem indizierten Array, über einen Index auf das jeweilige Element zugreifen können. Mithilfe der Methode `text ()` greifen Sie auf den Inhalt des Knotens zu. Um beispielsweise den zweiten Nachnamen abzufragen, verwenden Sie demzufolge folgenden Code:

```
trace(xml.item.nachname[1].text());
```

Beachten Sie, dass Sie bei der Referenzierung den Wurzelknoten, hier `<adressbuch>`, nie selbst explizit angeben müssen.

XML-Attribute | Neben sogenannten Knoten und Textknoten gibt es sogenannte Attribute, die Sie einem Knoten zuweisen können. Dazu folgendes Beispiel:

```
var xml:XML =
<adressbuch>
    <item id="0">
        <name>John</name>
        <nachname>Smith</nachname>
    </item>
    <item id="1">
        <name>Jim</name>
        <nachname>Schmidt</nachname>
    </item>
</adressbuch>;
```

Mehrere Attribute

Ein Knoten kann grundsätzlich beliebig viele Attribute besitzen. Im folgenden Beispiel besitzt der Knoten `entry` die Attribute `id` und `date`:

```
var xml:XML =
<guestbook>
<entry id="0"
date="22.10.08">
<name>John</name>
<nachname>Smith</nachname>
<msg>Blindtext...</msg>
</entry>
</guestbook>;
```

Um beispielsweise jeden Eintrag eindeutig identifizieren zu können, weisen Sie jedem Eintrag einen eindeutigen Index zu. Um auf den Wert eines Attributs zuzugreifen, verwenden Sie das @-Zeichen. Angenommen, Sie möchten den Wert des Attributs `id` des ersten Eintrags abfragen, dient Ihnen dazu folgender Code:

```
trace(xml.item[0].@id);
```

Bei einer komplexeren XML-Struktur mit vielen strukturellen Verschachtelungen ist es sehr umständlich, ein Attribut zu referenzieren, das zu einem Element gehört, das am Ende der Hierarchie steht. Angenommen, Sie haben ein XML-Dokument wie das folgende:

```
var xml:XML =
<products>
    <item>
        <info>
            <title></title>
            <desc image="3536587365.jpg"></desc>
        </info>
        <price>
            <de></de>
            <us></us>
        </price>
    </item>
</products>;
```

Um nun auf den Wert des Attributs image zugreifen zu können, verwenden Sie folgenden Code:

```
trace(xml.item[0].info.desc.@image);
```

Einfacher können Sie durch zwei Punkte .. auf ein beliebig untergeordnetes Element eines Elements zugreifen:

```
trace(xml.item[0]..@image);
```

Die zwei Punkte sind Platzhalter für beliebige Elemente, die nach dem item-Element folgen. Dadurch dass Sie hier den Index 0 verwendet haben, erhalten Sie jetzt auch den Wert des Attributs des ersten Eintrags.

18.2   XML-Dokument laden

Sie haben jetzt bereits gelernt, wie Sie XML-Daten in ActionScript 3 erstellen und wie Sie auf Textknoten und Attribute zugreifen können. In den meisten Fällen werden XML-Dokumente aus anderen Quellen geladen und dann weiterverarbeitet. Um ein XML-Dokument zu laden, benötigen Sie ein Objekt der URLLoader-

XML ist ein Datenformat.
Die Grundidee von XML ist, Daten und deren Darstellungsweise voneinander zu trennen. So bestehen XML-Daten im Idealfall nur aus Daten ohne Formatierungen. In der Praxis ist es jedoch auch häufig notwendig, Formatierungen wie z. B. HTML-Tags zu integrieren.

[XML-Parser]
Programme oder APIs (Application Programming Interface), die XML-Daten auslesen und interpretieren, werden als XML-Parser bezeichnet. Überprüft der XML-Parser die XML-Daten auf ihre Gültigkeit (Wohlgeformtheit), handelt es sich um einen validierenden Parser. Im Gegensatz zu früheren Versionen ist der XML-Parser in ActionScript 3 als ein validierender Parser zu bezeichnen, da er beispielsweise überprüft, ob Elemente richtig geschlossen werden. Bevor Sie XML-Daten mit ActionScript laden und verarbeiten, sollten Sie sicherstellen, dass die XML-Daten wohlgeformt sind. Anderenfalls kann es bei der Verarbeitung zu Fehlern kommen.

Caching verhindern

Wenn Sie sicherstellen möchten, dass das XML-Dokument nicht zwischengespeichert (gecachet) wird, können Sie einen Zeitstempel definieren und als URL-Parameter an die URL anhängen. Dazu folgendes Beispiel:

```
var myDate:Date = new
Date();
var timestamp:Number =
myDate.getTime();
var myRequest:URLRequest =
new URLRequest("data.
xml?"+timestamp);
```

[Anmerkungen]

Damit Sie auch außerhalb der Ereignisprozedur auf die XML-Daten zugreifen können, wird in diesem Beispiel zunächst außerhalb der Ereignisprozedur die Variable `myXML` definiert.

Die Ereignisprozedur `completeHandler` weiß nicht, dass es sich bei den Daten des Objekts (`e.target.data`) um XML-Daten handelt. Um eine Fehlermeldung zu vermeiden, werden die Eingangsdaten entsprechend gecastet, d. h., dem Compiler wird explizit vorgegeben, dass es sich bei den empfangenden Daten um XML-Daten handelt.

Klasse. Zunächst müssen Sie dazu ein `URLLoader`-Objekt und ein `URLRequest`-Objekt initialisieren:

```
var myLoader:URLLoader = new URLLoader();
var myRequest:URLRequest = new URLRequest("data.xml");
```

Anschließend können Sie das XML-Dokument über die Methode `load` des `URLLoader`-Objekts laden:

```
myLoader.load(myRequest);
```

Damit Sie auf die Daten zugreifen können, sobald das Dokument vollständig geladen wurde, wird ein Ereignis-Listener am `Loader`-Objekt registriert und eine Ereignisprozedur wie folgt definiert:

```
var myXML:XML = new XML();
myLoader.addEventListener(Event.COMPLETE,
completeHandler);
function completeHandler(e:Event):void {
    myXML = XML(e.target.data);
}
```

Jetzt können Sie, wie zuvor beschrieben, auf die Daten des XML-Objekts `myXML` zugreifen.

Cross-Domain-Policy

Aus Sicherheitsgründen verbietet Flash die Nutzung von externen Daten, z. B. einem XML-Dokument, von fremden Servern außerhalb der eigenen Domain. Wenn Sie ein XML-Dokument von einer anderen Domain laden möchten und Zugriff auf den Server haben, können Sie eine sogenannte CrossDomain-Policy einrichten, um den Zugriff ausdrücklich zu erlauben.

Dabei handelt es sich um ein XML-Dokument, in dem festgelegt wird, welche Domain auf die Inhalte zugreifen darf. Angenommen, Sie möchten von einem Flash-Film, der auf der Domain A liegt, auf ein XML-Dokument, das auf Domain B liegt, zugreifen. Dazu sollten Sie in dem Verzeichnis, in dem das XML-Dokument liegt, auf Domain B ein XML-Dokument *crossdomain.xml* mit folgendem Inhalt erstellen:

```
<?xml version="1.0"?>
<cross-domain-policy>
<allow-access-from domain="www.domainA.de" />
</cross-domain-policy>
```

Möchten Sie den Zugriff auf eine beliebige Subdomain der Domain A erlauben, verwenden Sie dazu ein * wie folgt:

Cross-Domain-Policy (Forts.)

```
<?xml version="1.0"?>
<cross-domain-policy>
<allow-access-from domain="*.domainA.de" />
</cross-domain-policy>
```

In wenigen Fällen, wie z. B. bei RSS-Feeds, haben Sie keinen Zugriff auf den Server. Wenn Sie jedoch die Zusage des Urhebers haben, die Inhalte selbst nutzen zu dürfen, können Sie in einem solchen Fall ein serverseitiges Skript verwenden, das das Laden des XML-Dokuments übernimmt. Wie das funktioniert, wird später noch erläutert.

Wohlgeformtheit

Ein XML-Dokument wird als *wohlgeformt* bezeichnet, wenn es sämtliche XML-Regeln berücksichtigt. Dazu gehören u. a.:

▶ Ein XML-Dokument besitzt einen einzigen Wurzelknoten.
▶ Es wird zwischen Groß- und Kleinschreibung unterschieden (`<item>...</Item>` ist ungültig).
▶ Attributwerte werden immer in Anführungszeichen gesetzt (`<item id="0"/>`).
▶ Alle Elemente besitzen einen Beginn- und End-Tag (z. B. `<item>...</item>` oder `<item id="0"/>`).
▶ Ein Element darf keine gleichnamigen Attribute besitzen. Eine hierarchisch korrekte Verschachtelung muss eingehalten werden. Die folgende Verschachtelung wäre beispielsweise ungültig: `<itemA><itemB></itemA></itemB>`.

[Tipp: Validierung]
Einige Editoren wie z. B. Dreamweaver bieten eine Funktion an, um XML-Dokumente auf ihre Wohlgeformtheit hin zu überprüfen. In Dreamweaver finden Sie die Funktion unter DATEI • ÜBERPRÜFEN • ALS XML. Alternativ können Sie ein XML-Dokument auch über einen Service von Validome unter *www.validome.org/xml* überprüfen.

Kommentare

Kommentare sind in XML-Dokumenten ebenso wie in vielen Skriptsprachen möglich. Mithilfe von Kommentaren können Sie beispielsweise für andere erläutern, welche Daten ein Textknoten oder ein Attribut enthalten soll. In XML werden Kommentare beispielsweise wie folgt gekennzeichnet:

```
...
<!- Textinhalt eines Gästebucheintrags-->
<msg>Blindtext ...</msg>
...
```

Standardmäßig besitzt die Eigenschaft `ignoreComments` der XML-Klasse den Wert `true`, was dazu führt, dass Kommentare beim Parsen ignoriert bzw. entfernt werden. Wenn Sie Kommentare in XML-Dokumenten auch in ActionScript 3 referenzieren möchten,

Zugriff auf Kommentare

Über die Methode comments eines XML-Objekts können Sie eine Liste (XMLList) erhalten, mit deren Hilfe Sie, ähnlich wie bei einem indizierten Array, über einen Index auf die Kommentare zugreifen können. Folgendes Beispiel gibt den ersten Kommentar des item-Elements aus:

```
XML.ignoreComments = false;
var xml:XML =
<products>
<item>
<!-- Kommentar 1 -->
<!-- Kommentar 2 -->
</item>
</products>;
trace(xml.item[0].
comments()[0]);
```

[ignoreWhitespace]

In ActionScript 2 war es üblich, die Eigenschaft ignoreWhitespace eines XML-Objekts auf true zu setzen, sodass Leerzeichen zwischen Knoten nicht als eigene Knoten interpretiert wurden. Dies ist in ActionScript 3 nicht mehr notwendig, da die Eigenschaft ignoreWhitespace der XML-Klasse standardmäßig den Wert true besitzt.

müssen Sie die Eigenschaft der XML-Klasse vor dem Parsen auf false setzen:

```
XML.ignoreComments = false;
var myXML:XML = new XML();
```

Anzahl von Elementen

Über die Methode length können Sie feststellen, wie viele Elemente vorhanden sind. Angenommen, Sie haben folgende XML-Struktur vorliegen:

```
var xml:XML =
<adressbuch>
    <item>
        <name>Jim</name>
    </item>
    <item>
        <name>Max</name>
    </item>
    <item>
        <name>John</name>
    </item>
</adressbuch>;
```

Um festzustellen, wie viele item-Elemente es gibt, können Sie folgenden Code nutzen:

```
trace(xml.item.length());
```

Das ist beispielsweise dann nützlich, wenn Sie mittels einer for-Schleife alle Elemente referenzieren möchten. Im folgenden Beispiel werden alle Namen der zuvor genannten XML-Struktur dem Array names_arr zugewiesen:

```
var arr_names:Array = new Array();
for(var i:uint = 0;i<xml.item.length();i++) {
    arr_names.push(xml.item[i].name.text());
}
trace(arr_names);
```

Daten filtern

Bei der Verarbeitung von XML-Daten ist es häufig notwendig, XML-Daten nach bestimmten Kriterien zu filtern, um eine selektive Auswahl durchzuführen. In XML können Sie nach bestimmten Elementen, die beispielsweise bestimmte Attribute besitzen, suchen, um nur diese weiterzuverarbeiten. Angenommen, Sie besitzen ein XML-Dokument mit folgendem Aufbau:

```
var xml:XML =
<products>
    <item>
        <name typ="Obst">Äpfel</name>
    </item>
    <item>
        <name typ="Gemüse">Bohnen</name>
    </item>
    <item>
        <name typ="Obst">Bananen</name>
    </item>
</products>;
```

Eventuell möchten Sie nur die Namen der Elemente herausfinden, deren Attribute den Wert »Obst« besitzen:

```
trace("Obst: "+xml.item.(name.@typ == "Obst").name.
text());
```

Die Ausgabe wäre dann:

```
Obst: ÄpfelBananen
```

In der Regel möchte man dann natürlich auf die einzelnen Werte zugreifen und keine aneinandergereihte Ausgabe erhalten. An dieser Stelle bietet sich der Einsatz eines XMLList-Objekts an. Ein XMLList-Objekt besitzt nahezu dieselben Eigenschaften und Methoden wie ein XML-Objekt. Zunächst werden die Elemente referenziert und einem XMLList-Objekt zugewiesen:

XMLList

Ein XMLList-Objekt besitzt Methoden und Eigenschaften, um mit einem oder mehreren XML-Elementen zu arbeiten.

```
var myList:XMLList = xml.item.(name.@typ == "Obst").
name;
```

Anschließend können Sie die einzelnen Elemente mithilfe einer for-Schleife wie folgt ausgeben:

```
for(var i:uint = 0;i<myList.length();i++) {
    trace(myList[i]);
}
```

RSS

RSS steht für »Really Simple Syndication«, was ins Deutsche übersetzt in etwa »sehr einfache Verbreitung« bedeutet. RSS bietet die Möglichkeit, mediale Inhalte mittels sogenannter RSS-Feeds bereitzustellen. Viele Nachrichtendienste wie beispielsweise Spiegel-Online, Google-News und Golem bieten RSS-Feeds an. RSS-Feeds werden häufig auch in Blogs und Firmenseiten zur Verbreitung der neuesten Beiträge bzw. Unternehmensmeldungen zur Verfügung gestellt. Technisch gesehen sind RSS-Feeds nichts anderes als XML-Dokumente, die nach einem vorgegebenen Schema aufgebaut sind. RSS-Feeds können nicht nur mit RSS-Clients abonniert und auf dem eigenen System gelesen, sondern auch in die eigene Webseite integriert werden. Ein RSS-Feed sorgt automatisch für aktuelle Inhalte und bietet Ihren Besuchern die neuesten Informationen zu einem von Ihnen ausgewählten Thema. Zurzeit werden RSS-Feeds in den Spezifikationen 0.91 bis 2.0 angeboten. Darüber hinaus werden häufig auch sogenannte ATOM- oder OPML-Feeds zur Verfügung gestellt, die demselben Zweck dienen und ebenfalls auf XML basieren, allerdings nicht kompatibel mit RSS selbst sind.

Schritt für Schritt:
RSS-Feed einlesen und Daten des Feeds in Flash darstellen

In diesem Workshop lernen Sie, wie Sie einen RSS-Feed mit der Spezifikation 2.0 laden und die Daten in Flash ausgeben können.

1   Flash-Film erstellen und Komponente einfügen

Erstellen Sie einen neuen Flash-Film, und nennen Sie die bereits vorhandene Ebene »Actions«. Für die Ausgabe des RSS-Feeds wird eine TextAREA-Komponente verwendet. Damit ein Objekt der TextAREA-Klasse über ActionScript instantiiert werden kann, müssen Sie zunächst die Komponente in der Bibliothek des Flash-Films einfügen. Ziehen Sie dazu die TextAREA-Komponente aus dem Komponenten-Fenster auf die Bühne, und entfernen Sie die Komponenteninstanz wieder von der Bühne. Die Komponente bleibt in der Bibliothek erhalten.

▲ **Abbildung 18.1**
Die Bibliothek des Flash-Films

2   RSS-Feed öffnen

Öffnen Sie den RSS-Feed von Golem, *http://rss.golem.de/rss. php?feed=RSS2.0*, zunächst im Browser, und schauen Sie sich den Quellcode an, um einen Eindruck von der XML-Struktur zu be-

kommen. Im Firefox-Browser klicken Sie dazu auf Ansicht • Sei-
tenquelltext anzeigen.

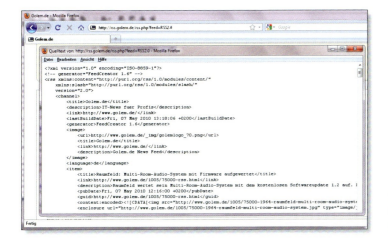

◄ **Abbildung 18.2**
Quelltext des RSS-Feeds im
Firefox-Browser

3   RSS-Feed laden

Wechseln Sie zurück zu Flash, wählen Sie das erste Schlüsselbild
auf der Ebene »Actions« aus, und weisen Sie ihm zunächst folgenden Code zu:

```
1:    import flash.events.Event;
2:    import flash.display.Sprite;
3:    import flash.text.*
4:    import fl.controls.*;
5:    var feedData:XML;
6:    function init():void {
7:        var myLoader:URLLoader = new URLLoader();
8:        var myRequest:URLRequest = new URLRequest
          ("http://rss.golem.de/rss.php?feed=RSS2.0");
9:        myLoader.load(myRequest);
10:       myLoader.addEventListener(Event.COMPLETE,
          feedLoaded);
11:       myLoader.addEventListener(IOErrorEvent.
          IO_ERROR,ioErrorHandler);
12:   }
13:   function ioErrorHandler(e:Event):void {
14:       trace("IO-ERROR");
15:   }
16:   function feedLoaded(e:Event):void {
17:       feedData = XML(e.currentTarget.data);
18:       renderFeed();
19:   }
```

Nach dem Import der benötigten Klassen bzw. Klassen-Pakete (Zeile 1 bis 4) wird ein XML-Objekt initialisiert, dem später die Daten des RSS-Feeds zugewiesen werden. Die folgende Funktion `init` lädt den RSS-Feed über ein `URLLoader`-Objekt und sorgt dafür, dass die Funktion `feedLoaded` aufgerufen wird, sobald der RSS-Feed vollständig geladen wurde.

Sobald der Feed geladen wurde, werden die Daten des Feeds dem XML-Objekt `feedData` zugewiesen (Zeile 17), und die Funktion `renderFeed` wird aufgerufen.

4   Die Ausgabe des RSS-Feeds

Ergänzen Sie den Code nun um folgende Zeilen:

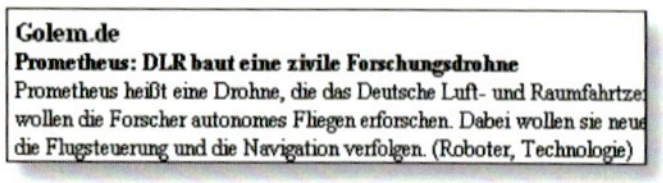

▲ **Abbildung 18.3**
Der Header des RSS-Feeds

```
1:   function renderFeed():void {
2:       var myText:TextArea = new TextArea();
3:       myText.wordWrap = true;
4:       myText.setSize(stage.stageWidth-20,
         stage.stageHeight-20);
5:       var feedTitle:String = feedData.channel.title;
6:       myText.htmlText = "<font size='14'><b>" +
         feedTitle + "</b></font>";
7:       for (var i:uint = 0; i<feedData.channel.item.
         length(); i++) {
8:           var itemTitle:String = feedData.channel.
             item[i].title;
9:           var itemDesc:String = feedData.channel.
             item[i].description;
10:          myText.htmlText +=  "<b>" + itemTitle +
             "</b>";
11:          myText.htmlText +=  itemDesc;
12:      }
13:      addChild(myText);
14:  }
15:  init();
```

In der Funktion `renderFeed` wird zunächst eine TEXTAREA-Instanz »myText« initialisiert. Die Eigenschaft `wordWrap` wird auf `true` gesetzt, um den automatischen Zeilenumbruch zu aktivieren. Über die Methode `setSize` wird die Größe der Komponenteninstanz auf Basis der Bühnenbreite und Bühnenhöhe festgelegt (Zeile 4). Der Titel des Golem-Feeds wird in Zeile 5 über `feedData.channel.title` referenziert und der Variablen `feedTitle` zugewiesen. In Zeile 6 wird der Titel dann, fett gesetzt, der TEXTAREA-Komponente als HTML-Text zugewiesen.

Der RSS-Feed besitzt mehrere `item`-Knoten, die die jeweiligen Nachrichten des Feeds beinhalten. Der Titel und die Beschreibung der jeweiligen Nachricht werden mithilfe einer `for`-Schleife in Zeile 8 und 9 referenziert und den Variablen `itemTitle` und `itemDesc` zugewiesen. Anschließend wird der Text der TEXTAREA-Komponente jeweils durch den Titel und die Beschreibung der Nachricht ergänzt (Zeile 10 und 11). Der Titel der Nachricht wird dabei fett gesetzt. Nach dem Durchlaufen der `for`-Schleife wird die TEXTAREA-Komponenteninstanz zur Anzeigeliste der Bühne hinzugefügt (Zeile 13). In Zeile 15 wird zu Beginn die Funktion `init` aufgerufen, wodurch der RSS-Feed geladen wird.

5 **Fertig! Flash-Film testen**

Testen Sie den Flash-Film über ⌈Strg⌉+⌈↵⌉.

🖱 **Ergebnis der Übung:**
18_XML\RSS_Feed\rssFeed.fla

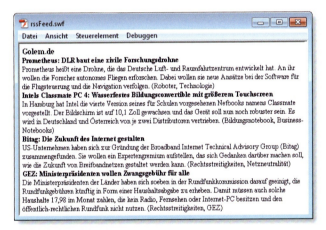

◄ **Abbildung 18.4**
Die Ausgabe des RSS-Feeds im Flash Player

Schritt für Schritt:
RSS-Feed serverseitig einlesen und an
den Flash-Film übergeben

In diesem Workshop wird erläutert, wie Sie mithilfe der serverseitigen Skriptsprache PHP ein RSS-Feed einlesen und dieses dann an den Flash-Film übergeben können. Dadurch wird die Einschränkung durch eine fehlende Cross-Domain-Policy umgangen. Sie sollten diese Methode nur verwenden, wenn Sie sicher sind, dass Sie den RSS-Feed auf diese Weise nutzen dürfen. Voraussetzungen für die Nutzung des PHP-Skripts ist ein Webserver mit PHP-Unterstützung. Zusätzlich wird vorausgesetzt, dass in der PHP-Umgebung Curl unterstützt wird. Die folgende Abbildung zeigt den grundlegenden Ablauf der Datenübertragung:

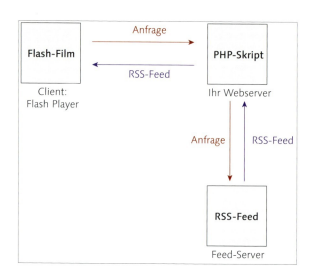

Abbildung 18.5 ▶
Der Ablauf der Datenübertragung

18_XML\RSS_Feed_
Crossdomain\proxy.php

1 PHP-Skript öffnen/speichern

Öffnen Sie das PHP-Skript *proxy.php* aus dem Verzeichnis *RSS_
Feed_Crossdomain*, und speichern Sie es in ein Verzeichnis ab. Das
Skript liest den RSS-Feed serverseitig ein und gibt ihn über die
Methode echo aus. In der zweiten Zeile des Skripts ist die Varia-
ble $url definiert. Falls Sie einen anderen Feed auslesen möch-
ten, ändern Sie den Wert der Variable entsprechend.

18_XML\RSS_Feed_
Crossdomain\rssFeed_01.fla

2 Den Flash-Film anpassen

Öffnen Sie den Flash-Film *rssFeed_01.fla* aus dem Verzeichnis
RSS_Feed_Crossdomain, wählen Sie das erste Schlüsselbild aus,
und öffnen Sie das Fenster AKTIONEN. In diesem Beispiel soll der
RSS-Feed nicht mehr direkt geladen werden. Die Zeile (9) wird
von …

```
var myRequest:URLRequest=new URLRequest("http://rss.
golem.de/rss.php?feed=RSS2.0");
```

… in …

```
var myRequest:URLRequest=new URLRequest("proxy.php");
```

… geändert.

Ergebnis der Übung:
18_XML\RSS_Feed_Crossdomain\
rssFeed_02.fla

3 Speichern, veröffentlichen und auf den Webserver laden

Speichern und veröffentlichen Sie den Flash-Film in dem Verzeichnis, in dem auch das PHP-Skript liegt, und laden Sie beides
auf Ihren Webserver hoch. Trotz fehlender Cross-Domain-Policy

auf dem Server kann der RSS-Feed jetzt von Ihrer Domain eingelesen werden.

◀ **Abbildung 18.6**
Auch vom Webserver einer
anderen Domain lässt sich der
RSS-Feed jetzt laden.

18.3 Formatierungen in XML

In der Praxis werden Texte und Pfade zu anderen Inhalten einer
Webseite oder einer Anwendung häufig in XML-Dokumenten
abgelegt. Ein sinnvolles Anwendungsbeispiel wäre beispielsweise
eine mehrsprachige Webseite, deren Sprache per Mausklick geändert werden kann. Der Betreiber der Seite möchte die Texte
der Webseite selbst bearbeiten können. XML wäre in einem solchen Fall eine geeignete Datenquelle, da XML-Dateien in jedem
beliebigen Editor bearbeitet werden können. Wechselt der Besucher die Sprache, wird per Mausklick dann einfach ein anderes
XML-Dokument geladen, das dann die Texte der gewählten Sprache beinhaltet. Wenn der Betreiber der Webseite die Texte selbst
auch noch formatieren möchte, ist es sinnvoll, Formatierungen
über HTML der Texte einzuplanen. Wie sich HTML-Formatierungen in Texten, die als XML abgespeichert werden, integrieren lassen, erfahren Sie im folgenden Abschnitt.

CDATA | Ohne Weiteres können Sie keine HTML-Formatierun-
gen in einen Text eines XML-Knotens integrieren, da HTML-Tags
als XML-Tags interpretiert werden. Dazu ein einfaches Beispiel.
Nehmen Sie folgenden XML-Knoten an:

```
<text>Dies ist ein <b>fett gedruckter Text</b></text>
```

[CDATA]

CDATA steht für »Character Data«. Ein Text, der als CDATA gekennzeichnet wird, wird von Parsern wie dem XML-Parser in ActionScript als reiner Text und nicht als Markup interpretiert. Die Verwendung von CDATA ist bei XML dann sinnvoll, wenn Sie beispielsweise HTML-Formatierungen in den Text aufnehmen möchten.

Eine solche Formatierung ist nicht ohne Weiteres zulässig, da der XML-Parser davon ausgeht, dass es sich bei <b> um einen XML-Knoten und nicht um eine HTML-Formatierung handelt. Um dennoch HTML-Formatierungen in Textknoten integrieren zu können, gibt es die Möglichkeit, den Inhalt eines Knotens mit CDATA als nicht zu interpretierende Markup oder anders formuliert als reinen Text zu kennzeichnen. Dazu würden Sie den Inhalt des Knotens wie folgt ändern:

```
<text><![CDATA[Dies ist ein <b>fett gedruckter Text</b>
]]></text>
```

Sie müssen also sicherstellen, dass der Inhalt jedes Knotens, in dem Sie HTML-Formatierungen verwenden möchten, durch <![CDATA[und]]> eingeschlossen wird. Wie sich dies in der Praxis anwenden lässt, zeigt der folgende Workshop.

Schritt für Schritt:
HTML-Formatierungen in XML-Knoten integrieren

1   XML-Dokument erstellen

In diesem Workshop wird erläutert, wie Sie HTML-Formatierungen in XML-Knoten integrieren können, wie Sie ein solches XML-Dokument laden und den Text in einem HTML-Textfeld in Flash ausgeben.

Erstellen Sie in einem Projektverzeichnis ein neues XML-Dokument *data.xml* mit folgendem Inhalt:

18_XML\HTML_Formatierungen\data.xml

```
<?xml version="1.0" encoding="utf-8" ?>
<data>
   <item>
      <content><![CDATA[<font size="18" color="0xFF0000">
      <b>Hinter den Wortbergen</b><br/></font>Weit
      hinten, hinter den Wortbergen, <b>fern der
      Länder Vokalien und Konsonantien</b> leben
      die Blindtexte. Abgeschieden wohnen Sie in
      Buchstabhausen an der Küste des Semantik,
      eines großen Sprachozeans. Ein kleines Bächlein
      namens Duden fließt durch ihren Ort und
      versorgt ...]]></content>
   </item>
</data>
```

2 | **Flash-Film erstellen**

Erstellen Sie einen neuen Flash-Film *loadHTMLData.fla* im Projektverzeichnis.

18_XML\HTML_
Formatierungen\loadHTMLData.fla

3 | **XML-Dokument laden**

Nennen Sie die bereits vorhandene Ebene »Actions«, und weisen Sie dem ersten Schlüsselbild der Ebene zunächst folgenden Code zu:

```
var xml:XML;
function loadXML():void {
    var myLoader:URLLoader = new URLLoader();
    var myRequest:URLRequest=new URLRequest("data.xml");
    myLoader.load(myRequest);
    myLoader.addEventListener(Event.COMPLETE,
    xmlLoaded);
}
function xmlLoaded(e:Event):void {
    xml=XML(e.target.data);
    displayOutput();
}
loadXML();
```

4 | **Text ausgeben**

Ergänzen Sie den Code um folgende Zeilen:

```
function displayOutput():void {
    var t:TextField = new TextField();
    t.width = 300;
    t.multiline = true;
    t.wordWrap = true;
    t.htmlText = xml.item[0].content;
    addChild(t);
}
```

▲ **Abbildung 18.7**
Die Ausgabe des HTML-formatierten Textes in Flash

5 | **Fertig! Flash-Film testen**

Testen Sie den Flash-Film über Strg + ↵ .

18.4 XML bearbeiten

Sowohl geladene als auch in ActionScript erzeugte XML-Strukturen lassen sich auf unterschiedliche Art und Weise bearbeiten.

[!] **Datentyp eines Textknotens**
Der Datentyp des Inhalts eines Textknotens ist immer vom Typ `String`, auch dann, wenn es sich um eine Zahl handelt. Wenn Sie einen String, der aus einer XML stammt, beispielsweise für eine Berechnung nutzen möchten, sollten Sie im Zweifelsfall den Wert ausdrücklich vorher in einen Datentyp wie z. B. `Number` umwandeln. Beispiel:

```
var result:Number =
Number(xml.item[0].@id)+5;
trace(result);
```

Hinweis
Beachten Sie, dass hier über den Index (0) auf das erste `item`-Element zugegriffen wird. In diesem Beispiel wird zur Referenzierung nicht der Wert des Attributs `id` verwendet, sondern der Index.

Elementwerte ändern

Das Ändern von einzelnen Werten von XML-strukturierten Inhalten ist ähnlich einfach und unkompliziert wie die Ermittlung des Werts eines Elements oder Attributs. Wenn Sie den Wert eines Textknotens ändern möchten, können Sie diesen, wie zuvor bereits beschrieben, sehr einfach referenzieren und dem Element einen neuen Wert zuweisen. Angenommen, es liegt folgende XML-Struktur vor:

```
var xml:XML =
<adressbuch>
    <item id="0">
        <name>Jim</name>
        <nachname>Schmidt</nachname>
    </item>
</adressbuch>;
```

Um beispielsweise den Wert des Textknotens `name` zu ändern, verwenden Sie folgenden Code:

```
xml.item[0].name="Johnny";
```

Auf dieselbe Weise können Sie auch Werte von Attributen ändern. Der folgende Code ersetzt den aktuellen Wert des Attributs `id` durch 1:

```
xml.item[0].@id = "1";
```

Elemente hinzufügen

Um Elemente hinzuzufügen, stehen Ihnen unterschiedliche Methoden zur Verfügung, die im Folgenden erläutert werden. Zunächst können Sie über die Methode `appendChild` ein Element am Ende einer XML-Hierarchie hinzufügen. Angenommen, es liegt folgende XML-Struktur vor:

```
var xml:XML =
<adressbuch>
    <item >
        <name>Jim</name>
        <nachname>Schmidt</nachname>
    </item>
</adressbuch>;
```

Um dann beispielsweise ein neues `item`-Element inklusive der Unterelemente am Ende hinzuzufügen, definieren Sie zunächst ein neues XML-Objekt wie folgt:

```
var newNode:XML =
<item>
   <name>John</name>
   <nachname>Smith</nachname>
</item>
```

Anschließend hängen Sie das XML-Objekt `newNode` an das vorhandene XML-Objekt `xml` wie folgt an:

```
xml.appendChild(newNode);
```

Daraus resultiert dann das aktualisierte XML-Objekt `xml` mit folgender Struktur:

```
<adressbuch>
   <item>
     <name>Jim</name>
     <nachname>Schmidt</nachname>
   </item>
   <item>
     <name>John</name>
     <nachname>Smith</nachname>
   </item>
</adressbuch>
```

Möchten Sie für den Wert eines Elements den Wert einer Variable einsetzen, erreichen Sie dies, indem Sie den Variablenbezeichner in geschweifte Klammern { } schreiben:

```
var myPlace:String = "München";
var newNode:XML =
<wohnort>{myPlace}</wohnort>
xml.item[0].appendChild(newNode);
```

Wenn Sie ein neues Element vor ein bestimmtes Element einfügen möchten, können Sie dazu die Methode `prependChild` nutzen. Um beispielsweise einen neuen Textknoten `id` nicht hinter dem Element `nachname`, sondern vor dem Element `name` einzufügen, können Sie folgenden Code verwenden:

Untergeordneten Textknoten einfügen

Auf dieselbe Art und Weise können Sie natürlich jedem beliebigen Knoten auch einen untergeordneten Textknoten hinzufügen. Um beispielsweise unter dem ersten Element `item` einen neuen Textknoten `wohnort` hinzuzufügen, verwenden Sie folgenden Code:

```
var newNode:XML =
<wohnort>München</wohnort>
xml.item[0].appendChild
(newNode);
```

```
var newNode:XML =
<id>0</id>
xml.item[0].prependChild(newNode);
```

Attribut hinzufügen

Für das Hinzufügen eines neuen Attributs benötigen Sie keine spezielle Methode. Um beispielsweise im ersten Element item ein neues Attribut id mit dem Wert 0 einzufügen, verwenden Sie folgenden Code:

```
xml.item[0].@id="0";
```

Durch die Ihnen bereits bekannte Referenzierung können Sie so an jeder beliebigen Stelle einen neuen Knoten einfügen. Der folgende Code würde dazu führen, dass ein neuer Knoten owner vor dem ersten item-Element eingefügt wird:

```
var newNode:XML =
<owner>Max Mustermann</owner>
xml..prependChild(newNode);
```

Elemente entfernen

Es gibt verschiedene Techniken, um sowohl Textknoten als auch Attribute zu entfernen. Dabei ist die eigentliche Aufgabe, einen Knoten bzw. ein Attribut zu referenzieren. Entfernen können Sie den Knoten bzw. das Attribut dann über die Methode delete. Ausgangsbasis für dieses Beispiel ist folgende XML-Struktur:

```
var xml:XML =
<products>
    <item>
        <name typ="Obst">Äpfel</name>
    </item>
    <item>
        <name typ="Gemüse">Bohnen</name>
    </item>
    <item>
        <name typ="Obst">Bananen</name>
    </item>
</products>;
```

Wenn Sie beispielsweise das zweite item-Element entfernen möchten, nutzen Sie die Methode delete wie folgt:

```
delete xml.item[1];
```

Daraufhin wird das zweite item-Element inklusive des untergeordneten Knotens name aus der XML-Struktur entfernt.

Es kann vorkommen, dass Sie den Index eines Elements, das Sie entfernen möchten, nicht kennen. Sie kennen vielleicht jedoch den Wert des Elements, z. B. den Wert eines Textknoten und den

Wert des Attributs. Mithilfe der Methode `contains` können Sie feststellen, ob ein bestimmter Knoten einen bestimmten Wert enthält. Um beispielsweise festzustellen, ob der Wert des untergeordneten Knotens `name` des ersten `item`-Elements gleich `<name typ="Obst">Äpfel</name>` ist, verwenden Sie folgenden Code:

```
trace(xml.item[0].name.contains(<name
typ="Obst">Äpfel</name>));
```

Die Ausgabe wäre in diesem Fall gleich `true`. Angenommen, Sie haben folgende vereinfachte XML-Struktur:

```
var xml:XML =
<products>
<item>
<name>Äpfel</name>
</item>
<item>
<name>Bohnen</name>
</item>
<item>
<name>Bananen</name>
</item>
</products>;
```

Sie möchten das `item`-Element löschen, deren Unterknoten `name` den Wert »Bananen« besitzt. Dazu ließe sich eine `for`-Schleife nutzen, die jedes `item`-Element der XML-Struktur durchläuft und eine Referenzierung jedes Elements ermöglicht. Über die Methode `contains` können Sie dann leicht feststellen, welches untergeordnete Element den angegebenen Wert besitzt, und das übergeordnete `item`-Element dann entfernen:

```
for(var i:uint = 0;i<xml.item.length();i++) {
    if(xml.item[i].name.contains(<name>Bananen</name>)) {
        delete xml.item[i];
    }
}
```

Attribut löschen

Wenn Sie das Attribut `typ` des dritten `item`-Elements löschen wollen, verwenden Sie dazu folgenden Code:

```
delete xml.item[2].name.
@typ;
```

Alternative Abfrage

Sollte das Element `name` über ein Attribut verfügen, würde es nicht entfernt werden, wenn das Attribut bei der Abfrage nicht auch ausdrücklich angegeben wird. Alternativ können Sie die Abfrage auch wie folgt formulieren:

```
for (var i:uint = 0;
i<xml.item.length(); i++) {
  if (xml.item[i].name.
  text() == "Bananen") {
    delete xml.item[i];
  }
}
```

In diesem Fall würde das Element `<name>` mit dem Wert »Bananen« auch dann entfernt, wenn es ein Attribut besäße.

18.5   XML sortieren

Leider besitzt die XML-Klasse selbst keine Methode, die eine Sortierung von XML-Daten ermöglicht. Die Sortierung von XML-

Inhalten nach dem Inhalt eines Knotens oder eines Attributs ist jedoch eine Aufgabe, die häufig anfällt. Für die Sortierung einer XML-Struktur lässt sich eine eigene Hilfsfunktion erstellen, die diese Aufgabe übernimmt.

XML nach Knoten sortieren

Angenommen, Sie haben die folgende XML-Struktur vorliegen:

```
var xml:XML =
<products>
   <item>
      <order>2</order>
      <name>Äpfel</name>
   </item>
   <item>
      <order>0</order>
      <name>Bohnen</name>
   </item>
   <item>
      <order>1</order>
      <name>Bananen</name>
   </item>
</products>;
```

Und angenommen, Sie möchten die Inhalte der XML-Struktur nach dem Wert des Knotens order sortieren. Dazu können Sie folgende Funktion nutzen:

```
function sortXMLByNode(xml:XML):XML {
   var xmlArray:Array = new Array();
   var item:XML;
   var tempArray:Array = new Array();
   for each (item in xml.children()) {
      tempArray.push( { data:item, order:Number(item.
      order) } );
   }
   tempArray.sortOn("order",Array.NUMERIC);
   var sortedXmlList:XMLList = new XMLList();
   for (var i:uint = 0; i < tempArray.length; i++) {
      sortedXmlList+=tempArray[i].data;
   }
   return xml.setChildren(sortedXmlList);
}
```

Die Funktion erwartet als Argument das XML-Objekt, das ihre XML-Daten repräsentiert. Die Funktion erzeugt anschließend ein Array, das für die Sortierung der Daten genutzt wird. Zunächst wird jedes Element der XML-Struktur dem Array als Feldwert zugewiesen. Jedem Feld wird neben dem Element selbst zusätzlich der Inhalt des Elements `item.order` zugewiesen. Anschließend wird das Array `tempArray` über die Methode `sortOn` nach dem Feld `order` sortiert. Zum Schluss wird dann mithilfe einer `for`-Schleife eine neue XML-Struktur (`sortedXmlList`) aufgebaut, die die sortierten Elemente beinhaltet. Diese sortierte XML-Struktur wird an den Funktionsaufruf zurückgegeben. Im Prinzip wird die XML-Struktur also zunächst in ein Array umgewandelt, das dann über die Methode `sortOn` der Array-Klasse sortiert werden kann.

Nach der Sortierung werden die sortierten Array-Inhalte wieder in eine XML-Struktur umgewandelt, die dann an den Funktionsaufruf zurückgegeben wird. Sie können die zuvor genannte XML-Struktur dann beispielsweise über folgenden Aufruf nach dem Inhalt des Knotens `order` wie folgt sortieren:

```
var result_xml:XML = sortXMLByNode(xml);
trace(result_xml);
```

Die Ausgabe des Beispiels lautet:

```
<products>
  <item>
    <order>0</order>
    <name>Bohnen</name>
  </item>
  <item>
    <order>1</order>
    <name>Bananen</name>
  </item>
  <item>
    <order>2</order>
    <name>Äpfel</name>
  </item>
</products>
```

Sortierungskriterium ändern
Wenn Sie eine XML-Struktur nach einem anderen Knoten sortieren möchten, müssen Sie die Zeile der Funktion

```
tempArray.push( { data:item,
order:Number(item.order) } );
```

entsprechend ändern.
In diesem Beispiel wird numerisch sortiert. Möchten Sie dies ändern, müssen Sie die entsprechende Option ändern, und zwar von

`Array.NUMERIC` in `Array.DESCENDING`.

*18_XML\XML_sortieren\
XML_nach_Knoten_sortieren.fla*

XML nach Attribut sortieren

Es kommt vor, dass Sie eine XML-Struktur nicht nach dem Inhalt eines Knotens, sondern nach dem Inhalt eines Attributs sortieren möchten. Dazu folgendes analoge Beispiel:

```
var xml:XML =
<products>
   <item order="2">
      <name>Äpfel</name>
   </item>
   <item order="0">
      <name>Bohnen</name>
   </item>
   <item order="1">
      <name>Bananen</name>
   </item>
</products>;
```

Um die XML-Struktur nach dem Wert des Attributs order zu sortieren, können Sie folgende Hilfsfunktion nutzen:

```
function sortXMLByAttribute(xml:XML):XML {
   var item:XML;
   var tempArray:Array = new Array();
   for each(item in xml.children()) {
      tempArray.push( { data:item, order:
      Number(item.@order) } );
   }
   tempArray.sortOn("order",Array.NUMERIC);
   var sortedXmlList:XMLList = new XMLList();
   for (var i:uint = 0 ; i < tempArray.length; i++) {
      sortedXmlList += tempArray[i].data;
   }
   return xml.setChildren(sortedXmlList);
}
```

18_XML\XML_sortieren
XML_nach_Attribut_sortieren.fla

Die Funktion sortXMLbyAttribute ist mit der zuvor beschriebenen Funktion sortXMLByNode nahezu identisch. Anstatt dem temporären Array tempArray den Wert des Knotens order als Feldwert zuzuweisen, wird dem Array hier jedoch der Wert des Attributs order als Feldwert zugewiesen. Sie können die XML-Struktur dann wie folgt nach dem Attribut sortieren:

```
var result_xml:XML = sortXMLByAttribute(xml);
trace(result_xml);
```

Das Ergebnis des Aufrufs lautet:

```
<products>
  <item order="0">
    <name>Bohnen</name>
  </item>
  <item order="1">
    <name>Bananen</name>
  </item>
  <item order="2">
    <name>Äpfel</name>
  </item>
</products>
```

18.6   XML speichern

In vielen Anwendungsfällen reicht es nicht aus, ein XML-Dokument nur zu laden und clientseitig zu verarbeiten. Häufig möchte man das veränderte XML-Dokument natürlich auch wieder speichern. Wenn Sie das XML-Dokument lokal auf Ihrem Rechner abspeichern möchten, können Sie dazu ab Flash Player 10 die FileReference-Klasse (siehe dazu Kapitel 19, »FileReference«) verwenden. In den meisten Fällen jedoch werden Sie das XML-Dokument auf dem Server abspeichern wollen. Dazu wird ein serverseitiges Skript benötigt. Wie Sie ein XML-Dokument in Flash laden, ändern und serverseitig abspeichern können, erfahren Sie im folgenden Workshop.

Schritt für Schritt:
XML-Dokument laden, ändern und mittels eines serverseitigen Skripts wieder speichern

Im folgenden Workshop wird erläutert, wie Sie ein Adressbuch auf XML-Basis entwickeln können. Das Adressbuch können Sie beispielsweise auf Ihrem Webserver installieren und unabhängig davon, wo Sie sich befinden, darauf zugreifen. Voraussetzung ist ein Webserver mit PHP-Unterstützung.

1   **Flash-Film öffnen**

Öffnen Sie den Flash-Film *adressbuch_01.fla* aus dem Verzeichnis *adressbuch*. Der Flash-Film enthält verschiedene TextInput-Komponenten, eine List-Komponente, eine TextArea-Komponente und drei Button-Komponenten, denen bereits entsprechende Instanznamen zugewiesen wurden.

18_XML\adressbuch
adressbuch_01.fla

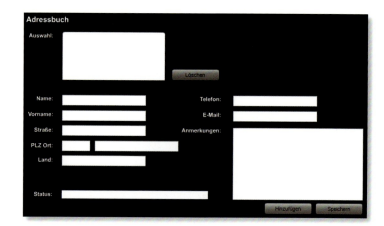

Abbildung 18.8 ▶
Die Ausgangsbasis

2   **tabIndex der Textfelder definieren und Funktion zum Zurücksetzen der Textfeldinhalte schreiben**

Weisen Sie dem ersten Schlüsselbild zunächst folgenden Code zu:

```
1:    import fl.events.ListEvent;
2:    var xml:XML;
3:    function init():void {
4:        name_txt.tabIndex=1;
5:        vorname_txt.tabIndex=2;
6:        strasse_txt.tabIndex=3;
7:        plz_txt.tabIndex=4;
8:        ort_txt.tabIndex=5;
9:        land_txt.tabIndex=6;
10:       tel_txt.tabIndex=7;
11:       email_txt.tabIndex=8;
12:       notes_txt.tabIndex=9;
13:       loadData();
14:   }
15:   function resetFields():void {
16:       name_txt.text="";
17:       vorname_txt.text="";
18:       strasse_txt.text="";
19:       plz_txt.text="";
20:       ort_txt.text="";
21:       land_txt.text="";
22:       tel_txt.text="";
23:       email_txt.text="";
24:       notes_txt.text="";
25:   }
26:   init();
```

Zunächst wird die Klasse `ListEvent` aus dem Paket `fl.events` importiert (Zeile 1). Sie wird später benötigt, um einen Ereignis-Listener für die LIST-Komponente zu definieren. Das Objekt `xml` (Zeile 2) wird die XML-Daten beinhalten. Es wird außerhalb von Funktionen definiert, sodass Sie in jeder folgenden Funktion darauf zugreifen können. Die Funktion `init`, die zu Beginn aufgerufen wird, legt den `tabIndex` der Textfelder fest, sodass Sie per ⭾-Taste durch die einzelnen Textfelder navigieren können. Danach wird die Funktion `loadData` (Zeile 13) aufgerufen, die im Folgenden definiert wird. Die Funktion `resetFields` ist eine Hilfsfunktion, die die Werte der Textfelder zurücksetzt.

3   XML-Dokument laden

Ergänzen Sie den Code um folgende Zeilen:

```
1:    function loadData():void {
2:        resetFields();
3:        var myDate:Date = new Date();
4:        var timestamp:uint=myDate.getTime();
5:        var myLoader:URLLoader = new URLLoader();
6:        var myRequest:URLRequest=new
          URLRequest("data.xml?"+timestamp);
7:        myLoader.addEventListener(Event.
          COMPLETE,dataLoaded);
8:        myLoader.addEventListener(IOErrorEvent.
          IO_ERROR,ioErrorHandler);
9:        myLoader.addEventListener(SecurityErrorEvent.
          SECURITY_ERROR,securityErrorHandler);
10:       myLoader.addEventListener(HTTPStatusEvent.
          HTTP_STATUS,httpStatusHandler);
11:        myLoader.load(myRequest);
12:   }
```

Die Funktion `loadData` setzt alle Werte der Textfelder zurück und lädt dann das XML-Dokument *data.xml*, das im selben Verzeichnis liegen sollte. Das XML-Dokument finden Sie auf der Buch-DVD – es enthält zwei Beispieleinträge. Das Adressbuch ist so geschrieben, dass es immer mindestens einen Eintrag beinhalten muss. Sie sollten also zunächst mindestens einen Eintrag manuell erstellen.

18_XML\adressbuch\data.xml

4   Ereignisprozeduren definieren

Ergänzen Sie den Code um folgende Zeilen:

```
1:    function dataLoaded(e:Event):void {
2:      xml=XML(e.target.data);
3:      initList();
4:    }
5:    function ioErrorHandler(e:IOErrorEvent):void {
6:       status_txt.text="IO-Error";
7:    }
8:    function securityErrorHandler(
      e:SecurityErrorEvent):void {
9:       status_txt.text="Security-Error";
10:   }
11:    function httpStatusHandler(e:HTTPStatusEvent):
      void {
12:        status_txt.text="HTTP-Status: "+e.status;
13:   }
```

Sobald das XML-Dokument geladen wurde, wird die Ereignisprozedur `dataLoaded` aufgerufen, die die XML-Daten dem Objekt `xml` zuweist und anschließend die Funktion `initList` aufruft. Anschließend folgen drei weitere Ereignisprozeduren, die den Ladestatus überprüfen und gegebenenfalls Meldungen im Textfeld `status_txt` ausgeben.

5   List-Komponente füllen

Fügen Sie nun folgende Zeilen ein:

```
1:    function initList():void {
2:      for (var i:uint = 0; i<xml.entry.length();
      i++) {
3:        var name:String=xml.entry[i].name;
4:        var vorname:String=xml.entry[i].vorname;
5:        nameList.addItem({label:name+",
        "+vorname});
6:      }
7:      nameList.addEventListener(ListEvent.
      ITEM_CLICK,showEntryData);
8:    }
```

Die Funktion `initList` sorgt dafür, dass die LIST-Komponente mit den jeweiligen Nachnamen und Vornamen gefüllt wird. Dazu wird die Methode `addItem` innerhalb einer for-Schleife verwendet (Zeile 5). Sobald der Benutzer auf ein Element der LIST-Komponente klickt, wird die Funktion `showEntryData` aufgerufen. Dazu wird ein entsprechender Ereignis-Listener (Zeile 7) definiert.

6   **Den Adressbucheintrag in den Textfeldern ausgeben**

Ergänzen Sie den Code um folgende Zeilen:

```
1:    function showEntryData(e:ListEvent):void {
2:        var myIndex:uint=e.index;
3:        name_txt.text=xml.entry[myIndex].name;
4:        vorname_txt.text=xml.entry[myIndex].vorname;
5:        strasse_txt.text=xml.entry[myIndex].strasse;
6:        plz_txt.text=xml.entry[myIndex].plz;
7:        ort_txt.text=xml.entry[myIndex].ort;
8:        land_txt.text=xml.entry[myIndex].land;
9:        tel_txt.text=xml.entry[myIndex].tel;
10:        email_txt.text=xml.entry[myIndex].email;
11:        notes_txt.text=xml.entry[myIndex].notes;
12:    }
```

In der Funktion showEntryData werden die Werte der XML-Elemente referenziert und in den entsprechenden Textfeldern ausgegeben. Als Index wird der Wert der Eigenschaft index des List-Event-Objekts verwendet. Klickt der Benutzer beispielsweise auf den ersten Eintrag der Liste, ist der Index gleich 0.

7   **Funktionen zum Hinzufügen oder Löschen**
        eines Eintrags definieren

Ergänzen Sie den Code um folgende Zeilen:

▲ **Abbildung 18.9**
Der Button zum Löschen eines
Eintrags

```
1:    del_mc.addEventListener(MouseEvent.CLICK,
      deleteEntry);
2:    function deleteEntry(e:MouseEvent):void {
3:        var myIndex:uint=nameList.selectedIndex;
4:        delete xml.entry[myIndex];
5:        if (xml.entry.length()==0) {
6:            status_txt.text="Das Adressbuch muss mehr
                als 1 Eintrag besitzen.";
7:        } else {
8:            saveXML(null);
9:        }
10:    }
11:    add_mc.addEventListener(MouseEvent.CLICK,
      addEntry);
12:    function addEntry(e:MouseEvent):void {
13:        var newNode:XML =
14:    <entry>
15:        <name>{name_txt.text}</name>
```

```
16:         <vorname>{vorname_txt.text}</vorname>
17:         <strasse>{strasse_txt.text}</strasse>
18:         <plz>{plz_txt.text}</plz>
19:         <ort>{ort_txt.text}</ort>
20:         <land>{land_txt.text}</land>
21:         <tel>{tel_txt.text}</tel>
22:         <email>{email_txt.text}</email>
23:         <notes>{notes_txt.text}</notes>
24:     </entry>;
25:     xml.appendChild(newNode);
26:     saveXML(null);
27:   }
```

Klickt der Benutzer auf den Button »del_mc«, wird die Funktion deleteEntry aufgerufen. In Zeile 3 wird der Index des zuvor ausgewählten Eintrags über die Eigenschaft selectedIndex der LIST-Komponente ermittelt. Anschließend wird das entsprechende Element des XML-Objekts entfernt (Zeile 4). Wie bereits erwähnt, ist das Adressbuch so angelegt, dass es mindestens einen Eintrag geben muss. Das aktualisierte XML-Dokument wird nur gespeichert, wenn die Anzahl der entry-Elemente größer 0 ist. Dafür sorgt die if-Bedingung in Zeile 5 bis 9. Nur wenn mindestens ein Element vorliegt, wird die Funktion saveXML aufgerufen, die später noch definiert wird.

Die Funktion addEntry wird aufgerufen, wenn der Benutzer auf den Button »add_mc« klickt. In dem Fall wird ein neues XML-Objekt newNode erstellt und dem Objekt wird die XML-Struktur mit den Daten der Textfelder zugewiesen. Anschließend wird das XML-Objekt newNode an das vorhandene XML-Objekt xml über die Methode appendChild angehängt (Zeile 25), und das XML-Dokument wird durch Aufruf der Funktion saveXML gespeichert (Zeile 26).

8 Funktion zum Ändern eines vorhandenen Eintrags definieren

Ergänzen Sie den Code um folgende Zeilen:

```
1:   save_mc.addEventListener(MouseEvent.CLICK,
     saveEntry);
2:   function saveEntry(e:MouseEvent):void {
3:       var myIndex:uint=nameList.selectedIndex;
4:       xml.entry[myIndex].name=name_txt.text;
5:       xml.entry[myIndex].vorname=vorname_txt.text;
6:       xml.entry[myIndex].strasse=strasse_txt.text;
```

```
7:      xml.entry[myIndex].plz=plz_txt.text;
8:      xml.entry[myIndex].ort=ort_txt.text;
9:      xml.entry[myIndex].land=land_txt.text;
10:      xml.entry[myIndex].tel=tel_txt.text;
11:      xml.entry[myIndex].email=email_txt.text;
12:      xml.entry[myIndex].notes=notes_txt.text;
13:      saveXML(null);
14:   }
```

Die Funktion saveEntry wird aufgerufen, wenn der Benutzer auf den Button »save_mc« klickt. In dem Fall sollen Änderungen eines bereits vorhandenen Eintrags gespeichert werden.

Dazu werden dem aktuellen Element der XML-Daten, das Element mit dem Index nameList.selectedIndex, die jeweiligen Daten der Textfelder zugewiesen. Durch Aufruf der Funktion saveXML (Zeile 13) wird das XML-Dokument gespeichert.

9   Das XML-Dokument speichern

Ergänzen Sie den Code abschließend noch um folgende Zeilen:

```
1:   function saveXML(e:MouseEvent):void {
2:      var myDate:Date = new Date();
3:      var timestamp:uint=myDate.getTime();
4:      var myLoader:URLLoader = new URLLoader();
5:      myLoader.dataFormat=URLLoaderDataFormat.
         VARIABLES;
6:      myLoader.addEventListener(Event.COMPLETE,
         dataSaved);
7:      var myRequest:URLRequest=new URLRequest
         ("saveXML.php?"+timestamp);
8:      myRequest.method=URLRequestMethod.POST;
9:      var myVars:URLVariables = new URLVariables();
10:      myVars.myxml=xml;
11:      myRequest.data=myVars;
12:      myLoader.load(myRequest);
13:   }
14:   function dataSaved(e:Event):void {
15:      nameList.removeAll();
16:      loadData();
17:      status_txt.text="Daten gespeichert";
18:   }
```

Die Funktion saveXML wird nach dem Einfügen, Ändern und Löschen eines Eintrags aufgerufen. Sie sendet die XML-Daten mithilfe

18_XML\Adressbuch
saveXML.php

eines `URLLoader`-Objekts an das PHP-Skript *saveXML.php*. Das Skript finden Sie auf der Buch-DVD. Nachdem das Skript die Daten empfangen hat, speichert es die Daten im selben Verzeichnis unter *data.xml* ab und übergibt einen Wert zurück an den Flash-Film. Dieser wiederum ruft dann anschließend die Funktion `dataSaved` auf, die zunächst alle Einträge der Lɪsᴛ-Komponente über die Methode `removeAll` löscht (Zeile 15) und dann die Methode `load-Data` aufruft, um das aktualisierte XML-Dokument neu zu laden.

Ergebnis der Übung:
18_XML\Adressbuch\adress-buch_02.fla

10   Dateien hochladen und Adressbuch testen

Laden Sie sowohl den Flash-Film als auch das XML-Dokument und das PHP-Skript auf Ihren Webserver hoch, und testen Sie das Adressbuch.

Abbildung 18.10 ▶
Das fertiggestellte Adressbuch im Firefox Browser

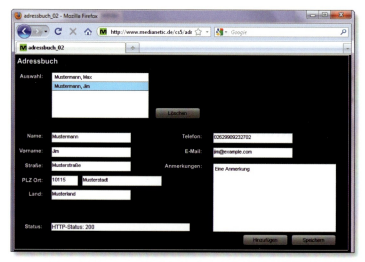

▲ Abbildung 18.11
Schreibrechte setzen, hier mit dem FTP-Client FileZilla

Zur Sicherheit sollten Sie das Adressbuch in einem passwortge-schütztes Verzeichnis hochladen.

11   Gegebenenfalls Schreibrechte setzen

Falls die Anwendung nicht wie gewünscht funktioniert, ändern Sie die Schreibrechte der Datei *data.xml* mit einem FTP-Client.

Kapitel 19

FileReference

Mit der FileReference-*Klasse können Sie lokal Dateien lesen und speichern, Dateien von einem Server herunterladen und auch unter Einsatz eines server-seitigen Skripts Dateien auf einen Server hochladen. In diesem Kapitel lernen Sie die Anwendung kennen.*

19.1 Öffnen und Speichern

Das Öffnen von lokalen Dateien und das lokale Speichern sind Funktionen, die nur im Flash Player ab Version 10 einsetzbar sind. Sie können beliebige Daten in den Flash Player laden. Der einfachste Fall ist Text, der z. B. geladen, bearbeitet und wieder abgespeichert werden kann. So lässt sich beispielsweise ein voll-ständiger Texteditor ohne größeren Aufwand in Flash entwickeln. Aber auch Bilder können geladen, verändert und abgespeichert werden. Zunächst müssen Sie ein Objekt der FileReference-Klasse initialisieren:

Einschränkung: Verzeichnisauswahl
Flash bietet keine Möglichkeit, ein Standardverzeichnis für die Datei-auswahl zu definieren. Es wird im-mer der zuletzt verwendete Ord-ner benutzt.

```
var fr:FileReference = new FileReference();
```

Über die Methode browse können Sie dann ein Dateibrowser-Fenster öffnen:

```
fr.browse();
```

Wenn eine Datei ausgewählt ist, was sich durch die Registrierung eines Ereignis-Listeners abfragen lässt, können Sie diese über die Methode load in den Flash Player laden:

```
fr.load();
```

[Ereignisse, Ereignis-Listener und Ereignisprozeduren]

Ein Ereignis-Listener wird an einem Objekt registriert und wartet, wörtlich betrachtet »hört« (engl. »listen«), auf das Auftreten eines bestimmten Ereignisses, bezogen auf dieses Objekt. Tritt das Ereignis auf, wird die angegebene Ereignisprozedur aufgerufen.

Besonders wichtig sind in diesem Zusammenhang zwei Ereignis-Listener, über die Sie auf die Ereignisse `Event.SELECT` und `Event.COMPLETE` reagieren können. Das Ereignis `Event.SELECT` wird ausgelöst, wenn eine Datei ausgewählt wurde. Zu diesem Zeitpunkt können Sie die Datei in den Flash Player laden.

Das Ereignis `Event.COMPLETE` wird aufgerufen, wenn eine Datei vollständig in den Flash Player geladen wurde.

Die grundlegenden Methoden und Ereignis-Listener haben Sie jetzt kennengelernt. Wie sich diese Grundlagen in der Praxis anwenden lassen, erfahren Sie im folgenden Workshop.

Schritt für Schritt:
Ein Textdokument in den Flash Player laden und ausgeben

19_FileReference\ FileReference_LoadSave\ loadSave_01.fla

In diesem Workshop wird erläutert, wie Sie ein lokal auf Ihrer Festplatte gespeichertes Textdokument in den Flash Player laden und in einer TEXTAREA-Komponente ausgeben können.

1   Flash-Film öffnen

Öffnen Sie den Flash-Film *loadSave_01.fla*. Es wurden bereits zwei BUTTON-Komponenten mit den Instanznamen »open_mc« und »save_mc« sowie eine TEXTAREA-Komponente mit dem Instanznamen »myText« angelegt.

Abbildung 19.1 ▶
Die Ausgangssituation

2   Ereignis-Listener registrieren und Ereignisprozedur schreiben

Klickt der Benutzer auf den Button ÖFFNEN, soll sich ein Dateibrowser öffnen, damit eine Datei ausgewählt werden kann. Dazu wird für den Button »open_mc« ein entsprechender Ereignis-Listener registriert und eine Ereignisprozedur geschrieben. Fügen Sie folgenden Code ein:

```
open_mc.addEventListener(MouseEvent.CLICK,openFile);
function openFile(e:MouseEvent):void {
```

```
    fr_in.browse();
}
```

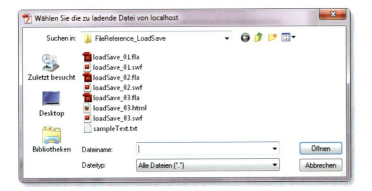

◄ Abbildung 19.2
Über die Methode browse öffnen
Sie ein Standard-Dateibrowser-
Fenster.

3   **Datei in den Flash Player laden**

Sobald eine Datei ausgewählt wurde, soll diese in den Flash Player
geladen werden. Dazu wird zunächst ein FileReference-Objekt
erstellt und ein Ereignis-Listener definiert, der die Funktion open-
Handler aufruft, sobald eine Datei selektiert wurde. Ergänzen Sie
den Code wie folgt:

```
var fr_in:FileReference = new FileReference();
fr_in.addEventListener(Event.SELECT,openHandler);
function openHandler(e:Event):void {
    fr_in.load();
}
```

4   **Den geladenen Text im Textfeld ausgeben**

Sobald die Datei vollständig in den Flash Player geladen wurde,
soll der Inhalt im Textfeld »myText« ausgegeben werden. Auch
dazu wird wieder ein Ereignis-Listener und eine Ereignisprozedur
benötigt. Ergänzen Sie den Code um folgende Zeilen:

```
fr_in.addEventListener(Event.
COMPLETE,completeHandler);
function completeHandler(e:Event):void {
    myText.text = fr_in.data.readUTFBytes(fr_in.data.
length);
}
```

Die Methode readUTFBytes liest die im Argument angegebene
Anzahl UTF-8-Bytes aus und gibt einen String zurück. In diesem
Fall entspricht der Wert dem Inhalt der Datei. Der zurückgege-

Abbildung 19.3 ▶

Das Ergebnis nach dem Laden des
Textes

bene Wert wird der Eigenschaft text des Textfeldes »myText«
zugewiesen.

Ergebnis der Übung:
*19_FileReference\FileReference_
LoadSave\loadSave_02.fla*

5   Fertig!

Fertig! Sie können den Flash-Film jetzt testen.

Wie Sie ein Textdokument in den Flash Player laden, ausgeben
und bearbeiten können, haben Sie jetzt kennengelernt. Im folgenden Workshop wird erläutert, wie Sie den geladenen Text,
nachdem Sie ihn bearbeitet haben, wieder lokal auf Ihrer Festplatte abspeichern können.

Schritt für Schritt:
Daten lokal abspeichern

*19_FileReference\
FileReference_LoadSave\
loadSave_02.fla*

In diesem Workshop wird erläutert, wie Sie Daten lokal abspeichern können.

1   Flash-Film öffnen

Öffnen Sie den Flash-Film *loadSave_02.fla*. Ein Button zum Speichern mit dem Instanznamen »save_mc« wurde bereits angelegt.

2   Ereignis-Listener registrieren

Sobald der Benutzer auf den Button klickt, soll sich ein Dateibrowser öffnen, über den der Text dann abgespeichert werden kann.
Dazu wird zunächst ein Ereignis-Listener für den Button »save_
mc« registriert. Ergänzen Sie den Code dazu um folgende Zeile:

```
save_mc.addEventListener(MouseEvent.CLICK,saveFile);
```

3   Text abspeichern

Beachten Sie, dass ein FileReference-Objekt jeweils nur für einen Lade-, Speicher-, Download- oder Upload-Vorgang benutzt
werden kann. In diesem Beispiel wurde bereits ein FileReference-
Objekt fr_in zum Laden eingesetzt. Zum Speichern wird ein
neues Objekt benötigt. Dieses wird initialisiert, und eine Ereignisprozedur saveFile wird wie folgt definiert:

```
var fr_out:FileReference = new FileReference();
function saveFile(e:MouseEvent):void {
    fr_out.save(myText.text,fr_in.name);
}
```

Die Funktion `save` zum Speichern von Daten erwartet zwei Argumente. Das erste Argument entspricht den Daten, die gespeichert werden sollen. Der zweite entspricht einem Dateinamen, der standardmäßig benutzt werden soll. Hier wird dazu über die Eigenschaft `name` des ersten `FileReference`-Objekts `fr_in` der ursprüngliche Dateiname verwendet. Dieser kann jedoch auch noch im Dateibrowser geändert werden.

◄ **Abbildung 19.4**
Die Daten werden standardmäßig unter dem definierten Dateinamen gespeichert.

4   Fertig!

Das Beispiel ist komplett. Sie können jetzt Textdateien laden, editieren und wieder speichern. Hinweis: Auf Mac-Computern könnte es vorkommen, dass der Text, wenn er unter dem gleichen Dateinamen abgespeichert wird, den zuvor gespeicherten Text nicht ersetzt, sondern an den zuvor gespeicherten Text angehängt wird. Das Problem scheint aber nur im Flash Player der Entwicklungsumgebung aufzutreten, also nicht mit einem Flash-Player-Plugin eines Browsers.

 **Ergebnis der Übung:**
19_FileReference\FileReference_LoadSave\loadSave_03.fla

19.2   Download

Zunächst kann man sich die Frage stellen, warum eine Download-Funktion sinnvoll sein kann. Dateien lassen sich grundsätzlich über `navigateToURL`, also wie normale Links, über den Browser herunterladen. Es gibt einige Situationen, bei denen ein Download über die `FileReference`-Klasse sinnvoll ist. Beispielsweise

Up- und Download seit Flash 8
Sowohl Download als auch Upload von Dateien sind bereits seit Flash 8 (Flash Player 8) möglich.

lässt sich ein eigener Download-Fortschrittsbalken innerhalb eines Flash-Films erstellen und Daten wie z. B. PDF-Dokumente oder Bilder, die mit einer Anwendung wie z. B. dem Acrobat Reader oder Browser verknüpft sind, werden nicht mehr direkt in der Anwendung geöffnet, sondern tatsächlich heruntergeladen und können direkt unabhängig vom Browser als Datei in ein ausgewähltes Verzeichnis gespeichert werden.

Zwischenspeicherung verhindern

Um das lokale Zwischenspeichern (engl. »caching«) von heruntergeladenen Dateien zu verhindern, wird in diesem Beispiel ein Zeitstempel an die URL angehängt.

Download-Funktion | Die Anwendung ist dabei denkbar einfach. Zunächst initialisieren Sie ein `FileReference`-Objekt und ein `URLRequest`-Objekt wie folgt:

```
var fr:FileReference = new FileReference();
var myDate:Date = new Date();
var timestamp:uint = myDate.getTime();
var myRequest:URLRequest = new URLRequest("http://www.
ihreDomain.de/test.pdf?"+timestamp);
```

Anschließend definieren Sie einen Standard-Dateinamen, der zum Speichern verwendet wird, und initiieren den Download über die `download`-Methode wie folgt:

Up- oder Download abbrechen

Über die Methode `cancel` eines `FileReference`-Objekts können Sie einen aktiven Up- oder Download-Prozess abbrechen. Codebeispiel:

```
cancelBtn.addEventListener
(MouseEvent.CLICK,
cancelFileTransfer);
function cancelFileTransfer
(e:MouseEvent):void {
   if(fr) {
      fr.cancel();
      fr = null;
   }
}
```

```
var fileName:String = "test.pdf";
fr.download(myRequest,fileName);
```

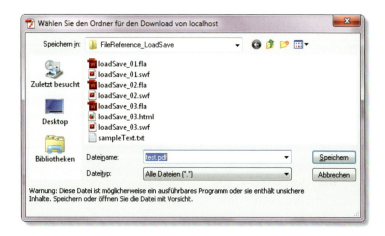

Abbildung 19.5 ▶
Wie erwartet, öffnet sich ein Dateibrowser-Fenster, über das der Benutzer den Zielpfad und Dateinamen auswählen kann.

Über die Ereignisse `Event.COMPLETE` und `ProgressEvent.PROGRESS` können Sie feststellen, wann die Datei vollständig heruntergeladen wurde, und Sie können den Fortschritt während des Downloads ermitteln. Dazu werden entsprechende Ereignis-Listener definiert:

```
fr.addEventListener(Event.COMPLETE,dlCompleted);
fr.addEventListener(ProgressEvent.PROGRESS,
showProgress);
function dlCompleted(e:Event):void {
   trace("Der Download ist abgeschlossen.");
}
function showProgress(e:ProgressEvent):void {
   var loaded:Number = e.bytesLoaded;
   var total:Number = e.bytesTotal;
   var prozent:uint = Math.round((loaded/total)*100);
   trace(prozent);
}
```

Schritt für Schritt:
Download via FileReference-Klasse mit Fortschritts-balken

In diesem Workshop wird die Download-Funktion der `FileRefe-rence`-Klasse an einem praktischen Beispiel erläutert.

1 **Flash-Film öffnen**

Öffnen Sie den Flash-Film *download_01.fla*. In diesem Film wurde bereits eine COMBOBOX-Komponente »myList_mc«, eine BUTTON-Komponente »download_mc« und eine PROGRESSBAR-Komponente »progress_mc« sowie ein dynamisches Textfeld »status_txt« angelegt.

*19_FileReference\
FileReference_Download\
Download_01.fla*

◄ **Abbildung 19.6**
Die Ausgangsbasis

2 **Den Download-Vorgang starten**

Fügen Sie folgenden Code in das erste Schlüsselbild der Ebene »Actions« ein:

```
1:   var fr:FileReference = new FileReference();
2:   progress_mc.visible = false;
3:   download_mc.addEventListener(MouseEvent.CLICK,
     clickHandler);
```

```
4:    function clickHandler(e:MouseEvent):void {
5:        status_txt.text = "";
6:        var myDate:Date = new Date();
7:        var timestamp:uint = myDate.getTime();
8:        var myFileName:String = myList_mc.
          selectedItem.label;
9:        var myRequest:URLRequest = new URLRequest
          ("http://www.ihreDomain.de/"+myFileName+
          "?"+timestamp);
10:       fr.download(myRequest,myFileName);
11:   }
```

Zunächst wird in Zeile 1 ein `FileReference`-Objekt initialisiert. In Zeile 2 wird der Fortschrittsbalken unsichtbar gemacht. Am `MovieClip`-Objekt »download_mc« wird ein Ereignis-Listener registriert, der die Ereignisprozedur `clickHandler` aufruft, sobald der Benutzer auf den MovieClip klickt. Die Ereignisprozedur initiiert den Download-Vorgang. Denken Sie daran, die URL in Zeile 9 zu ändern, sodass sie auf das Verzeichnis zeigt, in dem die Dateien liegen. Laden Sie die Bilder *image01.jpg*, *image02.jpg* und *image03.jpg* auf Ihren Server hoch. Der Dateiname wird anhand des selektierten Elements der ComboBox-Komponente in Zeile 8 ermittelt.

3   **Den Fortschritt anzeigen**

Ergänzen Sie den Code nun um folgende Zeilen:

```
1:    fr.addEventListener(Event.COMPLETE,dlCompleted);
2:    fr.addEventListener(ProgressEvent.PROGRESS,
      showProgress);
3:    function dlCompleted(e:Event):void {
4:        progress_mc.visible=false;
5:        status_txt.text="Der Download ist
          abgeschlossen.";
6:    }
7:    function showProgress(e:ProgressEvent):void {
8:        var loaded:Number=e.bytesLoaded;
9:        var total:Number=e.bytesTotal;
10:       progress_mc.visible=true;
11:       progress_mc.setProgress(loaded,total);
12:   }
```

Zunächst werden in Zeile 1 und 2 Ereignis-Listener registriert. Die Ereignisprozedur `dlCompleted` wird aufgerufen, sobald die

Datenübertragung vollständig abgeschlossen ist. Dann wird der Fortschrittsbalken (Zeile 4) ausgeblendet und eine entsprechende Meldung (Zeile 5) ausgegeben. Die Ereignisprozedur `showPro-gress` (Zeile 7) wird wiederholt aufgerufen, während die Datenübertragung läuft. Über die Eigenschaften `bytesLoaded` und `bytesTotal` kann der Fortschritt ermittelt werden. Diese beiden Werte werden an die Methode `setProgress` (Zeile 11) des Fortschrittsbalkens übergeben, sodass der Fortschrittsbalken den Fortschritt entsprechend anzeigt. In Zeile 10 wird der Fortschrittsbalken, der zu Beginn noch ausgeblendet war, eingeblendet.

▲ **Abbildung 19.7**
Die Fortschrittsanzeige zeigt den Download-Status an.

4   Fertig!
Sie können den Flash-Film jetzt über ⌐Strg⌐/⌐⌘⌐+⌐↵⌐ testen.

 Ergebnis der Übung:
19_FileReference\FileReference_ Download\Download_02.fla

19.3 Upload

Seit Flash 8 besteht die Möglichkeit, Daten mithilfe einer serverseitigen Skriptsprache via HTTP auf einen Webserver hochzuladen. Anwendungsbereiche dafür gibt es viele, wie beispielsweise die Erstellung eines vollständigen CMS (Content Management System) auf Basis von Flash oder auch Einzelanwendungen, wie z.B. ein Gästebuch, auf dem Besucher neben dem üblichen Texteintrag auch Bilder oder Audio- bzw. Video-Material hochladen können.

Einen Upload über die `FileReference`-Klasse zu ermöglichen ist im Prinzip ähnlich einfach wie beim Download. Damit Sie Dateien auf einen Server hochladen können, muss ein serverseitiges Skript die Dateien entgegennehmen und dann nach Abschluss der Datenübertragung auf dem Server speichern.

Serverseitige Verarbeitung
Wie ein solches Skript aussehen kann und wie es funktioniert, wird später noch anhand eines Beispiels in PHP erläutert.

Zunächst müssen Sie ein `FileReference`-Objekt initialisieren und einen Ereignis-Listener registrieren, der eine Ereignisprozedur aufruft, sobald eine Datei zum Upload ausgewählt wurde:

```
var fr:FileReference = new FileReference();
fr.addEventListener(Event.SELECT,selectHandler);
```

Sie haben die Möglichkeit, die Auswahl von Dateien auf Basis der Dateiendung einzuschränken. Dazu dient ein sogenanntes `FileFilter`-Objekt, über das Sie Dateiendungen festlegen können. Es werden im Dateibrowser-Fenster dann nur die Dateien angezeigt, die den angegebenen Endungen entsprechen. Im folgenden Beispiel werden nur Bilddateien akzeptiert. Das definierte `FileFilter`-Objekt wird dann an die Methode `browse` des `File-Reference`-Objekts übergeben:

```
var imageFilter:FileFilter = new FileFilter("Bilder",
"*.jpg;*.gif;*.png");
fr.browse([imageFilter]);
```

Einschränkung ab Flash Player 10
Aufgrund des erweiterten Funktionsumfangs der `FileReference`-Klasse ab Flash Player 10 kann nur jeweils eine der folgenden Methoden ausgeführt werden: `browse`, `upload`, `download`, `load` oder `save`. Wird versucht, mehrere Methoden gleichzeitig auszuführen, führt das zu einem Laufzeitfehler mit dem Fehlercode 2174.

Diese Vorgehensweise empfiehlt sich, wenn Sie die Upload-Funktion nicht nur für sich selbst nutzen möchten. Sie sollten bei einer offenen Benutzergruppe unbedingt verhindern, dass Benutzer serverseitige Skripte wie z. B. Perl- oder PHP-Skripte hochladen können. Zusätzlich sollten jedoch weitere Maßnahmen ergriffen werden, um dies zu verhindern. Dazu später mehr. Wenn Sie mehrere `FileFilter`-Objekte, z. B. Textdokumente, definieren möchten, gehen Sie dazu wie folgt vor:

```
var imageFilter:FileFilter = new FileFilter
("Bilder", "*.jpg;*.gif;*.png");
var txtFilter:FileFilter = new
FileFilter("Textdokumente","*.txt;*.doc;*.pdf");
fr.browse([imageFilter,txtFilter]);
```

▲ **Abbildung 19.8**
Die Anzeige der Dateien wurde durch zwei definierte `FileFilter`-Objekte eingeschränkt.

Hinweis
In den folgenden Beispielen wird als serverseitige Skriptsprache PHP verwendet. Sie benötigen für die Beispiele also einen Webserver mit PHP-Unterstützung. Grundsätzlich können Sie für den Upload von Daten mit Flash jedoch auch eine andere serverseitige Skriptsprache wie z. B. Perl oder ASP nutzen.

Jetzt müssen Sie noch den Upload-Vorgang initiieren. Dazu werden die Ereignisprozeduren `selectHandler` und `completeHandler` wie folgt definiert:

```
function selectHandler(e:Event):void {
   var myDate:Date = new Date();
   var timestamp:uint = myDate.getTime();
   var myRequest:URLRequest = new URLRequest("http://
   www.ihreDomain.de/uploadFile.php?"+timestamp);
   fr.upload(myRequest);
   fr.addEventListener(Event.COMPLETE,completeHandler);
}
function completeHandler(e:Event):void {
   trace("Der Upload ist abgeschlossen.");
}
```

Sicherheitseinschränkung: Datei auswählen

Die Methode browse der FileReference-Klasse kann nicht zu Beginn des Flash-Films direkt aufgerufen werden. In der IDE (über FILM TESTEN) funktioniert dies zwar, lädt man allerdings den Flash-Film auf einen Webserver und öffnet den Flash-Film im Browser, wird die Methode nicht aufgerufen. Diese Sicherheitseinschränkung ist sinnvoll, da sonst Benutzer einer Seite direkt ohne Hinweis aufgefordert werden könnten, eine Datei auszuwählen. Der Zweck dafür wäre unklar. Die Methode browse lässt sich nur innerhalb einer Ereignisprozedur, z. B. nach einem Mausklick auf einen Button, aufrufen.

Sobald eine Datei ausgewählt wurde, wird die Funktion selectHandler aufgerufen, die zunächst ein URLRequest-Objekt definiert und dann über die Methode upload des FileReference-Objekts den Upload-Vorgang startet. Die Daten werden an ein serverseitiges Skript, hier uploadFile.php, übertragen. Sobald der Upload abgeschlossen ist, wird die Ereignisprozedur completeHandler aufgerufen, und eine entsprechende Meldung wird ausgegeben.

PHP-Skript für den Upload

Das PHP-Skript, das die Daten in diesem Beispiel empfängt, sieht wie folgt aus:

```php
<?php
$myDir = "files/";
foreach ($_FILES as $fieldName => $file) {
    move_uploaded_file($file['tmp_name'], $myDir.$file['name']);
    $myTempFile = $myDir.$file['name'];
    chmod($myTempFile,0777);
}
?>
```

Zunächst wird ein Verzeichnis definiert, in das die Datei, sobald sie vollständig empfangen wurde, gespeichert wird, in diesem Fall in das Verzeichnis *files/*. Das Skript eignet sich grundsätzlich auch zum Empfangen von mehreren Dateien. Alle Dateien können über die autoglobale $_FILES angesprochen werden. Mithilfe einer foreach-Schleife werden alle Dateien unter ihren ursprünglichen Dateinamen in das Zielverzeichnis verschoben. Anschließend wird die hochgeladene Datei zur Sicherheit mit den Rechten 0777 versehen, damit der Zugriff von beliebiger Stelle sichergestellt ist.

Dateirechte

Bevor Sie die Upload-Funktion nutzen können, müssen Sie die Zugriffsrechte des Verzeichnisses, in das die hochgeladenen Dateien gespeichert werden, gegebenenfalls anpassen. Die Zugriffsrechte werden dazu so geändert, dass jeder Benutzer Dateien in das Verzeichnis schreiben kann. Das lässt sich beispielsweise direkt mit Dreamweaver oder auch mit anderen FTP-Clients bewerkstelligen. In Dreamweaver klicken Sie dazu das Verzeichnis auf dem Webserver mit der rechten Maustaste an und wählen aus dem Kontextmenü den Menüpunkt BERECHTIGUNGEN FESTLEGEN. Geben Sie dann im unteren Textfeld die Ziffernfolge »732« ein, die den benötigten Zugriffsrechten entspricht.

Methoden

Sie haben bereits die verschiedenen Methoden der FileReference-Klasse kennengelernt. In der folgenden Tabelle sind die wichtigsten Methoden noch einmal aufgeführt.

Methode	Beispiel	Beschreibung
browse	... `fr.browse();` ...	Ruft das Browserfenster zur Auswahl einer Datei auf. Optional kann ein `File-Filter`-Objekt als Argument übergeben werden.
cancel	... `fr.cancel();` ...	Bricht alle Up- bzw. Downloads des `FileReference`-Objekts ab.

download	`var myFileName:String = "standardDateiname.jpg";`
	`var myRequest:URLRequest = new URLRequest(`
	`"bild.jpg");`
	`fr.download(myRequest,myFileName);`
		Öffnet ein Dateibrowser-Fenster, über das der Benutzer die angegebene Datei speichern kann. Das zweite Argument ist ein Standard-Dateiname, unter dem die Datei standardmäßig gespeichert wird.

load	`var fr_in:FileReference = new FileReference();`
	`fr_in.addEventListener(Event.SELECT,openHandler);`
	`function openHandler(e:Event):void {`
	`    fr_in.load();`
	`}`
		Beginnt mit dem Laden einer lokalen Datei, die der Benutzer zuvor ausgewählt hat.

save	`var fr_out:FileReference = new FileReference();`
	`function saveFile(e:MouseEvent):void {`
	`    fr_out.save("meinText","text_datei.txt");`
	`}`
		Öffnet ein Dateibrowser-Fenster, über das der Benutzer eine Datei speichern kann.

upload	...
	`var myRequest:URLRequest = new URLRequest`
	`("uploadFile.php");`
	`fr.upload(myRequest);`
	...
		Überträgt eine Datei, die an ein `FileReference`-Objekt verknüpft ist, an das angegebene Skript.

▲ **Tabelle 19.1**
Die wichtigsten Methoden der `FileReference`-Klasse

Ereignis-Listener

Sie haben jetzt bereits die grundlegenden Methoden kennengelernt, um eine Datei über Flash und PHP hochzuladen. Sollte es bei der Datenübertragung zu Fehlern kommen, können Sie diese über folgende Ereignisse abfragen:

▶ `IOErrorEvent.IO_ERROR`: Wird beispielsweise aufgerufen, wenn eine Datei nicht eingelesen oder auf dem Server gespeichert werden konnte.

▶ `HTTPStatusEvent.HTTP_STATUS`: Wird aufgerufen, wenn der Upload-Vorgang fehlgeschlagen ist und der Server einen HTTP-Statuscode zurückgibt.

▶ `SecurityErrorEvent.SECURITY_ERROR`: Wird bei einer Sandbox-Verletzung des Flash Players aufgerufen, beispielsweise wenn das serverseitige Skript zum Upload einer Datei auf einer andern Domain als der Flash-Film selbst liegt und keine Cross-Domain-Policy definiert wurde.

Um die Fehler abzufragen, sollten Sie entsprechende Ereignis-Listener registrieren und Ereignisprozeduren definieren:

```
fr.addEventListener(IOErrorEvent.IO_ERROR,
ioErrorHandler);
fr.addEventListener(SecurityErrorEvent.SECURITY_ERROR,
securityHandler);
fr.addEventListener(HTTPStatusEvent.HTTP_STATUS,
httpStatusHandler);
function ioErrorHandler(e:IOErrorEvent):void {
    trace("IO-Error");
}
function securityHandler(e:SecurityErrorEvent):void {
    trace("Security Error");
}
function httpStatusHandler(e:HTTPStatusEvent):void {
    trace("HTTPStatus-Error: "+e.status);
}
```

Darüber hinaus gibt es noch weitere Ereignisse, die Sie zur Kontrolle nutzen können. In der folgenden Tabelle sind die wichtigsten Ereignisse der `FileReference`-Klasse aufgeführt.

Ereignis	Beispiel	Beschreibung

`Event.CANCEL`	`fr.addEventListener(Event.CANCEL, cancelHandler);`
	`function cancelHandler(e:Event):void {`
	`    trace("Auswahl abgebrochen");`
	`}`
		Wird aufgerufen, wenn der Benutzer einen Vorgang im Dialogfeld zum Suchen von Dateien abbricht.

`Event.COMPLETE`	`fr.addEventListener(Event.COMPLETE,completeHandler);`
	`function completeHandler(e:Event):void {`
	`    trace("Upload abgeschlossen.");`
	`}`
		Wird aufgerufen, wenn ein Vorgang abgeschlossen wird oder wenn der HTTP-Status »200, OK« zurückgegeben wird.

▲ **Tabelle 19.2**
Die wichtigsten Ereignisse der `FileReference`-Klasse

Ereignis	Beispiel	Beschreibung

HTTPSTATUSEvent. HTTP_STATUS	`fr.addEventListener(HTTPStatusEvent.`
	`HTTP_STATUS,httpStatusHandler);`
	`function httpStatusHandler`
	`(e:HTTPStatusEvent):void {`
	`    status_txt.text =`
	`    "HTTPStatus-Error: "+e.status;`
	`}`
		Wird aufgerufen, wenn ein http-Status empfangen wird.

IOErrorEvent.IO_ERROR	`fr.addEventListener(IOErrorEvent.`
	`IO_ERROR,ioErrorHandler);`
	`function ioErrorHandler(e:IOErrorEvent):`
	`void {`
	`    trace("IO-Error");`
	`}`
		Wird aufgerufen, wenn ein Ein- oder Ausgabefehler auftritt.

Event.OPEN	`fr.addEventListener(Event.OPEN,`
	`openHandler);`
	`function openHandler(e:Event):void {`
	`    trace("Vorgang gestartet");`
	`}`
		Wird beim Start eines Vorgangs ausgelöst.

ProgressEvent.PROGRESS	`fr.addEventListener(ProgressEvent.`
	`PROGRESS,showProgress);`
	`function showProgress(e:ProgressEvent):`
	`void {`
	`    var loaded:Number = e.bytesLoaded;`
	`    var total:Number = e.bytesTotal;`
	`    var prozent:Number = Math.round`
	`    ((loaded/total)*100);`
	`    trace(prozent);`
	`}`
		Wird mehrmals ausgelöst, während ein Vorgang läuft.

SecurityErrorEvent. SECURITY_ERROR	`fr.addEventListener(SecurityError-`
	`Event.SECURITY_ERROR,securityHandler);`
	`function securityHandler(`
	`e:SecurityErrorEvent):void {`
	`    trace("Security Error");`
	`}`
		Wird ausgelöst, wenn versucht wurde, eine Datei herunterzuladen oder hochzuladen, die außerhalb der Sicherheits-Sandbox liegt. Das kann beispielsweise der Fall sein, wenn versucht wird, eine Datei einer anderen Domain ohne Cross-Domain-Policy herunterzuladen.

Event.SELECT	`fr.addEventListener(Event.SELECT,`
	`selectHandler);`
	`function selectHandler(e:Event):void {`
	`    trace(fr.name);`
	`}`
		Wird ausgelöst, wenn eine Datei ausgewählt wurde.

▲ **Tabelle 19.2**
Die wichtigsten Ereignisse der `FileReference`-Klasse (Forts.)

Ereignis	Beispiel	Beschreibung
DataEvent. UPLOAD_COMPLETE_DATA	`fr.addEventListener(DataEvent. UPLOAD_COMPLETE_DATA,uploadComplete);` `function uploadComplete(e:DataEvent): void {` `    trace(e.data);` `}`	Wird ausgelöst, wenn ein Upload erfolgreich abgeschlossen wurde und der Server Daten an den Flash-Film zurückgibt.

▲ Tabelle 19.2
Die wichtigsten Ereignisse der `FileReference`-Klasse (Forts.)

Eigenschaften

Im Folgenden sind die wichtigsten Eigenschaften der `FileReference`-Klasse aufgeführt. Um beispielsweise den Dateinamen einer Datei zu ermitteln, die mit einem `FileReference`-Objekt verknüpft ist, nutzen Sie folgende Zeile:

```
trace(fr.name);
```

▼ Tabelle 19.3
Die Eigenschaften der `FileReference`-Klasse

Eigenschaft	Datentyp	Beispiel	Ausgabe	Beschreibung
creationDate	Date	`trace(fr.creationDate);`	Mon Apr 30 14:09:59 GMT+0200 2012	Erstellungsdatum der Datei auf der Festplatte
modificationDate	Date	`trace(fr.modificationDate);`	Mon Apr 30 14:09:59 GMT+0200 2012	Datum, an der die Datei zum letzten Mal geändert wurde
name	String	`trace(fr.name);`	45154751402.jpg	Dateiname inklusive Dateiendung
size	Number	`trace(fr.size);`	4351	Dateigröße in Bytes
type	String	`trace(fr.type);`	.jpg	Dateiendung auf Windows-Rechnern. Auf Mac-Computern ist der Wert gleich null.

Dateiendungen überprüfen

Wie Sie bereits gelernt haben, können Sie einen oder mehrere `FileFilter`-Objekte definieren, um so die Auswahl der Dateien für den Upload einzuschränken. Diese Einschränkung ist allerdings nicht besonders wirksam, da sich innerhalb des Dateibrowsers Dateiendungen wieder ändern lassen. Diese werden dann

Windows XP/Windows 7

Unter Windows XP war die Umbenennung der Dateierweiterung direkt in einem Browser-Dialogfenster möglich. Unter Windows 7 wird die Datei nach der Umbenennung zunächst nicht angezeigt. Im Feld DATEI-NAME können Sie dann »*.*« eintragen. Nachdem Sie anschließend das Verzeichnis einmal gewechselt haben, erscheint auch das PHP-Skript trotz der vermeintlichen Filterung im Dateibrowser-Fenster.

trotz der ursprünglichen Einschränkung auch für den Upload akzeptiert. Das bedeutet, ein ursprüngliches PHP-Skript *delete.php* könnte vor dem Upload in »delete.jpg« umbenannt werden und dann innerhalb des Dateibrowsers wieder in *delete.php* (siehe Abbildung 19.9).

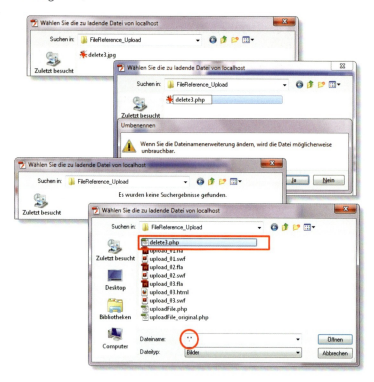

Abbildung 19.9 ▶
Windows 7 – in wenigen Schritten wird aus einer Bilddatei im Dateibrowser schnell ein vermeintlich gefährliches PHP-Skript.

Sie sollten deshalb zur Sicherheit die Dateiendungen der Dateien, die für den Upload ausgewählt wurden, sowohl client- als auch serverseitig überprüfen, um sicherzustellen, dass keine unerwünschten Dateien auf den Server hochgeladen werden können.

Schritt für Schritt:
Die Upload-Methode nutzen und Dateien clientseitig auf ihre Dateiendungen hin überprüfen

In diesem Workshop wird erläutert, wie Sie die `Upload`-Methode der `FileReference`-Klasse in der Praxis einsetzen und wie Sie clientseitig die Dateiendung einer Datei überprüfen können.

1   **Flash-Film öffnen**

Öffnen Sie den Flash-Film *upload_01.fla*. Im Flash-Film wurde ein dynamisches Textfeld »file_txt« angelegt, in dem der Dateiname nach der Auswahl angezeigt wird. Weiterhin gibt es eine

*19_FileReference\
FileReference_Upload\upload_01.fla*

PROGRESSBAR-Komponente »progressBar_mc«, die später den Fortschritt des Upload-Vorgangs anzeigen soll. Ein dynamisches Textfeld »status_txt« zeigt Status- und Fehlermeldungen an. Die BUTTON-Komponenten »select_mc« und »upload_mc« dienen zum Auswählen bzw. Uploaden der Datei.

2   FileReference-Objekt initialisieren und Datei auswählen

Wählen Sie das erste Schlüsselbild auf der Ebene »Actions« aus, und fügen Sie zunächst folgenden Code ein:

```
1:   var fr:FileReference = new FileReference();
2:   function init():void {
3:       select_mc.addEventListener(MouseEvent.CLICK,
         selectFile);
4:       upload_mc.addEventListener(MouseEvent.CLICK,
         uploadFile);
5:       progressBar_mc.visible = false;
6:   }
7:   function selectFile(e:MouseEvent):void {
8:       fr.addEventListener(Event.SELECT,
         selectHandler);
9:       var imageFilter:FileFilter = new FileFilter
         ("Bilder", "*.jpg;*.gif;*.png");
10:      var txtFilter:FileFilter = new FileFilter
         ("Textdokumente","*.txt;*.doc;*.pdf");
11:      fr.browse([imageFilter,txtFilter]);
12:  }
13:  function selectHandler(e:Event):void {
14:      file_txt.text = fr.name;
15:  }
```

Sie haben alle hier verwendeten Methoden bereits kennengelernt. Sobald der Benutzer auf den Button »select_mc« klickt, wird die Funktion selectFile aufgerufen. Diese definiert in Zeile 9 und 10 zwei FileFilter-Objekte und öffnet in Zeile 11 dann das Dateibrowser-Fenster zum Auswählen der Datei. Sobald eine Datei ausgewählt wurde, wird die Funktion selectHandler (Zeile 13) aufgerufen, die den Dateinamen im Textfeld »file_txt« ausgibt.

3   Die Dateiendung überprüfen und die Datei hochladen

Klickt der Benutzer auf den Button »upload_mc«, wird die Funktion uploadFile aufgerufen. Ergänzen Sie den Code im ersten Schlüsselbild nun um folgende Zeilen:

Abbildung 19.10 ▶
Die fertige Upload-Anwendung

```
1:    function uploadFile(e:MouseEvent):void {
2:        var pos:uint = fr.name.lastIndexOf(".");
3:        var ext:String = fr.name.substr(pos).
          toLowerCase();
4:        if(ext != ".jpg" && ext !=".gif" && ext!=".
          png" && ext !=".txt" && ext !=".doc" && ext
          !=".pdf") {
5:            status_txt.text = "Die Dateiendung ist
              nicht erlaubt.";
6:        } else {
7:            var myDate:Date = new Date();
8:            var timestamp:uint = myDate.getTime();
9:            var myRequest:URLRequest = new URLRequest
              ("http://www.ihreDomain.de/uploadFile_
              original.php?"+timestamp);
10:           fr.upload(myRequest);
11:           fr.addEventListener(Event.
              COMPLETE,completeHandler);
12:           fr.addEventListener(IOErrorEvent.IO_ERROR,
              ioErrorHandler);
13:           fr.addEventListener(SecurityErrorEvent.
              SECURITY_ERROR,securityHandler);
14:           fr.addEventListener(HTTPStatusEvent.
              HTTP_STATUS,httpStatusHandler);
15:       }
16:   }
```

In Zeile 2 wird die Position des letzten Punkts . im Dateinamen
ermittelt. Auf Basis der Position wird dann über die Methode
substr ein Teil des Dateinamens ermittelt – ausgehend vom

Punkt bis zum Ende des Dateinamens. Es wird also die Dateiendung inklusive des Punkts ermittelt, z. B. *.png*. Damit die Dateiendung einfach überprüft werden kann, wird sie über die Methode `toLowerCase` in Kleinbuchstaben konvertiert (Zeile 3).

In Zeile 4 wird überprüft, ob der Wert der Variablen `ext` einer der zulässigen Dateiendungen entspricht. Ist das nicht der Fall, wird ein entsprechender Hinweis im Textfeld »status_txt« (Zeile 5) ausgegeben. Ist die Dateiendung zulässig, wird der Upload-Vorgang gestartet (ab Zeile 7). Es fehlen nur noch einige Ereignisprozeduren, die im nächsten Schritt eingefügt werden.

4   Ereignisprozeduren definieren

Ergänzen Sie den Code um folgende Zeilen:

```
1:   function completeHandler(e:Event):void {
2:       status_txt.text = "Upload abgeschlossen.";
3:   }
4:   function ioErrorHandler(e:IOErrorEvent):void {
5:       status_txt.text = "IOError";
6:   }
7:   function securityHandler(e:SecurityErrorEvent):
     void {
8:       status_txt.text = "Security Error";
9:   }
10:  function httpStatusHandler(e:HTTPStatusEvent):
     void {
11:      status_txt.text = "HTTPStatus-Error: "+e.
         status;
12:  }
13:  init();
```

Die Ereignisprozeduren kennen Sie bereits. Sobald der Upload abgeschlossen ist, wird die Ereignisprozedur `completeHandler` aufgerufen, die eine entsprechende Meldung im Textfeld »status_txt« ausgibt. Die darauffolgenden Ereignisprozeduren werden bei entsprechenden Fehlern aufgerufen und zeigen gegebenenfalls eine Fehlermeldung im Textfeld »status_txt« an. In Zeile 13, der letzten Zeile des Codes, wird die Funktion `init` aufgerufen.

5   Fertig!

Damit ist der Workshop fertig. Sie können den Flash-Film jetzt über Strg/⌘+↵ testen. Denken Sie daran, das Skript *uploadFile_original.php* vorher auf Ihren Webserver zu laden und die Domain im Code entsprechend anzupassen.

Ergebnis der Übung:
19_FileReference\FileReference_Upload\Upload_02.fla

Bevor es darum gehen soll, die Dateiendung zusätzlich auch noch serverseitig zu überprüfen, wird im nächsten Workshop erläutert, wie Sie den Fortschritt des Upload-Vorgangs ausgeben können.

Schritt für Schritt:
Den Fortschritt des Upload-Vorgangs anzeigen

In diesem Workshop wird erläutert, wie Sie den Fortschritt des Upload-Vorgangs mithilfe einer PROGRESSBAR-Komponente anzeigen können.

1   Flash-Film öffnen

*19_FileReference\
FileReference_Upload\
upload_02.fla*

Öffnen Sie den Flash-Film *upload_02.fla*.

2   Ereignis-Listener registrieren

Änden Sie den Code (ab Zeile 25) wie folgt (Änderungen sind fett gedruckt):

```
fr.upload(myRequest);
fr.addEventListener(ProgressEvent.PROGRESS,showProgress);
fr.addEventListener(Event.COMPLETE,completeHandler);
```

3   Ereignisprozedur definieren

Fügen Sie am Ende des Codes folgende Zeilen ein:

```
function showProgress(e:ProgressEvent):void {
    var loaded:Number = e.bytesLoaded;
    var total:Number = e.bytesTotal;
    progressBar_mc.visible = true;
    progressBar_mc.setProgress(loaded,total);
}
```

Die Ereignisprozedur showProgress wird mehrmalig aufgerufen, während der Upload-Prozess läuft. Es werden die bisher hochgeladenen Bytes und die gesamte Größe der Datei in Bytes ermittelt und entsprechenden Variablen zugewiesen. Die PROGRESSBAR-Komponente wird sichtbar gemacht, und ihr wird der Fortschritt auf Grundlage der ermittelten Byte-Werte zugewiesen.

4   ProgressBar-Komponente ausblenden

Nachdem der Upload erfolgreich abgeschlossen wurde, soll die PROGRESSBAR-Komponente wieder unsichtbar gemacht werden. Ergänzen Sie den Code dazu wie folgt (Änderungen sind fett gedruckt):

```
function completeHandler(e:Event):void {
    status_txt.text = "Upload abgeschlossen.";
    progressBar_mc.visible = false;
}
```

▲ **Abbildung 19.11**
Die Datei *delete.jpg* wird gerade hochgeladen.

5   Fertig!

Sie können den Flash-Film jetzt auch in Flash selbst über ⌃Strg⌄/
⌘+↵ testen, müssen jedoch darauf achten, dass das PHP-
Skript auf Ihrem Webserver liegt und der Pfad zum Skript im
Code stimmt.

Um das Beispiel gegenüber nicht erwünschten Dateien abzusi-
chern, sollten Sie die Dateiendung auch serverseitig überprüfen.
Die Vorgehensweise dafür wird im folgenden Workshop erläutert.

 Ergebnis der Übung:
*19_FileReference\FileReference_
Upload\Upload_03.fla*

Schritt für Schritt:
Upload: Dateiendung serverseitig überprüfen

Öffnen Sie das PHP-Skript *uploadFile_original.php* mit einem beliebigen Editor Ihrer Wahl.

*19_FileReference\
FileReference_Upload\uploadFile_
original.php*

1   Dateiendung ermitteln

Als Erstes wird eine Funktion getExt geschrieben, die einen Dateinamen erwartet und die Dateiendung des Dateinamens zurückgibt. Fügen Sie dazu nach der ersten Zeile
<?php folgende Zeilen ein:

```
function getExt($myName) {
    $pos = strpos($myName,".")+1;
    $ext = substr($myName,$pos,3);
    $ext = strtolower($ext);
    return $ext;
}
```

2   Überprüfung der Dateiendung

Jetzt soll mithilfe der Funktion jede hochgeladene Datei auf ihre
Dateiendung hin überprüft werden. Dazu wird der nachfolgende
Code wie folgt geändert (Änderungen sind fett gedruckt):

```
1:    $myDir = "files/";
2:    foreach ($_FILES as $fieldName => $file) {
3:        $myFileExt = getExt($file['name']);
4:        if($myFileExt != "jpg" && $myFileExt != "png"
          && $myFileExt != "gif" &&
```

```
5:      $myFileExt != "txt" && $myFileExt!= "doc" &&
        $myFileExt != "pdf") {
6:         die("Dateiendung ungültig.");
7:      } else {
8:      move_uploaded_file($file['tmp_name'], $myDir.
        $file['name']);
9:         $myTempFile = $myDir.$file['name'];
10:        chmod($myTempFile,0777);
11:     }
12:  }
```

In Zeile 3 wird die Dateiendung ermittelt und der Variablen $my-
FileExt zugewiesen. Anschließend wird die Dateiendung in Zeile
4 auf gültige Werte hin überprüft. Sollte die Dateiendung gültig
sein, wird in Zeile 8 die Datei in das Zielverzeichnis verschoben.
Anderenfalls wird die Ausführung des Skripts über die Methode
die in Zeile 6 beendet.

Ergebnis der Übung:
*19_FileReference\FileReference_*
Upload\uploadFile.php

3   **Fertig!**

Speichern Sie das Skript unter *uploadFile.php* ab, und ändern Sie
die URL im ActionScript-Code entsprechend.

Upload – FAQ

Wenn Sie die Upload-Funktion für ein Projekt einsetzen möchten, sind je nach Anwendungsfall weitere Dinge zu beachten, auf
die im Folgenden in kompakter Form eingegangen wird.

Fehlerursachen | In der Praxis hat sich herausgestellt, dass es
gerade bei größeren Dateien oft Schwierigkeiten mit dem Upload gibt. Einige Anwender berichten, dass Uploads fehlschlagen,
wenn die Dateigröße 2 MB überschreitet, andere Benutzer haben
erst ab 8 MB oder mehr Probleme. Die häufigste Fehlerquelle
sind dabei die serverseitigen Einstellungen der verwendeten
Skriptsprache. In einigen wenigen Fällen können auch andere
Servereinstellungen ein Grund für die Probleme sein. Sollten Sie
ähnliche Schwierigkeiten haben, empfiehlt es sich zunächst, die
üblichen Verdächtigen zu überprüfen. Falls Sie PHP einsetzen, erstellen Sie dazu zunächst ein PHP-Skript zur Ermittlung der PHP-
Konfiguration Ihres Servers:

```
<?php
   phpinfo();
?>
```

Laden Sie das Skript auf Ihren Server, und öffnen Sie es im Browser. Sie sollten folgende Einstellungen überprüfen, falls Sie Probleme haben, größere Dateien hochzuladen:

▶ **upload_max_filesize**: die maximal zulässige Dateigröße einer Datei, die hochgeladen werden kann

▶ **post_max_size**: die maximal zulässige Dateigröße einer Datei, die via POST an den Server übertragen werden kann

▶ **max_execution_time**: die maximale Ausführungszeit eines Skripts in Sekunden. Sollte der Upload-Vorgang länger dauern als der Wert der Einstellung, wird er abgebrochen. Die Dauer hängt natürlich auch von der Bandbreite des Nutzers ab, der die Datei hochlädt.

▶ **memory_limit**: der Speicher in Bytes, der von einem Skript genutzt werden kann

▶ **max_input_time**: die maximale Zeit in Sekunden, die ein Skript zur Verarbeitung von eingehenden Daten verwenden kann

Ob und inwieweit Sie diese Einstellungen ändern können, hängt von Ihrem Hostinganbieter bzw. Ihrem Tarif ab. Die entsprechenden Einstellungen finden Sie in der *php.ini*, deren Pfad Sie unter »Configuration File (php.ini) Path« (phpinfo) finden. Falls Sie einen direkten Zugriff auf die Datei haben, z. B., wenn Sie einen eigenen Server betreiben, können Sie die Werte dort entsprechend ändern.

Einzigartige Dateinamen | In den bisherigen Beispielen wurden Dateien mit gleichen Dateinamen serverseitig überschrieben. Um das zu verhindern, sind mehrere Möglichkeiten denkbar. Eine Lösung wäre, die Dateien eines bestimmten Verzeichnisses vorher auszulesen und vor dem Upload einer Datei zu überprüfen, ob bereits eine gleichnamige Datei existiert. Der Benutzer könnte dann aufgefordert werden, die Datei selbst umzubenennen oder einen anderen Dateinamen festzulegen. Die einfachste Variante besteht darin, an den jeweiligen Dateinamen einen Zeitstempel anzuhängen. Dies lässt sich in PHP serverseitig wie folgt vornehmen:

```
...
$timestamp = time();
move_uploaded_file($file['tmp_name'],
$myDir.$timestamp."_".$file['name']);
...
```

100-Megabyte-Grenze

Laut Adobe ist der Upload von Dateien mit bis zu 100 Megabyte möglich. In vielen Fällen eignen sich die Servervoraussetzungen bzw. -einstellungen jedoch nicht für so große Dateien. Nach eigenen Erfahrungen ist der Upload bei entsprechend hoher clientseitiger Bandbreite und dementsprechenden Servereinstellungen auch mit noch größeren Dateien prinzipiell möglich.

[!] php.ini

Beachten Sie bei Änderungen an der *php.ini*, dass sich Änderungen global auf Ihren Webserver und damit auf die Stabilität und Sicherheit auswirken können. Änderungen sollten daher nur mit Bedacht, entsprechender Fachkenntnis und gegebenenfalls unter Rücksprache mit dem Hostinganbieter durchgeführt werden.

Unix-Zeitstempel
Der Unix-Zeitstempel lässt sich
nur auf Unix-basierten Webservern ermitteln. Sollten Sie beispielsweise einen Windows-ba-
sierten Server besitzen, müssen
Sie eine alternative Funktion
verwenden. Der Unix-Zeitstempel zeigt die Anzahl der abgelaufenen Sekunden seit dem
1.1.1970, 00:00 Uhr an.

Mithilfe der Funktion `time` wird ein Unix-Zeitstempel ermittelt und der Variablen `$timestamp` zugewiesen. Dieser Zeitstempel wird dann vor den Dateinamen eingefügt, sodass beispielsweise der Dateiname *1224502878_image0.jpg* entstünde.

Ein individuelles Verzeichnis verwenden | In einigen Fällen möchte man verschiedene Dateien in verschiedene Verzeichnisse hochladen bzw. die Möglichkeit erlauben, das Verzeichnis client-seitig auszuwählen. Dazu können Sie das gewünschte Zielverzeichnis vom Flash Player an das serverseitige Skript übergeben. Das folgende Beispiel zeigt die Vorgehensweise. Zunächst wird in ActionScript ein Verzeichnis definiert und per POST an den `URL`-`Request` angehängt:

```
1:   ...
2:   var myDate:Date = new Date();
3:   var timestamp:uint = myDate.getTime();
4:   var myRequest:URLRequest = new URLRequest
     ("http://www.ihreDomain.de/uploadFile_neu.
     php?"+timestamp);
5:   var myVars:URLVariables = new URLVariables();
6:   myVars.myDir = "files2/";
7:   myRequest.method = URLRequestMethod.POST;
8:   myRequest.data = myVars;
9:   fr.upload(myRequest);
10:  ...
```

In Zeile 5 wird dazu ein `URLVariables`-Objekt definiert. Dem Objekt wird die Eigenschaft `myDir` und der Wert `files2/` zugewiesen. Das Objekt wird dann in Zeile 8 der `data`-Eigenschaft des `URLRequest`-Objekts zugewiesen. Anschließend wird der Upload in Zeile 9 initiiert. Im PHP-Skript müssen Sie dann nur eine Zeile ändern:

```
$myDir = "files/";
```

in

```
$myDir = strip_tags($_POST['myDir']);
```

Sicherheitshinweis
Die Übertragung eines Zielver-
zeichnisses bringt ein potenziel-
les Sicherheitsproblem mit sich.
Denken Sie daran, dass bei entsprechenden Dateizugriffsrech-
ten Dateien so in jedes beliebige Verzeichnis hochgeladen
werden können.

Dateien eines Verzeichnisses auslesen | Vielleicht wollen Sie die existierenden Dateien eines Verzeichnisses zunächst in Flash ausgeben, bevor Sie einen Upload ermöglichen wollen. Dazu benötigen Sie zunächst ein PHP-Skript, das die Dateien serverseitig ermittelt:

```
1:    <?php
2:       $dir = "files/";
3:       $dirhandle=opendir ($dir);
4:       $counter =0;
5:       while($file=readdir ($dirhandle)) {
6:          if($file!="." && $file!="..") {
7:             $counter++;
8:             $Dateien[$counter] = $file;
9:          }
10:      }
11:      $DateienString = implode(",",$Dateien);
12:      echo "meineDateien=$DateienString";
13:   ?>
```

◄ **Abbildung 19.12**
Mehrere Dateien für den Upload
auswählen

Das Skript erstellt eine durch Kommata getrennte Dateiliste des in Zeile 2 definierten Verzeichnisses. In Zeile 12 wird diese Dateiliste in folgender Form ausgegeben:

```
meineDateien=Download_01.png,Laden_03.png,delete.jpg,
delete2.jpg,delete3.jpg,delete3.jpg_1224502818,
1224502878_delete3.jpg,1224503433_delete3.jpg
```

Das Skript wird dann in ActionScript wie folgt aufgerufen:

```
var myDate:Date = new Date();
var timestamp:uint = myDate.getTime();
var myRequest:URLRequest = new URLRequest("http://
www.ihreDomain.de/getFiles.php?"+timestamp);
var myLoader:URLLoader = new URLLoader();
myLoader.dataFormat = URLLoaderDataFormat.VARIABLES;
myLoader.addEventListener(Event.COMPLETE,
completeHandler);
myLoader.load(myRequest);
function completeHandler(e:Event):void {
   var myFiles:Array = new Array();
```

```
     myFiles = e.target.data.meineDateien.split(",");
     trace(myFiles[0]);
}
```

Über die Methode `split` wird die kommagetrennte Dateiliste in ein Array umgewandelt, sodass Sie beispielsweise über `my-Files[0]` auf den ersten Dateinamen der Liste zugreifen können.

FileReferenceList: Mehrere Dateien nacheinander hochladen | Grundsätzlich können Sie auch mehrere Dateien auswählen und nacheinander hochladen. Dafür lässt sich ein Objekt der sogenannten `FileReferenceList`-Klasse verwenden. Eine `FileReferenceList` ist im Prinzip nichts anderes als ein Array, dessen Felder Referenzen auf unterschiedliche `FileReference`-Objekte darstellen. Jedes dieser `FileReference`-Objekte ist mit einer Datei verknüpft. Das folgende Beispiel demonstriert die Vorgehensweise:

```
1:   var fileCounter:uint = 0;
2:   var myFileList:FileReferenceList =
     new FileReferenceList();
3:   var fr:FileReference = new FileReference();
4:   myFileList.addEventListener(Event.SELECT,
     selectHandler);
5:   myFileList.browse();
6:   function selectHandler(e:Event):void {
7:       startUpload(fileCounter);
8:   }
9:   function startUpload(fileNum:uint):void {
10:      if (fileNum<myFileList.fileList.length) {
11:          fr=myFileList.fileList [fileNum];
12:          var myDate:Date = new Date();
13:          var timestamp:uint = myDate.getTime();
14:          var myRequest:URLRequest = new URLRequest
             ("http://www.ihreDomain.de/uploadFile.
             php?"+timestamp);
15:          fr.upload(myRequest);
16:          fr.addEventListener(Event.COMPLETE,
             completeHandler);
17:      } else {
18:          trace("Uploads abgeschlossen.");
19:      }
20:  }
21:  function completeHandler(e:Event):void {
```

```
22:      trace(fr.name + " hochgeladen.");
23:      fileCounter++;
24:      startUpload(fileCounter);
25:  }
```

In Zeile 1 wird eine Zählervariable definiert, die den aktuellen Index der nächsten hochzuladenden Datei entspricht. In Zeile 2 wird ein FileReferenceList-Objekt initialisiert, das später die Liste der ausgewählten Dateien beinhaltet. Das in Zeile 3 definierte FileReference-Objekt wird dann zum Hochladen der jeweiligen Datei verwendet. Die Funktion startUpload (Zeile 10) erwartet ein Argument fileNum, das dem Index der hochzuladenden Datei entspricht. Nacheinander werden alle Dateien des FileReferenceList-Objekts hochgeladen. Nach dem erfolgreichen Upload einer Datei wird der Wert der Variable fileCounter um 1 erhöht (Zeile 23), und die Funktion startUpload (Zeile 24) wird erneut aufgerufen. Wurden alle Dateien hochgeladen, wird eine entsprechende Meldung in Zeile 18 ausgegeben.

Ein entsprechendes Beispiel dazu finden Sie auf der DVD unter *19_FileReference\FileReferenceList\FileReferenceList.fla*.

TEIL V
Weitere Einsatzgebiete

Kapitel 20

Spieleprogrammierung

Der Browser-Spielemarkt wächst weiterhin von Jahr zu Jahr. Dabei werden immer mehr Spiele auf Flash basierend erstellt. Sowohl Computerspiel- als auch Konsolenspiel-Klassiker wie z. B. Donkey Kong, Snake, Katakis, Pong, Turrican, Tetris oder digitale Adaptionen von Brett- und Kartenspielen wie Schach, Skat, Poker oder Aufbauspiele wie beispielsweise Farmville (Social-Network-Spiele, Facebook-Spiel) sowie technisch anspruchsvollere Spiele wie 3D-Rennspiele und 3D-Ego-Shooter werden inzwischen auf Flash basierend entwickelt.

20.1 Interaktion

Ein wichtiger Bestandteil von Spielen ist die Interaktionsmöglichkeit, die klassisch meist über die Tastatur oder über die Maus erfolgt. Da die Spielsteuerung je nach Spielprinzip sehr unterschiedlich ausfällt, werden im Folgenden ausschließlich die Grundlagen dazu erläutert.

Hinweis
Viele der nachfolgenden Elemente lassen sich auch in anderen Anwendungsbereichen einsetzen.

Tastatursteuerung

Zur Steuerung über die Tastatur können Sie sogenannte Keyboard-Ereignisse nutzen. Das Ereignis `KeyboardEvent.KEY_DOWN` wird aufgerufen, wenn eine Taste gedrückt wurde. Das Ereignis `KeyboardEvent.KEY_UP` wird aufgerufen, wenn eine Taste wieder losgelassen wurde. Um auf ein Ereignis reagieren zu können, können Sie einen Ereignis-Listener an einem Objekt registrieren, das die Klasse `InteractiveObject` erweitert. In vielen Fällen wird ein solcher Ereignis-Listener an der Bühne (Stage-Objekt) registriert, wie im folgenden Beispiel zu sehen ist:

```
stage.addEventListener(KeyboardEvent.KEY_DOWN,
keyDownHandler);
stage.addEventListener(KeyboardEvent.KEY_UP,
keyUpHandler);
```

[!] Tastaturbefehle deaktivieren
Um auf Keyboard-Ereignisse in einem Flash-Film reagieren zu können, der über die Entwicklungsumgebung getestet wird (STEUERUNG • FILM TESTEN), sollten Sie die Option STEUERELEMENT • TASTATURBEFEHLE DEAKTIVIEREN im Flash Player aktivieren (am Mac finden Sie die Option unter STEUERUNG • FILM TESTEN • STEUERUNG • TASTATURBEFEHLE DEAKTIVIEREN). Anderenfalls werden einige Tastatureingaben nicht registriert.

▲ Abbildung 20.1
Der Menüpunkt TASTATURBEFEHLE
DEAKTIVIEREN

**Spezialgebiet
Spieleprogrammierung**

Ein erfahrener Projektmanager
aus der Computerspielbranche
sagte einst sinngemäß den klu-
gen Satz: »Es gibt Anwendungs-
entwickler, und es gibt Spieleentwickler.« Auf dem Markt gibt
es tatsächlich nur wenige Entwickler, die sich professionell
mit beiden Bereichen beschäftigen. Das liegt vermutlich daran,
dass sowohl die inhaltliche,
strategische als auch die technische Herangehensweise bei der
Spieleentwicklung und der An-
wendungsentwicklung sehr unterschiedlich ausfallen.

```
function keyDownHandler(e:KeyboardEvent):void {
    trace(e.keyCode + " gedrückt");
}
function keyUpHandler(e:KeyboardEvent):void {
    trace(e.keyCode + " losgelassen");
}
```

Über die Eigenschaft `keyCode` des an die Ereignisprozedur übergebenen `KeyboardEvent`-Objekts können Sie feststellen, welche
Taste gedrückt wurde. Wenn Sie beispielsweise auf das Drücken
der Pfeil-Tasten reagieren möchten, könnten Sie dazu folgenden
Code verwenden:

```
stage.addEventListener(KeyboardEvent.KEY_DOWN,
keyDownHandler);
function keyDownHandler(e:KeyboardEvent):void {
    switch(e.keyCode) {
        case 37:
            trace("Linke Pfeiltaste");
            break;
        case 38:
            trace("Obere Pfeiltaste");
            break;
        case 40:
            trace("Untere Pfeiltaste");
            break;
        case 39:
            trace("Rechte Pfeiltaste");
            break;
    }
}
```

Wenn das Spiel zu Ende ist und Sie die Tastaturabfrage beenden möchten, können Sie die Methode `removeEventListener`
verwenden, um den Ereignis-Listener wieder zu entfernen (vom
Objekt zu lösen):

```
stage.removeEventListener(KeyboardEvent.KEY_DOWN,
keyDownHandler);
```

Maussteuerung

Viele aktuelle Flash-Spiele werden über die Maus gesteuert. An
verschiedenen Stellen dieses Buches haben Sie bereits Ereignisse

kennengelernt, die sich für Maussteuerungen nutzen lassen. Im Folgenden werden noch einmal einige wichtige Mausereignisse exemplarisch erläutert.

Sie können Mausereignisse am Stage-Objekt selbst oder an bestimmten Objekten wie z. B. einem MovieClip registrieren. Wenn Sie Mausereignisse am Stage-Objekt registrieren, können Sie z. B. feststellen, ob der Benutzer die Maustaste an einer beliebigen Stelle des Flash-Films gedrückt hat. Registrieren Sie ein Mausereignis hingegen an einem Objekt wie z. B. einem Movie-Clip, wird das Ereignis nur ausgelöst, wenn sich der Mauszeiger über dem Objekt befindet. Angenommen, Sie möchten feststellen, ob der Benutzer die Maustaste an einer beliebigen Stelle innerhalb des Bereichs des Flash-Films gedrückt hat. Dazu können Sie das Ereignis `MouseEvent.MOUSE_DOWN` wie folgt verwenden:

```
stage.addEventListener(MouseEvent.MOUSE_DOWN,
mouseDownHandler);
function mouseDownHandler(e:MouseEvent):void {
   trace("Maustaste gedrückt.");
}
```

Um festzustellen, ob die Maustaste über einem bestimmten Objekt gedrückt wurde, können Sie das Ereignis wie folgt nutzen:

```
mc.addEventListener(MouseEvent.MOUSE_DOWN,
mouseDownHandler);
function mouseDownHandler(e:MouseEvent):void {
   trace("Maustaste über dem Objekt
   "+e.currentTarget.name +" gedrückt.");
}
```

Wenn die Maustaste gleichzeitig gedrückt und bewegt wird, wird das Ereignis erst ausgelöst, wenn die Taste wieder losgelassen wird.

Bei einigen Spielen wie z. B. bei Puzzle-Spielen werden Objekte auf der Bühne mit der Maus verschoben. Um ein Objekt per Drag & Drop zu verschieben, können Sie die Methoden `startDrag` und `stopDrag` in Kombination mit den Mausereignissen `MOUSE_DOWN` und `MOUSE_UP` wie folgt verwenden:

```
mc.addEventListener(MouseEvent.MOUSE_
DOWN,mouseDownHandler);
mc.addEventListener(MouseEvent.MOUSE_
UP,mouseUpHandler);
```

Mausrad verwenden

Über das Ereignis `MouseEvent.MOUSE_WHEEL` können Sie auf die Bewegung des Mausrads reagieren (am Mac wird dies nicht unterstützt). Dazu folgendes Beispiel:

```
stage.addEventListener
(MouseEvent.MOUSE_WHEEL,
mouseWheelHandler);
function mouseWheelHandler
(e:MouseEvent):void {
   trace(e.delta + " Zeilen
   gescrollt.");
}
```

Mausrad am Mac

In den FAQ auf der Buch-DVD finden Sie einen Workaround, wie Sie Mausradbewegungen auch am Mac abfragen können.

Maus außerhalb der Bühne

Über das Ereignis `Event.MOUSE_LEAVE` können Sie feststellen, ob der Mauszeiger aus dem Bereich der Bühne des Flash-Films herausbewegt wurde (nur im Browser). Beispiel:

```
stage.addEventListener
(Event.MOUSE_LEAVE,
mouseLeaveHandler);
function mouseLeaveHandler
(e:Event):void {
   trace("Mauszeiger hat die
   Bühne verlassen.");
}
```

```
function mouseDownHandler(e:MouseEvent):void {
    e.currentTarget.startDrag();
}
function mouseUpHandler(e:MouseEvent):void {
    e.currentTarget.stopDrag();
}
```

Klickt der Benutzer auf den MovieClip »mc«, wird der Drag-Vorgang gestartet. Lässt er die Maustaste über dem Objekt wieder los, wird der Drag-Vorgang gestoppt. In der folgenden Tabelle sind die wichtigsten Mausereignisse zusammengefasst.

Ereignis	Beispiel	Beschreibung

MouseEvent.CLICK	`mc.addEventListener(MouseEvent.`
	`CLICK,clickHandler);`
	`function clickHandler(e:MouseEvent):void {`
	`    trace(e.currentTarget.name+" angeklickt.");`
	`}`
		Wird ausgelöst, wenn der Benutzer die Maustaste über einem Objekt drückt.

MouseEvent.DOUBLE_CLICK	`mc.doubleClickEnabled = true;`
	`mc.addEventListener(MouseEvent.DOUBLE_`
	`CLICK,doubleclickHandler);`
	`function doubleclickHandler(e:MouseEvent):void`
	`{`
	`    trace(e.currentTarget.name+" per`
	`    Doppelklick angeklickt.");`
	`}`
		Wird ausgelöst, wenn der Benutzer einen Doppelklick über einem Objekt ausführt. Die Eigenschaft `doubleClickEnabled` des Objekts muss auf `true` gesetzt sein.

MouseEvent.MOUSE_DOWN	`stage.addEventListener(MouseEvent.MOUSE_`
	`DOWN,mouseDownHandler);`
	`function mouseDownHandler(e:MouseEvent):void {`
	`    trace("Die Maustaste wurde gedrückt.");`
	`}`
		Die linke Maustaste wurde über einem Objekt (im Beispiel der Bühne) gedrückt.

MouseEvent.MOUSE_UP	`stage.addEventListener(MouseEvent.MOUSE_`
	`UP,mouseUpHandler);`
	`function mouseUpHandler(e:MouseEvent):void {`
	`    trace("Die Maustaste wurde losgelassen.");`
	`}`
		Die linke Maustaste wurde über einem Objekt (im Beispiel der Bühne) losgelassen.

MouseEvent.MOUSE_MOVE	`stage.addEventListener(MouseEvent.MOUSE_`
	`MOVE,mouseMoveHandler);`
	`function mouseMoveHandler(e:MouseEvent):void {`
	`    mc.x = mouseX;`
	`    mc.y = mouseY;`
	`    e.updateAfterEvent();`
	`}`
		Der Mauszeiger wurde bewegt.

▲ **Tabelle 20.1**
Ereignisse für die Maussteuerung

Ereignis	Beispiel	Beschreibung
`MouseEvent.MOUSE_WHEEL`	```stage.addEventListener(MouseEvent.MOUSE_WHEEL,mouseWheelHandler);
function mouseWheelHandler(e:MouseEvent):void
{
mc.y += e.delta*-1;
}```	Wird ausgelöst, wenn das Mausrad der Maus benutzt wurde. (Auf Macs funktioniert das so direkt nicht.)
`MouseEvent.ROLL_OVER`	```mc.addEventListener(MouseEvent.ROLL_OVER,rollOverHandler);
function rollOverHandler(e:MouseEvent):void {
trace("RollOver: "+e.currentTarget.name);
}```	Wird ausgelöst, wenn der Mauszeiger über ein Objekt bewegt wird.
`MouseEvent.ROLL_OUT`	```mc.addEventListener(MouseEvent.ROLL_OUT,rollOutHandler);
function rollOutHandler(e:MouseEvent):void {
trace("RollOut: "+e.currentTarget.name);
}```	Wird ausgelöst, wenn der Mauszeiger aus einem Objekt herausbewegt wird.

▲ **Tabelle 20.1**
Ereignisse für die Maussteuerung (Forts.)

20.2 Kollisionserkennung

Ein Hauptbestandteil von vielen Spielen ist die sogenannte Kollisionserkennung. Eine aus Sicht der Spielmechanik ausreichend präzise und gleichzeitig performante Kollisionserkennung ist Voraussetzung für ein gutes Spiel. Es gibt verschiedene Techniken, um Kollisionserkennungen durchzuführen. Einige dieser Techniken werden im Folgenden erläutert.

[Kollisionserkennung]
Sinn und Zweck einer Kollisionserkennung ist es, zu überprüfen, ob ein grafisches Objekt ein oder mehrere andere grafische Objekte berührt oder durchdringt.

Einfache Kollisionserkennung mit hitTestObject und hitTestPoint

In ActionScript 3 gibt es für eine einfache Kollisionserkennung die Methoden `hitTestObject` und `hitTestPoint`, die die Methode `hitTest` (ActionScript 1 und 2) abgelöst haben. Die Methoden gehören zur DisplayObject-Klasse und können mit allen Klassen, die die DisplayObject-Klasse erweitern (`Sprite`, `MovieClip`, `Bitmap` etc.), verwendet werden.

Begrenzungsrahmen
Der Begrenzungsrahmen eines MovieClips kann sich von der eigentlichen Form des Movie-Clip-Inhalts unterscheiden. Wenn Sie einen MovieClip in der Entwicklungsumgebung auswählen, wird der Begrenzungsrahmen durch einen hellblauen Auswahlrahmen angezeigt.

Kollisionserkennung von Begrenzungsrahmen | Sie können über die Methode `hitTestObject` überprüfen, ob sich Begrenzungsrahmen von Anzeigeobjekten überschneiden. Bei rechteckigen Formen funktioniert das einwandfrei ❶. Sobald jedoch eine der Formen nicht rechteckig ist, schlägt die Kollisionserkennung fehl bzw. ist je nach Form mehr oder weniger genau ❷. Eine Kollision findet bereits dann statt, wenn sich die Begrenzungsrahmen überschneiden. Da sich aber die Form des Begrenzungsrahmens und die tatsächliche Form des Objekts unterscheiden, führt das meist zu keinem akzeptablen Ergebnis.

Abbildung 20.2 ▶
Links: Die Formen sind rechteckig, die Kollisionserkennung funktioniert. Rechts: Eine Form ist rund, die Kollisionserkennung ist ungenau.

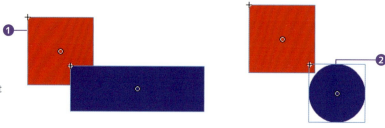

Angenommen, Sie möchten eine Kollisionserkennung zwischen zwei MovieClips mit den Instanznamen »mc0« und »mc1« durchführen. Das folgende Beispiel zeigt, wie Sie feststellen können, ob sich die Begrenzungsrahmen berühren oder durchdringen:

20_Spieleprogrammierung\ Kollision_hitTestObject\beispiel.fla

```
mc0.addEventListener(Event.ENTER_FRAME,
enterFrameHandler);
function enterFrameHandler(e:Event):void {
    e.currentTarget.x = mouseX;
    e.currentTarget.y = mouseY;
    if(e.currentTarget.hitTestObject(mc1)) {
        trace("Kollision");
    } else {
        trace("Keine Kollision");
    }
}
```

Kollisionserkennung von bestimmten Punkten | Die Methode hitTestPoint bietet eine weitere Möglichkeit für eine Kollisionserkennung. Mit der Methode können Sie überprüfen, ob die Pixel eines Objekts (die tatsächliche Form) oder der Begrenzungsrahmen eines Objekts mit einem bestimmten Punkt auf der Bühne kollidiert.

Angenommen, Sie möchten überprüfen, ob der Begrenzungsrahmen eines MovieClips mit dem Instanznamen »mc« mit dem Mittelpunkt der Bühne kollidiert oder nicht. Dazu folgendes Beispiel:

```
mc0.addEventListener(Event.ENTER_FRAME,
enterFrameHandler);
function enterFrameHandler(e:Event):void {
   var xPos:Number = stage.stageWidth/2;
   var yPos:Number = stage.stageHeight/2;
   e.currentTarget.x=mouseX;
   e.currentTarget.y=mouseY;
   if (e.currentTarget.hitTestPoint(xPos,yPos,false)) {
      trace("Kollision");
   } else {
      trace("Keine Kollision");
   }
}
```

*20_Spieleprogrammierung\
Kollision_hitTestPoint\beispiel_01.fla*

Die Methode hitTestPoint erwartet drei Argumente:
▶ x-Koordinate des Punktes auf der Bühne
▶ y-Koordinate des Punktes auf der Bühne
▶ shapeFlag (default: false): Gibt an, ob die Pixel des Objekts
  (true) oder der Begrenzungsrahmen des Objekts (false) zur
  Kollisionserkennung verwendet werden sollen.

Wenn Sie statt des Begrenzungsrahmens die tatsächliche Form
des Objekts für die Kollisionserkennung verwenden möchten,
müssen Sie den dritten Parameter der Methode auf true setzen.
Dazu folgendes Beispiel:

```
mc0.addEventListener(Event.ENTER_
FRAME,enterFrameHandler);
function enterFrameHandler(e:Event):void {
   var xPos:Number = stage.stageWidth/2;
   var yPos:Number = stage.stageHeight/2;
   e.currentTarget.x=mouseX;
   e.currentTarget.y=mouseY;
   if (e.currentTarget.hitTestPoint(xPos,yPos,true)) {
      trace("Kollision");
   } else {
      trace("Keine Kollision");
   }
}
```

*20_Spieleprogrammierung\
Kollision_hitTestPoint\beispiel_02.fla*

Pixelbasierte Kollisionserkennung

Neben den bereits vorgestellten Kollisionserkennungen können
Sie über die Methode hitTest der BitmapData-Klasse auch eine

pixelbasierte Kollisionserkennung durchführen. Eine pixelbasierte Kollisionserkennung ist notwendig, wenn beispielsweise Formen eingesetzt werden, die sich deutlich vom rechteckigen Begrenzungsrahmen eines MovieClips unterscheiden. In einem solchen Fall wäre die zuvor erläuterte Kollisionserkennung zu ungenau. Die Anwendung einer pixelbasierten Kollisionserkennung ist mitunter etwas kompliziert. Um die Methode hitTest anwenden zu können, sind zunächst folgende zwei Punkte zu beachten:

▶ Anzeigeobjekte wie Sprites, MovieClips und auch Bitmaps müssen zunächst in eine BitmapData umgewandelt werden, da die hitTest-Methode eine Methode der BitmapData-Klasse ist und nur auf Objekte dieser Klasse anwendbar ist.

▶ Wenn Anzeigeobjekte transformiert, d.h. rotiert, skaliert oder geneigt werden, funktioniert die Kollisionserkennung über hitTest so nicht richtig. Für eine Kollisionserkennung mit transformierten Objekten sind zusätzliche Routinen notwendig, die später noch erläutert werden.

Anmerkung

Da es sich um eine pixelbasierte Kollisionserkennung handelt, können die beiden MovieClips des Beispiels natürlich auch andere beliebige Vektorformen beinhalten.

Umwandlung von Anzeigeobjekten in eine BitmapData | Angenommen, Sie haben auf der Bühne eines Flash-Films zwei MovieClips erstellt. Der erste MovieClip »myCircle« besitzt eine Kreisform. Der zweite MovieClip »myStar« besitzt eine Sternform. Auf Basis der Inhalte der MovieClips können Sie wie folgt entsprechende BitmapData-Objekte erzeugen:

```
1:   // Circle
2:   var circleRect:Rectangle=myCircle.
     getBounds(this);
3:   var circleBmpData=new BitmapData(circleRect.
     width,circleRect.height,true,0);
4:   circleBmpData.draw(myCircle);
5:   // Star
6:   var starRect:Rectangle=myStar.getBounds(this);
7:   var starBmpData=new BitmapData(starRect.width,
     starRect.height,true,0);
8:   starBmpData.draw(myStar);
```

Registrierungspunkte der MovieClips

Die Registrierungspunkte der beiden MovieClips in diesem Beispiel müssen links oben sein.

In Zeile 2 wird der Begrenzungsrahmen des MovieClips »myCircle« über die Methode getBounds ermittelt und der Variablen circleRect zugewiesen. In Zeile 3 wird ein neues BitmapData-Objekt erzeugt. Die Breite und die Höhe des BitmapData-Objekts werden auf Basis der Breite und der Höhe des zuvor definierten Rectangle-Objekts festgelegt. Der Hintergrund der BitmapData wird auf transparent (true) gesetzt. Die Hintergrundfarbe wird auf Schwarz (0) festgelegt.

Anschließend werden in Zeile 4 über die Methode draw die Pixel des MovieClips »myCircle« in die BitmapData übernommen (nachgezeichnet). Es wird also eine visuelle Kopie des Inhalts des MovieClips »myCircle« in der BitmapData gespeichert. In Zeile 6 bis 8 wird analog dazu die Sternform in eine BitmapData starBmpData übertragen.

Kollisionserkennung mit hitTest | Die Methode hitTest der BitmapData-Klasse hat folgende formelle Syntax:

```
firstObject.hitTest(firstPoint:Point,
firstAlphaThreshold:uint, secondObject:Object,
secondBitmapDataPoint:Point = null,
secondAlphaThreshold:uint = 1):Boolean
```

Die Methode wird von einem der beiden Objekte aufgerufen, die auf eine Kollision hin überprüft werden (hier: firstObject). Die Methode sieht fünf Parameter vor:

▶ **firstPoint**: der Punkt der linken oberen Ecke des ersten Anzeigeobjekts

▶ **firstAlphaThreshold**: der niedrigste Alphawert des ersten Objekts, der bezüglich der Kollisionserkennung als deckend (undurchsichtig) bewertet wird

▶ **secondObject**: das zweite Objekt, auf das die Kollisionserkennung angewendet wird (z. B. ein Rectangle-, Point-, Bitmap- oder BitmapData-Objekt)

▶ **secondBitmapDataPoint**: der Punkt der linken oberen Ecke des zweiten Anzeigeobjekts

▶ **secondAlphaThreshold**: der niedrigste Alphawert des zweiten Objekts, der bezüglich der Kollisionserkennung als deckend (undurchsichtig) bewertet wird

Übertragen auf das zuvor beschriebene Beispiel, lässt sich die Methode hitTest wie folgt anwenden, um eine pixelbasierte Kollisionserkennung durchzuführen:

```
1:    addEventListener(Event.ENTER_FRAME,
      enterFrameHandler);
2:    function enterFrameHandler(e:Event):void {
3:       myStar.x=mouseX;
4:       myStar.y=mouseY;
```

getBounds

Die Methode getBounds gibt den Begrenzungsrahmenbereich des angegebenen Anzeigeobjekts zurück. Der zurückgegebene Wert bezieht sich auf das Koordinatensystem, das als Argument (in diesem Beispiel: this) an die Methode übergeben wird.

```
5:        var starPoint:Point=new
          Point(myStar.x,myStar.y);
6:        var circlePoint:Point=new
          Point(myCircle.x,myCircle.y);
7:        if (starBmpData.hitTest(starPoint,255,
          circleBmpData,circlePoint,255)) {
8:          trace("hit");
9:          myCircle.alpha=0.5;
10:       } else {
11:         myCircle.alpha=1;
12:       }
13:   }
```

Abbildung 20.3 ▶
Die beiden Anzeigeobjekte
kollidieren.

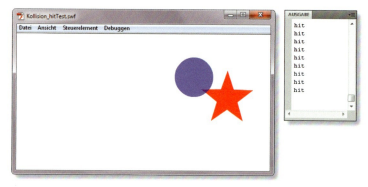

20_Spieleprogrammierung
Kollision_hitTest\Kollision_hitTest.fla

Zunächst wird an der Bühne in Zeile 1 ein ENTER_FRAME-Ereignis-Listener registriert. Der »Stern«-MovieClip wird auf die Koordinaten des Mauszeigers positioniert (Zeile 3 und 4). Es werden zwei Point-Objekte mit den Koordinaten der jeweiligen MovieClips initialisiert (Zeile 5 und 6). In Zeile 7 wird dann mithilfe der hit-Test-Methode die Kollisionserkennung durchgeführt. Der Wert des firstAlphaThreshold entspricht hier 255 (gleich 0xFF), also dem Alphawert 1. Farbtöne mit niedrigerem Alphawert werden nicht berücksichtigt. Findet eine Kollision statt, wird der Alphawert des »Kreis«-MovieClips auf 0,5 gesetzt. Anderenfalls wird der Alphawert auf 1 gesetzt. Das vollständige Beispiel finden Sie auf der DVD im Verzeichnis *20_Spieleentwicklung\Kollision_hit-Test\Kollision_hitTest.fla*.

Pixelbasierte Kollisionserkennung mit transformierten Objekten | Wie zuvor erwähnt, lässt sich die pixelbasierte Kollisionserkennung so nicht auf transformierte Objekte anwenden. Sie können das selbst überprüfen, wenn Sie beispielsweise den Kreis-MovieClip vor der Kollisionserkennung wie folgt skalieren (die Kollisionserkennung ist dann sehr ungenau):

```
myCircle.scaleX = 0.5;
myCircle.scaleY = 0.5;
```

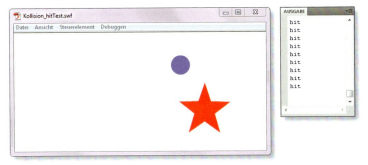

◄ **Abbildung 20.4**
Die Kollisionserkennung funktioniert nicht richtig mit transformierten Objekten.

Damit die Kollisionserkennung auch mit Objekten funktioniert, die zur Laufzeit transformiert wurden bzw. werden, müssen einige Änderungen am Code vorgenommen werden. Die wesentliche Änderung ist, dass hier eine Transformationsmatrix für beide Anzeigeobjekte definiert wird und diese dann bei der Generierung der jeweiligen `BitmapData` an die Methode `draw` übergeben wird. Das bewirkt, dass Transformationen in die `BitmapData` übernommen und dort berücksichtigt werden.

Damit Transformationen zur Laufzeit berücksichtigt werden können, muss im Gegensatz zum vorangegangenen Beispiel die jeweilige `BitmapData` der Anzeigeobjekte wiederholt zur Laufzeit generiert werden. Der folgende Code zeigt die Anwendung:

BitmapData.dispose

Die Methode `dispose` der Bitmap-Data-Klasse sorgt dafür, dass der von der BitmapData verwendete Speicher freigegeben wird. Die Breite und Höhe der BitmapData werden dabei auf »0« zurückgesetzt. In dem gezeigten Beispiel wird die Methode angewendet, nachdem die Kollisionserkennung durchgeführt wurde. Da die Bitmap-Data-Objekte bei jedem Durchlauf neu initialisiert werden, ist es sinnvoll, den Speicher dann auch wieder freizugeben.

```
1:   addEventListener(Event.ENTER_FRAME,
     enterFrameHandler);
2:   function enterFrameHandler(e:Event):void {
3:       // Circle
4:       var circleRect:Rectangle=myCircle.
         getBounds(this);
5:       var circleBmpData=new BitmapData(circleRect.
         width,circleRect.height,true,0);
6:       var circleOffset:Matrix = myCircle.transform.
         matrix;
7:       circleOffset.tx = myCircle.x - circleRect.x;
8:       circleOffset.ty = myCircle.y - circleRect.y;
9:       circleBmpData.draw(myCircle,circleOffset);
10:      // Star
11:      var starRect:Rectangle=myStar.getBounds(this);
12:      var starBmpData=new BitmapData(starRect.
         width,starRect.height,true,0);
13:      var starOffset:Matrix = myStar.transform.
         matrix;
```

```
14:      starOffset.tx = myStar.x - starRect.x;
15:      starOffset.ty = myStar.y - starRect.y;
16:      starBmpData.draw(myStar,starOffset);
17:      myStar.x=mouseX;
18:      myStar.y=mouseY;
19:      myStar.scaleX = myStar.scaleY = 0.5;
20:      var starPoint:Point=
         new Point(myStar.x,myStar.y);
21:      var circlePoint:Point=
         new Point(myCircle.x,myCircle.y);
22:      if (starBmpData.hitTest(starPoint,255,
         circleBmpData,circlePoint,255)) {
23:         trace("hit");
24:         myCircle.alpha=0.5;
25:      } else {
26:         myCircle.alpha=1;
27:      }
28:      starBmpData.dispose();
29:      circleBmpData.dispose();
30:   }
```

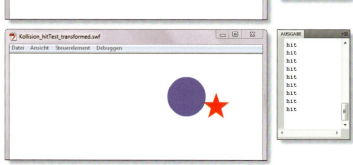

Abbildung 20.5 ▶
Jetzt funktioniert die Kollisionser-
kennung auch mit transformierten
Objekten.

*20_Spieleprogrammierung\
Kollision_hitTest_transformed\
Kollision_hitTest_transformed.fla*

Das Beispiel finden Sie auf der DVD im Verzeichnis *20_Spiele-
entwicklung\Kollision_hitTest_transformed\Kollision_hitTest_trans-
formed.fla.*

Positionsbasierte Kollisionserkennung

Sie haben jetzt verschiedene Techniken zur Kollisionserkennung zwischen Objekten bzw. Punkten kennengelernt. Häufig gibt es einen fest definierten Spielbereich, in dem sich Objekte bewegen. Kollidiert ein Objekt mit einem Rand des Bereichs, wie z. B. mit den Rändern der Bühne, wird es entweder entfernt oder es ändert seine Bewegungsrichtung. Für diese Art der Kollisionserkennung ist es wichtig, den Registrierungspunkt eines MovieClips zu berücksichtigen. Angenommen, ein Rechteck wird in einen MovieClip »mc« umgewandelt. Der Registrierungspunkt wird bei der Konvertierung auf links oben eingestellt ❶.

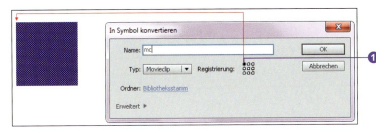

◀ **Abbildung 20.6**
Registrierung des MovieClips

Um abzufragen, ob der MovieClip den linken Rand eines Bereichs überschreitet, müssen Sie einfach die x-Position des MovieClips ❷ mit der x-Position des linken Rands vergleichen ❸. Wenn der Spielbereich der Bühne entspricht, wäre folgende Abfrage sinnvoll:

```
if(mc.x < 0) {
    // Der linke Randbereich wurde überschritten.
}
```

Wenn Sie prüfen möchten, ob sich der MovieClip ❹ über die rechte Seite des Randbereichs ❺ bewegt hat, müssen Sie die Breite des MovieClips zur Position des MovieClips hinzuaddieren und das Resultat mit der Position des rechten Randbereichs vergleichen:

```
if(mc.x+mc.width >stage.stageWidth) {
    // Der rechte Randbereich wurde überschritten.
}
```

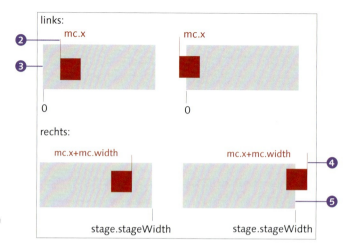

Abbildung 20.7 ►
Kollisionserkennung mit linkem
und rechtem Randbereich

Analog dazu müssen Sie für eine Kollisionsabfrage mit dem oberen Rand ausschließlich die y-Koordinaten vergleichen:

```
if(mc.y < 0) {
    // Der obere Randbereich wurde überschritten.
}
```

Für eine Kollisionserkennung mit dem unteren Rand müssen Sie
zur y-Position die Höhe des MovieClips dazurechnen:

```
if(mc.y+mc.height > stage.stageHeight) {
    // Der untere Randbereich wurde überschritten.
}
```

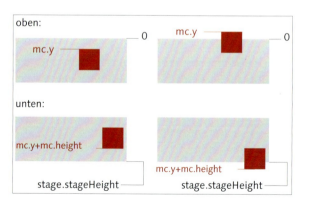

Abbildung 20.8 ►
Kollision mit oberem und
unterem Randbereich

Je nach Spiel und Spielelement fällt die Reaktion auf eine Kollision unterschiedlich aus. Eine Reaktion wäre, dass ein Objekt
abprallt und sich anschließend in die entgegengesetzte Richtung
bewegt. Der Begriff für ein solches Verhalten ist *Bouncing* (engl.
für »abprallen«).

Angenommen, ein MovieClip bewegt sich mit einer konstanten Geschwindigkeit `vx` mithilfe eines `Event.ENTER_FRAME`-Ereignisses Bild für Bild um jeweils 5 Pixel nach rechts ❶. Beim Rendern des nächsten Bildes wird das Objekt mit einem Randbereich kollidieren – dabei wird es sich sogar über den Bereich hinausbewegen ❷. Für das Bouncing wird daraufhin wie folgt reagiert:

1. Zunächst positionieren Sie den MovieClip genau am entsprechenden Kollisionsbereich ❸.
2. Dann ändern Sie die Bewegungsrichtung, indem Sie die Geschwindigkeit mit −1 multiplizieren ❹. Entsprach die Geschwindigkeit `vx` vor der Kollision 5, wird sie nach der Neupositionierung auf −5 gesetzt. Der MovieClip bewegt sich also anschließend nach links in die entgegengesetzte Richtung.

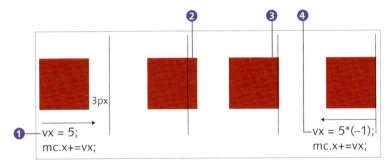

◀ **Abbildung 20.9**
Das Bouncing-Prinzip

Schritt für Schritt:
Kollisionserkennung mit Randbereichen und Bouncing

Der Workshop erläutert, wie Sie eine Kollisionserkennung mit den Randbereichen der Bühne durchführen können und wie Sie auf eine mögliche Kollision mit Bouncing reagieren.

1   Flash-Film öffnen

Öffnen Sie den Flash-Film *20_Spieleprogrammierung\Kollision_ Randbereiche\KollisionRandbereiche_01.fla*.

20_Spieleprogrammierung\ Kollision_Randbereiche\Kollision- Randbereiche_01.fla

2   Kollisionserkennung und Bouncing

Weisen Sie dem ersten Schlüsselbild auf der Ebene »Actions« folgenden Code zu:

```
var vx:Number=5;
var vy:Number=3;
var links:Number=0;
var rechts:Number=stage.stageWidth-mc.width;
var oben:Number=0;
```

```
var unten:Number=stage.stageHeight-mc.height;
mc.addEventListener(Event.ENTER_FRAME,moveClip);
function moveClip(e:Event):void {
    e.currentTarget.x+=vx;
    e.currentTarget.y+=vy;
    if (e.currentTarget.x<links||e.currentTarget.x>
    rechts) {
        vx*=-1;
    }
    if (e.currentTarget.y<oben||e.currentTarget.y>
    unten) {
        vy*=-1;
    }
}
```

Sobald der MovieClip einen Randbereich überschreitet, wird die Bewegungsrichtung durch Multiplikation mit –1 umgekehrt.

Ergebnis der Übung:

20_Spieleprogrammierung
Kollision_Randbereiche
KollisionRandbereiche_02.fla

3   **Film testen**

Testen Sie den Flash-Film über Strg/⌘+↵.

20.3 Zeit

Viele Spiele sind zeitlich begrenzt oder haben zumindest eine Zeitanzeige. Beides lässt sich über die sogenannte `getTimer`-Funktion umsetzen. Die Funktion gibt die Zeit in Millisekunden zurück, die seit dem Start des Flash-Films vergangen ist.

Angenommen, Sie möchten in einem Spiel die abgelaufene Zeit anzeigen. Hierfür müssten Sie zunächst am Anfang die Zeit ermitteln, die seit dem Start des Flash-Films bis zu diesem Zeitpunkt vergangen ist. Die Zeit wird dann z. B. der Variablen `time0` zugewiesen:

```
var time0:Number = getTimer();
```

Dann könnten Sie z. B. mithilfe des Ereignisses `Event.ENTER_FRAME` der Bühne (Stage-Objekt) die abgelaufene Zeit wie folgt ermitteln; die Differenz der beiden Zeitwerte entspricht dann der abgelaufenen Zeit:

```
var time0:Number=getTimer();
stage.addEventListener(Event.ENTER_FRAME,getTime);
function getTime(e:Event):void {
```

```
    var time1:Number=getTimer();
    var zeit:Number=time1-time0;
    trace(zeit);
}
```

Um die Zeit abgerundet in Sekunden anzuzeigen, müssen Sie die Zeit durch 1.000 dividieren und über `Math.floor` runden:

```
var zeit:Number = Math.floor((time1-time0)/1000);
```

Zeitlimit | Angenommen, Sie möchten die Spielzeit auf 100 Sekunden begrenzen. Ist die Spielzeit verstrichen, soll das Spiel beendet werden. Ermitteln Sie dazu einfach die Differenz zwischen abgelaufener Zeit und dem gewünschten Zeitlimit wie folgt:

```
var timeLimit:Number = 100;
var time0:Number=getTimer();
stage.addEventListener(Event.ENTER_FRAME,getTime);
function getTime(e:Event):void {
    var time1:Number=getTimer();
    var zeit:Number = Math.floor((time1-time0)/1000);
    var restzeit:Number = timeLimit-zeit;
    trace("Es bleiben noch: "+restzeit+" Sekunden.");
    if(restzeit <0) {
        stage.removeEventListener(
        Event.ENTER_FRAME.getTime);
    }
}
```

Sollte der Wert der Variablen `restzeit` unter 0 fallen, wird der zuvor registrierte Ereignis-Listener wieder entfernt. Das führt dazu, dass die Funktion `getTime` dann nicht mehr weiter aufgerufen wird.

20.4 Daten lokal speichern mit einem SharedObject

In vielen Spielen lässt sich zu Beginn, z. B. für einen Highscore, ein Spielername eingeben. Damit der Spielername und gegebenenfalls weitere Daten nicht bei jedem Neustart neu eingegeben werden müssen, lassen sich Daten über ein *SharedObject* lokal auf dem Client-Rechner speichern. Ein SharedObject funktioniert ähnlich wie ein Browser-Cookie, kann also auch vom Nutzer gelöscht werden.

Alternative

Anstatt eines `Event.ENTER_FRAME`-Ereignisses, das sich nach der Bildrate eines Flash-Films richtet, können Sie auch ein Timer-Objekt verwenden, um die abgelaufene Zeit zu ermitteln. Dazu folgendes Beispiel:

```
var time0:Number=getTimer();
var myTimer:Timer = new
Timer(100,int.MAX_VALUE);
myTimer.addEventListener
(TimerEvent.TIMER,getTime);
myTimer.start();
function getTime(e:Event):
void {
    var time1:Number=
    getTimer();
    var zeit:Number = Math.
    floor((time1-time0)/1000);
    trace(zeit);
}
```

Weitere Anwendungsbereiche

Ein SharedObject lässt sich natürlich nicht nur für Spiele nutzen. Sie können beliebige Daten, z. B. Daten eines Adressbuchs, lokal speichern.

SharedObjects werden häufig auch zum Speichern von Daten für Offline-Anwendungen (CD, DVD, USB etc.) genutzt. Ein SharedObject lässt sich beispielsweise auch dazu verwenden, einen Highscore lokal auf einem System, z. B. bei einem Spiel für CD/DVD, zu speichern.

Größe des lokalen Speichers | Sie sollten jedoch beachten, dass der Flash Player die Datenmenge standardmäßig auf 100 KB begrenzt. Der Benutzer kann die Limitierung des verfügbaren Speichers selbst erhöhen, reduzieren oder die Nutzung von lokalem Speicher vollständig unterbinden.

Private Browsing seit Flash Player 10.1

Seit dem Flash Player 10.1 wird das *Private Browsing* (engl. für »privates Surfen«) des Browsers berücksichtigt. Das hat zur Folge, dass der Flash Player im Browser, der den privaten Modus angeschaltet hat, SharedObjects nach Verlassen des privaten Modus automatisch verwirft. Sie müssen also zukünftig verstärkt damit rechnen, dass SharedObjects gegebenenfalls nicht vorhanden sind. Mindestens die folgenden Browser-Versionen unterstützen schon den privaten Modus:

▸ Internet Explorer 8.0

▸ Mozilla Firefox 3.5

▸ Apple Safari 2.0

▸ Google Chrome 1.0

Weitere Einstellungs-möglichkeiten

In dem Dialogfenster EINSTELLUNGEN FÜR ADOBE FLASH PLAYER können Sie zusätzlich einstellen, ob Sie dem Flash-Film den Zugriff auf Ihr Mikrofon und Ihre Webcam erlauben oder nicht.

Die entsprechenden Einstellungen finden Sie im Kontextmenü des Flash Players. Öffnen Sie also einen Flash-Film, klicken Sie mit der rechten Maustaste, um das Kontextmenü zu öffnen, und wählen Sie den Menüpunkt EINSTELLUNGEN ❶.

Im Reiter LOKALER SPEICHER ❹ lässt sich sowohl die erlaubte Speichermenge zur Speicherung der Daten durch Verschieben des Reglers ❷ limitieren als auch die Speicherung durch Aktivierung des Optionsfelds NIE ❸ gänzlich abschalten. Sollte der Benutzer die Speichermöglichkeit deaktivieren, funktioniert das Speichern von Daten über ein SharedObject nicht mehr. Über GLOBALE EINSTELLUNGEN kann der Nutzer jederzeit sämtliche Daten löschen.

▲ **Abbildung 20.10**
Das Kontextmenü EINSTELLUNGEN

▲ **Abbildung 20.11**
SharedObject-Daten über den Flash Player löschen

▲ **Abbildung 20.12**
SharedObject-Daten über den Flash Player löschen

SharedObject initialisieren | Bevor Sie Daten lokal speichern können, müssen Sie zunächst ein SharedObject initialisieren und referenzieren. Dazu dient die Methode `getLocal`, die als Argument einen Bezeichner erwartet, unter dem die Daten lokal gespeichert werden:

```
var data_so:SharedObject = SharedObject.
getLocal("data");
```

Falls das lokal gespeicherte SharedObject `data` nicht bereits existiert, wird es automatisch erzeugt. Anschließend können Sie dem Objekt über die Eigenschaft `data` Daten zuweisen:

```
data_so.data.spielername = "Max";
```

Damit die Daten sofort auf der Festplatte gespeichert werden, müssen Sie anschließend die Methode `flush` des SharedObjects aufrufen. Anderenfalls werden die Daten erst auf die Festplatte geschrieben, wenn die Verbindung zum lokalen Objekt beendet wird, z. B. wenn der Flash-Film gestoppt wird:

```
data_so.flush();
```

Über die Methode `clear` können Sie alle Daten eines SharedObjects auch wieder entfernen:

```
data_so.clear();
```

Lokale Daten lesen | Um Daten eines SharedObjects zu lesen, müssen Sie es zunächst wieder referenzieren:

```
var data_so:SharedObject = SharedObject.
getLocal("data");
```

Anschließend können Sie auf mögliche Eigenschaftswerte der Eigenschaft `data` wie folgt zugreifen:

```
trace(data_so.data.spielername);
```

Übrigens können Sie auch Werte anderer Datentypen als `String` speichern. So könnten Sie z. B. ein Array `userdata` inklusive aller Array-Felder speichern und auslesen. Dazu folgendes Beispiel:

SOL-Dateien
Daten, die lokal über ein Shared-Object gespeichert werden, werden auf der Festplatte in Dateien mit der Dateiendung .sol abgelegt. SOL-Dateien lassen sich bequem über spezielle Editoren wie z. B. SolVE (*http://solve.source-forge.net/*) für Windows/Mac einsehen und editieren.

Datenmenge bestimmen
Über die Eigenschaft `size` eines SharedObjects können Sie die bereits gespeicherte Datenmenge (in Bytes) bestimmen:

```
trace(data_so.size);
```

Um diese in KB umzurechnen, müssen Sie den Wert durch 1.024 dividieren:
```
var mySize:Number = data_
so.size/1024;
```

```
trace(mySize);
```

```
var data_so:SharedObject =
SharedObject.getLocal("data");
var userdata:Array = new Array({spielername:"Max",
punkte:100,spielername:"John",punkte:1000});
data_so.data.user_arr = userdata;
data_so.flush();
trace(data_so.data.user_arr[0].spielername);
```

Schritt für Schritt:
Spielername lokal speichern und lesen

In diesem Workshop wird gezeigt, wie Sie Daten mithilfe eines SharedObjects lokal speichern und auslesen können.

1   **Film öffnen**

*20_Spieleprogrammierung\
SharedObject\SharedObject_01.fla*

Öffnen Sie den Flash-Film *20_Spieleprogrammierung\SharedObject\SharedObject_01.fla*.

2   **Daten lokal speichern**

Weisen Sie dem ersten Schlüsselbild auf der Ebene »Actions« zunächst folgenden Code zu:

```
weiter_mc.buttonMode = true;
weiter_mc.addEventListener(MouseEvent.CLICK,
clickHandler);
function clickHandler(e:MouseEvent):void {
   if(input_txt.text != "") {
      writeData();
      gotoAndStop(2);
   }
}
function writeData():void {
   var data_so:SharedObject = SharedObject.
   getLocal("data");
   data_so.data.spielername = input_txt.text;
   data_so.flush();
}
```

In einem Eingabetextfeld können Sie einen Spielernamen eingeben, der dann per Mausklick auf den MovieClip »weiter_mc« lokal in einem SharedObject gespeichert wird.

3 **Daten auslesen und ausgeben**

Damit der Spielername automatisch im Eingabetextfeld erscheint, wird er über die Funktion readData, falls vorhanden, ausgelesen. Ergänzen Sie den Code dazu im ersten Schlüsselbild auf der Ebene »Actions« wie folgt:

```
function readData():void {
    var data_so:SharedObject = SharedObject.
    getLocal("data");
    if (data_so.data.spielername != undefined) {
        input_txt.text = data_so.data.spielername;
    }
}
readData();
stop();
```

4 **Zurück auf Bild 1 springen**

Wählen Sie das zweite Schlüsselbild auf der Ebene »Actions« aus, und weisen Sie ihm folgenden Code zu:

```
back_mc.buttonMode = true;
back_mc.addEventListener(MouseEvent.CLICK,goBack);
function goBack(e:MouseEvent):void {
    gotoAndStop(1);
}
stop();
```

5 **Film testen**

Testen Sie den Flash-Film über Strg/⌘+↵ .

Ergebnis der Übung:
20_Spieleprogrammierung\Shared-Object\SharedObject_02.fla

◄ **Abbildung 20.13**
Der eingegebene Spielername erscheint auch nach einem Neustart des Flash-Films, bis Sie ihn wieder im Eingabetextfeld ändern.

20.5 Asteroids-Spiel

Sie haben jetzt einige Grundlagen kennengelernt, die Ihnen bei der Spieleprogrammierung helfen können. Je nach Spielprinzip eines Spiels werden Sie verschiedene Aufgaben lösen und sich mit weiteren Techniken, die hier nicht erläutert wurden, beschäftigen.

Spielspaß und Spieltechnik

Wenn Sie vorhaben, selbst ein Spiel zu entwickeln, nehmen Sie sich die Zeit, vorher darüber nachzudenken, welche Techniken für die Umsetzung erforderlich sind. Vermeintlich einfache Spiele wie z.B. ein Tetris-Clone erfordern eventuell komplexere Techniken, als zunächst angenommen. Die Komplexität der Technik hat meist nicht viel mit dem resultierenden Spielspaß zu tun. Technisch einfache Spiele können ebenso viel Spaß machen wie Spiele, die komplexe Techniken einsetzen.

20_Spieleprogrammierung\ Asteroid\Asteroids_01.fla

Um diesen Themenbereich abzuschließen, wird im Folgenden gezeigt, wie Sie mit einfachen Mitteln ein vollständiges Spiel entwickeln können. Dabei lernen Sie nicht nur die zuvor genannten Erläuterungen in der Praxis anzuwenden, sondern u.a. auch, wie Sie die Struktur für ein Spiel anlegen können. Ergänzend dazu wird am Ende erläutert, wie sich ein Highscore für ein Spiel erstellen lässt.

Nutzen Sie diesen Abschnitt, um herauszufinden, wie sehr Ihnen das Thema Spieleentwicklung Spaß macht. Wenn Sie ein professioneller Spieleentwickler werden möchten, dann gibt es noch eine Menge über die Anforderungen großer Spiele an Entwurf, Modellierung und Technik zu lernen.

Startbildschirm

Zunächst wird der Startbildschirm erstellt, über den der Spieler seinen Spielernamen festlegen kann. Alle grafischen Elemente des Spiels und die Struktur des Flash-Films wurden bereits angelegt. Öffnen Sie den Flash-Film *20_Spieleprogrammierung\Asteroids\ Asteroids_01.fla*.

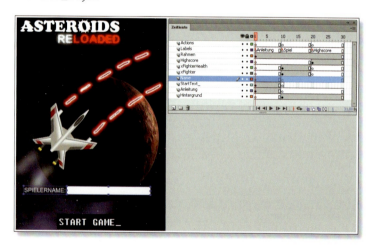

Abbildung 20.14 ▶
Die Ausgangsbasis

Weisen Sie dem ersten Schlüsselbild auf der Ebene »Actions« zunächst folgenden Code zu:

```
1:    var username:String;
2:    start_mc.buttonMode=true;
3:    start_mc.addEventListener(MouseEvent.CLICK,
      clickHandler);
4:    function clickHandler(e:MouseEvent):void {
5:       if (name_txt.text!="" && name_txt.length>1) {
```

```
6:          username=name_txt.text;
7:          gotoAndStop("Spiel");
8:      }
9:  }
```

Als Erstes wird in Zeile 1 die Variable username initialisiert, der in Zeile 6, sobald der Spieler einen Namen in das Textfeld »name_txt« eingetragen hat, der Spielername zugewiesen wird. Sobald der Spieler einen Spielernamen eingegeben hat und auf den MovieClip mit dem Instanznamen »start_mc« klickt, springt der Lesekopf der Hauptzeitleiste auf das Bild mit dem Bildbezeichner Spiel (Zeile 7).

Soundobjekte initialisieren

In der Bibliothek im Ordner SOUNDS finden Sie verschiedene Sounds, die jeweils mit einer Klasse verknüpft wurden. So wurde der Sound *explosion.wav* beispielsweise mit der Klasse Explosion verknüpft. Sie können den Sound dann über ein Objekt der Klasse mit ActionScript ansteuern. Ergänzen Sie den Code im ersten Schlüsselbild der Ebene »Actions« um folgende Zeilen:

Soundkomprimierung
Die Soundkomprimierung des Flash-Films wurde in den Veröffentlichungseinstellungen des Flash-Films auf MP3, 80 kbit/s (Mono) eingestellt.

```
1:  // Sounds
2:  var myLoop:Loop = new Loop();
3:  myLoop.play(0,int.MAX_VALUE);
4:  var myGunSound:GunSound = new GunSound();
5:  var myExplosion:Explosion = new Explosion();
6:  var myEnergySound:EnergySound =
    new EnergySound();
7:  stop();
```

Soundobjekte von unterschiedlichen Klassen werden an dieser Stelle einmalig initialisiert. Sie werden später beim Auftreten eines Spielereignisses abgespielt. Zu Beginn wird in Zeile 2 ein Objekt der Klasse Loop initialisiert, und der Sound wird über die Methode play gestartet (Zeile 3). Es handelt sich dabei um einen Soundloop, der als Hintergrundmusik dient.

Spielvariablen initialisieren

Im Bild mit dem Bildbezeichner Spiel wird die Logik des Spiels integriert. Wählen Sie das Schlüsselbild auf der Ebene »Actions« in Bild 10 aus, und weisen Sie dem Schlüsselbild zunächst folgenden Code zu:

```
1:    // Init
2:    var xFighterHealth:Number=1;
3:    var gunPower:Number=1;
4:    var punkte:uint=0;
```

Zu Beginn werden einige Spielvariablen initialisiert:

▶ xFighterHealth: Die Lebenspunkte des Raumschiffs; der Wert 1 entspricht vollen Lebenspunkten, bei 0 wird das Spiel beendet.

▶ gunPower: Das Raumschiff besitzt nur eine begrenzte Menge an Energie. Energie wird benötigt, um Schüsse abzugeben (der Wert 1 ist der maximale Wert). Nach jedem Schuss verringert sich der Wert. Er wird später automatisch nach einiger Zeit wieder aufgeladen.

▶ punkte: die aktuelle Punktzahl der Spielsession

Mauszeiger ausblenden
Alternativ können Sie an dieser Stelle den Mauszeiger auch ausblenden. Ergänzen Sie den Code dafür um die Zeile:

```
Mouse.hide ();
```

Raumschiffsteuerung

Auf der Ebene »xFighter« in Bild 10 befindet sich ein MovieClip mit einem gleichnamigen Instanznamen. Dieser wird über die Maus gesteuert. Ergänzen Sie den Code im zehnten Schlüsselbild um folgende Zeilen:

Tastatursteuerung
Es ist nicht besonders aufwendig, das Raumschiff auch über die Tastatur zu steuern. Nachdem Sie das Spiel fertiggestellt haben, probieren Sie es einmal aus, den Code selbstständig zu ergänzen.

```
1:    //xFighter-Steuerung
2:    xFighter.addEventListener(Event.ENTER_FRAME,
      posFighter);
3:    function posFighter(e:Event):void {
4:        var dx:Number=stage.mouseX-e.currentTarget.x;
5:        var dy:Number=stage.mouseY-e.currentTarget.y;
6:        var easeFaktor:Number=8;
7:        e.currentTarget.x+=dx/easeFaktor;
8:        e.currentTarget.y+=dy/easeFaktor;
9:        if (stage.mouseY<e.currentTarget.y) {
10:           e.currentTarget.fireBack.gotoAndStop(2);
11:       } else {
12:           e.currentTarget.fireBack.gotoAndStop(1);
13:       }
14:   }
```

Verzögerung einstellen
Sie können den easeFaktor in Zeile 6 ändern, um die Verzögerung der Bewegung zu ändern. Je höher Sie den Wert einstellen, desto größer wird die Verzögerung.

Über das Ereignis Event.ENTER_FRAME wird das Raumschiff anhand der Mausposition mehrmals pro Sekunde in Abhängigkeit von der Bildrate bewegt. Es wird mit einer leichten Verzögerung immer in Richtung der aktuellen Mausposition verschoben (Zeile 4 bis 8).

Innerhalb des MovieClips »xFighter« befindet sich ein MovieClip mit dem Instanznamen »fireBack«, der den Antrieb des Raumschiffs darstellt. Wenn sich der Mauszeiger oberhalb des Raumschiffs befindet (Zeile 9), sich das Raumschiff also nach oben bewegt, wird der hintere Antrieb des Raumschiffs gezündet. Dazu springt der Lesekopf der Zeitleiste des MovieClips »fireBack« dann auf Bild 2 (Zeile 10). Befindet sich der Mauszeiger hingegen unterhalb des Raumschiffs (Zeile 11), wird der Antrieb deaktiviert. Dazu springt der Lesekopf dann wieder auf Bild 1 zurück (Zeile 12).

Steuerung des Antriebs

Die Steuerung des Antriebs dient ausschließlich zur Visualisierung.

▼ **Abbildung 20.15**
Die Zustände des Raumschiffantriebs

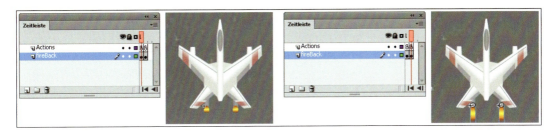

Feuer frei

In der Bibliothek des Flash-Films befindet sich ein MovieClip, der mit der Klasse GunFire verknüpft ist.

Der MovieClip stellt den Laserschuss des xFighters dar. Klickt der Benutzer auf die Maustaste, soll das Raumschiff einen Schuss abgeben. Ergänzen Sie den Code in Schlüsselbild 10 dazu um folgende Zeilen:

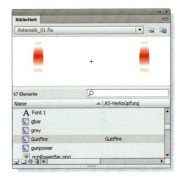

▲ **Abbildung 20.16**
Der MovieClip »GunFire« ist mit der Klasse GunFire verknüpft.

Alternativer Antrieb

Der Antrieb ist sehr einfach gestaltet. Sie können auch eine Animationssequenz verwenden, um das Beispiel visuell etwas aufzuwerten.

```
1:   // Gun
2:   var fireArray:Array = new Array();
3:   stage.addEventListener(MouseEvent.MOUSE_DOWN,
     fireGun);
4:   function fireGun(e:MouseEvent):void {
5:      if (gunPower-0.2>=0) {
6:         var fire:GunFire = new GunFire();
7:         fire.x=xFighter.x;
8:         fire.y=xFighter.y-16;
9:         fire.myIndex=fireArray.length;
10:        addChild(fire);
11:        fireArray.push(fire);
12:        fire.addEventListener(Event.ENTER_FRAME,
           fireMove);
13:        gunPower-=0.2;
14:        gunPowerDisplay.bar.scaleX=gunPower;
```

```
15:          var mySoundChannel:SoundChannel=
             myGunSound.play(0,1);
16:          var mySoundTransform:SoundTransform=new
             SoundTransform(0.3);
17:          mySoundChannel.soundTransform=
             mySoundTransform;
18:      }
19:  }
20:  function fireMove(e:Event):void {
21:      e.currentTarget.y-=10;
22:      if (fireArray.length>20) {
23:          fireArray.splice(0,5);
24:      }
25:      if (e.currentTarget.y<0) {
26:          e.currentTarget.removeEventListener(Event.
             ENTER_FRAME,fireMove);
27:          removeChild(DisplayObject(e.currentTarget));
28:          fireArray.splice(e.currentTarget.myIndex,1);
29:      }
30:  }
```

Zunächst wird in Zeile 2 ein Array initialisiert, dem später Instanzen der Klasse GunFire zugewiesen werden. Führt der Benutzer einen Mausklick aus (Zeile 3), wird die Funktion fireGun aufgerufen.

MovieClip: Dynamische Klasse
Die MovieClip-Klasse ist eine dynamische Klasse. Objekten der Klasse können zur Laufzeit Eigenschaften zugewiesen werden. Von diesem Merkmal wird hier gebraucht gemacht, indem der Klasse GunFire die dynamische Eigenschaft myIndex zur Laufzeit zugewiesen wird.

Die Funktion überprüft zunächst, ob das Raumschiff noch genügend Energie besitzt, um einen weiteren Schuss abzugeben (Zeile 5). Ist das der Fall, wird ein Objekt der Klasse GunFire initialisiert (Zeile 6), und das Objekt wird positioniert (Zeile 7 und 8). Um den Feldindex des Objekts im Array fireArray und damit das Objekt selbst später eindeutig ermitteln zu können, wird der (dynamischen) Eigenschaft myIndex des MovieClips die aktuelle Länge des Arrays fireArray zugewiesen (Zeile 9). So entspricht der Wert der Eigenschaft myIndex dem Index des Feldes, über das das aktuelle GunFire-Objekt referenziert werden kann.

Das Objekt wird zum Array fireArray hinzugefügt (Zeile 11). Am Objekt wird ein Ereignis-Listener für das Ereignis Event. ENTER_FRAME registriert, der die Funktion fireMove mehrmals pro Sekunde aufruft (Zeile 12). Der Wert der Variablen gunPower wird um 0,2 reduziert (Zeile 13), und der MovieClip gunPower-Display.bar wird entsprechend skaliert (Zeile 14).

Die Zeilen 15 bis 17 führen dazu, dass der Sound myGun-Sound mit einer Lautstärke von 0,3 abgespielt wird. Die Funktion fireMove sorgt dafür, dass sich das jeweilige Projektil nach oben bewegt (Zeile 21). Sobald mehr als 20 Objekte der Klasse Gun-Fire existieren (Zeile 22), werden die ersten fünf aus dem Array fireArray (Zeile 23) entfernt. Dadurch verhindern Sie, dass die Anzahl der Elemente des Arrays immer größer wird und der Speicher vollläuft.

Sobald ein Objekt der Klasse GunFire außerhalb der Bühne ist (Zeile 25), wird der Ereignis-Listener unregistriert (Zeile 26), und das Objekt wird aus der Anzeigeliste entfernt (Zeile 27). Anschließend wird die Referenz auf das Objekt aus dem Array fireArray entfernt (Zeile 28).

[!] Anzahl der Objekte überprüfen

Wenn Sie mehrere Instanzen einer Klasse z. B. über eine for-Schleife mehrmals initialisieren, sollten Sie grundsätzlich zur Laufzeit überprüfen, ob der Speicherbedarf des Flash-Films endlos zunimmt. Denken Sie daran, Objekte, die nicht mehr benötigt werden, für das Löschen aus dem Speicher freizugeben, und prüfen Sie den Speicherverbrauch, bevor Sie einen Flash-Film bereitstellen.

◀ **Abbildung 20.17**
Der MovieClip »bar«, der innerhalb des MovieClips »gunPowerDisplay« liegt

Asteroiden erzeugen

In der Bibliothek finden Sie einen MovieClip »Asteroid«, der mit der Klasse Asteroid verknüpft wurde. Im ersten Bild des MovieClips befindet sich die ursprüngliche Form des Asteroiden. Kollidiert der Asteroid mit dem Raumschiff oder einem Schuss des Raumschiffs, explodiert er. Eine entsprechende Animationssequenz finden Sie ab Bild 2 innerhalb des MovieClips. Ergänzen Sie den Code im zehnten Schlüsselbild um folgende Zeilen:

```
1:    // Asteroid
2:    var asteroidTimer:Timer=new Timer(
      700,int.MAX_VALUE);
3:    asteroidTimer.addEventListener(TimerEvent.TIMER,
      createAsteroid);
4:    asteroidTimer.start();
5:    var asteroidArray:Array = new Array();
6:    function createAsteroid(e:TimerEvent):void {
7:        var newAsteroid:Asteroid = new Asteroid();
8:        newAsteroid.x=randomExt(0,stage.
      stageWidth-newAsteroid.width);
9:        newAsteroid.y=0-newAsteroid.height;
10:       newAsteroid.name="nohit";
```

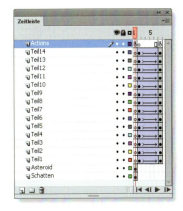

▲ **Abbildung 20.18**
Die Zeitleiste des MovieClips »Asteroid«

```
11:        newAsteroid.speed=randomExt(5,10);
12:        addChild(newAsteroid);
13:        asteroidArray.push(newAsteroid);
14:        newAsteroid.addEventListener(
           Event.ENTER_FRAME,moveAsteroid);
15:        // Remove Asteroids
16:        if (asteroidArray.length>120) {
17:            for (var i:uint = 0; i<10; i++) {
18:                asteroidArray[i].
                   removeEventListener(Event.ENTER_FRAME,
                   moveAsteroid);
19:                removeChild(asteroidArray[i]);
20:            }
21:            asteroidArray.splice(0,10);
22:        }
23: }
```

▲ Abbildung 20.19
Explosionssequenz des Asteroiden

Alternative: Levels

Es gibt in diesem Spiel keine Levels. Diese könnten jedoch einfach eingerichtet werden. Zum Beispiel könnte je Level die Zeit, nach der ein Asteroid erzeugt wird, reduziert werden.

Objekte entfernen

Sollte die Anzahl der Elemente des Arrays asteroidArray größer als 120 sein (Zeile 16), werden die ersten zehn Elemente (Zeile 18 und 19), d. h. die ersten zehn zuvor erzeugten Asteroiden, entfernt. Dadurch wird verhindert, dass der Speicher vollläuft. Beachten Sie, dass die Asteroiden sonst weiterhin existent wären, auch wenn Sie die Bühne bereits verlassen haben.

Zu Beginn wird die Funktion createAsteroid im Abstand von 0,7 Sekunden aufgerufen (Zeile 2 bis 4). Wie Sie später sehen, wird die Zeit nach und nach verringert. In Zeile 5 wird ein Array initialisiert, dem später Objekte der Klasse Asteroid zugewiesen werden. Die Funktion createAsteroid erzeugt Objekte der Klasse Asteroid. Dazu wird in Zeile 7 ein Objekt der Klasse initialisiert. In Zeile 8 und 9 wird das jeweilige Objekt platziert. Auf der x-Achse wird es zufällig, auf der y-Achse wird es oben außerhalb der Bühne positioniert. In Zeile 10 wird dem Objekt der Instanzname nohit zugewiesen. Der Instanzname wird später dazu verwendet, um festzustellen, ob der Asteroid bereits mit einem anderen Objekt kollidiert ist.

In Zeile 11 wird der dynamischen Eigenschaft speed ein zufälliger Wert zwischen 5 und 10 zugewiesen. Das Objekt wird zur Anzeigeliste hinzugefügt (Zeile 12), und eine Referenz auf das Objekt wird zum Array asteroidArray hinzugefügt (Zeile 13). In Zeile 14 wird ein Ereignis-Listener an dem Objekt registriert, der dafür sorgt, dass die Funktion moveAsteroid mehrmals pro Sekunde aufgerufen wird.

Bewegung und Kollisionserkennung der Asteroiden

Die Formen der Objekte, für die eine Kollisionserkennung durchgeführt wird, wurden so gewählt, dass die Kollisionserkennung über die Methode hitTestObject durchgeführt werden kann, und das obwohl es sich dabei nicht nur um rechteckige Formen handelt. Die Kollisionserkennung über die Methode hitTest-

`Object` ist für dieses Beispiel jedoch ausreichend präzise. Ergänzen Sie den Code im zehnten Schlüsselbild um folgende Zeilen:

```
1:    function moveAsteroid(e:Event):void {
2:        e.currentTarget.y+=e.currentTarget.speed;
3:        // Kollisionserkennung mit xFighter
4:        if (e.currentTarget.hitTestObject(xFighter)
          &&e.currentTarget.name=="nohit") {
5:            setHealth(xFighterHealth-0.3);
6:            if (xFighterHealth<=0) {
7:                endGame();
8:            }
9:            e.currentTarget.gotoAndPlay(2);
10:           e.currentTarget.name="hit";
11:           myExplosion.play(0,1);
12:       }
13:       // Kollisionserkennung mit GunFire
14:       for (var i:uint = 0; i<fireArray.length; i++) {
15:           if (e.currentTarget.hitTestObject
              (fireArray[i])&&e.currentTarget.
              name=="nohit") {
16:               e.currentTarget.gotoAndPlay(2);
17:               e.currentTarget.name="hit";
18:               fireArray[i].removeEventListener(Event.
                  ENTER_FRAME,fireMove);
19:               try {
20:                   removeChild(fireArray[i]);
21:               } catch (e:Error) {
22:                   // Display-Object existiert nicht
                      mehr.
23:               }
24:               fireArray.splice(i,1);
25:               punkte+=40;
26:               punkte_txt.text=String(punkte);
27:               var mySoundChannel:SoundChannel=
                  myExplosion.play(0,1);
28:               var mySoundTransform:SoundTransform=
                  new SoundTransform(0.3);
29:               mySoundChannel.soundTransform=
                  mySoundTransform;
30:           }
31:       }
32:   }
```

Kollisionserkennung ist abhängig von der Bildrate

Bei hohen Geschwindigkeiten kann es passieren, dass eine Kollision nicht erkannt wird, da in keinem Frame die Objekte übereinanderlagen. Sie sollten dabei bedenken, dass es nur eine endliche Genauigkeit der Bewegung gibt, abhängig von der Bildrate des Films. Für die bildratenunabhängige Kollisionserkennung sind komplexe Algorithmen nötig, die wir hier nicht abdecken können. Halten Sie fürs Erste einfach die Geschwindigkeiten niedrig genug.

Alternativer Schwierigkeitsgrad

Den Wert 0,3 können Sie natürlich auch ändern, um die Schwierigkeit des Spiels zu beeinflussen.

try/catch-Anweisung

Es kann vorkommen, dass das fire-Objekt zu diesem Zeitpunkt bereits von der Bühne entfernt wurde. Aus diesem Grund wird das Entfernen des Objekts in eine try/catch-Anweisung eingeschlossen. Das dient zur Verhinderung von Compiler-Laufzeitfehlern.

Alternative: Dynamische Punktzahl

Sie können das Spiel auch so ändern, dass sich die Punktzahl mit zunehmender Spieldauer erhöht, und/oder Sie erstellen noch weitere Objekte (Alternativen zu Asteroiden), die eine höhere Punktzahl ergeben.

In Zeile 2 wird der jeweilige Asteroid um den Wert der Eigenschaft `speed` nach unten verschoben. Ab Zeile 3 folgt die Kollisionserkennung zwischen dem jeweiligen Asteroiden und dem Raumschiff. In Zeile 4 wird über die Methode `hitTestObject` geprüft, ob das Raumschiff mit dem Asteroiden kollidiert. Zusätzlich wird überprüft, ob der Instanzname des MovieClips gleich `nohit` ist. Dies ist notwendig, da die Kollisionserkennung auch kurz nach einer Kollision noch `true` ergeben würde.

Nur wenn beide Bedingungen erfüllt sind, wird der Code ab Zeile 5 ausgeführt. In Zeile 5 werden die Lebenspunkte des xFighters um 0,3 reduziert. Dazu wird die Funktion `setHealth` aufgerufen, die später noch definiert wird. Sollten die Lebenspunkte kleiner oder gleich 0 sein (Zeile 6), wird das Spiel durch den Aufruf der Methode `endGame` beendet (Zeile 7). Auch diese Funktion wird später noch definiert. Um die Kollision zu visualisieren, springt der Lesekopf des Asteroiden-MovieClips auf Bild 2 (Zeile 9). Hier wird dann die Explosionsanimation des Asteroiden abgespielt. Der Instanzname des Asteroiden wird auf »hit« gesetzt (Zeile 10), um zu vermeiden, dass die vorausgehende Fallentscheidung beim nächsten Durchlauf erneut zum Erfolg führt. Anschließend wird der Sound `myExplosion` in Zeile 11 abgespielt.

Ab Zeile 13 wird eine Kollisionserkennung mit den jeweiligen Laserschüssen des Raumschiffs durchgeführt. Mithilfe einer for-Schleife (Zeile 14) werden die Elemente des Arrays `fireArray` durchlaufen. In Zeile 15 wird dann geprüft, ob ein Schuss mit einem Asteroiden kollidiert. In diesem Fall springt der Lesekopf des jeweiligen Asteroiden-MovieClips auf Bild 2 (Zeile 16), der Instanzname des MovieClips wird auf hit gesetzt, und der Schuss wird sowohl aus dem Array als auch von der Anzeigeliste entfernt (Zeile 18 bis 24).

Die Punktzahl wird um 40 erhöht (Zeile 25), und die neue Punktzahl wird im Textfeld »punkte_txt« ausgegeben. In Zeile 27 bis 29 wird der Sound `myExplosionFire` mit einer Lautstärke von 0,3 abgespielt.

Ergänzen Sie den Code nun um folgende Zeilen:

```
function setHealth(value:Number):void {
    xFighterHealth=value;
    healthBar.bar.scaleX=xFighterHealth;
}
```

Über die Methode `setHealth` werden die Lebenspunkte des Raumschiffs neu gesetzt. Dazu wird der Variablen xFighter-

Health der Wert des Arguments value zugewiesen. Anschließend wird der MovieClip healthBar.bar entsprechend skaliert.

Schwierigkeitsgrad erhöhen

Der Schwierigkeitsgrad soll mit zunehmender Spielzeit erhöht werden. Dafür wird die Zeit, nach der die Funktion createAsteroid aufgerufen wird, jeweils um 50 Millisekunden reduziert. Das führt dazu, dass mehr Asteroiden im gleichen Zeitraum erzeugt werden. Ergänzen Sie den Code im zehnten Schlüsselbild dazu wie folgt:

```
1:   // Schwierigkeitsgrad
2:   var levelTimer:Timer=new Timer(10000,7);
3:   levelTimer.addEventListener(TimerEvent.TIMER,
     setLevelUp);
4:   levelTimer.start();
5:   function setLevelUp(e:TimerEvent):void {
6:       asteroidTimer.delay-=50;
7:   }
```

Zunächst wird ein neues Timer-Objekt initialisiert (Zeile 2). Das Timer-Objekt sorgt dafür, dass siebenmal im Abstand von zehn Sekunden (10.000 Millisekunden) die Funktion setLevelUp aufgerufen wird. Die Funktion setLevelUp reduziert den Wert der Eigenschaft delay des asteroidTimer-Objekts um 50.

> **Alternative: Schwierigkeitsgrad**
>
> Sie können sowohl die Zeitangaben als auch die Wiederholungen der Erhöhung des Levels anpassen, um die Schwierigkeit des Spiels zu erhöhen oder zu reduzieren. Beachten Sie dabei jedoch, dass der Wert der Eigenschaft delay des asteroid-Timer-Objekts nicht gleich oder kleiner als 0 werden darf.

Schussenergie aufladen

Immer dann, wenn der Spieler die Maustaste drückt, wird ein Laserschuss abgegeben, soweit das Raumschiff über ausreichend Energie verfügt. Nach jedem abgegebenen Schuss soll die Energie reduziert werden, sodass der Spieler nicht permanent Schüsse abgeben kann. Diese Energie muss nach einiger Zeit wieder aufgeladen werden, damit das Raumschiff wieder schießen kann. Ergänzen Sie den Code dazu um folgende Zeilen:

```
1:   // GunPower
2:   var gunTimer:Timer=new Timer(500,int.MAX_VALUE);
3:   gunTimer.addEventListener(TimerEvent.TIMER,
     setPowerUp);
4:   gunTimer.start();
5:   function setPowerUp(e:TimerEvent):void {
6:       gunPower+=0.1;
7:       if (gunPower>1) {
```

```
8:          gunPower=1;
9:        }
10:       gunPowerDisplay.bar.scaleX=gunPower;
11:    }
```

Die Energie soll alle 0,5 Sekunden automatisch aufgeladen werden. Dazu wird ein Timer-Objekt initialisiert (Zeile 2), das dafür sorgt, dass die Funktion `setPowerUp` aufgerufen wird. Die Funktion `setPowerUp` erhöht die Energie um 0,1, ohne den Wert von 1 zu überschreiten. Anschließend wird der MovieClip `gunPowerDisplay.bar` dem neuen Wert entsprechend skaliert (Zeile 9).

Lebenspunkte erzeugen

In der Bibliothek finden Sie einen MovieClip »Energy«, der mit einer gleichnamigen Klasse verknüpft wurde.

Alle zehn Sekunden soll ein Spielelement (Energiepunkt) erscheinen, über das der Spieler sowohl die Lebenspunkte des Raumschiffs als auch die Schussenergie aufladen kann, wenn er das Spielelement mit dem Raumschiff aufnimmt. Ergänzen Sie den Code dazu um folgende Zeilen:

▲ **Abbildung 20.20**
Der MovieClip »Energy«, der mit der Klasse Energy verknüpft wurde

---

Alternative: Schwierigkeitsgrad

Sie können den Schwierigkeitsgrad beeinflussen, indem Sie die Stärke der Aufladung ändern. Sie können auch festlegen, dass nur die Lebenspunkte wiederhergestellt werden und nicht zusätzlich die Energie des Raumschiffs.

```
1:    // Energy
2:    var energyTimer:Timer=new Timer(
       10000,int.MAX_VALUE);
3:    energyTimer.addEventListener(TimerEvent.TIMER,
       createEnergy);
4:    energyTimer.start();
5:    function createEnergy(e:TimerEvent):void {
6:      var myEnergy:Energy = new Energy();
7:      myEnergy.x=randomExt(0+myEnergy.width,stage.
         stageWidth-myEnergy.width);
8:      myEnergy.y=0-myEnergy.height;
9:      addChild(myEnergy);
10:     myEnergy.addEventListener(Event.ENTER_FRAME,
         moveEnergy);
11:   }
12:   function moveEnergy(e:Event):void {
13:     if (e.currentTarget.y<stage.stageHeight) {
14:       e.currentTarget.y+=10;
15:     } else {
16:       e.currentTarget.removeEventListener(Event.
           ENTER_FRAME,moveEnergy);
17:       removeChild(DisplayObject(e.currentTarget));
```

```
18:        }
19:        // Kollisionserkennung mit xFighter
20:        try {
21:            if (e.currentTarget.hitTestObject
                (xFighter)) {
22:                e.currentTarget.removeEventListener
                    (Event.ENTER_FRAME,moveEnergy);
23:                removeChild(DisplayObject
                    (e.currentTarget));
24:                myEnergySound.play(0,1);
25:                xFighterHealth+=0.3;
26:                if(xFighterHealth>1)
27:                    xFighterHealth=1;
28:                setHealth(xFighterHealth);
29:                gunPower=1;
30:            }
31:        } catch (e:Error) {
32:            // Energy existiert nicht mehr.
33:        }
34:    }
```

In Zeile 2 bis 4 wird zunächst ein Timer-Objekt initialisiert und
gestartet, das dafür sorgt, dass die Funktion `createEnergy` jeweils nach zehn Sekunden aufgerufen wird. Analog zur Erstellung eines Asteroiden wird ein Objekt der Klasse `Energy` erzeugt,
positioniert und zur Anzeigeliste hinzugefügt (Zeile 6 bis 9). An
dem Objekt wird ein Ereignis-Listener registriert (Zeile 10), der
über das Ereignis `Event.ENTER_FRAME` mehrmals pro Sekunde die
Funktion `moveEnergy` aufruft.

Innerhalb der Funktion `moveEnergy` wird zunächst geprüft, ob
die Position auf der y-Achse des Energiepunkts kleiner als die
Höhe der Bühne ist (Zeile 13). Ist das der Fall, wird der Energiepunkt um 10 Pixel nach unten verschoben (Zeile 14). Anderenfalls befindet er sich unterhalb der Bühne und kann entfernt
werden (Zeile 16 und 17).

Ab Zeile 19 wird geprüft, ob der Energiepunkt mit dem Raumschiff kollidiert. Findet eine Kollision statt, wird der Energiepunkt
entfernt (Zeile 22 und 23), und der Sound `myEnergySound` wird
abgespielt (Zeile 24).

Die aktuellen Lebenspunkte des Raumschiffs werden um 0,3
erhöht, wobei 1 nicht überschritten werden darf (Zeile 25 bis
28). Der Wert für die Schussenergie wird in Zeile 29 zurück auf 1
gesetzt. Um den Schwierigkeitsgrad zu erhöhen, können Sie den
Wert z. B. auch nur um 0,1 oder 0,2 erhöhen.

**Vermeidung von Compiler-
Fehlern zur Laufzeit**
Es kann vorkommen, dass der
Energiepunkt zu diesem Zeitpunkt
nicht mehr existiert. Um Compiler-Fehler zur Laufzeit zu vermeiden, wurde der Teil in einen `try/
catch`-Block eingebunden.

SlowMotion-Punkte erzeugen

Neben den Lebenspunkten gibt es in der Bibliothek einen MovieClip »SlowMotion«, der mit der Klasse SlowMotion verknüpft ist. Alle zwölf Sekunden wird ein solcher Punkt erzeugt. Nimmt der Spieler den Punkt auf, wird die Bewegung von Asteroiden, die sich zu diesem Zeitpunkt auf der Bühne befinden, verlangsamt. Für die Logik des SlowMotion-Punkts ergänzen Sie den Code um folgende Zeilen:

```
1:    // Slow Motion
2:    var slowTimer:Timer=new Timer(
      12000,int.MAX_VALUE);
3:    slowTimer.addEventListener(TimerEvent.TIMER,
      createSlowMotion);
4:    slowTimer.start();
5:    function createSlowMotion(e:TimerEvent):void {
6:        var myMotion:SlowMotion = new SlowMotion();
7:        myMotion.x=randomExt(0+myMotion.width,stage.
          stageWidth-myMotion.width);
8:        myMotion.y=0-myMotion.height;
9:        addChild(myMotion);
10:       myMotion.addEventListener(Event.ENTER_FRAME,
          moveMotion);
11:   }
12:   function moveMotion(e:Event):void {
13:       if (e.currentTarget.y<stage.stageHeight) {
14:           e.currentTarget.y+=10;
15:       } else {
16:           e.currentTarget.removeEventListener(Event.
              ENTER_FRAME,moveMotion);
17:           removeChild(DisplayObject(e.currentTarget));
18:       }
19:       // Kollisionserkennung mit xFighter
20:       try {
21:           if (e.currentTarget.hitTestObject
              (xFighter)) {
22:               e.currentTarget.removeEventListener
                  (Event.ENTER_FRAME,moveMotion);
23:               removeChild(DisplayObject
                  (e.currentTarget));
24:               myEnergySound.play(0,1);
25:               for (var i:uint = 0; i<asteroidArray.
                  length; i++) {
26:                   asteroidArray[i].speed=2;
```

```
27:              }
28:          }
29:      } catch (e:Error) {
30:          // Energy existiert nicht mehr.
31:      }
32: }
```

Der Code ist nahezu identisch mit dem Code, der dafür sorgt, Lebenspunkte zu erzeugen.

Spiel beenden

Wenn die Lebenspunktzahl des Raumschiffs den Wert 0 unterschreitet, soll das Spiel beendet werden. In diesem Fall wird die Funktion `endGame` aufgerufen. Ergänzen Sie den Code im zehnten Schlüsselbild abschließend um folgende Zeilen:

```
1:  function randomExt(minVal:Number,maxVal:Number):
    Number {
2:      return Math.floor(Math.random() *
        (1+maxVal-minVal)) + minVal;
3:  }
4:  function endGame():void {
5:      xFighter.removeEventListener(
        Event.ENTER_FRAME,posFighter);
6:      stage.removeEventListener(
        MouseEvent.MOUSE_DOWN,fireGun);
7:      energyTimer.stop();
8:      slowTimer.stop();
9:      asteroidTimer.stop();
10:     levelTimer.stop();
11:     gunTimer.stop();
12:     for (var i:uint = 0; i<asteroidArray.length;
        i++) {
13:         asteroidArray[i].removeEventListener
            (Event.ENTER_FRAME,moveAsteroid);
14:         removeChild(asteroidArray[i]);
15:     }
16:     gotoAndStop("Highscore");
17: }
18: stop();
```

In Zeile 1 bis 3 wird zunächst eine Hilfsfunktion `randomExt` definiert, die einen Zufallswert eines bestimmten Wertebereichs zu-

> **Alternative: Weitere Bonuspunkte einfügen**
>
> Auf dieselbe Art und Weise können Sie weitere Bonuspunkte einfügen, die verschiedene Aktionen ausführen. Zum Beispiel können Sie einen Punkt Blast erzeugen, der alle Asteroiden, die sich auf der Bühne befinden, zerstört. Oder Sie erzeugen Minen, die über einen gewissen Zeitraum in einem bestimmten Bereich alle Asteroiden zerstören. Weitere Bonuspunkte überlassen wir Ihrer Fantasie.

Hinweis: myEnergy- und myMotion-Objekte

Die Objekte myEnergy und myMotion müssen nicht unbedingt entfernt werden. Sie bewegen sich autonom nach unten bis außerhalb der Bühne und werden dann entfernt.

Alternative: Mauszeiger einblenden

Wenn Sie den Mauszeiger zu Beginn ausgeblendet haben, sollten Sie ihn jetzt wieder einblenden. Ergänzen Sie den Code innerhalb der Funktion endGame dazu um folgende Zeile:

```
Mouse.show();
```

rückgibt. Der Wertebereich wird durch die Argumente bestimmt. Die Funktion wurde bereits vorher mehrmals benutzt, um Objekte zufällig zu positionieren und eine zufällige Geschwindigkeit zu definieren.

Die Funktion endGame sorgt dafür, dass alle Ereignis-Listener, die registriert wurden, entfernt (unregistriert) werden (Zeile 5 und 6). Die Timer-Objekte werden gestoppt (Zeile 7 bis 11).

Mithilfe einer for-Schleife werden die Elemente des Arrays asteroidArray durchlaufen und von der Anzeigeliste entfernt (Zeile 12 bis 15). Zum Schluss springt der Lesekopf der Hauptzeitleiste auf das Bild mit dem Bildbezeichner Highscore (Zeile 16). Damit ist die Programmierung der Logik des Spiels abgeschlossen.

Abbildung 20.21 ▶
Das fertiggestellte Spiel im Flash Player

Vielfältige Aufgaben

Spieleentwicklung ist grundsätzlich eine herausfordernde Aufgabe, da man sich sowohl mit Grafik, Sound als auch mit der technischen Umsetzung bzw. Programmierung beschäftigen muss.

Fazit | Das Spiel ist so, wie es ist, noch ziemlich simpel und bietet auf Dauer keine tatsächliche Herausforderung. Es lässt sich jedoch relativ einfach erweitern und dadurch deutlich interessanter gestalten.

Professionelle Entwicklungsteams von Browser-Spielen besitzen meist jahrelange Erfahrung und arbeiten in Teams an einem Spiel mehrere Wochen, Monate oder sogar Jahre. Natürlich hatten wir einen solchen Zeitraum nicht zur Verfügung, deshalb sollten Sie das Spiel nicht mit einem professionellen Spiel vergleichen.

20.6   Highscore

Sie haben gelernt, wie Sie ein kleines Spiel mit Flash strukturieren und entwickeln können. Ein besonderer Anreiz für viele Spieler ist es, sich mit anderen zu messen.

Bei Single-Player-Spielen ist dafür eine Highscore ein gutes Mittel. Auf den folgenden Seiten erfahren Sie, wie Sie einen Highscore für das Asteroid-Spiel einrichten können.

Anschließend wird exemplarisch gezeigt, wie Sie es »Highscore-Hackern« mithilfe von Verschleierungstechniken schwerer machen können, einen Highscore zu manipulieren.

Highscore laden

Für die Highscore wird ein einfaches XML-Dokument *daten.xml* verwendet. Sie finden das Dokument im Verzeichnis *xml*. Das XML-Dokument besitzt folgende Struktur:

20_Spieleprogrammierung\ Asteroid\xml\daten.xml

```
<highscore>
  <score name="Max" punkte="40"/>
  <score name="" punkte=""/>
  <score name="" punkte=""/>
  <score name="" punkte=""/>
  <score name="" punkte=""/>
  <score name="" punkte=""/>
  <score name="" punkte=""/>
  <score name="" punkte=""/>
  <score name="" punkte=""/>
  <score name="" punkte=""/>
</highscore>
```

Insgesamt sollen die besten zehn Highscores berücksichtigt werden. Jeder Highscore wird durch ein <score>-Element repräsentiert. Jedes dieser Elemente besitzt zwei Attribute name und punkte für den Spielernamen und die Punktzahl.

Zunächst soll das XML-Dokument geladen werden. Wählen Sie auf der Hauptzeitleiste des Flash-Films das zwanzigste Schlüsselbild auf der Ebene »Actions« aus, und weisen Sie dem Schlüsselbild zunächst folgenden Code zu:

```
1:    var xml:XML = new XML();
2:    var myDate:Date = new Date();
3:    var myTime:Number = myDate.getTime();
```

Lokales Testen

Sie können die Highscore-Funktion auch lokal aus der Entwicklungsumgebung heraus testen. Dazu müssen Sie die URL auf absolute Pfade setzen, z. B. *http://www.meineDomain.de/game/xml/daten.xml*. Zusätzlich sollten Sie einen Zeitstempel erstellen, den Sie an die URL anhängen, um ein Caching zu verhindern. Dazu folgendes Beispiel:

```
var myDate:Date = new Date();
var zeitstempel:Number =
myDate.getTime();
...
var myRequest:URLRequest=
new URLRequest("xml/daten.
xml?"+zeitstempel);
```

```
4:    var myRequest:URLRequest=new URLRequest(
      "xml/daten.xml?"+myTime);
5:    var loader:URLLoader = new URLLoader();
6:    loader.load(myRequest);
7:    loader.addEventListener(Event.COMPLETE,
      dataLoaded);
8:    function dataLoaded(e:Event):void {
9:        xml=XML(e.currentTarget.data);
10:       checkHighscore();
11:   }
```

In Zeile 1 wird ein XML-Objekt xml initialisiert. In Zeile 2 und 3 wird ein Zeitstempel erzeugt, der in Zeile 4 dazu verwendet wird, das Zwischenspeichern (Cachen) des XML-Dokuments zu verhindern. Das ist notwendig, da es anderenfalls zu Problemen führen würde, wenn man in einer Spielesession mehr als einen Highscore erzeugte. Das XML-Dokument würde dann nämlich aus dem Zwischenspeicher geladen werden.

Über ein URLRequest-Objekt und ein URLLoader-Objekt wird das XML-Dokument in Zeile 4 bis 6 geladen. Sobald es geladen wurde, wird die Ereignisprozedur dataLoaded aufgerufen (Zeile 8), die XML-Struktur dem XML-Objekt zugewiesen (Zeile 9) und die Funktion checkHighscore aufgerufen (Zeile 10).

Highscore aktualisieren und speichern

Nachdem der Highscore geladen wurde, wird geprüft, ob der aktuell erzielte Punktestand zum Highscore hinzugefügt werden soll. In diesem Fall wird der Inhalt des XML-Dokuments geändert, und das XML-Dokument wird neu abgespeichert. Ergänzen Sie den Code nun um folgende Zeilen:

```
1:    function checkHighscore():void {
2:        var newHighScore:Boolean=false;
3:        var scoreIndex:uint;
4:        for (var i:uint=0; i<xml.score.length(); i++) {
5:            if (punkte>Number(xml.score[i].@punkte)) {
6:                newHighScore=true;
7:                scoreIndex=i;
8:                break;
9:            }
10:       }
11:       if (newHighScore==true) {
```

```
12:          for (i=xml.score.length()-1; i>scoreIndex;
             i--) {
13:            xml.score[i].@name=xml.score[i-1].@name;
14:            xml.score[i].@punkte=xml.score[i-1].
               @punkte;
15:          }
16:          xml.score[scoreIndex].@name=username;
17:          xml.score[scoreIndex].@punkte=punkte;
18:          var myRequest:URLRequest=new URLRequest
             ("php/save_xml_original.php?"+myTime);
19:          var myLoader:URLLoader = new URLLoader();
20:          var myVars:URLVariables = new URLVariables();
21:          myVars.xmlString=xml.toString();
22:          myRequest.data=myVars;
23:          myRequest.method=URLRequestMethod.POST;
24:          myLoader.load(myRequest);
25:          myLoader.addEventListener(Event.COMPLETE,
             completeHandler);
26:          myLoader.addEventListener(IOErrorEvent.
             IO_ERROR,ioErrorHandler);
27:          myLoader.addEventListener(
             SecurityErrorEvent.SECURITY_ERROR,
             securityHandler);
28:        } else {
29:          displayHighscore();
30:        }
31:   }
32:   function ioErrorHandler(e:IOErrorEvent):void {
33:      trace("IO-ERROR");
34:   }
35:   function securityHandler(e:SecurityErrorEvent):
      void {
36:      trace("Security-Error");
37:   }
38:   function completeHandler(e:Event):void {
39:      displayHighscore();
40:   }
```

In Zeile 2 wird die Variable `newHighScore` initialisiert. Der Wert der Variablen gibt später an, ob der Highscore des Spielers größer ist als einer der zehn vorhandenen. In Zeile 3 wird die Variable `scoreIndex` initialisiert, der später der Index zugewiesen wird, an dem die neue Punktzahl in der Highscore-Liste platziert werden soll.

▲ **Abbildung 20.22**
Der Highscore

Die Knoten des XML-Dokuments werden mithilfe einer `for`-Schleife in Zeile 4 durchlaufen. Sollte die erzielte Punktzahl größer sein als der Wert des Attributs `punkte` eines Knotens, wird der Wert der Variable `newHighScore` auf `true` gesetzt (Zeile 6). Die Stelle, d. h. der Index, an der die neue Punktzahl in das XML-Dokument eingefügt werden soll, wird der Variablen `scoreIndex` in Zeile 7 zugewiesen. Über `break` wird die Schleife dann abgebrochen (Zeile 8). Sollte der Spieler keinen neuen Highscore erzielt haben (`newHighscore` ist gleich `false`), wird in Zeile 29 die Funktion `displayHighscore` direkt aufgerufen, was dazu führt, dass der vorhandene Highscore ausgegeben wird. Falls hingegen ein neuer Highscore erzielt wurde (Zeile 11), werden die Knoten des XML-Dokuments von unten nach oben, d. h. von Index 9 über Index 8 etc. bis zum Index mit dem Wert `scoreIndex`, durchlaufen (Zeile 12). Die jeweiligen Attributwerte des Knotenpunkts werden auf die Werte des vorangehenden Knotenpunkts gesetzt. Das bedeutet, dass alle Werte bis zum Index `scoreIndex` eine Stelle nach hinten rutschen. Angenommen, der Spieler Johnny erreicht 160 Punkte und der Highscore sah bisher so aus:

Index	Name	Punkte
0	Max	220
1	John	180
2	Jim	140
3	Anja	100
4	Nadine	40
5	kein Wert	kein Wert

Ab Index 2 werden alle Werte um 1 nach hinten verschoben, sodass daraus folgende Reihenfolge resultiert:

Index	Name	Punkte
0	Max	220
1	John	180
2	Jim	140
3	Jim	140
4	Anja	100
5	Nadine	40
6	kein Wert	kein Wert

Anschließend werden in Zeile 16 und 17 die Attribute am Index `scoreIndex` neu gesetzt. Im Beispiel würde der Eintrag am Index 2 durch den neuen Eintrag (Johnny mit 160 Punkten) ersetzt werden. Es würde sich damit folgende Reihenfolge ergeben:

Index	Name	Punkte
0	Max	220
1	John	180
2	**Johnny**	**160**
3	Jim	140
4	Anja	100
5	Nadine	40
6	kein Wert	kein Wert

Nachdem das XML-Dokument entsprechend aktualisiert wurde, wird die aktualisierte XML-Struktur als Stringwert (Zeile 21 bis 24) an das PHP-Skript *php/save_xml_original.php* übertragen. Das PHP-Skript speichert die empfangene XML-Struktur ausgehend vom Verzeichnis, in dem das Skript liegt, im Verzeichnis *../xml/daten.xml* ab. Sobald das Skript erfolgreich gestartet wurde, wird die Funktion `completeHandler` aufgerufen, die wiederum die Funktion `displayHighscore` ausführt.

20_Spieleprogrammierung\Asteroid\php\save_xml_original.php

Zugriffsrechte definieren
Damit das PHP-Skript das XML-Dokument abspeichern kann, müssen Sie mit einem FTP-Client gegebenenfalls entsprechende Schreibrechte definieren.

Highscore darstellen

Auf der Bühne des Flash-Films befinden sich Textfelder mit den Instanznamen »player0«, »player1« etc. Weiterhin befinden sich auf der Bühne des Flash-Films Textfelder mit den Instanznamen »punkte0«, »punkte1« etc.

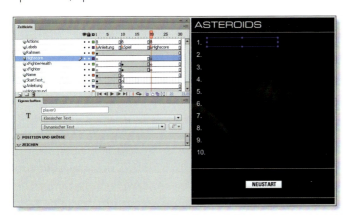

◄ **Abbildung 20.23**
Die Textfelder auf der Bühne für die Ausgabe der Highscores

859

Die Funktion `displayHighscore` sorgt dafür, dass der Highscore ausgegeben wird. Ergänzen Sie den Code um folgende Zeilen:

```
1:    function displayHighscore():void {
2:        for(var i:uint=0;i<xml.score.length();i++) {
3:            this["player"+i].text =
              xml.score[i].@name;
4:            this["punkte"+i].text =
              xml.score[i].@punkte;
5:        }
6:    }
```

Mithilfe einer for-Schleife werden alle Knoten des XML-Dokuments durchlaufen. Über Zeile 3 und 4 werden den entsprechenden Textfeldern die jeweiligen Werte aus dem XML-Dokument zugewiesen.

Spiel neu starten

Nachdem der Spieler eine Runde gespielt hat, kann er auf den MovieClip »Neustart« klicken, um eine weitere Runde zu spielen. Ergänzen Sie den Code abschließend um folgende Zeilen:

```
1:    restart_mc.buttonMode=true;
2:    restart_mc.addEventListener(MouseEvent.CLICK,
      restartClickHandler);
3:    restart_mc.addEventListener(MouseEvent.ROLL_OVER,
      restartOverHandler);
4:    restart_mc.addEventListener(MouseEvent.ROLL_OUT,
      restartOutHandler);
5:    function restartOverHandler(e:MouseEvent):void {
6:        e.currentTarget.gotoAndPlay("in");
7:    }
8:    function restartOutHandler(e:MouseEvent):void {
9:        e.currentTarget.gotoAndPlay("out");
10:   }
11:   function restartClickHandler(e:MouseEvent):void {
12:       gotoAndStop("Spiel");
13:   }
14:   stop();
```

*20_Spieleprogrammierung\
Asteroid\Asteroids_02.fla*

In Zeile 1 wird die Eigenschaft `buttonMode` des MovieClips auf `true` gesetzt, damit sich der MovieClip wie ein Button verhält. Anschließend werden drei Ereignis-Listener am MovieClip registriert. Klickt der Benutzer auf den Button, wird das Bild mit dem Bildbezeichner »Spiel« angesprungen (Zeile 12). Damit sind das Spiel und der Highscore fertiggestellt.

◀ **Abbildung 20.24**
Der Highscore im Firefox Browser

20.7 Highscore-Sicherheit

In der Praxis werden viele unterschiedliche Techniken verwendet, um zu verhindern, dass ein Highscore manipuliert werden kann. Grundsätzlich müssen Sie zunächst beachten, dass alle Daten vom Flash Player (Client) zum serverseitigen Skript standardmäßig im Klartext übertragen werden, soweit keine Verschlüsslung wie z. B. SSL verwendet wird.

Weiterhin gilt es, zu beachten, dass der Flash-Film, der in der Regel auf der Festplatte des Client-Rechners im Cache des Browsers gespeichert wird, dekompiliert werden kann, um den Quellcode sichtbar zu machen.

Das Hauptproblem bezüglich Sicherheit in diesem Zusammenhang ist, dass die Daten für den Highscore vom Client kommen müssen, da ein Flash-Film clientseitig ausgeführt wird. Daten, die vom Client kommen, können grundsätzlich jedoch nicht als vertrauenswürdig betrachtet werden, da diese sehr leicht verändert werden können.

Vergleicht man die Situation mit einem Spiel, das serverseitig ausgeführt wird (wie z. B. ein serverseitiges Java-Spiel) ist die Ausgangsbasis eine ganz andere: Die Daten werden serverseitig erstellt und können ohne die Möglichkeit der Manipulation des Datenstroms auch serverseitig gespeichert werden.

Security by obscurity

Security through obscurity oder *security by obscurity* (engl. »Sicherheit durch Unklarheit«) bezeichnet ein kontroverses Prinzip in der Computer- und Netzwerksicherheit, nach dem versucht wird, Sicherheit durch Verschleierung bzw. Geheimhaltung zu erreichen. (Quelle: Wikipedia)
Ein System sollte sich niemals allein auf security through obscurity verlassen, aber es kann sinnvoll sein, dadurch die Schwelle für potenzielle Angreifer anzuheben.

Das grundsätzliche Problem mit Highscores im Zusammenhang mit Spielen, die clientseitig ausgeführt werden, macht nicht halt vor Spieleentwicklern, die Browser-Spiele kommerziell anbieten. In der Praxis werden bei solchen Spielen so viele Hürden aufgebaut, dass der Aufwand, um die Highscores zu hacken, größer ist, als das Spiel so oft zu spielen, um einen entsprechend hohen Highscore zu erzielen.

Das bisher verwendete PHP-Skript berücksichtigt diese Sicherheitsproblematik in keiner Weise. Ein potenzieller Angreifer könnte sehr einfach einen beliebigen Namen und eine beliebige Punktzahl an das PHP-Skript übermitteln. Das Skript überprüft nicht, ob die Daten als gültig betrachtet werden können, sondern wird diese ohne Prüfung übernehmen.

Hashfunktion verwenden

Im Folgenden wird erläutert, wie Sie den Highscore mithilfe einer Hashfunktion etwas besser vor Manipulationen durch potenzielle Angreifer schützen können.

20_Spieleprogrammierung\ ASCoreLib\as3corelib-.93.zip

AS3CoreLib | Für die Umsetzung der folgenden Erläuterungen benötigen Sie die AS3CoreLib, deren aktuelle Version Sie unter *https://github.com/mikechambers/as3corelib* herunterladen können. Die AS3-Bibliothek beinhaltet sogenannte Hashfunktionen, die dazu genutzt werden können, Prüfsummen zu erstellen. Sie finden die Bibliothek auch auf der DVD unter *20_Spieleprogrammierung\ASCoreLib\as3corelib-.93.zip*. Für das Beispiel müssen Sie das Verzeichnis *com* (inklusive aller Dateien und Unterverzeichnisse), das im Verzeichnis *as3corelib-.93\src* liegt, in das Projektverzeichnis kopieren. Damit Sie stärkere Hashfunktionen (z. B. SHA1 oder SHA256) als MD5 verwenden können, benötigen Sie die Klasse `Base64Encoder`, die standardmäßig nur mit Flex und nicht mit Flash von Adobe mitgeliefert wird. Sie können die Klasse jedoch unter *http://opensource.adobe.com/svn/ opensource/flex/sdk/trunk/frameworks/projects/framework/src/ mx/utils/* herunterladen. Erstellen Sie dann im Projektverzeichnis zwei Verzeichnisse MX\UTILS, und kopieren Sie die ActionScript-Datei in das Verzeichnis. Importieren Sie die Klasse dann über `import mx.utils.*;`.

Sicher ist, dass nichts sicher ist ...

Bevor erläutert wird, wie Sie es einem potenziellen Angreifer durch eine Verschleierungstechnik etwas schwerer machen können, sei ausdrücklich nochmals darauf hingewiesen, dass keine dieser Techniken annähernd absolute Sicherheit garantiert.

Zeitpunkte in einem Array speichern

Als Erstes wird ein Array im Flash-Film erzeugt, dem immer dann Felder zugewiesen werden, wenn der Spieler einen Asteroiden abschießt, d. h., wenn sein Punktekonto erhöht wird. Zu diesem Zeitpunkt wird die Zeit ermittelt, die seit dem Start des Flash-Films vergangen ist, und in einem Array gespeichert. Wählen Sie im Flash-Film zunächst das zehnte Schlüsselbild auf der Ebene »Actions« aus, und initialisieren Sie zu Beginn im Code ein neues Array gameData wie folgt (Änderungen sind fett gedruckt):

```
// Init
var xFighterHealth:Number=1;
var gunPower:Number=1;
var punkte:uint=0;
var gameData:Array = new Array();
```

Ergänzen Sie den Code innerhalb der Funktion moveAsteroid wie folgt (Änderungen sind fett gedruckt):

```
1:    ...
2:    // Kollisionserkennung mit GunFire
3:    for (var i:uint = 0; i<fireArray.length; i++) {
4:        if (e.currentTarget.hitTestObject
           (fireArray[i])&&e.currentTarget.
           name=="nohit") {
5:            e.currentTarget.gotoAndPlay(2);
6:            e.currentTarget.name="hit";
7:            fireArray[i].removeEventListener(
               Event.ENTER_FRAME,fireMove);
8:            removeChild(fireArray[i]);
9:            fireArray.splice(i,1);
10:           punkte+=40;
11:           gameData.push(getTimer());
12:           punkte_txt.text=String(punkte);
13:           var mySoundChannel:SoundChannel=
               myExplosion.play(0,1);
14:           var mySoundTransform:SoundTransform=
               new SoundTransform(0.3);
15:           mySoundChannel.soundTransform=
               mySoundTransform;
16:       }
17:   }
```

Am Ende des Spiels liegt also ein Array gameData vor, das die Zeitpunkte als Feldwerte besitzt, an denen Punkte erzielt wurden.

Hashfunktion

Eine Hashfunktion oder Streuwertfunktion ist eine Funktion bzw. Abbildung, die zu einer Eingabe aus einer üblicherweise großen Quellmenge eine Ausgabe, den Hashcode, erzeugt, meist aus einer kleineren Zielmenge. Die Hashwerte bzw. Streuwerte sind meist skalare Werte aus einer Teilmenge der natürlichen Zahlen. Ein Hashwert wird auch als *Fingerprint* bezeichnet, da er eine nahezu eindeutige Kennzeichnung einer größeren Datenmenge darstellt, so wie ein Fingerabdruck einen Menschen nahezu eindeutig identifiziert. (Quelle: Wikipedia)

Wenn Sie einen Wert oder mehrere Werte über eine Hashfunktion laufen lassen, erhalten Sie ein Resultat, das normalerweise keinerlei Rückschlüsse auf die ursprünglichen Werte geben kann. Eine Hashfunktion sollte immer als Einwegfunktion bezeichnet werden können.
Ein Beispiel: Sie lassen die Werte 1 und 2 durch eine Hashfunktion laufen und erhalten ein Ergebnis. Wenn Sie nur das Ergebnis sehen, sollten Sie nicht in der Lage sein, Rückschlüsse auf die ursprünglichen Werte 1 und 2 zu ziehen. Das Ergebnis lässt sich allerdings reproduzieren, indem Sie die Werte 1 und 2 durch dieselbe Hashfunktion laufen lassen.

Hashwerte erzeugen

Wählen Sie in der Hauptzeitleiste des Flash-Films das zwanzigste Schlüsselbild aus, und fügen Sie in Zeile 1 des Codes folgende Anweisung ein:

```
import com.adobe.crypto.*;
import mx.utils.*;
```

Sie können jetzt mithilfe der Klasse SHA1 und der Methode hash einen sogenannten Hashwert erzeugen. Ergänzen Sie den Code innerhalb der Funktion checkHighscore nun um folgende Zeilen (Änderungen sind fett gedruckt):

```
1:    function checkHighscore():void {
2:    var hash:String = SHA1.hash(String(gameData[0])+
      String(gameData[1])+String(myTime));
3:    var newHighScore:Boolean = false;
4:    ...
5:    }
```

Es wird davon ausgegangen, dass der Spieler, der einen Highscore erzielt, mindestens zwei Asteroiden abgeschossen hat. In Zeile 2 wird auf Basis der ersten beiden Feldwerte des Arrays gameData und der ermittelten Zeit ein Hashwert erzeugt und der Variablen hash zugewiesen.

Alternativen

Sie können einen Hashwert auch auf Basis von anderen Werten generieren. So können Sie beispielsweise zusätzlich die Indizes der Feldwerte variabel machen. Anstatt also den ersten und zweiten Feldwert des Arrays für den Hash zu verwenden, können Sie zwei oder mehrere beliebige Feldwerte verwenden. Dann müssen Sie allerdings die Indizes an das PHP-Skript übermitteln, damit der Hashwert dann auch serverseitig wieder generiert werden kann.

Ändern Sie den Code innerhalb der Funktion checkHighscore jetzt um folgende Zeilen (Änderungen sind fett gedruckt):

```
1:    ...
2:    var myRequest:URLRequest = new URLRequest(
      "php/save_xml.php?"+myTime);
3:    var myLoader:URLLoader = new URLLoader();
4:    var myVars:URLVariables = new URLVariables();
5:    myVars.xmlString = xml.toString();
6:    myVars.id = hash;
7:    myVars.time = myTime;
8:    myVars.gameData = gameData.toString();
9:    myVars.punkte = punkte;
10:   ...
```

20_Spieleprogrammierung\\Asteroid\\Asteroids.fla

Zunächst wird statt des PHP-Skripts *save_xml_original.php* das PHP-Skript *save_xml.php* verwendet (Zeile 2). Weiterhin werden der Hashwert, die Zeit, die Punktzahl und das Array gameData (als kommagetrennter String) an das PHP-Skript übermittelt. Das PHP-Skript besitzt folgenden Code:

20_Spieleprogrammierung\\Asteroid\\php\\save_xml.php

```
1:    <?php
2:    if(isset($_POST['xmlString']) &&
3:       isset($_POST['id']) &&
4:       isset($_POST['time']) &&
5:       isset($_POST['gameData']) &&
6:       isset($_POST['punkte'])) {
7:       $hash = $_POST ['id'];
8:       $time = $_POST ['time'];
9:       $gameData = explode(",",$_POST['gameData']);
10:      $punkte = $_POST['punkte'];
11:      // 1. Stimmt die Punktzahl?
12:      if(count($gameData)*40 == $punkte && count($gameData) > 1) {
13:          $locHash = sha1($gameData[0].$gameData[1].$time);
14:          // 2. Stimmt der Hashwert?
15:          if($locHash == $hash) {
16:              $meinXMLString = stripslashes($_POST['xmlString']);
17:              $fp=fopen("../xml/daten.xml","w");
18:              fputs($fp,$meinXMLString);
19:              fclose($fp);
20:              echo "loaded=1";
```

```
21:        } else {
22:            die();
23:        }
24:     } else {
25:        die();
26:     }
27:  } else {
28:     die();
29:  }
30:  ?>
```

In Zeile 2 bis 6 wird zunächst überprüft, ob entsprechende Variablen (xmlString, id, time etc.) per POST übergeben wurden. In Zeile 7 bis 10 werden die übergebenen Werte entsprechenden Variablen zugewiesen. In Zeile 12 wird überprüft, ob die Gesamtpunktzahl ($punkte) mit der Anzahl der Felder des Arrays $gameData, multipliziert mit 40 (entspricht der Punktzahl eines Treffers), übereinstimmt. Sollte das Resultat der Abfrage nicht gleich true sein, wird die Ausführung des Skripts abgebrochen.

In Zeile 13 wird anhand der Werte der Variablen $gameData[0], $gameData[1] und $time serverseitig ein Hash mit sha1 erzeugt und der Variablen $locHash zugewiesen. Nur wenn beide Hashwerte (Zeile 15) übereinstimmen, wird der Highscore gespeichert. Anderenfalls wird die Ausführung des Skripts abgebrochen.

Analyse der Verschleierungstechnik

Hürden errichten
Bei Verschleierungstechniken geht es immer darum, möglichst viele Hürden aufzubauen, die einen potenziellen Angreifer abschrecken. Je mehr Hürden Sie aufbauen, desto mehr Zeit wird ein Angreifer damit verbringen müssen, die Schwachstellen zu ermitteln. Im besten Fall wird er aufgeben und seine Zeit anderen Highscores widmen.

Wie zu Anfang bereits erwähnt, gehört die hier gezeigte Technik zur Gruppe der Verschleierungstechniken und kann nicht ausreichend Sicherheit bieten, um Manipulation vollkommen auszuschließen. Verschleierungstechniken machen es einem potenziellen Angreifer allerdings schon etwas schwerer, Daten zu manipulieren. Je mehr und umso komplexere Techniken Sie anwenden, desto schwieriger wird es, die Highscores zu manipulieren.

Was sieht ein potenzieller Angreifer, bzw. was müsste er tun, um diese Highscores zu manipulieren?

Zunächst muss er das Spiel spielen und die Daten, die zwischen dem Client und dem Server ausgetauscht werden, beobachten.

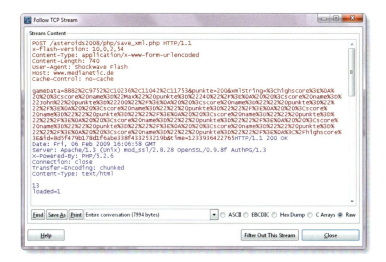

Follow TCP Stream

Stream Content

POST /asteroids2008/php/save_xml.php HTTP/1.1
x-flash-version: 10,0,2,54
Content-Type: application/x-www-form-urlencoded
Content-Length: 740
User-Agent: Shockwave Flash
Host: www.medianetic.de
Cache-Control: no-cache

gameData=8882%2C9752%2C10236%2C11042%2C11753&punkte=200&xmlString=%3Chighscore%3E%0A%
20%20%3Cscore%20name%3D%22Max%22%20punkte%3D%2240%22%2F%3E%0A%20%20%3Cscore%20name%3D%
22John%22%20punkte%3D%22200%22%2F%3E%0A%20%20%3Cscore%20name%3D%22%20punkte%3D%22%
22%2F%3E%0A%20%20%3Cscore%20name%3D%22%22%20punkte%3D%22%22%2F%3E%0A%20%20%3Cscore%
20name%3D%22%22%20punkte%3D%22%22%2F%3E%0A%20%20%3Cscore%20name%3D%22%22%20punkte%3D%22
22%22%2F%3E%0A%20%20%3Cscore%20name%3D%22%22%20punkte%3D%22%22%2F%3E%0A%20%20%3Cscore%
20name%3D%22%22%20punkte%3D%22%22%2F%3E%0A%20%20%3Cscore%20name%3D%22%22%20punkte%3D%
22%22%2F%3E%0A%20%20%3Cscore%20name%3D%22%22%20punkte%3D%22%22%2F%3E%0A%3C%2Fhighscore%
3E&id=8d5f479b178d1f6abe338f433253219b&time=1233936422765HTTP/1.1 200 OK
Date: Fri, 06 Feb 2009 16:06:58 GMT
Server: Apache/1.3 (Unix) mod_ssl/2.8.28 OpenSSL/0.9.8f AuthPG/1.3
X-Powered-By: PHP/5.2.6
Connection: close
Transfer-Encoding: chunked
Content-Type: text/html

13
loaded=1

Find Save As Print Entire conversation (7994 bytes)   ○ ASCII ○ EBCDIC ○ Hex Dump ○ C Arrays ● Raw

Help   Filter Out This Stream   Close

◄ **Abbildung 20.25**
Die übertragenen Daten, angezeigt mit Wireshark

Dabei wird er folgende Daten feststellen, die vom Flash Player an das serverseitige Skript übermittelt werden:

▶ einen XML-String mit den aktualisierten Highscores
▶ eine ID (der Hashwert), deren Ursprung er nicht sofort und direkt nachvollziehen kann
▶ einen Zeitstempel (time)
▶ mehrere Werte (gameData), die er nicht direkt zuordnen kann
▶ die Punktzahl (punkte)

Der erste Gedanke aus der Sicht eines potenziellen Angreifers wäre vielleicht, zu versuchen, den XML-String einfach direkt zu ändern. Das allein würde jedoch nicht zum Erfolg führen, da der XML-String nicht abgespeichert werden würde, wenn die zuvor definierten Bedingungen bzw. Werte (Gesamtpunktzahl und Hashwert) nicht zutreffen bzw. übereinstimmen.

Der zweite Ansatz wäre, die Punktzahl (punkte) zu ändern. Auch das wäre nicht erfolgreich, da diese Punktzahl nicht in den Highscore aufgenommen wird. Weiterhin würde die Punktzahl vermutlich nicht mit der Anzahl der Felder des Arrays, multipliziert mit 40, übereinstimmen. Ein potenzieller Angreifer ist sich nicht zwangsläufig darüber bewusst, dass eine solche Abfrage serverseitig stattfindet.

Selbst wenn der potenzielle Angreifer dies berücksichtigen würde, könnte er nicht wissen, was es mit der ID (dem Hashwert) auf sich hat. Er könnte nur vermuten, dass es sich um einen Hashwert handelt. Dann wüsste er aber noch nicht, aus welchen Werten (gameData[0], gameData[1] und time) sich der Hashwert zusammensetzt und welche Hashfunktion verwendet wurde (SHA1), um den Hashwert zu generieren.

Perspektive wechseln
Es hilft, wenn Sie die Perspektive wechseln. Stellen Sie sich vor, Sie wollen unbedingt diese (Ihre) Highscores knacken. Welche Daten stehen Ihnen zur Verfügung, welche Rückschlüsse können Sie daraus ziehen? Wenn Sie so weit sind, können Sie damit beginnen, entsprechende Gegenmaßnahmen zu treffen.

Verschleierungstechniken ...

...lassen sich beliebig ausweiten, um es Angreifern damit schwerer zu machen, Daten zu manipulieren. Das wird auch in der Praxis von Spieleanbietern so gemacht. Tatsächlich werden viele Angreifer davor zurückschrecken, einen Highscore zu manipulieren, sobald sie erkennen, dass entsprechende Vorkehrungen in ausreichender Anzahl und Komplexität getroffen wurden, um dies zu erschweren. Sie müssten dann entsprechend viel Zeit investieren, was aber nicht heißt, dass eine Manipulation von Daten nicht möglich ist.

Keine Veröffentlichung

Spielehersteller, die solche Techniken erfolgreich anwenden, werden ihre Sicherheitsmaßnahmen niemals veröffentlichen. Eine solche Vorgehensweise ist nur bei Verschleierungstechniken notwendig. Offene Sicherheitstechniken hingegen werden gerne ohne Bedenken auch zur Prüfung veröffentlicht.

Auf den ersten Blick sieht es also vielversprechend aus. Allerdings fielen die Vorhänge dieser Verschleierung spätestens dann, wenn der Angreifer den Flash-Film dekompilieren würde ...

Dann würde er sofort sehen, worum es sich bei den Daten handelt und wie er diese selbst reproduzieren kann. Er könnte dann einen eigenen HTTP-Request mit beliebigen Daten an das PHP-Skript übermitteln. Erscheinen die Daten stimmig, wird der Highscore geändert. Alternativ könnte er den Code im Flash-Film beliebig ändern und sein eigenes Spiel erzeugen. Er müsste dann nur noch den Pfad zum Skript ändern.

Eine Gegenmaßnahme wäre, den Flash-Film bzw. den Code zusätzlich mit einem Obfuscator zu verschleiern bzw. unkenntlich zu machen, was es dem Angreifer eventuell schwerer macht, den Code nachzuvollziehen – aber auch diese zusätzliche Hürde kann er nehmen, wenn er sich ausreichend lang mit dem unkenntlich gemachten Code beschäftigt (der Code kann nur unkenntlich gemacht werden, ausführbar und funktionstüchtig muss er bleiben).

Bei Spielen von größeren Spieleherstellern werden viele weitere ähnliche Praktiken angewendet. Es gibt zusätzlich auch einige weitere bekannte serverseitige Techniken, die verwendet werden können (z. B. auch mit Login-Systemen). Auch diese Techniken sind jedoch keine Sicherheitsgarantie.

Letzten Endes ist der Einsatz von Verschleierungstechniken (Security by obscurity) nicht annähernd zu vergleichen (und nicht zu verwechseln) mit dem Einsatz von offenen, anerkannten Sicherheitstechniken.

Weitere Betrugsmöglichkeiten

Die meisten Spieler bzw. Betrüger sind eigentlich nicht einmal in der Lage, die HTTP-Daten, die zwischen dem Client und dem Server ausgetauscht werden, mit Tools zu beobachten, weil sie kein technisches Grundlagenwissen darüber haben.

Stattdessen suchen sie über die Suchmaschine und Foren nach Lösungen und finden z. B. Tools zur Verlangsamung von Flash, sodass sie ein Vielfaches an Zeit haben, um die Highscores zu knacken. Manche dieser Verlangsamungstools manipulieren sogar die interne Flash-Uhr, sodass Sie sich nicht mit `getTimer` dagegen wehren können. Nur ein Server hilft in dem Fall, um die tatsächlich vergangene Zeit zu messen.

Andere Tools überwachen sämtliche Variablen, z. B. auch Punktestände, eines Flash-Films und ermöglichen über eine Benutzeroberfläche das schnelle und bequeme Ändern dieser

Werte. In diesen Fällen muss man für wichtige Variablen wie z. B. Punktestände Hashwerte zur Überprüfung halten oder die Werte immer nur verschlüsselt in ActionScript speichern.

Auf YouTube finden Interessenten z. B. detaillierte Anleitungen für Betrugsmöglichkeiten. Dazu ist wie gesagt kein technisches Know-how nötig. Nutzen Sie diese Informationsquellen, und testen Sie mit den Tools, ob und warum Ihre Anwendung manipulierbar ist.

Sicherlich hängt es vom einzelnen Fall ab, ob es sich lohnt, jede Lücke zu schließen. Handelt es sich z. B. um ein Spiel, in dem es Geldpreise gibt, dann müssen Sie natürlich sämtliche Abwehrmethoden einsetzen, was wiederum mehr Entwicklungsarbeit bedeutet.

20.8 Mehr zum Thema Spieleentwicklung

Mit Flash-Browser-Spielen Geld verdienen

Wenn Sie sich weiter mit der Welt der Flash-Spiele beschäftigten möchten, empfehlen wir Ihnen zur Inspiration die zwei wichtigsten Flash-Spieleportale *www.kongregate.com* und *http://armorgames.com*, auf denen Sie sehr viele Spiele von professionellen Spieleentwicklern oder auch von Spieleentwicklungsteams finden.

Der englischsprachige Markt für Flash-Spiele ist sehr viel weiter entwickelt als der deutsche. So treten u. a. die zuvor genannten Portale oft als Sponsoren von Spielen auf und vergeben regelmäßig kleine Preise für beliebte Spiele. Auch Sie können Ihr eigens entwickeltes Spiel, von dem Sie denken, dass es viele Menschen begeistern kann, dort einsenden und an den geteilten Werbeeinnahmen Geld verdienen. Das Portal FlashGameLicense (*www.fgl. com*) bietet sogar einen großen Marktplatz zur Vermittlung von Sponsoren für Ihr nächstes Spiel. Dazu muss es gar nicht sonderlich komplex sein, sondern einfach nur Spaß machen. Es gibt aber natürlich auch bei der Entwicklung und Vermarktung von solchen Spielen noch vieles zu lernen, was den Rahmen dieses Buches sprengen würde.

Werkzeuge für die professionelle Spieleentwicklung

Neben dem Erlernen gut wartbarer Projektstrukturen auf Konzeptionsebene gibt es auch Werkzeuge, die Sie beim Entwickeln der Spiele unterstützen: In Kapitel 23, »Ein Blick über den Tellerrand«, erfahren Sie, wie Sie externe ActionScript-Editoren nutzen, um effizienter zu programmieren, und wie Sie grafiklastige 2D- und 3D-Spiele flüssig darstellen können.

In Kapitel 21, »AIR: Für mobile Geräte und den Desktop veröffentlichen«, erfahren Sie, wie Sie mit AIR Ihre Spiele in die App Stores der mobilen Geräte bringen und so ein breites Publikum erreichen können.

Kapitel 21

AIR: Für mobile Geräte und den Desktop veröffentlichen

Ein interessantes Einsatzfeld für Entwickler ist die Entwicklung mit Flash außerhalb des Browsers. Adobe AIR (AIR = »Adobe Integrated Runtime«) ist eine plattformunabhängige Laufzeitumgebung, mit der man als Flash-Entwickler Anwendungen für den Desktop sowie für mobile Endgeräte veröffentlichen kann. Seit AIR 3 ist auch eine Veröffentlichung unabhängig von der Verfügbarkeit der AIR-Laufzeitumgebung möglich.

21.1 Wie funktioniert AIR?

Mit AIR programmieren Sie wie gewohnt in ActionScript. Es handelt sich nicht um ein gänzlich anderes System, das Sie mühsam von Grund auf erlernen müssen. AIR zeigt sich aus Programmiersicht einfach nur als eine Bibliothek mit zusätzlichen Funktionen, die im Flash Player des Browsers sonst nicht unterstützt werden und sich in der Regel auf die Betriebssystemebene beziehen. In der Dokumentation von ActionScript 3 werden solche Funktionen durch ein kleines AIR-Symbol gekennzeichnet ❶.

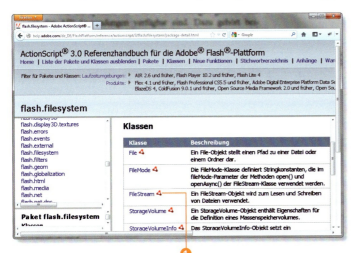

◄ **Abbildung 21.1**
Dokumentation von Klassen, die für den Zugriff auf das Dateisystem dienen und nur über Adobe AIR zugänglich sind

Adobe AIR-Anwendungen erzeugen

Um Adobe AIR-Anwendungen zu erzeugen, können Sie z. B. folgende Entwicklungsumgebungen verwenden:

▶ Flash Builder

▶ HTML-/AJAX-basierte, z. B. Dreamweaver oder ein anderer beliebiger Editor (mithilfe des AIR SDK)

Bevor Sie eine Anwendung auf Adobe AIR basierend entwickeln, sollten Sie sich zunächst die aktuelle Laufzeitumgebung unter *http://get.adobe.com/air/?loc=de* herunterladen.

Abbildung 21.2 ▶
»Machinarium«, ein auf iPad und iPhone viel gekauftes Spiel, das mit AIR veröffentlicht wurde

Wenn Sie einen ersten Eindruck erhalten möchten, wie das Look & Feel von Adobe AIR-Anwendungen ist, finden Sie unter *www.adobe.com/products/air/showcase.html* oder auf *http://gaming.adobe.com/showcase* einige ausgewählte Beispiele, darunter sowohl Spiele als auch Anwendungen.

Historie von AIR

AIR war anfangs nur für Desktop-Anwendungen konzipiert. Erst mit zunehmender Popularität von Apps auf mobilen Geräten setzte Adobe mit AIR 2.6 einen Schwerpunkt auf die mobile Entwicklung. Das war vor allem nötig, weil der Flash Player mobil nicht so gut wie native Anwendungen lief und die Menschen lieber aus den App Stores die Anwendungen oder Spiele nutzten als über den Browser. Außerdem hatte sich Apple dauerhaft geweigert, den Flash Player auf iPhone und iPad zu unterstützen.

Das alles hatte Flashs Zukunft infrage gestellt. Viele Blogger sprachen schon davon, dass Flash bald »tot« wäre und durch native Apps ersetzt werden würde. Deshalb setzte Adobe viel Energie in die Weiterentwicklung von AIR. So wurde Ende 2011 verkündet, dass der mobile Flash Player nicht mehr weiterentwickelt und aus dem Google Android App Store entfernt würde, um die Entwicklungskräfte zu bündeln. Das war ein sehr drastischer Schritt für Adobe, der sicherlich auch Ihre berufliche Laufbahn beeinflusst hat. Nachdem aber der Grundstein für die mobile Entwicklung mit AIR 2.6 gelegt worden war, verbesserte AIR 3 die Performance und Praxistauglichkeit der Anwendungen deutlich. So wurde mit AIR 3.0 die Stage 3D-Hardwarebeschleunigung eingeführt und mit AIR 3.2 auch auf mobile Geräte übertragen, sodass Performance nicht mehr nur Sache der nativen Apps war. Mit den Native Extensions konnten native Funktionen wie z. B. das Benachrichtigungssystem des Geräts angesprochen werden. Zusammen mit den anderen Workflow-Verbesserungen von Flash CS6, z. B. Spritesheets, entstand eine fruchtbare Basis für die Flash-Community, sodass es wahrscheinlich in Zukunft sehr viele erfolgreiche mobile Flash-Anwendungen geben wird.

Das ist auch der Grund, warum Sie sich mit AIR befassen müssen, denn die Zukunft gehört nicht mehr allein den Desktop-Rechnern, sondern auch den Tablets und Smartphones, die alle keinen Flash Player haben werden.

Der Markt für mobile Spiele und Applikationen ist sehr dynamisch und (noch) in der wundervollen Phase, in der man als einziger Entwickler sehr viel bewegen kann. Selbst wenn Sie noch nie für mobile Geräte entwickelt haben und es erst jetzt lernen, ist der Zug noch lange nicht abgefahren. Mit Flash und Action-Script steht Ihnen eine verhältnismäßig einfach zu erlernende Umgebung zur Verfügung, um schnell und für viele Plattformen gleichzeitig zu entwickeln.

Mit eingebetteter Laufzeitumgebung ohne AIR-Abhängigkeit veröffentlichen

Die mit Flash CS6 bzw. AIR 3.0 eingeführte Veröffentlichungsoption AIR Captive Runtime (ANWENDUNG MIT EINGEBETTETER LAUF-ZEITUMGEBUNG) ermöglicht das Veröffentlichen ohne Abhängigkeit von der AIR-Laufzeitumgebung. Damit wurde das bis dahin größte Manko beseitigt, denn man kann nicht immer sicherstellen, dass der Nutzer vorher AIR installiert hat oder dass das Internet verfügbar ist zum Downloaden, wenn beispielsweise Ihre Anwendung per CD/DVD verbreitet wird. Selbst wenn die Laufzeitumgebung vorhanden ist, könnte sie veraltet sein. Ebenfalls problematisch ist die Abhängigkeit von der Laufzeitumgebung, wenn der Nutzer nicht die Berechtigung hat, etwas auf dem System zu installieren. Außerdem ist es für den Nutzer einfach eine weitere Hürde, wenn er Ihre Anwendung installieren muss, was ihn abschrecken könnte.

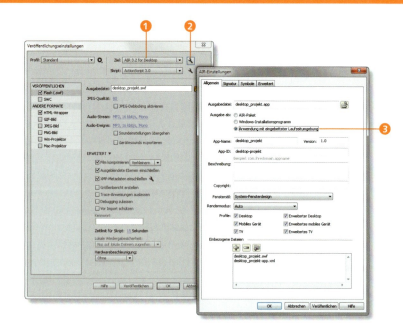

Abbildung 21.3 ▶

AIR-ANWENDUNG MIT EINGEBETTE-
TER LAUFZEITUMGEBUNG veröffentlichen

Um die AIR-Laufzeitumgebung einzubetten, müssen Sie einfach in den Veröffentlichungseinstellungen als Ziel AIR FOR DESKTOP wählen ❶ und im AIR-EINSTELLUNGEN-Fenster, das sich durch einen Klick auf das Werkzeug-Symbol ❷ öffnet, die Option AN-WENDUNG MIT EINGEBETTETER LAUFZEITUMGEBUNG aktivieren ❸.

Mit Einbettung der Laufzeitumgebung wächst die Dateigröße natürlich etwas, was aber für Desktop-Anwendungen irrelevant ist. Bei mobilen Anwendungen hingegen ist die Dateigröße rele-vant: Die Einbettung vergrößert die App-Installationsdatei um ca. 9 MB, entpackt auf der Festplatte um ca. 20 MB. Versuchen Sie Ihre Anwendung möglichst klein zu halten, sodass sie von den Nutzern am besten auch ohne WLAN heruntergeladen werden kann.

Keine Einzeldatei

Bei der Veröffentlichung für den Desktop bedeutet die Einbet-tung der Laufzeitumgebung nicht etwa, dass am Ende eine einzige isolierte exe-Datei ent-steht. Es entsteht stattdessen ein Ordner, in dem eine exe-Datei enthalten ist, die von an-deren Dateien aus demselben Ordner abhängig ist. Sie müssen also den Ordner weitergeben und nicht nur die exe-Datei. Am besten nutzen Sie ein externes Installer-Programm, das den Ordner installiert und die exe-Datei im Startmenü des Be-triebssystems verknüpft.

21.2 Desktop-Anwendungen entwickeln

Während früher oft kostenpflichtige Software wie ZINC (*www.multidmedia.com*) eingesetzt wurde, um Anwendungen für den Desktop zu entwickeln, ist AIR seit Version 3 reif genug, um diese Third-Party-Anwendungen gänzlich abzulösen. Das liegt haupt-sächlich an der nun eingebetteten Laufzeitumgebung.

Nur falls Ihnen für ein Projekt die umfangreichen nativen Funktionen von AIR trotzdem nicht ausreichen sollten oder falls Linux unterstützt werden muss, kommt eine Anwendung wie ZINC wieder infrage.

21.3 Mobile Anwendungen entwickeln

Bei mobilen Anwendungen werden Sie in der Regel Ihre App auch mit eingebetteter Laufzeitumgebung veröffentlichen, sodass der Nutzer die AIR-Laufzeitumgebung nicht vorher downloaden muss. Für iOS ist es gar nicht möglich, eine App mit AIR-Abhängigkeit zu veröffentlichen.

Wie die Auswahl von AIR für den Desktop, finden Sie die mobile Option ebenfalls in den Veröffentlichungseinstellungen von Flash. Damit können Sie die entsprechenden Funktionen von AIR nutzen, wie z. B. die Erkennung von Multi-Touch-Gesten oder die geografische Ortung des Nutzers.

Systemanforderungen

Während die Systemanforderungen von AIR für Desktop-Anwendungen uninteressant sind, sollten Sie über die Anforderungen an mobile Geräte informiert sein: Ein Android-Gerät muss mindestens Android 2.2 installiert haben und 256 MB RAM haben, während bei Apple-Geräten iOS 4 und iPhone 3GS (oder iPad 1) Mindestanforderungen sind. Die vollständige Liste finden Sie unter *www.adobe.com/de/products/air/tech-specs.html*.

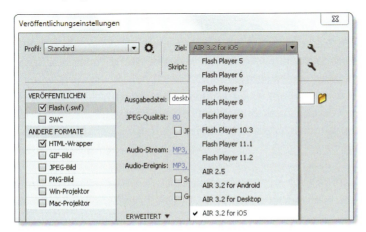

◄ **Abbildung 21.4**
Mit AIR für mobile Geräte veröffentlichen

Mobile Content Simulator

Während in Flash CS5 die Adobe Device Central für jedes einzelne Gerät ein eigenes Profil hatte, wurde diese in Flash CS6 durch den Mobile Content Simulator ersetzt, mit dem Sie Touch-Events und Geräterotationen etc. simulieren können. Auf diese Weise können Sie Ihre Apps schneller testen. Der Simulator öffnet sich automatisch in einem Fenster, wenn in den Veröffentlichungseinstellungen eine mobile AIR-Version ausgewählt ist. Den praktischen Umgang mit dem Simulator erlernen Sie in Abschnitt 21.4, »›Hello World‹-iPhone-App mit AIR entwickeln«.

Native Extensions

Manche geräteabhängige Anwendungsfälle wie z. B. die In-App-Bezahlung oder das iOS Game Center sind (zumindest zum Zeitpunkt der Drucklegung dieses Buches) nicht in AIR enthalten. Mit den Native Extensions hat Adobe aber eine Schnittstelle geschaffen, die die direkte Ansprache des Geräts über die Einbindung von nativem Code ermöglicht. Im Falle von iOS ist das demnach Objective-C-Code und nicht ActionScript.

Native extension samples (Adobe)		
Download	**OS**	**Description**
Hello World	Mac OS X	A native extension Hello World example for Mac OS X desktop devices.
Gyroscope	iOS / Android	Gets an iOS or Android device's gyroscope data at a requested interval.
Licensing	Android	Shows you how to package the native extension for Android licensing.
NetworkInfo	iOS	Retrieves information about the network interfaces on an iOS device.
Notification	iOS / Android	Lets you create notifications in AIR apps you deploy to Android and iOS.
Vibration	iOS / Android	Makes an iOS or Android device vibrate.

Abbildung 21.5 ►
Von Adobe entwickelte Native Extensions zum Download

Native Extensions werden in ane-Dateien gepackt und können in den Veröffentlichungseinstellungen in Flash eingebunden werden. Sie müssen nicht selbst nativ programmieren können, solange Sie für Ihren Anwendungsfall eine Native Extension auf der entsprechenden Adobe-Seite finden (*www.adobe.com/devnet/ air/native-extensions-for-air.html*), auf der sowohl von Adobe entwickelte als auch von der Community entwickelte Extensions samt Tutorial aufgelistet werden.

Debugging

Abschließend sei erwähnt, dass Flash Ihnen Möglichkeiten gibt, Fehlersuche im ActionScript-Code Ihrer mobilen Anwendungen zu betreiben. Solange Sie nur den Simulator verwenden, können Sie natürlich Ihre Anwendung auf bekanntem Wege über die Menüleiste in Flash im Debug-Modus starten.

Wenn hingegen die Anwendung im Debug-Modus auf dem mobilen Gerät laufen soll und Sie von Ihrem Arbeitsrechner aus darauf debuggen möchten, dann müssen Sie andere Wege gehen: Über DEBUGGEN • DEBUGGEN • AUF GERÄT PER USB können Sie bequem auf Ihr Gerät zugreifen, was aber nur mit Android-Geräten möglich ist.

Adobe arbeitet bereits an einer USB-Debugging-Möglichkeit für iOS, in dem Ihnen momentan nur das kompliziertere Remote-Debugging zur Verfügung steht, erreichbar über DEBUGGEN • REMOTE-DEBUG-SITZUNG BEGINNEN • ACTIONSCRIPT 3.0. In den Veröffentlichungseinstellungen von AIR muss dafür die Netzwerkschnittstelle für Remote-Debugging aktiv sein. Dann kommunizieren Ihr Arbeitsrechner und Ihr Gerät über das Netzwerk miteinander, Sie müssen nur leider die üblichen Netzwerkprobleme vorher beseitigen.

Keine Verbindung?

Damit Sie auf das Gerät per USB zugreifen können, muss es verbunden sein und im Betriebssystem als solches erkannt werden. Eine Erkennung als reines USB-Massenspeichergerät reicht nicht unbedingt aus. Dazu ist gegebenenfalls die Installation des aktuellen Herstellertreibers nötig. Außerdem muss auf dem Gerät USB-Debugging aktiviert sein (was an sich nichts mit Flash zu tun hat).

21.4 »Hello World«-iPhone-App mit AIR entwickeln

Mit AIR ist es möglich, Applikationen direkt für das iPhone und für das iPad zu entwickeln. Im Folgenden werden Sie sich Schritt für Schritt von einem ersten »HelloWorld« im mobilen Simulator bis zu einer App herantasten, die Sie direkt auf Ihrem iPhone ausprobieren können.

Für Letzteres müssen Sie sich bei Apple als iOS-Entwickler für das iOS Developer Program registrieren. Die Mitgliedschaft kostet 99 Dollar bzw. 79 Euro pro Jahr und kann unter *http://developer.apple.com/programs/ios* angemeldet werden.

Schritt für Schritt:
»HelloWorld« mit dem mobilen Simulator

1   **Flash-Dokument anlegen**

Erzeugen Sie zunächst ein neues Dokument, indem Sie das Menü DATEI • NEU auswählen, und stellen Sie den Typ AIR FOR IOS ein. Die Auflösung sollten Sie entsprechend Ihrem Gerät einstellen. Mögliche Auflösungen sind:

▶ 640×960 für iPhones mit Retina-Display (Standardeinstellung)
▶ 320×480 für ältere iPhones
▶ 1.024×768 für das iPad 1 und 2
▶ 2.048×1.536 für das iPad 3

21_AIR\HelloWorld\HelloMobileGoodness.fla

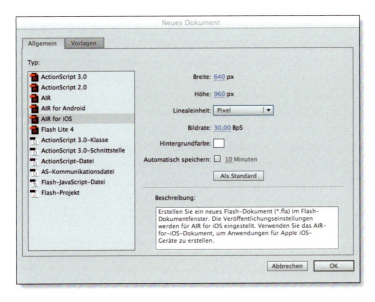

◀ **Abbildung 21.6**
Neues AIR iOS-Flash-Projekt erzeugen

In diesem Workshop werden wir unsere Applikation für das iPhone 4 auslegen, der Vorgang lässt sich jedoch problemlos auch auf andere Modelle und das iPad übertragen.

Nach dem Anlegen sieht das Dokument genauso aus wie ein normales. Im Hintergrund sind jedoch ein paar Einstellungen geändert und eine XML-Einstellungsdatei angelegt worden.

2   HelloWorld-MovieClip hinzufügen

Erzeugen Sie nun ein MovieClip mit einer beliebigen Grafik, und geben Sie diesem einen Instanznamen. In unserem Beispiel hat der Clip den Instanznamen »_mcHello«.

▲ **Abbildung 21.7**
Der HelloWorld-MovieClip mit einem Textfeld und dem Instanznamen »_mcHello«

3   Beschleunigungssensor einbauen

Diesen MovieClip möchten wir nun mithilfe des Beschleunigungssensors steuern. Wenn Sie Ihr iPhone neigen, soll der MovieClip in diese Richtung heruntergleiten. Je stärker Sie es neigen, desto schneller soll das passieren. Dieses Verhalten ist sehr einfach mit den AIR-Bibliotheken zu realisieren. Generell ist das Vorgehen genauso, wie Sie es für Maus oder Tastatur kennengelernt haben: Sie benutzen das Event-Modell von Flash.

Der Unterschied ist hierbei, dass diese Ereignisse nicht von der Bühne oder einem MovieClip dispatchet werden, sondern von der Klasse `Accelerometer` im `flash.sensors`-Paket. Sie erzeugen daher zunächst eine Instanz von `Accelerometer` und registrieren den Listener an dieser.

```
import flash.sensors.Accelerometer;
import flash.events.AccelerometerEvent;

var acc:Accelerometer = new Accelerometer();
acc.addEventListener(AccelerometerEvent.UPDATE,
orientationChanged);
```

Was ist Beschleunigung?

Im alltäglichen Sprachgebrauch versteht man unter Beschleunigung eine Kraft, die auf einen Körper wirkt, wenn dieser seine Geschwindigkeit ändert. Bleibt die Geschwindigkeit konstant, gibt es auch keine Beschleunigung. Der Beschleunigungssensor in mobilen Geräten bezieht seinen Namen jedoch von der Erdbeschleunigung, also der Schwerkraft, die uns permanent am Boden hält, und misst daher nie »keine Beschleunigung«. Der Sensor liefert immer drei Werte zwischen –1 und 1, die angeben, in welche Richtung die Erdbeschleunigung wirkt. Legen Sie das iPhone flach auf den Tisch, wirkt diese komplett in Richtung der positiven z-Achse, und Sie erhalten den Vektor (0, 0, 1) als Messwert des Beschleunigungssensors. Die Daten sind daher synonym mit der Neigung, und man könnte den Sensor auch als Lage- oder Neigungssensor bezeichnen.

```
function orientationChanged(ae:AccelerometerEvent):
void{
    //...
}
```

Die Funktion orientationChanged wird nun immer dann aufgerufen, wenn sich die Neigung des Geräts ändert. Diese Werte
möchten wir auslesen und speichern. Erweitern Sie den Quellcode daher um zwei Variablen, die die X- und die Y-Beschleuni-
gung speichern.

```
var accX:Number = 0;
var accY:Number = 0;
function orientationChanged(ae:AccelerometerEvent):
void{
    accX = ae. accelerationX;
    accY = ae. accelerationY;
}
```

Als Letztes müssen wir die Lage unseres MovieClips ändern,
um die Neigung sichtbar zu machen. Dazu ändern wir in jedem
Frame die Position abhängig von den gespeicherten Beschleuni-
gungswerten. Fügen Sie daher folgenden Quellcode hinzu:

```
import flash.events.Event;
addEventListener(Event.ENTER_FRAME, moveClip);
function moveClip(e:Event):void{
    _mcHello.x -= accX * 10;
    _mcHello.y += accY * 10;
}
```

Die Werte aus dem Beschleunigungssensor sind immer Werte
zwischen −1 und 1 (siehe Kasten »Was ist Beschleunigung?«), daher werden sie für die Positionsänderung mit 10 multipliziert, um
eine schnellere Bewegung zu erreichen.

4   **Applikation im Simulator testen**

Das Testen im Simulator erfordert keine weiteren Einstellungen
und funktioniert, wie Sie es gewohnt sind. Drücken Sie Strg /
⌘ + ↵ , um die Anwendung zu starten. Sie sehen nun Ihr Programm. Zusätzlich startet nun aber auch ein kleines Simulator-
Fenster, in dem Sie u. a. auch den Beschleunigungssensor simulieren können.

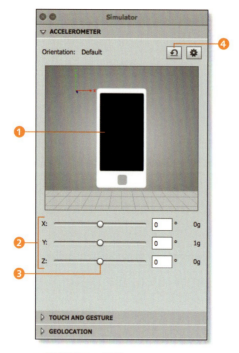

▲ **Abbildung 21.8**
Der Mobile Content Simulator von Flash. Hier können Sie
die Neigung und den Ort des Geräts simulieren sowie
unterschiedliche (Finger-)Gesten ausführen.

Sie können mit der Maus das virtuelle Smartphone ❶ nun drehen
und sehen, wie sich der Schriftzug unserer HelloWorld-Applika-
tion bewegt.

Der Simulator zeigt Ihnen außerdem die genauen Werte des
Beschleunigungssensors an ❷. Diese werden in g (Erdbeschleunigung) gemessen. Die Neigung kann auch präzise über die Regler
❸ eingestellt werden. Die Taste ❹ richtet das Smartphone wieder in die Ausgangsposition aus.

Vorbereitung zum Testen auf dem Gerät

**Keine Abbildungen des
iOS Dev Centers**
Leider dürfen wir Ihnen in diesem
Abschnitt aus urheberrechtlichen
Gründen keine Screenshots aus
dem iOS Dev Center zeigen und
müssen uns mit den entsprechenden Beschreibungen begnügen.

Bevor Sie mit der Entwicklung einer Anwendung für das iOS beginnen, müssen Sie sich bei Apple als iOS-Entwickler für das iOS
Developer Program registrieren (*http://developer.apple.com/pro-
grams/ios*).

Nachdem Sie sich registriert haben, müssen Sie eine Reihe von
Schritten absolvieren, bevor Ihre Applikation auf Ihrem iPhone
oder iPad laufen kann. Abbildung 21.9 zeigt das Zusammenspiel
aller Teile, die Sie im Folgenden zusammenfügen werden.

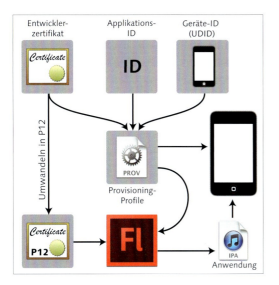

◄ **Abbildung 21.9**
Schematischer Aufbau aller
Zertifizierungsschritte, die für das
Testen auf dem iPhone notwendig
sind

Zertifikat zur Signierung erzeugen | Der erste Schritt ist die Zertifikaterstellung. Der Prozess ist teilweise nicht ganz einfach. Da es auch hier deutliche Unterschiede bei der Erzeugung zwischen Windows und Mac OS X gibt, werden alle notwendigen Schritte im Folgenden für beide Plattformen getrennt erläutert.

Schritt für Schritt:
Zertifizierungsprozess unter Mac OS X durchführen

Im folgenden Workshop wird erläutert, wie Sie Ihr Zertifikat zum Signieren von eigenen iOS-Anwendungen unter Mac OS X erzeugen können.

Mac benutzen, falls verfügbar
Sollten Sie sowohl einen Windows-PC als auch einen Mac besitzen, empfehlen wir Ihnen, den Zertifizierungsprozess unter Mac OS X durchzuführen. Dabei gibt es deutlich weniger Schritte, und der Prozess ist weniger fehleranfällig.

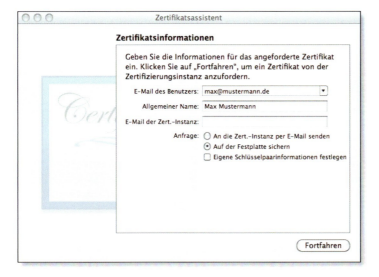

◄ **Abbildung 21.10**
Zertifikat anfordern

1   **Zertifikat in der Schlüsselbundverwaltung erzeugen**

Unter Mac OS X fordern Sie über die Schlüsselbundverwaltung, die Sie unter den Dienstprogrammen finden, über das Menü SCHLÜSSELBUNDVERWALTUNG • ZERTIFIKATSASSISTENT • ZERTIFIKAT EINER ZERTIFIZIERUNGSINSTANZ ANFORDERN ein neues Zertifikat an. Geben Sie Ihre E-Mail-Adresse und Ihren Namen ein, und aktivieren Sie das Optionsfeld AUF DER FESTPLATTE SICHERN.

Klicken Sie auf FORTFAHREN, und speichern Sie das Zertifikat auf dem Schreibtisch ab.

2   **Zertifikat aus dem Apple iOS Dev Center hochladen**

Loggen Sie sich mit Ihrem Entwicklerzugang im iOS Dev Center ein. Im Bereich PROVISIONING PORTAL • CERTIFICATES können Sie die Datei hochladen.

3   **Signiertes Zertifikat herunterladen**

Nach kurzer Wartezeit steht Ihnen dann Ihr Zertifikat im PROVISIONING PORTAL im Bereich CERTIFICATES zur Verfügung. Klicken Sie neben dem Zertifikat auf DOWNLOAD, um das Zertifikat herunterzuladen.

4   **Zertifikat in die Schlüsselbundverwaltung importieren**

Wählen Sie das signierte Zertifikat aus, und ziehen Sie es per Drag & Drop in die Schlüsselbundverwaltung.

Abbildung 21.11 ▶
Das Zertifikat wurde importiert.

5   **Zertifikat als .p12-Datei exportieren**

Selektieren Sie in der Schlüsselbundverwaltung das signierte Zertifikat, und wählen Sie dann aus dem Menü den Menüpunkt ABLAGE • OBJEKTE EXPORTIEREN aus. Sie werden daraufhin aufgefordert, ein Kennwort einzugeben. Merken Sie sich dieses gut. Sie benötigen es später noch, wenn Sie Ihre Applikation aus Flash heraus veröffentlichen. Speichern Sie das Zertifikat dann als *.p12*-Datei ab. Dieses wird dann später in Flash zur Authentifizierung benötigt. Damit ist der Zertifizierungsprozess unter Mac OS X abgeschlossen.

Schritt für Schritt:
Zertifizierungsprozess unter Windows durchführen

Im folgenden Workshop wird erläutert, wie Sie Ihr Zertifikat zum Signieren von eigenen iOS-Anwendungen unter Windows erzeugen können. Vorweg sei erwähnt, dass der Zertifizierungsprozess unter Windows etwas umständlicher ist als unter Mac OS X.

1 **Visual C++ 2008 Redistributables und OpenSSL herunterladen und installieren**

Laden Sie unter *www.slproweb.com/products/Win32OpenSSL. html* zunächst die Visual C++ 2008 Redistributables herunter, und installieren Sie sie auf Ihrem System. Laden Sie anschließend auf derselben Seite die für Ihr System geeignete Version von OpenSSL herunter, und installieren Sie sie. Sollten Sie eine 64-Bit-Version von Windows benutzen, empfehlen wir Ihnen, dennoch die 32-Bit-Version zu installieren. Unter Windows 7 (64 Bit) kann es bei der Erzeugung des Zertifikats mit der 64-Bit-Version von OpenSLL zu Fehlern kommen. Starten Sie nach den Installationen Ihren Rechner neu.

2 **Privaten Schlüssel mit OpenSSL erzeugen**

Öffnen Sie die Eingabeaufforderung unter Windows, z. B. indem Sie den Menüpunkt START • ALLE PROGRAMME • ZUBEHÖR • EINGABEAUFFORDERUNG öffnen. Wechseln Sie in das *bin*-Verzeichnis von OpenSSL, z. B. über `cd \openssl\bin`. Geben Sie folgenden Befehl ein, um einen privaten Schlüssel zu erzeugen:

```
openssl genrsa -out mykey.key 2048
```

Es kann an diesem Punkt vorkommen, dass eine Warnung oder ein Fehlerhinweis erscheint. Zunächst sollten Sie dann noch einmal die Syntax des Befehls überprüfen. Abweichend von Adobes Dokumentation können Sie versuchen, trotz Fehler- oder Warnhinweisen an dieser Stelle, den Prozess fortzusetzen. Sie sollten allerdings unbedingt überprüfen, ob der Schlüssel erzeugt wurde und die Datei größer als 0 Bytes ist. Ob der Schlüssel erzeugt wurde, können Sie leicht überprüfen. Geben Sie `dir` ein, und schauen Sie, ob eine *mykey.key*-Datei erzeugt wurde.

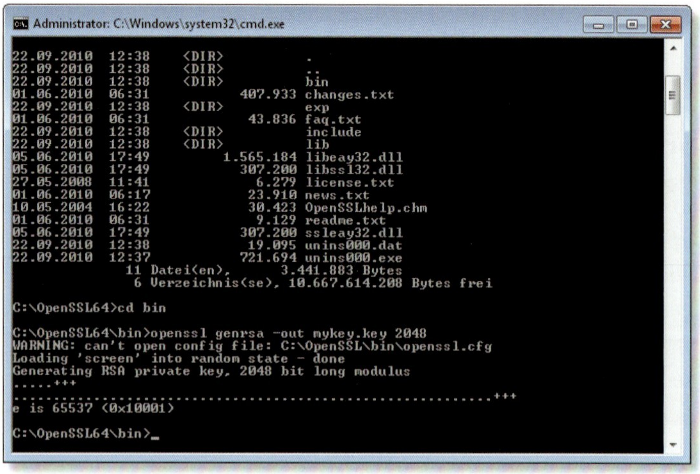

▲ **Abbildung 21.12**
Der private Schlüssel wurde erzeugt.

3   **Zertifikat erzeugen**
Geben Sie in der Eingabeaufforderung den folgenden Befehl ein. Fügen Sie dabei Ihre E-Mail-Adresse, Ihren Namen und gegebenenfalls den Ländercode Ihres Landes (DE) an den entsprechenden Stellen ein:

```
openssl req -new -key mykey.key -out
CertificateSigningRequest.certSigningRequest
-subj "/emailAddress=yourAddress@example.com,
CN=John Doe, C=US"
```

Überprüfen Sie, ob im *bin*-Verzeichnis von OpenSSL eine Datei mit dem Namen »CERTSIGNINGREQUEST-Datei (.certSigningRequest)« erzeugt wurde.

4   **Zertifikat aus dem Apple iOS Dev Center hochladen**
Loggen Sie sich mit Ihrem Entwicklerzugang im iOS Dev Center ein. Im Bereich PROVISIONING PORTAL • CERTIFICATES können Sie die Datei hochladen. Klicken Sie dazu auf REQUEST CERTIFICATE.

5   **Signiertes Zertifikat herunterladen**
Nach kurzer Wartezeit steht Ihnen dann Ihr Zertifikat im PROVISIONING PORTAL im Bereich CERTIFICATES zur Verfügung. Klicken Sie neben dem Zertifikat auf DOWNLOAD, um das Zertifikat herunterzuladen. Sie erhalten eine *.cer*-Datei »developer_identity.cer«, die im nächsten Schritt noch in eine *.p12*-Datei umgewandelt werden muss.

6 **Umwandlung der developer_identity.cer in iphone_dev.p12**

Speichern Sie die .cer-Datei zunächst in das bin-Verzeichnis von OpenSSL. Führen Sie dann im bin-Verzeichnis folgenden Befehl aus:

```
openssl x509 -in developer_identity.cer -inform DER
-out developer_identity.pem -outform PEM
```

Die Dateinamen müssen Sie gegebenenfalls entsprechend anpassen. Sollten Sie keine Fehlermeldung erhalten, ist alles in Ordnung. Führen Sie dann folgenden Befehl aus:

```
openssl pkcs12 -export -inkey mykey.key -in
developer_identity.pem -out iphone_dev.p12
```

Geben Sie Ihr Passwort, das Sie bei der Erzeugung des Zertifikats angegeben haben, ein.

7 **Fertig!**

Sollten Sie keine Fehlermeldung erhalten, ist der Prozess damit abgeschlossen. Im bin-Verzeichnis von OpenSSL sollte sich die Datei »iphone_dev.p12« befinden, die Sie später in Flash zur Signierung Ihrer Anwendungen nutzen können. Erfahrungsgemäß funktioniert der vorher genannte Prozess nicht beim ersten Mal. Sollten Sie Probleme bei der Erstellung des Zertifikats haben, können Sie eventuell versuchen, das Zertifikat über die Software »BirdKey« von SBA zu erstellen. Wir haben diese Software nicht verwendet, allerdings scheinen damit einige User mehr Erfolg zu haben.

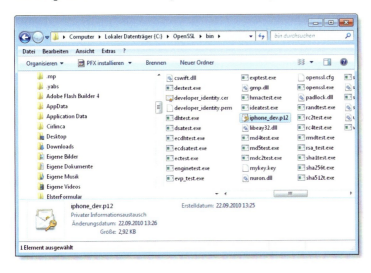

◄ **Abbildung 21.13**
Das Zertifikat wurde erzeugt.

Gerät einrichten | Um eine Anwendung auf einem Testgerät installieren zu können, müssen Sie das jeweilige Gerät zunächst im iOS Dev Center registrieren. Loggen Sie sich dazu in das iOS Dev Center ein, wechseln Sie in den Bereich iOS Provisioning Portal, und klicken Sie im linken Menü auf Devices. Klicken Sie dann auf Add Devices, um ein neues Gerät zu registrieren. Geben Sie im Feld Device Name den Bezeichner Ihres Geräts ein. Sie finden den Bezeichner Ihres iPhones, wenn Sie es mit iTunes verbinden. Wählen Sie Ihr Gerät in iTunes auf der linken Seite aus. Im Bereich Übersicht wird Ihnen der Name angezeigt. Klicken Sie auf das Feld Seriennummer, um sich die Device-ID anzeigen zu lassen (siehe Abbildung 21.14).

Abbildung 21.14 ▶
Geräteinformationen in iTunes 10

Sie können dann via ⌈Strg⌉/⌈⌘⌉+⌈C⌉ die Device-ID in die Zwischenablage kopieren und im iOS Dev Center in das entsprechende Feld mit ⌈Strg⌉/⌈⌘⌉+⌈V⌉ einfügen. Klicken Sie auf Submit, nachdem Sie beide Felder ausgefüllt haben, um das Gerät zu registrieren.

App-ID | Für jede Anwendung, die Sie erstellen möchten, benötigen Sie zunächst eine App-ID. Diese müssen Sie später beim Veröffentlichen in Flash angeben. Loggen Sie sich dazu zunächst in das iOS Dev Center ein, und wechseln Sie dann in den Bereich iOS Provisioning Portal. Klicken Sie dort im linken Menü auf App-ID, um eine neue App-ID anzulegen.

Eine App-ID besteht immer aus Ihrer Team-ID (App ID Prefix), gefolgt von einem Bundle Identifier (App ID Suffix), den Sie beliebig festlegen können. Gerade am Anfang werden Sie sehr viele kleine Testapplikationen erzeugen, und um nicht jedes Mal aufs Neue eine App-ID (und zugehöriges Provisioning-Profil) erzeugen zu müssen, können Sie daher auch * als Ihren Bundle Identifier verwenden. Das ist ein Platzhalter für »beliebig«. Wenn Sie die Textfelder in dem Formular ausgefüllt haben, klicken Sie anschließend auf Submit.

Ihre App-ID könnte nun z. B. »NKSMJ45FU9.*« lauten.

Provisioning-Profil | Damit Sie Ihre Anwendung kompilieren und auf Ihrem Gerät testen können, benötigen Sie ein sogenanntes *Provisioning-Profil*. Das Profil wird beim Kompilieren der Anwendung von Flash benötigt. Sie müssen es zusätzlich auf Ihrem iPhone installieren, um eigene Anwendungen auf das Gerät installieren zu können.

Loggen Sie sich dazu zunächst in das iOS Dev Center ein, und wechseln Sie in den Bereich iOS PROVISIONING PORTAL. Klicken Sie dann links auf PROVISIONING und anschließend auf die Schaltfläche NEW PROFILE. Füllen Sie die Formularfelder aus. Unter APP-ID wählen Sie die zuvor erstellte App-ID aus. Klicken Sie dann auf SUBMIT, um das Profil zu erstellen. Nach kurzer Wartezeit sollte Ihr Provisioning-Profil im Bereich PROVISIONING zum Download bereitstehen. Laden Sie es daraufhin herunter.

Um das Provisioning-Profil auf Ihrem Gerät zu installieren, gehen Sie wie folgt vor: Öffnen Sie iTunes, und verbinden Sie Ihr Gerät damit. Klicken Sie im Menü auf DATEI • DATEI ZUR MEDIATHEK HINZUFÜGEN, und wählen Sie Ihr Provisioning-Profil aus. Um zu überprüfen, ob das Provisioning-Profil in Ihre Mediathek aufgenommen wurde, können Sie den Vorgang wiederholen. Es sollte dann ein Hinweis erscheinen, dass sich das Profil bereits in der Mediathek befindet, und Sie werden gefragt, ob es ersetzt werden soll. Nachdem das Profil zu Ihrer Mediathek hinzugefügt wurde, müssen Sie das iPhone mit iTunes synchronisieren, damit das Profil auf das iPhone übertragen werden kann.

Im iPhone können Sie unter EINSTELLUNGEN • ALLGEMEIN • PROFILE sehen, ob das Profil auf dem Gerät installiert wurde.

Distribution Provisioning Profile
Sollten Sie eine Anwendung bei Apple einreichen, um diese im App Store verfügbar zu machen, benötigen Sie dafür ein sogenanntes *Distribution Provisioning Profile*, das Sie auf dieselbe Art und Weise im iOS Dev Center unter PROVISIONING unter dem Reiter DISTRIBUTION erstellen können.

◄ **Abbildung 21.15**
Das Provisioning-Profil »Sampleprofile« ist auf dem iPhone installiert.

Veröffentlichen für das iPhone

In diesem Abschnitt möchten wir unsere HelloWorld-Anwendung aus der Schritt-für-Schritt-Anleitung für das iPhone veröffentlichen und direkt auf dem Gerät testen.

Damit Sie wissen, welche Einstellungen Sie beim Kompilieren vornehmen können, öffnen Sie zunächst Ihre FLA-Datei. Öffnen Sie dann über das Menü Datei • Air 3.2 for iOS Einstellungen.

Allgemein | Unter dem Reiter Allgemein (siehe Abbildung 21.16) finden Sie folgende Einstellungen:

▶ Ausgabedatei: Die Ausgabedatei mit der Dateierweiterung IPA ist die Datei, die Sie zum Testen auf Ihr iOS-Gerät und später auch an Apple übertragen.

▶ App-Name: Der Name der Anwendung, wie sie daraufhin auch auf Ihrem iOS-Gerät erscheint.

▶ Version: Dies ist die Versionsnummer der Anwendung. Wenn Sie später eine Anwendung in den App Store stellen, sollte diese Versionsnummer mit der Versionsnummer im App Store übereinstimmen.

▶ Seitenverhältnis: Hier können Sie festlegen, ob Ihre Anwendung standardmäßig im Hoch- oder im Querformat gestartet werden soll.

Abbildung 21.16 ▶
Der Reiter Allgemein im Überblick

▶ Vᴏʟʟʙɪʟᴅ: Im Normalfall sollten Sie diese Option aktivieren. Ist sie deaktiviert, nutzt die Anwendung nicht die volle Bildschirmgröße, und grafische Elemente werden skaliert (siehe Abbildung 21.17).

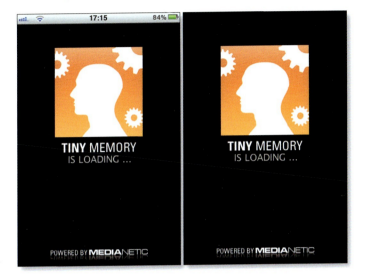

◀ **Abbildung 21.17**
Links deaktiviertes, rechts aktiviertes Vollbild der Applikation »Tiny Memory«

▶ Aᴜᴛᴏᴍᴀᴛɪsᴄʜᴇ Aᴜsʀɪᴄʜᴛᴜɴɢ: In der Regel sollten Sie diese Option deaktivieren. Ist die Option aktiviert, wird Ihre Anwendung je nach Ausrichtung des Geräts im Hoch- oder Querformat dargestellt. Beachten Sie dabei, dass Sie die Positionierung und Skalierung aller UI-Elemente dazu selbst innerhalb der Anwendung vornehmen müssen (siehe dazu auch Abbildung 21.18).

◀▼ **Abbildung 21.18**
Links: Hochformat; rechts: die unveränderte Version im Querformat der Applikation »Tiny Memory«

▶ RENDERMODUS: Belassen Sie die Einstellung auf AUTOMATISCH. Die Einstellung CPU sorgt dafür, dass Berechnungen an die CPU des Geräts übergeben werden. Sollten Sie eine grafiklastige Anwendung wie z. B. ein Spiel entwickeln, können Sie mit der Einstellung GPU die Berechnungen an den Grafikprozessor des Geräts delegieren. Wenn Sie eine 3D-Engine (Stage 3D, siehe Kapitel 23, »Ein Blick über den Tellerrand«) benutzen, stellen Sie den Modus auf DIREKT.

▶ GERÄT: Wählen Sie hier das Gerät aus, für das Sie die Anwendung entwickeln möchten.

▶ AUFLÖSUNG: Hierbei haben Sie zwei Modi zur Auswahl: STANDARD und HOCH. Im HOCH-Modus entspricht jedes Pixel, das Sie aus der Applikation ansprechen, direkt einem Pixel eines hochauflösenden Bildschirms (Retina-Display), während im Standardmodus das Zeichnen eines Pixels das Zeichnen eines 2×2-Pixelblocks bewirkt. Die Applikation wird somit auf die doppelte Größe skaliert. Verwenden Sie den Standardmodus nur dann, wenn Sie sich nicht selbst um die verschiedenen Displaytypen und Auflösungen der Geräte kümmern möchten. Das ist zwar einfacher, grafisch aber meist nicht schön.

▶ EINBEZOGENE DATEIEN: In diesem Bereich können Sie Dateien hinzufügen, die mit der Anwendung ausgeliefert werden sollen. Standardmäßig finden Sie hier eine SWF-Datei und eine XML-Datei, die Metainformationen wie die Versionsnummer enthält. Manuell hinzufügen sollten Sie eine 640×960 Pixel große Datei *Default@2x.png (für iPhones mit Retina-Display) und eine 320×480 Pixel große Default.png (für ältere iPhones), die jeweils* beim Starten der Anwendung angezeigt wird. Sie sollten diese Dateien im Root-Verzeichnis Ihrer Anwendung und nicht in einem Unterverzeichnis anlegen.

Bereitstellung | Unter dem Reiter BEREITSTELLUNG stehen Ihnen die in Abbildung 21.19 dargestellten Einstellungen zur Verfügung.

▶ ZERTIFIKAT: Wählen Sie hier das p12-Zertifikat aus, das Sie zuvor erstellt haben. Achten Sie darauf, dass Sie für den jeweiligen Zweck das richtige Zertifikat auswählen. Zum Testen der Anwendung auf einem eigenen Gerät benötigen Sie ein anderes Zertifikat als das zur Bereitstellung für den App Store.

▶ KENNWORT: Geben Sie hier das Kennwort ein, das Sie bei der Zertifikatserstellung verwendet haben.

▶ PROVISIONING-PROFIL: Wählen Sie das erstellte Provisioning-Profil aus, und achten Sie dabei, wie auch beim Zertifikat selbst, auf die richtige Version.

[!] Notwendige Komponenten installieren

Bei der Installation von Flash CS6 gibt es die optionale Komponente »AIR for Apple iOS Support«. Diese benötigen Sie, um für das iPhone zu veröffentlichen. Sollten Sie eine Fehlermeldung erhalten, starten Sie das Flash-Installationsprogramm, und installieren Sie diese Komponente nachträglich.

▶ App-ID: Tragen Sie hier die App-ID ein, die Sie zuvor im iOS Dev Center angelegt haben.

▶ iPhone-Bereitstellungstyp – Schnellveröffentlichung zum Gerätetesten: Verwenden Sie diese Einstellung, wenn Sie die Anwendung zum Testen auf Ihrem iOS-Gerät verwenden möchten.

▶ iPhone-Bereitstellungstyp – Schnellveröffentlichung zum Geräte-Debugging: Wählen Sie diese Einstellung, wenn Sie die Anwendung auf Ihrem iOS-Gerät zum Testen installieren und zudem den Flash Debugger nutzen möchten, um beispielsweise trace-Ausgaben zu kontrollieren. Sie können hier zusätzlich eine Netzwerkschnittstelle eingeben. Ihre Applikation verbindet sich dann automatisch mit dieser Adresse, um die Debugging-Session zu starten.

▶ iPhone-Bereitstellungstyp – Bereitstellung – Ad hoc: Möchten Sie Ihre Anwendung anderen für Beta-Testzwecke bereitstellen, können Sie diese Option wählen, um bis zu 100 Benutzern Ihre Anwendung zu Testzwecken bereitzustellen. Sie müssen die Benutzer zusätzlich im iOS Dev Center registrieren.

▶ iPhone-Bereitstellungstyp – Bereitstellung – Apple App Store: Nachdem Sie Ihre Anwendung getestet haben, wählen Sie diese Option, um die Anwendung für die Bereitstellung in den App Store zu kompilieren.

◀ Abbildung 21.19
Der Reiter Bereitstellung im Überblick

Symbole | Unter dem Reiter Symbole definieren Sie die Programm-Symbole, die Sie für Ihre Anwendung im iOS-Gerät nutzen möchten. Sie benötigen mindestens jeweils ein Symbol in den Größen:

▶ 29×29 Pixel: Die Spotlight-Suche verwendet dieses Icon.

▶ 57×57 Pixel (114×114 Pixel für Retina-Display): Das ist das Programm-Icon, das im Home-Bildschirm des iOS-Geräts verwendet wird.

▶ 512×512 Pixel: Die Grafik wird für die Darstellung in iTunes für Ihre Anwendung verwendet. Die angegebene Version wird nur für Testversionen Ihrer Anwendung verwendet. Stellen Sie Ihre fertige Anwendung in den App Store ein, sollten Sie die Grafik im JPEG-Format laut Dokumentation separat mitliefern. Wir haben diese Version nicht erstellt, offensichtlich ist diese optional.

▶ 48×48 Pixel: Diese Version wird in Spotlight im iPad verwendet.

▶ 72×72 Pixel: Diese Version wird für den Home-Bildschirm im iPad genutzt.

Sprachen | Unter dem Reiter Sprachen geben Sie an, welche Sprachen von Ihrer Anwendung unterstützt werden.

Übertragung | Nachdem Sie eine Anwendung unter Angabe des entsprechenden Provisioning-Profils und des Zertifikats kompiliert haben, können Sie die Anwendung über iTunes auf Ihr iOS-Gerät übertragen. Das Ergebnis der Kompilierung ist eine IPA-Datei, die Ihre Anwendung enthält und nun auf das iPhone oder iPad übertragen werden kann.

Als Nächstes fügen Sie Ihre erzeugte Anwendung in iTunes ein. Sie können die IPA-Datei dazu einfach per Drag & Drop in iTunes kopieren. Die Anwendung sollte dann in der Mediathek unter Apps angezeigt werden.

Alte Version vorher löschen

Möchten Sie eine neue Version der Anwendung aufspielen, sollten Sie die alte Anwendung vorher in iTunes unter Mediathek • Apps entfernen.

Abbildung 21.20 ▶
»Hello World« in iTunes

Überprüfen Sie dann Ihre Synchronisationseinstellungen, und stellen Sie sicher, dass die Anwendung zur Synchronisation ausgewählt wurde. Klicken Sie dazu in iTunes auf Ihr iOS-Gerät, und wählen Sie dann den Reiter Apps aus.

◀ **Abbildung 21.21**
Unsere »Hello World«-App wurde zur Synchronisation mit dem Gerät ausgewählt.

Klicken Sie dann auf Synchronisieren. Wurde Ihre Anwendung korrekt kompiliert und haben Sie das richtige Provisioning-Profil ausgewählt, sollte die Anwendung daraufhin auf Ihr Gerät übertragen werden.

ActionScript API

Sie haben jetzt gelernt, wie Sie eine Anwendung einrichten und auf Ihrem Gerät installieren können. Außerdem haben Sie den Einsatz des Beschleunigungssensors kennengelernt. Zwei weitere APIs können direkt in AIR angesprochen und mit dem Simulator getestet werden. Das sind die Geolocation API und die Touch-, Multi-Touch und Gesture API. Erstere benutzen Sie, um den GPS-Empfänger anzusprechen, und Letztere, um auf Gesten und Multi-Touch-Ereignisse zu reagieren. Es folgt jeweils eine kurze Erläuterung sowie ein Codebeispiel.

Geolocation API | Über die `Geolocation`-Klasse können Sie Werte des GPS-Empfängers des Geräts abfragen, z.B. um die aktuelle Position (geografische Länge und Breite) des Geräts zu bestimmen und in einer Kartenanwendung sichtbar zu machen.

```
import flash.sensors.Geolocation;
import flash.events.GeolocationEvent;
if (Geolocation.isSupported) {
    var myGeo:Geolocation = new Geolocation();
```

App-ID und Provisioning-Profil
Um die folgenden Demos auf Ihrem Gerät installieren zu können, müssen Sie jeweils eine App-ID und ein Provisioning-Profil im iOS Dev Center erstellen. Wenn Sie bei der Erstellung des Provisioning-Profils * als App-ID verwendet haben, können Sie dieses für alle Beispiele nutzen.

GEOLOCATION:
Latitude: 52.49044777864
Longitude: 13.377629447€
Altitude: 66.0885009765€
Heading: 68.29810333251

▲ **Abbildung 21.22**
Die Demo auf einem iPhone 4

893

*21_AIR\Geolocation\
Geolocation.fla*

```
myGeo.addEventListener(GeolocationEvent.
    UPDATE, onGeoUpdate);
myGeo.setRequestedUpdateInterval(50);
}
function onGeoUpdate(e:GeolocationEvent):void {
    lat_txt.text = "Latitude: "+String(e.latitude);
    long_txt.text ="Longitude: "+String(e.longitude);
    alt_txt.text = "Altitude: "+String(e.altitude);
    heading_txt.text = "Heading: "+String(e.heading);
}
```

Touch, Multi-Touch und Gesture API | Mithilfe der Multi-Touch-Klasse können Sie sowohl auf Multi-Touch-Ereignisse als auch auf spezifische Gesten (wie z. B. die Swipe- oder Zoomgeste) reagieren, um die Interaktion Ihrer Anwendung zu definieren.

*21_AIR\ ZoomGesture\
GestureSample.fla*

```
import flash.ui.Multitouch;
import flash.ui.MultitouchInputMode;
import flash.events.TransformGestureEvent;
Multitouch.inputMode = MultitouchInputMode.GESTURE;
flashSign_mc.addEventListener(TransformGestureEvent
    .GESTURE_ZOOM, zoomHandler);
function zoomHandler(e:TransformGestureEvent):void {
    flashSign_mc.scaleX *= e.scaleX;
    flashSign_mc.scaleY *= e.scaleY;
}
```

Der MovieClip »flashSign_mc« wird durch »Pinchen« größer und kleiner skaliert. Das Event `TransformGestureEvent` übergibt dabei immer die Änderung des Zooms im Vergleich zum letzten Event. Daher werden diese auf die Skalierung des MovieClips multipliziert.

Der Simulator erlaubt das Simulieren der Zoomgeste. Klicken Sie dafür auf den Reiter TOUCH AND GESTURE ❶, und setzen Sie das Häkchen vor TOUCH LAYER ❷. Daraufhin wird über das SWF-Fenster eine graue Ebene gelegt, die die Gesten registrieren kann. Diese können Sie mit dem Regler ❸ dunkler oder heller machen. Jedes Mal, wenn Sie das Anwendungsfenster bewegen, müssen Sie außerdem auf den Button RELOCATE ❹ klicken, damit sich die Gestenebene der neuen Position des Fensters anpasst. Wählen Sie unter GESTURE die Option ZOOM aus ❺, und folgen Sie der Anleitung ❻. Klicken Sie zunächst auf die linke obere Ecke des Flash-Bilds in der Anwendung, und ziehen Sie dann von der rechten unteren Ecke die Maus, um die Zoomgeste zu simulieren. Sie sehen daraufhin zwei kleine gelbe Punkte **7**, die die simulierte Position Ihrer Finger bei der Geste angeben, und das Bild wird entsprechend größer oder kleiner.

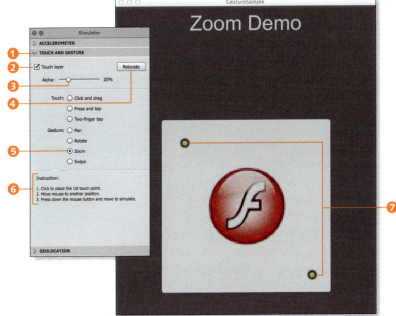

◄ **Abbildung 21.23**
Eine Zoomgeste wird im Simulator ausgeführt.

Einschränkungen und Richtlinien

Bevor Sie planen, eine Anwendung für das iOS mit Flash zu entwickeln, sollten Sie sich zunächst mit den technischen Bedingungen und Einschränkungen sowie den offiziellen Richtlinien für Entwickler von Apple und Adobe beschäftigen. Das Verletzen der Richtlinien kann dazu führen, dass Ihre Applikation nicht im App Store aufgenommen wird. Die Richtlinien sind auf Englisch für registrierte Apple-Entwickler abrufbar unter *http://developer.apple.com/appstore/guidelines.html*. Es folgt ein Auszug daraus, nämlich der Abschnitt »Functionality«, sowie eine eigene freie deutsche Übersetzung dieser Richtlinien:

▶ *2.1 Apps that crash will be rejected*
Anwendungen, die abstürzen, werden abgelehnt.

▶ *2.2 Apps that exhibit bugs will be rejected*
Anwendungen, die nachweisbare, reproduzierbare Fehler besitzen, werden abgelehnt.

▶ *2.3 Apps that do not perform as advertised by the developer will be rejected*
Anwendungen, die nicht wie vom Entwickler beworben »performen«, werden abgelehnt.

▶ *2.4 Apps that include undocumented or hidden features inconsistent with the description of the app will be rejected*
Anwendungen, die versteckte, undokumentierte Eigenschaften, die nicht beschrieben wurden, verwenden, werden abgelehnt.

▶ *2.5 Apps that use non-public APIs will be rejected*
Anwendungen, die nicht öffentliche APIs verwenden, werden abgelehnt.

▶ *2.6 Apps that read or write data outside its designated container area will be rejected*
Anwendungen, die Daten außerhalb ihres definierten Containers lesen oder schreiben, werden abgelehnt.

▶ *2.7 Apps that download code in any way or form will be rejected*
Anwendungen, die Code auf beliebigem Weg oder in beliebiger Form laden, werden abgelehnt.

▶ *2.8 Apps that install or launch other executable code will be rejected*
Anwendungen, die ausführbaren Code starten oder installieren, werden abgelehnt.

▶ *2.9 Apps that are «beta", «demo", «trial", or «test" versions will be rejected*
Anwendungen, die sich im »beta«-, »demo«-, »trial«- oder »test«-Stadium befinden, werden abgelehnt.

▶ *2.10 iPhone apps must also run on iPad without modification, at iPhone resolution, and at 2X iPhone 3GS resolution*
Anwendungen für das iPhone müssen auch auf dem iPad ohne Veränderungen laufen, sowohl mit der iPhone-Auflösung als auch in der 2-fach vergrößerten Auflösung des iPhone 3GS.

▶ *2.11 Apps that duplicate apps already in the App Store may be rejected, particularly if there are many of them [...]*
Anwendungen, die die Funktionalität von bereits vorhandenen Anwendungen im App Store eins zu eins kopieren, werden unter Umständen abgelehnt, insbesondere, wenn es schon mehrere dieser Art von Apps gibt [...].

▶ *2.12 Apps that are not very useful or do not provide any lasting entertainment value may be rejected*
Anwendungen, die keinem bestimmten sinnvollen Zweck dienen oder keinen unterhaltenden Wert bieten, werden abgelehnt.

▶ *2.13 Apps that are primarily marketing materials or advertisements will be rejected*
Anwendungen, die primär aus Marketingmitteln oder aus Werbemitteln bestehen, werden abgelehnt.

▶ *2.14 Apps that are intended to provide trick or fake functionality that are not clearly marked as such will be rejected*
Anwendungen, deren Beabsichtigung es ist, durch Tricks oder Fälschungen Funktionalität zu bieten, ohne diese explizit anzugeben, werden abgelehnt.

▶ *2.15 Apps larger than 20 MB in size will not download over cellular networks (this is automatically prohibited by the App Store)*
Anwendungen, deren Dateigröße größer als 20 MB ist, können nicht über mobile Datennetze heruntergeladen werden; der Download wird gegebenenfalls automatisch vom App Store gesperrt.

▶ *2.16 Multitasking apps may only use background services for their intended purposes: VoIP, audio playback, location, task completion, local notifications, etc*
Multitaskfähige Anwendungen dürfen Hintergrunddienste nur für den von Apple definierten Zweck verwenden: VoIP, Audio-Wiedergabe, Location (GPS), Anwendungsbeendigung, lokale Benachrichtigungen etc.

▶ *2.17 Apps that browse the web must use the iOS WebKit framework and WebKit JavaScript*
Anwendungen, mit denen man im Web browsen kann, müssen das iOS WebKit Framework und WebKit JavaScript verwenden.

▶ *2.18 Apps that encourage excessive consumption of alcohol or illegal substances, or encourage minors to consume alcohol or smoke cigarettes, will be rejected*
Anwendungen, die dazu anregen, exzessiv Alkohol oder illegale Substanzen zu konsumieren, oder die Minderjährige dazu anregen, Alkohol oder Zigaretten zu konsumieren, werden abgelehnt.

▶ *2.19 Apps that provide incorrect diagnostic or other inaccurate device data will be rejected*
Anwendungen, die falsche Diagnosen oder andere ungenaue Gerätedaten angeben, werden abgelehnt.

▶ *2.20 Developers «spamming" the App Store with many versions of similar apps will be removed from the iOS Developer Program*
Entwickler, die den App Store mit sehr vielen Versionen eines Programms »spammen«, werden vom iOS Developer Program ausgeschlossen.

Und, nicht zu vergessen, eine der restriktiveren Guidelines:
▶ *15.5 Apps that include games of Russian roulette will be rejected*
Apps, die russisches Roulette beinhalten, werden abgelehnt.

Kapitel 22

Von Flash nach HTML5 exportieren

Seit HTML5 zum Trendthema geworden und teilweise als Ersatz für Flash in die Diskussion geraten ist, hat auch Adobe das Thema aufgegriffen. HTML5 ist, was komplexe Animationen und Spiele angeht, noch nicht so hoch entwickelt wie Flash, hat aber dafür den Vorteil, dass theoretisch sämtliche Geräte, insbesondere mobile Geräte, den Inhalt im Browser anzeigen können. Die mobilen Geräte unterstützen in der Regel sogar jetzt schon HTML5.

Da Adobe sich mit dem mobilen Flash Player nie durchsetzen konnte, wurde er Ende 2011 eingestellt, wodurch nur noch HTML5 für anspruchsvollere Animationen im Browser bleibt. Für die mobile Entwicklung, insbesondere, was komplexe Spiele angeht, setzt Adobe stattdessen auf auf native Apps, die mit AIR entwickelt (siehe Kapitel 21, »AIR: Für mobile Geräte und den Desktop veröffentlichen«) und über die App Stores verbreitet werden.

22.1   CreateJS

Mit dem »Toolkit for CreateJS« hat Adobe eine Erweiterung zu Flash CS6 entwickelt, mit der Sie in Flash Grafiken und Animationen entwickeln und nach HTML5 exportieren können, sodass Sie auch Geräte ohne Flash Player erreichen. Die Programmierung erfolgt in JavaScript und hat große Ähnlichkeiten mit ActionScript. Für simple Anwendungen kann der JavaScript-Code auch direkt in die Zeitleiste geschrieben werden.

In diesem Kapitel erhalten Sie eine praktische Einführung in das Thema. Um in die Tiefe gehen zu können, müssen Sie sich aber in HTML5 bzw. JavaScript gesondert einarbeiten.

> **Erweiterung für Flash**
> Das »Toolkit for CreateJS« wird nicht mit Flash automatisch installiert, sondern ist eine Erweiterung, die Sie downloaden müssen. Das hat den Grund, dass die Extension in kürzeren Zyklen als Flash aktualisiert werden soll.

◀ **Abbildung 22.1**
CreateJS mit seinen JavaScript-Bibliotheken für HTML5

Der Export von Flash-Inhalten bezieht sich nicht nur auf Bild-dateien wie z. B. Bitmaps, was Sie auch mit Spritesheets errei-chen können, sondern auch auf viele andere Elemente wie z. B. Vektorgrafiken, Sounds oder sogar JavaScript-Anweisungen in der Zeitleiste von Flash. Damit die in Flash entwickelten Inhalte in HTML korrekt angezeigt werden, steht auf der anderen Seite das von Adobe geförderte ActionScript-ähnliche HTML5-Framework CreateJS, das aus vier JavaScript-Bibliotheken besteht:

▶ **EaselJS** kümmert sich um die Anzeige, Filtereffekte und Inter-aktivität auf der Bühne.
▶ **TweenJS** bringt das Tweening-Konzept von Flash nach Ja-vaScript.
▶ **SoundJS** gibt Audio-Daten wieder.
▶ **PreloadJS** ist eine Bibliothek zum bequemen Vorladen aller benötigten Ressourcen.

22.2   Einschränkungen von CreateJS

CreateJS ist aufgrund der ActionScript-Ähnlichkeit sehr gut für Flash-Entwickler geeignet, die ohne viel Einarbeitung schnell HTML5-Inhalte veröffentlichen möchten. Allerdings gibt es ein paar Einschränkungen, denn HTML5 bietet natürlich nicht den-selben Funktionsumfang wie der Flash Player:

Keine Wunderlösung zum Exportieren vorhandener Flash-Pro-jekte | Es gibt keinen 1-Klick-Export, sodass man sich bei kom-plexen Flash-Projekten hinterher um nichts mehr in JavaScript kümmern müsste. Stattdessen wird eher ein dokumentiertes und wohlstrukturiertes HTML5-Projekt, bestehend aus einer js-Datei und einer html-Datei, exportiert, das weitgehend der Flash-Bühne entspricht und mit dem Sie anschließend in JavaScript wei-terarbeiten müssen. So überspringen Sie einen Großteil der An-fangsphase eines HTML5-Projekts. Insbesondere wird nicht etwa ActionScript-Code in JavaScript-Code umgewandelt, sondern ge-löscht. Sie arbeiten also nur über Bühne und Zeitleiste in Flash.

Eingeschränkter Funktionsumfang | Das Toolkit for CreateJS hat, zumindest zum Zeitpunkt der Drucklegung des Buches, im Vergleich zu Flash viele ungünstige Einschränkungen, darunter:
▶ keine Bewegungs-Tweens (nur klassische Tweens möglich)
▶ keine Masken
▶ keine TLF-Texte
▶ keine Form-Tweens

Neueste Updates beachten
Zum Zeitpunkt der Drucklegung des Buches hatte das Toolkit for CreateJS die aufgelisteten Ein-schränkungen. Da das Toolkit aber neu ist und aktiv weiter-entwickelt wird, könnten ein paar der Einschränkungen mitt-lerweile beseitigt worden sein. Die neuesten Informationen fin-den Sie unter *www.adobe.com/ de/products/flash/flash-to-html5.html*.

- ▶ keine inverse Kinematik
- ▶ keine ellipsenförmigen radialen Farbverläufe
- ▶ keine Bewegungspfade
- ▶ keine Farbtransformationen
- ▶ keine 3D-Transformationen
- ▶ keine benutzerdefinierten Beschleunigungskurven (nur einfaches Beschleunigen und Abbremsen möglich)
- ▶ nur eine Symbolinstanz in der gesamten Zeitleiste einer Tween-Ebene
- ▶ inperformanter Glüh-Filter, kaum andere Filter
- ▶ Buttons werden in MovieClips umgewandelt und verlieren ihre Interaktivität (muss in JavaScript nachprogrammiert werden).
- ▶ Mit anderen Worten: Nur grundlegende Animationen können nach JavaScript exportiert werden. Einige dieser Einschränkungen werden sicherlich im Laufe der Zeit beseitigt werden. Manche Probleme können Sie auch jetzt schon in JavaScript per Code lösen, allerdings wird es grundsätzlich wahrscheinlich niemals eine Eins-zu-eins-Abbildung sämtlicher Flash-Funktionen geben. Wenn Sie komplexe Vektorgrafiken mit Filtern haben, dann wandeln Sie sie in Bitmaps um, was übrigens auch der Performance zugute kommen sollte. Bei komplexen Animationen lohnt sich die Umwandlung in Spritesheets für EaselJS (siehe Kapitel 7, »Veröffentlichung«).

Automatische Warnungen
Flash generiert Warnungen im AUSGABE-Fenster, wenn Sie nicht unterstützte Funktionen verwenden.

Ungeeignet für professionelle Spieleentwicklung | Aufgrund der Einschränkungen und aufgrund dessen, dass das Projekt eigentlich in JavaScript entwickelt werden muss, ist die professionelle Spieleentwicklung mit CreateJS nicht zu empfehlen. Wenn Sie mobile Geräte erreichen möchten, dann nutzen Sie stattdessen Adobe AIR, das die Entwicklung in ActionScript erlaubt und das um ein Vielfaches leistungsfähiger als HTML5 ist. Wenn Sie hingegen Websites und einfache Anwendungen für den Browser entwickeln möchten, dann ist das Toolkit durchaus geeignet.

22.3   Installation des Toolkit for CreateJS

Laden Sie die Erweiterung, die eine zxp-Datei ist, unter *www.adobe.com/de/products/flash/flash-to-html5.html* herunter.

Wenn Sie die Datei öffnen, öffnet sich automatisch der Adobe Extension Manager und führt Sie durch die Installation. Bei erfolgreichem Verlauf wird das ADOBE FLASH PROFESSIONAL TOOLKIT FOR CREATEJS im Extension Manager aufgelistet.

Abbildung 22.2 ▶
Toolkit for CreateJS wurde
installiert.

Damit ist die Installation bereits abgeschlossen.

22.4 Das Toolkit for CreateJS anwenden

Wenn Sie nach der Installation des Toolkit for CreateJS Flash starten, können Sie unter FENSTER • ANDERE BEDIENFELDER • TOOLKIT
FOR CREATEJS das entsprechende Fenster öffnen.

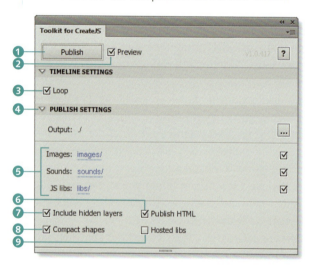

Abbildung 22.3 ▶
TOOLKIT FOR CREATEJS in Flash

Oben sehen Sie die Schaltfläche PUBLISH ❶, die den Export-Vorgang startet. Falls PREVIEW ❷ ausgewählt ist, wird die exportierte
HTML-Datei in Ihrem Browser zur Ansicht geöffnet. Die Option
LOOP ❸ kontrolliert, ob in den exportierten Animationen bei
Erreichen des Endes der Zeitleiste der Abspielkopf automatisch
wieder an den Anfang gehen soll, wie es normalerweise in Flash
der Fall ist. Unterhalb von PUBLISH SETTINGS ❹ finden Sie die
nötigen Einstellungen zu den Zielpfaden für den Export, die Sie
meist nicht ändern müssen.

Sie können aber den Export von Bildern, Sounds und der JavaScript-Datei unterbinden, indem Sie die jeweilige Option deaktivieren ❺. Auf diese Weise können Sie die Veröffentlichung beschleunigen, wenn sich die jeweiligen Daten der FLA nicht geändert haben bzw. wenn Sie die JavaScript-Datei bereits modifiziert haben und nicht überschreiben möchten. Letzteren Fall, bezogen auf die HTML-Datei, kontrolliert die Option PUBLISH HTML ❻. Ist PUBLISH HTML deaktiviert und PREVIEW trotzdem aktiviert, wird die vorhandene HTML-Datei geöffnet.

Die Option INCLUDE HIDDEN LAYERS ❼ berücksichtigt bei Aktivierung auch versteckte Ebenen im Export.

Mit COMPACT SHAPES ❽ werden die Vektorgrafikdaten in kompakter, aber dafür schlecht lesbarer Form exportiert. Deaktivieren Sie diese Option, wenn Sie anhand der js-Datei lernen möchten, wie die Vektorgrafiken exportiert werden.

Die Option HOSTED LIBS ❾ bezieht sich auf das Content Delivery Network *code.createjs.com* und ist dazu da, dass die CreateJS-Libraries (js-Dateien) nicht erneut geladen werden, wenn der Browser sie bereits auf einer anderen Seite geladen hat, die diese Libraries nutzt. Auf diese Weise kann die Ladezeit etwas reduziert werden, da der Browser dann die zwischengespeicherten Dateien (Cache) nutzt. Diese Option benötigen Sie in der Regel aber nicht, insbesondere, wenn Ihr Projekt unabhängig bleiben soll.

22.5   Eine HTML5-Website mit Flash entwickeln

Im Folgenden entwickeln wir mit dem Toolkit for CreateJS beispielhaft eine einfache HTML5-Website, wie man sie oft bei Bars und Restaurants in Flash-Form vorfindet. Wir nehmen als Auftraggeber eine Cola-Bar, die damit unzufrieden ist, dass die iPhone-Nutzer ihre Flash-basierte Website nicht betrachten können. Mit dem Toolkit for CreateJS können Sie die existierenden Flash-Animationen nutzen und das Problem mit HTML5 lösen. Sie lernen dabei auch, wie Sie eine einfache Steuerung über JavaScript-Befehle direkt in der Zeitleiste realisieren können, sodass Sie die generierte js-Datei nicht bearbeiten müssen. Bei komplexen Projekten wird es allerdings nicht mehr ohne anschließende Nachbearbeitung in den generierten Dateien gehen.

Schritt für Schritt:
HTML5-Website mit CreateJS entwickeln

In diesem Workshop wird gezeigt, wie Sie aus einer einfachen Flash-Website mit dem Toolkit for CreateJS eine HTML5-Website entwickeln.

1   Film öffnen

22_HTML5\Bar\bar000\
bar_000.fla

Öffnen Sie den Flash-Film *22_HTML5\Bar\bar000\bar_000.fla*, und starten Sie ihn. Nach dem mit klassischen Tweens animierten Intro wird die Startseite angezeigt. In der Hauptzeitleiste und in der Zeitleiste des MovieClips »star_mc« findet sich ActionScript-Code, der die Steuerung übernimmt. Die Navigations-Buttons wurden hier übrigens als MovieClips realisiert, weil das Toolkit keine Buttons unterstützt bzw. sie in interaktionslose MovieClips umwandelt.

▲ **Abbildung 22.4**
Die Website im Flash Player

2   Toolkit for CreateJS öffnen

Öffnen Sie das Toolkit unter Fenster • Andere Bedienfelder • Toolkit for CreateJS.

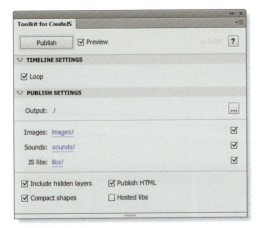

◀ **Abbildung 22.5**
Öffnen des Toolkit-Fensters

3   Für HTML5 veröffentlichen

Klicken Sie im Toolkit-Fenster einfach auf PUBLISH, um den Flash-Film für HTML5 zu veröffentlichen und im Browser anzusehen. Dabei generiert das Toolkit die folgenden Dateien bzw. Ordner:

▶ *bar_000.html*: die HTML-Datei für den Browser

▶ *bar_000.js*: Enthält den JavaScript-Code, der die Bühne und die MovieClips der Library beschreibt. Diese Datei ist mit Kommentaren zum einfachen Lesen versehen, sodass beispielsweise ein externer HTML5-Programmierer Ihre Grafik-Symbole verwenden kann.

▶ *libs*: Ordner, der die CreateJS-JavaScript-Bibliotheken enthält

▶ *sounds*: Ordner, der die exportierten Sounddateien enthält

▶ *images*: Ordner, der die exportierten Bilddateien enthält

Teamarbeit

In einem größeren HTML5-Projekt würden Sie immer dann, wenn Sie neue Grafiken haben, dem HTML5-Programmierer Ihre neueste js-Datei senden, die als Grafik-Library für ihn dient. Für ihn ändert sich die Instantiierung der MovieClips nicht. So wird Programmierung von Design getrennt.

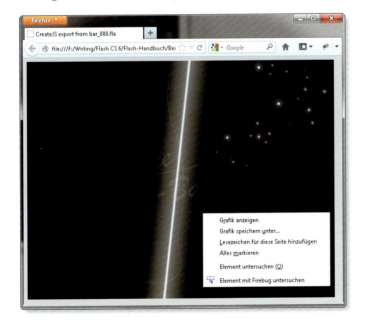

◀ **Abbildung 22.6**
Animation wird mit HTML5 im Firefox ohne Flash wiedergegeben, ersichtlich am Kontextmenü.

▲ **Abbildung 22.7**
Warnungen des Toolkit for
CreateJS, die die Veröffentlichung
aber nicht stören

Wie Sie sehen, wurde der Flash-Film erfolgreich für HTML5 veröffentlicht, auch wenn ein paar unkritische Warnungen bzw. Standardtipps im Ausgabe-Fenster von Flash angezeigt werden.

Es gibt nun zwei Probleme: Erstens ist die Steuerung inaktiv, wodurch u. a. die Animationen loopen. Doch bevor Sie dieses Problem angehen, lösen Sie zunächst das zweite Problem: Der Glüh-Effekt der Cola-Flasche sieht nicht wie in Flash aus (dort breitet sich das Glühen stärker aus).

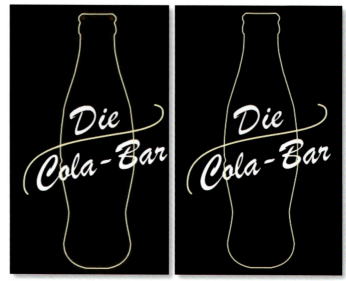

▲ **Abbildung 22.8**
Der Glüh-Effekt sieht in diesem Fall mit CreateJS (rechts)
nicht so aus wie in Flash (links).

4 Glüh-Effekt korrigieren

Wenn Sie sicherstellen möchten, dass eine Grafik exakt wie in Flash aussieht, müssen Sie die Grafik in eine Bitmap konvertieren, in der Regel zulasten der Ladezeit.

Öffnen Sie den MovieClip »cola_mc«, von dem eine Instanz in der Ebene `logo_cola` in der Hauptzeitleiste liegt. Selektieren Sie die darin enthaltene MovieClip-Instanz, und wandeln Sie die Vektorgrafik der Cola-Flasche über Fenster • In Bitmap konvertieren um. Löschen Sie aber den dazugehörigen MovieClip »cola_inner_mc« nicht aus der Library, damit Sie später noch Änderungen am Bild durchführen können, falls Sie möchten.

5 Steuerung in JavaScript programmieren

Der Grund dafür, dass die Steuerung nicht mehr funktioniert, ist der, dass ActionScript-Code nicht automatisch in JavaScript-Code umgewandelt werden kann, sondern gelöscht wird. Deshalb werden Sie jetzt Steueranweisungen in JavaScript schreiben. Bei einem komplexen Projekt würden Sie den Code in eine *js*-Datei schreiben.

Aber für diesen einfachen Fall können Sie den Code auch direkt in die Zeitleiste schreiben, was das Toolkit über die geschweiften Klammern /* js und */ erlaubt. Dadurch wird der JavaScript-Code von Flash nicht als ActionScript-Code gewertet, was sonst Fehlermeldungen generieren würde. Der (übrigens ActionScript 2.0 ähnliche) JavaScript-Code wird so als Kommentar »versteckt«. Fügen Sie im letzten Bild der Hauptzeitleiste folgenden Code hinzu:

```
/* js

this.stop();

this.nav0.onClick = function(){
    this.parent.card.gotoAndStop("nav0");
};

this.nav1.onClick = function(){
    this.parent.card.gotoAndStop("nav1");
};

this.nav2.onClick = function(){
    this.parent.card.gotoAndStop("nav2");
};

*/
```

Im Code sehen Sie nur einfache Steuerungsanweisungen: Bei Klick auf einen der Navigationspunkte (nav0, nav1 oder nav2) springt die Karte rechts unten im Flash-Film, die die Texte enthält (card), zu den gleichnamigen Frames. Sie sehen auch, warum die CreateJS-JavaScript-Bibliothek so gut zu Flash passt: Beispielsweise können Sie mit der Eigenschaft parent wie in Flash auf das Elternelement zugreifen.

Unterschiede von JavaScript

Auch wenn der Code hier wie ActionScript aussieht, gibt es Unterschiede. So hat der JavaScript-Code z. B. keinen impliziten Scope, weshalb die Angabe von this nötig ist.

6 **Leucht-Animation für die Sterne**

Als Letztes ist noch die Leucht-Animation zu korrigieren. In Flash hat eine ActionScript-Anweisung im MovieClip »star_mc« dafür gesorgt, dass der Stern gelegentlich geleuchtet hat.

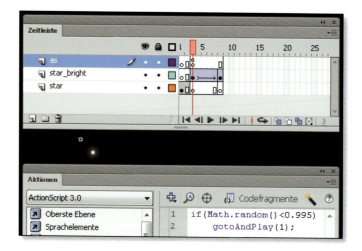

Abbildung 22.9 ▶
ActionScript-Code steuert zufälliges Leuchten der Sterne.

Da diese durch das Toolkit gelöscht wird, müssen Sie die entsprechende JavaScript-Anweisung in Frame 3 von star_mc hinzufügen:

```
/* js
if(Math.random()<0.995)
   this.gotoAndPlay(1);
*/
```

Der Code nutzt den Zufallszahlengenerator, um mit hoher Wahrscheinlichkeit zurück zum ersten Bild zu springen, wodurch der Stern nur selten leuchtet. Die Leucht-Animation findet sich nämlich nur in den darauffolgenden Bildern.

Ergebnis der Übung:
22_HTML5\Bar\bar001\bar_001.fla

7   Film testen

Veröffentlichen Sie erneut mit dem Toolkit, und testen Sie die fertige Website im Browser. Das Intro sollte abgespielt werden, die Sterne sollten leuchten und die Navigation sollte funktionieren.

Browser-Abhängigkeiten

Der Flash Player ist überall derselbe. HTML5 ist hingegen ein Standard, der von den Browser-Anbietern implementiert werden muss. Das bedeutet, dass Ihre Anwendung in einem Browser anders aussehen kann als in einem anderen, je nachdem, wie gut und umfangreich der Browser den Standard umgesetzt hat.

22.6 Fazit

Sie haben gelernt, wie Sie mit dem Toolkit for CreateJS einfache HTML5-Inhalte veröffentlichen können, ohne die generierte html- bzw. js-Datei anfassen zu müssen. Bei etwas größeren Projekten müssen Sie sich allerdings schon tiefer in JavaScript und HTML5 einarbeiten und nach dem Export mit den generierten Dateien weiterarbeiten. Insbesondere, wenn Sie merken, dass das Toolkit die Umwandlung nicht korrekt durchführt, bleibt manchmal nur die direkte Bearbeitung der generierten js-Datei.

Im Folgenden finden Sie ein paar weitere Tipps zum Umgang mit dem Toolkit:

► Wenn die Animation nicht korrekt wiedergegeben wird, entfernen Sie Schritt für Schritt die angewendeten Funktionen (Rotationen, Filter, Tweens etc.) und suchen die Problemstelle. Wenn Sie sie gefunden haben, versuchen Sie die Funktion anders umzusetzen (in ein MovieClip packen, in Bitmap konvertieren etc.).

► Achten Sie darauf, pro Animationsebene nur eine Symbolinstanz zu verwenden.

► Wenn die Animation zu langsam ist, nutzen Sie Spritesheets für EaselJS.

► Ein guter Startpunkt bei Problemen ist sicherlich die Website von CreateJS (*www.createjs.com*), auf der Sie die Online-Dokumentation sowie ein Forum finden.

Kapitel 23

Ein Blick über den Tellerrand

Inzwischen gibt es eine große Anzahl von Authoring- und Entwicklungsumgebungen für Flash. Neben diesen Werkzeugen gibt es weitere Technologien, die auf Flash basieren bzw. Flash unterstützen. Dieses Kapitel richtet den Blick über den Tellerrand und bietet Ihnen eine Übersicht über aktuelle Werkzeuge und Technologien, die im direkten Zusammenhang mit Flash zu nennen sind.

23.1 ActionScript-Entwicklungs-umgebungen

Mit Flash Professional haben Sie eine sehr ausgereifte Umgebung zum Erzeugen von Grafiken und interaktivem Content. Zum Editieren von Quellcode sind zwar im Laufe der Zeit viele fortschrittliche Features hinzugekommen, jedoch hinkt der integrierte Editor immer noch weit hinter eigenständigen Editoren wie z. B. dem Flash Builder hinterher.

Entwickler, die schwerpunktmäßig mit ActionScript arbeiten, nutzen deshalb meist nicht den in Flash integrierten ActionScript-Editor, sondern verwenden den kostenpflichtigen Adobe Flash Builder oder andere Entwicklungsumgebungen von Drittanbietern, wie z. B. FlashDevelop oder FDT.

Im Folgenden werden FlashDevelop und FDT vorgestellt. Anschließend erhalten Sie eine praktische Einführung in die Arbeit mit dem Flash Builder, der ähnliche Funktionen wie das FDT hat.

Creative Cloud
Wenn Sie Mitglied in der Adobe Creative Cloud sind, können Sie die gesamte Palette dazugehöriger Adobe Software nutzen, darunter auch den Flash Builder. Selbst wenn Sie bisher noch wenig programmiert haben, wird Ihnen der Einsatz des Flash Builders das Programmieren sehr erleichtern.

FlashDevelop

FlashDevelop ist eine beliebte kostenlose Open-Source-Entwicklungsumgebung für ActionScript 2 und 3. Die Anwendung basiert auf Microsoft Windows .NET 2.0 und ist ausschließlich für Win-

FlashDevelop für andere Formate

Natürlich eignet sich FlashDevelop als Text-Editor auch zum Erstellen und Bearbeiten beispielsweise von XML, HTML, JavaScript oder CSS. Code Highlighting wird für diese Formate ebenfalls unterstützt.

dows erhältlich. Die Software, Dokumentation und Hilfe finden Sie im Forum zu FlashDevelop unter *www.flashdevelop.org*.

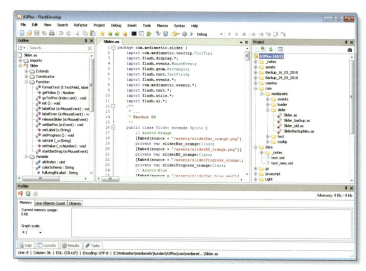

▲ **Abbildung 23.1**
Die Benutzeroberfläche von FlashDevelop 3.2.1

Die Arbeitsoberfläche von FlashDevelop ist übersichtlich und benutzerfreundlich. FlashDevelop eignet sich sowohl als Editor, der die Flash-Authoring-Umgebung ergänzt, als auch als eigene Entwicklungsumgebung zur Erstellung von ActionScript-basierten Projekten (z. B. über das Flex SDK).

▲ **Abbildung 23.2**
Vorlagen für verschiedene Projekttypen

Abbildung 23.3 ▶
FlashDevelop bietet eine Vielzahl von Werkzeugen, die Sie bei der Entwicklung unterstützen.

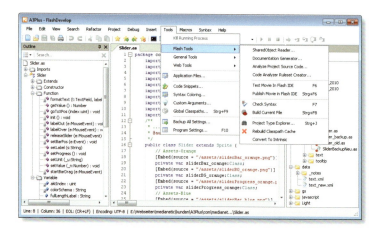

Im Folgenden wird eine kleine Auswahl der verfügbaren Funktionen vorgestellt.

Code Completion und Error Highlighting | Beim Schreiben von Code unterstützt Sie FlashDevelop auf unterschiedliche Weise.

Mit CODE COMPLETION ❶ werden Ihnen während der Eingabe Vorschläge gemacht. So müssen Sie beispielsweise nicht gleich die ActionScript-Referenz bemühen, wenn Sie eine bestimmte Klasse verwenden möchten und nicht wissen, zu welchem Paket diese gehört.

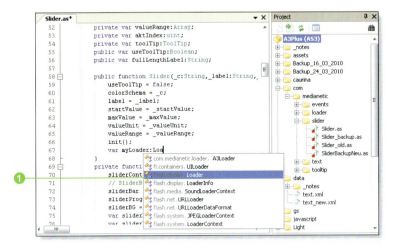

▲ **Abbildung 23.4**
Die CODE COMPLETION macht Ihnen Vorschläge während der Eingabe.

Während der Eingabe prüft FlashDevelop auch den Code und kennzeichnet mögliche Fehler durch rote geschweifte Linien ❷.

▲ **Abbildung 23.5**
Die rote geschweifte Linie zeigt einen Syntaxfehler an. Hier wurde die abschließende Klammer für den Konstruktor vergessen.

Automatische Paket-/Klassen-Imports | Wird ein Objekt einer bestimmten Klasse, z. B. Bitmap, initialisiert, werden die dafür benötigten Klassen automatisch importiert. In Abbildung 23.6 ist dies zu sehen.

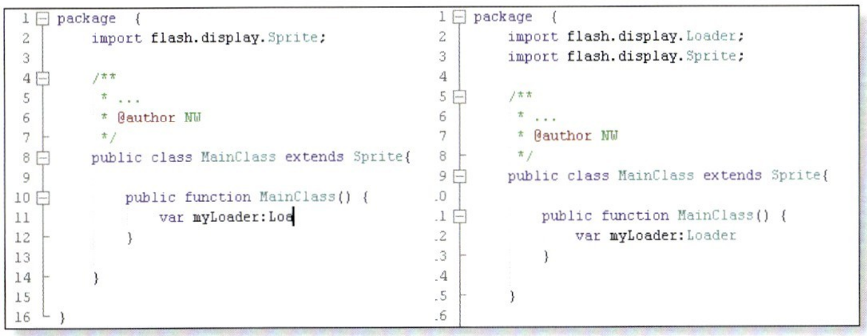

◀ **Abbildung 23.6**
Sobald eine neue Klasse referenziert wurde, werden das Klassen-Paket und die Klasse automatisch über die IMPORT-ANWEISUNG importiert.

Syntax-ToolTip | Während der Eingabe von Code wird Ihnen per RollOver über ein Element ein Syntax-ToolTip angezeigt ❸, der Ihnen die grundlegende Schreibweise z. B. eines Ereignis-Listeners angibt.

Abbildung 23.7 ▶
Syntax-ToolTip

Refactoring | Gelegentlich kommt es vor, dass man den Bezeichner einer Eigenschaft klassenübergreifend in einem Projekt ändern möchte, z. B. weil man den Bezeichner lieber für ein anderes Objekt nutzen möchte.

Abbildung 23.8 ▶
Ausgangsbasis: die Klasseneigenschaft mediaNavContainer in zwei unterschiedlichen Klassen

In einem solchen Fall wäre es sehr umständlich, wenn man in jeder Klasse den Variablenbezeichner ändern müsste. Eine Neuerung der aktuellen Version von FlashDevelop ist die Möglichkeit einer einfachen sogenannten Refactoring-Funktion, die diese Aufgabe automatisch übernimmt. Dazu selektieren Sie die entsprechende Eigenschaft und wählen dann den Menüpunkt REFACTOR • RENAME aus. Im sich nun öffnenden Dialogfenster ❹ können Sie dann einen neuen Bezeichner vergeben. FlashDevelop durchsucht dann alle Klassen und ersetzt den Bezeichner ❺, ❻ entsprechend.

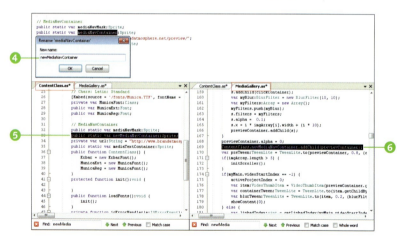

Abbildung 23.9 ▶
Die Klasseneigenschaft wurde automatisch in allen Klassen umbenannt.

Dies war nur ein kleiner Auszug des Funktionsumfangs von FlashDevelop.

Flash Development Tools (FDT)

FDT (siehe *http://fdt.powerflasher.com*) ist eine proprietäre kommerzielle Entwicklungsumgebung der Powerflasher GmbH. Die

Zielgruppe von FDT sind professionelle ActionScript-Entwickler. Die Anwendung basiert auf Eclipse und wird in der hier beschriebenen Version (3.5) als Stand-Alone-Version und auch als Eclipse-Plugin angeboten.

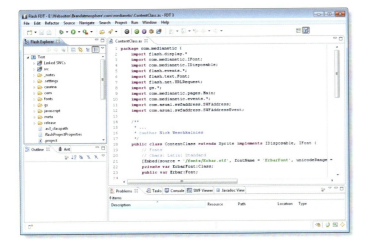

◄ **Abbildung 23.10**
Die Benutzeroberfläche von FDT 3.5 Enterprise in der Stand-Alone-Version

FDT ist eine sehr mächtige, umfangreiche Entwicklungsumgebung und aufgrund des Umfangs nicht vergleichbar mit anderen freien Anwendungen wie z. B. FlashDevelop. Sie bietet nahezu unzählige Funktionen, die Ihnen bei der Erstellung von Action-Script-basierten Anwendungen helfen. Eine kleine Auswahl der zahlreichen Funktionen wird im Folgenden vorgestellt.

Inkrementeller Builder und Live Error Highlighting | Eine sehr nützliche Eigenschaft von FDT ist, dass FDT während der Eingabe des Codes diesen bereits über den integrierten inkrementellen Builder ausführen kann.

Einarbeitungszeit

Um mit FDT arbeiten zu können, bedarf es einer gewissen Einarbeitungszeit. Viele Funktionen lassen sich effizient beispielsweise nur über Tastenkürzel verwenden.

```
  SampleClass.as
1  package {
2      import flash.display.Sprite;
3
4      /**
5       * @author NW
6       */
7      public class SampleClass extends Sprite {
8          public function SampleClass() {
9              var myBitmap:Bitmap = new Bitmap()
10         }
11
```
Could not resolve function 'Bitmap' at line 9 column 30.

◄ **Abbildung 23.11**
Der Code ist nicht vollständig – FDT zeigt Ihnen in einem Tooltip direkt an, woran dies liegt.

Das wiederum erlaubt das sogenannte Live Error Highlighting. Fehler im Code werden grundsätzlich durch rote geschweifte Linien bereits während der Eingabe angezeigt. Fehlen beispielsweise Import-Anweisungen, werden die entsprechenden Stellen sofort gekennzeichnet.

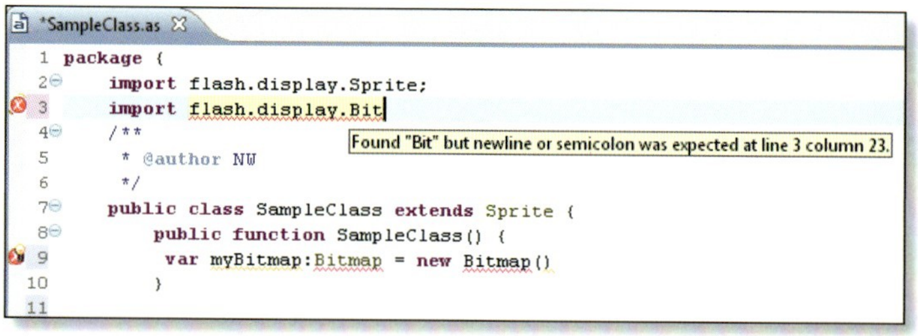

Abbildung 23.12 ▶
FDT kennzeichnet mögliche Fehler oder fehlende Bereiche bereits während der Eingabe.

Einsatz von Quickfixes

Wenn Sie Quickfixes regelmäßig anwenden, wird das sogar dazu führen, dass sich Ihre Arbeitsweise, um Code zu erzeugen, tatsächlich ändert.

Code Completion und Quickfixes | Code Completion und Quickfixes helfen Ihnen dabei, Code automatisch zu ergänzen, Fehler zu vermeiden und schnell zu beheben. Wenn Sie beispielsweise einer Objekteigenschaft einen Wert zuweisen und das Objekt selbst zuvor noch nicht deklariert haben, wird dieser Fehler zunächst im Code gekennzeichnet. Über das Tastenkürzel Strg/⌘+1 erhalten Sie dann einen oder mehrere auswählbare Vorschläge, um das Problem zu beheben. Sie könnten also sogar direkt mit Klassen und Objekten arbeiten, die Sie noch nicht einmal vorher deklarieren müssen. Die Deklaration übernimmt FDT für Sie dann bei Bedarf.

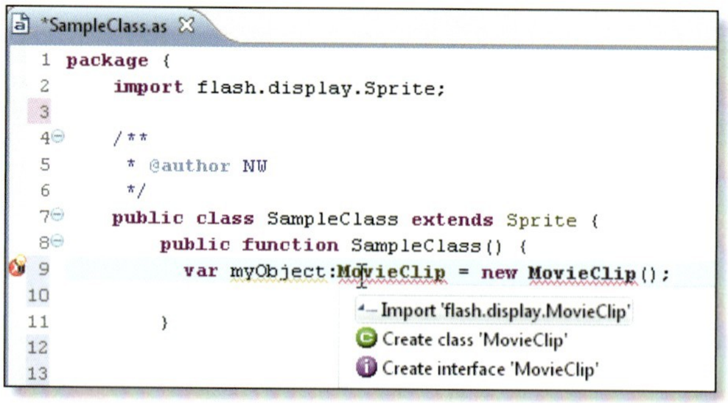

▲ **Abbildung 23.13**
Die MovieClip-Klasse wurde noch nicht importiert. FDT macht Ihnen einen Vorschlag mit einem Quickfix zur Lösung des Problems.

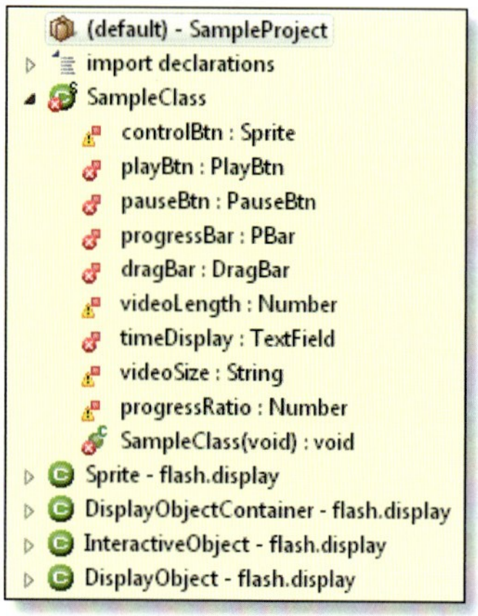

▲ **Abbildung 23.14**
Quick-View-Outline

Quick Views | Um innerhalb einer Klasse Elemente der Klasse wie Eigenschaften und Methoden anzuzeigen und zu referenzieren, können Sie das Tastenkürzel Strg/⌘+O für den Quick-View-Outline verwenden. Sie müssen so nicht scrollen, um eine Eigenschaft oder eine Methode zu finden bzw. zu referenzieren. FDT zeigt Ihnen dann alle Elemente der Klasse an. Durch die Eingabe von Zeichen im oberen Textfeld können Sie die Liste entsprechend einschränken.

Refactoring | Eine Funktion, die beispielsweise nur in der Enterprise-Version zur Verfügung steht, ist das sogenannte Refactoring.

Mit FDT 3 Enterprise können Sie diese Funktion nutzen, die beispielsweise die Umbenennung von Bezeichnern im Projekt klassenübergreifend sehr einfach macht (siehe dazu in Abschnitt 23.1 den Unterabschnitt »FlashDevelop«, »Refactoring«).

Nachdem Sie einen neuen Bezeichner definiert haben, ändert FDT den Code entsprechend in jeder Klasse, in der auf die Eigenschaft zugegriffen wird.

▲ **Abbildung 23.15**
Refactoring-Rename-Funktion

Flash Builder und Flash Professional optimal nutzen

Der Adobe Flash Builder hat ähnlich viele Features wie FDT und wird deshalb hier nicht gesondert hinsichtlich Features beschrieben. Stattdessen lernen Sie, wie Sie ihn einrichten sollten, damit Sie einen guten Workflow mit Flash haben.

Wenn Sie Mitglied in der Adobe Creative Cloud sind, erhalten Sie den Flash Builder kostenlos. Das ist aber nicht der einzige Grund, warum Sie ihn gegenüber anderer Software bevorzugen sollten. Er hat in der Tat auch alles Nötige, was Sie für die professionelle ActionScript-Entwicklung brauchen.

In größeren Projekten mit mehreren Menschen arbeiten meistens die Programmierer z. B. mit Flash Builder und die Grafiker mit Flash Professional. In diesem Abschnitt erfahren Sie, wie ein optimaler Workflow zum Verknüpfen dieser beiden Programme aussieht. Es ist egal, ob Sie allein oder mit mehreren Personen an einem Projekt arbeiten, die Anweisungen in diesem Kapitel werden Ihnen die Arbeit sehr erleichtern.

Seit Flash CS5 und Flash Builder 4 ist es möglich, ein Flash Professional-Projekt zu erstellen, das jedoch nicht viel mehr macht, als Einstellungspfade aus einer FLA zu kopieren und in Flash-Builder-Buttons hinzuzufügen, die das Starten des Flash-Films erleichtern. Der vorgestellte Workflow gibt Ihnen mehr Freiheiten und ist auch auf FDT oder FlashDevelop anwendbar. Sie lernen außerdem, wie Sie mit SWCs größere Projekte im Griff behalten.

SWC-Dateien | Die einfachste Art, Symbole und Quellcode zwischen Programmen und auch im Team auszutauschen, bieten SWC-Dateien. Diese sind letztlich nur ein Archiv, bestehend aus einer SWF-Datei und einer Beschreibungsdatei im XML-Format. Im Verlauf des Buches haben Sie bisher den MonsterDebugger und TweenLite kennengelernt, die in Form einer SWC-Datei verbreitet werden. Sowohl Flash Professional, Flash Builder als auch die meisten anderen Tools können SWCs sehr einfach einbinden, um die darin gespeicherten Symbole und den Quellcode zu nut-

▲ **Abbildung 23.16**
Das Symbol für eine SWC-Datei in Flash CS6

zen. Genau diesen Mechanismus möchten wir in diesem Kapitel nutzen, um eine Verbindung zwischen Flash Professional und einem Quellcodeeditor herzustellen.

Workflow | Abbildung 23.17 stellt den schematischen Aufbau des Zusammenspiels von Flash Professional (links) und Flash Builder (rechts) dar.

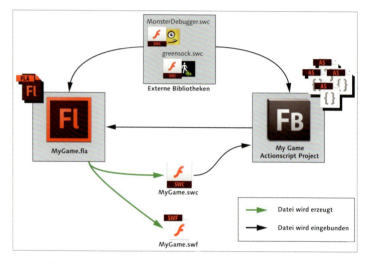

▲ **Abbildung 23.17**
Schematischer Aufbau des Projektworkflows

Schritt für Schritt:
Optimalen Workflow einrichten

1   Projekt in Flash Builder anlegen

Als Erstes müssen wir ein neues Projekt in Flash Builder erzeugen. Ein Flash-Projekt ist nichts anderes als Dateien, die in einer bestimmten Ordnerstruktur abgespeichert werden. Um ein neues Projekt zu erzeugen, benutzen Sie das Menü DATEI • NEU • ACTIONSCRIPT-PROJEKT. Geben Sie hier als Erstes einen beliebigen Namen für Ihr Projekt ein ❶. Wenn Sie möchten, können Sie das Häkchen ❷ deaktivieren und bei ❸ einen eigenen Speicherort für Ihr Projekt festlegen. Unter ANWENDUNGSTYP ❹ legen Sie fest, ob Sie ein Projekt fürs Web entwickeln, d.h., das Ergebnis ist eine SWF-Datei, oder für den Desktop eine AIR-Datei. Das Feld FLEX SDK-VERSION ❺ können Sie ignorieren, da die Kompilierung der finalen Datei von Flash Professional vorgenommen wird. Die Einstellung hat somit keinen Einfluss. Klicken Sie nun auf WEITER ❻.

◄ **Abbildung 23.18**
Neues ActionScript-Projekt

Im folgenden Fenster legen Sie Pfade für externe Bibliotheken und Quellcodeabhängigkeiten fest. Diese Angaben können Sie zu einem späteren Zeitpunkt machen, zunächst brauchen wir diese Einstellungen nicht. Wenn Sie vorhaben, die Hauptdatei in eine Paketstruktur abzulegen, müssen Sie dies im Feld HAUPTANWEN-DUNGSDATEI **7** festlegen. In unserem Beispiel ist es das Paket `com.oneextragames.mygame.*`.

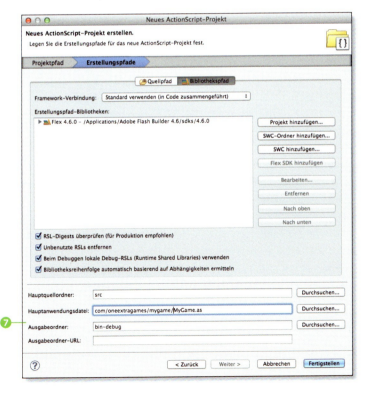

◄ **Abbildung 23.19**
Erstellungspfade eines Action-Script-Projekts

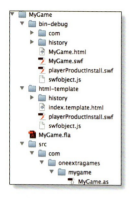

▲ Abbildung 23.20
Der Projektordner, den Flash Builder für Sie angelegt hat, mit der FLA-Datei, die Sie in Schritt 2 selbst erzeugt haben.

Klasse nicht gefunden?

Sollte Flash Ihnen eine Fehlermeldung ausgeben, dass die Klasse nicht gefunden wird, haben Sie den Quellpfad nicht richtig festgelegt oder einen Tippfehler in Paket- oder Klassennamen gemacht.

2   Eine FLA-Datei hinzufügen

Da wir mit Flash Professional arbeiten wollen, müssen wir nun eine FLA-Datei anlegen, in der die gesamte Grafik gespeichert wird. Erzeugen Sie eine FLA-Datei, und speichern Sie sie im *My-Game*-Projektordner ab.

3   Dokumentklasse und Hauptanwendungsdatei verbinden

In Kapitel 10, »Einführung in die objektorientierte Programmierung«, haben Sie die Dokumentklasse kennengelernt. Das ist die Klasse, die der obersten Ebene einer Flash-Film-Hierarchie zugeordnet wird, und für gewöhnlich der Ort, an dem der Lebenszyklus Ihres Programms beginnt. Bei Flash Builder hatten Sie in Schritt 1 eine sogenannte Hauptanwendungsdatei festgelegt. Für die Verknüpfung von Flash Professional und Flash Builder möchten wir genau diese Klasse als Dokumentklasse verwenden. Rufen Sie dazu in Flash Professional das Menü DATEI • ACTIONSCRIPT-EINSTELLUNGEN auf. Hier müssen Sie zwei Details festlegen: den Namen der Dokumentklasse und einen Quellpfad, unter dem Flash diese und andere Klassen finden kann. Flash Builder speichert den Quellcode in einem *src*-Ordner ab (siehe Abbildung 23.19). Genau diesen müssen Sie bei Flash angeben (siehe Abbildung 23.21).

Klicken Sie dazu auf das Plus-Symbol ❷, und geben Sie »./src« ein. Der Punkt bedeutet hierbei »aktueller Ordner der FLA«. Das funktioniert nur, wenn die FLA-Datei im Projektordner liegt. Als Nächstes geben Sie den Namen der Dokumentklasse an ❶. Vergessen Sie nicht, den Paketnamen mit anzugeben, den Sie in Schritt 1 festgelegt haben.

Abbildung 23.21 ▶
Einstellungen, um in der FLA-Datei den Ort der Klassen, die mit Flash Builder erzeugt werden, festzulegen

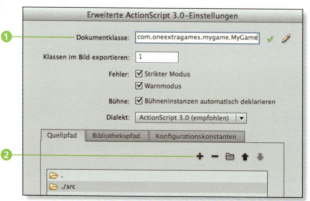

4   Testen der Dokumentklasse

Kehren Sie nun zurück zu Flash Builder. Die Klasse `MyGame.as` ist die einzige, die Ihr Projekt hat und die noch komplett leer ist. Ändern Sie zunächst die Superklasse von `Sprite` auf `MovieClip`, damit Sie mehr als ein Bild in der Hauptzeitleiste der FLA haben können. Danach geben Sie eine kurze `trace`-Ausgabe im Konstruktor der Klasse ein. Diese sollte wie folgt aussehen:

```
package com.oneextragames.mygame{
    import flash.display.MovieClip;

    public class MyGame extends MovieClip{
        public function MyGame(){
            trace( "MyGame is running!" );
        }
    }
}
```

Kehren Sie zurück zu Flash Professional, um das Projekt zu testen. Wenn Sie alles richtig gemacht haben, erscheint nun die Ausgabe »MyGame is running!«.

5 **Eine SWC-Datei mit den Symbolen erzeugen**

Flash Professional weiß nun, wo die Klassen, die Sie mit Flash Builder erstellen, zu finden sind. Als Nächstes müssen Sie nun Flash Builder beibringen, die Grafiken, die mit Flash erstellt werden, zu finden, damit Sie diese im Quellcode benutzen können. Flash Builder kann nicht den Inhalt der FLA-Datei auslesen, daher werden wir eine SWC-Datei benötigen, die diese Symbole enthält.

Rufen Sie in Flash das Menü Datei • Einstellungen für Veröffentlichungen auf, und haken Sie SWC an. Flash wird nun die Symbole aus der Bibliothek in der SWC-Datei abspeichern.

◀ **Abbildung 23.22**
Flash anweisen, eine SWC-Datei zu erzeugen

Um das zu testen, erzeugen Sie ein Symbol auf der Bühne und nennen es beispielsweise `MC_Player`. Vergessen Sie nicht, die Klasse festzulegen, da Sie dieses Symbol sonst nicht aus Flash Builder heraus ansprechen können.

▲ **Abbildung 23.23**
Ein neues Symbol mit dem Namen »MC_Player« erzeugen.
Der Name der Klasse ist hier ebenfalls »MC_Player«.

Eine gute Konvention
Benennen Sie Symbole mit einem `MC_` voran, so kann man in Flash Builder leicht erkennen, dass es sich um eine Grafik handelt. Zusätzlich/alternativ können Sie Paketnamen benutzen, beispielsweise `swc.MC_Player`, um die Herkunft aus der SWC-Datei noch expliziter zu kennzeichnen.

Kompilieren Sie den Flash-Film mit Strg/⌘+↵. Im Projektordner müsste nun eine *MyGame.swf* und eine *MyGame.swc* erzeugt worden sein.

6   Die SWC-Datei in Flash Builder einbinden

Der letzte Schritt ist es nun, Flash Builder anzugeben, wo diese SWC-Datei liegt. Kehren Sie dazu zu Flash Builder zurück, und klicken Sie auf das Menü PROJEKT • EIGENSCHAFTEN. Wählen Sie in der linken Spalte ACTIONSCRIPT-EINSTELLUNGSPFAD ❶ und anschließend das Tab BIBLIOTHEKSPFAD ❷. Hier sind alle Bibliotheken und SWC-Dateien aufgeführt, die dem Projekt bekannt sind. Klicken Sie auf SWC HINZUFÜGEN ❸, um eine neue SWC-Datei hinzuzufügen. Wählen Sie hier die *MyGame.swc*-Datei, die ebenfalls im Projektordner liegt. Diese erscheint nun in der Liste ❹.

Abbildung 23.24 ▶
Eigenschaften des Flash Builder-Projekts

Um zu testen, ob Flash Builder die SWC-Datei richtig eingebunden hat, kehren Sie zu der einzigen Klasse *MyGame.as* zurück, tippen `MC_` im Konstruktor ein und drücken Strg+Leertaste. Flash Builder wird den Namen der Klasse automatisch zu

MC_Player ergänzen, was zeigt, dass die Verbindung nun erfolgreich geklappt hat.

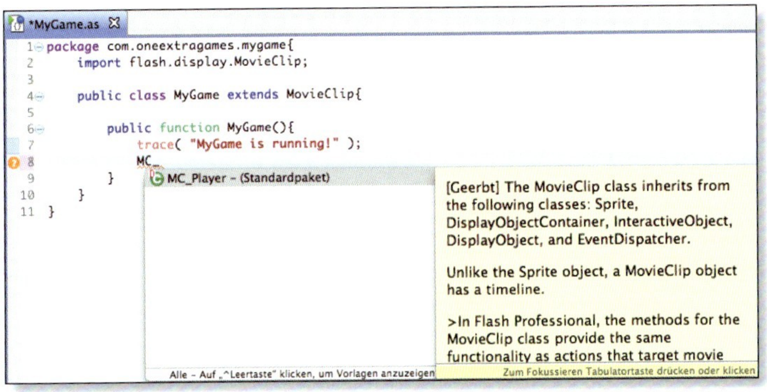

▲ **Abbildung 23.25**
Flash Builder hat das Symbol aus der SWC-Datei ausgelesen und kann Sie nun dabei unterstützen, diese zu verwenden. Beispielsweise weiß er, dass »MC_Player« ein MovieClip ist.

Weniger Fehler
Wenn Flash Builder die Klassen kennt, die Sie verwenden, wird er Ihnen die Arbeit sehr erleichtern. Handelt es sich beispielsweise bei einem Symbol um einen MovieClip, wird Flash Builder Ihnen automatisch die Eigenschaften x, y, scaleX etc. vorschlagen, wenn Sie eine Instanz davon im Quellcode ansprechen. Gerade Neulinge können so die Eigenschaften von MovieClips, Sprites, Sounds etc. *en passant* kennenlernen, da nicht erst in der Hilfe nachgeschlagen werden muss.

7   **Externe Bibliotheken einbinden**
In der Regel wird Ihr Projekt noch weitere externe Bibliotheken enthalten, meistens ist es eine Tweening-Bibliothek und MonsterDebugger. Wie Sie diese in Ihre FLA-Datei einbinden, haben Sie bereits im Workshop »3D-Flip mit TweenLite« in Kapitel 9, »Animation mit ActionScript«, kennengelernt.

Damit Sie diese auch in Flash Builder nutzen können, müssen Sie Schritt 6 dieses Workshops wiederholen und die externen SWCs zusätzlich zu *MyGame.swc* einbinden.

8   **Debugging/Profiling mit Flash Builder einrichten**
Flash Builder hat einen sehr fortschrittlichen Debugger, der die Features von Flash Professional bei Weitem übertrifft. Außerdem können Sie mit Flash Builder auch den Profiler benutzen, ein Werkzeug, das dazu dient, Speicherlecks zu erkennen und Netzwerkkommunikation zu überwachen. Damit Sie diese Werkzeuge nutzen können, fehlt noch ein letzter Schritt: Sie müssen eine Debug-Konfiguration erzeugen, die die korrekte SWF-Datei verwendet.

Wenn Sie eine SWF-Datei debuggen möchten, muss diese bestimmte Debugging-Informationen enthalten, was sie etwas größer macht. Standardmäßig wird Flash diese Informationen daher nicht in Ihre SWF-Datei mit aufnehmen. Rufen Sie in Flash das Menü DATEI • EINSTELLUNGEN FÜR VERÖFFENTLICHUNGEN, und wählen Sie DEBUGGING ZULASSEN unter SWF an. Kompilieren Sie anschließend die FLA-Datei mit [Strg]/[⌘]+[↵].

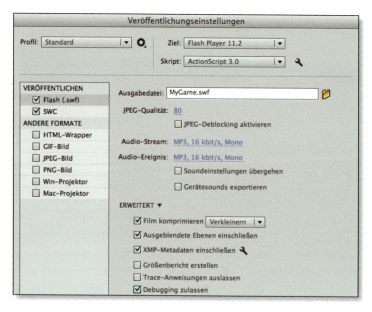

▲ **Abbildung 23.26**
Vergessen Sie nicht, Debugging zuzulassen, wenn Sie in Flash Builder
debuggen möchten.

Die SWF-Datei ist nun debugbar. Kehren Sie zu Flash Builder zurück, und rufen Sie das Menü AUSFÜHREN • DEBUG-KONFIGURATI-
ONEN auf. Klicken Sie in der linken Spalte auf WEBANWENDUNG ❷
und anschließend auf NEUE STARTKONFIGURATION ❶ in der linken
oberen Ecke. Eine neue Konfiguration mit dem Namen des Projekts wird erzeugt ❸. Hier müssen Sie nun das Feld URL ODER
PFAD ZUM STARTEN ändern ❹.

Dazu deaktivieren Sie STANDARDEINSTELLUNG VERWENDEN ❺,
das ermöglicht Ihnen, einen eigenen Pfad anzugeben. Sie müssen den Pfad der zu debuggenden SWF-Datei oder einer HTML-
Datei, die diese enthält, angeben. Es ist auch möglich, direkt
auf Ihrem Server zu debuggen, indem Sie hier eine Webadresse
angeben. Für die lokale Entwicklung werden Sie aber in der Regel
die lokale SWF-Datei debuggen.

Klicken Sie daher auf DURCHSUCHEN ❻, und wählen Sie die
SWF-Datei aus, die von Flash Professional erzeugt wird. Diese
liegt zusammen mit der SWC-Datei im Hauptverzeichnis Ihres
Projekts. Speichern Sie die Einstellungen mit einem Klick auf
ANWENDEN ❼, und schließen Sie das Fenster.

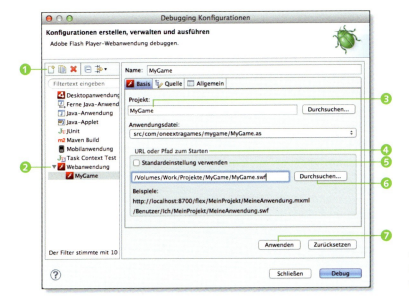

◄ **Abbildung 23.27**
Eine neue Debug-Konfiguration
wird erzeugt.

Setzen Sie einen Breakpoint, indem Sie in die graue Spalte links
neben dem Quellcode klicken, und drücken Sie anschließend auf
das kleine Käfer-Symbol in der oberen Leiste, um den Debugger
zu starten.

Flash Builder wird Sie nun fragen, ob er in die Debugging-
Ansicht wechseln soll. Bestätigen Sie das. Das Debugging Ihrer
SWF-Datei läuft nun im bequemen Flash-Builder-Debugger!

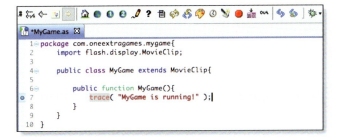

▲ **Abbildung 23.29**
Wenn Ihre SWF- Datei keine
Debugging-Information enthält,
erhalten Sie eine Fehlermeldung
und können nicht debuggen.

▲ **Abbildung 23.28**
»MyGame.as« mit gesetztem Breakpoint

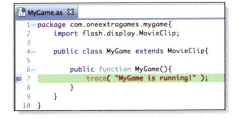

▲ **Abbildung 23.30**
Das Debugging läuft nun in Flash Builder.

Teamarbeit | Im vorangegangenen Workshop haben Sie eine Methode kennengelernt, die Grafiken und den Quellcode sauber voneinander zu trennen, ohne auf Code-Assisting-Features von Flash Builder zu verzichten. Der große Vorteil dieses Aufbaus ist, dass nun ein Grafiker und ein Programmierer relativ unabhängig voneinander und parallel arbeiten können. Bei größeren Projekten arbeiten Sie oft mit noch mehr Menschen zusammen. Flash Builder integriert daher Versionierungssoftware wie z. B. SVN, die es mehreren Programmierern ermöglicht, an der gleichen Codebasis zu arbeiten.

Um die Grafik zu trennen, können Sie beispielsweise in der Spieleentwicklung alle Gegnergrafiken in einer FLA-Datei behalten, die Hintergründe in einer anderen etc. Jede dieser Datei würde dann eine SWC-Datei erzeugen, die Sie mit Flash Builder in Ihr Projekt und mit Flash Professional in die Haupt-FLA einbinden können. Auf diese Art und Weise wird Ihr Projekt noch weiter aufgetrennt und ist nicht nur mit der Anzahl an Mitarbeitern skalierbar, sondern kompiliert auch viel schneller. SWC-Dateien sind nämlich bereits vorkompiliert.

23.2 Hochperformante 2D- und 3D-Anwendungen entwickeln

Für die Erstellung hochperformanter Anwendungen müssen Sie schon ein fortgeschrittener ActionScript-Entwickler sein. Die Programmierung auf Basis der entsprechenden Frameworks würde den Rahmen dieses Buches sprengen, weshalb Sie hier nur einführende Informationen darüber erhalten.

Grundsätzlich war die Erstellung von »echten« 3D-Animationen bzw. 3D-Spielen in Flash vergleichsweise schwierig, und die Anwendungen waren entsprechend langsam, da Flash selbst nur sehr begrenzte Möglichkeiten zur Entwicklung von 3D-Anwendungen bot.

Aber seit Adobe Ende 2011 einen Schwerpunkt auf die Spieleentwicklung gelegt hat, ergab die mit dem Flash Player 11 veröffentlichte Stage3D API (Codename »Molehill«) neue Perspektiven für den 3D-, aber auch für den 2D-Bereich. Stage3D bietet eine komplett hardwarebeschleunigte Architektur mit Schnittstellen für die direkte Ansprache der GPU der Grafikkarte an, wodurch erstmals die hohe Leistungsfähigkeit der heutigen Grafikkarten ausgenutzt werden kann.

In Zukunft sind deshalb viele erfolgreiche hardwarebeschleunigte Spiele auf Flash-Basis zu erwarten. Da Stage3D AIR-kompa-

Adobe Gaming

Auf *www.adobe.com/gaming* finden Sie die Spieleentwicklungsseite von Adobe mit entsprechenden News und Beispielen.

tibel ist, werden nicht nur Browser-Anwendungen, sondern vor allem auch viele mobile Spiele in den App Stores erscheinen, die in ActionScript statt nativ programmiert wurden.

Mit der Stage3D-Programmierung werden Sie sich wahrscheinlich nie direkt auseinandersetzen, da damit eher auf Aufgabengebiete spezialisierte Frameworks entwickelt werden. Diese Frameworks nutzen Sie dann abhängig vom Projekt. Im Folgenden werden die wichtigsten Frameworks aufgelistet.

Stage3D- Website

Auf *www.adobe.com/devnet/ flashplayer/stage3d.html* finden Sie die aktuellsten Informationen zu Stage3D sowie die empfohlenen Frameworks.

Mit Stage3D flüssige 2D-Spiele entwickeln

Mit Flash allein können Sie gute Animationen und Spiele entwickeln, aber sobald viele MovieClips und Effekte auf der Bühne gleichzeitig angezeigt werden, sinkt die Performance, da Flash bzw. die CPU nicht für solche Fälle optimiert ist. Das ist der Punkt, an dem die Grafikkarte die Arbeit übernehmen muss.

Deshalb wurde das von Adobe unterstützte Open-Source-Framework Starling (*http://gamua.com/starling*) entwickelt, das Stage3D und spezielle Techniken einsetzt, wodurch Sie vergleichsweise einfach hochperformante 2D-Spiele in ActionScript entwickeln können.

◄ **Abbildung 23.31**
Das populäre Spiel »Angry Birds Friends« wurde mit Starling entwickelt, wodurch es besonders flüssig läuft.

3D-Animationen und -Spiele

Für ActionScript gab es auch schon vor Stage3D eine ganze Reihe von 3D-Engines, als hochperformant konnte man sie allerdings nicht bezeichnen. Mit Stage3D hat sich aber alles geändert, da die 3D-Engines nun deutlich performanter arbeiten können.

Abbildung 23.32 ▶

Das Multiplayer-Browserspiel
»Tanki Online« wurde mit dem
auf Stage3D basierenden Framework Alternativa3D entwickelt.

Im Folgenden sind die wichtigsten 3D-Frameworks aufgelistet:

▶ Away 3D (*http://away3d.com*): Open-Source-Framework, das
seit Mitte 2012 von Adobe gefördert wird

▶ Flare3D (*www.flare3d.com*): Bietet als kostenpflichtiges Pro-
dukt neben dem 3D-Framework auch ein Flash-ähnliches 3D-
Modellierprogramm an.

▶ Alternativa3D   (*alternativaplatform.com/en/technologies/alter-
nativa3d*): Bietet neben seinem Open-Source-Framework u. a.
auch eine Physik-Engine an.

▶ Minko (*http://aerys.in/minko*): Open-Source-Framework

▶ Sandy 3D (*www.flashsandy.org*)

▶ Papervision 3D: *www.papervision3d.org*

Wenn ein 3D-Spiel entwickelt wird, dann sind natürlich 3D-
Modelle für die Grafik nötig. Diese können nicht mit Flash entwickelt werden, da die Ausgabe etwas grundsätzlich anderes ist.
Es gibt nahezu unzählige professionelle 3D-Rendersoftware, die
teilweise auch den direkten Bilderexport für Flash anbietet oder
alternativ andere Exportformate bereitstellt, die sich in Flash importieren lassen. Zu den bekanntesten gehören:

▶ Blender: *www.blender.org* (kostenlos)

▶ XARA 3D: *www.xara.com*

▶ Maya und 3DS Max: *www.autodesk.de*

▶ Cinema 4D: *www.maxon.net*

▶ Rhino 3D: *www.rhino3d.com*

▶ Lightwave 3D: *www.newtek.com*

▶ Mixamo (Charakter-Animation): *www.mixamo.com*

Für die Erstellung von 3D-Animationen ohne 3D-Programmier-kenntnisse gibt es ebenfalls eigene Programme wie z. B. Swift 3D (*www.erain.com*) oder Blaze 3D (*www.holomatix.com*), teilweise unterstützen aber die zuvor genannten Programme ebenfalls Animationen.

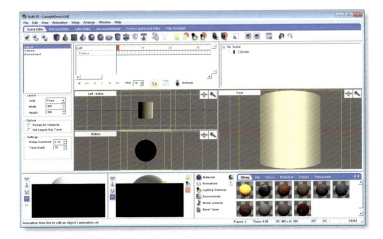

◄ **Abbildung 23.33**
Swift 3D von Electric Rain

23.3 Ausgelaufene Technologien

Im Folgenden werden ausgelaufene, aber noch immer verbreitete Technologien von Adobe kurz vorgestellt. Diese werden von Adobe nicht mehr aktiv weiterentwickelt. Für den Fall, dass Sie sich aber trotzdem mit einem entsprechenden Projekt beschäftigen müssen, z. B. zur Wartung, erhalten Sie hier einführende Informationen.

Adobe Flex

Adobe Flex ist ein Entwickler-Framework zur Erstellung von Rich Internet Applications (kurz: RIAs), insbesondere also für Anwendungen mit komplexen Benutzeroberflächen. Während sich die Authoring-Umgebungen Adobe Flash und Adobe Flash Catalyst primär an grafisch orientierte Gestalter und Entwickler richten, ist Flex schwerpunktmäßig für Programmierer konzipiert.

Ende 2011 wurde bekannt gegeben, dass Adobe dieses Framework nicht mehr weiterentwickeln wird. So wurde Flex als Open-Source-Projekt an die Apache Community weitergegeben, die sich um die Weiterentwicklung kümmern wird. Flex kann man also genau genommen nicht als »ausgelaufen« bezeichnen, aber ob Flex nun wirklich dauerhaft weiterentwickelt wird, kann nur die Zukunft zeigen. Mit Apache Flex 4.8 wurde im Juli 2012

Apache Flex

Unter *http://incubator.apache. org/flex* können Sie sich über den aktuellen Stand von Flex informieren und die neuste Version downloaden.

Entwicklung mit dem Flex SDK

Wenn Sie Anwendungen für Flex mit dem SDK entwickeln möchten, können Sie die Dokumente eines Projekts wie z. B. das MXML-Dokument in einem beliebigen Editor erstellen. Anschließend können Sie den Flash-Film über die Konsole kompilieren, z. B. über diesen Aufruf:

```
mxmlc --strict=true --file-
specs myFirstApp.mxml
```

Über mxmlc –help erhalten Sie nähere Erläuterungen zur Bedienung der Konsole.

Verfügbarkeit

Sowohl das kostenlose Flex SDK als auch eine 60-Tage-Testversion des Flash Builders können Sie unter *www.adobe.com/de/products/flex* von der Adobe-Website herunterladen.

Abbildung 23.34 ▶
Die Benutzeroberfläche von Flash Builder

jedenfalls bereits ein erstes Release veröffentlicht, das keine neuen Features, sondern ein sogenanntes »parity«-Release ist.

Das Flex-Framework besteht u. a. aus folgenden Elementen:

▶ **Software Development Kit (SDK)**, das von Adobe kostenlos zur Verfügung gestellt wurde und das auf Kommandozeilenebene die Erzeugung von Flex-Anwendungen erlaubt. Das SDK ist das Herzstück von Flex und wurde an Apache als Open-Source-Projekt übergeben. Es arbeitet u. a. mit dem Flex Compiler und der Komponenten-Bibliothek. Das SDK wird auch von anderen Entwicklungsumgebungen, z. B. von FDT, als Basis verwendet.

▶ **Flash Builder** (ehemals Flex Builder), eine kommerzielle Entwicklungsumgebung von Adobe mit Bedienfeldern, Komponenten etc. zur professionellen Entwicklung von Flash- und Flex-Anwendungen. Der Flash Builder wurde nicht an Apache übergeben, sondern wird von Adobe weiterentwickelt, da er auch für Flash-Projekte eingesetzt wird. Einer der Hauptvorteile für die Entwicklung ist der grafische MXML-Editor, der allerdings nicht mehr weiterentwickelt wird.

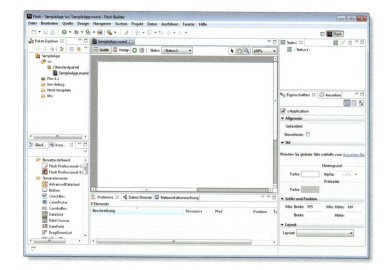

▶ **Adobe LiveCycle Data Services** sind die Serverkomponenten von Flex, über die sich beispielsweise andere Serveranwendungen (z. B. serverseitige Java-Anwendungen) ansteuern lassen.

▶ **Flex-Charting-Komponenten** sind Bestandteil des Flex-Frameworks und werden mit dem Flash Builder ausgeliefert. Inzwischen werden diese auch kostenlos mit dem Flex SDK bereitgestellt. Die Komponenten dienen dazu, dynamische Diagramme zu erzeugen.

MXML und ActionScript 3 | Flex-Anwendungen lassen sich sowohl über die Markup-Sprache MXML, eine XML-basierte, beschreibende Sprache, als auch über ActionScript 3 entwickeln. Dabei werden über MXML sichtbare und unsichtbare Komponenten erzeugt und beschrieben. Der Compiler übersetzt MXML beim Kompilieren direkt in ActionScript 3-Code.

Die Programmlogik wird bei Flex über ActionScript 3 realisiert. Anwendungen werden über einen Compiler in das Flash-Format (SWF) kompiliert und können dann mithilfe des Flash Players clientseitig, z. B. in einem Webbrowser, ausgeführt werden.

Adobe Flash Catalyst

Adobe Flash Catalyst war Bestandteil der Adobe Creative Suite. Die Authoring-Software wurde zur Erzeugung von Benutzeroberflächen von RIAs (Rich Internet Applications) für den On- und Offline-Bereich auf Flash-Basis konzipiert. Im Gegensatz zur Flash-Authoring-Umgebung und dem Flash Builder ist die primäre Zielgruppe die der Designer.

Ende 2011 hat Adobe bekannt gegeben, dass Catalyst aufgrund geringer Popularität nicht mehr weiterentwickelt wird, d. h., Catalyst CS5.5 war die letzte Version.

Flash Catalyst wurde so konzipiert, dass die Logik der Benutzeroberfläche einer Anwendung meist ohne das Schreiben von Programmcode umgesetzt werden kann.

MXML

Mit MXML wird üblicherweise das Layout einer Benutzeroberfläche definiert. Darüber hinaus können Sie mit MXML Verknüpfungen zwischen Benutzeroberflächen und Datenquellen einrichten. MXML wird sowohl in Flash Builder, als auch in Flash Catalyst eingesetzt. Das betont die in der Informatik häufig verbreitete Trennung zwischen Funktionalität und Aussehen.

MXML als Auszeichnungssprache

Grundsätzlich basieren Anwendungen, die mit Flash Catalyst erstellt wurden, auf MXML. MXML ist eine von Adobe entwickelte Auszeichnungssprache, die vor allem beim Einsatz des Flex-Frameworks zum Einsatz kommt.

▲ **Abbildung 23.35**
MXML-Code in Flash Catalyst

▲ **Abbildung 23.36**
Der Startbildschirm von Flash Catalyst mit den verfügbaren Importmöglichkeiten

Workflow-Beispiel: Designer und Programmierer

Der Workflow zwischen Designer und Programmierer könnte so sein, dass der Designer aufbauend auf einem grafischen Layout die vollständige Benutzeroberfläche inklusive Interaktion und Übergängen in Flash Catalyst anlegt. Der Programmierer arbeitet parallel dazu unabhängig vom Designer an Diensten und Datenschnittstellen. Beides wird dann abschließend im letzten Schritt zu einer Anwendung zusammengefügt.

Ausgangsbasis, um mit Flash Catalyst eine Anwendung zu erstellen, sind Layouts, die in Photoshop, Illustrator oder Fireworks erzeugt wurden. Diese werden dann in Flash Catalyst importiert.

Abbildung 23.37 ▶
Die Authoring-Umgebung von Flash Catalyst

Im ursprünglichen Layout grafisch angelegte Interface-Elemente können dann anschließend in Flex-User-Interface-Design-Komponenten umgewandelt werden. So lässt sich ein im Layout definierter Button beispielsweise dann sehr einfach in einen interaktiven Button mit mehreren Zuständen umwandeln. Alle grafischen Objekte bleiben dabei bearbeitbar.

Anwendungsstruktur und Hierarchie | Die Struktur und Hierarchie von verschiedenen Bildschirmen und Zuständen einer Anwendung werden in Flash Catalyst durch verschiedene Bildschirme abgebildet. Diese Darstellungsmetapher ist im Vergleich zur zeitleistenbasierten Darstellung in Flash für Anwendungen häufig zielführender und liegt näher an typischen Anwendungsstrukturen.

Abbildung 23.38 ▼
Strukturierung der Anwendung über verschiedene Bildschirme: Ein Wechsel zwischen den Bildschirmen lässt sich per Interaktion einrichten.

Per Interaktion kann zwischen den Bildschirmen gewechselt werden. Grafische Bestandteile einer Anwendung wie z. B. der Titel der Anwendung, die in verschiedenen Bildschirmen existieren, können dabei als solche definiert werden. So werden diese wiederholt in jedem Bildschirm oder bei Bedarf nur in bestimmten Bildschirmen automatisch dargestellt.

Standardkomponenten | Neben der Möglichkeit der Zuordnung von grafischen Objekten zu Komponentenverhalten bietet Flash Catalyst eine Reihe von Standardkomponenten, die per Drag & Drop in einen Bildschirm der Anwendung gezogen werden können. Diese sogenannten WIREFRAME-Komponenten sind sowohl in ihrem Verhalten als auch optisch durch gängige Parameter modifizierbar.

Statusübergänge

Statusübergänge (Bildschirmübergänge) wie das Ein- und Ausblenden von Elementen können in Flash Catalyst über das ZEITACHSEN-Fenster definiert werden – unabhängig für jedes grafische Element.

◀ **Abbildung 23.39**
Statusübergänge definieren

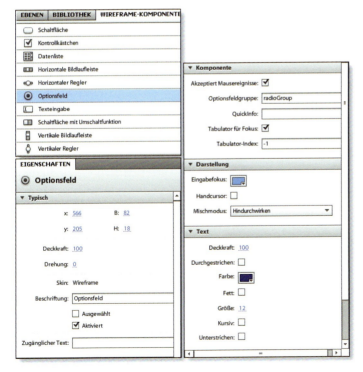

◀ **Abbildung 23.40**
WIREFRAME-Komponenten anpassen

Weitere veraltete Technologien

Flash Player Lite | Der vom Funktionsumfang zugunsten der Performance reduzierte Flash Player Lite sowie der voll funktionsfähige Flash Player für mobile Geräte werden von Adobe nicht mehr weiterentwickelt, da sie sich nicht wie erhofft durchgesetzt haben. Stattdessen können Sie Apps für die App Stores von mobilen Geräten mit AIR veröffentlichen (siehe Kapitel 21, »AIR: Für mobile Geräte und den Desktop veröffentlichen«) oder den Browser von mobilen Geräten über HTML5 erreichen (siehe Kapitel 22, »Von Flash nach HTML5 exportieren«).

AIR für Linux | Seit AIR 3 wird Linux aufgrund geringer Nutzerzahlen nicht mehr unterstützt. Falls Sie Desktop-Anwendungen für Linux erstellen möchten, dann müssen Sie AIR 2 oder Programme von Drittanbietern wie z. B. ZINC verwenden.

23.4 Bildschirmschoner

Für die Erstellung von Bildschirmschonern auf Basis von Flash gibt es zahlreiche Third-Party-Tools. Dabei werden Flash-Filme (SWF-Dateien) zunächst in ein für Windows (*.scr*) oder Mac (*.savers*) geeignetes Format umgewandelt. Für die Umwandlung stehen Ihnen je nach Programm unterschiedliche Einstellungen wie die Skalierung des Flash-Films, die Hintergrundfarbe etc. zur Auswahl.

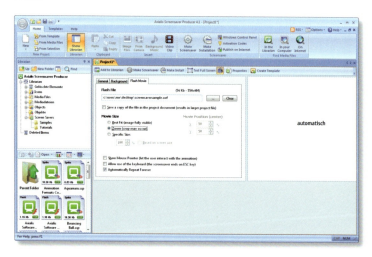

Abbildung 23.41 ▶
Konvertierungseinstellungen im Axialis Professional Screensaver Producer

Optional können Sie je nach Tool zusätzlich eine Installationsdatei erzeugen, die dafür sorgt, dass der Bildschirmschoner automatisch in das richtige Systemverzeichnis kopiert wird. Dadurch ist gewährleistet, dass der Bildschirmschoner in das System integriert wird und auch automatisch aktiviert werden kann.

◀ **Abbildung 23.42**
Installationsdatei erzeugen

Software	Hersteller/ Bezugsquelle	Lizenz
Axialis Professional Screensaver Producer	www.axialis.com	kostenpflichtig
InstantStorm	www.instantstorm.com	Freeware
ScreenTime for Flash	www.screentime.com	kostenpflichtig
ZINC	www.multidmedia.com	kostenpflichtig
SWF Screensaver for Mac	www.video-flash.de/ swf-screensaver-for-mac	Freeware

▲ **Tabelle 19.2**
Software zur Erstellung von Bildschirmschonern

Testversionen
Alle hier genannten Anbieter stellen auf ihren Webseiten eingeschränkte Testversionen zur Verfügung.

Die DVD zum Buch

Auf der beiliegenden DVD finden Sie die folgenden Inhalte, die Ihnen die Arbeit mit Adobe Flash erleichtern sollen.

ActionScript-Editoren

Wird die Arbeit mit ActionScript etwas umfangreicher, greifen viele Flash-Entwickler gerne auf folgende Werkzeuge zurück:

▶ FlashDevelop oder PrimalScript (Windows)

▶ jEdit (Mac)

Onlinebook

Im Zusatzangebot des Onlinebooks finden Sie das Beispielmaterial.

Beispielmaterial

Damit Sie alle Schritt-für-Schritt-Anleitungen im Buch praktisch nachvollziehen können, finden Sie in diesem Verzeichnis alle benötigten Beispieldateien. Aufgeteilt nach Kapiteln finden Sie hier in den einzelnen Ordnern die Materialien, auf die in der Marginalspalte des Buchs verwiesen wird. Hat ein Kapitel keinen eigenen Ordner, gibt es für dieses Kapitel auch kein Beispielmaterial.

Dieses Icon weist Sie auf die jeweilige Datei im Ordner *Beispielmaterial* hin.

Testversion

Dieser Ordner enthält eine zeitlich begrenzte Vollversion von Adobe Flash CS6 für Windows und Mac. Kopieren Sie die entsprechende Datei einfach auf die Festplatte Ihres Computers, und leiten Sie den Setup-Prozess durch einen Doppelklick ein. Nach der Installation können Sie Flash 30 Tage lang kostenlos testen – nach diesem Zeitraum müssen Sie eine Seriennummer erwerben, um weiter damit arbeiten zu können.

Webserver

Wenn Sie die Beispiele aus Kapitel 17, »Flash, PHP und MySQL«, auf Ihrem Rechner nachvollziehen möchten, müssen Sie einen lokalen Webserver installieren. Mit den Paketen XAMPP (Windows) bzw. MAMP (Mac) geht das ganz leicht: Folgen Sie einfach den Schritten des Installationsassistenten.

Index

^ 366
- 360
-- 361
! 365
!= 362
!== 362
.. 761
@ 760
* 360, 678
*= 361
/ 360
/= 361
& 366, 667
&& 365
% 360
+ 360
++ 361
< 362
<< 367
<= 362
== 362
=== 362
> 362
>= 362
>> 367
| 366
|| 365
~ 366
1 (Option) 358
2 (Option) 358
3D-Animationen 927
3D-Bewegung 437
3D-Drehungswerkzeug 106
  Fluchtpunkt und Perspektive
   108, 109
3D-Engines 927
3D-Flip 455
3D-Pinsel 80, 86
3DS Max 928
3D-Versetzungswerkzeug 107
8 (Option) 358
9-teiliges Segmentraster 115,
  539, 540
16 (Option) 357, 358
44,1 kHz 573
$_FILES 799
$_POST 865

A

a (HTML-Tag) 656, 684
Abbremseffekt 247
Abdunkeln 556
Abmessung des Weichzeichners
  620
Abprallen 832
abs 446
Absatztext 252
Abschluss 75
Abschrägen 558
Abspielgeschwindigkeit 166
Abspielrichtung 154
Abspielzeit 635
Abstandsberechnung 432
Abtastrate 574
Abwärtskompatibilität 295
acos 446
ActionScript 335
  Datentypen 348
  Editoren 466
  Ereignis-Listener 390
  Ereignisprozeduren 390
  Ereignisse 389
  Format 343, 344
  Funktionen 373
  Loader 396
  Modulo 360
  Operatoren 360
  Schleifen 368
  Typisierung 350
  Variablen 346
  Versionen 337
  Zeitleistensteuerung 376
ActionScript 1 338
ActionScript 2 338
ActionScript 3 339, 931
ActionScript 3.0-Klasse 470
ActionScript-Editor 339
ActionScript-Entwicklungs-
  umgebungen 911
Activeden 524
addChild 384
addChildAt 384
addController 691
ADDED_TO_STAGE 396

addEventListener 527, 377, 390,
  417
Addieren 557
Addition 360
Admin 701
Adobe AIR 911
Adobe Audition 578
Adobe Exchange 50, 523
Adobe Flash Catalyst 931
Adobe Flex 929
Adobe LiveCycle Data Services
  930
Adobe Media Encoder 611
Adobe Media Player 613
Adobe Soundbooth 578
Adobe Sound Document 575
ADPCM 576
Aktionen 337
Aktualisieren 577
Aktualisierungen 51
album 588
align 675
Alle einblenden 343
allowFullScreen 631
alpha 379, 414
Alpha 69, 557
Als Video für Mobilgeräte in SWF
  zusammengefasst importieren
  623
Amplitude 574
Analoge Uhr 491
anchorX 510
anchorY 510
Ändern der Videogröße 614
An Hilfslinie ausrichten 121
Animation 153, 413
  3D-Bewegung 217
  Abspielrichtung 154
  beenden 427
  Beispiel Animation anlegen 167
  Beschleunigung 247
  Bildbezeichner 164
  Bild-für-Bild 166
  Geschwindigkeit ändern 174
  Inverse Kinematik 237
  Klassische Tweens 204
  kopieren 203
  loopen 427

Posenanimation 247
Sequenzen 452
Skalierung 216
Steuerungspunkt 248
Szenen 163
Timing 209
umkehren 451
Zeitleiste 153
Zwiebelschaleneffekt 176
Ankathete 433
Ankerpunkt
entfernen 101
umwandeln 98
Ansicht
An Fenster anpassen 56
Vergrößerung 56
zentrieren 57
Anti-Aliasing 266
antiAliasType 671
AntiAliasType.ADVANCED 671
AntiAliasType.NORMAL 671
Anwendungsbereiche 28
Aktuelle Meldungen 29
Animationen 28
Benutzeroberflächen 29
E-Learning 33
Flash gegen HTML 5 32
Präsentationen 29
Spiele 30, 32
Video-Anwendungen 32
Anzeigeklassen 378
Anzeigeliste 378
Reihenfolge 384
Reihenfolge ändern 386
Anzeigeobjekt 378, 413
aus Speicher entfernen 385
Eigenschaften 379, 380
entfernen 383
Ereignisse 394
graphics 503
hinzufügen 383
Sichtbarkeit 386
Anzeigeobjektcontainer 378
Apache 698
API 338
appendChild 774
appendText 679
Arbeitsfläche 55
Arbeitsumgebung 45
laden 62
speichern 62

ARGB 567
Argumente 373
Arkuskosinus 446
Arkussinus 446
Arkustangens 446
Array 349
assoziativ 355
Feldwerte 354
indiziert 354
Länge 355
mehrdimensional 355
Methoden 357
sortieren 357
sortieren (mehrdimensional, assoziativ) 358
typisiert 359
Verkettung 356
Array.CASEINSENSITIVE 358
Array.DESCENDING 357, 358
Array.DESCENDING. 779
Array.NUMERIC 357, 358, 779
Array.RETURNINDEXEDARRAY 358
Arrays 354
artist 588
AS3CoreLib 862
ASC 744
.asf 611
asin 446
as-Operator 353
ASP 697
Assets 539
Assoziative Arrays 355
Asteroids 839
atan 446
atan2 443, 446
ATOM 766
Attribute 736, 760
AU 575
Audacity 578
Audio-CD 573
Audio-Editor 578
Audio einschließen 625
Audio-Ereignis 575
Audio-Player 601
Audio-Signal 573
Audio-Spur 622, 632
Audio-Stream 575
Audio Video Interleaved 611
Auf (Zustand) 580
Auf Ebenen verteilen 273

Aufhellen 556
Auflösung 573
Aufzählungszeichen 657
Ausblenden 582
Ausführungszeit 811
Ausgabe-Fenster 346
Ausgabeformat 613
Ausgabegröße ändern 617
Ausrichten an Pixeln 76
Ausrichten TLF-Text 286
Ausrichtung von Text 260
Auswählbar 649
Auswahlbereich ausblenden 343
Auswählen
ähnliche Farben 102
Auswahlwerkzeug 99
Auszeichnungen 258
Fettdruck 259
Kapitälchen 259
Kursiv 259
autoAlpha 458
Auto-Format 343, 344
AUTO_INCREMENT 736
Automatischer Import 478
Automatischer Klassen-Import 913
Automatischer Paket-Import 913
Automatisch unterschneiden 263
autoSize 671
.avc 611
.avi 611
AVM 339
AVM1Movie 382
Away 3D 928
Axialis Professional Screensaver Producer 934

B

b (HTML-Tag) 656
Back 453
background 671
backgroundAlpha 686
backgroundColor 671, 686
Backslashes 756
entfernen 756
Bandbreiten-Profiler 323
Bild-für-Bild 324
Download-Einstellungen 324

Optimierung des Ladeverhaltens 324

Streaming-Grafik 324

Barrierefreiheit 330

Base64Encoder 862

Basisklasse 498, 491, 382, 387

Batch-Verfahren 614

Baumpinsel 81, 91

BCC 729

Bearbeitbar 649

Bearbeitbarer Text 550

beginFill 512

beginGradientFill 519

Begrenzungsrahmen 131, 823

Begrüßungsbildschirm 45

Benutzerdefiniert 547, 582

Benutzerdefinierte Preloader-
Schleife 649

Benutzerdefiniertes Anti-Aliasing
272

Benutzeroberfläche 523

Beschleunigung 183, 211, 247,
422

Abbremseffekt 247

abbremsen 211

Beispiel 213

Beschleunigungstypen 247

Bewegungs-Editor 198

Stärke 247

verwenden 199

BEVEL 506

bevelFilter 459

BevelFilter 563

Bewegung 217, 424

im Raum 217

Linear 424

Nicht linear 424

Bewegungs-Editor 190

Anzeige steuern 190

Beispiel 195

Beispiel Beschleunigung 199

Beschleunigung 198, 199

Beschleunigungstypen 198

Eckpunkt 194

Glättungspunkt 194

Schlüsselbild hinzufügen 193

Umgang mit Graphen 192

Umgang mit Zeitleiste 192

verwenden 195

Bewegungspfad 187, 208

Beispiel 187

drehen 186

eigenen Pfad erstellen 189

erstellen 187

Umformen 185

Bewegungsrichtungen 422

Bewegungs-Tween 178, 181

Animation an Pfad erstellen 187

Beispiel 181

Eigenschaften 184

Eigenschaften animieren 179

erstellen 179, 182

Geschwindigkeit 186

Optionen 183

Pfad 184

Pfad drehen 186

Pfad Umformung 185

Tweenlänge ändern 187

verlängern 182

Bewegungs-Tween Eigenschaften

Beschleunigung 183

Drehung 183

Instanzname 183

Optionen 184

Pfad 184

Bewegungsvoreinstellungen 202

bezier 459

Bézierkurven 510

bezierThrough 459

Bibliothek 137

bereinigen 140

Elemente löschen 137

externe 144

Klassen-Instanzen erzeugen 387

Ordner 139

Ordnung und Struktur 138

BIGINT 737

Bildbezeichner 163, 164

ansteuern 165

Typen 165

zuweisen 165

Bildebene 217

Rotation 217

Bildebene Drehung 217

Bildebenen 549, 553

Bild

Ansteuerung 165

gleichzeitig bearbeiten 177

kopieren 169

mehrere gleichzeitig bearbeiten
177

Schlüsselbilder 159

Bild-für-Bild-Animation 166

Anwendungsbereiche 166

Beispiel 167

Bildrate 166

Bildrate festlegen 167

in MovieClip verschachteln 172

Bildlauf 681

Bildrate 166

richtige Bildrate 166

Timing 209

Bildschirmleseprogramme 330

Bildschirmschoner 934

Binär 365

Binärsystem 365

BINARY 708

Bindungswerkzeug 248

Bitmap 381

Beispiel in Vektoren umwandeln
221

Dateigröße 220

Eigenschaften 274

in Vektor umwandeln 220

Komprimierung 546

mit ActionScript 565

nachzeichnen 220

bitmapData 565

BitmapData-Klasse 566

Bitmap-Eigenschaften 546

Bitmap-Filter 557, 561

animieren 558

Bitmap-Füllung 113

Bitmapgröße berechnen 550

Bitmap in Vektoren umwandeln
102

Bitmap-Klasse 565

Bitmap-Linien 509

Bitmap-Text 273

Bitrate 577

Bitverschiebung 367

Bitweise 365

Bleistift 76

Blender 928

blendMode 561

BlendMode.ADD 562

BlendMode.ALPHA 562

BlendMode.DARKEN 562

BlendMode.DIFFERENCE 562

BlendMode.ERASE 562

BlendMode.HARDLIGHT 562

BlendMode.INVERT 562

BlendMode.LAYER 562

BlendMode.LIGHTEN 562
BlendMode.MULTIPLY 562
BlendMode.NORMAL 562
BlendMode.OVERLAY 562
BlendMode.SCREEN 562
BlendMode.SHADER 562
BlendMode.SUBTRACT 562
Blitzpinsel 81, 89
blockindent 657
blockIndent 675
Blocksatz 261
Blocksatz TLF-Text 286
Blumenpinsel 81, 88
blurFilter 459
BlurFilter 563
BMP 545
Bogenmaß 431
bold 538, 675
Bones
    Darstellung 241
    Eigenschaften 240
    Gelenk 241
    Hierarchie 239
    Position 241
    Steuerungspunkt 248
    Verbindung entfernen 249
    Verbindung hinzufügen 250
Bone-Werkzeug 239
Boolean 349
border 671
borderColor 672
Bounce 453
Bouncing 832, 833
BoundingBox 131
br (HTML-Tag) 656, 685
Breakpoints 405
browse 789, 797, 800
Browser-Caching 712
    verhindern 712
Browser-Cookie 835
bufferLength 635
bufferTime 635
Bühne 55, 378
    Größe einstellen 57
Button 527
buttonMode 860
Button-Sound 580
byteArray 604
ByteArray 604
bytesLoaded 601, 634, 635, 797
bytesTotal 601, 634, 635, 797

C

Cache 712
Caching verhindern 762
Call-Stack 405
cancel 794, 800
CANCEL 801
caps 506
CapsStyle.NONE 506
CapsStyle.ROUND 506
CapsStyle.SQUARE 506
CASEINSENSITIVE 358
catch 848
Cc 729
CDATA 771
CHANGE 529
CHAR 737
Charakteranimation 243
chmod 717
Cinema 4D 928
Circ 453
clear 505, 837
CLICK 394, 822
Click to Flash 338
client 630, 635, 637, 641
close 588, 601, 633
CMS 797
Code Completion 912, 916
Codefragmente 341, 343
Codehinweis zeigen 343
Coderedundanz 498
Collision Detection 823
color 538, 675, 686
colorMatrixFilter 459
ColorMatrixFilter 563
colorTransform 460
columnCount 686
columnGap 687
columnWidth 687
comment 588
comments 764
Compiler-Fehler 403
COMPLETE 398, 602, 790, 794, 801
Component Assets 540
computeSpectrum 604
concat 356
connect 629
ContainerController 691
Container und Fluss 288, 651

contains 777
contentLoaderInfo 397
controlX 510
controlY 510
ConvolutionFilter 563
Cookie 835
cos 446
createGradientBox 520
CreateJS 899
    Einschränkungen 900
    HTML5-Website 904
    Installation 901
creationDate 803
Creative Cloud 911
Cross-Domain-Policy 591, 762, 763
CSS 674, 686
Cubic 453
Cue-Point-Name 636
Cue-Points 636
    Ereignis 638
    Navigation 641, 642
currentFPS 635
currentTarget 390, 666
curveTo 510
CustomEase 453
Custom Ease Builder 453

D

Darüber (Zustand) 580
data 534, 666, 708, 725, 837
DataEvent.UPLOAD_COMPLETE_ DATA 803
dataFormat 666, 708
Data Modelling 733
date 706
Date 712
DATE 737
Dateiendungen überprüfen 803
Dateigröße
    analysieren 299
Dateirechte 717, 799
Datenbank erstellen 734
Datenbank-Login 742
Daten lokal speichern 838
Datensatz 739
    aktualisieren 758
    einfügen 739

Datentyp
  ermitteln 351
  Überprüfung 756
Datentyp 346, 348, 349, 703, 736, 774
  überprüfen 383
Datentypkonflikt 351
Datentypumwandlung 351
DATETIME 737
Datum 706
Debuggen 404
Debugging 403
Debug-Konsole 404
Debug-Optionen 343
DECIMAL 737
Decompiler 299
default 364
defaultTextFormat 672, 674
Dekorpinsel 81, 87
Deko-Werkzeug 80
  3D-Pinsel 86
  Baumpinsel 91
  Blitzpinsel 89
  Blumenpinsel 88
  Dekorpinsel 87
  Feuerpinsel 87
  Flammenpinsel 88
  Gebäudepinsel 86
  Partikelsystem 89
  Rankenfüllung 81
  Rasterfüllung 82
  Rauchanimation 90
  Symmetriepinsel 84
delay 849
delayedCall 450
delete 776
DESC 744
DESCENDING 357, 358
DF3 677
DF4 677
Diagramme 930
die 743, 866
Differenz 557
Digital Video 611
direction 687
DisplacementMapFilter 563
DisplayList 378
DisplayObject 379, 382
DisplayObjectContainer 379, 382
dispose 569, 829

DISTINCT 745
div 684
Division 360
Dokumenteigenschaften 57
Dokumentfenster
  Ansicht vergrößern/verkleinern 56
  Ansicht verschieben 56
Dokumentklasse 488
Doppelklick 394
Doppelte Variablendefinition 411
DOUBLE 737
DOUBLE_CLICK 394, 822
do-while 370
download 794, 800
Download 793
Download-Einstellungen 324
Download simulieren 324
Drag & Drop 342, 821
draw 829
drawCircle 518
drawEllipse 519
Drawing-API 503
drawRect 512
drawRoundRect 518
drawSpectrum 607
Dreamweaver 665
Drehung 183
Dreieck 432
dropShadowFilter 460
DropShadowFilter 563
Durchschussmodell 649
.dv 611
.dvi 611
dynamic 471
Dynamische Klasse 471
Dynamischer Text 647
Dynamische Textfelder 255, 650
Dynamische Variablen 350

E

E (Konstante) 447
E4X 759
easeIn 454
easeInOut 454
easeOut 454
Easing 423, 425, 453
Easing Equations 453

Ebene 556
  bei Veröffentlichung ignorieren 158
  Bewegungs-Tween 179
  Ebenenordner erstellen 156
  in Führungsebene umwandeln 207
  löschen 155
  Maske zuweisen 227
  mit Ebenen arbeiten 154
  Name ändern 155
  Ordner 156
  Posenebene 243
  Reihenfolge 155
  Rotation 217
  sperren 158
  steuern 157
  Tween 179
Ebenen
  Arbeiten 154
  Darstellungsoptionen 162
  Ebenenmodell 154
  Negativbeispiel 155
  Ordner steuern 156
echo 704, 746
Echte Kursive 259
Eckpunkt 194
Eckrundungen 93, 518
ECMA 337
ECMAScript 759
Effekt 581
Eigene Klassenpfade 477
Eigene Pakete 479
Eigenschaften 474
  Bewegungs-Tween 184
Einbetten 652
Einbettung
  in HTML 301
  mit dem SWFObject 309
Einblenden 582
Eingabefokus 661
Eingabehilfe
  Symbole 331
Eingabehilfen 330
Eingabetextfelder 650
Eingebettete Schriften 272
Eingebettete Videos 625
Einzeilig 651
Elastic 453
Ellipsenförmige Bewegung 441
Ellipsengrundform 96

Ellipsenwerkzeug 95
Ellipse zeichnen 519
E-Mail 727
E-Mail-Header-Injection 728
E-Mail-Link 265
E-Mail-Verknüpfung 264
embedFonts 672, 678
EMBED-Tag 310
endFill 512
Endlose Ausführungen 376
Endlosschleifen 369, 705
Endloswiederholungen 589
ENTER_FRAME 396, 415
Entwicklungsumgebung 25, 46
  anpassen 58
Eolas-Patentverletzung 310
Equalizer 605
Ereignis 389, 414, 415, 579
Ereignis-Listener 390, 415, 800
  entfernen 392
Ereignisprozeduren 390, 415
Error 403
Error Highlighting 912
Erweiterung 899
Escape-Sequenzen 667
event 637
Event.ADDED_TO_STAGE 396
Event.CANCEL 801
Event.CHANGE 529
Event.COMPLETE 397, 398, 602, 790, 794, 801
Event.ENTER_FRAME 396, 415
Event.ID3 588, 602
Event.INIT 397, 398
Event.MOUSE_LEAVE 821
Event.OPEN 398, 802
Event.REMOVED_FROM_STAGE 396
Event.SELECT 790, 797, 802
Event.SOUND_COMPLETE 590, 603
Event.UNLOAD 399
exp 446
Experten-Modus 340
Expo 453
Export 325
  Bild exportieren 328
  Film exportieren 329
Exporteinstellungen 614, 619
Exportformate 329
Export für ActionScript 387, 586

Export für gemeinsame Nutzung zur Laufzeit 144, 678
Exportieren
  HTML5 899
extends 499
Externe Bibliothek 145
  öffnen 144
Externe Videos 627
  mit Playback-Komponente laden 623

F

F4V 612
FadeOut 426
Fading-Animation 429
Fallunterscheidung 361
false 349
FAQ 313, 810
Farbe anpassen 558
Farbeimerwerkzeug 110
  Füllung sperren 111
  Lückengröße 110
Farbeinstellungen 219
Farbharmonieregel 71
Farbpalette bearbeiten 69
Farbschema
  bearbeiten 71
  erstellen 71
Farbton 218, 558
Farbverlauf 112
  Farbe einfügen 112
  Farbe entfernen 113
  linear 112, 228
  radial 113
  transparente Farbe 229
  über mehrere Formen 111
Farbverlauf – Geschliffen 558
Farbverlauf – Glühen 558
Farbverlaufsfüllungen 519
Farbverlaufslinien 519
Farbverlaufwerkzeug 114
FDT 914
Feder 247
Feder aktivieren 247
Feed 766
Fehlende Schriften ersetzen 278
Fehlerbehebung 477
Fehlercode

443 702
1061 411
1067 410
1084 411
1100 411
1120 410, 411
1151 411
1170 411
2101 708, 755
2174 798
Fehlermeldungen 410
Fehlersuche 403
Fehlerursachen 410
Feld 349, 736
Feldwerte 354
Fenster
  maximieren 58
  minimieren 58
  schließen 58
  verankern 59
  Werkzeuge 52
Fenstermodus Veröffentlichung 304
Feueranimation 81, 87
FFTMode 604
FileFilter 798
fileList 814
File Packager 610
FileReference 789
  Dateiendungen 803
  Download 793
  Eigenschaften 803
  Ereignisse 800
  Fehlerursachen 810
  Fortschrittsanzeige 795
  Methoden 799
  Upload 797, 810
FileReference.creationDate 803
FileReferenceList 814
FileReference.modificationDate 803
FileReference.name 803
FileReference.size 803
FileReference.type 803
FileZilla 788
Film komprimieren 298
Filter 555, 557
filters 563
final 499
Fixierung anwenden/aufheben 480

Flaches Bitmap 554
Flaches Bitmap-Bild 549
Flammenpinsel 81, 88
Flash Builder 930
Flash Catalyst 931
Flash Components 524
Flash-Cookie 835
Flash-Datei (ActionScript 3.0) 346
Flash Debug Player 404
FlashDevelop 911
Flash Development Tools 914
flash.display 378
Flash-Ebenen 552
Flash-Export 294
 Ausgeblendete Ebenen
  exportieren 298
 Debugging erlauben 299
 Film komprimieren 298
 Gerätesound exportieren 297
 Sicherheit bei lokaler Wieder-
  gabe 299
 Skript-Höchstzeit 301
 Soundeinstellungen übergehen
  297
 Trace-Aktionen übergehen 299
 Version 294
 Vor Import schützen 299
Flash-Film
 Bildrate 57
 Größe 57
 Hintergrundfarbe 57
 testen 50
 transparent 322
Flash gegen HTML5 32
Flash-Historie 25
Flash-JavaScript 50
Flashloaded 524
Flash Media Server 610, 623
Flash Player
 Kontextmenü 321
 Version 294
Flash-Player-Verbreitung 338
FlashVars 313
 einsetzen 315
FlashVars Zugriff aus Flash 314
Flash-Version
 aktivieren 51
 deaktivieren 51
 feststellen 302
Flash Video 611
Flash-Video-Formate 611

fl.controls 526
Flex 929
Flex Builder 930
Flex-Charting-Komponenten 930
Flex SDK 912
Fließkommazahl 737
FLOAT 737
floor 446, 835
flowComposer 691
fl.transitions 448
Fluchtpunkt 109
flush 837
.flv 611
FLV-Format 611
FLV in SWF einbetten und in
 Zeitleiste abspielen 623
FLV-Media Player 613
FLV Player 613
FocusEvent.FOCUS_IN 662
FocusEvent.FOCUS_OUT 662
FOCUS_IN 662
FOCUS_OUT 662
Fokus 662
Follow TCP Stream 719
font 538, 675, 678
Font 671, 678
font color 656
font face 657
fontFamily 687
fontName 678
font size 657
fontSize 687
fontStyle 687
fontWeight 687
for 370, 389, 705
foreach 705
for-each-in 372
for-in 371
format 686
Formatierungseinstellungen
 TLF-Text 281
FormatValue.AUTO 686
FormatValue.INHERIT 686
Formen 503
 Arten 68
Formmarken 223
 einsetzen 223
 entfernen 224
 Reihenfolge 224
Form-Tween 220
 Formmarken einsetzen 223

Foto (JPEG) 546
Fourier-Transformation 604
frame 460
frameLabel 460
Freihandwerkzeug 76
 Begradigen 76
 Glätten 76
Frei-transformieren-Werkzeug
 105
Frequenz 574
from 450
From 729
FROM 744
FTP-Zugang 622
Führungsebene 205
Füllfarbe 68, 77
Fülltyp 519
Füllung 512
 Strichlinie hinzufügen 110
Funktionen 373, 705
 endlose Ausführungen 376
 rekursive 376
Funktionsargumente 373
Funktionsparameter 373
FXG 554

G

Gallery 529
Games 819
Ganzzahl 348
Gapless-Playback 591
GarageBand 578
Garbage Collector 385, 428
Gästebuch 748
Gaußscher Weichzeichner 619
Gebäudepinsel 81, 86
Gegenkathete 433
Geltungsbereich 353
 Dokumentklasse 489
Gemeinsame Nutzung 576, 678
Gemeinsam genutzte Bibliothek
 142
genre 588
Geometrie 430
Geräteschriftarten 267, 652, 676
 Mac 268
 Maskierung 268
 Vorteil 268

Gerätesound 576
Geschichte von Flash 25
Geschwindigkeit 186, 422
  ändern 174
GET 715
getBounds 826
getChildAt 382
getChildByName 383
getChildIndex 385
getLineText 679
getLocal 837
getPixel 567
getPixel32 569
getPixels 569
Getter 496
getTime 712
getTimer 834
getVector 569
GIF 396, 545
GIF-Export 306
Glättungspunkt 194
Gleich 362
glowFilter 460
GlowFilter 563
Glühen 558
Golem.de 766
gotoAndPlay 377
gotoAndStop 377
GradientBevelFilter 563
GradientGlowFilter 563
GradientType.LINEAR 519
GradientType.RADIAL 519
Gradmaß 431
Grafikaustausch-Format 554
graphics 503
Größe durch Skalieren anpassen
  616
Größer als 362
Größer gleich 362
Groß-/Kleinschreibung TLF-Text
  282
groupName 530
Grundfarbe 555
Grundlinienverschiebung TLF-Text
  286
Gruppierung
  aufheben 118
GTween 449

H

H.264 612
Haarlinie 75
Hacker 855
Haltepunkte 405
Hardwarebeschleunigung 300
Hartes Licht 557
Hashfunktion 862
Hashwerte 864
Header-Injection 728
height 379, 413, 414, 670
Helligkeit 218, 558
hexColors 461
hide 842
Hierarchie 378
Highscore 855
Highscore-Sicherheit 861
Hilfe 343
Hilfslinie 120
  anzeigen 121
  ausrichten 121
  bearbeiten 121
  entfernen 121
  sperren 121
Hilfswerkzeuge 115
  9-teiliges Segmentraster 115
  Handwerkzeug 118
  Hilfslinien 120
  Raster 122
  Zoomwerkzeug 119
Hineinspringen 406
Hintergrundfarbe 57
hitTest 823, 825
hitTestObject 823, 846, 848
hitTestPoint 823, 824
HORIZONTAL 505
hspace 657
HTML
  Variablen übergeben 315
HTML5 32
  exportieren 899
  gegen Flash 32
HTML5-Website 903
HTML-Absatz 657
HTML-Export 301
HTML-Formatierungen 655
HTML-Ladeverhalten 323
HTML-Tags 656
htmlText 654, 672

HTML-Textfelder 655
HTTP 609, 698
  GET 715
  POST 716
  POST-/GET-Überwachung 719
HTTP Dynamic Streaming 609
HttpFox 719
HTTP-Methode 715, 716
HTTPS 728
HTTP_STATUS 800, 802
HTTPStatusEvent.HTTP_STATUS
  800
HTTPSTATUSEvent.HTTP_STATUS
  802
Hülle bearbeiten 582
Hypertext Preprocessor 697
Hypotenuse 433

I

i (HTML-Tag) 656
id3 601
ID3 588, 602
ID3-Format 588
if 362, 703
if-else 363
if-else-if 363
ignoreComments 763
ignoreWhitespace 764
Illustrator-Import 551
Im Code zusammengeführt 649
img 657, 685
import 477
Importieren 578
Importierte JPEG-Daten
  verwenden 546
In Bibliothek importieren 545
In Bühne importieren 545
include 743
indent 657, 675
Index 736
Index-Reihenfolge 384
Indizierte Arrays 354
Inheritance 498
INIT 398
Inkompatibilitätsbericht 552
In-Punkt 618
INSERT 752
Instantiierung 469

InstantStorm 935
Instanz 126
 auf Bühne platzieren 624
Instanzeigenschaft 123, 126, 486
Instanzmitglied 485
Instanzname 183, 525, 416
In Symbol konvertieren 125
int 348
INT 737
Integer 348
InteractiveObject 382, 670, 819
Interaktion 819
internal 483, 484, 490
Internetadresse mit Text
 verknüpfen 264
Internet Explorer 7 310
int.MAX_VALUE 590
Inverse Kinematik 237
 Beispiel 243
 Beschleunigung 247
 Bindungswerkzeug 248
 Bones Eigenschaften 240
 Bone-Werkzeug 239
 mit ActionScript nutzen 243
 Pose einfügen 245
 Posenanimation 247
 Posenebene 239
 Skelett-Animation 242
 Skelett Hierarchie 240
 Steuerungspunkte ausrichten
  250
 Verbindung entfernen 249
 Verbindung hinzufügen 250
IO_ERROR 398, 588, 602, 630,
 708, 800, 802
IOErrorEvent.IO_ERROR 398,
 588, 602, 630, 800, 802
is 383
isset 727
italic 538, 675
item 764

J

Japanisch 684
join 356
joints 506
JointStyle.BEVEL 506
JointStyle.MITER 506

JointStyle.ROUND 506
JPEG 396, 546
JPEG-Deblocking 548
JPEG-Export 308
JSFL-Format 50
JumpEye Components 524

K

Kanal 576
Kantenglättung 266
Kapitälchen 259
Kaskade 686
Kennwort 651
kerning 675, 687
Kerning 261
KeyboardEvent 820
KeyboardEvent.KEY_DOWN
 395, 819
KeyboardEvent.KEY_UP 395,
 819
keyCode 820
KEY_DOWN 395, 819
KEY_UP 395, 819
kill 451
killDelayedCallsTo 451
killTweensOf 450, 451
Kilohertz 574
Kinematik 237
Kinsoku Shori Type 649
Klasse 469
 aus Bibliothek 387
 dynamische 471
 erstellen 473, 481
 mit Symbol verknüpfen 490
Klassenbezeichner 471
Klassenmitglieder 485
Klassenpfad 476, 479
Klassischer Text 647
Klassischer Text vs. TLF-Text 279
Klassische Texterstellung 251
Klassische Tweens 204
 an Pfad ausrichten 205, 206
 Beispiel 206
 Beispiel Abbremsung 210
 Beispiel Beschleunigung 210,
  213
 erstellen 204
 Führungsebene 205

 in Führungsebene umwandeln
  207
 kein Bewegungspfad 204
 Pfad hinzufügen 205
 Schlüsselbilder einfügen 207
 Timing 209
Kleiner als 362
Kleiner gleich 362
Kodierung 613
Kollation 735
Kollisionserkennung 823
 Begrenzungsrahmen 823
 pixelbasiert 825
 pixelbasiert (transformiert) 828
 positionsbasiert 831
 punktbasiert 824
Kommagetrennt 357
Kommentarblock anwenden 343
Kommentare 619, 703, 763
 entfernen 343
Kommentarfunktionen 345
Komponente 523
 Eigenschaften 527
 Ereignisse 528
 Methoden 527
 Typ anpassen 537
 UIScrollBar 681
 Video-Playback 623
Komponentenparameter 524
Komprimierung 546, 576
Konstruktor 471
Kontaktformular 720
Kontextmenü 51
Kontrast 558
Kontrolle des Ladevorgangs 397
Konturansicht 158, 177
Konturformat 677
Koordinatensystem 430
Kosinus 433
Kreisbewegung 441
Kreiszahl 431, 447
Kreis zeichnen 95, 518
Kryptografie 862
Kuler-Bedienfeld 71
Kurvensegment 98
Kurven zeichnen 510
Kurzschreibweise 361, 365

L

label 530
Label 530
Ladeverhalten von Flash-Filmen 322
Lame 591
Länge/Set 736
Lasso
  Auswahl abschließen 102
Lassowerkzeug 101
Lateinisch einfach 654
latin1_german1_ci 735
Laufweite 689
Laufzeitfehler 403
Laufzeitumgebung 871
Lautsprecher 573
Lautstärke 574, 596, 633
Lautstärkeregler 633
Layout
  Spaltenbreite anpassen 62
  Zeilenhöhe anpassen 62
leading 657, 675
Lebenspunkte 850
leftMargin 675
leftPeak 602
leftToLeft 603
leftToRight 603
Leistung von Schleifen 371
length 355, 601, 672, 764
Leserichtung 260
letterSpacing 538, 675
li 657
Ligaturen 283
Lightwave 3D 928
Lineal 119
  anzeigen 120
Linear 453
LINEAR 519
Linearer Farbverlauf 112
lineBitmapStyle 509
lineBreak 687
lineGradientStyle 519
lineHeight 687
LineScaleMode.HORIZONTAL 505
LineScaleMode.NONE 505
LineScaleMode.NORMAL 505
LineScaleMode.VERTICAL 505
lineStyle 504
lineThrough 687

lineTo 504
Linie
  gerade Linie erzeugen 98
  Kurve erzeugen 98
  verbinden 75
  zeichnen 504
Linienenden 506
Liniensegment 98
Linienwerkzeug 72
Linker Kanal 582
List 528
ListEvent 783
Live Error Highlighting 915
Live-Vorschau 524
LN2 447
LN10 447
load 397, 586, 587, 601, 718, 762, 789, 800
Loader 381, 396
log 446
LOG2E 448
LOG10E 447
Login 742
Lokaler Geltungsbereich 353
Lokaler Speicher 836
Lokaler Video-Player 613
Lokaler Webserver 699
Lokale Speicherung 792
LONGTEXT 737
Loopen 427
loose typing 350
Löschen 481, 557
Lose Typisierung 349

M

.m1v 611
.m2p 611
.m2t 611
.m2ts 611
.m4v 611
mail 727
MAMP 699
Manueller Zeilenumbruch 658
Masken 225
Maskenebene 225, 227
  Farbe 226
Maskierung von Geräteschriften 268

Math.abs 446
Math.acos 446
Math.asin 446
Math.atan 446
Math.atan2 443, 446
Math.ceil 446
Math.cos 446
Math.E 447
Math.exp 446
Math.floor 446
Math.LN2 447
Math.LN10 447
Math.log 446
Math.LOG2E 448
Math.LOG10E 447
Math.max 447
Math.min 447
Math.PI 431, 447
Math.pow 447
Math.random 447
Math.round 447
Math.sin 447
Math.sqrt 433, 447
Math.SQRT1_2 448
Math.SQRT2 448
Math.tan 447
Matrix 520
Matrix für Farbverläufe 520
Maus 382, 395, 819
  Ereignisse 822, 823
Mausrad 821
Mausrichtung 444
Maussteuerung 820
Mauszeiger
  ausblenden 842
  einblenden 854
max 447
maxChars 672
max_execution_time 811
Maximale Zeichenanzahl 651
max_input_time 811
MAX_VALUE 590
Maya 928
MD5 862
MEDIUMINT 737
MEDIUMTEXT 737
Mehrdimensionale Arrays 355
Mehrere Argumente 374
Mehrspaltiger Text 692
Mehrzeilig 651
memory_limit 811

Menü
  Ansicht 48
  Bearbeiten 48
  Befehle 49
  Datei 47
  Debuggen 50
  Einfügen 49
  Fenster 51
  Hilfe 51
  Modifizieren 49
  Steuerung 50
  Text 49
  Zeitleiste 48
Menüleiste 47
Metadaten 621
method 718
Methoden 475
Microsoft SQL Server 732
min 447
MinimalComps 523
Minute 492
Mischfarbe 555
Mischmodi 555, 561
MITER 506
Mitglieder 485
mitterLimit 506
modificationDate 803
Modulo 360
Mojikumi 649
MonsterDebugger 407
MorphShape 382
MOUSE_DOWN 394, 821, 822
MouseEvent 390
MouseEvent.CLICK 394, 822
MouseEvent.DOUBLE_CLICK
  394, 822
MouseEvent.MOUSE_DOWN
  394, 821, 822
MouseEvent.MOUSE_MOVE
  395, 418, 822
MouseEvent.MOUSE_UP 395,
  822
MouseEvent.MOUSE_WHEEL
  821, 823
MouseEvent.ROLL_OUT 395,
  823
MouseEvent.ROLL_OVER 395,
  823
MOUSE_LEAVE 821
MOUSE_MOVE 395, 418, 822
Mouse.show 854

MOUSE_UP 395, 822
MOUSE_WHEEL 821, 823
.mov 611
moveTo 510
MovieClip 349, 381
  Bild-für-Bild-Animation 172
  dynamische Klasse 844
  Registrierung ändern 132
  Tween erstellen 204
  verschachteln 231
  Vorteile 231
MP3 575, 576, 591
.mp4 611
MPEG 611
MPEG 4 611
.mpg 611
multiline 672
Multiplikation 360
Multiplizieren 556
MVC 683
MXML 931
_myindex_29 55
_myindex_59 63
_myindex_98 224
_myindex_116 358
_myindex_117 358
MySQL 697, 732
  Daten an Flash übergeben 745
  Datenbank erstellen 734
  Datenbanksätze einfügen 752
  Datenbankverbindung herstellen
  743
  Datentypen 736
  Felder bearbeiten 738
  Gästebuch 748
  phpMyAdmin 734
  Sicherheit 755
  Tabellen erstellen 735
  Tabellen exportieren 739
  Tabellen importieren 741
mysql_connect 743, 752
mysql_fetch_array 745
mysql_num_rows 745
mysql_query 744, 752
mysql_real_escape_string 756
mysql_select_db 743, 752
MySQL Workbench 732

N

\n 658
Nach links 582
NACH LINKS 367
Nach rechts 582
NACH RECHTS 367
name 379, 383, 637, 672, 793,
  803
Namenskonflikte 476
Namespace 411
NaN 352
Nativ 759
navigateToURL 793
navigation 637
Navigation 399
Negativ multiplizieren 556
NetConnection 629
NET_STATUS 630
NetStatusEvent.NET_STATUS 630
NetStream 629
  Eigenschaften 634
  Ereignisse 630
Neue Datei 481
Neuer Ordner 481
Neues Projekt 480
new 472
nextFrame 377
Näherungswerte 427
NICHT 366
NONE 505, 506
Normal 556
NORMAL 505
NOT 365
Notepad 665
Notepad++ 665
null 347, 385, 474, 475, 563
Null 736
Number 348
NUMERIC 357, 358
Numerisch sortieren 357
numLines 672
Nur Flash – Vollbild zulassen 632
Nur zum Lesen 649

O

Obfuscator 868
Object 349
OBJECT-Tag 310
Objekte 468
 anordnen 117
 erstellen 473
 gruppieren 117
 zählen 487
Objektorientierte Programmierung 467
Objektzeichnung 68
ODER 365, 366
Ohne 582
ol 657
onCompleteParams 455
onCuePoint 637
onMetaData 641
onReverseComplete 453
onReverseCompleteParams 455
onUpdateParams 455
OPEN 398, 802
opendir 813
Operatoren 360, 703
 arithmetisch 360
 bitweise 365
 einfach 360
 is 383
 logisch 364
 Vergleich 361
OPML 766
Optimal 584
Oracle Database 732
ORDER BY 744
Ordner 156
Out-Punkt 618
override 501
overSkin 541
Overwrite 452

P

p (HTML-Tag) 657, 684
package 471
paddingBottom 688
paddingLeft 688
paddingRight 688
paddingTop 688

Paket-Pfad 471, 472, 476
pan 603
Papervision 3D 928
ParagraphElement 690
paragraphEndIndent 688
paragraphSpaceAfter 688
paragraphSpaceBefore 688
paragraphStartIndent 688
parameter 637
Parameter 373
Parameter (Standardwerte) 375
Parameter (unbekannte Anzahl)
 375
parent 376, 380
Partikelsystem 81, 89
Passwort 651
pause 633
Perian 613
Perl 697
Pfad 184, 554
 Ankerpunkte entfernen 98
 Ankerpunkte hinzufügen 98
 Bewegungs-Tween 184
 schließen 95, 98
 Umformung 185
Photoshop-Import 548
.php 698
PHP 697
 Daten senden 707
 Daten senden und empfangen
 715
 Datentypen 703
 Datums- und Zeitfunktion 706
 Fallentscheidung 703
 for 705
 foreach 705
 Funktionen 705
 Gästebuch 748
 if 703
 Kontaktformular 720
 Operatoren 703
 php.ini 811
 serverseitiges Datum und Zeit
 712
 Sicherheit 728
 Sprachelemente und Syntax 702
 Stringverkettung 703
 switch 704
 Upload 799
 Variablen 702
 Verzeichnis auslesen 812

 Voraussetzungen 698
 while 704
.php4 698
phpinfo 698
phpMyAdmin 734
PHP und MySQL 742
Pi 431, 447
Pinselmodus 77
Pinselwerkzeug 77
 Füllfarbe 77
 Glätten 77
Pipette 111
Pixel auslesen 567
Pixelbasierte Kollisionserkennung
 825
Pixelfont 275
 Positionierung 276
 Regeln 275
 Schriftgröße 276
 Textausrichtung 276
 Textauszeichnung 276
 Wann Sie verzichten sollten 277
Pixelgrafik 27
pixelHinting 505
Pixel setzen 569
pixelSnapping 565
PixelSnapping.ALWAYS 565
PixelSnapping.AUTO 566
PixelSnapping.NEVER 565
Pixel und Vektoren 27
play 587, 601, 633, 841
Player 25
PNG 396, 546
PNG-Export 308
Polygon 97
Polysternwerkzeug 97
pop 356
Port 80 702
Ports 702
Pose einfügen 245
Posenanimation 247
Posenebene 239
position 594, 602
Positionsbasierte Kollisions-
 erkennung 831
POST 716, 811
PostgreSQL 732
post_max_size 811
pow 447
preg_replace 729
Preloader 323, 396, 398, 795,
 808

Preloader-SWF 649
prependChild 775
prevFrame 377
private 484
Private Browsing 836
Privater Modus 836
PROGRESS 399, 589, 602, 794, 802
ProgressEvent.PROGRESS 399, 589, 602, 794, 802
Progressiver Download 590, 609
Projekt-Fenster 480
Projektor 25
protected 484
ProTools 578
Proxy 770
public 474, 484
Punktsyntax 528
Punkttext 251
push 356
Pythagoras 432
Python 697

Q

.qt 611
Quad 454
Quadratwurzel 447, 448
Qualität 577
Quart 454
Quellpfad 482
 Filmbasiert 482
 Global 483
Quickfixes 916
QuickTime 611
Quick-View-Outline 916
Quint 454

R

RADIAL 519
Radialer Farbverlauf 113
Radiant 431
Radiergummi 91
 Form 92
 Größe 92
RadioButton 530

random 447
Rankenfüllung 80, 81
Raster 122
 bearbeiten 122
 einblenden 99
Rasterfüllung 80, 82
Rastergrafik 27, 545
Rasterlinie verschieben 117
Ratios 519
Rauchanimation 81, 90
RAW 576
readdir 813
readFloat 607
REAL 737
Rechteck
 mit abgerundeten Ecken 518
 ohne Außenlinie 93
 zeichnen 512
Rechteckgrundform 94
Rechteckwerkzeug 93
Rechter Kanal 582
Rechtwinkliges Dreieck 432
Red5 610
Refactoring 914, 916
register_globals 716
Registrierung eines MovieClips ändern 132
Registrierungspunkt 131
Reihenfolge Ebene 155
Rekursive Funktionen 376
Remote-Debug 406
Remote-Debugging 299
removeAll 788
removeChild 385
removeChildAt 385
REMOVED_FROM_STAGE 396
removeEventListener 527, 392, 820
removeTint 461
Rename 914
repeat 509
replaceText 679
restrict 673
Restwert 360
resume 633
RETURNINDEXEDARRAY 358
reverse 356, 454
Rhino 3D 928
rightmargin 657
rightMargin 675
rightPeak 603

rightToLeft 603
rightToRight 603
ROLL_OUT 395, 823
ROLL_OVER 395, 823
root 376
rotation 380, 414
Rotation 217, 431
 Bildebene 217
 im Raum 217
rotationX 380, 414
rotationY 380, 414
rotationZ 380, 414
round 447
ROUND 506
RSS 766
RSS-Feed
 lesen 766
RTMP 610
Ruby 697
Rückgabewert 476, 373, 469, 374
Runtime Shared Library 648

S

Samplingrate 574, 576, 604
Samplingtiefe 574, 576
Sandy 3D 928
sans 267
Sättigung 558
save 793, 800
scaleMode 505
.savers 934
scaleX 380, 414
scaleY 380, 414
scaleZ 380, 414
Schallwellen 573
Schaltfläche 132
 Aktiv 133
 Auf 133
 Darüber 133
 erstellen 133
 Gedrückt 133
Schlagschatten 558
Schleife 368, 580
 Leistungsvergleich 371
Schlüsselbild 159
 Darstellungsweise 161
 einfügen 160

kopieren 160, 169
leer 160
löschen 160, 170
Posenebene 243
verschieben 160
Schneeflockensimulation 463
Schrift
  Beispiel Geräteschriften
    maskieren 268
  Darstellung 266
  eingebettete Schriften 272
  Feintuning 272
  Geräteschriftarten 267
  Pixelfonts 275
Schriftarteinbettung 676
Schriftart-Klasse 676
Schriftart-Symbol 676
Schriftfarbe 257
Schriftgröße 257, 676
Schrifttypen TLF-Text 282
Schriftwarnung 278
Schriftzeichen
  in Vektoren umwandeln 273
Schriftzuordnung 278
Schwarze Ränder 617
Schwingende Bewegung 433
Schwingung 433
.scr 934
Screenreader 330
Screensaver 934
Screensaver Producer 935
ScreenTime for Flash 935
Scroller 647, 680
scrollRect 461
scrollTargetName 682
SDK 930
Security by obscurity 861
SECURITY_ERROR 708, 801, 802
SecurityErrorEvent.SECURITY_
  ERROR 801, 802
seek 633
Segmentraster 115
Sekunde 492
SELECT 744, 790, 797, 802
selectable 673
selected 530
Sequenzen 452
serif 267
Serifen 268
Server Adminstration 733
Serverseitige Skriptsprache 697

SET 758
setChildIndex 386
setComponentStyle 538
setPixel 569
setPixel32 570
setPixels 570
setSelection 680
setSize 462, 527, 768
setStyle 537
Setter 496
setTextFormat 674, 680
setVector 570
SGML 698
SHA1 862
SHA256 862
ShaderFilter 563
Shape 349, 381
shapeFlag 825
Shared Library
  Dateigröße 145
  Ladeverhalten 144
SharedObject 835
shift 356
shortRotation 462
Sicherheit 728, 755, 803, 861
Sichtbarkeit von Anzeigeobjekten
  386
Silbentrennung 261
SimpleButton 381
sin 447
Sine 454
Sinus 433
size 538, 676, 803, 837
Skalierbarkeit 27
Skalierung 216
  animieren 216
Skelett
  Hierarchie 240
Skelett-Animation 242
Skinning 524
Skins 537, 538
Skripthilfe 340
  aktivieren/deaktivieren 343
Skype 702
slice 356
Slider 597
Slideshow 529
SlowMotion 852
SMALLINT 737
smooth 509
smoothing 566

.sol 837
SOL 837
Sonderzeichen 667
songName 588
sort 356, 357
Sortierung 357, 777
  absteigend 357, 358
  alphabetisch 358
  numerisch 357
sortOn 356, 357, 358, 779
sortXMLByNode 778
Sound 573
  abspielen 589
  ein- und ausblenden 583
  Ereignis 579
  Import 575
  in der Zeitleiste 579
  laden 587
  Lautstärke 596
  Lautstärke steuern 597
  mit ActionScript 585
  parallel steuern 592
  pausieren 594, 595
  Schaltfläche 580
  Starten 579
  Stopp 580
  Stream 580
  Veröffentlichung 575
SoundChannel 589, 594
SOUND_COMPLETE 590, 603
Soundeffekte 581
Soundeigenschaften 577
Sound Forge 578
Soundkanal 604
SoundLoaderContext 590
Soundloop 580, 589
  als MP3 591
SoundMixer 585, 604
Sound-Player 601
Soundspektrum 576, 604
  darstellen 605
Sound-Streaming 590
soundTransform 587, 596, 603,
  632, 635
Soundtypen 579
span 684
SpanElement 690
Speicher freigeben 392
Spieleprogrammierung 819
  Highscore 855
  Highscore-Sicherheit 861

Interaktion 819
Kollisionserkennung 823
SharedObject 835
Sound 841
Zeit 834
Spiralenförmige Bewegung 442
splice 357
split 814
Sprache 577
Sprite 349, 381
Sprühen-Werkzeug 79
SQL 732
SQL Development 733
SQL Distinct 745
SQL-INJECTION 752
SQL-Injections 757
sqrt 433, 447
SQRT1_2 448
SQRT2 448
SQUARE 506
SSL 728, 861
stage 380
Stage 378, 381
Standard 736
Standard-Komponenten 933
Standardlayout
  wiederherstellen 62
Stapelreihenfolge 118
Stärke des Weichzeichners 620
start 421
startDrag 821
Starten 579
static 486
Statische Textfelder 255
Statusübergänge 933
Sternform erstellen 97
Steuerung der Zeitleiste 377
Steuerungspunkte ausrichten 250
Steuerung von Zeitleisten 376
Stift 97
Stiftwerkzeug
  Ankerpunkte entfernen 98
  Ankerpunkte hinzufügen 98
  Ankerpunkte umwandeln 98
  Pfad schließen 98
Stile 536, 537
stop 376, 377, 421, 602
stopAll 585
stopDrag 821
Stopp 580
Stream 580

Streaming 591, 610
stretchFaktor 604
Stricheigenschaften
  Benutzerdefinierte Stile 74
  Höhe 74
Strichfarbe 68, 74
Strichhöhe 74
Strichlinie
  Abschluss 75
  begradigen 99
  entfernen 100
  glätten 99
  in Füllung umwandeln 73
  Verbindung 75
Strichstil 74
  benutzerdefiniert 74
Strikte Typisierung 349
String 348
strip_slashes 756
strip_tags 730
Strong 454
Struktur der Zeitleiste im
  XFL-Format 334
Strukturierung von Ebenen 156
Stunde 492
StyleManager 537
subclass 498
Subject 729
Subtrahieren 557
Subtraktion 360
Suchen 343
Suchen und Ersetzen 343
Suchmaschinen 311
super 500
Superglobale Arrays 731
Superklasse 498
swapChildren 386
SWD-Dateien 299
SWF 396
SWF-Einbindungsmöglichkeiten
  303
SWF laden 396
SWF-Object 303, 309
  align 321
  Einbindungsmethode 303
  FlashVars 313
  menu 321
  quality 320
  scale 321
  weitere Einstellungen 312
  wmode 321

SWF Screensaver for Mac 935
switch 364, 704
Symbol 123
  An Position bearbeiten 129
  bearbeiten 128
  Begrenzungsrahmen 131
  duplizieren 129
  erstellen 124
  Grafik-Symbole 124
  Instanzeigenschaften 123, 127
  Instanzen 126
  in Symbol konvertieren 125
  konvertieren 125
  MovieClip-Symbole 123
  Positionierung 131
  Registrierung 125, 131, 132
  Schaltflächen-Symbole 124
  Schriftart-Symbole 124
  Verschachtelung 124
Symbol-Bearbeitungsmodus 125
Symbole als Klasse 490
Symbolinstanz 126, 127
Symboltyp 624
Symmetriepinsel 80, 84
Synchronisation 579
Syntax-ToolTip 913
Syntax überprüfen 343, 344
System.useCodePage 665
Szenen 163
  ansteuern 165
  Bildbezeichner 164
  Dateigröße 164
  Duplizieren 164
  erstellen 164
  vermeiden 164
  verwalten 164
  Vor- und Nachteile 164

T

tab 685
Tabellen
  exportieren 739
tabIndex 661, 672
tabstops 657
Tabulator-Reihenfolge 661
tan 447
Tangens 447
target 390, 676

Tastatur 382, 395, 819
Tastaturbefehle deaktivieren 819
Tastaturkurzbefehle 63
  Menü 63
Tastatursteuerung 819
Tate Chu Yoko 649
tcy 684
Teilen 273
Tellerrand 911
Testen 578
text 654, 672, 760
Text 251, 647
  Absatztext 252
  als Grafik einfügen 274
  Anti-Aliasing 266
  Ausrichtung 260
  auswählbar 265
  Auszeichnungen 258
  Bitmap-Text 273
  Blocksatz 261
  Breite anpassen 253
  Dokument laden 664
  Dynamische Textfelder 650
  Dynamisch zuweisen/abfragen 654
  Eigenschaften 255
  Eingabe beenden 252
  Eingabefokus 662
  Eingabetextfelder 650
  Eingebettete Zeichen 273
  E-Mail-Verknüpfung 264
  Farbe 256
  fehlende Schriften ersetzen 278
  Feld-Eigenschaften 670
  Felder mit ActionScript 670
  feste Breite 252
  Fettdruck 259
  Fluss steuern 682
  formatieren 256
  Größe 256
  hoch-/tiefstellen 263
  HTML-Textfelder mit eingebetter Schrift 655, 656
  Kapitälchen 259
  Klassischer Text oder TLF? 647
  Kontrast 258
  Kursiv 259
  laden 790
  linksbündig 260
  Mehrspaltig 692
  mehrzeilig 252

  mit Anti-Aliasing 272
  mittig 261
  mit URL verknüpfen 264
  Neigung 255
  ohne Anti-Aliasing 273
  Punkttext 251
  Rahmen 652
  rechtsbündig 260
  Richtung 263
  Rotation 254
  Schriftart 256
  Schriftart-Klasse 676
  Schriftart-Symbol 676
  Schriftfarbe 257
  Schriftgröße 257
  Scroller 680
  Skalierung 254
  Tabulator 661
  Textfeld-Methoden 679
  Textfeld-Typen 255
  TextFormat-Klasse 673
  Text Layout Framework (TLF) 682
  transformieren 253
  unerwünschte Schatten 274
  URL-Kodierung 666
  Zeichenabstand 262
  Zeicheneinbettung 652
  Zeichenkodierung 664
  Zeilenabstand 261
  Zeilenlänge 262
  zentriert 261
TEXT 708, 737
textAlign 688
textAlignLast 689
textAlpha 689
Textausrichtung TLF-Text 287
Textbreite 253
textColor 672
Textcontainer 691
textDecoration 689
Textebenen 550, 553
Texteingabefelder 255
Texterstellung klassisch 251
Textfeld-Eigenschaften 255, 670
Textfeld-Methoden 679
Textfeld-Typen 255
  Dynamisch 255
  Eingabefelder 255
  Statisch 255
TextField 349, 381, 670

TextFieldAutoSize.CENTER 671
TextFieldAutoSize.LEFT 671
TextFieldAutoSize.NONE 671
TextFieldAutoSize.RIGHT 671
TextFieldType.DYNAMIC 673
TextFieldType.INPUT 673
textflow 684
TextFlow 684, 690
textformat 657
TextFormat 673
  Eigenschaften 675
TextFormatAlign.CENTER 675
TextFormatAlign.JUSTIFY 675
TextFormatAlign.LEFT 675
TextFormatAlign.RIGHT 675
textHeight 673
textIndent 689
Textknoten 774
TextLayoutFormat 685
Text Layout Framework 647, 682
  Eigenschaften 686
  Mehrspaltiger Text 692
  Vererbung 686
Textrichtung 263
textRotation 689
Textscroller 680
Text transformieren
  Neigung 255
  Rotation 254
  Skalierung 254
Textwerkzeug 251
textWidth 673
Tiefenverwaltung 437
TIFF 546
TileList 530
time 635, 637, 812
TIME 737
Timer 494, 420
TIMER 421
TimerEvent.TIMER 421
TIMESTAMP 737
Timing 209
tint 462
Tintenfass 110
TINYINT 737
TINYTEXT 737
TLF-ActionScript-Bibliothek 649
TLF-Text 279
  Ausrichten 286
  Ausrichtung 287
  Container und Fluss 288

Dateigröße 279
Eigenschaften 280
formatieren 280
Groß-/Kleinschreibung 282
Grundlinienverschiebung 286
Hyperlink und Ziel 282
Ligaturen 283
Schrifttypen 282
Textfelder verbinden 289
Umbruch 284
Veröffentlichungseinstellungen 280
Ziffernbreite 283
Ziffernschreibweise 283
TLF-Text-Eigenschaften 280
auswählbar 280
bearbeitbar 280
nur Lesen 280
TLF-Texterstellung 279
TLF-Textfeld-Eigenschaften
Ausrichtung im Container 288
Maximale Zeichen 288
Spalten 289
Textfarbe 289
Verhalten 288
Zellauffüllung 289
TLF-Textfelder miteinander verbinden 289
TLFTextField 670
TLF-Text-Formatierungseinstel-lungen 281
TLF-Text vs. klassischer Text 279
TLS 728
to 452
To 729
togglePause 633
Toolkit for CreateJS 899
toString 357
track 588
trackingLeft 689
trackingRight 689
Transformationsmatrix 520
Transformieren
Text 253
transformMatrix 462
Transparenz 68, 219
Trigonometrie 430
true 349
TrueSpace 928
try 848

Tween 448
animieren 179
an Pfad ausrichten 205
beschleunigung 215
Beschleunigung 183
Bewegungs-Editor 190
Bewegungspfad 208
Bewegungs-Tween 178
Bewegungs-Tween erstellen 179
Bewegungsvorstellungen 202
Drehung 183
eigenen Pfad erstellen 189
Eigenschaften 184
erstellen 182
Formmarken 223
Form-Tweens 220
Geschwindigkeit 186
Instanzname 183
klassische Tweens 178
Klassische vs. Bewegungs-Tweens 180
Länge ändern 187
Optionen 183
Pfad 184
verlängern 182
Tween-Engines 448
Tweener 448
TweenEvent.MOTION_START 448
Tween-Klassen 448
TweenLite 449
3D-Flip 455
Easing 453
Ereignisse 454
Methoden 450
Plugins 458
Schneeflockenanimation 463
TweenMax 449
TweenNano 448
TweenPlugin 458
Tweens 178
Bewegung im Raum 217
Tweensy 449
Typ 736
type 637, 673, 803
Typenkonflikt 351
typeof 351
typewriter 267
Typisierung 349, 350

U

u (HTML-Tag) 656
Überlagern 556
Überschreiben 500
Übersichtlichkeit 477
Überspringen 406
UILoader 530
uint 348
UIScrollBar 680
ul 657
Ultrashock 524
Umbruch TLF-Text 284
Umkehren 557
Umlaute 667
Umwandlung
Bitmap in Vektoren 221
UND 365, 366
undefined 347, 411
underline 538, 676
Ungleich 362
Unicode 664
UniRed 665
UNIX-Dateirechte 717
Unix-Zeitstempel 812
UNLOAD 399
unshift 357
UNSIGNED 736
Unsigned Integer 348
Unterauswahlwerkzeug 100
Unterklasse 498
Unterknoten 760
Unterschneidung 261, 675
Unterstreichung 676, 689
Untypisiert 347
UPDATE 758
updateAfterEvent 418, 419, 511, 419
updateAllControllers 691
upload 799, 800
Upload 797
UPLOAD_COMPLETE_DATA 803
Upload-Fortschritt 808
upload_max_filesize 811
Upload-Skript 799
url 601, 676
urlencode 709
URL-Encoding 710
URL-Kodierung 666
URLLoader 666, 708, 715, 761

URLLoaderDataFormat 666, 669
URLLoaderDataFormat.BINARY 708
URLLoaderDataFormat.TEXT 708
URLLoaderDataFormat.VARIA-BLES 708, 746
URLRequest 397, 666, 725
URLRequestMethod.GET 718
URLVariables 718
URL verknüpfen mit Text 264
useCodePage 665
UTF8 710
utf8_decode 710
utf8_encode 710

V

Validierung 763
VARCHAR 737
Variablen 346, 702
Variablendefinition 490
  doppelte 411
Variablenzugriff aus Flash 314
VARIABLES 708
VBR, 2-Pass 621
VBScript 697
Vektor 359
Vektoren und Pixel 27
Vektorgrafik 27
Vektorkonturen 550
Verbindungswinkel 506
Vererbung 498, 686
Vergleichsoperatoren 361, 362
Vergrößern 119
Verkleinern 119
Verknüpfung 576, 677
Verknüpfungsbezeichner 137
Verlassen 406
Verlaufsmaske 227
  Beispiel 227
  Maskierung 230
Verlustbehaftet 546
Verlustfrei 546
Verlustfrei (PNG/GIF) 546
Veröffentlichen
  ActionScript-Version 296
  Bilder und Sounds 296
  Ebenen ignorieren 158

Flash-Player-Version feststellen 302
Hardwarebeschleunigung 300
HTML-Ausrichtung 305, 321
mit und ohne JavaScript 303
Skalierung 321
SWF-Einbindungsmöglichkeiten 303
SWFObject 303
Version 294
Vor Import schützen 299
Veröffentlichung 293
  Flash 294
  GIF 306
  HTML 301
  JPEG 308
  PNG 308
Veröffentlichungseinstellungen 293
  TLF-Text 280
  verwenden 547
Verschachtelung 172, 231
  Beispiel 231
Verschleierungstechnik 866
Verschlüsselung 728, 862
VERTICAL 505
verticalAlign 689
Vertikale Textrichtung 264
Verzögerung und Bildrate 421
Video 381, 609, 627
  Audio 622
  Audio-Export 619
  Audio-Spur steuern 632
  Bereitstellungsmethoden 609
  Beschnitt 616
  Export 614
  Extern 627
  FLV in der Zeitleiste 624
  Import in Flash 622
  importieren 622
  Kodierung 613
  Metadaten 621
  über ActionScript abspielen 629
  Vollbild 631
  Vorlagen 614
  Zeitleiste 618
Video-Containerformat 612
Video for Flash 612
Video-Format 611
  Flash-Player-Versionen 612
Video-Größe 614

Video-Objekt 627
Video-Playback-Komponente 623
Video-Player 613
Video-Streaming 610
visible 380, 458, 462, 673
void 373
Vollbild 631
volume 463, 596, 603, 633
Voreinstellungen
  Tween Bewegung 202
Vorverarbeitung 577
vspace 657

W

W3C → World Wide Web Consortium 306
W3C-konforme Veröffentlichung 303
W3C Validator 305
Wasserhahn 92
WAV 575
Wavelab 578
Webserver 698, 699
Weichzeichnen 558
Werkzeuge
  3D-Drehungswerkzeug 106
  3D-Versetzungswerkzeug 107
  Deko 80
  Sprühen 79
Werkzeugleiste 52, 340
  Darstellung 52
  Wasserhahn 92
Werkzeugleiste ein-/ausblenden 343
WHERE 744, 758
while 368, 704
whiteSpaceCollapse 689
width 379, 413, 414, 670
Wiederholungen 580
willTrigger 394
Windows Media-Datei 611
Winkel 430, 443
Winkelberechnung 443
Wireframe 933
Wireshark 719
wmode 321
.wmv 611

Wohlgeformtheit 761, 763
wordWrap 673
World Wide Web Consortium
  306
Wowza Media Server 610
Wurzelknoten 759

X

x (Eigenschaft) 379, 380, 414,
  670
XAMPP 699
  installieren 699
XARA 3D 928
XFL-Datei 332
  Grafiken aktualisieren 333
  speichern 332
  Struktur der Zeitleiste 334
  Vorteile 332
  *Wirksamwerden von Ände-
    rungen* 333
XML 692, 759, 855
  Attribute 760
  bearbeiten 773
  Definition 759
  Elemente entfernen 776
  Elemente hinzufügen 774
  Formatierungen 771
  Kommentare 763
  laden 761
  sortieren 777
  Sortierung (nach Attribut) 779
  speichern 781
XMLList 765
XML-Parser 761
XMP 621
XOR 366

Y

y (Eigenschaft) 379, 380, 414,
  670
year 588
YEAR 737
Yudit 665

Z

z (Eigenschaft) 379, 380, 413,
  414, 670
z-Achse 437
Zauberstab 102
  Einstellungen 103
Zeichenabstand 261
Zeicheneinbettung 652
Zeichenkette 348
Zeichenkodierung 664, 711
Zeichenmodi 67
  Objektzeichnung 68
  Zeichenverbindung 67
Zeichentablett 77
Zeichenverbindung 67
Zeichenwerkzeug 68
  Ankerpunkt entfernen 101
  Auswahlwerkzeug 99
  Eigenschaften ändern 73
  Ellipsenwerkzeug 95
  Farbeimerwerkzeug 110
  Farbverlaufwerkzeug 114
  Freihandwerkzeug 76
  Lassowerkzeug 101
  Linienwerkzeug 72
  Pinselwerkzeug 77
  Pipette 111
  Polysternwerkzeug 97
  Radiergummi 91
  Rechteckwerkzeug 93
  Stiftwerkzeug 97

Stricheigenschaften 73
Strich- und Füllfarbe 68
Tintenfasswerkzeug 110
Unterauswahlwerkzeug 100
Werkzeug für Ellipsengrundform
  96
*Werkzeug für Rechteckgrund-
  form* 94
Zeichnen 67
Zeichnungs-API 503
Zeilenabstand 261
Zeilenfall 260
Zeilenkommentar anwenden 343
Zeilenlänge 261
  Richtwert 262
Zeilentyp 651
Zeilenumbruch 685
Zeit 706, 834
Zeitleiste 54, 153
  bei Bedarf erweitern 624
  Bildbezeichner 164
  Bilder 159
  Darstellungsoptionen 162
  Steuerung 376
Zeitleistensteuerung 377
Zeitstempel 712, 855
Zellauffüllung TLF-Text 289
Zielpfad einfügen 343, 344
Ziffernbreite TLF-Text 283
Ziffernschreibweise TLF-Text 283
ZINC 935
Zoom 75
Zufall 447
Zugänglichkeit 330
Zwiebelschaleneffekt 176
  aktivieren 176
  Anwendungsbereich 176
  Konturansicht 177
  mehrere Bilder bearbeiten 177
  verankern 176
Zwischen Klammern ausblenden
  343

ca. 864 S., mit DVD, 39,90 Euro
ISBN 978-3-8362-1889-4,
Januar 2013

www.galileodesign.de/3059

Richard Beer, Susann Gailus

Adobe Dreamweaver CS6

Das umfassende Handbuch

Wollen Sie mit Dreamweaver eine Website erstellen oder eine bestehende bearbeiten? Planen Sie, eine Website für Smartphones und Tablets zu publizieren? Wollen Sie dynamische Webseiten oder Apps erstellen? All das und vieles mehr finden Sie in diesem praxisorientierten Handbuch. So bekommen Sie Dreamweaver CS6 schnell in den Griff!

ca. 422 S., komplett in Farbe, mit DVD,
39,90 Euro, ISBN 978-3-8362-1796-5,
Oktober 2012

www.galileodesign.de/2907

Manuela Hoffmann

Modernes Webdesign

Gestaltungsprinzipien, Webstandards, Praxis

Die 3. Auflage des erfolgreichen Praxis-buchs, komplett überarbeitet. Die Grafi-kerin und Webdesignerin Manuela Hoffmann (pixelgraphix.de) führt Sie von der Idee über erste Entwürfe bis hin zur technischen Umsetzung: Ein Wegweiser für modernes Webdesign, der gleichzeitig Praxis, Anleitung und Inspiration liefert.

Das gesamte Buchprogramm: www.galileo-press.de

Kai Laborenz

CSS

Das umfassende Handbuch

Endlich findet sich das vollständige
Wissen zu CSS und Co. in einem Band.
Einsteiger erhalten eine fundierte Einführung, professionelle Webentwickler
einen Überblick über alle CSS-Technologien
und Praxislösungen für CSS-Layouts sowie
Tipps, um aus dem täglichen Webeinerlei
herauszukommen. Inkl. HTML5 und CSS3

804 S., 2011, mit DVD und
Referenzkarte, 39,90 Euro
ISBN 978-3-8362-1725-5

www.galileocomputing.de/2556

Esther Düweke, Stefan Rabsch

Erfolgreiche Websites

SEO, SEM, Online-Marketing, Usability

Alles, was Sie für Ihren erfolgreichen
Webauftritt benötigen. Zahlreiche
Praxisbeispiele zeigen Ihnen anschaulich
den Weg zu einer besseren Webpräsenz.
Inkl. SEO, SEM, Online-Marketing,
Affiliate-Programme, Google AdWords,
Web Analytics, Social Media-, E-Mail-,
Newsletter- und Video-Marketing,
Mobiles Marketing u.v.m.

866 S., 2. Auflage 2012, mit DVD,
34,90 Euro
ISBN 978-3-8362-1871-9

www.galileocomputing.de/3041

Galileo Press

Wir hoffen sehr, dass Ihnen dieses Buch gefallen hat. Bitte teilen Sie uns doch Ihre Meinung mit. Eine E-Mail mit Ihrem Lob oder Tadel senden Sie direkt an die Lektorin des Buches: *katharina.geissler@galileo-press.de*. Im Falle einer Reklamation steht Ihnen gerne unser Leserservice zur Verfügung: *service@galileo-press.de*. Informationen über Rezensions- und Schulungsexemplare erhalten sie von: *julia.mueller@galileo-press.de*.

Informationen zum Verlag und weitere Kontaktmöglichkeiten finden Sie auf unserer Verlagswebsite *www.galileo-press.de*. Dort können Sie sich auch umfassend und aus erster Hand über unser aktuelles Verlagsprogramm informieren und alle unsere Bücher versandkostenfrei bestellen.

An diesem Buch haben viele mitgewirkt, insbesondere:

Lektorat Katharina Geißler, Anne Scheibe
Korrektorat Angelika Glock, Wuppertal
Herstellung Maxi Beithe
Layout Vera Brauner, Maxi Beithe
Einbandgestaltung Klasse 3b, Hamburg
Coverbilder Fotolia: 6807959 © Mikael Damkier, 7590987 © SSilver, 15701928 © air, 16279364 © DREIDESIGN.com, 21640528 © electriceye, 24008275 © frank peters, 26655451 © BCDesigns
Satz Markus Miller, München
Druck Himmer AG, Augsburg

Dieses Buch wurde gesetzt aus der Linotype Syntax (9,25 pt/13 pt) in Adobe InDesign CS6. Gedruckt wurde es auf chlorfrei gebleichtem Bilderdruckpapier (115 g/m^2).

Der Name Galileo Press geht auf den italienischen Mathematiker und Philosophen Galileo Galilei (1564–1642) zurück. Er gilt als Gründungsfigur der neuzeitlichen Wissenschaft und wurde berühmt als Verfechter des modernen, heliozentrischen Weltbilds. Legendär ist sein Ausspruch *Eppur si muove* (Und sie bewegt sich doch). Das Emblem von Galileo Press ist der Jupiter, umkreist von den vier Galileischen Monden. Galilei entdeckte die nach ihm benannten Monde 1610.

Bibliografische Information der Deutschen Nationalbibliothek:
Die Deutsche Nationalbibliothek verzeichnet diese Publikation in der Deutschen Nationalbibliografie; detaillierte bibliografische Daten sind im Internet über *http://dnb.d-nb.de* abrufbar.

ISBN 978-3-8362-1888-7
1. Auflage 2013
© Galileo Press, Bonn, 2013

Das vorliegende Werk ist in all seinen Teilen urheberrechtlich geschützt. Alle Rechte vorbehalten, insbesondere das Recht der Übersetzung, des Vortrags, der Reproduktion, der Vervielfältigung auf fotomechanischem oder anderen Wegen und der Speicherung in elektronischen Medien.

Ungeachtet der Sorgfalt, die auf die Erstellung von Text, Abbildungen und Programmen verwendet wurde, können weder Verlag noch Autor, Herausgeber oder Übersetzer für mögliche Fehler und deren Folgen eine juristische Verantwortung oder irgendeine Haftung übernehmen.

Die in diesem Werk wiedergegebenen Gebrauchsnamen, Handelsnamen, Warenbezeichnungen usw. können auch ohne besondere Kennzeichnung Marken sein und als solche den gesetzlichen Bestimmungen unterliegen.

Tìreli

In unserem Webshop finden Sie unser aktuelles
Programm mit ausführlichen Informationen,
umfassenden Leseproben, kostenlosen Video-Lektionen –
und dazu die Möglichkeit der Volltextsuche in allen Büchern.

www.galileodesign.de

Galileo Design

Know-how für Kreative.